BARRON'S
FOREIGN LANGUAGE GUIDES

501
ARABIC
VERBS

Fully conjugated in all the aspects in a new,
easy-to-learn format, alphabetically arranged

by

Raymond Scheindlin, Ph.D.

Professor of Medieval Hebrew Literature
Jewish Theological Seminary of America

BARRON'S

All inquiries should be addressed to:
Barron's Educational Series, Inc.
250 Wireless Boulevard
Hauppauge, NY 11788
www.barronseduc.com

ISBN-13: 978-0-7641-3622-1
ISBN-10: 0-7641-3622-4

Library of Congress Catalog Card No. 2006047354

Library of Congress Cataloging-in-Publication Data

Scheindlin, Raymond P.
   501 Arabic verbs: fully conjugated in all the forms / Raymond Scheindlin.
   p. cm.
   ISBN-13: 978-0-7641-3622-1 (alk. paper)
   ISBN-10: 0-7641-3622-4 (alk. paper)
   1. Arabic language --Verb -- Tables. I. Title. II. Title: Five hundred one Arabic verbs.
   III. Title: Five hundred and one Arabic verbs.

PJ6145.S315 2007
492.7'8--dc22

2006047354

PRINTED IN THE UNITED STATES OF AMERICA
9 8 7 6 5 4 3 2

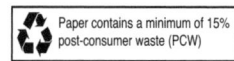
Paper contains a minimum of 15% post-consumer waste (PCW)

Contents

Foreword

This book is not merely an expansion of its predecessor, *201 Arabic Verbs*, but a completely new work. In preparing it, I had the help of an intelligent, efficient, and loyal team, consisting of Dr. Michael Rand, an expert Semitic philologist, who drafted the conjugations; Safwat Henein, who drafted the examples; May Ahmar, lecturer in Arabic at Columbia University, who reviewed the examples for grammatical accuracy and stylistic correctness; and my wife, Janice Meyerson, who contributed her editor's expertise and her artist's love of detail to the English portions of the book and to the preparation of the manuscript, plus an eagle eye that enabled her to raise some questions even about the Arabic. The help of these contributors notwithstanding, the responsibility for the accuracy of both Arabic and English rests entirely in my hands.

Introduction: The Arabic Verb

One of the best-kept secrets of the Arabic language is the clarity and logic of its verb inflections. Unlike the verbs in the languages of Europe, the Arabic verb brooks hardly any true irregularities, that is, forms that cannot be predicted by rules (such as the principal parts of "to sing" in English). Although the rules and the sheer quantity of forms might seem daunting to the beginner, the regularity of the patterns makes mastering of the Arabic verb a very achievable project—with patience and a guide, such as this book.

Triliteral Roots; Prefixes and Suffixes for Person, Gender, and Number

The vast majority of Arabic verbs are built from a root consisting of three consonants. The root usually conveys a certain core meaning that is made more specific by having added to it the vowels and prefixes belonging to one of ten patterns, called Forms. ("Form" in the sense of conjugational patterns is capitalized to distinguish it from the common noun "form.") Only when the root is realized in a particular Form is it a verb. Although dictionaries are usually organized by roots, the verb is not the root itself but only its realization in a particular Form. Its meaning may range widely from the core meaning inherent in the root, depending on the Form and on usage as it has developed over the centuries.

A verb can be modified to indicate mood, voice, tense,[1] person, gender, and number. The prefixes and suffixes for person, gender, and number are essentially identical in all ten Forms. There are two sets, depending on which of the two tenses is being used.

The perfect tense is inflected by means of these suffixes:

he	-a
she	-at
you, masculine singular	-ta
you, feminine singular	-ti
I	-tu
they two, masculine	-ā
they two, feminine	-atā
you two, masculine and feminine	-tumā
they, masculine	-ū
they, feminine	-na
you, plural masculine	-tum
you, plural feminine	-tunna
we	-nā

---

[1] The term *tense* is not strictly appropriate because, as explained below, Arabic verbs do not indicate the time of the action but whether the action is complete or not. Linguists therefore prefer to use the term *aspect*. We retain the more familiar term, so beginners may think of the perfect and imperfect as analogous to the past and future of the European languages.

The imperfect is inflected by suffixes as well as prefixes:

he	ya-
she	ta-
you, masculine	ta-
you, feminine	ta—īna
I	a-
they two, masculine	ya—ānī
they two, feminine	ta—ānī
you two, masculine and feminine	ta—ānī
they, masculine	ya—ūna
they, feminine	ya—na
you, plural masculine	ta—ūna
you, plural feminine	ta—na
we	na-

The Ten Forms

Ten Forms are in ordinary use in Arabic today, but no root occurs in all ten, and most roots can be used in only a few. Here is a table of the ten Forms, using the common root فعل (a root that contains the idea of "doing"), as has been the custom of Arab grammarians for many centuries. In the left-hand Arabic column, each of the Forms is represented by a verb in the perfect third-person masculine singular. This form is the one closest to the root and therefore the form under which verbs are listed in most dictionaries. In the second Arabic column, the same verb appears in the imperfect third-person masculine singular. In the following columns the active participle, the passive participle, and the verbal noun (except for Form I, in which the verbal noun has no single form) appear.

Form I	فَعُِلَ	يَفْعُِلُ	فَاعِلٌ	مَفْعُولٌ	---
Form II	فَعَّلَ	يُفَعِّلُ	مُفَعِّلٌ	مُفَعَّلٌ	تَفْعِيلٌ
Form III	فَاعَلَ	يُفَاعِلُ	مُفَاعِلٌ	مُفَاعَلٌ	فِعَالٌ، مُفَاعَلَةٌ
Form IV	أَفْعَلَ	يُفْعِلُ	مُفْعَلٌ	مُفْعِلٌ	إِفْعَالٌ
Form V	تَفَعَّلَ	يَتَفَعَّلُ	مُتَفَعِّلٌ	مُتَفَعَّلٌ	تَفَعُّلٌ
Form VI	تَفَاعَلَ	يَتَفَاعَلُ	مُتَفَاعِلٌ	مُتَفَاعَلٌ	تَفَاعُلٌ
Form VII	إِنْفَعَلَ	يَنْفَعِلُ	مُنْفَعِلٌ	مُنْفَعَلٌ	إِنْفِعَالٌ
Form VIII	إِفْتَعَلَ	يَفْتَعِلُ	مُفْتَعِلٌ	مُفْتَعَلٌ	إِفْتِعَالٌ
Form IX	إِفْعَلَّ	يَفْعَلُّ	مُفْعَلٌّ	---	إِفْعِلَالٌ
Form X	إِسْتَفْعَلَ	يَسْتَفْعِلُ	مُسْتَفْعِلٌ	مُسْتَفْعَلٌ	إِسْتِفْعَالٌ

The Form in which a verb is conjugated has an effect on its meaning; for example, فَعَلَ (Form I) means "to do," but تَفَاعَلَ (Form VI) means "to interact"; إِنْفَعَلَ (Form VII) means "to be done" or "to be excited"; إِسْتَفْعَلَ (Form X) means "to fabricate" or "to invent." It is not always possible to predict how a given Form will affect the meaning of a given root; the only way to know for certain is to consult the dictionary. Here are some generalizations that should be of help, along with a description of the main grammatical features of the ten Forms.

Form I. Verbs in Form I may be transitive or intransitive; that is, they may have an object, like "to hit" (as in "He hit the child"); intransitive, like "to fall" (as in "I fell"); or stative, like "to redden" (as in "He reddened with shame"). Form I is the only Form whose vowel pattern is not absolutely consistent, for the vowel following the second letter of the root varies from verb to verb. That is why the perfect and imperfect of Form I in the table have three vowels each in the second root consonant. Most commonly, this vowel is *a* in the perfect and *u* in the imperfect. But many verbs have *i* in the perfect and *a* in the imperfect, such as رَحِمَ, imperfect يَرْحَمُ; some have *a* in the perfect and *i* in the imperfect, such as مَلَكَ, imperfect يَمْلِكُ; and a few have *u* in the perfect and *u* in the imperfect, such as كَثُرَ, imperfect يَكْثُرُ. When learning the verbs of Form I, the middle vowel of the imperfect must be memorized along with the basic form (third-person perfect masculine singular). In dictionaries, the middle vowel of Form I words is often given in the form "فَعَلَ a," meaning that the perfect has *a*, the imperfect *a*; or مَلَكَ i, meaning that the perfect has *a*, the imperfect *i*, and so on.

Form II. The distinctive features of Form II are the doubling of the second root letter, the invariable vowel patterns *a-a-a* in the perfect, *u-a-i-u* in the imperfect active, and *u-a-a-u* in the imperfect passive. Verbs in Form II are almost always transitive. If a root exists in both Forms I and II, it may be intransitive in I and transitive in II. If a verb is transitive in I, it becomes doubly transitive in II; thus ذَكَرَ (Form I) means "to remember" (transitive), but ذَكَّرَ (Form II) means "to remind" (doubly transitive because the verb can be used to mean "to remind someone of something," with both objects in the accusative). Form II can also contribute a heightening of intensity to the meaning of a verb; thus the Form I verb قَتَلَ, meaning "to kill," is intensified in Form II to قَتَّلَ, meaning "to massacre." Form II is sometimes used to turn nouns or even phrases into verbs; a common example is سَلَّمَ, meaning "to give the greeting السلام عليك" (peace be upon you).

Form III. Form III's distinctive features are the long vowel *ā* between the first and second root letters of the perfect active (which becomes a long *ū* in the perfect passive) and the vowel pattern *u-ā-i-u* in the imperfect active (which becomes *u-ā-a-u* in the imperfect passive). It sometimes involves an element of reciprocity, so that عَقَبَ in Form I ("to follow") becomes عَاقَبَ ("to alternate") in Form III. A verb that requires a preposition in Form I may govern its object in the accusative in Form III. Thus كَتَبْتُ إليه, "I wrote to him" (Form I), becomes كَاتَبْتُهُ, "I wrote him" (Form III).

Form IV. Form IV is distinguished by the prefixed *a* in the perfect, the vowel patterns *u-i-u* in the imperfect active, and *u-a-u* in the imperfect passive. The *hamza* in the prefix of its perfect and imperative is never elided into a preceding vowel, unlike the prefixed *hamzas* in some of the other nine Forms. Like Form II, this Form is mostly transitive: verbs that are intransitive in I become transitive in IV; verbs that are transitive in I become doubly transitive in IV; and nouns may be transformed into verbs by putting their roots into Form IV.

Form V. Form V in the perfect resembles Form II with a prefixed *ta-*, but in the imperfect, the vowel pattern is *a-a-a-a-u*. Some verbs in Form V have a reflexive element, although this may not be immediately obvious; thus عَلِمَ in Form I means "to know," عَلَّمَ in Form II means "to teach," and تَعَلَّمَ in Form V means "to learn," that is, to teach oneself. But no consistent meaning is attached to this Form.

Form VI. Form VI corresponds in form to Form III in the same way that Form V corresponds to Form II, with a prefixed *ta-*, long *ā* between the first and second root letters in the active and long *ū* between the first and second root letters in the passive, and the vowel pattern *a-a-ā-a-u* in the imperfect. It relates to Form III also in enhancing the reciprocity in the action; Form III قَاتَلَهُ ("He fought him," transitive) thus becomes Form VI تَقَاتَلَ, "the two of them fought each other."

Form VII. Form VII is characterized by the prefix *in-*. It is mostly reflexive, resultative, or passive, and roots that are transitive in Form I become intransitive in Form VII. Thus Form I كَسَرَ, "to break," becomes Form VII إِنْكَسَرَ, "to be broken"; and Form I كَشَفَ, "to reveal," becomes إِنْكَشَفَ, "to appear."

Form VIII. Form VIII is distinguished by having both a prefixed *i-* and an infixed *t*, which is placed between the first and second letters of the root. The pattern is *i-ta-a-a* in the active and *u-tu-i-a* in the passive. If the first root letter is a dental or *waw*, the *t* assimilates into it, resulting in the doubling of the assimilated letter and often other phonetic changes; examples in this book are إِزْدَوَجَ (from زوج); إِدَّخَرَ (from ذخر); إِدَّعَى (from دعو); إِضْطَرَّ (from ضرر); إِصْطَدَمَ (from صدم); and إِطَّلَعَ (from طلع). This common Form often serves as a reflexive for verbs that are transitive in Form I; as Form VIII إِفْتَرَقَ, "to part," versus Form I فَرَقَ, "to divide." But there is no reliable element of meaning associated with Form VIII.

Form IX. Form IX, like Forms VII, VIII, and X, has a prefixed *i-*; in addition, its third root letter is doubled. It is used only with verbs indicating colors and defects, like إِصْفَرَّ,"to turn yellow," and إِعْوَجَّ, "to be bent," and is therefore not very common.

Form X. Form X has the prefix *ista-* in the active and *ustu-* in the passive. It is often associated with asking for a thing implied by the root, like إِسْتَغْفَرَ, "to apologize" (i.e., to ask for pardon), from a root that in Form I means "to pardon." It can also imply an attitude toward something designated by the root, like إِسْتَحْسَنَ, "to approve" (i.e., to find something good), from حَسَنٌ, "good." It is sometimes reflexive, as إِسْتَسْلَمَ, "to give oneself up," versus the same root in Form IV, أَسْلَمَ, "to hand over."

Other Forms exist, but they are exceedingly rare in modern standard Arabic. Of somewhat greater concern to the student are the handful of quadriliteral verbs. They have four Forms instead of ten and are rare enough that only four occur among the 501 most common verbs conjugated in this book: تَرْجَمَ and سَيْطَرَ, which are in quadriliteral Form I; تَقَهْقَرَ, which is in quadriliteral Form II; and إِطْمَأَنَّ, which is in quadriliteral Form IV. The patterns of quadriliteral Forms I, II, and IV are similar to triliteral Forms II, V, and IX, respectively, and are easily mastered.

Voice

Verbs may be active or passive. In English, we may say, "I hit the man" or "The man was hit by me." The act described is the same, but the emphasis in the first case is on the subject who performs the act; in the second case, it is on the object of the act (who becomes the subject of the sentence). In Arabic, some of the Forms habitually function as passives. But most of the Forms have an internal passive that is formed by altering the vowels; the initial vowel is always changed to *u*, and other vowels may change as well. These changes are absolutely uniform within each Form and need only be memorized. Passive forms are most naturally used with transitive verbs, that is, verbs denoting actions that have a direct object, as in the example "to hit," just given. But it is a peculiarity of Arabic that intransitive verbs are sometimes used in the passive when there is no subject or when the subject is vague (i.e., the "impersonal construction"). Thus, just as one might use the passive فُتِحَ الباب, "The door was opened," without specifying who did the opening, one might put the verb إِخْتَلَفَ ("to disagree") in the passive and say أُخْتُلِفَ فِيهِ, "There is disagreement about it," literally, "It is disagreed about." That is why a number of verbs in this book are provided with a passive even though they are intransitive.

Tense

Arabic tenses function somewhat differently from those of English, which makes a clear distinction between past ("He went"), present ("He goes"), and future ("He will go"), and a variety of finer distinctions of time (e.g., "He has gone"; "He has been going"; "He had gone"; "He will have gone"). Arabic makes distinctions not so much with respect to the time of an act as with respect to the state of an act relative to its completion. The tenses are therefore called "perfect" and "imperfect." The perfect can indicate past when it occurs with no other marker; but ordinarily, something in the sentence indicates whether it is to be understood as past, present, or future. Thus كَتَبَ, in the perfect, can, depending on the context, mean "he wrote" or "he had written" (completed acts in the past), or "he will have written" (completed act in the future); but it cannot be used to mean "was writing" (uncompleted act in the past). Likewise, the imperfect يَكْتُبُ can indicate future, when it occurs with no other marker, but it is quite commonly used for the present, which does not have a tense of its own in Arabic; it only unambiguously indicates future when it has the prefix سَ, or is preceded by the word سَوْفَ, or when the sentence includes some other indicator of tense. Thus, depending on the context, يَكْتُبُ could mean "was writing" (uncompleted act in the past), "will be writing" (uncompleted act in the future), or "is writing" (an act in the present, therefore by definition uncompleted); it only unambiguously means "will write" when it appears as سَيَكْتُبُ.

Mood

The imperfect has four moods.

The indicative is the mood that states an action as a fact: "He goes" or "He will go." In normal verbs, it is distinguished by the final vowel: *u*, for most persons in the singular and the first-person plural; *āni* for dual; and *ūna* for masculine plural.

The subjunctive is the mood of a verb in a subordinate clause when it depends on a main verb that connotes a command, wish, intention, or fear. The conjunction أَنْ, "that" (or its negative, أَلَّا, "that not"), is usually used to link the main verb and the subordinate verb. As an example, consider the sentence "He told me to go." In Arabic, this would be expressed as "He commanded that I go," that is, أَمَرَنِي أَنْ أَذْهَبَ, with the verb of the subordinate clause in the subjunctive. The subjunctive is commonly used after other particles that indicate intent, such as حَتَّى, كَيْ, لِ, all meaning "so that"; and لِئَلَّا ("so that not"), as well as after the asseverative لَنْ ("certainly not"). In normal verbs, the subjunctive is distinguished by the final vowel *a* in the persons in which the indicative has *u*, and by dropping the syllable *na* from the suffixes -*ūna* and -*īna*.

The jussive in normal verbs is distinguished by having no final vowel where the indicative has *u*; like the subjunctive, the jussive drops the syllable *na* from suffixes -*ūna* and -*īna*. The jussive is used instead of the imperative to express negative commands; for example, لَا تَذْهَبْ,"Don't go." It is commonly used with لَمْ to form negative sentences in the past; for example, لَمْ أَذْهَبْ, "I did not go." This usage seems counterintuitive until we remember that the tenses in Arabic do not specify time, as they do in the European languages (see n. 1 above). The jussive may be used to form a command in the third person, which in English can only be expressed by roundabout expressions such as "Let him come," whereas in Arabic only one word is needed, يَجِئْ. The jussive also figures prominently in conditional sentences.

The imperative, as in English, is the mood of command, like the English "Come here." In Form I, it is formed by prefixing *u*- to the jussive of verbs that have *u* as the vowel of the second root consonant, and *i*- to the jussive of verbs that have *a* or *i* as the vowel of the second root consonant. In Forms II, III, V, and VI, the imperative is formed from the jussive by dropping the prefix *ta-* of the second person. In Form IV, it also follows the jussive but has *a* (which never elides) as a prefix. In Forms VII through X, it follows the jussive but has *i* as a prefix (which does elide if the preceding word ends in a vowel). The imperative is only used for positive commands; in negative commands, the jussive is used.

Person, Gender, and Number

Arabic has three numbers: singular, dual (used when speaking of two things), and plural. These elements are indicated by prefixes and suffixes, which make it unnecessary, and even incorrect, to use pronouns with a verb, except for the sake of emphasis. Thus أنا أَذْهَبُ does not mean "I will go" but "I, and no one but I, will go." Even the word *two* may be omitted in sentences such as "When are you two coming?" because the "two-ness" is accounted for by the suffix of the verb.

Arabic has two genders, unlike English, which has three. Because there is no neuter, every noun is considered masculine or feminine. It is usually easy to distinguish; most feminine nouns end in ة—, and feminine names are, of course, feminine. But there is a complication in that plural nouns of the type called "broken plurals," designating inanimate objects, are considered feminine and ordinarily require a feminine singular verb; for example, سَقَطَتِ الصحون (the *kasra* at the end of the verb is merely a linking vowel connecting سَقَطَتْ to the definite article of the following noun and is not part of the conjugation), "The dishes fell." The rules of agreement between verbs and subjects include a few other surprises for English speakers. For example, when the subject of a verb is a human being, the agreement depends on whether the verb precedes or follows the noun: in the normal Arabic word order, with the verb first, the verb is in the singular, as سَقَطَ الرجال, "The men fell." But when the verb follows the subject, it is in the plural, as in the sentence سَقَطَ الرجال وماتُوا, "The men fell [singular] and died [plural]." The rules for agreement of subject and predicate, although unexpected, are not complicated.

Participles and the Verbal Noun

These are forms of the verb that in some ways function as nouns or sometimes even as adjectives. Every verb has an active participle, a form of the verb that describes a person or thing performing the action. It may sometimes be used like English words ending in *-ing* that are used to describe a person or thing engaged in an act, such as "He is writing." The suffix *-ing* makes the verb a participle, indicating the doer; it is not the same as the *-ing* that indicates the act itself, as in "Writing is my favorite activity". But more often, participles describe persons or things characterized by a particular action and thus resemble nouns or adjectives. For example, هُوَ كَاتِبٌ could theoretically mean "He is writing," but normally it means "He is a writing person," "He is a writer," or even "He is a scribe."

The passive participle is the analogous form of the passive; it describes the person or thing to whom the action was done, like هو مَقْتُولٌ, "He is killed."

The verbal noun (*masdar*) is a noun formed from the verb, like many English words ending in *-ing* (known as gerunds; e.g., "writing," in the sense of "the act of writing," as in the preceding sentence, "Writing is my favorite activity"). But the use of the *masdar* ranges beyond the ordinary uses of the verbal noun, in ways that must be studied from a full grammar book.

The forms of the *masdar* are fixed in Forms II through X, but they are numerous in Form I, so that for each Form I verb, the *masdar* must be memorized along with the middle vowel of the perfect and imperfect. Some Form I verbs have two or more *masdars*, which may be distinguished in meaning.

Deviant Verbs

The conjugational patterns just described hold good for all verbs that have three root consonants, unless one or more of those consonants is *hamza*, *waw*, or *ya*. The deviations from the patterns caused by the presence of any of these three consonants in the root can nearly all be reduced to rules, but it is easier to master the rules once the student has memorized the conjugation of a verb for each pattern and gotten the sound patterns fixed in the ear. (In learning a language as an adult, always aim for reciprocity between raw memorization—which is absolutely essential—and mastering the patterns according to the rules.) Here is a summary of the most important deviant patterns.

1. Verbs whose root includes *hamza*. The Arabic alphabet does not have a way to represent the glottal stop, even though it is a sound that bears meaning in Arabic and may serve as a root consonant (whereas in English, it is merely a feature of pronunciation). To make up for this deficiency, the symbol ء (*hamza*) was added to the writing system at an early time; it is placed on a letter of the alphabet—*alif*, *waw*, or *ya*—that represents the vowel that precedes or follows the *hamza*; this letter is called the "chair" of the *hamza*. In some situations, the *hamza* stands alone.

As far as the conjugation itself is concerned, the presence of *hamza* in a root affects mostly the imperative in that the three common verbs أَكَلَ, أَخَذَ, and أَمَرَ drop it (e.g., the imperative of أَمَرَ is مُرْ), whereas other verbs assimilate it (the imperative of أَسَرَ is إِسِيرْ). It affects some *masdars*. And in the case of one root, أَخَذَ, it is assimilated into the infixed *t* of Form VIII to produce إتَّخَذَ.

Although the *hamza* is scarcely a problem for conjugation, it creates a considerable problem for spelling. At the beginning of a word, the chair is always an *alif*. When a *hamza* occurs after a prefixed *a-* (as in أأْخِذُ), the two *alif*s are reduced to one with the symbol *madda* over it (آخِذُ). When the *hamza* occurs in the medial or final position in a verb, the spelling rules are determined by the surrounding vowels; in general, the presence of the vowel *i* gives priority to the letter *ya* over the letters *waw* or *alif*; the presence of the vowel *u* gives priority to the letter *waw* over *alif*; and the presence of the vowel *a* gives priority to the letter *alif* only when the *hamza* itself has no vowel. When a word ends with *ā* and *hamza*, the *hamza* usually is written without a chair. For details, see Karin C. Ryding, *A Reference Grammar of Modern Standard Arabic* (Cambridge: Cambridge University Press, 2005), pp. 16–19.

2. Geminate verbs. These are verbs whose second and third root letters are the same and therefore assimilate into a single doubled consonant (e.g., the root ردد, which becomes رَّ). But in Forms II and V there is no assimilation, to preserve the doubling that is a feature of the Form, so Form II of هدد is هَدَّدَ. Furthermore, some speakers and writers avoid the assimilation in the jussive and imperative when the final root consonant would have a *sukūn*, as the phonetic tradition of Arabic avoids doubling in a closed syllable; yet other speakers and writers prefer an alternative form of the jussive and imperative in which the assimilation occurs but is put into conformity with the phonetic tradition by rounding off the syllable with an extra vowel *a*. Thus, from the root حلل, the Form I jussive (third person) can be يَحْلُلْ (uncontracted) or يَحُلَّ (contracted and rounded off with the extra vowel). In Forms III and VI, the assimilation is optional, so these verbs have two parallel sets of conjugation, as pointed out in the treatment of تَضَادَّ in this book.

3. Verbs that have the unstable letters *waw* or *ya* as a root consonant. There are three kinds, depending on the position of the weak consonant in the root:

a. Initial. The presence of a *waw* or *ya* at the beginning of a root affects mostly Form I imperfect and imperative, where they simply drop out. The verb وَجَلَ in this book is a rare exception in that it retains the initial *waw*. The letters *waw* and *ya* combine with the prefixed إ of the verbal noun in Forms IV and VIII to yield ‑إي; in the perfect of Form VIII, the *waw* or *ya* is assimilated into the infixed *t*, which is doubled as a result; compare إتَّصَلَ, from the root وصل.

b. Medial. When the second root consonant is *waw* or *ya*, the verb is called "hollow." In Form I perfect, the middle consonant becomes a long *ā* if the third consonant has a vowel, but if the third consonant has a *sukūn*, the middle consonant of *waw* verbs turns into the corresponding vowel; that is, *waw* becomes *u* (as in قُلْتُ, from the root قول), and *ya* becomes *i* (as in سِرْتُ, from the root سير). In the imperfect, medial *waw* and *ya* take the form of *ū* or *ī*, respectively, but a few verbs have *ā* in the imperfect, such as نَالَ, which produces such forms as يَنَالُ in the imperfect. In Forms II, III, V, and VI, the middle consonant is completely stable. In the other Forms, the middle radical becomes a long vowel in open syllables and a short vowel in closed syllables; whether that vowel is *a*, *i*, or *u* depends on the preceding vowel in predictable ways.

c. Final. When the third consonant is *waw* or *ya*, the verb is called "weak." The difficulty is caused by the fact that these consonants are so similar to vowels that they tend to merge into the surrounding vowels. This may be observed immediately in the third-person masculine singular of Form I, the most basic form of the verb and the one used for dictionary entries, for it has only two syllables instead of the usual three, and this syllable ends in the long vowel *ā*, spelled with ‎ا‎ (*alif*) for verbs whose root ends in *w*, and ‎ى‎ (*alif maqsūra*) for verbs whose root ends in *y* (e.g., ‎دَعَا‎, from the root ‎دعو‎, and ‎رَمَى‎, from the root ‎رمي‎). The patterns by which these mergers occur does not depend on the Form, voice, tense, mood, person, gender, or number but only on the configuration of sounds; thus, like so many features of Arabic morphology, once you know the rules, you can work out the correct form with considerable certainty.

The rules require us to imagine that these verbs are absolutely regular and to observe the configuration of vowel and consonant around the final *waw* or *ya* that would result from any conjugated form. Consider, for example, ‎يَدْعُونَ‎ (Form I, imperfect third-person masculine plural), from the root ‎دعو‎. The hypothetical regular form would be *‎يَدْعُوُونَ‎, but it is only natural for the group *uwū* to merge into the *ū*, giving rise to ‎يَدْعُونَ‎. Likewise, if the root letter *ya* is followed by the vowel *ī*, as in the hypothetical *‎تَرْمِيِينَ‎ (‎رمي‎), Form I imperfect second-person feminine singular, the *iyī* will naturally merge into the *ī*, resulting in ‎تَرْمِينَ‎. Other such common mergers are *iwū→ū*; *uyī→ī*; *awū→aw*; *ayū→aw*; *ayī→ay*, and so on. Because the rules are complicated, many students find it more efficient simply to memorize verbs exemplifying the various possible transformations and to study the rules only after having many patterns well established in the eye and the ear. Memorizing the following Form I verbs will provide you with enough examples to cover any case: ‎دَعَا, رَمَى, رَضِيَ, لَقِيَ‎.

The situation is somewhat simpler in Forms II through X, in which verbs with *waw* as the third root consonant are treated exactly like verbs with *ya* as the third root consonant. The same rules apply, but the collapse of the distinction between the root *u* and the root *i* reduces the number of possible mergers.

A final point about the weak verb must be made explicit, although it follows from what has been said. It applies to participles and follows from the fact that active participles of all roots in all Forms have the same pattern in their last two syllables: *C-i-C-un* (where *C* represents the second and third letters of the root). If the third letter of the root is *w* or *y*, that would yield the hypothetical ending *iyun* or *iwun*; these hypothetical forms merge into *Cin*. Thus ‎دعو‎ in Form I would give rise to the hypothetical *‎دَاعِيٌّ‎, which, in conformity with the rules summarized in the preceding paragraph, yields ‎دَاعٍ‎. This form sometimes puzzles beginners because it is nominative, even though the suffix *i* ordinarily signifies the genitive; but this particular *i* is merely the regular contraction of *iyun* to *in*. When the participle has the definite article and accordingly loses the *tanwīn*, the form is ‎الدَّاعِي‎, representing the regular contraction of *iyu* to *ī*.

Doubly Deviant Verbs

A number of common roots have two features that cause them to deviate from the basic patterns. In most cases, the rules for the two kinds of deviation do not come into conflict. A verb such as أَتَى, "to come," from the root أتي, with a *hamza* as its first consonant and *ya* as the third, produces odd-looking forms such as إِيتِ in the imperative, but it is actually quite regular. Only a few verbs of this type are truly irregular, in that their forms cannot be exactly predicted from rules. One is the common verb رَأَى, "to see," which has *hamza* as its second root consonant and *ya* as the third because the *hamza* disappears in the imperfect (and, therefore, in the subjunctive, jussive, and imperative) of Forms I and IV. Another is the root حيي (sometimes given as حيو), which is realized in Form I sometimes as حَيِيَ and sometimes as حَيَّ, both meaning "to live." The imperfect of Form I is unexpectedly spelled as يَحْيَا, and the perfect of Form IV as أَحْيَا. The spelling of Form X also varies, depending on whether the meaning is "to spare one's life" or "to be ashamed."

This Book

The 501 verbs conjugated in this book were selected according to W. Fromm, *Häufigkeitswörterbuch der modernen arabischen Zeitungssprache* (Leipzig, 1982). For each of the 501 verbs, there is a heading with, on the right, the verb itself in Arabic and English and, on the upper left, the root and Form. The translation next to the Arabic verb provides only a selection of possible meanings. For a full treatment, consult a dictionary because words in Arabic, as in every language, can cover a wide range of meanings, and this range only rarely overlaps exactly between any two languages. The semantic range of Arabic words is often very different from that of English, and words may be used in ways that are completely unexpected. One of the great pleasures of learning Arabic—or of any foreign language—is the slow process of coming to grasp and then to internalize the train of thought that links ideas in the mind of the native speaker, although at first they appear to have no relation to each other in the mind of the student.

After the heading, the active voice is conjugated with the perfect and imperfect indicative in the right column and the subjunctive and jussive in the left. Beneath these appear, in the right column, the active and passive participles and the verbal noun, and in the left column, the imperative. Grammatical terms are provided in English. For transitive verbs (and for some intransitive verbs that are often used impersonally), the passive is also provided, in the same format as the active.

Each verb is followed by a few sentences that serve as examples of how it is used. As in English, verbs often acquire different meanings depending on whether they connect to the following noun by using the accusative or a preposition and, if by a preposition, depending on which preposition is used. It is therefore a good idea to study these examples not only to see how the verb is conjugated but to see how its meaning may alter in accordance with the way it governs its object. In the translations of the sentences, the English words corresponding to the verb under treatment are italicized, along with any other English words included in the verb—such as subject and object pronouns that are prefixed or suffixed to the verb—although these are separate words in English.

The order of the conjugation tables is by root. When several verbs derive from one root, they are arranged in the numerical order of the Form. At the end of the book is an index of verbs in strict alphabetical order to help you locate a verb when you are uncertain of its root.

501 Arabic Verbs
Fully Conjugated in All Forms

to refuse أَبَى

ACTIVE

		PERFECT SINGULAR	DUAL	PLURAL	SUBJUNCTIVE SINGULAR	DUAL	PLURAL
3	MASCULINE	أَبَى	أَبَيَا	أَبَوْا	يَأْبَى	يَأْبَيَا	يَأْبَوْا
	FEMININE	أَبَتْ	أَبَتَا	أَبَيْنَ	تَأْبَى	تَأْبَيَا	يَأْبَيْنَ
2	MASCULINE	أَبَيْتَ	أَبَيْتُمَا	أَبَيْتُمْ	تَأْبَى	تَأْبَيَا	تَأْبَوْا
	FEMININE	أَبَيْتِ	أَبَيْتُمَا	أَبَيْتُنَّ	تَأْبَيْ	تَأْبَيَا	تَأْبَيْنَ
1		أَبَيْتُ	---	أَبَيْنَا	آبَى	---	نَأْبَى

		IMPERFECT SINGULAR	DUAL	PLURAL	JUSSIVE SINGULAR	DUAL	PLURAL
3	MASCULINE	يَأْبَى	يَأْبَيَانِ	يَأْبَوْنَ	يَأْبَ	يَأْبَيَا	يَأْبَوْا
	FEMININE	تَأْبَى	تَأْبَيَانِ	يَأْبَيْنَ	تَأْبَ	تَأْبَيَا	يَأْبَيْنَ
2	MASCULINE	تَأْبَى	تَأْبَيَانِ	تَأْبَوْنَ	تَأْبَ	تَأْبَيَا	تَأْبَوْا
	FEMININE	تَأْبَيْنَ	تَأْبَيَانِ	تَأْبَيْنَ	تَأْبَيْ	تَأْبَيَا	تَأْبَيْنَ
1		آبَى	---	نَأْبَى	آبَ	---	نَأْبَ

ACTIVE PARTICIPLE	آبٍ
PASSIVE PARTICIPLE	مَأْبِيٌّ
VERBAL NOUN	إِبَاءٌ

IMPERATIVE	SINGULAR	DUAL	PLURAL
MASCULINE	إِيبَ	إِيبَيَا	إِيبَوْا
FEMININE	إِيبَيْ	إِيبَيَا	إِيبَيْنَ

PASSIVE

		PERFECT SINGULAR	DUAL	PLURAL	SUBJUNCTIVE SINGULAR	DUAL	PLURAL
3	MASCULINE	أُبِيَ	أُبِيَا	أُبُوا	يُؤْبَى	يُؤْبَيَا	يُؤْبَوْا
	FEMININE	أُبِيَتْ	أُبِيَتَا	أُبِينَ	تُؤْبَى	تُؤْبَيَا	يُؤْبَيْنَ
2	MASCULINE	أُبِيتَ	أُبِيتُمَا	أُبِيتُمْ	تُؤْبَى	تُؤْبَيَا	تُؤْبَوْا
	FEMININE	أُبِيتِ	أُبِيتُمَا	أُبِيتُنَّ	تُؤْبَيْ	تُؤْبَيَا	تُؤْبَيْنَ
1		أُبِيتُ	---	أُبِينَا	أُوبَى	---	نُؤْبَى

		IMPERFECT SINGULAR	DUAL	PLURAL	JUSSIVE SINGULAR	DUAL	PLURAL
3	MASCULINE	يُؤْبَى	يُؤْبَيَانِ	يُؤْبَوْنَ	يُؤْبَ	يُؤْبَيَا	يُؤْبَوْا
	FEMININE	تُؤْبَى	تُؤْبَيَانِ	يُؤْبَيْنَ	تُؤْبَ	تُؤْبَيَا	يُؤْبَيْنَ
2	MASCULINE	تُؤْبَى	تُؤْبَيَانِ	تُؤْبَوْنَ	تُؤْبَ	تُؤْبَيَا	تُؤْبَوْا
	FEMININE	تُؤْبَيْنَ	تُؤْبَيَانِ	تُؤْبَيْنَ	تُؤْبَيْ	تُؤْبَيَا	تُؤْبَيْنَ
1		أُوبَى	---	نُؤْبَى	أُوبَ	---	نُؤْبَ

The child *refused* to drink his milk.	أَبَى الطفل أن يشرب اللبن.
Why *are the two of you refusing* to go to the market with us?	لماذا تَأْبَيَانِ أن تأتيا معنا إلى السوق؟
I wish *they would not refuse* to play with our children.	أتمنى أن لا يَأْبَوْا أن يلعبوا مع أطفالنا.

● أَتَى to come — Form I أتي

ACTIVE

PERFECT

		SINGULAR	DUAL	PLURAL
3	MASCULINE	أَتَى	أَتَيَا	أَتَوْا
	FEMININE	أَتَتْ	أَتَتَا	أَتَيْنَ
2	MASCULINE	أَتَيْتَ	أَتَيْتُمَا	أَتَيْتُمْ
	FEMININE	أَتَيْتِ	أَتَيْتُمَا	أَتَيْتُنَّ
1		أَتَيْتُ	---	أَتَيْنَا

SUBJUNCTIVE

		SINGULAR	DUAL	PLURAL
3	MASCULINE	يَأْتِيَ	يَأْتِيَا	يَأْتُوا
	FEMININE	تَأْتِيَ	تَأْتِيَا	يَأْتِينَ
2	MASCULINE	تَأْتِيَ	تَأْتِيَا	تَأْتُوا
	FEMININE	تَأْتِي	تَأْتِيَا	تَأْتِينَ
1		آتِيَ	---	نَأْتِيَ

IMPERFECT

		SINGULAR	DUAL	PLURAL
3	MASCULINE	يَأْتِي	يَأْتِيَانِ	يَأْتُونَ
	FEMININE	تَأْتِي	تَأْتِيَانِ	يَأْتِينَ
2	MASCULINE	تَأْتِي	تَأْتِيَانِ	تَأْتُونَ
	FEMININE	تَأْتِينَ	تَأْتِيَانِ	تَأْتِينَ
1		آتِي	---	نَأْتِي

JUSSIVE

		SINGULAR	DUAL	PLURAL
3	MASCULINE	يَأْتِ	يَأْتِيَا	يَأْتُوا
	FEMININE	تَأْتِ	تَأْتِيَا	يَأْتِينَ
2	MASCULINE	تَأْتِ	تَأْتِيَا	تَأْتُوا
	FEMININE	تَأْتِي	تَأْتِيَا	تَأْتِينَ
1		آتِ	---	نَأْتِ

ACTIVE PARTICIPLE	آتٍ
PASSIVE PARTICIPLE	مَأْتِيٌّ
VERBAL NOUN	إِتْيَانٌ

IMPERATIVE

	SINGULAR	DUAL	PLURAL
MASCULINE	إيتِ	إيتِيَا	إيتُوا
FEMININE	إيتِي	إيتِيَا	إيتِينَ

PASSIVE

PERFECT

		SINGULAR	DUAL	PLURAL
3	MASCULINE	أُتِيَ	أُتِيَا	أُتُوا
	FEMININE	أُتِيَتْ	أُتِيَتَا	أُتِينَ
2	MASCULINE	أُتِيتَ	أُتِيتُمَا	أُتِيتُمْ
	FEMININE	أُتِيتِ	أُتِيتُمَا	أُتِيتُنَّ
1		أُتِيتُ	---	أُتِينَا

SUBJUNCTIVE

		SINGULAR	DUAL	PLURAL
3	MASCULINE	يُؤْتَى	يُؤْتَيَا	يُؤْتَوْا
	FEMININE	تُؤْتَى	تُؤْتَيَا	يُؤْتَيْنَ
2	MASCULINE	تُؤْتَى	تُؤْتَيَا	تُؤْتَوْا
	FEMININE	تُؤْتَيْ	تُؤْتَيَا	تُؤْتَيْنَ
1		أُوتَى	---	نُؤْتَى

		IMPERFECT			JUSSIVE		
3	MASCULINE	يُوْتَى	يُوْتَيَانِ	يُوْتَوْنَ	يُوْتَ	يُوْتَيَا	يُوْتَوْا
	FEMININE	تُوْتَى	تُوْتَيَانِ	يُوْتَيْنَ	تُوْتَ	تُوْتَيَا	يُوْتَيْنَ
2	MASCULINE	تُوْتَى	تُوْتَيَانِ	تُوْتَوْنَ	تُوْتَ	تُوْتَيَا	تُوْتَوْا
	FEMININE	تُوْتَيْنَ	تُوْتَيَانِ	تُوْتَيْنَ	تُوْتَيْ	تُوْتَيَا	تُوْتَيْنَ
1		أُوتَى	---	نُوْتَى	أُوتَ	---	نُوْتَ

May *I go* to the theater with you? — هل يمكن أن آتِيَ معكم إلى المسرح؟

The train is late; do you know when *it will arrive*? — لقد تأخر القطار. هل تعرف متى سَيَأْتِي؟

She was not able *to come* with us because her little boy is sick. — لم تتمكن من أن تَأْتِيَ معنا لأن ابنها الصغير مريض.

Why did none of you *bring* your chemistry book? — لماذا لم يَأْتِ كل منكم بكتاب مادة الكيمياء؟

I didn't get [literally: *bring*] this idea from Mars! — لم آتِ بهذه الفكرة من المريخ!

● آتَى to bring — Form IV أتي

ACTIVE

		PERFECT SINGULAR	DUAL	PLURAL	SUBJUNCTIVE SINGULAR	DUAL	PLURAL
3	MASCULINE	آتَى	آتَيَا	آتَوْا	يُؤْتِيَ	يُؤْتِيَا	يُؤْتُوا
	FEMININE	آتَتْ	آتَتَا	آتَيْنَ	تُؤْتِيَ	تُؤْتِيَا	يُؤْتِينَ
2	MASCULINE	آتَيْتَ	آتَيْتُمَا	آتَيْتُمْ	تُؤْتِيَ	تُؤْتِيَا	تُؤْتُوا
	FEMININE	آتَيْتِ	آتَيْتُمَا	آتَيْتُنَّ	تُؤْتِي	تُؤْتِيَا	تُؤْتِينَ
1		آتَيْتُ	---	آتَيْنَا	أُوتِيَ	---	نُؤْتِيَ

		IMPERFECT			JUSSIVE		
3	MASCULINE	يُؤْتِي	يُؤْتِيَانِ	يُؤْتُونَ	يُؤْتِ	يُؤْتِيَا	يُؤْتُوا
	FEMININE	تُؤْتِي	تُؤْتِيَانِ	يُؤْتِينَ	تُؤْتِ	تُؤْتِيَا	يُؤْتِينَ
2	MASCULINE	تُؤْتِي	تُؤْتِيَانِ	تُؤْتُونَ	تُؤْتِ	تُؤْتِيَا	تُؤْتُوا
	FEMININE	تُؤْتِينَ	تُؤْتِيَانِ	تُؤْتِينَ	تُؤْتِي	تُؤْتِيَا	تُؤْتِينَ
1		أُوتِي	---	نُؤْتِي	أُوتِ	---	نُؤْتِ

ACTIVE PARTICIPLE	مُؤْتٍ
PASSIVE PARTICIPLE	مُؤْتًى
VERBAL NOUN	إِيتَاءٌ

IMPERATIVE	SINGULAR	DUAL	PLURAL
MASCULINE	آتِ	آتِيَا	آتُوا
FEMININE	آتِي	آتِيَا	آتِينَ

PASSIVE

		PERFECT SINGULAR	DUAL	PLURAL	SUBJUNCTIVE SINGULAR	DUAL	PLURAL
3	MASCULINE	أُوتِيَ	أُوتِيَا	أُوتُوا	يُؤْتَى	يُؤْتَيَا	يُؤْتَوْا
	FEMININE	أُوتِيَتْ	أُوتِيَتَا	أُوتِينَ	تُؤْتَى	تُؤْتَيَا	يُؤْتَيْنَ
2	MASCULINE	أُوتِيتَ	أُوتِيتُمَا	أُوتِيتُمْ	تُؤْتَى	تُؤْتَيَا	تُؤْتَوْا
	FEMININE	أُوتِيتِ	أُوتِيتُمَا	أُوتِيتُنَّ	تُؤْتَيْ	تُؤْتَيَا	تُؤْتَيْنَ
1		أُوتِيتُ	---	أُوتِينَا	أُوتَى	---	نُؤْتَى

		IMPERFECT SINGULAR	DUAL	PLURAL	JUSSIVE SINGULAR	DUAL	PLURAL
3	MASCULINE	يُؤْتَى	يُؤْتَيَانِ	يُؤْتَوْنَ	يُؤْتَ	يُؤْتَيَا	يُؤْتَوْا
	FEMININE	تُؤْتَى	تُؤْتَيَانِ	يُؤْتَيْنَ	تُؤْتَ	تُؤْتَيَا	يُؤْتَيْنَ
2	MASCULINE	تُؤْتَى	تُؤْتَيَانِ	تُؤْتَوْنَ	تُؤْتَ	تُؤْتَيَا	تُؤْتَوْا
	FEMININE	تُؤْتَيْنَ	تُؤْتَيَانِ	تُؤْتَيْنَ	تُؤْتَيْ	تُؤْتَيَا	تُؤْتَيْنَ
1		أُوتَى	---	نُؤْتَى	أُوتَ	---	نُؤْتَ

هل تُحبّان أن نُؤتِيَ أي شيء للمشاركة في العشاء؟

Do you two want us *to bring* anything to share for dinner?

لقد آتانا كل ما نحتاج اليه.

He *brought* us everything we need.

Form II أثر ● to influence أَثَّرَ

ACTIVE

		PERFECT SINGULAR	DUAL	PLURAL	SUBJUNCTIVE SINGULAR	DUAL	PLURAL
3	MASCULINE	أَثَّرَ	أَثَّرَا	أَثَّرُوا	يُؤَثِّرَ	يُؤَثِّرَا	يُؤَثِّرُوا
	FEMININE	أَثَّرَتْ	أَثَّرَتَا	أَثَّرْنَ	تُؤَثِّرَ	تُؤَثِّرَا	يُؤَثِّرْنَ
2	MASCULINE	أَثَّرْتَ	أَثَّرْتُمَا	أَثَّرْتُمْ	تُؤَثِّرَ	تُؤَثِّرَا	تُؤَثِّرُوا
	FEMININE	أَثَّرْتِ	أَثَّرْتُمَا	أَثَّرْتُنَّ	تُؤَثِّرِي	تُؤَثِّرَا	تُؤَثِّرْنَ
1		أَثَّرْتُ	---	أَثَّرْنَا	أُؤَثِّرَ	---	نُؤَثِّرَ

		IMPERFECT SINGULAR	DUAL	PLURAL	JUSSIVE SINGULAR	DUAL	PLURAL
3	MASCULINE	يُؤَثِّرُ	يُؤَثِّرَانِ	يُؤَثِّرُونَ	يُؤَثِّرْ	يُؤَثِّرَا	يُؤَثِّرُوا
	FEMININE	تُؤَثِّرُ	تُؤَثِّرَانِ	يُؤَثِّرْنَ	تُؤَثِّرْ	تُؤَثِّرَا	يُؤَثِّرْنَ
2	MASCULINE	تُؤَثِّرُ	تُؤَثِّرَانِ	تُؤَثِّرُونَ	تُؤَثِّرْ	تُؤَثِّرَا	تُؤَثِّرُوا
	FEMININE	تُؤَثِّرِينَ	تُؤَثِّرَانِ	تُؤَثِّرْنَ	تُؤَثِّرِي	تُؤَثِّرَا	تُؤَثِّرْنَ
1		أُؤَثِّرُ	---	نُؤَثِّرُ	أُؤَثِّرْ	---	نُؤَثِّرْ

			IMPERATIVE			مُأَثِّر	ACTIVE PARTICIPLE
أَثِّرُوا	أَثِّرَا	أَثِّرْ	MASCULINE			مُأَثَّر	PASSIVE PARTICIPLE
أَثِّرْنَ	أَثِّرَا	أَثِّرِي	FEMININE			تَأْثِيرٌ	VERBAL NOUN

PASSIVE

PLURAL	DUAL	SINGULAR	SUBJUNCTIVE	PLURAL	DUAL	SINGULAR	PERFECT	
يُؤَثَّرُوا	يُؤَثَّرَا	يُؤَثَّرَ		أُثِّرُوا	أُثِّرَا	أُثِّرَ	MASCULINE	3
يُؤَثَّرْنَ	تُؤَثَّرَا	تُؤَثَّرَ		أُثِّرْنَ	أُثِّرَتَا	أُثِّرَتْ	FEMININE	
تُؤَثَّرُوا	تُؤَثَّرَا	تُؤَثَّرَ		أُثِّرْتُمْ	أُثِّرْتُمَا	أُثِّرْتَ	MASCULINE	2
تُؤَثَّرْنَ	تُؤَثَّرَا	تُؤَثَّرِي		أُثِّرْتُنَّ	أُثِّرْتُمَا	أُثِّرْتِ	FEMININE	
نُؤَثَّرَ	---	أُؤَثَّرَ		أُثِّرْنَا	---	أُثِّرْتُ		1

			JUSSIVE				IMPERFECT	
يُؤَثَّرُوا	يُؤَثَّرَا	يُؤَثَّرْ		يُؤَثَّرُونَ	يُؤَثَّرَانِ	يُؤَثَّرُ	MASCULINE	3
يُؤَثَّرْنَ	تُؤَثَّرَا	تُؤَثَّرْ		يُؤَثَّرْنَ	تُؤَثَّرَانِ	تُؤَثَّرُ	FEMININE	
تُؤَثَّرُوا	تُؤَثَّرَا	تُؤَثَّرْ		تُؤَثَّرُونَ	تُؤَثَّرَانِ	تُؤَثَّرُ	MASCULINE	2
تُؤَثَّرْنَ	تُؤَثَّرَا	تُؤَثَّرِي		تُؤَثَّرْنَ	تُؤَثَّرَانِ	تُؤَثَّرِينَ	FEMININE	
نُؤَثَّرْ	---	أُؤَثَّرْ		نُؤَثَّرُ	---	أُؤَثَّرُ		1

Many studies proved that the environment *has an effect* on children's development.	أَثْبتت الكثير من الأبحاث أنّ البيئة تُؤَثِّرُ في نشأة الأطفال.
His father and mother tried *to influence* [i.e., to get him to change] his decision.	حاول الأب والأم أن يُؤَثِّرا في قراره.

Form IV أثر   to prefer آثَرَ ●

ACTIVE

PLURAL	DUAL	SINGULAR	SUBJUNCTIVE	PLURAL	DUAL	SINGULAR	PERFECT	
يُؤْثِرُوا	يُؤْثِرَا	يُؤْثِرَ		آثَرُوا	آثَرَا	آثَرَ	MASCULINE	3
يُؤْثِرْنَ	تُؤْثِرَا	تُؤْثِرَ		آثَرْنَ	آثَرَتَا	آثَرَتْ	FEMININE	
تُؤْثِرُوا	تُؤْثِرَا	تُؤْثِرَ		آثَرْتُمْ	آثَرْتُمَا	آثَرْتَ	MASCULINE	2
تُؤْثِرْنَ	تُؤْثِرَا	تُؤْثِرِي		آثَرْتُنَّ	آثَرْتُمَا	آثَرْتِ	FEMININE	
نُؤْثِرَ	---	أُوثِرَ		آثَرْنَا	---	آثَرْتُ		1

JUSSIVE · IMPERFECT

PLURAL	DUAL	SINGULAR	JUSSIVE		PLURAL	DUAL	SINGULAR	IMPERFECT	
يُؤْثِرُوا	يُؤْثِرَا	يُؤْثِرْ			يُؤْثِرُونَ	يُؤْثِرَانِ	يُؤْثِرُ	MASCULINE	3
يُؤْثِرْنَ	تُؤْثِرَا	تُؤْثِرْ			يُؤْثِرْنَ	تُؤْثِرَانِ	تُؤْثِرُ	FEMININE	
تُؤْثِرُوا	تُؤْثِرَا	تُؤْثِرْ			تُؤْثِرُونَ	تُؤْثِرَانَ	تُؤْثِرُ	MASCULINE	2
تُؤْثِرْنَ	تُؤْثِرَا	تُؤْثِرِي			تُؤْثِرْنَ	تُؤْثِرَانِ	تُؤْثِرِينَ	FEMININE	
نُؤْثِرْ	---	أُوثِرْ			نُؤْثِرُ	---	أُوثِرُ		1

	IMPERATIVE			
مُؤْثِرٌ	ACTIVE PARTICIPLE			

PLURAL	DUAL	SINGULAR	IMPERATIVE	
آثِرُوا	آثِرَا	آثِرْ	MASCULINE	مُؤْثَرٌ PASSIVE PARTICIPLE
آثِرْنَ	آثِرَا	آثِرِي	FEMININE	إِيثَارٌ VERBAL NOUN

PASSIVE

PLURAL	DUAL	SINGULAR	SUBJUNCTIVE	PLURAL	DUAL	SINGULAR	PERFECT	
يُؤْثَرُوا	يُؤْثَرَا	يُؤْثَرَ		أُوثِرُوا	أُوثِرَا	أُوثِرَ	MASCULINE	3
يُؤْثَرْنَ	تُؤْثَرَا	تُؤْثَرَ		أُوثِرْنَ	أُوثِرَتَا	أُوثِرَتْ	FEMININE	
تُؤْثَرُوا	تُؤْثَرَا	تُؤْثَرَ		أُوثِرْتُمْ	أُوثِرْتُمَا	أُوثِرْتَ	MASCULINE	2
تُؤْثَرْنَ	تُؤْثَرَا	تُؤْثَرِي		أُوثِرْتُنَّ	أُوثِرْتُمَا	أُوثِرْتِ	FEMININE	
نُؤْثَرَ	---	أُوثَرَ		أُوثِرْنَا	---	أُوثِرْتُ		1

JUSSIVE · IMPERFECT

PLURAL	DUAL	SINGULAR	JUSSIVE	PLURAL	DUAL	SINGULAR	IMPERFECT	
يُؤْثَرُوا	يُؤْثَرَا	يُؤْثَرْ		يُؤْثَرُونَ	يُؤْثَرَانِ	يُؤْثَرُ	MASCULINE	3
يُؤْثَرْنَ	تُؤْثَرَا	تُؤْثَرْ		يُؤْثَرْنَ	تُؤْثَرَانِ	تُؤْثَرُ	FEMININE	
تُؤْثَرُوا	تُؤْثَرَا	تُؤْثَرْ		تُؤْثَرُونَ	تُؤْثَرَانِ	تُؤْثَرُ	MASCULINE	2
تُؤْثَرْنَ	تُؤْثَرَا	تُؤْثَرِي		تُؤْثَرْنَ	تُؤْثَرَانِ	تُؤْثَرِينَ	FEMININE	
نُؤْثَرْ	---	أُوثَرْ		نُؤْثَرُ	---	أُوثَرُ		1

The student *preferred* French over English.

آثَرَ التلاميذ اللغة الفرنسية على اللغة الإنكليزية.

Ali, Mahmud, and Uthman *preferred* to study hard.

علي, محمود, وعثمان آثَرُوا أن يجتهدوا في المذاكرة.

He favors himself [literally: He *chooses* himself for good].

إنه يُؤْثِرُ نفسه بالخير.

Form V أثر ● تَأَثَّر to be impressed

ACTIVE

PLURAL	DUAL	SINGULAR	SUBJUNCTIVE	PLURAL	DUAL	SINGULAR	PERFECT	
يَتَأَثَّروا	يَتَأَثَّرا	يَتَأَثَّر		تَأَثَّروا	تَأَثَّرا	تَأَثَّر	MASCULINE	3
يَتَأَثَّرْنَ	تَتَأَثَّرا	تَتَأَثَّر		تَأَثَّرْنَ	تَأَثَّرَتا	تَأَثَّرَتْ	FEMININE	
تَتَأَثَّروا	تَتَأَثَّرا	تَتَأَثَّر		تَأَثَّرْتُمْ	تَأَثَّرْتُما	تَأَثَّرْتَ	MASCULINE	2
تَتَأَثَّرْنَ	تَتَأَثَّرا	تَتَأَثَّري		تَأَثَّرْتُنَّ	تَأَثَّرْتُما	تَأَثَّرْتِ	FEMININE	
نَتَأَثَّر	---	أَتَأَثَّر		تَأَثَّرْنا	---	تَأَثَّرْتُ		1

PLURAL	DUAL	SINGULAR	JUSSIVE	PLURAL	DUAL	SINGULAR	IMPERFECT	
يَتَأَثَّروا	يَتَأَثَّرا	يَتَأَثَّر		يَتَأَثَّرونَ	يَتَأَثَّرانِ	يَتَأَثَّر	MASCULINE	3
يَتَأَثَّرْنَ	تَتَأَثَّرا	تَتَأَثَّر		يَتَأَثَّرْنَ	تَتَأَثَّرانِ	تَتَأَثَّر	FEMININE	
تَتَأَثَّروا	تَتَأَثَّرا	تَتَأَثَّر		تَتَأَثَّرونَ	تَتَأَثَّرانِ	تَتَأَثَّر	MASCULINE	2
تَتَأَثَّرْنَ	تَتَأَثَّرا	تَتَأَثَّري		تَتَأَثَّرْنَ	تَتَأَثَّرانِ	تَتَأَثَّرينَ	FEMININE	
نَتَأَثَّر	---	أَتَأَثَّر		نَتَأَثَّر	---	أَتَأَثَّر		1

PLURAL	DUAL	SINGULAR	IMPERATIVE			
				مُتَأَثِّر	ACTIVE PARTICIPLE
تَأَثَّروا	تَأَثَّرا	تَأَثَّر	MASCULINE	مُتَأَثَّر	PASSIVE PARTICIPLE
تَأَثَّرْنَ	تَأَثَّرا	تَأَثَّري	FEMININE	تَأَثُّر	VERBAL NOUN

PASSIVE

PLURAL	DUAL	SINGULAR	SUBJUNCTIVE	PLURAL	DUAL	SINGULAR	PERFECT	
يُتَأَثَّروا	يُتَأَثَّرا	يُتَأَثَّر		تُؤُثِّروا	تُؤُثِّرا	تُؤُثِّر	MASCULINE	3
يُتَأَثَّرْنَ	تُتَأَثَّرا	تُتَأَثَّر		تُؤُثِّرْنَ	تُؤُثِّرَتا	تُؤُثِّرَتْ	FEMININE	
تُتَأَثَّروا	تُتَأَثَّرا	تُتَأَثَّر		تُؤُثِّرْتُمْ	تُؤُثِّرْتُما	تُؤُثِّرْتَ	MASCULINE	2
تُتَأَثَّرْنَ	تُتَأَثَّرا	تُتَأَثَّري		تُؤُثِّرْتُنَّ	تُؤُثِّرْتُما	تُؤُثِّرْتِ	FEMININE	
نُتَأَثَّر	---	أُتَأَثَّر		تُؤُثِّرْنا	---	تُؤُثِّرْتُ		1

PLURAL	DUAL	SINGULAR	JUSSIVE	PLURAL	DUAL	SINGULAR	IMPERFECT	
يُتَأَثَّروا	يُتَأَثَّرا	يُتَأَثَّر		يُتَأَثَّرونَ	يُتَأَثَّرانِ	يُتَأَثَّر	MASCULINE	3
يُتَأَثَّرْنَ	تُتَأَثَّرا	تُتَأَثَّر		يُتَأَثَّرْنَ	تُتَأَثَّرانِ	تُتَأَثَّر	FEMININE	
تُتَأَثَّروا	تُتَأَثَّرا	تُتَأَثَّر		تُتَأَثَّرونَ	تُتَأَثَّرانِ	تُتَأَثَّر	MASCULINE	2
تُتَأَثَّرْنَ	تُتَأَثَّرا	تُتَأَثَّري		تُتَأَثَّرْنَ	تُتَأَثَّرانِ	تُتَأَثَّرينَ	FEMININE	
نُتَأَثَّر	---	أُتَأَثَّر		نُتَأَثَّر	---	أُتَأَثَّر		1

7

Many people with disabilities *have been influenced* by the story of Taha Hussein.

تَأَثَّرَ الكثيرون من أصحاب القدرات الخاصة بقصة طه حسين.

We were moved when we heard of the death of your father.

لقد تَأَثَّرْنَا عندما سمعنا بخبر وفاة والدك.

Form I أخذ

● أَخَذَ to take

ACTIVE

PERFECT		SINGULAR	DUAL	PLURAL
3	MASCULINE	أَخَذَ	أَخَذَا	أَخَذُوا
	FEMININE	أَخَذَتْ	أَخَذَتَا	أَخَذْنَ
2	MASCULINE	أَخَذْتَ	أَخَذْتُمَا	أَخَذْتُمْ
	FEMININE	أَخَذْتِ	أَخَذْتُمَا	أَخَذْتُنَّ
1		أَخَذْتُ	---	أَخَذْنَا

SUBJUNCTIVE	SINGULAR	DUAL	PLURAL
3 MASCULINE	يَأْخُذَ	يَأْخُذَا	يَأْخُذُوا
3 FEMININE	تَأْخُذَ	تَأْخُذَا	يَأْخُذْنَ
2 MASCULINE	تَأْخُذَ	تَأْخُذَا	تَأْخُذُوا
2 FEMININE	تَأْخُذِي	تَأْخُذَا	تَأْخُذْنَ
1	آخُذَ	---	نَأْخُذَ

IMPERFECT		SINGULAR	DUAL	PLURAL
3	MASCULINE	يَأْخُذُ	يَأْخُذَانِ	يَأْخُذُونَ
	FEMININE	تَأْخُذُ	تَأْخُذَانِ	يَأْخُذْنَ
2	MASCULINE	تَأْخُذُ	تَأْخُذَانِ	تَأْخُذُونَ
	FEMININE	تَأْخُذِينَ	تَأْخُذَانِ	تَأْخُذْنَ
1		آخُذُ	---	نَأْخُذُ

JUSSIVE	SINGULAR	DUAL	PLURAL
3 MASCULINE	يَأْخُذْ	يَأْخُذَا	يَأْخُذُوا
3 FEMININE	تَأْخُذْ	تَأْخُذَا	يَأْخُذْنَ
2 MASCULINE	تَأْخُذْ	تَأْخُذَا	تَأْخُذُوا
2 FEMININE	تَأْخُذِي	تَأْخُذَا	تَأْخُذْنَ
1	آخُذْ	---	نَأْخُذْ

ACTIVE PARTICIPLE	آخِذٌ
PASSIVE PARTICIPLE	مَأْخُوذٌ
VERBAL NOUN	أَخْذٌ

IMPERATIVE	SINGULAR	DUAL	PLURAL
MASCULINE	خُذْ	خُذَا	خُذُوا
FEMININE	خُذِي	خُذَا	خُذْنَ

PASSIVE

PERFECT		SINGULAR	DUAL	PLURAL
3	MASCULINE	أُخِذَ	أُخِذَا	أُخِذُوا
	FEMININE	أُخِذَتْ	أُخِذَتَا	أُخِذْنَ
2	MASCULINE	أُخِذْتَ	أُخِذْتُمَا	أُخِذْتُمْ
	FEMININE	أُخِذْتِ	أُخِذْتُمَا	أُخِذْتُنَّ
1		أُخِذْتُ	---	أُخِذْنَا

SUBJUNCTIVE	SINGULAR	DUAL	PLURAL
3 MASCULINE	يُؤْخَذَ	يُؤْخَذَا	يُؤْخَذُوا
3 FEMININE	تُؤْخَذَ	تُؤْخَذَا	يُؤْخَذْنَ
2 MASCULINE	تُؤْخَذَ	تُؤْخَذَا	تُؤْخَذُوا
2 FEMININE	تُؤْخَذِي	تُؤْخَذَا	تُؤْخَذْنَ
1	أُوخَذَ	---	نُؤْخَذَ

		IMPERFECT			JUSSIVE		
		SINGULAR	DUAL	PLURAL	SINGULAR	DUAL	PLURAL
3	MASCULINE	يُؤْخَذُ	يُؤْخَذَانِ	يُؤْخَذُونَ	يُؤْخَذْ	يُؤْخَذَا	يُؤْخَذُوا
	FEMININE	تُؤْخَذُ	تُؤْخَذَانِ	يُؤْخَذْنَ	تُؤْخَذْ	تُؤْخَذَا	يُؤْخَذْنَ
2	MASCULINE	تُؤْخَذُ	تُؤْخَذَانِ	تُؤْخَذُونَ	تُؤْخَذْ	تُؤْخَذَا	تُؤْخَذُوا
	FEMININE	تُؤْخَذِينَ	تُؤْخَذَانِ	تُؤْخَذْنَ	تُؤْخَذِي	تُؤْخَذَا	تُؤْخَذْنَ
1		أُوخَذُ	---	نُؤْخَذُ	أُوخَذْ	---	نُؤْخَذْ

هل يمكن أن آخُذَ هذا الكتاب معي للبيت؟	Can *I take* this book home with me?
إن خبر قبولي في الجامعة شيء يأْخُذُ القلوب.	The story of how I came to be accepted to college is a fascinating one [literally: something that *takes* the heart].
الأب والأم أَخَذَا ابنتهما الصغيرة بالشدة لأنها كانت تلعب بالسكين.	The father and mother *dealt* severely with their little girl for playing with the knife.

● to blame آخَذَ — Form III أخذ

ACTIVE

		PERFECT			SUBJUNCTIVE		
		SINGULAR	DUAL	PLURAL	SINGULAR	DUAL	PLURAL
3	MASCULINE	آخَذَ	آخَذَا	آخَذُوا	يُؤَاخِذَ	يُؤَاخِذَا	يُؤَاخِذُوا
	FEMININE	آخَذَتْ	آخَذَتَا	آخَذْنَ	تُؤَاخِذَ	تُؤَاخِذَا	يُؤَاخِذْنَ
2	MASCULINE	آخَذْتَ	آخَذْتُمَا	آخَذْتُمْ	تُؤَاخِذَ	تُؤَاخِذَا	تُؤَاخِذُوا
	FEMININE	آخَذْتِ	آخَذْتُمَا	آخَذْتُنَّ	تُؤَاخِذِي	تُؤَاخِذَا	تُؤَاخِذْنَ
1		آخَذْتُ	---	آخَذْنَا	أُؤَاخِذَ	---	نُؤَاخِذَ

		IMPERFECT			JUSSIVE		
		SINGULAR	DUAL	PLURAL	SINGULAR	DUAL	PLURAL
3	MASCULINE	يُؤَاخِذُ	يُؤَاخِذَانِ	يُؤَاخِذُونَ	يُؤَاخِذْ	يُؤَاخِذَا	يُؤَاخِذُوا
	FEMININE	تُؤَاخِذُ	تُؤَاخِذَانِ	يُؤَاخِذْنَ	تُؤَاخِذْ	تُؤَاخِذَا	يُؤَاخِذْنَ
2	MASCULINE	تُؤَاخِذُ	تُؤَاخِذَانِ	تُؤَاخِذُونَ	تُؤَاخِذْ	تُؤَاخِذَا	تُؤَاخِذُوا
	FEMININE	تُؤَاخِذِينَ	تُؤَاخِذَانِ	تُؤَاخِذْنَ	تُؤَاخِذِي	تُؤَاخِذَا	تُؤَاخِذْنَ
1		أُؤَاخِذُ	---	نُؤَاخِذُ	أُؤَاخِذْ	---	نُؤَاخِذْ

ACTIVE PARTICIPLE	مُؤَاخِذٌ
PASSIVE PARTICIPLE	مُؤَاخَذٌ
VERBAL NOUN	مُؤَاخَذَةٌ

IMPERATIVE

	SINGULAR	DUAL	PLURAL
MASCULINE	آخِذْ	آخِذَا	آخِذُوا
FEMININE	آخِذِي	آخِذَا	آخِذْنَ

PASSIVE

PERFECT		SINGULAR	DUAL	PLURAL
3	MASCULINE	أُوخِذَ	أُوخِذَا	أُوخِذُوا
	FEMININE	أُوخِذَتْ	أُوخِذَتَا	أُوخِذْنَ
2	MASCULINE	أُوخِذْتَ	أُوخِذْتُمَا	أُوخِذْتُمْ
	FEMININE	أُوخِذْتِ	أُوخِذْتُمَا	أُوخِذْتُنَّ
1		أُوخِذْتُ	---	أُوخِذْنَا

SUBJUNCTIVE		SINGULAR	DUAL	PLURAL
3	MASCULINE	يُؤَاخَذَ	يُؤَاخَذَا	يُؤَاخَذُوا
	FEMININE	تُؤَاخَذَ	تُؤَاخَذَا	يُؤَاخَذْنَ
2	MASCULINE	تُؤَاخَذَ	تُؤَاخَذَا	تُؤَاخَذُوا
	FEMININE	تُؤَاخَذِي	تُؤَاخَذَا	تُؤَاخَذْنَ
1		أُؤَاخَذَ	---	نُؤَاخَذَ

IMPERFECT		SINGULAR	DUAL	PLURAL
3	MASCULINE	يُؤَاخَذُ	يُؤَاخَذَانِ	يُؤَاخَذُونَ
	FEMININE	تُؤَاخَذُ	تُؤَاخَذَانِ	يُؤَاخَذْنَ
2	MASCULINE	تُؤَاخَذُ	تُؤَاخَذَانِ	تُؤَاخَذُونَ
	FEMININE	تُؤَاخَذِينَ	تُؤَاخَذَانِ	تُؤَاخَذْنَ
1		أُؤَاخَذُ	---	نُؤَاخَذُ

JUSSIVE		SINGULAR	DUAL	PLURAL
3	MASCULINE	يُؤَاخَذْ	يُؤَاخَذَا	يُؤَاخَذُوا
	FEMININE	تُؤَاخَذْ	تُؤَاخَذَا	يُؤَاخَذْنَ
2	MASCULINE	تُؤَاخَذْ	تُؤَاخَذَا	تُؤَاخَذُوا
	FEMININE	تُؤَاخَذِي	تُؤَاخَذَا	تُؤَاخَذْنَ
1		أُؤَاخَذْ	---	نُؤَاخَذْ

لا تُؤَاخِذْني! لم أقصد أن أدوس على قدمك.

Pardon me [literally: Don't *blame* me]! I didn't mean to step on your foot.

آخَذَتْ مُنى زوجها على الطريقة التي كَلَّمَهَا أمام الناس.

Muna *reproached* her husband for the way he spoke to her in front of people.

نُؤَاخِذُ عليكم أنكم لم تدعونا إلى حفلة التخرج.

We resent your not [literally: We resent you for not] inviting us to your graduation party.

Form VIII أخذ — to take إِتَّخَذَ

ACTIVE

PERFECT		SINGULAR	DUAL	PLURAL
3	MASCULINE	إِتَّخَذَ	إِتَّخَذَا	إِتَّخَذُوا
	FEMININE	إِتَّخَذَتْ	إِتَّخَذَتَا	إِتَّخَذْنَ
2	MASCULINE	إِتَّخَذْتَ	إِتَّخَذْتُمَا	إِتَّخَذْتُمْ
	FEMININE	إِتَّخَذْتِ	إِتَّخَذْتُمَا	إِتَّخَذْتُنَّ
1		إِتَّخَذْتُ	---	إِتَّخَذْنَا

SUBJUNCTIVE		SINGULAR	DUAL	PLURAL
3	MASCULINE	يَتَّخِذَ	يَتَّخِذَا	يَتَّخِذُوا
	FEMININE	تَتَّخِذَ	تَتَّخِذَا	يَتَّخِذْنَ
2	MASCULINE	تَتَّخِذَ	تَتَّخِذَا	تَتَّخِذُوا
	FEMININE	تَتَّخِذِي	تَتَّخِذَا	تَتَّخِذْنَ
1		أَتَّخِذَ	---	نَتَّخِذَ

		IMPERFECT			JUSSIVE		
3	MASCULINE	يَتَّخِذُ	يَتَّخِذَانِ	يَتَّخِذُونَ	يَتَّخِذْ	يَتَّخِذَا	يَتَّخِذُوا
	FEMININE	تَتَّخِذُ	تَتَّخِذَانِ	يَتَّخِذْنَ	تَتَّخِذْ	تَتَّخِذَا	يَتَّخِذْنَ
2	MASCULINE	تَتَّخِذُ	تَتَّخِذَانِ	تَتَّخِذُونَ	تَتَّخِذْ	تَتَّخِذَا	تَتَّخِذُوا
	FEMININE	تَتَّخِذِينَ	تَتَّخِذَانِ	تَتَّخِذْنَ	تَتَّخِذِي	تَتَّخِذَا	تَتَّخِذْنَ
1		أَتَّخِذُ	---	نَتَّخِذُ	أَتَّخِذْ	---	نَتَّخِذْ

		IMPERATIVE			
ACTIVE PARTICIPLE	مُتَّخِذٌ				
PASSIVE PARTICIPLE	مُتَّخَذٌ	MASCULINE	إِتَّخِذْ	إِتَّخِذَا	إِتَّخِذُوا
VERBAL NOUN	إِتِّخَاذٌ	FEMININE	إِتَّخِذِي	إِتَّخِذَا	إِتَّخِذْنَ

PASSIVE

		PERFECT SINGULAR	DUAL	PLURAL	SUBJUNCTIVE SINGULAR	DUAL	PLURAL
3	MASCULINE	أُتُّخِذَ	أُتُّخِذَا	أُتُّخِذُوا	يُتَّخَذَ	يُتَّخَذَا	يُتَّخَذُوا
	FEMININE	أُتُّخِذَتْ	أُتُّخِذَتَا	أُتُّخِذْنَ	تُتَّخَذَ	تُتَّخَذَا	يُتَّخَذْنَ
2	MASCULINE	أُتُّخِذْتَ	أُتُّخِذْتُمَا	أُتُّخِذْتُمْ	تُتَّخَذَ	تُتَّخَذَا	تُتَّخَذُوا
	FEMININE	أُتُّخِذْتِ	أُتُّخِذْتُمَا	أُتُّخِذْتُنَّ	تُتَّخَذِي	تُتَّخَذَا	تُتَّخَذْنَ
1		أُتُّخِذْتُ	---	أُتُّخِذْنَا	أُتَّخَذَ	---	نُتَّخَذَ

		IMPERFECT			JUSSIVE		
3	MASCULINE	يُتَّخَذُ	يُتَّخَذَانِ	يُتَّخَذُونَ	يُتَّخَذْ	يُتَّخَذَا	يُتَّخَذُوا
	FEMININE	تُتَّخَذُ	تُتَّخَذَانِ	يُتَّخَذْنَ	تُتَّخَذْ	تُتَّخَذَا	يُتَّخَذْنَ
2	MASCULINE	تُتَّخَذُ	تُتَّخَذَانِ	تُتَّخَذُونَ	تُتَّخَذْ	تُتَّخَذَا	تُتَّخَذُوا
	FEMININE	تُتَّخَذِينَ	تُتَّخَذَانِ	تُتَّخَذْنَ	تُتَّخَذِي	تُتَّخَذَا	تُتَّخَذْنَ
1		أُتَّخَذُ	---	نُتَّخَذُ	أُتَّخَذْ	---	نُتَّخَذْ

يَجب أن تَتَّخِذَ موقفاً إزاء هذه المشكلة.

You must *take* a position with respect to this problem.

لقد بدأ هذا المشروع يَتَّخِذُ شكلاً مميزاً.

This project has begun *to take on* a distinctive shape.

هل اتَّخَذْتُمْ التدابير اللازمة لمواجهة العاصفة القادمة؟

Did you adopt the necessary measures to face the coming storm?

Form V أخر — to be late تَأَخَّرَ ●

ACTIVE

PLURAL	DUAL	SINGULAR	SUBJUNCTIVE	PLURAL	DUAL	SINGULAR	PERFECT	
يَتَأَخَّرُوا	يَتَأَخَّرَا	يَتَأَخَّرَ		تَأَخَّرُوا	تَأَخَّرَا	تَأَخَّرَ	MASCULINE	3
يَتَأَخَّرْنَ	تَتَأَخَّرَا	تَتَأَخَّرَ		تَأَخَّرْنَ	تَأَخَّرَتَا	تَأَخَّرَتْ	FEMININE	
تَتَأَخَّرُوا	تَتَأَخَّرَا	تَتَأَخَّرَ		تَأَخَّرْتُمْ	تَأَخَّرْتُمَا	تَأَخَّرْتَ	MASCULINE	2
تَتَأَخَّرْنَ	تَتَأَخَّرَا	تَتَأَخَّرِي		تَأَخَّرْتُنَّ	تَأَخَّرْتُمَا	تَأَخَّرْتِ	FEMININE	
نَتَأَخَّرَ	---	أَتَأَخَّرَ		تَأَخَّرْنَا	---	تَأَخَّرْتُ		1

PLURAL	DUAL	SINGULAR	JUSSIVE	PLURAL	DUAL	SINGULAR	IMPERFECT	
يَتَأَخَّرُوا	يَتَأَخَّرَا	يَتَأَخَّرْ		يَتَأَخَّرُونَ	يَتَأَخَّرَانِ	يَتَأَخَّرُ	MASCULINE	3
يَتَأَخَّرْنَ	تَتَأَخَّرَا	تَتَأَخَّرْ		يَتَأَخَّرْنَ	تَتَأَخَّرَانِ	تَتَأَخَّرُ	FEMININE	
تَتَأَخَّرُوا	تَتَأَخَّرَا	تَتَأَخَّرْ		تَتَأَخَّرُونَ	تَتَأَخَّرَانِ	تَتَأَخَّرُ	MASCULINE	2
تَتَأَخَّرْنَ	تَتَأَخَّرَا	تَتَأَخَّرِي		تَتَأَخَّرْنَ	تَتَأَخَّرَانِ	تَتَأَخَّرِينَ	FEMININE	
نَتَأَخَّرْ	---	أَتَأَخَّرْ		نَتَأَخَّرُ	---	أَتَأَخَّرُ		1

PLURAL	DUAL	SINGULAR	IMPERATIVE
تَأَخَّرُوا	تَأَخَّرَا	تَأَخَّرْ	MASCULINE
تَأَخَّرْنَ	تَأَخَّرَا	تَأَخَّرِي	FEMININE

مُتَأَخِّرٌ	ACTIVE PARTICIPLE
مُتَأَخَّرٌ	PASSIVE PARTICIPLE
تَأَخُّرٌ	VERBAL NOUN

Sorry, *I have come* to you *late* because of the traffic jam.	عفواً لقد تَأَخَّرْتُ عليكم بسبب ازدحام الطريق.
I am trying to get in touch with them to find out why *they were late*.	أنا أحاول أن أتّصل بهم لأعرف لماذا تَأَخَّرُوا.
She was angry at him because *he was late* in coming to her.	غضبتْ منه لأنه تَأَخَّرَ في الذهاب إليها.

Form II أدي — to convey; to accomplish أَدَّى ●

ACTIVE

PLURAL	DUAL	SINGULAR	SUBJUNCTIVE	PLURAL	DUAL	SINGULAR	PERFECT	
يُؤَدُّوا	يُؤَدِّيَا	يُؤَدِّيَ		أَدَّوْا	أَدَّيَا	أَدَّى	MASCULINE	3
يُؤَدِّينَ	تُؤَدِّيَا	تُؤَدِّيَ		أَدَّيْنَ	أَدَّتَا	أَدَّتْ	FEMININE	
تُؤَدُّوا	تُؤَدِّيَا	تُؤَدِّيَ		أَدَّيْتُمْ	أَدَّيْتُمَا	أَدَّيْتَ	MASCULINE	2
تُؤَدِّينَ	تُؤَدِّيَا	تُؤَدِّي		أَدَّيْتُنَّ	أَدَّيْتُمَا	أَدَّيْتِ	FEMININE	
نُؤَدِّيَ	---	أُؤَدِّيَ		أَدَّيْنَا	---	أَدَّيْتُ		1

JUSSIVE				IMPERFECT				
يُؤَدُّوا	يُؤَدِّيا	يُؤَدِّ		يُؤَدُّونَ	يُؤَدِّيَانِ	يُؤَدِّي	MASCULINE	3
يُؤَدِّينَ	تُؤَدِّيا	تُؤَدِّ		يُؤَدِّينَ	تُؤَدِّيَانِ	تُؤَدِّي	FEMININE	
تُؤَدُّوا	تُؤَدِّيا	تُؤَدِّ		تُؤَدُّونَ	تُؤَدِّيَانِ	تُؤَدِّي	MASCULINE	2
تُؤَدِّينَ	تُؤَدِّيا	تُؤَدِّي		تُؤَدِّينَ	تُؤَدِّيَانِ	تُؤَدِّينَ	FEMININE	
نُؤَدِّ	---	أُؤَدِّ		نُؤَدِّي	---	أُؤَدِّي		1

IMPERATIVE

أَدُّوا	أَدِّيا	أَدِّ	MASCULINE
أَدِّينَ	أَدِّيا	أَدِّي	FEMININE

مُؤَدٍّ	ACTIVE PARTICIPLE
مُؤَدًّى	PASSIVE PARTICIPLE
تَأْدِيَة	VERBAL NOUN

PASSIVE

PLURAL	DUAL	SINGULAR	SUBJUNCTIVE	PLURAL	DUAL	SINGULAR	PERFECT	
يُؤَدَّوْا	يُؤَدَّيَا	يُؤَدَّى		أُدُّوا	أُدِّيَا	أُدِّيَ	MASCULINE	3
يُؤَدَّيْنَ	تُؤَدَّيَا	تُؤَدَّى		أُدِّينَ	أُدِّيَتَا	أُدِّيَتْ	FEMININE	
تُؤَدَّوْا	تُؤَدَّيَا	تُؤَدَّى		أُدِّيتُمْ	أُدِّيتُمَا	أُدِّيتَ	MASCULINE	2
تُؤَدَّيْنَ	تُؤَدَّيَا	تُؤَدَّيْ		أُدِّيتُنَّ	أُدِّيتُمَا	أُدِّيتِ	FEMININE	
نُؤَدَّى	---	أُؤَدَّى		أُدِّينَا	---	أُدِّيتُ		1

JUSSIVE				IMPERFECT				
يُؤَدَّوْا	يُؤَدَّيَا	يُؤَدَّ		يُؤَدَّوْنَ	يُؤَدَّيَانِ	يُؤَدَّى	MASCULINE	3
يُؤَدَّيْنَ	تُؤَدَّيَا	تُؤَدَّ		يُؤَدَّيْنَ	تُؤَدَّيَانِ	تُؤَدَّى	FEMININE	
تُؤَدَّوْا	تُؤَدَّيَا	تُؤَدَّ		تُؤَدَّوْنَ	تُؤَدَّيَانِ	تُؤَدَّى	MASCULINE	2
تُؤَدَّيْنَ	تُؤَدَّيَا	تُؤَدَّيْ		تُؤَدَّيْنَ	تُؤَدَّيَانِ	تُؤَدَّيْنَ	FEMININE	
نُؤَدَّ	---	أُؤَدَّ		نُؤَدَّى	---	أُؤَدَّى		1

If you follow this road, *it will bring* you to the commercial center.

إذا اتبعتَ هذا الطريق فإنه سوف يُؤَدّي بك إلى المركز التجاري.

He who *performs* a service for others should not expect anything in return.

من يُؤَدّي خدمة للآخرين لا يَجب أن ينتظر المقابل.

Do you realize that not committing to *doing* the required work will lead to your failure?

هل تعرف أن عدم التزامك بعمل الواجب سَيُؤَدّي إلى سقوطك؟

Form I أسر

● أَسَرَ to bind; to capture

ACTIVE

PERFECT

		SINGULAR	DUAL	PLURAL
3	MASCULINE	أَسَرَ	أَسَرَا	أَسَرُوا
	FEMININE	أَسَرَتْ	أَسَرَتَا	أَسَرْنَ
2	MASCULINE	أَسَرْتَ	أَسَرْتُمَا	أَسَرْتُمْ
	FEMININE	أَسَرْتِ	أَسَرْتُمَا	أَسَرْتُنَّ
1		أَسَرْتُ	---	أَسَرْنَا

SUBJUNCTIVE

		SINGULAR	DUAL	PLURAL
3	MASCULINE	يَأْسِرَ	يَأْسِرَا	يَأْسِرُوا
	FEMININE	تَأْسِرَ	تَأْسِرَا	يَأْسِرْنَ
2	MASCULINE	تَأْسِرَ	تَأْسِرَا	تَأْسِرُوا
	FEMININE	تَأْسِرِي	تَأْسِرَا	تَأْسِرْنَ
1		آسِرَ	---	نَأْسِرَ

IMPERFECT

		SINGULAR	DUAL	PLURAL
3	MASCULINE	يَأْسِرُ	يَأْسِرَانِ	يَأْسِرُونَ
	FEMININE	تَأْسِرُ	تَأْسِرَانِ	يَأْسِرْنَ
2	MASCULINE	تَأْسِرُ	تَأْسِرَانِ	تَأْسِرُونَ
	FEMININE	تَأْسِرِينَ	تَأْسِرَانِ	تَأْسِرْنَ
1		آسِرُ	---	نَأْسِرُ

JUSSIVE

		SINGULAR	DUAL	PLURAL
3	MASCULINE	يَأْسِرْ	يَأْسِرَا	يَأْسِرُوا
	FEMININE	تَأْسِرْ	تَأْسِرَا	يَأْسِرْنَ
2	MASCULINE	تَأْسِرْ	تَأْسِرَا	تَأْسِرُوا
	FEMININE	تَأْسِرِي	تَأْسِرَا	تَأْسِرْنَ
1		آسِرْ	---	نَأْسِرْ

ACTIVE PARTICIPLE	آسِرٌ
PASSIVE PARTICIPLE	مَأْسُورٌ
VERBAL NOUN	أَسْرٌ

IMPERATIVE

	SINGULAR	DUAL	PLURAL
MASCULINE	إِيسِرْ	إِيسِرَا	إِيسِرُوا
FEMININE	إِيسِرِي	إِيسِرَا	إِيسِرْنَ

PASSIVE

PERFECT

		SINGULAR	DUAL	PLURAL
3	MASCULINE	أُسِرَ	أُسِرَا	أُسِرُوا
	FEMININE	أُسِرَتْ	أُسِرَتَا	أُسِرْنَ
2	MASCULINE	أُسِرْتَ	أُسِرْتُمَا	أُسِرْتُمْ
	FEMININE	أُسِرْتِ	أُسِرْتُمَا	أُسِرْتُنَّ
1		أُسِرْتُ	---	أُسِرْنَا

SUBJUNCTIVE

		SINGULAR	DUAL	PLURAL
3	MASCULINE	يُؤْسَرَ	يُؤْسَرَا	يُؤْسَرُوا
	FEMININE	تُؤْسَرَ	تُؤْسَرَا	يُؤْسَرْنَ
2	MASCULINE	تُؤْسَرَ	تُؤْسَرَا	تُؤْسَرُوا
	FEMININE	تُؤْسَرِي	تُؤْسَرَا	تُؤْسَرْنَ
1		أُوسَرَ	---	نُؤْسَرَ

IMPERFECT

		SINGULAR	DUAL	PLURAL
3	MASCULINE	يُؤْسَرُ	يُؤْسَرَانِ	يُؤْسَرُونَ
	FEMININE	تُؤْسَرُ	تُؤْسَرَانِ	يُؤْسَرْنَ
2	MASCULINE	تُؤْسَرُ	تُؤْسَرَانِ	تُؤْسَرُونَ
	FEMININE	تُؤْسَرِينَ	تُؤْسَرَانِ	تُؤْسَرْنَ
1		أُوسَرُ	---	نُؤْسَرُ

JUSSIVE

		SINGULAR	DUAL	PLURAL
3	MASCULINE	يُؤْسَرْ	يُؤْسَرَا	يُؤْسَرُوا
	FEMININE	تُؤْسَرْ	تُؤْسَرَا	يُؤْسَرْنَ
2	MASCULINE	تُؤْسَرْ	تُؤْسَرَا	تُؤْسَرُوا
	FEMININE	تُؤْسَرِي	تُؤْسَرَا	تُؤْسَرْنَ
1		أُوسَرْ	---	نُؤْسَرْ

A number of people underwent torture when *they were captured* in the war.

العديد من الناس لاقوا التعذيب عندما أُسِرُوا في الحرب.

This piece of music *captivates* me.

هذه المقطوعة الموسيقية تَأْسِرُني.

In this spot, I am *caught up* in happy memories.

تَأْسِرُني بهذا المكان ذكريات سعيدة.

Form II أكد   to assure أَكَّدَ ●

ACTIVE

PLURAL	DUAL	SINGULAR	SUBJUNCTIVE	PLURAL	DUAL	SINGULAR	PERFECT	
يُؤَكّدُوا	يُؤَكّدَا	يُؤَكّدَ		أَكّدُوا	أَكّدَا	أَكّدَ	MASCULINE	3
يُؤَكّدْنَ	تُؤَكّدَا	تُؤَكّدَ		أَكّدْنَ	أَكّدَتَا	أَكّدَتْ	FEMININE	
تُؤَكّدُوا	تُؤَكّدَا	تُؤَكّدَ		أَكّدْتُمْ	أَكّدْتُمَا	أَكّدْتَ	MASCULINE	2
تُؤَكّدْنَ	تُؤَكّدَا	تُؤَكّدِي		أَكّدْتُنَّ	أَكّدْتُمَا	أَكّدْتِ	FEMININE	
نُؤَكّدَ	---	أُؤَكّدَ		أَكّدْنَا	---	أَكّدْتُ		1

PLURAL	DUAL	SINGULAR	JUSSIVE	PLURAL	DUAL	SINGULAR	IMPERFECT	
يُؤَكّدُوا	يُؤَكّدَا	يُؤَكّدْ		يُؤَكّدُونَ	يُؤَكّدَانِ	يُؤَكّدُ	MASCULINE	3
يُؤَكّدْنَ	تُؤَكّدَا	تُؤَكّدْ		يُؤَكّدْنَ	تُؤَكّدَانِ	تُؤَكّدُ	FEMININE	
تُؤَكّدُوا	تُؤَكّدَا	تُؤَكّدْ		تُؤَكّدُونَ	تُؤَكّدَانِ	تُؤَكّدُ	MASCULINE	2
تُؤَكّدْنَ	تُؤَكّدَا	تُؤَكّدِي		تُؤَكّدْنَ	تُؤَكّدَانِ	تُؤَكّدِينَ	FEMININE	
نُؤَكّدْ	---	أُؤَكّدْ		نُؤَكّدُ	---	أُؤَكّدُ		1

PLURAL	DUAL	SINGULAR	IMPERATIVE		
				مُؤَكّدٌ	ACTIVE PARTICIPLE
أَكّدُوا	أَكّدَا	أَكّدْ	MASCULINE	مُؤَكّدٌ	PASSIVE PARTICIPLE
أَكّدْنَ	أَكّدَا	أَكّدِي	FEMININE	تَأْكِيدٌ	VERBAL NOUN

PASSIVE

PLURAL	DUAL	SINGULAR	SUBJUNCTIVE	PLURAL	DUAL	SINGULAR	PERFECT	
يُؤَكّدُوا	يُؤَكّدَا	يُؤَكّدَ		أُكّدُوا	أُكّدَا	أُكّدَ	MASCULINE	3
يُؤَكّدْنَ	تُؤَكّدَا	تُؤَكّدَ		أُكّدْنَ	أُكّدَتَا	أُكّدَتْ	FEMININE	
تُؤَكّدُوا	تُؤَكّدَا	تُؤَكّدَ		أُكّدْتُمْ	أُكّدْتُمَا	أُكّدْتَ	MASCULINE	2
تُؤَكّدْنَ	تُؤَكّدَا	تُؤَكّدِي		أُكّدْتُنَّ	أُكّدْتُمَا	أُكّدْتِ	FEMININE	
نُؤَكّدَ	---	أُؤَكّدَ		أُكّدْنَا	---	أُكّدْتُ		1

15

	JUSSIVE				IMPERFECT		
يُؤَكِّدُوا	يُؤَكِّدَا	يُؤَكِّدْ		يُؤَكِّدُونَ	يُؤَكِّدَانِ	يُؤَكِّدُ	MASCULINE 3
يُؤَكِّدْنَ	تُؤَكِّدَا	تُؤَكِّدْ		يُؤَكِّدْنَ	تُؤَكِّدَانِ	تُؤَكِّدُ	FEMININE
تُؤَكِّدُوا	تُؤَكِّدَا	تُؤَكِّدْ		تُؤَكِّدُونَ	تُؤَكِّدَانِ	تُؤَكِّدُ	MASCULINE 2
تُؤَكِّدْنَ	تُؤَكِّدَا	تُؤَكِّدِي		تُؤَكِّدْنَ	تُؤَكِّدَانِ	تُؤَكِّدِينَ	FEMININE
نُؤَكِّدْ	---	أُؤَكِّدْ		نُؤَكِّدُ	---	أُؤَكِّدُ	1

The director *assured* the employees that there would be a pay raise next month.

أَكَّدَ المدير للموظفين أنه هناك زيادة في الرواتب الشهر المقبل.

They confirmed to him that they were serious about buying the house.

أَكَّدُوا له جديتهم في شراء البيت.

The instructor *stresses* the importance of memorizing the new words.

يُؤَكِّدُ المدرس على أهمية حفظ الكلمات الجديدة.

Form I أكل   to eat أَكَلَ ●

ACTIVE

PLURAL	DUAL	SINGULAR	SUBJUNCTIVE	PLURAL	DUAL	SINGULAR	PERFECT
يَأْكُلُوا	يَأْكُلَا	يَأْكُلَ		أَكَلُوا	أَكَلَا	أَكَلَ	MASCULINE 3
يَأْكُلْنَ	تَأْكُلَا	تَأْكُلَ		أَكَلْنَ	أَكَلَتَا	أَكَلَتْ	FEMININE
تَأْكُلُوا	تَأْكُلَا	تَأْكُلَ		أَكَلْتُمْ	أَكَلْتُمَا	أَكَلْتَ	MASCULINE 2
تَأْكُلْنَ	تَأْكُلَا	تَأْكُلِي		أَكَلْتُنَّ	أَكَلْتُمَا	أَكَلْتِ	FEMININE
نَأْكُلَ	---	آكُلَ		أَكَلْنَا	---	أَكَلْتُ	1

	JUSSIVE				IMPERFECT		
يَأْكُلُوا	يَأْكُلَا	يَأْكُلْ		يَأْكُلُونَ	يَأْكُلانِ	يَأْكُلُ	MASCULINE 3
يَأْكُلْنَ	تَأْكُلَا	تَأْكُلْ		يَأْكُلْنَ	تَأْكُلانِ	تَأْكُلُ	FEMININE
تَأْكُلُوا	تَأْكُلَا	تَأْكُلْ		تَأْكُلُونَ	تَأْكُلانِ	تَأْكُلُ	MASCULINE 2
تَأْكُلْنَ	تَأْكُلَا	تَأْكُلِي		تَأْكُلْنَ	تَأْكُلانِ	تَأْكُلِينَ	FEMININE
نَأْكُلْ	---	آكُلْ		نَأْكُلُ	---	آكُلُ	1

	IMPERATIVE				
				آكِلٌ	ACTIVE PARTICIPLE
كُلُوا	كُلَا	كُلْ	MASCULINE	مَأْكُولٌ	PASSIVE PARTICIPLE
كُلْنَ	كُلَا	كُلِي	FEMININE	أَكْلٌ	VERBAL NOUN

PASSIVE

		PERFECT SINGULAR	DUAL	PLURAL	SUBJUNCTIVE SINGULAR	DUAL	PLURAL
3	MASCULINE	أُكِلَ	أُكِلا	أُكِلُوا	يُؤْكَلَ	يُؤْكَلا	يُؤْكَلُوا
	FEMININE	أُكِلَتْ	أُكِلَتَا	أُكِلْنَ	تُؤْكَلَ	تُؤْكَلا	يُؤْكَلْنَ
2	MASCULINE	أُكِلْتَ	أُكِلْتُمَا	أُكِلْتُمْ	تُؤْكَلَ	تُؤْكَلا	تُؤْكَلُوا
	FEMININE	أُكِلْتِ	أُكِلْتُمَا	أُكِلْتُنَّ	تُؤْكَلِي	تُؤْكَلا	تُؤْكَلْنَ
1		أُكِلْتُ	---	أُكِلْنَا	أُوكَلَ	---	نُؤْكَلَ

		IMPERFECT SINGULAR	DUAL	PLURAL	JUSSIVE SINGULAR	DUAL	PLURAL
3	MASCULINE	يُؤْكَلُ	يُؤْكَلانِ	يُؤْكَلُونَ	يُؤْكَلْ	يُؤْكَلا	يُؤْكَلُوا
	FEMININE	تُؤْكَلُ	تُؤْكَلانِ	يُؤْكَلْنَ	تُؤْكَلْ	تُؤْكَلا	يُؤْكَلْنَ
2	MASCULINE	تُؤْكَلُ	تُؤْكَلانِ	تُؤْكَلُونَ	تُؤْكَلْ	تُؤْكَلا	تُؤْكَلُوا
	FEMININE	تُؤْكَلِينَ	تُؤْكَلانِ	تُؤْكَلْنَ	تُؤْكَلِي	تُؤْكَلا	تُؤْكَلْنَ
1		أُوكَلُ	---	نُؤْكَلُ	أُوكَلْ	---	نُؤْكَلْ

I'm hungry and I want *to eat*.	أنا جوعان وأريد أن آكُلَ.
We *ate* falafel and found it satisfying.	أَكَلْنَا الفلافل ووجدناها لذيذة.
The fire *consumed* the wood completely.	أَكَلَتْ النار الخشب كله.
His uncle *encroached* on his rights in the inheritance.	لقد أَكَلَ عمه حقه في الميراث.
Munir knows how *to handle* the matter properly [idiom; literally: from whence the shoulder is eaten].	منير يعلم من أين تُؤْكَلُ الكتف.

Form II ألف — to accustom; to unite; to compose أَلَّفَ ●

ACTIVE

		PERFECT SINGULAR	DUAL	PLURAL	SUBJUNCTIVE SINGULAR	DUAL	PLURAL
3	MASCULINE	أَلَّفَ	أَلَّفَا	أَلَّفُوا	يُؤَلِّفَ	يُؤَلِّفَا	يُؤَلِّفُوا
	FEMININE	أَلَّفَتْ	أَلَّفَتَا	أَلَّفْنَ	تُؤَلِّفَ	تُؤَلِّفَا	يُؤَلِّفْنَ
2	MASCULINE	أَلَّفْتَ	أَلَّفْتُمَا	أَلَّفْتُمْ	تُؤَلِّفَ	تُؤَلِّفَا	تُؤَلِّفُوا
	FEMININE	أَلَّفْتِ	أَلَّفْتُمَا	أَلَّفْتُنَّ	تُؤَلِّفِي	تُؤَلِّفَا	تُؤَلِّفْنَ
1		أَلَّفْتُ	---	أَلَّفْنَا	أُؤَلِّفَ	---	نُؤَلِّفَ

Active

JUSSIVE / IMPERFECT

JUSSIVE Plural	JUSSIVE Dual	JUSSIVE Singular		IMPERFECT Plural	IMPERFECT Dual	IMPERFECT Singular		
يُؤَلِّفوا	يُؤَلِّفا	يُؤَلِّفْ		يُؤَلِّفونَ	يُؤَلِّفانِ	يُؤَلِّفُ	MASCULINE	3
يُؤَلِّفْنَ	تُؤَلِّفا	تُؤَلِّفْ		يُؤَلِّفْنَ	تُؤَلِّفانِ	تُؤَلِّفُ	FEMININE	
تُؤَلِّفوا	تُؤَلِّفا	تُؤَلِّفْ		تُؤَلِّفونَ	تُؤَلِّفانِ	تُؤَلِّفُ	MASCULINE	2
تُؤَلِّفْنَ	تُؤَلِّفا	تُؤَلِّفي		تُؤَلِّفْنَ	تُؤَلِّفانِ	تُؤَلِّفينَ	FEMININE	
نُؤَلِّفْ	---	أُؤَلِّفْ		نُؤَلِّفُ	---	أُؤَلِّفُ		1

IMPERATIVE

Plural	Dual	Singular			
أَلِّفوا	أَلِّفا	أَلِّفْ	MASCULINE	مُؤَلِّفٌ	ACTIVE PARTICIPLE
أَلِّفْنَ	أَلِّفا	أَلِّفي	FEMININE	مُؤَلَّفٌ	PASSIVE PARTICIPLE
				تَأْليفٌ	VERBAL NOUN

PASSIVE

SUBJUNCTIVE / PERFECT

PLURAL	DUAL	SINGULAR	SUBJUNCTIVE	PLURAL	DUAL	SINGULAR	PERFECT	
يُؤَلَّفوا	يُؤَلَّفا	يُؤَلَّفَ		أُلِّفوا	أُلِّفا	أُلِّفَ	MASCULINE	3
يُؤَلَّفْنَ	تُؤَلَّفا	تُؤَلَّفَ		أُلِّفْنَ	أُلِّفَتا	أُلِّفَتْ	FEMININE	
تُؤَلَّفوا	تُؤَلَّفا	تُؤَلَّفَ		أُلِّفْتُمْ	أُلِّفْتُما	أُلِّفْتَ	MASCULINE	2
تُؤَلَّفْنَ	تُؤَلَّفا	تُؤَلَّفي		أُلِّفْتُنَّ	أُلِّفْتُما	أُلِّفْتِ	FEMININE	
نُؤَلَّفَ	---	أُؤَلَّفَ		أُلِّفْنا	---	أُلِّفْتُ		1

JUSSIVE / IMPERFECT

JUSSIVE Plural	JUSSIVE Dual	JUSSIVE Singular		IMPERFECT Plural	IMPERFECT Dual	IMPERFECT Singular		
يُؤَلَّفوا	يُؤَلَّفا	يُؤَلَّفْ		يُؤَلَّفونَ	يُؤَلَّفانِ	يُؤَلَّفُ	MASCULINE	3
يُؤَلَّفْنَ	تُؤَلَّفا	تُؤَلَّفْ		يُؤَلَّفْنَ	تُؤَلَّفانِ	تُؤَلَّفُ	FEMININE	
تُؤَلَّفوا	تُؤَلَّفا	تُؤَلَّفْ		تُؤَلَّفونَ	تُؤَلَّفانِ	تُؤَلَّفُ	MASCULINE	2
تُؤَلَّفْنَ	تُؤَلَّفا	تُؤَلَّفي		تُؤَلَّفْنَ	تُؤَلَّفانِ	تُؤَلَّفينَ	FEMININE	
نُؤَلَّفْ	---	أُؤَلَّفْ		نُؤَلَّفُ	---	أُؤَلَّفُ		1

Naguib Mahfouz *wrote* many stories that reflect the Egyptian reality.

ألَّفَ نجيب محفوظ العديد من الروايات التي تعكس الواقع المصري.

He *reconciled* them to one another.

ألَّفَ بين قلوبِهم.

Who can *domesticate* a lion?

من يقدر على تأليف الأسد؟

Form VI أمر   to confer; to consult; conspire تَآمَرَ ●

ACTIVE

PLURAL	DUAL	SINGULAR	SUBJUNCTIVE	PLURAL	DUAL	SINGULAR	PERFECT	
يَتَآمَرُوا	يَتَآمَرَا	يَتَآمَرَ		تَآمَرُوا	تَآمَرَا	تَآمَرَ	MASCULINE	3
يَتَآمَرْنَ	تَتَآمَرَا	تَتَآمَرَ		تَآمَرْنَ	تَآمَرَتَا	تَآمَرَتْ	FEMININE	
تَتَآمَرُوا	تَتَآمَرَا	تَتَآمَرَ		تَآمَرْتُمْ	تَآمَرْتُمَا	تَآمَرْتَ	MASCULINE	2
تَتَآمَرْنَ	تَتَآمَرَا	تَتَآمَرِي		تَآمَرْتُنَّ	تَآمَرْتُمَا	تَآمَرْتِ	FEMININE	
نَتَآمَرَ	---	أَتَآمَرَ		تَآمَرْنَا	---	تَآمَرْتُ		1

PLURAL	DUAL	SINGULAR	JUSSIVE	PLURAL	DUAL	SINGULAR	IMPERFECT	
يَتَآمَرُوا	يَتَآمَرَا	يَتَآمَرْ		يَتَآمَرُونَ	يَتَآمَرَانِ	يَتَآمَرُ	MASCULINE	3
يَتَآمَرْنَ	تَتَآمَرَا	تَتَآمَرْ		يَتَآمَرْنَ	تَتَآمَرَانِ	تَتَآمَرُ	FEMININE	
تَتَآمَرُوا	تَتَآمَرَا	تَتَآمَرْ		تَتَآمَرُونَ	تَتَآمَرَانِ	تَتَآمَرُ	MASCULINE	2
تَتَآمَرْنَ	تَتَآمَرَا	تَتَآمَرِي		تَتَآمَرْنَ	تَتَآمَرَانِ	تَتَآمَرِينَ	FEMININE	
نَتَآمَرْ	---	أَتَآمَرْ		نَتَآمَرُ	---	أَتَآمَرُ		1

PLURAL	DUAL	SINGULAR	IMPERATIVE		
تَآمَرُوا	تَآمَرَا	تَآمَرْ	MASCULINE	مُتَآمِرٌ	ACTIVE PARTICIPLE
تَآمَرْنَ	تَآمَرَا	تَآمَرِي	FEMININE	---	PASSIVE PARTICIPLE
				تَآمُرٌ	VERBAL NOUN

The worst betrayal occurs when brothers *conspire* against each other.

أصعب خيانة تحدث عندما يَتَآمَرُ الإخوة بعضهم على بعض.

Why *are you plotting* trouble for your friend?

لماذا تَتَآمَرُونَ بالشر على صديقكم؟

Form VIII أمر   to deliberate, conspire إِيتَمَرَ ●

ACTIVE

PLURAL	DUAL	SINGULAR	SUBJUNCTIVE	PLURAL	DUAL	SINGULAR	PERFECT	
يَأْتَمِرُوا	يَأْتَمِرَا	يَأْتَمِرَ		إِيتَمَرُوا	إِيتَمَرَا	إِيتَمَرَ	MASCULINE	3
يَأْتَمِرْنَ	تَأْتَمِرَا	تَأْتَمِرَ		إِيتَمَرْنَ	إِيتَمَرَتَا	إِيتَمَرَتْ	FEMININE	
تَأْتَمِرُوا	تَأْتَمِرَا	تَأْتَمِرَ		إِيتَمَرْتُمْ	إِيتَمَرْتُمَا	إِيتَمَرْتَ	MASCULINE	2
تَأْتَمِرْنَ	تَأْتَمِرَا	تَأْتَمِرِي		إِيتَمَرْتُنَّ	إِيتَمَرْتُمَا	إِيتَمَرْتِ	FEMININE	
نَأْتَمِرَ	---	آتَمِرَ		إِيتَمَرْنَا	---	إِيتَمَرْتُ		1

JUSSIVE / IMPERFECT

JUSSIVE (plural)	JUSSIVE (dual)	JUSSIVE (sing.)		IMPERFECT (plural)	IMPERFECT (dual)	IMPERFECT (sing.)		
يَأْتَمِرُوا	يَأْتَمِرَا	يَأْتَمِرْ		يَأْتَمِرُونَ	يَأْتَمِرَانِ	يَأْتَمِرُ	MASCULINE	3
يَأْتَمِرْنَ	تَأْتَمِرَا	تَأْتَمِرْ		يَأْتَمِرْنَ	تَأْتَمِرَانِ	تَأْتَمِرُ	FEMININE	
تَأْتَمِرُوا	تَأْتَمِرَا	تَأْتَمِرْ		تَأْتَمِرُونَ	تَأْتَمِرَانِ	تَأْتَمِرُ	MASCULINE	2
تَأْتَمِرْنَ	تَأْتَمِرَا	تَأْتَمِرِي		تَأْتَمِرْنَ	تَأْتَمِرَانِ	تَأْتَمِرِينَ	FEMININE	
نَأْتَمِرْ	---	آتَمِرْ		نَأْتَمِرُ	---	آتَمِرُ		1

IMPERATIVE / participles

IMPERATIVE (plural)	IMPERATIVE (dual)	IMPERATIVE (sing.)			
إِيتَمِرُوا	إِيتَمِرَا	إِيتَمِرْ	MASCULINE	مُؤْتَمِرٌ	ACTIVE PARTICIPLE
إِيتَمِرْنَ	إِيتَمِرَا	إِيتَمِرِي	FEMININE	---	PASSIVE PARTICIPLE
				إِيتِمَارٌ	VERBAL NOUN

It is only wise that we should *consult* before making a decision.

إنه لمن الحكمة أن تَأْتَمِرَ الواحد منا قبل أن يتّخذ قراراً.

Why do the nations *take* false *counsel*? [Psalms 2:1]

لماذا ائْتَمَرَتْ الشعوب بالباطل؟

The cabinet ministers *carried out* the president's orders [idiom].

إيتَمَرَ الوزراء بأوامر الرئيس .

Form I أمل   ● أَمَلَ to hope

ACTIVE

PLURAL	DUAL	SINGULAR	SUBJUNCTIVE	PLURAL	DUAL	SINGULAR	PERFECT	
يَأْمُلُوا	يَأْمُلا	يَأْمُلَ		أَمَلُوا	أَمَلا	أَمَلَ	MASCULINE	3
يَأْمُلْنَ	تَأْمُلا	تَأْمُلَ		أَمَلْنَ	أَمَلَتَا	أَمَلَتْ	FEMININE	
تَأْمُلُوا	تَأْمُلا	تَأْمُلَ		أَمَلْتُمْ	أَمَلْتُمَا	أَمَلْتَ	MASCULINE	2
تَأْمُلْنَ	تَأْمُلا	تَأْمُلِي		أَمَلْتُنَّ	أَمَلْتُمَا	أَمَلْتِ	FEMININE	
نَأْمُلَ	---	آمُلَ		أَمَلْنَا	---	أَمَلْتُ		1

PLURAL	DUAL	SINGULAR	JUSSIVE	PLURAL	DUAL	SINGULAR	IMPERFECT	
يَأْمُلُوا	يَأْمُلا	يَأْمُلْ		يَأْمُلُونَ	يَأْمُلانِ	يَأْمُلُ	MASCULINE	3
يَأْمُلْنَ	تَأْمُلا	تَأْمُلْ		يَأْمُلْنَ	تَأْمُلانِ	تَأْمُلُ	FEMININE	
تَأْمُلُوا	تَأْمُلا	تَأْمُلْ		تَأْمُلُونَ	تَأْمُلانِ	تَأْمُلُ	MASCULINE	2
تَأْمُلْنَ	تَأْمُلا	تَأْمُلِي		تَأْمُلْنَ	تَأْمُلانِ	تَأْمُلِينَ	FEMININE	
نَأْمُلْ	---	آمُلْ		نَأْمُلُ	---	آمُلُ		1

ACTIVE PARTICIPLE	آمِلٌ
PASSIVE PARTICIPLE	مَأْمُولٌ
VERBAL NOUN	أَمَلٌ

IMPERATIVE

	SINGULAR	DUAL	PLURAL
MASCULINE	أُومُلْ	أُومُلا	أُومُلُوا
FEMININE	أُومُلِي	أُومُلا	أُومُلْنَ

PASSIVE

PERFECT		SINGULAR	DUAL	PLURAL
3	MASCULINE	أُمِلَ	أُمِلا	أُمِلُوا
	FEMININE	أُمِلَتْ	أُمِلَتَا	أُمِلْنَ
2	MASCULINE	أُمِلْتَ	أُمِلْتُمَا	أُمِلْتُمْ
	FEMININE	أُمِلْتِ	أُمِلْتُمَا	أُمِلْتُنَّ
1		أُمِلْتُ	---	أُمِلْنَا

SUBJUNCTIVE	SINGULAR	DUAL	PLURAL
	يُؤْمَلَ	يُؤْمَلا	يُؤْمَلُوا
	تُؤْمَلَ	تُؤْمَلا	يُؤْمَلْنَ
	تُؤْمَلَ	تُؤْمَلا	تُؤْمَلُوا
	تُؤْمَلِي	تُؤْمَلا	تُؤْمَلْنَ
	أُومَلَ	---	نُؤْمَلَ

IMPERFECT		SINGULAR	DUAL	PLURAL
3	MASCULINE	يُؤْمَلُ	يُؤْمَلانِ	يُؤْمَلُونَ
	FEMININE	تُؤْمَلُ	تُؤْمَلانِ	يُؤْمَلْنَ
2	MASCULINE	تُؤْمَلُ	تُؤْمَلانِ	تُؤْمَلُونَ
	FEMININE	تُؤْمَلِينَ	تُؤْمَلانِ	تُؤْمَلْنَ
1		أُومَلُ	---	نُؤْمَلُ

JUSSIVE	SINGULAR	DUAL	PLURAL
	يُؤْمَلْ	يُؤْمَلا	يُؤْمَلُوا
	تُؤْمَلْ	تُؤْمَلا	يُؤْمَلْنَ
	تُؤْمَلْ	تُؤْمَلا	تُؤْمَلُوا
	تُؤْمَلِي	تُؤْمَلا	تُؤْمَلْنَ
	أُومَلْ	---	نُؤْمَلْ

نَأْمُلُ أن تتغير الظروف الحالية.
We hope that the present circumstances change.

ماذا تَأْمُلِينَ أن تعملي في المستقبل؟
What do *you hope* to do in the future?

to be safe أَمِنَ — Form I أمن

ACTIVE

PERFECT		SINGULAR	DUAL	PLURAL
3	MASCULINE	أَمِنَ	أَمِنَا	أَمِنُوا
	FEMININE	أَمِنَتْ	أَمِنَتَا	أَمِنَّ
2	MASCULINE	أَمِنْتَ	أَمِنْتُمَا	أَمِنْتُمْ
	FEMININE	أَمِنْتِ	أَمِنْتُمَا	أَمِنْتُنَّ
1		أَمِنْتُ	---	أَمِنَّا

SUBJUNCTIVE	SINGULAR	DUAL	PLURAL
	يَأْمَنَ	يَأْمَنَا	يَأْمَنُوا
	تَأْمَنَ	تَأْمَنَا	يَأْمَنَّ
	تَأْمَنَ	تَأْمَنَا	تَأْمَنُوا
	تَأْمَنِي	تَأْمَنَا	تَأْمَنَّ
	آمَنَ	---	نَأْمَنَ

	JUSSIVE				IMPERFECT		
	PLURAL	DUAL	SINGULAR		PLURAL	DUAL	SINGULAR
3 MASCULINE	يَأْمَنُوا	يَأْمَنَا	يَأْمَنْ		يَأْمَنُونَ	يَأْمَنَانِ	يَأْمَنُ
FEMININE	يَأْمَنَّ	تَأْمَنَا	تَأْمَنْ		يَأْمَنَّ	تَأْمَنَانِ	تَأْمَنُ
2 MASCULINE	تَأْمَنُوا	تَأْمَنَا	تَأْمَنْ		تَأْمَنُونَ	تَأْمَنَانِ	تَأْمَنُ
FEMININE	تَأْمَنَّ	تَأْمَنَا	تَأْمَنِي		تَأْمَنَّ	تَأْمَنَانِ	تَأْمَنِينَ
1	نَأْمَنْ	---	آمَنْ		نَأْمَنُ	---	آمَنُ

	IMPERATIVE				
MASCULINE	إِيمَنُوا	إِيمَنَا	إِيمَنْ	آمِنٌ	ACTIVE PARTICIPLE
FEMININE	إِيمَنَّ	إِيمَنَا	إِيمَنِي	مَأْمُونٌ	PASSIVE PARTICIPLE
				أَمْنٌ، أَمَانٌ	VERBAL NOUN

PASSIVE

	SUBJUNCTIVE				PERFECT		
	PLURAL	DUAL	SINGULAR		PLURAL	DUAL	SINGULAR
3 MASCULINE	يُؤْمَنُوا	يُؤْمَنَا	يُؤْمَنَ		أُمِنُوا	أُمِنَا	أُمِنَ
FEMININE	يُؤْمَنَّ	تُؤْمَنَا	تُؤْمَنَ		أُمِنَّ	أُمِنَتَا	أُمِنَتْ
2 MASCULINE	تُؤْمَنُوا	تُؤْمَنَا	تُؤْمَنَ		أُمِنْتُمْ	أُمِنْتُمَا	أُمِنْتَ
FEMININE	تُؤْمَنَّ	تُؤْمَنَا	تُؤْمَنِي		أُمِنْتُنَّ	أُمِنْتُمَا	أُمِنْتِ
1	نُؤْمَنَ	---	أُومَنَ		أُمِنَّا	---	أُمِنْتُ

	JUSSIVE				IMPERFECT		
3 MASCULINE	يُؤْمَنُوا	يُؤْمَنَا	يُؤْمَنْ		يُؤْمَنُونَ	يُؤْمَنَانِ	يُؤْمَنُ
FEMININE	يُؤْمَنَّ	تُؤْمَنَا	تُؤْمَنْ		يُؤْمَنَّ	تُؤْمَنَانِ	تُؤْمَنُ
2 MASCULINE	تُؤْمَنُوا	تُؤْمَنَا	تُؤْمَنْ		تُؤْمَنُونَ	تُؤْمَنَانِ	تُؤْمَنُ
FEMININE	تُؤْمَنَّ	تُؤْمَنَا	تُؤْمَنِي		تُؤْمَنَّ	تُؤْمَنَانِ	تُؤْمَنِينَ
1	نُؤْمَنْ	---	أُومَنْ		نُؤْمَنُ	---	أُومَنُ

يَأْمَنُ كل طفل عندما تضمه أمه.

Every child *feels secure* when his mother hugs him.

هل سَنَأْمَنُ من الحرب؟

Will we be safe from war?

أنا في غاية السعادة لأنك أَمِنْتَ من حادث السيارة.

I am very glad that *you came out safely* from the automobile accident.

Form IV أمن — to believe آمَنَ

ACTIVE

PLURAL	DUAL	SINGULAR	SUBJUNCTIVE	PLURAL	DUAL	SINGULAR	PERFECT	
يُؤْمِنُوا	يُؤْمِنَا	يُؤْمِنَ		آمَنُوا	آمَنَا	آمَنَ	MASCULINE	3
يُؤْمِنَّ	تُؤْمِنَا	تُؤْمِنَ		آمَنَّ	آمَنَتَا	آمَنَتْ	FEMININE	
تُؤْمِنُوا	تُؤْمِنَا	تُؤْمِنَ		آمَنْتُمْ	آمَنْتُمَا	آمَنْتَ	MASCULINE	2
تُؤْمِنَّ	تُؤْمِنَا	تُؤْمِنِي		آمَنْتُنَّ	آمَنْتُمَا	آمَنْتِ	FEMININE	
نُؤْمِنَ	---	أُومِنَ		آمَنَّا	---	آمَنْتُ		1

JUSSIVE / IMPERFECT

PLURAL	DUAL	SINGULAR	JUSSIVE	PLURAL	DUAL	SINGULAR	IMPERFECT	
يُؤْمِنُوا	يُؤْمِنَا	يُؤْمِنْ		يُؤْمِنُونَ	يُؤْمِنَانِ	يُؤْمِنُ	MASCULINE	3
يُؤْمِنَّ	تُؤْمِنَا	تُؤْمِنْ		يُؤْمِنَّ	تُؤْمِنَانِ	تُؤْمِنُ	FEMININE	
تُؤْمِنُوا	تُؤْمِنَا	تُؤْمِنْ		تُؤْمِنُونَ	تُؤْمِنَانِ	تُؤْمِنُ	MASCULINE	2
تُؤْمِنَّ	تُؤْمِنَا	تُؤْمِنِي		تُؤْمِنَّ	تُؤْمِنَانِ	تُؤْمِنِينَ	FEMININE	
نُؤْمِنْ	---	أُومِنْ		نُؤْمِنُ	---	أُومِنُ		1

IMPERATIVE

PLURAL	DUAL	SINGULAR		
آمِنُوا	آمِنَا	آمِنْ	MASCULINE	
آمِنَّ	آمِنَا	آمِنِي	FEMININE	

مُؤْمِنٌ	ACTIVE PARTICIPLE
مُؤْمَنٌ	PASSIVE PARTICIPLE
إِيمَانٌ	VERBAL NOUN

"He who *has faith* will be safe" [proverb].

مَن آمَنَ أَمِنَ.

If a person wants to succeed, he has *to have confidence* in his own abilities.

إذا أراد الإنسان أن ينجح فعليه أن يُؤْمِنَ بقدراته.

I have confidence in your skills.

أنا أُومِنُ بمهاراتك.

Form X أنف — to begin; to resume إِسْتَأْنَفَ

ACTIVE

PLURAL	DUAL	SINGULAR	SUBJUNCTIVE	PLURAL	DUAL	SINGULAR	PERFECT	
يَسْتَأْنِفُوا	يَسْتَأْنِفَا	يَسْتَأْنِفَ		إِسْتَأْنَفُوا	إِسْتَأْنَفَا	إِسْتَأْنَفَ	MASCULINE	3
يَسْتَأْنِفْنَ	تَسْتَأْنِفَا	تَسْتَأْنِفَ		إِسْتَأْنَفْنَ	إِسْتَأْنَفَتَا	إِسْتَأْنَفَتْ	FEMININE	
تَسْتَأْنِفُوا	تَسْتَأْنِفَا	تَسْتَأْنِفَ		إِسْتَأْنَفْتُمْ	إِسْتَأْنَفْتُمَا	إِسْتَأْنَفْتَ	MASCULINE	2
تَسْتَأْنِفْنَ	تَسْتَأْنِفَا	تَسْتَأْنِفِي		إِسْتَأْنَفْتُنَّ	إِسْتَأْنَفْتُمَا	إِسْتَأْنَفْتِ	FEMININE	
نَسْتَأْنِفَ	---	أَسْتَأْنِفَ		إِسْتَأْنَفْنَا	---	إِسْتَأْنَفْتُ		1

		JUSSIVE				IMPERFECT		
يَسْتَأْنِفُوا	يَسْتَأْنِفَا	يَسْتَأْنِفْ		يَسْتَأْنِفُونَ	يَسْتَأْنِفَانِ	يَسْتَأْنِفُ	MASCULINE	3
يَسْتَأْنِفْنَ	تَسْتَأْنِفَا	تَسْتَأْنِفْ		يَسْتَأْنِفْنَ	تَسْتَأْنِفَانِ	تَسْتَأْنِفُ	FEMININE	
تَسْتَأْنِفُوا	تَسْتَأْنِفَا	تَسْتَأْنِفْ		تَسْتَأْنِفُونَ	تَسْتَأْنِفَانِ	تَسْتَأْنِفُ	MASCULINE	2
تَسْتَأْنِفْنَ	تَسْتَأْنِفَا	تَسْتَأْنِفِي		تَسْتَأْنِفْنَ	تَسْتَأْنِفَانِ	تَسْتَأْنِفِينَ	FEMININE	
نَسْتَأْنِفْ	---	أَسْتَأْنِفْ		نَسْتَأْنِفُ	---	أَسْتَأْنِفُ	1	

	IMPERATIVE			ACTIVE PARTICIPLE	مُسْتَأْنِفٌ

إِسْتَأْنِفُوا	إِسْتَأْنِفَا	إِسْتَأْنِفْ	MASCULINE
إِسْتَأْنِفْنَ	إِسْتَأْنِفَا	إِسْتَأْنِفِي	FEMININE

PASSIVE PARTICIPLE	مُسْتَأْنَفٌ
VERBAL NOUN	إِسْتِئْنَافٌ

PASSIVE

PLURAL	DUAL	SINGULAR	SUBJUNCTIVE	PLURAL	DUAL	SINGULAR	PERFECT	
يُسْتَأْنَفُوا	يُسْتَأْنَفَا	يُسْتَأْنَفَ		أُسْتُأْنِفُوا	أُسْتُأْنِفَا	أُسْتُأْنِفَ	MASCULINE	3
يُسْتَأْنَفْنَ	تُسْتَأْنَفَا	تُسْتَأْنَفَ		أُسْتُأْنِفْنَ	أُسْتُأْنِفَتَا	أُسْتُأْنِفَتْ	FEMININE	
تُسْتَأْنَفُوا	تُسْتَأْنَفَا	تُسْتَأْنَفَ		أُسْتُأْنِفْتُمْ	أُسْتُأْنِفْتُمَا	أُسْتُأْنِفْتَ	MASCULINE	2
تُسْتَأْنَفْنَ	تُسْتَأْنَفَا	تُسْتَأْنَفِي		أُسْتُأْنِفْتُنَّ	أُسْتُأْنِفْتُمَا	أُسْتُأْنِفْتِ	FEMININE	
نُسْتَأْنَفَ	---	أُسْتَأْنَفَ		أُسْتُأْنِفْنَا	---	أُسْتُأْنِفْتُ	1	

		JUSSIVE				IMPERFECT		
يُسْتَأْنَفُوا	يُسْتَأْنَفَا	يُسْتَأْنَفْ		يُسْتَأْنَفُونَ	يُسْتَأْنَفَانِ	يُسْتَأْنَفُ	MASCULINE	3
يُسْتَأْنَفْنَ	تُسْتَأْنَفَا	تُسْتَأْنَفْ		يُسْتَأْنَفْنَ	تُسْتَأْنَفَانِ	تُسْتَأْنَفُ	FEMININE	
تُسْتَأْنَفُوا	تُسْتَأْنَفَا	تُسْتَأْنَفْ		تُسْتَأْنَفُونَ	تُسْتَأْنَفَانِ	تُسْتَأْنَفُ	MASCULINE	2
تُسْتَأْنَفْنَ	تُسْتَأْنَفَا	تُسْتَأْنَفِي		تُسْتَأْنَفْنَ	تُسْتَأْنَفَانِ	تُسْتَأْنَفِينَ	FEMININE	
نُسْتَأْنَفْ	---	أُسْتَأْنَفْ		نُسْتَأْنَفُ	---	أُسْتَأْنَفُ	1	

سوف نَسْتَأْنِفُ اجتماعنا الأسبوع المقبل في نفس الميعاد.

We will begin our meeting next week at the same time.

من سَيَسْتَأْنِفُ العمل بعد تقديمك للإستقالة؟

Who *will resume* the work after you resign?

Form II أيد

to support; to confirm أَيَّدَ ●

ACTIVE

	PERFECT	SINGULAR	DUAL	PLURAL
3	MASCULINE	أَيَّدَ	أَيَّدَا	أَيَّدُوا
	FEMININE	أَيَّدَتْ	أَيَّدَتَا	أَيَّدْنَ
2	MASCULINE	أَيَّدْتَ	أَيَّدْتُمَا	أَيَّدْتُمْ
	FEMININE	أَيَّدْتِ	أَيَّدْتُمَا	أَيَّدْتُنَّ
1		أَيَّدْتُ	---	أَيَّدْنَا

	SUBJUNCTIVE	SINGULAR	DUAL	PLURAL
3	MASCULINE	يُؤَيِّدَ	يُؤَيِّدَا	يُؤَيِّدُوا
	FEMININE	تُؤَيِّدَ	تُؤَيِّدَا	يُؤَيِّدْنَ
2	MASCULINE	تُؤَيِّدَ	تُؤَيِّدَا	تُؤَيِّدُوا
	FEMININE	تُؤَيِّدِي	تُؤَيِّدَا	تُؤَيِّدْنَ
1		أُؤَيِّدَ	---	نُؤَيِّدَ

	IMPERFECT	SINGULAR	DUAL	PLURAL
3	MASCULINE	يُؤَيِّدُ	يُؤَيِّدَانِ	يُؤَيِّدُونَ
	FEMININE	تُؤَيِّدُ	تُؤَيِّدَانِ	يُؤَيِّدْنَ
2	MASCULINE	تُؤَيِّدُ	تُؤَيِّدَانِ	تُؤَيِّدُونَ
	FEMININE	تُؤَيِّدِينَ	تُؤَيِّدَانِ	تُؤَيِّدْنَ
1		أُؤَيِّدُ	---	نُؤَيِّدُ

	JUSSIVE	SINGULAR	DUAL	PLURAL
3	MASCULINE	يُؤَيِّدْ	يُؤَيِّدَا	يُؤَيِّدُوا
	FEMININE	تُؤَيِّدْ	تُؤَيِّدَا	يُؤَيِّدْنَ
2	MASCULINE	تُؤَيِّدْ	تُؤَيِّدَا	تُؤَيِّدُوا
	FEMININE	تُؤَيِّدِي	تُؤَيِّدَا	تُؤَيِّدْنَ
1		أُؤَيِّدْ	---	نُؤَيِّدْ

ACTIVE PARTICIPLE	مُؤَيِّدٌ
PASSIVE PARTICIPLE	مُؤَيَّدٌ
VERBAL NOUN	تَأْيِيدٌ

IMPERATIVE	SINGULAR	DUAL	PLURAL
MASCULINE	أَيِّدْ	أَيِّدَا	أَيِّدُوا
FEMININE	أَيِّدِي	أَيِّدَا	أَيِّدْنَ

PASSIVE

	PERFECT	SINGULAR	DUAL	PLURAL
3	MASCULINE	أُيِّدَ	أُيِّدَا	أُيِّدُوا
	FEMININE	أُيِّدَتْ	أُيِّدَتَا	أُيِّدْنَ
2	MASCULINE	أُيِّدْتَ	أُيِّدْتُمَا	أُيِّدْتُمْ
	FEMININE	أُيِّدْتِ	أُيِّدْتُمَا	أُيِّدْتُنَّ
1		أُيِّدْتُ	---	أُيِّدْنَا

	SUBJUNCTIVE	SINGULAR	DUAL	PLURAL
3	MASCULINE	يُؤَيَّدَ	يُؤَيَّدَا	يُؤَيَّدُوا
	FEMININE	تُؤَيَّدَ	تُؤَيَّدَا	يُؤَيَّدْنَ
2	MASCULINE	تُؤَيَّدَ	تُؤَيَّدَا	تُؤَيَّدُوا
	FEMININE	تُؤَيَّدِي	تُؤَيَّدَا	تُؤَيَّدْنَ
1		أُؤَيَّدَ	---	نُؤَيَّدَ

	IMPERFECT	SINGULAR	DUAL	PLURAL
3	MASCULINE	يُؤَيَّدُ	يُؤَيَّدَانِ	يُؤَيَّدُونَ
	FEMININE	تُؤَيَّدُ	تُؤَيَّدَانِ	يُؤَيَّدْنَ
2	MASCULINE	تُؤَيَّدُ	تُؤَيَّدَانِ	تُؤَيَّدُونَ
	FEMININE	تُؤَيَّدِينَ	تُؤَيَّدَانِ	تُؤَيَّدْنَ
1		أُؤَيَّدُ	---	نُؤَيَّدُ

	JUSSIVE	SINGULAR	DUAL	PLURAL
3	MASCULINE	يُؤَيَّدْ	يُؤَيَّدَا	يُؤَيَّدُوا
	FEMININE	تُؤَيَّدْ	تُؤَيَّدَا	يُؤَيَّدْنَ
2	MASCULINE	تُؤَيَّدْ	تُؤَيَّدَا	تُؤَيَّدُوا
	FEMININE	تُؤَيَّدِي	تُؤَيَّدَا	تُؤَيَّدْنَ
1		أُؤَيَّدْ	---	نُؤَيَّدْ

Which of the two ideas *will you support*?	أي فكرة من الفكرتين سَتُؤَيِّدِينَ؟
If the young people *back* this candidate in the elections, he will win.	إذا أَيَّدَ الشباب هذا المرشح في الإنتخابات فإنه سيفوز.
We do not *endorse* this proposal.	نحن لا نُؤَيِّدُ هذا الإقتراح.

Form I بئس — to be wretched بَئِسَ

ACTIVE

		PERFECT	SINGULAR	DUAL	PLURAL
3	MASCULINE		بَئِسَ	بَئِسَا	بَئِسُوا
	FEMININE		بَئِسَتْ	بَئِسَتَا	بَئِسْنَ
2	MASCULINE		بَئِسْتَ	بَئِسْتُمَا	بَئِسْتُمْ
	FEMININE		بَئِسْتِ	بَئِسْتُمَا	بَئِسْتُنَّ
1			بَئِسْتُ	---	بَئِسْنَا

		SUBJUNCTIVE	SINGULAR	DUAL	PLURAL
3	MASCULINE		يَبْأَسَ	يَبْأَسَا	يَبْأَسُوا
	FEMININE		تَبْأَسَ	تَبْأَسَا	يَبْأَسْنَ
2	MASCULINE		تَبْأَسَ	تَبْأَسَا	تَبْأَسُوا
	FEMININE		تَبْأَسِي	تَبْأَسَا	تَبْأَسْنَ
1			أَبْأَسَ	---	نَبْأَسَ

		IMPERFECT	SINGULAR	DUAL	PLURAL
3	MASCULINE		يَبْأَسُ	يَبْأَسَانِ	يَبْأَسُونَ
	FEMININE		تَبْأَسُ	تَبْأَسَانِ	يَبْأَسْنَ
2	MASCULINE		تَبْأَسُ	تَبْأَسَانِ	تَبْأَسُونَ
	FEMININE		تَبْأَسِينَ	تَبْأَسَانِ	تَبْأَسْنَ
1			أَبْأَسُ	---	نَبْأَسُ

		JUSSIVE	SINGULAR	DUAL	PLURAL
3	MASCULINE		يَبْأَسْ	يَبْأَسَا	يَبْأَسُوا
	FEMININE		تَبْأَسْ	تَبْأَسَا	يَبْأَسْنَ
2	MASCULINE		تَبْأَسْ	تَبْأَسَا	تَبْأَسُوا
	FEMININE		تَبْأَسِي	تَبْأَسَا	تَبْأَسْنَ
1			أَبْأَسْ	---	نَبْأَسْ

ACTIVE PARTICIPLE	بَائِسٌ
PASSIVE PARTICIPLE	---
VERBAL NOUN	بُؤْسٌ

IMPERATIVE	SINGULAR	DUAL	PLURAL
MASCULINE	إِبْأَسْ	إِبْأَسَا	إِبْأَسُوا
FEMININE	إِبْأَسِي	إِبْأَسَا	إِبْأَسْنَ

This fellow *became miserable* because he couldn't find an opportunity for work.	هذا الشاب بَئِسَ لأنه لم يستطع أن يحصل على فرصة عمل.
The people *were ruined* on account of the volcano.	الناس بَئِسُوا بسبب البركان.

Form I بحث   to search بَحَثَ ●

ACTIVE

PLURAL	DUAL	SINGULAR	SUBJUNCTIVE	PLURAL	DUAL	SINGULAR	PERFECT	
يَبْحَثُوا	يَبْحَثَا	يَبْحَثَ		بَحَثُوا	بَحَثَا	بَحَثَ	MASCULINE	3
يَبْحَثْنَ	تَبْحَثَا	تَبْحَثَ		بَحَثْنَ	بَحَثَتَا	بَحَثَتْ	FEMININE	
تَبْحَثُوا	تَبْحَثَا	تَبْحَثَ		بَحَثْتُمْ	بَحَثْتُمَا	بَحَثْتَ	MASCULINE	2
تَبْحَثْنَ	تَبْحَثَا	تَبْحَثِي		بَحَثْتُنَّ	بَحَثْتُمَا	بَحَثْتِ	FEMININE	
نَبْحَثَ	---	أَبْحَثَ		بَحَثْنَا	---	بَحَثْتُ		1

PLURAL	DUAL	SINGULAR	JUSSIVE	PLURAL	DUAL	SINGULAR	IMPERFECT	
يَبْحَثُوا	يَبْحَثَا	يَبْحَثْ		يَبْحَثُونَ	يَبْحَثَانِ	يَبْحَثُ	MASCULINE	3
يَبْحَثْنَ	تَبْحَثَا	تَبْحَثْ		يَبْحَثْنَ	تَبْحَثَانِ	تَبْحَثُ	FEMININE	
تَبْحَثُوا	تَبْحَثَا	تَبْحَثْ		تَبْحَثُونَ	تَبْحَثَانِ	تَبْحَثُ	MASCULINE	2
تَبْحَثْنَ	تَبْحَثَا	تَبْحَثِي		تَبْحَثْنَ	تَبْحَثَانِ	تَبْحَثِينَ	FEMININE	
نَبْحَثْ	---	أَبْحَثْ		نَبْحَثُ	---	أَبْحَثُ		1

PLURAL	DUAL	SINGULAR	IMPERATIVE		
إِبْحَثُوا	إِبْحَثَا	إِبْحَثْ	MASCULINE	باحِثٌ	ACTIVE PARTICIPLE
إِبْحَثْنَ	إِبْحَثَا	إِبْحَثِي	FEMININE	مَبْحُوثٌ	PASSIVE PARTICIPLE
				بَحْثٌ	VERBAL NOUN

PASSIVE

PLURAL	DUAL	SINGULAR	SUBJUNCTIVE	PLURAL	DUAL	SINGULAR	PERFECT	
يُبْحَثُوا	يُبْحَثَا	يُبْحَثَ		بُحِثُوا	بُحِثَا	بُحِثَ	MASCULINE	3
يُبْحَثْنَ	تُبْحَثَا	تُبْحَثَ		بُحِثْنَ	بُحِثَتَا	بُحِثَتْ	FEMININE	
تُبْحَثُوا	تُبْحَثَا	تُبْحَثَ		بُحِثْتُمْ	بُحِثْتُمَا	بُحِثْتَ	MASCULINE	2
تُبْحَثْنَ	تُبْحَثَا	تُبْحَثِي		بُحِثْتُنَّ	بُحِثْتُمَا	بُحِثْتِ	FEMININE	
نُبْحَثَ	---	أُبْحَثَ		بُحِثْنَا	---	بُحِثْتُ		1

PLURAL	DUAL	SINGULAR	JUSSIVE	PLURAL	DUAL	SINGULAR	IMPERFECT	
يُبْحَثُوا	يُبْحَثَا	يُبْحَثْ		يُبْحَثُونَ	يُبْحَثَانِ	يُبْحَثُ	MASCULINE	3
يُبْحَثْنَ	تُبْحَثَا	تُبْحَثْ		يُبْحَثْنَ	تُبْحَثَانِ	تُبْحَثُ	FEMININE	
تُبْحَثُوا	تُبْحَثَا	تُبْحَثْ		تُبْحَثُونَ	تُبْحَثَانِ	تُبْحَثُ	MASCULINE	2
تُبْحَثْنَ	تُبْحَثَا	تُبْحَثِي		تُبْحَثْنَ	تُبْحَثَانِ	تُبْحَثِينَ	FEMININE	
نُبْحَثْ	---	أُبْحَثْ		نُبْحَثُ	---	أُبْحَثُ		1

We searched for you all day but didn't find you.

بَحَثْنَا عنك اليوم كله ولم نجدك.

I'm going to the library *to research* the subject of man's journeys to the moon.

سأذهب إلى المكتبة حتى أَبْحَثَ في موضوع رحلات الإنسان إلى القمر.

Can *we explore* this decision together?

هل يمكن أن نَبْحَثَ هذا القرار معاً؟

Form I بَدَأ

to begin بَدَأ ●

ACTIVE

PLURAL	DUAL	SINGULAR	SUBJUNCTIVE	PLURAL	DUAL	SINGULAR	PERFECT		
يَبْدَؤُوا	يَبْدَآ	يَبْدَأَ		بَدَؤُوا	بَدَآ	بَدَأَ	MASCULINE	3
يَبْدَأْنَ	تَبْدَآ	تَبْدَأَ		بَدَأْنَ	بَدَأَتَا	بَدَأَتْ	FEMININE	
تَبْدَؤُوا	تَبْدَآ	تَبْدَأَ		بَدَأْتُمْ	بَدَأْتُمَا	بَدَأْتَ	MASCULINE	2
تَبْدَأْنَ	تَبْدَآ	تَبْدَئِي		بَدَأْتُنَّ	بَدَأْتُمَا	بَدَأْتِ	FEMININE	
نَبْدَأَ	---	أَبْدَأَ		بَدَأْنَا	---	بَدَأْتُ		1

JUSSIVE

							IMPERFECT		
يَبْدَؤُوا	يَبْدَآ	يَبْدَأْ		يَبْدَؤُونَ	يَبْدَآنِ	يَبْدَأُ	MASCULINE	3
يَبْدَأْنَ	تَبْدَآ	تَبْدَأْ		يَبْدَأْنَ	تَبْدَآنِ	تَبْدَأُ	FEMININE	
تَبْدَؤُوا	تَبْدَآ	تَبْدَأْ		تَبْدَؤُونَ	تَبْدَآنِ	تَبْدَأُ	MASCULINE	2
تَبْدَأْنَ	تَبْدَآ	تَبْدَئِي		تَبْدَأْنَ	تَبْدَآنِ	تَبْدَئِينَ	FEMININE	
نَبْدَأْ	---	أَبْدَأْ		نَبْدَأُ	---	أَبْدَأُ		1

IMPERATIVE

				بَادِئٌ		ACTIVE PARTICIPLE
إِبْدَأُوا	إِبْدَآ	إِبْدَأْ	MASCULINE	مَبْدُوءٌ		PASSIVE PARTICIPLE
إِبْدَأْنَ	إِبْدَآ	إِبْدَئِي	FEMININE	بَدْءٌ		VERBAL NOUN

PASSIVE

PLURAL	DUAL	SINGULAR	SUBJUNCTIVE	PLURAL	DUAL	SINGULAR	PERFECT		
يُبْدَؤُوا	يُبْدَآ	يُبْدَأَ		بُدِئُوا	بُدِئَا	بُدِئَ	MASCULINE	3
يُبْدَأْنَ	تُبْدَآ	تُبْدَأَ		بُدِئْنَ	بُدِئَا	بُدِئَتْ	FEMININE	
تُبْدَؤُوا	تُبْدَآ	تُبْدَأَ		بُدِئْتُمْ	بُدِئْتُمَا	بُدِئْتَ	MASCULINE	2
تُبْدَأْنَ	تُبْدَآ	تُبْدَئِي		بُدِئْتُنَّ	بُدِئْتُمَا	بُدِئْتِ	FEMININE	
نُبْدَأَ	---	أُبْدَأَ		بُدِئْنَا	---	بُدِئْتُ		1

JUSSIVE			IMPERFECT				
يُبْدَؤُوا	يَبْدَآ	يُبْدَأْ	يُبْدَؤُونَ	يُبْدَآنِ	يُبْدَأُ	MASCULINE	3
يُبْدَأْنَ	تَبْدَآ	تُبْدَأْ	يُبْدَأْنَ	يُبْدَآنِ	تُبْدَأُ	FEMININE	
تُبْدَؤُوا	تَبْدَآ	تُبْدَأْ	تُبْدَؤُونَ	تُبْدَآنِ	تُبْدَأُ	MASCULINE	2
تُبْدَأْنَ	تَبْدَآ	تُبْدَئِي	تُبْدَأْنَ	تُبْدَآنِ	تُبْدَئِينَ	FEMININE	
نُبْدَأْ	---	أُبْدَأْ	نُبْدَأُ	---	أُبْدَأُ		1

Most TV channels in the Islamic countries *begin* with a reading from the Holy Qur'an.

تَبْدَأُ معظم قنوات التلفاز في البلاد الإسلامية بقراءة من القرآن الكريم.

The rain *started* coming down half an hour ago.

الأمطار بَدَأَتْ بالنزول منذ نصف ساعة.

When does the party *begin*?

متى سَتَبْدَأُ الحفلة؟

We *began* talking and didn't stop.

بَدَأْنَا بالكلام ولم ننته.

Form VIII بدأ   to begin إِبْتَدَأَ ●

ACTIVE

PLURAL	DUAL	SINGULAR	SUBJUNCTIVE	PLURAL	DUAL	SINGULAR	PERFECT	
يَبْتَدِئُوا	يَبْتَدِئَا	يَبْتَدِئَ		إِبْتَدَؤُوا	إِبْتَدَآ	إِبْتَدَأَ	MASCULINE	3
تَبْتَدِئْنَ	تَبْتَدِئَا	تَبْتَدِئَ		إِبْتَدَأْنَ	إِبْتَدَأَتَا	إِبْتَدَأَتْ	FEMININE	
تَبْتَدِئُوا	تَبْتَدِئَا	تَبْتَدِئَ		إِبْتَدَأْتُمْ	إِبْتَدَأْتُمَا	إِبْتَدَأْتَ	MASCULINE	2
تَبْتَدِئْنَ	تَبْتَدِئَا	تَبْتَدِئِي		إِبْتَدَأْتُنَّ	إِبْتَدَأْتُمَا	إِبْتَدَأْتِ	FEMININE	
نَبْتَدِئَ	---	أَبْتَدِئَ		إِبْتَدَأْنَا	---	إِبْتَدَأْتُ		1

JUSSIVE			IMPERFECT				
يَبْتَدِئُوا	يَبْتَدِئَا	يَبْتَدِئْ	يَبْتَدِئُونَ	يَبْتَدِئَانِ	يَبْتَدِئُ	MASCULINE	3
يَبْتَدِئْنَ	تَبْتَدِئَا	تَبْتَدِئْ	يَبْتَدِئْنَ	يَبْتَدِئَانِ	تَبْتَدِئُ	FEMININE	
تَبْتَدِئُوا	تَبْتَدِئَا	تَبْتَدِئْ	تَبْتَدِئُونَ	تَبْتَدِئَانِ	تَبْتَدِئُ	MASCULINE	2
تَبْتَدِئْنَ	تَبْتَدِئَا	تَبْتَدِئِي	تَبْتَدِئْنَ	تَبْتَدِئَانِ	تَبْتَدِئِينَ	FEMININE	
نَبْتَدِئْ	---	أَبْتَدِئْ	نَبْتَدِئُ	---	أَبْتَدِئُ		1

IMPERATIVE					
			مُبْتَدِئٌ	ACTIVE PARTICIPLE	
إِبْتَدِئُوا	إِبْتَدِئَا	إِبْتَدِئْ	MASCULINE	--- PASSIVE PARTICIPLE	
إِبْتَدِئْنَ	إِبْتَدِئَا	إِبْتَدِئِي	FEMININE	إِبْتِدَاءٌ VERBAL NOUN	

I generally *start* my day by doing some physical exercises.	عادة ابْتَدِئُ يومي بأداء بعض التمارين الرياضية.
Can you *start* the car?	هل يمكن أن تَبْتَدِئَ السيارة؟
Winter *set in*.	إِبْتَدَأَ الشتاء.

بدل Form VI   to exchange; to take turns تَبَادَلَ ●

ACTIVE

PLURAL	DUAL	SINGULAR	SUBJUNCTIVE	PLURAL	DUAL	SINGULAR	PERFECT	
يَتَبَادَلُوا	يَتَبَادَلا	يَتَبَادَلَ		تَبَادَلُوا	تَبَادَلا	تَبَادَلَ	MASCULINE	3
يَتَبَادَلْنَ	تَتَبَادَلا	تَتَبَادَلَ		تَبَادَلْنَ	تَبَادَلَتَا	تَبَادَلَتْ	FEMININE	
تَتَبَادَلُوا	تَتَبَادَلا	تَتَبَادَلَ		تَبَادَلْتُمْ	تَبَادَلْتُمَا	تَبَادَلْتَ	MASCULINE	2
تَتَبَادَلْنَ	تَتَبَادَلا	تَتَبَادَلِي		تَبَادَلْتُنَّ	تَبَادَلْتُمَا	تَبَادَلْتِ	FEMININE	
نَتَبَادَلَ	---	أَتَبَادَلَ		تَبَادَلْنَا	---	تَبَادَلْتُ		1

PLURAL	DUAL	SINGULAR	JUSSIVE	PLURAL	DUAL	SINGULAR	IMPERFECT	
يَتَبَادَلُوا	يَتَبَادَلا	يَتَبَادَلْ		يَتَبَادَلُونَ	يَتَبَادَلان	يَتَبَادَلُ	MASCULINE	3
يَتَبَادَلْنَ	تَتَبَادَلا	تَتَبَادَلْ		يَتَبَادَلْنَ	تَتَبَادَلان	تَتَبَادَلُ	FEMININE	
تَتَبَادَلُوا	تَتَبَادَلا	تَتَبَادَلْ		تَتَبَادَلُونَ	تَتَبَادَلان	تَتَبَادَلُ	MASCULINE	2
تَتَبَادَلْنَ	تَتَبَادَلا	تَتَبَادَلِي		تَتَبَادَلْنَ	تَتَبَادَلان	تَتَبَادَلِينَ	FEMININE	
نَتَبَادَلْ	---	أَتَبَادَلْ		نَتَبَادَلُ	---	أَتَبَادَلُ		1

			IMPERATIVE			مُتَبَادِلٌ	ACTIVE PARTICIPLE
تَبَادَلُوا	تَبَادَلا	تَبَادَلْ	MASCULINE			مُتَبَادَلٌ	PASSIVE PARTICIPLE
تَبَادَلْنَ	تَبَادَلا	تَبَادَلِي	FEMININE			تَبَادُلٌ	VERBAL NOUN

PASSIVE

PLURAL	DUAL	SINGULAR	SUBJUNCTIVE	PLURAL	DUAL	SINGULAR	PERFECT	
يُتَبَادَلُوا	يُتَبَادَلا	يُتَبَادَلَ		تُبُودِلُوا	تُبُودِلا	تُبُودِلَ	MASCULINE	3
يُتَبَادَلْنَ	تُتَبَادَلا	تُتَبَادَلَ		تُبُودِلْنَ	تُبُودِلَتَا	تُبُودِلَتْ	FEMININE	
تُتَبَادَلُوا	تُتَبَادَلا	تُتَبَادَلَ		تُبُودِلْتُمْ	تُبُودِلْتُمَا	تُبُودِلْتَ	MASCULINE	2
تُتَبَادَلْنَ	تُتَبَادَلا	تُتَبَادَلِي		تُبُودِلْتُنَّ	تُبُودِلْتُمَا	تُبُودِلْتِ	FEMININE	
نُتَبَادَلَ	---	أُتَبَادَلَ		تُبُودِلْنَا	---	تُبُودِلْتُ		1

PLURAL	DUAL	SINGULAR		SINGULAR	DUAL	PLURAL		
يَتَبَادَلُوا	يَتَبَادَلا	يَتَبَادَلْ		يَتَبَادَلُ	يَتَبَادَلانِ	يُتَبَادَلُونَ	MASCULINE	3
يَتَبَادَلْنَ	يَتَبَادَلا	تَتَبَادَلْ		تَتَبَادَلُ	يَتَبَادَلانِ	يَتَبَادَلْنَ	FEMININE	
تَتَبَادَلُوا	تَتَبَادَلا	تَتَبَادَلْ		تَتَبَادَلُ	تَتَبَادَلانِ	تَتَبَادَلُونَ	MASCULINE	2
تَتَبَادَلْنَ	تَتَبَادَلا	تَتَبَادَلِي		تَتَبَادَلِينَ	تَتَبَادَلانِ	تَتَبَادَلْنَ	FEMININE	
نَتَبَادَلْ	---	أَتَبَادَلْ		أَتَبَادَلُ	---	نَتَبَادَلُ		1

They *exchanged* greetings.	تَبَادَلُوا التحية.
When they were children, they used *to swap* sandwiches.	عندما كانوا أطفالاً كانوا يَتَبَادَلُونَ السندويتشات.
We need *to exchange* ideas about this subject.	نحتاج أن نَتَبَادَلَ الأفكار حول هذه القضية.

Form IV بدو   to express; to disclose أَبْدَى ●

ACTIVE

PLURAL	DUAL	SINGULAR	SUBJUNCTIVE	PLURAL	DUAL	SINGULAR	PERFECT	
يُبْدُوا	يُبْدِيَا	يُبْدِيَ		أَبْدَوْا	أَبْدَيَا	أَبْدَى	MASCULINE	3
يُبْدِينَ	يُبْدِيَا	تُبْدِيَ		أَبْدَيْنَ	أَبْدَتَا	أَبْدَتْ	FEMININE	
تُبْدُوا	تُبْدِيَا	تُبْدِيَ		أَبْدَيْتُمْ	أَبْدَيْتُمَا	أَبْدَيْتَ	MASCULINE	2
تُبْدِينَ	تُبْدِيَا	تُبْدِي		أَبْدَيْتُنَّ	أَبْدَيْتُمَا	أَبْدَيْتِ	FEMININE	
نُبْدِيَ	---	أُبْدِيَ		أَبْدَيْنَا	---	أَبْدَيْتُ		1

JUSSIVE   IMPERFECT

PLURAL	DUAL	SINGULAR		SINGULAR	DUAL	PLURAL		
يُبْدُوا	يُبْدِيَا	يُبْدِ		يُبْدِي	يُبْدِيَانِ	يُبْدُونَ	MASCULINE	3
يُبْدِينَ	يُبْدِيَا	تُبْدِ		تُبْدِي	يُبْدِيَانِ	يُبْدِينَ	FEMININE	
تُبْدُوا	تُبْدِيَا	تُبْدِ		تُبْدِي	تُبْدِيَانِ	تُبْدُونَ	MASCULINE	2
تُبْدِينَ	تُبْدِيَا	تُبْدِي		تُبْدِينَ	تُبْدِيَانِ	تُبْدِينَ	FEMININE	
نُبْدِ	---	أُبْدِ		أُبْدِي	---	نُبْدِي		1

IMPERATIVE

PLURAL	DUAL	SINGULAR		
أَبْدُوا	أَبْدِيَا	أَبْدِ	MASCULINE	
أَبْدِينَ	أَبْدِيَا	أَبْدِي	FEMININE	

مُبْدٍ	ACTIVE PARTICIPLE
مُبْدًى	PASSIVE PARTICIPLE
إِبْدَاءٌ	VERBAL NOUN

31

PASSIVE

PLURAL	DUAL	SINGULAR	SUBJUNCTIVE	PLURAL	DUAL	SINGULAR	PERFECT		
يُبْدَوْا	يُبْدَيَا	يُبْدَى		أُبْدُوا	أُبْدِيَا	أُبْدِيَ	MASCULINE	3
يُبْدَيْنَ	تُبْدَيَا	تُبْدَى		أُبْدِينَ	أُبْدِيَتَا	أُبْدِيَتْ	FEMININE	
تُبْدَوْا	تُبْدَيَا	تُبْدَى		أُبْدِيتُمْ	أُبْدِيتُمَا	أُبْدِيتَ	MASCULINE	2
تُبْدَيْنَ	تُبْدَيَا	تُبْدَيْ		أُبْدِيتُنَّ	أُبْدِيتُمَا	أُبْدِيتِ	FEMININE	
نُبْدَى	---	أُبْدَى		أُبْدِينَا	---	أُبْدِيتُ		1

JUSSIVE / IMPERFECT

PLURAL	DUAL	SINGULAR	JUSSIVE	PLURAL	DUAL	SINGULAR	IMPERFECT		
يُبْدَوْا	يُبْدَيَا	يُبْدَ		يُبْدَوْنَ	يُبْدَيَانِ	يُبْدَى	MASCULINE	3
يُبْدَيْنَ	تُبْدَيَا	تُبْدَ		يُبْدَيْنَ	تُبْدَيَانِ	تُبْدَى	FEMININE	
تُبْدَوْا	تُبْدَيَا	تُبْدَ		تُبْدَوْنَ	تُبْدَيَانِ	تُبْدَى	MASCULINE	2
تُبْدَيْنَ	تُبْدَيَا	تُبْدَيْ		تُبْدَيْنَ	تُبْدَيَانِ	تُبْدَيْنَ	FEMININE	
نُبْدَ	---	أُبْدَ		نُبْدَى	---	أُبْدَى		1

لماذا لم تُبْدِ رأيك اليوم في المحاضرة؟

Why didn't *you express* your opinion in the lecture today?

سيتغير العالم لو أبْدَى كل واحد منا الحب لقريبه ولعدوه.

It would be a different world if everyone *would show* love to his friend as well as to his enemy.

أبْدَى رغبته في الذهاب الى تونس.

He expressed a desire to go to Tunis.

Form I برئ   to be free; to recover بَرِئَ ●

ACTIVE

PLURAL	DUAL	SINGULAR	SUBJUNCTIVE	PLURAL	DUAL	SINGULAR	PERFECT		
يَبْرَؤُوا	يَبْرَآ	يَبْرَأَ		بَرِئُوا	بَرِئَا	بَرِئَ	MASCULINE	3
يَبْرَأْنَ	تَبْرَآ	تَبْرَأَ		بَرِئْنَ	بَرِئَتَا	بَرِئَتْ	FEMININE	
تَبْرَؤُوا	تَبْرَآ	تَبْرَأَ		بَرِئْتُمْ	بَرِئْتُمَا	بَرِئْتَ	MASCULINE	2
تَبْرَأْنَ	تَبْرَآ	تَبْرَئِي		بَرِئْتُنَّ	بَرِئْتُمَا	بَرِئْتِ	FEMININE	
نَبْرَأَ	---	أَبْرَأَ		بَرِئْنَا	---	بَرِئْتُ		1

IMPERFECT

		SINGULAR	DUAL	PLURAL
3	MASCULINE	يَبْرَأُ	يَبْرَآنِ	يَبْرَؤُونَ
	FEMININE	تَبْرَأُ	تَبْرَآنِ	يَبْرَأْنَ
2	MASCULINE	تَبْرَأُ	تَبْرَآنِ	تَبْرَؤُونَ
	FEMININE	تَبْرَئِينَ	تَبْرَآنِ	تَبْرَأْنَ
1		أَبْرَأُ	---	نَبْرَأُ

JUSSIVE

		SINGULAR	DUAL	PLURAL
3	MASCULINE	يَبْرَأْ	يَبْرَآ	يَبْرَؤُوا
	FEMININE	تَبْرَأْ	تَبْرَآ	يَبْرَأْنَ
2	MASCULINE	تَبْرَأْ	تَبْرَآ	تَبْرَؤُوا
	FEMININE	تَبْرَئِي	تَبْرَآ	تَبْرَأْنَ
1		أَبْرَأْ	---	نَبْرَأْ

ACTIVE PARTICIPLE بَارِئٌ

PASSIVE PARTICIPLE ---

VERBAL NOUN بَرَاءَةٌ

IMPERATIVE

	SINGULAR	DUAL	PLURAL
MASCULINE	إِبْرَأْ	إِبْرَآ	إِبْرَؤُوا
FEMININE	إِبْرَئِي	إِبْرَآ	إِبْرَأْنَ

بَرِئَ سعيد من كل التهم الموجهة إليه.

Sa'id *was cleared* of all the accusations that were directed against him.

هل تعتقد أنه سَيَبْرَأُ من أمراضه؟

Do you think he *will be cured* of his illness?

● تَبَارَى to vie, compete — Form VI بري

ACTIVE

PERFECT

		SINGULAR	DUAL	PLURAL
3	MASCULINE	تَبَارَى	تَبَارَيَا	تَبَارَوْا
	FEMININE	تَبَارَتْ	تَبَارَتَا	تَبَارَيْنَ
2	MASCULINE	تَبَارَيْتَ	تَبَارَيْتُمَا	تَبَارَيْتُمْ
	FEMININE	تَبَارَيْتِ	تَبَارَيْتُمَا	تَبَارَيْتُنَّ
1		تَبَارَيْتُ	---	تَبَارَيْنَا

SUBJUNCTIVE

		SINGULAR	DUAL	PLURAL
3	MASCULINE	يَتَبَارَى	يَتَبَارَيَا	يَتَبَارَوْا
	FEMININE	تَتَبَارَى	تَتَبَارَيَا	يَتَبَارَيْنَ
2	MASCULINE	تَتَبَارَى	تَتَبَارَيَا	تَتَبَارَوْا
	FEMININE	تَتَبَارَيْ	تَتَبَارَيَا	تَتَبَارَيْنَ
1		أَتَبَارَى	---	نَتَبَارَى

IMPERFECT

		SINGULAR	DUAL	PLURAL
3	MASCULINE	يَتَبَارَى	يَتَبَارَيَانِ	يَتَبَارَوْنَ
	FEMININE	تَتَبَارَى	تَتَبَارَيَانِ	يَتَبَارَيْنَ
2	MASCULINE	تَتَبَارَى	تَتَبَارَيَانِ	تَتَبَارَوْنَ
	FEMININE	تَتَبَارَيْنَ	تَتَبَارَيَانِ	تَتَبَارَيْنَ
1		أَتَبَارَى	---	نَتَبَارَى

JUSSIVE

		SINGULAR	DUAL	PLURAL
3	MASCULINE	يَتَبَارَ	يَتَبَارَيَا	يَتَبَارَوْا
	FEMININE	تَتَبَارَ	تَتَبَارَيَا	يَتَبَارَيْنَ
2	MASCULINE	تَتَبَارَ	تَتَبَارَيَا	تَتَبَارَوْا
	FEMININE	تَتَبَارَيْ	تَتَبَارَيَا	تَتَبَارَيْنَ
1		أَتَبَارَ	---	نَتَبَارَ

ACTIVE PARTICIPLE مُتَبَارٍ

PASSIVE PARTICIPLE ---

VERBAL NOUN تَبَارٍ

IMPERATIVE

	SINGULAR	DUAL	PLURAL
MASCULINE	تَبَارَ	تَبَارَيَا	تَبَارَوْا
FEMININE	تَبَارَيْ	تَبَارَيَا	تَبَارَيْنَ

Medhat and Ayman *will compete* in chess.

مدحت وأيمن يَتَبَارَيَانِ في الشطرنج.

Let's not *compete* but rather cooperate.

دعنا لا نَتَبَارَى بل نتعاون.

The two of them *were competing* for her affection.

تَبَارَيَا للفوز بحبها.

Form IV بَطُؤَ   to be slow; to make slow أَبْطَأَ ●

ACTIVE

PLURAL	DUAL	SINGULAR	SUBJUNCTIVE	PLURAL	DUAL	SINGULAR	PERFECT	
يُبْطِئُوا	يُبْطِئَا	يُبْطِئَ		أَبْطَؤُوا	أَبْطَآ	أَبْطَأَ	MASCULINE	3
يُبْطِئْنَ	تُبْطِئَا	تُبْطِئَ		أَبْطَأْنَ	أَبْطَأَتَا	أَبْطَأَتْ	FEMININE	
تُبْطِئُوا	تُبْطِئَا	تُبْطِئَ		أَبْطَأْتُمْ	أَبْطَأْتُمَا	أَبْطَأْتَ	MASCULINE	2
تُبْطِئْنَ	تُبْطِئَا	تُبْطِئِي		أَبْطَأْتُنَّ	أَبْطَأْتُمَا	أَبْطَأْتِ	FEMININE	
نُبْطِئَ	---	أُبْطِئَ		أَبْطَأْنَا	---	أَبْطَأْتُ		1

			JUSSIVE				IMPERFECT	
يُبْطِئُوا	يُبْطِئَا	يُبْطِئْ		يُبْطِئُونَ	يُبْطِئَانِ	يُبْطِئُ	MASCULINE	3
يُبْطِئْنَ	تُبْطِئَا	تُبْطِئْ		يُبْطِئْنَ	يُبْطِئَانِ	تُبْطِئُ	FEMININE	
تُبْطِئُوا	تُبْطِئَا	تُبْطِئْ		تُبْطِئُونَ	تُبْطِئَانِ	تُبْطِئُ	MASCULINE	2
تُبْطِئْنَ	تُبْطِئَا	تُبْطِئِي		تُبْطِئْنَ	تُبْطِئَانِ	تُبْطِئِينَ	FEMININE	
نُبْطِئْ	---	أُبْطِئْ		نُبْطِئُ	---	أُبْطِئُ		1

			IMPERATIVE					
						مُبْطِئٌ	ACTIVE PARTICIPLE	
أَبْطِئُوا	أَبْطِئَا	أَبْطِئْ	MASCULINE			---	PASSIVE PARTICIPLE	
أَبْطِئْنَ	أَبْطِئَا	أَبْطِئِي	FEMININE			إِبْطَاءٌ	VERBAL NOUN	

Don't *delay* answering my letter, please.

لا تُبْطِئْ في الرد على رسالتي من فضلك.

Why *were you so slow* in coming?

لماذا أَبْطَأْتُمْ في المجيء؟

Form I بعث

to send بَعَثَ

ACTIVE

		PERFECT SINGULAR	DUAL	PLURAL	SUBJUNCTIVE SINGULAR	DUAL	PLURAL
3	MASCULINE	بَعَثَ	بَعَثَا	بَعَثُوا	يَبْعَثَ	يَبْعَثَا	يَبْعَثُوا
	FEMININE	بَعَثَتْ	بَعَثَتَا	بَعَثْنَ	تَبْعَثَ	تَبْعَثَا	يَبْعَثْنَ
2	MASCULINE	بَعَثْتَ	بَعَثْتُمَا	بَعَثْتُمْ	تَبْعَثَ	تَبْعَثَا	تَبْعَثُوا
	FEMININE	بَعَثْتِ	بَعَثْتُمَا	بَعَثْتُنَّ	تَبْعَثِي	تَبْعَثَا	تَبْعَثْنَ
1		بَعَثْتُ	---	بَعَثْنَا	أَبْعَثَ	---	نَبْعَثَ

		IMPERFECT SINGULAR	DUAL	PLURAL	JUSSIVE SINGULAR	DUAL	PLURAL
3	MASCULINE	يَبْعَثُ	يَبْعَثَانِ	يَبْعَثُونَ	يَبْعَثْ	يَبْعَثَا	يَبْعَثُوا
	FEMININE	تَبْعَثُ	تَبْعَثَانِ	يَبْعَثْنَ	تَبْعَثْ	تَبْعَثَا	يَبْعَثْنَ
2	MASCULINE	تَبْعَثُ	تَبْعَثَانِ	تَبْعَثُونَ	تَبْعَثْ	تَبْعَثَا	تَبْعَثُوا
	FEMININE	تَبْعَثِينَ	تَبْعَثَانِ	تَبْعَثْنَ	تَبْعَثِي	تَبْعَثَا	تَبْعَثْنَ
1		أَبْعَثُ	---	نَبْعَثُ	أَبْعَثْ	---	نَبْعَثْ

ACTIVE PARTICIPLE بَاعِثٌ

PASSIVE PARTICIPLE مَبْعُوثٌ

VERBAL NOUN بَعْثٌ

IMPERATIVE	SINGULAR	DUAL	PLURAL
MASCULINE	إِبْعَثْ	إِبْعَثَا	إِبْعَثُوا
FEMININE	إِبْعَثِي	إِبْعَثَا	إِبْعَثْنَ

PASSIVE

		PERFECT SINGULAR	DUAL	PLURAL	SUBJUNCTIVE SINGULAR	DUAL	PLURAL
3	MASCULINE	بُعِثَ	بُعِثَا	بُعِثُوا	يُبْعَثَ	يُبْعَثَا	يُبْعَثُوا
	FEMININE	بُعِثَتْ	بُعِثَتَا	بُعِثْنَ	تُبْعَثَ	تُبْعَثَا	يُبْعَثْنَ
2	MASCULINE	بُعِثْتَ	بُعِثْتُمَا	بُعِثْتُمْ	تُبْعَثَ	تُبْعَثَا	تُبْعَثُوا
	FEMININE	بُعِثْتِ	بُعِثْتُمَا	بُعِثْتُنَّ	تُبْعَثِي	تُبْعَثَا	تُبْعَثْنَ
1		بُعِثْتُ	---	بُعِثْنَا	أُبْعَثَ	---	نُبْعَثَ

		IMPERFECT SINGULAR	DUAL	PLURAL	JUSSIVE SINGULAR	DUAL	PLURAL
3	MASCULINE	يُبْعَثُ	يُبْعَثَانِ	يُبْعَثُونَ	يُبْعَثْ	يُبْعَثَا	يُبْعَثُوا
	FEMININE	تُبْعَثُ	تُبْعَثَانِ	يُبْعَثْنَ	تُبْعَثْ	تُبْعَثَا	يُبْعَثْنَ
2	MASCULINE	تُبْعَثُ	تُبْعَثَانِ	تُبْعَثُونَ	تُبْعَثْ	تُبْعَثَا	تُبْعَثُوا
	FEMININE	تُبْعَثِينَ	تُبْعَثَانِ	تُبْعَثْنَ	تُبْعَثِي	تُبْعَثَا	تُبْعَثْنَ
1		أُبْعَثُ	---	نُبْعَثُ	أُبْعَثْ	---	نُبْعَثْ

I *sent you* a letter, but you didn't answer me.	بَعَثْتُ لَكَ خطابا ولم تجبني.
My father *was sent* as a representative of the president of the republic.	بُعِثَ أبي مندوباً عن رئيس الجمهورية.
Jews, Christians, and Muslims believe that God *sent* prophets and apostles.	يعتقد اليهود والمسيحيون والمسلمون أن الله بَعَثَ الأنبياء والرسل.

Form VII بغي   ● إِنْبَغَى it ought to, it should

ACTIVE

PLURAL	DUAL	SINGULAR	SUBJUNCTIVE	PLURAL	DUAL	SINGULAR	PERFECT	
		يَنْبَغِيَ				إِنْبَغَى	MASCULINE	3
		---				---	FEMININE	
		---				---	MASCULINE	2
		---				---	FEMININE	
		---				---		1

PLURAL	DUAL	SINGULAR	JUSSIVE	PLURAL	DUAL	SINGULAR	IMPERFECT	
		يَنْبَغِ				يَنْبَغِي	MASCULINE	3
		---				---	FEMININE	
		---				---	MASCULINE	2
		---				---	FEMININE	
		---				---		1

	IMPERATIVE		مُنْبَغٍ	ACTIVE PARTICIPLE
---	MASCULINE		---	PASSIVE PARTICIPLE
---	FEMININE		---	VERBAL NOUN

I need to [literally: *It is necessary* that I] get a high grade on the exam.	يَنْبَغِي أن أحصل على درجة عالية في الإمتحان.
If you want to succeed, you *need* constant training.	إذا أردتم الفوز فَيَنْبَغِي عليكم التدرّب المستمر.
Wealthy governments *have to* confront poverty.	يَنْبَغِي على الحكومات الغنية مواجهة الفقر.

Form I بَقِيَ   to remain, be left بَقِيَ ●

ACTIVE

PLURAL	DUAL	SINGULAR	SUBJUNCTIVE	PLURAL	DUAL	SINGULAR	PERFECT	
يَبْقَوْا	يَبْقَيَا	يَبْقَى		بَقُوا	بَقِيَا	بَقِيَ	MASCULINE	3
يَبْقَيْنَ	تَبْقَيَا	تَبْقَى		بَقِينَ	بَقِيَتَا	بَقِيَتْ	FEMININE	
تَبْقَوْا	تَبْقَيَا	تَبْقَى		بَقِيتُم	بَقِيتُمَا	بَقِيتَ	MASCULINE	2
تَبْقَيْنَ	تَبْقَيَا	تَبْقَيْ		بَقِيتُنَّ	بَقِيتُمَا	بَقِيتِ	FEMININE	
نَبْقَى	---	أَبْقَى		بَقِينَا	---	بَقِيتُ		1

PLURAL	DUAL	SINGULAR	JUSSIVE	PLURAL	DUAL	SINGULAR	IMPERFECT	
يَبْقَوْا	يَبْقَيَا	يَبْقَ		يَبْقَوْنَ	يَبْقَيَانِ	يَبْقَى	MASCULINE	3
يَبْقَيْنَ	تَبْقَيَا	تَبْقَ		يَبْقَيْنَ	تَبْقَيَانِ	تَبْقَى	FEMININE	
تَبْقَوْا	تَبْقَيَا	تَبْقَ		تَبْقَوْنَ	تَبْقَيَانِ	تَبْقَى	MASCULINE	2
تَبْقَيْنَ	تَبْقَيَا	تَبْقَيْ		تَبْقَيْنَ	تَبْقَيَانِ	تَبْقَيْنَ	FEMININE	
نَبْقَ	---	أَبْقَ		نَبْقَى	---	أَبْقَى		1

PLURAL	DUAL	SINGULAR	IMPERATIVE		
إِبْقَوْا	إِبْقَيَا	إِبْقَ	MASCULINE	بَاقٍ	ACTIVE PARTICIPLE
إِبْقَيْنَ	إِبْقَيَا	إِبْقَيْ	FEMININE	مَبْقِيٌّ	PASSIVE PARTICIPLE
				بَقَاءٌ	VERBAL NOUN

Do you know how much time *is left* until the end of the first half of the match?

هل تعرف كم من الوقت باقٍ على إنتهاء الشوط الأول من المباراة؟

We have done everything to prepare for the wedding, and all that *remains* is to agree on the decorations.

عملنا كل شيء إستعداداً للزفاف وَيَبْقَى فقط الاتفاق على الزينة.

The children *will stay* with their grandmother.

الأطفال سَيَبْقَوْنَ مع جدتهم.

37

Form IV بقي   to leave behind; to retain, maintain أَبْقَى ●

ACTIVE

PERFECT		SINGULAR	DUAL	PLURAL
3	MASCULINE	أَبْقَى	أَبْقَيَا	أَبْقَوْا
	FEMININE	أَبْقَتْ	أَبْقَتَا	أَبْقَيْنَ
2	MASCULINE	أَبْقَيْتَ	أَبْقَيْتُمَا	أَبْقَيْتُمْ
	FEMININE	أَبْقَيْتِ	أَبْقَيْتُمَا	أَبْقَيْتُنَّ
1		أَبْقَيْتُ	---	أَبْقَيْنَا

SUBJUNCTIVE		SINGULAR	DUAL	PLURAL
3	MASCULINE	يُبْقِيَ	يُبْقِيَا	يُبْقُوا
	FEMININE	تُبْقِيَ	تُبْقِيَا	يُبْقِينَ
2	MASCULINE	تُبْقِيَ	تُبْقِيَا	تُبْقُوا
	FEMININE	تُبْقِي	تُبْقِيَا	تُبْقِينَ
1		أُبْقِيَ	---	نُبْقِيَ

IMPERFECT		SINGULAR	DUAL	PLURAL
3	MASCULINE	يُبْقِي	يُبْقِيَانِ	يُبْقُونَ
	FEMININE	تُبْقِي	تُبْقِيَانِ	يُبْقِينَ
2	MASCULINE	تُبْقِي	تُبْقِيَانِ	تُبْقُونَ
	FEMININE	تُبْقِينَ	تُبْقِيَانِ	تُبْقِينَ
1		أُبْقِي	---	نُبْقِي

JUSSIVE		SINGULAR	DUAL	PLURAL
3	MASCULINE	يُبْقِ	يُبْقِيَا	يُبْقُوا
	FEMININE	تُبْقِ	تُبْقِيَا	يُبْقِينَ
2	MASCULINE	تُبْقِ	تُبْقِيَا	تُبْقُوا
	FEMININE	تُبْقِي	تُبْقِيَا	تُبْقِينَ
1		أُبْقِ	---	نُبْقِ

IMPERATIVE	SINGULAR	DUAL	PLURAL
MASCULINE	أَبْقِ	أَبْقِيَا	أَبْقُوا
FEMININE	أَبْقِي	أَبْقِيَا	أَبْقِينَ

ACTIVE PARTICIPLE	مُبْقٍ
PASSIVE PARTICIPLE	مُبْقًى
VERBAL NOUN	إِبْقَاءٌ

PASSIVE

PERFECT		SINGULAR	DUAL	PLURAL
3	MASCULINE	أُبْقِيَ	أُبْقِيَا	أُبْقُوا
	FEMININE	أُبْقِيَتْ	أُبْقِيَتَا	أُبْقِينَ
2	MASCULINE	أُبْقِيتَ	أُبْقِيتُمَا	أُبْقِيتُمْ
	FEMININE	أُبْقِيتِ	أُبْقِيتُمَا	أُبْقِيتُنَّ
1		أُبْقِيتُ	---	أُبْقِينَا

SUBJUNCTIVE		SINGULAR	DUAL	PLURAL
3	MASCULINE	يُبْقَى	يُبْقَيَا	يُبْقَوْا
	FEMININE	تُبْقَى	تُبْقَيَا	يُبْقَيْنَ
2	MASCULINE	تُبْقَى	تُبْقَيَا	تُبْقَوْا
	FEMININE	تُبْقَيْ	تُبْقَيَا	تُبْقَيْنَ
1		أُبْقَى	---	نُبْقَى

IMPERFECT		SINGULAR	DUAL	PLURAL
3	MASCULINE	يُبْقَى	يُبْقَيَانِ	يُبْقَوْنَ
	FEMININE	تُبْقَى	تُبْقَيَانِ	يُبْقَيْنَ
2	MASCULINE	تُبْقَى	تُبْقَيَانِ	تُبْقَوْنَ
	FEMININE	تُبْقَيْنَ	تُبْقَيَانِ	تُبْقَيْنَ
1		أُبْقَى	---	نُبْقَى

JUSSIVE		SINGULAR	DUAL	PLURAL
3	MASCULINE	يُبْقَ	يُبْقَيَا	يُبْقَوْا
	FEMININE	تُبْقَ	تُبْقَيَا	يُبْقَيْنَ
2	MASCULINE	تُبْقَ	تُبْقَيَا	تُبْقَوْا
	FEMININE	تُبْقَيْ	تُبْقَيَا	تُبْقَيْنَ
1		أُبْقَ	---	نُبْقَ

We're going out to dinner, so *we're going to leave* our children with their aunt. — سنذهب للعشاء ولذلك سَنُبْقِي أولادنا مع عمّتهم.

I'm going *to keep* this book with me. — سَأُبْقِي هذا الكتاب معي.

Why did you *retain* this chapter in your book? — لماذا أبْقَيْتَ على هذا الفصل في كتابك؟

Form V بقي — to remain تَبَقَّى

ACTIVE

PERFECT		SINGULAR	DUAL	PLURAL
3	MASCULINE	تَبَقَّى	تَبَقَّيَا	تَبَقَّوْا
	FEMININE	تَبَقَّتْ	تَبَقَّتَا	تَبَقَّيْنَ
2	MASCULINE	تَبَقَّيْتَ	تَبَقَّيْتُمَا	تَبَقَّيْتُمْ
	FEMININE	تَبَقَّيْتِ	تَبَقَّيْتُمَا	تَبَقَّيْتُنَّ
1		تَبَقَّيْتُ	---	تَبَقَّيْنَا

SUBJUNCTIVE	SINGULAR	DUAL	PLURAL
3 MASCULINE	يَتَبَقَّى	يَتَبَقَّيَا	يَتَبَقَّوْا
3 FEMININE	تَتَبَقَّى	تَتَبَقَّيَا	يَتَبَقَّيْنَ
2 MASCULINE	تَتَبَقَّى	تَتَبَقَّيَا	تَتَبَقَّوْا
2 FEMININE	تَتَبَقَّيْ	تَتَبَقَّيَا	تَتَبَقَّيْنَ
1	أَتَبَقَّى	---	نَتَبَقَّى

IMPERFECT		SINGULAR	DUAL	PLURAL
3	MASCULINE	يَتَبَقَّى	يَتَبَقَّيَانِ	يَتَبَقَّوْنَ
	FEMININE	تَتَبَقَّى	تَتَبَقَّيَانِ	يَتَبَقَّيْنَ
2	MASCULINE	تَتَبَقَّى	تَتَبَقَّيَانِ	تَتَبَقَّوْنَ
	FEMININE	تَتَبَقَّيْنَ	تَتَبَقَّيَانِ	تَتَبَقَّيْنَ
1		أَتَبَقَّى	---	نَتَبَقَّى

JUSSIVE	SINGULAR	DUAL	PLURAL
3 MASCULINE	يَتَبَقَّ	يَتَبَقَّيَا	يَتَبَقَّوْا
3 FEMININE	تَتَبَقَّ	تَتَبَقَّيَا	يَتَبَقَّيْنَ
2 MASCULINE	تَتَبَقَّ	تَتَبَقَّيَا	تَتَبَقَّوْا
2 FEMININE	تَتَبَقَّيْ	تَتَبَقَّيَا	تَتَبَقَّيْنَ
1	أَتَبَقَّ	---	نَتَبَقَّ

IMPERATIVE	SINGULAR	DUAL	PLURAL
MASCULINE	تَبَقَّ	تَبَقَّيَا	تَبَقَّوْا
FEMININE	تَبَقَّيْ	تَبَقَّيَا	تَبَقَّيْنَ

ACTIVE PARTICIPLE	مُتَبَقٍّ
PASSIVE PARTICIPLE	مُتَبَقًّى
VERBAL NOUN	تَبَقٍّ

Twenty minutes *remain* until the end of the tournament. — يَتَبَقَّى عشرون دقيقة على نهاية المباراة.

How many kilometers *are left* until we reach the coast? — كم يَتَبَقَّى من الكيلومترات للوصول إلى الشاطئ؟

A lot of the food *is left over.* — لقد تَبَقَّى الكثير من الطعام.

Form I بلغ — to reach بَلَغَ ●

ACTIVE

PLURAL	DUAL	SINGULAR	SUBJUNCTIVE	PLURAL	DUAL	SINGULAR	PERFECT	
يَبْلُغُوا	يَبْلُغَا	يَبْلُغَ		بَلَغُوا	بَلَغَا	بَلَغَ	MASCULINE	3
يَبْلُغْنَ	تَبْلُغَا	تَبْلُغَ		بَلَغْنَ	بَلَغَتَا	بَلَغَتْ	FEMININE	
تَبْلُغُوا	تَبْلُغَا	تَبْلُغَ		بَلَغْتُمْ	بَلَغْتُمَا	بَلَغْتَ	MASCULINE	2
تَبْلُغْنَ	تَبْلُغَا	تَبْلُغِي		بَلَغْتُنَّ	بَلَغْتُمَا	بَلَغْتِ	FEMININE	
نَبْلُغَ	---	أَبْلُغَ		بَلَغْنَا	---	بَلَغْتُ		1

PLURAL	DUAL	SINGULAR	JUSSIVE	PLURAL	DUAL	SINGULAR	IMPERFECT	
يَبْلُغُوا	يَبْلُغَا	يَبْلُغْ		يَبْلُغُونَ	يَبْلُغَانِ	يَبْلُغُ	MASCULINE	3
يَبْلُغْنَ	تَبْلُغَا	تَبْلُغْ		يَبْلُغْنَ	تَبْلُغَانِ	تَبْلُغُ	FEMININE	
تَبْلُغُوا	تَبْلُغَا	تَبْلُغْ		تَبْلُغُونَ	تَبْلُغَانِ	تَبْلُغُ	MASCULINE	2
تَبْلُغْنَ	تَبْلُغَا	تَبْلُغِي		تَبْلُغْنَ	تَبْلُغَانِ	تَبْلُغِينَ	FEMININE	
نَبْلُغْ	---	أَبْلُغْ		نَبْلُغُ	---	أَبْلُغُ		1

PLURAL	DUAL	SINGULAR	IMPERATIVE		
أُبْلُغُوا	أُبْلُغَا	أُبْلُغْ	MASCULINE	بَالِغٌ	ACTIVE PARTICIPLE
أُبْلُغْنَ	أُبْلُغَا	أُبْلُغِي	FEMININE	مَبْلُوغٌ	PASSIVE PARTICIPLE
				بُلُوغٌ	VERBAL NOUN

PASSIVE

PLURAL	DUAL	SINGULAR	SUBJUNCTIVE	PLURAL	DUAL	SINGULAR	PERFECT	
يُبْلَغُوا	يُبْلَغَا	يُبْلَغَ		بُلِغُوا	بُلِغَا	بُلِغَ	MASCULINE	3
يُبْلَغْنَ	تُبْلَغَا	تُبْلَغَ		بُلِغْنَ	بُلِغَتَا	بُلِغَتْ	FEMININE	
تُبْلَغُوا	تُبْلَغَا	تُبْلَغَ		بُلِغْتُمْ	بُلِغْتُمَا	بُلِغْتَ	MASCULINE	2
تُبْلَغْنَ	تُبْلَغَا	تُبْلَغِي		بُلِغْتُنَّ	بُلِغْتُمَا	بُلِغْتِ	FEMININE	
نُبْلَغَ	---	أُبْلَغَ		بُلِغْنَا	---	بُلِغْتُ		1

PLURAL	DUAL	SINGULAR	JUSSIVE	PLURAL	DUAL	SINGULAR	IMPERFECT	
يُبْلَغُوا	يُبْلَغَا	يُبْلَغْ		يُبْلَغُونَ	يُبْلَغَانِ	يُبْلَغُ	MASCULINE	3
يُبْلَغْنَ	تُبْلَغَا	تُبْلَغْ		يُبْلَغْنَ	تُبْلَغَانِ	تُبْلَغُ	FEMININE	
تُبْلَغُوا	تُبْلَغَا	تُبْلَغْ		تُبْلَغُونَ	تُبْلَغَانِ	تُبْلَغُ	MASCULINE	2
تُبْلَغْنَ	تُبْلَغَا	تُبْلَغِي		تُبْلَغْنَ	تُبْلَغَانِ	تُبْلَغِينَ	FEMININE	
نُبْلَغْ	---	أُبْلَغْ		نُبْلَغُ	---	أُبْلَغُ		1

My son Safwat will be [literally: *will reach*] ten years old next Thursday.	إبني صفوت سَيَبْلُغُ من العمر عشر سنوات الخميس المقبل.
When *did you get* to Tripoli?	متى بَلَغْتُمْ طرابلس؟
The children tried *to reach* the birds that were on the tree.	حاول الأطفال أن يَبْلُغُوا الطيور التي على الشجرة.

Form I بني ● to build بَنَى

ACTIVE

PERFECT		SINGULAR	DUAL	PLURAL	SUBJUNCTIVE SINGULAR	DUAL	PLURAL
3	MASCULINE	بَنَى	بَنَيَا	بَنَوْا	يَبْنِيَ	يَبْنِيَا	يَبْنُوا
	FEMININE	بَنَتْ	بَنَتَا	بَنَيْنَ	تَبْنِيَ	تَبْنِيَا	يَبْنِينَ
2	MASCULINE	بَنَيْتَ	بَنَيْتُمَا	بَنَيْتُمْ	تَبْنِيَ	تَبْنِيَا	تَبْنُوا
	FEMININE	بَنَيْتِ	بَنَيْتُمَا	بَنَيْتُنَّ	تَبْنِي	تَبْنِيَا	تَبْنِينَ
1		بَنَيْتُ	---	بَنَيْنَا	أَبْنِيَ	---	نَبْنِيَ

IMPERFECT		SINGULAR	DUAL	PLURAL	JUSSIVE SINGULAR	DUAL	PLURAL
3	MASCULINE	يَبْنِي	يَبْنِيَانِ	يَبْنُونَ	يَبْنِ	يَبْنِيَا	يَبْنُوا
	FEMININE	تَبْنِي	تَبْنِيَانِ	يَبْنِينَ	تَبْنِ	تَبْنِيَا	يَبْنِينَ
2	MASCULINE	تَبْنِي	تَبْنِيَانِ	تَبْنُونَ	تَبْنِ	تَبْنِيَا	تَبْنُوا
	FEMININE	تَبْنِينَ	تَبْنِيَانِ	تَبْنِينَ	تَبْنِي	تَبْنِيَا	تَبْنِينَ
1		أَبْنِي	---	نَبْنِي	أَبْنِ	---	نَبْنِ

				IMPERATIVE			
ACTIVE PARTICIPLE	بَانٍ						
PASSIVE PARTICIPLE	مَبْنِيٌّ			MASCULINE	إِبْنِ	إِبْنِيَا	إِبْنُوا
VERBAL NOUN	بِنَاءٌ, بُنْيَانٌ			FEMININE	إِبْنِي	إِبْنِيَا	إِبْنِينَ

PASSIVE

PERFECT		SINGULAR	DUAL	PLURAL	SUBJUNCTIVE SINGULAR	DUAL	PLURAL
3	MASCULINE	بُنِيَ	بُنِيَا	بُنُوا	يُبْنَى	يُبْنَيَا	يُبْنَوْا
	FEMININE	بُنِيَتْ	بُنِيَتَا	بُنِينَ	تُبْنَى	تُبْنَيَا	يُبْنَيْنَ
2	MASCULINE	بُنِيتَ	بُنِيتُمَا	بُنِيتُمْ	تُبْنَى	تُبْنَيَا	تُبْنَوْا
	FEMININE	بُنِيتِ	بُنِيتُمَا	بُنِيتُنَّ	تُبْنَيْ	تُبْنَيَا	تُبْنَيْنَ
1		بُنِيتُ	---	بُنِينَا	أُبْنَى	---	نُبْنَى

JUSSIVE			IMPERFECT				
يُبْنَوْا	يُبْنَيَا	يُبْنَ	يُبْنَوْنَ	يُبْنَيَانِ	يُبْنَى	MASCULINE	3
يُبْنَيْنَ	يُبْنَيَا	تُبْنَ	يُبْنَيْنَ	يُبْنَيَانِ	تُبْنَى	FEMININE	
تُبْنَوْا	تُبْنَيَا	تُبْنَ	تُبْنَوْنَ	تُبْنَيَانِ	تُبْنَى	MASCULINE	2
تُبْنَيْنَ	تُبْنَيَا	تُبْنَيْ	تُبْنَيْنَ	تُبْنَيَانِ	تُبْنَيْنَ	FEMININE	
نُبْنَ	---	أُبْنَ	نُبْنَى	---	أُبْنَى		1

The pyramids in Egypt *were built* in the period of the Old Kingdom.

بُنِيَتُ الأهرامات في مصر في عهد المملكة القديمة.

We're going to build a hospital for the treatment of children.

سَنَبْنِي مستشفى لعلاج الأطفال.

Come, *let's build* the future together!

تعال نبني المستقبل سويًّا!

Form IX بيض   to be white, become white إبْيَضَّ ●

ACTIVE

SUBJUNCTIVE			PERFECT				
PLURAL	DUAL	SINGULAR	PLURAL	DUAL	SINGULAR		
يَبْيَضُّوا	يَبْيَضَّا	يَبْيَضَّ	إبْيَضُّوا	إبْيَضَّا	إبْيَضَّ	MASCULINE	3
يَبْيَضِضْنَ	تَبْيَضَّا	تَبْيَضَّ	إبْيَضَضْنَ	إبْيَضَّتَا	إبْيَضَّتْ	FEMININE	
تَبْيَضُّوا	تَبْيَضَّا	تَبْيَضَّ	إبْيَضَضْتُمْ	إبْيَضَضْتُمَا	إبْيَضَضْتَ	MASCULINE	2
تَبْيَضِضْنَ	تَبْيَضَّا	تَبْيَضِّي	إبْيَضَضْتُنَّ	إبْيَضَضْتُمَا	إبْيَضَضْتِ	FEMININE	
نَبْيَضَّ	---	أَبْيَضَّ	إبْيَضَضْنَا	---	إبْيَضَضْتُ		1

JUSSIVE — IMPERFECT

JUSSIVE			IMPERFECT				
يَبْيَضُّوا	يَبْيَضَّا	يَبْيَضِضْ	يَبْيَضُّونَ	يَبْيَضَّانِ	يَبْيَضُّ	MASCULINE	3
يَبْيَضِضْنَ	تَبْيَضَّا	تَبْيَضِضْ	يَبْيَضِضْنَ	تَبْيَضَّانِ	تَبْيَضُّ	FEMININE	
تَبْيَضُّوا	تَبْيَضَّا	تَبْيَضِضْ	تَبْيَضُّونَ	تَبْيَضَّانِ	تَبْيَضُّ	MASCULINE	2
تَبْيَضِضْنَ	تَبْيَضَّا	تَبْيَضِّي	تَبْيَضِضْنَ	تَبْيَضَّانِ	تَبْيَضِّينَ	FEMININE	
نَبْيَضِضْ	---	أَبْيَضِضْ	نَبْيَضُّ	---	أَبْيَضُّ		1

IMPERATIVE

PLURAL	DUAL	SINGULAR		
إبْيَضُّوا	إبْيَضَّا	إبْيَضِضْ	MASCULINE	
إبْيَضِضْنَ	إبْيَضَّا	إبْيَضِّي	FEMININE	

مُبْيَضٌّ	ACTIVE PARTICIPLE
---	PASSIVE PARTICIPLE
إبْيِضَاضٌّ	VERBAL NOUN

If your sins are like scarlet, *they will become white* as snow [Isaiah 1:18].

إن كانت خطاياكم كالقرمز تَبْيَضُّ كالثلج.

This is surprising: the flowers *have turned white*, when their color had been violet.

هذا عجيب: إبْيَضَّتْ الأزهار بعد أن كان لونها بنفسجي.

to sell بَاعَ ●   Form I بيع

ACTIVE

PLURAL	DUAL	SINGULAR	SUBJUNCTIVE	PLURAL	DUAL	SINGULAR	PERFECT	
يَبِيعُوا	يَبِيعَا	يَبِيعَ		بَاعُوا	بَاعَا	بَاعَ	MASCULINE	3
يَبِعْنَ	تَبِيعَا	تَبِيعَ		بِعْنَ	بَاعَتَا	بَاعَتْ	FEMININE	
تَبِيعُوا	تَبِيعَا	تَبِيعَ		بِعْتُمْ	بِعْتُمَا	بِعْتَ	MASCULINE	2
تَبِعْنَ	تَبِيعَا	تَبِيعِي		بِعْتُنَّ	بِعْتُمَا	بِعْتِ	FEMININE	
نَبِيعَ	---	أَبِيعَ		بِعْنَا	---	بِعْتُ		1

PLURAL	DUAL	SINGULAR	JUSSIVE	PLURAL	DUAL	SINGULAR	IMPERFECT	
يَبِيعُوا	يَبِيعَا	يَبِعْ		يَبِيعُونَ	يَبِيعَانِ	يَبِيعُ	MASCULINE	3
يَبِعْنَ	تَبِيعَا	تَبِعْ		يَبِعْنَ	تَبِيعَانِ	تَبِيعُ	FEMININE	
تَبِيعُوا	تَبِيعَا	تَبِعْ		تَبِيعُونَ	تَبِيعَانِ	تَبِيعُ	MASCULINE	2
تَبِعْنَ	تَبِيعَا	تَبِيعِي		تَبِعْنَ	تَبِيعَانِ	تَبِيعِينَ	FEMININE	
نَبِعْ	---	أَبِعْ		نَبِيعُ	---	أَبِيعُ		1

PLURAL	DUAL	SINGULAR	IMPERATIVE		
بِيعُوا	بِيعَا	بِعْ	MASCULINE	بَائِعٌ	ACTIVE PARTICIPLE
بِعْنَ	بِيعَا	بِيعِي	FEMININE	مَبِيعٌ	PASSIVE PARTICIPLE
				بَيْعٌ، مَبِيعٌ	VERBAL NOUN

PASSIVE

PLURAL	DUAL	SINGULAR	SUBJUNCTIVE	PLURAL	DUAL	SINGULAR	PERFECT	
يُبَاعُوا	يُبَاعَا	يُبَاعَ		بِيعُوا	بِيعَا	بِيعَ	MASCULINE	3
نُبَعْنَ	تُبَاعَا	تُبَاعَ		بِعْنَ	بِيعَتَا	بِيعَتْ	FEMININE	
تُبَاعُوا	تُبَاعَا	تُبَاعَ		بِعْتُمْ	بِعْتُمَا	بِعْتَ	MASCULINE	2
تُبَعْنَ	تُبَاعَا	تُبَاعِي		بِعْتُنَّ	بِعْتُمَا	بِعْتِ	FEMININE	
نُبَاعَ	---	أُبَاعَ		بِعْنَا	---	بِعْتُ		1

PLURAL	DUAL	SINGULAR		SINGULAR	DUAL	PLURAL		
يُبَاعُوا	يُبَاعَا	يُبَعْ		يُبَاعُ	يُبَاعَانِ	يُبَاعُونَ	MASCULINE	3
يُبَعْنَ	تُبَاعَا	تُبَعْ		تُبَاعُ	تُبَاعَانِ	يُبَعْنَ	FEMININE	
تُبَاعُوا	تُبَاعَا	تُبَعْ		تُبَاعُ	تُبَاعَانِ	تُبَاعُونَ	MASCULINE	2
تُبَعْنَ	تُبَاعَا	تُبَاعِي		تُبَاعِينَ	تُبَاعَانِ	تُبَعْنَ	FEMININE	
نُبَعْ	---	أُبَعْ		أُبَاعُ	---	نُبَاعُ		1

I'm going to sell this house for 100,000 dinars.

سَأَبِيعُ هـذا البيت بمئة ألف دينار.

How long do you think it will take before this car *is sold*?

كـم من الـوقت سيمضي فـي رأيك قبل أن تُبَاعَ هذه السيارة؟

I sold my old computer so I could buy a newer one.

لـقد بِعْتُ الـكمبيوتر القديم حتى أشتري واحداً أحدث.

Form IV بين   to explain أَبَانَ ●

ACTIVE

PLURAL	DUAL	SINGULAR	SUBJUNCTIVE	PLURAL	DUAL	SINGULAR	PERFECT	
يُبِينُوا	يُبِينَا	يُبِينَ		أَبَانُوا	أَبَانَا	أَبَانَ	MASCULINE	3
يُبِنَّ	تُبِينَا	تُبِينَ		أَبَنَّ	أَبَانَتَا	أَبَانَتْ	FEMININE	
تُبِينُوا	تُبِينَا	تُبِينَ		أَبَنْتُم	أَبَنْتُمَا	أَبَنْتَ	MASCULINE	2
تُبِنَّ	تُبِينَا	تُبِيني		أَبَنْتُنَّ	أَبَنْتُمَا	أَبَنْتِ	FEMININE	
نُبِينَ	---	أُبِينَ		أَبَنَّا	---	أَبَنْتُ		1

JUSSIVE / IMPERFECT

PLURAL	DUAL	SINGULAR	JUSSIVE	PLURAL	DUAL	SINGULAR	IMPERFECT	
يُبِينُوا	يُبِينَا	يُبِنْ		يُبِينُونَ	يُبِينَانِ	يُبِينُ	MASCULINE	3
يُبِنَّ	تُبِينَا	تُبِنْ		يُبِنَّ	تُبِينَانِ	تُبِينُ	FEMININE	
تُبِينُوا	تُبِينَا	تُبِنْ		تُبِينُونَ	تُبِينَانِ	تُبِينُ	MASCULINE	2
تُبِنَّ	تُبِينَا	تُبِيني		تُبِنَّ	تُبِينَانِ	تُبِينِينَ	FEMININE	
نُبِنْ	---	أُبِنْ		نُبِينُ	---	أُبِينُ		1

IMPERATIVE

				مُبِينٌ	ACTIVE PARTICIPLE
أَبِينُوا	أَبِينَا	أَبِنْ	MASCULINE	مُبَانٌ	PASSIVE PARTICIPLE
أَبِنَّ	أَبِينَا	أَبِيني	FEMININE	إِبَانَةٌ	VERBAL NOUN

44

PLURAL	DUAL	SINGULAR	SUBJUNCTIVE	PLURAL	DUAL	SINGULAR	PERFECT	
يُبَانُوا	يُبَانَا	يُبَانَ		أُبِينُوا	أُبِينَا	أُبِينَ	MASCULINE	3
يُبَنَّ	تُبَانَا	تُبَانَ		أُبِنَّ	أُبِينَتَا	أُبِينَتْ	FEMININE	
تُبَانُوا	تُبَانَا	تُبَانَ		أُبِنْتُمْ	أُبِنْتُمَا	أُبِنْتَ	MASCULINE	2
تُبَنَّ	تُبَانَا	تُبَانِي		أُبِنْتُنَّ	أُبِنْتُمَا	أُبِنْتِ	FEMININE	
نُبَانَ	---	أُبَانَ		أُبِنَّا	---	أُبِنْتُ		1

PLURAL	DUAL	SINGULAR	JUSSIVE	PLURAL	DUAL	SINGULAR	IMPERFECT	
يُبَانُوا	يُبَانَا	يُبَنْ		يُبَانُونَ	يُبَانَانِ	يُبَانُ	MASCULINE	3
يُبَنَّ	تُبَانَا	تُبَنْ		يُبَنَّ	تُبَانَانِ	تُبَانُ	FEMININE	
تُبَانُوا	تُبَانَا	تُبَنْ		تُبَانُونَ	تُبَانَانِ	تُبَانُ	MASCULINE	2
تُبَنَّ	تُبَانَا	تُبَانِي		تُبَنَّ	تُبَانَانِ	تُبَانِينَ	FEMININE	
نُبَنْ	---	أُبَنْ		نُبَانُ	---	أُبَانُ		1

The teachers *explained* the lesson to their pupils.

المدرسون أَبانُوا الدرس لتلاميذهم.

Sometimes it is hard for a person *to distinguish* what is permitted from what is prohibited.

في بعض الحالات يصعب على الإنسان أن يُبينَ بين الحلال والحرام.

Form V بين   to perceive; to become clear تَبَيَّنَ ●

PLURAL	DUAL	SINGULAR	SUBJUNCTIVE	PLURAL	DUAL	SINGULAR	PERFECT	
يَتَبَيَّنُوا	يَتَبَيَّنَا	يَتَبَيَّنَ		تَبَيَّنُوا	تَبَيَّنَا	تَبَيَّنَ	MASCULINE	3
يَتَبَيَّنَّ	تَتَبَيَّنَا	تَتَبَيَّنَ		تَبَيَّنَّ	تَبَيَّنَتَا	تَبَيَّنَتْ	FEMININE	
تَتَبَيَّنُوا	تَتَبَيَّنَا	تَتَبَيَّنَ		تَبَيَّنْتُمْ	تَبَيَّنْتُمَا	تَبَيَّنْتَ	MASCULINE	2
تَتَبَيَّنَّ	تَتَبَيَّنَا	تَتَبَيَّنِي		تَبَيَّنْتُنَّ	تَبَيَّنْتُمَا	تَبَيَّنْتِ	FEMININE	
نَتَبَيَّنَ	---	أَتَبَيَّنَ		تَبَيَّنَّا	---	تَبَيَّنْتُ		1

JUSSIVE				IMPERFECT				
يَتَبَيَّنُوا	يَتَبَيَّنَا	يَتَبَيَّنْ		يَتَبَيَّنُونَ	يَتَبَيَّنَانِ	يَتَبَيَّنُ	MASCULINE	3
يَتَبَيَّنَّ	تَتَبَيَّنَا	تَتَبَيَّنْ		يَتَبَيَّنَّ	تَتَبَيَّنَانِ	تَتَبَيَّنُ	FEMININE	
تَتَبَيَّنُوا	تَتَبَيَّنَا	تَتَبَيَّنْ		تَتَبَيَّنُونَ	تَتَبَيَّنَانِ	تَتَبَيَّنُ	MASCULINE	2
تَتَبَيَّنَّ	تَتَبَيَّنَا	تَتَبَيَّنِي		تَتَبَيَّنَّ	تَتَبَيَّنَانِ	تَتَبَيَّنِينَ	FEMININE	
نَتَبَيَّنْ	---	أَتَبَيَّنْ		نَتَبَيَّنُ	---	أَتَبَيَّنُ		1

IMPERATIVE   مُتَبَيِّنٌ ACTIVE PARTICIPLE

IMPERATIVE				
تَبَيَّنُوا	تَبَيَّنَا	تَبَيَّنْ	MASCULINE	
تَبَيَّنَّ	تَبَيَّنَا	تَبَيَّنِي	FEMININE	

مُتَبَيَّنٌ PASSIVE PARTICIPLE

تَبَيُّنٌ VERBAL NOUN

PASSIVE

PLURAL	DUAL	SINGULAR	SUBJUNCTIVE	PLURAL	DUAL	SINGULAR	PERFECT	
يُتَبَيَّنُوا	يُتَبَيَّنَا	يُتَبَيَّنَ		تُبُيِّنُوا	تُبُيِّنَا	تُبُيِّنَ	MASCULINE	3
يُتَبَيَّنَّ	تُتَبَيَّنَا	تُتَبَيَّنَ		تُبُيِّنَّ	تُبُيِّنَتَا	تُبُيِّنَتْ	FEMININE	
تُتَبَيَّنُوا	تُتَبَيَّنَا	تُتَبَيَّنَ		تُبُيِّنْتُمْ	تُبُيِّنْتُمَا	تُبُيِّنْتَ	MASCULINE	2
تُتَبَيَّنَّ	تُتَبَيَّنَا	تُتَبَيَّنِي		تُبُيِّنْتُنَّ	تُبُيِّنْتُمَا	تُبُيِّنْتِ	FEMININE	
نُتَبَيَّنَ	---	أُتَبَيَّنَ		تُبُيِّنَّا	---	تُبُيِّنْتُ		1

JUSSIVE   IMPERFECT

JUSSIVE				IMPERFECT				
يُتَبَيَّنُوا	يُتَبَيَّنَا	يُتَبَيَّنْ		يُتَبَيَّنُونَ	يُتَبَيَّنَانِ	يُتَبَيَّنُ	MASCULINE	3
يُتَبَيَّنَّ	تُتَبَيَّنَا	تُتَبَيَّنْ		يُتَبَيَّنَّ	تُتَبَيَّنَانِ	تُتَبَيَّنُ	FEMININE	
تُتَبَيَّنُوا	تُتَبَيَّنَا	تُتَبَيَّنْ		تُتَبَيَّنُونَ	تُتَبَيَّنَانِ	تُتَبَيَّنُ	MASCULINE	2
تُتَبَيَّنَّ	تُتَبَيَّنَا	تُتَبَيَّنِي		تُتَبَيَّنَّ	تُتَبَيَّنَانِ	تُتَبَيَّنِينَ	FEMININE	
نُتَبَيَّنْ	---	أُتَبَيَّنْ		نُتَبَيَّنُ	---	أُتَبَيَّنُ		1

لقد تَبَيَّنَ لي أنني كنت مُخْطِئًا.

I realize [literally: *It has become clear to me*] that I was in the wrong.

المحققون بَيَّنُوا الحقيقة.

The investigators *tried to get at* the truth.

مع الوقت يَتَبَيَّنُ الحق من الباطل.

With time, the truth *is distinguished* from falsehood.

46

Form I تبع   to follow تَبِعَ ●

ACTIVE

	PERFECT SINGULAR	DUAL	PLURAL	SUBJUNCTIVE SINGULAR	DUAL	PLURAL
3 MASCULINE	تَبِعَ	تَبِعَا	تَبِعُوا	يَتْبَعَ	يَتْبَعَا	يَتْبَعُوا
FEMININE	تَبِعَتْ	تَبِعَتَا	تَبِعْنَ	تَتْبَعَ	تَتْبَعَا	يَتْبَعْنَ
2 MASCULINE	تَبِعْتَ	تَبِعْتُمَا	تَبِعْتُمْ	تَتْبَعَ	تَتْبَعَا	تَتْبَعُوا
FEMININE	تَبِعْتِ	تَبِعْتُمَا	تَبِعْتُنَّ	تَتْبَعِي	تَتْبَعَا	تَتْبَعْنَ
1	تَبِعْتُ	---	تَبِعْنَا	أَتْبَعَ	---	نَتْبَعَ

	IMPERFECT SINGULAR	DUAL	PLURAL	JUSSIVE SINGULAR	DUAL	PLURAL
3 MASCULINE	يَتْبَعُ	يَتْبَعَانِ	يَتْبَعُونَ	يَتْبَعْ	يَتْبَعَا	يَتْبَعُوا
FEMININE	تَتْبَعُ	تَتْبَعَانِ	يَتْبَعْنَ	تَتْبَعْ	تَتْبَعَا	يَتْبَعْنَ
2 MASCULINE	تَتْبَعُ	تَتْبَعَانِ	تَتْبَعُونَ	تَتْبَعْ	تَتْبَعَا	تَتْبَعُوا
FEMININE	تَتْبَعِينَ	تَتْبَعَانِ	تَتْبَعْنَ	تَتْبَعِي	تَتْبَعَا	تَتْبَعْنَ
1	أَتْبَعُ	---	نَتْبَعُ	أَتْبَعْ	---	نَتْبَعْ

ACTIVE PARTICIPLE: تَابِعٌ
PASSIVE PARTICIPLE: مَتْبُوعٌ
VERBAL NOUN: تَبَعٌ، تَبَاعَةٌ

IMPERATIVE

	SINGULAR	DUAL	PLURAL
MASCULINE	إِتْبَعْ	إِتْبَعَا	إِتْبَعُوا
FEMININE	إِتْبَعِي	إِتْبَعَا	إِتْبَعْنَ

PASSIVE

	PERFECT SINGULAR	DUAL	PLURAL	SUBJUNCTIVE SINGULAR	DUAL	PLURAL
3 MASCULINE	تُبِعَ	تُبِعَا	تُبِعُوا	يُتْبَعَ	يُتْبَعَا	يُتْبَعُوا
FEMININE	تُبِعَتْ	تُبِعَتَا	تُبِعْنَ	تُتْبَعَ	تُتْبَعَا	يُتْبَعْنَ
2 MASCULINE	تُبِعْتَ	تُبِعْتُمَا	تُبِعْتُمْ	تُتْبَعَ	تُتْبَعَا	تُتْبَعُوا
FEMININE	تُبِعْتِ	تُبِعْتُمَا	تُبِعْتُنَّ	تُتْبَعِي	تُتْبَعَا	تُتْبَعْنَ
1	تُبِعْتُ	---	تُبِعْنَا	أُتْبَعَ	---	نُتْبَعَ

	IMPERFECT SINGULAR	DUAL	PLURAL	JUSSIVE SINGULAR	DUAL	PLURAL
3 MASCULINE	يُتْبَعُ	يُتْبَعَانِ	يُتْبَعُونَ	يُتْبَعْ	يُتْبَعَا	يُتْبَعُوا
FEMININE	تُتْبَعُ	تُتْبَعَانِ	يُتْبَعْنَ	تُتْبَعْ	تُتْبَعَا	يُتْبَعْنَ
2 MASCULINE	تُتْبَعُ	تُتْبَعَانِ	تُتْبَعُونَ	تُتْبَعْ	تُتْبَعَا	تُتْبَعُوا
FEMININE	تُتْبَعِينَ	تُتْبَعَانِ	تُتْبَعْنَ	تُتْبَعِي	تُتْبَعَا	تُتْبَعْنَ
1	أُتْبَعُ	---	نُتْبَعُ	أُتْبَعْ	---	نُتْبَعْ

I will follow you wherever you go!	أَتْبَعُكَ أينما تمضي!
You have *to comply with* the rules of the road.	يجب أن تَتْبَعَ قواعد الطريق.
Qasim *attended* classes *regularly* for a whole year.	تَبِعَ قاسم الدروس عاما كاملا.

Form III تبع   to continue; to pursue تَابَعَ ●

ACTIVE

PLURAL	DUAL	SINGULAR	SUBJUNCTIVE	PLURAL	DUAL	SINGULAR	PERFECT	
يُتَابِعُوا	يُتَابِعَا	يُتَابِعَ		تَابَعُوا	تَابَعَا	تَابَعَ	MASCULINE	3
يُتَابِعْنَ	تُتَابِعَا	تُتَابِعَ		تَابَعْنَ	تَابَعَتَا	تَابَعَتْ	FEMININE	
تُتَابِعُوا	تُتَابِعَا	تُتَابِعَ		تَابَعْتُمْ	تَابَعْتُمَا	تَابَعْتَ	MASCULINE	2
تُتَابِعْنَ	تُتَابِعَا	تُتَابِعِي		تَابَعْتُنَّ	تَابَعْتُمَا	تَابَعْتِ	FEMININE	
نُتَابِعَ	---	أُتَابِعَ		تَابَعْنَا	---	تَابَعْتُ		1
			JUSSIVE				**IMPERFECT**	
يُتَابِعُوا	يُتَابِعَا	يُتَابِعْ		يُتَابِعُونَ	يُتَابِعَانِ	يُتَابِعُ	MASCULINE	3
يُتَابِعْنَ	تُتَابِعَا	تُتَابِعْ		يُتَابِعْنَ	تُتَابِعَانِ	تُتَابِعُ	FEMININE	
تُتَابِعُوا	تُتَابِعَا	تُتَابِعْ		تُتَابِعُونَ	تُتَابِعَانِ	تُتَابِعُ	MASCULINE	2
تُتَابِعْنَ	تُتَابِعَا	تُتَابِعِي		تُتَابِعْنَ	تُتَابِعَانِ	تُتَابِعِينَ	FEMININE	
نُتَابِعْ	---	أُتَابِعْ		نُتَابِعُ	---	أُتَابِعُ		1
			IMPERATIVE			مُتَابِعٌ	ACTIVE PARTICIPLE	
تَابِعُوا	تَابِعَا	تَابِعْ	MASCULINE			مُتَابَعٌ	PASSIVE PARTICIPLE	
تَابِعْنَ	تَابِعَا	تَابِعِي	FEMININE			مُتَابَعَةٌ	VERBAL NOUN	

PASSIVE

PLURAL	DUAL	SINGULAR	SUBJUNCTIVE	PLURAL	DUAL	SINGULAR	PERFECT	
يُتَابَعُوا	يُتَابَعَا	يُتَابَعَ		تُوبِعُوا	تُوبِعَا	تُوبِعَ	MASCULINE	3
يُتَابَعْنَ	تُتَابَعَا	تُتَابَعَ		تُوبِعْنَ	تُوبِعَتَا	تُوبِعَتْ	FEMININE	
تُتَابَعُوا	تُتَابَعَا	تُتَابَعَ		تُوبِعْتُمْ	تُوبِعْتُمَا	تُوبِعْتَ	MASCULINE	2
تُتَابَعْنَ	تُتَابَعَا	تُتَابَعِي		تُوبِعْتُنَّ	تُوبِعْتُمَا	تُوبِعْتِ	FEMININE	
نُتَابَعَ	---	أُتَابَعَ		تُوبِعْنَا	---	تُوبِعْتُ		1

IMPERFECT

		Singular	Dual	Plural
3	MASCULINE	يُتَابَعُ	يُتَابَعَانِ	يُتَابَعُونَ
	FEMININE	تُتَابَعُ	تُتَابَعَانِ	يُتَابَعْنَ
2	MASCULINE	تُتَابَعُ	تُتَابَعَانِ	تُتَابَعُونَ
	FEMININE	تُتَابَعِينَ	تُتَابَعَانِ	تُتَابَعْنَ
1		أُتَابَعُ	---	نُتَابَعُ

JUSSIVE

		Singular	Dual	Plural
3	MASCULINE	يُتَابَعْ	يُتَابَعَا	يُتَابَعُوا
	FEMININE	تُتَابَعْ	تُتَابَعَا	يُتَابَعْنَ
2	MASCULINE	تُتَابَعْ	تُتَابَعَا	تُتَابَعُوا
	FEMININE	تُتَابَعِي	تُتَابَعَا	تُتَابَعْنَ
1		أُتَابَعْ	---	نُتَابَعْ

أُتابِعُ المقال اليومي لأنيس منصور في جريدة الأهرام.

I follow the daily column by Anis Mansur in the newspaper *Al-Ahram*.

هل يمكنك أن تُتابِعي هؤلاء المرضى حتى أعود من الإجازة؟

Can *you keep an eye* on these patients until I return from vacation?

لقد تابَعَ الوزراء الخطة الجديدة لمواجهة أنفلونزا الطيور.

The government ministers *went along with* the new plan to deal with avian flu.

Form V تبع   to follow; to keep an eye on تَتَبَّعَ ●

ACTIVE

PERFECT

		Singular	Dual	Plural
3	MASCULINE	تَتَبَّعَ	تَتَبَّعَا	تَتَبَّعُوا
	FEMININE	تَتَبَّعَتْ	تَتَبَّعَتَا	تَتَبَّعْنَ
2	MASCULINE	تَتَبَّعْتَ	تَتَبَّعْتُمَا	تَتَبَّعْتُمْ
	FEMININE	تَتَبَّعْتِ	تَتَبَّعْتُمَا	تَتَبَّعْتُنَّ
1		تَتَبَّعْتُ	---	تَتَبَّعْنَا

SUBJUNCTIVE

		Singular	Dual	Plural
3	MASCULINE	يَتَتَبَّعَ	يَتَتَبَّعَا	يَتَتَبَّعُوا
	FEMININE	تَتَتَبَّعَ	تَتَتَبَّعَا	يَتَتَبَّعْنَ
2	MASCULINE	تَتَتَبَّعَ	تَتَتَبَّعَا	تَتَتَبَّعُوا
	FEMININE	تَتَتَبَّعِي	تَتَتَبَّعَا	تَتَتَبَّعْنَ
1		أَتَتَبَّعَ	---	نَتَتَبَّعَ

IMPERFECT

		Singular	Dual	Plural
3	MASCULINE	يَتَتَبَّعُ	يَتَتَبَّعَانِ	يَتَتَبَّعُونَ
	FEMININE	تَتَتَبَّعُ	تَتَتَبَّعَانِ	يَتَتَبَّعْنَ
2	MASCULINE	تَتَتَبَّعُ	تَتَتَبَّعَانِ	تَتَتَبَّعُونَ
	FEMININE	تَتَتَبَّعِينَ	تَتَتَبَّعَانِ	تَتَتَبَّعْنَ
1		أَتَتَبَّعُ	---	نَتَتَبَّعُ

JUSSIVE

		Singular	Dual	Plural
3	MASCULINE	يَتَتَبَّعْ	يَتَتَبَّعَا	يَتَتَبَّعُوا
	FEMININE	تَتَتَبَّعْ	تَتَتَبَّعَا	يَتَتَبَّعْنَ
2	MASCULINE	تَتَتَبَّعْ	تَتَتَبَّعَا	تَتَتَبَّعُوا
	FEMININE	تَتَتَبَّعِي	تَتَتَبَّعَا	تَتَتَبَّعْنَ
1		أَتَتَبَّعْ	---	نَتَتَبَّعْ

	Singular	Dual	Plural
ACTIVE PARTICIPLE	مُتَتَبِّع		
PASSIVE PARTICIPLE	مُتَتَبَّع		
VERBAL NOUN	تَتَبُّع		

IMPERATIVE

	Singular	Dual	Plural
MASCULINE	تَتَبَّعْ	تَتَبَّعَا	تَتَبَّعُوا
FEMININE	تَتَبَّعِي	تَتَبَّعَا	تَتَبَّعْنَ

PASSIVE

PLURAL	DUAL	SINGULAR	SUBJUNCTIVE	PLURAL	DUAL	SINGULAR	PERFECT		
يُتَتَبَّعُوا	يُتَتَبَّعَا	يُتَتَبَّعَ		تُتُبِّعُوا	تُتُبِّعَا	تُتُبِّعَ	MASCULINE	3
يُتَتَبَّعْنَ	تُتَتَبَّعَا	تُتَتَبَّعَ		تُتُبِّعْنَ	تُتُبِّعَتَا	تُتُبِّعَتْ	FEMININE	
تُتَتَبَّعُوا	تُتَتَبَّعَا	تُتَتَبَّعَ		تُتُبِّعْتُمْ	تُتُبِّعْتُمَا	تُتُبِّعْتَ	MASCULINE	2
تُتَتَبَّعْنَ	تُتَتَبَّعَا	تُتَتَبَّعِي		تُتُبِّعْتُنَّ	تُتُبِّعْتُمَا	تُتُبِّعْتِ	FEMININE	
نُتَتَبَّعَ	---	أُتَتَبَّعَ		تُتُبِّعْنَا	---	تُتُبِّعْتُ		1

	JUSSIVE				IMPERFECT				
يُتَتَبَّعُوا	يُتَتَبَّعَا	يُتَتَبَّعْ		يَتَتَبَّعُونَ	يُتَتَبَّعَانِ	يُتَتَبَّعُ	MASCULINE	3
يُتَتَبَّعْنَ	تُتَتَبَّعَا	تُتَتَبَّعْ		يَتَتَبَّعْنَ	يُتَتَبَّعَانِ	تُتَتَبَّعُ	FEMININE	
تُتَتَبَّعُوا	تُتَتَبَّعَا	تُتَتَبَّعْ		تُتَتَبَّعُونَ	تُتَتَبَّعَانِ	تُتَتَبَّعُ	MASCULINE	2
تُتَتَبَّعْنَ	تُتَتَبَّعَا	تُتَتَبَّعِي		تُتَتَبَّعْنَ	تُتَتَبَّعَانِ	تُتَتَبَّعِينَ	FEMININE	
نُتَتَبَّعُ	---	أُتَتَبَّعُ		نُتَتَبَّعُ	---	أُتَتَبَّعُ		1

The director *kept an eye* on the work on the new project.

تَتَبَّعَ المدير تطوّر العمل في المشروع الجديد.

These scholarly organizations *investigate* the stages in the growth of whales.

هذه المجموعات من العلماء يَتَتَبَّعُونَ مراحل نمو الحيتان.

The journalists *will follow* up on this issue.

هذه القضية سَيَتَتَبَّعُها الصحفيون.

Form VIII تبع   to follow إتَّبَعَ ●

ACTIVE

PLURAL	DUAL	SINGULAR	SUBJUNCTIVE	PLURAL	DUAL	SINGULAR	PERFECT		
يَتَّبِعُوا	يَتَّبِعَا	يَتَّبِعَ		إتَّبَعُوا	إتَّبَعَا	إتَّبَعَ	MASCULINE	3
يَتَّبِعْنَ	تَتَّبِعَا	تَتَّبِعَ		إتَّبَعْنَ	إتَّبَعَتَا	إتَّبَعَتْ	FEMININE	
تَتَّبِعُوا	تَتَّبِعَا	تَتَّبِعَ		إتَّبَعْتُمْ	إتَّبَعْتُمَا	إتَّبَعْتَ	MASCULINE	2
تَتَّبِعْنَ	تَتَّبِعَا	تَتَّبِعِي		إتَّبَعْتُنَّ	إتَّبَعْتُمَا	إتَّبَعْتِ	FEMININE	
نَتَّبِعَ	---	أتَّبِعَ		إتَّبَعْنَا	---	إتَّبَعْتُ		1

Active

JUSSIVE Plural	JUSSIVE Dual	JUSSIVE Singular		IMPERFECT Plural	IMPERFECT Dual	IMPERFECT Singular		
يَتَّبِعُوا	يَتَّبِعَا	يَتَّبِعْ		يَتَّبِعُونَ	يَتَّبِعَانِ	يَتَّبِعُ	MASCULINE	3
يَتَّبِعْنَ	تَتَّبِعَا	تَتَّبِعْ		يَتَّبِعْنَ	تَتَّبِعَانِ	تَتَّبِعُ	FEMININE	
تَتَّبِعُوا	تَتَّبِعَا	تَتَّبِعْ		تَتَّبِعُونَ	تَتَّبِعَانِ	تَتَّبِعُ	MASCULINE	2
تَتَّبِعْنَ	تَتَّبِعَا	تَتَّبِعِي		تَتَّبِعْنَ	تَتَّبِعَانِ	تَتَّبِعِينَ	FEMININE	
نَتَّبِعْ	---	أَتَّبِعْ		نَتَّبِعُ	---	أَتَّبِعُ		1

			ACTIVE PARTICIPLE	مُتَّبِعٌ
			PASSIVE PARTICIPLE	مُتَّبَعٌ
			VERBAL NOUN	إِتِّبَاعٌ

IMPERATIVE

Plural	Dual	Singular	
إِتَّبِعُوا	إِتَّبِعَا	إِتَّبِعْ	MASCULINE
إِتَّبِعْنَ	إِتَّبِعَا	إِتَّبِعِي	FEMININE

PASSIVE

PLURAL	DUAL	SINGULAR	SUBJUNCTIVE	PLURAL	DUAL	SINGULAR	PERFECT	
يُتَّبَعُوا	يُتَّبَعَا	يُتَّبَعَ		أُتُّبِعُوا	أُتُّبِعَا	أُتُّبِعَ	MASCULINE	3
يُتَّبَعْنَ	تُتَّبَعَا	تُتَّبَعَ		أُتُّبِعْنَ	أُتُّبِعَتَا	أُتُّبِعَتْ	FEMININE	
تُتَّبَعُوا	تُتَّبَعَا	تُتَّبَعَ		أُتُّبِعْتُمْ	أُتُّبِعْتُمَا	أُتُّبِعْتَ	MASCULINE	2
تُتَّبَعْنَ	تُتَّبَعَا	تُتَّبَعِي		أُتُّبِعْتُنَّ	أُتُّبِعْتُمَا	أُتُّبِعْتِ	FEMININE	
نُتَّبَعَ	---	أُتَّبَعَ		أُتُّبِعْنَا	---	أُتُّبِعْتُ		1

JUSSIVE Plural	JUSSIVE Dual	JUSSIVE Singular		IMPERFECT Plural	IMPERFECT Dual	IMPERFECT Singular		
يُتَّبَعُوا	يُتَّبَعَا	يُتَّبَعْ		يُتَّبَعُونَ	يُتَّبَعَانِ	يُتَّبَعُ	MASCULINE	3
يُتَّبَعْنَ	تُتَّبَعَا	تُتَّبَعْ		يُتَّبَعْنَ	تُتَّبَعَانِ	تُتَّبَعُ	FEMININE	
تُتَّبَعُوا	تُتَّبَعَا	تُتَّبَعْ		تُتَّبَعُونَ	تُتَّبَعَانِ	تُتَّبَعُ	MASCULINE	2
تُتَّبَعْنَ	تُتَّبَعَا	تُتَّبَعِي		تُتَّبَعْنَ	تُتَّبَعَانِ	تُتَّبَعِينَ	FEMININE	
نُتَّبَعْ	---	أُتَّبَعْ		نُتَّبَعُ	---	أُتَّبَعُ		1

The state attorney *prosecuted* the suspect for murder.

إِتَّبَعَ وَكِيلُ النِّيَابَةِ الْمُتَّهَمَ بِالْقَتْلِ.

Great earthquakes *are succeeded* by weaker earthquakes.

تُتَّبَعُ الزَّلَازِلُ الْكَبِيرَةُ بِزَلَازِلَ أَضْعَفَ مِنْهَا.

Form I ترجم   ● تَرْجَمَ to translate

ACTIVE

PLURAL	DUAL	SINGULAR	SUBJUNCTIVE	PLURAL	DUAL	SINGULAR	PERFECT	
يُتَرْجِمُوا	يُتَرْجِمَا	يُتَرْجِمَ		تَرْجَمُوا	تَرْجَمَا	تَرْجَمَ	MASCULINE	3
يُتَرْجِمْنَ	تُتَرْجِمَ	تُتَرْجِمَ		تَرْجَمْنَ	تَرْجَمَتَا	تَرْجَمَتْ	FEMININE	
تُتَرْجِمُوا	تُتَرْجِمَا	تُتَرْجِمَ		تَرْجَمْتُمْ	تَرْجَمْتُمَا	تَرْجَمْتَ	MASCULINE	2
تُتَرْجِمْنَ	تُتَرْجِمَا	تُتَرْجِمِي		تَرْجَمْتُنَّ	تَرْجَمْتُمَا	تَرْجَمْتِ	FEMININE	
نُتَرْجِمَ	---	أُتَرْجِمَ		تَرْجَمْنَا	---	تَرْجَمْتُ	1	

PLURAL	DUAL	SINGULAR	JUSSIVE	PLURAL	DUAL	SINGULAR	IMPERFECT	
يُتَرْجِمُوا	يُتَرْجِمَا	يُتَرْجِمْ		يُتَرْجِمُونَ	يُتَرْجِمَانِ	يُتَرْجِمُ	MASCULINE	3
يُتَرْجِمْنَ	تُتَرْجِمَا	تُتَرْجِمْ		يُتَرْجِمْنَ	تُتَرْجِمَانِ	تُتَرْجِمُ	FEMININE	
تُتَرْجِمُوا	تُتَرْجِمَا	تُتَرْجِمْ		تُتَرْجِمُونَ	تُتَرْجِمَانِ	تُتَرْجِمُ	MASCULINE	2
تُتَرْجِمْنَ	تُتَرْجِمَا	تُتَرْجِمِي		تُتَرْجِمْنَ	تُتَرْجِمَانِ	تُتَرْجِمِينَ	FEMININE	
نُتَرْجِمْ	---	أُتَرْجِمْ		نُتَرْجِمُ	---	أُتَرْجِمُ	1	

PLURAL	DUAL	SINGULAR	IMPERATIVE		
تَرْجِمُوا	تَرْجِمَا	تَرْجِمْ	MASCULINE	مُتَرْجِمٌ	ACTIVE PARTICIPLE
تَرْجِمْنَ	تَرْجِمَا	تَرْجِمِي	FEMININE	مُتَرْجَمٌ	PASSIVE PARTICIPLE
				تَرْجَمَةٌ	VERBAL NOUN

PASSIVE

PLURAL	DUAL	SINGULAR	SUBJUNCTIVE	PLURAL	DUAL	SINGULAR	PERFECT	
يُتَرْجَمُوا	يُتَرْجَمَا	يُتَرْجَمَ		تُرْجِمُوا	تُرْجِمَا	تُرْجِمَ	MASCULINE	3
يُتَرْجَمْنَ	تُتَرْجَمَا	تُتَرْجَمَ		تُرْجِمْنَ	تُرْجِمَتَا	تُرْجِمَتْ	FEMININE	
تُتَرْجَمُوا	تُتَرْجَمَا	تُتَرْجَمَ		تُرْجِمْتُمْ	تُرْجِمْتُمَا	تُرْجِمْتَ	MASCULINE	2
تُتَرْجَمْنَ	تُتَرْجَمَا	تُتَرْجَمِي		تُرْجِمْتُنَّ	تُرْجِمْتُمَا	تُرْجِمْتِ	FEMININE	
نُتَرْجَمَ	---	أُتَرْجَمَ		تُرْجِمْنَا	---	تُرْجِمْتُ	1	

PLURAL	DUAL	SINGULAR	JUSSIVE	PLURAL	DUAL	SINGULAR	IMPERFECT	
يُتَرْجَمُوا	يُتَرْجَمَا	يُتَرْجَمْ		يُتَرْجَمُونَ	يُتَرْجَمَانِ	يُتَرْجَمُ	MASCULINE	3
يُتَرْجَمْنَ	تُتَرْجَمَا	تُتَرْجَمْ		يُتَرْجَمْنَ	تُتَرْجَمَانِ	تُتَرْجَمُ	FEMININE	
تُتَرْجَمُوا	تُتَرْجَمَا	تُتَرْجَمْ		تُتَرْجَمُونَ	تُتَرْجَمَانِ	تُتَرْجَمُ	MASCULINE	2
تُتَرْجَمْنَ	تُتَرْجَمَا	تُتَرْجَمِي		تُتَرْجَمْنَ	تُتَرْجَمَانِ	تُتَرْجَمِينَ	FEMININE	
نُتَرْجَمْ	---	أُتَرْجَمُ		نُتَرْجَمُ	---	أُتَرْجَمُ	1	

This book *has been translated* into many languages.

هذا الكتاب قد تُرجِمَ إلى العديد من اللغات.

This student *translated* the article from German.

هذه الطالبة تَرجَمَتْ المقال من اللغة الألمانية.

Form I ترك

to leave تَرَكَ ●

ACTIVE

PLURAL	DUAL	SINGULAR	SUBJUNCTIVE	PLURAL	DUAL	SINGULAR	PERFECT	
يَتْرُكُوا	يَتْرُكَا	يَتْرُكَ		تَرَكُوا	تَرَكَا	تَرَكَ	MASCULINE	3
يَتْرُكْنَ	تَتْرُكَا	تَتْرُكَ		تَرَكْنَ	تَرَكَتَا	تَرَكَتْ	FEMININE	
تَتْرُكُوا	تَتْرُكَا	تَتْرُكَ		تَرَكْتُمْ	تَرَكْتُمَا	تَرَكْتَ	MASCULINE	2
تَتْرُكْنَ	تَتْرُكَا	تَتْرُكِي		تَرَكْتُنَّ	تَرَكْتُمَا	تَرَكْتِ	FEMININE	
نَتْرُكَ	---	أَتْرُكَ		تَرَكْنَا	---	تَرَكْتُ		1

			JUSSIVE				IMPERFECT	
يَتْرُكُوا	يَتْرُكَا	يَتْرُكْ		يَتْرُكُونَ	يَتْرُكَانِ	يَتْرُكُ	MASCULINE	3
يَتْرُكْنَ	تَتْرُكَا	تَتْرُكْ		يَتْرُكْنَ	تَتْرُكَانِ	تَتْرُكُ	FEMININE	
تَتْرُكُوا	تَتْرُكَا	تَتْرُكْ		تَتْرُكُونَ	تَتْرُكَانِ	تَتْرُكُ	MASCULINE	2
تَتْرُكْنَ	تَتْرُكَا	تَتْرُكِي		تَتْرُكْنَ	تَتْرُكَانِ	تَتْرُكِينَ	FEMININE	
نَتْرُكْ	---	أَتْرُكْ		نَتْرُكُ	---	أَتْرُكُ		1

			IMPERATIVE				ACTIVE PARTICIPLE	تَارِكٌ
أُتْرُكُوا	أُتْرُكَا	أُتْرُكْ	MASCULINE				PASSIVE PARTICIPLE	مَتْرُوكٌ
أُتْرُكْنَ	أُتْرُكَا	أُتْرُكِي	FEMININE				VERBAL NOUN	تَرْكٌ

PASSIVE

PLURAL	DUAL	SINGULAR	SUBJUNCTIVE	PLURAL	DUAL	SINGULAR	PERFECT	
يُتْرَكُوا	يُتْرَكَا	يُتْرَكَ		تُرِكُوا	تُرِكَا	تُرِكَ	MASCULINE	3
يُتْرَكْنَ	تُتْرَكَا	تُتْرَكَ		تُرِكْنَ	تُرِكَتَا	تُرِكَتْ	FEMININE	
تُتْرَكُوا	تُتْرَكَا	تُتْرَكَ		تُرِكْتُمْ	تُرِكْتُمَا	تُرِكْتَ	MASCULINE	2
تُتْرَكْنَ	تُتْرَكَا	تُتْرَكِي		تُرِكْتُنَّ	تُرِكْتُمَا	تُرِكْتِ	FEMININE	
نُتْرَكَ	---	أُتْرَكَ		تُرِكْنَا	---	تُرِكْتُ		1

53

JUSSIVE plural	JUSSIVE dual	JUSSIVE singular		IMPERFECT plural	IMPERFECT dual	IMPERFECT singular		
يُتْرَكُوا	يُتْرَكَا	يُتْرَكْ		يُتْرَكُونَ	يُتْرَكَانِ	يُتْرَكُ	MASCULINE	3
يُتْرَكْنَ	تُتْرَكَا	تُتْرَكْ		يُتْرَكْنَ	تُتْرَكَانِ	تُتْرَكُ	FEMININE	
تُتْرَكُوا	تُتْرَكَا	تُتْرَكْ		تُتْرَكُونَ	تُتْرَكَانِ	تُتْرَكُ	MASCULINE	2
تُتْرَكْنَ	تُتْرَكَا	تُتْرَكِي		تُتْرَكْنَ	تُتْرَكَانِ	تُتْرَكِينَ	FEMININE	
نُتْرَكْ	---	أُتْرَكْ		نُتْرَكُ	---	أُتْرَكُ		1

It was not sensible for you two *to leave* your daughter alone in the house!

ليس من المعقول أنكما تَرَكْتُمَا ابنتكما في البيت وحدها!

Can *you leave* me alone, please?

هل يمكن أن تَتْرُكَنِي لوحدي من فضلك؟

The baby *was left* in the care of its sister.

تُرِكَ الطفل في ذمة أخته.

Form I تمم   to be finished تَمَّ ●

ACTIVE

PLURAL	DUAL	SINGULAR	SUBJUNCTIVE	PLURAL	DUAL	SINGULAR	PERFECT	
يَتِمُّوا	يَتِمَّا	يَتِمَّ		تَمُّوا	تَمَّا	تَمَّ	MASCULINE	3
يَتْمِمْنَ	تَتِمَّا	تَتِمَّ		تَمَمْنَ	تَمَّتَا	تَمَّتْ	FEMININE	
تَتِمُّوا	تَتِمَّا	تَتِمَّ		تَمَمْتُمْ	تَمَمْتُمَا	تَمَمْتَ	MASCULINE	2
تَتْمِمْنَ	تَتِمَّا	تَتِمِّي		تَمَمْتُنَّ	تَمَمْتُمَا	تَمَمْتِ	FEMININE	
نَتِمَّ	---	أَتِمَّ		تَمَمْنَا	---	تَمَمْتُ		1

PLURAL	DUAL	SINGULAR	*JUSSIVE	PLURAL	DUAL	SINGULAR	IMPERFECT	
يَتِمُّوا	يَتِمَّا	يَتْمِمْ		يَتِمُّونَ	يَتِمَّانِ	يَتِمُّ	MASCULINE	3
يَتْمِمْنَ	تَتِمَّا	تَتْمِمْ		يَتْمِمْنَ	تَتِمَّانِ	تَتِمُّ	FEMININE	
تَتِمُّوا	تَتِمَّا	تَتْمِمْ		تَتِمُّونَ	تَتِمَّانِ	تَتِمُّ	MASCULINE	2
تَتْمِمْنَ	تَتِمَّا	تَتْمِمِي		تَتْمِمْنَ	تَتِمَّانِ	تَتِمِّينَ	FEMININE	
نَتْمِمْ	---	أَتْمِمْ		نَتِمُّ	---	أَتِمُّ		1

					ACTIVE PARTICIPLE	تَامٌّ

** IMPERATIVE

PLURAL	DUAL	SINGULAR				
إِتْمِمُوا	إِتْمِمَا	إِتْمِمْ	MASCULINE		PASSIVE PARTICIPLE	---
إِتْمِمْنَ	إِتْمِمَا	إِتْمِمِي	FEMININE		VERBAL NOUN	تَمَامٌ

---

* Contracted form: يَتِمَّ، تَتِمَّ، تَتِمَّ، تَتِمِّي، أَتِمَّ...نَتِمَّ

** Contracted form: ... تِمَّ، تِمِّي، تِمَّا، تِمُّوا

Finished, with God's help. Finished, with praise to God [pious expressions sometimes found at the end of a book].

نَمَّ بعون الله. نَمَّ بحمد الله.

The project *was completed* [literally: The completion of the project *ended*] in a short span of time.

لقد نَمَّ الانتهاء من المشروع في وقت وجيز.

Form IV نيح   to destine; to afford أَنَاحَ ●

ACTIVE

PLURAL	DUAL	SINGULAR	SUBJUNCTIVE	PLURAL	DUAL	SINGULAR	PERFECT	
يُتِيحُوا	يُتِيحَا	يُتِيحَ		أَنَاحُوا	أَنَاحَا	أَنَاحَ	MASCULINE	3
يُتِحْنَ	تُتِيحَا	تُتِيحَ		أَنَحْنَ	أَنَاحَتَا	أَنَاحَتْ	FEMININE	
تُتِيحُوا	تُتِيحَا	تُتِيحَ		أَنَحْتُمْ	أَنَحْتُمَا	أَنَحْتَ	MASCULINE	2
تُتِحْنَ	تُتِيحَا	تُتِيحِي		أَنَحْتُنَّ	أَنَحْتُمَا	أَنَحْتِ	FEMININE	
نُتِيحَ	---	أُتِيحَ		أَنَحْنَا	---	أَنَحْتُ		1

PLURAL	DUAL	SINGULAR	JUSSIVE	PLURAL	DUAL	SINGULAR	IMPERFECT	
يُتِيحُوا	يُتِيحَا	يُتِحْ		يُتِيحُونَ	يُتِيحَانِ	يُتِيحُ	MASCULINE	3
يُتِحْنَ	تُتِيحَا	تُتِحْ		يُتِحْنَ	تُتِيحَانِ	تُتِيحُ	FEMININE	
تُتِيحُوا	تُتِيحَا	تُتِحْ		تُتِيحُونَ	تُتِيحَانِ	تُتِيحُ	MASCULINE	2
تُتِحْنَ	تُتِيحَا	تُتِيحِي		تُتِحْنَ	تُتِيحَانِ	تُتِيحِينَ	FEMININE	
نُتِحْ	---	أُتِحْ		نُتِيحُ	---	أُتِيحُ		1

			IMPERATIVE		مُتِيحٌ	ACTIVE PARTICIPLE
أَتِيحُوا	أَتِيحَا	أَتِحْ	MASCULINE		مُتَاحٌ	PASSIVE PARTICIPLE
أَتِحْنَ	أَتِيحَا	أَتِيحِي	FEMININE		إِنَاحَةٌ	VERBAL NOUN

PASSIVE

PLURAL	DUAL	SINGULAR	SUBJUNCTIVE	PLURAL	DUAL	SINGULAR	PERFECT	
يُتَاحُوا	يُتَاحَا	يُتَاحَ		أُتِيحُوا	أُتِيحَا	أُتِيحَ	MASCULINE	3
يُتَحْنَ	تُتَاحَا	تُتَاحَ		أُتِحْنَ	أُتِيحَتَا	أُتِيحَتْ	FEMININE	
تُتَاحُوا	تُتَاحَا	تُتَاحَ		أُتِحْتُمْ	أُتِحْتُمَا	أُتِحْتَ	MASCULINE	2
تُتَحْنَ	تُتَاحَا	تُتَاحِي		أُتِحْتُنَّ	أُتِحْتُمَا	أُتِحْتِ	FEMININE	
نُتَاحَ	---	أُتَاحَ		أُتِحْنَا	---	أُتِحْتُ		1

JUSSIVE				IMPERFECT			
يَنَاحُوا	يَنَاحَا	يَنَحْ		يَنَاحُونَ	يَنَاحَانِ	يَنَاحُ	MASCULINE 3
يَنَحْنَ	تَنَاحَا	تَنَحْ		يَنَحْنَ	تَنَاحَانِ	تَنَاحُ	FEMININE
تَنَاحُوا	تَنَاحَا	تَنَحْ		تَنَاحُونَ	تَنَاحَانِ	تَنَاحُ	MASCULINE 2
تَنَحْنَ	تَنَاحَا	تُنَاحِي		تُنَاحِينَ	تَنَاحَانِ	تَنَحْنَ	FEMININE
نَتَحْ	---	أَتَحْ		نَتَاحُ	---	أَتَاحُ	1

If she had taken advantage of the opportunity that *presented itself* to her last year, her situation would have been completely different.

لو اسْتَغَلَّتْ الفرصة التي أُتِيحَتْ لها العام الماضي لكانت ظروفها تغيرت تماماً.

The company *afforded* him a great opportunity.

لقد أَتَاحَتْ له الشركة فرصة عظيمة.

One of the great means for dealing with poverty is for charitable organizations *to provide* loans to the poor.

من الوسائل العظيمة لمواجهة الفقر أن تُتِيحَ الجمعيات الخيرية قروضاً للفقراء.

Form IV ثبت   to confirm أَثْبَتَ•

ACTIVE

PLURAL	DUAL	SINGULAR	SUBJUNCTIVE	PLURAL	DUAL	SINGULAR	PERFECT
يُثْبِتُوا	يُثْبِتَا	يُثْبِتَ		أَثْبَتُوا	أَثْبَتَا	أَثْبَتَ	MASCULINE 3
يُثْبِتْنَ	تُثْبِتَا	تُثْبِتَ		أَثْبَتْنَ	أَثْبَتَنَا	أَثْبَتَتْ	FEMININE
تُثْبِتُوا	تُثْبِتَا	تُثْبِتَ		أَثْبَتُّمْ	أَثْبَتُّمَا	أَثْبَتَّ	MASCULINE 2
تُثْبِتْنَ	تُثْبِتَا	تُثْبِتِي		أَثْبَتُّنَّ	أَثْبَتُّمَا	أَثْبَتِّ	FEMININE
نُثْبِتَ	---	أُثْبِتَ		أَثْبَتْنَا	---	أَثْبَتُّ	1

JUSSIVE				IMPERFECT			
يُثْبِتُوا	يُثْبِتَا	يُثْبِتْ		يُثْبِتُونَ	يُثْبِتَانِ	يُثْبِتُ	MASCULINE 3
يُثْبِتْنَ	تُثْبِتَا	تُثْبِتْ		يُثْبِتْنَ	تُثْبِتَانِ	تُثْبِتُ	FEMININE
تُثْبِتُوا	تُثْبِتَا	تُثْبِتْ		تُثْبِتُونَ	تُثْبِتَانِ	تُثْبِتُ	MASCULINE 2
تُثْبِتْنَ	تُثْبِتَا	تُثْبِتِي		تُثْبِتِينَ	تُثْبِتَانِ	تُثْبِتِينَ	FEMININE
نُثْبِتْ	---	أُثْبِتْ		نُثْبِتُ	---	أُثْبِتُ	1

PLURAL	DUAL	SINGULAR	IMPERATIVE		
				مُثْبِت	ACTIVE PARTICIPLE
أَثْبِتُوا	أَثْبِتَا	أَثْبِتْ	MASCULINE	مُثْبَت	PASSIVE PARTICIPLE
أَثْبِتْنَ	أَثْبِتَا	أَثْبِتِي	FEMININE	إِثْبَات	VERBAL NOUN

PLURAL	DUAL	SINGULAR	SUBJUNCTIVE	PLURAL	DUAL	SINGULAR	PERFECT		
يُثْبَتُوا	يُثْبَتَا	يُثْبَتَ		أُثْبِتُوا	أُثْبِتَا	أُثْبِتَ	أُثْبِتَ	MASCULINE	3
يُثْبَتْنَ	تُثْبَتَا	تُثْبَتَ		أُثْبِتْنَ	أُثْبِتَتَا	أُثْبِتَتْ		FEMININE	
تُثْبَتُوا	تُثْبَتَا	تُثْبَتَ		أُثْبِتُّمْ	أُثْبِتُّمَا	أُثْبِتَّ		MASCULINE	2
تُثْبَتْنَ	تُثْبَتَا	تُثْبَتِي		أُثْبِتُّنَّ	أُثْبِتُّمَا	أُثْبِتِّ		FEMININE	
نُثْبَتَ	---	أُثْبَتَ		أُثْبِتْنَا	---	أُثْبِتُّ			1

·

PLURAL	DUAL	SINGULAR	JUSSIVE	PLURAL	DUAL	SINGULAR	IMPERFECT		
يُثْبَتُوا	يُثْبَتَا	يُثْبَتْ		يُثْبَتُونَ	يُثْبَتَانِ	يُثْبَتُ	يُثْبَتُ	MASCULINE	3
يُثْبَتْنَ	تُثْبَتَا	تُثْبَتْ		يُثْبَتْنَ	تُثْبَتَانِ	تُثْبَتُ		FEMININE	
تُثْبَتُوا	تُثْبَتَا	تُثْبَتْ		تُثْبَتُونَ	تُثْبَتَانِ	تُثْبَتُ		MASCULINE	2
تُثْبَتْنَ	تُثْبَتَا	تُثْبَتِي		تُثْبَتْنَ	تُثْبَتَانِ	تُثْبَتِينَ		FEMININE	
نُثْبَتْ	---	أُثْبَتْ		نُثْبَتُ	---	أُثْبَتُ			1

All the accusations that were directed at him *were confirmed*.	لقد أُثْبِتَتْ كل الإتهامات الموجهة ضده.
Some believe that time *substantiates* the truth of first impressions.	يعتقد البعض أن الأيام تُثْبِتُ صحة الإنطباعات الأولى.
How can *we prove* to you that we didn't break the glass?	كيف يمكن أن نُثْبِتَ لكم أننا لم نكسر الزجاج؟

Form X ثني ● إِسْتَثْنَى to except

PLURAL	DUAL	SINGULAR	SUBJUNCTIVE	PLURAL	DUAL	SINGULAR	PERFECT		
يَسْتَثْنُوا	يَسْتَثْنِيَا	يَسْتَثْنِيَ		إِسْتَثْنَوْا	إِسْتَثْنَيَا	إِسْتَثْنَى	MASCULINE	3
يَسْتَثْنِينَ	تَسْتَثْنِيَا	تَسْتَثْنِيَ		إِسْتَثْنَيْنَ	إِسْتَثْنَتَا	إِسْتَثْنَتْ	FEMININE	
تَسْتَثْنُوا	تَسْتَثْنِيَا	تَسْتَثْنِيَ		إِسْتَثْنَيْتُمْ	إِسْتَثْنَيْتُمَا	إِسْتَثْنَيْتَ	MASCULINE	2
تَسْتَثْنِينَ	تَسْتَثْنِيَا	تَسْتَثْنِي		إِسْتَثْنَيْتُنَّ	إِسْتَثْنَيْتُمَا	إِسْتَثْنَيْتِ	FEMININE	
نَسْتَثْنِيَ	---	أَسْتَثْنِيَ		إِسْتَثْنَيْنَا	---	إِسْتَثْنَيْتُ		1

يَسْتَثْنُوا	يَسْتَثْنِيَا	يَسْتَثْنِ		يَسْتَثْنُونَ	يَسْتَثْنِيَانِ	يَسْتَثْنِي	MASCULINE	3
يَسْتَثْنِينَ	تَسْتَثْنِيَا	تَسْتَثْنِ		يَسْتَثْنِينَ	تَسْتَثْنِيَانِ	تَسْتَثْنِي	FEMININE	
تَسْتَثْنُوا	تَسْتَثْنِيَا	تَسْتَثْنِ		تَسْتَثْنُونَ	تَسْتَثْنِيَانِ	تَسْتَثْنِي	MASCULINE	2
تَسْتَثْنِينَ	تَسْتَثْنِيَا	تَسْتَثْنِي		تَسْتَثْنِينَ	تَسْتَثْنِيَانِ	تَسْتَثْنِينَ	FEMININE	
نَسْتَثْنِ	---	أَسْتَثْنِ		نَسْتَثْنِي	---	أَسْتَثْنِي		1

IMPERATIVE

مُسْتَثْنٍ	ACTIVE PARTICIPLE			

إِسْتَثْنُوا	إِسْتَثْنِيَا	إِسْتَثْنِ	MASCULINE
إِسْتَثْنِينَ	إِسْتَثْنِيَا	إِسْتَثْنِي	FEMININE

مُسْتَثْنَى	PASSIVE PARTICIPLE
إِسْتِثْنَاءٌ	VERBAL NOUN

PASSIVE

PLURAL	DUAL	SINGULAR	SUBJUNCTIVE	PLURAL	DUAL	SINGULAR	PERFECT	
يُسْتَثْنَوْا	يُسْتَثْنِيَا	يُسْتَثْنَى		أُسْتُثْنُوا	أُسْتُثْنِيَا	أُسْتُثْنِيَ	MASCULINE	3
تُسْتَثْنَيْنَ	يُسْتَثْنِيَا	تُسْتَثْنَى		أُسْتُثْنِينَ	أُسْتُثْنِيَتَا	أُسْتُثْنِيَتْ	FEMININE	
تُسْتَثْنَوْا	تُسْتَثْنِيَا	تُسْتَثْنَى		أُسْتُثْنِيتُمْ	أُسْتُثْنِيتُمَا	أُسْتُثْنِيتَ	MASCULINE	2
تُسْتَثْنَيْنَ	تُسْتَثْنِيَا	تُسْتَثْنَيْ		أُسْتُثْنِيتُنَّ	أُسْتُثْنِيتُمَا	أُسْتُثْنِيتِ	FEMININE	
نُسْتَثْنَى	---	أُسْتَثْنَى		أُسْتُثْنِينَا	---	أُسْتُثْنِيتُ		1

يُسْتَثْنَوْا	يُسْتَثْنِيَا	يُسْتَثْنَ		يُسْتَثْنَوْنَ	يُسْتَثْنَيَانِ	يُسْتَثْنَى	MASCULINE	3
يُسْتَثْنَيْنَ	يُسْتَثْنِيَا	تُسْتَثْنَ		يُسْتَثْنَيْنَ	تُسْتَثْنَيَانِ	تُسْتَثْنَى	FEMININE	
تُسْتَثْنَوْا	تُسْتَثْنِيَا	تُسْتَثْنَ		تُسْتَثْنَوْنَ	تُسْتَثْنَيَانِ	تُسْتَثْنَى	MASCULINE	2
تُسْتَثْنَيْنَ	تُسْتَثْنِيَا	تُسْتَثْنَيْ		تُسْتَثْنَيْنَ	تُسْتَثْنَيَانِ	تُسْتَثْنَيْنَ	FEMININE	
نُسْتَثْنَ	---	أُسْتَثْنَ		نُسْتَثْنَى	---	أُسْتَثْنَى		1

Why does the government *exclude*
women from its concern?

لماذا تَسْتَثْنِي الحكومة المرأة من إهتماماتها؟

Please *excuse me* from this competition.

من فضلك اسْتَثْنِني من هذه المباراة.

58

Form IV ثور — أَثَارَ / يُثِيرُ to stir; to excite ●

ACTIVE

PLURAL	DUAL	SINGULAR	SUBJUNCTIVE	PLURAL	DUAL	SINGULAR	PERFECT		
يُثِيرُوا	يُثِيرَا	يُثِيرَ		أَثَارُوا	أَثَارَا	أَثَارَ	MASCULINE	3
يُثِرْنَ	تُثِيرَا	تُثِيرَ		أَثَرْنَ	أَثَارَتَا	أَثَارَتْ	FEMININE	
تُثِيرُوا	تُثِيرَا	تُثِيرَ		أَثَرْتُمْ	أَثَرْتُمَا	أَثَرْتَ	MASCULINE	2
تُثِرْنَ	تُثِيرَا	تُثِيرِي		أَثَرْتُنَّ	أَثَرْتُمَا	أَثَرْتِ	FEMININE	
نُثِيرَ	---	أُثِيرَ		أَثَرْنَا	---	أَثَرْتُ		1

PLURAL	DUAL	SINGULAR	JUSSIVE	PLURAL	DUAL	SINGULAR	IMPERFECT		
يُثِيرُوا	يُثِيرَا	يُثِرْ		يُثِيرُونَ	يُثِيرَانِ	يُثِيرُ	MASCULINE	3
يُثِرْنَ	تُثِيرَا	تُثِرْ		يُثِرْنَ	تُثِيرَانِ	تُثِيرُ	FEMININE	
تُثِيرُوا	تُثِيرَا	تُثِرْ		تُثِيرُونَ	تُثِيرَانِ	تُثِيرُ	MASCULINE	2
تُثِرْنَ	تُثِيرَا	تُثِيرِي		تُثِرْنَ	تُثِيرَانِ	تُثِيرِينَ	FEMININE	
نُثِرْ	---	أُثِرْ		نُثِيرُ	---	أُثِيرُ		1

PLURAL	DUAL	SINGULAR	IMPERATIVE					
أَثِيرُوا	أَثِيرَا	أَثِرْ	MASCULINE			مُثِيرٌ	ACTIVE PARTICIPLE
أَثِرْنَ	أَثِيرَا	أَثِيرِي	FEMININE			مُثَارٌ	PASSIVE PARTICIPLE
						إِثَارَةٌ	VERBAL NOUN

PASSIVE

PLURAL	DUAL	SINGULAR	SUBJUNCTIVE	PLURAL	DUAL	SINGULAR	PERFECT		
يُثَارُوا	يُثَارَا	يُثَارَ		أُثِيرُوا	أُثِيرَا	أُثِيرَ	MASCULINE	3
يُثَرْنَ	تُثَارَا	تُثَارَ		أُثِرْنَ	أُثِيرَتَا	أُثِيرَتْ	FEMININE	
تُثَارُوا	تُثَارَا	تُثَارَ		أُثِرْتُمْ	أُثِرْتُمَا	أُثِرْتَ	MASCULINE	2
تُثَرْنَ	تُثَارَا	تُثَارِي		أُثِرْتُنَّ	أُثِرْتُمَا	أُثِرْتِ	FEMININE	
نُثَارَ	---	أُثَارَ		أُثِرْنَا	---	أُثِرْتُ		1

PLURAL	DUAL	SINGULAR	JUSSIVE	PLURAL	DUAL	SINGULAR	IMPERFECT		
يُثَارُوا	يُثَارَا	يُثَرْ		يُثَارُونَ	يُثَارَانِ	يُثَارُ	MASCULINE	3
يُثَرْنَ	تُثَارَا	تُثَرْ		يُثَرْنَ	تُثَارَانِ	تُثَارُ	FEMININE	
تُثَارُوا	تُثَارَا	تُثَرْ		تُثَارُونَ	تُثَارَانِ	تُثَارُ	MASCULINE	2
تُثَرْنَ	تُثَارَا	تُثَارِي		تُثَرْنَ	تُثَارَانِ	تُثَارِينَ	FEMININE	
نُثَرْ	---	أُثَرْ		نُثَارُ	---	أُثَارُ		1

59

These developments *will stir up* many of the old problems.	سَتُثِيرُ هذه التطورات الكثير من المشاكل القديمة.
This disclosure *raised* a number of neglected questions.	أَثَارَ هذا الاكتشاف العديد من الأسئلة المهملة.
This type of music doesn't *excite me*.	هذا النوع من الموسيقى لا يُثِيرُني.

Form I جدر   ● جَدُرَ to be suitable; to be proper

ACTIVE

PLURAL	DUAL	SINGULAR	SUBJUNCTIVE	PLURAL	DUAL	SINGULAR	PERFECT	
يَجْدُرُوا	يَجْدُرَا	يَجْدُرَ		جَدُرُوا	جَدُرَا	جَدُرَ	MASCULINE	3
يَجْدُرْنَ	تَجْدُرَا	تَجْدُرَ		جَدُرْنَ	جَدُرَتَا	جَدُرَتْ	FEMININE	
تَجْدُرُوا	تَجْدُرَا	تَجْدُرَ		جَدُرْتُمْ	جَدُرْتُمَا	جَدُرْتَ	MASCULINE	2
تَجْدُرْنَ	تَجْدُرَا	تَجْدُرِي		جَدُرْتُنَّ	جَدُرْتُمَا	جَدُرْتِ	FEMININE	
نَجْدُرَ	---	أَجْدُرَ		جَدُرْنَا	---	جَدُرْتُ		1

JUSSIVE   IMPERFECT

PLURAL	DUAL	SINGULAR	JUSSIVE	PLURAL	DUAL	SINGULAR	IMPERFECT	
يَجْدُرُوا	يَجْدُرَا	يَجْدُرْ		يَجْدُرُونَ	يَجْدُرَانِ	يَجْدُرُ	MASCULINE	3
يَجْدُرْنَ	تَجْدُرَا	تَجْدُرْ		يَجْدُرْنَ	تَجْدُرَانِ	تَجْدُرُ	FEMININE	
تَجْدُرُوا	تَجْدُرَا	تَجْدُرْ		تَجْدُرُونَ	تَجْدُرَانِ	تَجْدُرُ	MASCULINE	2
تَجْدُرْنَ	تَجْدُرَا	تَجْدُرِي		تَجْدُرْنَ	تَجْدُرَانِ	تَجْدُرِينَ	FEMININE	
نَجْدُرْ	---	أَجْدُرْ		نَجْدُرُ	---	أَجْدُرُ		1

IMPERATIVE

PLURAL	DUAL	SINGULAR	IMPERATIVE		
أُجْدُرُوا	أُجْدُرَا	أُجْدُرْ	MASCULINE	جَادِرٌ	ACTIVE PARTICIPLE
أُجْدُرْنَ	أُجْدُرَا	أُجْدُرِي	FEMININE	---	PASSIVE PARTICIPLE
				جَدَارَةٌ	VERBAL NOUN

| *It behooves* us to recall the favors of God [praise upon Him] to us. | يَجْدُرُ بنا أن نذكر إحسانات الله سبحانه علينا. |
| *Is it right* for you to speak to your father in this way? | هل يَجْدُرُ بكم أن تتكلموا مع أبيكم بهذه الطريقة؟ |

Form I جرر   to draw; to drag جَرَّ ●

ACTIVE

PLURAL	DUAL	SINGULAR	SUBJUNCTIVE	PLURAL	DUAL	SINGULAR	PERFECT	
يَجُرُّوا	يَجُرَّا	يَجُرَّ		جَرُّوا	جَرَّا	جَرَّ	MASCULINE	3
يَجْرُرْنَ	تَجُرَّا	تَجُرَّ		جَرَرْنَ	جَرَّتَا	جَرَّتْ	FEMININE	
تَجُرُّوا	تَجُرَّا	تَجُرَّ		جَرَرْتُمْ	جَرَرْتُمَا	جَرَرْتَ	MASCULINE	2
تَجْرُرْنَ	تَجُرَّا	تَجُرِّي		جَرَرْتُنَّ	جَرَرْتُمَا	جَرَرْتِ	FEMININE	
نَجُرَّ	---	أَجُرَّ		جَرَرْنَا	---	جَرَرْتُ		1

PLURAL	DUAL	SINGULAR	*JUSSIVE	PLURAL	DUAL	SINGULAR	IMPERFECT	
يَجُرُّوا	يَجُرَّا	يَجُرْرُ		يَجُرُّونَ	يَجُرَّانِ	يَجُرُّ	MASCULINE	3
يَجْرُرْنَ	تَجُرَّا	تَجُرْرُ		يَجْرُرْنَ	تَجُرَّانِ	تَجُرُّ	FEMININE	
تَجُرُّوا	تَجُرَّا	تَجُرْرُ		تَجُرُّونَ	تَجُرَّانِ	تَجُرُّ	MASCULINE	2
تَجْرُرْنَ	تَجُرَّا	تَجُرِّي		تَجْرُرْنَ	تَجُرَّانِ	تَجُرِّينَ	FEMININE	
نَجْرُرُ	---	أَجْرُرُ		نَجُرُّ	---	أَجُرُّ		1

			** IMPERATIVE	جَارٌّ		ACTIVE PARTICIPLE	
أُجْرُرُوا	أُجْرُرَا	أُجْرُرْ	MASCULINE	مَجْرُورٌ		PASSIVE PARTICIPLE	
أُجْرُرْنَ	أُجْرُرَا	أُجْرُرِي	FEMININE	جَرٌّ		VERBAL NOUN	

PASSIVE

PLURAL	DUAL	SINGULAR	SUBJUNCTIVE	PLURAL	DUAL	SINGULAR	PERFECT	
يُجَرُّوا	يُجَرَّا	يُجَرَّ		جُرُّوا	جُرَّا	جُرَّ	MASCULINE	3
يُجْرَرْنَ	تُجَرَّا	تُجَرَّ		جُرِرْنَ	جُرَّتَا	جُرَّتْ	FEMININE	
تُجَرُّوا	تُجَرَّا	تُجَرَّ		جُرِرْتُمْ	جُرِرْتُمَا	جُرِرْتَ	MASCULINE	2
تُجْرَرْنَ	تُجَرَّا	تُجَرِّي		جُرِرْتُنَّ	جُرِرْتُمَا	جُرِرْتِ	FEMININE	
نُجَرَّ	---	أَجَرَّ		جُرِرْنَا	---	جُرِرْتُ		1

PLURAL	DUAL	SINGULAR	***JUSSIVE	PLURAL	DUAL	SINGULAR	IMPERFECT	
يُجَرُّوا	يُجَرَّا	يُجْرَرْ		يُجَرُّونَ	يُجَرَّانِ	يُجَرُّ	MASCULINE	3
يُجْرَرْنَ	تُجَرَّا	تُجْرَرْ		يُجْرَرْنَ	تُجَرَّانِ	تُجَرُّ	FEMININE	
تُجَرُّوا	تُجَرَّا	تُجْرَرْ		تُجَرُّونَ	تُجَرَّانِ	تُجَرُّ	MASCULINE	2
تُجْرَرْنَ	تُجَرَّا	تُجَرِّي		تُجْرَرْنَ	تُجَرَّانِ	تُجَرِّينَ	FEMININE	
نُجْرَرْ	---	أُجْرَرْ		نُجَرُّ	---	أُجَرُّ		1

---

  * Contracted form: يَجُرَّ, تَجُرَّ, تَجُرَّ, تَجُرِّي, أَجُرَّ...نَجُرَّ

  ** Contracted form: جَرَّ, جُرِّي, جُرَّا, جُرُّوا...

*** Contracted form: يُجَرَّ, تُجَرَّ, تُجَرَّ, تُجَرِّي, أُجَرَّ...نُجَرَّ

Who *will haul* this table with me? — من سَيَجُرُّ هذه الطاولة معي؟

The artist *drew* the pen over the panel. — جَرَّ الرسام القلم على اللوحة.

That night, *I was dragging* my feet from exhaustion. — وفي تلك الليلة كنت أَجُرُّ رجليَّ من التعب.

Form I جري   to flow, run; to happen جَرَى ●

ACTIVE

PLURAL	DUAL	SINGULAR	SUBJUNCTIVE	PLURAL	DUAL	SINGULAR	PERFECT	
يَجْرُوا	يَجْرِيَا	يَجْرِيَ		جَرَوْا	جَرَيَا	جَرَى	MASCULINE	3
يَجْرِينَ	تَجْرِيَا	تَجْرِيَ		جَرَيْنَ	جَرَتَا	جَرَتْ	FEMININE	
تَجْرُوا	تَجْرِيَا	تَجْرِيَ		جَرَيْتُمْ	جَرَيْتُمَا	جَرَيْتَ	MASCULINE	2
تَجْرِينَ	تَجْرِيَا	تَجْرِي		جَرَيْتُنَّ	جَرَيْتُمَا	جَرَيْتِ	FEMININE	
نَجْرِيَ	---	أَجْرِيَ		جَرَيْنَا	---	جَرَيْتُ		1

PLURAL	DUAL	SINGULAR	JUSSIVE	PLURAL	DUAL	SINGULAR	IMPERFECT	
يَجْرُوا	يَجْرِيَا	يَجْرِ		يَجْرُونَ	يَجْرِيَانِ	يَجْرِي	MASCULINE	3
يَجْرِينَ	تَجْرِيَا	تَجْرِ		يَجْرِينَ	تَجْرِيَانِ	تَجْرِي	FEMININE	
تَجْرُوا	تَجْرِيَا	تَجْرِ		تَجْرُونَ	تَجْرِيَانِ	تَجْرِي	MASCULINE	2
تَجْرِينَ	تَجْرِيَا	تَجْرِي		تَجْرِينَ	تَجْرِيَانِ	تَجْرِينَ	FEMININE	
نَجْرِ	---	أَجْرِ		نَجْرِي	---	أَجْرِي		1

PLURAL	DUAL	SINGULAR	IMPERATIVE		
إجْرُوا	إجْرِيَا	إجْرِ	MASCULINE	جَارٍ	ACTIVE PARTICIPLE
إجْرِينَ	إجْرِيَا	إجْرِي	FEMININE	---	PASSIVE PARTICIPLE
				جَرْيٌ	VERBAL NOUN

What *has happened* to you? — ما الذي جَرَى لكم؟

The kids *are running* in the house. — الأطفال يَجْرُونَ في البيت.

Everything *came off* well. — جَرَتِ الأمور على ما يرام.

Form II جسد   to embody, represent جَسَّدَ ●

ACTIVE

PLURAL	DUAL	SINGULAR	SUBJUNCTIVE	PLURAL	DUAL	SINGULAR	PERFECT
يُجَسِّدُوا	يُجَسِّدَا	يُجَسِّدَ		جَسَّدُوا	جَسَّدَا	جَسَّدَ	3
يُجَسِّدْنَ	تُجَسِّدَا	تُجَسِّدَ		جَسَّدْنَ	جَسَّدَتَا	جَسَّدَتْ	
تُجَسِّدُوا	تُجَسِّدَا	تُجَسِّدَ		جَسَّدْتُمْ	جَسَّدْتُمَا	جَسَّدْتَ	2
تُجَسِّدْنَ	تُجَسِّدَا	تُجَسِّدِي		جَسَّدْتُنَّ	جَسَّدْتُمَا	جَسَّدْتِ	
نُجَسِّدَ	---	أُجَسِّدَ		جَسَّدْنَا	---	جَسَّدْتُ	1

PLURAL	DUAL	SINGULAR	JUSSIVE	PLURAL	DUAL	SINGULAR	IMPERFECT
يُجَسِّدُوا	يُجَسِّدَا	يُجَسِّدْ		يُجَسِّدُونَ	يُجَسِّدَانِ	يُجَسِّدُ	3
يُجَسِّدْنَ	تُجَسِّدَا	تُجَسِّدْ		يُجَسِّدْنَ	تُجَسِّدَانِ	تُجَسِّدُ	
تُجَسِّدُوا	تُجَسِّدَا	تُجَسِّدْ		تُجَسِّدُونَ	تُجَسِّدَانِ	تُجَسِّدُ	2
تُجَسِّدْنَ	تُجَسِّدَا	تُجَسِّدِي		تُجَسِّدْنَ	تُجَسِّدَانِ	تُجَسِّدِينَ	
نُجَسِّدْ	---	أُجَسِّدْ		نُجَسِّدُ	---	أُجَسِّدُ	1

			IMPERATIVE		مُجَسِّدٌ	ACTIVE PARTICIPLE
جَسِّدُوا	جَسِّدَا	جَسِّدْ	MASCULINE		مُجَسَّدٌ	PASSIVE PARTICIPLE
جَسِّدْنَ	جَسِّدَا	جَسِّدِي	FEMININE		تَجْسِيدٌ	VERBAL NOUN

PASSIVE

PLURAL	DUAL	SINGULAR	SUBJUNCTIVE	PLURAL	DUAL	SINGULAR	PERFECT	
يُجَسَّدُوا	يُجَسَّدَا	يُجَسَّدَ		جُسِّدُوا	جُسِّدَا	جُسِّدَ	MASCULINE	3
يُجَسَّدْنَ	تُجَسَّدَا	تُجَسَّدَ		جُسِّدْنَ	جُسِّدَتَا	جُسِّدَتْ	FEMININE	
تُجَسَّدُوا	تُجَسَّدَا	تُجَسَّدَ		جُسِّدْتُمْ	جُسِّدْتُمَا	جُسِّدْتَ	MASCULINE	2
تُجَسَّدْنَ	تُجَسَّدَا	تُجَسَّدِي		جُسِّدْتُنَّ	جُسِّدْتُمَا	جُسِّدْتِ	FEMININE	
نُجَسَّدَ	---	أُجَسَّدَ		جُسِّدْنَا	---	جُسِّدْتُ		1

PLURAL	DUAL	SINGULAR	JUSSIVE	PLURAL	DUAL	SINGULAR	IMPERFECT	
يُجَسَّدُوا	يُجَسَّدَا	يُجَسَّدْ		يُجَسَّدُونَ	يُجَسَّدَانِ	يُجَسَّدُ	MASCULINE	3
يُجَسَّدْنَ	تُجَسَّدَا	تُجَسَّدْ		يُجَسَّدْنَ	تُجَسَّدَانِ	تُجَسَّدُ	FEMININE	
تُجَسَّدُوا	تُجَسَّدَا	تُجَسَّدْ		تُجَسَّدُونَ	تُجَسَّدَانِ	تُجَسَّدُ	MASCULINE	2
تُجَسَّدْنَ	تُجَسَّدَا	تُجَسَّدِي		تُجَسَّدْنَ	تُجَسَّدَانِ	تُجَسَّدِينَ	FEMININE	
نُجَسَّدْ	---	أُجَسَّدْ		نُجَسَّدُ	---	أُجَسَّدُ		1

The play *represented* reality in an objective manner.	جَسَّدَتُ المسرحية الواقع بصورة موضوعية.
Can you *act out* the incident one more time?	هل يمكنك أن تُجَسِّدَ لي الحادثة مرة أخرى؟
These panels *will represent* the history of the Jordanian people.	هذه اللوحات سَتُجَسِّدُ تاريخ الشعب الأردني.

Form I جعل   to put; to make; to effect جَعَلَ ●

ACTIVE

PLURAL	DUAL	SINGULAR	SUBJUNCTIVE	PLURAL	DUAL	SINGULAR	PERFECT	
يَجْعَلُوا	يَجْعَلا	يَجْعَلَ		جَعَلُوا	جَعَلا	جَعَلَ	MASCULINE	3
يَجْعَلْنَ	تَجْعَلا	تَجْعَلَ		جَعَلْنَ	جَعَلَتَا	جَعَلَتْ	FEMININE	
تَجْعَلُوا	تَجْعَلا	تَجْعَلَ		جَعَلْتُم	جَعَلْتُمَا	جَعَلْتَ	MASCULINE	2
تَجْعَلْنَ	تَجْعَلا	تَجْعَلِي		جَعَلْتُنَّ	جَعَلْتُمَا	جَعَلْتِ	FEMININE	
نَجْعَلَ	---	أَجْعَلَ		جَعَلْنَا	---	جَعَلْتُ		1

PLURAL	DUAL	SINGULAR	JUSSIVE	PLURAL	DUAL	SINGULAR	IMPERFECT	
يَجْعَلُوا	يَجْعَلا	يَجْعَلْ		يَجْعَلُونَ	يَجْعَلانِ	يَجْعَلُ	MASCULINE	3
يَجْعَلْنَ	تَجْعَلا	تَجْعَلْ		يَجْعَلْنَ	تَجْعَلانِ	تَجْعَلُ	FEMININE	
تَجْعَلُوا	تَجْعَلا	تَجْعَلْ		تَجْعَلُونَ	تَجْعَلانِ	تَجْعَلُ	MASCULINE	2
تَجْعَلْنَ	تَجْعَلا	تَجْعَلِي		تَجْعَلْنَ	تَجْعَلانِ	تَجْعَلِينَ	FEMININE	
نَجْعَلْ	---	أَجْعَلْ		نَجْعَلُ	---	أَجْعَلُ		1

PLURAL	DUAL	SINGULAR	IMPERATIVE		
إجْعَلُوا	إجْعَلا	إجْعَلْ	MASCULINE	جَاعِلٌ	ACTIVE PARTICIPLE
إجْعَلْنَ	إجْعَلا	إجْعَلِي	FEMININE	مَجْعُولٌ	PASSIVE PARTICIPLE
				جَعْلٌ	VERBAL NOUN

PASSIVE

PLURAL	DUAL	SINGULAR	SUBJUNCTIVE	PLURAL	DUAL	SINGULAR	PERFECT	
يُجْعَلُوا	يُجْعَلا	يُجْعَلَ		جُعِلُوا	جُعِلا	جُعِلَ	MASCULINE	3
يُجْعَلْنَ	تُجْعَلا	تُجْعَلَ		جُعِلْنَ	جُعِلَتَا	جُعِلَتْ	FEMININE	
تُجْعَلُوا	تُجْعَلا	تُجْعَلَ		جُعِلْتُم	جُعِلْتُمَا	جُعِلْتَ	MASCULINE	2
تُجْعَلْنَ	تُجْعَلا	تُجْعَلِي		جُعِلْتُنَّ	جُعِلْتُمَا	جُعِلْتِ	FEMININE	
نُجْعَلَ	---	أُجْعَلَ		جُعِلْنَا	---	جُعِلْتُ		1

		IMPERFECT			JUSSIVE		
3	MASCULINE	يُجْعَلُ	يُجْعَلانِ	يُجْعَلُونَ	يُجْعَلْ	يُجْعَلا	يُجْعَلُوا
	FEMININE	تُجْعَلُ	تُجْعَلانِ	يُجْعَلْنَ	تُجْعَلْ	تُجْعَلا	يُجْعَلْنَ
2	MASCULINE	تُجْعَلُ	تُجْعَلانِ	تُجْعَلُونَ	تُجْعَلْ	تُجْعَلا	تُجْعَلُوا
	FEMININE	تُجْعَلِينَ	تُجْعَلانِ	تُجْعَلْنَ	تُجْعَلِي	تُجْعَلا	تُجْعَلْنَ
1		أُجْعَلُ	---	نُجْعَلُ	أُجْعَلْ	---	نُجْعَلْ

وآتينا موسى الكتاب وَجَعَلْنَاهُ هُدى لبني إسرائيل.

And we brought Moses the Book and *we made it* a guide for the Israelites [Qur'an 17:2].

جَعَلْتُ الرب أمامي كل حين لأنه عن يميني فلا أتزعزع.

I have set the Lord before me always, for He is at my right hand; I shall not be moved [Psalms 16:8].

كيف جَعَلْتُمْ هذا التنظيم الرائع ممكناً في هذه الفترة الوجيزة؟

How *did you make* this wonderful organization happen in such a short time?

● جَلَسَ to sit

Form I جلس

ACTIVE

		PERFECT SINGULAR	DUAL	PLURAL	SUBJUNCTIVE SINGULAR	DUAL	PLURAL
3	MASCULINE	جَلَسَ	جَلَسَا	جَلَسُوا	يَجْلِسَ	يَجْلِسَا	يَجْلِسُوا
	FEMININE	جَلَسَتْ	جَلَسَتَا	جَلَسْنَ	تَجْلِسَ	تَجْلِسَا	يَجْلِسْنَ
2	MASCULINE	جَلَسْتَ	جَلَسْتُمَا	جَلَسْتُمْ	تَجْلِسَ	تَجْلِسَا	تَجْلِسُوا
	FEMININE	جَلَسْتِ	جَلَسْتُمَا	جَلَسْتُنَّ	تَجْلِسِي	تَجْلِسَا	تَجْلِسْنَ
1		جَلَسْتُ	---	جَلَسْنَا	أَجْلِسَ	---	نَجْلِسَ

		IMPERFECT			JUSSIVE		
3	MASCULINE	يَجْلِسُ	يَجْلِسَانِ	يَجْلِسُونَ	يَجْلِسْ	يَجْلِسَا	يَجْلِسُوا
	FEMININE	تَجْلِسُ	تَجْلِسَانِ	يَجْلِسْنَ	تَجْلِسْ	تَجْلِسَا	يَجْلِسْنَ
2	MASCULINE	تَجْلِسُ	تَجْلِسَانِ	تَجْلِسُونَ	تَجْلِسْ	تَجْلِسَا	تَجْلِسُوا
	FEMININE	تَجْلِسِينَ	تَجْلِسَانِ	تَجْلِسْنَ	تَجْلِسِي	تَجْلِسَا	تَجْلِسْنَ
1		أَجْلِسُ	---	نَجْلِسُ	أَجْلِسْ	---	نَجْلِسْ

ACTIVE PARTICIPLE	جَالِسٌ
PASSIVE PARTICIPLE	---
VERBAL NOUN	جُلُوسٌ

IMPERATIVE

MASCULINE	إِجْلِسْ	إِجْلِسَا	إِجْلِسُوا
FEMININE	إِجْلِسِي	إِجْلِسَا	إِجْلِسْنَ

I like *to sit* in this spot every time.

أنا أحب أن أَجْلِسَ في هذا المكان كل مرة.

Come, *let's sit down* together to have a discussion.

تعالوا نَجْلِسُ سوياً لنتحاور.

Please, *sit down* here.

تفضل إجْلِس هنا.

Form V جلو

تَجَلَّى to become clear

ACTIVE

PLURAL	DUAL	SINGULAR	SUBJUNCTIVE	PLURAL	DUAL	SINGULAR	PERFECT	
يَتَجَلَّوْا	يَتَجَلَّيَا	يَتَجَلَّى		تَجَلَّوْا	تَجَلَّيَا	تَجَلَّى	MASCULINE	3
يَتَجَلَّيْنَ	تَتَجَلَّيَا	تَتَجَلَّى		تَجَلَّيْنَ	تَجَلَّتَا	تَجَلَّتْ	FEMININE	
تَتَجَلَّوْا	تَتَجَلَّيَا	تَتَجَلَّى		تَجَلَّيْتُمْ	تَجَلَّيْتُمَا	تَجَلَّيْتَ	MASCULINE	2
تَتَجَلَّيْنَ	تَتَجَلَّيَا	تَتَجَلَّيْ		تَجَلَّيْتُنَّ	تَجَلَّيْتُمَا	تَجَلَّيْتِ	FEMININE	
نَتَجَلَّى	---	أَتَجَلَّى		تَجَلَّيْنَا	---	تَجَلَّيْتُ		1

JUSSIVE / IMPERFECT

PLURAL	DUAL	SINGULAR	JUSSIVE	PLURAL	DUAL	SINGULAR	IMPERFECT	
يَتَجَلَّوْا	يَتَجَلَّيَا	يَتَجَلَّ		يَتَجَلَّوْنَ	يَتَجَلَّيَانِ	يَتَجَلَّى	MASCULINE	3
يَتَجَلَّيْنَ	تَتَجَلَّيَا	تَتَجَلَّ		يَتَجَلَّيْنَ	تَتَجَلَّيَانِ	تَتَجَلَّى	FEMININE	
تَتَجَلَّوْا	تَتَجَلَّيَا	تَتَجَلَّ		تَتَجَلَّوْنَ	تَتَجَلَّيَانِ	تَتَجَلَّى	MASCULINE	2
تَتَجَلَّيْنَ	تَتَجَلَّيَا	تَتَجَلَّيْ		تَتَجَلَّيْنَ	تَتَجَلَّيَانِ	تَتَجَلَّيْنَ	FEMININE	
نَتَجَلَّ	---	أَتَجَلَّ		نَتَجَلَّى	---	أَتَجَلَّى		1

				مُتَجَلٍّ		ACTIVE PARTICIPLE	

IMPERATIVE

PLURAL	DUAL	SINGULAR	IMPERATIVE				
تَجَلَّوْا	تَجَلَّيَا	تَجَلَّ	MASCULINE	مُتَجَلًّى		PASSIVE PARTICIPLE	
تَجَلَّيْنَ	تَجَلَّيَا	تَجَلَّيْ	FEMININE	تَجَلٍّ		VERBAL NOUN	

The meaning *became clear* to me.

لقد تَجَلَّى المعنى أمام عيني.

We Copts believe that saints *become manifest* in visions.

نحن القبط نعتقد بأن القديسين يَتَجَلَّوْنَ في ظهورات.

The thoughts *were expressed* in clear words.

لقد تَجَلَّتْ الأفكار في كلمات واضحة.

Form I جمع   to gather جَمَعَ ●

ACTIVE

PLURAL	DUAL	SINGULAR	SUBJUNCTIVE	PLURAL	DUAL	SINGULAR	PERFECT	
يَجْمَعُوا	يَجْمَعَا	يَجْمَعَ		جَمَعُوا	جَمَعَا	جَمَعَ	MASCULINE	3
يَجْمَعْنَ	تَجْمَعَا	تَجْمَعَ		جَمَعْنَ	جَمَعَتَا	جَمَعَتْ	FEMININE	
تَجْمَعُوا	تَجْمَعَا	تَجْمَعَ		جَمَعْتُمْ	جَمَعْتُمَا	جَمَعْتَ	MASCULINE	2
تَجْمَعْنَ	تَجْمَعَا	تَجْمَعِي		جَمَعْتُنَّ	جَمَعْتُمَا	جَمَعْتِ	FEMININE	
نَجْمَعَ	---	أَجْمَعَ		جَمَعْنَا	---	جَمَعْتُ		1

			JUSSIVE				IMPERFECT	
يَجْمَعُوا	يَجْمَعَا	يَجْمَعْ		يَجْمَعُونَ	يَجْمَعَانِ	يَجْمَعُ	MASCULINE	3
يَجْمَعْنَ	تَجْمَعَا	تَجْمَعْ		يَجْمَعْنَ	تَجْمَعَانِ	تَجْمَعُ	FEMININE	
تَجْمَعُوا	تَجْمَعَا	تَجْمَعْ		تَجْمَعُونَ	تَجْمَعَانِ	تَجْمَعُ	MASCULINE	2
تَجْمَعْنَ	تَجْمَعَا	تَجْمَعِي		تَجْمَعْنَ	تَجْمَعَانِ	تَجْمَعِينَ	FEMININE	
نَجْمَعْ	---	أَجْمَعْ		نَجْمَعُ	---	أَجْمَعُ		1

			IMPERATIVE					
						جَامِعٌ	ACTIVE PARTICIPLE	
إِجْمَعُوا	إِجْمَعَا	إِجْمَعْ	MASCULINE			مَجْمُوعٌ	PASSIVE PARTICIPLE	
إِجْمَعْنَ	إِجْمَعَا	إِجْمَعِي	FEMININE			جَمْعٌ	VERBAL NOUN	

PASSIVE

PLURAL	DUAL	SINGULAR	SUBJUNCTIVE	PLURAL	DUAL	SINGULAR	PERFECT	
يُجْمَعُوا	يُجْمَعَا	يُجْمَعَ		جُمِعُوا	جُمِعَا	جُمِعَ	MASCULINE	3
يُجْمَعْنَ	تُجْمَعَا	تُجْمَعَ		جُمِعْنَ	جُمِعَتَا	جُمِعَتْ	FEMININE	
تُجْمَعُوا	تُجْمَعَا	تُجْمَعَ		جُمِعْتُمْ	جُمِعْتُمَا	جُمِعْتَ	MASCULINE	2
تُجْمَعْنَ	تُجْمَعَا	تُجْمَعِي		جُمِعْتُنَّ	جُمِعْتُمَا	جُمِعْتِ	FEMININE	
نُجْمَعَ	---	أُجْمَعَ		جُمِعْنَا	---	جُمِعْتُ		1

			JUSSIVE				IMPERFECT	
يُجْمَعُوا	يُجْمَعَا	يُجْمَعْ		يُجْمَعُونَ	يُجْمَعَانِ	يُجْمَعُ	MASCULINE	3
يُجْمَعْنَ	تُجْمَعَا	تُجْمَعْ		يُجْمَعْنَ	تُجْمَعَانِ	تُجْمَعُ	FEMININE	
تُجْمَعُوا	تُجْمَعَا	تُجْمَعْ		تُجْمَعُونَ	تُجْمَعَانِ	تُجْمَعُ	MASCULINE	2
تُجْمَعْنَ	تُجْمَعَا	تُجْمَعِي		تُجْمَعْنَ	تُجْمَعَانِ	تُجْمَعِينَ	FEMININE	
نُجْمَعْ	---	أُجْمَعْ		نُجْمَعُ	---	أُجْمَعُ		1

<table>
<tr><td>We have *collected* fourteen volumes so far.</td><td dir="rtl">لقد جَمَعْنَا أربعة عشر مجلداً حتى الآن.</td></tr>
<tr><td>Remember that you will *gather* all these papers that you are scattering.</td><td dir="rtl">تذكر أنك سَتَجْمَعُ كل هذا الأوراق التي تبعثرها.</td></tr>
<tr><td>What's the result if *you add* thirty and forty?</td><td dir="rtl">كم يكون الناتج إذا جَمَعْتُمْ ثلاثين على أربعين؟</td></tr>
</table>

Form VIII جمع   to assemble, meet إِجْتَمَعَ ●

ACTIVE

PLURAL	DUAL	SINGULAR	SUBJUNCTIVE	PLURAL	DUAL	SINGULAR	PERFECT	
يَجْتَمِعُوا	يَجْتَمِعَا	يَجْتَمِعَ		إِجْتَمَعُوا	إِجْتَمَعَا	إِجْتَمَعَ	MASCULINE	3
يَجْتَمِعْنَ	تَجْتَمِعَا	تَجْتَمِعَ		إِجْتَمَعْنَ	إِجْتَمَعَتَا	إِجْتَمَعَتْ	FEMININE	
تَجْتَمِعُوا	تَجْتَمِعَا	تَجْتَمِعَ		إِجْتَمَعْتُمْ	إِجْتَمَعْتُمَا	إِجْتَمَعْتَ	MASCULINE	2
تَجْتَمِعْنَ	تَجْتَمِعَا	تَجْتَمِعِي		إِجْتَمَعْتُنَّ	إِجْتَمَعْتُمَا	إِجْتَمَعْتِ	FEMININE	
نَجْتَمِعَ	---	أَجْتَمِعَ		إِجْتَمَعْنَا	---	إِجْتَمَعْتُ		1

PLURAL	DUAL	SINGULAR	JUSSIVE	PLURAL	DUAL	SINGULAR	IMPERFECT	
يَجْتَمِعُوا	يَجْتَمِعَا	يَجْتَمِعْ		يَجْتَمِعُونَ	يَجْتَمِعَانِ	يَجْتَمِعُ	MASCULINE	3
يَجْتَمِعْنَ	تَجْتَمِعَا	تَجْتَمِعْ		يَجْتَمِعْنَ	تَجْتَمِعَانِ	تَجْتَمِعُ	FEMININE	
تَجْتَمِعُوا	تَجْتَمِعَا	تَجْتَمِعْ		تَجْتَمِعُونَ	تَجْتَمِعَانِ	تَجْتَمِعُ	MASCULINE	2
تَجْتَمِعْنَ	تَجْتَمِعَا	تَجْتَمِعِي		تَجْتَمِعْنَ	تَجْتَمِعَانِ	تَجْتَمِعِينَ	FEMININE	
نَجْتَمِعْ	---	أَجْتَمِعْ		نَجْتَمِعُ	---	أَجْتَمِعُ		1

			IMPERATIVE				
						مُجْتَمِعٌ	ACTIVE PARTICIPLE
إِجْتَمِعُوا	إِجْتَمِعَا	إِجْتَمِعْ	MASCULINE			---	PASSIVE PARTICIPLE
إِجْتَمِعْنَ	إِجْتَمِعَا	إِجْتَمِعِي	FEMININE			إِجْتِمَاعٌ	VERBAL NOUN

<table>
<tr><td>The church *gathers* every Sunday at 10 AM.</td><td dir="rtl">تَجْتَمِعُ الكنيسة كل يوم أحد الساعة العاشرة صباحًا.</td></tr>
<tr><td>The trainer *got together* with the players to drill the strategy.</td><td dir="rtl">إِجْتَمَعَ المدرب باللاعبين للتدريب على الخطة.</td></tr>
<tr><td>Do you know when *we meet* with the president?</td><td dir="rtl">هل تعرف متى سَنَجْتَمِعُ مع الرئيس؟</td></tr>
</table>

Form VIII جهد — to work hard إِجْتَهَدَ

ACTIVE

PERFECT

		SINGULAR	DUAL	PLURAL
3	MASCULINE	إِجْتَهَدَ	إِجْتَهَدَا	إِجْتَهَدُوا
	FEMININE	إِجْتَهَدَتْ	إِجْتَهَدَتَا	إِجْتَهَدْنَ
2	MASCULINE	إِجْتَهَدْتَ	إِجْتَهَدْتُمَا	إِجْتَهَدْتُمْ
	FEMININE	إِجْتَهَدْتِ	إِجْتَهَدْتُمَا	إِجْتَهَدْتُنَّ
1		إِجْتَهَدْتُ	---	إِجْتَهَدْنَا

SUBJUNCTIVE

		SINGULAR	DUAL	PLURAL
3	MASCULINE	يَجْتَهِدَ	يَجْتَهِدَا	يَجْتَهِدُوا
	FEMININE	تَجْتَهِدَ	تَجْتَهِدَا	يَجْتَهِدْنَ
2	MASCULINE	تَجْتَهِدَ	تَجْتَهِدَا	تَجْتَهِدُوا
	FEMININE	تَجْتَهِدِي	تَجْتَهِدَا	تَجْتَهِدْنَ
1		أَجْتَهِدَ	---	نَجْتَهِدَ

IMPERFECT

		SINGULAR	DUAL	PLURAL
3	MASCULINE	يَجْتَهِدُ	يَجْتَهِدَانِ	يَجْتَهِدُونَ
	FEMININE	تَجْتَهِدُ	تَجْتَهِدَانِ	يَجْتَهِدْنَ
2	MASCULINE	تَجْتَهِدُ	تَجْتَهِدَانِ	تَجْتَهِدُونَ
	FEMININE	تَجْتَهِدِينَ	تَجْتَهِدَانِ	تَجْتَهِدْنَ
1		أَجْتَهِدُ	---	نَجْتَهِدُ

JUSSIVE

		SINGULAR	DUAL	PLURAL
3	MASCULINE	يَجْتَهِدْ	يَجْتَهِدَا	يَجْتَهِدُوا
	FEMININE	تَجْتَهِدْ	تَجْتَهِدَا	يَجْتَهِدْنَ
2	MASCULINE	تَجْتَهِدْ	تَجْتَهِدَا	تَجْتَهِدُوا
	FEMININE	تَجْتَهِدِي	تَجْتَهِدَا	تَجْتَهِدْنَ
1		أَجْتَهِدْ	---	نَجْتَهِدْ

ACTIVE PARTICIPLE مُجْتَهِدٌ

PASSIVE PARTICIPLE ---

VERBAL NOUN إِجْتِهَادٌ

IMPERATIVE

	SINGULAR	DUAL	PLURAL
MASCULINE	إِجْتَهِدْ	إِجْتَهِدَا	إِجْتَهِدُوا
FEMININE	إِجْتَهِدِي	إِجْتَهِدَا	إِجْتَهِدْنَ

يجب أن تَجتَهِدوا في المذاكرة.

You have to *make an effort* in studying.

لا اجْتِهَادَ مع النص.

No *independent reasoning* in the presence of a text [Islamic legal maxim].

لم يَجْتَهِدْ أي من الفقهاء حتى الآن حول قضية الهندسةَ الوراثية.

No scholar of Islamic religious law *has applied juridical reasoning* to the problem of genetic engineering until now.

Form IV جوب — to answer أَجَابَ ●

ACTIVE

PLURAL	DUAL	SINGULAR	SUBJUNCTIVE	PLURAL	DUAL	SINGULAR	PERFECT	
يُجِيبُوا	يُجِيبَا	يُجِيبَ		أَجَابُوا	أَجَابَا	أَجَابَ	MASCULINE	3
يُجِبْنَ	تُجِيبَا	تُجِيبَ		أَجَبْنَ	أَجَابَتَا	أَجَابَتْ	FEMININE	
تُجِيبُوا	تُجِيبَا	تُجِيبَ		أَجَبْتُمْ	أَجَبْتُمَا	أَجَبْتَ	MASCULINE	2
تُجِبْنَ	تُجِيبَا	تُجِيبِي		أَجَبْتُنَّ	أَجَبْتُمَا	أَجَبْتِ	FEMININE	
نُجِيبَ	---	أُجِيبَ		أَجَبْنَا	---	أَجَبْتُ		1

PLURAL	DUAL	SINGULAR	JUSSIVE	PLURAL	DUAL	SINGULAR	IMPERFECT	
يُجِيبُوا	يُجِيبَا	يُجِبْ		يُجِيبُونَ	يُجِيبَانِ	يُجِيبُ	MASCULINE	3
يُجِبْنَ	تُجِيبَا	تُجِبْ		يُجِبْنَ	تُجِيبَانِ	تُجِيبُ	FEMININE	
تُجِيبُوا	تُجِيبَا	تُجِبْ		تُجِيبُونَ	تُجِيبَانِ	تُجِيبُ	MASCULINE	2
تُجِبْنَ	تُجِيبَا	تُجِيبِي		تُجِبْنَ	تُجِيبَانِ	تُجِيبِينَ	FEMININE	
نُجِبْ	---	أُجِبْ		نُجِيبُ	---	أُجِيبُ		1

ACTIVE PARTICIPLE: مُجِيبٌ
PASSIVE PARTICIPLE: مُجَابٌ
VERBAL NOUN: إِجَابَةٌ

			IMPERATIVE	
أَجِيبُوا	أَجِيبَا	أَجِبْ	MASCULINE	
أَجِبْنَ	أَجِيبَا	أَجِيبِي	FEMININE	

PASSIVE

PLURAL	DUAL	SINGULAR	SUBJUNCTIVE	PLURAL	DUAL	SINGULAR	PERFECT	
يُجَابُوا	يُجَابَا	يُجَابَ		أُجِيبُوا	أُجِيبَا	أُجِيبَ	MASCULINE	3
يُجَبْنَ	تُجَابَا	تُجَابَ		أُجِبْنَ	أُجِيبَتَا	أُجِيبَتْ	FEMININE	
تُجَابُوا	تُجَابَا	تُجَابَ		أُجِبْتُمْ	أُجِبْتُمَا	أُجِبْتَ	MASCULINE	2
تُجَبْنَ	تُجَابَا	تُجَابِي		أُجِبْتُنَّ	أُجِبْتُمَا	أُجِبْتِ	FEMININE	
نُجَابَ	---	أُجَابَ		أُجِبْنَا	---	أُجِبْتُ		1

PLURAL	DUAL	SINGULAR	JUSSIVE	PLURAL	DUAL	SINGULAR	IMPERFECT	
يُجَابُوا	يُجَابَا	يُجَبْ		يُجَابُونَ	يُجَابَانِ	يُجَابُ	MASCULINE	3
يُجَبْنَ	تُجَابَا	تُجَبْ		يُجَبْنَ	تُجَابَانِ	تُجَابُ	FEMININE	
تُجَابُوا	تُجَابَا	تُجَبْ		تُجَابُونَ	تُجَابَانِ	تُجَابُ	MASCULINE	2
تُجَبْنَ	تُجَابَا	تُجَابِي		تُجَبْنَ	تُجَابَانِ	تُجَابِينَ	FEMININE	
نُجَبْ	---	أُجَبْ		نُجَابُ	---	أُجَابُ		1

I don't like the manner in which *they answered you.*	أنا لم أُحب الطريقة التي أجَابُوكَ بها.
All children hope that their desires would *be granted* them.	كل الأطفال يتمنون أن تُجَابَ لهم أمنياتهم.
We are going *to turn them down* [literally: answer them with denial].	سَنُجِيبُهُم بالرفض.

Form X جوب — to grant; to reply إِسْتَجَابَ

ACTIVE

		PERFECT SINGULAR	DUAL	PLURAL	SUBJUNCTIVE SINGULAR	DUAL	PLURAL
3	MASCULINE	إِسْتَجَابَ	إِسْتَجَابَا	إِسْتَجَابُوا	يَسْتَجِيبَ	يَسْتَجِيبَا	يَسْتَجِيبُوا
	FEMININE	إِسْتَجَابَتْ	إِسْتَجَابَتَا	إِسْتَجَبْنَ	تَسْتَجِيبَ	تَسْتَجِيبَا	يَسْتَجِبْنَ
2	MASCULINE	إِسْتَجَبْتَ	إِسْتَجَبْتُمَا	إِسْتَجَبْتُمْ	تَسْتَجِيبَ	تَسْتَجِيبَا	تَسْتَجِيبُوا
	FEMININE	إِسْتَجَبْتِ	إِسْتَجَبْتُمَا	إِسْتَجَبْتُنَّ	تَسْتَجِيبِي	تَسْتَجِيبَا	تَسْتَجِبْنَ
1		إِسْتَجَبْتُ	---	إِسْتَجَبْنَا	أَسْتَجِيبَ	---	نَسْتَجِيبَ

		IMPERFECT SINGULAR	DUAL	PLURAL	JUSSIVE SINGULAR	DUAL	PLURAL
3	MASCULINE	يَسْتَجِيبُ	يَسْتَجِيبَانِ	يَسْتَجِيبُونَ	يَسْتَجِبْ	يَسْتَجِيبَا	يَسْتَجِيبُوا
	FEMININE	تَسْتَجِيبُ	تَسْتَجِيبَانِ	يَسْتَجِبْنَ	تَسْتَجِبْ	تَسْتَجِيبَا	يَسْتَجِبْنَ
2	MASCULINE	تَسْتَجِيبُ	تَسْتَجِيبَانِ	تَسْتَجِيبُونَ	تَسْتَجِبْ	تَسْتَجِيبَا	تَسْتَجِيبُوا
	FEMININE	تَسْتَجِيبِينَ	تَسْتَجِيبَانِ	تَسْتَجِبْنَ	تَسْتَجِيبِي	تَسْتَجِيبَا	تَسْتَجِبْنَ
1		أَسْتَجِيبُ	---	نَسْتَجِيبُ	أَسْتَجِبْ	---	نَسْتَجِبْ

ACTIVE PARTICIPLE	مُسْتَجِيبٌ
PASSIVE PARTICIPLE	مُسْتَجَابٌ
VERBAL NOUN	إِسْتِجَابٌ

IMPERATIVE

	SINGULAR	DUAL	PLURAL
MASCULINE	إِسْتَجِبْ	إِسْتَجِيبَا	إِسْتَجِيبُوا
FEMININE	إِسْتَجِيبِي	إِسْتَجِيبَا	إِسْتَجِبْنَ

PASSIVE

		PERFECT SINGULAR	DUAL	PLURAL	SUBJUNCTIVE SINGULAR	DUAL	PLURAL
3	MASCULINE	أُسْتُجِيبَ	أُسْتُجِيبَا	أُسْتُجِيبُوا	يُسْتَجَابَ	يُسْتَجَابَا	يُسْتَجَابُوا
	FEMININE	أُسْتُجِيبَتْ	أُسْتُجِيبَتَا	أُسْتُجِبْنَ	تُسْتَجَابَ	تُسْتَجَابَا	يُسْتَجَبْنَ
2	MASCULINE	أُسْتُجِبْتَ	أُسْتُجِبْتُمَا	أُسْتُجِبْتُمْ	تُسْتَجَابَ	تُسْتَجَابَا	تُسْتَجَابُوا
	FEMININE	أُسْتُجِبْتِ	أُسْتُجِبْتُمَا	أُسْتُجِبْتُنَّ	تُسْتَجَابِي	تُسْتَجَابَا	تُسْتَجَبْنَ
1		أُسْتُجِبْتُ	---	أُسْتُجِبْنَا	أُسْتَجَابَ	---	نُسْتَجَابَ

JUSSIVE			IMPERFECT				
PLURAL	DUAL	SINGULAR	PLURAL	DUAL	SINGULAR		
يُسْتَجَبُوا	يُسْتَجَابَا	يُسْتَجَبْ	يُسْتَجَابُونَ	يُسْتَجَابَانِ	يُسْتَجَابُ	MASCULINE	3
يُسْتَجَبْنَ	تُسْتَجَابَا	تُسْتَجَبْ	يُسْتَجَبْنَ	تُسْتَجَابَانِ	تُسْتَجَابُ	FEMININE	
تُسْتَجَبُوا	تُسْتَجَابَا	تُسْتَجَبْ	تُسْتَجَابُونَ	تُسْتَجَابَانِ	تُسْتَجَابُ	MASCULINE	2
تُسْتَجَبْنَ	تُسْتَجَابَا	تُسْتَجَابِي	تُسْتَجَبْنَ	تُسْتَجَابَانِ	تُسْتَجَابِينَ	FEMININE	
نُسْتَجَبْ	---	أُسْتَجَبْ	نُسْتَجَابُ	---	أُسْتَجَابُ		1

Do you believe that the government *will respond favorably* to [literally: answer] the demonstrations demanding a reduction of taxes?

هل تعتقد أن الحكومة سَتَسْتَجِيبُ للمظاهرات المُطالبة بتخفيض الضرائب؟

We have *to grant* the workers the raise that they have demanded.

علينا أن نَسْتَجِيبَ للعمال بالعلاوة التي طالبوا بها.

Did you answer the message that Tamir sent you?

هل اسْتَجَبْتَ للخطاب الذي أرسله لك تامر؟

Form X جوب   ● إِسْتَجْوَبَ to interrogate

ACTIVE

SUBJUNCTIVE			PERFECT				
PLURAL	DUAL	SINGULAR	PLURAL	DUAL	SINGULAR		
يَسْتَجْوِبُوا	يَسْتَجْوِبَا	يَسْتَجْوِبَ	إِسْتَجْوَبُوا	إِسْتَجْوَبَا	إِسْتَجْوَبَ	MASCULINE	3
يَسْتَجْوِبْنَ	تَسْتَجْوِبَا	تَسْتَجْوِبَ	إِسْتَجْوَبْنَ	إِسْتَجْوَبَتَا	إِسْتَجْوَبَتْ	FEMININE	
تَسْتَجْوِبُوا	تَسْتَجْوِبَا	تَسْتَجْوِبَ	إِسْتَجْوَبْتُمْ	إِسْتَجْوَبْتُمَا	إِسْتَجْوَبْتَ	MASCULINE	2
تَسْتَجْوِبْنَ	تَسْتَجْوِبَا	تَسْتَجْوِبِي	إِسْتَجْوَبْتُنَّ	إِسْتَجْوَبْتُمَا	إِسْتَجْوَبْتِ	FEMININE	
نَسْتَجْوِبَ	---	أَسْتَجْوِبَ	إِسْتَجْوَبْنَا	---	إِسْتَجْوَبْتُ		1

JUSSIVE			IMPERFECT				
يَسْتَجْوِبُوا	يَسْتَجْوِبَا	يَسْتَجْوِبْ	يَسْتَجْوِبُونَ	يَسْتَجْوِبَانِ	يَسْتَجْوِبُ	MASCULINE	3
يَسْتَجْوِبْنَ	تَسْتَجْوِبَا	تَسْتَجْوِبْ	يَسْتَجْوِبْنَ	تَسْتَجْوِبَانِ	تَسْتَجْوِبُ	FEMININE	
تَسْتَجْوِبُوا	تَسْتَجْوِبَا	تَسْتَجْوِبْ	تَسْتَجْوِبُونَ	تَسْتَجْوِبَانِ	تَسْتَجْوِبُ	MASCULINE	2
تَسْتَجْوِبْنَ	تَسْتَجْوِبَا	تَسْتَجْوِبِي	تَسْتَجْوِبْنَ	تَسْتَجْوِبَانِ	تَسْتَجْوِبِينَ	FEMININE	
نَسْتَجْوِبْ	---	أَسْتَجْوِبْ	نَسْتَجْوِبُ	---	أَسْتَجْوِبُ		1

			مُسْتَجْوِبٌ	ACTIVE PARTICIPLE
			مُسْتَجْوَبٌ	PASSIVE PARTICIPLE

IMPERATIVE

PLURAL	DUAL	SINGULAR		
إِسْتَجْوِبُوا	إِسْتَجْوِبَا	إِسْتَجْوِبْ	MASCULINE	
إِسْتَجْوِبْنَ	إِسْتَجْوِبَا	إِسْتَجْوِبِي	FEMININE	

إِسْتِجْوَابٌ	VERBAL NOUN

72

PLURAL	DUAL	SINGULAR	SUBJUNCTIVE	PLURAL	DUAL	SINGULAR	PERFECT	
يُسْتَجْوَبُوا	يُسْتَجْوَبَا	يُسْتَجْوَبَ		أُسْتُجْوِبُوا	أُسْتُجْوِبَا	أُسْتُجْوِبَ	MASCULINE	3
تُسْتَجْوَبْنَ	تُسْتَجْوَبَا	تُسْتَجْوَبَ		أُسْتُجْوِبْنَ	أُسْتُجْوِبَتَا	أُسْتُجْوِبَتْ	FEMININE	
تُسْتَجْوَبُوا	تُسْتَجْوَبَا	تُسْتَجْوَبَ		أُسْتُجْوِبْتُمْ	أُسْتُجْوِبْتُمَا	أُسْتُجْوِبْتَ	MASCULINE	2
تُسْتَجْوَبْنَ	تُسْتَجْوَبَا	تُسْتَجْوَبِي		أُسْتُجْوِبْتُنَّ	أُسْتُجْوِبْتُمَا	أُسْتُجْوِبْتِ	FEMININE	
نُسْتَجْوَبَ	---	أُسْتَجْوَبَ		أُسْتُجْوِبْنَا	---	أُسْتُجْوِبْتُ		1

PLURAL	DUAL	SINGULAR	JUSSIVE	PLURAL	DUAL	SINGULAR	IMPERFECT	
يُسْتَجْوَبُوا	يُسْتَجْوَبَا	يُسْتَجْوَبْ		يُسْتَجْوَبُونَ	يُسْتَجْوَبَانِ	يُسْتَجْوَبُ	MASCULINE	3
تُسْتَجْوَبْنَ	تُسْتَجْوَبَا	تُسْتَجْوَبْ		يُسْتَجْوَبْنَ	تُسْتَجْوَبَانِ	تُسْتَجْوَبُ	FEMININE	
تُسْتَجْوَبُوا	تُسْتَجْوَبَا	تُسْتَجْوَبْ		تُسْتَجْوَبُونَ	تُسْتَجْوَبَانِ	تُسْتَجْوَبُ	MASCULINE	2
تُسْتَجْوَبْنَ	تُسْتَجْوَبَا	تُسْتَجْوَبِي		تُسْتَجْوَبْنَ	تُسْتَجْوَبَانِ	تُسْتَجْوَبِينَ	FEMININE	
نُسْتَجْوَبْ	---	أُسْتَجْوَبْ		نُسْتَجْوَبُ	---	أُسْتَجْوَبُ		1

إسْتَجْوَبَ وكيل النيابة المتهم حتى اعترف.

The state prosecutor *interrogated* the suspect until he confessed.

لماذا تَسْتَجْوِبُنِي، أنا لم أفعل أي شيء؟

Why *are you interrogating me*? I haven't done anything.

Form III جور   to adjoin جَاوَرَ ●

ACTIVE

PLURAL	DUAL	SINGULAR	SUBJUNCTIVE	PLURAL	DUAL	SINGULAR	PERFECT	
يُجَاوِرُوا	يُجَاوِرَا	يُجَاوِرَ		جَاوَرُوا	جَاوَرَا	جَاوَرَ	MASCULINE	3
يُجَاوِرْنَ	تُجَاوِرَا	تُجَاوِرَ		جَاوَرْنَ	جَاوَرَتَا	جَاوَرَتْ	FEMININE	
تُجَاوِرُوا	تُجَاوِرَا	تُجَاوِرَ		جَاوَرْتُمْ	جَاوَرْتُمَا	جَاوَرْتَ	MASCULINE	2
تُجَاوِرْنَ	تُجَاوِرَا	تُجَاوِرِي		جَاوَرْتُنَّ	جَاوَرْتُمَا	جَاوَرْتِ	FEMININE	
نُجَاوِرَ	---	أُجَاوِرَ		جَاوَرْنَا	---	جَاوَرْتُ		1

PLURAL	DUAL	SINGULAR	JUSSIVE	PLURAL	DUAL	SINGULAR	IMPERFECT	
يُجَاوِرُوا	يُجَاوِرَا	يُجَاوِرْ		يُجَاوِرُونَ	يُجَاوِرَانِ	يُجَاوِرُ	MASCULINE	3
يُجَاوِرْنَ	تُجَاوِرَا	تُجَاوِرْ		يُجَاوِرْنَ	تُجَاوِرَانِ	تُجَاوِرُ	FEMININE	
تُجَاوِرُوا	تُجَاوِرَا	تُجَاوِرْ		تُجَاوِرُونَ	تُجَاوِرَانِ	تُجَاوِرُ	MASCULINE	2
تُجَاوِرْنَ	تُجَاوِرَا	تُجَاوِرِي		تُجَاوِرْنَ	تُجَاوِرَانِ	تُجَاوِرِينَ	FEMININE	
نُجَاوِرْ	---	أُجَاوِرْ		نُجَاوِرُ	---	أُجَاوِرُ		1

	IMPERATIVE				ACTIVE PARTICIPLE	مُجَاوِرٌ
جَاوِرُوا	جَاوِرَا	جَاوِرْ	MASCULINE		PASSIVE PARTICIPLE	مُجَاوَرٌ
جَاوِرْنَ	جَاوِرَا	جَاوِرِي	FEMININE		VERBAL NOUN	مُجَاوَرَةٌ

PASSIVE

PLURAL	DUAL	SINGULAR	SUBJUNCTIVE	PLURAL	DUAL	SINGULAR	PERFECT	
يُجَاوَرُوا	يُجَاوَرَا	يُجَاوَرْ		جُوورُوا	جُوورَا	جُوورَ	MASCULINE	3
يُجَاوَرْنَ	تُجَاوَرَا	تُجَاوَرْ		جُوورْنَ	جُوورَتَا	جُوورَتْ	FEMININE	
تُجَاوَرُوا	تُجَاوَرَا	تُجَاوَرْ		جُوورْتُمْ	جُوورْتُمَا	جُوورْتَ	MASCULINE	2
تُجَاوَرْنَ	تُجَاوَرَا	تُجَاوَرِي		جُوورْتُنَّ	جُوورْتُمَا	جُوورْتِ	FEMININE	
نُجَاوَرْ	---	أُجَاوَرْ		جُوورْنَا	---	جُوورْتُ	1	

PLURAL	DUAL	SINGULAR	JUSSIVE	PLURAL	DUAL	SINGULAR	IMPERFECT	
يُجَاوَرُوا	يُجَاوَرَا	يُجَاوَرْ		يُجَاوَرُونَ	يُجَاوَرَانِ	يُجَاوَرُ	MASCULINE	3
يُجَاوَرْنَ	تُجَاوَرَا	تُجَاوَرْ		يُجَاوَرْنَ	تُجَاوَرَانِ	تُجَاوَرُ	FEMININE	
تُجَاوَرُوا	تُجَاوَرَا	تُجَاوَرْ		تُجَاوَرُونَ	تُجَاوَرَانِ	تُجَاوَرُ	MASCULINE	2
تُجَاوَرْنَ	تُجَاوَرَا	تُجَاوَرِي		تُجَاوَرْنَ	تُجَاوَرَانِ	تُجَاوَرِينَ	FEMININE	
نُجَاوَرْ	---	أُجَاوَرْ		نُجَاوَرُ	---	أُجَاوَرُ	1	

I know him very well because *I was his neighbor* in Alexandria for five years.

أعرفه جيداً فقد جَاوَرْتُهُ في الإسكندرية لمدة خمس سنوات.

Why don't you share this goal with me [literally: *Aren't you by my side* in this goal]?

لماذا لا تُجَاوِرِينَني في هذا الهدف؟

I'll be sharing the office with you [literally: *I'll be your neighbor in the office*] until they fix up my office.

سأُجَاوِرُكَ في المكتب حتى يُصلحوا مكتبي.

● جَازَ to pass; to be allowed; to be possible   Form I جوز

ACTIVE

PLURAL	DUAL	SINGULAR	SUBJUNCTIVE	PLURAL	DUAL	SINGULAR	PERFECT	
يَجُوزُوا	يَجُوزَا	يَجُوزَ		جَازُوا	جَازَا	جَازَ	MASCULINE	3
يَجُزْنَ	تَجُوزَا	تَجُوزَ		جُزْنَ	جَازَتَا	جَازَتْ	FEMININE	
تَجُوزُوا	تَجُوزَا	تَجُوزَ		جُزْتُمْ	جُزْتُمَا	جُزْتَ	MASCULINE	2
تَجُزْنَ	تَجُوزَا	تَجُوزِي		جُزْتُنَّ	جُزْتُمَا	جُزْتِ	FEMININE	
نَجُوزَ	---	أَجُوزَ		جُزْنَا	---	جُزْتُ	1	

74

JUSSIVE   IMPERFECT

JUSSIVE PLURAL	DUAL	SINGULAR	IMPERFECT PLURAL	DUAL	SINGULAR	GENDER	#
يَجُوزُوا	يَجُوزَا	يَجُزْ	يَجُوزُونَ	يَجُوزَانِ	يَجُوزُ	MASCULINE	3
يَجُزْنَ	تَجُوزَا	تَجُزْ	يَجُزْنَ	يَجُوزَانِ	تَجُوزُ	FEMININE	
تَجُوزُوا	تَجُوزَا	تَجُزْ	تَجُوزُونَ	تَجُوزَانِ	تَجُوزُ	MASCULINE	2
تَجُزْنَ	تَجُوزَا	تَجُوزِي	تَجُزْنَ	تَجُوزَانِ	تَجُوزِينَ	FEMININE	
نَجُزْ	---	أَجُزْ	نَجُوزُ	---	أَجُوزُ		1

	ACTIVE PARTICIPLE	جَائِزٌ

IMPERATIVE

جَائِزٌ	ACTIVE PARTICIPLE
مَجُوزٌ	PASSIVE PARTICIPLE
جَوَازٌ	VERBAL NOUN

IMPERATIVE PLURAL	DUAL	SINGULAR		
جُوزُوا	جُوزَا	جُزْ	MASCULINE	
جُزْنَ	جُوزَا	جُوزِي	FEMININE	

PASSIVE

SUBJUNCTIVE PLURAL	DUAL	SINGULAR	PERFECT PLURAL	DUAL	SINGULAR	GENDER	#
يُجَازُوا	يُجَازَا	يُجَازَ	جِيزُوا	جِيزَا	جِيزَ	MASCULINE	3
يُجَزْنَ	تُجَازَا	تُجَازَ	جِزْنَ	جِيزَتَا	جِيزَتْ	FEMININE	
تُجَازُوا	تُجَازَا	تُجَازَ	جِزْتُمْ	جِزْتُمَا	جِزْتَ	MASCULINE	2
تُجَزْنَ	تُجَازَا	تُجَازِي	جِزْتُنَّ	جِزْتُمَا	جِزْتِ	FEMININE	
نُجَازَ	---	أُجَازَ	جِزْنَا	---	جِزْتُ		1

JUSSIVE   IMPERFECT

JUSSIVE PLURAL	DUAL	SINGULAR	IMPERFECT PLURAL	DUAL	SINGULAR	GENDER	#
يُجَازُوا	يُجَازَا	يُجَزْ	يُجَازُونَ	يُجَازَانِ	يُجَازُ	MASCULINE	3
يُجَزْنَ	تُجَازَا	تُجَزْ	يُجَزْنَ	تُجَازَانِ	تُجَازُ	FEMININE	
تُجَازُوا	تُجَازَا	تُجَزْ	تُجَازُونَ	تُجَازَانِ	تُجَازُ	MASCULINE	2
تُجَزْنَ	تُجَازَا	تُجَازِي	تُجَزْنَ	تُجَازَانِ	تُجَازِينَ	FEMININE	
نُجَزْ	---	أُجَزْ	نُجَازُ	---	أُجَازُ		1

Perhaps [literally: *It may be* that] he did not see you.

يَجُوزُ أنه لم يَرَكَ.

We passed the exam; we have to party!

لقد جُزْنَا الإمتحان. يجب أن نحتفل!

He fell for the trick [literally: The trick *passed* over him].

جَازَتْ عليه الحيلة.

Form VI جوز — تَجَاوَزَ to pass, exceed ●

ACTIVE

PLURAL	DUAL	SINGULAR	SUBJUNCTIVE	PLURAL	DUAL	SINGULAR	PERFECT	
يَتَجَاوَزُوا	يَتَجَاوَزَا	يَتَجَاوَزَ		تَجَاوَزُوا	تَجَاوَزَا	تَجَاوَزَ	MASCULINE	3
يَتَجَاوَزْنَ	تَتَجَاوَزَا	تَتَجَاوَزَ		تَجَاوَزْنَ	تَجَاوَزَتَا	تَجَاوَزَتْ	FEMININE	
تَتَجَاوَزُوا	تَتَجَاوَزَا	تَتَجَاوَزَ		تَجَاوَزْتُمْ	تَجَاوَزْتُمَا	تَجَاوَزْتَ	MASCULINE	2
تَتَجَاوَزْنَ	تَتَجَاوَزَا	تَتَجَاوَزِي		تَجَاوَزْتُنَّ	تَجَاوَزْتُمَا	تَجَاوَزْتِ	FEMININE	
نَتَجَاوَزَ	---	أَتَجَاوَزَ		تَجَاوَزْنَا	---	تَجَاوَزْتُ		1

PLURAL	DUAL	SINGULAR	JUSSIVE	PLURAL	DUAL	SINGULAR	IMPERFECT	
يَتَجَاوَزُوا	يَتَجَاوَزَا	يَتَجَاوَزْ		يَتَجَاوَزُونَ	يَتَجَاوَزَانِ	يَتَجَاوَزُ	MASCULINE	3
يَتَجَاوَزْنَ	تَتَجَاوَزَا	تَتَجَاوَزْ		يَتَجَاوَزْنَ	تَتَجَاوَزَانِ	تَتَجَاوَزُ	FEMININE	
تَتَجَاوَزُوا	تَتَجَاوَزَا	تَتَجَاوَزْ		تَتَجَاوَزُونَ	تَتَجَاوَزَانِ	تَتَجَاوَزُ	MASCULINE	2
تَتَجَاوَزْنَ	تَتَجَاوَزَا	تَتَجَاوَزِي		تَتَجَاوَزْنَ	تَتَجَاوَزَانِ	تَتَجَاوَزِينَ	FEMININE	
نَتَجَاوَزْ	---	أَتَجَاوَزْ		نَتَجَاوَزُ	---	أَتَجَاوَزُ		1

PLURAL	DUAL	SINGULAR	IMPERATIVE		
				مُتَجَاوِزٌ	ACTIVE PARTICIPLE
تَجَاوَزُوا	تَجَاوَزَا	تَجَاوَزْ	MASCULINE	مُتَجَاوَزٌ	PASSIVE PARTICIPLE
تَجَاوَزْنَ	تَجَاوَزَا	تَجَاوَزِي	FEMININE	تَجَاوُزٌ	VERBAL NOUN

PASSIVE

PLURAL	DUAL	SINGULAR	SUBJUNCTIVE	PLURAL	DUAL	SINGULAR	PERFECT	
يُتَجَاوَزُوا	يُتَجَاوَزَا	يُتَجَاوَزَ		تُجُووِزُوا	تُجُووِزَا	تُجُووِزَ	MASCULINE	3
تُتَجَاوَزْنَ	تُتَجَاوَزَا	تُتَجَاوَزَ		تُجُووِزْنَ	تُجُووِزَتَا	تُجُووِزَتْ	FEMININE	
تُتَجَاوَزُوا	تُتَجَاوَزَا	تُتَجَاوَزَ		تُجُووِزْتُمْ	تُجُووِزْتُمَا	تُجُووِزْتَ	MASCULINE	2
تُتَجَاوَزْنَ	تُتَجَاوَزَا	تُتَجَاوَزِي		تُجُووِزْتُنَّ	تُجُووِزْتُمَا	تُجُووِزْتِ	FEMININE	
نُتَجَاوَزَ	---	أُتَجَاوَزَ		تُجُووِزْنَا	---	تُجُووِزْتُ		1

PLURAL	DUAL	SINGULAR	JUSSIVE	PLURAL	DUAL	SINGULAR	IMPERFECT	
يُتَجَاوَزُوا	يُتَجَاوَزَا	يُتَجَاوَزْ		يُتَجَاوَزُونَ	يُتَجَاوَزَانِ	يُتَجَاوَزُ	MASCULINE	3
يُتَجَاوَزْنَ	تُتَجَاوَزَا	تُتَجَاوَزْ		يُتَجَاوَزْنَ	تُتَجَاوَزَانِ	تُتَجَاوَزُ	FEMININE	
تُتَجَاوَزُوا	تُتَجَاوَزَا	تُتَجَاوَزْ		تُتَجَاوَزُونَ	تُتَجَاوَزَانِ	تُتَجَاوَزُ	MASCULINE	2
تُتَجَاوَزْنَ	تُتَجَاوَزَا	تُتَجَاوَزِي		تُتَجَاوَزْنَ	تُتَجَاوَزَانِ	تُتَجَاوَزِينَ	FEMININE	
نُتَجَاوَزْ	---	أُتَجَاوَزْ		نُتَجَاوَزُ	---	أُتَجَاوَزُ		1

It is past 3 o'clock [literally: 3 o'clock *has passed*].	تَجَاوَزَتُ الساعةُ الثالثة.
Did the ball *go beyond* the end line of the field?	هل تَجَاوَزَتُ الكرةُ نهايةَ الملعب؟
The accomplishments of this government *will surpass* all expectations.	إن إنجازات هذه الحكومة سوف تَتَجَاوَزُ كلَّ التوقعات.

Form VIII جوز   to traverse; to overcome إِجْتَازَ ●

ACTIVE

PLURAL	DUAL	SINGULAR	SUBJUNCTIVE	PLURAL	DUAL	SINGULAR	PERFECT	
يَجْتَازُوا	يَجْتَازَا	يَجْتَازَ		إِجْتَازُوا	إِجْتَازَا	إِجْتَازَ	MASCULINE	3
يَجْتَزْنَ	تَجْتَازَا	تَجْتَازَ		إِجْتَزْنَ	إِجْتَازَتَا	إِجْتَازَتْ	FEMININE	
تَجْتَازُوا	تَجْتَازَا	تَجْتَازَ		إِجْتَزْتُمْ	إِجْتَزْتُمَا	إِجْتَزْتَ	MASCULINE	2
تَجْتَزْنَ	تَجْتَازَا	تَجْتَازِي		إِجْتَزْتُنَّ	إِجْتَزْتُمَا	إِجْتَزْتِ	FEMININE	
نَجْتَازَ	---	أَجْتَازَ		إِجْتَزْنَا	---	إِجْتَزْتُ	1	

PLURAL	DUAL	SINGULAR	JUSSIVE	PLURAL	DUAL	SINGULAR	IMPERFECT	
يَجْتَازُوا	يَجْتَازَا	يَجْتَزْ		يَجْتَازُونَ	يَجْتَازَانِ	يَجْتَازُ	MASCULINE	3
يَجْتَزْنَ	تَجْتَازَا	تَجْتَزْ		يَجْتَزْنَ	تَجْتَازَانِ	تَجْتَازُ	FEMININE	
تَجْتَازُوا	تَجْتَازَا	تَجْتَزْ		تَجْتَازُونَ	تَجْتَازَانِ	تَجْتَازُ	MASCULINE	2
تَجْتَزْنَ	تَجْتَازَا	تَجْتَازِي		تَجْتَزْنَ	تَجْتَازَانِ	تَجْتَازِينَ	FEMININE	
نَجْتَزْ	---	أَجْتَزْ		نَجْتَازُ	---	أَجْتَازُ	1	

PLURAL	DUAL	SINGULAR	IMPERATIVE				
إِجْتَازُوا	إِجْتَازَا	إِجْتَزْ	MASCULINE	مُجْتَازٌ	ACTIVE PARTICIPLE		
إِجْتَزْنَ	إِجْتَازَا	إِجْتَازِي	FEMININE	مُجْتَازٌ	PASSIVE PARTICIPLE		
				إِجْتِيَازٌ	VERBAL NOUN		

PASSIVE

PLURAL	DUAL	SINGULAR	SUBJUNCTIVE	PLURAL	DUAL	SINGULAR	PERFECT	
يُجْتَازُوا	يُجْتَازَا	يُجْتَازَ		أُجْتِيزُوا	أُجْتِيزَا	أُجْتِيزَ	MASCULINE	3
يُجْتَزْنَ	تُجْتَازَا	تُجْتَازَ		أُجْتِزْنَ	أُجْتِيزَتَا	أُجْتِيزَتْ	FEMININE	
تُجْتَازُوا	تُجْتَازَا	تُجْتَازَ		أُجْتِزْتُمْ	أُجْتِزْتُمَا	أُجْتِزْتَ	MASCULINE	2
تُجْتَزْنَ	تُجْتَازَا	تُجْتَازِي		أُجْتِزْتُنَّ	أُجْتِزْتُمَا	أُجْتِزْتِ	FEMININE	
نُجْتَازَ	---	أُجْتَازَ		أُجْتِزْنَا	---	أُجْتِزْتُ	1	

77

	JUSSIVE				IMPERFECT			
يُجْتَازُوا	يُجْتَازَا	يُجْتَزْ		يُجْتَازُونَ	يُجْتَازَانِ	يُجْتَازُ	MASCULINE	3
يُجْتَزْنَ	تُجْتَازَا	تُجْتَزْ		يُجْتَزْنَ	تُجْتَازَانِ	تُجْتَازُ	FEMININE	
تُجْتَازُوا	تُجْتَازَا	تُجْتَزْ		تُجْتَازُونَ	تُجْتَازَانِ	تُجْتَازُ	MASCULINE	2
تُجْتَزْنَ	تُجْتَازَا	تُجْتَازِي		تُجْتَزْنَ	تُجْتَازَانِ	تُجْتَازِينَ	FEMININE	
نُجْتَزْ	---	أُجْتَزْ		نُجْتَازُ	---	أَجْتَازُ		1

If Lucy *comes through* this crisis well, she will go back to working for the company.

إذا اجْتَازَتْ لوسي هذه الأزمة بسلام فإنها سوف تعود للعمل في الشركة.

It is not permitted to any individual *to cross* the border unless he has an entry visa with him.

غير مسموح لأي فرد أن يَجْتَازَ الحدود من غير أن يكون معه تأشيرة الدخول.

I didn't know that I'd have to go this way [literally: *pass* on this road].

لم أكن أعرف أنه عليَّ أن أَجْتَازَ في هذا الطريق.

Form I جيء   to come جَاءَ

ACTIVE

PLURAL	DUAL	SINGULAR	SUBJUNCTIVE	PLURAL	DUAL	SINGULAR	PERFECT	
يَجِيئُوا	يَجِيئَا	يَجِيءَ		جَاؤُوا	جَاءَا	جَاءَ	MASCULINE	3
يَجِئْنَ	تَجِيئَا	تَجِيءَ		جِئْنَ	جَاءَتَا	جَاءَتْ	FEMININE	
تَجِيئُوا	تَجِيئَا	تَجِيءَ		جِئْتُم	جِئْتُمَا	جِئْتَ	MASCULINE	2
تَجِئْنَ	تَجِيئَا	تَجِيئِي		جِئْتُنَّ	جِئْتُمَا	جِئْتِ	FEMININE	
نَجِيءَ	---	أَجِيءَ		جِئْنَا	---	جِئْتُ		1

JUSSIVE   IMPERFECT

PLURAL	DUAL	SINGULAR		PLURAL	DUAL	SINGULAR		
يَجِيئُوا	يَجِيئَا	يَجِئْ		يَجِيئُونَ	يَجِيئَانِ	يَجِيءُ	MASCULINE	3
يَجِئْنَ	تَجِيئَا	تَجِئْ		يَجِئْنَ	تَجِيئَانِ	تَجِيءُ	FEMININE	
تَجِيئُوا	تَجِيئَا	تَجِئْ		تَجِيئُونَ	تَجِيئَانِ	تَجِيءُ	MASCULINE	2
تَجِئْنَ	تَجِيئَا	تَجِيئِي		تَجِئْنَ	تَجِيئَانِ	تَجِيئِينَ	FEMININE	
نَجِئْ	---	أَجِئْ		نَجِيءُ	---	أَجِيءُ		1

* IMPERATIVE

				ACTIVE PARTICIPLE	جَاءٍ
جِيئُوا	جِيئَا	جِئْ	MASCULINE	PASSIVE PARTICIPLE	مَجِيءٌ
جِئْنَ	جِيئَا	جِيئِي	FEMININE	VERBAL NOUN	مَجِيءٌ

---

* These are merely theoretical forms of this verb's imperative. Normally the imperative of the verb تَعَالَ is used instead.

PASSIVE

PLURAL	DUAL	SINGULAR	SUBJUNCTIVE	PLURAL	DUAL	SINGULAR	PERFECT	
يُجَاؤُوا	يُجَاءَا	يُجَاءَ		جِيئُوا	جِينَا	جِيءَ	MASCULINE	3
يُجَأْنَ	تُجَاءَا	تُجَاءَ		جِئْنَ	جِينَا	جِينَتْ	FEMININE	
تُجَاؤُوا	تُجَاءَا	تُجَاءَ		جِئْتُمْ	جِئْتُمَا	جِئْتَ	MASCULINE	2
تُجَأْنَ	تُجَاءَا	تُجَائِي		جِئْتُنَّ	جِئْتُمَا	جِئْتِ	FEMININE	
نُجَاءَ	---	أُجَاءَ		جِئْنَا	---	جِئْتُ		1

JUSSIVE / IMPERFECT

PLURAL	DUAL	SINGULAR	JUSSIVE	PLURAL	DUAL	SINGULAR	IMPERFECT	
يُجَاؤُوا	يُجَاءَا	يُجَأْ		يُجَاؤُونَ	يُجَاءَان	يُجَاءُ	MASCULINE	3
يُجَأْنَ	تُجَاءَا	تُجَأْ		يُجَأْنَ	تُجَاءَان	تُجَاءُ	FEMININE	
تُجَاؤُوا	تُجَاءَا	تُجَأْ		تُجَاؤُونَ	تُجَاءَان	تُجَاءُ	MASCULINE	2
تُجَأْنَ	تُجَاءَا	تُجَائِي		تُجَأْنَ	تُجَاءَان	تُجَائِينَ	FEMININE	
نُجَأْ	---	أُجَأْ		نُجَاءُ	---	أُجَاءُ		1

جِئْنَا من ألمانيا الشهر الماضي.

We came from Germany last month.

حزن جدًا عندما جَاؤُوهُ بخبر وفاة أبيه.

He was very sad when they brought him [literally: when *they came* to him with] news of his father's death.

جَاءَ في الجريدة الخبر عن زواجهم.

The newspaper reported [literally: The report *came* in the newspaper] about their marriage.

جَاءَتْ سعاد بالخبر اليقين.

Suad brought [literally: *came* with] the truthful report.

Form IV حبب ● أَحَبَّ to love

ACTIVE

PLURAL	DUAL	SINGULAR	SUBJUNCTIVE	PLURAL	DUAL	SINGULAR	PERFECT	
يُحِبُّوا	يُحِبَّا	يُحِبَّ		أَحَبُّوا	أَحَبَّا	أَحَبَّ	MASCULINE	3
يُحْبِبْنَ	تُحِبَّا	تُحِبَّ		أَحْبَبْنَ	أَحَبَّتَا	أَحَبَّتْ	FEMININE	
تُحِبُّوا	تُحِبَّا	تُحِبَّ		أَحْبَبْتُمْ	أَحْبَبْتُمَا	أَحْبَبْتَ	MASCULINE	2
تُحْبِبْنَ	تُحِبَّا	تُحِبِّي		أَحْبَبْتُنَّ	أَحْبَبْتُمَا	أَحْبَبْتِ	FEMININE	
نُحِبَّ	---	أُحِبَّ		أَحْبَبْنَا	---	أَحْبَبْتُ		1

79

Active Voice

IMPERFECT	SINGULAR	DUAL	PLURAL		*JUSSIVE — SINGULAR	DUAL	PLURAL
3 MASCULINE	يُحِبُّ	يُحِبَّانِ	يُحِبُّونَ		يُحِبَّ	يُحِبَّا	يُحِبُّوا
FEMININE	تُحِبُّ	تُحِبَّانِ	يُحْبِبْنَ		تُحِبَّ	تُحِبَّا	يُحْبِبْنَ
2 MASCULINE	تُحِبُّ	تُحِبَّانِ	تُحِبُّونَ		تُحِبَّ	تُحِبَّا	تُحِبُّوا
FEMININE	تُحِبِّينَ	تُحِبَّانِ	تُحْبِبْنَ		تُحِبِّي	تُحِبَّا	تُحْبِبْنَ
1	أُحِبُّ	---	نُحِبُّ		أُحْبِبْ	---	نُحِبُّ

ACTIVE PARTICIPLE مُحِبٌّ
PASSIVE PARTICIPLE مُحَبٌّ
VERBAL NOUN إِحْبَابٌ

** IMPERATIVE

	SINGULAR	DUAL	PLURAL
MASCULINE	أَحْبِبْ	أَحِبَّا	أَحِبُّوا
FEMININE	أَحْبِبِي	أَحِبَّا	أَحْبِبْنَ

PASSIVE

PERFECT	SINGULAR	DUAL	PLURAL		SUBJUNCTIVE — SINGULAR	DUAL	PLURAL
3 MASCULINE	أُحِبَّ	أُحِبَّا	أُحِبُّوا		يُحَبَّ	يُحَبَّا	يُحَبُّوا
FEMININE	أُحِبَّتْ	أُحِبَّتَا	أُحْبِبْنَ		تُحَبَّ	تُحَبَّا	يُحْبَبْنَ
2 MASCULINE	أُحْبِبْتَ	أُحْبِبْتُمَا	أُحْبِبْتُمْ		تُحَبَّ	تُحَبَّا	تُحَبُّوا
FEMININE	أُحْبِبْتِ	أُحْبِبْتُمَا	أُحْبِبْتُنَّ		تُحَبِّي	تُحَبَّا	تُحْبَبْنَ
1	أُحْبِبْتُ	---	أُحْبِبْنَا		أُحَبَّ	---	نُحَبَّ

IMPERFECT	SINGULAR	DUAL	PLURAL		***JUSSIVE — SINGULAR	DUAL	PLURAL
3 MASCULINE	يُحَبُّ	يُحَبَّانِ	يُحَبُّونَ		يُحَبَّ	يُحَبَّا	يُحَبُّوا
FEMININE	تُحَبُّ	تُحَبَّانِ	يُحْبَبْنَ		تُحَبَّ	تُحَبَّا	يُحْبَبْنَ
2 MASCULINE	تُحَبُّ	تُحَبَّانِ	تُحَبُّونَ		تُحَبَّ	تُحَبَّا	تُحَبُّوا
FEMININE	تُحَبِّينَ	تُحَبَّانِ	تُحْبَبْنَ		تُحَبِّي	تُحَبَّا	تُحْبَبْنَ
1	أُحَبُّ	---	نُحَبُّ		أُحْبَبْ	---	نُحْبَبْ

I love you. — أُحِبُّكِ.

What would *you like* to drink? — ماذا تُحِبُّ أن تشرب؟

Children *like* to eat sweets. — الأطفال يُحِبُّونَ أكل الحلوى.

---

* Contracted form: يُحِبَّ, تُحِبَّ, تُحِبَّ, تُحِبِّي, أُحِبَّ...نُحِبَّ

** Contracted form: أَحِبَّ, أَحِبِّي, أَحِبَّا, أَحِبُّوا ...

*** Contracted form: يُحَبَّ, تُحَبَّ, تُحَبَّ, تُحَبِّي, أُحَبَّ

Form III حجج

to argue * حَاجَّ ●

ACTIVE

PLURAL	DUAL	SINGULAR	**SUBJUNCTIVE**	PLURAL	DUAL	SINGULAR	**PERFECT**		
يُحَاجُّوا	يُحَاجَّا	يُحَاجَّ		حَاجُّوا	حَاجَّا	حَاجَّ	MASCULINE	3
يُحَاجِجْنَ	تُحَاجَّا	تُحَاجَّ		حَاجَجْنَ	حَاجَّتَا	حَاجَّتْ	FEMININE	
تُحَاجُّوا	تُحَاجَّا	تُحَاجَّ		حَاجَجْتُمْ	حَاجَجْتُمَا	حَاجَجْتَ	MASCULINE	2
تُحَاجِجْنَ	تُحَاجَّا	تُحَاجِّي		حَاجَجْتُنَّ	حَاجَجْتُمَا	حَاجَجْتِ	FEMININE	
نُحَاجَّ	---	أُحَاجَّ		حَاجَجْنَا	---	حَاجَجْتُ		1

JUSSIVE | | | | | | | **IMPERFECT**

PLURAL	DUAL	SINGULAR		PLURAL	DUAL	SINGULAR			
يُحَاجُّوا	يُحَاجَّا	يُحَاجَّ		يُحَاجُّونَ	يُحَاجَّانِ	يُحَاجُّ	MASCULINE	3
يُحَاجِجْنَ	تُحَاجَّا	تُحَاجَّ		يُحَاجِجْنَ	تُحَاجَّانِ	تُحَاجُّ	FEMININE	
تُحَاجُّوا	تُحَاجَّا	تُحَاجَّ		تُحَاجُّونَ	تُحَاجَّانِ	تُحَاجُّ	MASCULINE	2
تُحَاجِجْنَ	تُحَاجَّا	تُحَاجِّي		تُحَاجِجْنَ	تُحَاجَّانِ	تُحَاجِّينَ	FEMININE	
نُحَاجَّ	---	أُحَاجَّ		نُحَاجُّ	---	أُحَاجُّ		1

IMPERATIVE | | | | | | **ACTIVE PARTICIPLE** مُحَاجٌّ

حَاجُّوا	حَاجَّا	حَاجَّ	MASCULINE	مُحَاجٌّ PASSIVE PARTICIPLE
حَاجِجْنَ	حَاجَّا	حَاجِّي	FEMININE	مُحَاجَّةٌ VERBAL NOUN

PASSIVE

PLURAL	DUAL	SINGULAR	**SUBJUNCTIVE**	PLURAL	DUAL	SINGULAR	**PERFECT**		
يُحَاجُّوا	يُحَاجَّا	يُحَاجَّ		حُوجِجُوا	حُوجِجَا	حُوجِجَ	MASCULINE	3
يُحَاجَجْنَ	تُحَاجَّا	تُحَاجَّ		حُوجِجْنَ	حُوجِجَتَا	حُوجِجَتْ	FEMININE	
تُحَاجُّوا	تُحَاجَّا	تُحَاجَّ		حُوجِجْتُمْ	حُوجِجْتُمَا	حُوجِجْتَ	MASCULINE	2
تُحَاجَجْنَ	تُحَاجَّا	تُحَاجِّي		حُوجِجْتُنَّ	حُوجِجْتُمَا	حُوجِجْتِ	FEMININE	
نُحَاجَّ	---	أُحَاجَّ		حُوجِجْنَا	---	حُوجِجْتُ		1

JUSSIVE | | | | | | | **IMPERFECT**

PLURAL	DUAL	SINGULAR		PLURAL	DUAL	SINGULAR			
يُحَاجُّوا	يُحَاجَّا	يُحَاجَّ		يُحَاجُّونَ	يُحَاجَّانِ	يُحَاجُّ	MASCULINE	3
يُحَاجَجْنَ	تُحَاجَّا	تُحَاجَّ		يُحَاجَجْنَ	تُحَاجَّانِ	تُحَاجُّ	FEMININE	
تُحَاجُّوا	تُحَاجَّا	تُحَاجَّ		تُحَاجُّونَ	تُحَاجَّانِ	تُحَاجُّ	MASCULINE	2
تُحَاجَجْنَ	تُحَاجَّا	تُحَاجِّي		تُحَاجَجْنَ	تُحَاجَّانِ	تُحَاجِّينَ	FEMININE	
نُحَاجَّ	---	أُحَاجَّ		نُحَاجُّ	---	أُحَاجُّ		1

---

* This verb is conjugated here using the usual contracted forms in most tenses. Alternatively, uncontracted forms may be used. Because these are perfectly regular, it is enough to give their principal parts: perfect, حَاجَجَ; imperfect, يُحَاجِجُ; active participle, مُحَاجِجٌ; passive participle, مُحَاجَجٌ; verbal noun, حِجَاجٌ or مُحَاجَجَةٌ. In the following examples, the uncontracted forms are shown in parentheses alongside the more usual contracted forms.

In liberal thought, there is no such thing as "*don't argue* and don't quarrel."

في الفكر الليبرالي لا يوجد شئ اسمه «لا تُحَاجَّ (تُحَاجِجْ) ولا تجادل».

Can a creature *argue* with his creator?

هل يمكن للمخلوق أن يُحَاجَّ (يُحَاجِجَ) خالقه؟

This generation of scholars *will dispute* the ancient beliefs concerning the origin of the cosmos.

هذا الجيل من العلماء سوف يُحَاجُّون (يُحَاجِجُون) المعتقدات القديمة عن نشأة الكونِ.

Form II حدد   to define; to appoint حَدَّدَ ●

ACTIVE

	SUBJUNCTIVE PLURAL	SUBJUNCTIVE DUAL	SUBJUNCTIVE SINGULAR		PERFECT PLURAL	PERFECT DUAL	PERFECT SINGULAR		
	يُحَدِّدُوا	يُحَدِّدَا	يُحَدِّدَ		حَدَّدُوا	حَدَّدَا	حَدَّدَ	MASCULINE	3
	يُحَدِّدْنَ	تُحَدِّدَا	تُحَدِّدَ		حَدَّدْنَ	حَدَّدَتَا	حَدَّدَتْ	FEMININE	
	تُحَدِّدُوا	تُحَدِّدَا	تُحَدِّدَ		حَدَّدْتُمْ	حَدَّدْتُمَا	حَدَّدْتَ	MASCULINE	2
	تُحَدِّدْنَ	تُحَدِّدَا	تُحَدِّدِي		حَدَّدْتُنَّ	حَدَّدْتُمَا	حَدَّدْتِ	FEMININE	
	نُحَدِّدَ	---	أُحَدِّدَ		حَدَّدْنَا	---	حَدَّدْتُ		1

	JUSSIVE PLURAL	JUSSIVE DUAL	JUSSIVE SINGULAR		IMPERFECT PLURAL	IMPERFECT DUAL	IMPERFECT SINGULAR		
	يُحَدِّدُوا	يُحَدِّدَا	يُحَدِّدْ		يُحَدِّدُونَ	يُحَدِّدَانِ	يُحَدِّدُ	MASCULINE	3
	يُحَدِّدْنَ	تُحَدِّدَا	تُحَدِّدْ		يُحَدِّدْنَ	تُحَدِّدَانِ	تُحَدِّدُ	FEMININE	
	تُحَدِّدُوا	تُحَدِّدَا	تُحَدِّدْ		تُحَدِّدُونَ	تُحَدِّدَانِ	تُحَدِّدُ	MASCULINE	2
	تُحَدِّدْنَ	تُحَدِّدَا	تُحَدِّدِي		تُحَدِّدْنَ	تُحَدِّدَانِ	تُحَدِّدِينَ	FEMININE	
	نُحَدِّدْ	---	أُحَدِّدْ		نُحَدِّدُ	---	أُحَدِّدُ		1

	IMPERATIVE PLURAL	IMPERATIVE DUAL	IMPERATIVE SINGULAR			
				مُحَدِّد	ACTIVE PARTICIPLE	
	حَدِّدُوا	حَدِّدَا	حَدِّدْ	مُحَدَّد	PASSIVE PARTICIPLE	MASCULINE
	حَدِّدْنَ	حَدِّدَا	حَدِّدِي	تَحْدِيد	VERBAL NOUN	FEMININE

PASSIVE

	SUBJUNCTIVE PLURAL	SUBJUNCTIVE DUAL	SUBJUNCTIVE SINGULAR		PERFECT PLURAL	PERFECT DUAL	PERFECT SINGULAR		
	يُحَدَّدُوا	يُحَدَّدَا	يُحَدَّدَ		حُدِّدُوا	حُدِّدَا	حُدِّدَ	MASCULINE	3
	يُحَدَّدْنَ	تُحَدَّدَا	تُحَدَّدَ		حُدِّدْنَ	حُدِّدَتَا	حُدِّدَتْ	FEMININE	
	تُحَدَّدُوا	تُحَدَّدَا	تُحَدَّدَ		حُدِّدْتُمْ	حُدِّدْتُمَا	حُدِّدْتَ	MASCULINE	2
	تُحَدَّدْنَ	تُحَدَّدَا	تُحَدَّدِي		حُدِّدْتُنَّ	حُدِّدْتُمَا	حُدِّدْتِ	FEMININE	
	نُحَدَّدَ	---	أُحَدَّدَ		حُدِّدْنَا	---	حُدِّدْتُ		1

82

JUSSIVE				IMPERFECT				
يُحَدَّدُوا	يُحَدَّدَا	يُحَدَّدْ		يُحَدَّدُونَ	يُحَدَّدَانِ	يُحَدَّدُ	MASCULINE	3
يُحَدَّدْنَ	يُحَدَّدَا	تُحَدَّدْ		يُحَدَّدْنَ	يُحَدَّدَانِ	تُحَدَّدُ	FEMININE	
تُحَدَّدُوا	تُحَدَّدَا	تُحَدَّدْ		تُحَدَّدُونَ	تُحَدَّدَانِ	تُحَدَّدُ	MASCULINE	2
تُحَدَّدْنَ	تُحَدَّدَا	تُحَدَّدِي		تُحَدَّدْنَ	تُحَدَّدَانِ	تُحَدَّدِينَ	FEMININE	
نُحَدَّدْ	---	أُحَدَّدْ		نُحَدَّدُ	---	أُحَدَّدُ		1

The meaning of the word "globalization" *has not been defined* in this study.

معنى كلمة «العولمة» لم يُحَدَّدْ في هذا البحث.

The government *will designate* new ambassadors in the near future.

سَتُحَدِّدُ الحكومة سفراءَ جُدُداً في الفترة المقبلة.

The division director *did not name me* as one of the group he chose to travel to Syria.

لم يُحَدِّدْني مدير القطاع من ضمن المجموعة التي اختارها للسفر إلى سوريا.

Form I حدث   حَدَثَ to happen ●

ACTIVE

PLURAL	DUAL	SINGULAR	SUBJUNCTIVE	PLURAL	DUAL	SINGULAR	PERFECT	
يَحْدُثُوا	يَحْدُثَا	يَحْدُثَ		حَدَثُوا	حَدَثَا	حَدَثَ	MASCULINE	3
يَحْدُثْنَ	تَحْدُثَا	تَحْدُثَ		حَدَثْنَ	حَدَثَتَا	حَدَثَتْ	FEMININE	
تَحْدُثُوا	تَحْدُثَا	تَحْدُثَ		حَدَثْتُمْ	حَدَثْتُمَا	حَدَثْتَ	MASCULINE	2
تَحْدُثْنَ	تَحْدُثَا	تَحْدُثِي		حَدَثْتُنَّ	حَدَثْتُمَا	حَدَثْتِ	FEMININE	
نَحْدُثَ	---	أَحْدُثَ		حَدَثْنَا	---	حَدَثْتُ		1

JUSSIVE				IMPERFECT				
يَحْدُثُوا	يَحْدُثَا	يَحْدُثْ		يَحْدُثُونَ	يَحْدُثَانِ	يَحْدُثُ	MASCULINE	3
يَحْدُثْنَ	تَحْدُثَا	تَحْدُثْ		يَحْدُثْنَ	تَحْدُثَانِ	تَحْدُثُ	FEMININE	
تَحْدُثُوا	تَحْدُثَا	تَحْدُثْ		تَحْدُثُونَ	تَحْدُثَانِ	تَحْدُثُ	MASCULINE	2
تَحْدُثْنَ	تَحْدُثَا	تَحْدُثِي		تَحْدُثْنَ	تَحْدُثَانِ	تَحْدُثِينَ	FEMININE	
نَحْدُثْ	---	أَحْدُثْ		نَحْدُثُ	---	أَحْدُثُ		1

IMPERATIVE   حَادِثٌ ACTIVE PARTICIPLE

أُحْدُثُوا	أُحْدُثَا	أُحْدُثْ	MASCULINE	--- PASSIVE PARTICIPLE
أُحْدُثْنَ	أُحْدُثَا	أُحْدُثِي	FEMININE	حُدُوثٌ VERBAL NOUN

Can you tell me what *happened*?

Many changes *will occur* on the basis of your decision.

How did this disaster *come about*?

هل يمكن أن تُخبِرَني ما الذي حَدَثَ؟

تغيرات كثيرة سَتَحْدُثُ بناءً على قرارك.

كيف حَدَثَتْ هذه الكارثة؟

Form V حدث   ● تَحَدَّثَ to speak, talk

ACTIVE

PLURAL	DUAL	SINGULAR	SUBJUNCTIVE	PLURAL	DUAL	SINGULAR	PERFECT	
يَتَحَدَّثُوا	يَتَحَدَّثَا	يَتَحَدَّثَ		تَحَدَّثُوا	تَحَدَّثَا	تَحَدَّثَ	MASCULINE	3
يَتَحَدَّثْنَ	تَتَحَدَّثَا	تَتَحَدَّثَ		تَحَدَّثْنَ	تَحَدَّثَتَا	تَحَدَّثَتْ	FEMININE	
تَتَحَدَّثُوا	تَتَحَدَّثَا	تَتَحَدَّثَ		تَحَدَّثْتُم	تَحَدَّثْتُمَا	تَحَدَّثْتَ	MASCULINE	2
تَتَحَدَّثْنَ	تَتَحَدَّثَا	تَتَحَدَّثِي		تَحَدَّثْتُنَّ	تَحَدَّثْتُمَا	تَحَدَّثْتِ	FEMININE	
نَتَحَدَّثَ	---	أَتَحَدَّثَ		تَحَدَّثْنَا	---	تَحَدَّثْتُ		1

JUSSIVE   IMPERFECT

PLURAL	DUAL	SINGULAR	JUSSIVE	PLURAL	DUAL	SINGULAR	IMPERFECT	
يَتَحَدَّثُوا	يَتَحَدَّثَا	يَتَحَدَّثْ		يَتَحَدَّثُونَ	يَتَحَدَّثَانِ	يَتَحَدَّثُ	MASCULINE	3
يَتَحَدَّثْنَ	تَتَحَدَّثَا	تَتَحَدَّثْ		يَتَحَدَّثْنَ	تَتَحَدَّثَانِ	تَتَحَدَّثُ	FEMININE	
تَتَحَدَّثُوا	تَتَحَدَّثَا	تَتَحَدَّثْ		تَتَحَدَّثُونَ	تَتَحَدَّثَانِ	تَتَحَدَّثُ	MASCULINE	2
تَتَحَدَّثْنَ	تَتَحَدَّثَا	تَتَحَدَّثِي		تَتَحَدَّثْنَ	تَتَحَدَّثَانِ	تَتَحَدَّثِينَ	FEMININE	
نَتَحَدَّثْ	---	أَتَحَدَّثْ		نَتَحَدَّثُ	---	أَتَحَدَّثُ		1

IMPERATIVE

PLURAL	DUAL	SINGULAR	IMPERATIVE		
تَحَدَّثُوا	تَحَدَّثَا	تَحَدَّثْ	MASCULINE	مُتَحَدِّثٌ	ACTIVE PARTICIPLE
تَحَدَّثْنَ	تَحَدَّثَا	تَحَدَّثِي	FEMININE	---	PASSIVE PARTICIPLE
				تَحَدُّثٌ	VERBAL NOUN

Can *I speak* with you?

Why don't *you speak* to the director about this problem?

I'd like *to discuss* the future with you.

هل يمكن أن أَتَحَدَّثَ معكم؟

لماذا لا تَتَحَدَّثُونَ مع المدير عن هذه المشكلة؟

أنا أحب أن أَتَحَدَّثَ معك عن المستقبل.

84

Form II حذر   حَذَّرَ to warn ●

ACTIVE

PLURAL	DUAL	SINGULAR	SUBJUNCTIVE	PLURAL	DUAL	SINGULAR	PERFECT	
يُحَذِّرُوا	يُحَذِّرَا	يُحَذِّرَ		حَذَّرُوا	حَذَّرَا	حَذَّرَ	MASCULINE	3
يُحَذِّرْنَ	تُحَذِّرَا	تُحَذِّرَ		حَذَّرْنَ	حَذَّرَتَا	حَذَّرَتْ	FEMININE	
تُحَذِّرُوا	تُحَذِّرَا	تُحَذِّرَ		حَذَّرْتُمْ	حَذَّرْتُمَا	حَذَّرْتَ	MASCULINE	2
تُحَذِّرْنَ	تُحَذِّرَا	تُحَذِّرِي		حَذَّرْتُنَّ	حَذَّرْتُمَا	حَذَّرْتِ	FEMININE	
نُحَذِّرَ	---	أُحَذِّرَ		حَذَّرْنَا	---	حَذَّرْتُ		1

PLURAL	DUAL	SINGULAR	JUSSIVE	PLURAL	DUAL	SINGULAR	IMPERFECT	
يُحَذِّرُوا	يُحَذِّرَا	يُحَذِّرْ		يُحَذِّرُونَ	يُحَذِّرَانِ	يُحَذِّرُ	MASCULINE	3
يُحَذِّرْنَ	تُحَذِّرَا	تُحَذِّرْ		يُحَذِّرْنَ	تُحَذِّرَانِ	تُحَذِّرُ	FEMININE	
تُحَذِّرُوا	تُحَذِّرَا	تُحَذِّرْ		تُحَذِّرُونَ	تُحَذِّرَانِ	تُحَذِّرُ	MASCULINE	2
تُحَذِّرْنَ	تُحَذِّرَا	تُحَذِّرِي		تُحَذِّرْنَ	تُحَذِّرَانِ	تُحَذِّرِينَ	FEMININE	
نُحَذِّرْ	---	أُحَذِّرْ		نُحَذِّرُ	---	أُحَذِّرُ		1

PLURAL	DUAL	SINGULAR	IMPERATIVE		
حَذِّرُوا	حَذِّرَا	حَذِّرْ	MASCULINE	مُحَذِّرٌ	ACTIVE PARTICIPLE
حَذِّرْنَ	حَذِّرَا	حَذِّرِي	FEMININE	مُحَذَّرٌ	PASSIVE PARTICIPLE
				تَحْذِيرٌ	VERBAL NOUN

PASSIVE

PLURAL	DUAL	SINGULAR	SUBJUNCTIVE	PLURAL	DUAL	SINGULAR	PERFECT	
يُحَذَّرُوا	يُحَذَّرَا	يُحَذَّرَ		حُذِّرُوا	حُذِّرَا	حُذِّرَ	MASCULINE	3
يُحَذَّرْنَ	تُحَذَّرَا	تُحَذَّرَ		حُذِّرْنَ	حُذِّرَتَا	حُذِّرَتْ	FEMININE	
تُحَذَّرُوا	تُحَذَّرَا	تُحَذَّرَ		حُذِّرْتُمْ	حُذِّرْتُمَا	حُذِّرْتَ	MASCULINE	2
تُحَذَّرْنَ	تُحَذَّرَا	تُحَذَّرِي		حُذِّرْتُنَّ	حُذِّرْتُمَا	حُذِّرْتِ	FEMININE	
نُحَذَّرَ	---	أُحَذَّرَ		حُذِّرْنَا	---	حُذِّرْتُ		1

PLURAL	DUAL	SINGULAR	JUSSIVE	PLURAL	DUAL	SINGULAR	IMPERFECT	
يُحَذَّرُوا	يُحَذَّرَا	يُحَذَّرْ		يُحَذَّرُونَ	يُحَذَّرَانِ	يُحَذَّرُ	MASCULINE	3
يُحَذَّرْنَ	تُحَذَّرَا	تُحَذَّرْ		يُحَذَّرْنَ	تُحَذَّرَانِ	تُحَذَّرُ	FEMININE	
تُحَذَّرُوا	تُحَذَّرَا	تُحَذَّرْ		تُحَذَّرُونَ	تُحَذَّرَانِ	تُحَذَّرُ	MASCULINE	2
تُحَذَّرْنَ	تُحَذَّرَا	تُحَذَّرِي		تُحَذَّرْنَ	تُحَذَّرَانِ	تُحَذَّرِينَ	FEMININE	
نُحَذَّرْ	---	أُحَذَّرْ		نُحَذَّرُ	---	أُحَذَّرُ		1

The United Nations *warned* of an environmental disaster in the future.

All fathers and mothers *caution* their children not to play with knives.

I warned you, but you didn't listen to what I said.

حَذَّرَتُ الأمم المتحدة من كارثة بيئية في المستقبل.

كل أب وأم يُحَذِّرَانِ أولادهما من اللعب بالسكاكين.

لقد حَذَّرْتُكَ ولكنك لم تسمع كلامي.

Form IV حرز

to preserve; to win أَحْرَزَ ●

ACTIVE

PLURAL	DUAL	SINGULAR	SUBJUNCTIVE	PLURAL	DUAL	SINGULAR	PERFECT	
يُحْرِزُوا	يُحْرِزَا	يُحْرِزَ		أَحْرَزُوا	أَحْرَزَا	أَحْرَزَ	MASCULINE	3
يُحْرِزْنَ	تُحْرِزَا	تُحْرِزَ		أَحْرَزْنَ	أَحْرَزَتَا	أَحْرَزَتْ	FEMININE	
تُحْرِزُوا	تُحْرِزَا	تُحْرِزَ		أَحْرَزْتُمْ	أَحْرَزْتُمَا	أَحْرَزْتَ	MASCULINE	2
تُحْرِزْنَ	تُحْرِزَا	تُحْرِزِي		أَحْرَزْتُنَّ	أَحْرَزْتُمَا	أَحْرَزْتِ	FEMININE	
نُحْرِزَ	---	أُحْرِزَ		أَحْرَزْنَا	---	أَحْرَزْتُ		1

PLURAL	DUAL	SINGULAR	JUSSIVE	PLURAL	DUAL	SINGULAR	IMPERFECT	
يُحْرِزُوا	يُحْرِزَا	يُحْرِزْ		يُحْرِزُونَ	يُحْرِزَانِ	يُحْرِزُ	MASCULINE	3
يُحْرِزْنَ	تُحْرِزَا	تُحْرِزْ		يُحْرِزْنَ	تُحْرِزَانِ	تُحْرِزُ	FEMININE	
تُحْرِزُوا	تُحْرِزَا	تُحْرِزْ		تُحْرِزُونَ	تُحْرِزَانِ	تُحْرِزُ	MASCULINE	2
تُحْرِزْنَ	تُحْرِزَا	تُحْرِزِي		تُحْرِزْنَ	تُحْرِزَانِ	تُحْرِزِينَ	FEMININE	
نُحْرِزْ	---	أُحْرِزْ		نُحْرِزُ	---	أُحْرِزُ		1

PLURAL	DUAL	SINGULAR	IMPERATIVE			
أَحْرِزُوا	أَحْرِزَا	أَحْرِزْ	MASCULINE	مُحْرِزٌ	ACTIVE PARTICIPLE	
أَحْرِزْنَ	أَحْرِزَا	أَحْرِزِي	FEMININE	مُحْرَزٌ	PASSIVE PARTICIPLE	
				إِحْرَازٌ	VERBAL NOUN	

PASSIVE

PLURAL	DUAL	SINGULAR	SUBJUNCTIVE	PLURAL	DUAL	SINGULAR	PERFECT	
يُحْرَزُوا	يُحْرَزَا	يُحْرَزَ		أُحْرِزُوا	أُحْرِزَا	أُحْرِزَ	MASCULINE	3
يُحْرَزْنَ	تُحْرَزَا	تُحْرَزَ		أُحْرِزْنَ	أُحْرِزَتَا	أُحْرِزَتْ	FEMININE	
تُحْرَزُوا	تُحْرَزَا	تُحْرَزَ		أُحْرِزْتُمْ	أُحْرِزْتُمَا	أُحْرِزْتَ	MASCULINE	2
تُحْرَزْنَ	تُحْرَزَا	تُحْرَزِي		أُحْرِزْتُنَّ	أُحْرِزْتُمَا	أُحْرِزْتِ	FEMININE	
نُحْرَزَ	---	أُحْرَزَ		أُحْرِزْنَا	---	أُحْرِزْتُ		1

PLURAL	DUAL	SINGULAR	JUSSIVE	PLURAL	DUAL	SINGULAR	IMPERFECT		
يُحْرَزُوا	يُحْرَزَا	يُحْرَزْ		يُحْرَزُونَ	يُحْرَزَانِ	يُحْرَزُ	MASCULINE	3
يُحْرَزْنَ	تُحْرَزَا	تُحْرَزْ		يُحْرَزْنَ	تُحْرَزَانِ	تُحْرَزُ	FEMININE	
تُحْرَزُوا	تُحْرَزَا	تُحْرَزْ		تُحْرَزُونَ	تُحْرَزَانِ	تُحْرَزُ	MASCULINE	2
تُحْرَزْنَ	تُحْرَزَا	تُحْرَزِي		تُحْرَزْنَ	تُحْرَزَانِ	تُحْرَزِينَ	FEMININE	
نُحْرَزْ	---	أُحْرَزْ		نُحْرَزُ	---	أُحْرَزُ		1

من أَحْرَزَ لقب الدوري الأسباني لكرة القدم هذا العام؟
Who *won* the Spanish league title in soccer this year?

ما هي الأهداف التي تودين أن تُحْرِزِيهَا هذا الشهر؟
What are the goals you'd like *to achieve* this year?

أَحْرِزُوا هذه الحقيبة حتى أعود.
Watch this suitcase until I return.

to desire, aspire حَرَصَ ●   Form I حرص

ACTIVE

PLURAL	DUAL	SINGULAR	SUBJUNCTIVE	PLURAL	DUAL	SINGULAR	PERFECT	
يَحْرِصُوا	يَحْرِصَا	يَحْرِصَ		حَرَصُوا	حَرَصَا	حَرَصَ	MASCULINE	3
يَحْرِصْنَ	تَحْرِصَا	تَحْرِصَ		حَرَصْنَ	حَرَصَتَا	حَرَصَتْ	FEMININE	
تَحْرِصُوا	تَحْرِصَا	تَحْرِصَ		حَرَصْتُمْ	حَرَصْتُمَا	حَرَصْتَ	MASCULINE	2
تَحْرِصْنَ	تَحْرِصَا	تَحْرِصِي		حَرَصْتُنَّ	حَرَصْتُمَا	حَرَصْتِ	FEMININE	
نَحْرِصَ	---	أَحْرِصَ		حَرَصْنَا	---	حَرَصْتُ		1

PLURAL	DUAL	SINGULAR	JUSSIVE	PLURAL	DUAL	SINGULAR	IMPERFECT	
يَحْرِصُوا	يَحْرِصَا	يَحْرِصْ		يَحْرِصُونَ	يَحْرِصَانِ	يَحْرِصُ	MASCULINE	3
يَحْرِصْنَ	تَحْرِصَا	تَحْرِصْ		يَحْرِصْنَ	تَحْرِصَانِ	تَحْرِصُ	FEMININE	
تَحْرِصُوا	تَحْرِصَا	تَحْرِصْ		تَحْرِصُونَ	تَحْرِصَانِ	تَحْرِصُ	MASCULINE	2
تَحْرِصْنَ	تَحْرِصَا	تَحْرِصِي		تَحْرِصْنَ	تَحْرِصَانِ	تَحْرِصِينَ	FEMININE	
نَحْرِصْ	---	أَحْرِصْ		نَحْرِصُ	---	أَحْرِصُ		1

			ACTIVE PARTICIPLE حَارِصٌ

IMPERATIVE

PLURAL	DUAL	SINGULAR		
إحْرِصُوا	إحْرِصَا	إحْرِصْ	MASCULINE	
إحْرِصْنَ	إحْرِصَا	إحْرِصِي	FEMININE	

ACTIVE PARTICIPLE حَارِصٌ
PASSIVE PARTICIPLE ---
VERBAL NOUN حِرْصٌ

I really want to set a new record in this race.	أَحْرِصُ أن أحقق رقمًا قياسيًا جديدًا في هذا السباق.
The government ministers *aspire* to do their duty toward the people.	الوزراء يَحْرِصُونَ على أداء واجبهم تجاه الشعب.
Will you be sure to attend the party?	هل سَتَحرِصُ على حضور الحفلة؟

Form VIII حرم ● to honor إِحْتَرَمَ

ACTIVE

PLURAL	DUAL	SINGULAR	SUBJUNCTIVE	PLURAL	DUAL	SINGULAR	PERFECT	
يَحْتَرِمُوا	يَحْتَرِمَا	يَحْتَرِمَ		إِحْتَرَمُوا	إِحْتَرَمَا	إِحْتَرَمَ	MASCULINE	3
يَحْتَرِمْنَ	تَحْتَرِمَا	تَحْتَرِمَ		إِحْتَرَمْنَ	إِحْتَرَمَتَا	إِحْتَرَمَتْ	FEMININE	
تَحْتَرِمُوا	تَحْتَرِمَا	تَحْتَرِمَ		إِحْتَرَمْتُمْ	إِحْتَرَمْتُمَا	إِحْتَرَمْتَ	MASCULINE	2
تَحْتَرِمْنَ	تَحْتَرِمَا	تَحْتَرِمِي		إِحْتَرَمْتُنَّ	إِحْتَرَمْتُمَا	إِحْتَرَمْتِ	FEMININE	
نَحْتَرِمَ	---	أَحْتَرِمَ		إِحْتَرَمْنَا	---	إِحْتَرَمْتُ		1

PLURAL	DUAL	SINGULAR	JUSSIVE	PLURAL	DUAL	SINGULAR	IMPERFECT	
يَحْتَرِمُوا	يَحْتَرِمَا	يَحْتَرِمْ		يَحْتَرِمُونَ	يَحْتَرِمَانِ	يَحْتَرِمُ	MASCULINE	3
يَحْتَرِمْنَ	تَحْتَرِمَا	تَحْتَرِمْ		يَحْتَرِمْنَ	تَحْتَرِمَانِ	تَحْتَرِمُ	FEMININE	
تَحْتَرِمُوا	تَحْتَرِمَا	تَحْتَرِمْ		تَحْتَرِمُونَ	تَحْتَرِمَانِ	تَحْتَرِمُ	MASCULINE	2
تَحْتَرِمْنَ	تَحْتَرِمَا	تَحْتَرِمِي		تَحْتَرِمْنَ	تَحْتَرِمَانِ	تَحْتَرِمِينَ	FEMININE	
نَحْتَرِمْ	---	أَحْتَرِمْ		نَحْتَرِمُ	---	أَحْتَرِمُ		1

PLURAL	DUAL	SINGULAR	IMPERATIVE		
				مُحْتَرِمٌ	ACTIVE PARTICIPLE
إِحْتَرِمُوا	إِحْتَرِمَا	إِحْتَرِمْ	MASCULINE	مُحْتَرَمٌ	PASSIVE PARTICIPLE
إِحْتَرِمْنَ	إِحْتَرِمَا	إِحْتَرِمِي	FEMININE	إِحْتِرَامٌ	VERBAL NOUN

PASSIVE

PLURAL	DUAL	SINGULAR	SUBJUNCTIVE	PLURAL	DUAL	SINGULAR	PERFECT	
يُحْتَرَمُوا	يُحْتَرَمَا	يُحْتَرَمَ		أُحْتُرِمُوا	أُحْتُرِمَا	أُحْتُرِمَ	MASCULINE	3
يُحْتَرَمْنَ	تُحْتَرَمَا	تُحْتَرَمَ		أُحْتُرِمْنَ	أُحْتُرِمَتَا	أُحْتُرِمَتْ	FEMININE	
تُحْتَرَمُوا	تُحْتَرَمَا	تُحْتَرَمَ		أُحْتُرِمْتُمْ	أُحْتُرِمْتُمَا	أُحْتُرِمْتَ	MASCULINE	2
تُحْتَرَمْنَ	تُحْتَرَمَا	تُحْتَرَمِي		أُحْتُرِمْتُنَّ	أُحْتُرِمْتُمَا	أُحْتُرِمْتِ	FEMININE	
نُحْتَرَمَ	---	أُحْتَرَمَ		أُحْتُرِمْنَا	---	أُحْتُرِمْتُ		1

	JUSSIVE				IMPERFECT		
يُحْتَرَمُوا	يُحْتَرَمَا	يُحْتَرَمْ		يُحْتَرَمُونَ	يُحْتَرَمَانِ	يُحْتَرَمُ	MASCULINE 3
يُحْتَرَمْنَ	تُحْتَرَمَا	تُحْتَرَمْ		يُحْتَرَمْنَ	تُحْتَرَمَانِ	تُحْتَرَمُ	FEMININE
تُحْتَرَمُوا	تُحْتَرَمَا	تُحْتَرَمْ		تُحْتَرَمُونَ	تُحْتَرَمَانِ	تُحْتَرَمُ	MASCULINE 2
تُحْتَرَمْنَ	تُحْتَرَمَا	تُحْتَرَمِي		تُحْتَرَمْنَ	تُحْتَرَمَانِ	تُحْتَرَمِينَ	FEMININE
نُحْتَرَمْ	---	أُحْتَرَمْ		نُحْتَرَمُ	---	أُحْتَرَمُ	1

Children *have respect* for their parents.

يَحْتَرِمُ الأبناءُ أهلهم.

The community *respected him* because he served them sincerely.

إِحْتَرَمَتْهُ الجماعةُ لأنه أخلص في خدمتهم.

We have to *hold* the director *in respect*.

يجب أن نَحْتَرِمَ المدير.

Form IV حسس   أَحَسَّ to perceive; to feel ●

ACTIVE

PLURAL	DUAL	SINGULAR	**SUBJUNCTIVE**	PLURAL	DUAL	SINGULAR	**PERFECT**
يُحِسُّوا	يُحِسَّا	يُحِسَّ		أَحَسُّوا	أَحَسَّا	أَحَسَّ	MASCULINE 3
يُحْسِسْنَ	تُحِسَّا	تُحِسَّ		أَحْسَسْنَ	أَحَسَّتَا	أَحَسَّتْ	FEMININE
تُحِسُّوا	تُحِسَّا	تُحِسَّ		أَحْسَسْتُمْ أَحْسَسْتُمَا أَحْسَسْتَ			MASCULINE 2
تُحْسِسْنَ	تُحِسَّا	تُحِسِّي		أَحْسَسْتُنَّ أَحْسَسْتُمَا أَحْسَسْتِ			FEMININE
نُحِسَّ	---	أُحِسَّ		أَحْسَسْنَا	---	أَحْسَسْتُ	1

*JUSSIVE   IMPERFECT

PLURAL	DUAL	SINGULAR		PLURAL	DUAL	SINGULAR	
يُحِسُّوا	يُحِسَّا	يُحْسِسْ		يُحِسُّونَ	يُحِسَّانِ	يُحِسُّ	MASCULINE 3
يُحْسِسْنَ	تُحِسَّا	تُحْسِسْ		يُحْسِسْنَ	تُحِسَّانِ	تُحِسُّ	FEMININE
تُحِسُّوا	تُحِسَّا	تُحْسِسْ		تُحِسُّونَ	تُحِسَّانِ	تُحِسُّ	MASCULINE 2
تُحْسِسْنَ	تُحِسَّا	تُحِسِّي		تُحْسِسْنَ	تُحِسَّانِ	تُحِسِّينَ	FEMININE
نُحْسِسْ	---	أُحْسِسْ		نُحِسُّ	---	أُحِسُّ	1

** IMPERATIVE

أَحْسِسُوا	أَحْسِسَا	أَحْسِسْ	MASCULINE	مُحِسٌّ	ACTIVE PARTICIPLE
أَحْسِسْنَ	أَحْسِسَا	أَحْسِسِي	FEMININE	مُحَسٌّ	PASSIVE PARTICIPLE
				إِحْسَاسٌ	VERBAL NOUN

---

* Contracted form: يُحِسَّ، تُحِسَّ، نُحِسَّ، تُحِسِّي، أَحِسَّ...نُحِسَّ

** Contracted form: أَحِسَّ، أَحِسِّي، أَحِسَّا، أَحِسُّوا...

PASSIVE

PLURAL	DUAL	SINGULAR	SUBJUNCTIVE	PLURAL	DUAL	SINGULAR	PERFECT		
يُحَشُّوا	يُحَسَّا	يُحَسَّ		أُحِسُّوا	أُحِسَّا	أُحِسَّ	MASCULINE	3
يُحْسَسْنَ	تُحَسَّا	تُحَسَّ		أُحْسِسْنَ	أُحِسَّتا	أُحِسَّتْ	FEMININE	
تُحَسُّوا	تُحَسَّا	تُحَسَّ		أُحْسِسْتُمْ	أُحْسِسْتُمَا	أُحْسِسْتَ	MASCULINE	2
تُحْسَسْنَ	تُحَسِّي	تُحَسَّ		أُحْسِسْتُنَّ	أُحْسِسْتُمَا	أُحْسِسْتِ	FEMININE	
نُحَسَّ	---	أُحَسَّ		أُحْسِسْنَا	---	أُحْسِسْتُ		1

*JUSSIVE / IMPERFECT

PLURAL	DUAL	SINGULAR	*JUSSIVE	PLURAL	DUAL	SINGULAR	IMPERFECT		
يُحَشُّوا	يُحَسَّا	يُحْسَسْ		يُحَسُّونَ	يُحَسَّانِ	يُحَسُّ	MASCULINE	3
يُحْسَسْنَ	تُحَسَّا	تُحْسَسْ		يُحْسَسْنَ	تُحَسَّانِ	تُحَسُّ	FEMININE	
تُحَسُّوا	تُحَسَّا	تُحْسَسْ		تُحَسُّونَ	تُحَسَّانِ	تُحَسُّ	MASCULINE	2
تُحْسَسْنَ	تُحَسِّي	تُحْسَسْ		تُحْسَسْنَ	تُحَسَّانِ	تُحَسِّينَ	FEMININE	
نُحْسَسْ	---	أُحْسَسْ		نُحَسُّ	---	أُحَسُّ		1

Do *you grasp* what I'm saying?   هل نُحِسُّ بما أقول؟

We *sense* the lack of honesty in your words.   نحن نُحِسُّ بعدم الصدق في كلامكم.

We *heard* the sound of thunder this morning.   أَحْسَسْنَا صوت الرعد هذا الصباح.

Form I حسب   to compute, reckon حَسَبَ ●

ACTIVE

PLURAL	DUAL	SINGULAR	SUBJUNCTIVE	PLURAL	DUAL	SINGULAR	PERFECT		
يَحْسُبُوا	يَحْسُبَا	يَحْسُبَ		حَسَبُوا	حَسَبَا	حَسَبَ	MASCULINE	3
تَحْسُبْنَ	تَحْسُبَا	تَحْسُبَ		حَسَبْنَ	حَسَبَتَا	حَسَبَتْ	FEMININE	
تَحْسُبُوا	تَحْسُبَا	تَحْسُبَ		حَسَبْتُمْ	حَسَبْتُمَا	حَسَبْتَ	MASCULINE	2
تَحْسُبْنَ	تَحْسُبَا	تَحْسُبِي		حَسَبْتُنَّ	حَسَبْتُمَا	حَسَبْتِ	FEMININE	
نَحْسُبَ	---	أَحْسُبَ		حَسَبْنَا	---	حَسَبْتُ		1

---

* Contracted form: يُحَسّ، تُحَسّ، نُحَسّ، أُحَسّ، تُحَسّي...نُحَسّ

90

JUSSIVE				IMPERFECT			
يَحْسُبُوا	يَحْسُبَا	يَحْسُبْ		يَحْسُبُونَ	يَحْسُبَانِ	يَحْسُبُ	MASCULINE 3
يَحْسُبْنَ	تَحْسُبَا	تَحْسُبْ		يَحْسُبْنَ	تَحْسُبَانِ	تَحْسُبُ	FEMININE
تَحْسُبُوا	تَحْسُبَا	تَحْسُبْ		تَحْسُبُونَ	تَحْسُبَانِ	تَحْسُبُ	MASCULINE 2
تَحْسُبْنَ	تَحْسُبَا	تَحْسُبِي		تَحْسُبْنَ	تَحْسُبَانِ	تَحْسُبِينَ	FEMININE
نَحْسُبْ	---	أَحْسُبْ		نَحْسُبُ	---	أَحْسُبُ	1

IMPERATIVE		ACTIVE PARTICIPLE	حَاسِبٌ
أَحْسُبُوا أَحْسُبَا أَحْسُبْ	MASCULINE	PASSIVE PARTICIPLE	مَحْسُوبٌ
أَحْسُبْنَ أَحْسُبَا أَحْسُبِي	FEMININE	VERBAL NOUN	حَسْبٌ, حِسَابٌ, حِسْبَانٌ, حُسْبَانٌ

PASSIVE

PLURAL	DUAL	SINGULAR	SUBJUNCTIVE	PLURAL	DUAL	SINGULAR	PERFECT
يُحْسَبُوا	يُحْسَبَا	يُحْسَبَ		حُسِبُوا	حُسِبَا	حُسِبَ	MASCULINE 3
تُحْسَبْنَ	تُحْسَبَا	تُحْسَبَ		حُسِبْنَ	حُسِبَتَا	حُسِبَتْ	FEMININE
تُحْسَبُوا	تُحْسَبَا	تُحْسَبَ		حُسِبْتُمْ	حُسِبْتُمَا	حُسِبْتَ	MASCULINE 2
تُحْسَبْنَ	تُحْسَبَا	تُحْسَبِي		حُسِبْتُنَّ	حُسِبْتُمَا	حُسِبْتِ	FEMININE
نُحْسَبَ	---	أُحْسَبَ		حُسِبْنَا	---	حُسِبْتُ	1

JUSSIVE				IMPERFECT			
يُحْسَبُوا	يُحْسَبَا	يُحْسَبْ		يُحْسَبُونَ	يُحْسَبَانِ	يُحْسَبُ	MASCULINE 3
يُحْسَبْنَ	تُحْسَبَا	تُحْسَبْ		يُحْسَبْنَ	تُحْسَبَانِ	تُحْسَبُ	FEMININE
تُحْسَبُوا	تُحْسَبَا	تُحْسَبْ		تُحْسَبُونَ	تُحْسَبَانِ	تُحْسَبُ	MASCULINE 2
تُحْسَبْنَ	تُحْسَبَا	تُحْسَبِي		تُحْسَبْنَ	تُحْسَبَانِ	تُحْسَبِينَ	FEMININE
نُحْسَبْ	---	أُحْسَبْ		نُحْسَبُ	---	أُحْسَبُ	1

We tried *to calculate* the cost of the trip several times but failed.

حاولنا أن نَحْسِبَ تكاليف الرحلة مرات عديدة ولكننا فشلنا.

We'll charge the new ball to you.

سَنَحْسِبُ ثمن الكرة الجديدة عليكم.

Have you counted how many chairs we need?

هل حَسَبْتُمْ كم من الكراسي نحتاج؟

91

Form IV حسن   to do well أَحْسَنَ ●

ACTIVE

PLURAL	DUAL	SINGULAR	SUBJUNCTIVE	PLURAL	DUAL	SINGULAR	PERFECT	
يُحْسِنُوا	يُحْسِنَا	يُحْسِنَ		أَحْسَنُوا	أَحْسَنَا	أَحْسَنَ	MASCULINE	3
يُحْسِنَّ	تُحْسِنَا	تُحْسِنَ		أَحْسَنَّ	أَحْسَنَتَا	أَحْسَنَتْ	FEMININE	
تُحْسِنُوا	تُحْسِنَا	تُحْسِنَ		أَحْسَنْتُمْ	أَحْسَنْتُمَا	أَحْسَنْتَ	MASCULINE	2
تُحْسِنَّ	تُحْسِنَا	تُحْسِنِي		أَحْسَنْتُنَّ	أَحْسَنْتُمَا	أَحْسَنْتِ	FEMININE	
نُحْسِنَ	---	أُحْسِنَ		أَحْسَنَّا	---	أَحْسَنْتُ		1

PLURAL	DUAL	SINGULAR	JUSSIVE	PLURAL	DUAL	SINGULAR	IMPERFECT	
يُحْسِنُوا	يُحْسِنَا	يُحْسِنْ		يُحْسِنُونَ	يُحْسِنَانِ	يُحْسِنُ	MASCULINE	3
يُحْسِنَّ	تُحْسِنَا	تُحْسِنْ		يُحْسِنَّ	تُحْسِنَانِ	تُحْسِنُ	FEMININE	
تُحْسِنُوا	تُحْسِنَا	تُحْسِنْ		تُحْسِنُونَ	تُحْسِنَانِ	تُحْسِنُ	MASCULINE	2
تُحْسِنَّ	تُحْسِنَا	تُحْسِنِي		تُحْسِنَّ	تُحْسِنَانِ	تُحْسِنِينَ	FEMININE	
نُحْسِنْ	---	أُحْسِنْ		نُحْسِنُ	---	أُحْسِنُ		1

PLURAL	DUAL	SINGULAR	IMPERATIVE		
أَحْسِنُوا	أَحْسِنَا	أَحْسِنْ	MASCULINE	مُحْسِنٌ	ACTIVE PARTICIPLE
أَحْسِنَّ	أَحْسِنَا	أَحْسِنِي	FEMININE	مُحْسَنٌ	PASSIVE PARTICIPLE
				إِحْسَانٌ	VERBAL NOUN

PASSIVE

PLURAL	DUAL	SINGULAR	SUBJUNCTIVE	PLURAL	DUAL	SINGULAR	PERFECT	
يُحْسَنُوا	يُحْسَنَا	يُحْسَنَ		أُحْسِنُوا	أُحْسِنَا	أُحْسِنَ	MASCULINE	3
يُحْسَنَّ	تُحْسَنَا	تُحْسَنَ		أُحْسِنَّ	أُحْسِنَتَا	أُحْسِنَتْ	FEMININE	
تُحْسَنُوا	تُحْسَنَا	تُحْسَنَ		أُحْسِنْتُمْ	أُحْسِنْتُمَا	أُحْسِنْتَ	MASCULINE	2
تُحْسَنَّ	تُحْسَنَا	تُحْسَنِي		أُحْسِنْتُنَّ	أُحْسِنْتُمَا	أُحْسِنْتِ	FEMININE	
نُحْسَنَ	---	أُحْسَنَ		أُحْسِنَّا	---	أُحْسِنْتُ		1

PLURAL	DUAL	SINGULAR	JUSSIVE	PLURAL	DUAL	SINGULAR	IMPERFECT	
يُحْسَنُوا	يُحْسَنَا	يُحْسَنْ		يُحْسَنُونَ	يُحْسَنَانِ	يُحْسَنُ	MASCULINE	3
يُحْسَنَّ	تُحْسَنَا	تُحْسَنْ		يُحْسَنَّ	تُحْسَنَانِ	تُحْسَنُ	FEMININE	
تُحْسَنُوا	تُحْسَنَا	تُحْسَنْ		تُحْسَنُونَ	تُحْسَنَانِ	تُحْسَنُ	MASCULINE	2
تُحْسَنَّ	تُحْسَنَا	تُحْسَنِي		تُحْسَنَّ	تُحْسَنَانِ	تُحْسَنِينَ	FEMININE	
نُحْسَنْ	---	أُحْسَنْ		نُحْسَنُ	---	أُحْسَنُ		1

92

You have done well!	أحْسَنْتَ صنعا!
I am sure you will sing *well*.	متأكد أنكم سَتُحْسِنُونَ الغناء.
The government *did not* deal *well* with the earthquake crisis.	لم تُحْسِنْ الحكومة التعامل مع أزمة الزلزال.

Form I حشد — to gather, mobilize حَشَدَ

ACTIVE

		PERFECT	SINGULAR	DUAL	PLURAL	SUBJUNCTIVE	SINGULAR	DUAL	PLURAL
3	MASCULINE		حَشَدَ	حَشَدَا	حَشَدُوا		يَحْشِدَ	يَحْشِدَا	يَحْشِدُوا
	FEMININE		حَشَدَتْ	حَشَدَتَا	حَشَدْنَ		تَحْشِدَ	تَحْشِدَا	يَحْشِدْنَ
2	MASCULINE		حَشَدْتَ	حَشَدْتُمَا	حَشَدْتُمْ		تَحْشِدَ	تَحْشِدَا	تَحْشِدُوا
	FEMININE		حَشَدْتِ	حَشَدْتُمَا	حَشَدْتُنَّ		تَحْشِدِي	تَحْشِدَا	تَحْشِدْنَ
1			حَشَدْتُ	---	حَشَدْنَا		أَحْشِدَ	---	نَحْشِدَ

		IMPERFECT				JUSSIVE			
3	MASCULINE		يَحْشِدُ	يَحْشِدَانِ	يَحْشِدُونَ		يَحْشِدْ	يَحْشِدَا	يَحْشِدُوا
	FEMININE		تَحْشِدُ	تَحْشِدَانِ	يَحْشِدْنَ		تَحْشِدْ	تَحْشِدَا	يَحْشِدْنَ
2	MASCULINE		تَحْشِدُ	تَحْشِدَانِ	تَحْشِدُونَ		تَحْشِدْ	تَحْشِدَا	تَحْشِدُوا
	FEMININE		تَحْشِدِينَ	تَحْشِدَانِ	تَحْشِدْنَ		تَحْشِدِي	تَحْشِدَا	تَحْشِدْنَ
1			أَحْشِدُ	---	نَحْشِدُ		أَحْشِدْ	---	نَحْشِدْ

			IMPERATIVE			
ACTIVE PARTICIPLE	حَاشِدٌ					
PASSIVE PARTICIPLE	مَحْشُودٌ		MASCULINE	إِحْشِدْ	إِحْشِدَا	إِحْشِدُوا
VERBAL NOUN	حَشْدٌ		FEMININE	إِحْشِدِي	إِحْشِدَا	إِحْشِدْنَ

PASSIVE

		PERFECT	SINGULAR	DUAL	PLURAL	SUBJUNCTIVE	SINGULAR	DUAL	PLURAL
3	MASCULINE		حُشِدَ	حُشِدَا	حُشِدُوا		يُحْشَدَ	يُحْشَدَا	يُحْشَدُوا
	FEMININE		حُشِدَتْ	حُشِدَتَا	حُشِدْنَ		تُحْشَدَ	تُحْشَدَا	يُحْشَدْنَ
2	MASCULINE		حُشِدْتَ	حُشِدْتُمَا	حُشِدْتُمْ		تُحْشَدَ	تُحْشَدَا	تُحْشَدُوا
	FEMININE		حُشِدْتِ	حُشِدْتُمَا	حُشِدْتُنَّ		تُحْشَدِي	تُحْشَدَا	تُحْشَدْنَ
1			حُشِدْتُ	---	حُشِدْنَا		أُحْشَدَ	---	نُحْشَدَ

يُحْشَدُوا	يُحْشَدَا	يُحْشَدْ		يُحْشَدُونَ	يُحْشَدَانِ	يُحْشَدُ	MASCULINE	3
يُحْشَدْنَ	تُحْشَدَا	تُحْشَدْ		يُحْشَدْنَ	تُحْشَدَانِ	تُحْشَدُ	FEMININE	
تُحْشَدُوا	تُحْشَدَا	تُحْشَدْ		تُحْشَدُونَ	تُحْشَدَانِ	تُحْشَدُ	MASCULINE	2
تُحْشَدْنَ	تُحْشَدَا	تُحْشَدِي		تُحْشَدْنَ	تُحْشَدَانِ	تُحْشَدِينَ	FEMININE	
نُحْشَدْ	---	أُحْشَدْ		نُحْشَدُ	---	أُحْشَدُ		1

The team *assembled* all its players for the World Cup.

حَشَدَ الفريق كل لاعبيه من أجل كأس العالم.

The company *will mobilize* all its financial resources to win the new bidding contest.

سَتَحْشِدُ الشركة كل مصادرها المالية للفوز بالمناقصة الجديدة.

Form VII حصر إِنْحَصَرَ to be confined; to restrict oneself ●

ACTIVE

PLURAL	DUAL	SINGULAR	SUBJUNCTIVE	PLURAL	DUAL	SINGULAR	PERFECT	
يَنْحَصِرُوا	يَنْحَصِرَا	يَنْحَصِرَ		إِنْحَصَرُوا	إِنْحَصَرَا	إِنْحَصَرَ	MASCULINE	3
تَنْحَصِرْنَ	تَنْحَصِرَا	تَنْحَصِرَ		إِنْحَصَرْنَ	إِنْحَصَرَتَا	إِنْحَصَرَتْ	FEMININE	
تَنْحَصِرُوا	تَنْحَصِرَا	تَنْحَصِرَ		إِنْحَصَرْتُم	إِنْحَصَرْتُمَا	إِنْحَصَرْتَ	MASCULINE	2
تَنْحَصِرْنَ	تَنْحَصِرَا	تَنْحَصِرِي		إِنْحَصَرْتُنَّ	إِنْحَصَرْتُمَا	إِنْحَصَرْتِ	FEMININE	
نَنْحَصِرَ	---	أَنْحَصِرَ		إِنْحَصَرْنَا	---	إِنْحَصَرْتُ		1

يَنْحَصِرُوا	يَنْحَصِرَا	يَنْحَصِرْ		يَنْحَصِرُونَ	يَنْحَصِرَانِ	يَنْحَصِرُ	MASCULINE	3
يَنْحَصِرْنَ	تَنْحَصِرَا	تَنْحَصِرْ		يَنْحَصِرْنَ	تَنْحَصِرَانِ	تَنْحَصِرُ	FEMININE	
تَنْحَصِرُوا	تَنْحَصِرَا	تَنْحَصِرْ		تَنْحَصِرُونَ	تَنْحَصِرَانِ	تَنْحَصِرُ	MASCULINE	2
تَنْحَصِرْنَ	تَنْحَصِرَا	تَنْحَصِرِي		تَنْحَصِرْنَ	تَنْحَصِرَانِ	تَنْحَصِرِينَ	FEMININE	
نَنْحَصِرْ	---	أَنْحَصِرْ		نَنْحَصِرُ	---	أَنْحَصِرُ		1

IMPERATIVE

| | | | | مُنْحَصِرٌ | ACTIVE PARTICIPLE |

| إِنْحَصِرُوا | إِنْحَصِرَا | إِنْحَصِرْ | MASCULINE | | --- | PASSIVE PARTICIPLE |
| إِنْحَصِرْنَ | إِنْحَصِرَا | إِنْحَصِرِي | FEMININE | | إِنْحِصَارٌ | VERBAL NOUN |

Admission tickets *are restricted* to members of the club only.	تَنْحَصِرُ تذاكر الدخول بأعضاء النادي فقط.
The meal *was limited* to vegetables only.	إنْحَصَرَ الأكل على الخضروات فقط.

حصل Form I   ● حَصَلَ to occur; to attain, get

ACTIVE

PLURAL	DUAL	SINGULAR	SUBJUNCTIVE	PLURAL	DUAL	SINGULAR	PERFECT	
يَحْصُلُوا	يَحْصُلا	يَحْصُلَ		حَصَلُوا	حَصَلا	حَصَلَ	MASCULINE	3
يَحْصُلْنَ	تَحْصُلا	تَحْصُلَ		حَصَلْنَ	حَصَلَتَا	حَصَلَتْ	FEMININE	
تَحْصُلُوا	تَحْصُلا	تَحْصُلَ		حَصَلْتُمْ	حَصَلْتُمَا	حَصَلْتَ	MASCULINE	2
تَحْصُلْنَ	تَحْصُلا	تَحْصُلِي		حَصَلْتُنَّ	حَصَلْتُمَا	حَصَلْتِ	FEMININE	
نَحْصُلَ	---	أحْصُلَ		حَصَلْنَا	---	حَصَلْتُ		1

PLURAL	DUAL	SINGULAR	JUSSIVE	PLURAL	DUAL	SINGULAR	IMPERFECT	
يَحْصُلُوا	يَحْصُلا	يَحْصُلْ		يَحْصُلُونَ	يَحْصُلانِ	يَحْصُلُ	MASCULINE	3
يَحْصُلْنَ	تَحْصُلا	تَحْصُلْ		يَحْصُلْنَ	تَحْصُلانِ	تَحْصُلُ	FEMININE	
تَحْصُلُوا	تَحْصُلا	تَحْصُلْ		تَحْصُلُونَ	تَحْصُلانِ	تَحْصُلُ	MASCULINE	2
تَحْصُلْنَ	تَحْصُلا	تَحْصُلِي		تَحْصُلْنَ	تَحْصُلانِ	تَحْصُلِينَ	FEMININE	
نَحْصُلْ	---	أحْصُلْ		نَحْصُلُ	---	أحْصُلُ		1

		IMPERATIVE		حَاصِلٌ	ACTIVE PARTICIPLE
أحْصُلُوا	أحْصُلا	أحْصُلْ	MASCULINE	مَحْصُولٌ	PASSIVE PARTICIPLE
أحْصُلْنَ	أحْصُلا	أحْصُلِي	FEMININE	حُصُولٌ	VERBAL NOUN

What *happened* to [i.e., What's wrong with] the TV?	ماذا حَصَلَ للتلفاز؟
When *will you receive* your bachelor's degree? *I will get* it next May.	متى سَتَحْصُلِينَ على شهادة البكالوريوس؟ سَأحْصُلُ عليها في شهر مايو المقبل.
The al-Salām Charitable Association *received* a sizable loan from the bank.	حَصَلَتْ جمعية السلام الخيرية على قرض كبير من البنك.

Form I حضر — to be present; to attend حَضَرَ

ACTIVE

PERFECT		SINGULAR	DUAL	PLURAL
3	MASCULINE	حَضَرَ	حَضَرَا	حَضَرُوا
	FEMININE	حَضَرَتْ	حَضَرَتَا	حَضَرْنَ
2	MASCULINE	حَضَرْتَ	حَضَرْتُمَا	حَضَرْتُمْ
	FEMININE	حَضَرْتِ	حَضَرْتُمَا	حَضَرْتُنَّ
1		حَضَرْتُ	---	حَضَرْنَا

SUBJUNCTIVE	SINGULAR	DUAL	PLURAL
3 MASCULINE	يَحْضُرَ	يَحْضُرَا	يَحْضُرُوا
3 FEMININE	تَحْضُرَ	تَحْضُرَا	يَحْضُرْنَ
2 MASCULINE	تَحْضُرَ	تَحْضُرَا	تَحْضُرُوا
2 FEMININE	تَحْضُرِي	تَحْضُرَا	تَحْضُرْنَ
1	أَحْضُرَ	---	نَحْضُرَ

IMPERFECT		SINGULAR	DUAL	PLURAL
3	MASCULINE	يَحْضُرُ	يَحْضُرَانِ	يَحْضُرُونَ
	FEMININE	تَحْضُرُ	تَحْضُرَانِ	يَحْضُرْنَ
2	MASCULINE	تَحْضُرُ	تَحْضُرَانِ	تَحْضُرُونَ
	FEMININE	تَحْضُرِينَ	تَحْضُرَانِ	تَحْضُرْنَ
1		أَحْضُرُ	---	نَحْضُرُ

JUSSIVE	SINGULAR	DUAL	PLURAL
3 MASCULINE	يَحْضُرْ	يَحْضُرَا	يَحْضُرُوا
3 FEMININE	تَحْضُرْ	تَحْضُرَا	يَحْضُرْنَ
2 MASCULINE	تَحْضُرْ	تَحْضُرَا	تَحْضُرُوا
2 FEMININE	تَحْضُرِي	تَحْضُرَا	تَحْضُرْنَ
1	أَحْضُرْ	---	نَحْضُرْ

ACTIVE PARTICIPLE	حَاضِرٌ
PASSIVE PARTICIPLE	مَحْضُورٌ
VERBAL NOUN	حُضُورٌ

IMPERATIVE	SINGULAR	DUAL	PLURAL
MASCULINE	أُحْضُرْ	أُحْضُرَا	أُحْضُرُوا
FEMININE	أُحْضُرِي	أُحْضُرَا	أُحْضُرْنَ

PASSIVE

PERFECT		SINGULAR	DUAL	PLURAL
3	MASCULINE	حُضِرَ	حُضِرَا	حُضِرُوا
	FEMININE	حُضِرَتْ	حُضِرَتَا	حُضِرْنَ
2	MASCULINE	حُضِرْتَ	حُضِرْتُمَا	حُضِرْتُمْ
	FEMININE	حُضِرْتِ	حُضِرْتُمَا	حُضِرْتُنَّ
1		حُضِرْتُ	---	حُضِرْنَا

SUBJUNCTIVE	SINGULAR	DUAL	PLURAL
3 MASCULINE	يُحْضَرَ	يُحْضَرَا	يُحْضَرُوا
3 FEMININE	تُحْضَرَ	تُحْضَرَا	يُحْضَرْنَ
2 MASCULINE	تُحْضَرَ	تُحْضَرَا	تُحْضَرُوا
2 FEMININE	تُحْضَرِي	تُحْضَرَا	تُحْضَرْنَ
1	أُحْضَرَ	---	نُحْضَرَ

IMPERFECT		SINGULAR	DUAL	PLURAL
3	MASCULINE	يُحْضَرُ	يُحْضَرَانِ	يُحْضَرُونَ
	FEMININE	تُحْضَرُ	تُحْضَرَانِ	يُحْضَرْنَ
2	MASCULINE	تُحْضَرُ	تُحْضَرَانِ	تُحْضَرُونَ
	FEMININE	تُحْضَرِينَ	تُحْضَرَانِ	تُحْضَرْنَ
1		أُحْضَرُ	---	نُحْضَرُ

JUSSIVE	SINGULAR	DUAL	PLURAL
3 MASCULINE	يُحْضَرْ	يُحْضَرَا	يُحْضَرُوا
3 FEMININE	تُحْضَرْ	تُحْضَرَا	يُحْضَرْنَ
2 MASCULINE	تُحْضَرْ	تُحْضَرَا	تُحْضَرُوا
2 FEMININE	تُحْضَرِي	تُحْضَرَا	تُحْضَرْنَ
1	أُحْضَرْ	---	نُحْضَرْ

Will you be at the next meeting?

هل سَتَحْضُرُ الإجتماع المقبل؟

I attended the lecture, but I didn't understand a thing.

حَضَرْتُ المحاضرة ولم أفهم أي شيء.

It would be nice if you would be present on the day of the interview.

من الجميل أن تكون حَاضِراً معي يوم المقابلة.

Form III حفظ   to preserve; to mind, heed حَافَظَ ●

ACTIVE

PLURAL	DUAL	SINGULAR	SUBJUNCTIVE	PLURAL	DUAL	SINGULAR	PERFECT	
يُحَافِظُوا	يُحَافِظَا	يُحَافِظَ		حَافَظُوا	حَافَظَا	حَافَظَ	MASCULINE	3
يُحَافِظْنَ	تُحَافِظَا	تُحَافِظَ		حَافَظْنَ	حَافَظَتَا	حَافَظَتْ	FEMININE	
تُحَافِظُوا	تُحَافِظَا	تُحَافِظَ		حَافَظْتُمْ	حَافَظْتُمَا	حَافَظْتَ	MASCULINE	2
تُحَافِظْنَ	تُحَافِظَا	تُحَافِظِي		حَافَظْتُنَّ	حَافَظْتُمَا	حَافَظْتِ	FEMININE	
نُحَافِظَ	---	أُحَافِظَ		حَافَظْنَا	---	حَافَظْتُ		1

JUSSIVE / IMPERFECT

PLURAL	DUAL	SINGULAR	JUSSIVE	PLURAL	DUAL	SINGULAR	IMPERFECT	
يُحَافِظُوا	يُحَافِظَا	يُحَافِظْ		يُحَافِظُونَ	يُحَافِظَانِ	يُحَافِظُ	MASCULINE	3
يُحَافِظْنَ	تُحَافِظَا	تُحَافِظْ		يُحَافِظْنَ	تُحَافِظَانِ	تُحَافِظُ	FEMININE	
تُحَافِظُوا	تُحَافِظَا	تُحَافِظْ		تُحَافِظُونَ	تُحَافِظَانِ	تُحَافِظُ	MASCULINE	2
تُحَافِظْنَ	تُحَافِظَا	تُحَافِظِي		تُحَافِظْنَ	تُحَافِظَانِ	تُحَافِظِينَ	FEMININE	
نُحَافِظْ	---	أُحَافِظْ		نُحَافِظُ	---	أُحَافِظُ		1

IMPERATIVE

PLURAL	DUAL	SINGULAR			
حَافِظُوا	حَافِظَا	حَافِظْ	MASCULINE	مُحَافِظٌ	ACTIVE PARTICIPLE
حَافِظْنَ	حَافِظَا	حَافِظِي	FEMININE	---	PASSIVE PARTICIPLE
				مُحَافَظَةٌ	VERBAL NOUN

The museum *preserved* many relics.

حَافَظَ المتحف على الكثير من الآثار.

Watch what you say!

حَافِظْ على كلامكَ!

The people of olden times used *to preserve* their [literally: the] customs and traditions.

الأجيال القديمة كانت تُحَافِظُ على العادات والتقاليد.

Form VIII حفل — to throng together; to celebrate اِحْتَفَلَ ●

ACTIVE

PLURAL	DUAL	SINGULAR	SUBJUNCTIVE	PLURAL	DUAL	SINGULAR	PERFECT	
يَحْتَفِلُوا	يَحْتَفِلا	يَحْتَفِلَ		اِحْتَفَلُوا	اِحْتَفَلا	اِحْتَفَلَ	MASCULINE	3
يَحْتَفِلْنَ	تَحْتَفِلا	تَحْتَفِلَ		اِحْتَفَلْنَ	اِحْتَفَلَتَا	اِحْتَفَلَتْ	FEMININE	
تَحْتَفِلُوا	تَحْتَفِلا	تَحْتَفِلَ		اِحْتَفَلْتُمْ	اِحْتَفَلْتُمَا	اِحْتَفَلْتَ	MASCULINE	2
تَحْتَفِلْنَ	تَحْتَفِلا	تَحْتَفِلِي		اِحْتَفَلْتُنَّ	اِحْتَفَلْتُمَا	اِحْتَفَلْتِ	FEMININE	
نَحْتَفِلَ	---	أَحْتَفِلَ		اِحْتَفَلْنَا	---	اِحْتَفَلْتُ		1

PLURAL	DUAL	SINGULAR	JUSSIVE	PLURAL	DUAL	SINGULAR	IMPERFECT	
يَحْتَفِلُوا	يَحْتَفِلا	يَحْتَفِلْ		يَحْتَفِلُونَ	يَحْتَفِلانِ	يَحْتَفِلُ	MASCULINE	3
يَحْتَفِلْنَ	تَحْتَفِلا	تَحْتَفِلْ		يَحْتَفِلْنَ	تَحْتَفِلانِ	تَحْتَفِلُ	FEMININE	
تَحْتَفِلُوا	تَحْتَفِلا	تَحْتَفِلْ		تَحْتَفِلُونَ	تَحْتَفِلانِ	تَحْتَفِلُ	MASCULINE	2
تَحْتَفِلْنَ	تَحْتَفِلا	تَحْتَفِلِي		تَحْتَفِلْنَ	تَحْتَفِلانِ	تَحْتَفِلِينَ	FEMININE	
نَحْتَفِلْ	---	أَحْتَفِلْ		نَحْتَفِلُ	---	أَحْتَفِلُ		1

ACTIVE PARTICIPLE: مُحْتَفِلٌ

PASSIVE PARTICIPLE: ---

VERBAL NOUN: اِحْتِفَالٌ

IMPERATIVE

PLURAL	DUAL	SINGULAR		
اِحْتَفِلُوا	اِحْتَفِلا	اِحْتَفِلْ	MASCULINE	
اِحْتَفِلْنَ	اِحْتَفِلا	اِحْتَفِلِي	FEMININE	

إِحْتَفَلَ النَّاس لِيَروا الرَّئِيس.
People *gathered* to see the president.

إِحْتَفَلَ الزَّوجان بِعيد زواجِهما الثَّالث.
The couple *celebrated* their third anniversary.

إِحْتَفَلَ فكرُه بِالكثير من الهموم.
His mind *was full* of many worries.

Form II حقق — to investigate, examine; to determine, verify; to affirm حَقَّقَ ●

ACTIVE

PLURAL	DUAL	SINGULAR	SUBJUNCTIVE	PLURAL	DUAL	SINGULAR	PERFECT	
يُحَقِّقُوا	يُحَقِّقَا	يُحَقِّقَ		حَقَّقُوا	حَقَّقَا	حَقَّقَ	MASCULINE	3
يُحَقِّقْنَ	تُحَقِّقَا	تُحَقِّقَ		حَقَّقْنَ	حَقَّقَتَا	حَقَّقَتْ	FEMININE	
تُحَقِّقُوا	تُحَقِّقَا	تُحَقِّقَ		حَقَّقْتُمْ	حَقَّقْتُمَا	حَقَّقْتَ	MASCULINE	2
تُحَقِّقْنَ	تُحَقِّقَا	تُحَقِّقِي		حَقَّقْتُنَّ	حَقَّقْتُمَا	حَقَّقْتِ	FEMININE	
نُحَقِّقَ	---	أُحَقِّقَ		حَقَّقْنَا	---	حَقَّقْتُ		1

JUSSIVE / IMPERFECT

	JUSSIVE (Plural)	JUSSIVE (Dual)	JUSSIVE (Singular)	IMPERFECT (Plural)	IMPERFECT (Dual)	IMPERFECT (Singular)		
	يُحَقِّقُوا	يُحَقِّقَا	يُحَقِّقْ	يُحَقِّقُونَ	يُحَقِّقَانِ	يُحَقِّقُ	MASCULINE	3
	يُحَقِّقْنَ	تُحَقِّقَا	تُحَقِّقْ	يُحَقِّقْنَ	تُحَقِّقَانِ	تُحَقِّقُ	FEMININE	
	تُحَقِّقُوا	تُحَقِّقَا	تُحَقِّقْ	تُحَقِّقُونَ	تُحَقِّقَانِ	تُحَقِّقُ	MASCULINE	2
	تُحَقِّقْنَ	تُحَقِّقَا	تُحَقِّقِي	تُحَقِّقْنَ	تُحَقِّقَانِ	تُحَقِّقِينَ	FEMININE	
	نُحَقِّقْ	---	أُحَقِّقْ	نُحَقِّقُ	---	أُحَقِّقُ		1

ACTIVE PARTICIPLE	مُحَقِّقٌ	

IMPERATIVE

	Plural	Dual	Singular		
MASCULINE	حَقِّقُوا	حَقِّقَا	حَقِّقْ	مُحَقَّقٌ	PASSIVE PARTICIPLE
FEMININE	حَقِّقْنَ	حَقِّقَا	حَقِّقِي	تَحْقِيقٌ	VERBAL NOUN

PASSIVE

	SUBJUNCTIVE (PLURAL)	SUBJUNCTIVE (DUAL)	SUBJUNCTIVE (SINGULAR)	PERFECT (PLURAL)	PERFECT (DUAL)	PERFECT (SINGULAR)		
	يُحَقَّقُوا	يُحَقَّقَا	يُحَقَّقَ	حُقِّقُوا	حُقِّقَا	حُقِّقَ	MASCULINE	3
	يُحَقَّقْنَ	تُحَقَّقَا	تُحَقَّقَ	حُقِّقْنَ	حُقِّقَتَا	حُقِّقَتْ	FEMININE	
	تُحَقَّقُوا	تُحَقَّقَا	تُحَقَّقَ	حُقِّقْتُمْ	حُقِّقْتُمَا	حُقِّقْتَ	MASCULINE	2
	تُحَقَّقْنَ	تُحَقَّقَا	تُحَقَّقِي	حُقِّقْتُنَّ	حُقِّقْتُمَا	حُقِّقْتِ	FEMININE	
	نُحَقَّقَ	---	أُحَقَّقَ	حُقِّقْنَا	---	حُقِّقْتُ		1

JUSSIVE / IMPERFECT

	JUSSIVE (Plural)	JUSSIVE (Dual)	JUSSIVE (Singular)	IMPERFECT (Plural)	IMPERFECT (Dual)	IMPERFECT (Singular)		
	يُحَقَّقُوا	يُحَقَّقَا	يُحَقَّقْ	يُحَقَّقُونَ	يُحَقَّقَانِ	يُحَقَّقُ	MASCULINE	3
	يُحَقَّقْنَ	تُحَقَّقَا	تُحَقَّقْ	يُحَقَّقْنَ	تُحَقَّقَانِ	تُحَقَّقُ	FEMININE	
	تُحَقَّقُوا	تُحَقَّقَا	تُحَقَّقْ	تُحَقَّقُونَ	تُحَقَّقَانِ	تُحَقَّقُ	MASCULINE	2
	تُحَقَّقْنَ	تُحَقَّقَا	تُحَقَّقِي	تُحَقَّقْنَ	تُحَقَّقَانِ	تُحَقَّقِينَ	FEMININE	
	نُحَقَّقْ	---	أُحَقَّقْ	نُحَقَّقُ	---	أُحَقَّقُ		1

Officer Sharif Umar is the one who *is investigating* this complaint.

الضابط شريف عمر هو الذي يُحَقِّقُ في هذه الشكوى.

They are still *looking into* the matter.

ما زالوا يُحَقِّقُونَ في القضية.

Do you believe that this matter *has been investigated* sufficiently?

هل تعتقد أن هذه المسألة حُقِّقَ فيها بالشكل الكافي؟

Form V حقق   to be realized; to prove true تَحَقَّقَ ●

ACTIVE

PLURAL	DUAL	SINGULAR	SUBJUNCTIVE	PLURAL	DUAL	SINGULAR	PERFECT		
يَتَحَقَّقُوا	يَتَحَقَّقَا	يَتَحَقَّقَ		تَحَقَّقُوا	تَحَقَّقَا	تَحَقَّقَ		MASCULINE	3
يَتَحَقَّقْنَ	تَتَحَقَّقَا	تَتَحَقَّقَ		تَحَقَّقْنَ	تَحَقَّقَتَا	تَحَقَّقَتْ		FEMININE	
تَتَحَقَّقُوا	تَتَحَقَّقَا	تَتَحَقَّقَ		تَحَقَّقْتُمْ	تَحَقَّقْتُمَا	تَحَقَّقْتَ		MASCULINE	2
تَتَحَقَّقْنَ	تَتَحَقَّقَا	تَتَحَقَّقِي		تَحَقَّقْتُنَّ	تَحَقَّقْتُمَا	تَحَقَّقْتِ		FEMININE	
نَتَحَقَّقَ	---	أَتَحَقَّقَ		تَحَقَّقْنَا	---	تَحَقَّقْتُ			1

PLURAL	DUAL	SINGULAR	JUSSIVE	PLURAL	DUAL	SINGULAR	IMPERFECT		
يَتَحَقَّقُوا	يَتَحَقَّقَا	يَتَحَقَّقْ		يَتَحَقَّقُونَ	يَتَحَقَّقَانِ	يَتَحَقَّقُ		MASCULINE	3
يَتَحَقَّقْنَ	تَتَحَقَّقَا	تَتَحَقَّقْ		يَتَحَقَّقْنَ	تَتَحَقَّقَانِ	تَتَحَقَّقُ		FEMININE	
تَتَحَقَّقُوا	تَتَحَقَّقَا	تَتَحَقَّقْ		تَتَحَقَّقُونَ	تَتَحَقَّقَانِ	تَتَحَقَّقُ		MASCULINE	2
تَتَحَقَّقْنَ	تَتَحَقَّقَا	تَتَحَقَّقِي		تَتَحَقَّقْنَ	تَتَحَقَّقَانِ	تَتَحَقَّقِينَ		FEMININE	
نَتَحَقَّقْ	---	أَتَحَقَّقْ		نَتَحَقَّقُ	---	أَتَحَقَّقُ			1

PLURAL	DUAL	SINGULAR	IMPERATIVE		
تَحَقَّقُوا	تَحَقَّقَا	تَحَقَّقْ		MASCULINE
تَحَقَّقْنَ	تَحَقَّقَا	تَحَقَّقِي		FEMININE

ACTIVE PARTICIPLE: مُتَحَقِّقٌ

PASSIVE PARTICIPLE: ---

VERBAL NOUN: تَحَقُّقٌ

Do you feel frustrated because your dreams *didn't come true*?	هل تشعر بالإحباط لأن أحلامك لم تَتَحَقَّقْ؟
Do you believe that their prophecies *will come true*?	هل تعتقد أن نبوءاتهم سَتَتَحَقَّقُ؟
I *verified* that all those invited were present.	تَحَقَّقْتُ من حضور كل المدعوين.

Form I حكم   to arbitrate; to govern حَكَمَ ●

ACTIVE

PLURAL	DUAL	SINGULAR	SUBJUNCTIVE	PLURAL	DUAL	SINGULAR	PERFECT		
يَحْكُمُوا	يَحْكُمَا	يَحْكُمَ		حَكَمُوا	حَكَمَا	حَكَمَ		MASCULINE	3
يَحْكُمْنَ	تَحْكُمَا	تَحْكُمَ		حَكَمْنَ	حَكَمَتَا	حَكَمَتْ		FEMININE	
تَحْكُمُوا	تَحْكُمَا	تَحْكُمَ		حَكَمْتُمْ	حَكَمْتُمَا	حَكَمْتَ		MASCULINE	2
تَحْكُمْنَ	تَحْكُمَا	تَحْكُمِي		حَكَمْتُنَّ	حَكَمْتُمَا	حَكَمْتِ		FEMININE	
نَحْكُمَ	---	أَحْكُمَ		حَكَمْنَا	---	حَكَمْتُ			1

JUSSIVE				IMPERFECT		
PLURAL	DUAL	SINGULAR		PLURAL	DUAL	SINGULAR
يَحْكُمُوا	يَحْكُمَا	يَحْكُمْ	MASCULINE 3	يَحْكُمُونَ	يَحْكُمَانِ	يَحْكُمُ
يَحْكُمْنَ	تَحْكُمَا	تَحْكُمْ	FEMININE	يَحْكُمْنَ	تَحْكُمَانِ	تَحْكُمُ
تَحْكُمُوا	تَحْكُمَا	تَحْكُمْ	MASCULINE 2	تَحْكُمُونَ	تَحْكُمَانِ	تَحْكُمُ
تَحْكُمْنَ	تَحْكُمَا	تَحْكُمِي	FEMININE	تَحْكُمْنَ	تَحْكُمَانِ	تَحْكُمِينَ
نَحْكُمْ	---	أَحْكُمْ	1	نَحْكُمُ	---	أَحْكُمُ

IMPERATIVE				ACTIVE PARTICIPLE	حَاكِمٌ
أُحْكُمُوا	أُحْكُمَا	أُحْكُمْ	MASCULINE	PASSIVE PARTICIPLE	مَحْكُومٌ
أُحْكُمْنَ	أُحْكُمَا	أُحْكُمِي	FEMININE	VERBAL NOUN	حُكْمٌ

PASSIVE

SUBJUNCTIVE				PERFECT		
PLURAL	DUAL	SINGULAR		PLURAL	DUAL	SINGULAR
يُحْكَمُوا	يُحْكَمَا	يُحْكَمَ	MASCULINE 3	حُكِمُوا	حُكِمَا	حُكِمَ
يُحْكَمْنَ	تُحْكَمَا	تُحْكَمَ	FEMININE	حُكِمْنَ	حُكِمَتَا	حُكِمَتْ
تُحْكَمُوا	تُحْكَمَا	تُحْكَمَ	MASCULINE 2	حُكِمْتُمْ	حُكِمْتُمَا	حُكِمْتَ
تُحْكَمْنَ	تُحْكَمَا	تُحْكَمِي	FEMININE	حُكِمْتُنَّ	حُكِمْتُمَا	حُكِمْتِ
نُحْكَمَ	---	أُحْكَمَ	1	حُكِمْنَا	---	حُكِمْتُ

JUSSIVE				IMPERFECT		
يُحْكَمُوا	يُحْكَمَا	يُحْكَمْ	MASCULINE 3	يُحْكَمُونَ	يُحْكَمَانِ	يُحْكَمُ
يُحْكَمْنَ	تُحْكَمَا	تُحْكَمْ	FEMININE	يُحْكَمْنَ	تُحْكَمَانِ	تُحْكَمُ
تُحْكَمُوا	تُحْكَمَا	تُحْكَمْ	MASCULINE 2	تُحْكَمُونَ	تُحْكَمَانِ	تُحْكَمُ
تُحْكَمْنَ	تُحْكَمَا	تُحْكَمِي	FEMININE	تُحْكَمْنَ	تُحْكَمَانِ	تُحْكَمِينَ
نُحْكَمْ	---	أُحْكَمْ	1	نُحْكَمُ	---	أُحْكَمُ

You have *to judge* with justice.

يجب أن تَحْكُمَ بالعدل.

He *was sentenced* to death.

حُكِمَ عليه بالإعدام.

Let God *be the judge* between us.

لِيَحْكُمِ الله بيننا.

Form I حلل　　to untie; to solve; to release حَلَّ ●

ACTIVE

		PERFECT SINGULAR	DUAL	PLURAL
3	MASCULINE	حَلَّ	حَلَّا	حَلُّوا
	FEMININE	حَلَّتْ	حَلَّتَا	حَلَلْنَ
2	MASCULINE	حَلَلْتَ	حَلَلْتُمَا	حَلَلْتُمْ
	FEMININE	حَلَلْتِ	حَلَلْتُمَا	حَلَلْتُنَّ
1		حَلَلْتُ	---	حَلَلْنَا

SUBJUNCTIVE SINGULAR	DUAL	PLURAL
يَحُلَّ	يَحُلَّا	يَحُلُّوا
تَحُلَّ	تَحُلَّا	يَحْلُلْنَ
تَحُلَّ	تَحُلَّا	تَحُلُّوا
تَحُلِّي	تَحُلَّا	تَحْلُلْنَ
أَحُلَّ	---	نَحُلَّ

		IMPERFECT SINGULAR	DUAL	PLURAL
3	MASCULINE	يَحُلُّ	يَحُلَّانِ	يَحُلُّونَ
	FEMININE	تَحُلُّ	تَحُلَّانِ	يَحْلُلْنَ
2	MASCULINE	تَحُلُّ	تَحُلَّانِ	تَحُلُّونَ
	FEMININE	تَحُلِّينَ	تَحُلَّانِ	تَحْلُلْنَ
1		أَحُلُّ	---	نَحُلُّ

*JUSSIVE SINGULAR	DUAL	PLURAL
يَحْلُلْ	يَحُلَّا	يَحُلُّوا
تَحْلُلْ	تَحُلَّا	يَحْلُلْنَ
تَحْلُلْ	تَحُلَّا	تَحُلُّوا
تَحُلِّي	تَحُلَّا	تَحْلُلْنَ
أَحْلُلْ	---	نَحْلُلْ

ACTIVE PARTICIPLE حَالٌّ

PASSIVE PARTICIPLE مَحْلُولٌ

VERBAL NOUN حَلٌّ

** IMPERATIVE	SINGULAR	DUAL	PLURAL
MASCULINE	أُحْلُلْ	أُحْلُلَا	أُحْلُلُوا
FEMININE	أُحْلُلِي	أُحْلُلَا	أُحْلُلْنَ

PASSIVE

		PERFECT SINGULAR	DUAL	PLURAL
3	MASCULINE	حُلَّ	حُلَّا	حُلُّوا
	FEMININE	حُلَّتْ	حُلَّتَا	حُلِلْنَ
2	MASCULINE	حُلِلْتَ	حُلِلْتُمَا	حُلِلْتُمْ
	FEMININE	حُلِلْتِ	حُلِلْتُمَا	حُلِلْتُنَّ
1		حُلِلْتُ	---	حُلِلْنَا

SUBJUNCTIVE SINGULAR	DUAL	PLURAL
يُحَلَّ	يُحَلَّا	يُحَلُّوا
تُحَلَّ	تُحَلَّا	يُحْلَلْنَ
تُحَلَّ	تُحَلَّا	تُحَلُّوا
تُحَلِّي	تُحَلَّا	تُحْلَلْنَ
أُحَلَّ	---	نُحَلَّ

		IMPERFECT SINGULAR	DUAL	PLURAL
3	MASCULINE	يُحَلُّ	يُحَلَّانِ	يُحَلُّونَ
	FEMININE	تُحَلُّ	تُحَلَّانِ	يُحْلَلْنَ
2	MASCULINE	تُحَلُّ	تُحَلَّانِ	تُحَلُّونَ
	FEMININE	تُحَلِّينَ	تُحَلَّانِ	تُحْلَلْنَ
1		أُحَلُّ	---	نُحَلُّ

***JUSSIVE SINGULAR	DUAL	PLURAL
يُحْلَلْ	يُحَلَّا	يُحَلُّوا
تُحْلَلْ	تُحَلَّا	يُحْلَلْنَ
تُحْلَلْ	تُحَلَّا	تُحَلُّوا
تُحَلِّي	تُحَلَّا	تُحْلَلْنَ
أُحْلَلْ	---	نُحْلَلْ

* Contracted form: يَحُلَّ, تَحُلَّ, تَحُلَّ, تَحُلِّي, أَحُلَّ...نَحُلَّ

** Contracted form: حُلَّ, حُلِّي, حُلَّا, حُلُّوا...

*** Contracted form: يُحَلَّ, تُحَلَّ, تُحَلَّ, تُحَلِّي, أُحَلَّ...نُحَلَّ

Note that this verb has the same root as the following verb. The two verbs are distinguished only by the characteristic vowel of the second radical, which in this case is *u*.

Don't *release* the donkey from its place.

لا تَحُلَّ الحمار من مكانه.

Who *will solve* this problem?

من الذي سَيَحُلُّ هذه المشكلة؟

Form I حلّ to alight; to take the place of حَلَّ ●

ACTIVE

PLURAL	DUAL	SINGULAR	SUBJUNCTIVE	PLURAL	DUAL	SINGULAR	PERFECT	
يَحِلُّوا	يَحِلاَّ	يَحِلَّ		حَلُّوا	حَلاَّ	حَلَّ	MASCULINE	3
يَحْلِلْنَ	تَحِلاَّ	تَحِلَّ		حَلَلْنَ	حَلَّتَا	حَلَّتْ	FEMININE	
تَحِلُّوا	تَحِلاَّ	تَحِلَّ		حَلَلْتُمْ	حَلَلْتُمَا	حَلَلْتَ	MASCULINE	2
تَحْلِلْنَ	تَحِلاَّ	تَحِلِّي		حَلَلْتُنَّ	حَلَلْتُمَا	حَلَلْتِ	FEMININE	
نَحِلَّ	---	أَحِلَّ		حَلَلْنَا	---	حَلَلْتُ		1

			*JUSSIVE				IMPERFECT	
يَحِلُّوا	يَحِلاَّ	يَحْلِلْ		يَحِلُّونَ	يَحِلاَّنِ	يَحِلُّ	MASCULINE	3
يَحْلِلْنَ	تَحِلاَّ	تَحْلِلْ		يَحْلِلْنَ	تَحِلاَّنِ	تَحِلُّ	FEMININE	
تَحِلُّوا	تَحِلاَّ	تَحْلِلْ		تَحِلُّونَ	تَحِلاَّنِ	تَحِلُّ	MASCULINE	2
تَحْلِلْنَ	تَحِلاَّ	تَحْلِلِي		تَحْلِلْنَ	تَحِلاَّنِ	تَحِلِّينَ	FEMININE	
نَحْلِلْ	---	أَحْلِلْ		نَحِلُّ	---	أَحِلُّ		1

			** IMPERATIVE					
							حَالٌّ	ACTIVE PARTICIPLE
إِحْلِلُوا	إِحْلِلا	إِحْلِلْ	MASCULINE				---	PASSIVE PARTICIPLE
إِحْلِلْنَ	إِحْلِلا	إِحْلِلِي	FEMININE				حُلُولٌ	VERBAL NOUN

Wealth *may take* the place of poverty.

لقد يَحِلُّ الغنى مكان الفقر.

He *took over* the position of director.

حَلَّ في منصب المدير.

The eating of pork *is not permitted* in the religious law of the Muslims or the Jews.

لا يَحِلُّ أكل لحم الخنزير في شريعة المسلمين ولا في شريعة اليهود.

---

* Contracted form: يَحِلَّ, تَحِلَّ, تَحِلَّ, تَحِلِّي, أَحِلَّ...نَحِلَّ

** Contracted form: حِلَّ, حِلِّي, حِلاَّ, حُلُّوا...

Note that this verb has the same root as the preceding verb. The two verbs are distinguished only by the characteristic vowel of the second radical, which in this case is *i*.

Form VIII حلل — to occupy إِحْتَلَّ

ACTIVE

PLURAL	DUAL	SINGULAR	SUBJUNCTIVE	PLURAL	DUAL	SINGULAR	PERFECT	
يَحْتَلُّوا	يَحْتَلَّا	يَحْتَلَّ		إِحْتَلُّوا	إِحْتَلَّا	إِحْتَلَّ	MASCULINE	3
يَحْتَلِلْنَ	تَحْتَلَّا	تَحْتَلَّ		إِحْتَلَلْنَ	إِحْتَلَّتَا	إِحْتَلَّتْ	FEMININE	
تَحْتَلُّوا	تَحْتَلَّا	تَحْتَلَّ		إِحْتَلَلْتُمْ	إِحْتَلَلْتُمَا	إِحْتَلَلْتَ	MASCULINE	2
تَحْتَلِلْنَ	تَحْتَلَّا	تَحْتَلِّي		إِحْتَلَلْتُنَّ	إِحْتَلَلْتُمَا	إِحْتَلَلْتِ	FEMININE	
نَحْتَلَّ	---	أَحْتَلَّ		إِحْتَلَلْنَا	---	إِحْتَلَلْتُ		1

PLURAL	DUAL	SINGULAR	*JUSSIVE	PLURAL	DUAL	SINGULAR	IMPERFECT	
يَحْتَلُّوا	يَحْتَلَّا	يَحْتَلِلْ		يَحْتَلُّونَ	يَحْتَلَّانِ	يَحْتَلُّ	MASCULINE	3
يَحْتَلِلْنَ	تَحْتَلَّا	تَحْتَلِلْ		يَحْتَلِلْنَ	تَحْتَلَّانِ	تَحْتَلُّ	FEMININE	
تَحْتَلُّوا	تَحْتَلَّا	تَحْتَلِلْ		تَحْتَلُّونَ	تَحْتَلَّانِ	تَحْتَلُّ	MASCULINE	2
تَحْتَلِلْنَ	تَحْتَلَّا	تَحْتَلِّي		تَحْتَلِلْنَ	تَحْتَلَّانِ	تَحْتَلِّينَ	FEMININE	
نَحْتَلِلْ	---	أَحْتَلِلْ		نَحْتَلُّ	---	أَحْتَلُّ		1

			** IMPERATIVE			مُحْتَلٌّ	ACTIVE PARTICIPLE
إِحْتَلُّوا	إِحْتَلَّا	إِحْتَلِلْ	MASCULINE			مُحْتَلٌّ	PASSIVE PARTICIPLE
إِحْتَلِلْنَ	إِحْتَلَّا	إِحْتَلِّي	FEMININE			إِحْتِلالٌ	VERBAL NOUN

PASSIVE

PLURAL	DUAL	SINGULAR	SUBJUNCTIVE	PLURAL	DUAL	SINGULAR	PERFECT	
يُحْتَلُّوا	يُحْتَلَّا	يُحْتَلَّ		أُحْتُلُّوا	أُحْتُلَّا	أُحْتُلَّ	MASCULINE	3
يُحْتَلَلْنَ	تُحْتَلَّا	تُحْتَلَّ		أُحْتُلِلْنَ	أُحْتُلَّتَا	أُحْتُلَّتْ	FEMININE	
تُحْتَلُّوا	تُحْتَلَّا	تُحْتَلَّ		أُحْتُلِلْتُمْ	أُحْتُلِلْتُمَا	أُحْتُلِلْتَ	MASCULINE	2
تُحْتَلَلْنَ	تُحْتَلَّا	تُحْتَلِّي		أُحْتُلِلْتُنَّ	أُحْتُلِلْتُمَا	أُحْتُلِلْتِ	FEMININE	
نُحْتَلَّ	---	أُحْتَلَّ		أُحْتُلِلْنَا	---	أُحْتُلِلْتُ		1

---

* Contracted form: يَحْتَلَّ, تَحْتَلَّ, تَحْتَلَّ, تَحْتَلِّي, أَحْتَلَّ...نَحْتَلَّ

** Contracted form: إِحْتَلَّ, إِحْتَلِّي, إِحْتَلَّا, إِحْتَلُّوا...

*JUSSIVE				IMPERFECT				
يُحْتَلُّوا	يُحْتَلّا	يُحْتَلَّ		يُحْتَلُّونَ	يُحْتَلّانِ	يُحْتَلُّ	MASCULINE	3
يُحْتَلَلْنَ	تُحْتَلّا	تُحْتَلَّ		يُحْتَلَلْنَ	يُحْتَلّانِ	تُحْتَلُّ	FEMININE	
تُحْتَلُّوا	تُحْتَلّا	تُحْتَلَّ		تُحْتَلُّونَ	تُحْتَلّانِ	تُحْتَلُّ	MASCULINE	2
تُحْتَلَلْنَ	تُحْتَلّا	تُحْتَلّي		تُحْتَلَلْنَ	تُحْتَلّانِ	تُحْتَلّينَ	FEMININE	
نُحْتَلَّ	---	أُحْتَلَّ		نُحْتَلُّ	---	أُحْتَلُّ		1

Economic problems *occupy* the first position in the government's priorities.

تَحتَلُّ المشاكل الإقتصادية المكانة الأولى في أوليات الحكومة.

I *will occupy* the first rank among the students.

سَأَحْتَلُّ المرتبة الأولى بين الطلاب.

The United Kingdom *occupied* many countries during the age of imperialism.

إحْتَلَّتْ المملكة المتحدة العديد من الدول أثناء الفترة الإمبريالية.

Form I حمل   to carry حَمَلَ ●

ACTIVE

PLURAL	DUAL	SINGULAR	SUBJUNCTIVE	PLURAL	DUAL	SINGULAR	PERFECT	
يَحْمِلُوا	يَحْمِلا	يَحْمِلَ		حَمَلُوا	حَمَلا	حَمَلَ	MASCULINE	3
يَحْمِلْنَ	تَحْمِلا	تَحْمِلَ		حَمَلْنَ	حَمَلَتا	حَمَلَتْ	FEMININE	
تَحْمِلُوا	تَحْمِلا	تَحْمِلَ		حَمَلْتُمْ	حَمَلْتُما	حَمَلْتَ	MASCULINE	2
تَحْمِلْنَ	تَحْمِلا	تَحْمِلي		حَمَلْتُنَّ	حَمَلْتُما	حَمَلْتِ	FEMININE	
نَحْمِلَ	---	أَحْمِلَ		حَمَلْنا	---	حَمَلْتُ		1

JUSSIVE | IMPERFECT

PLURAL	DUAL	SINGULAR	JUSSIVE	PLURAL	DUAL	SINGULAR	IMPERFECT	
يَحْمِلُوا	يَحْمِلا	يَحْمِلْ		يَحْمِلُونَ	يَحْمِلانِ	يَحْمِلُ	MASCULINE	3
يَحْمِلْنَ	تَحْمِلا	تَحْمِلْ		يَحْمِلْنَ	تَحْمِلانِ	تَحْمِلُ	FEMININE	
تَحْمِلُوا	تَحْمِلا	تَحْمِلْ		تَحْمِلُونَ	تَحْمِلانِ	تَحْمِلُ	MASCULINE	2
تَحْمِلْنَ	تَحْمِلا	تَحْمِلي		تَحْمِلْنَ	تَحْمِلانِ	تَحْمِلينَ	FEMININE	
نَحْمِلْ	---	أَحْمِلْ		نَحْمِلُ	---	أَحْمِلُ		1

IMPERATIVE

إحْمِلُوا	إحْمِلا	إحْمِلْ	MASCULINE			حَامِلٌ	ACTIVE PARTICIPLE
إحْمِلْنَ	إحْمِلا	إحْمِلي	FEMININE			مَحْمُولٌ	PASSIVE PARTICIPLE
						حَمْلٌ	VERBAL NOUN

---

* Contracted form: يُحْتَلَّ, تُحْتَلَّ, تُحْتَلَّ, تُحْتَلّي, أُحْتَلَّ... نُحْتَلَّ

105

PASSIVE

		PERFECT SINGULAR	DUAL	PLURAL	SUBJUNCTIVE SINGULAR	DUAL	PLURAL
3	MASCULINE	حُمِلَ	حُمِلا	حُمِلُوا	يُحْمَلَ	يُحْمَلا	يُحْمَلُوا
	FEMININE	حُمِلَتْ	حُمِلَتَا	حُمِلْنَ	تُحْمَلَ	تُحْمَلا	يُحْمَلْنَ
2	MASCULINE	حُمِلْتَ	حُمِلْتُمَا	حُمِلْتُمْ	تُحْمَلَ	تُحْمَلا	تُحْمَلُوا
	FEMININE	حُمِلْتِ	حُمِلْتُمَا	حُمِلْتُنَّ	تُحْمَلِي	تُحْمَلا	تُحْمَلْنَ
1		حُمِلْتُ	---	حُمِلْنَا	أُحْمَلَ	---	نُحْمَلَ

		IMPERFECT SINGULAR	DUAL	PLURAL	JUSSIVE SINGULAR	DUAL	PLURAL
3	MASCULINE	يُحْمَلُ	يُحْمَلانِ	يُحْمَلُونَ	يُحْمَلْ	يُحْمَلا	يُحْمَلُوا
	FEMININE	تُحْمَلُ	تُحْمَلانِ	يُحْمَلْنَ	تُحْمَلْ	تُحْمَلا	يُحْمَلْنَ
2	MASCULINE	تُحْمَلُ	تُحْمَلانِ	تُحْمَلُونَ	تُحْمَلْ	تُحْمَلا	تُحْمَلُوا
	FEMININE	تُحْمَلِينَ	تُحْمَلانِ	تُحْمَلْنَ	تُحْمَلِي	تُحْمَلا	تُحْمَلْنَ
1		أُحْمَلُ	---	نُحْمَلُ	أُحْمَلْ	---	نُحْمَلْ

أصبح الآن من العادي في الشرق الأوسط أن ترى الأباء يَحْمِلُونَ أطفالهم.
It has become normal in the Middle East to see fathers *carrying* their children.

يَحْمِلُ كل طفل حقيبة إلى المدرسة ملآنة بالكتب الثقيلة.
Every child *carries* a backpack full of heavy books to school.

هؤلاء الأبناء يَحْمِلُونَ مشاعر التقدير نحو والِديهم.
These children *hold* their parents in esteem [literally: *bear* feelings of esteem toward their parents].

هل يمكن أن تَحْمِلَ مسؤولية إطعام السمك الذهبي في بيتي ؟
Can you *take* responsibility for feeding the goldfish at my house?

Form V حمل — to endure; to take upon oneself تَحَمَّلَ

ACTIVE

		PERFECT SINGULAR	DUAL	PLURAL	SUBJUNCTIVE SINGULAR	DUAL	PLURAL
3	MASCULINE	تَحَمَّلَ	تَحَمَّلا	تَحَمَّلُوا	يَتَحَمَّلَ	يَتَحَمَّلا	يَتَحَمَّلُوا
	FEMININE	تَحَمَّلَتْ	تَحَمَّلا	تَحَمَّلْنَ	تَتَحَمَّلَ	تَتَحَمَّلا	يَتَحَمَّلْنَ
2	MASCULINE	تَحَمَّلْتَ	تَحَمَّلْتُمَا	تَحَمَّلْتُمْ	تَتَحَمَّلَ	تَتَحَمَّلا	تَتَحَمَّلُوا
	FEMININE	تَحَمَّلْتِ	تَحَمَّلْتُمَا	تَحَمَّلْتُنَّ	تَتَحَمَّلِي	تَتَحَمَّلا	تَتَحَمَّلْنَ
1		تَحَمَّلْتُ	---	تَحَمَّلْنَا	أَتَحَمَّلَ	---	نَتَحَمَّلَ

	JUSSIVE				IMPERFECT		
يَتَحَمَّلُوا	يَتَحَمَّلا	يَتَحَمَّلْ		يَتَحَمَّلُونَ	يَتَحَمَّلانِ	يَتَحَمَّلُ	MASCULINE 3
يَتَحَمَّلْنَ	تَتَحَمَّلا	تَتَحَمَّلْ		يَتَحَمَّلْنَ	تَتَحَمَّلانِ	تَتَحَمَّلُ	FEMININE
تَتَحَمَّلُوا	تَتَحَمَّلا	تَتَحَمَّلْ		تَتَحَمَّلُونَ	تَتَحَمَّلانِ	تَتَحَمَّلُ	MASCULINE 2
تَتَحَمَّلْنَ	تَتَحَمَّلا	تَتَحَمَّلِي		تَتَحَمَّلْنَ	تَتَحَمَّلانِ	تَتَحَمَّلِينَ	FEMININE
	نَتَحَمَّلْ	---	أَتَحَمَّلْ		نَتَحَمَّلُ	---	أَتَحَمَّلُ 1

IMPERATIVE

مُتَحَمِّلٌ ACTIVE PARTICIPLE

	IMPERATIVE			
تَحَمَّلُوا	تَحَمَّلا	تَحَمَّلْ	MASCULINE	مُتَحَمَّلٌ PASSIVE PARTICIPLE
تَحَمَّلْنَ	تَحَمَّلا	تَحَمَّلِي	FEMININE	تَحَمُّلٌ VERBAL NOUN

PASSIVE

PLURAL	DUAL	SINGULAR	**SUBJUNCTIVE**	PLURAL	DUAL	SINGULAR	**PERFECT**
يُتَحَمَّلا	يُتَحَمَّلا	يُتَحَمَّلَ		تُحُمِّلُوا	تُحُمِّلا	تُحُمِّلَ	MASCULINE 3
يُتَحَمَّلْنَ	تُتَحَمَّلا	تُتَحَمَّلَ		تُحُمِّلْنَ	تُحُمِّلَتا	تُحُمِّلَتْ	FEMININE
تُتَحَمَّلُوا	تُتَحَمَّلا	تُتَحَمَّلَ		تُحُمِّلْتُمْ	تُحُمِّلْتُمَا	تُحُمِّلْتَ	MASCULINE 2
تُتَحَمَّلْنَ	تُتَحَمَّلا	تُتَحَمَّلِي		تُحُمِّلْتُنَّ	تُحُمِّلْتُمَا	تُحُمِّلْتِ	FEMININE
	نُتَحَمَّلَ	---	أُتَحَمَّلَ		تُحُمِّلْنَا	---	تُحُمِّلْتُ 1

	JUSSIVE				IMPERFECT		
يُتَحَمَّلُوا	يُتَحَمَّلا	يُتَحَمَّلْ		يُتَحَمَّلُونَ	يُتَحَمَّلانِ	يُتَحَمَّلُ	MASCULINE 3
يُتَحَمَّلْنَ	تُتَحَمَّلا	تُتَحَمَّلْ		يُتَحَمَّلْنَ	تُتَحَمَّلانِ	تُتَحَمَّلُ	FEMININE
تُتَحَمَّلُوا	تُتَحَمَّلا	تُتَحَمَّلْ		تُتَحَمَّلُونَ	تُتَحَمَّلانِ	تُتَحَمَّلُ	MASCULINE 2
تُتَحَمَّلْنَ	تُتَحَمَّلا	تُتَحَمَّلِي		تُتَحَمَّلْنَ	تُتَحَمَّلانِ	تُتَحَمَّلِينَ	FEMININE
	نُتَحَمَّلْ	---	أُتَحَمَّلْ		نُتَحَمَّلُ	---	أُتَحَمَّلُ 1

The saints *suffered* many torments on account of their religion.

القديسون تَحَمَّلُوا العديد من العذابات من أجل دينهم.

I have *to assume* responsibility for training them.

يجب أن أَتَحَمَّلَ عبء تدريبهم.

Who *will take* responsibility for the children?

من سَيَتَحَمَّلُ مسؤولية الأطفال؟

My father *took over* the cost of the trip.

تَحَمَّلَ أبي نفقة السفر.

Form VIII حوج

● to need إِحْتَاجَ

ACTIVE

PERFECT

		SINGULAR	DUAL	PLURAL
3	MASCULINE	إِحْتَاجَ	إِحْتَاجَا	إِحْتَاجُوا
	FEMININE	إِحْتَاجَتْ	إِحْتَاجَتَا	إِحْتَجْنَ
2	MASCULINE	إِحْتَجْتَ	إِحْتَجْتُمَا	إِحْتَجْتُمْ
	FEMININE	إِحْتَجْتِ	إِحْتَجْتُمَا	إِحْتَجْتُنَّ
1		إِحْتَجْتُ	---	إِحْتَجْنَا

SUBJUNCTIVE

		SINGULAR	DUAL	PLURAL
3	MASCULINE	يَحْتَاجَ	يَحْتَاجَا	يَحْتَاجُوا
	FEMININE	تَحْتَاجَ	تَحْتَاجَا	يَحْتَجْنَ
2	MASCULINE	تَحْتَاجَ	تَحْتَاجَا	تَحْتَاجُوا
	FEMININE	تَحْتَاجِي	تَحْتَاجَا	تَحْتَجْنَ
1		أَحْتَاجَ	---	نَحْتَاجَ

IMPERFECT

		SINGULAR	DUAL	PLURAL
3	MASCULINE	يَحْتَاجُ	يَحْتَاجَانِ	يَحْتَاجُونَ
	FEMININE	تَحْتَاجُ	تَحْتَاجَانِ	يَحْتَجْنَ
2	MASCULINE	تَحْتَاجُ	تَحْتَاجَانِ	تَحْتَاجُونَ
	FEMININE	تَحْتَاجِينَ	تَحْتَاجَانِ	تَحْتَجْنَ
1		أَحْتَاجُ	---	نَحْتَاجُ

JUSSIVE

		SINGULAR	DUAL	PLURAL
3	MASCULINE	يَحْتَجْ	يَحْتَاجَا	يَحْتَاجُوا
	FEMININE	تَحْتَجْ	تَحْتَاجَا	يَحْتَجْنَ
2	MASCULINE	تَحْتَجْ	تَحْتَاجَا	تَحْتَاجُوا
	FEMININE	تَحْتَاجِي	تَحْتَاجَا	تَحْتَجْنَ
1		أَحْتَجْ	---	نَحْتَجْ

ACTIVE PARTICIPLE	مُحْتَاجٌ
PASSIVE PARTICIPLE	مُحْتَاجٌ
VERBAL NOUN	إِحْتِيَاجٌ

IMPERATIVE

	SINGULAR	DUAL	PLURAL
MASCULINE	إِحْتَجْ	إِحْتَاجَا	إِحْتَاجُوا
FEMININE	إِحْتَاجِي	إِحْتَاجَا	إِحْتَجْنَ

PASSIVE

PERFECT

		SINGULAR	DUAL	PLURAL
3	MASCULINE	أُحْتِيجَ	أُحْتِيجَا	أُحْتِيجُوا
	FEMININE	أُحْتِيجَتْ	أُحْتِيجَتَا	أُحْتِجْنَ
2	MASCULINE	أُحْتِجْتَ	أُحْتِجْتُمَا	أُحْتِجْتُمْ
	FEMININE	أُحْتِجْتِ	أُحْتِجْتُمَا	أُحْتِجْتُنَّ
1		أُحْتِجْتُ	---	أُحْتِجْنَا

SUBJUNCTIVE

		SINGULAR	DUAL	PLURAL
3	MASCULINE	يُحْتَاجَ	يُحْتَاجَا	يُحْتَاجُوا
	FEMININE	تُحْتَاجَ	تُحْتَاجَا	يُحْتَجْنَ
2	MASCULINE	تُحْتَاجَ	تُحْتَاجَا	تُحْتَاجُوا
	FEMININE	تُحْتَاجِي	تُحْتَاجَا	تُحْتَجْنَ
1		أُحْتَاجَ	---	نُحْتَاجَ

IMPERFECT

		SINGULAR	DUAL	PLURAL
3	MASCULINE	يُحْتَاجُ	يُحْتَاجَانِ	يُحْتَاجُونَ
	FEMININE	تُحْتَاجُ	تُحْتَاجَانِ	يُحْتَجْنَ
2	MASCULINE	تُحْتَاجُ	تُحْتَاجَانِ	تُحْتَاجُونَ
	FEMININE	تُحْتَاجِينَ	تُحْتَاجَانِ	تُحْتَجْنَ
1		أُحْتَاجُ	---	نُحْتَاجُ

JUSSIVE

		SINGULAR	DUAL	PLURAL
3	MASCULINE	يُحْتَجْ	يُحْتَاجَا	يُحْتَاجُوا
	FEMININE	تُحْتَجْ	تُحْتَاجَا	يُحْتَجْنَ
2	MASCULINE	تُحْتَجْ	تُحْتَاجَا	تُحْتَاجُوا
	FEMININE	تُحْتَاجِي	تُحْتَاجَا	تُحْتَجْنَ
1		أُحْتَجْ	---	نُحْتَجْ

Who *needs* help?	من يَحْتَاجُ إلى المساعدة؟
We *need* to buy milk every day.	نَحْتَاجُ إلى شراء الحليب كل يوم.
Athletes *will need* specialists in natural healing.	اللاعبون سَيَحْتَاجُونَ إلى اختصاصيي علاج طبيعي.

Form II حول — to transform حَوَّلَ

ACTIVE

PERFECT		SINGULAR	DUAL	PLURAL
3	MASCULINE	حَوَّلَ	حَوَّلا	حَوَّلُوا
	FEMININE	حَوَّلَتْ	حَوَّلَتَا	حَوَّلْنَ
2	MASCULINE	حَوَّلْتَ	حَوَّلْتُمَا	حَوَّلْتُمْ
	FEMININE	حَوَّلْتِ	حَوَّلْتُمَا	حَوَّلْتُنَّ
1		حَوَّلْتُ	---	حَوَّلْنَا

SUBJUNCTIVE	SINGULAR	DUAL	PLURAL
3 MASCULINE	يُحَوِّلَ	يُحَوِّلا	يُحَوِّلُوا
3 FEMININE	تُحَوِّلَ	تُحَوِّلا	يُحَوِّلْنَ
2 MASCULINE	تُحَوِّلَ	تُحَوِّلا	تُحَوِّلُوا
2 FEMININE	تُحَوِّلِي	تُحَوِّلا	تُحَوِّلْنَ
1	أُحَوِّلَ	---	نُحَوِّلَ

IMPERFECT		SINGULAR	DUAL	PLURAL
3	MASCULINE	يُحَوِّلُ	يُحَوِّلانِ	يُحَوِّلُونَ
	FEMININE	تُحَوِّلُ	تُحَوِّلانِ	يُحَوِّلْنَ
2	MASCULINE	تُحَوِّلُ	تُحَوِّلانِ	تُحَوِّلُونَ
	FEMININE	تُحَوِّلِينَ	تُحَوِّلانِ	تُحَوِّلْنَ
1		أُحَوِّلُ	---	نُحَوِّلُ

JUSSIVE	SINGULAR	DUAL	PLURAL
3 MASCULINE	يُحَوِّلْ	يُحَوِّلا	يُحَوِّلُوا
3 FEMININE	تُحَوِّلْ	تُحَوِّلا	يُحَوِّلْنَ
2 MASCULINE	تُحَوِّلْ	تُحَوِّلا	تُحَوِّلُوا
2 FEMININE	تُحَوِّلِي	تُحَوِّلا	تُحَوِّلْنَ
1	أُحَوِّلْ	---	نُحَوِّلْ

ACTIVE PARTICIPLE	مُحَوِّلٌ
PASSIVE PARTICIPLE	مُحَوَّلٌ
VERBAL NOUN	تَحْوِيلٌ

IMPERATIVE	SINGULAR	DUAL	PLURAL
MASCULINE	حَوِّلْ	حَوِّلا	حَوِّلُوا
FEMININE	حَوِّلِي	حَوِّلا	حَوِّلْنَ

PASSIVE

PERFECT		SINGULAR	DUAL	PLURAL
3	MASCULINE	حُوِّلَ	حُوِّلا	حُوِّلُوا
	FEMININE	حُوِّلَتْ	حُوِّلَتَا	حُوِّلْنَ
2	MASCULINE	حُوِّلْتَ	حُوِّلْتُمَا	حُوِّلْتُمْ
	FEMININE	حُوِّلْتِ	حُوِّلْتُمَا	حُوِّلْتُنَّ
1		حُوِّلْتُ	---	حُوِّلْنَا

SUBJUNCTIVE	SINGULAR	DUAL	PLURAL
3 MASCULINE	يُحَوَّلَ	يُحَوَّلا	يُحَوَّلُوا
3 FEMININE	تُحَوَّلَ	تُحَوَّلا	يُحَوَّلْنَ
2 MASCULINE	تُحَوَّلَ	تُحَوَّلا	تُحَوَّلُوا
2 FEMININE	تُحَوَّلِي	تُحَوَّلا	تُحَوَّلْنَ
1	أُحَوَّلَ	---	نُحَوَّلَ

		JUSSIVE			IMPERFECT		
		SINGULAR	DUAL	PLURAL	SINGULAR	DUAL	PLURAL
3	MASCULINE	يُحَوِّلْ	يُحَوِّلا	يُحَوِّلُوا	يُحَوِّلُ	يُحَوِّلانِ	يُحَوِّلُونَ
	FEMININE	تُحَوِّلْ	تُحَوِّلا	يُحَوِّلْنَ	تُحَوِّلُ	تُحَوِّلانِ	يُحَوِّلْنَ
2	MASCULINE	تُحَوِّلْ	تُحَوِّلا	تُحَوِّلُوا	تُحَوِّلُ	تُحَوِّلانِ	تُحَوِّلُونَ
	FEMININE	تُحَوِّلِي	تُحَوِّلا	تُحَوِّلْنَ	تُحَوِّلِينَ	تُحَوِّلانِ	تُحَوِّلْنَ
1		أُحَوِّلْ	---	نُحَوِّلْ	أُحَوِّلُ	---	نُحَوِّلُ

Can *you change* the color yellow to the color orange?
هل يمكنك أن تُحَوِّلَ اللون الأصفر إلى لون برتقالي؟

I have turned my attention from the matter.
حَوَّلْتُ فكري عن هذا الأمر.

Please *transfer* $1,000 to my son in Damascus.
حَوِّلْ الف دولار لابني في دمشق من فضلك.

Form III حول — to attempt, try حَاوَلَ

ACTIVE

		PERFECT			SUBJUNCTIVE		
		SINGULAR	DUAL	PLURAL	SINGULAR	DUAL	PLURAL
3	MASCULINE	حَاوَلَ	حَاوَلا	حَاوَلُوا	يُحَاوِلَ	يُحَاوِلا	يُحَاوِلُوا
	FEMININE	حَاوَلَتْ	حَاوَلَتَا	حَاوَلْنَ	تُحَاوِلَ	تُحَاوِلا	يُحَاوِلْنَ
2	MASCULINE	حَاوَلْتَ	حَاوَلْتُمَا	حَاوَلْتُمْ	تُحَاوِلَ	تُحَاوِلا	تُحَاوِلُوا
	FEMININE	حَاوَلْتِ	حَاوَلْتُمَا	حَاوَلْتُنَّ	تُحَاوِلِي	تُحَاوِلا	تُحَاوِلْنَ
1		حَاوَلْتُ	---	حَاوَلْنَا	أُحَاوِلَ	---	نُحَاوِلَ

		IMPERFECT			JUSSIVE		
		SINGULAR	DUAL	PLURAL	SINGULAR	DUAL	PLURAL
3	MASCULINE	يُحَاوِلُ	يُحَاوِلانِ	يُحَاوِلُونَ	يُحَاوِلْ	يُحَاوِلا	يُحَاوِلُوا
	FEMININE	تُحَاوِلُ	تُحَاوِلانِ	يُحَاوِلْنَ	تُحَاوِلْ	تُحَاوِلا	يُحَاوِلْنَ
2	MASCULINE	تُحَاوِلُ	تُحَاوِلانِ	تُحَاوِلُونَ	تُحَاوِلْ	تُحَاوِلا	تُحَاوِلُوا
	FEMININE	تُحَاوِلِينَ	تُحَاوِلانِ	تُحَاوِلْنَ	تُحَاوِلِي	تُحَاوِلا	تُحَاوِلْنَ
1		أُحَاوِلُ	---	نُحَاوِلُ	أُحَاوِلْ	---	نُحَاوِلْ

ACTIVE PARTICIPLE	مُحَاوِلٌ
PASSIVE PARTICIPLE	مُحَاوَلٌ
VERBAL NOUN	مُحَاوَلَةٌ

IMPERATIVE	SINGULAR	DUAL	PLURAL
MASCULINE	حَاوِلْ	حَاوِلا	حَاوِلُوا
FEMININE	حَاوِلِي	حَاوِلا	حَاوِلْنَ

PASSIVE

PLURAL	DUAL	SINGULAR	SUBJUNCTIVE	PLURAL	DUAL	SINGULAR	PERFECT	
يُحَاوَلُوا	يُحَاوَلا	يُحَاوَلَ		حُووِلُوا	حُووِلا	حُووِلَ	MASCULINE	3
يُحَاوَلْنَ	تُحَاوَلا	تُحَاوَلَ		حُووِلْنَ	حُووِلَتَا	حُووِلَتْ	FEMININE	
تُحَاوَلُوا	تُحَاوَلا	تُحَاوَلَ		حُووِلْتُمْ	حُووِلْتُمَا	حُووِلْتَ	MASCULINE	2
تُحَاوَلْنَ	تُحَاوَلا	تُحَاوَلِي		حُووِلْتُنَّ	حُووِلْتُمَا	حُووِلْتِ	FEMININE	
نُحَاوَلَ	---	أُحَاوَلَ		حُووِلْنَا	---	حُووِلْتُ		1

			JUSSIVE				IMPERFECT	
يُحَاوَلُوا	يُحَاوَلا	يُحَاوَلْ		يُحَاوَلُونَ	يُحَاوَلانِ	يُحَاوَلُ	MASCULINE	3
يُحَاوَلْنَ	تُحَاوَلا	تُحَاوَلْ		يُحَاوَلْنَ	تُحَاوَلانِ	تُحَاوَلُ	FEMININE	
تُحَاوَلُوا	تُحَاوَلا	تُحَاوَلْ		تُحَاوَلُونَ	تُحَاوَلانِ	تُحَاوَلُ	MASCULINE	2
تُحَاوَلْنَ	تُحَاوَلا	تُحَاوَلِي		تُحَاوَلْنَ	تُحَاوَلانِ	تُحَاوَلِينَ	FEMININE	
نُحَاوَلْ	---	أُحَاوَلْ		نُحَاوَلُ	---	أُحَاوَلُ		1

I tried to get in touch with you, but I didn't find you. — حَاوَلْتُ الإتصال بك ولم أجدك.

We're going to try to go to the game. — سَنُحَاوِلُ أن نذهب إلى المباراة.

Let's *try* to phone him again; maybe he's sleeping. — دعونا نُحَاوِلْ الإتصال به مرة أخرى, ربما يكون نائماً؟

Form VIII حوي — to contain, encompass إِحْتَوَى

ACTIVE

PLURAL	DUAL	SINGULAR	SUBJUNCTIVE	PLURAL	DUAL	SINGULAR	PERFECT	
يَحْتَوُوا	يَحْتَوِيَا	يَحْتَوِيَ		إِحْتَوَوْا	إِحْتَوَيَا	إِحْتَوَى	MASCULINE	3
يَحْتَوِينَ	تَحْتَوِيَا	تَحْتَوِيَ		إِحْتَوَيْنَ	إِحْتَوَتَا	إِحْتَوَتْ	FEMININE	
تَحْتَوُوا	تَحْتَوِيَا	تَحْتَوِيَ		إِحْتَوَيْتُمْ	إِحْتَوَيْتُمَا	إِحْتَوَيْتَ	MASCULINE	2
تَحْتَوِينَ	تَحْتَوِيَا	تَحْتَوِي		إِحْتَوَيْتُنَّ	إِحْتَوَيْتُمَا	إِحْتَوَيْتِ	FEMININE	
نَحْتَوِيَ	---	أَحْتَوِيَ		إِحْتَوَيْنَا	---	إِحْتَوَيْتُ		1

IMPERFECT

		SINGULAR	DUAL	PLURAL
3	MASCULINE	يَحْتَوِي	يَحْتَوِيَانِ	يَحْتَوُونَ
	FEMININE	تَحْتَوِي	تَحْتَوِيَانِ	يَحْتَوِينَ
2	MASCULINE	تَحْتَوِي	تَحْتَوِيَانِ	تَحْتَوُونَ
	FEMININE	تَحْتَوِينَ	تَحْتَوِيَانِ	تَحْتَوِينَ
1		أَحْتَوِي	---	نَحْتَوِي

JUSSIVE

		SINGULAR	DUAL	PLURAL
3	MASCULINE	يَحْتَوِ	يَحْتَوِيَا	يَحْتَوُوا
	FEMININE	تَحْتَوِ	تَحْتَوِيَا	يَحْتَوِينَ
2	MASCULINE	تَحْتَوِ	تَحْتَوِيَا	تَحْتَوُوا
	FEMININE	تَحْتَوِي	تَحْتَوِيَا	تَحْتَوِينَ
1		أَحْتَوِ	---	نَحْتَوِ

ACTIVE PARTICIPLE	مُحْتَوٍ
PASSIVE PARTICIPLE	مُحْتَوًى
VERBAL NOUN	إِحْتِوَاءٌ

IMPERATIVE

	SINGULAR	DUAL	PLURAL
MASCULINE	إِحْتَوِ	إِحْتَوِيَا	إِحْتَوُوا
FEMININE	إِحْتَوِي	إِحْتَوِيَا	إِحْتَوِينَ

PASSIVE

PERFECT

		SINGULAR	DUAL	PLURAL
3	MASCULINE	أُحْتُوِيَ	أُحْتُوِيَا	أُحْتُوُوا
	FEMININE	أُحْتُوِيَتْ	أُحْتُوِيَتَا	أُحْتُوِينَ
2	MASCULINE	أُحْتُوِيتَ	أُحْتُوِيتُمَا	أُحْتُوِيتُمْ
	FEMININE	أُحْتُوِيتِ	أُحْتُوِيتُمَا	أُحْتُوِيتُنَّ
1		أُحْتُوِيتُ	---	أُحْتُوِينَا

SUBJUNCTIVE

		SINGULAR	DUAL	PLURAL
3	MASCULINE	يُحْتَوَى	يُحْتَوَيَا	يُحْتَوَوْا
	FEMININE	تُحْتَوَى	تُحْتَوَيَا	يُحْتَوَيْنَ
2	MASCULINE	تُحْتَوَى	تُحْتَوَيَا	تُحْتَوَوْا
	FEMININE	تُحْتَوَيْ	تُحْتَوَيَا	تُحْتَوَيْنَ
1		أُحْتَوَى	---	نُحْتَوَى

IMPERFECT

		SINGULAR	DUAL	PLURAL
3	MASCULINE	يُحْتَوَى	يُحْتَوَيَانِ	يُحْتَوَوْنَ
	FEMININE	تُحْتَوَى	تُحْتَوَيَانِ	يُحْتَوَيْنَ
2	MASCULINE	تُحْتَوَى	تُحْتَوَيَانِ	تُحْتَوَوْنَ
	FEMININE	تُحْتَوَيْنَ	تُحْتَوَيَانِ	تُحْتَوَيْنَ
1		أُحْتَوَى	---	نُحْتَوَى

JUSSIVE

		SINGULAR	DUAL	PLURAL
3	MASCULINE	يُحْتَوَ	يُحْتَوَيَا	يُحْتَوَوْا
	FEMININE	تُحْتَوَ	تُحْتَوَيَا	يُحْتَوَيْنَ
2	MASCULINE	تُحْتَوَ	تُحْتَوَيَا	تُحْتَوَوْا
	FEMININE	تُحْتَوَيْ	تُحْتَوَيَا	تُحْتَوَيْنَ
1		أُحْتَوَ	---	نُحْتَوَ

هذا الكتاب يَحْتَوِي على خمسة فصول.

This book *contains* five chapters.

إِحْتَوَى البرنامج على بعض الأغاني الشعبية.

The program *included* a number of folk songs.

التحدي الآن هو كيف سَتَحْتَوُونَ هذا الموقف؟

Now the challenge is how are you going to handle [literally: *encompass*] this situation?

Form I حين   to draw near (time) حَانَ ●

ACTIVE

PLURAL	DUAL	SINGULAR	SUBJUNCTIVE	PLURAL	DUAL	SINGULAR	PERFECT	
		يَحِينَ				حَانَ	MASCULINE	3
		تَحِينَ				حَانَتْ	FEMININE	
		---				---	MASCULINE	2
		---				---	FEMININE	
		---				---		1
			JUSSIVE				**IMPERFECT**	
		يَحِنْ				يَحِينُ	MASCULINE	3
		تَحِنْ				تَحِينُ	FEMININE	
		---				---	MASCULINE	2
		---				---	FEMININE	
		---				---		1
			IMPERATIVE			حَائِنٌ	ACTIVE PARTICIPLE	
		---	MASCULINE			---	PASSIVE PARTICIPLE	
		---	FEMININE			---	VERBAL NOUN	

It is now time [literally: The time *has come*] for the evening call to prayer.	حَانَ الآن موعد آذان العشاء.
Haven't they understood yet [literally: Hasn't the time *come* for them to understand] what I'm saying?	أما حَانَ لهم أن يفهموا ما أقول؟
I happened to turn around [literally: *The time* for turning *came*] to the boy just when he was drowning [literally: and he was drowning].	حَانَتْ مني التفاتة إلى الولد وهو يغرق.

Form I حيي to live *حَيَّ ●

ACTIVE

			PERFECT	SINGULAR	DUAL	PLURAL
3	MASCULINE			حَيَّ	حَيَّا	حَيُّوا
	FEMININE			حَيَّتْ	حَيَّتَا	حَيِينَ
2	MASCULINE			حَيِيتَ	حَيِيتُمَا	حَيِيتُمْ
	FEMININE			حَيِيتِ	حَيِيتُمَا	حَيِيتُنَّ
1				حَيِيتُ	---	حَيِينَا

	SUBJUNCTIVE	SINGULAR	DUAL	PLURAL
3 MASCULINE		يَحْيَا	يَحْيَا	يَحْيَوْا
3 FEMININE		تَحْيَا	تَحْيَا	يَحْيَيْنَ
2 MASCULINE		تَحْيَا	تَحْيَا	تَحْيَوْا
2 FEMININE		تَحْيَيْ	تَحْيَا	تَحْيَيْنَ
1		أَحْيَا	---	نَحْيَا

		IMPERFECT	SINGULAR	DUAL	PLURAL
3	MASCULINE		يَحْيَا	يَحْيَانِ	يَحْيَوْنَ
	FEMININE		تَحْيَا	تَحْيَانِ	يَحْيَيْنَ
2	MASCULINE		تَحْيَا	تَحْيَانِ	تَحْيَوْنَ
	FEMININE		تَحْيَيْنَ	تَحْيَانِ	تَحْيَيْنَ
1			أَحْيَا	---	نَحْيَا

	JUSSIVE	SINGULAR	DUAL	PLURAL
3 MASCULINE		يَحْيَ	يَحْيَا	يَحْيَوْا
3 FEMININE		تَحْيَ	تَحْيَا	يَحْيَيْنَ
2 MASCULINE		تَحْيَ	تَحْيَا	تَحْيَوْا
2 FEMININE		تَحْيَيْ	تَحْيَا	تَحْيَيْنَ
1		أَحْيَ	---	نَحْيَ

ACTIVE PARTICIPLE	حَايٍ**
PASSIVE PARTICIPLE	---
VERBAL NOUN	حَيَاةٌ

IMPERATIVE	SINGULAR	DUAL	PLURAL
MASCULINE	إِحْيَ	إِحْيَا	إِحْيَوْا
FEMININE	إِحْيَيْ	إِحْيَا	إِحْيَيْنَ

Long *live* the king [literally: May the king live]!

لِيَحْيَ الملك!

Who among us *will live* until the third millennium?

مَن منا سَيَحْيَا حتى الألفية الثالثة؟

Deal with this world as if *you are going to live* forever, and deal with the next world as if you are going to die tomorrow [Hadith].

إعمل لدنياك وكأنك تَحْيَا أبداً واعمل لآخرتك كأنك تموت غداً.

* This verb also occurs in the form حَيِيَ. The only difference in the conjugation is the perfect third-person feminine singular حَيِيَتْ.

** This participle is usually replaced by the adjective حَيٌّ

Form II حيي — to greet حَيَّى

ACTIVE

		PERFECT SINGULAR	DUAL	PLURAL	SUBJUNCTIVE SINGULAR	DUAL	PLURAL
3	MASCULINE	حَيَّى	حَيَّيَا	حَيَّوْا	يُحَيِّيَ	يُحَيِّيَا	يُحَيُّوا
	FEMININE	حَيَّتْ	حَيَّتَا	حَيَّيْنَ	تُحَيِّيَ	تُحَيِّيَا	يُحَيِّينَ
2	MASCULINE	حَيَّيْتَ	حَيَّيْتُمَا	حَيَّيْتُمْ	تُحَيِّيَ	تُحَيِّيَا	تُحَيُّوا
	FEMININE	حَيَّيْتِ	حَيَّيْتُمَا	حَيَّيْتُنَّ	تُحَيِّي	تُحَيِّيَا	تُحَيِّينَ
1		حَيَّيْتُ	---	حَيَّيْنَا	أُحَيِّيَ	---	نُحَيِّيَ

		IMPERFECT SINGULAR	DUAL	PLURAL	JUSSIVE SINGULAR	DUAL	PLURAL
3	MASCULINE	يُحَيِّي	يُحَيِّيَانِ	يُحَيُّونَ	يُحَيِّ	يُحَيِّيَا	يُحَيُّوا
	FEMININE	تُحَيِّي	تُحَيِّيَانِ	يُحَيِّينَ	تُحَيِّ	تُحَيِّيَا	يُحَيِّينَ
2	MASCULINE	تُحَيِّي	تُحَيِّيَانِ	تُحَيُّونَ	تُحَيِّ	تُحَيِّيَا	تُحَيُّوا
	FEMININE	تُحَيِّينَ	تُحَيِّيَانِ	تُحَيِّينَ	تُحَيِّي	تُحَيِّيَا	تُحَيِّينَ
1		أُحَيِّي	---	نُحَيِّي	أُحَيِّ	---	نُحَيِّ

ACTIVE PARTICIPLE	مُحَيٍّ
PASSIVE PARTICIPLE	مُحَيًّى
VERBAL NOUN	تَحِيَّةٌ

IMPERATIVE	SINGULAR	DUAL	PLURAL
MASCULINE	حَيِّ	حَيِّيَا	حَيُّوا
FEMININE	حَيِّي	حَيِّيَا	حَيِّينَ

PASSIVE

		PERFECT SINGULAR	DUAL	PLURAL	SUBJUNCTIVE SINGULAR	DUAL	PLURAL
3	MASCULINE	حُيِّيَ	حُيِّيَا	حُيُّوا	يُحَيَّى	يُحَيَّيَا	يُحَيَّوْا
	FEMININE	حُيِّيَتْ	حُيِّيَتَا	حُيِّينَ	تُحَيَّى	تُحَيَّيَا	يُحَيَّيْنَ
2	MASCULINE	حُيِّيتَ	حُيِّيتُمَا	حُيِّيتُمْ	تُحَيَّى	تُحَيَّيَا	تُحَيَّوْا
	FEMININE	حُيِّيتِ	حُيِّيتُمَا	حُيِّيتُنَّ	تُحَيَّيْ	تُحَيَّيَا	تُحَيَّيْنَ
1		حُيِّيتُ	---	حُيِّينَا	أُحَيَّى	---	نُحَيَّى

		IMPERFECT SINGULAR	DUAL	PLURAL	JUSSIVE SINGULAR	DUAL	PLURAL
3	MASCULINE	يُحَيَّى	يُحَيَّيَانِ	يُحَيَّوْنَ	يُحَيَّ	يُحَيَّيَا	يُحَيَّوْا
	FEMININE	تُحَيَّى	تُحَيَّيَانِ	يُحَيَّيْنَ	تُحَيَّ	تُحَيَّيَا	يُحَيَّيْنَ
2	MASCULINE	تُحَيَّى	تُحَيَّيَانِ	تُحَيَّوْنَ	تُحَيَّ	تُحَيَّيَا	تُحَيَّوْا
	FEMININE	تُحَيَّيْنَ	تُحَيَّيَانِ	تُحَيَّيْنَ	تُحَيَّيْ	تُحَيَّيَا	تُحَيَّيْنَ
1		أُحَيَّى	---	نُحَيَّى	أُحَيَّ	---	نُحَيَّ

Muslims *greet* one another by saying, "Peace be upon you." — المسلمون يُحَيُّونَ بعضهم البعض قائلين «السلام عليكم».

God *preserve* you! — حَيَّاكَ اللهُ!

Form IV خبر — to inform أَخْبَرَ

ACTIVE

PERFECT		SINGULAR	DUAL	PLURAL
3	MASCULINE	أَخْبَرَ	أَخْبَرَا	أَخْبَرُوا
	FEMININE	أَخْبَرَتْ	أَخْبَرَتَا	أَخْبَرْنَ
2	MASCULINE	أَخْبَرْتَ	أَخْبَرْتُمَا	أَخْبَرْتُمْ
	FEMININE	أَخْبَرْتِ	أَخْبَرْتُمَا	أَخْبَرْتُنَّ
1		أَخْبَرْتُ	---	أَخْبَرْنَا

SUBJUNCTIVE		SINGULAR	DUAL	PLURAL
3	MASCULINE	يُخْبِرَ	يُخْبِرَا	يُخْبِرُوا
	FEMININE	تُخْبِرَ	تُخْبِرَا	يُخْبِرْنَ
2	MASCULINE	تُخْبِرَ	تُخْبِرَا	تُخْبِرُوا
	FEMININE	تُخْبِرِي	تُخْبِرَا	تُخْبِرْنَ
1		أُخْبِرَ	---	نُخْبِرَ

IMPERFECT		SINGULAR	DUAL	PLURAL
3	MASCULINE	يُخْبِرُ	يُخْبِرَانِ	يُخْبِرُونَ
	FEMININE	تُخْبِرُ	تُخْبِرَانِ	يُخْبِرْنَ
2	MASCULINE	تُخْبِرُ	تُخْبِرَانِ	تُخْبِرُونَ
	FEMININE	تُخْبِرِينَ	تُخْبِرَانِ	تُخْبِرْنَ
1		أُخْبِرُ	---	نُخْبِرُ

JUSSIVE		SINGULAR	DUAL	PLURAL
3	MASCULINE	يُخْبِرْ	يُخْبِرَا	يُخْبِرُوا
	FEMININE	تُخْبِرْ	تُخْبِرَا	يُخْبِرْنَ
2	MASCULINE	تُخْبِرْ	تُخْبِرَا	تُخْبِرُوا
	FEMININE	تُخْبِرِي	تُخْبِرَا	تُخْبِرْنَ
1		أُخْبِرْ	---	نُخْبِرْ

ACTIVE PARTICIPLE	مُخْبِرٌ
PASSIVE PARTICIPLE	مُخْبَرٌ
VERBAL NOUN	إِخْبَارٌ

IMPERATIVE	SINGULAR	DUAL	PLURAL
MASCULINE	أَخْبِرْ	أَخْبِرَا	أَخْبِرُوا
FEMININE	أَخْبِرِي	أَخْبِرَا	أَخْبِرْنَ

PASSIVE

PERFECT		SINGULAR	DUAL	PLURAL
3	MASCULINE	أُخْبِرَ	أُخْبِرَا	أُخْبِرُوا
	FEMININE	أُخْبِرَتْ	أُخْبِرَتَا	أُخْبِرْنَ
2	MASCULINE	أُخْبِرْتَ	أُخْبِرْتُمَا	أُخْبِرْتُمْ
	FEMININE	أُخْبِرْتِ	أُخْبِرْتُمَا	أُخْبِرْتُنَّ
1		أُخْبِرْتُ	---	أُخْبِرْنَا

SUBJUNCTIVE		SINGULAR	DUAL	PLURAL
3	MASCULINE	يُخْبَرَ	يُخْبَرَا	يُخْبَرُوا
	FEMININE	تُخْبَرَ	تُخْبَرَا	يُخْبَرْنَ
2	MASCULINE	تُخْبَرَ	تُخْبَرَا	تُخْبَرُوا
	FEMININE	تُخْبَرِي	تُخْبَرَا	تُخْبَرْنَ
1		أُخْبَرَ	---	نُخْبَرَ

		IMPERFECT			JUSSIVE		
3	MASCULINE	يُخْبَرُ	يُخْبَرَانِ	يُخْبَرُونَ	يُخْبَرْ	يُخْبَرَا	يُخْبَرُوا
	FEMININE	تُخْبَرُ	تُخْبَرَانِ	يُخْبَرْنَ	تُخْبَرْ	تُخْبَرَا	يُخْبَرْنَ
2	MASCULINE	تُخْبَرُ	تُخْبَرَانِ	تُخْبَرُونَ	تُخْبَرْ	تُخْبَرَا	تُخْبَرُوا
	FEMININE	تُخْبَرِينَ	تُخْبَرَانِ	تُخْبَرْنَ	تُخْبَرِي	تُخْبَرَا	تُخْبَرْنَ
1		أُخْبَرُ	---	نُخْبَرُ	أُخْبَرْ	---	نُخْبَرْ

مَن أَخْبَرَكَ بذلك؟	Who *told you* that?
أَخْبَرَنَا المدير بموعد السفر.	The director *informed us* of the date of the trip.
لماذا لاَ تُخْبِرُنَا بالحقيقة؟	Why don't you *tell us* the truth?

● to finish إِخْتَتَمَ — Form VIII ختم

ACTIVE

		PERFECT SINGULAR	DUAL	PLURAL	SUBJUNCTIVE SINGULAR	DUAL	PLURAL
3	MASCULINE	إِخْتَتَمَ	إِخْتَتَمَا	إِخْتَتَمُوا	يَخْتَتِمَ	يَخْتَتِمَا	يَخْتَتِمُوا
	FEMININE	إِخْتَتَمَتْ	إِخْتَتَمَتَا	إِخْتَتَمْنَ	تَخْتَتِمَ	تَخْتَتِمَا	يَخْتَتِمْنَ
2	MASCULINE	إِخْتَتَمْتَ	إِخْتَتَمْتُمَا	إِخْتَتَمْتُمْ	تَخْتَتِمَ	تَخْتَتِمَا	تَخْتَتِمُوا
	FEMININE	إِخْتَتَمْتِ	إِخْتَتَمْتُمَا	إِخْتَتَمْتُنَّ	تَخْتَتِمِي	تَخْتَتِمَا	تَخْتَتِمْنَ
1		إِخْتَتَمْتُ	---	إِخْتَتَمْنَا	أَخْتَتِمَ	---	نَخْتَتِمَ

		IMPERFECT			JUSSIVE		
3	MASCULINE	يَخْتَتِمُ	يَخْتَتِمَانِ	يَخْتَتِمُونَ	يَخْتَتِمْ	يَخْتَتِمَا	يَخْتَتِمُوا
	FEMININE	تَخْتَتِمُ	تَخْتَتِمَانِ	يَخْتَتِمْنَ	تَخْتَتِمْ	تَخْتَتِمَا	يَخْتَتِمْنَ
2	MASCULINE	تَخْتَتِمُ	تَخْتَتِمَانِ	تَخْتَتِمُونَ	تَخْتَتِمْ	تَخْتَتِمَا	تَخْتَتِمُوا
	FEMININE	تَخْتَتِمِينَ	تَخْتَتِمَانِ	تَخْتَتِمْنَ	تَخْتَتِمِي	تَخْتَتِمَا	تَخْتَتِمْنَ
1		أَخْتَتِمُ	---	نَخْتَتِمُ	أَخْتَتِمْ	---	نَخْتَتِمْ

		IMPERATIVE			
ACTIVE PARTICIPLE	مُخْتَتِمٌ				
PASSIVE PARTICIPLE	مُخْتَتَمٌ	MASCULINE	إِخْتَتِمْ	إِخْتَتِمَا	إِخْتَتِمُوا
VERBAL NOUN	إِخْتِتَامٌ	FEMININE	إِخْتَتِمِي	إِخْتَتِمَا	إِخْتَتِمْنَ

PASSIVE

		PERFECT SINGULAR	DUAL	PLURAL	SUBJUNCTIVE SINGULAR	DUAL	PLURAL
3	MASCULINE	أُخْتُتِمَ	أُخْتُتِمَا	أُخْتُتِمُوا	يُخْتَتَمَ	يُخْتَتَمَا	يُخْتَتَمُوا
	FEMININE	أُخْتُتِمَتْ	أُخْتُتِمَتَا	أُخْتُتِمْنَ	تُخْتَتَمَ	تُخْتَتَمَا	يُخْتَتَمْنَ
2	MASCULINE	أُخْتُتِمْتَ	أُخْتُتِمْتُمَا	أُخْتُتِمْتُمْ	تُخْتَتَمَ	تُخْتَتَمَا	تُخْتَتَمُوا
	FEMININE	أُخْتُتِمْتِ	أُخْتُتِمْتُمَا	أُخْتُتِمْتُنَّ	تُخْتَتَمِي	تُخْتَتَمَا	تُخْتَتَمْنَ
1		أُخْتُتِمْتُ	---	أُخْتُتِمْنَا	أُخْتَتَمَ	---	نُخْتَتَمَ

		IMPERFECT SINGULAR	DUAL	PLURAL	JUSSIVE SINGULAR	DUAL	PLURAL
3	MASCULINE	يُخْتَتَمُ	يُخْتَتَمَانِ	يُخْتَتَمُونَ	يُخْتَتَمْ	يُخْتَتَمَا	يُخْتَتَمُوا
	FEMININE	تُخْتَتَمُ	تُخْتَتَمَانِ	يُخْتَتَمْنَ	تُخْتَتَمْ	تُخْتَتَمَا	يُخْتَتَمْنَ
2	MASCULINE	تُخْتَتَمُ	تُخْتَتَمَانِ	تُخْتَتَمُونَ	تُخْتَتَمْ	تُخْتَتَمَا	تُخْتَتَمُوا
	FEMININE	تُخْتَتَمِينَ	تُخْتَتَمَانِ	تُخْتَتَمْنَ	تُخْتَتَمِي	تُخْتَتَمَا	تُخْتَتَمْنَ
1		أُخْتَتَمُ	---	نُخْتَتَمُ	أُخْتَتَمْ	---	نُخْتَتَمْ

Prayers *conclude* with the word "amen."	تُخْتَتَمُ الصلوات بكلمة «آمين».
How *will you end* the meeting?	كيف سَتَخْتَتِمونَ الإجتماع؟
Why don't *you wrap up* this topic?	لماذا لا تَخْتَتِمينَ هذا الموضوع؟

Form I خدم — to serve خَدَمَ

ACTIVE

		PERFECT SINGULAR	DUAL	PLURAL	SUBJUNCTIVE SINGULAR	DUAL	PLURAL
3	MASCULINE	خَدَمَ	خَدَمَا	خَدَمُوا	يَخْدِمَ	يَخْدِمَا	يَخْدِمُوا
	FEMININE	خَدَمَتْ	خَدَمَتَا	خَدَمْنَ	تَخْدِمَ	تَخْدِمَا	يَخْدِمْنَ
2	MASCULINE	خَدَمْتَ	خَدَمْتُمَا	خَدَمْتُمْ	تَخْدِمَ	تَخْدِمَا	تَخْدِمُوا
	FEMININE	خَدَمْتِ	خَدَمْتُمَا	خَدَمْتُنَّ	تَخْدِمِي	تَخْدِمَا	تَخْدِمْنَ
1		خَدَمْتُ	---	خَدَمْنَا	أَخْدِمَ	---	نَخْدِمَ

		*IMPERFECT		
3	MASCULINE	يَخْدِمُ	يَخْدِمَانِ	يَخْدِمُونَ
	FEMININE	تَخْدِمُ	تَخْدِمَانِ	يَخْدِمْنَ
2	MASCULINE	تَخْدِمُ	تَخْدِمَانِ	تَخْدِمُونَ
	FEMININE	تَخْدِمِينَ	تَخْدِمَانِ	تَخْدِمْنَ
1		أَخْدِمُ	---	نَخْدِمُ

JUSSIVE		
يَخْدِمْ	يَخْدِمَا	يَخْدِمُوا
تَخْدِمْ	تَخْدِمَا	يَخْدِمْنَ
تَخْدِمْ	تَخْدِمَا	تَخْدِمُوا
تَخْدِمِي	تَخْدِمَا	تَخْدِمْنَ
أَخْدِمْ	---	نَخْدِمْ

ACTIVE PARTICIPLE	خَادِمٌ
PASSIVE PARTICIPLE	مَخْدُومٌ
VERBAL NOUN	خِدْمَةٌ

IMPERATIVE			
MASCULINE	إِخْدِمْ	إِخْدِمَا	إِخْدِمُوا
FEMININE	إِخْدِمِي	إِخْدِمَا	إِخْدِمْنَ

PASSIVE

	PERFECT	SINGULAR	DUAL	PLURAL
3	MASCULINE	خُدِمَ	خُدِمَا	خُدِمُوا
	FEMININE	خُدِمَتْ	خُدِمَتَا	خُدِمْنَ
2	MASCULINE	خُدِمْتَ	خُدِمْتُمَا	خُدِمْتُمْ
	FEMININE	خُدِمْتِ	خُدِمْتُمَا	خُدِمْتُنَّ
1		خُدِمْتُ	---	خُدِمْنَا

SUBJUNCTIVE SINGULAR	DUAL	PLURAL
يُخْدَمَ	يُخْدَمَا	يُخْدَمُوا
تُخْدَمَ	تُخْدَمَا	يُخْدَمْنَ
تُخْدَمَ	تُخْدَمَا	تُخْدَمُوا
تُخْدَمِي	تُخْدَمَا	تُخْدَمْنَ
أُخْدَمَ	---	نُخْدَمَ

	IMPERFECT			
3	MASCULINE	يُخْدَمُ	يُخْدَمَانِ	يُخْدَمُونَ
	FEMININE	تُخْدَمُ	تُخْدَمَانِ	يُخْدَمْنَ
2	MASCULINE	تُخْدَمُ	تُخْدَمَانِ	تُخْدَمُونَ
	FEMININE	تُخْدَمِينَ	تُخْدَمَانِ	تُخْدَمْنَ
1		أُخْدَمُ	---	نُخْدَمُ

JUSSIVE		
يُخْدَمْ	يُخْدَمَا	يُخْدَمُوا
تُخْدَمْ	تُخْدَمَا	يُخْدَمْنَ
تُخْدَمْ	تُخْدَمَا	تُخْدَمُوا
تُخْدَمِي	تُخْدَمَا	تُخْدَمْنَ
أُخْدَمْ	---	نُخْدَمْ

خَدَمَ عاطف صلاحاً خِدَمات كثيرة.

Atif *has done* [literally: *served*] many favors for Salah.

الكاهن جرجس سَيَخْدِمُ القداس غداً.

Father Georgius *will celebrate* [literally: *serve*] Mass tomorrow.

نحتاج أن نَخْدِمَ الأرض الصحراوية حتى نرى المحصول.

We have *to cultivate* the arid land until we realize the harvest.

* The imperfect may also be conjugated with *u* as the middle vowel: يَخْدُمُ , and so on.

Form X خدم

to use; to employ إِسْتَخْدَمَ

ACTIVE

PERFECT

		SINGULAR	DUAL	PLURAL
3	MASCULINE	إِسْتَخْدَمَ	إِسْتَخْدَمَا	إِسْتَخْدَمُوا
	FEMININE	إِسْتَخْدَمَتْ	إِسْتَخْدَمَتَا	إِسْتَخْدَمْنَ
2	MASCULINE	إِسْتَخْدَمْتَ	إِسْتَخْدَمْتُمَا	إِسْتَخْدَمْتُمْ
	FEMININE	إِسْتَخْدَمْتِ	إِسْتَخْدَمْتُمَا	إِسْتَخْدَمْتُنَّ
1		إِسْتَخْدَمْتُ	---	إِسْتَخْدَمْنَا

SUBJUNCTIVE

		SINGULAR	DUAL	PLURAL
3	MASCULINE	يَسْتَخْدِمَ	يَسْتَخْدِمَا	يَسْتَخْدِمُوا
	FEMININE	تَسْتَخْدِمَ	تَسْتَخْدِمَا	يَسْتَخْدِمْنَ
2	MASCULINE	تَسْتَخْدِمَ	تَسْتَخْدِمَا	تَسْتَخْدِمُوا
	FEMININE	تَسْتَخْدِمِي	تَسْتَخْدِمَا	تَسْتَخْدِمْنَ
1		أَسْتَخْدِمَ	---	نَسْتَخْدِمَ

IMPERFECT

		SINGULAR	DUAL	PLURAL
3	MASCULINE	يَسْتَخْدِمُ	يَسْتَخْدِمَانِ	يَسْتَخْدِمُونَ
	FEMININE	تَسْتَخْدِمُ	تَسْتَخْدِمَانِ	يَسْتَخْدِمْنَ
2	MASCULINE	تَسْتَخْدِمُ	تَسْتَخْدِمَانِ	تَسْتَخْدِمُونَ
	FEMININE	تَسْتَخْدِمِينَ	تَسْتَخْدِمَانِ	تَسْتَخْدِمْنَ
1		أَسْتَخْدِمُ	---	نَسْتَخْدِمُ

JUSSIVE

		SINGULAR	DUAL	PLURAL
3	MASCULINE	يَسْتَخْدِمْ	يَسْتَخْدِمَا	يَسْتَخْدِمُوا
	FEMININE	تَسْتَخْدِمْ	تَسْتَخْدِمَا	يَسْتَخْدِمْنَ
2	MASCULINE	تَسْتَخْدِمْ	تَسْتَخْدِمَا	تَسْتَخْدِمُوا
	FEMININE	تَسْتَخْدِمِي	تَسْتَخْدِمَا	تَسْتَخْدِمْنَ
1		أَسْتَخْدِمْ	---	نَسْتَخْدِمْ

ACTIVE PARTICIPLE	مُسْتَخْدِمٌ
PASSIVE PARTICIPLE	مُسْتَخْدَمٌ
VERBAL NOUN	إِسْتِخْدَامٌ

IMPERATIVE

	SINGULAR	DUAL	PLURAL
MASCULINE	إِسْتَخْدِمْ	إِسْتَخْدِمَا	إِسْتَخْدِمُوا
FEMININE	إِسْتَخْدِمِي	إِسْتَخْدِمَا	إِسْتَخْدِمْنَ

PASSIVE

PERFECT

		SINGULAR	DUAL	PLURAL
3	MASCULINE	أُسْتُخْدِمَ	أُسْتُخْدِمَا	أُسْتُخْدِمُوا
	FEMININE	أُسْتُخْدِمَتْ	أُسْتُخْدِمَتَا	أُسْتُخْدِمْنَ
2	MASCULINE	أُسْتُخْدِمْتَ	أُسْتُخْدِمْتُمَا	أُسْتُخْدِمْتُمْ
	FEMININE	أُسْتُخْدِمْتِ	أُسْتُخْدِمْتُمَا	أُسْتُخْدِمْتُنَّ
1		أُسْتُخْدِمْتُ	---	أُسْتُخْدِمْنَا

SUBJUNCTIVE

		SINGULAR	DUAL	PLURAL
3	MASCULINE	يُسْتَخْدَمَ	يُسْتَخْدَمَا	يُسْتَخْدَمُوا
	FEMININE	تُسْتَخْدَمَ	تُسْتَخْدَمَا	يُسْتَخْدَمْنَ
2	MASCULINE	تُسْتَخْدَمَ	تُسْتَخْدَمَا	تُسْتَخْدَمُوا
	FEMININE	تُسْتَخْدَمِي	تُسْتَخْدَمَا	تُسْتَخْدَمْنَ
1		أُسْتَخْدَمَ	---	نُسْتَخْدَمَ

IMPERFECT

		SINGULAR	DUAL	PLURAL
3	MASCULINE	يُسْتَخْدَمُ	يُسْتَخْدَمَانِ	يُسْتَخْدَمُونَ
	FEMININE	تُسْتَخْدَمُ	تُسْتَخْدَمَانِ	يُسْتَخْدَمْنَ
2	MASCULINE	تُسْتَخْدَمُ	تُسْتَخْدَمَانِ	تُسْتَخْدَمُونَ
	FEMININE	تُسْتَخْدَمِينَ	تُسْتَخْدَمَانِ	تُسْتَخْدَمْنَ
1		أُسْتَخْدَمُ	---	نُسْتَخْدَمُ

JUSSIVE

		SINGULAR	DUAL	PLURAL
3	MASCULINE	يُسْتَخْدَمْ	يُسْتَخْدَمَا	يُسْتَخْدَمُوا
	FEMININE	تُسْتَخْدَمْ	تُسْتَخْدَمَا	يُسْتَخْدَمْنَ
2	MASCULINE	تُسْتَخْدَمْ	تُسْتَخْدَمَا	تُسْتَخْدَمُوا
	FEMININE	تُسْتَخْدَمِي	تُسْتَخْدَمَا	تُسْتَخْدَمْنَ
1		أُسْتَخْدَمْ	---	نُسْتَخْدَمْ

You can *use* my dictionary. — يمكنك أن تَسْتَخْدِمي قاموسي.

If *you hire* a mechanic to fix the car, you will pay him a lot of money. — إذا اسْتَخْدَمْتُمْ الميكانيكي لإصلاح السيارة فإنكم ستدفعون له الكثير من المال.

Many people in Cairo *make use of* the public buses. — الكثير من الناس في القاهرة يَسْتَخْدِمونَ الأتوبيسات العامة.

Form I خرج — to go out خَرَجَ

ACTIVE

PERFECT		SINGULAR	DUAL	PLURAL
3	MASCULINE	خَرَجَ	خَرَجَا	خَرَجُوا
	FEMININE	خَرَجَتْ	خَرَجَتَا	خَرَجْنَ
2	MASCULINE	خَرَجْتَ	خَرَجْتُمَا	خَرَجْتُمْ
	FEMININE	خَرَجْتِ	خَرَجْتُمَا	خَرَجْتُنَّ
1		خَرَجْتُ	---	خَرَجْنَا

SUBJUNCTIVE		SINGULAR	DUAL	PLURAL
3	MASCULINE	يَخْرُجَ	يَخْرُجَا	يَخْرُجُوا
	FEMININE	تَخْرُجَ	تَخْرُجَا	يَخْرُجْنَ
2	MASCULINE	تَخْرُجَ	تَخْرُجَا	تَخْرُجُوا
	FEMININE	تَخْرُجِي	تَخْرُجَا	تَخْرُجْنَ
1		أَخْرُجَ	---	نَخْرُجَ

IMPERFECT		SINGULAR	DUAL	PLURAL
3	MASCULINE	يَخْرُجُ	يَخْرُجَانِ	يَخْرُجُونَ
	FEMININE	تَخْرُجُ	تَخْرُجَانِ	يَخْرُجْنَ
2	MASCULINE	تَخْرُجُ	تَخْرُجَانِ	تَخْرُجُونَ
	FEMININE	تَخْرُجِينَ	تَخْرُجَانِ	تَخْرُجْنَ
1		أَخْرُجُ	---	نَخْرُجُ

JUSSIVE		SINGULAR	DUAL	PLURAL
3	MASCULINE	يَخْرُجْ	يَخْرُجَا	يَخْرُجُوا
	FEMININE	تَخْرُجْ	تَخْرُجَا	يَخْرُجْنَ
2	MASCULINE	تَخْرُجْ	تَخْرُجَا	تَخْرُجُوا
	FEMININE	تَخْرُجِي	تَخْرُجَا	تَخْرُجْنَ
1		أَخْرُجْ	---	نَخْرُجْ

IMPERATIVE	SINGULAR	DUAL	PLURAL
MASCULINE	أُخْرُجْ	أُخْرُجَا	أُخْرُجُوا
FEMININE	أُخْرُجِي	أُخْرُجَا	أُخْرُجْنَ

ACTIVE PARTICIPLE خَارِجٌ

PASSIVE PARTICIPLE ---

VERBAL NOUN خُرُوجٌ

I don't know how *we got out* of that fix! — أنا لا أعرف كيف خَرَجْنَا من هذا المأزق!

When do *you* [pl.] *get out* of school? — متى تَخْرُجُونَ من المدرسة؟

Whatever they say to you, don't *deviate* from your noble morals. — مهما قالوا لك لا تَخْرُجْ عن أخلاقك النبيلة.

Form I خشى

to fear خَشِيَ

ACTIVE

PERFECT		SINGULAR	DUAL	PLURAL
3	MASCULINE	خَشِيَ	خَشِيَا	خَشُوا
	FEMININE	خَشِيَتْ	خَشِيَتَا	خَشِينَ
2	MASCULINE	خَشِيتَ	خَشِيتُمَا	خَشِيتُمْ
	FEMININE	خَشِيتِ	خَشِيتُمَا	خَشِيتُنَّ
1		خَشِيتُ	---	خَشِينَا

SUBJUNCTIVE	SINGULAR	DUAL	PLURAL
3 MASCULINE	يَخْشَى	يَخْشَيَا	يَخْشَوْا
3 FEMININE	تَخْشَى	تَخْشَيَا	يَخْشَيْنَ
2 MASCULINE	تَخْشَى	تَخْشَيَا	تَخْشَوْا
2 FEMININE	تَخْشَيْ	تَخْشَيَا	تَخْشَيْنَ
1	أَخْشَى	---	نَخْشَى

IMPERFECT		SINGULAR	DUAL	PLURAL
3	MASCULINE	يَخْشَى	يَخْشَيَانِ	يَخْشَوْنَ
	FEMININE	تَخْشَى	تَخْشَيَانِ	يَخْشَيْنَ
2	MASCULINE	تَخْشَى	تَخْشَيَانِ	تَخْشَوْنَ
	FEMININE	تَخْشَيْنَ	تَخْشَيَانِ	تَخْشَيْنَ
1		أَخْشَى	---	نَخْشَى

JUSSIVE	SINGULAR	DUAL	PLURAL
3 MASCULINE	يَخْشَ	يَخْشَيَا	يَخْشَوْا
3 FEMININE	تَخْشَ	تَخْشَيَا	يَخْشَيْنَ
2 MASCULINE	تَخْشَ	تَخْشَيَا	تَخْشَوْا
2 FEMININE	تَخْشَيْ	تَخْشَيَا	تَخْشَيْنَ
1	أَخْشَ	---	نَخْشَ

ACTIVE PARTICIPLE	خَاشٍ
PASSIVE PARTICIPLE	مَخْشِيٌّ
VERBAL NOUN	خَشْيٌ, خَشْيَةٌ

IMPERATIVE	SINGULAR	DUAL	PLURAL
MASCULINE	إِخْشَ	إِخْشَيَا	إِخْشَوْا
FEMININE	إِخْشَيْ	إِخْشَيَا	إِخْشَيْنَ

PASSIVE

PERFECT		SINGULAR	DUAL	PLURAL
3	MASCULINE	خُشِيَ	خُشِيَا	خُشُوا
	FEMININE	خُشِيَتْ	خُشِيَتَا	خُشِينَ
2	MASCULINE	خُشِيتَ	خُشِيتُمَا	خُشِيتُمْ
	FEMININE	خُشِيتِ	خُشِيتُمَا	خُشِيتُنَّ
1		خُشِيتُ	---	خُشِينَا

SUBJUNCTIVE	SINGULAR	DUAL	PLURAL
3 MASCULINE	يُخْشَى	يُخْشَيَا	يُخْشَوْا
3 FEMININE	تُخْشَى	تُخْشَيَا	يُخْشَيْنَ
2 MASCULINE	تُخْشَى	تُخْشَيَا	تُخْشَوْا
2 FEMININE	تُخْشَيْ	تُخْشَيَا	تُخْشَيْنَ
1	أُخْشَى	---	نُخْشَى

IMPERFECT		SINGULAR	DUAL	PLURAL
3	MASCULINE	يُخْشَى	يُخْشَيَانِ	يُخْشَوْنَ
	FEMININE	تُخْشَى	تُخْشَيَانِ	يُخْشَيْنَ
2	MASCULINE	تُخْشَى	تُخْشَيَانِ	تُخْشَوْنَ
	FEMININE	تُخْشَيْنَ	تُخْشَيَانِ	تُخْشَيْنَ
1		أُخْشَى	---	نُخْشَى

JUSSIVE	SINGULAR	DUAL	PLURAL
3 MASCULINE	يُخْشَ	يُخْشَيَا	يُخْشَوْا
3 FEMININE	تُخْشَ	تُخْشَيَا	يُخْشَيْنَ
2 MASCULINE	تُخْشَ	تُخْشَيَا	تُخْشَوْا
2 FEMININE	تُخْشَيْ	تُخْشَيَا	تُخْشَيْنَ
1	أُخْشَ	---	نُخْشَ

Do *you fear* God?	هل تَخْشَوْنَ الله؟
I'm afraid you'll forget me.	أَخْشَى أن تنساني.
Some children *are afraid of* dogs.	بعض الأطفال يَخْشَوْنَ الكلاب.

Form II خصص to specify, designate; to distinguish خَصَّصَ

ACTIVE

PERFECT

		SINGULAR	DUAL	PLURAL
3	MASCULINE	خَصَّصَ	خَصَّصَا	خَصَّصُوا
	FEMININE	خَصَّصَتْ	خَصَّصَتَا	خَصَّصْنَ
2	MASCULINE	خَصَّصْتَ	خَصَّصْتُمَا	خَصَّصْتُمْ
	FEMININE	خَصَّصْتِ	خَصَّصْتُمَا	خَصَّصْتُنَّ
1		خَصَّصْتُ	---	خَصَّصْنَا

SUBJUNCTIVE

SINGULAR	DUAL	PLURAL
يُخَصِّصَ	يُخَصِّصَا	يُخَصِّصُوا
تُخَصِّصَ	تُخَصِّصَا	يُخَصِّصْنَ
تُخَصِّصَ	تُخَصِّصَا	تُخَصِّصُوا
تُخَصِّصِي	تُخَصِّصَا	تُخَصِّصْنَ
أُخَصِّصَ	---	نُخَصِّصَ

IMPERFECT

		SINGULAR	DUAL	PLURAL
3	MASCULINE	يُخَصِّصُ	يُخَصِّصَانِ	يُخَصِّصُونَ
	FEMININE	تُخَصِّصُ	تُخَصِّصَانِ	يُخَصِّصْنَ
2	MASCULINE	تُخَصِّصُ	تُخَصِّصَانِ	تُخَصِّصُونَ
	FEMININE	تُخَصِّصِينَ	تُخَصِّصَانِ	تُخَصِّصْنَ
1		أُخَصِّصُ	---	نُخَصِّصُ

JUSSIVE

SINGULAR	DUAL	PLURAL
يُخَصِّصْ	يُخَصِّصَا	يُخَصِّصُوا
تُخَصِّصْ	تُخَصِّصَا	يُخَصِّصْنَ
تُخَصِّصْ	تُخَصِّصَا	تُخَصِّصُوا
تُخَصِّصِي	تُخَصِّصَا	تُخَصِّصْنَ
أُخَصِّصْ	---	نُخَصِّصْ

ACTIVE PARTICIPLE	مُخَصِّصٌ
PASSIVE PARTICIPLE	مُخَصَّصٌ
VERBAL NOUN	تَخْصِيصٌ

IMPERATIVE

	SINGULAR	DUAL	PLURAL
MASCULINE	خَصِّصْ	خَصِّصَا	خَصِّصُوا
FEMININE	خَصِّصِي	خَصِّصَا	خَصِّصْنَ

PASSIVE

PERFECT

		SINGULAR	DUAL	PLURAL
3	MASCULINE	خُصِّصَ	خُصِّصَا	خُصِّصُوا
	FEMININE	خُصِّصَتْ	خُصِّصَتَا	خُصِّصْنَ
2	MASCULINE	خُصِّصْتَ	خُصِّصْتُمَا	خُصِّصْتُمْ
	FEMININE	خُصِّصْتِ	خُصِّصْتُمَا	خُصِّصْتُنَّ
1		خُصِّصْتُ	---	خُصِّصْنَا

SUBJUNCTIVE

SINGULAR	DUAL	PLURAL
يُخَصَّصَ	يُخَصَّصَا	يُخَصَّصُوا
تُخَصَّصَ	تُخَصَّصَا	يُخَصَّصْنَ
تُخَصَّصَ	تُخَصَّصَا	تُخَصَّصُوا
تُخَصَّصِي	تُخَصَّصَا	تُخَصَّصْنَ
أُخَصَّصَ	---	نُخَصَّصَ

Person	Gender	IMPERFECT Singular	Dual	Plural	JUSSIVE Singular	Dual	Plural
3	MASCULINE	يُخَصِّصُ	يُخَصِّصَانِ	يُخَصِّصُونَ	يُخَصِّصْ	يُخَصِّصَا	يُخَصِّصُوا
	FEMININE	تُخَصِّصُ	تُخَصِّصَانِ	يُخَصِّصْنَ	تُخَصِّصْ	تُخَصِّصَا	يُخَصِّصْنَ
2	MASCULINE	تُخَصِّصُ	تُخَصِّصَانِ	تُخَصِّصُونَ	تُخَصِّصْ	تُخَصِّصَا	تُخَصِّصُوا
	FEMININE	تُخَصِّصِينَ	تُخَصِّصَانِ	تُخَصِّصْنَ	تُخَصِّصِي	تُخَصِّصَا	تُخَصِّصْنَ
1		أُخَصِّصُ	---	نُخَصِّصُ	أُخَصِّصْ	---	نُخَصِّصْ

خُصِّصَتْ المقاعد الأمامية لرئيس الوزراء ومساعديه.

The seats in front *are designated* for the prime minister and his assistants.

نحتاج أن نُخَصِّصَ الكثير من الوقت لهذا الدرس.

We need *to devote* a lot of time to this lesson.

● إِخْتَصَّ to be distinguished; to have as a special function — Form VIII خصص

ACTIVE

Person	Gender	PERFECT Singular	Dual	Plural	SUBJUNCTIVE Singular	Dual	Plural
3	MASCULINE	إِخْتَصَّ	إِخْتَصَّا	إِخْتَصُّوا	يَخْتَصَّ	يَخْتَصَّا	يَخْتَصُّوا
	FEMININE	إِخْتَصَّتْ	إِخْتَصَّتَا	إِخْتَصَصْنَ	تَخْتَصَّ	تَخْتَصَّا	يَخْتَصِصْنَ
2	MASCULINE	إِخْتَصَصْتَ	إِخْتَصَصْتُمَا	إِخْتَصَصْتُمْ	تَخْتَصَّ	تَخْتَصَّا	تَخْتَصُّوا
	FEMININE	إِخْتَصَصْتِ	إِخْتَصَصْتُمَا	إِخْتَصَصْتُنَّ	تَخْتَصِّي	تَخْتَصَّا	تَخْتَصِصْنَ
1		إِخْتَصَصْتُ	---	إِخْتَصَصْنَا	أَخْتَصَّ	---	نَخْتَصَّ

Person	Gender	IMPERFECT Singular	Dual	Plural	*JUSSIVE Singular	Dual	Plural
3	MASCULINE	يَخْتَصُّ	يَخْتَصَّانِ	يَخْتَصُّونَ	يَخْتَصِصْ	يَخْتَصَّا	يَخْتَصُّوا
	FEMININE	تَخْتَصُّ	تَخْتَصَّانِ	يَخْتَصِصْنَ	تَخْتَصِصْ	تَخْتَصَّا	يَخْتَصِصْنَ
2	MASCULINE	تَخْتَصُّ	تَخْتَصَّانِ	تَخْتَصُّونَ	تَخْتَصِصْ	تَخْتَصَّا	تَخْتَصُّوا
	FEMININE	تَخْتَصِّينَ	تَخْتَصَّانِ	تَخْتَصِصْنَ	تَخْتَصِّي	تَخْتَصَّا	تَخْتَصِصْنَ
1		أَخْتَصُّ	---	نَخْتَصُّ	أَخْتَصِصْ	---	نَخْتَصِصْ

ACTIVE PARTICIPLE مُخْتَصّ

PASSIVE PARTICIPLE مُخْتَصّ

VERBAL NOUN إِخْتِصَاص

IMPERATIVE

Gender	Singular	Dual	Plural
MASCULINE	إِخْتَصِصْ**	إِخْتَصَّا	إِخْتَصُّوا
FEMININE	إِخْتَصِّي	إِخْتَصَّا	إِخْتَصِصْنَ

* Contracted form: يَخْتَصَّ, تَخْتَصَّ, تَخْتَصَّ, تَخْتَصِّي, أَخْتَصَّ...نَخْتَصَّ

** Contracted form: إِخْتَصَّ

PASSIVE

		PERFECT SINGULAR	DUAL	PLURAL	SUBJUNCTIVE SINGULAR	DUAL	PLURAL
3	MASCULINE	أُخْتُصَّ	أُخْتُصَّا	أُخْتُصُّوا	يُخْتَصَّ	يُخْتَصَّا	يُخْتَصُّوا
	FEMININE	أُخْتُصَّتْ	أُخْتُصَّتَا	أُخْتُصِصْنَ	تُخْتَصَّ	تُخْتَصَّا	يُخْتَصَصْنَ
2	MASCULINE	أُخْتُصِصْتَ	أُخْتُصِصْتُمَا	أُخْتُصِصْتُمْ	تُخْتَصَّ	تُخْتَصَّا	تُخْتَصُّوا
	FEMININE	أُخْتُصِصْتِ	أُخْتُصِصْتُمَا	أُخْتُصِصْتُنَّ	تُخْتَصِّي	تُخْتَصَّا	تُخْتَصَصْنَ
1		أُخْتُصِصْتُ	---	أُخْتُصِصْنَا	أُخْتَصَّ	---	نُخْتَصَّ

		IMPERFECT SINGULAR	DUAL	PLURAL	*JUSSIVE SINGULAR	DUAL	PLURAL
3	MASCULINE	يُخْتَصُّ	يُخْتَصَّانِ	يُخْتَصُّونَ	يُخْتَصَصْ	يُخْتَصَّا	يُخْتَصُّوا
	FEMININE	تُخْتَصُّ	تُخْتَصَّانِ	يُخْتَصَصْنَ	تُخْتَصَصْ	تُخْتَصَّا	يُخْتَصَصْنَ
2	MASCULINE	تُخْتَصُّ	تُخْتَصَّانِ	تُخْتَصُّونَ	تُخْتَصَصْ	تُخْتَصَّا	تُخْتَصُّوا
	FEMININE	تُخْتَصِّينَ	تُخْتَصَّانِ	تُخْتَصَصْنَ	تُخْتَصِّي	تُخْتَصَّا	تُخْتَصَصْنَ
1		أُخْتَصُّ	---	نُخْتَصُّ	أُخْتَصَصْ	---	نُخْتَصَصْ

This court *has jurisdiction* over criminal cases. — إِخْتَصَّتْ هذه المحكمة بقضايا الجنايات.

Muhsin *took over* this car for himself. — إِخْتَصَّ محسن السيارة لنفسه.

These players *will specialize* in defense. — سَيَخْتَصُّ هؤلاء اللاعبون بالدفاع.

Form I خضع — to defer, submit خَضَعَ

ACTIVE

		PERFECT SINGULAR	DUAL	PLURAL	SUBJUNCTIVE SINGULAR	DUAL	PLURAL
3	MASCULINE	خَضَعَ	خَضَعَا	خَضَعُوا	يَخْضَعَ	يَخْضَعَا	يَخْضَعُوا
	FEMININE	خَضَعَتْ	خَضَعَتَا	خَضَعْنَ	تَخْضَعَ	تَخْضَعَا	يَخْضَعْنَ
2	MASCULINE	خَضَعْتَ	خَضَعْتُمَا	خَضَعْتُمْ	تَخْضَعَ	تَخْضَعَا	تَخْضَعُوا
	FEMININE	خَضَعْتِ	خَضَعْتُمَا	خَضَعْتُنَّ	تَخْضَعِي	تَخْضَعَا	تَخْضَعْنَ
1		خَضَعْتُ	---	خَضَعْنَا	أَخْضَعَ	---	نَخْضَعَ

* Contracted form: يُخْتَصَّ, تُخْتَصَّ, تُخْتَصَّ, تُخْتَصِّي, أُخْتَصَّ...نُخْتَصَّ

PLURAL	DUAL	SINGULAR	JUSSIVE	PLURAL	DUAL	SINGULAR	IMPERFECT	
يَخْضَعُوا	يَخْضَعَا	يَخْضَعْ		يَخْضَعُونَ	يَخْضَعَانِ	يَخْضَعُ	MASCULINE	3
يَخْضَعْنَ	تَخْضَعَا	تَخْضَعْ		يَخْضَعْنَ	تَخْضَعَانِ	تَخْضَعُ	FEMININE	
تَخْضَعُوا	تَخْضَعَا	تَخْضَعْ		تَخْضَعُونَ	تَخْضَعَانِ	تَخْضَعُ	MASCULINE	2
تَخْضَعْنَ	تَخْضَعَا	تَخْضَعِي		تَخْضَعْنَ	تَخْضَعَانِ	تَخْضَعِينَ	FEMININE	
نَخْضَعْ	---	أَخْضَعْ		نَخْضَعُ	---	أَخْضَعُ		1

IMPERATIVE   خَاضِعٌ ACTIVE PARTICIPLE

إِخْضَعُوا	إِخْضَعَا	إِخْضَعْ	MASCULINE
إِخْضَعْنَ	إِخْضَعَا	إِخْضَعِي	FEMININE

--- PASSIVE PARTICIPLE

خُضُوعٌ VERBAL NOUN

It is hard for a person *to accept* his fate.   من الصعب أن يَخْضَعَ المرء للقدر.

The patient *underwent* medical tests.   خَضَعَ المريض للفحوص الطبية.

The citizens *obey* the traffic law.   المواطنون يَخْضَعُونَ لقانون المرور.

● خَطَّطَ Form II خطط to draw a line; to designate, delimit

ACTIVE

PLURAL	DUAL	SINGULAR	SUBJUNCTIVE	PLURAL	DUAL	SINGULAR	PERFECT	
يُخَطِّطُوا	يُخَطِّطَا	يُخَطِّطَ		خَطَّطُوا	خَطَّطَا	خَطَّطَ	MASCULINE	3
يُخَطِّطْنَ	تُخَطِّطَا	تُخَطِّطَ		خَطَّطْنَ	خَطَّطَتَا	خَطَّطَتْ	FEMININE	
تُخَطِّطُوا	تُخَطِّطَا	تُخَطِّطَ		خَطَّطْتُمْ	خَطَّطْتُمَا	خَطَّطْتَ	MASCULINE	2
تُخَطِّطْنَ	تُخَطِّطَا	تُخَطِّطِي		خَطَّطْتُنَّ	خَطَّطْتُمَا	خَطَّطْتِ	FEMININE	
نُخَطِّطَ	---	أُخَطِّطَ		خَطَّطْنَا	---	خَطَّطْتُ		1

PLURAL	DUAL	SINGULAR	JUSSIVE	PLURAL	DUAL	SINGULAR	IMPERFECT	
يُخَطِّطُوا	يُخَطِّطَا	يُخَطِّطْ		يُخَطِّطُونَ	يُخَطِّطَانِ	يُخَطِّطُ	MASCULINE	3
يُخَطِّطْنَ	تُخَطِّطَا	تُخَطِّطْ		يُخَطِّطْنَ	تُخَطِّطَانِ	تُخَطِّطُ	FEMININE	
تُخَطِّطُوا	تُخَطِّطَا	تُخَطِّطْ		تُخَطِّطُونَ	تُخَطِّطَانِ	تُخَطِّطُ	MASCULINE	2
تُخَطِّطْنَ	تُخَطِّطَا	تُخَطِّطِي		تُخَطِّطْنَ	تُخَطِّطَانِ	تُخَطِّطِينَ	FEMININE	
نُخَطِّطْ	---	أُخَطِّطْ		نُخَطِّطُ	---	أُخَطِّطُ		1

IMPERATIVE   مُخَطِّطٌ ACTIVE PARTICIPLE

خَطِّطُوا	خَطِّطَا	خَطِّطْ	MASCULINE
خَطِّطْنَ	خَطِّطَا	خَطِّطِي	FEMININE

مُخَطَّطٌ PASSIVE PARTICIPLE

تَخْطِيطٌ VERBAL NOUN

PASSIVE

		PERFECT SINGULAR	DUAL	PLURAL	SUBJUNCTIVE SINGULAR	DUAL	PLURAL
3	MASCULINE	خُطِّطَ	خُطِّطَا	خُطِّطُوا	يُخَطَّطَ	يُخَطَّطَا	يُخَطَّطُوا
	FEMININE	خُطِّطَتْ	خُطِّطَتَا	خُطِّطْنَ	تُخَطَّطَ	تُخَطَّطَا	يُخَطَّطْنَ
2	MASCULINE	خُطِّطْتَ	خُطِّطْتُمَا	خُطِّطْتُمْ	تُخَطَّطَ	تُخَطَّطَا	تُخَطَّطُوا
	FEMININE	خُطِّطْتِ	خُطِّطْتُمَا	خُطِّطْتُنَّ	تُخَطَّطِي	تُخَطَّطَا	تُخَطَّطْنَ
1		خُطِّطْتُ	---	خُطِّطْنَا	أُخَطَّطَ	---	نُخَطَّطَ

		IMPERFECT SINGULAR	DUAL	PLURAL	JUSSIVE SINGULAR	DUAL	PLURAL
3	MASCULINE	يُخَطَّطُ	يُخَطَّطَانِ	يُخَطَّطُونَ	يُخَطَّطْ	يُخَطَّطَا	يُخَطَّطُوا
	FEMININE	تُخَطَّطُ	تُخَطَّطَانِ	يُخَطَّطْنَ	تُخَطَّطْ	تُخَطَّطَا	يُخَطَّطْنَ
2	MASCULINE	تُخَطَّطُ	تُخَطَّطَانِ	تُخَطَّطُونَ	تُخَطَّطْ	تُخَطَّطَا	تُخَطَّطُوا
	FEMININE	تُخَطَّطِينَ	تُخَطَّطَانِ	تُخَطَّطْنَ	تُخَطَّطِي	تُخَطَّطَا	تُخَطَّطْنَ
1		أُخَطَّطُ	---	نُخَطَّطُ	أُخَطَّطْ	---	نُخَطَّطْ

The girl *drew calligraphy lines* in her notebook. — خَطَّطَتْ البنت كراستها.

The girl *penciled* her eyebrows. — خَطَّطَتْ الفتاة حواجبها.

Has the government *mapped out* the streets in this new town? — هل خَطَّطَتْ الحكومة الطرق في هذه المدينة الجديدة؟

Many people live their lives without *making a plan*. — الكثير من الناس يعيشون حياتهم دون أن يُخَطِّطُوا لها.

● إِخْتَفَى to hide; to disappear — Form VIII خفي

ACTIVE

		PERFECT SINGULAR	DUAL	PLURAL	SUBJUNCTIVE SINGULAR	DUAL	PLURAL
3	MASCULINE	إِخْتَفَى	إِخْتَفَيَا	إِخْتَفَوْا	يَخْتَفِيَ	يَخْتَفِيَا	يَخْتَفُوا
	FEMININE	إِخْتَفَتْ	إِخْتَفَتَا	إِخْتَفَيْنَ	تَخْتَفِيَ	تَخْتَفِيَا	يَخْتَفِينَ
2	MASCULINE	إِخْتَفَيْتَ	إِخْتَفَيْتُمَا	إِخْتَفَيْتُمْ	تَخْتَفِيَ	تَخْتَفِيَا	تَخْتَفُوا
	FEMININE	إِخْتَفَيْتِ	إِخْتَفَيْتُمَا	إِخْتَفَيْتُنَّ	تَخْتَفِي	تَخْتَفِيَا	تَخْتَفِينَ
1		إِخْتَفَيْتُ	---	إِخْتَفَيْنَا	أَخْتَفِيَ	---	نَخْتَفِيَ

	JUSSIVE				IMPERFECT		
يَخْتَفُوا	يَخْتَفِيَا	يَخْتَفِ		يَخْتَفُونَ	يَخْتَفِيَانِ	يَخْتَفِي	MASCULINE 3
يَخْتَفِينَ	تَخْتَفِيَا	تَخْتَفِ		يَخْتَفِينَ	تَخْتَفِيَانِ	تَخْتَفِي	FEMININE
تَخْتَفُوا	تَخْتَفِيَا	تَخْتَفِ		تَخْتَفُونَ	تَخْتَفِيَانِ	تَخْتَفِي	MASCULINE 2
تَخْتَفِينَ	تَخْتَفِيَا	تَخْتَفِي		تَخْتَفِينَ	تَخْتَفِيَانِ	تَخْتَفِينَ	FEMININE
نَخْتَفِ	---	أَخْتَفِ		نَخْتَفِي	---	أَخْتَفِي	1

	IMPERATIVE			ACTIVE PARTICIPLE
إِخْتَفُوا	إِخْتَفِيَا	إِخْتَفِ	MASCULINE	مُخْتَفٍ
إِخْتَفِينَ	إِخْتَفِيَا	إِخْتَفِي	FEMININE	--- PASSIVE PARTICIPLE

VERBAL NOUN   إِخْتِفَاءٌ

The book was right in front of me, but *it disappeared.*

الكتاب كان أمامي ولكنه إِخْتَفَى.

Imad was at the party, *but he disappeared from sight.*

كان عماد في الحفل ولكنه إِخْتَفَى عن الأنظار.

Now it's your turn *to hide.*

الآن جاء دوركم لكي تَخْتَفُوا.

Form V خلل to pass through, permeate; to intervene تَخَلَّلَ ●

ACTIVE

PLURAL	DUAL	SINGULAR	SUBJUNCTIVE	PLURAL	DUAL	SINGULAR	PERFECT
يَتَخَلَّلُوا	يَتَخَلَّلَا	يَتَخَلَّلَ		تَخَلَّلُوا	تَخَلَّلَا	تَخَلَّلَ	MASCULINE 3
يَتَخَلَّلْنَ	تَتَخَلَّلَا	تَتَخَلَّلَ		تَخَلَّلْنَ	تَخَلَّلَتَا	تَخَلَّلَتْ	FEMININE
تَتَخَلَّلُوا	تَتَخَلَّلَا	تَتَخَلَّلَ		تَخَلَّلْتُمْ	تَخَلَّلْتُمَا	تَخَلَّلْتَ	MASCULINE 2
تَتَخَلَّلْنَ	تَتَخَلَّلَا	تَتَخَلَّلِي		تَخَلَّلْتُنَّ	تَخَلَّلْتُمَا	تَخَلَّلْتِ	FEMININE
نَتَخَلَّلَ	---	أَتَخَلَّلَ		تَخَلَّلْنَا	---	تَخَلَّلْتُ	1

	JUSSIVE				IMPERFECT		
يَتَخَلَّلُوا	يَتَخَلَّلَا	يَتَخَلَّلْ		يَتَخَلَّلُونَ	يَتَخَلَّلَانِ	يَتَخَلَّلُ	MASCULINE 3
يَتَخَلَّلْنَ	تَتَخَلَّلَا	تَتَخَلَّلْ		يَتَخَلَّلْنَ	يَتَخَلَّلَانِ	تَتَخَلَّلُ	FEMININE
تَتَخَلَّلُوا	تَتَخَلَّلَا	تَتَخَلَّلْ		تَتَخَلَّلُونَ	تَتَخَلَّلَانِ	تَتَخَلَّلُ	MASCULINE 2
تَتَخَلَّلْنَ	تَتَخَلَّلَا	تَتَخَلَّلِي		تَتَخَلَّلْنَ	تَتَخَلَّلَانِ	تَتَخَلَّلِينَ	FEMININE
نَتَخَلَّلْ	---	أَتَخَلَّلْ		نَتَخَلَّلُ	---	أَتَخَلَّلُ	1

IMPERATIVE				
MASCULINE	تَخَلَّلْ	تَخَلَّلا	تَخَلَّلوا
FEMININE	تَخَلَّلِي	تَخَلَّلا	تَخَلَّلْنَ

ACTIVE PARTICIPLE	مُتَخَلِّل
PASSIVE PARTICIPLE	مُتَخَلَّل
VERBAL NOUN	تَخَلُّل

PASSIVE

		PERFECT SINGULAR	DUAL	PLURAL	SUBJUNCTIVE SINGULAR	DUAL	PLURAL
3	MASCULINE	تُخُلِّلَ	تُخُلِّلا	تُخُلِّلوا	يُتَخَلَّلَ	يُتَخَلَّلا	يُتَخَلَّلوا
	FEMININE	تُخُلِّلَتْ	تُخُلِّلَتا	تُخُلِّلْنَ	تُتَخَلَّلَ	تُتَخَلَّلا	يُتَخَلَّلْنَ
2	MASCULINE	تُخُلِّلْتَ	تُخُلِّلْتُما	تُخُلِّلْتُمْ	تُتَخَلَّلَ	تُتَخَلَّلا	تُتَخَلَّلوا
	FEMININE	تُخُلِّلْتِ	تُخُلِّلْتُما	تُخُلِّلْتُنَّ	تُتَخَلَّلِي	تُتَخَلَّلا	تُتَخَلَّلْنَ
1		تُخُلِّلْتُ	---	تُخُلِّلْنا	أُتَخَلَّلَ	---	نُتَخَلَّلَ

		IMPERFECT SINGULAR	DUAL	PLURAL	JUSSIVE SINGULAR	DUAL	PLURAL
3	MASCULINE	يُتَخَلَّلُ	يُتَخَلَّلانِ	يُتَخَلَّلونَ	يُتَخَلَّلْ	يُتَخَلَّلا	يُتَخَلَّلوا
	FEMININE	تُتَخَلَّلُ	تُتَخَلَّلانِ	يُتَخَلَّلْنَ	تُتَخَلَّلْ	تُتَخَلَّلا	يُتَخَلَّلْنَ
2	MASCULINE	تُتَخَلَّلُ	تُتَخَلَّلانِ	تُتَخَلَّلونَ	تُتَخَلَّلْ	تُتَخَلَّلا	تُتَخَلَّلوا
	FEMININE	تُتَخَلَّلِينَ	تُتَخَلَّلانِ	تُتَخَلَّلْنَ	تُتَخَلَّلِي	تُتَخَلَّلا	تُتَخَلَّلْنَ
1		أُتَخَلَّلُ	---	نُتَخَلَّلُ	أُتَخَلَّلْ	---	نُتَخَلَّلْ

تَخَلَّلَتْ المياه جوانب البيت.

Water *seeped into* the whole [literally: the sides of the] house.

تَخَلَّلَهُ الشك.

He was thrown into doubt [literally: doubt *permeated him*].

أعتقد أن هذه الفقرة المستحدثة سوف تَتَخَلَّلُ البرنامج بين الفقرتين الثانية والثالثة.

I think that this new paragraph *will be inserted into* the program between the second and third paragraphs.

Form II خلف ● to leave behind خَلَّفَ

ACTIVE

		PERFECT SINGULAR	DUAL	PLURAL	SUBJUNCTIVE SINGULAR	DUAL	PLURAL
3	MASCULINE	خَلَّفَ	خَلَّفا	خَلَّفوا	يُخَلِّفَ	يُخَلِّفا	يُخَلِّفوا
	FEMININE	خَلَّفَتْ	خَلَّفَتا	خَلَّفْنَ	تُخَلِّفَ	تُخَلِّفا	يُخَلِّفْنَ
2	MASCULINE	خَلَّفْتَ	خَلَّفْتُما	خَلَّفْتُمْ	تُخَلِّفَ	تُخَلِّفا	تُخَلِّفوا
	FEMININE	خَلَّفْتِ	خَلَّفْتُما	خَلَّفْتُنَّ	تُخَلِّفِي	تُخَلِّفا	تُخَلِّفْنَ
1		خَلَّفْتُ	---	خَلَّفْنا	أُخَلِّفَ	---	نُخَلِّفَ

		IMPERFECT			JUSSIVE		
3	MASCULINE	يُخَلِّفُ	يُخَلِّفانِ	يُخَلِّفونَ	يُخَلِّفْ	يُخَلِّفا	يُخَلِّفوا
	FEMININE	تُخَلِّفُ	تُخَلِّفانِ	يُخَلِّفْنَ	تُخَلِّفْ	تُخَلِّفا	يُخَلِّفْنَ
2	MASCULINE	تُخَلِّفُ	تُخَلِّفانِ	تُخَلِّفونَ	تُخَلِّفْ	تُخَلِّفا	تُخَلِّفوا
	FEMININE	تُخَلِّفِينَ	تُخَلِّفانِ	تُخَلِّفْنَ	تُخَلِّفي	تُخَلِّفا	تُخَلِّفْنَ
1		أُخَلِّفُ	---	نُخَلِّفُ	أُخَلِّفْ	---	نُخَلِّفْ

		IMPERATIVE			
ACTIVE PARTICIPLE	مُخَلِّف				
PASSIVE PARTICIPLE	مُخَلَّف	MASCULINE	خَلِّفْ	خَلِّفا	خَلِّفوا
VERBAL NOUN	تَخْلِيف	FEMININE	خَلِّفي	خَلِّفا	خَلِّفْنَ

PASSIVE

	PERFECT	SINGULAR	DUAL	PLURAL	SUBJUNCTIVE SINGULAR	DUAL	PLURAL
3	MASCULINE	خُلِّفَ	خُلِّفا	خُلِّفوا	يُخَلَّفَ	يُخَلَّفا	يُخَلَّفوا
	FEMININE	خُلِّفَتْ	خُلِّفَتا	خُلِّفْنَ	تُخَلَّفَ	تُخَلَّفا	يُخَلَّفْنَ
2	MASCULINE	خُلِّفْتَ	خُلِّفْتُما	خُلِّفْتُمْ	تُخَلَّفَ	تُخَلَّفا	تُخَلَّفوا
	FEMININE	خُلِّفْتِ	خُلِّفْتُما	خُلِّفْتُنَّ	تُخَلَّفي	تُخَلَّفا	تُخَلَّفْنَ
1		خُلِّفْتُ	---	خُلِّفْنا	أُخَلَّفَ	---	نُخَلَّفَ

		IMPERFECT			JUSSIVE		
3	MASCULINE	يُخَلَّفُ	يُخَلَّفانِ	يُخَلَّفونَ	يُخَلَّفْ	يُخَلَّفا	يُخَلَّفوا
	FEMININE	تُخَلَّفُ	تُخَلَّفانِ	يُخَلَّفْنَ	تُخَلَّفْ	تُخَلَّفا	يُخَلَّفْنَ
2	MASCULINE	تُخَلَّفُ	تُخَلَّفانِ	تُخَلَّفونَ	تُخَلَّفْ	تُخَلَّفا	تُخَلَّفوا
	FEMININE	تُخَلَّفِينَ	تُخَلَّفانِ	تُخَلَّفْنَ	تُخَلَّفي	تُخَلَّفا	تُخَلَّفْنَ
1		أُخَلَّفُ	---	نُخَلَّفُ	أُخَلَّفْ	---	نُخَلَّفْ

خَلَّفَ الملك حسين ابنه الملك عبد الله عوضاً عنه.

King Hussein *appointed* his son King Abdullah *as his successor* to replace him.

لماذا تُخَلِّفونَ القمامة ورائكم؟

Why *do you leave* garbage behind?

بعض العائلات الآن في العالم العربي تُخَلِّفُ طفلين فقط.

Some families in the Arab world today *have* [literally: *leave behind*] only two children.

Form VIII خلف — to disagree, differ إِخْتَلَفَ

ACTIVE

PERFECT		SINGULAR	DUAL	PLURAL	SUBJUNCTIVE SINGULAR	DUAL	PLURAL
3	MASCULINE	إِخْتَلَفَ	إِخْتَلَفَا	إِخْتَلَفُوا	يَخْتَلِفَ	يَخْتَلِفَا	يَخْتَلِفُوا
	FEMININE	إِخْتَلَفَتْ	إِخْتَلَفَتَا	إِخْتَلَفْنَ	تَخْتَلِفَ	تَخْتَلِفَا	يَخْتَلِفْنَ
2	MASCULINE	إِخْتَلَفْتَ	إِخْتَلَفْتُمَا	إِخْتَلَفْتُمْ	تَخْتَلِفَ	تَخْتَلِفَا	تَخْتَلِفُوا
	FEMININE	إِخْتَلَفْتِ	إِخْتَلَفْتُمَا	إِخْتَلَفْتُنَّ	تَخْتَلِفِي	تَخْتَلِفَا	تَخْتَلِفْنَ
1		إِخْتَلَفْتُ	---	إِخْتَلَفْنَا	أَخْتَلِفَ	---	نَخْتَلِفَ

IMPERFECT		SINGULAR	DUAL	PLURAL	JUSSIVE SINGULAR	DUAL	PLURAL
3	MASCULINE	يَخْتَلِفُ	يَخْتَلِفَانِ	يَخْتَلِفُونَ	يَخْتَلِفْ	يَخْتَلِفَا	يَخْتَلِفُوا
	FEMININE	تَخْتَلِفُ	تَخْتَلِفَانِ	يَخْتَلِفْنَ	تَخْتَلِفْ	تَخْتَلِفَا	يَخْتَلِفْنَ
2	MASCULINE	تَخْتَلِفُ	تَخْتَلِفَانِ	تَخْتَلِفُونَ	تَخْتَلِفْ	تَخْتَلِفَا	تَخْتَلِفُوا
	FEMININE	تَخْتَلِفِينَ	تَخْتَلِفَانِ	تَخْتَلِفْنَ	تَخْتَلِفِي	تَخْتَلِفَا	تَخْتَلِفْنَ
1		أَخْتَلِفُ	---	نَخْتَلِفُ	أَخْتَلِفْ	---	نَخْتَلِفْ

ACTIVE PARTICIPLE	مُخْتَلِفٌ
PASSIVE PARTICIPLE	مُخْتَلَفٌ
VERBAL NOUN	إِخْتِلَافٌ

IMPERATIVE

	SINGULAR	DUAL	PLURAL
MASCULINE	إِخْتَلِفْ	إِخْتَلِفَا	إِخْتَلِفُوا
FEMININE	إِخْتَلِفِي	إِخْتَلِفَا	إِخْتَلِفْنَ

أَخْتَلِفُ معكما في الرأي.

I disagree with your opinion [literally: with the two of you in opinion].

تَخْتَلِفُ هذه السيارة عن الأخرى في السرعة.

This car *is different* from the other with regard to speed.

الناس يَخْتَلِفُونَ في الطريقة التي يربون أولادهم بها.

People *differ* in the way they raise their children.

Form I خلق — to create خَلَقَ

ACTIVE

PERFECT		SINGULAR	DUAL	PLURAL	SUBJUNCTIVE SINGULAR	DUAL	PLURAL
3	MASCULINE	خَلَقَ	خَلَقَا	خَلَقُوا	يَخْلُقَ	يَخْلُقَا	يَخْلُقُوا
	FEMININE	خَلَقَتْ	خَلَقَتَا	خَلَقْنَ	تَخْلُقَ	تَخْلُقَا	يَخْلُقْنَ
2	MASCULINE	خَلَقْتَ	خَلَقْتُمَا	خَلَقْتُمْ	تَخْلُقَ	تَخْلُقَا	تَخْلُقُوا
	FEMININE	خَلَقْتِ	خَلَقْتُمَا	خَلَقْتُنَّ	تَخْلُقِي	تَخْلُقَا	تَخْلُقْنَ
1		خَلَقْتُ	---	خَلَقْنَا	أَخْلُقَ	---	نَخْلُقَ

IMPERFECT

		SINGULAR	DUAL	PLURAL
3	MASCULINE	يَخْلُقُ	يَخْلُقَانِ	يَخْلُقُونَ
	FEMININE	تَخْلُقُ	تَخْلُقَانِ	يَخْلُقْنَ
2	MASCULINE	تَخْلُقُ	تَخْلُقَانِ	تَخْلُقُونَ
	FEMININE	تَخْلُقِينَ	تَخْلُقَانِ	تَخْلُقْنَ
1		أَخْلُقُ	---	نَخْلُقُ

JUSSIVE

		SINGULAR	DUAL	PLURAL
3	MASCULINE	يَخْلُقْ	يَخْلُقَا	يَخْلُقُوا
	FEMININE	تَخْلُقْ	تَخْلُقَا	يَخْلُقْنَ
2	MASCULINE	تَخْلُقْ	تَخْلُقَا	تَخْلُقُوا
	FEMININE	تَخْلُقِي	تَخْلُقَا	تَخْلُقْنَ
1		أَخْلُقْ	---	نَخْلُقْ

ACTIVE PARTICIPLE	خَالِقٌ
PASSIVE PARTICIPLE	مَخْلُوقٌ
VERBAL NOUN	خَلْقٌ

IMPERATIVE

	SINGULAR	DUAL	PLURAL
MASCULINE	أُخْلُقْ	أُخْلُقَا	أُخْلُقُوا
FEMININE	أُخْلُقِي	أُخْلُقَا	أُخْلُقْنَ

PASSIVE

PERFECT

		SINGULAR	DUAL	PLURAL
3	MASCULINE	خُلِقَ	خُلِقَا	خُلِقُوا
	FEMININE	خُلِقَتْ	خُلِقَتَا	خُلِقْنَ
2	MASCULINE	خُلِقْتَ	خُلِقْتُمَا	خُلِقْتُمْ
	FEMININE	خُلِقْتِ	خُلِقْتُمَا	خُلِقْتُنَّ
1		خُلِقْتُ	---	خُلِقْنَا

SUBJUNCTIVE

		SINGULAR	DUAL	PLURAL
3	MASCULINE	يُخْلَقَ	يُخْلَقَا	يُخْلَقُوا
	FEMININE	تُخْلَقَ	تُخْلَقَا	يُخْلَقْنَ
2	MASCULINE	تُخْلَقَ	تُخْلَقَا	تُخْلَقُوا
	FEMININE	تُخْلَقِي	تُخْلَقَا	تُخْلَقْنَ
1		أُخْلَقَ	---	نُخْلَقَ

IMPERFECT

		SINGULAR	DUAL	PLURAL
3	MASCULINE	يُخْلَقُ	يُخْلَقَانِ	يُخْلَقُونَ
	FEMININE	تُخْلَقُ	تُخْلَقَانِ	يُخْلَقْنَ
2	MASCULINE	تُخْلَقُ	تُخْلَقَانِ	تُخْلَقُونَ
	FEMININE	تُخْلَقِينَ	تُخْلَقَانِ	تُخْلَقْنَ
1		أُخْلَقُ	---	نُخْلَقُ

JUSSIVE

		SINGULAR	DUAL	PLURAL
3	MASCULINE	يُخْلَقْ	يُخْلَقَا	يُخْلَقُوا
	FEMININE	تُخْلَقْ	تُخْلَقَا	يُخْلَقْنَ
2	MASCULINE	تُخْلَقْ	تُخْلَقَا	تُخْلَقُوا
	FEMININE	تُخْلَقِي	تُخْلَقَا	تُخْلَقْنَ
1		أُخْلَقْ	---	نُخْلَقْ

In the beginning, God *created* the heavens and the earth [Genesis 1:1].

في البدء خَلَقَ الله السموات و الأرض.

Outstanding ideas are only *created* after a struggle.

الأفكار المبدعة لا تُخْلَقُ إلا بعد صراع.

I am creating for you the image of a bird out of clay [Qur'an 3:49].

إني أَخْلُقُ لكم من الطين كهيئة الطير.

Form I خوض — to plunge; to become absorbed خَاضَ

ACTIVE

PERFECT

		SINGULAR	DUAL	PLURAL
3	MASCULINE	خَاضَ	خَاضَا	خَاضُوا
	FEMININE	خَاضَتْ	خَاضَتَا	خُضْنَ
2	MASCULINE	خُضْتَ	خُضْتُمَا	خُضْتُمْ
	FEMININE	خُضْتِ	خُضْتُمَا	خُضْتُنَّ
1		خُضْتُ	---	خُضْنَا

SUBJUNCTIVE

SINGULAR	DUAL	PLURAL
يَخُوضَ	يَخُوضَا	يَخُوضُوا
تَخُوضَ	تَخُوضَا	يَخُضْنَ
تَخُوضَ	تَخُوضَا	تَخُوضُوا
تَخُوضِي	تَخُوضَا	تَخُضْنَ
أَخُوضَ	---	نَخُوضَ

IMPERFECT

		SINGULAR	DUAL	PLURAL
3	MASCULINE	يَخُوضُ	يَخُوضَانِ	يَخُوضُونَ
	FEMININE	تَخُوضُ	تَخُوضَانِ	يَخُضْنَ
2	MASCULINE	تَخُوضُ	تَخُوضَانِ	تَخُوضُونَ
	FEMININE	تَخُوضِينَ	تَخُوضَانِ	تَخُضْنَ
1		أَخُوضُ	---	نَخُوضُ

JUSSIVE

SINGULAR	DUAL	PLURAL
يَخُضْ	يَخُوضَا	يَخُوضُوا
تَخُضْ	تَخُوضَا	يَخُضْنَ
تَخُضْ	تَخُوضَا	تَخُوضُوا
تَخُوضِي	تَخُوضَا	تَخُضْنَ
أَخُضْ	---	نَخُضْ

ACTIVE PARTICIPLE	خَائِضٌ
PASSIVE PARTICIPLE	مَخُوضٌ
VERBAL NOUN	خَوْضٌ، خِيَاضٌ

IMPERATIVE

	SINGULAR	DUAL	PLURAL
MASCULINE	خُضْ	خُوضَا	خُوضُوا
FEMININE	خُوضِي	خُوضَا	خُضْنَ

PASSIVE

PERFECT

		SINGULAR	DUAL	PLURAL
3	MASCULINE	خِيضَ	خِيضَا	خِيضُوا
	FEMININE	خِيضَتْ	خِيضَتَا	خِضْنَ
2	MASCULINE	خِضْتَ	خِضْتُمَا	خِضْتُمْ
	FEMININE	خِضْتِ	خِضْتُمَا	خِضْتُنَّ
1		خِضْتُ	---	خِضْنَا

SUBJUNCTIVE

SINGULAR	DUAL	PLURAL
يُخَاضَ	يُخَاضَا	يُخَاضُوا
تُخَاضَ	تُخَاضَا	يُخَضْنَ
تُخَاضَ	تُخَاضَا	تُخَاضُوا
تُخَاضِي	تُخَاضَا	تُخَضْنَ
أُخَاضَ	---	نُخَاضَ

IMPERFECT

		SINGULAR	DUAL	PLURAL
3	MASCULINE	يُخَاضُ	يُخَاضَانِ	يُخَاضُونَ
	FEMININE	تُخَاضُ	تُخَاضَانِ	يُخَضْنَ
2	MASCULINE	تُخَاضُ	تُخَاضَانِ	تُخَاضُونَ
	FEMININE	تُخَاضِينَ	تُخَاضَانِ	تُخَضْنَ
1		أُخَاضُ	---	نُخَاضُ

JUSSIVE

SINGULAR	DUAL	PLURAL
يُخَضْ	يُخَاضَا	يُخَاضُوا
تُخَضْ	تُخَاضَا	يُخَضْنَ
تُخَضْ	تُخَاضَا	تُخَاضُوا
تُخَاضِي	تُخَاضَا	تُخَضْنَ
أُخَضْ	---	نُخَضْ

The nations *entered* [literally: *plunged into* the flood of] the war.

خَاضَتُ الأمم غمار الحرب.

Every one of us *is subject to* [literally: *immersed in*] difficult circumstances.

يَخُوضُ كل واحد منا الكثير من الظروف الصعبة.

Will you *tackle* [literally: *plunge into*] this experiment or not?

هل سَتَخُوضِينَ هذه التجربة أم لا؟

Form I خوف   to fear خَافَ ●

ACTIVE

PLURAL	DUAL	SINGULAR	SUBJUNCTIVE	PLURAL	DUAL	SINGULAR	PERFECT	
يَخَافُوا	يَخَافَا	يَخَافَ		خَافُوا	خَافَا	خَافَ	MASCULINE	3
يَخَفْنَ	تَخَافَا	تَخَافَ		خِفْنَ	خَافَتَا	خَافَتْ	FEMININE	
تَخَافُوا	تَخَافَا	تَخَافَ		خِفْتُمْ	خِفْتُمَا	خِفْتَ	MASCULINE	2
تَخَفْنَ	تَخَافَا	تَخَافِي		خِفْتُنَّ	خِفْتُمَا	خِفْتِ	FEMININE	
نَخَافَ	---	أَخَافَ		خِفْنَا	---	خِفْتُ		1

PLURAL	DUAL	SINGULAR	JUSSIVE	PLURAL	DUAL	SINGULAR	IMPERFECT	
يَخَافُوا	يَخَافَا	يَخَفْ		يَخَافُونَ	يَخَافَانِ	يَخَافُ	MASCULINE	3
يَخَفْنَ	تَخَافَا	تَخَفْ		يَخَفْنَ	تَخَافَانِ	تَخَافُ	FEMININE	
تَخَافُوا	تَخَافَا	تَخَفْ		تَخَافُونَ	تَخَافَانِ	تَخَافُ	MASCULINE	2
تَخَفْنَ	تَخَافَا	تَخَافِي		تَخَفْنَ	تَخَافَانِ	تَخَافِينَ	FEMININE	
نَخَفْ	---	أَخَفْ		نَخَافُ	---	أَخَافُ		1

PLURAL	DUAL	SINGULAR	IMPERATIVE		
				خَائِفٌ	ACTIVE PARTICIPLE
خَافُوا	خَافَا	خَفْ	MASCULINE	مَخُوفٌ	PASSIVE PARTICIPLE
خَفْنَ	خَافَا	خَافِي	FEMININE	خَوْفٌ, مَخَافَةٌ, خِيفَةٌ	VERBAL NOUN

PASSIVE

PLURAL	DUAL	SINGULAR	SUBJUNCTIVE	PLURAL	DUAL	SINGULAR	PERFECT	
يُخَافُوا	يُخَافَا	يُخَافَ		خِيفُوا	خِيفَا	خِيفَ	MASCULINE	3
يُخَفْنَ	تُخَافَا	تُخَافَ		خِفْنَ	خِيفَتَا	خِيفَتْ	FEMININE	
تُخَافُوا	تُخَافَا	تُخَافَ		خِفْتُمْ	خِفْتُمَا	خِفْتَ	MASCULINE	2
تُخَفْنَ	تُخَافَا	تُخَافِي		خِفْتُنَّ	خِفْتُمَا	خِفْتِ	FEMININE	
نُخَافَ	---	أُخَافَ		خِفْنَا	---	خِفْتُ		1

		IMPERFECT	SINGULAR	DUAL	PLURAL	JUSSIVE	SINGULAR	DUAL	PLURAL
3	MASCULINE		يَخَافُ	يَخَافَانِ	يَخَافُونَ		يَخَفْ	يَخَافَا	يَخَافُوا
	FEMININE		تَخَافُ	تَخَافَانِ	يَخَفْنَ		تَخَفْ	تَخَافَا	يَخَفْنَ
2	MASCULINE		تَخَافُ	تَخَافَانِ	تَخَافُونَ		تَخَفْ	تَخَافَا	تَخَافُوا
	FEMININE		تَخَافِينَ	تَخَافَانِ	تَخَفْنَ		تَخَافِي	تَخَافَا	تَخَفْنَ
1			أَخَافُ	---	نَخَافُ		أَخَفْ	---	نَخَفْ

أَخَافُ من الموت.	*I am afraid* of death.
كلاهما يَخَافُ من الفراق.	They *are* both *afraid* of separation.
يجب ألا تَخَافَ من المستقبل.	*You* shouldn't *be afraid* of the future.

● خَوَّلَ to grant, confer — Form II خول

ACTIVE

		PERFECT	SINGULAR	DUAL	PLURAL	SUBJUNCTIVE	SINGULAR	DUAL	PLURAL
3	MASCULINE		خَوَّلَ	خَوَّلا	خَوَّلُوا		يُخَوِّلَ	يُخَوِّلا	يُخَوِّلُوا
	FEMININE		خَوَّلَتْ	خَوَّلَتَا	خَوَّلْنَ		تُخَوِّلَ	تُخَوِّلا	يُخَوِّلْنَ
2	MASCULINE		خَوَّلْتَ	خَوَّلْتُمَا	خَوَّلْتُمْ		تُخَوِّلَ	تُخَوِّلا	تُخَوِّلُوا
	FEMININE		خَوَّلْتِ	خَوَّلْتُمَا	خَوَّلْتُنَّ		تُخَوِّلِي	تُخَوِّلا	تُخَوِّلْنَ
1			خَوَّلْتُ	---	خَوَّلْنَا		أُخَوِّلَ	---	نُخَوِّلَ

		IMPERFECT	SINGULAR	DUAL	PLURAL	JUSSIVE	SINGULAR	DUAL	PLURAL
3	MASCULINE		يُخَوِّلُ	يُخَوِّلانِ	يُخَوِّلُونَ		يُخَوِّلْ	يُخَوِّلا	يُخَوِّلُوا
	FEMININE		تُخَوِّلُ	تُخَوِّلانِ	يُخَوِّلْنَ		تُخَوِّلْ	تُخَوِّلا	يُخَوِّلْنَ
2	MASCULINE		تُخَوِّلُ	تُخَوِّلانِ	تُخَوِّلُونَ		تُخَوِّلْ	تُخَوِّلا	تُخَوِّلُوا
	FEMININE		تُخَوِّلِينَ	تُخَوِّلانِ	تُخَوِّلْنَ		تُخَوِّلِي	تُخَوِّلا	تُخَوِّلْنَ
1			أُخَوِّلُ	---	نُخَوِّلُ		أُخَوِّلْ	---	نُخَوِّلْ

			IMPERATIVE	SINGULAR	DUAL	PLURAL
ACTIVE PARTICIPLE	مُخَوِّلٌ					
PASSIVE PARTICIPLE	مُخَوَّلٌ		MASCULINE	خَوِّلْ	خَوِّلا	خَوِّلُوا
VERBAL NOUN	تَخْوِيلٌ		FEMININE	خَوِّلِي	خَوِّلا	خَوِّلْنَ

PASSIVE

	PERFECT	SINGULAR	DUAL	PLURAL	SUBJUNCTIVE	SINGULAR	DUAL	PLURAL
3	MASCULINE	خُوِّلَ	خُوِّلا	خُوِّلُوا		يُخَوَّلَ	يُخَوَّلا	يُخَوَّلُوا
	FEMININE	خُوِّلَتْ	خُوِّلَتَا	خُوِّلْنَ		تُخَوَّلَ	تُخَوَّلا	يُخَوَّلْنَ
2	MASCULINE	خُوِّلْتَ	خُوِّلْتُمَا	خُوِّلْتُمْ		تُخَوَّلَ	تُخَوَّلا	تُخَوَّلُوا
	FEMININE	خُوِّلْتِ	خُوِّلْتُمَا	خُوِّلْتُنَّ		تُخَوَّلِي	تُخَوَّلا	تُخَوَّلْنَ
1		خُوِّلْتُ	---	خُوِّلْنَا		أُخَوَّلَ	---	نُخَوَّلَ

	IMPERFECT	SINGULAR	DUAL	PLURAL	JUSSIVE	SINGULAR	DUAL	PLURAL
3	MASCULINE	يُخَوَّلُ	يُخَوَّلانِ	يُخَوَّلُونَ		يُخَوَّلْ	يُخَوَّلا	يُخَوَّلُوا
	FEMININE	تُخَوَّلُ	تُخَوَّلانِ	يُخَوَّلْنَ		تُخَوَّلْ	تُخَوَّلا	يُخَوَّلْنَ
2	MASCULINE	تُخَوَّلُ	تُخَوَّلانِ	تُخَوَّلُونَ		تُخَوَّلْ	تُخَوَّلا	تُخَوَّلُوا
	FEMININE	تُخَوَّلِينَ	تُخَوَّلانِ	تُخَوَّلْنَ		تُخَوَّلِي	تُخَوَّلا	تُخَوَّلْنَ
1		أُخَوَّلُ	---	نُخَوَّلُ		أُخَوَّلْ	---	نُخَوَّلْ

خَوَّلَتْ الأسرة لي حق التصرف في المال.

The family *has granted* me financial independence.

خُوِّلَتْ له قيادة السيارة.

He was accorded the right to drive the car.

to betray خَانَ ● Form I خون

ACTIVE

	PERFECT	SINGULAR	DUAL	PLURAL	SUBJUNCTIVE	SINGULAR	DUAL	PLURAL
3	MASCULINE	خَانَ	خَانَا	خَانُوا		يَخُونَ	يَخُونَا	يَخُونُوا
	FEMININE	خَانَتْ	خَانَتَا	خُنَّ		تَخُونَ	تَخُونَا	يَخُنَّ
2	MASCULINE	خُنْتَ	خُنْتُمَا	خُنْتُمْ		تَخُونَ	تَخُونَا	تَخُونُوا
	FEMININE	خُنْتِ	خُنْتُمَا	خُنْتُنَّ		تَخُونِي	تَخُونَا	تَخُنَّ
1		خُنْتُ	---	خُنَّا		أَخُونَ	---	نَخُونَ

	IMPERFECT	SINGULAR	DUAL	PLURAL	JUSSIVE	SINGULAR	DUAL	PLURAL
3	MASCULINE	يَخُونُ	يَخُونَانِ	يَخُونُونَ		يَخُنْ	يَخُونَا	يَخُونُوا
	FEMININE	تَخُونُ	تَخُونَانِ	يَخُنَّ		تَخُنْ	تَخُونَا	يَخُنَّ
2	MASCULINE	تَخُونُ	تَخُونَانِ	تَخُونُونَ		تَخُنْ	تَخُونَا	تَخُونُوا
	FEMININE	تَخُونِينَ	تَخُونَانِ	تَخُنَّ		تَخُونِي	تَخُونَا	تَخُنَّ
1		أَخُونُ	---	نَخُونُ		أَخُنْ	---	نَخُنْ

			IMPERATIVE			خَائِنٌ	ACTIVE PARTICIPLE
خُونُوا	خُونَا	خُنْ	MASCULINE			مَخُونٌ	PASSIVE PARTICIPLE
خُنَّ	خُونَا	خُونِي	FEMININE			خَوْنٌ، خِيَانَةٌ	VERBAL NOUN

PASSIVE

PLURAL	DUAL	SINGULAR	SUBJUNCTIVE	PLURAL	DUAL	SINGULAR	PERFECT	
يُخَانُوا	يُخَانَا	يُخَانَ		خِينُوا	خِينَا	خِينَ	MASCULINE	3
يُخَنَّ	تُخَانَا	تُخَانَ		خِنَّ	خِينَتَا	خِينَتْ	FEMININE	
تُخَانُوا	تُخَانَا	تُخَانَ		خِنْتُمْ	خِنْتُمَا	خِنْتَ	MASCULINE	2
تُخَنَّ	تُخَانَا	تُخَانِي		خِنْتُنَّ	خِنْتُمَا	خِنْتِ	FEMININE	
نُخَانَ	---	أُخَانَ		خِنَّا	---	خِنْتُ		1

JUSSIVE / IMPERFECT

PLURAL	DUAL	SINGULAR	JUSSIVE	PLURAL	DUAL	SINGULAR	IMPERFECT	
يُخَانُوا	يُخَانَا	يُخَنْ		يُخَانُونَ	يُخَانَانِ	يُخَانُ	MASCULINE	3
يُخَنَّ	تُخَانَا	تُخَنْ		يُخَنَّ	تُخَانَانِ	تُخَانُ	FEMININE	
تُخَانُوا	تُخَانَا	تُخَنْ		تُخَانُونَ	تُخَانَانِ	تُخَانُ	MASCULINE	2
تُخَنَّ	تُخَانَا	تُخَانِي		تُخَنَّ	تُخَانَانِ	تُخَانِينَ	FEMININE	
نُخَنْ	---	أُخَنْ		نُخَانُ	---	أُخَانُ		1

Being betrayed by your closest friend makes you feel insecure.

أن يَخُونَكَ أقرب صديق لك شـئ يُشعرك بعدم الآمان.

Don't *betray* your wife.

لا تَخُنْ زوجتك.

I will never *break* a promise.

لن أَخُونَ العـهد.

Form II دبَّر — to manage دَبَّرَ ●

ACTIVE

PLURAL	DUAL	SINGULAR	SUBJUNCTIVE	PLURAL	DUAL	SINGULAR	PERFECT	
يُدَبِّرُوا	يُدَبِّرَا	يُدَبِّرَ		دَبَّرُوا	دَبَّرَا	دَبَّرَ	MASCULINE	3
يُدَبِّرْنَ	تُدَبِّرَا	تُدَبِّرَ		دَبَّرْنَ	دَبَّرَتَا	دَبَّرَتْ	FEMININE	
تُدَبِّرُوا	تُدَبِّرَا	تُدَبِّرَ		دَبَّرْتُمْ	دَبَّرْتُمَا	دَبَّرْتَ	MASCULINE	2
تُدَبِّرْنَ	تُدَبِّرَا	تُدَبِّرِي		دَبَّرْتُنَّ	دَبَّرْتُمَا	دَبَّرْتِ	FEMININE	
نُدَبِّرَ	---	أُدَبِّرَ		دَبَّرْنَا	---	دَبَّرْتُ		1

		IMPERFECT			
3	MASCULINE	يُدَبِّرُ	يُدَبِّرانِ	يُدَبِّرُونَ
	FEMININE	تُدَبِّرُ	تُدَبِّرانِ	يُدَبِّرْنَ
2	MASCULINE	تُدَبِّرُ	تُدَبِّرانِ	تُدَبِّرُونَ
	FEMININE	تُدَبِّرِينَ	تُدَبِّرانِ	تُدَبِّرْنَ
1		أُدَبِّرُ	---	نُدَبِّرُ

JUSSIVE		
يُدَبِّرْ	يُدَبِّرا	يُدَبِّرُوا
تُدَبِّرْ	تُدَبِّرا	يُدَبِّرْنَ
تُدَبِّرْ	تُدَبِّرا	تُدَبِّرُوا
تُدَبِّرِي	تُدَبِّرا	تُدَبِّرْنَ
أُدَبِّرْ	---	نُدَبِّرْ

ACTIVE PARTICIPLE	مُدَبِّرٌ
PASSIVE PARTICIPLE	مُدَبَّرٌ
VERBAL NOUN	تَدْبِيرٌ

IMPERATIVE			
MASCULINE	دَبِّرْ	دَبِّرا	دَبِّرُوا
FEMININE	دَبِّرِي	دَبِّرا	دَبِّرْنَ

PASSIVE

	PERFECT	SINGULAR	DUAL	PLURAL
3	MASCULINE	دُبِّرَ	دُبِّرا	دُبِّرُوا
	FEMININE	دُبِّرَتْ	دُبِّرَتا	دُبِّرْنَ
2	MASCULINE	دُبِّرْتَ	دُبِّرْتُما	دُبِّرْتُمْ
	FEMININE	دُبِّرْتِ	دُبِّرْتُما	دُبِّرْتُنَّ
1		دُبِّرْتُ	---	دُبِّرْنا

SUBJUNCTIVE	SINGULAR	DUAL	PLURAL
	يُدَبَّرَ	يُدَبَّرا	يُدَبَّرُوا
	تُدَبَّرَ	تُدَبَّرا	يُدَبَّرْنَ
	تُدَبَّرَ	تُدَبَّرا	تُدَبَّرُوا
	تُدَبَّرِي	تُدَبَّرا	تُدَبَّرْنَ
	أُدَبَّرَ	---	نُدَبَّرَ

	IMPERFECT			
3	MASCULINE	يُدَبَّرُ	يُدَبَّرانِ	يُدَبَّرُونَ
	FEMININE	تُدَبَّرُ	تُدَبَّرانِ	يُدَبَّرْنَ
2	MASCULINE	تُدَبَّرُ	تُدَبَّرانِ	تُدَبَّرُونَ
	FEMININE	تُدَبَّرِينَ	تُدَبَّرانِ	تُدَبَّرْنَ
1		أُدَبَّرُ	---	نُدَبَّرُ

JUSSIVE		
يُدَبَّرْ	يُدَبَّرا	يُدَبَّرُوا
تُدَبَّرْ	تُدَبَّرا	يُدَبَّرْنَ
تُدَبَّرْ	تُدَبَّرا	تُدَبَّرُوا
تُدَبَّرِي	تُدَبَّرا	تُدَبَّرْنَ
أُدَبَّرْ	---	نُدَبَّرْ

فوزية هي التي دَبَّرَتْ هذه الرحلة.

Fawziya is the one who *organized* this trip.

صاحب الدكان طلب مني أن أُدَبِّرَ شؤون الدكان حتى عودته من الخارج.

The storekeeper asked me *to manage* his store until his return from out of town.

من الذي سَيُدَبِّرُ كل هذه الاحتياجات؟

Who *will cover* all these needs?

Form I دخل

to enter دَخَلَ

ACTIVE

PERFECT		SINGULAR	DUAL	PLURAL
3	MASCULINE	دَخَلَ	دَخَلا	دَخَلُوا
	FEMININE	دَخَلَتْ	دَخَلَتَا	دَخَلْنَ
2	MASCULINE	دَخَلْتَ	دَخَلْتُمَا	دَخَلْتُمْ
	FEMININE	دَخَلْتِ	دَخَلْتُمَا	دَخَلْتُنَّ
1		دَخَلْتُ	---	دَخَلْنَا

SUBJUNCTIVE	SINGULAR	DUAL	PLURAL
3 MASCULINE	يَدْخُلَ	يَدْخُلا	يَدْخُلُوا
3 FEMININE	تَدْخُلَ	تَدْخُلا	يَدْخُلْنَ
2 MASCULINE	تَدْخُلَ	تَدْخُلا	تَدْخُلُوا
2 FEMININE	تَدْخُلِي	تَدْخُلا	تَدْخُلْنَ
1	أَدْخُلَ	---	نَدْخُلَ

IMPERFECT		SINGULAR	DUAL	PLURAL
3	MASCULINE	يَدْخُلُ	يَدْخُلانِ	يَدْخُلُونَ
	FEMININE	تَدْخُلُ	تَدْخُلانِ	يَدْخُلْنَ
2	MASCULINE	تَدْخُلُ	تَدْخُلانِ	تَدْخُلُونَ
	FEMININE	تَدْخُلِينَ	تَدْخُلانِ	تَدْخُلْنَ
1		أَدْخُلُ	---	نَدْخُلُ

JUSSIVE	SINGULAR	DUAL	PLURAL
3 MASCULINE	يَدْخُلْ	يَدْخُلا	يَدْخُلُوا
3 FEMININE	تَدْخُلْ	تَدْخُلا	يَدْخُلْنَ
2 MASCULINE	تَدْخُلْ	تَدْخُلا	تَدْخُلُوا
2 FEMININE	تَدْخُلِي	تَدْخُلا	تَدْخُلْنَ
1	أَدْخُلْ	---	نَدْخُلْ

ACTIVE PARTICIPLE	دَاخِلٌ
PASSIVE PARTICIPLE	مَدْخُولٌ
VERBAL NOUN	دُخُولٌ

IMPERATIVE	SINGULAR	DUAL	PLURAL
MASCULINE	أُدْخُلْ	أُدْخُلا	أُدْخُلُوا
FEMININE	أُدْخُلِي	أُدْخُلا	أُدْخُلْنَ

PASSIVE

PERFECT		SINGULAR	DUAL	PLURAL
3	MASCULINE	دُخِلَ	دُخِلا	دُخِلُوا
	FEMININE	دُخِلَتْ	دُخِلَتَا	دُخِلْنَ
2	MASCULINE	دُخِلْتَ	دُخِلْتُمَا	دُخِلْتُمْ
	FEMININE	دُخِلْتِ	دُخِلْتُمَا	دُخِلْتُنَّ
1		دُخِلْتُ	---	دُخِلْنَا

SUBJUNCTIVE	SINGULAR	DUAL	PLURAL
3 MASCULINE	يُدْخَلَ	يُدْخَلا	يُدْخَلُوا
3 FEMININE	تُدْخَلَ	تُدْخَلا	يُدْخَلْنَ
2 MASCULINE	تُدْخَلَ	تُدْخَلا	تُدْخَلُوا
2 FEMININE	تُدْخَلِي	تُدْخَلا	تُدْخَلْنَ
1	أُدْخَلَ	---	نُدْخَلَ

IMPERFECT		SINGULAR	DUAL	PLURAL
3	MASCULINE	يُدْخَلُ	يُدْخَلانِ	يُدْخَلُونَ
	FEMININE	تُدْخَلُ	تُدْخَلانِ	يُدْخَلْنَ
2	MASCULINE	تُدْخَلُ	تُدْخَلانِ	تُدْخَلُونَ
	FEMININE	تُدْخَلِينَ	تُدْخَلانِ	تُدْخَلْنَ
1		أُدْخَلُ	---	نُدْخَلُ

JUSSIVE	SINGULAR	DUAL	PLURAL
3 MASCULINE	يُدْخَلْ	يُدْخَلا	يُدْخَلُوا
3 FEMININE	تُدْخَلْ	تُدْخَلا	يُدْخَلْنَ
2 MASCULINE	تُدْخَلْ	تُدْخَلا	تُدْخَلُوا
2 FEMININE	تُدْخَلِي	تُدْخَلا	تُدْخَلْنَ
1	أُدْخَلْ	---	نُدْخَلْ

When *did you come into* this place?	مَتى دَخَلْتَ هُنا؟
My boy Imad *will enter* a new school next year.	سَيَدْخُلُ ابني عماد مدرسة جديدة في العام المقبل.
I came in by the door, not by the window!	أنا دَخَلْتُ من الباب وليس الشباك!

Form I درس   to study دَرَسَ ⬤

ACTIVE

PLURAL	DUAL	SINGULAR	SUBJUNCTIVE	PLURAL	DUAL	SINGULAR	PERFECT	
يَدْرُسُوا	يَدْرُسَا	يَدْرُسَ		دَرَسُوا	دَرَسَا	دَرَسَ	MASCULINE	3
يَدْرُسْنَ	تَدْرُسَا	تَدْرُسَ		دَرَسْنَ	دَرَسَتَا	دَرَسَتْ	FEMININE	
تَدْرُسُوا	تَدْرُسَا	تَدْرُسَ		دَرَسْتُمْ	دَرَسْتُمَا	دَرَسْتَ	MASCULINE	2
تَدْرُسْنَ	تَدْرُسَا	تَدْرُسِي		دَرَسْتُنَّ	دَرَسْتُمَا	دَرَسْتِ	FEMININE	
نَدْرُسَ	---	أَدْرُسَ		دَرَسْنَا	---	دَرَسْتُ		1

			JUSSIVE				IMPERFECT	
يَدْرُسُوا	يَدْرُسَا	يَدْرُسْ		يَدْرُسُونَ	يَدْرُسَانِ	يَدْرُسُ	MASCULINE	3
يَدْرُسْنَ	تَدْرُسَا	تَدْرُسْ		يَدْرُسْنَ	تَدْرُسَانِ	تَدْرُسُ	FEMININE	
تَدْرُسُوا	تَدْرُسَا	تَدْرُسْ		تَدْرُسُونَ	تَدْرُسَانِ	تَدْرُسُ	MASCULINE	2
تَدْرُسْنَ	تَدْرُسَا	تَدْرُسِي		تَدْرُسْنَ	تَدْرُسَانِ	تَدْرُسِينَ	FEMININE	
نَدْرُسْ	---	أَدْرُسْ		نَدْرُسُ	---	أَدْرُسُ		1

			IMPERATIVE	دَارِسٌ ACTIVE PARTICIPLE
أُدْرُسُوا	أُدْرُسَا	أُدْرُسْ	MASCULINE	مَدْرُوسٌ PASSIVE PARTICIPLE
أُدْرُسْنَ	أُدْرُسَا	أُدْرُسِي	FEMININE	دَرْسٌ VERBAL NOUN

PASSIVE

PLURAL	DUAL	SINGULAR	SUBJUNCTIVE	PLURAL	DUAL	SINGULAR	PERFECT	
يُدْرَسُوا	يُدْرَسَا	يُدْرَسَ		دُرِسُوا	دُرِسَا	دُرِسَ	MASCULINE	3
يُدْرَسْنَ	تُدْرَسَا	تُدْرَسَ		دُرِسْنَ	دُرِسَتَا	دُرِسَتْ	FEMININE	
تُدْرَسُوا	تُدْرَسَا	تُدْرَسَ		دُرِسْتُمْ	دُرِسْتُمَا	دُرِسْتَ	MASCULINE	2
تُدْرَسْنَ	تُدْرَسَا	تُدْرَسِي		دُرِسْتُنَّ	دُرِسْتُمَا	دُرِسْتِ	FEMININE	
نُدْرَسَ	---	أُدْرَسَ		دُرِسْنَا	---	دُرِسْتُ		1

			JUSSIVE				IMPERFECT	
يُدْرَسُوا	يُدْرَسَا	يُدْرَسْ		يُدْرَسُونَ	يُدْرَسَانِ	يُدْرَسْ	MASCULINE	3
يُدْرَسْنَ	يُدْرَسَا	تُدْرَسْ		يُدْرَسْنَ	يُدْرَسَانِ	تُدْرَسْ	FEMININE	
تُدْرَسُوا	تُدْرَسَا	تُدْرَسْ		تُدْرَسُونَ	تُدْرَسَانِ	تُدْرَسْ	MASCULINE	2
تُدْرَسْنَ	تُدْرَسَا	تُدْرَسِي		تُدْرَسْنَ	تُدْرَسَانِ	تُدْرَسِينَ	FEMININE	
نُدْرَسْ	---	أُدْرَسْ		نُدْرَسْ	---	أُدْرَسْ		1

What *are you studying* at the university?   ماذا تَدْرُسُونَ في الجامعة؟

How many hours will *we study today*?   كم ساعة سَنَدْرُسُ اليوم؟

We studied this subject last week.   دَرَسْنَا هذا الموضوع الأسبوع الماضي.

Form I دعو   to call; to invite; to pray دَعَا ●

ACTIVE

PLURAL	DUAL	SINGULAR	SUBJUNCTIVE	PLURAL	DUAL	SINGULAR	PERFECT	
يَدْعُوا	يَدْعُوَا	يَدْعُوَ		دَعَوْا	دَعَوَا	دَعَا	MASCULINE	3
يَدْعُونَ	تَدْعُوَا	تَدْعُوَ		دَعَوْنَ	دَعَتَا	دَعَتْ	FEMININE	
تَدْعُوا	تَدْعُوَا	تَدْعُوَ		دَعَوْتُمْ	دَعَوْتُمَا	دَعَوْتَ	MASCULINE	2
تَدْعُونَ	تَدْعُوَا	تَدْعِي		دَعَوْتُنَّ	دَعَوْتُمَا	دَعَوْتِ	FEMININE	
نَدْعُوَ	---	أَدْعُوَ		دَعَوْنَا	---	دَعَوْتُ		1

			JUSSIVE				IMPERFECT	
يَدْعُوا	يَدْعُوَا	يَدْعُ		يَدْعُونَ	يَدْعُوَانِ	يَدْعُو	MASCULINE	3
يَدْعُونَ	تَدْعُوَا	تَدْعُ		يَدْعُونَ	تَدْعُوَانِ	تَدْعُو	FEMININE	
تَدْعُوا	تَدْعُوَا	تَدْعُ		تَدْعُونَ	تَدْعُوَانِ	تَدْعُو	MASCULINE	2
تَدْعُونَ	تَدْعُوَا	تَدْعِي		تَدْعُونَ	تَدْعُوَانِ	تَدْعِينَ	FEMININE	
نَدْعُ	---	أَدْعُ		نَدْعُو	---	أَدْعُو		1

			IMPERATIVE	
			دَاعٍ	ACTIVE PARTICIPLE
أُدْعُوا	أُدْعُوَا	أُدْعُ	MASCULINE	
			مَدْعُوٌّ	PASSIVE PARTICIPLE
أُدْعُونَ	أُدْعُوَا	أُدْعِي	FEMININE	
			دُعَاءٌ	VERBAL NOUN

PLURAL	DUAL	SINGULAR	SUBJUNCTIVE	PLURAL	DUAL	SINGULAR	PERFECT	
يُدْعَوْا	يُدْعَيَا	يُدْعَى		دُعُوا	دُعِيَا	دُعِيَ	MASCULINE	3
يُدْعَيْنَ	تُدْعَيَا	تُدْعَى		دُعِينَ	دُعِيَتَا	دُعِيَتْ	FEMININE	
تُدْعَوْا	تُدْعَيَا	تُدْعَى		دُعِيتُمْ	دُعِيتُمَا	دُعِيتَ	MASCULINE	2
تُدْعَيْنَ	تُدْعَيَا	تُدْعَيْ		دُعِيتُنَّ	دُعِيتُمَا	دُعِيتِ	FEMININE	
نُدْعَى	---	أُدْعَى		دُعِينَا	---	دُعِيتُ		1

PLURAL	DUAL	SINGULAR	JUSSIVE	PLURAL	DUAL	SINGULAR	IMPERFECT	
يُدْعَوْا	يُدْعَيَا	يُدْعَ		يُدْعَوْنَ	يُدْعَيَانِ	يُدْعَى	MASCULINE	3
يُدْعَيْنَ	تُدْعَيَا	تُدْعَ		يُدْعَيْنَ	تُدْعَيَانِ	تُدْعَى	FEMININE	
تُدْعَوْا	تُدْعَيَا	تُدْعَ		تُدْعَوْنَ	تُدْعَيَانِ	تُدْعَى	MASCULINE	2
تُدْعَيْنَ	تُدْعَيَا	تُدْعَيْ		تُدْعَيْنَ	تُدْعَيَانِ	تُدْعَيْنَ	FEMININE	
نُدْعَ	---	أُدْعَ		نُدْعَى	---	أُدْعَى		1

Basim *has invited us* to attend his wedding to Sara.	باسم دَعَانَا لحضور زفافه على سارة.
If you are in trouble, *pray to* God to relieve you of it.	إذا كنت في مأزق فَادْعُ الله ليفرجه عنك.
It is terrible to hear a mother *cursing* [literally: *praying against*] her child.	من الصعب أن نسمع الأم تَدْعُو على ابنها.

Form VIII دعو   to allege إدَّعَى ●

PLURAL	DUAL	SINGULAR	SUBJUNCTIVE	PLURAL	DUAL	SINGULAR	PERFECT	
يَدَّعُوا	يَدَّعِيَا	يَدَّعِيَ		إدَّعَوْا	إدَّعَيَا	إدَّعَى	MASCULINE	3
يَدَّعِينَ	تَدَّعِيَا	تَدَّعِيَ		إدَّعَيْنَ	إدَّعَتَا	إدَّعَتْ	FEMININE	
تَدَّعُوا	تَدَّعِيَا	تَدَّعِيَ		إدَّعَيْتُمْ	إدَّعَيْتُمَا	إدَّعَيْتَ	MASCULINE	2
تَدَّعِينَ	تَدَّعِيَا	تَدَّعِي		إدَّعَيْتُنَّ	إدَّعَيْتُمَا	إدَّعَيْتِ	FEMININE	
نَدَّعِيَ	---	أَدَّعِيَ		إدَّعَيْنَا	---	إدَّعَيْتُ		1

JUSSIVE / **IMPERFECT**

JUSSIVE				IMPERFECT				
يَدَّعُوا	يَدَّعِيَا	يَدَّعِ	يَدَّعِ	يَدَّعُونَ	يَدَّعِيَانِ	يَدَّعِي	MASCULINE	3
يَدَّعِينَ	تَدَّعِيَا	تَدَّعِ		يَدَّعِينَ	تَدَّعِيَانِ	تَدَّعِي	FEMININE	
تَدَّعُوا	تَدَّعِيَا	تَدَّعِ		تَدَّعُونَ	تَدَّعِيَانِ	تَدَّعِي	MASCULINE	2
تَدَّعِينَ	تَدَّعِيَا	تَدَّعِي		تَدَّعِينَ	تَدَّعِيَانِ	تَدَّعِينَ	FEMININE	
نَدَّعِ	---	أَدَّعِ		نَدَّعِي	---	أَدَّعِي		1

IMPERATIVE

IMPERATIVE					
إدَّعُوا	إدَّعِيَا	إدَّعِ	MASCULINE	مُدَّعٍ	ACTIVE PARTICIPLE
إدَّعِينَ	إدَّعِيَا	إدَّعِي	FEMININE	مُدَّعًى	PASSIVE PARTICIPLE
				إدِّعَاءٌ	VERBAL NOUN

PASSIVE

PLURAL	DUAL	SINGULAR	SUBJUNCTIVE	PLURAL	DUAL	SINGULAR	PERFECT	
يُدَّعُوا	يُدَّعَيَا	يُدَّعَى		أُدُّعُوا	أُدُّعِيَا	أُدُّعِيَ	MASCULINE	3
يُدَّعَيْنَ	تُدَّعَيَا	تُدَّعَى		أُدُّعِينَ	أُدُّعِيَتَا	أُدُّعِيَتْ	FEMININE	
تُدَّعُوا	تُدَّعَيَا	تُدَّعَى		أُدُّعِيتُمْ	أُدُّعِيتُمَا	أُدُّعِيتَ	MASCULINE	2
تُدَّعَيْنَ	تُدَّعَيَا	تُدَّعَيْ		أُدُّعِيتُنَّ	أُدُّعِيتُمَا	أُدُّعِيتِ	FEMININE	
نُدَّعَى	---	أُدَّعَى		أُدُّعِينَا	---	أُدُّعِيتُ		1

JUSSIVE / **IMPERFECT**

JUSSIVE				IMPERFECT				
يُدَّعَوْا	يُدَّعَيَا	يُدَّعَ		يُدَّعَوْنَ	يُدَّعَيَانِ	يُدَّعَى	MASCULINE	3
يُدَّعَيْنَ	تُدَّعَيَا	تُدَّعَ		يُدَّعَيْنَ	يُدَّعَيَانِ	تُدَّعَى	FEMININE	
تُدَّعَوْا	تُدَّعَيَا	تُدَّعَ		تُدَّعَوْنَ	تُدَّعَيَانِ	تُدَّعَى	MASCULINE	2
تُدَّعَيْنَ	تُدَّعَيَا	تُدَّعَيْ		تُدَّعَيْنَ	تُدَّعَيَانِ	تُدَّعَيْنَ	FEMININE	
نُدَّعَ	---	أُدَّعَ		نُدَّعَى	---	أُدَّعَى		1

The student *claimed* that he was sick.	إدَّعَى الطالب أنه كان مريضاً.
Fatima *sued* Mahrus for harassing her.	إدَّعَتْ فاطمة ضد محروس بأنه تحرّش بها.
Who *claims* that she can beat me at chess?	من تَدَّعِي أنها قادرة على هزيمتي في الشطرنج؟

143

Form I دفع   to drive away, push; to pay دَفَعَ ●

ACTIVE

PLURAL	DUAL	SINGULAR	SUBJUNCTIVE	PLURAL	DUAL	SINGULAR	PERFECT	
يَدْفَعُوا	يَدْفَعَا	يَدْفَعَ		دَفَعُوا	دَفَعَا	دَفَعَ	MASCULINE	3
يَدْفَعْنَ	تَدْفَعَا	تَدْفَعَ		دَفَعْنَ	دَفَعَتَا	دَفَعَتْ	FEMININE	
تَدْفَعُوا	تَدْفَعَا	تَدْفَعَ		دَفَعْتُمْ	دَفَعْتُمَا	دَفَعْتَ	MASCULINE	2
تَدْفَعْنَ	تَدْفَعَا	تَدْفَعِي		دَفَعْتُنَّ	دَفَعْتُمَا	دَفَعْتِ	FEMININE	
نَدْفَعَ	---	أَدْفَعَ		دَفَعْنَا	---	دَفَعْتُ		1

			JUSSIVE				IMPERFECT	
يَدْفَعُوا	يَدْفَعَا	يَدْفَعْ		يَدْفَعُونَ	يَدْفَعَانِ	يَدْفَعُ	MASCULINE	3
يَدْفَعْنَ	تَدْفَعَا	تَدْفَعْ		يَدْفَعْنَ	تَدْفَعَانِ	تَدْفَعُ	FEMININE	
تَدْفَعُوا	تَدْفَعَا	تَدْفَعْ		تَدْفَعُونَ	تَدْفَعَانِ	تَدْفَعُ	MASCULINE	2
تَدْفَعْنَ	تَدْفَعَا	تَدْفَعِي		تَدْفَعْنَ	تَدْفَعَانِ	تَدْفَعِينَ	FEMININE	
نَدْفَعْ	---	أَدْفَعْ		نَدْفَعُ	---	أَدْفَعُ		1

			IMPERATIVE			دَافِعٌ	ACTIVE PARTICIPLE
إِدْفَعُوا	إِدْفَعَا	إِدْفَعْ	MASCULINE		مَدْفُوعٌ	PASSIVE PARTICIPLE
إِدْفَعْنَ	إِدْفَعَا	إِدْفَعِي	FEMININE		دَفْعٌ	VERBAL NOUN

PASSIVE

PLURAL	DUAL	SINGULAR	SUBJUNCTIVE	PLURAL	DUAL	SINGULAR	PERFECT	
يُدْفَعُوا	يُدْفَعَا	يُدْفَعَ		دُفِعُوا	دُفِعَا	دُفِعَ	MASCULINE	3
يُدْفَعْنَ	تُدْفَعَا	تُدْفَعَ		دُفِعْنَ	دُفِعَتَا	دُفِعَتْ	FEMININE	
تُدْفَعُوا	تُدْفَعَا	تُدْفَعَ		دُفِعْتُمْ	دُفِعْتُمَا	دُفِعْتَ	MASCULINE	2
تُدْفَعْنَ	تُدْفَعَا	تُدْفَعِي		دُفِعْتُنَّ	دُفِعْتُمَا	دُفِعْتِ	FEMININE	
نُدْفَعَ	---	أُدْفَعَ		دُفِعْنَا	---	دُفِعْتُ		1

			JUSSIVE				IMPERFECT	
يُدْفَعُوا	يُدْفَعَا	يُدْفَعْ		يُدْفَعُونَ	يُدْفَعَانِ	يُدْفَعُ	MASCULINE	3
يُدْفَعْنَ	تُدْفَعَا	تُدْفَعْ		يُدْفَعْنَ	يُدْفَعَانِ	تُدْفَعُ	FEMININE	
تُدْفَعُوا	تُدْفَعَا	تُدْفَعْ		تُدْفَعُونَ	تُدْفَعَانِ	تُدْفَعُ	MASCULINE	2
تُدْفَعْنَ	تُدْفَعَا	تُدْفَعِي		تُدْفَعْنَ	تُدْفَعَانِ	تُدْفَعِينَ	FEMININE	
نُدْفَعْ	---	أُدْفَعْ		نُدْفَعُ	---	أُدْفَعُ		1

Who *will pay* the bill?	مَن الذي سَيَدْفَعُ الحساب؟
Can you help me *by pushing* [literally: *and push*] the car from behind?	هل يمكن أن تساعدني وتَدْفَعَ السيارة من الخلف؟
The government *supported* [literally: *pushed* the cart of] manufacturing.	دَفَعَتْ الحكومة عجلة التصنيع.

Form III دفع — to defend دَافَعَ

ACTIVE

PLURAL	DUAL	SINGULAR	SUBJUNCTIVE	PLURAL	DUAL	SINGULAR	PERFECT	
يُدَافِعُوا	يُدَافِعَا	يُدَافِعَ		دَافَعُوا	دَافَعَا	دَافَعَ	MASCULINE	3
يُدَافِعْنَ	تُدَافِعَا	تُدَافِعَ		دَافَعْنَ	دَافَعَتَا	دَافَعَتْ	FEMININE	
تُدَافِعُوا	تُدَافِعَا	تُدَافِعَ		دَافَعْتُمْ	دَافَعْتُمَا	دَافَعْتَ	MASCULINE	2
تُدَافِعْنَ	تُدَافِعَا	تُدَافِعِي		دَافَعْتُنَّ	دَافَعْتُمَا	دَافَعْتِ	FEMININE	
نُدَافِعَ	---	أُدَافِعَ		دَافَعْنَا	---	دَافَعْتُ		1
			JUSSIVE				**IMPERFECT**	
يُدَافِعُوا	يُدَافِعَا	يُدَافِعْ		يُدَافِعُونَ	يُدَافِعَانِ	يُدَافِعُ	MASCULINE	3
يُدَافِعْنَ	تُدَافِعَا	تُدَافِعْ		يُدَافِعْنَ	تُدَافِعَانِ	تُدَافِعُ	FEMININE	
تُدَافِعُوا	تُدَافِعَا	تُدَافِعْ		تُدَافِعُونَ	تُدَافِعَانِ	تُدَافِعُ	MASCULINE	2
تُدَافِعْنَ	تُدَافِعَا	تُدَافِعِي		تُدَافِعْنَ	تُدَافِعَانِ	تُدَافِعِينَ	FEMININE	
نُدَافِعْ	---	أُدَافِعْ		نُدَافِعُ	---	أُدَافِعُ		1
			IMPERATIVE			مُدَافِعٌ	ACTIVE PARTICIPLE	
دَافِعُوا	دَافِعَا	دَافِعْ	MASCULINE			مُدَافَعٌ	PASSIVE PARTICIPLE	
دَافِعْنَ	دَافِعَا	دَافِعِي	FEMININE			دِفَاعٌ, مُدَافَعَةٌ	VERBAL NOUN	

PASSIVE

PLURAL	DUAL	SINGULAR	SUBJUNCTIVE	PLURAL	DUAL	SINGULAR	PERFECT	
يُدَافَعُوا	يُدَافَعَا	يُدَافَعَ		دُوفِعُوا	دُوفِعَا	دُوفِعَ	MASCULINE	3
يُدَافَعْنَ	تُدَافَعَا	تُدَافَعَ		دُوفِعْنَ	دُوفِعَتَا	دُوفِعَتْ	FEMININE	
تُدَافَعُوا	تُدَافَعَا	تُدَافَعَ		دُوفِعْتُمْ	دُوفِعْتُمَا	دُوفِعْتَ	MASCULINE	2
تُدَافَعْنَ	تُدَافَعَا	تُدَافَعِي		دُوفِعْتُنَّ	دُوفِعْتُمَا	دُوفِعْتِ	FEMININE	
نُدَافَعَ	---	أُدَافَعَ		دُوفِعْنَا	---	دُوفِعْتُ		1

يُدَافِعُوا	يُدَافِعَا	يُدَافِعْ		يُدَافِعُونَ	يُدَافِعَانِ	يُدَافِعُ	MASCULINE	3
تُدَافِعْنَ	يُدَافِعَا	تُدَافِعْ		يُدَافِعْنَ	يُدَافِعَانِ	تُدَافِعُ	FEMININE	
تُدَافِعُوا	تُدَافِعَا	تُدَافِعْ		تُدَافِعُونَ	تُدَافِعَانِ	تُدَافِعُ	MASCULINE	2
تُدَافِعْنَ	تُدَافِعَا	تُدَافِعِي		تُدَافِعْنَ	تُدَافِعَانِ	تُدَافِعِينَ	FEMININE	
نُدَافِعْ	---	أُدَافِعْ		نُدَافِعُ	---	أُدَافِعُ		1

The lawyer didn't agree *to defend* the suspect.

المحامي لم يقبل أن يُدَافِعَ عن المتهم.

The players *defended* their goal vigorously.

دَافَعَ اللاعبون بضراوة عن مرماهم.

I expected you *to defend* me in front of the boss.

كنت أتوقع أن تُدَافِعُوا عني أمام المدير.

Form I دلّ   to indicate دَلَّ ●

ACTIVE

PLURAL	DUAL	SINGULAR	**SUBJUNCTIVE**	PLURAL	DUAL	SINGULAR	**PERFECT**	
يَدُلُّوا	يَدُلَّا	يَدُلَّ		دَلُّوا	دَلَّا	دَلَّ	MASCULINE	3
يَدْلُلْنَ	تَدُلَّا	تَدُلَّ		دَلَلْنَ	دَلَّتَا	دَلَّتْ	FEMININE	
تَدُلُّوا	تَدُلَّا	تَدُلَّ		دَلَلْتُمْ	دَلَلْتُمَا	دَلَلْتَ	MASCULINE	2
تَدْلُلْنَ	تَدُلَّا	تَدُلِّي		دَلَلْتُنَّ	دَلَلْتُمَا	دَلَلْتِ	FEMININE	
نَدُلَّ	---	أَدُلَّ		دَلَلْنَا	---	دَلَلْتُ		1

*JUSSIVE   IMPERFECT

PLURAL	DUAL	SINGULAR		PLURAL	DUAL	SINGULAR		
يَدُلُّوا	يَدُلَّا	يَدْلُلْ		يَدُلُّونَ	يَدُلَّانِ	يَدُلُّ	MASCULINE	3
يَدْلُلْنَ	تَدُلَّا	تَدْلُلْ		يَدْلُلْنَ	تَدُلَّانِ	تَدُلُّ	FEMININE	
تَدُلُّوا	تَدُلَّا	تَدْلُلْ		تَدُلُّونَ	تَدُلَّانِ	تَدُلُّ	MASCULINE	2
تَدْلُلْنَ	تَدُلَّا	تَدُلِّي		تَدْلُلْنَ	تَدُلَّانِ	تَدُلِّينَ	FEMININE	
نَدْلُلْ	---	أَدْلُلْ		نَدُلُّ	---	أَدُلُّ		1

** IMPERATIVE

				دَالٌّ	ACTIVE PARTICIPLE
أُدْلُلُوا	أُدْلُلَا	أُدْلُلْ	MASCULINE	مَدْلُولٌ	PASSIVE PARTICIPLE
أُدْلُلْنَ	أُدْلُلَا	أُدْلُلِي	FEMININE	دَلَالَةٌ	VERBAL NOUN

---

* Contracted form: يَدُلَّ, تَدُلَّ, تَدُلَّ, تَدُلِّي, أَدُلَّ...نَدُلَّ

** Contracted form: ...دُلَّ, دُلِّي, دُلَّا, دُلُّوا

PASSIVE

PLURAL	DUAL	SINGULAR	SUBJUNCTIVE	PLURAL	DUAL	SINGULAR		PERFECT
يُدَلُّوا	يُدَلَّا	يُدَلَّ		دُلُّوا	دُلَّا	دُلَّ	MASCULINE	3
يُدْلَلْنَ	تُدَلَّا	تُدَلَّ		دُلِلْنَ	دُلَّتَا	دُلَّتْ	FEMININE	
تُدَلُّوا	تُدَلَّا	تُدَلَّ		دُلِلْتُمْ	دُلِلْتُمَا	دُلِلْتَ	MASCULINE	2
تُدْلَلْنَ	تُدَلَّا	تُدَلِّي		دُلِلْتُنَّ	دُلِلْتُمَا	دُلِلْتِ	FEMININE	
نُدَلَّ	---	أُدَلَّ		دُلِلْنَا	---	دُلِلْتُ		1

PLURAL	DUAL	SINGULAR	*JUSSIVE	PLURAL	DUAL	SINGULAR		IMPERFECT
يُدَلُّوا	يُدَلَّا	يُدْلَلْ		يُدَلُّونَ	يُدَلَّانِ	يُدَلُّ	MASCULINE	3
يُدْلَلْنَ	تُدَلَّا	تُدْلَلْ		يُدْلَلْنَ	تُدَلَّانِ	تُدَلُّ	FEMININE	
تُدَلُّوا	تُدَلَّا	تُدْلَلْ		تُدَلُّونَ	تُدَلَّانِ	تُدَلُّ	MASCULINE	2
تُدْلَلْنَ	تُدَلَّا	تُدَلِّي		تُدْلَلْنَ	تُدَلَّانِ	تُدَلِّينَ	FEMININE	
نُدْلَلْ	---	أُدْلَلْ		نُدَلُّ	---	أُدَلُّ		1

All indications *point to* the success of the deal.

كل المؤشرات تَدُلُّ على نجاح الصفقة.

He who has lost his way needs someone *to point out to him* where to go.

التائه في الطريق يحتاج لمن يَدُلُّهُ إلى أين يتجه.

Form IV دلو — to express, utter أَدْلَى

ACTIVE

PLURAL	DUAL	SINGULAR	SUBJUNCTIVE	PLURAL	DUAL	SINGULAR		PERFECT
يُدْلُوا	يُدْلِيَا	يُدْلِيَ		أَدْلَوْا	أَدْلَيَا	أَدْلَى	MASCULINE	3
يُدْلِينَ	تُدْلِيَا	تُدْلِيَ		أَدْلَيْنَ	أَدْلَتَا	أَدْلَتْ	FEMININE	
تُدْلُوا	تُدْلِيَا	تُدْلِيَ		أَدْلَيْتُمْ	أَدْلَيْتُمَا	أَدْلَيْتَ	MASCULINE	2
تُدْلِينَ	تُدْلِيَا	تُدْلِي		أَدْلَيْتُنَّ	أَدْلَيْتُمَا	أَدْلَيْتِ	FEMININE	
نُدْلِيَ	---	أُدْلِيَ		أَدْلَيْنَا	---	أَدْلَيْتُ		1

* Contracted form: يُدَلَّ, تُدَلَّ, تُدَلَّ, تُدَلِّي, أُدَلَّ...نُدَلَّ

			JUSSIVE				IMPERFECT	
يُدْلُوا	يُدْلِيَا	يُدْلِ		يُدْلُونَ	يُدْلِيَانِ	يُدْلِي	MASCULINE	3
يُدْلِينَ	تُدْلِيَا	تُدْلِ		يُدْلِينَ	تُدْلِيَانِ	تُدْلِي	FEMININE	
تُدْلُوا	تُدْلِيَا	تُدْلِ		تُدْلُونَ	تُدْلِيَانِ	تُدْلِي	MASCULINE	2
تُدْلِينَ	تُدْلِيَا	تُدْلِي		تُدْلِينَ	تُدْلِيَانِ	تُدْلِينَ	FEMININE	
نُدْلِ	---	أُدْلِ		نُدْلِي	---	أُدْلِي		1

			IMPERATIVE		
				مُدْلٍ	ACTIVE PARTICIPLE
أَدْلُوا	أَدْلِيَا	أَدْلِ	MASCULINE	مُدْلًى	PASSIVE PARTICIPLE
أَدْلِينَ	أَدْلِيَا	أَدْلِي	FEMININE	إِدْلاءٌ	VERBAL NOUN

The foreign minister *uttered* a new declaration about the problem of Darfur. — أَدْلَتْ وزيرة الخارجية بتصريحات جديدة عن مشكلة دارفور.

We have *to express* our opinions freely. — يجب أن نُدْلِيَ بآرائنا بحرية.

Form II دمر — to destroy دَمَّرَ

ACTIVE

PLURAL	DUAL	SINGULAR	SUBJUNCTIVE	PLURAL	DUAL	SINGULAR	PERFECT	
يُدَمِّرُوا	يُدَمِّرَا	يُدَمِّرَ		دَمَّرُوا	دَمَّرَا	دَمَّرَ	MASCULINE	3
يُدَمِّرْنَ	تُدَمِّرَا	تُدَمِّرَ		دَمَّرْنَ	دَمَّرَتَا	دَمَّرَتْ	FEMININE	
تُدَمِّرُوا	تُدَمِّرَا	تُدَمِّرَ		دَمَّرْتُمْ	دَمَّرْتُمَا	دَمَّرْتَ	MASCULINE	2
تُدَمِّرْنَ	تُدَمِّرَا	تُدَمِّرِي		دَمَّرْتُنَّ	دَمَّرْتُمَا	دَمَّرْتِ	FEMININE	
نُدَمِّرَ	---	أُدَمِّرَ		دَمَّرْنَا	---	دَمَّرْتُ		1

			JUSSIVE				IMPERFECT	
يُدَمِّرُوا	يُدَمِّرَا	يُدَمِّرْ		يُدَمِّرُونَ	يُدَمِّرَانِ	يُدَمِّرُ	MASCULINE	3
يُدَمِّرْنَ	تُدَمِّرَا	تُدَمِّرْ		يُدَمِّرْنَ	تُدَمِّرَانِ	تُدَمِّرُ	FEMININE	
تُدَمِّرُوا	تُدَمِّرَا	تُدَمِّرْ		تُدَمِّرُونَ	تُدَمِّرَانِ	تُدَمِّرُ	MASCULINE	2
تُدَمِّرْنَ	تُدَمِّرَا	تُدَمِّرِي		تُدَمِّرْنَ	تُدَمِّرَانِ	تُدَمِّرِينَ	FEMININE	
نُدَمِّرْ	---	أُدَمِّرْ		نُدَمِّرُ	---	أُدَمِّرُ		1

			IMPERATIVE		
				مُدَمِّرٌ	ACTIVE PARTICIPLE
دَمِّرُوا	دَمِّرَا	دَمِّرْ	MASCULINE	مُدَمَّرٌ	PASSIVE PARTICIPLE
دَمِّرْنَ	دَمِّرَا	دَمِّرِي	FEMININE	تَدْمِيرٌ	VERBAL NOUN

PASSIVE

PLURAL	DUAL	SINGULAR	SUBJUNCTIVE	PLURAL	DUAL	SINGULAR	PERFECT	
يُدَمَّرُوا	يُدَمَّرَا	يُدَمَّرَ		دُمِّرُوا	دُمِّرَا	دُمِّرَ	MASCULINE	3
يُدَمَّرْنَ	تُدَمَّرَا	تُدَمَّرَ		دُمِّرْنَ	دُمِّرَتَا	دُمِّرَتْ	FEMININE	
تُدَمَّرُوا	تُدَمَّرَا	تُدَمَّرَ		دُمِّرْتُمْ	دُمِّرْتُمَا	دُمِّرْتَ	MASCULINE	2
تُدَمَّرْنَ	تُدَمَّرَا	تُدَمَّرِي		دُمِّرْتُنَّ	دُمِّرْتُمَا	دُمِّرْتِ	FEMININE	
نُدَمَّرَ	---	أُدَمَّرَ		دُمِّرْنَا	---	دُمِّرْتُ		1

PLURAL	DUAL	SINGULAR	JUSSIVE	PLURAL	DUAL	SINGULAR	IMPERFECT	
يُدَمَّرُوا	يُدَمَّرَا	يُدَمَّرْ		يُدَمَّرُونَ	يُدَمَّرَانِ	يُدَمَّرُ	MASCULINE	3
يُدَمَّرْنَ	تُدَمَّرَا	تُدَمَّرْ		يُدَمَّرْنَ	تُدَمَّرَانِ	تُدَمَّرُ	FEMININE	
تُدَمَّرُوا	تُدَمَّرَا	تُدَمَّرْ		تُدَمَّرُونَ	تُدَمَّرَانِ	تُدَمَّرُ	MASCULINE	2
تُدَمَّرْنَ	تُدَمَّرَا	تُدَمَّرِي		تُدَمَّرْنَ	تُدَمَّرَانِ	تُدَمَّرِينَ	FEMININE	
نُدَمَّرْ	---	أُدَمَّرْ		نُدَمَّرُ	---	أُدَمَّرُ		1

The bombs *destroyed* the whole city. — دَمَّرَتْ الصواريخ المدينة كلها.

Don't let frustration *ruin* your [pl.] future. — لا تدعوا الإحباط يُدَمِّرُ مستقبلكم.

Form I دور — to revolve دَارَ

ACTIVE

PLURAL	DUAL	SINGULAR	SUBJUNCTIVE	PLURAL	DUAL	SINGULAR	PERFECT	
يَدُورُوا	يَدُورَا	يَدُورَ		دَارُوا	دَارَا	دَارَ	MASCULINE	3
يَدُرْنَ	تَدُورَا	تَدُورَ		دُرْنَ	دَارَتَا	دَارَتْ	FEMININE	
تَدُورُوا	تَدُورَا	تَدُورَ		دُرْتُمْ	دُرْتُمَا	دُرْتَ	MASCULINE	2
تَدُرْنَ	تَدُورَا	تَدُورِي		دُرْتُنَّ	دُرْتُمَا	دُرْتِ	FEMININE	
نَدُورَ	---	أَدُورَ		دُرْنَا	---	دُرْتُ		1

PLURAL	DUAL	SINGULAR	JUSSIVE	PLURAL	DUAL	SINGULAR	IMPERFECT	
يَدُورُوا	يَدُورَا	يَدُرْ		يَدُورُونَ	يَدُورَانِ	يَدُورُ	MASCULINE	3
يَدُرْنَ	تَدُورَا	تَدُرْ		يَدُرْنَ	تَدُورَانِ	تَدُورُ	FEMININE	
تَدُورُوا	تَدُورَا	تَدُرْ		تَدُورُونَ	تَدُورَانِ	تَدُورُ	MASCULINE	2
تَدُرْنَ	تَدُورَا	تَدُورِي		تَدُرْنَ	تَدُورَانِ	تَدُورِينَ	FEMININE	
نَدُرْ	---	أَدُرْ		نَدُورُ	---	أَدُورُ		1

IMPERATIVE

				ACTIVE PARTICIPLE دَائِرٌ
دُورُوا	دُورَا	دُرْ	MASCULINE	--- PASSIVE PARTICIPLE
دُرْنَ	دُورَا	دُورِي	FEMININE	VERBAL NOUN دَوْرٌ دَوَرَانٌ

The earth and the other planets *revolve* around the sun.	الأرض وبقية الكواكب السيارة تَدُورُ حول الشمس.
The days came and went [literally: *turned* and returned].	دَارَتِ الأيام ورجعت الأيام.
About-face!	دُرْ!
Why are you beating around the bush [literally: *twisting* and *turning*]? Speak openly!	لماذا تلفّ وَ تَدُورُ؟ تكلم بصراحة!
Calamity overtook [literally: *rolled* around] them.	دَارَتْ عليهم الدائرة.

Form IV دور   ● أَدَارَ to turn; to manage

ACTIVE

PLURAL	DUAL	SINGULAR	SUBJUNCTIVE	PLURAL	DUAL	SINGULAR	PERFECT	
يُدِيرُوا	يُدِيرَا	يُدِيرَ		أَدَارُوا	أَدَارَا	أَدَارَ	MASCULINE	3
يُدِرْنَ	تُدِيرَا	تُدِيرَ		أَدَرْنَ	أَدَارَتَا	أَدَارَتْ	FEMININE	
تُدِيرُوا	تُدِيرَا	تُدِيرَ		أَدَرْتُمْ	أَدَرْتُمَا	أَدَرْتَ	MASCULINE	2
تُدِرْنَ	تُدِيرَا	تُدِيرِي		أَدَرْتُنَّ	أَدَرْتُمَا	أَدَرْتِ	FEMININE	
نُدِيرَ	---	أُدِيرَ		أَدَرْنَا	---	أَدَرْتُ		1

PLURAL	DUAL	SINGULAR	JUSSIVE	PLURAL	DUAL	SINGULAR	IMPERFECT	
يُدِيرُوا	يُدِيرَا	يُدِرْ		يُدِيرُونَ	يُدِيرَانِ	يُدِيرُ	MASCULINE	3
يُدِرْنَ	تُدِيرَا	تُدِرْ		يُدِرْنَ	تُدِيرَانِ	تُدِيرُ	FEMININE	
تُدِيرُوا	تُدِيرَا	تُدِرْ		تُدِيرُونَ	تُدِيرَانِ	تُدِيرُ	MASCULINE	2
تُدِرْنَ	تُدِيرَا	تُدِيرِي		تُدِرْنَ	تُدِيرَانِ	تُدِيرِينَ	FEMININE	
نُدِرْ	---	أُدِرْ		نُدِيرُ	---	أُدِيرُ		1

IMPERATIVE

				ACTIVE PARTICIPLE مُدِيرٌ
أَدِيرُوا	أَدِيرَا	أَدِرْ	MASCULINE	PASSIVE PARTICIPLE مُدَارٌ
أَدِرْنَ	أَدِيرَا	أَدِيرِي	FEMININE	VERBAL NOUN إِدَارَةٌ

PASSIVE

PLURAL	DUAL	SINGULAR	SUBJUNCTIVE	PLURAL	DUAL	SINGULAR	PERFECT	
يُدَارُوا	يُدَارَا	يُدَارَ		أُدِيرُونَ	أُدِيرَا	أُدِيرَ	MASCULINE	3
يُدَرْنَ	تُدَارَا	تُدَارَ		أُدِرْنَ	أُدِيرَتَا	أُدِيرَتْ	FEMININE	
تُدَارُوا	تُدَارَا	تُدَارَ		أُدِرْتُمْ	أُدِرْتُمَا	أُدِرْتَ	MASCULINE	2
تُدَرْنَ	تُدَارَا	تُدَارِي		أُدِرْتُنَّ	أُدِرْتُمَا	أُدِرْتِ	FEMININE	
نُدَارَ	---	أُدَارَ		أُدِرْنَا	---	أُدِرْتُ	1	

			JUSSIVE				IMPERFECT	
يُدَارُوا	يُدَارَا	يُدَرْ		يُدَارُونَ	يُدَارَانِ	يُدَارُ	MASCULINE	3
يُدَرْنَ	تُدَارَا	تُدَرْ		يُدَرْنَ	تُدَارَانِ	تُدَارُ	FEMININE	
تُدَارُوا	تُدَارَا	تُدَرْ		تُدَارُونَ	تُدَارَانِ	تُدَارُ	MASCULINE	2
تُدَرْنَ	تُدَارَا	تُدَارِي		تُدَرْنَ	تُدَارَانِ	تُدَارِينَ	FEMININE	
نُدَرْ	---	أُدَرْ		نُدَارُ	---	أُدَارُ	1	

The man *turned* his head to see what had happened.

أَدَارَ الرجل رأسه ليرى ما قد حدث.

Can *you start* the car?

هل يمكن أن تُدِيرَ السيارة؟

The broadcaster *conducted* the discussion eloquently.

المذيعة أَدَارَتْ الحوار ببلاغة.

Form I دوم   to last دَامَ ●

ACTIVE

PLURAL	DUAL	SINGULAR	SUBJUNCTIVE	PLURAL	DUAL	SINGULAR	PERFECT	
يَدُومُوا	يَدُومَا	يَدُومَ		دَامُوا	دَامَا	دَامَ	MASCULINE	3
يَدُمْنَ	تَدُومَا	تَدُومَ		دُمْنَ	دَامَتَا	دَامَتْ	FEMININE	
تَدُومُوا	تَدُومَا	تَدُومَ		دُمْتُمْ	دُمْتُمَا	دُمْتَ	MASCULINE	2
تَدُمْنَ	تَدُومَا	تَدُومِي		دُمْتُنَّ	دُمْتُمَا	دُمْتِ	FEMININE	
نَدُومَ	---	أَدُومَ		دُمْنَا	---	دُمْتُ	1	

151

IMPERFECT

		SINGULAR	DUAL	PLURAL
3	MASCULINE	يَدُومُ	يَدُومَانِ	يَدُومُونَ
	FEMININE	تَدُومُ	تَدُومَانِ	يَدُمْنَ
2	MASCULINE	تَدُومُ	تَدُومَانِ	تَدُومُونَ
	FEMININE	تَدُومِينَ	تَدُومَانِ	تَدُمْنَ
1		أَدُومُ	---	نَدُومُ

JUSSIVE

SINGULAR	DUAL	PLURAL
يَدُمْ	يَدُومَا	يَدُومُوا
تَدُمْ	تَدُومَا	يَدُمْنَ
تَدُمْ	تَدُومَا	تَدُومُوا
تَدُومِي	تَدُومَا	تَدُمْنَ
أَدُمْ	---	نَدُمْ

ACTIVE PARTICIPLE	دَائِمٌ
PASSIVE PARTICIPLE	---
VERBAL NOUN	دَوْمٌ, دَوَامٌ

IMPERATIVE

	SINGULAR	DUAL	PLURAL
MASCULINE	دُمْ	دُومَا	دُومُوا
FEMININE	دُومِي	دُومَا	دُمْنَ

كم ساعة سَتَدُومُ المقابلة؟

How long *will* the interview *last*?

ما دُمْتُمْ تلعبون بهذه الطريقة فإنكم سَتَخْسَرون.

As long as *you keep on* playing this way, you will lose.

ما دُمْتُ معك فإني أشعر بالسعادة.

As long as I am [literally: while *I continue being*] with you, I feel happy.

Form IV دين — to condemn; to lend أَدَانَ

ACTIVE

PERFECT

		SINGULAR	DUAL	PLURAL
3	MASCULINE	أَدَانَ	أَدَانَا	أَدَانُوا
	FEMININE	أَدَانَتْ	أَدَانَتَا	أَدَنَّ
2	MASCULINE	أَدَنْتَ	أَدَنْتُمَا	أَدَنْتُمْ
	FEMININE	أَدَنْتِ	أَدَنْتُمَا	أَدَنْتُنَّ
1		أَدَنْتُ	---	أَدَنَّا

SUBJUNCTIVE

SINGULAR	DUAL	PLURAL
يُدِينَ	يُدِينَا	يُدِينُوا
تُدِينَ	تُدِينَا	يُدِنَّ
تُدِينَ	تُدِينَا	تُدِينُوا
تُدِينِي	تُدِينَا	تُدِنَّ
أُدِينَ	---	نُدِينَ

IMPERFECT

		SINGULAR	DUAL	PLURAL
3	MASCULINE	يُدِينُ	يُدِينَانِ	يُدِينُونَ
	FEMININE	تُدِينُ	تُدِينَانِ	يُدِنَّ
2	MASCULINE	تُدِينُ	تُدِينَانِ	تُدِينُونَ
	FEMININE	تُدِينِينَ	تُدِينَانِ	تُدِنَّ
1		أُدِينُ	---	نُدِينُ

JUSSIVE

SINGULAR	DUAL	PLURAL
يُدِنْ	يُدِينَا	يُدِينُوا
تُدِنْ	تُدِينَا	يُدِنَّ
تُدِنْ	تُدِينَا	تُدِينُوا
تُدِينِي	تُدِينَا	تُدِنَّ
أُدِنْ	---	نُدِنْ

		IMPERATIVE SINGULAR	DUAL	PLURAL
	MASCULINE	أَدِنْ	أَدِينَا	أَدِينُوا
	FEMININE	أَدِينِي	أَدِينَا	أَدِنَّ

ACTIVE PARTICIPLE	مُدِينٌ
PASSIVE PARTICIPLE	مُدَانٌ
VERBAL NOUN	إِدَانَةٌ

PASSIVE

		PERFECT SINGULAR	DUAL	PLURAL	SUBJUNCTIVE SINGULAR	DUAL	PLURAL
3	MASCULINE	أُدِينَ	أُدِينَا	أُدِينُوا	يُدَانَ	يُدَانَا	يُدَانُوا
	FEMININE	أُدِينَتْ	أُدِينَتَا	أُدِنَّ	تُدَانَ	تُدَانَا	يُدَنَّ
2	MASCULINE	أُدِنْتَ	أُدِنْتُمَا	أُدِنْتُمْ	تُدَانَ	تُدَانَا	تُدَانُوا
	FEMININE	أُدِنْتِ	أُدِنْتُمَا	أُدِنْتُنَّ	تُدَانِي	تُدَانَا	تُدَنَّ
1		أُدِنْتُ	---	أُدِنَّا	أُدَانَ	---	نُدَانَ

		IMPERFECT SINGULAR	DUAL	PLURAL	JUSSIVE SINGULAR	DUAL	PLURAL
3	MASCULINE	يُدَانُ	يُدَانَانِ	يُدَانُونَ	يُدَنْ	يُدَانَا	يُدَانُوا
	FEMININE	تُدَانُ	تُدَانَانِ	يُدَنَّ	تُدَنْ	تُدَانَا	يُدَنَّ
2	MASCULINE	تُدَانُ	تُدَانَانِ	تُدَانُونَ	تُدَنْ	تُدَانَا	تُدَانُوا
	FEMININE	تُدَانِينَ	تُدَانَانِ	تُدَنَّ	تُدَانِي	تُدَانَا	تُدَنَّ
1		أُدَانُ	---	نُدَانُ	أُدَنْ	---	نُدَنْ

أَدَنْتُ صديقي بعض المال.
I have lent my friend some money.

أَدَانَتْ كل حكومات العالم أعمال العنف في دارفور.
All the governments in the world *condemned* the violent acts in Darfur.

هل سَيُدَانُ القاتل أم لا؟
Will the murderer *be condemned* or not?

● إِدَّخَرَ to store — Form VIII ذخر

ACTIVE

		PERFECT SINGULAR	DUAL	PLURAL	SUBJUNCTIVE SINGULAR	DUAL	PLURAL
3	MASCULINE	إِدَّخَرَ	إِدَّخَرَا	إِدَّخَرُوا	يَدَّخِرَ	يَدَّخِرَا	يَدَّخِرُوا
	FEMININE	إِدَّخَرَتْ	إِدَّخَرَتَا	إِدَّخَرْنَ	تَدَّخِرَ	تَدَّخِرَا	يَدَّخِرْنَ
2	MASCULINE	إِدَّخَرْتَ	إِدَّخَرْتُمَا	إِدَّخَرْتُمْ	تَدَّخِرَ	تَدَّخِرَا	تَدَّخِرُوا
	FEMININE	إِدَّخَرْتِ	إِدَّخَرْتُمَا	إِدَّخَرْتُنَّ	تَدَّخِرِي	تَدَّخِرَا	تَدَّخِرْنَ
1		إِدَّخَرْتُ	---	إِدَّخَرْنَا	أَدَّخِرَ	---	نَدَّخِرَ

IMPERFECT

3	MASCULINE	يَدَّخِرُ	يَدَّخِرَانِ	يَدَّخِرُونَ
	FEMININE	تَدَّخِرُ	تَدَّخِرَانِ	يَدَّخِرْنَ
2	MASCULINE	تَدَّخِرُ	تَدَّخِرَانِ	تَدَّخِرُونَ
	FEMININE	تَدَّخِرِينَ	تَدَّخِرَانِ	تَدَّخِرْنَ
1		أَدَّخِرُ	---	نَدَّخِرُ

JUSSIVE

3	MASCULINE	يَدَّخِرْ	يَدَّخِرَا	يَدَّخِرُوا
	FEMININE	تَدَّخِرْ	تَدَّخِرَا	يَدَّخِرْنَ
2	MASCULINE	تَدَّخِرْ	تَدَّخِرَا	تَدَّخِرُوا
	FEMININE	تَدَّخِرِي	تَدَّخِرَا	تَدَّخِرْنَ
1		أَدَّخِرْ	---	نَدَّخِرْ

ACTIVE PARTICIPLE	مُدَّخِرٌ
PASSIVE PARTICIPLE	مُدَّخَرٌ
VERBAL NOUN	إِدِّخَارٌ

IMPERATIVE

MASCULINE	إِدَّخِرْ	إِدَّخِرَا	إِدَّخِرُوا
FEMININE	إِدَّخِرِي	إِدَّخِرَا	إِدَّخِرْنَ

PASSIVE

PERFECT

		SINGULAR	DUAL	PLURAL
3	MASCULINE	أُدُّخِرَ	أُدُّخِرَا	أُدُّخِرُوا
	FEMININE	أُدُّخِرَتْ	أُدُّخِرَتَا	أُدُّخِرْنَ
2	MASCULINE	أُدُّخِرْتَ	أُدُّخِرْتُمَا	أُدُّخِرْتُمْ
	FEMININE	أُدُّخِرْتِ	أُدُّخِرْتُمَا	أُدُّخِرْتُنَّ
1		أُدُّخِرْتُ	---	أُدُّخِرْنَا

SUBJUNCTIVE

		SINGULAR	DUAL	PLURAL
3	MASCULINE	يُدَّخَرَ	يُدَّخَرَا	يُدَّخَرُوا
	FEMININE	تُدَّخَرَ	تُدَّخَرَا	يُدَّخَرْنَ
2	MASCULINE	تُدَّخَرَ	تُدَّخَرَا	تُدَّخَرُوا
	FEMININE	تُدَّخَرِي	تُدَّخَرَا	تُدَّخَرْنَ
1		أُدَّخَرَ	---	نُدَّخَرَ

IMPERFECT

3	MASCULINE	يُدَّخَرُ	يُدَّخَرَانِ	يُدَّخَرُونَ
	FEMININE	تُدَّخَرُ	تُدَّخَرَانِ	يُدَّخَرْنَ
2	MASCULINE	تُدَّخَرُ	تُدَّخَرَانِ	تُدَّخَرُونَ
	FEMININE	تُدَّخَرِينَ	تُدَّخَرَانِ	تُدَّخَرْنَ
1		أُدَّخَرُ	---	نُدَّخَرُ

JUSSIVE

3	MASCULINE	يُدَّخَرْ	يُدَّخَرَا	يُدَّخَرُوا
	FEMININE	تُدَّخَرْ	تُدَّخَرَا	يُدَّخَرْنَ
2	MASCULINE	تُدَّخَرْ	تُدَّخَرَا	تُدَّخَرُوا
	FEMININE	تُدَّخَرِي	تُدَّخَرَا	تُدَّخَرْنَ
1		أُدَّخَرْ	---	نُدَّخَرْ

الكثير من الأطفال يَدَّخِرُونَ بعض المال لشراء الحلوى.

Many children *save up* some money to buy sweets with.

إِدَّخَرَ محمود الكثير من المال لشراء سيارة جديدة.

Mahmud *saved up* a lot of money to buy a new car.

Form I ذكر — to mention, say ذَكَرَ

ACTIVE

PERFECT

		SINGULAR	DUAL	PLURAL
3	MASCULINE	ذَكَرَ	ذَكَرَا	ذَكَرُوا
	FEMININE	ذَكَرَتْ	ذَكَرَتَا	ذَكَرْنَ
2	MASCULINE	ذَكَرْتَ	ذَكَرْتُمَا	ذَكَرْتُمْ
	FEMININE	ذَكَرْتِ	ذَكَرْتُمَا	ذَكَرْتُنَّ
1		ذَكَرْتُ	---	ذَكَرْنَا

SUBJUNCTIVE

		SINGULAR	DUAL	PLURAL
3	MASCULINE	يَذْكُرَ	يَذْكُرَا	يَذْكُرُوا
	FEMININE	تَذْكُرَ	تَذْكُرَا	يَذْكُرْنَ
2	MASCULINE	تَذْكُرَ	تَذْكُرَا	تَذْكُرُوا
	FEMININE	تَذْكُرِي	تَذْكُرَا	تَذْكُرْنَ
1		أَذْكُرَ	---	نَذْكُرَ

IMPERFECT

		SINGULAR	DUAL	PLURAL
3	MASCULINE	يَذْكُرُ	يَذْكُرَانِ	يَذْكُرُونَ
	FEMININE	تَذْكُرُ	تَذْكُرَانِ	يَذْكُرْنَ
2	MASCULINE	تَذْكُرُ	تَذْكُرَانِ	تَذْكُرُونَ
	FEMININE	تَذْكُرِينَ	تَذْكُرَانِ	تَذْكُرْنَ
1		أَذْكُرُ	---	نَذْكُرُ

JUSSIVE

		SINGULAR	DUAL	PLURAL
3	MASCULINE	يَذْكُرْ	يَذْكُرَا	يَذْكُرُوا
	FEMININE	تَذْكُرْ	تَذْكُرَا	يَذْكُرْنَ
2	MASCULINE	تَذْكُرْ	تَذْكُرَا	تَذْكُرُوا
	FEMININE	تَذْكُرِي	تَذْكُرَا	تَذْكُرْنَ
1		أَذْكُرْ	---	نَذْكُرْ

ACTIVE PARTICIPLE ذَاكِرٌ

PASSIVE PARTICIPLE مَذْكُورٌ

VERBAL NOUN ذِكْرٌ

IMPERATIVE

	SINGULAR	DUAL	PLURAL
MASCULINE	أُذْكُرْ	أُذْكُرَا	أُذْكُرُوا
FEMININE	أُذْكُرِي	أُذْكُرَا	أُذْكُرْنَ

PASSIVE

PERFECT

		SINGULAR	DUAL	PLURAL
3	MASCULINE	ذُكِرَ	ذُكِرَا	ذُكِرُوا
	FEMININE	ذُكِرَتْ	ذُكِرَتَا	ذُكِرْنَ
2	MASCULINE	ذُكِرْتَ	ذُكِرْتُمَا	ذُكِرْتُمْ
	FEMININE	ذُكِرْتِ	ذُكِرْتُمَا	ذُكِرْتُنَّ
1		ذُكِرْتُ	---	ذُكِرْنَا

SUBJUNCTIVE

		SINGULAR	DUAL	PLURAL
3	MASCULINE	يُذْكَرَ	يُذْكَرَا	يُذْكَرُوا
	FEMININE	تُذْكَرَ	تُذْكَرَا	يُذْكَرْنَ
2	MASCULINE	تُذْكَرَ	تُذْكَرَا	تُذْكَرُوا
	FEMININE	تُذْكَرِي	تُذْكَرَا	تُذْكَرْنَ
1		أُذْكَرَ	---	نُذْكَرَ

IMPERFECT

		SINGULAR	DUAL	PLURAL
3	MASCULINE	يُذْكَرُ	يُذْكَرَانِ	يُذْكَرُونَ
	FEMININE	تُذْكَرُ	تُذْكَرَانِ	يُذْكَرْنَ
2	MASCULINE	تُذْكَرُ	تُذْكَرَانِ	تُذْكَرُونَ
	FEMININE	تُذْكَرِينَ	تُذْكَرَانِ	تُذْكَرْنَ
1		أُذْكَرُ	---	نُذْكَرُ

JUSSIVE

		SINGULAR	DUAL	PLURAL
3	MASCULINE	يُذْكَرْ	يُذْكَرَا	يُذْكَرُوا
	FEMININE	تُذْكَرْ	تُذْكَرَا	يُذْكَرْنَ
2	MASCULINE	تُذْكَرْ	تُذْكَرَا	تُذْكَرُوا
	FEMININE	تُذْكَرِي	تُذْكَرَا	تُذْكَرْنَ
1		أُذْكَرْ	---	نُذْكَرْ

Why didn't *you mention* that I was present?	لماذا لم تَذْكُرْ أني كنت حاضرا؟
The spokesman in the name of the prime minister *said* that the government would give a raise to employees.	وقد ذَكَرَ المتحدث باسم رئيس الوزراء أن الحكومة سَتَصرف علاوة للموظفين.
All the actresses in the film *were mentioned* by name except for Yusra.	لقد ذُكِرَتْ كل ممثلات الفيلم ما عدا الفنانة يسرا.

Form II ذكر — to remind ذَكَّرَ

ACTIVE

PLURAL	DUAL	SINGULAR	SUBJUNCTIVE	PLURAL	DUAL	SINGULAR	PERFECT	
يُذَكِّرُوا	يُذَكِّرَا	يُذَكِّرَ		ذَكَّرُوا	ذَكَّرَا	ذَكَّرَ	MASCULINE	3
يُذَكِّرْنَ	تُذَكِّرَا	تُذَكِّرَ		ذَكَّرْنَ	ذَكَّرَتَا	ذَكَّرَتْ	FEMININE	
تُذَكِّرُوا	تُذَكِّرَا	تُذَكِّرَ		ذَكَّرْتُمْ	ذَكَّرْتُمَا	ذَكَّرْتَ	MASCULINE	2
تُذَكِّرْنَ	تُذَكِّرَا	تُذَكِّرِي		ذَكَّرْتُنَّ	ذَكَّرْتُمَا	ذَكَّرْتِ	FEMININE	
نُذَكِّرَ	---	أُذَكِّرَ		ذَكَّرْنَا	---	ذَكَّرْتُ		1
			JUSSIVE				**IMPERFECT**	
يُذَكِّرُوا	يُذَكِّرَا	يُذَكِّرْ		يُذَكِّرُونَ	يُذَكِّرَانِ	يُذَكِّرُ	MASCULINE	3
يُذَكِّرْنَ	تُذَكِّرَا	تُذَكِّرْ		يُذَكِّرْنَ	تُذَكِّرَانِ	تُذَكِّرُ	FEMININE	
تُذَكِّرُوا	تُذَكِّرَا	تُذَكِّرْ		تُذَكِّرُونَ	تُذَكِّرَانِ	تُذَكِّرُ	MASCULINE	2
تُذَكِّرْنَ	تُذَكِّرَا	تُذَكِّرِي		تُذَكِّرْنَ	تُذَكِّرَانِ	تُذَكِّرِينَ	FEMININE	
نُذَكِّرْ	---	أُذَكِّرْ		نُذَكِّرُ	---	أُذَكِّرُ		1
			IMPERATIVE			مُذَكِّرٌ	ACTIVE PARTICIPLE	
ذَكِّرُوا	ذَكِّرَا	ذَكِّرْ	MASCULINE			مُذَكَّرٌ	PASSIVE PARTICIPLE	
ذَكِّرْنَ	ذَكِّرَا	ذَكِّرِي	FEMININE			تَذْكِيرٌ	VERBAL NOUN	

PASSIVE

PLURAL	DUAL	SINGULAR	SUBJUNCTIVE	PLURAL	DUAL	SINGULAR	PERFECT	
يُذَكَّرُوا	يُذَكَّرَا	يُذَكَّرَ		ذُكِّرُوا	ذُكِّرَا	ذُكِّرَ	MASCULINE	3
يُذَكَّرْنَ	تُذَكَّرَا	تُذَكَّرَ		ذُكِّرْنَ	ذُكِّرَتَا	ذُكِّرَتْ	FEMININE	
تُذَكَّرُوا	تُذَكَّرَا	تُذَكَّرَ		ذُكِّرْتُمْ	ذُكِّرْتُمَا	ذُكِّرْتَ	MASCULINE	2
تُذَكَّرْنَ	تُذَكَّرَا	تُذَكَّرِي		ذُكِّرْتُنَّ	ذُكِّرْتُمَا	ذُكِّرْتِ	FEMININE	
نُذَكَّرَ	---	أُذَكَّرَ		ذُكِّرْنَا	---	ذُكِّرْتُ		1

		IMPERFECT			JUSSIVE		
3	MASCULINE	يُذَكِّرُ	يُذَكِّرانِ	يُذَكِّرُونَ	يُذَكِّرْ	يُذَكِّرا	يُذَكِّرُوا
	FEMININE	تُذَكِّرُ	تُذَكِّرانِ	يُذَكِّرْنَ	تُذَكِّرْ	تُذَكِّرا	يُذَكِّرْنَ
2	MASCULINE	تُذَكِّرُ	تُذَكِّرانِ	تُذَكِّرُونَ	تُذَكِّرْ	تُذَكِّرا	تُذَكِّرُوا
	FEMININE	تُذَكِّرِينَ	تُذَكِّرانِ	تُذَكِّرْنَ	تُذَكِّرِي	تُذَكِّرا	تُذَكِّرْنَ
1		أُذَكِّرُ	---	نُذَكِّرُ	أُذَكِّرْ	---	نُذَكِّرْ

من فضلك ذَكِّرْني باسمك.	Please *remind me* what your name is [literally: remind me of your name].
نحتاج أن نُذَكِّرَ الأستاذ بميعاد الفسحة.	We have *to remind* the teacher of the date of the trip.
هذا المشهد يُذَكِّرُنا بذكريات مؤلمة.	This scene *brings to mind* painful memories.

● تَذَكَّرَ to remember — Form V ذكر

ACTIVE

		PERFECT SINGULAR	DUAL	PLURAL	SUBJUNCTIVE SINGULAR	DUAL	PLURAL
3	MASCULINE	تَذَكَّرَ	تَذَكَّرا	تَذَكَّرُوا	يَتَذَكَّرَ	يَتَذَكَّرا	يَتَذَكَّرُوا
	FEMININE	تَذَكَّرَتْ	تَذَكَّرَتا	تَذَكَّرْنَ	تَتَذَكَّرَ	تَتَذَكَّرا	يَتَذَكَّرْنَ
2	MASCULINE	تَذَكَّرْتَ	تَذَكَّرْتُما	تَذَكَّرْتُمْ	تَتَذَكَّرَ	تَتَذَكَّرا	تَتَذَكَّرُوا
	FEMININE	تَذَكَّرْتِ	تَذَكَّرْتُما	تَذَكَّرْتُنَّ	تَتَذَكَّرِي	تَتَذَكَّرا	تَتَذَكَّرْنَ
1		تَذَكَّرْتُ	---	تَذَكَّرْنا	أَتَذَكَّرَ	---	نَتَذَكَّرَ

		IMPERFECT			JUSSIVE		
3	MASCULINE	يَتَذَكَّرُ	يَتَذَكَّرانِ	يَتَذَكَّرُونَ	يَتَذَكَّرْ	يَتَذَكَّرا	يَتَذَكَّرُوا
	FEMININE	تَتَذَكَّرُ	تَتَذَكَّرانِ	يَتَذَكَّرْنَ	تَتَذَكَّرْ	تَتَذَكَّرا	يَتَذَكَّرْنَ
2	MASCULINE	تَتَذَكَّرُ	تَتَذَكَّرانِ	تَتَذَكَّرُونَ	تَتَذَكَّرْ	تَتَذَكَّرا	تَتَذَكَّرُوا
	FEMININE	تَتَذَكَّرِينَ	تَتَذَكَّرانِ	تَتَذَكَّرْنَ	تَتَذَكَّرِي	تَتَذَكَّرا	تَتَذَكَّرْنَ
1		أَتَذَكَّرُ	---	نَتَذَكَّرُ	أَتَذَكَّرْ	---	نَتَذَكَّرْ

ACTIVE PARTICIPLE	مُتَذَكِّر
PASSIVE PARTICIPLE	مُتَذَكَّر
VERBAL NOUN	تَذَكُّر

IMPERATIVE	SINGULAR	DUAL	PLURAL
MASCULINE	تَذَكَّرْ	تَذَكَّرا	تَذَكَّرُوا
FEMININE	تَذَكَّرِي	تَذَكَّرا	تَذَكَّرْنَ

PASSIVE

PLURAL	DUAL	SINGULAR	SUBJUNCTIVE	PLURAL	DUAL	SINGULAR	PERFECT	
يُتَذَكَّرُوا	يُتَذَكَّرَا	يُتَذَكَّرَ		تُذُكِّرُوا	تُذُكِّرَا	تُذُكِّرَ	MASCULINE	3
يُتَذَكَّرْنَ	تُتَذَكَّرَا	تُتَذَكَّرَ		تُذُكِّرْنَ	تُذُكِّرَتَا	تُذُكِّرَتْ	FEMININE	
تُتَذَكَّرُوا	تُتَذَكَّرَا	تُتَذَكَّرَ		تُذُكِّرْتُمْ	تُذُكِّرْتُمَا	تُذُكِّرْتَ	MASCULINE	2
تُتَذَكَّرْنَ	تُتَذَكَّرَا	تُتَذَكَّرِي		تُذُكِّرْتُنَّ	تُذُكِّرْتُمَا	تُذُكِّرْتِ	FEMININE	
نُتَذَكَّرَ	---	أُتَذَكَّرَ		تُذُكِّرْنَا	---	تُذُكِّرْتُ		1

PLURAL	DUAL	SINGULAR	JUSSIVE	PLURAL	DUAL	SINGULAR	IMPERFECT	
يُتَذَكَّرُوا	يُتَذَكَّرَا	يُتَذَكَّرْ		يُتَذَكَّرُونَ	يُتَذَكَّرَانِ	يُتَذَكَّرُ	MASCULINE	3
يُتَذَكَّرْنَ	تُتَذَكَّرَا	تُتَذَكَّرْ		يُتَذَكَّرْنَ	تُتَذَكَّرَانِ	تُتَذَكَّرُ	FEMININE	
تُتَذَكَّرُوا	تُتَذَكَّرَا	تُتَذَكَّرْ		تُتَذَكَّرُونَ	تُتَذَكَّرَانِ	تُتَذَكَّرُ	MASCULINE	2
تُتَذَكَّرْنَ	تُتَذَكَّرَا	تُتَذَكَّرِي		تُتَذَكَّرْنَ	تُتَذَكَّرَانِ	تُتَذَكَّرِينَ	FEMININE	
نُتَذَكَّرْ	---	أُتَذَكَّرْ		نُتَذَكَّرُ	---	أُتَذَكَّرُ		1

Did *you remember* to bring the book? — هل تَذَكَّرْتَ أن تُحضر الكتاب؟

Unfortunately, *I didn't remember* to phone the doctor. — للأسف لم أَتَذَكَّرْ أن أتصل بالطبيب.

We must *remember* our past because we learn from it. — يجب أن نَتَذَكَّرَ ماضينا لأننا نتعلم منه.

Form I ذهب — ● ذهب to go

ACTIVE

PLURAL	DUAL	SINGULAR	SUBJUNCTIVE	PLURAL	DUAL	SINGULAR	PERFECT	
يَذْهَبُوا	يَذْهَبَا	يَذْهَبَ		ذَهَبُوا	ذَهَبَا	ذَهَبَ	MASCULINE	3
يَذْهَبْنَ	تَذْهَبَا	تَذْهَبَ		ذَهَبْنَ	ذَهَبَتَا	ذَهَبَتْ	FEMININE	
تَذْهَبُوا	تَذْهَبَا	تَذْهَبَ		ذَهَبْتُمْ	ذَهَبْتُمَا	ذَهَبْتَ	MASCULINE	2
تَذْهَبْنَ	تَذْهَبَا	تَذْهَبِي		ذَهَبْتُنَّ	ذَهَبْتُمَا	ذَهَبْتِ	FEMININE	
نَذْهَبَ	---	أَذْهَبَ		ذَهَبْنَا	---	ذَهَبْتُ		1

IMPERFECT

		SINGULAR	DUAL	PLURAL
3	MASCULINE	يَذْهَبُ	يَذْهَبَانِ	يَذْهَبُونَ
	FEMININE	تَذْهَبُ	تَذْهَبَانِ	يَذْهَبْنَ
2	MASCULINE	تَذْهَبُ	تَذْهَبَانِ	تَذْهَبُونَ
	FEMININE	تَذْهَبِينَ	تَذْهَبَانِ	تَذْهَبْنَ
1		أَذْهَبُ	---	نَذْهَبُ

JUSSIVE

		SINGULAR	DUAL	PLURAL
3	MASCULINE	يَذْهَبْ	يَذْهَبَا	يَذْهَبُوا
	FEMININE	تَذْهَبْ	تَذْهَبَا	يَذْهَبْنَ
2	MASCULINE	تَذْهَبْ	تَذْهَبَا	تَذْهَبُوا
	FEMININE	تَذْهَبِي	تَذْهَبَا	تَذْهَبْنَ
1		أَذْهَبْ	---	نَذْهَبْ

ACTIVE PARTICIPLE	ذَاهِبٌ
PASSIVE PARTICIPLE	---
VERBAL NOUN	ذَهَابٌ

IMPERATIVE

	SINGULAR	DUAL	PLURAL
MASCULINE	إِذْهَبْ	إِذْهَبَا	إِذْهَبُوا
FEMININE	إِذْهَبِي	إِذْهَبَا	إِذْهَبْنَ

أين ذَهَبْتِ بعد المحاضرة؟

Where *did you go* after the lecture?

ذَهَبَ مع الريح.

Gone with the wind [literally: *It vanished* with the wind].

بعض الناس يَذْهَبُونَ للمقابر في الأعياد لزيارة موتاهم.

Some people *go* to the cemeteries on festival days to visit their dead.

● أَذَاعَ to disseminate, broadcast — Form IV ذيع

ACTIVE

PERFECT

		SINGULAR	DUAL	PLURAL
3	MASCULINE	أَذَاعَ	أَذَاعَا	أَذَاعُوا
	FEMININE	أَذَاعَتْ	أَذَاعَتَا	أَذَعْنَ
2	MASCULINE	أَذَعْتَ	أَذَعْتُمَا	أَذَعْتُمْ
	FEMININE	أَذَعْتِ	أَذَعْتُمَا	أَذَعْتُنَّ
1		أَذَعْتُ	---	أَذَعْنَا

SUBJUNCTIVE

		SINGULAR	DUAL	PLURAL
3	MASCULINE	يُذِيعَ	يُذِيعَا	يُذِيعُوا
	FEMININE	تُذِيعَ	تُذِيعَا	يُذِعْنَ
2	MASCULINE	تُذِيعَ	تُذِيعَا	تُذِيعُوا
	FEMININE	تُذِيعِي	تُذِيعَا	تُذِعْنَ
1		أُذِيعَ	---	نُذِيعَ

IMPERFECT

		SINGULAR	DUAL	PLURAL
3	MASCULINE	يُذِيعُ	يُذِيعَانِ	يُذِيعُونَ
	FEMININE	تُذِيعُ	تُذِيعَانِ	يُذِعْنَ
2	MASCULINE	تُذِيعُ	تُذِيعَانِ	تُذِيعُونَ
	FEMININE	تُذِيعِينَ	تُذِيعَانِ	تُذِعْنَ
1		أُذِيعُ	---	نُذِيعُ

JUSSIVE

		SINGULAR	DUAL	PLURAL
3	MASCULINE	يُذِعْ	يُذِيعَا	يُذِيعُوا
	FEMININE	تُذِعْ	تُذِيعَا	يُذِعْنَ
2	MASCULINE	تُذِعْ	تُذِيعَا	تُذِيعُوا
	FEMININE	تُذِيعِي	تُذِيعَا	تُذِعْنَ
1		أُذِعْ	---	نُذِعْ

ACTIVE PARTICIPLE	مُذِيعٌ
PASSIVE PARTICIPLE	مُذَاعٌ
VERBAL NOUN	إِذَاعَةٌ

IMPERATIVE

	SINGULAR	DUAL	PLURAL
MASCULINE	أَذِعْ	أَذِيعَا	أَذِيعُوا
FEMININE	أَذِيعِي	أَذِيعَا	أَذِعْنَ

PASSIVE

PERFECT

		SINGULAR	DUAL	PLURAL
3	MASCULINE	أُذِيعَ	أُذِيعَا	أُذِيعُوا
	FEMININE	أُذِيعَتْ	أُذِيعَتَا	أُذِعْنَ
2	MASCULINE	أُذِعْتَ	أُذِعْتُمَا	أُذِعْتُمْ
	FEMININE	أُذِعْتِ	أُذِعْتُمَا	أُذِعْتُنَّ
1		أُذِعْتُ	---	أُذِعْنَا

SUBJUNCTIVE

		SINGULAR	DUAL	PLURAL
3	MASCULINE	يُذَاعَ	يُذَاعَا	يُذَاعُوا
	FEMININE	تُذَاعَ	تُذَاعَا	يُذَعْنَ
2	MASCULINE	تُذَاعَ	تُذَاعَا	تُذَاعُوا
	FEMININE	تُذَاعِي	تُذَاعَا	تُذَعْنَ
1		أُذَاعَ	---	نُذَاعَ

IMPERFECT

		SINGULAR	DUAL	PLURAL
3	MASCULINE	يُذَاعُ	يُذَاعَانِ	يُذَاعُونَ
	FEMININE	تُذَاعُ	تُذَاعَانِ	يُذَعْنَ
2	MASCULINE	تُذَاعُ	تُذَاعَانِ	تُذَاعُونَ
	FEMININE	تُذَاعِينَ	تُذَاعَانِ	تُذَعْنَ
1		أُذَاعُ	---	نُذَاعُ

JUSSIVE

		SINGULAR	DUAL	PLURAL
3	MASCULINE	يُذَعْ	يُذَاعَا	يُذَاعُوا
	FEMININE	تُذَعْ	تُذَاعَا	يُذَعْنَ
2	MASCULINE	تُذَعْ	تُذَاعَا	تُذَاعُوا
	FEMININE	تُذَاعِي	تُذَاعَا	تُذَعْنَ
1		أُذَعْ	---	نُذَعْ

خبر الحرب أَذَاعَ الرعب في قلوب الناس.

The news of the war *spread* fear in people's hearts.

سَيُذِيعُ راديو الشرق الأوسط أغنية أم كلثوم «أنت عمري».

Radio al-Sharq *will broadcast* Umm Kulthum's song "You Are My Life."

هل أَذَعْتُمَا خبر خطوبتكما بعد؟

Have you two *publicized* your engagement yet?

● رَأَسَ to be in charge — Form I رأس

ACTIVE

PERFECT

		SINGULAR	DUAL	PLURAL
3	MASCULINE	رَأَسَ	رَأَسَا	رَأَسُوا
	FEMININE	رَأَسَتْ	رَأَسَتَا	رَأَسْنَ
2	MASCULINE	رَأَسْتَ	رَأَسْتُمَا	رَأَسْتُمْ
	FEMININE	رَأَسْتِ	رَأَسْتُمَا	رَأَسْتُنَّ
1		رَأَسْتُ	---	رَأَسْنَا

SUBJUNCTIVE

		SINGULAR	DUAL	PLURAL
3	MASCULINE	يَرْأَسَ	يَرْأَسَا	يَرْأَسُوا
	FEMININE	تَرْأَسَ	تَرْأَسَا	يَرْأَسْنَ
2	MASCULINE	تَرْأَسَ	تَرْأَسَا	تَرْأَسُوا
	FEMININE	تَرْأَسِي	تَرْأَسَا	تَرْأَسْنَ
1		أَرْأَسَ	---	نَرْأَسَ

		IMPERFECT			JUSSIVE		
		SINGULAR	DUAL	PLURAL	SINGULAR	DUAL	PLURAL
3	MASCULINE	يَرْأَسُ	يَرْأَسَانِ	يَرْأَسُونَ	يَرْأَسْ	يَرْأَسَا	يَرْأَسُوا
	FEMININE	تَرْأَسُ	تَرْأَسَانِ	يَرْأَسْنَ	تَرْأَسْ	تَرْأَسَا	يَرْأَسْنَ
2	MASCULINE	تَرْأَسُ	تَرْأَسَانِ	تَرْأَسُونَ	تَرْأَسْ	تَرْأَسَا	تَرْأَسُوا
	FEMININE	تَرْأَسِينَ	تَرْأَسَانِ	تَرْأَسْنَ	تَرْأَسِي	تَرْأَسَا	تَرْأَسْنَ
1		أَرْأَسُ	---	نَرْأَسُ	أَرْأَسْ	---	نَرْأَسْ

ACTIVE PARTICIPLE	رَائِسٌ
PASSIVE PARTICIPLE	مَرْؤُوسٌ
VERBAL NOUN	رِئَاسَة

IMPERATIVE	SINGULAR	DUAL	PLURAL
MASCULINE	إِرْأَسْ	إِرْأَسَا	إِرْأَسُوا
FEMININE	إِرْأَسِي	إِرْأَسَا	إِرْأَسْنَ

PASSIVE

		PERFECT			SUBJUNCTIVE		
		SINGULAR	DUAL	PLURAL	SINGULAR	DUAL	PLURAL
3	MASCULINE	رُئِسَ	رُئِسَا	رُئِسُوا	يُرْأَسَ	يُرْأَسَا	يُرْأَسُوا
	FEMININE	رُئِسَتْ	رُئِسَتَا	رُئِسْنَ	تُرْأَسَ	تُرْأَسَا	يُرْأَسْنَ
2	MASCULINE	رُئِسْتَ	رُئِسْتُمَا	رُئِسْتُمْ	تُرْأَسَ	تُرْأَسَا	تُرْأَسُوا
	FEMININE	رُئِسْتِ	رُئِسْتُمَا	رُئِسْتُنَّ	تُرْأَسِي	تُرْأَسَا	تُرْأَسْنَ
1		رُئِسْتُ	---	رُئِسْنَا	أُرْأَسَ	---	نُرْأَسَ

		IMPERFECT			JUSSIVE		
3	MASCULINE	يُرْأَسُ	يُرْأَسَانِ	يُرْأَسُونَ	يُرْأَسْ	يُرْأَسَا	يُرْأَسُوا
	FEMININE	تُرْأَسُ	تُرْأَسَانِ	يُرْأَسْنَ	تُرْأَسْ	تُرْأَسَا	يُرْأَسْنَ
2	MASCULINE	تُرْأَسُ	تُرْأَسَانِ	تُرْأَسُونَ	تُرْأَسْ	تُرْأَسَا	تُرْأَسُوا
	FEMININE	تُرْأَسِينَ	تُرْأَسَانِ	تُرْأَسْنَ	تُرْأَسِي	تُرْأَسَا	تُرْأَسْنَ
1		أُرْأَسُ	---	نُرْأَسُ	أُرْأَسْ	---	نُرْأَسْ

سَيَرْأَسُ المدير الجديد الإجتماع المقبل لمجلس الإدارة.

The new director *will chair* the next meeting of the administrative board.

من رَأَسَ مصر قبل الرئيس الحالي محمد حسني مبارك؟

Who *was president* of Egypt before the present president, Muhammad Husni Mubarak?

Form I رأي

to see رَأَى

ACTIVE

PERFECT		SINGULAR	DUAL	PLURAL
3	MASCULINE	رَأَى	رَأَيَا	رَأَوْا
	FEMININE	رَأَتْ	رَأَتَا	رَأَيْنَ
2	MASCULINE	رَأَيْتَ	رَأَيْتُمَا	رَأَيْتُمْ
	FEMININE	رَأَيْتِ	رَأَيْتُمَا	رَأَيْتُنَّ
1		رَأَيْتُ	---	رَأَيْنَا

SUBJUNCTIVE	SINGULAR	DUAL	PLURAL
3 MASCULINE	يَرَى	يَرَيَا	يَرَوْا
3 FEMININE	تَرَى	تَرَيَا	يَرَيْنَ
2 MASCULINE	تَرَى	تَرَيَا	تَرَوْا
2 FEMININE	تَرَيْ	تَرَيَا	تَرَيْنَ
1	أَرَى	---	نَرَى

IMPERFECT		SINGULAR	DUAL	PLURAL
3	MASCULINE	يَرَى	يَرَيَانِ	يَرَوْنَ
	FEMININE	تَرَى	تَرَيَانِ	يَرَيْنَ
2	MASCULINE	تَرَى	تَرَيَانِ	تَرَوْنَ
	FEMININE	تَرَيْنَ	تَرَيَانِ	تَرَيْنَ
1		أَرَى	---	نَرَى

JUSSIVE	SINGULAR	DUAL	PLURAL
3 MASCULINE	يَرَ	يَرَيَا	يَرَوْا
3 FEMININE	تَرَ	تَرَيَا	يَرَيْنَ
2 MASCULINE	تَرَ	تَرَيَا	تَرَوْا
2 FEMININE	تَرَيْ	تَرَيَا	تَرَيْنَ
1	أَرَ	---	نَرَ

ACTIVE PARTICIPLE رَاءٍ

PASSIVE PARTICIPLE مَرْئِيٌّ

VERBAL NOUN رَأْيٌ

IMPERATIVE	SINGULAR	DUAL	PLURAL
MASCULINE	رَ	رَيَا	رَوْا
FEMININE	رَيْ	رَيَا	رَيْنَ

PASSIVE

PERFECT		SINGULAR	DUAL	PLURAL
3	MASCULINE	رُئِيَ	رُئِيَا	رُؤُوا
	FEMININE	رُئِيَتْ	رُئِيَتَا	رُئِينَ
2	MASCULINE	رُئِيتَ	رُئِيتُمَا	رُئِيتُمْ
	FEMININE	رُئِيتِ	رُئِيتُمَا	رُئِيتُنَّ
1		رُئِيتُ	---	رُئِينَا

SUBJUNCTIVE	SINGULAR	DUAL	PLURAL
3 MASCULINE	يُرَى	يُرَيَا	يُرَوْا
3 FEMININE	تُرَى	تُرَيَا	يُرَيْنَ
2 MASCULINE	تُرَى	تُرَيَا	تُرَوْا
2 FEMININE	تُرَيْ	تُرَيَا	تُرَيْنَ
1	أُرَى	---	نُرَى

IMPERFECT		SINGULAR	DUAL	PLURAL
3	MASCULINE	يُرَى	يُرَيَانِ	يُرَوْنَ
	FEMININE	تُرَى	تُرَيَانِ	يُرَيْنَ
2	MASCULINE	تُرَى	تُرَيَانِ	تُرَوْنَ
	FEMININE	تُرَيْنَ	تُرَيَانِ	تُرَيْنَ
1		أُرَى	---	نُرَى

JUSSIVE	SINGULAR	DUAL	PLURAL
3 MASCULINE	يُرَ	يُرَيَا	يُرَوْا
3 FEMININE	تُرَ	تُرَيَا	يُرَيْنَ
2 MASCULINE	تُرَ	تُرَيَا	تُرَوْا
2 FEMININE	تُرَيْ	تُرَيَا	تُرَيْنَ
1	أُرَ	---	نُرَ

Did *you see* the full moon the night of the fourteenth?	هل رَأَيْتُمْ القمر ليلة الرابع عشر؟
I've seen you before, but I don't remember where.	لقد رَأَيْتُكَ من قبل ولكني لا أتذكّر أين.
I consider it my duty to visit my grandfather.	إنّي أَرَى أنه من واجبي أن أزور جدي.
I don't *agree* with you [literally: *I* don't *see your opinion*] about that.	لا أَرَى رأيك في هذا.

Form IV رأي

to show أَرَى

ACTIVE

PERFECT		SINGULAR	DUAL	PLURAL
3	MASCULINE	أَرَى	أَرَيَا	أَرَوْا
	FEMININE	أَرَتْ	أَرَتَا	أَرَيْنَ
2	MASCULINE	أَرَيْتَ	أَرَيْتُمَا	أَرَيْتُمْ
	FEMININE	أَرَيْتِ	أَرَيْتُمَا	أَرَيْتُنَّ
1		أَرَيْتُ	---	أَرَيْنَا

SUBJUNCTIVE		SINGULAR	DUAL	PLURAL
3	MASCULINE	يُرِيَ	يُرِيَا	يُرُوا
	FEMININE	تُرِيَ	تُرِيَا	يُرِينَ
2	MASCULINE	تُرِيَ	تُرِيَا	تُرُوا
	FEMININE	تُرِي	تُرِيَا	تُرِينَ
1		أُرِيَ	---	نُرِيَ

IMPERFECT		SINGULAR	DUAL	PLURAL
3	MASCULINE	يُرِي	يُرِيَانِ	يُرُونَ
	FEMININE	تُرِي	تُرِيَانِ	يُرِينَ
2	MASCULINE	تُرِي	تُرِيَانِ	تُرُونَ
	FEMININE	تُرِينَ	تُرِيَانِ	تُرِينَ
1		أُرِي	---	نُرِي

JUSSIVE		SINGULAR	DUAL	PLURAL
3	MASCULINE	يُرِ	يُرِيَا	يُرُوا
	FEMININE	تُرِ	تُرِيَا	يُرِينَ
2	MASCULINE	تُرِ	تُرِيَا	تُرُوا
	FEMININE	تُرِي	تُرِيَا	تُرِينَ
1		أُرِ	---	نُرِ

IMPERATIVE	SINGULAR	DUAL	PLURAL
MASCULINE	أَرِ	أَرِيَا	أَرُوا
FEMININE	أَرِي	أَرِيَا	أَرِينَ

ACTIVE PARTICIPLE	مُرٍ
PASSIVE PARTICIPLE	مُرًى
VERBAL NOUN	إِرَاءَةٌ

PASSIVE

		PERFECT SINGULAR	DUAL	PLURAL	SUBJUNCTIVE SINGULAR	DUAL	PLURAL
3	MASCULINE	أُرِيَ	أُرِيَا	أُرُوا	يُرَى	يُرَيَا	يُرَوْا
	FEMININE	أُرِيَتْ	أُرِيَتَا	أُرِينَ	تُرَى	تُرَيَا	يُرَيْنَ
2	MASCULINE	أُرِيتَ	أُرِيتُمَا	أُرِيتُمْ	تُرَى	تُرَيَا	تُرَوْا
	FEMININE	أُرِيتِ	أُرِيتُمَا	أُرِيتُنَّ	تُرَيْ	تُرَيَا	تُرَيْنَ
1		أُرِيتُ	---	أُرِينَا	أُرَى	---	نُرَى

		IMPERFECT SINGULAR	DUAL	PLURAL	JUSSIVE SINGULAR	DUAL	PLURAL
3	MASCULINE	يُرَى	يُرَيَانِ	يُرَوْنَ	يُرَ	يُرَيَا	يُرَوْا
	FEMININE	تُرَى	تُرَيَانِ	يُرَيْنَ	تُرَ	تُرَيَا	يُرَيْنَ
2	MASCULINE	تُرَى	تُرَيَانِ	تُرَوْنَ	تُرَ	تُرَيَا	تُرَوْا
	FEMININE	تُرَيْنَ	تُرَيَانِ	تُرَيْنَ	تُرَيْ	تُرَيَا	تُرَيْنَ
1		أُرَى	---	نُرَى	أُرَ	---	نُرَ

I'd like *to show you* the flat I live in. — أود أن أُرِيَكَ الشقة التي أسكن فيها.

Can *you show me* this picture? — هل يمكنكِ أن تُرِينِي هذه الصورة؟

Do you think he'll come tomorrow? — يا تُرَى يجيء غدا؟

Form I ربط — to tie, connect رَبَطَ ●

ACTIVE

		PERFECT SINGULAR	DUAL	PLURAL	SUBJUNCTIVE SINGULAR	DUAL	PLURAL
3	MASCULINE	رَبَطَ	رَبَطَا	رَبَطُوا	يَرْبُطَ	يَرْبُطَا	يَرْبُطُوا
	FEMININE	رَبَطَتْ	رَبَطَتَا	رَبَطْنَ	تَرْبُطَ	تَرْبُطَا	يَرْبُطْنَ
2	MASCULINE	رَبَطْتَ	رَبَطْتُمَا	رَبَطْتُمْ	تَرْبُطَ	تَرْبُطَا	تَرْبُطُوا
	FEMININE	رَبَطْتِ	رَبَطْتُمَا	رَبَطْتُنَّ	تَرْبُطِي	تَرْبُطَا	تَرْبُطْنَ
1		رَبَطْتُ	---	رَبَطْنَا	أَرْبُطَ	---	نَرْبُطَ

		IMPERFECT SINGULAR	DUAL	PLURAL	JUSSIVE SINGULAR	DUAL	PLURAL
3	MASCULINE	يَرْبُطُ	يَرْبُطَانِ	يَرْبُطُونَ	يَرْبُطْ	يَرْبُطَا	يَرْبُطُوا
	FEMININE	تَرْبُطُ	تَرْبُطَانِ	يَرْبُطْنَ	تَرْبُطْ	تَرْبُطَا	يَرْبُطْنَ
2	MASCULINE	تَرْبُطُ	تَرْبُطَانِ	تَرْبُطُونَ	تَرْبُطْ	تَرْبُطَا	تَرْبُطُوا
	FEMININE	تَرْبُطِينَ	تَرْبُطَانِ	تَرْبُطْنَ	تَرْبُطِي	تَرْبُطَا	تَرْبُطْنَ
1		أَرْبُطُ	---	نَرْبُطُ	أَرْبُطْ	---	نَرْبُطْ

ACTIVE PARTICIPLE	رَابِطٌ
PASSIVE PARTICIPLE	مَرْبُوطٌ
VERBAL NOUN	رَبْطٌ

IMPERATIVE

	SINGULAR	DUAL	PLURAL
MASCULINE	أُرْبُطْ	أُرْبُطَا	أُرْبُطُوا
FEMININE	أُرْبُطِي	أُرْبُطَا	أُرْبُطْنَ

PASSIVE

PERFECT		SINGULAR	DUAL	PLURAL
3	MASCULINE	رُبِطَ	رُبِطَا	رُبِطُوا
	FEMININE	رُبِطَتْ	رُبِطَتَا	رُبِطْنَ
2	MASCULINE	رُبِطْتَ	رُبِطْتُمَا	رُبِطْتُمْ
	FEMININE	رُبِطْتِ	رُبِطْتُمَا	رُبِطْتُنَّ
1		رُبِطْتُ	---	رُبِطْنَا

SUBJUNCTIVE		SINGULAR	DUAL	PLURAL
3	MASCULINE	يُرْبَطَ	يُرْبَطَا	يُرْبَطُوا
	FEMININE	تُرْبَطَ	تُرْبَطَا	يُرْبَطْنَ
2	MASCULINE	تُرْبَطَ	تُرْبَطَا	تُرْبَطُوا
	FEMININE	تُرْبَطِي	تُرْبَطَا	تُرْبَطْنَ
1		أُرْبَطَ	---	نُرْبَطَ

IMPERFECT		SINGULAR	DUAL	PLURAL
3	MASCULINE	يُرْبَطُ	يُرْبَطَانِ	يُرْبَطُونَ
	FEMININE	تُرْبَطُ	تُرْبَطَانِ	يُرْبَطْنَ
2	MASCULINE	تُرْبَطُ	تُرْبَطَانِ	تُرْبَطُونَ
	FEMININE	تُرْبَطِينَ	تُرْبَطَانِ	تُرْبَطْنَ
1		أُرْبَطُ	---	نُرْبَطُ

JUSSIVE		SINGULAR	DUAL	PLURAL
3	MASCULINE	يُرْبَطْ	يُرْبَطَا	يُرْبَطُوا
	FEMININE	تُرْبَطْ	تُرْبَطَا	يُرْبَطْنَ
2	MASCULINE	تُرْبَطْ	تُرْبَطَا	تُرْبَطُوا
	FEMININE	تُرْبَطِي	تُرْبَطَا	تُرْبَطْنَ
1		أُرْبَطْ	---	نُرْبَطْ

We will join the two cities by building a bridge that will pass over the river.

سَنَرْبُطُ بين البلدتين ببناء جسر يمرّ فوق النهر.

My son at four years old has learned *to tie* his shoes!

ابني تعلم كيف يَرْبُطُ حذاءه وهو في الرابعة من عمره!

I'm trying *to link* this study with the actual reality.

أحاول أن أَرْبُطَ بين هذا البحث والواقع العملي.

Form VIII ربط to commit oneself; to be connected إِرْتَبَطَ

ACTIVE

PERFECT		SINGULAR	DUAL	PLURAL
3	MASCULINE	إِرْتَبَطَ	إِرْتَبَطَا	إِرْتَبَطُوا
	FEMININE	إِرْتَبَطَتْ	إِرْتَبَطَتَا	إِرْتَبَطْنَ
2	MASCULINE	إِرْتَبَطْتَ	إِرْتَبَطْتُمَا	إِرْتَبَطْتُمْ
	FEMININE	إِرْتَبَطْتِ	إِرْتَبَطْتُمَا	إِرْتَبَطْتُنَّ
1		إِرْتَبَطْتُ	---	إِرْتَبَطْنَا

SUBJUNCTIVE		SINGULAR	DUAL	PLURAL
3	MASCULINE	يَرْتَبِطَ	يَرْتَبِطَا	يَرْتَبِطُوا
	FEMININE	تَرْتَبِطَ	تَرْتَبِطَا	يَرْتَبِطْنَ
2	MASCULINE	تَرْتَبِطَ	تَرْتَبِطَا	تَرْتَبِطُوا
	FEMININE	تَرْتَبِطِي	تَرْتَبِطَا	تَرْتَبِطْنَ
1		أَرْتَبِطَ	---	نَرْتَبِطَ

IMPERFECT		SINGULAR	DUAL	PLURAL
3	MASCULINE	يَرْتَبِطُ	يَرْتَبِطَانِ	يَرْتَبِطُونَ
	FEMININE	تَرْتَبِطُ	تَرْتَبِطَانِ	يَرْتَبِطْنَ
2	MASCULINE	تَرْتَبِطُ	تَرْتَبِطَانِ	تَرْتَبِطُونَ
	FEMININE	تَرْتَبِطِينَ	تَرْتَبِطَانِ	تَرْتَبِطْنَ
1		أَرْتَبِطُ	---	نَرْتَبِطُ

JUSSIVE	SINGULAR	DUAL	PLURAL
3 MASCULINE	يَرْتَبِطْ	يَرْتَبِطَا	يَرْتَبِطُوا
3 FEMININE	تَرْتَبِطْ	تَرْتَبِطَا	يَرْتَبِطْنَ
2 MASCULINE	تَرْتَبِطْ	تَرْتَبِطَا	تَرْتَبِطُوا
2 FEMININE	تَرْتَبِطِي	تَرْتَبِطَا	تَرْتَبِطْنَ
1	أَرْتَبِطْ	---	نَرْتَبِطْ

ACTIVE PARTICIPLE	مُرْتَبِطٌ
PASSIVE PARTICIPLE	مُرْتَبَطٌ
VERBAL NOUN	إِرْتِبَاطٌ

IMPERATIVE	SINGULAR	DUAL	PLURAL
MASCULINE	إِرْتَبِطْ	إِرْتَبِطَا	إِرْتَبِطُوا
FEMININE	إِرْتَبِطِي	إِرْتَبِطَا	إِرْتَبِطْنَ

أحبك وأود أن ارْتَبِطَ بك بالزواج.
I love you and I want *to be joined* with you in marriage.

لماذا ارْتَبَطْتِ بهذا الموعد؟
Why *have you bound yourself* with this appointment?

سَيَرْتَبِطُ محمود بكم بالتليفون من مكتبه لمناقشة هذه التغيرات.
Mahmud *will be in touch* [colloquial] with you by telephone to discuss these changes.

هل أنتِ مُرْتَبِطَةٌ؟
Do you have a boyfriend [literally: *Are you connected/engaged*]?

Form V رتب — to be arranged; to result تَرَتَّبَ

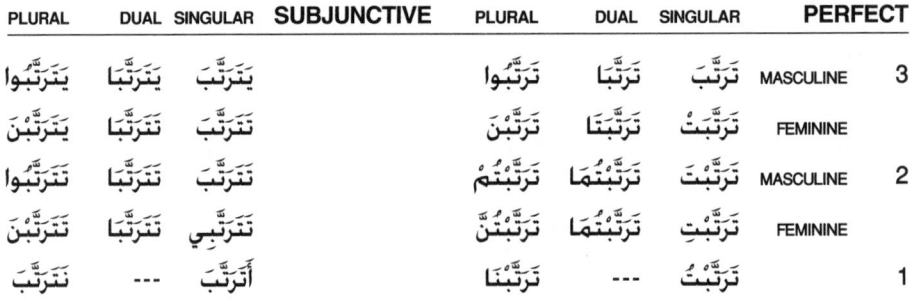

ACTIVE

PERFECT		SINGULAR	DUAL	PLURAL
3	MASCULINE	تَرَتَّبَ	تَرَتَّبَا	تَرَتَّبُوا
	FEMININE	تَرَتَّبَتْ	تَرَتَّبَتَا	تَرَتَّبْنَ
2	MASCULINE	تَرَتَّبْتَ	تَرَتَّبْتُمَا	تَرَتَّبْتُمْ
	FEMININE	تَرَتَّبْتِ	تَرَتَّبْتُمَا	تَرَتَّبْتُنَّ
1		تَرَتَّبْتُ	---	تَرَتَّبْنَا

SUBJUNCTIVE	SINGULAR	DUAL	PLURAL
3 MASCULINE	يَتَرَتَّبَ	يَتَرَتَّبَا	يَتَرَتَّبُوا
3 FEMININE	تَتَرَتَّبَ	تَتَرَتَّبَا	يَتَرَتَّبْنَ
2 MASCULINE	تَتَرَتَّبَ	تَتَرَتَّبَا	تَتَرَتَّبُوا
2 FEMININE	تَتَرَتَّبِي	تَتَرَتَّبَا	تَتَرَتَّبْنَ
1	أَتَرَتَّبَ	---	نَتَرَتَّبَ

		IMPERFECT			JUSSIVE		
3	MASCULINE	يَتَرَتَّبُ	يَتَرَتَّبَانِ	يَتَرَتَّبُونَ	يَتَرَتَّبْ	يَتَرَتَّبَا	يَتَرَتَّبُوا
	FEMININE	تَتَرَتَّبُ	تَتَرَتَّبَانِ	يَتَرَتَّبْنَ	تَتَرَتَّبْ	تَتَرَتَّبَا	يَتَرَتَّبْنَ
2	MASCULINE	تَتَرَتَّبُ	تَتَرَتَّبَانِ	تَتَرَتَّبُونَ	تَتَرَتَّبْ	تَتَرَتَّبَا	تَتَرَتَّبُوا
	FEMININE	تَتَرَتَّبِينَ	تَتَرَتَّبَانِ	تَتَرَتَّبْنَ	تَتَرَتَّبِي	تَتَرَتَّبَا	تَتَرَتَّبْنَ
1		أَتَرَتَّبُ	---	نَتَرَتَّبُ	أَتَرَتَّبْ	---	نَتَرَتَّبْ

ACTIVE PARTICIPLE	مُتَرَتِّبٌ
PASSIVE PARTICIPLE	---
VERBAL NOUN	تَرَتُّبٌ

IMPERATIVE			
MASCULINE	تَرَتَّبْ	تَرَتَّبَا	تَرَتَّبُوا
FEMININE	تَرَتَّبِي	تَرَتَّبَا	تَرَتَّبْنَ

هل يمكن أن يَتَرَتَّبَ لي موعد مع الأستاذ؟

Can an appointment *be arranged* for me with the professor?

أنت لا تعرف ما سَيَتَرَتَّبُ على أفعالك هذه.

You don't know what *the consequences* of your actions *will be.*

سيتحمّل كلّ واحد ما يَتَرَتَّبُ على قراراته.

Everyone must bear the consequences of [literally: what *follows* from] their decisions.

Form I رجع ● to return رَجَعَ

ACTIVE

		PERFECT SINGULAR	DUAL	PLURAL	SUBJUNCTIVE SINGULAR	DUAL	PLURAL
3	MASCULINE	رَجَعَ	رَجَعَا	رَجَعُوا	يَرْجِعَ	يَرْجِعَا	يَرْجِعُوا
	FEMININE	رَجَعَتْ	رَجَعَتَا	رَجَعْنَ	تَرْجِعَ	تَرْجِعَا	يَرْجِعْنَ
2	MASCULINE	رَجَعْتَ	رَجَعْتُمَا	رَجَعْتُمْ	تَرْجِعَ	تَرْجِعَا	تَرْجِعُوا
	FEMININE	رَجَعْتِ	رَجَعْتُمَا	رَجَعْتُنَّ	تَرْجِعِي	تَرْجِعَا	تَرْجِعْنَ
1		رَجَعْتُ	---	رَجَعْنَا	أَرْجِعَ	---	نَرْجِعَ

		IMPERFECT			JUSSIVE		
3	MASCULINE	يَرْجِعُ	يَرْجِعَانِ	يَرْجِعُونَ	يَرْجِعْ	يَرْجِعَا	يَرْجِعُوا
	FEMININE	تَرْجِعُ	تَرْجِعَانِ	يَرْجِعْنَ	تَرْجِعْ	تَرْجِعَا	يَرْجِعْنَ
2	MASCULINE	تَرْجِعُ	تَرْجِعَانِ	تَرْجِعُونَ	تَرْجِعْ	تَرْجِعَا	تَرْجِعُوا
	FEMININE	تَرْجِعِينَ	تَرْجِعَانِ	تَرْجِعْنَ	تَرْجِعِي	تَرْجِعَا	تَرْجِعْنَ
1		أَرْجِعُ	---	نَرْجِعُ	أَرْجِعْ	---	نَرْجِعْ

ACTIVE PARTICIPLE	رَاجِعٌ		**IMPERATIVE**		
PASSIVE PARTICIPLE	---	MASCULINE	إِرْجِعْ	إِرْجِعَا	إِرْجِعُوا
VERBAL NOUN	رُجُوعٌ	FEMININE	إِرْجِعِي	إِرْجِعَا	إِرْجِعْنَ

تَرْجِعُ الطيور المهاجرة إلى أوطانها.

Migratory birds *return* to their homelands.

رَجَعَ إلى عقله قبل أن يرتكب خطاءً كبيراً.

He *came back* to his senses before committing a terrible error.

الكلمة "دينار" تَرْجِعُ الى اللاتينية.

The word "dinar" *derives from* [literally: *goes back* to] Latin.

● to hope رَجَا — Form I رجو

ACTIVE

		PERFECT SINGULAR	PERFECT DUAL	PERFECT PLURAL	SUBJUNCTIVE SINGULAR	SUBJUNCTIVE DUAL	SUBJUNCTIVE PLURAL
3	MASCULINE	رَجَا	رَجَوَا	رَجَوْا	يَرْجُوَ	يَرْجُوَا	يَرْجُوا
	FEMININE	رَجَتْ	رَجَتَا	رَجَوْنَ	تَرْجُوَ	تَرْجُوَا	يَرْجُونَ
2	MASCULINE	رَجَوْتَ	رَجَوْتُمَا	رَجَوْتُمْ	تَرْجُوَ	تَرْجُوَا	تَرْجُوا
	FEMININE	رَجَوْتِ	رَجَوْتُمَا	رَجَوْتُنَّ	تَرْجِي	تَرْجُوَا	تَرْجُونَ
1		رَجَوْتُ	---	رَجَوْنَا	أَرْجُوَ	---	نَرْجُوَ

		IMPERFECT SINGULAR	IMPERFECT DUAL	IMPERFECT PLURAL	JUSSIVE SINGULAR	JUSSIVE DUAL	JUSSIVE PLURAL
3	MASCULINE	يَرْجُو	يَرْجُوَانِ	يَرْجُونَ	يَرْجُ	يَرْجُوَا	يَرْجُوا
	FEMININE	تَرْجُو	تَرْجُوَانِ	يَرْجُونَ	تَرْجُ	تَرْجُوَا	يَرْجُونَ
2	MASCULINE	تَرْجُو	تَرْجُوَانِ	تَرْجُونَ	تَرْجُ	تَرْجُوَا	تَرْجُوا
	FEMININE	تَرْجِينَ	تَرْجُوَانِ	تَرْجُونَ	تَرْجِي	تَرْجُوَا	تَرْجُونَ
1		أَرْجُو	---	نَرْجُو	أَرْجُ	---	نَرْجُ

ACTIVE PARTICIPLE	رَاجٍ		**IMPERATIVE**		
PASSIVE PARTICIPLE	مَرْجُوٌّ	MASCULINE	أُرْجُ	أُرْجُوَا	أُرْجُوا
VERBAL NOUN	رَجَاءٌ, رَجَاةٌ, مَرْجَاةٌ	FEMININE	أُرْجِي	أُرْجُوَا	أُرْجُونَ

PASSIVE

		PERFECT SINGULAR	DUAL	PLURAL	SUBJUNCTIVE SINGULAR	DUAL	PLURAL
3	MASCULINE	رُجِيَ	رُجِيَا	رُجُوا	يُرْجَى	يُرْجَيَا	يُرْجَوْا
	FEMININE	رُجِيَتْ	رُجِيَتَا	رُجِينَ	تُرْجَى	تُرْجَيَا	يُرْجَيْنَ
2	MASCULINE	رُجِيتَ	رُجِيتُمَا	رُجِيتُمْ	تُرْجَى	تُرْجَيَا	تُرْجَوْا
	FEMININE	رُجِيتِ	رُجِيتُمَا	رُجِيتُنَّ	تُرْجَيْ	تُرْجَيَا	تُرْجَيْنَ
1		رُجِيتُ	---	رُجِينَا	أُرْجَى	---	نُرْجَى

		IMPERFECT SINGULAR	DUAL	PLURAL	JUSSIVE SINGULAR	DUAL	PLURAL
3	MASCULINE	يُرْجَى	يُرْجَيَانِ	يُرْجَوْنَ	يُرْجَ	يُرْجَيَا	يُرْجَوْا
	FEMININE	تُرْجَى	تُرْجَيَانِ	يُرْجَيْنَ	تُرْجَ	تُرْجَيَا	يُرْجَيْنَ
2	MASCULINE	تُرْجَى	تُرْجَيَانِ	تُرْجَوْنَ	تُرْجَ	تُرْجَيَا	تُرْجَوْا
	FEMININE	تُرْجَيْنَ	تُرْجَيَانِ	تُرْجَيْنَ	تُرْجَيْ	تُرْجَيَا	تُرْجَيْنَ
1		أُرْجَى	---	نُرْجَى	أُرْجَ	---	نُرْجَ

كلّ طالب يَرْجُو أن ينجح في الإمتحان.

Every student *hopes* to succeed in the exam.

أَرْجُوكَ إسمعني!

Please [literally: *I wish you* would] listen to me!

ماذا تَرْجُو من وراء هذه الحوارات؟

What *are you hoping for* as a result of these discussions?

Form II رحب — to welcome; to widen رَحَّبَ

ACTIVE

		PERFECT SINGULAR	DUAL	PLURAL	SUBJUNCTIVE SINGULAR	DUAL	PLURAL
3	MASCULINE	رَحَّبَ	رَحَّبَا	رَحَّبُوا	يُرَحِّبَ	يُرَحِّبَا	يُرَحِّبُوا
	FEMININE	رَحَّبَتْ	رَحَّبَتَا	رَحَّبْنَ	تُرَحِّبَ	تُرَحِّبَا	يُرَحِّبْنَ
2	MASCULINE	رَحَّبْتَ	رَحَّبْتُمَا	رَحَّبْتُمْ	تُرَحِّبَ	تُرَحِّبَا	تُرَحِّبُوا
	FEMININE	رَحَّبْتِ	رَحَّبْتُمَا	رَحَّبْتُنَّ	تُرَحِّبِي	تُرَحِّبَا	تُرَحِّبْنَ
1		رَحَّبْتُ	---	رَحَّبْنَا	أُرَحِّبَ	---	نُرَحِّبَ

IMPERFECT

		SINGULAR	DUAL	PLURAL
3	MASCULINE	يُرَحِّبُ	يُرَحِّبَانِ	يُرَحِّبُونَ
	FEMININE	تُرَحِّبُ	تُرَحِّبَانِ	يُرَحِّبْنَ
2	MASCULINE	يُرَحِّبُ	تُرَحِّبَانِ	تُرَحِّبُونَ
	FEMININE	يُرَحِّبِينَ	تُرَحِّبَانِ	تُرَحِّبْنَ
1		أُرَحِّبُ	---	نُرَحِّبُ

JUSSIVE

		SINGULAR	DUAL	PLURAL
3	MASCULINE	يُرَحِّبْ	يُرَحِّبَا	يُرَحِّبُوا
	FEMININE	تُرَحِّبْ	تُرَحِّبَا	يُرَحِّبْنَ
2	MASCULINE	تُرَحِّبْ	تُرَحِّبَا	تُرَحِّبُوا
	FEMININE	تُرَحِّبِي	تُرَحِّبَا	تُرَحِّبْنَ
1		أُرَحِّبْ	---	نُرَحِّبْ

ACTIVE PARTICIPLE مُرَحِّبٌ

PASSIVE PARTICIPLE مُرَحَّبٌ

VERBAL NOUN تَرْحِيبٌ

IMPERATIVE

	SINGULAR	DUAL	PLURAL
MASCULINE	رَحِّبْ	رَحِّبَا	رَحِّبُوا
FEMININE	رَحِّبِي	رَحِّبَا	رَحِّبْنَ

نُرَحِّبُ بكم في الإسكندرية.

We welcome you to Alexandria.

رَحَّبَ مجلس الإدارة بالخطة الجديدة.

The executive committee *welcomed* the new plan.

يُرَحِّبُ الله عليك مأزقك.

May God grant you relief [literally: *widen* your narrow straits].

Form I رحم ● to have mercy رَحِمَ

ACTIVE

PERFECT

		SINGULAR	DUAL	PLURAL
3	MASCULINE	رَحِمَ	رَحِمَا	رَحِمُوا
	FEMININE	رَحِمَتْ	رَحِمَتَا	رَحِمْنَ
2	MASCULINE	رَحِمْتَ	رَحِمْتُمَا	رَحِمْتُمْ
	FEMININE	رَحِمْتِ	رَحِمْتُمَا	رَحِمْتُنَّ
1		رَحِمْتُ	---	رَحِمْنَا

SUBJUNCTIVE

		SINGULAR	DUAL	PLURAL
3	MASCULINE	يَرْحَمَ	يَرْحَمَا	يَرْحَمُوا
	FEMININE	تَرْحَمَ	تَرْحَمَا	يَرْحَمْنَ
2	MASCULINE	تَرْحَمَ	تَرْحَمَا	تَرْحَمُوا
	FEMININE	تَرْحَمِي	تَرْحَمَا	تَرْحَمْنَ
1		أَرْحَمَ	---	نَرْحَمَ

IMPERFECT

		SINGULAR	DUAL	PLURAL
3	MASCULINE	يَرْحَمُ	يَرْحَمَانِ	يَرْحَمُونَ
	FEMININE	تَرْحَمُ	تَرْحَمَانِ	يَرْحَمْنَ
2	MASCULINE	تَرْحَمُ	تَرْحَمَانِ	تَرْحَمُونَ
	FEMININE	تَرْحَمِينَ	تَرْحَمَانِ	تَرْحَمْنَ
1		أَرْحَمُ	---	نَرْحَمُ

JUSSIVE

		SINGULAR	DUAL	PLURAL
3	MASCULINE	يَرْحَمْ	يَرْحَمَا	يَرْحَمُوا
	FEMININE	تَرْحَمْ	تَرْحَمَا	يَرْحَمْنَ
2	MASCULINE	تَرْحَمْ	تَرْحَمَا	تَرْحَمُوا
	FEMININE	تَرْحَمِي	تَرْحَمَا	تَرْحَمْنَ
1		أَرْحَمْ	---	نَرْحَمْ

ACTIVE PARTICIPLE	رَاحِمٌ
PASSIVE PARTICIPLE	مَرْحُومٌ
VERBAL NOUN	رَحْمَةٌ, مَرْحَمَةٌ

IMPERATIVE

	SINGULAR	DUAL	PLURAL
MASCULINE	إِرْحَمْ	إِرْحَمَا	إِرْحَمُوا
FEMININE	إِرْحَمِي	إِرْحَمَا	إِرْحَمْنَ

PASSIVE

PERFECT		SINGULAR	DUAL	PLURAL
3	MASCULINE	رُحِمَ	رُحِمَا	رُحِمُوا
	FEMININE	رُحِمَتْ	رُحِمَتَا	رُحِمْنَ
2	MASCULINE	رُحِمْتَ	رُحِمْتُمَا	رُحِمْتُمْ
	FEMININE	رُحِمْتِ	رُحِمْتُمَا	رُحِمْتُنَّ
1		رُحِمْتُ	---	رُحِمْنَا

SUBJUNCTIVE	SINGULAR	DUAL	PLURAL
3 MASCULINE	يُرْحَمَ	يُرْحَمَا	يُرْحَمُوا
3 FEMININE	تُرْحَمَ	تُرْحَمَا	يُرْحَمْنَ
2 MASCULINE	تُرْحَمَ	تُرْحَمَا	تُرْحَمُوا
2 FEMININE	تُرْحَمِي	تُرْحَمَا	تُرْحَمْنَ
1	أُرْحَمَ	---	نُرْحَمَ

IMPERFECT		SINGULAR	DUAL	PLURAL
3	MASCULINE	يُرْحَمُ	يُرْحَمَانِ	يُرْحَمُونَ
	FEMININE	تُرْحَمُ	تُرْحَمَانِ	يُرْحَمْنَ
2	MASCULINE	تُرْحَمُ	تُرْحَمَانِ	تُرْحَمُونَ
	FEMININE	تُرْحَمِينَ	تُرْحَمَانِ	تُرْحَمْنَ
1		أُرْحَمُ	---	نُرْحَمُ

JUSSIVE	SINGULAR	DUAL	PLURAL
3 MASCULINE	يُرْحَمْ	يُرْحَمَا	يُرْحَمُوا
3 FEMININE	تُرْحَمْ	تُرْحَمَا	يُرْحَمْنَ
2 MASCULINE	تُرْحَمْ	تُرْحَمَا	تُرْحَمُوا
2 FEMININE	تُرْحَمِي	تُرْحَمَا	تُرْحَمْنَ
1	أُرْحَمْ	---	نُرْحَمْ

يَرْحَمُهُ اللّٰه.

May God *have mercy on him* [eulogy used after naming someone who has died].

يَرْحَمُكُم اللّٰه!

God bless you [literally: May God *have mercy* on you]! [said to someone who has sneezed]

يجب علينا نحن البشر أن نَرْحَمَ بعضنا البعض حتى نتغلب على الكراهية.

We have *to be merciful toward* one another so as to overcome hatred.

رَحَمَتْهُ المحكمة من عقوبة الإعدام.

The court *spared him* from the death sentence.

Form I ردد — to return, turn back; to reply رَدَّ ●

ACTIVE

		PERFECT SINGULAR	DUAL	PLURAL
3	MASCULINE	رَدَّ	رَدَّا	رَدُّوا
	FEMININE	رَدَّتْ	رَدَّتَا	رَدَدْنَ
2	MASCULINE	رَدَدْتَ	رَدَدْتُمَا	رَدَدْتُمْ
	FEMININE	رَدَدْتِ	رَدَدْتُمَا	رَدَدْتُنَّ
1		رَدَدْتُ	---	رَدَدْنَا

		SUBJUNCTIVE SINGULAR	DUAL	PLURAL
3	MASCULINE	يَرُدَّ	يَرُدَّا	يَرُدُّوا
	FEMININE	تَرُدَّ	تَرُدَّا	يَرْدُدْنَ
2	MASCULINE	تَرُدَّ	تَرُدَّا	تَرُدُّوا
	FEMININE	تَرُدِّي	تَرُدَّا	تَرْدُدْنَ
1		أَرُدَّ	---	نَرُدَّ

		IMPERFECT SINGULAR	DUAL	PLURAL
3	MASCULINE	يَرُدُّ	يَرُدَّانِ	يَرُدُّونَ
	FEMININE	تَرُدُّ	تَرُدَّانِ	يَرْدُدْنَ
2	MASCULINE	تَرُدُّ	تَرُدَّانِ	تَرُدُّونَ
	FEMININE	تَرُدِّينَ	تَرُدَّانِ	تَرْدُدْنَ
1		أَرُدُّ	---	نَرُدُّ

		*JUSSIVE SINGULAR	DUAL	PLURAL
3	MASCULINE	يَرْدُدْ	يَرُدَّا	يَرُدُّوا
	FEMININE	تَرْدُدْ	تَرُدَّا	يَرْدُدْنَ
2	MASCULINE	تَرْدُدْ	تَرُدَّا	تَرُدُّوا
	FEMININE	تَرُدِّي	تَرُدَّا	تَرْدُدْنَ
1		أَرْدُدْ	---	نَرْدُدْ

ACTIVE PARTICIPLE رَادٌّ

PASSIVE PARTICIPLE مَرْدُودٌ

VERBAL NOUN رَدٌّ

** IMPERATIVE	SINGULAR	DUAL	PLURAL
MASCULINE	أُرْدُدْ	أُرْدُدَا	أُرْدُدُوا
FEMININE	أُرْدُدِي	أُرْدُدَا	أُرْدُدْنَ

PASSIVE

		PERFECT SINGULAR	DUAL	PLURAL
3	MASCULINE	رُدَّ	رُدَّا	رُدُّوا
	FEMININE	رُدَّتْ	رُدَّتَا	رُدِدْنَ
2	MASCULINE	رُدِدْتَ	رُدِدْتُمَا	رُدِدْتُمْ
	FEMININE	رُدِدْتِ	رُدِدْتُمَا	رُدِدْتُنَّ
1		رُدِدْتُ	---	رُدِدْنَا

		SUBJUNCTIVE SINGULAR	DUAL	PLURAL
3	MASCULINE	يُرَدَّ	يُرَدَّا	يُرَدُّوا
	FEMININE	تُرَدَّ	تُرَدَّا	يُرْدَدْنَ
2	MASCULINE	تُرَدَّ	تُرَدَّا	تُرَدُّوا
	FEMININE	تُرَدِّي	تُرَدَّا	تُرْدَدْنَ
1		أُرَدَّ	---	نُرَدَّ

* Contracted form: يَرُدَّ, تَرُدَّ, تَرُدَّ, تَرُدِّي, أَرُدَّ...نَرُدَّ

** Contracted form: رُدَّ, رُدِّي, رُدَّا, رُدُّوا...

*JUSSIVE						IMPERFECT	
يَرُدُّوا	يَرُدَّا	يَرْدُدْ	يَرُدُّونَ	يَرُدَّانِ	يَرُدُّ	MASCULINE	3
يَرْدُدْنَ	تَرُدَّا	تَرْدُدْ	يَرْدُدْنَ	تَرُدَّانِ	تَرُدُّ	FEMININE	
تَرُدُّوا	تَرُدَّا	تَرْدُدْ	تَرُدُّونَ	تَرُدَّانِ	تَرُدُّ	MASCULINE	2
تَرْدُدْنَ	تَرُدَّا	تَرُدِّي	تَرْدُدْنَ	تَرُدَّانِ	تَرُدِّينَ	FEMININE	
نَرْدُدْ	---	أَرْدُدْ	نَرُدُّ	---	أَرُدُّ		1

You have *to return* the greeting when someone greets you. — يجب أن تَرُدَّ السلام إذا حيّاك أحد.

I don't know how *to repay* all your favors to me. — لا أعرف كيف سأَرُدُّ جميع أفضالك عليّ.

The army *repulsed* the enemy. — رَدَّ الجيش العدو.

Form IV رسل — to send أَرْسَلَ

ACTIVE

PLURAL	DUAL	SINGULAR	SUBJUNCTIVE	PLURAL	DUAL	SINGULAR	PERFECT	
يُرْسِلُوا	يُرْسِلا	يُرْسِلَ		أَرْسَلُوا	أَرْسَلا	أَرْسَلَ	MASCULINE	3
يُرْسِلْنَ	تُرْسِلا	تُرْسِلَ		أَرْسَلْنَ	أَرْسَلَتَا	أَرْسَلَتْ	FEMININE	
تُرْسِلُوا	تُرْسِلا	تُرْسِلَ		أَرْسَلْتُمْ	أَرْسَلْتُمَا	أَرْسَلْتَ	MASCULINE	2
تُرْسِلْنَ	تُرْسِلا	تُرْسِلِي		أَرْسَلْتُنَّ	أَرْسَلْتُمَا	أَرْسَلْتِ	FEMININE	
نُرْسِلَ	---	أُرْسِلَ		أَرْسَلْنَا	---	أَرْسَلْتُ		1

JUSSIVE						IMPERFECT	
يُرْسِلُوا	يُرْسِلا	يُرْسِلْ	يُرْسِلُونَ	يُرْسِلانِ	يُرْسِلُ	MASCULINE	3
يُرْسِلْنَ	تُرْسِلا	تُرْسِلْ	يُرْسِلْنَ	تُرْسِلانِ	تُرْسِلُ	FEMININE	
تُرْسِلُوا	تُرْسِلا	تُرْسِلْ	تُرْسِلُونَ	تُرْسِلانِ	تُرْسِلُ	MASCULINE	2
تُرْسِلْنَ	تُرْسِلا	تُرْسِلِي	تُرْسِلْنَ	تُرْسِلانِ	تُرْسِلِينَ	FEMININE	
نُرْسِلْ	---	أُرْسِلْ	نُرْسِلُ	---	أُرْسِلُ		1

IMPERATIVE					
				مُرْسِلٌ	ACTIVE PARTICIPLE
أَرْسِلُوا	أَرْسِلا	أَرْسِلْ	MASCULINE	مُرْسَلٌ	PASSIVE PARTICIPLE
أَرْسِلْنَ	أَرْسِلا	أَرْسِلِي	FEMININE	إِرْسَالٌ	VERBAL NOUN

* Contracted form: يَرُدَّ, تَرُدَّ, تَرُدَّ, تَرُدِّي, أَرُدَّ...نَرُدَّ

PASSIVE

		PERFECT	SINGULAR	DUAL	PLURAL	SUBJUNCTIVE	SINGULAR	DUAL	PLURAL
3	MASCULINE		أُرْسِلَ	أُرْسِلا	أُرْسِلُوا		يُرْسَلَ	يُرْسَلا	يُرْسَلُوا
	FEMININE		أُرْسِلَتْ	أُرْسِلَتَا	أُرْسِلْنَ		تُرْسَلَ	تُرْسَلا	يُرْسَلْنَ
2	MASCULINE		أُرْسِلْتَ	أُرْسِلْتُمَا	أُرْسِلْتُمْ		تُرْسَلَ	تُرْسَلا	تُرْسَلُوا
	FEMININE		أُرْسِلْتِ	أُرْسِلْتُمَا	أُرْسِلْتُنَّ		تُرْسَلِي	تُرْسَلا	تُرْسَلْنَ
1			أُرْسِلْتُ	---	أُرْسِلْنَا		أُرْسَلَ	---	نُرْسَلَ

		IMPERFECT	SINGULAR	DUAL	PLURAL	JUSSIVE	SINGULAR	DUAL	PLURAL
3	MASCULINE		يُرْسَلُ	يُرْسَلانِ	يُرْسَلُونَ		يُرْسَلْ	يُرْسَلا	يُرْسَلُوا
	FEMININE		تُرْسَلُ	تُرْسَلانِ	يُرْسَلْنَ		تُرْسَلْ	تُرْسَلا	يُرْسَلْنَ
2	MASCULINE		تُرْسَلُ	تُرْسَلانِ	تُرْسَلُونَ		تُرْسَلْ	تُرْسَلا	تُرْسَلُوا
	FEMININE		تُرْسَلِينَ	تُرْسَلانِ	تُرْسَلْنَ		تُرْسَلِي	تُرْسَلا	تُرْسَلْنَ
1			أُرْسَلُ	---	نُرْسَلُ		أُرْسَلْ	---	نُرْسَلْ

Did the e-mail that *I sent you* yesterday reach you?

هل وصلك الإيميل[البريد الالكتروني] الذي أَرْسَلْتُهُ لك بالأمس؟

The United Nations *will send* a new delegate to the south of Sudan.

سَتُرْسِلُ الأمم المتحدة مبعوثاً جديداً لجنوب السودان.

Form I رسم   to draw, describe; to prescribe رَسَمَ

ACTIVE

		PERFECT	SINGULAR	DUAL	PLURAL	SUBJUNCTIVE	SINGULAR	DUAL	PLURAL
3	MASCULINE		رَسَمَ	رَسَمَا	رَسَمُوا		يَرْسُمَ	يَرْسُمَا	يَرْسُمُوا
	FEMININE		رَسَمَتْ	رَسَمَتَا	رَسَمْنَ		تَرْسُمَ	تَرْسُمَا	يَرْسُمْنَ
2	MASCULINE		رَسَمْتَ	رَسَمْتُمَا	رَسَمْتُمْ		تَرْسُمَ	تَرْسُمَا	تَرْسُمُوا
	FEMININE		رَسَمْتِ	رَسَمْتُمَا	رَسَمْتُنَّ		تَرْسُمِي	تَرْسُمَا	تَرْسُمْنَ
1			رَسَمْتُ	---	رَسَمْنَا		أَرْسُمَ	---	نَرْسُمَ

		IMPERFECT	SINGULAR	DUAL	PLURAL	JUSSIVE	SINGULAR	DUAL	PLURAL
3	MASCULINE		يَرْسُمُ	يَرْسُمَانِ	يَرْسُمُونَ		يَرْسُمْ	يَرْسُمَا	يَرْسُمُوا
	FEMININE		تَرْسُمُ	تَرْسُمَانِ	يَرْسُمْنَ		تَرْسُمْ	تَرْسُمَا	يَرْسُمْنَ
2	MASCULINE		تَرْسُمُ	تَرْسُمَانِ	تَرْسُمُونَ		تَرْسُمْ	تَرْسُمَا	تَرْسُمُوا
	FEMININE		تَرْسُمِينَ	تَرْسُمَانِ	تَرْسُمْنَ		تَرْسُمِي	تَرْسُمَا	تَرْسُمْنَ
1			أَرْسُمُ	---	نَرْسُمُ		أَرْسُمْ	---	نَرْسُمْ

IMPERATIVE	SINGULAR	DUAL	PLURAL
MASCULINE	أُرْسُمْ	أُرْسُمَا	أُرْسُمُوا
FEMININE	أُرْسُمِي	أُرْسُمَا	أُرْسُمْنَ

ACTIVE PARTICIPLE	رَاسِمٌ
PASSIVE PARTICIPLE	مَرْسُومٌ
VERBAL NOUN	رَسْمٌ

PASSIVE

PERFECT		SINGULAR	DUAL	PLURAL
3	MASCULINE	رُسِمَ	رُسِمَا	رُسِمُوا
	FEMININE	رُسِمَتْ	رُسِمَتَا	رُسِمْنَ
2	MASCULINE	رُسِمْتَ	رُسِمْتُمَا	رُسِمْتُمْ
	FEMININE	رُسِمْتِ	رُسِمْتُمَا	رُسِمْتُنَّ
1		رُسِمْتُ	---	رُسِمْنَا

SUBJUNCTIVE		SINGULAR	DUAL	PLURAL
3	MASCULINE	يُرْسَمَ	يُرْسَمَا	يُرْسَمُوا
	FEMININE	تُرْسَمَ	تُرْسَمَا	يُرْسَمْنَ
2	MASCULINE	تُرْسَمَ	تُرْسَمَا	تُرْسَمُوا
	FEMININE	تُرْسَمِي	تُرْسَمَا	تُرْسَمْنَ
1		أُرْسَمَ	---	نُرْسَمَ

IMPERFECT		SINGULAR	DUAL	PLURAL
3	MASCULINE	يُرْسَمُ	يُرْسَمَانِ	يُرْسَمُونَ
	FEMININE	تُرْسَمُ	تُرْسَمَانِ	يُرْسَمْنَ
2	MASCULINE	تُرْسَمُ	تُرْسَمَانِ	تُرْسَمُونَ
	FEMININE	تُرْسَمِينَ	تُرْسَمَانِ	تُرْسَمْنَ
1		أُرْسَمُ	---	نُرْسَمُ

JUSSIVE		SINGULAR	DUAL	PLURAL
3	MASCULINE	يُرْسَمْ	يُرْسَمَا	يُرْسَمُوا
	FEMININE	تُرْسَمْ	تُرْسَمَا	يُرْسَمْنَ
2	MASCULINE	تُرْسَمْ	تُرْسَمَا	تُرْسَمُوا
	FEMININE	تُرْسَمِي	تُرْسَمَا	تُرْسَمْنَ
1		أُرْسَمْ	---	نُرْسَمْ

This painting that *you are drawing* is nice. — جميلة هذه اللوحة التي تَرْسُمِينَهَا.

Does fate *ordain* the future of each of us? — هل يَرْسُمُ القدر مستقبل كل واحد منا؟

Who gave you the right *to draw* the lines of our relationship? — من الذي أعطاك الحق في أن تَرْسُمَ الخطوط في علاقتنا؟

● رَضِيَ to approve — Form I رضي

ACTIVE

PERFECT		SINGULAR	DUAL	PLURAL
3	MASCULINE	رَضِيَ	رَضِيَا	رَضُوا
	FEMININE	رَضِيَتْ	رَضِيَتَا	رَضِينَ
2	MASCULINE	رَضِيتَ	رَضِيتُمَا	رَضِيتُمْ
	FEMININE	رَضِيتِ	رَضِيتُمَا	رَضِيتُنَّ
1		رَضِيتُ	---	رَضِينَا

SUBJUNCTIVE		SINGULAR	DUAL	PLURAL
3	MASCULINE	يَرْضَى	يَرْضَيَا	يَرْضَوْا
	FEMININE	تَرْضَى	تَرْضَيَا	يَرْضَيْنَ
2	MASCULINE	تَرْضَى	تَرْضَيَا	تَرْضَوْا
	FEMININE	تَرْضَيْ	تَرْضَيَا	تَرْضَيْنَ
1		أَرْضَى	---	نَرْضَى

IMPERFECT

		SINGULAR	DUAL	PLURAL
3	MASCULINE	يَرْضَى	يَرْضَيَانِ	يَرْضَوْنَ
	FEMININE	تَرْضَى	تَرْضَيَانِ	يَرْضَيْنَ
2	MASCULINE	تَرْضَى	تَرْضَيَانِ	تَرْضَوْنَ
	FEMININE	تَرْضَيْنَ	تَرْضَيَانِ	تَرْضَيْنَ
1		أَرْضَى	---	نَرْضَى

JUSSIVE

		SINGULAR	DUAL	PLURAL
3	MASCULINE	يَرْضَ	يَرْضَيَا	يَرْضَوْا
	FEMININE	تَرْضَ	تَرْضَيَا	يَرْضَيْنَ
2	MASCULINE	تَرْضَ	تَرْضَيَا	تَرْضَوْا
	FEMININE	تَرْضَيْ	تَرْضَيَا	تَرْضَيْنَ
1		أَرْضَ	---	نَرْضَ

ACTIVE PARTICIPLE رَاضٍ

PASSIVE PARTICIPLE مَرْضِيٌّ

VERBAL NOUN رِضًى, رِضْوَانٌ, مَرْضَاةٌ

IMPERATIVE

	SINGULAR	DUAL	PLURAL
MASCULINE	إِرْضَ	إِرْضَيَا	إِرْضَوْا
FEMININE	إِرْضَيْ	إِرْضَيَا	إِرْضَيْنَ

PASSIVE

PERFECT

		SINGULAR	DUAL	PLURAL
3	MASCULINE	رُضِيَ	رُضِيَا	رُضُوا
	FEMININE	رُضِيَتْ	رُضِيَتَا	رُضِينَ
2	MASCULINE	رُضِيتَ	رُضِيتُمَا	رُضِيتُمْ
	FEMININE	رُضِيتِ	رُضِيتُمَا	رُضِيتُنَّ
1		رُضِيتُ	---	رُضِينَا

SUBJUNCTIVE

		SINGULAR	DUAL	PLURAL
3	MASCULINE	يُرْضَى	يُرْضَيَا	يُرْضَوْا
	FEMININE	تُرْضَى	تُرْضَيَا	يُرْضَيْنَ
2	MASCULINE	تُرْضَى	تُرْضَيَا	تُرْضَوْا
	FEMININE	تُرْضَيْ	تُرْضَيَا	تُرْضَيْنَ
1		أُرْضَى	---	نُرْضَى

IMPERFECT

		SINGULAR	DUAL	PLURAL
3	MASCULINE	يُرْضَى	يُرْضَيَانِ	يُرْضَوْنَ
	FEMININE	تُرْضَى	تُرْضَيَانِ	يُرْضَيْنَ
2	MASCULINE	تُرْضَى	تُرْضَيَانِ	تُرْضَوْنَ
	FEMININE	تُرْضَيْنَ	تُرْضَيَانِ	تُرْضَيْنَ
1		أُرْضَى	---	نُرْضَى

JUSSIVE

		SINGULAR	DUAL	PLURAL
3	MASCULINE	يُرْضَ	يُرْضَيَا	يُرْضَوْا
	FEMININE	تُرْضَ	تُرْضَيَا	يُرْضَيْنَ
2	MASCULINE	تُرْضَ	تُرْضَيَا	تُرْضَوْا
	FEMININE	تُرْضَيْ	تُرْضَيَا	تُرْضَيْنَ
1		أُرْضَ	---	نُرْضَ

May God *be pleased* with him [Islamic eulogy].	رَضِيَ اللّٰه عنه.
All a lover wants is for his beloved *to be pleased* with him.	كل ما يتمناه الحبيب هو أن تَرْضَى عنه حبيبته.
Do *you condone* all this injustice?	هل تَرْضَوْنَ بكل هذا الظلم؟

Form III رعي to take into consideration; to observe رَاعَى

ACTIVE

PERFECT

		SINGULAR	DUAL	PLURAL
3	MASCULINE	رَاعَى	رَاعَيَا	رَاعَوْا
	FEMININE	رَاعَتْ	رَاعَتَا	رَاعَيْنَ
2	MASCULINE	رَاعَيْتَ	رَاعَيْتُمَا	رَاعَيْتُمْ
	FEMININE	رَاعَيْتِ	رَاعَيْتُمَا	رَاعَيْتُنَّ
1		رَاعَيْتُ	---	رَاعَيْنَا

SUBJUNCTIVE

		SINGULAR	DUAL	PLURAL
3	MASCULINE	يُرَاعِيَ	يُرَاعِيَا	يُرَاعُوا
	FEMININE	تُرَاعِيَ	تُرَاعِيَا	يُرَاعِينَ
2	MASCULINE	تُرَاعِيَ	تُرَاعِيَا	تُرَاعُوا
	FEMININE	تُرَاعِي	تُرَاعِيَا	تُرَاعِينَ
1		أُرَاعِيَ	---	نُرَاعِيَ

IMPERFECT

		SINGULAR	DUAL	PLURAL
3	MASCULINE	يُرَاعِي	يُرَاعِيَانِ	يُرَاعُونَ
	FEMININE	تُرَاعِي	تُرَاعِيَانِ	يُرَاعِينَ
2	MASCULINE	تُرَاعِي	تُرَاعِيَانِ	تُرَاعُونَ
	FEMININE	تُرَاعِينَ	تُرَاعِيَانِ	تُرَاعِينَ
1		أُرَاعِي	---	نُرَاعِي

JUSSIVE

		SINGULAR	DUAL	PLURAL
3	MASCULINE	يُرَاعِ	يُرَاعِيَا	يُرَاعُوا
	FEMININE	تُرَاعِ	تُرَاعِيَا	يُرَاعِينَ
2	MASCULINE	تُرَاعِ	تُرَاعِيَا	تُرَاعُوا
	FEMININE	تُرَاعِي	تُرَاعِيَا	تُرَاعِينَ
1		أُرَاعِ	---	نُرَاعِ

IMPERATIVE

	SINGULAR	DUAL	PLURAL
MASCULINE	رَاعِ	رَاعِيَا	رَاعُوا
FEMININE	رَاعِي	رَاعِيَا	رَاعِينَ

ACTIVE PARTICIPLE	مُرَاعٍ
PASSIVE PARTICIPLE	مُرَاعًى
VERBAL NOUN	مُرَاعَاةٌ

PASSIVE

PERFECT

		SINGULAR	DUAL	PLURAL
3	MASCULINE	رُوعِيَ	رُوعِيَا	رُوعُوا
	FEMININE	رُوعِيَتْ	رُوعِيَتَا	رُوعِينَ
2	MASCULINE	رُوعِيتَ	رُوعِيتُمَا	رُوعِيتُمْ
	FEMININE	رُوعِيتِ	رُوعِيتُمَا	رُوعِيتُنَّ
1		رُوعِيتُ	---	رُوعِينَا

SUBJUNCTIVE

		SINGULAR	DUAL	PLURAL
3	MASCULINE	يُرَاعَى	يُرَاعَيَا	يُرَاعَوْا
	FEMININE	تُرَاعَى	تُرَاعَيَا	يُرَاعَيْنَ
2	MASCULINE	تُرَاعَى	تُرَاعَيَا	تُرَاعَوْا
	FEMININE	تُرَاعَيْ	تُرَاعَيَا	تُرَاعَيْنَ
1		أُرَاعَى	---	نُرَاعَى

IMPERFECT

		SINGULAR	DUAL	PLURAL
3	MASCULINE	يُرَاعَى	يُرَاعَيَانِ	يُرَاعَوْنَ
	FEMININE	تُرَاعَى	تُرَاعَيَانِ	يُرَاعَيْنَ
2	MASCULINE	تُرَاعَى	تُرَاعَيَانِ	تُرَاعَوْنَ
	FEMININE	تُرَاعَيْنَ	تُرَاعَيَانِ	تُرَاعَيْنَ
1		أُرَاعَى	---	نُرَاعَى

JUSSIVE

		SINGULAR	DUAL	PLURAL
3	MASCULINE	يُرَاعَ	يُرَاعَيَا	يُرَاعَوْا
	FEMININE	تُرَاعَ	تُرَاعَيَا	يُرَاعَيْنَ
2	MASCULINE	تُرَاعَ	تُرَاعَيَا	تُرَاعَوْا
	FEMININE	تُرَاعَيْ	تُرَاعَيَا	تُرَاعَيْنَ
1		أُرَاعَ	---	نُرَاعَ

You have *to be considerate of* the feelings of others. — يجب أن تُرَاعِيَ شعور الآخرين.

I respected his feelings. — لقد رَاعَيْتُ خاطره.

If you don't *comply with* the regulations, you will pay a fine. — إذا لم تُرَاعِ القوانين فإنك سوف تدفع غرامة.

Form I رغب — to desire رَغِبَ

ACTIVE

PERFECT		SINGULAR	DUAL	PLURAL
3	MASCULINE	رَغِبَ	رَغِبَا	رَغِبُوا
	FEMININE	رَغِبَتْ	رَغِبَتَا	رَغِبْنَ
2	MASCULINE	رَغِبْتَ	رَغِبْتُمَا	رَغِبْتُمْ
	FEMININE	رَغِبْتِ	رَغِبْتُمَا	رَغِبْتُنَّ
1		رَغِبْتُ	---	رَغِبْنَا

SUBJUNCTIVE	SINGULAR	DUAL	PLURAL
3 MASCULINE	يَرْغَبَ	يَرْغَبَا	يَرْغَبُوا
3 FEMININE	تَرْغَبَ	تَرْغَبَا	يَرْغَبْنَ
2 MASCULINE	تَرْغَبَ	تَرْغَبَا	تَرْغَبُوا
2 FEMININE	تَرْغَبِي	تَرْغَبَا	تَرْغَبْنَ
1	أَرْغَبَ	---	نَرْغَبَ

IMPERFECT		SINGULAR	DUAL	PLURAL
3	MASCULINE	يَرْغَبُ	يَرْغَبَانِ	يَرْغَبُونَ
	FEMININE	تَرْغَبُ	تَرْغَبَانِ	يَرْغَبْنَ
2	MASCULINE	تَرْغَبُ	تَرْغَبَانِ	تَرْغَبُونَ
	FEMININE	تَرْغَبِينَ	تَرْغَبَانِ	تَرْغَبْنَ
1		أَرْغَبُ	---	نَرْغَبُ

JUSSIVE	SINGULAR	DUAL	PLURAL
3 MASCULINE	يَرْغَبْ	يَرْغَبَا	يَرْغَبُوا
3 FEMININE	تَرْغَبْ	تَرْغَبَا	يَرْغَبْنَ
2 MASCULINE	تَرْغَبْ	تَرْغَبَا	تَرْغَبُوا
2 FEMININE	تَرْغَبِي	تَرْغَبَا	تَرْغَبْنَ
1	أَرْغَبْ	---	نَرْغَبْ

IMPERATIVE	SINGULAR	DUAL	PLURAL
MASCULINE	إِرْغَبْ	إِرْغَبَا	إِرْغَبُوا
FEMININE	إِرْغَبِي	إِرْغَبَا	إِرْغَبْنَ

ACTIVE PARTICIPLE	رَاغِبٌ
PASSIVE PARTICIPLE	مَرْغُوبٌ
VERBAL NOUN	رَغَابَةٌ, رَغَابٌ

What *do you want* to be in the future? — ماذا تَرْغَبُ في أن تكون في المستقبل؟

The minister of transportation *wants* additional trains. — يَرْغَبُ وزير النقل في زيادة القطارات.

My children *avoid* [literally: *desire* away from] homework. — يَرْغَبُ أولادي عن الواجبات.

The sick man *couldn't stand* [literally: *desired away* from] food. — رَغِبَ المريض عن الطعام.

Form I رفض

to reject, refuse رَفَضَ

ACTIVE

PERFECT		SINGULAR	DUAL	PLURAL
3	MASCULINE	رَفَضَ	رَفَضَا	رَفَضُوا
	FEMININE	رَفَضَتْ	رَفَضَتَا	رَفَضْنَ
2	MASCULINE	رَفَضْتَ	رَفَضْتُمَا	رَفَضْتُمْ
	FEMININE	رَفَضْتِ	رَفَضْتُمَا	رَفَضْتُنَّ
1		رَفَضْتُ	---	رَفَضْنَا

SUBJUNCTIVE		SINGULAR	DUAL	PLURAL
3	MASCULINE	يَرْفِضَ	يَرْفِضَا	يَرْفِضُوا
	FEMININE	تَرْفِضَ	تَرْفِضَا	يَرْفِضْنَ
2	MASCULINE	تَرْفِضَ	تَرْفِضَا	تَرْفِضُوا
	FEMININE	تَرْفِضِي	تَرْفِضَا	تَرْفِضْنَ
1		أَرْفِضَ	---	نَرْفِضَ

IMPERFECT		SINGULAR	DUAL	PLURAL
3	MASCULINE	يَرْفِضُ	يَرْفِضَانِ	يَرْفِضُونَ
	FEMININE	تَرْفِضُ	تَرْفِضَانِ	يَرْفِضْنَ
2	MASCULINE	تَرْفِضُ	تَرْفِضَانِ	تَرْفِضُونَ
	FEMININE	تَرْفِضِينَ	تَرْفِضَانِ	تَرْفِضْنَ
1		أَرْفِضُ	---	نَرْفِضُ

JUSSIVE		SINGULAR	DUAL	PLURAL
3	MASCULINE	يَرْفِضْ	يَرْفِضَا	يَرْفِضُوا
	FEMININE	تَرْفِضْ	تَرْفِضَا	يَرْفِضْنَ
2	MASCULINE	تَرْفِضْ	تَرْفِضَا	تَرْفِضُوا
	FEMININE	تَرْفِضِي	تَرْفِضَا	تَرْفِضْنَ
1		أَرْفِضْ	---	نَرْفِضْ

IMPERATIVE	SINGULAR	DUAL	PLURAL
MASCULINE	إِرْفِضْ	إِرْفِضَا	إِرْفِضُوا
FEMININE	إِرْفِضِي	إِرْفِضَا	إِرْفِضْنَ

ACTIVE PARTICIPLE	رَافِضٌ
PASSIVE PARTICIPLE	مَرْفُوضٌ
VERBAL NOUN	رَفْضٌ

PASSIVE

PERFECT		SINGULAR	DUAL	PLURAL
3	MASCULINE	رُفِضَ	رُفِضَا	رُفِضُوا
	FEMININE	رُفِضَتْ	رُفِضَتَا	رُفِضْنَ
2	MASCULINE	رُفِضْتَ	رُفِضْتُمَا	رُفِضْتُمْ
	FEMININE	رُفِضْتِ	رُفِضْتُمَا	رُفِضْتُنَّ
1		رُفِضْتُ	---	رُفِضْنَا

SUBJUNCTIVE		SINGULAR	DUAL	PLURAL
3	MASCULINE	يُرْفَضَ	يُرْفَضَا	يُرْفَضُوا
	FEMININE	تُرْفَضَ	تُرْفَضَا	يُرْفَضْنَ
2	MASCULINE	تُرْفَضَ	تُرْفَضَا	تُرْفَضُوا
	FEMININE	تُرْفَضِي	تُرْفَضَا	تُرْفَضْنَ
1		أُرْفَضَ	---	نُرْفَضَ

IMPERFECT		SINGULAR	DUAL	PLURAL
3	MASCULINE	يُرْفَضُ	يُرْفَضَانِ	يُرْفَضُونَ
	FEMININE	تُرْفَضُ	تُرْفَضَانِ	يُرْفَضْنَ
2	MASCULINE	تُرْفَضُ	تُرْفَضَانِ	تُرْفَضُونَ
	FEMININE	تُرْفَضِينَ	تُرْفَضَانِ	تُرْفَضْنَ
1		أُرْفَضُ	---	نُرْفَضُ

JUSSIVE		SINGULAR	DUAL	PLURAL
3	MASCULINE	يُرْفَضْ	يُرْفَضَا	يُرْفَضُوا
	FEMININE	تُرْفَضْ	تُرْفَضَا	يُرْفَضْنَ
2	MASCULINE	تُرْفَضْ	تُرْفَضَا	تُرْفَضُوا
	FEMININE	تُرْفَضِي	تُرْفَضَا	تُرْفَضْنَ
1		أُرْفَضْ	---	نُرْفَضْ

Sara *refused* to answer Mushir's question.	رَفَضَتْ سارة أن تجيب مشيرًا على سؤاله.
Do not *turn down* someone who comes to you in need.	لا تَرفِضْ من يأتي إليك محتاجًا.
I can't *deny* a request of yours.	لا أستطيع أن أَرْفِضَ لكِ طلبًا.

Form I رفع — to lift رَفَعَ ●

ACTIVE

PERFECT		SINGULAR	DUAL	PLURAL
3	MASCULINE	رَفَعَ	رَفَعَا	رَفَعُوا
	FEMININE	رَفَعَتْ	رَفَعَتَا	رَفَعْنَ
2	MASCULINE	رَفَعْتَ	رَفَعْتُمَا	رَفَعْتُمْ
	FEMININE	رَفَعْتِ	رَفَعْتُمَا	رَفَعْتُنَّ
1		رَفَعْتُ	---	رَفَعْنَا

SUBJUNCTIVE		SINGULAR	DUAL	PLURAL
3	MASCULINE	يَرْفَعَ	يَرْفَعَا	يَرْفَعُوا
	FEMININE	تَرْفَعَ	تَرْفَعَا	يَرْفَعْنَ
2	MASCULINE	تَرْفَعَ	تَرْفَعَا	تَرْفَعُوا
	FEMININE	تَرْفَعِي	تَرْفَعَا	تَرْفَعْنَ
1		أَرْفَعَ	---	نَرْفَعَ

IMPERFECT		SINGULAR	DUAL	PLURAL
3	MASCULINE	يَرْفَعُ	يَرْفَعَانِ	يَرْفَعُونَ
	FEMININE	تَرْفَعُ	تَرْفَعَانِ	يَرْفَعْنَ
2	MASCULINE	تَرْفَعُ	تَرْفَعَانِ	تَرْفَعُونَ
	FEMININE	تَرْفَعِينَ	تَرْفَعَانِ	تَرْفَعْنَ
1		أَرْفَعُ	---	نَرْفَعُ

JUSSIVE		SINGULAR	DUAL	PLURAL
3	MASCULINE	يَرْفَعْ	يَرْفَعَا	يَرْفَعُوا
	FEMININE	تَرْفَعْ	تَرْفَعَا	يَرْفَعْنَ
2	MASCULINE	تَرْفَعْ	تَرْفَعَا	تَرْفَعُوا
	FEMININE	تَرْفَعِي	تَرْفَعَا	تَرْفَعْنَ
1		أَرْفَعْ	---	نَرْفَعْ

IMPERATIVE	SINGULAR	DUAL	PLURAL
MASCULINE	إِرْفَعْ	إِرْفَعَا	إِرْفَعُوا
FEMININE	إِرْفَعِي	إِرْفَعَا	إِرْفَعْنَ

ACTIVE PARTICIPLE	رَافِعٌ
PASSIVE PARTICIPLE	مَرْفُوعٌ
VERBAL NOUN	رَفْعٌ

PASSIVE

PERFECT		SINGULAR	DUAL	PLURAL
3	MASCULINE	رُفِعَ	رُفِعَا	رُفِعُوا
	FEMININE	رُفِعَتْ	رُفِعَتَا	رُفِعْنَ
2	MASCULINE	رُفِعْتَ	رُفِعْتُمَا	رُفِعْتُمْ
	FEMININE	رُفِعْتِ	رُفِعْتُمَا	رُفِعْتُنَّ
1		رُفِعْتُ	---	رُفِعْنَا

SUBJUNCTIVE		SINGULAR	DUAL	PLURAL
3	MASCULINE	يُرْفَعَ	يُرْفَعَا	يُرْفَعُوا
	FEMININE	تُرْفَعَ	تُرْفَعَا	يُرْفَعْنَ
2	MASCULINE	تُرْفَعَ	تُرْفَعَا	تُرْفَعُوا
	FEMININE	تُرْفَعِي	تُرْفَعَا	تُرْفَعْنَ
1		أُرْفَعَ	---	نُرْفَعَ

		IMPERFECT SINGULAR	IMPERFECT DUAL	IMPERFECT PLURAL	JUSSIVE SINGULAR	JUSSIVE DUAL	JUSSIVE PLURAL
3	MASCULINE	يُرْفَعُ	يُرْفَعَانِ	يُرْفَعُونَ	يُرْفَعْ	يُرْفَعَا	يُرْفَعُوا
	FEMININE	تُرْفَعُ	تُرْفَعَانِ	يُرْفَعْنَ	تُرْفَعْ	تُرْفَعَا	يُرْفَعْنَ
2	MASCULINE	تُرْفَعُ	تُرْفَعَانِ	تُرْفَعُونَ	تُرْفَعْ	تُرْفَعَا	تُرْفَعُوا
	FEMININE	تُرْفَعِينَ	تُرْفَعَانِ	تُرْفَعْنَ	تُرْفَعِي	تُرْفَعَا	تُرْفَعْنَ
1		أُرْفَعُ	---	نُرْفَعُ	أُرْفَعْ	---	نُرْفَعْ

لماذا رَفَعَتْ الحكومة أسعار الوقود؟	Why *has* the government *raised* the price of fuel?
إذا أردت أن تسأل فمن فضلك إِرْفَعْ يدك.	If you want to ask a question, please *raise* your hand.
لا تَرْفَعِي صوتك.	Don't *raise* your voice.
إِرْفَعْ رأسك يا أخي!	*Be proud* [literally: *Lift* your head], brother!
الموسيقى تَرْفَعُ الحس الرومانسي للإنسان.	Music *elevates* a person's romantic feelings.

● to rise إِرْتَفَعَ — Form VIII رفع

ACTIVE

		PERFECT SINGULAR	PERFECT DUAL	PERFECT PLURAL	SUBJUNCTIVE SINGULAR	SUBJUNCTIVE DUAL	SUBJUNCTIVE PLURAL
3	MASCULINE	إِرْتَفَعَ	إِرْتَفَعَا	إِرْتَفَعُوا	يَرْتَفِعَ	يَرْتَفِعَا	يَرْتَفِعُوا
	FEMININE	إِرْتَفَعَتْ	إِرْتَفَعَتَا	إِرْتَفَعْنَ	تَرْتَفِعَ	تَرْتَفِعَا	يَرْتَفِعْنَ
2	MASCULINE	إِرْتَفَعْتَ	إِرْتَفَعْتُمَا	إِرْتَفَعْتُمْ	تَرْتَفِعَ	تَرْتَفِعَا	تَرْتَفِعُوا
	FEMININE	إِرْتَفَعْتِ	إِرْتَفَعْتُمَا	إِرْتَفَعْتُنَّ	تَرْتَفِعِي	تَرْتَفِعَا	تَرْتَفِعْنَ
1		إِرْتَفَعْتُ	---	إِرْتَفَعْنَا	أَرْتَفِعَ	---	نَرْتَفِعَ

		IMPERFECT SINGULAR	IMPERFECT DUAL	IMPERFECT PLURAL	JUSSIVE SINGULAR	JUSSIVE DUAL	JUSSIVE PLURAL
3	MASCULINE	يَرْتَفِعُ	يَرْتَفِعَانِ	يَرْتَفِعُونَ	يَرْتَفِعْ	يَرْتَفِعَا	يَرْتَفِعُوا
	FEMININE	تَرْتَفِعُ	تَرْتَفِعَانِ	يَرْتَفِعْنَ	تَرْتَفِعْ	تَرْتَفِعَا	يَرْتَفِعْنَ
2	MASCULINE	تَرْتَفِعُ	تَرْتَفِعَانِ	تَرْتَفِعُونَ	تَرْتَفِعْ	تَرْتَفِعَا	تَرْتَفِعُوا
	FEMININE	تَرْتَفِعِينَ	تَرْتَفِعَانِ	تَرْتَفِعْنَ	تَرْتَفِعِي	تَرْتَفِعَا	تَرْتَفِعْنَ
1		أَرْتَفِعُ	---	نَرْتَفِعُ	أَرْتَفِعْ	---	نَرْتَفِعْ

ACTIVE PARTICIPLE	مُرْتَفِعٌ		
PASSIVE PARTICIPLE	---		
VERBAL NOUN	إِرْتِفَاعٌ		

IMPERATIVE

	SINGULAR	DUAL	PLURAL
MASCULINE	إِرْتَفِعْ	إِرْتَفِعَا	إِرْتَفِعُوا
FEMININE	إِرْتَفِعِي	إِرْتَفِعَا	إِرْتَفِعْنَ

سَتَرْتَفِعُ الأمواج في البحر الأحمر أعلى من المعتاد بمترين.

The waves in the Red Sea *will rise* higher than usual by two meters.

إِرْتَفَعَتْ أسعار اللحوم الشهر الماضي.

The price of meat *went up* last month.

● to accompany رَافَقَ — Form III رفق

ACTIVE

PERFECT

		SINGULAR	DUAL	PLURAL
3	MASCULINE	رَافَقَ	رَافَقَا	رَافَقُوا
	FEMININE	رَافَقَتْ	رَافَقَتَا	رَافَقْنَ
2	MASCULINE	رَافَقْتَ	رَافَقْتُمَا	رَافَقْتُمْ
	FEMININE	رَافَقْتِ	رَافَقْتُمَا	رَافَقْتُنَّ
1		رَافَقْتُ	---	رَافَقْنَا

SUBJUNCTIVE

SINGULAR	DUAL	PLURAL
يُرَافِقَ	يُرَافِقَا	يُرَافِقُوا
تُرَافِقَ	تُرَافِقَا	يُرَافِقْنَ
تُرَافِقَ	تُرَافِقَا	تُرَافِقُوا
تُرَافِقِي	تُرَافِقَا	تُرَافِقْنَ
أُرَافِقَ	---	نُرَافِقَ

IMPERFECT

		SINGULAR	DUAL	PLURAL
3	MASCULINE	يُرَافِقُ	يُرَافِقَانِ	يُرَافِقُونَ
	FEMININE	تُرَافِقُ	تُرَافِقَانِ	يُرَافِقْنَ
2	MASCULINE	تُرَافِقُ	تُرَافِقَانِ	تُرَافِقُونَ
	FEMININE	تُرَافِقِينَ	تُرَافِقَانِ	تُرَافِقْنَ
1		أُرَافِقُ	---	نُرَافِقُ

JUSSIVE

SINGULAR	DUAL	PLURAL
يُرَافِقْ	يُرَافِقَا	يُرَافِقُوا
تُرَافِقْ	تُرَافِقَا	يُرَافِقْنَ
تُرَافِقْ	تُرَافِقَا	تُرَافِقُوا
تُرَافِقِي	تُرَافِقَا	تُرَافِقْنَ
أُرَافِقْ	---	نُرَافِقْ

ACTIVE PARTICIPLE	مُرَافِقٌ
PASSIVE PARTICIPLE	مُرَافَقٌ
VERBAL NOUN	مُرَافَقَةٌ

IMPERATIVE

	SINGULAR	DUAL	PLURAL
MASCULINE	رَافِقْ	رَافِقَا	رَافِقُوا
FEMININE	رَافِقِي	رَافِقَا	رَافِقْنَ

PASSIVE

PERFECT

		SINGULAR	DUAL	PLURAL
3	MASCULINE	رُوفِقَ	رُوفِقَا	رُوفِقُوا
	FEMININE	رُوفِقَتْ	رُوفِقَتَا	رُوفِقْنَ
2	MASCULINE	رُوفِقْتَ	رُوفِقْتُمَا	رُوفِقْتُمْ
	FEMININE	رُوفِقْتِ	رُوفِقْتُمَا	رُوفِقْتُنَّ
1		رُوفِقْتُ	---	رُوفِقْنَا

SUBJUNCTIVE

SINGULAR	DUAL	PLURAL
يُرَافَقَ	يُرَافَقَا	يُرَافَقُوا
تُرَافَقَ	تُرَافَقَا	يُرَافَقْنَ
تُرَافَقَ	تُرَافَقَا	تُرَافَقُوا
تُرَافَقِي	تُرَافَقَا	تُرَافَقْنَ
أُرَافَقَ	---	نُرَافَقَ

		IMPERFECT Singular	Dual	Plural	JUSSIVE Singular	Dual	Plural
3	MASCULINE	يُرَافِقُ	يُرَافِقَانِ	يُرَافِقُونَ	يُرَافِقْ	يُرَافِقَا	يُرَافِقُوا
	FEMININE	تُرَافِقُ	تُرَافِقَانِ	يُرَافِقْنَ	تُرَافِقْ	تُرَافِقَا	يُرَافِقْنَ
2	MASCULINE	تُرَافِقُ	تُرَافِقَانِ	تُرَافِقُونَ	تُرَافِقْ	تُرَافِقَا	تُرَافِقُوا
	FEMININE	تُرَافِقِينَ	تُرَافِقَانِ	تُرَافِقْنَ	تُرَافِقِي	تُرَافِقَا	تُرَافِقْنَ
1		أُرَافِقُ	---	نُرَافِقُ	أُرَافِقْ	---	نُرَافِقْ

هل تحبين أن تُرافِقيني الطريق إلى المكتبة؟

Do you want *to accompany me* [literally: *accompany* the road *for me*] to the library?

مَن سَيُرَافِقُ الأطفال غداً؟

Who *will go with* the children tomorrow?

رَافَقَ محمود فاطمة في رحلتها من مدريد للرباط.

Mahmud *accompanied* Fatima on her trip from Madrid to Rabat.

● to ride رَكِبَ — Form I ركب

ACTIVE

		PERFECT Singular	Dual	Plural	SUBJUNCTIVE Singular	Dual	Plural
3	MASCULINE	رَكِبَ	رَكِبَا	رَكِبُوا	يَرْكَبَ	يَرْكَبَا	يَرْكَبُوا
	FEMININE	رَكِبَتْ	رَكِبَتَا	رَكِبْنَ	تَرْكَبَ	تَرْكَبَا	يَرْكَبْنَ
2	MASCULINE	رَكِبْتَ	رَكِبْتُمَا	رَكِبْتُمْ	تَرْكَبَ	تَرْكَبَا	تَرْكَبُوا
	FEMININE	رَكِبْتِ	رَكِبْتُمَا	رَكِبْتُنَّ	تَرْكَبِي	تَرْكَبَا	تَرْكَبْنَ
1		رَكِبْتُ	---	رَكِبْنَا	أَرْكَبَ	---	نَرْكَبَ

		IMPERFECT Singular	Dual	Plural	JUSSIVE Singular	Dual	Plural
3	MASCULINE	يَرْكَبُ	يَرْكَبَانِ	يَرْكَبُونَ	يَرْكَبْ	يَرْكَبَا	يَرْكَبُوا
	FEMININE	تَرْكَبُ	تَرْكَبَانِ	يَرْكَبْنَ	تَرْكَبْ	تَرْكَبَا	يَرْكَبْنَ
2	MASCULINE	تَرْكَبُ	تَرْكَبَانِ	تَرْكَبُونَ	تَرْكَبْ	تَرْكَبَا	تَرْكَبُوا
	FEMININE	تَرْكَبِينَ	تَرْكَبَانِ	تَرْكَبْنَ	تَرْكَبِي	تَرْكَبَا	تَرْكَبْنَ
1		أَرْكَبُ	---	نَرْكَبُ	أَرْكَبْ	---	نَرْكَبْ

ACTIVE PARTICIPLE	رَاكِبٌ
PASSIVE PARTICIPLE	مَرْكُوبٌ
VERBAL NOUN	رُكُوبٌ

IMPERATIVE

	Singular	Dual	Plural
MASCULINE	إِرْكَبْ	إِرْكَبَا	إِرْكَبُوا
FEMININE	إِرْكَبِي	إِرْكَبَا	إِرْكَبْنَ

PASSIVE

PLURAL	DUAL	SINGULAR	SUBJUNCTIVE	PLURAL	DUAL	SINGULAR		PERFECT
يُرْكَبُوا	يُرْكَبَا	يُرْكَبَ		رُكِبُوا	رُكِبَا	رُكِبَ	MASCULINE	3
يُرْكَبْنَ	تُرْكَبَا	تُرْكَبَ		رُكِبْنَ	رُكِبَتَا	رُكِبَتْ	FEMININE	
تُرْكَبُوا	تُرْكَبَا	تُرْكَبَ		رُكِبْتُمْ	رُكِبْتُمَا	رُكِبْتَ	MASCULINE	2
تُرْكَبْنَ	تُرْكَبَا	تُرْكَبِي		رُكِبْتُنَّ	رُكِبْتُمَا	رُكِبْتِ	FEMININE	
نُرْكَبَ	---	أُرْكَبَ		رُكِبْنَا	---	رُكِبْتُ		1
			JUSSIVE					**IMPERFECT**
يُرْكَبُوا	يُرْكَبَا	يُرْكَبْ		يُرْكَبُونَ	يُرْكَبَانِ	يُرْكَبُ	MASCULINE	3
يُرْكَبْنَ	تُرْكَبَا	تُرْكَبْ		يُرْكَبْنَ	تُرْكَبَانِ	تُرْكَبُ	FEMININE	
تُرْكَبُوا	تُرْكَبَا	تُرْكَبْ		تُرْكَبُونَ	تُرْكَبَانِ	تُرْكَبُ	MASCULINE	2
تُرْكَبْنَ	تُرْكَبَا	تُرْكَبِي		تُرْكَبْنَ	تُرْكَبَانِ	تُرْكَبِينَ	FEMININE	
نُرْكَبْ	---	أُرْكَبْ		نُرْكَبُ	---	أُرْكَبُ		1

Most farmers *ride* donkeys to the fields. — معظم الفلاحين يَرْكَبُونَ الحمير إلى الحقول.

I took [literally: *rode*] the bus from its first station. — رَكِبْتُ الأتوبيس من المحطة الأولى.

Have you ever *ridden* a camel before? — هل رَكِبْتَ الجمل من قبل؟

Form VIII ركب — to perpetrate إِرْتَكَبَ ●

ACTIVE

PLURAL	DUAL	SINGULAR	SUBJUNCTIVE	PLURAL	DUAL	SINGULAR		PERFECT
يَرْتَكِبُوا	يَرْتَكِبَا	يَرْتَكِبَ		إِرْتَكَبُوا	إِرْتَكَبَا	إِرْتَكَبَ	MASCULINE	3
يَرْتَكِبْنَ	تَرْتَكِبَا	تَرْتَكِبَ		إِرْتَكَبْنَ	إِرْتَكَبَتَا	إِرْتَكَبَتْ	FEMININE	
تَرْتَكِبُوا	تَرْتَكِبَا	تَرْتَكِبَ		إِرْتَكَبْتُمْ	إِرْتَكَبْتُمَا	إِرْتَكَبْتَ	MASCULINE	2
تَرْتَكِبْنَ	تَرْتَكِبَا	تَرْتَكِبِي		إِرْتَكَبْتُنَّ	إِرْتَكَبْتُمَا	إِرْتَكَبْتِ	FEMININE	
نَرْتَكِبَ	---	أَرْتَكِبَ		إِرْتَكَبْنَا	---	إِرْتَكَبْتُ		1

IMPERFECT

		SINGULAR	DUAL	PLURAL
3	MASCULINE	يَرْتَكِبُ	يَرْتَكِبَانِ	يَرْتَكِبُونَ
	FEMININE	تَرْتَكِبُ	تَرْتَكِبَانِ	يَرْتَكِبْنَ
2	MASCULINE	تَرْتَكِبُ	تَرْتَكِبَانِ	تَرْتَكِبُونَ
	FEMININE	تَرْتَكِبِينَ	تَرْتَكِبَانِ	تَرْتَكِبْنَ
1		أَرْتَكِبُ	---	نَرْتَكِبُ

JUSSIVE

		SINGULAR	DUAL	PLURAL
3	MASCULINE	يَرْتَكِبْ	يَرْتَكِبَا	يَرْتَكِبُوا
	FEMININE	تَرْتَكِبْ	تَرْتَكِبَا	يَرْتَكِبْنَ
2	MASCULINE	تَرْتَكِبْ	تَرْتَكِبَا	تَرْتَكِبُوا
	FEMININE	تَرْتَكِبِي	تَرْتَكِبَا	تَرْتَكِبْنَ
1		أَرْتَكِبْ	---	نَرْتَكِبْ

ACTIVE PARTICIPLE	مُرْتَكِبٌ
PASSIVE PARTICIPLE	مُرْتَكَبٌ
VERBAL NOUN	إِرْتِكَابٌ

IMPERATIVE

	SINGULAR	DUAL	PLURAL
MASCULINE	إِرْتَكِبْ	إِرْتَكِبَا	إِرْتَكِبُوا
FEMININE	إِرْتَكِبِي	إِرْتَكِبَا	إِرْتَكِبْنَ

PASSIVE

PERFECT

		SINGULAR	DUAL	PLURAL
3	MASCULINE	أُرْتُكِبَ	أُرْتُكِبَا	أُرْتُكِبُوا
	FEMININE	أُرْتُكِبَتْ	أُرْتُكِبَتَا	أُرْتُكِبْنَ
2	MASCULINE	أُرْتُكِبْتَ	أُرْتُكِبْتُمَا	أُرْتُكِبْتُمْ
	FEMININE	أُرْتُكِبْتِ	أُرْتُكِبْتُمَا	أُرْتُكِبْتُنَّ
1		أُرْتُكِبْتُ	---	أُرْتُكِبْنَا

SUBJUNCTIVE

		SINGULAR	DUAL	PLURAL
3	MASCULINE	يُرْتَكَبَ	يُرْتَكَبَا	يُرْتَكَبُوا
	FEMININE	تُرْتَكَبَ	تُرْتَكَبَا	يُرْتَكَبْنَ
2	MASCULINE	تُرْتَكَبَ	تُرْتَكَبَا	تُرْتَكَبُوا
	FEMININE	تُرْتَكَبِي	تُرْتَكَبَا	تُرْتَكَبْنَ
1		أُرْتَكَبَ	---	نُرْتَكَبَ

IMPERFECT

		SINGULAR	DUAL	PLURAL
3	MASCULINE	يُرْتَكَبُ	يُرْتَكَبَانِ	يُرْتَكَبُونَ
	FEMININE	تُرْتَكَبُ	تُرْتَكَبَانِ	يُرْتَكَبْنَ
2	MASCULINE	تُرْتَكَبُ	تُرْتَكَبَانِ	تُرْتَكَبُونَ
	FEMININE	تُرْتَكَبِينَ	تُرْتَكَبَانِ	تُرْتَكَبْنَ
1		أُرْتَكَبُ	---	نُرْتَكَبُ

JUSSIVE

		SINGULAR	DUAL	PLURAL
3	MASCULINE	يُرْتَكَبْ	يُرْتَكَبَا	يُرْتَكَبُوا
	FEMININE	تُرْتَكَبْ	تُرْتَكَبَا	يُرْتَكَبْنَ
2	MASCULINE	تُرْتَكَبْ	تُرْتَكَبَا	تُرْتَكَبُوا
	FEMININE	تُرْتَكَبِي	تُرْتَكَبَا	تُرْتَكَبْنَ
1		أُرْتَكَبْ	---	نُرْتَكَبْ

لقد ارْتَكَبْنَا الكثير من الأخطاء في حقّكم.

We *have committed* many *errors* in your regard.

ماذا ارْتَكَبْتَ من الجرائم حتى يستوقفك البوليس؟

What crimes *did you commit* that the police arrested you for?

Form II ركز — to set up; to concentrate (transitive) رَكَّزَ

ACTIVE

		PERFECT SINGULAR	PERFECT DUAL	PERFECT PLURAL	SUBJUNCTIVE SINGULAR	SUBJUNCTIVE DUAL	SUBJUNCTIVE PLURAL
3	MASCULINE	رَكَّزَ	رَكَّزَا	رَكَّزُوا	يُرَكِّزَ	يُرَكِّزَا	يُرَكِّزُوا
	FEMININE	رَكَّزَتْ	رَكَّزَتَا	رَكَّزْنَ	تُرَكِّزَ	تُرَكِّزَا	يُرَكِّزْنَ
2	MASCULINE	رَكَّزْتَ	رَكَّزْتُمَا	رَكَّزْتُمْ	تُرَكِّزَ	تُرَكِّزَا	تُرَكِّزُوا
	FEMININE	رَكَّزْتِ	رَكَّزْتُمَا	رَكَّزْتُنَّ	تُرَكِّزِي	تُرَكِّزَا	تُرَكِّزْنَ
1		رَكَّزْتُ	---	رَكَّزْنَا	أُرَكِّزَ	---	نُرَكِّزَ

		IMPERFECT SINGULAR	IMPERFECT DUAL	IMPERFECT PLURAL	JUSSIVE SINGULAR	JUSSIVE DUAL	JUSSIVE PLURAL
3	MASCULINE	يُرَكِّزُ	يُرَكِّزَانِ	يُرَكِّزُونَ	يُرَكِّزْ	يُرَكِّزَا	يُرَكِّزُوا
	FEMININE	تُرَكِّزُ	تُرَكِّزَانِ	يُرَكِّزْنَ	تُرَكِّزْ	تُرَكِّزَا	يُرَكِّزْنَ
2	MASCULINE	تُرَكِّزُ	تُرَكِّزَانِ	تُرَكِّزُونَ	تُرَكِّزْ	تُرَكِّزَا	تُرَكِّزُوا
	FEMININE	تُرَكِّزِينَ	تُرَكِّزَانِ	تُرَكِّزْنَ	تُرَكِّزِي	تُرَكِّزَا	تُرَكِّزْنَ
1		أُرَكِّزُ	---	نُرَكِّزُ	أُرَكِّزْ	---	نُرَكِّزْ

ACTIVE PARTICIPLE	مُرَكِّزٌ
PASSIVE PARTICIPLE	مُرَكَّزٌ
VERBAL NOUN	تَرْكِيزٌ

IMPERATIVE

	SINGULAR	DUAL	PLURAL
MASCULINE	رَكِّزْ	رَكِّزَا	رَكِّزُوا
FEMININE	رَكِّزِي	رَكِّزَا	رَكِّزْنَ

PASSIVE

		PERFECT SINGULAR	PERFECT DUAL	PERFECT PLURAL	SUBJUNCTIVE SINGULAR	SUBJUNCTIVE DUAL	SUBJUNCTIVE PLURAL
3	MASCULINE	رُكِّزَ	رُكِّزَا	رُكِّزُوا	يُرَكَّزَ	يُرَكَّزَا	يُرَكَّزُوا
	FEMININE	رُكِّزَتْ	رُكِّزَتَا	رُكِّزْنَ	تُرَكَّزَ	تُرَكَّزَا	يُرَكَّزْنَ
2	MASCULINE	رُكِّزْتَ	رُكِّزْتُمَا	رُكِّزْتُمْ	تُرَكَّزَ	تُرَكَّزَا	تُرَكَّزُوا
	FEMININE	رُكِّزْتِ	رُكِّزْتُمَا	رُكِّزْتُنَّ	تُرَكَّزِي	تُرَكَّزَا	تُرَكَّزْنَ
1		رُكِّزْتُ	---	رُكِّزْنَا	أُرَكَّزَ	---	نُرَكَّزَ

		IMPERFECT SINGULAR	IMPERFECT DUAL	IMPERFECT PLURAL	JUSSIVE SINGULAR	JUSSIVE DUAL	JUSSIVE PLURAL
3	MASCULINE	يُرَكَّزُ	يُرَكَّزَانِ	يُرَكَّزُونَ	يُرَكَّزْ	يُرَكَّزَا	يُرَكَّزُوا
	FEMININE	تُرَكَّزُ	تُرَكَّزَانِ	يُرَكَّزْنَ	تُرَكَّزْ	تُرَكَّزَا	يُرَكَّزْنَ
2	MASCULINE	تُرَكَّزُ	تُرَكَّزَانِ	تُرَكَّزُونَ	تُرَكَّزْ	تُرَكَّزَا	تُرَكَّزُوا
	FEMININE	تُرَكَّزِينَ	تُرَكَّزَانِ	تُرَكَّزْنَ	تُرَكَّزِي	تُرَكَّزَا	تُرَكَّزْنَ
1		أُرَكَّزُ	---	نُرَكَّزُ	أُرَكَّزْ	---	نُرَكَّزْ

The workers *set up* this pillar in the ground.	العمال رَكَّزُوا هذا العمود في الأرض.
The pupil *concentrated* his thoughts on study.	رَكَّزَ الطالب أفكاره في المذاكرة.

Form V ركز ● to concentrate (intransitive) تَرَكَّزَ

ACTIVE

PERFECT

		SINGULAR	DUAL	PLURAL
3	MASCULINE	تَرَكَّزَ	تَرَكَّزَا	تَرَكَّزُوا
	FEMININE	تَرَكَّزَتْ	تَرَكَّزَتَا	تَرَكَّزْنَ
2	MASCULINE	تَرَكَّزْتَ	تَرَكَّزْتُمَا	تَرَكَّزْتُمْ
	FEMININE	تَرَكَّزْتِ	تَرَكَّزْتُمَا	تَرَكَّزْتُنَّ
1		تَرَكَّزْتُ	---	تَرَكَّزْنَا

SUBJUNCTIVE

SINGULAR	DUAL	PLURAL
يَتَرَكَّزَ	يَتَرَكَّزَا	يَتَرَكَّزُوا
تَتَرَكَّزَ	تَتَرَكَّزَا	يَتَرَكَّزْنَ
تَتَرَكَّزَ	تَتَرَكَّزَا	تَتَرَكَّزُوا
تَتَرَكَّزِي	تَتَرَكَّزَا	تَتَرَكَّزْنَ
أَتَرَكَّزَ	---	نَتَرَكَّزَ

IMPERFECT

		SINGULAR	DUAL	PLURAL
3	MASCULINE	يَتَرَكَّزُ	يَتَرَكَّزَانِ	يَتَرَكَّزُونَ
	FEMININE	تَتَرَكَّزُ	تَتَرَكَّزَانِ	يَتَرَكَّزْنَ
2	MASCULINE	تَتَرَكَّزُ	تَتَرَكَّزَانِ	تَتَرَكَّزُونَ
	FEMININE	تَتَرَكَّزِينَ	تَتَرَكَّزَانِ	تَتَرَكَّزْنَ
1		أَتَرَكَّزُ	---	نَتَرَكَّزُ

JUSSIVE

SINGULAR	DUAL	PLURAL
يَتَرَكَّزْ	يَتَرَكَّزَا	يَتَرَكَّزُوا
تَتَرَكَّزْ	تَتَرَكَّزَا	يَتَرَكَّزْنَ
تَتَرَكَّزْ	تَتَرَكَّزَا	تَتَرَكَّزُوا
تَتَرَكَّزِي	تَتَرَكَّزَا	تَتَرَكَّزْنَ
أَتَرَكَّزْ	---	نَتَرَكَّزْ

ACTIVE PARTICIPLE	مُتَرَكِّزٌ
PASSIVE PARTICIPLE	---
VERBAL NOUN	تَرَكُّزٌ

IMPERATIVE

	SINGULAR	DUAL	PLURAL
MASCULINE	تَرَكَّزْ	تَرَكَّزَا	تَرَكَّزُوا
FEMININE	تَرَكَّزِي	تَرَكَّزَا	تَرَكَّزْنَ

The acid *was concentrated* in the solution.	تَرَكَّزَ الحامض في المحلول.
Were they *concentrated* [in one place] for the work, or were they scattered about?	هل تَرَكَّزُوا في العمل أم أنهم مشتتون؟
Ready [literally: concentrate]! [starter's command in an athletic match]	تَرَكَّزْ!

Form I رمي

● to throw رَمَى

ACTIVE

PERFECT

		SINGULAR	DUAL	PLURAL
3	MASCULINE	رَمَى	رَمَيَا	رَمَوْا
	FEMININE	رَمَتْ	رَمَتَا	رَمَيْنَ
2	MASCULINE	رَمَيْتَ	رَمَيْتُمَا	رَمَيْتُمْ
	FEMININE	رَمَيْتِ	رَمَيْتُمَا	رَمَيْتُنَّ
1		رَمَيْتُ	---	رَمَيْنَا

SUBJUNCTIVE

		SINGULAR	DUAL	PLURAL
3	MASCULINE	يَرْمِيَ	يَرْمِيَا	يَرْمُوا
	FEMININE	تَرْمِيَ	تَرْمِيَا	يَرْمِينَ
2	MASCULINE	تَرْمِيَ	تَرْمِيَا	تَرْمُوا
	FEMININE	تَرْمِي	تَرْمِيَا	تَرْمِينَ
1		أَرْمِيَ	---	نَرْمِيَ

IMPERFECT

		SINGULAR	DUAL	PLURAL
3	MASCULINE	يَرْمِي	يَرْمِيَانِ	يَرْمُونَ
	FEMININE	تَرْمِي	تَرْمِيَانِ	يَرْمِينَ
2	MASCULINE	تَرْمِي	تَرْمِيَانِ	تَرْمُونَ
	FEMININE	تَرْمِينَ	تَرْمِيَانِ	تَرْمِينَ
1		أَرْمِي	---	نَرْمِي

JUSSIVE

		SINGULAR	DUAL	PLURAL
3	MASCULINE	يَرْمِ	يَرْمِيَا	يَرْمُوا
	FEMININE	تَرْمِ	تَرْمِيَا	يَرْمِينَ
2	MASCULINE	تَرْمِ	تَرْمِيَا	تَرْمُوا
	FEMININE	تَرْمِي	تَرْمِيَا	تَرْمِينَ
1		أَرْمِ	---	نَرْمِ

IMPERATIVE

	SINGULAR	DUAL	PLURAL
MASCULINE	إِرْمِ	إِرْمِيَا	إِرْمُوا
FEMININE	إِرْمِي	إِرْمِيَا	إِرْمِينَ

ACTIVE PARTICIPLE	رَامٍ
PASSIVE PARTICIPLE	مَرْمِيٌّ
VERBAL NOUN	رَمْيٌ

PASSIVE

PERFECT

		SINGULAR	DUAL	PLURAL
3	MASCULINE	رُمِيَ	رُمِيَا	رُمُوا
	FEMININE	رُمِيَتْ	رُمِيَتَا	رُمِينَ
2	MASCULINE	رُمِيتَ	رُمِيتُمَا	رُمِيتُمْ
	FEMININE	رُمِيتِ	رُمِيتُمَا	رُمِيتُنَّ
1		رُمِيتُ	---	رُمِينَا

SUBJUNCTIVE

		SINGULAR	DUAL	PLURAL
3	MASCULINE	يُرْمَى	يُرْمَيَا	يُرْمَوْا
	FEMININE	تُرْمَى	تُرْمَيَا	يُرْمَيْنَ
2	MASCULINE	تُرْمَى	تُرْمَيَا	تُرْمَوْا
	FEMININE	تُرْمَيْ	تُرْمَيَا	تُرْمَيْنَ
1		أُرْمَى	---	نُرْمَى

IMPERFECT

		SINGULAR	DUAL	PLURAL
3	MASCULINE	يُرْمَى	يُرْمَيَانِ	يُرْمَوْنَ
	FEMININE	تُرْمَى	تُرْمَيَانِ	يُرْمَيْنَ
2	MASCULINE	تُرْمَى	تُرْمَيَانِ	تُرْمَوْنَ
	FEMININE	تُرْمَيْنَ	تُرْمَيَانِ	تُرْمَيْنَ
1		أُرْمَى	---	نُرْمَى

JUSSIVE

		SINGULAR	DUAL	PLURAL
3	MASCULINE	يُرْمَ	يُرْمَيَا	يُرْمَوْا
	FEMININE	تُرْمَ	تُرْمَيَا	يُرْمَيْنَ
2	MASCULINE	تُرْمَ	تُرْمَيَا	تُرْمَوْا
	FEMININE	تُرْمَيْ	تُرْمَيَا	تُرْمَيْنَ
1		أُرْمَ	---	نُرْمَ

The children *throw* the ball to one another.	الأطفال يَرْمُونَ الكرة بعضهم لبعض.
Don't *discard* the garbage into the street!	لا تَرْمِ القمامة في الشارع!
Don't *throw* the responsibility onto me!	لا تَرْمُوا المسؤولية عليّ!

Form VI روح — to fluctuate, alternate تَرَاوَحَ

ACTIVE

		PERFECT SINGULAR	DUAL	PLURAL	SUBJUNCTIVE SINGULAR	DUAL	PLURAL
3	MASCULINE	تَرَاوَحَ	تَرَاوَحَا	تَرَاوَحُوا	يَتَرَاوَحَ	يَتَرَاوَحَا	يَتَرَاوَحُوا
	FEMININE	تَرَاوَحَتْ	تَرَاوَحَتَا	تَرَاوَحْنَ	تَتَرَاوَحَ	تَتَرَاوَحَا	يَتَرَاوَحْنَ
2	MASCULINE	تَرَاوَحْتَ	تَرَاوَحْتُمَا	تَرَاوَحْتُمْ	تَتَرَاوَحَ	تَتَرَاوَحَا	تَتَرَاوَحُوا
	FEMININE	تَرَاوَحْتِ	تَرَاوَحْتُمَا	تَرَاوَحْتُنَّ	تَتَرَاوَحِي	تَتَرَاوَحَا	تَتَرَاوَحْنَ
1		تَرَاوَحْتُ	---	تَرَاوَحْنَا	أَتَرَاوَحَ	---	نَتَرَاوَحَ

		IMPERFECT SINGULAR	DUAL	PLURAL	JUSSIVE SINGULAR	DUAL	PLURAL
3	MASCULINE	يَتَرَاوَحُ	يَتَرَاوَحَانِ	يَتَرَاوَحُونَ	يَتَرَاوَحْ	يَتَرَاوَحَا	يَتَرَاوَحُوا
	FEMININE	تَتَرَاوَحُ	تَتَرَاوَحَانِ	يَتَرَاوَحْنَ	تَتَرَاوَحْ	تَتَرَاوَحَا	يَتَرَاوَحْنَ
2	MASCULINE	تَتَرَاوَحُ	تَتَرَاوَحَانِ	تَتَرَاوَحُونَ	تَتَرَاوَحْ	تَتَرَاوَحَا	تَتَرَاوَحُوا
	FEMININE	تَتَرَاوَحِينَ	تَتَرَاوَحَانِ	تَتَرَاوَحْنَ	تَتَرَاوَحِي	تَتَرَاوَحَا	تَتَرَاوَحْنَ
1		أَتَرَاوَحُ	---	نَتَرَاوَحُ	أَتَرَاوَحْ	---	نَتَرَاوَحْ

ACTIVE PARTICIPLE	مُتَرَاوِحٌ	
PASSIVE PARTICIPLE	---	
VERBAL NOUN	تَرَاوُحٌ	

IMPERATIVE

	SINGULAR	DUAL	PLURAL
MASCULINE	تَرَاوَحْ	تَرَاوَحَا	تَرَاوَحُوا
FEMININE	تَرَاوَحِي	تَرَاوَحَا	تَرَاوَحْنَ

The temperature will *fluctuate* between 30 and 35 degrees tomorrow during the day.	سَتَتَرَاوَحُ درجات الحرارة غداً بين ٣٠-٣٥ أثناء النهار.
We alternate between going to the stadium and watching on TV.	نَتَرَاوَحُ بين الذهاب إلى الملعب وبين مشاهدة المباراة بالتلفاز.

Form IV رود — to want, intend أَرَادَ ●

ACTIVE

PERFECT		SINGULAR	DUAL	PLURAL	SUBJUNCTIVE SINGULAR	DUAL	PLURAL
3	MASCULINE	أَرَادَ	أَرَادَا	أَرَادُوا	يُرِيدَ	يُرِيدَا	يُرِيدُوا
	FEMININE	أَرَادَتْ	أَرَادَتَا	أَرَدْنَ	تُرِيدَ	تُرِيدَا	يُرِدْنَ
2	MASCULINE	أَرَدْتَ	أَرَدْتُمَا	أَرَدْتُمْ	تُرِيدَ	تُرِيدَا	تُرِيدُوا
	FEMININE	أَرَدْتِ	أَرَدْتُمَا	أَرَدْتُنَّ	تُرِيدِي	تُرِيدَا	تُرِدْنَ
1		أَرَدْتُ	---	أَرَدْنَا	أُرِيدَ	---	نُرِيدَ

IMPERFECT		SINGULAR	DUAL	PLURAL	JUSSIVE SINGULAR	DUAL	PLURAL
3	MASCULINE	يُرِيدُ	يُرِيدَانِ	يُرِيدُونَ	يُرِدْ	يُرِيدَا	يُرِيدُوا
	FEMININE	تُرِيدُ	تُرِيدَانِ	يُرِدْنَ	تُرِدْ	تُرِيدَا	يُرِدْنَ
2	MASCULINE	تُرِيدُ	تُرِيدَانِ	تُرِيدُونَ	تُرِدْ	تُرِيدَا	تُرِيدُوا
	FEMININE	تُرِيدِينَ	تُرِيدَانِ	تُرِدْنَ	تُرِيدِي	تُرِيدَا	تُرِدْنَ
1		أُرِيدُ	---	نُرِيدُ	أُرِدْ	---	نُرِدْ

		IMPERATIVE	SINGULAR	DUAL	PLURAL
ACTIVE PARTICIPLE	مُرِيدٌ	MASCULINE	أَرِدْ	أَرِيدَا	أَرِيدُوا
PASSIVE PARTICIPLE	مُرَادٌ	FEMININE	أَرِيدِي	أَرِيدَا	أَرِدْنَ
VERBAL NOUN	إِرَادَةٌ				

PASSIVE

PERFECT		SINGULAR	DUAL	PLURAL	SUBJUNCTIVE SINGULAR	DUAL	PLURAL
3	MASCULINE	أُرِيدَ	أُرِيدَا	أُرِيدُوا	يُرَادَ	يُرَادَا	يُرَادُوا
	FEMININE	أُرِيدَتْ	أُرِيدَتَا	أُرِدْنَ	تُرَادَ	تُرَادَا	يُرَدْنَ
2	MASCULINE	أُرِدْتَ	أُرِدْتُمَا	أُرِدْتُمْ	تُرَادَ	تُرَادَا	تُرَادُوا
	FEMININE	أُرِدْتِ	أُرِدْتُمَا	أُرِدْتُنَّ	تُرَادِي	تُرَادَا	تُرَدْنَ
1		أُرِدْتُ	---	أُرِدْنَا	أُرَادَ	---	نُرَادَ

IMPERFECT		SINGULAR	DUAL	PLURAL	JUSSIVE SINGULAR	DUAL	PLURAL
3	MASCULINE	يُرَادُ	يُرَادَانِ	يُرَادُونَ	يُرَدْ	يُرَادَا	يُرَادُوا
	FEMININE	تُرَادُ	تُرَادَانِ	يُرَدْنَ	تُرَدْ	تُرَادَا	يُرَدْنَ
2	MASCULINE	تُرَادُ	تُرَادَانِ	تُرَادُونَ	تُرَدْ	تُرَادَا	تُرَادُوا
	FEMININE	تُرَادِينَ	تُرَادَانِ	تُرَدْنَ	تُرَادِي	تُرَادَا	تُرَدْنَ
1		أُرَادُ	---	نُرَادُ	أُرَدْ	---	نُرَدْ

What *do you want* to do tomorrow after work?	ماذا تُريدُونَ أن تفعلوا غداً بعد العمل؟
I only *intend* what is good for you.	لستُ أُرِيدُ بكَ إلّا خيرًا.
I mean by it that I love you.	أُرِيدُ به أني أحبكَ.

Form I روي — to tell, relate رَوَى ●

ACTIVE

	PERFECT	SINGULAR	DUAL	PLURAL	SUBJUNCTIVE	SINGULAR	DUAL	PLURAL
3	MASCULINE	رَوَى	رَوَيَا	رَوَوْا		يَرْوِيَ	يَرْوِيَا	يَرْوُوا
	FEMININE	رَوَتْ	رَوَتَا	رَوَيْنَ		تَرْوِيَ	تَرْوِيَا	يَرْوِينَ
2	MASCULINE	رَوَيْتَ	رَوَيْتُمَا	رَوَيْتُمْ		تَرْوِيَ	تَرْوِيَا	تَرْوُوا
	FEMININE	رَوَيْتِ	رَوَيْتُمَا	رَوَيْتُنَّ		تَرْوِي	تَرْوِيَا	تَرْوِينَ
1		رَوَيْتُ	---	رَوَيْنَا		أَرْوِيَ	---	نَرْوِيَ

	IMPERFECT	SINGULAR	DUAL	PLURAL	JUSSIVE	SINGULAR	DUAL	PLURAL
3	MASCULINE	يَرْوِي	يَرْوِيَانِ	يَرْوُونَ		يَرْوِ	يَرْوِيَا	يَرْوُوا
	FEMININE	تَرْوِي	تَرْوِيَانِ	يَرْوِينَ		تَرْوِ	تَرْوِيَا	يَرْوِينَ
2	MASCULINE	تَرْوِي	تَرْوِيَانِ	تَرْوُونَ		تَرْوِ	تَرْوِيَا	تَرْوُوا
	FEMININE	تَرْوِينَ	تَرْوِيَانِ	تَرْوِينَ		تَرْوِي	تَرْوِيَا	تَرْوِينَ
1		أَرْوِي	---	نَرْوِي		أَرْوِ	---	نَرْوِ

		IMPERATIVE	SINGULAR	DUAL	PLURAL
ACTIVE PARTICIPLE	رَاوٍ				
PASSIVE PARTICIPLE	مَرْوِيٌّ	MASCULINE	إِرْوِ	إِرْوِيَا	إِرْوُوا
VERBAL NOUN	رِوَايَةٌ	FEMININE	إِرْوِي	إِرْوِيَا	إِرْوِينَ

PASSIVE

	PERFECT	SINGULAR	DUAL	PLURAL	SUBJUNCTIVE	SINGULAR	DUAL	PLURAL
3	MASCULINE	رُوِيَ	رُوِيَا	رُوُوا		يُرْوَى	يُرْوَيَا	يُرْوَوْا
	FEMININE	رُوِيَتْ	رُوِيَتَا	رُوِينَ		تُرْوَى	تُرْوَيَا	يُرْوَيْنَ
2	MASCULINE	رُوِيتَ	رُوِيتُمَا	رُوِيتُمْ		تُرْوَى	تُرْوَيَا	تُرْوَوْا
	FEMININE	رُوِيتِ	رُوِيتُمَا	رُوِيتُنَّ		تُرْوَيْ	تُرْوَيَا	تُرْوَيْنَ
1		رُوِيتُ	---	رُوِينَا		أُرْوَى	---	نُرْوَى

		SINGULAR	DUAL	PLURAL	JUSSIVE SINGULAR	JUSSIVE DUAL	JUSSIVE PLURAL
3	MASCULINE	يُرْوَى	يُرْوَيَانِ	يُرْوَوْنَ	يُرْوَ	يُرْوَيَا	يُرْوَوْا
	FEMININE	تُرْوَى	تُرْوَيَانِ	يُرْوَيْنَ	تُرْوَ	تُرْوَيَا	يُرْوَيْنَ
2	MASCULINE	تُرْوَى	تُرْوَيَانِ	تُرْوَوْنَ	تُرْوَ	تُرْوَيَا	تُرْوَوْا
	FEMININE	تُرْوَيْنَ	تُرْوَيَانِ	تُرْوَيْنَ	تُرْوَيْ	تُرْوَيَا	تُرْوَيْنَ
1		أُرْوَى	---	نُرْوَى	أُرْوَ	---	نُرْوَ

Who *will tell* the children a story tonight? — مَن سَيَرْوِي قصة للأطفال الليلة؟

The fathers *told* us of many events of the past. — رَوَى لنا الآباء العديد من أحداث الماضي.

Abu Bakr *reported* many traditions in the name of the Prophet, may God bless him and grant him peace. — رَوَى أبو بكر عن النبي صلى الله عليه وسلّم أحاديث كثيرة.

Form I روي — to drink one's fill رَوِيَ

ACTIVE

		PERFECT SINGULAR	DUAL	PLURAL	SUBJUNCTIVE SINGULAR	DUAL	PLURAL
3	MASCULINE	رَوِيَ	رَوِيَا	رَوُوا	يَرْوَى	يَرْوَيَا	يَرْوَوْا
	FEMININE	رَوِيَتْ	رَوِيَتَا	رَوِينَ	تَرْوَى	تَرْوَيَا	يَرْوَيْنَ
2	MASCULINE	رَوِيتَ	رَوِيتُمَا	رَوِيتُمْ	تَرْوَى	تَرْوَيَا	تَرْوَوْا
	FEMININE	رَوِيتِ	رَوِيتُمَا	رَوِيتُنَّ	تَرْوَيْ	تَرْوَيَا	تَرْوَيْنَ
1		رَوِيتُ	---	رَوِينَا	أَرْوَى	---	نَرْوَى

		IMPERFECT SINGULAR	DUAL	PLURAL	JUSSIVE SINGULAR	DUAL	PLURAL
3	MASCULINE	يَرْوَى	يَرْوَيَانِ	يَرْوَوْنَ	يَرْوَ	يَرْوَيَا	يَرْوَوْا
	FEMININE	تَرْوَى	تَرْوَيَانِ	يَرْوَيْنَ	تَرْوَ	تَرْوَيَا	يَرْوَيْنَ
2	MASCULINE	تَرْوَى	تَرْوَيَانِ	تَرْوَوْنَ	تَرْوَ	تَرْوَيَا	تَرْوَوْا
	FEMININE	تَرْوَيْنَ	تَرْوَيَانِ	تَرْوَيْنَ	تَرْوَيْ	تَرْوَيَا	تَرْوَيْنَ
1		أَرْوَى	---	نَرْوَى	أَرْوَ	---	نَرْوَ

ACTIVE PARTICIPLE	رَاوٍ		
PASSIVE PARTICIPLE	---		
VERBAL NOUN	رَيٌّ، رِيٌّ		

IMPERATIVE	SINGULAR	DUAL	PLURAL
MASCULINE	إِرْوَ	إِرْوَيَا	إِرْوَوْا
FEMININE	إِرْوَيْ	إِرْوَيَا	إِرْوَيْنَ

The thirsty man *quenched* his thirst. — رَوِيَ الظمآن عطشه.

Form VIII زحم — to be crowded, teem إِزْدَحَمَ

ACTIVE

		PERFECT SINGULAR	DUAL	PLURAL	SUBJUNCTIVE SINGULAR	DUAL	PLURAL
3	MASCULINE	إِزْدَحَمَ	إِزْدَحَمَا	إِزْدَحَمُوا	يَزْدَحِمَ	يَزْدَحِمَا	يَزْدَحِمُوا
	FEMININE	إِزْدَحَمَتْ	إِزْدَحَمَتَا	إِزْدَحَمْنَ	تَزْدَحِمَ	تَزْدَحِمَا	يَزْدَحِمْنَ
2	MASCULINE	إِزْدَحَمْتَ	إِزْدَحَمْتُمَا	إِزْدَحَمْتُمْ	تَزْدَحِمَ	تَزْدَحِمَا	تَزْدَحِمُوا
	FEMININE	إِزْدَحَمْتِ	إِزْدَحَمْتُمَا	إِزْدَحَمْتُنَّ	تَزْدَحِمِي	تَزْدَحِمَا	تَزْدَحِمْنَ
1		إِزْدَحَمْتُ	---	إِزْدَحَمْنَا	أَزْدَحِمَ	---	نَزْدَحِمَ

		IMPERFECT SINGULAR	DUAL	PLURAL	JUSSIVE SINGULAR	DUAL	PLURAL
3	MASCULINE	يَزْدَحِمُ	يَزْدَحِمَانِ	يَزْدَحِمُونَ	يَزْدَحِمْ	يَزْدَحِمَا	يَزْدَحِمُوا
	FEMININE	تَزْدَحِمُ	تَزْدَحِمَانِ	يَزْدَحِمْنَ	تَزْدَحِمْ	تَزْدَحِمَا	يَزْدَحِمْنَ
2	MASCULINE	تَزْدَحِمُ	تَزْدَحِمَانِ	تَزْدَحِمُونَ	تَزْدَحِمْ	تَزْدَحِمَا	تَزْدَحِمُوا
	FEMININE	تَزْدَحِمِينَ	تَزْدَحِمَانِ	تَزْدَحِمْنَ	تَزْدَحِمِي	تَزْدَحِمَا	تَزْدَحِمْنَ
1		أَزْدَحِمُ	---	نَزْدَحِمُ	أَزْدَحِمْ	---	نَزْدَحِمْ

ACTIVE PARTICIPLE	مُزْدَحِمٌ
PASSIVE PARTICIPLE	---
VERBAL NOUN	إِزْدِحَامٌ

IMPERATIVE

	SINGULAR	DUAL	PLURAL
MASCULINE	إِزْدَحِمْ	إِزْدَحِمَا	إِزْدَحِمُوا
FEMININE	إِزْدَحِمِي	إِزْدَحِمَا	إِزْدَحِمْنَ

The streets *were crowded* with cars. — إِزْدَحَمَتْ الشوارع بالسيارات.

It appears that your appointment book for next week *will be crowded* with appointments. — يبدو أنّ أجندة مواعيدك للأسبوع المقبل سَتَزْدَحِمُ بالمواعيد.

Why *is* your mind *crowded* with thoughts? — لماذا يَزْدَحِمُ رأسك بالأفكار؟

Form I زرع — to sow زَرَعَ

ACTIVE

		PERFECT SINGULAR	DUAL	PLURAL	SUBJUNCTIVE SINGULAR	DUAL	PLURAL
3	MASCULINE	زَرَعَ	زَرَعَا	زَرَعُوا	يَزْرَعَ	يَزْرَعَا	يَزْرَعُوا
	FEMININE	زَرَعَتْ	زَرَعَتَا	زَرَعْنَ	تَزْرَعَ	تَزْرَعَا	يَزْرَعْنَ
2	MASCULINE	زَرَعْتَ	زَرَعْتُمَا	زَرَعْتُمْ	تَزْرَعَ	تَزْرَعَا	تَزْرَعُوا
	FEMININE	زَرَعْتِ	زَرَعْتُمَا	زَرَعْتُنَّ	تَزْرَعِي	تَزْرَعَا	تَزْرَعْنَ
1		زَرَعْتُ	---	زَرَعْنَا	أَزْرَعَ	---	نَزْرَعَ

JUSSIVE				IMPERFECT				
يَزْرَعُوا	يَزْرَعَا	يَزْرَعْ		يَزْرَعُونَ	يَزْرَعَانِ	يَزْرَعُ	MASCULINE	3
يَزْرَعْنَ	تَزْرَعَا	تَزْرَعْ		يَزْرَعْنَ	تَزْرَعَانِ	تَزْرَعُ	FEMININE	
تَزْرَعُوا	تَزْرَعَا	تَزْرَعْ		تَزْرَعُونَ	تَزْرَعَانِ	تَزْرَعُ	MASCULINE	2
تَزْرَعْنَ	تَزْرَعَا	تَزْرَعِي		تَزْرَعْنَ	تَزْرَعَانِ	تَزْرَعِينَ	FEMININE	
نَزْرَعْ	---	أَزْرَعْ		نَزْرَعُ	---	أَزْرَعُ		1

IMPERATIVE					
				زَارِعٌ	ACTIVE PARTICIPLE
إِزْرَعُوا	إِزْرَعَا	إِزْرَعْ	MASCULINE	مَزْرُوعٌ	PASSIVE PARTICIPLE
إِزْرَعْنَ	إِزْرَعَا	إِزْرَعِي	FEMININE	زَرْعٌ	VERBAL NOUN

PASSIVE

PLURAL	DUAL	SINGULAR	SUBJUNCTIVE	PLURAL	DUAL	SINGULAR	PERFECT	
يُزْرَعُوا	يُزْرَعَا	يُزْرَعَ		زُرِعُوا	زُرِعَا	زُرِعَ	MASCULINE	3
يُزْرَعْنَ	تُزْرَعَا	تُزْرَعَ		زُرِعْنَ	زُرِعَتَا	زُرِعَتْ	FEMININE	
تُزْرَعُوا	تُزْرَعَا	تُزْرَعَ		زُرِعْتُمْ	زُرِعْتُمَا	زُرِعْتَ	MASCULINE	2
تُزْرَعْنَ	تُزْرَعَا	تُزْرَعِي		زُرِعْتُنَّ	زُرِعْتُمَا	زُرِعْتِ	FEMININE	
نُزْرَعَ	---	أُزْرَعَ		زُرِعْنَا	---	زُرِعْتُ		1

JUSSIVE				IMPERFECT				
يُزْرَعُوا	يُزْرَعَا	يُزْرَعْ		يُزْرَعُونَ	يُزْرَعَانِ	يُزْرَعُ	MASCULINE	3
يُزْرَعْنَ	تُزْرَعَا	تُزْرَعْ		يُزْرَعْنَ	تُزْرَعَانِ	تُزْرَعُ	FEMININE	
تُزْرَعُوا	تُزْرَعَا	تُزْرَعْ		تُزْرَعُونَ	تُزْرَعَانِ	تُزْرَعُ	MASCULINE	2
تُزْرَعْنَ	تُزْرَعَا	تُزْرَعِي		تُزْرَعْنَ	تُزْرَعَانِ	تُزْرَعِينَ	FEMININE	
نُزْرَعْ	---	أُزْرَعْ		نُزْرَعُ	---	أُزْرَعُ		1

What *do you sow* in your fields? This season *we'll sow* cotton.

ماذا تَزْرَعُونَ في حقولكم؟ هذا الموسم سَنَزْرَعُ القطن.

What a person *sows,* he reaps.

ما يَزْرَعُهُ الإنسان يحصده.

Form VIII زوج — to be paired إِزْدَوَجَ ●

ACTIVE

	PERFECT	SINGULAR	DUAL	PLURAL	SUBJUNCTIVE SINGULAR	DUAL	PLURAL
3	MASCULINE	إِزْدَوَجَ	إِزْدَوَجَا	إِزْدَوَجُوا	يَزْدَوِجَ	يَزْدَوِجَا	يَزْدَوِجُوا
	FEMININE	إِزْدَوَجَتْ	إِزْدَوَجَتَا	إِزْدَوَجْنَ	تَزْدَوِجَ	تَزْدَوِجَا	يَزْدَوِجْنَ
2	MASCULINE	إِزْدَوَجْتَ	إِزْدَوَجْتُمَا	إِزْدَوَجْتُمْ	تَزْدَوِجَ	تَزْدَوِجَا	تَزْدَوِجُوا
	FEMININE	إِزْدَوَجْتِ	إِزْدَوَجْتُمَا	إِزْدَوَجْتُنَّ	تَزْدَوِجِي	تَزْدَوِجَا	تَزْدَوِجْنَ
1		إِزْدَوَجْتُ	---	إِزْدَوَجْنَا	أَزْدَوِجَ	---	نَزْدَوِجَ

	IMPERFECT	SINGULAR	DUAL	PLURAL	JUSSIVE SINGULAR	DUAL	PLURAL
3	MASCULINE	يَزْدَوِجُ	يَزْدَوِجَانِ	يَزْدَوِجُونَ	يَزْدَوِجْ	يَزْدَوِجَا	يَزْدَوِجُوا
	FEMININE	تَزْدَوِجُ	تَزْدَوِجَانِ	يَزْدَوِجْنَ	تَزْدَوِجْ	تَزْدَوِجَا	يَزْدَوِجْنَ
2	MASCULINE	تَزْدَوِجُ	تَزْدَوِجَانِ	تَزْدَوِجُونَ	تَزْدَوِجْ	تَزْدَوِجَا	تَزْدَوِجُوا
	FEMININE	تَزْدَوِجِينَ	تَزْدَوِجَانِ	تَزْدَوِجْنَ	تَزْدَوِجِي	تَزْدَوِجَا	تَزْدَوِجْنَ
1		أَزْدَوِجُ	---	نَزْدَوِجُ	أَزْدَوِجْ	---	نَزْدَوِجْ

ACTIVE PARTICIPLE	مُزْدَوِجٌ	
PASSIVE PARTICIPLE	---	
VERBAL NOUN	إِزْدِوَاجٌ	

IMPERATIVE

	SINGULAR	DUAL	PLURAL
MASCULINE	إِزْدَوِجْ	إِزْدَوِجَا	إِزْدَوِجُوا
FEMININE	إِزْدَوِجِي	إِزْدَوِجَا	إِزْدَوِجْنَ

Poverty and sickness *were joined.* — إِزْدَوَجَ الفقر بالمرض.

The people *paired off* two by two. — إِزْدَوَجَ الناس إثنين إثنين.

Her sufferings *were doubled* because of the death of her father and husband in a single accident. — إِزْدَوَجَتْ آلامها بسبب موت أبيها وزوجها في حادثة واحدة.

Form II زود — to supply, equip زَوَّدَ ●

ACTIVE

	PERFECT	SINGULAR	DUAL	PLURAL	SUBJUNCTIVE SINGULAR	DUAL	PLURAL
3	MASCULINE	زَوَّدَ	زَوَّدَا	زَوَّدُوا	يُزَوِّدَ	يُزَوِّدَا	يُزَوِّدُوا
	FEMININE	زَوَّدَتْ	زَوَّدَتَا	زَوَّدْنَ	تُزَوِّدَ	تُزَوِّدَا	يُزَوِّدْنَ
2	MASCULINE	زَوَّدْتَ	زَوَّدْتُمَا	زَوَّدْتُمْ	تُزَوِّدَ	تُزَوِّدَا	تُزَوِّدُوا
	FEMININE	زَوَّدْتِ	زَوَّدْتُمَا	زَوَّدْتُنَّ	تُزَوِّدِي	تُزَوِّدَا	تُزَوِّدْنَ
1		زَوَّدْتُ	---	زَوَّدْنَا	أُزَوِّدَ	---	نُزَوِّدَ

		JUSSIVE			IMPERFECT			
يُزَوِّدوا	يُزَوِّدا	يُزَوِّدْ	يُزَوِّدونَ	يُزَوِّدانِ	يُزَوِّدُ	MASCULINE	3
يُزَوِّدْنَ	تُزَوِّدا	تُزَوِّدْ	يُزَوِّدْنَ	تُزَوِّدانِ	تُزَوِّدُ	FEMININE	
تُزَوِّدوا	تُزَوِّدا	تُزَوِّدْ	تُزَوِّدونَ	تُزَوِّدانِ	تُزَوِّدُ	MASCULINE	2
تُزَوِّدْنَ	تُزَوِّدا	تُزَوِّدي	تُزَوِّدْنَ	تُزَوِّدانِ	تُزَوِّدينَ	FEMININE	
نُزَوِّدْ	---	أُزَوِّدْ	نُزَوِّدُ	---	أُزَوِّدُ		1

IMPERATIVE

زَوِّدوا	زَوِّدا	زَوِّدْ	MASCULINE
زَوِّدْنَ	زَوِّدا	زَوِّدي	FEMININE

مُزَوِّد	ACTIVE PARTICIPLE
مُزَوَّد	PASSIVE PARTICIPLE
تَزْويد	VERBAL NOUN

PASSIVE

PLURAL	DUAL	SINGULAR	SUBJUNCTIVE	PLURAL	DUAL	SINGULAR	PERFECT	
يُزَوَّدوا	يُزَوَّدا	يُزَوَّدَ		زُوِّدوا	زُوِّدا	زُوِّدَ	MASCULINE	3
يُزَوَّدْنَ	تُزَوَّدا	تُزَوَّدَ		زُوِّدْنَ	زُوِّدَتا	زُوِّدَتْ	FEMININE	
تُزَوَّدوا	تُزَوَّدا	تُزَوَّدَ		زُوِّدْتُمْ	زُوِّدْتُما	زُوِّدْتَ	MASCULINE	2
تُزَوَّدْنَ	تُزَوَّدا	تُزَوَّدي		زُوِّدْتُنَّ	زُوِّدْتُما	زُوِّدْتِ	FEMININE	
نُزَوَّدَ	---	أُزَوَّدَ		زُوِّدْنا	---	زُوِّدْتُ		1

		JUSSIVE			IMPERFECT		
يُزَوَّدوا	يُزَوَّدا	يُزَوَّدْ	يُزَوَّدونَ	يُزَوَّدانِ	يُزَوَّدُ	MASCULINE	3
يُزَوَّدْنَ	تُزَوَّدا	تُزَوَّدْ	يُزَوَّدْنَ	تُزَوَّدانِ	تُزَوَّدُ	FEMININE	
تُزَوَّدوا	تُزَوَّدا	تُزَوَّدْ	تُزَوَّدونَ	تُزَوَّدانِ	تُزَوَّدُ	MASCULINE	2
تُزَوَّدْنَ	تُزَوَّدا	تُزَوَّدي	تُزَوَّدْنَ	تُزَوَّدانِ	تُزَوَّدينَ	FEMININE	
نُزَوَّدْ	---	أُزَوَّدْ	نُزَوَّدُ	---	أُزَوَّدُ		1

زَوَّدَتْ الحكومة الأسواق بالعديد من متطلبات الطعام إستعداداً لحلول شهر رمضان.

The government *supplied* the market with a number of food necessities in preparation for the arrival of the month of Ramadan.

هل يمكن أن تُزَوِّدَنا بالوقود؟

Can *you provide us* with fuel?

نحتاج أن نُزَوِّدَ هذا المكتب بالمعدات اللازمة لمواجهة الحريق.

We have *to provide* this office with materials to withstand fire.

Form I زور   to visit زَارَ ●

ACTIVE

PLURAL	DUAL	SINGULAR	SUBJUNCTIVE	PLURAL	DUAL	SINGULAR	PERFECT	
يَزُورُوا	يَزُورَا	يَزُورَ		زَارُوا	زَارَا	زَارَ	MASCULINE	3
يَزُرْنَ	تَزُورَا	تَزُورَ		زُرْنَ	زَارَتَا	زَارَتْ	FEMININE	
تَزُورُوا	تَزُورَا	تَزُورَ		زُرْتُمْ	زُرْتُمَا	زُرْتَ	MASCULINE	2
تَزُرْنَ	تَزُورَا	تَزُورِي		زُرْتُنَّ	زُرْتُمَا	زُرْتِ	FEMININE	
نَزُورَ	---	أَزُورَ		زُرْنَا	---	زُرْتُ		1

			JUSSIVE				IMPERFECT	
يَزُورُوا	يَزُورَا	يَزُرْ		يَزُورُونَ	يَزُورَانِ	يَزُورُ	MASCULINE	3
يَزُرْنَ	تَزُورَا	تَزُرْ		يَزُرْنَ	تَزُورَانِ	تَزُورُ	FEMININE	
تَزُورُوا	تَزُورَا	تَزُرْ		تَزُورُونَ	تَزُورَانِ	تَزُورُ	MASCULINE	2
تَزُرْنَ	تَزُورَا	تَزُورِي		تَزُرْنَ	تَزُورَانِ	تَزُورِينَ	FEMININE	
نَزُرْ	---	أَزُرْ		نَزُورُ	---	أَزُورُ		1

			IMPERATIVE			زَائِرٌ	ACTIVE PARTICIPLE
زُورُوا	زُورَا	زُرْ	MASCULINE			مَزُورٌ	PASSIVE PARTICIPLE
زُرْنَ	زُورَا	زُورِي	FEMININE			زَوْرٌ، زِيَارَةٌ	VERBAL NOUN

PASSIVE

PLURAL	DUAL	SINGULAR	SUBJUNCTIVE	PLURAL	DUAL	SINGULAR	PERFECT	
يُزَارُوا	يُزَارَا	يُزَارَ		زِيرُوا	زِيرَا	زِيرَ	MASCULINE	3
يُزَرْنَ	تُزَارَا	تُزَارَ		زِرْنَ	زِيرَتَا	زِيرَتْ	FEMININE	
تُزَارُوا	تُزَارَا	تُزَارَ		زِرْتُمْ	زِرْتُمَا	زِرْتَ	MASCULINE	2
تُزَرْنَ	تُزَارَا	تُزَارِي		زِرْتُنَّ	زِرْتُمَا	زِرْتِ	FEMININE	
نُزَارَ	---	أُزَارَ		زِرْنَا	---	زِرْتُ		1

			JUSSIVE				IMPERFECT	
يُزَارُوا	يُزَارَا	يُزَرْ		يُزَارُونَ	يُزَارَانِ	يُزَارُ	MASCULINE	3
يُزَرْنَ	تُزَارَا	تُزَرْ		يُزَرْنَ	تُزَارَانِ	تُزَارُ	FEMININE	
تُزَارُوا	تُزَارَا	تُزَرْ		تُزَارُونَ	تُزَارَانِ	تُزَارُ	MASCULINE	2
تُزَرْنَ	تُزَارَا	تُزَارِي		تُزَرْنَ	تُزَارَانِ	تُزَارِينَ	FEMININE	
نُزَرْ	---	أُزَرْ		نُزَارُ	---	أُزَارُ		1

One of the most beautiful songs of the Lebanese singer Fayruz is the song "*Visit Me* Once a Year."	واحدة من أجمل أغاني فيروز - المغنية اللبنانية - هي أغنية «زُورُونِي كل سنة مرّة».
In the Middle East, people *visit* their relatives and friends during festivals.	في الشرق الأوسط يَزُورُ الناس أقاربهم وأصدقاءهم في الأعياد.
The Moroccan president *will be visited* by his Libyan counterpart.	الرئيس المغربي سوف يُزَارُ من قِبَل نظيره الليبي.

● to increase, exceed زَادَ — Form I زيد

ACTIVE

PERFECT		SINGULAR	DUAL	PLURAL
3	MASCULINE	زَادَ	زَادَا	زَادُوا
	FEMININE	زَادَتْ	زَادَتَا	زِدْنَ
2	MASCULINE	زِدْتَ	زِدْتُمَا	زِدْتُمْ
	FEMININE	زِدْتِ	زِدْتُمَا	زِدْتُنَّ
1		زِدْتُ	---	زِدْنَا

SUBJUNCTIVE		SINGULAR	DUAL	PLURAL
3	MASCULINE	يَزِيدَ	يَزِيدَا	يَزِيدُوا
	FEMININE	تَزِيدَ	تَزِيدَا	يَزِدْنَ
2	MASCULINE	تَزِيدَ	تَزِيدَا	تَزِيدُوا
	FEMININE	تَزِيدِي	تَزِيدَا	تَزِدْنَ
1		أَزِيدَ	---	نَزِيدَ

IMPERFECT		SINGULAR	DUAL	PLURAL
3	MASCULINE	يَزِيدُ	يَزِيدَانِ	يَزِيدُونَ
	FEMININE	تَزِيدُ	تَزِيدَانِ	يَزِدْنَ
2	MASCULINE	تَزِيدُ	تَزِيدَانِ	تَزِيدُونَ
	FEMININE	تَزِيدِينَ	تَزِيدَانِ	تَزِدْنَ
1		أَزِيدُ	---	نَزِيدُ

JUSSIVE		SINGULAR	DUAL	PLURAL
3	MASCULINE	يَزِدْ	يَزِيدَا	يَزِيدُوا
	FEMININE	تَزِدْ	تَزِيدَا	يَزِدْنَ
2	MASCULINE	تَزِدْ	تَزِيدَا	تَزِيدُوا
	FEMININE	تَزِيدِي	تَزِيدَا	تَزِدْنَ
1		أَزِدْ	---	نَزِدْ

ACTIVE PARTICIPLE	زَائِدٌ
PASSIVE PARTICIPLE	مَزِيدٌ
VERBAL NOUN	زِيَادَةٌ

IMPERATIVE	SINGULAR	DUAL	PLURAL
MASCULINE	زِدْ	زِيدَا	زِيدُوا
FEMININE	زِيدِي	زِيدَا	زِدْنَ

PASSIVE

PERFECT		SINGULAR	DUAL	PLURAL
3	MASCULINE	زِيدَ	زِيدَا	زِيدُوا
	FEMININE	زِيدَتْ	زِيدَتَا	زِدْنَ
2	MASCULINE	زِدْتَ	زِدْتُمَا	زِدْتُمْ
	FEMININE	زِدْتِ	زِدْتُمَا	زِدْتُنَّ
1		زِدْتُ	---	زِدْنَا

SUBJUNCTIVE		SINGULAR	DUAL	PLURAL
3	MASCULINE	يُزَادَ	يُزَادَا	يُزَادُوا
	FEMININE	تُزَادَ	تُزَادَا	يُزَدْنَ
2	MASCULINE	تُزَادَ	تُزَادَا	تُزَادُوا
	FEMININE	تُزَادِي	تُزَادَا	تُزَدْنَ
1		أُزَادَ	---	نُزَادَ

JUSSIVE				IMPERFECT				
يُزَادُوا	يُزَادَا	يُزَدْ		يُزَادُونَ	يُزَادَانِ	يُزَادُ	MASCULINE	3
يُزَدْنَ	تُزَادَا	تُزَدْ		يُزَدْنَ	تُزَادَانِ	تُزَادُ	FEMININE	
تُزَادُوا	تُزَادَا	تُزَدْ		تُزَادُونَ	تُزَادَانِ	تُزَادُ	MASCULINE	2
تُزَدْنَ	تُزَادَا	تُزَادِي		تُزَدْنَ	تُزَادَانِ	تُزَادِينَ	FEMININE	
نُزَدْ	---	أُزَدْ		نُزَادُ	---	أُزَادُ		1

The burden of making a livelihood *has increased* for the average citizen following the rise in prices.

لقد زَادَتْ أعباء المعيشة على المواطن العادي بعد ارتفاع الأسعار.

I'd like to know why your monthly salary *has increased*.

أود أن أعرف لماذا زَادَ راتبك الشهري؟

The price of this building *is only* [literally: *does not exceed*] 200,000 guineas.

ثمن هذا المبنى لا يَزيدُ على ٢٠٠٠٠٠ جنيه.

Don't *increase* the pressure on him to join us.

لا تَزيدُوا الضغط عليه ليأتي معنا.

Form VI زيد   to increase تَزَايَدَ ●

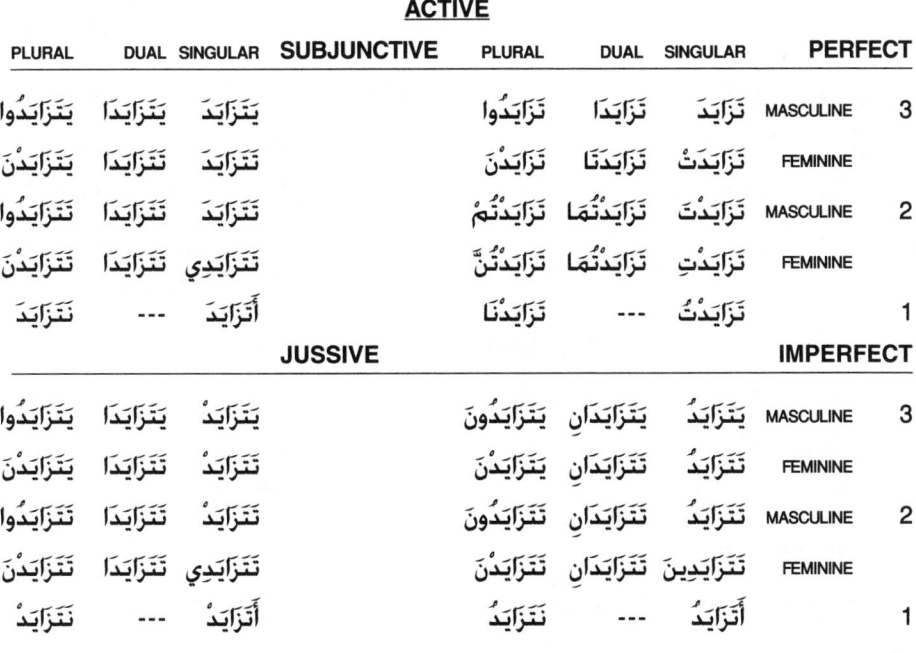

ACTIVE

PLURAL	DUAL	SINGULAR	SUBJUNCTIVE	PLURAL	DUAL	SINGULAR	PERFECT	
يَتَزَايَدُوا	يَتَزَايَدَا	يَتَزَايَدَ		تَزَايَدُوا	تَزَايَدَا	تَزَايَدَ	MASCULINE	3
يَتَزَايَدْنَ	تَتَزَايَدَا	تَتَزَايَدَ		تَزَايَدْنَ	تَزَايَدَتَا	تَزَايَدَتْ	FEMININE	
تَتَزَايَدُوا	تَتَزَايَدَا	تَتَزَايَدَ		تَزَايَدْتُمْ	تَزَايَدْتُمَا	تَزَايَدْتَ	MASCULINE	2
تَتَزَايَدْنَ	تَتَزَايَدَا	تَتَزَايَدِي		تَزَايَدْتُنَّ	تَزَايَدْتُمَا	تَزَايَدْتِ	FEMININE	
نَتَزَايَدَ	---	أَتَزَايَدَ		تَزَايَدْنَا	---	تَزَايَدْتُ		1

PLURAL	DUAL	SINGULAR	JUSSIVE	PLURAL	DUAL	SINGULAR	IMPERFECT	
يَتَزَايَدُوا	يَتَزَايَدَا	يَتَزَايَدْ		يَتَزَايَدُونَ	يَتَزَايَدَانِ	يَتَزَايَدُ	MASCULINE	3
يَتَزَايَدْنَ	تَتَزَايَدَا	تَتَزَايَدْ		يَتَزَايَدْنَ	تَتَزَايَدَانِ	تَتَزَايَدُ	FEMININE	
تَتَزَايَدُوا	تَتَزَايَدَا	تَتَزَايَدْ		تَتَزَايَدُونَ	تَتَزَايَدَانِ	تَتَزَايَدُ	MASCULINE	2
تَتَزَايَدْنَ	تَتَزَايَدَا	تَتَزَايَدِي		تَتَزَايَدْنَ	تَتَزَايَدَانِ	تَتَزَايَدِينَ	FEMININE	
نَتَزَايَدْ	---	أَتَزَايَدْ		نَتَزَايَدُ	---	أَتَزَايَدُ		1

ACTIVE PARTICIPLE	مُتَزَايِدٌ
PASSIVE PARTICIPLE	---
VERBAL NOUN	تَزَايُدٌ

IMPERATIVE

	SINGULAR	DUAL	PLURAL
MASCULINE	تَزَايَدْ	تَزَايَدَا	تَزَايَدُوا
FEMININE	تَزَايَدِي	تَزَايَدَا	تَزَايَدْنَ

تَزَايَدَ عدد المتقدمين على هذه الوظيفة بمعدل غير متوقع.

The number of applicants for this position *has increased* at an unexpected rate.

تَزَايَدَتْ آماله في المشاركة في المباراة القادمة بعد أن سمع المديح من مدربه.

His hopes to participate in the next match *increased* after he heard praise from his trainer.

● إِزْدَادَ to grow, multiply — Form VIII زيد

ACTIVE

PERFECT

		SINGULAR	DUAL	PLURAL
3	MASCULINE	إِزْدَادَ	إِزْدَادَا	إِزْدَادُوا
	FEMININE	إِزْدَادَتْ	إِزْدَادَتَا	إِزْدَدْنَ
2	MASCULINE	إِزْدَدْتَ	إِزْدَدْتُمَا	إِزْدَدْتُمْ
	FEMININE	إِزْدَدْتِ	إِزْدَدْتُمَا	إِزْدَدْتُنَّ
1		إِزْدَدْتُ	---	إِزْدَدْنَا

SUBJUNCTIVE

SINGULAR	DUAL	PLURAL
يَزْدَادَ	يَزْدَادَا	يَزْدَادُوا
تَزْدَادَ	تَزْدَادَا	يَزْدَدْنَ
تَزْدَادَ	تَزْدَادَا	تَزْدَادُوا
تَزْدَادِي	تَزْدَادَا	تَزْدَدْنَ
أَزْدَادَ	---	نَزْدَادَ

IMPERFECT

		SINGULAR	DUAL	PLURAL
3	MASCULINE	يَزْدَادُ	يَزْدَادَانِ	يَزْدَادُونَ
	FEMININE	تَزْدَادُ	تَزْدَادَانِ	يَزْدَدْنَ
2	MASCULINE	تَزْدَادُ	تَزْدَادَانِ	تَزْدَادُونَ
	FEMININE	تَزْدَادِينَ	تَزْدَادَانِ	تَزْدَدْنَ
1		أَزْدَادُ	---	نَزْدَادُ

JUSSIVE

SINGULAR	DUAL	PLURAL
يَزْدَدْ	يَزْدَادَا	يَزْدَادُوا
تَزْدَدْ	تَزْدَادَا	يَزْدَدْنَ
تَزْدَدْ	تَزْدَادَا	تَزْدَادُوا
تَزْدَادِي	تَزْدَادَا	تَزْدَدْنَ
أَزْدَدْ	---	نَزْدَدْ

ACTIVE PARTICIPLE	مُزْدَادٌ
PASSIVE PARTICIPLE	---
VERBAL NOUN	إِزْدِيَادٌ

IMPERATIVE

	SINGULAR	DUAL	PLURAL
MASCULINE	إِزْدَدْ	إِزْدَادَا	إِزْدَادُوا
FEMININE	إِزْدَادِي	إِزْدَادَا	إِزْدَدْنَ

إِزْدَادَتْ هند بكاء.

Hind cried more and more [literally: *increased* in crying].

إِزْدَادَ الطلب على هذا المنتج.

Demand for this product *increased*.

إِزْدَادَ الحب بينهما.

The love between them *grew*.

*Form I زول and زيل — to abate; to cease زَالَ ●

ACTIVE

PLURAL	DUAL	SINGULAR	SUBJUNCTIVE	PLURAL	DUAL	SINGULAR	PERFECT	
يَزَالُوا	يَزَالَا	يَزَالَ		زَالُوا	زَالَا	زَالَ	MASCULINE	3
يَزَلْنَ	تَزَالَا	تَزَالَ		زِلْنَ	زَالَتَا	زَالَتْ	FEMININE	
تَزَالُوا	تَزَالَا	تَزَالَ		زِلْتُمْ	زِلْتُمَا	زِلْتَ	MASCULINE	2
تَزَلْنَ	تَزَالَا	تَزَالِي		زِلْتُنَّ	زِلْتُمَا	زِلْتِ	FEMININE	
نَزَالَ	---	أَزَالَ		زِلْنَا	---	زِلْتُ		1

PLURAL	DUAL	SINGULAR	JUSSIVE	PLURAL	DUAL	SINGULAR	IMPERFECT	
يَزَالُوا	يَزَالَا	يَزَلْ		يَزَالُونَ	يَزَالَانِ	يَزَالُ	MASCULINE	3
يَزَلْنَ	تَزَالَا	تَزَلْ		يَزَلْنَ	تَزَالَانِ	تَزَالُ	FEMININE	
تَزَالُوا	تَزَالَا	تَزَلْ		تَزَالُونَ	تَزَالَانِ	تَزَالُ	MASCULINE	2
تَزَلْنَ	تَزَالَا	تَزَالِي		تَزَلْنَ	تَزَالَانِ	تَزَالِينَ	FEMININE	
نَزَلْ	---	أَزَلْ		نَزَالُ	---	أَزَالُ		1

IMPERATIVE		
---	MASCULINE	
---	FEMININE	

زَائِلٌ	ACTIVE PARTICIPLE
---	PASSIVE PARTICIPLE
زَيْلٌ	VERBAL NOUN

He is still talking [literally: *hasn't stopped talking*].

لم يَزَلْ يَتَكَلَّمُ.

The world is still [literally: *does not stop being*] fine.

لا تَزَالُ الدنيا بخير.

The sorrow *has abated*.

لقد زالَتْ الغُمّة.

---

* The conjugation is given for the very common verb from the root, زيل (to cease), which is used only with negations as an idiom that expresses an action or state that has not been completed, as in the first and second examples here. The other root, زول (to abate), is conjugated like زار.

Form I سأل   to ask سَأَلَ ●

ACTIVE

PLURAL	DUAL	SINGULAR	SUBJUNCTIVE	PLURAL	DUAL	SINGULAR	PERFECT	
يَسْأَلُوا	يَسْأَلَا	يَسْأَلَ		سَأَلُوا	سَأَلَا	سَأَلَ	MASCULINE	3
يَسْأَلْنَ	تَسْأَلَا	تَسْأَلَ		سَأَلْنَ	سَأَلَتَا	سَأَلَتْ	FEMININE	
تَسْأَلُوا	تَسْأَلَا	تَسْأَلَ		سَأَلْتُمْ	سَأَلْتُمَا	سَأَلْتَ	MASCULINE	2
تَسْأَلْنَ	تَسْأَلَا	تَسْأَلِي		سَأَلْتُنَّ	سَأَلْتُمَا	سَأَلْتِ	FEMININE	
نَسْأَلَ	---	أَسْأَلَ		سَأَلْنَا	---	سَأَلْتُ		1

PLURAL	DUAL	SINGULAR	JUSSIVE	PLURAL	DUAL	SINGULAR	IMPERFECT	
يَسْأَلُوا	يَسْأَلَا	يَسْأَلْ		يَسْأَلُونَ	يَسْأَلَانِ	يَسْأَلُ	MASCULINE	3
يَسْأَلْنَ	تَسْأَلَا	تَسْأَلْ		يَسْأَلْنَ	تَسْأَلَانِ	تَسْأَلُ	FEMININE	
تَسْأَلُوا	تَسْأَلَا	تَسْأَلْ		تَسْأَلُونَ	تَسْأَلَانِ	تَسْأَلُ	MASCULINE	2
تَسْأَلْنَ	تَسْأَلَا	تَسْأَلِي		تَسْأَلْنَ	تَسْأَلَانِ	تَسْأَلِينَ	FEMININE	
نَسْأَلْ	---	أَسْأَلْ		نَسْأَلُ	---	أَسْأَلُ		1

PLURAL	DUAL	SINGULAR	IMPERATIVE		
				سَائِلٌ	ACTIVE PARTICIPLE
إِسْأَلُوا	إِسْأَلَا	إِسْأَلْ	MASCULINE	مَسْؤُولٌ	PASSIVE PARTICIPLE
إِسْأَلْنَ	إِسْأَلَا	إِسْأَلِي	FEMININE	سُؤَالٌ، مَسْأَلَةٌ	VERBAL NOUN

PASSIVE

PLURAL	DUAL	SINGULAR	SUBJUNCTIVE	PLURAL	DUAL	SINGULAR	PERFECT	
يُسْأَلُوا	يُسْأَلَا	يُسْأَلَ		سُئِلُوا	سُئِلَا	سُئِلَ	MASCULINE	3
يُسْأَلْنَ	تُسْأَلَا	تُسْأَلَ		سُئِلْنَ	سُئِلَتَا	سُئِلَتْ	FEMININE	
تُسْأَلُوا	تُسْأَلَا	تُسْأَلَ		سُئِلْتُمْ	سُئِلْتُمَا	سُئِلْتَ	MASCULINE	2
تُسْأَلْنَ	تُسْأَلَا	تُسْأَلِي		سُئِلْتُنَّ	سُئِلْتُمَا	سُئِلْتِ	FEMININE	
نُسْأَلَ	---	أُسْأَلَ		سُئِلْنَا	---	سُئِلْتُ		1

PLURAL	DUAL	SINGULAR	JUSSIVE	PLURAL	DUAL	SINGULAR	IMPERFECT	
يُسْأَلُوا	يُسْأَلَا	يُسْأَلْ		يُسْأَلُونَ	يُسْأَلَانِ	يُسْأَلُ	MASCULINE	3
يُسْأَلْنَ	تُسْأَلَا	تُسْأَلْ		يُسْأَلْنَ	يُسْأَلَانِ	تُسْأَلُ	FEMININE	
تُسْأَلُوا	تُسْأَلَا	تُسْأَلْ		تُسْأَلُونَ	تُسْأَلَانِ	تُسْأَلُ	MASCULINE	2
تُسْأَلْنَ	تُسْأَلَا	تُسْأَلِي		تُسْأَلْنَ	تُسْأَلَانِ	تُسْأَلِينَ	FEMININE	
نُسْأَلْ	---	أُسْأَلْ		نُسْأَلُ	---	أُسْأَلُ		1

Why don't *you ask* the teacher about this subject?

لماذا لا تَسْأَلُ الأستاذ عن هذا الموضوع؟

Children *ask* many questions that require creative answers.

الأطفال يَسْأَلُونَ العديد من الأسئلة التي تحتاج إلى إجابات خلّاقة.

May *I ask you* for your name?

هل يمكن أن أَسْأَلَكِ عن اسمك؟

Form VI سأل   to ask one another, inquire تَسَاءَلَ ●

ACTIVE

PLURAL	DUAL	SINGULAR	SUBJUNCTIVE	PLURAL	DUAL	SINGULAR	PERFECT	
يَتَسَاءَلُوا	يَتَسَاءَلا	يَتَسَاءَلَ		تَسَاءَلُوا	تَسَاءَلا	تَسَاءَلَ	MASCULINE	3
يَتَسَاءَلْنَ	تَتَسَاءَلا	تَتَسَاءَلَ		تَسَاءَلْنَ	تَسَاءَلَتَا	تَسَاءَلَتْ	FEMININE	
تَتَسَاءَلُوا	تَتَسَاءَلا	تَتَسَاءَلَ		تَسَاءَلْتُمْ	تَسَاءَلْتُمَا	تَسَاءَلْتَ	MASCULINE	2
تَتَسَاءَلْنَ	تَتَسَاءَلا	تَتَسَاءَلِي		تَسَاءَلْتُنَّ	تَسَاءَلْتُمَا	تَسَاءَلْتِ	FEMININE	
نَتَسَاءَلَ	---	أَتَسَاءَلَ		تَسَاءَلْنَا	---	تَسَاءَلْتُ		1

JUSSIVE   IMPERFECT

PLURAL	DUAL	SINGULAR	JUSSIVE	PLURAL	DUAL	SINGULAR	IMPERFECT	
يَتَسَاءَلُوا	يَتَسَاءَلا	يَتَسَاءَلْ		يَتَسَاءَلُونَ	يَتَسَاءَلان	يَتَسَاءَلُ	MASCULINE	3
يَتَسَاءَلْنَ	تَتَسَاءَلا	تَتَسَاءَلْ		يَتَسَاءَلْنَ	تَتَسَاءَلان	تَتَسَاءَلُ	FEMININE	
تَتَسَاءَلُوا	تَتَسَاءَلا	تَتَسَاءَلْ		تَتَسَاءَلُونَ	تَتَسَاءَلان	تَتَسَاءَلُ	MASCULINE	2
تَتَسَاءَلْنَ	تَتَسَاءَلا	تَتَسَاءَلِي		تَتَسَاءَلْنَ	تَتَسَاءَلان	تَتَسَاءَلِينَ	FEMININE	
نَتَسَاءَلْ	---	أَتَسَاءَلْ		نَتَسَاءَلُ	---	أَتَسَاءَلُ		1

IMPERATIVE

			مُتَسَائِلٌ	ACTIVE PARTICIPLE	
تَسَاءَلُوا	تَسَاءَلا	تَسَاءَلْ	MASCULINE	---	PASSIVE PARTICIPLE
تَسَاءَلْنَ	تَسَاءَلا	تَسَاءَلِي	FEMININE	تَسَاؤُلٌ	VERBAL NOUN

Everyone *is wondering* about the source of this commotion.

يَتَسَاءَلُ الجميع عن مصدر هذه الضوضاء.

What is the problem that *you are asking* about in this study?

ما هي المشكلة التي تَتَسَاءَلِينَ عنها في هذا البحث؟

203

Form II سبب   to cause سَبَّبَ ●

ACTIVE

PLURAL	DUAL	SINGULAR	SUBJUNCTIVE	PLURAL	DUAL	SINGULAR	PERFECT	
يُسَبِّبُوا	يُسَبِّبَا	يُسَبِّبَ		سَبَّبُوا	سَبَّبَا	سَبَّبَ	MASCULINE	3
يُسَبِّبْنَ	تُسَبِّبَا	تُسَبِّبَ		سَبَّبْنَ	سَبَّبَتَا	سَبَّبَتْ	FEMININE	
تُسَبِّبُوا	تُسَبِّبَا	تُسَبِّبَ		سَبَّبْتُمْ	سَبَّبْتُمَا	سَبَّبْتَ	MASCULINE	2
تُسَبِّبْنَ	تُسَبِّبَا	تُسَبِّبِي		سَبَّبْتُنَّ	سَبَّبْتُمَا	سَبَّبْتِ	FEMININE	
نُسَبِّبَ	---	أُسَبِّبَ		سَبَّبْنَا	---	سَبَّبْتُ		1

PLURAL	DUAL	SINGULAR	JUSSIVE	PLURAL	DUAL	SINGULAR	IMPERFECT	
يُسَبِّبُوا	يُسَبِّبَا	يُسَبِّبْ		يُسَبِّبُونَ	يُسَبِّبَانِ	يُسَبِّبُ	MASCULINE	3
يُسَبِّبْنَ	تُسَبِّبَا	تُسَبِّبْ		يُسَبِّبْنَ	تُسَبِّبَانِ	تُسَبِّبُ	FEMININE	
تُسَبِّبُوا	تُسَبِّبَا	تُسَبِّبْ		تُسَبِّبُونَ	تُسَبِّبَانِ	تُسَبِّبُ	MASCULINE	2
تُسَبِّبْنَ	تُسَبِّبَا	تُسَبِّبِي		تُسَبِّبْنَ	تُسَبِّبَانِ	تُسَبِّبِينَ	FEMININE	
نُسَبِّبْ	---	أُسَبِّبْ		نُسَبِّبُ	---	أُسَبِّبُ		1

PLURAL	DUAL	SINGULAR	IMPERATIVE			
سَبِّبُوا	سَبِّبَا	سَبِّبْ	MASCULINE	مُسَبِّبٌ	ACTIVE PARTICIPLE
سَبِّبْنَ	سَبِّبَا	سَبِّبِي	FEMININE	مُسَبَّبٌ	PASSIVE PARTICIPLE
				تَسْبِيبٌ	VERBAL NOUN

PASSIVE

PLURAL	DUAL	SINGULAR	SUBJUNCTIVE	PLURAL	DUAL	SINGULAR	PERFECT	
يُسَبَّبُوا	يُسَبَّبَا	يُسَبَّبَ		سُبِّبُوا	سُبِّبَا	سُبِّبَ	MASCULINE	3
يُسَبَّبْنَ	تُسَبَّبَا	تُسَبَّبَ		سُبِّبْنَ	سُبِّبَتَا	سُبِّبَتْ	FEMININE	
تُسَبَّبُوا	تُسَبَّبَا	تُسَبَّبَ		سُبِّبْتُمْ	سُبِّبْتُمَا	سُبِّبْتَ	MASCULINE	2
تُسَبَّبْنَ	تُسَبَّبَا	تُسَبَّبِي		سُبِّبْتُنَّ	سُبِّبْتُمَا	سُبِّبْتِ	FEMININE	
نُسَبَّبَ	---	أُسَبَّبَ		سُبِّبْنَا	---	سُبِّبْتُ		1

PLURAL	DUAL	SINGULAR	JUSSIVE	PLURAL	DUAL	SINGULAR	IMPERFECT	
يُسَبَّبُوا	يُسَبَّبَا	يُسَبَّبْ		يُسَبَّبُونَ	يُسَبَّبَانِ	يُسَبَّبُ	MASCULINE	3
يُسَبَّبْنَ	تُسَبَّبَا	تُسَبَّبْ		يُسَبَّبْنَ	تُسَبَّبَانِ	تُسَبَّبُ	FEMININE	
تُسَبَّبُوا	تُسَبَّبَا	تُسَبَّبْ		تُسَبَّبُونَ	تُسَبَّبَانِ	تُسَبَّبُ	MASCULINE	2
تُسَبَّبْنَ	تُسَبَّبَا	تُسَبَّبِي		تُسَبَّبْنَ	تُسَبَّبَانِ	تُسَبَّبِينَ	FEMININE	
نُسَبَّبْ	---	أُسَبَّبْ		نُسَبَّبُ	---	أُسَبَّبُ		1

The storms *brought about* a paralysis of through traffic.

سَبَّبَتْ الأعاصير شللاً في حركة المرور.

You *caused* the loss of this opportunity for me.

أنت سَبَّبْتَ ضياع هذه الفرصة مني.

Form V سبب   to be the cause of تَسَبَّبَ ●

ACTIVE

PLURAL	DUAL	SINGULAR	SUBJUNCTIVE	PLURAL	DUAL	SINGULAR	PERFECT	
يَتَسَبَّبُوا	يَتَسَبَّبَا	يَتَسَبَّبَ		تَسَبَّبُوا	تَسَبَّبَا	تَسَبَّبَ	MASCULINE	3
يَتَسَبَّبْنَ	تَتَسَبَّبَا	تَتَسَبَّبَ		تَسَبَّبْنَ	تَسَبَّبَتَا	تَسَبَّبَتْ	FEMININE	
تَتَسَبَّبُوا	تَتَسَبَّبَا	تَتَسَبَّبَ		تَسَبَّبْتُمْ	تَسَبَّبْتُمَا	تَسَبَّبْتَ	MASCULINE	2
تَتَسَبَّبْنَ	تَتَسَبَّبَا	تَتَسَبَّبِي		تَسَبَّبْتُنَّ	تَسَبَّبْتُمَا	تَسَبَّبْتِ	FEMININE	
نَتَسَبَّبَ	---	أَتَسَبَّبَ		تَسَبَّبْنَا	---	تَسَبَّبْتُ		1

JUSSIVE   IMPERFECT

PLURAL	DUAL	SINGULAR		PLURAL	DUAL	SINGULAR		
يَتَسَبَّبُوا	يَتَسَبَّبَا	يَتَسَبَّبْ		يَتَسَبَّبُونَ	يَتَسَبَّبَانِ	يَتَسَبَّبُ	MASCULINE	3
يَتَسَبَّبْنَ	تَتَسَبَّبَا	تَتَسَبَّبْ		يَتَسَبَّبْنَ	تَتَسَبَّبَانِ	تَتَسَبَّبُ	FEMININE	
تَتَسَبَّبُوا	تَتَسَبَّبَا	تَتَسَبَّبْ		تَتَسَبَّبُونَ	تَتَسَبَّبَانِ	تَتَسَبَّبُ	MASCULINE	2
تَتَسَبَّبْنَ	تَتَسَبَّبَا	تَتَسَبَّبِي		تَتَسَبَّبْنَ	تَتَسَبَّبَانِ	تَتَسَبَّبِينَ	FEMININE	
نَتَسَبَّبْ	---	أَتَسَبَّبْ		نَتَسَبَّبُ	---	أَتَسَبَّبُ		1

IMPERATIVE   مُتَسَبِّبٌ ACTIVE PARTICIPLE

PLURAL	DUAL	SINGULAR			
تَسَبَّبُوا	تَسَبَّبَا	تَسَبَّبْ	MASCULINE	---	PASSIVE PARTICIPLE
تَسَبَّبْنَ	تَسَبَّبَا	تَسَبَّبِي	FEMININE	تَسَبُّبٌ	VERBAL NOUN

These gifts *were the reason* the children were happy.

تَسَبَّبَتْ هذه الهدايا في إسعاد الأطفال.

This problem *is to blame* for the lovers separating.

تَسَبَّبَتْ هذه المشكلة في إبتعاد الحبيبين.

205

Form I سبق   سَبَقَ to precede ●

ACTIVE

PLURAL	DUAL	SINGULAR	SUBJUNCTIVE	PLURAL	DUAL	SINGULAR	PERFECT	
يَسْبِقُوا	يَسْبِقَا	يَسْبِقَ		سَبَقُوا	سَبَقَا	سَبَقَ	MASCULINE	3
يَسْبِقْنَ	تَسْبِقَا	تَسْبِقَ		سَبَقْنَ	سَبَقَتَا	سَبَقَتْ	FEMININE	
تَسْبِقُوا	تَسْبِقَا	تَسْبِقَ		سَبَقْتُمْ	سَبَقْتُمَا	سَبَقْتَ	MASCULINE	2
تَسْبِقْنَ	تَسْبِقَا	تَسْبِقِي		سَبَقْتُنَّ	سَبَقْتُمَا	سَبَقْتِ	FEMININE	
نَسْبِقَ	---	أَسْبِقَ		سَبَقْنَا	---	سَبَقْتُ		1

PLURAL	DUAL	SINGULAR	JUSSIVE	PLURAL	DUAL	SINGULAR	IMPERFECT	
يَسْبِقُوا	يَسْبِقَا	يَسْبِقْ		يَسْبِقُونَ	يَسْبِقَانِ	يَسْبِقُ	MASCULINE	3
يَسْبِقْنَ	تَسْبِقَا	تَسْبِقْ		يَسْبِقْنَ	تَسْبِقَانِ	تَسْبِقُ	FEMININE	
تَسْبِقُوا	تَسْبِقَا	تَسْبِقْ		تَسْبِقُونَ	تَسْبِقَانِ	تَسْبِقُ	MASCULINE	2
تَسْبِقْنَ	تَسْبِقَا	تَسْبِقِي		تَسْبِقْنَ	تَسْبِقَانِ	تَسْبِقِينَ	FEMININE	
نَسْبِقْ	---	أَسْبِقْ		نَسْبِقُ	---	أَسْبِقُ		1

PLURAL	DUAL	SINGULAR	IMPERATIVE		
إِسْبِقُوا	إِسْبِقَا	إِسْبِقْ	MASCULINE	سَابِقٌ	ACTIVE PARTICIPLE
إِسْبِقْنَ	إِسْبِقَا	إِسْبِقِي	FEMININE	مَسْبُوقٌ	PASSIVE PARTICIPLE
				سَبْقٌ	VERBAL NOUN

PASSIVE

PLURAL	DUAL	SINGULAR	SUBJUNCTIVE	PLURAL	DUAL	SINGULAR	PERFECT	
يُسْبَقُوا	يُسْبَقَا	يُسْبَقَ		سُبِقُوا	سُبِقَا	سُبِقَ	MASCULINE	3
يُسْبَقْنَ	تُسْبَقَا	تُسْبَقَ		سُبِقْنَ	سُبِقَتَا	سُبِقَتْ	FEMININE	
تُسْبَقُوا	تُسْبَقَا	تُسْبَقَ		سُبِقْتُمْ	سُبِقْتُمَا	سُبِقْتَ	MASCULINE	2
تُسْبَقْنَ	تُسْبَقَا	تُسْبَقِي		سُبِقْتُنَّ	سُبِقْتُمَا	سُبِقْتِ	FEMININE	
نُسْبَقَ	---	أُسْبَقَ		سُبِقْنَا	---	سُبِقْتُ		1

PLURAL	DUAL	SINGULAR	JUSSIVE	PLURAL	DUAL	SINGULAR	IMPERFECT	
يُسْبَقُوا	يُسْبَقَا	يُسْبَقْ		يُسْبَقُونَ	يُسْبَقَانِ	يُسْبَقُ	MASCULINE	3
يُسْبَقْنَ	تُسْبَقَا	تُسْبَقْ		يُسْبَقْنَ	تُسْبَقَانِ	تُسْبَقُ	FEMININE	
تُسْبَقُوا	تُسْبَقَا	تُسْبَقْ		تُسْبَقُونَ	تُسْبَقَانِ	تُسْبَقُ	MASCULINE	2
تُسْبَقْنَ	تُسْبَقَا	تُسْبَقِي		تُسْبَقْنَ	تُسْبَقَانِ	تُسْبَقِينَ	FEMININE	
نُسْبَقْ	---	أُسْبَقْ		نُسْبَقُ	---	أُسْبَقُ		1

In many Arabic books, the book's contents *precede* its table of contents.	في الكثير من الكتب العربية يَسْبِقُ مضمون الكتاب قائمة المحتويات.
The latest assemblies *were preceded* by a number of preparatory meetings.	سُبِقَتُ الاجتماعات الأخيرة بالعديد من اللقاءات التحضيرية.
I *got* to the university *ahead of you* by half an hour today.	لقد سَبَقْتُكَ في الوصول إلى الجامعة اليوم بنصف ساعة.
The question is, who *will arrive at* a cure for avian flu *first*?	المسألة هي من يَسْبِقُ في الوصول إلى علاج لأنفلونزا الطيور؟

Form II سجل   to record, register سَجَّلَ ●

ACTIVE

PLURAL	DUAL	SINGULAR	SUBJUNCTIVE	PLURAL	DUAL	SINGULAR	PERFECT	
يُسَجِّلُوا	يُسَجِّلا	يُسَجِّلَ		سَجَّلُوا	سَجَّلا	سَجَّلَ	MASCULINE	3
يُسَجِّلْنَ	تُسَجِّلا	تُسَجِّلَ		سَجَّلْنَ	سَجَّلَتا	سَجَّلَتْ	FEMININE	
تُسَجِّلُوا	تُسَجِّلا	تُسَجِّلَ		سَجَّلْتُمْ	سَجَّلْتُمَا	سَجَّلْتَ	MASCULINE	2
تُسَجِّلْنَ	تُسَجِّلا	تُسَجِّلِي		سَجَّلْتُنَّ	سَجَّلْتُمَا	سَجَّلْتِ	FEMININE	
نُسَجِّلَ	---	أُسَجِّلَ		سَجَّلْنا	---	سَجَّلْتُ		1

			JUSSIVE				IMPERFECT	
يُسَجِّلُوا	يُسَجِّلا	يُسَجِّلْ		يُسَجِّلُونَ	يُسَجِّلانِ	يُسَجِّلُ	MASCULINE	3
يُسَجِّلْنَ	تُسَجِّلا	تُسَجِّلْ		يُسَجِّلْنَ	تُسَجِّلانِ	تُسَجِّلُ	FEMININE	
تُسَجِّلُوا	تُسَجِّلا	تُسَجِّلْ		تُسَجِّلُونَ	تُسَجِّلانِ	تُسَجِّلُ	MASCULINE	2
تُسَجِّلْنَ	تُسَجِّلا	تُسَجِّلِي		تُسَجِّلْنَ	تُسَجِّلانِ	تُسَجِّلِينَ	FEMININE	
نُسَجِّلْ	---	أُسَجِّلْ		نُسَجِّلُ	---	أُسَجِّلُ		1

			IMPERATIVE				
سَجِّلُوا	سَجِّلا	سَجِّلْ	MASCULINE			مُسَجِّلٌ	ACTIVE PARTICIPLE
سَجِّلْنَ	سَجِّلا	سَجِّلِي	FEMININE			مُسَجَّلٌ	PASSIVE PARTICIPLE
						تَسْجِيلٌ	VERBAL NOUN

PLURAL	DUAL	SINGULAR	SUBJUNCTIVE	PLURAL	DUAL	SINGULAR	PERFECT	
يُسَجَّلُوا	يُسَجَّلا	يُسَجَّلَ		سُجِّلُوا	سُجِّلا	سُجِّلَ	MASCULINE	3
يُسَجَّلْنَ	تُسَجَّلا	تُسَجَّلَ		سُجِّلْنَ	سُجِّلَتَا	سُجِّلَتْ	FEMININE	
تُسَجَّلُوا	تُسَجَّلا	تُسَجَّلَ		سُجِّلْتُمْ	سُجِّلْتُمَا	سُجِّلْتَ	MASCULINE	2
تُسَجَّلْنَ	تُسَجَّلا	تُسَجَّلِي		سُجِّلْتُنَّ	سُجِّلْتُمَا	سُجِّلْتِ	FEMININE	
نُسَجَّلَ	---	أُسَجَّلَ		سُجِّلْنَا	---	سُجِّلْتُ		1

			JUSSIVE				IMPERFECT	
يُسَجَّلُوا	يُسَجَّلا	يُسَجَّلْ		يُسَجَّلُونَ	يُسَجَّلانِ	يُسَجَّلُ	MASCULINE	3
يُسَجَّلْنَ	تُسَجَّلا	تُسَجَّلْ		يُسَجَّلْنَ	تُسَجَّلانِ	تُسَجَّلُ	FEMININE	
تُسَجَّلُوا	تُسَجَّلا	تُسَجَّلْ		تُسَجَّلُونَ	تُسَجَّلانِ	تُسَجَّلُ	MASCULINE	2
تُسَجَّلْنَ	تُسَجَّلا	تُسَجَّلِي		تُسَجَّلْنَ	تُسَجَّلانِ	تُسَجَّلِينَ	FEMININE	
نُسَجَّلْ	---	أُسَجَّلْ		نُسَجَّلُ	---	أُسَجَّلُ		1

Most singers *record* their songs at the Rutana studios.

معظم المطربين يُسَجِّلُونَ أغانيهم في استوديوهات روتانا.

History *has not recorded* all the details of events.

التاريخ لم يُسَجِّلْ كل تفاصيل الأحداث.

The player *scored* a goal.

سَجَّلَ اللاعب هدفا.

● إِنْسَجَمَ to be fluent; to be harmonious   سجم Form VII

PLURAL	DUAL	SINGULAR	SUBJUNCTIVE	PLURAL	DUAL	SINGULAR	PERFECT	
يَنْسَجِمُوا	يَنْسَجِمَا	يَنْسَجِمَ		إِنْسَجَمُوا	إِنْسَجَمَا	إِنْسَجَمَ	MASCULINE	3
يَنْسَجِمْنَ	تَنْسَجِمَا	تَنْسَجِمَ		إِنْسَجَمْنَ	إِنْسَجَمَتَا	إِنْسَجَمَتْ	FEMININE	
تَنْسَجِمُوا	تَنْسَجِمَا	تَنْسَجِمَ		إِنْسَجَمْتُمْ	إِنْسَجَمْتُمَا	إِنْسَجَمْتَ	MASCULINE	2
تَنْسَجِمْنَ	تَنْسَجِمَا	تَنْسَجِمِي		إِنْسَجَمْتُنَّ	إِنْسَجَمْتُمَا	إِنْسَجَمْتِ	FEMININE	
نَنْسَجِمَ	---	أَنْسَجِمَ		إِنْسَجَمْنَا	---	إِنْسَجَمْتُ		1

208

IMPERFECT

	SINGULAR	DUAL	PLURAL
3 MASCULINE	يَنْسَجِمُ	يَنْسَجِمَانِ	يَنْسَجِمُونَ
FEMININE	تَنْسَجِمُ	تَنْسَجِمَانِ	يَنْسَجِمْنَ
2 MASCULINE	تَنْسَجِمُ	تَنْسَجِمَانِ	تَنْسَجِمُونَ
FEMININE	تَنْسَجِمِينَ	تَنْسَجِمَانِ	تَنْسَجِمْنَ
1	أَنْسَجِمُ	---	نَنْسَجِمُ

JUSSIVE

	SINGULAR	DUAL	PLURAL
3 MASCULINE	يَنْسَجِمْ	يَنْسَجِمَا	يَنْسَجِمُوا
FEMININE	تَنْسَجِمْ	تَنْسَجِمَا	يَنْسَجِمْنَ
2 MASCULINE	تَنْسَجِمْ	تَنْسَجِمَا	تَنْسَجِمُوا
FEMININE	تَنْسَجِمِي	تَنْسَجِمَا	تَنْسَجِمْنَ
1	أَنْسَجِمْ	---	نَنْسَجِمْ

ACTIVE PARTICIPLE: مُنْسَجِمٌ

PASSIVE PARTICIPLE: ---

VERBAL NOUN: إِنْسِجَامٌ

IMPERATIVE

	SINGULAR	DUAL	PLURAL
MASCULINE	إِنْسَجِمْ	إِنْسَجِمَا	إِنْسَجِمُوا
FEMININE	إِنْسَجِمِي	إِنْسَجِمَا	إِنْسَجِمْنَ

أفكاري تَنْسَجِمُ مع افكار هذا الكتاب.

My thoughts *are in harmony* with the thoughts of this book.

هل انْسَجَمَ الأطفال معًا أم أن هناك شجارات؟

Did the children *get along well* together, or were there quarrels?

Form VII سحب   to retreat, withdraw إِنْسَحَبَ ●

ACTIVE

PERFECT

	SINGULAR	DUAL	PLURAL
3 MASCULINE	إِنْسَحَبَ	إِنْسَحَبَا	إِنْسَحَبُوا
FEMININE	إِنْسَحَبَتْ	إِنْسَحَبَتَا	إِنْسَحَبْنَ
2 MASCULINE	إِنْسَحَبْتَ	إِنْسَحَبْتُمَا	إِنْسَحَبْتُمْ
FEMININE	إِنْسَحَبْتِ	إِنْسَحَبْتُمَا	إِنْسَحَبْتُنَّ
1	إِنْسَحَبْتُ	---	إِنْسَحَبْنَا

SUBJUNCTIVE

	SINGULAR	DUAL	PLURAL
3 MASCULINE	يَنْسَحِبَ	يَنْسَحِبَا	يَنْسَحِبُوا
FEMININE	تَنْسَحِبَ	إِنْسَحَبْنَ	تَنْسَحِبَ
2 MASCULINE	تَنْسَحِبَ	تَنْسَحِبَا	تَنْسَحِبُوا
FEMININE	تَنْسَحِبِي	تَنْسَحِبَا	تَنْسَحِبْنَ
1	أَنْسَحِبَ	---	نَنْسَحِبَ

IMPERFECT

	SINGULAR	DUAL	PLURAL
3 MASCULINE	يَنْسَحِبُ	يَنْسَحِبَانِ	يَنْسَحِبُونَ
FEMININE	تَنْسَحِبُ	تَنْسَحِبَانِ	يَنْسَحِبْنَ
2 MASCULINE	تَنْسَحِبُ	تَنْسَحِبَانِ	تَنْسَحِبُونَ
FEMININE	تَنْسَحِبِينَ	تَنْسَحِبَانِ	تَنْسَحِبْنَ
1	أَنْسَحِبُ	---	نَنْسَحِبُ

JUSSIVE

	SINGULAR	DUAL	PLURAL
3 MASCULINE	يَنْسَحِبْ	يَنْسَحِبَا	يَنْسَحِبُوا
FEMININE	تَنْسَحِبْ	تَنْسَحِبَا	يَنْسَحِبْنَ
2 MASCULINE	تَنْسَحِبْ	تَنْسَحِبَا	تَنْسَحِبُوا
FEMININE	تَنْسَحِبِي	تَنْسَحِبَا	تَنْسَحِبْنَ
1	أَنْسَحِبْ	---	نَنْسَحِبْ

ACTIVE PARTICIPLE: مُنْسَحِبٌ

PASSIVE PARTICIPLE: ---

VERBAL NOUN: إِنْسِحَابٌ

IMPERATIVE

	SINGULAR	DUAL	PLURAL
MASCULINE	إِنْسَحِبْ	إِنْسَحِبَا	إِنْسَحِبُوا
FEMININE	إِنْسَحِبِي	إِنْسَحِبَا	إِنْسَحِبْنَ

Why did the team *withdraw* from the match?	لِماذا انْسَحَبَ الفَريقُ مِن المُباراةِ؟
The minister of foreign affairs confirmed that his country *will withdraw* from the negotiations.	أكّد وزيرُ الخارجية أنّ بلادَه سَتَنْسَحِبُ مِن المُفاوضاتِ.
The army *retreated*.	إنْسَحَبَ الجيشُ.

Form II سدد   ● سَدَّدَ to block up; to defray

ACTIVE

PLURAL	DUAL	SINGULAR	SUBJUNCTIVE	PLURAL	DUAL	SINGULAR	PERFECT	
يُسَدِّدوا	يُسَدِّدا	يُسَدِّدَ		سَدَّدوا	سَدَّدا	سَدَّدَ	MASCULINE	3
يُسَدِّدْنَ	تُسَدِّدا	تُسَدِّدَ		سَدَّدْنَ	سَدَّدَتا	سَدَّدَتْ	FEMININE	
تُسَدِّدوا	تُسَدِّدا	تُسَدِّدَ		سَدَّدْتُمْ	سَدَّدْتُما	سَدَّدْتَ	MASCULINE	2
تُسَدِّدْنَ	تُسَدِّدا	تُسَدِّدي		سَدَّدْتُنَّ	سَدَّدْتُما	سَدَّدْتِ	FEMININE	
نُسَدِّدَ	---	أُسَدِّدَ		سَدَّدْنا	---	سَدَّدْتُ	1	

PLURAL	DUAL	SINGULAR	JUSSIVE	PLURAL	DUAL	SINGULAR	IMPERFECT	
يُسَدِّدوا	يُسَدِّدا	يُسَدِّدْ		يُسَدِّدونَ	يُسَدِّدانِ	يُسَدِّدُ	MASCULINE	3
يُسَدِّدْنَ	تُسَدِّدا	تُسَدِّدْ		يُسَدِّدْنَ	تُسَدِّدانِ	تُسَدِّدُ	FEMININE	
تُسَدِّدوا	تُسَدِّدا	تُسَدِّدْ		تُسَدِّدونَ	تُسَدِّدانِ	تُسَدِّدُ	MASCULINE	2
تُسَدِّدْنَ	تُسَدِّدا	تُسَدِّدي		تُسَدِّدْنَ	تُسَدِّدانِ	تُسَدِّدينَ	FEMININE	
نُسَدِّدْ	---	أُسَدِّدْ		نُسَدِّدُ	---	أُسَدِّدُ	1	

PLURAL	DUAL	SINGULAR	IMPERATIVE		
سَدِّدوا	سَدِّدا	سَدِّدْ	MASCULINE	مُسَدِّدٌ	ACTIVE PARTICIPLE
سَدِّدْنَ	سَدِّدا	سَدِّدي	FEMININE	مُسَدَّدٌ	PASSIVE PARTICIPLE
				تَسْديدٌ	VERBAL NOUN

PASSIVE

PLURAL	DUAL	SINGULAR	SUBJUNCTIVE	PLURAL	DUAL	SINGULAR	PERFECT	
يُسَدَّدوا	يُسَدَّدا	يُسَدَّدَ		سُدِّدوا	سُدِّدا	سُدِّدَ	MASCULINE	3
يُسَدَّدْنَ	تُسَدَّدا	تُسَدَّدَ		سُدِّدْنَ	سُدِّدَتا	سُدِّدَتْ	FEMININE	
تُسَدَّدوا	تُسَدَّدا	تُسَدَّدَ		سُدِّدْتُمْ	سُدِّدْتُما	سُدِّدْتَ	MASCULINE	2
تُسَدَّدْنَ	تُسَدَّدا	تُسَدَّدي		سُدِّدْتُنَّ	سُدِّدْتُما	سُدِّدْتِ	FEMININE	
نُسَدَّدَ	---	أُسَدَّدَ		سُدِّدْنا	---	سُدِّدْتُ	1	

	JUSSIVE				IMPERFECT			
يُسَدُّوا	يُسَدَّا	يُسَدَّ		يُسَدَّدُونَ	يُسَدَّدَانِ	يُسَدَّدُ	MASCULINE	3
يُسَدَّدْنَ	تُسَدَّا	تُسَدَّ		يُسَدَّدْنَ	تُسَدَّدَانِ	تُسَدَّدُ	FEMININE	
تُسَدُّوا	تُسَدَّا	تُسَدَّ		تُسَدَّدُونَ	تُسَدَّدَانِ	تُسَدَّدُ	MASCULINE	2
تُسَدَّدْنَ	تُسَدَّا	تُسَدِّي		تُسَدَّدْنَ	تُسَدَّدَانِ	تُسَدَّدِينَ	FEMININE	
نُسَدَّ	---	أُسَدَّ		نُسَدَّدُ	---	أُسَدَّدُ		1

The high dam in Egypt *dams* the water of the annual inundation.	السد العالي في مصر يَسُدُّ مياه الفيضانات.
The water of the flood *blocked* all of the roads.	سَدَّتْ مياه الفيضان جميع الطرق.
The man *paid* his brother's debts.	سَدَّ الرجل ديون أخيه.

Form I سرر   to make happy; (passive) to rejoice سَرَّ ●

ACTIVE

PLURAL	DUAL	SINGULAR	SUBJUNCTIVE	PLURAL	DUAL	SINGULAR	PERFECT	
يَسُرُّوا	يَسُرَّا	يَسُرَّ		سَرُّوا	سَرَّا	سَرَّ	MASCULINE	3
يَسُرُرْنَ	تَسُرَّا	تَسُرَّ		سَرَرْنَ	سَرَّتَا	سَرَّتْ	FEMININE	
تَسُرُّوا	تَسُرَّا	تَسُرَّ		سَرَرْتُمْ	سَرَرْتُمَا	سَرَرْتَ	MASCULINE	2
تَسُرُرْنَ	تَسُرَّا	تَسُرِّي		سَرَرْتُنَّ	سَرَرْتُمَا	سَرَرْتِ	FEMININE	
نَسُرَّ	---	أَسُرَّ		سَرَرْنَا	---	سَرَرْتُ		1

*JUSSIVE

PLURAL	DUAL	SINGULAR		PLURAL	DUAL	SINGULAR	IMPERFECT	
يَسُرُّوا	يَسُرَّا	يَسُرُرْ		يَسُرُّونَ	يَسُرَّانِ	يَسُرُّ	MASCULINE	3
يَسْرُرْنَ	تَسُرَّا	تَسُرُرْ		يَسُرُرْنَ	تَسُرَّانِ	تَسُرُّ	FEMININE	
تَسُرُّوا	تَسُرَّا	تَسُرُرْ		تَسُرُّونَ	تَسُرَّانِ	تَسُرُّ	MASCULINE	2
تَسُرُرْنَ	تَسُرَّا	تَسُرِّي		تَسُرُرْنَ	تَسُرَّانِ	تَسُرِّينَ	FEMININE	
نَسُرُرْ	---	أَسْرُرْ		نَسُرَّ	---	أَسُرَّ		1

---

* Contracted form: يَسُرَّ، نَسُرَّ، تَسُرَّ، تَسُرِّي، أَسُرَّ...نَسُرَّ

211

|---|---|---|---|---|---|---|
| أُسْرُرُوا | أُسْرُرَا | أُسْرُرْ | MASCULINE | | مَسْرُورٌ | PASSIVE PARTICIPLE |
| أُسْرُرْنَ | أُسْرُرَا | أُسْرُرِي | FEMININE | | سُرُورٌ، تَسِرَّةٌ، مَسَرَّةٌ | VERBAL NOUN |

PASSIVE

PLURAL	DUAL	SINGULAR	SUBJUNCTIVE	PLURAL	DUAL	SINGULAR	PERFECT	
يُسَرُّوا	يُسَرَّا	يُسَرَّ		سُرُّوا	سُرَّا	سُرَّ	MASCULINE	3
يُسْرَرْنَ	تُسَرَّا	تُسَرَّ		سُرِرْنَ	سُرَّتَا	سُرَّتْ	FEMININE	
تُسَرُّوا	تُسَرَّا	تُسَرَّ		سُرِرْتُمْ	سُرِرْتُمَا	سُرِرْتَ	MASCULINE	2
تُسْرَرْنَ	تُسَرَّا	تُسَرِّي		سُرِرْتُنَّ	سُرِرْتُمَا	سُرِرْتِ	FEMININE	
نُسَرَّ	---	أُسَرَّ		سُرِرْنَا	---	سُرِرْتُ		1

			**JUSSIVE				IMPERFECT	
يُسَرُّوا	يُسَرَّا	يُسْرَرْ		يُسَرُّونَ	يُسَرَّانِ	يُسَرُّ	MASCULINE	3
يُسْرَرْنَ	تُسَرَّا	تُسْرَرْ		يُسْرَرْنَ	تُسَرَّانِ	تُسَرُّ	FEMININE	
تُسَرُّوا	تُسَرَّا	تُسْرَرْ		تُسَرُّونَ	تُسَرَّانِ	تُسَرُّ	MASCULINE	2
تُسْرَرْنَ	تُسَرَّا	تُسَرِّي		تُسْرَرْنَ	تُسَرَّانِ	تُسَرِّينَ	FEMININE	
نُسْرَرْ	---	أُسْرَرْ		نُسَرُّ	---	أُسَرُّ		1

يَسُرُّنِي أَنْ أَعْمَلَ مَعَك.

I am delighted [literally: It makes me happy] to work with you.

سُرَّ وجيه عندما سمع أنه نجح في الإمتحان.

Wajih was happy [literally: was made happy] when he heard that he had passed the test.

يَسُرُّنَا كعائلة أن نقبلك زوجًا لابنتنا.

We will be happy [literally: It will make us happy] as a family to accept you as a husband for our daughter.

---

* Contracted form: سُرَّ، سُرِّي، سُرَّا، سُرُّوا...

** Contracted form: يُسَرَّ، تُسَرَّ، تُسَرِّي، أُسَرَّ...نُسَرَّ

Form III سرع — to hasten سَارَعَ

ACTIVE

PLURAL	DUAL	SINGULAR	SUBJUNCTIVE	PLURAL	DUAL	SINGULAR	PERFECT	
يُسَارِعُوا	يُسَارِعَا	يُسَارِعَ		سَارَعُوا	سَارَعَا	سَارَعَ	MASCULINE	3
تُسَارِعْنَ	تُسَارِعَا	تُسَارِعَ		سَارَعْنَ	سَارَعَتَا	سَارَعَتْ	FEMININE	
تُسَارِعُوا	تُسَارِعَا	تُسَارِعَ		سَارَعْتُمْ	سَارَعْتُمَا	سَارَعْتَ	MASCULINE	2
تُسَارِعْنَ	تُسَارِعَا	تُسَارِعِي		سَارَعْتُنَّ	سَارَعْتُمَا	سَارَعْتِ	FEMININE	
نُسَارِعَ	---	أُسَارِعَ		سَارَعْنَا	---	سَارَعْتُ		1

PLURAL	DUAL	SINGULAR	JUSSIVE	PLURAL	DUAL	SINGULAR	IMPERFECT	
يُسَارِعُوا	يُسَارِعَا	يُسَارِعْ		يُسَارِعُونَ	يُسَارِعَانِ	يُسَارِعُ	MASCULINE	3
تُسَارِعْنَ	تُسَارِعَا	تُسَارِعْ		يُسَارِعْنَ	تُسَارِعَانِ	تُسَارِعُ	FEMININE	
تُسَارِعُوا	تُسَارِعَا	تُسَارِعْ		تُسَارِعُونَ	تُسَارِعَانِ	تُسَارِعُ	MASCULINE	2
تُسَارِعْنَ	تُسَارِعَا	تُسَارِعِي		تُسَارِعْنَ	تُسَارِعَانِ	تُسَارِعِينَ	FEMININE	
نُسَارِعْ	---	أُسَارِعْ		نُسَارِعُ	---	أُسَارِعُ		1

PLURAL	DUAL	SINGULAR	IMPERATIVE	
سَارِعُوا	سَارِعَا	سَارِعْ	MASCULINE	
سَارِعْنَ	سَارِعَا	سَارِعِي	FEMININE	

مُسَارِعٌ	ACTIVE PARTICIPLE
مُسَارَعٌ	PASSIVE PARTICIPLE
سِرَاعٌ	VERBAL NOUN

All the news media *hurried* to the scene of the accident.

سَارَعَتْ كل وسائل الإعلام إلى مكان الحادث.

The rescue workers *are racing* to save the wounded.

عمّال الإغاثة يُسَارِعُونَ إلى إنقاذ الجرحى.

Every employee *hurries* to stand in the line for payment of salaries.

يُسَارِعُ كل موظف إلى الوقوف في طابور صرف الرواتب.

Form III سعد — to help سَاعَدَ

ACTIVE

PLURAL	DUAL	SINGULAR	SUBJUNCTIVE	PLURAL	DUAL	SINGULAR	PERFECT	
يُسَاعِدُوا	يُسَاعِدَا	يُسَاعِدَ		سَاعَدُوا	سَاعَدَا	سَاعَدَ	MASCULINE	3
يُسَاعِدْنَ	تُسَاعِدَا	تُسَاعِدَ		سَاعَدْنَ	سَاعَدَتَا	سَاعَدَتْ	FEMININE	
تُسَاعِدُوا	تُسَاعِدَا	تُسَاعِدَ		سَاعَدْتُمْ	سَاعَدْتُمَا	سَاعَدْتَ	MASCULINE	2
تُسَاعِدْنَ	تُسَاعِدَا	تُسَاعِدِي		سَاعَدْتُنَّ	سَاعَدْتُمَا	سَاعَدْتِ	FEMININE	
نُسَاعِدَ	---	أُسَاعِدَ		سَاعَدْنَا	---	سَاعَدْتُ		1

213

JUSSIVE · IMPERFECT

	JUSSIVE (Plural)	JUSSIVE (Dual)	JUSSIVE (Singular)	IMPERFECT (Plural)	IMPERFECT (Dual)	IMPERFECT (Singular)	
3 MASCULINE	يُسَاعِدُوا	يُسَاعِدَا	يُسَاعِدْ	يُسَاعِدُونَ	يُسَاعِدَانِ	يُسَاعِدُ	
FEMININE	يُسَاعِدْنَ	تُسَاعِدَا	تُسَاعِدْ	يُسَاعِدْنَ	تُسَاعِدَانِ	تُسَاعِدُ	
2 MASCULINE	تُسَاعِدُوا	تُسَاعِدَا	تُسَاعِدْ	تُسَاعِدُونَ	تُسَاعِدَانِ	تُسَاعِدُ	
FEMININE	تُسَاعِدْنَ	تُسَاعِدَا	تُسَاعِدِي	تُسَاعِدْنَ	تُسَاعِدَانِ	تُسَاعِدِينَ	
1	نُسَاعِدْ	---	أُسَاعِدْ	نُسَاعِدُ	---	أُسَاعِدُ	

IMPERATIVE · ACTIVE PARTICIPLE

ACTIVE PARTICIPLE	مُسَاعِدٌ

IMPERATIVE	Plural	Dual	Singular
MASCULINE	سَاعِدُوا	سَاعِدَا	سَاعِدْ
FEMININE	سَاعِدْنَ	سَاعِدَا	سَاعِدِي

PASSIVE PARTICIPLE	مُسَاعَدٌ
VERBAL NOUN	مُسَاعَدَةٌ

PASSIVE

SUBJUNCTIVE · PERFECT

	SUBJUNCTIVE (Plural)	SUBJUNCTIVE (Dual)	SUBJUNCTIVE (Singular)	PERFECT (Plural)	PERFECT (Dual)	PERFECT (Singular)	
3 MASCULINE	يُسَاعَدُوا	يُسَاعَدَا	يُسَاعَدَ	سُوعِدُوا	سُوعِدَا	سُوعِدَ	
FEMININE	يُسَاعَدْنَ	تُسَاعَدَا	تُسَاعَدَ	سُوعِدْنَ	سُوعِدَتَا	سُوعِدَتْ	
2 MASCULINE	تُسَاعَدُوا	تُسَاعَدَا	تُسَاعَدَ	سُوعِدْتُمْ	سُوعِدْتُمَا	سُوعِدْتَ	
FEMININE	تُسَاعَدْنَ	تُسَاعَدَا	تُسَاعَدِي	سُوعِدْتُنَّ	سُوعِدْتُمَا	سُوعِدْتِ	
1	نُسَاعَدَ	---	أُسَاعَدَ	سُوعِدْنَا	---	سُوعِدْتُ	

JUSSIVE · IMPERFECT

	JUSSIVE (Plural)	JUSSIVE (Dual)	JUSSIVE (Singular)	IMPERFECT (Plural)	IMPERFECT (Dual)	IMPERFECT (Singular)	
3 MASCULINE	يُسَاعَدُوا	يُسَاعَدَا	يُسَاعَدْ	يُسَاعَدُونَ	يُسَاعَدَانِ	يُسَاعَدُ	
FEMININE	يُسَاعَدْنَ	تُسَاعَدَا	تُسَاعَدْ	يُسَاعَدْنَ	تُسَاعَدَانِ	تُسَاعَدُ	
2 MASCULINE	تُسَاعَدُوا	تُسَاعَدَا	تُسَاعَدْ	تُسَاعَدُونَ	تُسَاعَدَانِ	تُسَاعَدُ	
FEMININE	تُسَاعَدْنَ	تُسَاعَدَا	تُسَاعَدِي	تُسَاعَدْنَ	تُسَاعَدَانِ	تُسَاعَدِينَ	
1	نُسَاعَدْ	---	أُسَاعَدْ	نُسَاعَدُ	---	أُسَاعَدُ	

Can *you help me* lift this table, please?

هل يمكن أن تُسَاعِدَنِي في رفع هذه الطاولة من فضلك؟

UNESCO *provides aid to* some nations in protecting their antiquities.

منظمة اليونيسكو تُسَاعِدُ بعض الدول في حماية الآثار.

This rights organization *contributed* to the liberation of women.

سَاعَدَتْ هذه المنظمة الحقوقية في تحرير المرأة.

Form I سَعِي   to strive, proceed; to run after سَعَى ●

ACTIVE

PLURAL	DUAL	SINGULAR	SUBJUNCTIVE	PLURAL	DUAL	SINGULAR	PERFECT	
يَسْعَوْا	يَسْعَيَا	يَسْعَى		سَعَوْا	سَعَيَا	سَعَى	MASCULINE	3
يَسْعَيْنَ	تَسْعَيَا	تَسْعَى		سَعَيْنَ	سَعَتَا	سَعَتْ	FEMININE	
تَسْعَوْا	تَسْعَيَا	تَسْعَى		سَعَيْتُمْ	سَعَيْتُمَا	سَعَيْتَ	MASCULINE	2
تَسْعَيْنَ	تَسْعَيَا	تَسْعَيْ		سَعَيْتُنَّ	سَعَيْتُمَا	سَعَيْتِ	FEMININE	
نَسْعَى	---	أَسْعَى		سَعَيْنَا	---	سَعَيْتُ		1

			JUSSIVE				IMPERFECT	
يَسْعَوْا	يَسْعَيَا	يَسْعَ		يَسْعَوْنَ	يَسْعَيَانِ	يَسْعَى	MASCULINE	3
يَسْعَيْنَ	تَسْعَيَا	تَسْعَ		يَسْعَيْنَ	تَسْعَيَانِ	تَسْعَى	FEMININE	
تَسْعَوْا	تَسْعَيَا	تَسْعَ		تَسْعَوْنَ	تَسْعَيَانِ	تَسْعَى	MASCULINE	2
تَسْعَيْنَ	تَسْعَيَا	تَسْعَيْ		تَسْعَيْنَ	تَسْعَيَانِ	تَسْعَيْنَ	FEMININE	
نَسْعَ	---	أَسْعَ		نَسْعَى	---	أَسْعَى		1

			IMPERATIVE				
				سَاعٍ			ACTIVE PARTICIPLE
إِسْعَوْا	إِسْعَيَا	إِسْعَ	MASCULINE	---			PASSIVE PARTICIPLE
إِسْعَيْنَ	إِسْعَيَا	إِسْعَيْ	FEMININE	سَعْيٌ			VERBAL NOUN

Hadi *is striving* to get a travel visa to the United States.

يَسْعَى هادي للحصول على تأشيرة سفر إلى الولايات المتحدة.

Why isn't the state *taking steps* to solve the problem of education?

لماذا لا تَسْعَى الدولة الى حل مشكلة التعليم؟

Many poor people *struggle* to cover the basic necessities.

الكثير من الفقراء يَسْعَوْنَ الى تسديد الاحتياجات الأساسية.

The police *chased* the robber, but he got away.

سَعَتْ الشرطة وراء السارق ولكنه هرب.

Form III سفر to travel سَافَرَ ●

ACTIVE

PLURAL	DUAL	SINGULAR	SUBJUNCTIVE	PLURAL	DUAL	SINGULAR	PERFECT	
يُسَافِرُوا	يُسَافِرَا	يُسَافِرَ		سَافَرُوا	سَافَرَا	سَافَرَ	MASCULINE	3
تُسَافِرْنَ	تُسَافِرَا	تُسَافِرَ		سَافَرْنَ	سَافَرَتَا	سَافَرَتْ	FEMININE	
تُسَافِرُوا	تُسَافِرَا	تُسَافِرَ		سَافَرْتُمْ	سَافَرْتُمَا	سَافَرْتَ	MASCULINE	2
تُسَافِرْنَ	تُسَافِرَا	تُسَافِرِي		سَافَرْتُنَّ	سَافَرْتُمَا	سَافَرْتِ	FEMININE	
نُسَافِرَ	---	أُسَافِرَ		سَافَرْنَا	---	سَافَرْتُ		1

			JUSSIVE				IMPERFECT	
يُسَافِرُوا	يُسَافِرَا	يُسَافِرْ		يُسَافِرُونَ	يُسَافِرَانِ	يُسَافِرُ	MASCULINE	3
تُسَافِرْنَ	تُسَافِرَا	تُسَافِرْ		يُسَافِرْنَ	تُسَافِرَانِ	تُسَافِرُ	FEMININE	
تُسَافِرُوا	تُسَافِرَا	تُسَافِرْ		تُسَافِرُونَ	تُسَافِرَانِ	تُسَافِرُ	MASCULINE	2
تُسَافِرْنَ	تُسَافِرَا	تُسَافِرِي		تُسَافِرْنَ	تُسَافِرَانِ	تُسَافِرِينَ	FEMININE	
نُسَافِرُ	---	أُسَافِرُ		نُسَافِرُ	---	أُسَافِرُ		1

			IMPERATIVE	مُسَافِرٌ	ACTIVE PARTICIPLE
سَافِرُوا	سَافِرَا	سَافِرْ	MASCULINE	---	PASSIVE PARTICIPLE
سَافِرْنَ	سَافِرَا	سَافِرِي	FEMININE	سِفَارٌ	VERBAL NOUN

I dream of *traveling* to China.   أحلم بأن أُسَافِرَ إلى الصين.

On which airline *will you travel*?   على أي خطوط طيران سَتُسَافِرِينَ؟

When was the last time *you traveled* to Beirut?   متى سَافَرْتَ آخر مرة إلى بيروت؟

Form IV سفر to disclose; to result in; to shine أَسْفَرَ ●

ACTIVE

PLURAL	DUAL	SINGULAR	SUBJUNCTIVE	PLURAL	DUAL	SINGULAR	PERFECT	
يُسْفِرُوا	يُسْفِرَا	يُسْفِرَ		أَسْفَرُوا	أَسْفَرَا	أَسْفَرَ	MASCULINE	3
يُسْفِرْنَ	تُسْفِرَا	تُسْفِرَ		أَسْفَرْنَ	أَسْفَرَتَا	أَسْفَرَتْ	FEMININE	
تُسْفِرُوا	تُسْفِرَا	تُسْفِرَ		أَسْفَرْتُمْ	أَسْفَرْتُمَا	أَسْفَرْتَ	MASCULINE	2
تُسْفِرْنَ	تُسْفِرَا	تُسْفِرِي		أَسْفَرْتُنَّ	أَسْفَرْتُمَا	أَسْفَرْتِ	FEMININE	
نُسْفِرَ	---	أُسْفِرَ		أَسْفَرْنَا	---	أَسْفَرْتُ		1

IMPERFECT

	SINGULAR	DUAL	PLURAL
3 MASCULINE	يُسْفِرُ	يُسْفِرَانِ	يُسْفِرُونَ
FEMININE	تُسْفِرُ	تُسْفِرَانِ	يُسْفِرْنَ
2 MASCULINE	تُسْفِرُ	تُسْفِرَانِ	تُسْفِرُونَ
FEMININE	تُسْفِرِينَ	تُسْفِرَانِ	تُسْفِرْنَ
1	أُسْفِرُ	---	نُسْفِرُ

JUSSIVE

	SINGULAR	DUAL	PLURAL
3 MASCULINE	يُسْفِرْ	يُسْفِرَا	يُسْفِرُوا
FEMININE	تُسْفِرْ	تُسْفِرَا	يُسْفِرْنَ
2 MASCULINE	تُسْفِرْ	تُسْفِرَا	تُسْفِرُوا
FEMININE	تُسْفِرِي	تُسْفِرَا	تُسْفِرْنَ
1	أُسْفِرْ	---	نُسْفِرْ

ACTIVE PARTICIPLE مُسْفِرٌ
PASSIVE PARTICIPLE مُسْفَرٌ
VERBAL NOUN إِسْفَارٌ

IMPERATIVE

	SINGULAR	DUAL	PLURAL
MASCULINE	أَسْفِرْ	أَسْفِرَا	أَسْفِرُوا
FEMININE	أَسْفِرِي	أَسْفِرَا	أَسْفِرْنَ

أَسْفَرَتْ التحرّيات عن تورط مدير الشركة في جريمة الرشوة.

The investigations *disclosed* the company director's involvement in the crime of bribery.

لا نعرف ما سَتُسْفِرُ عنه المفاوضات.

We don't know what *will result from* the negotiations.

لقد أَسْفَرَ وجهه.

His face *shone*.

Form I سقط   to fall; to be abolished سَقَطَ ●

ACTIVE

PERFECT

	SINGULAR	DUAL	PLURAL
3 MASCULINE	سَقَطَ	سَقَطَا	سَقَطُوا
FEMININE	سَقَطَتْ	سَقَطَتَا	سَقَطْنَ
2 MASCULINE	سَقَطْتَ	سَقَطْتُمَا	سَقَطْتُمْ
FEMININE	سَقَطْتِ	سَقَطْتُمَا	سَقَطْتُنَّ
1	سَقَطْتُ	---	سَقَطْنَا

SUBJUNCTIVE

	SINGULAR	DUAL	PLURAL
3 MASCULINE	يَسْقُطَ	يَسْقُطَا	يَسْقُطُوا
FEMININE	تَسْقُطَ	تَسْقُطَا	يَسْقُطْنَ
2 MASCULINE	تَسْقُطَ	تَسْقُطَا	تَسْقُطُوا
FEMININE	تَسْقُطِي	تَسْقُطَا	تَسْقُطْنَ
1	أَسْقُطَ	---	نَسْقُطَ

IMPERFECT

	SINGULAR	DUAL	PLURAL
3 MASCULINE	يَسْقُطُ	يَسْقُطَانِ	يَسْقُطُونَ
FEMININE	تَسْقُطُ	تَسْقُطَانِ	يَسْقُطْنَ
2 MASCULINE	تَسْقُطُ	تَسْقُطَانِ	تَسْقُطُونَ
FEMININE	تَسْقُطِينَ	تَسْقُطَانِ	تَسْقُطْنَ
1	أَسْقُطُ	---	نَسْقُطُ

JUSSIVE

	SINGULAR	DUAL	PLURAL
3 MASCULINE	يَسْقُطْ	يَسْقُطَا	يَسْقُطُوا
FEMININE	تَسْقُطْ	تَسْقُطَا	يَسْقُطْنَ
2 MASCULINE	تَسْقُطْ	تَسْقُطَا	تَسْقُطُوا
FEMININE	تَسْقُطِي	تَسْقُطَا	تَسْقُطْنَ
1	أَسْقُطْ	---	نَسْقُطْ

IMPERATIVE

ساقِطٌ ACTIVE PARTICIPLE

أُسْقُطُوا أُسْقُطَا أُسْقُطْ	MASCULINE	---	PASSIVE PARTICIPLE
أُسْقُطْنَ أُسْقُطَا أُسْقُطِي	FEMININE	سُقُوطٌ, مَسْقَطٌ	VERBAL NOUN

How did this giant *fall*?

كيف سَقَطَ هذا العملاق؟

The coach *fell* into a number of technical errors.

سَقَطَ المدرب في العديد من الأخطاء الفنية.

I *failed* the exam.

سَقَطْتُ في الامتحان.

The soldier *fell* in battle.

سقط الجندي في المعركة.

Form I سكن   to be tranquil; to dwell سَكَنَ ●

ACTIVE

PLURAL	DUAL	SINGULAR	SUBJUNCTIVE	PLURAL	DUAL	SINGULAR	PERFECT	
يَسْكُنُوا	يَسْكُنَا	يَسْكُنَ		سَكَنُوا	سَكَنَا	سَكَنَ	MASCULINE	3
تَسْكُنَّ	تَسْكُنَا	تَسْكُنَ		سَكَنَّ	سَكَنَتَا	سَكَنَتْ	FEMININE	
تَسْكُنُوا	تَسْكُنَا	تَسْكُنَ		سَكَنْتُمْ	سَكَنْتُمَا	سَكَنْتَ	MASCULINE	2
تَسْكُنَّ	تَسْكُنَا	تَسْكُنِي		سَكَنْتُنَّ	سَكَنْتُمَا	سَكَنْتِ	FEMININE	
نَسْكُنَ	---	أُسْكُنَ		سَكَنَّا	---	سَكَنْتُ		1

			JUSSIVE				IMPERFECT	
يَسْكُنُوا	يَسْكُنَا	يَسْكُنْ		يَسْكُنُونَ	يَسْكُنَانِ	يَسْكُنُ	MASCULINE	3
يَسْكُنَّ	تَسْكُنَا	تَسْكُنْ		يَسْكُنَّ	تَسْكُنَانِ	تَسْكُنُ	FEMININE	
تَسْكُنُوا	تَسْكُنَا	تَسْكُنْ		تَسْكُنُونَ	تَسْكُنَانِ	تَسْكُنُ	MASCULINE	2
تَسْكُنَّ	تَسْكُنَا	تَسْكُنِي		تَسْكُنَّ	تَسْكُنَانِ	تَسْكُنِينَ	FEMININE	
نَسْكُنْ	---	أَسْكُنْ		نَسْكُنُ	---	أَسْكُنُ		1

			IMPERATIVE				
				سَاكِنٌ	ACTIVE PARTICIPLE		
أُسْكُنُوا	أُسْكُنَا	أُسْكُنْ	MASCULINE	مَسْكُونٌ	PASSIVE PARTICIPLE		
أُسْكُنَّ	أُسْكُنَا	أُسْكُنِي	FEMININE	سَكَنٌ, سُكْنَى, سُكُونٌ*	VERBAL NOUN		

---

* The verbal noun سُكُونٌ is associated with the meaning "to be tranquil"; سَكَنٌ and سُكْنَى are associated with the meaning "to dwell."

218

PLURAL	DUAL	SINGULAR	SUBJUNCTIVE	PLURAL	DUAL	SINGULAR	PERFECT		
يُسْكَنُوا	يُسْكَنَا	يُسْكَنَ		سُكِنُوا	سُكِنَا	سُكِنَ	MASCULINE	3
تُسْكَنَّ	تُسْكَنَا	يُسْكَنَّ		سُكِنَّ	سُكِنَتَا	سُكِنَتْ	FEMININE	
تُسْكَنُوا	تُسْكَنَا	تُسْكَنَ		سُكِنْتُمْ	سُكِنْتُمَا	سُكِنْتَ	MASCULINE	2
تُسْكَنَّ	تُسْكَنَا	تُسْكَنِي		سُكِنْتُنَّ	سُكِنْتُمَا	سُكِنْتِ	FEMININE	
نُسْكَنَ	---	أُسْكَنَ		سُكِنَّا	---	سُكِنْتُ		1

PLURAL	DUAL	SINGULAR	JUSSIVE	PLURAL	DUAL	SINGULAR	IMPERFECT		
يُسْكَنُوا	يُسْكَنَا	يُسْكَنْ		يُسْكَنُونَ	يُسْكَنَانِ	يُسْكَنُ	MASCULINE	3
تُسْكَنَّ	تُسْكَنَا	يُسْكَنْ		يُسْكَنَّ	تُسْكَنَانِ	تُسْكَنُ	FEMININE	
تُسْكَنُوا	تُسْكَنَا	تُسْكَنْ		تُسْكَنُونَ	تُسْكَنَانِ	تُسْكَنُ	MASCULINE	2
تُسْكَنَّ	تُسْكَنَا	تُسْكَنِي		تُسْكَنَّ	تُسْكَنَانِ	تُسْكَنِينَ	FEMININE	
نُسْكَنْ	---	أُسْكَنْ		نُسْكَنُ	---	أُسْكَنُ		1

The night *was tranquil*.	سَكَنَ الليلُ.
Where *do you live* in Cairo?	أين تَسْكُنُ في القاهرة؟
The stormy waves *abated*.	سَكَنَتْ الأمواج العاصفة.
The politician *trusted* in the journalist.	سَكَنَ السياسيّ إلى الصحافيّ.

Form II سلم   ● سَلَّم to deliver; to greet

PLURAL	DUAL	SINGULAR	SUBJUNCTIVE	PLURAL	DUAL	SINGULAR	PERFECT		
يُسَلِّمُوا	يُسَلِّمَا	يُسَلِّمَ		سَلَّمُوا	سَلَّمَا	سَلَّمَ	MASCULINE	3
تُسَلِّمْنَ	تُسَلِّمَا	تُسَلِّمَ		سَلَّمْنَ	سَلَّمَتَا	سَلَّمَتْ	FEMININE	
تُسَلِّمُوا	تُسَلِّمَا	تُسَلِّمَ		سَلَّمْتُمْ	سَلَّمْتُمَا	سَلَّمْتَ	MASCULINE	2
تُسَلِّمْنَ	تُسَلِّمَا	تُسَلِّمِي		سَلَّمْتُنَّ	سَلَّمْتُمَا	سَلَّمْتِ	FEMININE	
نُسَلِّمَ	---	أُسَلِّمَ		سَلَّمْنَا	---	سَلَّمْتُ		1

JUSSIVE / IMPERFECT

	JUSSIVE				IMPERFECT				
يُسَلِّمُوا	يُسَلِّمَا	يُسَلِّمْ	يُسَلِّمْ		يُسَلِّمُونَ	يُسَلِّمَانِ	يُسَلِّمُ	MASCULINE	3
يُسَلِّمْنَ	تُسَلِّمَا	تُسَلِّمْ	تُسَلِّمْ		يُسَلِّمْنَ	تُسَلِّمَانِ	تُسَلِّمُ	FEMININE	
تُسَلِّمُوا	تُسَلِّمَا	تُسَلِّمْ	تُسَلِّمْ		تُسَلِّمُونَ	تُسَلِّمَانِ	تُسَلِّمُ	MASCULINE	2
تُسَلِّمْنَ	تُسَلِّمَا	تُسَلِّمِي	تُسَلِّمْ		تُسَلِّمْنَ	تُسَلِّمَانِ	تُسَلِّمِينَ	FEMININE	
نُسَلِّمْ	---	أُسَلِّمْ			نُسَلِّمُ	---	أُسَلِّمُ		1

IMPERATIVE

							ACTIVE PARTICIPLE	مُسَلِّمٌ

سَلِّمُوا	سَلِّمَا	سَلِّمْ	سَلِّمْ	MASCULINE
سَلِّمْنَ	سَلِّمَا	سَلِّمِي	سَلِّمْ	FEMININE

PASSIVE PARTICIPLE   مُسَلَّمٌ

VERBAL NOUN   تَسْلِيمٌ

PASSIVE

PLURAL	DUAL	SINGULAR	SUBJUNCTIVE	PLURAL	DUAL	SINGULAR	PERFECT	
يُسَلَّمُوا	يُسَلَّمَا	يُسَلَّمْ	يُسَلَّمَ	سُلِّمُوا	سُلِّمَا	سُلِّمَ	MASCULINE	3
يُسَلَّمْنَ	تُسَلَّمَا	تُسَلَّمْ	تُسَلَّمَ	سُلِّمْنَ	سُلِّمَتَا	سُلِّمَتْ	FEMININE	
تُسَلَّمُوا	تُسَلَّمَا	تُسَلَّمْ	تُسَلَّمَ	سُلِّمْتُمْ	سُلِّمْتُمَا	سُلِّمْتَ	MASCULINE	2
تُسَلَّمْنَ	تُسَلَّمَا	تُسَلَّمِي	تُسَلَّمَ	سُلِّمْتُنَّ	سُلِّمْتُمَا	سُلِّمْتِ	FEMININE	
نُسَلَّمَ	---	أُسَلَّمَ		سُلِّمْنَا	---	سُلِّمْتُ		1

JUSSIVE / IMPERFECT

	JUSSIVE				IMPERFECT				
يُسَلَّمُوا	يُسَلَّمَا	يُسَلَّمْ	يُسَلَّمْ		يُسَلَّمُونَ	يُسَلَّمَانِ	يُسَلَّمُ	MASCULINE	3
يُسَلَّمْنَ	تُسَلَّمَا	تُسَلَّمْ	تُسَلَّمْ		يُسَلَّمْنَ	تُسَلَّمَانِ	تُسَلَّمُ	FEMININE	
تُسَلَّمُوا	تُسَلَّمَا	تُسَلَّمْ	تُسَلَّمْ		تُسَلَّمُونَ	تُسَلَّمَانِ	تُسَلَّمُ	MASCULINE	2
تُسَلَّمْنَ	تُسَلَّمَا	تُسَلَّمِي	تُسَلَّمْ		تُسَلَّمْنَ	تُسَلَّمَانِ	تُسَلَّمِينَ	FEMININE	
نُسَلَّمْ	---	أُسَلَّمْ			نُسَلَّمُ	---	أُسَلَّمُ		1

The mailman *handed him* the letter.	سَلَّمَهُ ساعي البريد الخطاب.
The suspects *handed* themselves over to the police.	سَلَّمَ المتهمون أنفسهم للبوليس.
He *greeted her* warmly [literally: with a warm greeting].	سَلَّمَ عليها سلاماً حاراً.
Please *give my regards* to your children.	من فَضلك سَلِّمْ لي على أولادك
Poor people *resign themselves* to God [literally: turn their affairs over to God; i.e., they accept their fate].	المساكين يُسَلِّمُونَ أمرهم لله.
The Prophet of God, may God bless him *and give him peace* [common Islamic formula when mentioning the prophet Muhammad].	رسول الله صلى الله عليه وسَلَّم.

Form V سلم

to receive; to take over تَسَلَّمَ ●

ACTIVE

PLURAL	DUAL	SINGULAR	SUBJUNCTIVE	PLURAL	DUAL	SINGULAR	PERFECT	
يَتَسَلَّمُوا	يَتَسَلَّمَا	يَتَسَلَّمَ		تَسَلَّمُوا	تَسَلَّمَا	تَسَلَّمَ	MASCULINE	3
تَتَسَلَّمَ	تَتَسَلَّمَا	تَتَسَلَّمَ		تَسَلَّمْنَ	تَسَلَّمَتَا	تَسَلَّمَتْ	FEMININE	
تَتَسَلَّمُوا	تَتَسَلَّمَا	تَتَسَلَّمَ		تَسَلَّمْتُمْ	تَسَلَّمْتُمَا	تَسَلَّمْتَ	MASCULINE	2
تَتَسَلَّمْنَ	تَتَسَلَّمَا	تَتَسَلَّمِي		تَسَلَّمْتُنَّ	تَسَلَّمْتُمَا	تَسَلَّمْتِ	FEMININE	
نَتَسَلَّمَ	---	أَتَسَلَّمَ		تَسَلَّمْنَا	---	تَسَلَّمْتُ		1

			JUSSIVE				IMPERFECT	
يَتَسَلَّمُوا	يَتَسَلَّمَا	يَتَسَلَّمْ		يَتَسَلَّمُونَ	يَتَسَلَّمَانِ	يَتَسَلَّمُ	MASCULINE	3
تَتَسَلَّمْنَ	تَتَسَلَّمَا	تَتَسَلَّمْ		يَتَسَلَّمْنَ	تَتَسَلَّمَانِ	تَتَسَلَّمُ	FEMININE	
تَتَسَلَّمُوا	تَتَسَلَّمَا	تَتَسَلَّمْ		تَتَسَلَّمُونَ	تَتَسَلَّمَانِ	تَتَسَلَّمُ	MASCULINE	2
تَتَسَلَّمْنَ	تَتَسَلَّمَا	تَتَسَلَّمِي		تَتَسَلَّمْنَ	تَتَسَلَّمَانِ	تَتَسَلَّمِينَ	FEMININE	
نَتَسَلَّمْ	---	أَتَسَلَّمْ		نَتَسَلَّمُ	---	أَتَسَلَّمُ		1

			IMPERATIVE		مُتَسَلِّمٌ	ACTIVE PARTICIPLE
تَسَلَّمُوا	تَسَلَّمَا	تَسَلَّمْ	MASCULINE		مُتَسَلَّمٌ	PASSIVE PARTICIPLE
تَسَلَّمْنَ	تَسَلَّمَا	تَسَلَّمِي	FEMININE		تَسَلُّمٌ	VERBAL NOUN

PASSIVE

PLURAL	DUAL	SINGULAR	SUBJUNCTIVE	PLURAL	DUAL	SINGULAR	PERFECT	
يُتَسَلَّمُوا	يُتَسَلَّمَا	يُتَسَلَّمَ		تُسُلِّمُوا	تُسُلِّمَا	تُسُلِّمَ	MASCULINE	3
تُتَسَلَّمْنَ	تُتَسَلَّمَا	تُتَسَلَّمَ		تُسُلِّمْنَ	تُسُلِّمَتَا	تُسُلِّمَتْ	FEMININE	
تُتَسَلَّمُوا	تُتَسَلَّمَا	تُتَسَلَّمَ		تُسُلِّمْتُمْ	تُسُلِّمْتُمَا	تُسُلِّمْتَ	MASCULINE	2
تُتَسَلَّمْنَ	تُتَسَلَّمَا	تُتَسَلَّمِي		تُسُلِّمْتُنَّ	تُسُلِّمْتُمَا	تُسُلِّمْتِ	FEMININE	
نُتَسَلَّمَ	---	أُتَسَلَّمَ		تُسُلِّمْنَا	---	تُسُلِّمْتُ		1

			JUSSIVE				IMPERFECT	
يُتَسَلَّمُوا	يُتَسَلَّمَا	يُتَسَلَّمْ		يُتَسَلَّمُونَ	يُتَسَلَّمَانِ	يُتَسَلَّمُ	MASCULINE	3
تُتَسَلَّمْنَ	تُتَسَلَّمَا	تُتَسَلَّمْ		يُتَسَلَّمْنَ	تُتَسَلَّمَانِ	تُتَسَلَّمُ	FEMININE	
تُتَسَلَّمُوا	تُتَسَلَّمَا	تُتَسَلَّمْ		تُتَسَلَّمُونَ	تُتَسَلَّمَانِ	تُتَسَلَّمُ	MASCULINE	2
تُتَسَلَّمْنَ	تُتَسَلَّمَا	تُتَسَلَّمِي		تُتَسَلَّمْنَ	تُتَسَلَّمَانِ	تُتَسَلَّمِينَ	FEMININE	
نُتَسَلَّمْ	---	أُتَسَلَّمْ		نُتَسَلَّمُ	---	أُتَسَلَّمُ		1

221

Did *you receive* the letters that came yesterday?	هل تَسَلَّمْتَ الرسائل التي جاءت أمس؟
Husni Mubarak *took over* the reins of government in Egypt after the death of Anwar al-Sadat.	تَسَلَّمَ حسني مبارك مقاليد الحكم في مصر بعد موت انور السادات.
The watchman *took charge* of the keys of the prison.	تَسَلَّمَ الحارس مفاتيح السجن.

Form I سمح

سَمَحَ to allow ●

ACTIVE

PLURAL	DUAL	SINGULAR	SUBJUNCTIVE	PLURAL	DUAL	SINGULAR	PERFECT	
يَسْمَحُوا	يَسْمَحَا	يَسْمَحَ		سَمَحُوا	سَمَحَا	سَمَحَ	MASCULINE	3
تَسْمَحْنَ	تَسْمَحَا	تَسْمَحَ		سَمَحْنَ	سَمَحَتَا	سَمَحَتْ	FEMININE	
تَسْمَحُوا	تَسْمَحَا	تَسْمَحَ		سَمَحْتُمْ	سَمَحْتُمَا	سَمَحْتَ	MASCULINE	2
تَسْمَحْنَ	تَسْمَحَا	تَسْمَحِي		سَمَحْتُنَّ	سَمَحْتُمَا	سَمَحْتِ	FEMININE	
نَسْمَحَ	---	أَسْمَحَ		سَمَحْنَا	---	سَمَحْتُ		1

			JUSSIVE				IMPERFECT	
يَسْمَحُوا	يَسْمَحَا	يَسْمَحْ		يَسْمَحُونَ	يَسْمَحَانِ	يَسْمَحُ	MASCULINE	3
يَسْمَحْنَ	تَسْمَحَا	تَسْمَحْ		يَسْمَحْنَ	تَسْمَحَانِ	تَسْمَحُ	FEMININE	
تَسْمَحُوا	تَسْمَحَا	تَسْمَحْ		تَسْمَحُونَ	تَسْمَحَانِ	تَسْمَحُ	MASCULINE	2
تَسْمَحْنَ	تَسْمَحَا	تَسْمَحِي		تَسْمَحْنَ	تَسْمَحَانِ	تَسْمَحِينَ	FEMININE	
نَسْمَحْ	---	أَسْمَحْ		نَسْمَحُ	---	أَسْمَحُ		1

			IMPERATIVE		
إِسْمَحُوا	إِسْمَحَا	إِسْمَحْ	MASCULINE	سَامِحٌ ACTIVE PARTICIPLE
إِسْمَحْنَ	إِسْمَحَا	إِسْمَحِي	FEMININE	--- PASSIVE PARTICIPLE
				سَمَاحٌ VERBAL NOUN

God forbid [literally: May God not permit], I had no intention at all of offending you.	لا سَمَحَ الله. لم أقصد أن أهينك على الإطلاق.
The doctors *permitted* him to eat some foods after the operation.	الأطباء سَمَحُوا له بتناول بعض الأطعمة بعد العملية.
With your permission [literally: If only *you would permit*], may I use your mobile phone?	لو سَمَحْتِ، هل يمكن أن أستخدم تليفونك الجوّال؟

Form I سمع   to hear سَمِعَ ●

ACTIVE

PLURAL	DUAL	SINGULAR	SUBJUNCTIVE	PLURAL	DUAL	SINGULAR	PERFECT	
يَسْمَعُوا	يَسْمَعَا	يَسْمَعَ		سَمِعُوا	سَمِعَا	سَمِعَ	MASCULINE	3
يَسْمَعْنَ	تَسْمَعَا	تَسْمَعَ		سَمِعْنَ	سَمِعَتَا	سَمِعَتْ	FEMININE	
تَسْمَعُوا	تَسْمَعَا	تَسْمَعَ		سَمِعْتُمْ	سَمِعْتُمَا	سَمِعْتَ	MASCULINE	2
تَسْمَعْنَ	تَسْمَعَا	تَسْمَعِي		سَمِعْتُنَّ	سَمِعْتُمَا	سَمِعْتِ	FEMININE	
نَسْمَعَ	---	أَسْمَعَ		سَمِعْنَا	---	سَمِعْتُ		1

			JUSSIVE				IMPERFECT	
يَسْمَعُوا	يَسْمَعَا	يَسْمَعْ		يَسْمَعُونَ	يَسْمَعَانِ	يَسْمَعُ	MASCULINE	3
يَسْمَعْنَ	تَسْمَعَا	تَسْمَعْ		يَسْمَعْنَ	تَسْمَعَانِ	تَسْمَعُ	FEMININE	
تَسْمَعُوا	تَسْمَعَا	تَسْمَعْ		تَسْمَعُونَ	تَسْمَعَانِ	تَسْمَعُ	MASCULINE	2
تَسْمَعْنَ	تَسْمَعَا	تَسْمَعِي		تَسْمَعْنَ	تَسْمَعَانِ	تَسْمَعِينَ	FEMININE	
نَسْمَعْ	---	أَسْمَعْ		نَسْمَعُ	---	أَسْمَعُ		1

			IMPERATIVE					
						سَامِعٌ	ACTIVE PARTICIPLE	
إِسْمَعُوا	إِسْمَعَا	إِسْمَعْ	MASCULINE			مَسْمُوعٌ	PASSIVE PARTICIPLE	
إِسْمَعْنَ	إِسْمَعَا	إِسْمَعِي	FEMININE			سَمْعٌ	VERBAL NOUN	

PASSIVE

PLURAL	DUAL	SINGULAR	SUBJUNCTIVE	PLURAL	DUAL	SINGULAR	PERFECT	
يُسْمَعُوا	يُسْمَعَا	يُسْمَعَ		سُمِعُوا	سُمِعَا	سُمِعَ	MASCULINE	3
يُسْمَعْنَ	تُسْمَعَا	تُسْمَعَ		سُمِعْنَ	سُمِعَتَا	سُمِعَتْ	FEMININE	
تُسْمَعُوا	تُسْمَعَا	تُسْمَعَ		سُمِعْتُمْ	سُمِعْتُمَا	سُمِعْتَ	MASCULINE	2
تُسْمَعْنَ	تُسْمَعَا	تُسْمَعِي		سُمِعْتُنَّ	سُمِعْتُمَا	سُمِعْتِ	FEMININE	
نُسْمَعَ	---	أُسْمَعَ		سُمِعْنَا	---	سُمِعْتُ		1

			JUSSIVE				IMPERFECT	
يُسْمَعُوا	يُسْمَعَا	يُسْمَعْ		يُسْمَعُونَ	يُسْمَعَانِ	يُسْمَعُ	MASCULINE	3
يُسْمَعْنَ	تُسْمَعَا	تُسْمَعْ		يُسْمَعْنَ	تُسْمَعَانِ	تُسْمَعُ	FEMININE	
تُسْمَعُوا	تُسْمَعَا	تُسْمَعْ		تُسْمَعُونَ	تُسْمَعَانِ	تُسْمَعُ	MASCULINE	2
تُسْمَعْنَ	تُسْمَعَا	تُسْمَعِي		تُسْمَعْنَ	تُسْمَعَانِ	تُسْمَعِينَ	FEMININE	
نُسْمَعْ	---	أُسْمَعْ		نُسْمَعُ	---	أُسْمَعُ		1

Did you hear what I said?	هل سَمِعْتُم ما قلته؟
Some children *don't listen to* what their parents say.	بعض الأطفال لا يَسْمَعُونَ كلام آبائهم.
I heard the train's whistle.	سَمِعْتُ صفارة القطار.

Form VIII سمع   إِسْتَمَعَ to listen, hear ●

ACTIVE

PLURAL	DUAL	SINGULAR	SUBJUNCTIVE	PLURAL	DUAL	SINGULAR	PERFECT	
يَسْتَمِعُوا	يَسْتَمِعَا	يَسْتَمِعَ		إِسْتَمَعُوا	إِسْتَمَعَا	إِسْتَمَعَ	MASCULINE	3
تَسْتَمِعْنَ	يَسْتَمِعَا	تَسْتَمِعَ		إِسْتَمَعْنَ	إِسْتَمَعَتَا	إِسْتَمَعَتْ	FEMININE	
تَسْتَمِعُوا	تَسْتَمِعَا	تَسْتَمِعَ		إِسْتَمَعْتُمْ	إِسْتَمَعْتُمَا	إِسْتَمَعْتَ	MASCULINE	2
تَسْتَمِعْنَ	تَسْتَمِعَا	تَسْتَمِعِي		إِسْتَمَعْتُنَّ	إِسْتَمَعْتُمَا	إِسْتَمَعْتِ	FEMININE	
نَسْتَمِعَ	---	أَسْتَمِعَ		إِسْتَمَعْنَا	---	إِسْتَمَعْتُ		1

JUSSIVE   IMPERFECT

PLURAL	DUAL	SINGULAR		PLURAL	DUAL	SINGULAR		
يَسْتَمِعُوا	يَسْتَمِعَا	يَسْتَمِعْ		يَسْتَمِعُونَ	يَسْتَمِعَانِ	يَسْتَمِعُ	MASCULINE	3
تَسْتَمِعْنَ	يَسْتَمِعَا	تَسْتَمِعْ		يَسْتَمِعْنَ	تَسْتَمِعَانِ	تَسْتَمِعُ	FEMININE	
تَسْتَمِعُوا	تَسْتَمِعَا	تَسْتَمِعْ		تَسْتَمِعُونَ	تَسْتَمِعَانِ	تَسْتَمِعُ	MASCULINE	2
تَسْتَمِعْنَ	تَسْتَمِعَا	تَسْتَمِعِي		تَسْتَمِعْنَ	تَسْتَمِعَانِ	تَسْتَمِعِينَ	FEMININE	
نَسْتَمِعْ	---	أَسْتَمِعْ		نَسْتَمِعُ	---	أَسْتَمِعُ		1

IMPERATIVE

إِسْتَمِعُوا	إِسْتَمِعَا	إِسْتَمِعْ	MASCULINE	
إِسْتَمِعْنَ	إِسْتَمِعَا	إِسْتَمِعِي	FEMININE	

مُسْتَمِعٌ	ACTIVE PARTICIPLE
مُسْتَمَعٌ	PASSIVE PARTICIPLE
إِسْتِمَاعٌ	VERBAL NOUN

PASSIVE

PLURAL	DUAL	SINGULAR	SUBJUNCTIVE	PLURAL	DUAL	SINGULAR	PERFECT	
يُسْتَمَعُوا	يُسْتَمَعَا	يُسْتَمَعَ		أُسْتُمِعُوا	أُسْتُمِعَا	أُسْتُمِعَ	MASCULINE	3
تُسْتَمَعْنَ	يُسْتَمَعَا	تُسْتَمَعَ		أُسْتُمِعْنَ	أُسْتُمِعَتَا	أُسْتُمِعَتْ	FEMININE	
تُسْتَمَعُوا	تُسْتَمَعَا	تُسْتَمَعَ		أُسْتُمِعْتُمْ	أُسْتُمِعْتُمَا	أُسْتُمِعْتَ	MASCULINE	2
تُسْتَمَعْنَ	تُسْتَمَعَا	تُسْتَمَعِي		أُسْتُمِعْتُنَّ	أُسْتُمِعْتُمَا	أُسْتُمِعْتِ	FEMININE	
نُسْتَمَعَ	---	أُسْتَمَعَ		أُسْتُمِعْنَا	---	أُسْتُمِعْتُ		1

	PLURAL	DUAL	SINGULAR		PLURAL	DUAL	SINGULAR		
JUSSIVE	يُسْتَمَعُوا	يُسْتَمَعَا	يُسْتَمَعْ	IMPERFECT	يُسْتَمَعُونَ	يُسْتَمَعَانِ	يُسْتَمَعُ	MASCULINE	3
	تُسْتَمَعْنَ	تُسْتَمَعَا	تُسْتَمَعْ		يُسْتَمَعْنَ	تُسْتَمَعَانِ	تُسْتَمَعُ	FEMININE	
	تُسْتَمَعُوا	تُسْتَمَعَا	تُسْتَمَعْ		تُسْتَمَعُونَ	تُسْتَمَعَانِ	تُسْتَمَعُ	MASCULINE	2
	تُسْتَمَعْنَ	تُسْتَمَعَا	تُسْتَمَعِي		تُسْتَمَعْنَ	تُسْتَمَعَانِ	تُسْتَمَعِينَ	FEMININE	
	نُسْتَمَعْ	---	أُسْتَمَعْ		نُسْتَمَعُ	---	أُسْتَمَعُ		1

Do you listen to the songs of Abd al-Halim Hafiz?

هل تَسْتَمِعُ لأغاني عبد الحليم حافظ؟

Do not heed the voice of hatred.

لا تَسْتَمِعْ لصوت الكراهية.

The physician listens to the sound of the heartbeat.

الطبيب يَسْتَمِعُ لصوت دقات القلب.

Form II سمي   ● سَمَّى to name

ACTIVE

	PLURAL	DUAL	SINGULAR	SUBJUNCTIVE	PLURAL	DUAL	SINGULAR	PERFECT	
	يُسَمُّوا	يُسَمِّيَا	يُسَمِّيَ		سَمَّوْا	سَمَّيَا	سَمَّى	MASCULINE	3
	تُسَمِّينَ	تُسَمِّيَا	تُسَمِّيَ		سَمَّيْنَ	سَمَّتَا	سَمَّتْ	FEMININE	
	تُسَمُّوا	تُسَمِّيَا	تُسَمِّيَ		سَمَّيْتُمْ	سَمَّيْتُمَا	سَمَّيْتَ	MASCULINE	2
	تُسَمِّينَ	تُسَمِّيَا	تُسَمِّي		سَمَّيْتُنَّ	سَمَّيْتُمَا	سَمَّيْتِ	FEMININE	
	نُسَمِّيَ	---	أُسَمِّيَ		سَمَّيْنَا	---	سَمَّيْتُ		1

JUSSIVE   IMPERFECT

	PLURAL	DUAL	SINGULAR	JUSSIVE	PLURAL	DUAL	SINGULAR	IMPERFECT	
	يُسَمُّوا	يُسَمِّيَا	يُسَمِّ		يُسَمُّونَ	يُسَمِّيَانِ	يُسَمِّي	MASCULINE	3
	تُسَمِّينَ	تُسَمِّيَا	تُسَمِّ		يُسَمِّينَ	تُسَمِّيَانِ	تُسَمِّي	FEMININE	
	تُسَمُّوا	تُسَمِّيَا	تُسَمِّ		تُسَمُّونَ	تُسَمِّيَانِ	تُسَمِّي	MASCULINE	2
	تُسَمِّينَ	تُسَمِّيَا	تُسَمِّي		تُسَمِّينَ	تُسَمِّيَانِ	تُسَمِّينَ	FEMININE	
	نُسَمِّ	---	أُسَمِّ		نُسَمِّي	---	أُسَمِّي		1

IMPERATIVE

	PLURAL	DUAL	SINGULAR	IMPERATIVE		
	سَمُّوا	سَمِّيَا	سَمِّ	MASCULINE	مُسَمٍّ	ACTIVE PARTICIPLE
	سَمِّينَ	سَمِّيَا	سَمِّي	FEMININE	مُسَمًّى	PASSIVE PARTICIPLE
					تَسْمِيَةٌ	VERBAL NOUN

225

PASSIVE

PLURAL	DUAL	SINGULAR	SUBJUNCTIVE	PLURAL	DUAL	SINGULAR	PERFECT	
يُسَمَّوا	يُسَمَّيَا	يُسَمَّى		سُمُّوا	سُمِّيَا	سُمِّيَ	MASCULINE	3
يُسَمَّيْنَ	تُسَمَّيَا	تُسَمَّى		سُمِّينَ	سُمِّيَتَا	سُمِّيَتْ	FEMININE	
تُسَمَّوا	تُسَمَّيَا	تُسَمَّى		سُمِّيتُمْ	سُمِّيتُمَا	سُمِّيتَ	MASCULINE	2
تُسَمَّيْنَ	تُسَمَّيَا	تُسَمَّيْ		سُمِّيتُنَّ	سُمِّيتُمَا	سُمِّيتِ	FEMININE	
نُسَمَّى	---	أُسَمَّى		سُمِّينَا	---	سُمِّيتُ		1

			JUSSIVE				IMPERFECT	
يُسَمَّوا	يُسَمَّيَا	يُسَمَّ		يُسَمَّوْنَ	يُسَمَّيَانِ	يُسَمَّى	MASCULINE	3
يُسَمَّيْنَ	تُسَمَّيَا	تُسَمَّ		يُسَمَّيْنَ	تُسَمَّيَانِ	تُسَمَّى	FEMININE	
تُسَمَّوا	تُسَمَّيَا	تُسَمَّ		تُسَمَّوْنَ	تُسَمَّيَانِ	تُسَمَّى	MASCULINE	2
تُسَمَّيْنَ	تُسَمَّيَا	تُسَمَّيْ		تُسَمَّيْنَ	تُسَمَّيَانِ	تُسَمَّيْنَ	FEMININE	
نُسَمَّ	---	أُسَمَّ		نُسَمَّى	---	أُسَمَّى		1

What *did you name* your daughter?	ماذا سَمَّيْتُمْ ابنتكم؟
Invoke God over him [literally: *Name* God over him, i.e., by reciting the Islamic religious formula بسم الله الرحمن الرحيم, i.e., "In the name of God, the merciful and benevolent"].	سَمِّ عليه.
He was named president of the organization.	سُمِّيَ رئيسا للمنظمة.

Form III سند — to support سَانَدَ ●

ACTIVE

PLURAL	DUAL	SINGULAR	SUBJUNCTIVE	PLURAL	DUAL	SINGULAR	PERFECT	
يُسَانِدُوا	يُسَانِدَا	يُسَانِدَ		سَانَدُوا	سَانَدَا	سَانَدَ	MASCULINE	3
يُسَانِدْنَ	تُسَانِدَا	تُسَانِدَ		سَانَدْنَ	سَانَدَتَا	سَانَدَتْ	FEMININE	
تُسَانِدُوا	تُسَانِدَا	تُسَانِدَ		سَانَدْتُمْ	سَانَدْتُمَا	سَانَدْتَ	MASCULINE	2
تُسَانِدْنَ	تُسَانِدَا	تُسَانِدِي		سَانَدْتُنَّ	سَانَدْتُمَا	سَانَدْتِ	FEMININE	
نُسَانِدَ	---	أُسَانِدَ		سَانَدْنَا	---	سَانَدْتُ		1

226

JUSSIVE / IMPERFECT

		JUSSIVE				IMPERFECT		
يُسَانِدُوا	يُسَانِدَا	يُسَانِدْ		يُسَانِدُونَ	يُسَانِدَانِ	يُسَانِدُ	MASCULINE	3
يُسَانِدْنَ	تُسَانِدَا	تُسَانِدْ		يُسَانِدْنَ	تُسَانِدَانِ	تُسَانِدُ	FEMININE	
تُسَانِدُوا	تُسَانِدَا	تُسَانِدْ		تُسَانِدُونَ	تُسَانِدَانِ	تُسَانِدُ	MASCULINE	2
تُسَانِدْنَ	تُسَانِدَا	تُسَانِدِي		تُسَانِدْنَ	تُسَانِدَانِ	تُسَانِدِينَ	FEMININE	
نُسَانِدْ	---	أُسَانِدْ		نُسَانِدُ	---	أُسَانِدُ		1

IMPERATIVE

		IMPERATIVE		مُسَانِدٌ	ACTIVE PARTICIPLE
سَانِدُوا	سَانِدَا	سَانِدْ	MASCULINE	مُسَانَدٌ	PASSIVE PARTICIPLE
سَانِدْنَ	سَانِدَا	سَانِدِي	FEMININE	مُسَانَدَةٌ	VERBAL NOUN

PASSIVE

PLURAL	DUAL	SINGULAR	SUBJUNCTIVE	PLURAL	DUAL	SINGULAR	PERFECT	
يُسَانَدُوا	يُسَانَدَا	يُسَانَدَ		سُونِدُوا	سُونِدَا	سُونِدَ	MASCULINE	3
يُسَانَدْنَ	تُسَانَدَا	تُسَانَدَ		سُونِدْنَ	سُونِدَتَا	سُونِدَتْ	FEMININE	
تُسَانَدُوا	تُسَانَدَا	تُسَانَدَ		سُونِدْتُم	سُونِدْتُمَا	سُونِدْتَ	MASCULINE	2
تُسَانَدْنَ	تُسَانَدَا	تُسَانَدِي		سُونِدْتُنَّ	سُونِدْتُمَا	سُونِدْتِ	FEMININE	
نُسَانَدَ	---	أُسَانَدَ		سُونِدْنَا	---	سُونِدْتُ		1

JUSSIVE / IMPERFECT

		JUSSIVE				IMPERFECT		
يُسَانَدُوا	يُسَانَدَا	يُسَانَدْ		يُسَانَدُونَ	يُسَانَدَانِ	يُسَانَدُ	MASCULINE	3
يُسَانَدْنَ	تُسَانَدَا	تُسَانَدْ		يُسَانَدْنَ	تُسَانَدَانِ	تُسَانَدُ	FEMININE	
تُسَانَدُوا	تُسَانَدَا	تُسَانَدْ		تُسَانَدُونَ	تُسَانَدَانِ	تُسَانَدُ	MASCULINE	2
تُسَانَدْنَ	تُسَانَدَا	تُسَانَدِي		تُسَانَدْنَ	تُسَانَدَانِ	تُسَانَدِينَ	FEMININE	
نُسَانَدْ	---	أُسَانَدْ		نُسَانَدُ	---	أُسَانَدُ		1

The prime minister needs someone *to support him* in amending the constitution.

رئيس الحكومة يحتاج لمن يُسَانِدُهُ في تعديل الدستور.

We'll back you to the end.

سَنُسَانِدُكُم حتى النهاية.

I did not hesitate in [making] this decision because my wife *supported* me in making it.

لم أتردّد في هذا القرار لأن زوجتي سَانَدَتْنِي في إتخاذه.

227

Form VIII سند   to lean; to trust إِسْتَنَدَ ●

ACTIVE

PLURAL	DUAL	SINGULAR	SUBJUNCTIVE	PLURAL	DUAL	SINGULAR	PERFECT	
يَسْتَنِدُوا	يَسْتَنِدَا	يَسْتَنِدَ		إِسْتَنَدُوا	إِسْتَنَدَا	إِسْتَنَدَ	MASCULINE	3
يَسْتَنِدْنَ	تَسْتَنِدَا	تَسْتَنِدَ		إِسْتَنَدْنَ	إِسْتَنَدَتَا	إِسْتَنَدَتْ	FEMININE	
تَسْتَنِدُوا	تَسْتَنِدَا	تَسْتَنِدَ		إِسْتَنَدْتُمْ	إِسْتَنَدْتُمَا	إِسْتَنَدْتَ	MASCULINE	2
تَسْتَنِدْنَ	تَسْتَنِدَا	تَسْتَنِدِي		إِسْتَنَدْتُنَّ	إِسْتَنَدْتُمَا	إِسْتَنَدْتِ	FEMININE	
نَسْتَنِدَ	---	أَسْتَنِدَ		إِسْتَنَدْنَا	---	إِسْتَنَدْتُ		1

PLURAL	DUAL	SINGULAR	JUSSIVE	PLURAL	DUAL	SINGULAR	IMPERFECT	
يَسْتَنِدُوا	يَسْتَنِدَا	يَسْتَنِدْ		يَسْتَنِدُونَ	يَسْتَنِدَانِ	يَسْتَنِدُ	MASCULINE	3
يَسْتَنِدْنَ	تَسْتَنِدَا	تَسْتَنِدْ		يَسْتَنِدْنَ	تَسْتَنِدَانِ	تَسْتَنِدُ	FEMININE	
تَسْتَنِدُوا	تَسْتَنِدَا	تَسْتَنِدْ		تَسْتَنِدُونَ	تَسْتَنِدَانِ	تَسْتَنِدُ	MASCULINE	2
تَسْتَنِدْنَ	تَسْتَنِدَا	تَسْتَنِدِي		تَسْتَنِدْنَ	تَسْتَنِدَانِ	تَسْتَنِدِينَ	FEMININE	
نَسْتَنِدْ	---	أَسْتَنِدْ		نَسْتَنِدُ	---	أَسْتَنِدُ		1

		ACTIVE PARTICIPLE	مُسْتَنِدٌ
		PASSIVE PARTICIPLE	---
		VERBAL NOUN	إِسْتِنَادٌ

PLURAL	DUAL	SINGULAR	IMPERATIVE
إِسْتَنِدُوا	إِسْتَنِدَا	إِسْتَنِدْ	MASCULINE
إِسْتَنِدْنَ	إِسْتَنِدَا	إِسْتَنِدِي	FEMININE

On what foundation *did* your argument *rest* in this study?

الى أي أساس اسْتَنَدَتْ مجادلاتك في هذا البحث؟

Lean on this wall.

إِسْتَنِدْ إلى هذا الحائط.

Form IV سهم   to give a share; to participate أَسْهَمَ ●

ACTIVE

PLURAL	DUAL	SINGULAR	SUBJUNCTIVE	PLURAL	DUAL	SINGULAR	PERFECT	
يُسْهِمُوا	يُسْهِمَا	يُسْهِمَ		أَسْهَمُوا	أَسْهَمَا	أَسْهَمَ	MASCULINE	3
يُسْهِمْنَ	تُسْهِمَا	تُسْهِمَ		أَسْهَمْنَ	أَسْهَمَتَا	أَسْهَمَتْ	FEMININE	
تُسْهِمُوا	تُسْهِمَا	تُسْهِمَ		أَسْهَمْتُمْ	أَسْهَمْتُمَا	أَسْهَمْتَ	MASCULINE	2
تُسْهِمْنَ	تُسْهِمَا	تُسْهِمِي		أَسْهَمْتُنَّ	أَسْهَمْتُمَا	أَسْهَمْتِ	FEMININE	
نُسْهِمَ	---	أُسْهِمَ		أَسْهَمْنَا	---	أَسْهَمْتُ		1

	JUSSIVE				IMPERFECT			
	PLURAL	DUAL	SINGULAR		PLURAL	DUAL	SINGULAR	
3 MASCULINE	يُسْهِمُوا	يُسْهِمَا	يُسْهِمْ		يُسْهِمُونَ	يُسْهِمَانِ	يُسْهِمُ	
FEMININE	يُسْهِمْنَ	تُسْهِمَا	تُسْهِمْ		يُسْهِمْنَ	تُسْهِمَانِ	تُسْهِمُ	
2 MASCULINE	تُسْهِمُوا	تُسْهِمَا	تُسْهِمْ		تُسْهِمُونَ	تُسْهِمَانِ	تُسْهِمُ	
FEMININE	تُسْهِمْنَ	تُسْهِمَا	تُسْهِمِي		تُسْهِمْنَ	تُسْهِمَانِ	تُسْهِمِينَ	
1	نُسْهِمْ	---	أُسْهِمْ		نُسْهِمُ	---	أُسْهِمُ	

	IMPERATIVE			ACTIVE PARTICIPLE	مُسْهِمٌ
MASCULINE	أَسْهِمُوا	أَسْهِمَا	أَسْهِمْ	PASSIVE PARTICIPLE	---
FEMININE	أَسْهِمْنَ	أَسْهِمَا	أَسْهِمِي	VERBAL NOUN	إِسْهَامٌ

Practical studies *contributed to* the development of the theoretical assumptions.

أَسْهَمَتْ الدراسات العملية في تطوير الافتراضات النظرية.

All members of the party *had a share* in winning the championship.

أَسْهَمَ كل أعضاء الفريق في الفوز بالبطولة.

Form IV سوء   to harm أَسَاءَ ●

ACTIVE

	SUBJUNCTIVE				PERFECT			
	PLURAL	DUAL	SINGULAR		PLURAL	DUAL	SINGULAR	
3 MASCULINE	يُسِيئُوا	يُسِينَا	يُسِيءَ		أَسَاؤُوا	أَسَاءَا	أَسَاءَ	
FEMININE	يُسِئْنَ	تُسِينَا	تُسِيءَ		أَسَأْنَ	أَسَاءَتَا	أَسَاءَتْ	
2 MASCULINE	تُسِيئُوا	تُسِينَا	تُسِيءَ		أَسَأْتُمْ	أَسَأْتُمَا	أَسَأْتَ	
FEMININE	تُسِئْنَ	تُسِينَا	تُسِيئِي		أَسَأْتُنَّ	أَسَأْتُمَا	أَسَأْتِ	
1	نُسِيءَ	---	أُسِيءَ		أَسَأْنَا	---	أَسَأْتُ	

	JUSSIVE				IMPERFECT			
3 MASCULINE	يُسِيئُوا	يُسِينَا	يُسِئْ		يُسِيئُونَ	يُسِيئَانِ	يُسِيءُ	
FEMININE	يُسِئْنَ	تُسِينَا	تُسِئْ		يُسِئْنَ	تُسِيئَانِ	تُسِيءُ	
2 MASCULINE	تُسِيئُوا	تُسِينَا	تُسِئْ		تُسِيئُونَ	تُسِيئَانِ	تُسِيءُ	
FEMININE	تُسِئْنَ	تُسِينَا	تُسِيئِي		تُسِئْنَ	تُسِيئَانِ	تُسِيئِينَ	
1	نُسِئْ	---	أُسِئْ		نُسِيءُ	---	أُسِيءُ	

	IMPERATIVE			ACTIVE PARTICIPLE	مُسِيءٌ
MASCULINE	أَسِيئُوا	أَسِينَا	أَسِئْ	PASSIVE PARTICIPLE	مُسَاءٌ
FEMININE	أَسِئْنَ	أَسِينَا	أَسِيئِي	VERBAL NOUN	إِسَاءَةٌ

PASSIVE

PLURAL	DUAL	SINGULAR	SUBJUNCTIVE	PLURAL	DUAL	SINGULAR	PERFECT		
يُسَاؤُوا	يُسَاءَا	يُسَاءَ		أُسِيئُوا	أُسِيئَا	أُسِيءَ	MASCULINE	3
يُسَأْنَ	تُسَاءَا	تُسَاءَ		أُسِئْنَ	أُسِيئَا	أُسِيئَتْ	FEMININE	
تُسَاؤُوا	تُسَاءَا	تُسَاءَ		أُسِئْتُمْ	أُسِئْتُمَا	أُسِئْتَ	MASCULINE	2
تُسَأْنَ	تُسَاءَا	تُسَائِي		أُسِئْتُنَّ	أُسِئْتُمَا	أُسِئْتِ	FEMININE	
نُسَاءَ	---	أُسَاءَ		أُسِئْنَا	---	أُسِئْتُ		1

PLURAL	DUAL	SINGULAR	JUSSIVE	PLURAL	DUAL	SINGULAR	IMPERFECT		
يُسَاؤُوا	يُسَاءَا	يُسَأْ		يُسَاؤُونَ	يُسَاءَان	يُسَاءُ	MASCULINE	3
يُسَأْنَ	تُسَاءَا	تُسَأْ		يُسَأْنَ	تُسَاءَان	تُسَاءُ	FEMININE	
تُسَاؤُوا	تُسَاءَا	تُسَأْ		تُسَاؤُونَ	تُسَاءَان	تُسَاءُ	MASCULINE	2
تُسَأْنَ	تُسَاءَا	تُسَائِي		تُسَأْنَ	تُسَاءَان	تُسَائِينَ	FEMININE	
نُسَأْ	---	أُسَأْ		نُسَاءُ	---	أُسَاءُ		1

Don't *wrong* your country.	لا تُسِئْ في حق وطنك.
Mufid *hurt* lhab's reputation when he accused him of pilfering.	أَسَاءَ مفيد لسمعة إيهاب عندما اتّهمه بالإختلاس.
Pardon me for *thinking ill* [literally: *harming the thought*] of you.	عفوًا لقد أَسَأْتُ الظن بك.

Form VIII سوء ● إسْتَاء to be annoyed

ACTIVE

PLURAL	DUAL	SINGULAR	SUBJUNCTIVE	PLURAL	DUAL	SINGULAR	PERFECT		
يَسْتَاؤُوا	يَسْتَاءَا	يَسْتَاءَ		إسْتَاؤُوا	إسْتَاءَا	إسْتَاءَ	MASCULINE	3
يَسْتَأْنَ	تَسْتَاءَا	تَسْتَاءَ		إسْتَأْنَ	إسْتَاءَتَا	إسْتَاءَتْ	FEMININE	
تَسْتَاؤُوا	تَسْتَاءَا	تَسْتَاءَ		إسْتَأْتُمْ	إسْتَأْتُمَا	إسْتَأْتَ	MASCULINE	2
تَسْتَأْنَ	تَسْتَاءَا	تَسْتَائِي		إسْتَأْتُنَّ	إسْتَأْتُمَا	إسْتَأْتِ	FEMININE	
نَسْتَاءَ	---	أَسْتَاءَ		إسْتَأْنَا	---	إسْتَأْتُ		1

يَسْتَاؤُوا	يَسْتَاءَا	يَسْتَأْ	يَسْتَأْ		يَسْتَاؤُونَ	يَسْتَاءَانِ	يَسْتَاءُ	يَسْتَاءُ	MASCULINE	3
يَسْتَأْنَ	تَسْتَاءَا		تَسْتَأْ		يَسْتَأْنَ	تَسْتَاءَانِ		تَسْتَاءُ	FEMININE	
تَسْتَاؤُوا	تَسْتَاءَا	تَسْتَأْ	تَسْتَأْ		تَسْتَاؤُونَ	تَسْتَاءَانِ	تَسْتَاءُ	تَسْتَاءُ	MASCULINE	2
تَسْتَأْنَ	تَسْتَاءَا	تَسْتَائِي			تَسْتَأْنَ	تَسْتَاءَانِ	تَسْتَائِينَ		FEMININE	
نَسْتَأْ		أَسْتَأْ	---		نَسْتَاءُ	---	أَسْتَاءُ		1	

IMPERATIVE

مُسْتَاءٌ	ACTIVE PARTICIPLE

إِسْتَاؤُوا	إِسْتَاءَا	إِسْتَأْ	إِسْتَأْ	MASCULINE
إِسْتَأْنَ	إِسْتَاءَا	إِسْتَائِي		FEMININE

---	PASSIVE PARTICIPLE
إِسْتِيَاءٌ	VERBAL NOUN

The director *was displeased* by the report that was written about the company.

إِسْتَاءَ المدير من التقرير المكتوب عن الشركة.

Don't *take offense* at what I just said.

لا تَسْتَأْ بسبب ما قلته.

Form I سود   to rule, predominate سَادَ ●

ACTIVE

PLURAL	DUAL	SINGULAR	**SUBJUNCTIVE**	PLURAL	DUAL	SINGULAR	**PERFECT**		
يَسُودُوا	يَسُودَا	يَسُودَ	يَسُودَ	سَادُوا	سَادَا	سَادَ	سَادَ	MASCULINE	3
يَسُدْنَ	تَسُودَا	تَسُودَ	تَسُودَ	سُدْنَ	سَادَتَا	سَادَتْ	سَادَتْ	FEMININE	
تَسُودُوا	تَسُودَا	تَسُودَ	تَسُودَ	سُدْتُمْ	سُدْتُمَا	سُدْتَ	سُدْتَ	MASCULINE	2
تَسُدْنَ	تَسُودَا	تَسُودِي	تَسُودَ	سُدْتُنَّ	سُدْتُمَا	سُدْتِ	سُدْتِ	FEMININE	
نَسُودَ	---	أَسُودَ		سُدْنَا	---	سُدْتُ		1	

JUSSIVE   **IMPERFECT**

يَسُودُوا	يَسُودَا	يَسُدْ	يَسُدْ	يَسُودُونَ	يَسُودَانِ	يَسُودُ	يَسُودُ	MASCULINE	3
يَسُدْنَ	تَسُودَا	تَسُدْ	تَسُدْ	يَسُدْنَ	تَسُودَانِ	تَسُودُ	تَسُودُ	FEMININE	
تَسُودُوا	تَسُودَا	تَسُدْ	تَسُدْ	تَسُودُونَ	تَسُودَانِ	تَسُودُ	تَسُودُ	MASCULINE	2
تَسُدْنَ	تَسُودَا	تَسُودِي	تَسُدْ	تَسُدْنَ	تَسُودَانِ	تَسُودِينَ	تَسُودُ	FEMININE	
نَسُدْ	---	أَسُدْ		نَسُودُ	---	أَسُودُ		1	

IMPERATIVE

سَائِدٌ	ACTIVE PARTICIPLE

سُودُوا	سُودَا	سُدْ	MASCULINE
سُدْنَ	سُودَا	سُودِي	FEMININE

مَسُودٌ	PASSIVE PARTICIPLE
سِيَادَةً، سُؤْدُدٌ، سُوْدُدٌ	VERBAL NOUN

PASSIVE

PLURAL	DUAL	SINGULAR	SUBJUNCTIVE	PLURAL	DUAL	SINGULAR	PERFECT	
يُسَادُوا	يُسَادَا	يُسَادَ		سِيدُوا	سِيدَا	سِيدَ	MASCULINE	3
يُسَدْنَ	تُسَادَا	تُسَادَ		سِدْنَ	سِيدَتَا	سِيدَتْ	FEMININE	
تُسَادُوا	تُسَادَا	تُسَادَ		سِدْتُمْ	سِدْتُمَا	سِدْتَ	MASCULINE	2
تُسَدْنَ	تُسَادَا	تُسَادِي		سِدْتُنَّ	سِدْتُمَا	سِدْتِ	FEMININE	
نُسَادَ	---	أُسَادَ		سِدْنَا	---	سِدْتُ	1	

PLURAL	DUAL	SINGULAR	JUSSIVE	PLURAL	DUAL	SINGULAR	IMPERFECT	
يُسَادُوا	يُسَادَا	يُسَدْ		يُسَادُونَ	يُسَادَانِ	يُسَادُ	MASCULINE	3
يُسَدْنَ	تُسَادَا	تُسَدْ		يُسَدْنَ	تُسَادَانِ	تُسَادُ	FEMININE	
تُسَادُوا	تُسَادَا	تُسَدْ		تُسَادُونَ	تُسَادَانِ	تُسَادُ	MASCULINE	2
تُسَدْنَ	تُسَادَا	تُسَادِي		تُسَدْنَ	تُسَادَانِ	تُسَادِينَ	FEMININE	
نُسَدْ	---	أُسَدْ		نُسَادُ	---	أُسَادُ	1	

Complaining *prevailed* amid the group.	لقد سَادَ التذمر وسط الجماعة.
Who *will be master* of Somalia is unclear at this time.	من سَيَسُودُ على الصومال غير واضح في هذا التوقيت.

Form I سوي   ● سَوِيَ to equal

ACTIVE

PLURAL	DUAL	SINGULAR	SUBJUNCTIVE	PLURAL	DUAL	SINGULAR	PERFECT	
يَسْوَوْا	يَسْوَيَا	يَسْوَى		سَوُوا	سَوِيَا	سَوِيَ	MASCULINE	3
يَسْوَيْنَ	تَسْوَيَا	تَسْوَى		سَوِينَ	سَوِيَتَا	سَوِيَتْ	FEMININE	
تَسْوَوْا	تَسْوَيَا	تَسْوَى		سَوِيتُمْ	سَوِيتُمَا	سَوِيتَ	MASCULINE	2
تَسْوَيْنَ	تَسْوَيَا	تَسْوَيْ		سَوِيتُنَّ	سَوِيتُمَا	سَوِيتِ	FEMININE	
نَسْوَى	---	أَسْوَى		سَوِينَا	---	سَوِيتُ	1	

PLURAL	DUAL	SINGULAR	JUSSIVE	PLURAL	DUAL	SINGULAR	IMPERFECT	
يَسْوَوْا	يَسْوَيَا	يَسْوَ		يَسْوَوْنَ	يَسْوَيَانِ	يَسْوَى	MASCULINE	3
يَسْوَيْنَ	تَسْوَيَا	تَسْوَ		يَسْوَيْنَ	تَسْوَيَانِ	تَسْوَى	FEMININE	
تَسْوَوْا	تَسْوَيَا	تَسْوَ		تَسْوَوْنَ	تَسْوَيَانِ	تَسْوَى	MASCULINE	2
تَسْوَيْنَ	تَسْوَيَا	تَسْوَيْ		تَسْوَيْنَ	تَسْوَيَانِ	تَسْوَيْنَ	FEMININE	
نَسْوَ	---	أَسْوَ		نَسْوَى	---	أَسْوَى	1	

			IMPERATIVE			سَاوِ	ACTIVE PARTICIPLE
إِسْـوَوْا	إِسْـوَيَا	إِسْـوَ	MASCULINE		مَسْـنوِيّ		PASSIVE PARTICIPLE
إِسْـوَيْنَ	إِسْـوَيَا	إِسْـوَيْ	FEMININE		سَـوّى		VERBAL NOUN

PASSIVE

PLURAL	DUAL	SINGULAR	SUBJUNCTIVE	PLURAL	DUAL	SINGULAR	PERFECT	
يُسْـوَوْا	يُسْـوَيَا	يُسْـوَى		سُـوُوا	سُـوِيَا	سُـوِيَ	MASCULINE	3
يُسْـوَيْنَ	تُسْـوَيَا	تُسْـوَى		سُـوِينَ	سُـوِيَتَا	سُـوِيَتْ	FEMININE	
تُسْـوَوْا	تُسْـوَيَا	تُسْـوَى		سُـوِيتُمْ	سُـوِيتُمَا	سُـوِيتَ	MASCULINE	2
تُسْـوَيْنَ	تُسْـوَيَا	تُسْـوَيْ		سُـوِيتُنَّ	سُـوِيتُمَا	سُـوِيتِ	FEMININE	
نُسْـوَى	---	أُسْـوَى		سُـوِينَا	---	سُـوِيتُ		1

JUSSIVE / IMPERFECT

PLURAL	DUAL	SINGULAR	JUSSIVE	PLURAL	DUAL	SINGULAR	IMPERFECT	
يُسْـوَوْا	يُسْـوَيَا	يُسْـوَ		يُسْـوَوْنَ	يُسْـوَيَان	يُسْـوَى	MASCULINE	3
يُسْـوَيْنَ	تُسْـوَيَا	تُسْـوَ		يُسْـوَيْنَ	تُسْـوَيَان	تُسْـوَى	FEMININE	
تُسْـوَوْا	تُسْـوَيَا	تُسْـوَ		تُسْـوَوْنَ	تُسْـوَيَان	تُسْـوَى	MASCULINE	2
تُسْـوَيْنَ	تُسْـوَيَا	تُسْـوَيْ		تُسْـوَيْنَ	تُسْـوَيَان	تُسْـوَيْنَ	FEMININE	
نُسْـوَ	---	أُسْـوَ		نُسْـوَى	---	أُسْـوَى		1

This house *is worth* 100,000 riyals.	هذا البيت يَسْوَى ١٠٠,٠٠٠ ريال.
This *is worthless* [literally: *worth* nothing].	هذا لا يَسْوَى شيئا.
What you have lost *is worth* more than all the money in the world [literally: All the money in the world is not equal to what you have lost].	ما فقدته لا تَسْوَاهُ أموال الدنيا.

Form III سوي   to be equal; to make equal سَاوَى

ACTIVE

PLURAL	DUAL	SINGULAR	SUBJUNCTIVE	PLURAL	DUAL	SINGULAR	PERFECT	
يُسَاوُوا	يُسَاوِيَا	يُسَاوِيَ		سَاوَوْا	سَاوَيَا	سَاوَى	MASCULINE	3
يُسَاوِينَ	تُسَاوِيَا	تُسَاوِيَ		سَاوَيْنَ	سَاوَتَا	سَاوَتْ	FEMININE	
تُسَاوُوا	تُسَاوِيَا	تُسَاوِيَ		سَاوَيْتُمْ	سَاوَيْتُمَا	سَاوَيْتَ	MASCULINE	2
تُسَاوِينَ	تُسَاوِيَا	تُسَاوِي		سَاوَيْتُنَّ	سَاوَيْتُمَا	سَاوَيْتِ	FEMININE	
نُسَاوِيَ	---	أُسَاوِيَ		سَاوَيْنَا	---	سَاوَيْتُ		1

	JUSSIVE				IMPERFECT			
PLURAL	DUAL	SINGULAR		PLURAL	DUAL	SINGULAR		
يُسَاوُوا	يُسَاوِيَا	يُسَاوِ		يُسَاوُونَ	يُسَاوِيَان	يُسَاوِي	MASCULINE	3
تُسَاوِينَ	تُسَاوِيَا	تُسَاوِ		تُسَاوِينَ	تُسَاوِيَان	تُسَاوِي	FEMININE	
تُسَاوُوا	تُسَاوِيَا	تُسَاوِ		تُسَاوُونَ	تُسَاوِيَان	تُسَاوِي	MASCULINE	2
تُسَاوِينَ	تُسَاوِيَا	تُسَاوِي		تُسَاوِينَ	تُسَاوِيَان	تُسَاوِينَ	FEMININE	
نُسَاوِ	---	أُسَاوِ		نُسَاوِي	---	أُسَاوِي	1	

	IMPERATIVE					
				مُسَاوٍ	ACTIVE PARTICIPLE	
سَاوُوا	سَاوِيَا	سَاوِ	MASCULINE	مُسَاوًى	PASSIVE PARTICIPLE	
سَاوِينَ	سَاوِيَا	سَاوِي	FEMININE	مُسَاوَاةٌ	VERBAL NOUN	

PASSIVE

	SUBJUNCTIVE				PERFECT			
PLURAL	DUAL	SINGULAR		PLURAL	DUAL	SINGULAR		
يُسَاوَوْا	يُسَاوَيَا	يُسَاوَى		سُووُوا	سُووِيَا	سُووِيَ	MASCULINE	3
يُسَاوَيْنَ	يُسَاوَيَا	تُسَاوَى		سُووِينَ	سُووِيَتَا	سُووِيَتْ	FEMININE	
تُسَاوَوْا	تُسَاوَيَا	تُسَاوَى		سُووِيتُمْ	سُووِيتُمَا	سُووِيتَ	MASCULINE	2
تُسَاوَيْنَ	تُسَاوَيَا	تُسَاوَيْ		سُووِيتُنَّ	سُووِيتُمَا	سُووِيتِ	FEMININE	
نُسَاوَى	---	أُسَاوَى		سُووِينَا	---	سُووِيتُ	1	

	JUSSIVE				IMPERFECT			
PLURAL	DUAL	SINGULAR		PLURAL	DUAL	SINGULAR		
يُسَاوَوْا	يُسَاوَيَا	يُسَاوَ		يُسَاوَوْنَ	يُسَاوَيَان	يُسَاوَى	MASCULINE	3
يُسَاوَيْنَ	يُسَاوَيَا	تُسَاوَ		يُسَاوَيْنَ	يُسَاوَيَان	تُسَاوَى	FEMININE	
تُسَاوَوْا	تُسَاوَيَا	تُسَاوَ		تُسَاوَوْنَ	تُسَاوَيَان	تُسَاوَى	MASCULINE	2
تُسَاوَيْنَ	تُسَاوَيَا	تُسَاوَيْ		تُسَاوَيْنَ	تُسَاوَيَان	تُسَاوَيْنَ	FEMININE	
نُسَاوَ	---	أُسَاوَ		نُسَاوَى	---	أُسَاوَى	1	

One plus one *equals* two.

واحد زائد واحد يُساوِي اثنين.

You cannot *put* the good and the bad *on an equal footing*.

لا تُسَاوِ بين الشرير والطيب.

234

Form I سير   سَارَ to travel ●

ACTIVE

PLURAL	DUAL	SINGULAR	SUBJUNCTIVE	PLURAL	DUAL	SINGULAR	PERFECT	
يَسِيرُوا	يَسِيرَا	يَسِيرَ		سَارُوا	سَارَا	سَارَ	MASCULINE	3
يَسِرْنَ	تَسِيرَا	تَسِيرَ		سِرْنَ	سَارَتَا	سَارَتْ	FEMININE	
تَسِيرُوا	تَسِيرَا	تَسِيرَ		سِرْتُمْ	سِرْتُمَا	سِرْتَ	MASCULINE	2
تَسِرْنَ	تَسِيرَا	تَسِيرِي		سِرْتُنَّ	سِرْتُمَا	سِرْتِ	FEMININE	
نَسِيرَ	---	أَسِيرَ		سِرْنَا	---	سِرْتُ		1

JUSSIVE   IMPERFECT

PLURAL	DUAL	SINGULAR	JUSSIVE	PLURAL	DUAL	SINGULAR	IMPERFECT	
يَسِيرُوا	يَسِيرَا	يَسِرْ		يَسِيرُونَ	يَسِيرَانِ	يَسِيرُ	MASCULINE	3
يَسِرْنَ	يَسِيرَا	تَسِرْ		يَسِرْنَ	تَسِيرَانِ	تَسِيرُ	FEMININE	
تَسِيرُوا	تَسِيرَا	تَسِرْ		تَسِيرُونَ	تَسِيرَانِ	تَسِيرُ	MASCULINE	2
تَسِرْنَ	تَسِيرَا	تَسِيرِي		تَسِرْنَ	تَسِيرَانِ	تَسِيرِينَ	FEMININE	
نَسِرْ	---	أَسِرْ		نَسِيرُ	---	أَسِيرُ		1

IMPERATIVE

PLURAL	DUAL	SINGULAR	IMPERATIVE
سِيرُوا	سِيرَا	سِرْ	MASCULINE
سِرْنَ	سِيرَا	سِيرِي	FEMININE

سَائِرٌ	ACTIVE PARTICIPLE
---	PASSIVE PARTICIPLE
سَيْرٌ، مَسِيرٌ، مَسِيرَةٌ	VERBAL NOUN

How *shall we go* to the restaurant? We'll go on foot.
   كيف سنذهب للمطعم؟ - سَنَسِيرُ على الأقدام.

I'm afraid that the projects *might* not *go* as we planned.
   أخاف ألا تَسِيرَ المشاريع كما خططنا لها.

How did the trip *go*?
   كيف سَارَتْ الرحلة؟

March! [military command]
   سِرْ!

The work is in full swing [literally: *is going* on foot and shank].
   العمل يَسِيرُ على قدم وساق.

The woman lived a life of probity [literally: *traveled* a good life course].
   سَارَتْ المرأة سِيرَةً حسنة.

Form I سيطر

● سَيْطَرَ to control

ACTIVE

		PERFECT SINGULAR	DUAL	PLURAL	SUBJUNCTIVE SINGULAR	DUAL	PLURAL
3	MASCULINE	سَيْطَرَ	سَيْطَرَا	سَيْطَرُوا	يُسَيْطِرَ	يُسَيْطِرَا	يُسَيْطِرُوا
	FEMININE	سَيْطَرَتْ	سَيْطَرَتَا	سَيْطَرْنَ	تُسَيْطِرَ	تُسَيْطِرَا	يُسَيْطِرْنَ
2	MASCULINE	سَيْطَرْتَ	سَيْطَرْتُمَا	سَيْطَرْتُمْ	تُسَيْطِرَ	تُسَيْطِرَا	تُسَيْطِرُوا
	FEMININE	سَيْطَرْتِ	سَيْطَرْتُمَا	سَيْطَرْتُنَّ	تُسَيْطِرِي	تُسَيْطِرَا	تُسَيْطِرْنَ
1		سَيْطَرْتُ	---	سَيْطَرْنَا	أُسَيْطِرَ	---	نُسَيْطِرَ

		IMPERFECT SINGULAR	DUAL	PLURAL	JUSSIVE SINGULAR	DUAL	PLURAL
3	MASCULINE	يُسَيْطِرُ	يُسَيْطِرَانِ	يُسَيْطِرُونَ	يُسَيْطِرْ	يُسَيْطِرَا	يُسَيْطِرُوا
	FEMININE	تُسَيْطِرُ	تُسَيْطِرَانِ	يُسَيْطِرْنَ	تُسَيْطِرْ	تُسَيْطِرَا	يُسَيْطِرْنَ
2	MASCULINE	تُسَيْطِرُ	تُسَيْطِرَانِ	تُسَيْطِرُونَ	تُسَيْطِرْ	تُسَيْطِرَا	تُسَيْطِرُوا
	FEMININE	تُسَيْطِرِينَ	تُسَيْطِرَانِ	تُسَيْطِرْنَ	تُسَيْطِرِي	تُسَيْطِرَا	تُسَيْطِرْنَ
1		أُسَيْطِرُ	---	نُسَيْطِرُ	أُسَيْطِرْ	---	نُسَيْطِرْ

ACTIVE PARTICIPLE	مُسَيْطِرٌ
PASSIVE PARTICIPLE	---
VERBAL NOUN	سَيْطَرَةٌ

IMPERATIVE	SINGULAR	DUAL	PLURAL
MASCULINE	سَيْطِرْ	سَيْطِرَا	سَيْطِرُوا
FEMININE	سَيْطِرِي	سَيْطِرَا	سَيْطِرْنَ

Terror *took hold* of all the people of the town.

سَيْطَرَ الرعب على كل أهل المدينة.

Does freedom mean that no one *controls* you?

هل معنى الحرية هو ألا يُسَيطِرَ أحد عليك؟

Do you think that the government will *take charge of* the problem of health insurance?

هل تعتقد أن الحكومة سَتُسَيطِرُ علي مشكلة التأمين الصحي؟

ACTIVE

PLURAL	DUAL	SINGULAR	SUBJUNCTIVE	PLURAL	DUAL	SINGULAR	PERFECT	
يَشْجُبُوا	يَشْجُبَا	يَشْجُبَ		شَجَبُوا	شَجَبَا	شَجَبَ	MASCULINE	3
يَشْجُبْنَ	تَشْجُبَا	تَشْجُبَ		شَجَبْنَ	شَجَبَتَا	شَجَبَتْ	FEMININE	
تَشْجُبُوا	تَشْجُبَا	تَشْجُبَ		شَجَبْتُمْ	شَجَبْتُمَا	شَجَبْتَ	MASCULINE	2
تَشْجُبْنَ	تَشْجُبَا	تَشْجُبِي		شَجَبْتُنَّ	شَجَبْتُمَا	شَجَبْتِ	FEMININE	
نَشْجُبَ	---	أَشْجُبَ		شَجَبْنَا	---	شَجَبْتُ		1

PLURAL	DUAL	SINGULAR	JUSSIVE	PLURAL	DUAL	SINGULAR	IMPERFECT	
يَشْجُبُوا	يَشْجُبَا	يَشْجُبْ		يَشْجُبُونَ	يَشْجُبَانِ	يَشْجُبُ	MASCULINE	3
يَشْجُبْنَ	تَشْجُبَا	تَشْجُبْ		يَشْجُبْنَ	تَشْجُبَانِ	تَشْجُبُ	FEMININE	
تَشْجُبُوا	تَشْجُبَا	تَشْجُبْ		تَشْجُبُونَ	تَشْجُبَانِ	تَشْجُبُ	MASCULINE	2
تَشْجُبْنَ	تَشْجُبَا	تَشْجُبِي		تَشْجُبْنَ	تَشْجُبَانِ	تَشْجُبِينَ	FEMININE	
نَشْجُبْ	---	أَشْجُبْ		نَشْجُبُ	---	أَشْجُبُ		1

			IMPERATIVE					
					شَاجِبٌ		ACTIVE PARTICIPLE	
أُشْجُبُوا	أُشْجُبَا	أُشْجُبْ	MASCULINE		مَشْجُوبٌ		PASSIVE PARTICIPLE	
أُشْجُبْنَ	أُشْجُبَا	أُشْجُبِي	FEMININE		شَجْبٌ		VERBAL NOUN	

PASSIVE

PLURAL	DUAL	SINGULAR	SUBJUNCTIVE	PLURAL	DUAL	SINGULAR	PERFECT	
يُشْجَبُوا	يُشْجَبَا	يُشْجَبَ		شُجِبُوا	شُجِبَا	شُجِبَ	MASCULINE	3
تُشْجَبْنَ	تُشْجَبَا	تُشْجَبَ		شُجِبْنَ	شُجِبَتَا	شُجِبَتْ	FEMININE	
تُشْجَبُوا	تُشْجَبَا	تُشْجَبَ		شُجِبْتُمْ	شُجِبْتُمَا	شُجِبْتَ	MASCULINE	2
تُشْجَبْنَ	تُشْجَبَا	تُشْجَبِي		شُجِبْتُنَّ	شُجِبْتُمَا	شُجِبْتِ	FEMININE	
نُشْجَبَ	---	أُشْجَبَ		شُجِبْنَا	---	شُجِبْتُ		1

PLURAL	DUAL	SINGULAR	JUSSIVE	PLURAL	DUAL	SINGULAR	IMPERFECT	
يُشْجَبُوا	يُشْجَبَا	يُشْجَبْ		يُشْجَبُونَ	يُشْجَبَانِ	يُشْجَبُ	MASCULINE	3
تُشْجَبْنَ	تُشْجَبَا	تُشْجَبْ		يُشْجَبْنَ	تُشْجَبَانِ	تُشْجَبُ	FEMININE	
تُشْجَبُوا	تُشْجَبَا	تُشْجَبْ		تُشْجَبُونَ	تُشْجَبَانِ	تُشْجَبُ	MASCULINE	2
تُشْجَبْنَ	تُشْجَبَا	تُشْجَبِي		تُشْجَبْنَ	تُشْجَبَانِ	تُشْجَبِينَ	FEMININE	
نُشْجَبْ	---	أُشْجَبْ		نُشْجَبُ	---	أُشْجَبُ		1

Many governments *have condemned* the violence that is taking place in the world.	شَجَبَتْ العديد من الحكومات العنف الدائر في العالم.
We condemn and denounce the torture of prisoners.	نحن نَشْجُبُ وندين تعذيب المساجين.
Don't criticize something about which you don't know all the details.	لا تَشْجُبْ شيئًا لا تعرف كل التفاصيل عنه.

Form II شجع   to encourage شَجَّعَ ●

ACTIVE

PLURAL	DUAL	SINGULAR	SUBJUNCTIVE	PLURAL	DUAL	SINGULAR	PERFECT	
يُشَجَّعُوا	يُشَجَّعَا	يُشَجَّعَ		شَجَّعُوا	شَجَّعَا	شَجَّعَ	MASCULINE	3
يُشَجَّعْنَ	تُشَجَّعَا	تُشَجَّعَ		شَجَّعْنَ	شَجَّعَتَا	شَجَّعَتْ	FEMININE	
تُشَجَّعُوا	تُشَجَّعَا	تُشَجَّعَ		شَجَّعْتُمْ	شَجَّعْتُمَا	شَجَّعْتَ	MASCULINE	2
تُشَجَّعْنَ	تُشَجَّعَا	تُشَجَّعِي		شَجَّعْتُنَّ	شَجَّعْتُمَا	شَجَّعْتِ	FEMININE	
نُشَجَّعَ	---	أُشَجَّعَ		شَجَّعْنَا	---	شَجَّعْتُ		1

PLURAL	DUAL	SINGULAR	JUSSIVE	PLURAL	DUAL	SINGULAR	IMPERFECT	
يُشَجَّعُوا	يُشَجَّعَا	يُشَجَّعْ		يُشَجَّعُونَ	يُشَجَّعَانِ	يُشَجَّعُ	MASCULINE	3
يُشَجَّعْنَ	تُشَجَّعَا	تُشَجَّعْ		يُشَجَّعْنَ	تُشَجَّعَانِ	تُشَجَّعُ	FEMININE	
تُشَجَّعُوا	تُشَجَّعَا	تُشَجَّعْ		تُشَجَّعُونَ	تُشَجَّعَانِ	تُشَجَّعُ	MASCULINE	2
تُشَجَّعْنَ	تُشَجَّعَا	تُشَجَّعِي		تُشَجَّعْنَ	تُشَجَّعَانِ	تُشَجَّعِينَ	FEMININE	
نُشَجَّعْ	---	أُشَجَّعْ		نُشَجَّعُ	---	أُشَجَّعُ		1

			IMPERATIVE				
				مُشَجِّعٌ	ACTIVE PARTICIPLE		
شَجِّعُوا	شَجِّعَا	شَجِّعْ	MASCULINE	مُشَجَّعٌ	PASSIVE PARTICIPLE		
شَجِّعْنَ	شَجِّعَا	شَجِّعِي	FEMININE	تَشْجِيعٌ	VERBAL NOUN		

PASSIVE

PLURAL	DUAL	SINGULAR	SUBJUNCTIVE	PLURAL	DUAL	SINGULAR	PERFECT	
يُشَجَّعُوا	يُشَجَّعَا	يُشَجَّعَ		شُجِّعُوا	شُجِّعَا	شُجِّعَ	MASCULINE	3
يُشَجَّعْنَ	تُشَجَّعَا	تُشَجَّعَ		شُجِّعْنَ	شُجِّعَتَا	شُجِّعَتْ	FEMININE	
تُشَجَّعُوا	تُشَجَّعَا	تُشَجَّعَ		شُجِّعْتُمْ	شُجِّعْتُمَا	شُجِّعْتَ	MASCULINE	2
تُشَجَّعْنَ	تُشَجَّعَا	تُشَجَّعِي		شُجِّعْتُنَّ	شُجِّعْتُمَا	شُجِّعْتِ	FEMININE	
نُشَجَّعَ	---	أُشَجَّعَ		شُجِّعْنَا	---	شُجِّعْتُ		1

		IMPERFECT			JUSSIVE		
3	MASCULINE	يُشَجِّعُ	يُشَجِّعَانِ	يُشَجِّعُونَ	يُشَجِّعْ	يُشَجِّعَا	يُشَجِّعُوا
	FEMININE	تُشَجِّعُ	تُشَجِّعَانِ	يُشَجِّعْنَ	تُشَجِّعْ	تُشَجِّعَا	يُشَجِّعْنَ
2	MASCULINE	تُشَجِّعُ	تُشَجِّعَانِ	تُشَجِّعُونَ	تُشَجِّعْ	تُشَجِّعَا	تُشَجِّعُوا
	FEMININE	تُشَجِّعِينَ	تُشَجِّعَانِ	تُشَجِّعْنَ	تُشَجِّعِي	تُشَجِّعَا	تُشَجِّعْنَ
1		أُشَجِّعُ	---	نُشَجِّعُ	أُشَجِّعْ	---	نُشَجِّعْ

These words of praise *have heartened* me. — لقد شَجَّعَتْنِي كلمات المديح هذه.

The pupil needs someone *to encourage him* to apply himself to studying. — يحتاج الطالب لمن يُشَجِّعُهُ على الاجتهاد في المذاكرة.

The match's spectators *cheered* their team *on* warmly. — شَجَّعَ مشاهدو المباراة فريقهم بحرارة.

Form I شدد — to strengthen شَدَّ

ACTIVE

		PERFECT SINGULAR	DUAL	PLURAL	SUBJUNCTIVE SINGULAR	DUAL	PLURAL
3	MASCULINE	شَدَّ	شَدَّا	شَدُّوا	يَشِدَّ	يَشِدَّا	يَشِدُّوا
	FEMININE	شَدَّتْ	شَدَّتَا	شَدَدْنَ	تَشِدَّ	تَشِدَّا	يَشْدِدْنَ
2	MASCULINE	شَدَدْتَ	شَدَدْتُمَا	شَدَدْتُمْ	تَشِدَّ	تَشِدَّا	تَشِدُّوا
	FEMININE	شَدَدْتِ	شَدَدْتُمَا	شَدَدْتُنَّ	تَشِدِّي	تَشِدَّا	تَشْدِدْنَ
1		شَدَدْتُ	---	شَدَدْنَا	أَشِدَّ	---	نَشِدَّ

		IMPERFECT			*JUSSIVE		
3	MASCULINE	يَشِدُّ	يَشِدَّانِ	يَشِدُّونَ	يَشْدِدْ	يَشِدَّا	يَشِدُّوا
	FEMININE	تَشِدُّ	تَشِدَّانِ	يَشْدِدْنَ	تَشْدِدْ	تَشِدَّا	يَشْدِدْنَ
2	MASCULINE	تَشِدُّ	تَشِدَّانِ	تَشِدُّونَ	تَشْدِدْ	تَشِدَّا	تَشِدُّوا
	FEMININE	تَشِدِّينَ	تَشِدَّانِ	تَشْدِدْنَ	تَشِدِّي	تَشِدَّا	تَشْدِدْنَ
1		أَشِدُّ	---	نَشِدُّ	أَشْدِدْ	---	نَشْدِدْ

ACTIVE PARTICIPLE	شَادٌّ
PASSIVE PARTICIPLE	مَشْدُودٌ
VERBAL NOUN	شِدَّةٌ

**IMPERATIVE

	SINGULAR	DUAL	PLURAL
MASCULINE	إِشْدِدْ	إِشْدِدَا	إِشْدِدُوا
FEMININE	إِشْدِدِي	إِشْدِدَا	إِشْدِدْنَ

* Contracted form: يَشِدَّ, تَشِدَّ, تَشِدَّ, تَشِدِّي, أَشِدَّ...نَشِدَّ

** Contracted form: شُدَّ, شُدِّي, شُدَّا, شُدُّوا...

PASSIVE

PERFECT		SINGULAR	DUAL	PLURAL	SUBJUNCTIVE SINGULAR	DUAL	PLURAL
3	MASCULINE	شُدَّ	شُدَّا	شُدُّوا	يُشَدَّ	يُشَدَّا	يُشَدُّوا
	FEMININE	شُدَّتْ	شُدَّتَا	شُدِدْنَ	تُشَدَّ	تُشَدَّا	يُشْدَدْنَ
2	MASCULINE	شُدِدْتَ	شُدِدْتُمَا	شُدِدْتُمْ	تُشَدَّ	تُشَدَّا	تُشَدُّوا
	FEMININE	شُدِدْتِ	شُدِدْتُمَا	شُدِدْتُنَّ	تُشَدِّي	تُشَدَّا	تُشْدَدْنَ
1		شُدِدْتُ	---	شُدِدْنَا	أُشَدَّ	---	نُشَدَّ

IMPERFECT		SINGULAR	DUAL	PLURAL	*JUSSIVE SINGULAR	DUAL	PLURAL
3	MASCULINE	يُشَدُّ	يُشَدَّانِ	يُشَدُّونَ	يُشْدَدْ	يُشَدَّا	يُشَدُّوا
	FEMININE	تُشَدُّ	تُشَدَّانِ	يُشْدَدْنَ	تُشْدَدْ	تُشَدَّا	يُشْدَدْنَ
2	MASCULINE	تُشَدُّ	تُشَدَّانِ	تُشَدُّونَ	تُشْدَدْ	تُشَدَّا	تُشَدُّوا
	FEMININE	تُشَدِّينَ	تُشَدَّانِ	تُشْدَدْنَ	تُشَدِّي	تُشَدَّا	تُشْدَدْنَ
1		أُشَدُّ	---	نُشَدُّ	أُشْدَدْ	---	نُشْدَدْ

شَدَّتْ الأم من عزائم أبنائها.
The mother *strengthened* her sons' resolution.

المسافرون في السيارات يَشُدُّونَ أحزمة الأمان.
Passengers in cars *fasten* seat belts.

شَدَّ المعزّون على يديه في جنازة أبيه.
The consolers *gripped* his hand at his father's funeral.

Form VIII شدد to be strong; to intensify إِشْتَدَّ ●

ACTIVE

PERFECT		SINGULAR	DUAL	PLURAL	SUBJUNCTIVE SINGULAR	DUAL	PLURAL
3	MASCULINE	إِشْتَدَّ	إِشْتَدَّا	إِشْتَدُّوا	يَشْتَدَّ	يَشْتَدَّا	يَشْتَدُّوا
	FEMININE	إِشْتَدَّتْ	إِشْتَدَّتَا	إِشْتَدَدْنَ	تَشْتَدَّ	تَشْتَدَّا	يَشْتَدِدْنَ
2	MASCULINE	إِشْتَدَدْتَ	إِشْتَدَدْتُمَا	إِشْتَدَدْتُمْ	تَشْتَدَّ	تَشْتَدَّا	تَشْتَدُّوا
	FEMININE	إِشْتَدَدْتِ	إِشْتَدَدْتُمَا	إِشْتَدَدْتُنَّ	تَشْتَدِّي	تَشْتَدَّا	تَشْتَدِدْنَ
1		إِشْتَدَدْتُ	---	إِشْتَدَدْنَا	أَشْتَدَّ	---	نَشْتَدَّ

* Contracted form: يُشَدَّ, تُشَدَّ, تُشَدَّ, تُشَدِّي, أُشَدَّ...نُشَدَّ

IMPERFECT

		SINGULAR	DUAL	PLURAL
3	MASCULINE	يَشْتَدُّ	يَشْتَدَّانِ	يَشْتَدُّونَ
	FEMININE	تَشْتَدُّ	تَشْتَدَّانِ	يَشْتَدِدْنَ
2	MASCULINE	تَشْتَدُّ	تَشْتَدَّانِ	تَشْتَدُّونَ
	FEMININE	تَشْتَدِّينَ	تَشْتَدَّانِ	تَشْتَدِدْنَ
1		أَشْتَدُّ	---	نَشْتَدُّ

*JUSSIVE

		SINGULAR	DUAL	PLURAL
3	MASCULINE	يَشْتَدِدْ	يَشْتَدَّا	يَشْتَدُّوا
	FEMININE	تَشْتَدِدْ	تَشْتَدَّا	يَشْتَدِدْنَ
2	MASCULINE	تَشْتَدِدْ	تَشْتَدَّا	تَشْتَدُّوا
	FEMININE	تَشْتَدِّي	تَشْتَدَّا	تَشْتَدِدْنَ
1		أَشْتَدِدْ	---	نَشْتَدِدْ

ACTIVE PARTICIPLE	مُشْتَدٌّ
PASSIVE PARTICIPLE	مُشْتَدٌّ
VERBAL NOUN	إِشْتِدَادٌ

IMPERATIVE

	SINGULAR	DUAL	PLURAL
MASCULINE	إِشْتَدِدْ**	إِشْتَدَّا	إِشْتَدُّوا
FEMININE	إِشْتَدِّي	إِشْتَدَّا	إِشْتَدِدْنَ

إِشْتَدَّتْ حرارة الجو فهربت الناس إلى الشواطئ.
The heat *became intense*, and people fled to the beaches.

إِشْتَدَّ عليه المرض.
His illness *took a turn for the worse*.

Form I شرب — to drink شَرِبَ

ACTIVE

PERFECT

		SINGULAR	DUAL	PLURAL
3	MASCULINE	شَرِبَ	شَرِبَا	شَرِبُوا
	FEMININE	شَرِبَتْ	شَرِبَتَا	شَرِبْنَ
2	MASCULINE	شَرِبْتَ	شَرِبْتُمَا	شَرِبْتُمْ
	FEMININE	شَرِبْتِ	شَرِبْتُمَا	شَرِبْتُنَّ
1		شَرِبْتُ	---	شَرِبْنَا

SUBJUNCTIVE

		SINGULAR	DUAL	PLURAL
3	MASCULINE	يَشْرَبَ	يَشْرَبَا	يَشْرَبُوا
	FEMININE	تَشْرَبَ	تَشْرَبَا	يَشْرَبْنَ
2	MASCULINE	تَشْرَبَ	تَشْرَبَا	تَشْرَبُوا
	FEMININE	تَشْرَبِي	تَشْرَبَا	تَشْرَبْنَ
1		أَشْرَبَ	---	نَشْرَبَ

IMPERFECT

		SINGULAR	DUAL	PLURAL
3	MASCULINE	يَشْرَبُ	يَشْرَبَانِ	يَشْرَبُونَ
	FEMININE	تَشْرَبُ	تَشْرَبَانِ	يَشْرَبْنَ
2	MASCULINE	تَشْرَبُ	تَشْرَبَانِ	تَشْرَبُونَ
	FEMININE	تَشْرَبِينَ	تَشْرَبَانِ	تَشْرَبْنَ
1		أَشْرَبُ	---	نَشْرَبُ

JUSSIVE

		SINGULAR	DUAL	PLURAL
3	MASCULINE	يَشْرَبْ	يَشْرَبَا	يَشْرَبُوا
	FEMININE	تَشْرَبْ	تَشْرَبَا	يَشْرَبْنَ
2	MASCULINE	تَشْرَبْ	تَشْرَبَا	تَشْرَبُوا
	FEMININE	تَشْرَبِي	تَشْرَبَا	تَشْرَبْنَ
1		أَشْرَبْ	---	نَشْرَبْ

ACTIVE PARTICIPLE	شَارِبٌ
PASSIVE PARTICIPLE	مَشْرُوبٌ
VERBAL NOUN	شُرْبٌ

IMPERATIVE

	SINGULAR	DUAL	PLURAL
MASCULINE	إِشْرَبْ	إِشْرَبَا	إِشْرَبُوا
FEMININE	إِشْرَبِي	إِشْرَبَا	إِشْرَبْنَ

* Contracted form: يَشْتَدَّ, تَشْتَدَّ, تَشْتَدَّ, تَشْتَدِّي, يَشْتَدَّ...نَشْتَدَّ

** Contracted form: إِشْتَدَّ

PASSIVE

PLURAL	DUAL	SINGULAR	SUBJUNCTIVE	PLURAL	DUAL	SINGULAR	PERFECT	
يُشْرَبُوا	يُشْرَبَا	يُشْرَبَ		شُرِبُوا	شُرِبَا	شُرِبَ	MASCULINE	3
يُشْرَبْنَ	تُشْرَبَا	تُشْرَبَ		شُرِبْنَ	شُرِبَتَا	شُرِبَتْ	FEMININE	
تُشْرَبُوا	تُشْرَبَا	تُشْرَبَ		شُرِبْتُمْ	شُرِبْتُمَا	شُرِبْتَ	MASCULINE	2
تُشْرَبْنَ	تُشْرَبَا	تُشْرَبِي		شُرِبْتُنَّ	شُرِبْتُمَا	شُرِبْتِ	FEMININE	
نُشْرَبَ	---	أُشْرَبَ		شُرِبْنَا	---	شُرِبْتُ		1

PLURAL	DUAL	SINGULAR	JUSSIVE	PLURAL	DUAL	SINGULAR	IMPERFECT	
يُشْرَبُوا	يُشْرَبَا	يُشْرَبْ		يُشْرَبُونَ	يُشْرَبَانِ	يُشْرَبُ	MASCULINE	3
يُشْرَبْنَ	تُشْرَبَا	تُشْرَبْ		يُشْرَبْنَ	تُشْرَبَانِ	تُشْرَبُ	FEMININE	
تُشْرَبُوا	تُشْرَبَا	تُشْرَبْ		تُشْرَبُونَ	تُشْرَبَانِ	تُشْرَبُ	MASCULINE	2
تُشْرَبْنَ	تُشْرَبَا	تُشْرَبِي		تُشْرَبْنَ	تُشْرَبَانِ	تُشْرَبِينَ	FEMININE	
نُشْرَبْ	---	أُشْرَبْ		نُشْرَبُ	---	أُشْرَبُ		1

What would you like *to drink*? ماذا تحب أن تَشْرَبَ؟

Don't *smoke* [literally: *drink* smoke] in closed places. لا تَشْرَبْ الدخان في الأماكن المغلقة.

Let's *drink* a toast to the bride and groom. دعونا نَشْرَبْ نخب العريس وعروسه.

Form I شرح to expose, make clear; open (the heart) شَرَحَ ●

ACTIVE

PLURAL	DUAL	SINGULAR	SUBJUNCTIVE	PLURAL	DUAL	SINGULAR	PERFECT	
يَشْرَحُوا	يَشْرَحَا	يَشْرَحَ		شَرَحُوا	شَرَحَا	شَرَحَ	MASCULINE	3
يَشْرَحْنَ	تَشْرَحَا	تَشْرَحَ		شَرَحْنَ	شَرَحَتَا	شَرَحَتْ	FEMININE	
تَشْرَحُوا	تَشْرَحَا	تَشْرَحَ		شَرَحْتُمْ	شَرَحْتُمَا	شَرَحْتَ	MASCULINE	2
تَشْرَحْنَ	تَشْرَحَا	تَشْرَحِي		شَرَحْتُنَّ	شَرَحْتُمَا	شَرَحْتِ	FEMININE	
نَشْرَحَ	---	أَشْرَحَ		شَرَحْنَا	---	شَرَحْتُ		1

JUSSIVE				IMPERFECT				
يَشْرَحُوا	يَشْرَحَا	يَشْرَحْ		يَشْرَحُونَ	يَشْرَحَانِ	يَشْرَحُ	MASCULINE	3
تَشْرَحْنَ	يَشْرَحَا	تَشْرَحْ		يَشْرَحْنَ	تَشْرَحَانِ	تَشْرَحُ	FEMININE	
تَشْرَحُوا	تَشْرَحَا	تَشْرَحْ		تَشْرَحُونَ	تَشْرَحَانِ	تَشْرَحُ	MASCULINE	2
تَشْرَحْنَ	تَشْرَحَا	تَشْرَحِي		تَشْرَحْنَ	تَشْرَحَانِ	تَشْرَحِينَ	FEMININE	
نَشْرَحْ	---	أَشْرَحْ		نَشْرَحُ	---	أَشْرَحُ		1

			IMPERATIVE		
			شَارِحٌ	ACTIVE PARTICIPLE	
إِشْرَحُوا	إِشْرَحَا	إِشْرَحْ	MASCULINE	مَشْرُوحٌ	PASSIVE PARTICIPLE
إِشْرَحْنَ	إِشْرَحَا	إِشْرَحِي	FEMININE	شَرْحٌ	VERBAL NOUN

PASSIVE

PLURAL	DUAL	SINGULAR	SUBJUNCTIVE	PLURAL	DUAL	SINGULAR	PERFECT	
يُشْرَحُوا	يُشْرَحَا	يُشْرَحَ		شُرِحُوا	شُرِحَا	شُرِحَ	MASCULINE	3
تُشْرَحْنَ	يُشْرَحَا	تُشْرَحَ		شُرِحْنَ	شُرِحَتَا	شُرِحَتْ	FEMININE	
تُشْرَحُوا	تُشْرَحَا	تُشْرَحَ		شُرِحْتُمْ	شُرِحْتُمَا	شُرِحْتَ	MASCULINE	2
تُشْرَحْنَ	تُشْرَحَا	تُشْرَحِي		شُرِحْتُنَّ	شُرِحْتُمَا	شُرِحْتِ	FEMININE	
نُشْرَحَ	---	أُشْرَحَ		شُرِحْنَا	---	شُرِحْتُ		1

JUSSIVE				IMPERFECT				
يُشْرَحُوا	يُشْرَحَا	يُشْرَحْ		يُشْرَحُونَ	يُشْرَحَانِ	يُشْرَحُ	MASCULINE	3
تُشْرَحْنَ	يُشْرَحَا	تُشْرَحْ		يُشْرَحْنَ	تُشْرَحَانِ	تُشْرَحُ	FEMININE	
تُشْرَحُوا	تُشْرَحَا	تُشْرَحْ		تُشْرَحُونَ	تُشْرَحَانِ	تُشْرَحُ	MASCULINE	2
تُشْرَحْنَ	تُشْرَحَا	تُشْرَحِي		تُشْرَحْنَ	تُشْرَحَانِ	تُشْرَحِينَ	FEMININE	
نُشْرَحْ	---	أُشْرَحْ		نُشْرَحُ	---	أُشْرَحُ		1

The teacher *explained* the lesson to the students.

شَرَحَ المدرس الدرس للتلاميذ.

A sunny day *makes me happy* [literally: expands my chest].

اليوم المُشمس يَشْرَحُ لي صدري.

If you want *to delight* [literally: *to open* the heart of] your wife, buy her presents.

اذا أردت أن تَشْرَحَ خاطر زوجتك فاشترِ لها هدايا.

243

Form VIII شرط   ● إِشْتَرَطَ to stipulate

ACTIVE

PLURAL	DUAL	SINGULAR	SUBJUNCTIVE	PLURAL	DUAL	SINGULAR	PERFECT	
يَشْتَرِطُوا	يَشْتَرِطَا	يَشْتَرِطَ		إِشْتَرَطُوا	إِشْتَرَطَا	إِشْتَرَطَ	MASCULINE	3
يَشْتَرِطْنَ	تَشْتَرِطَا	تَشْتَرِطَ		إِشْتَرَطْنَ	إِشْتَرَطَتَا	إِشْتَرَطَتْ	FEMININE	
تَشْتَرِطُوا	تَشْتَرِطَا	تَشْتَرِطَ		إِشْتَرَطْتُمْ	إِشْتَرَطْتُمَا	إِشْتَرَطْتَ	MASCULINE	2
تَشْتَرِطْنَ	تَشْتَرِطَا	تَشْتَرِطِي		إِشْتَرَطْتُنَّ	إِشْتَرَطْتُمَا	إِشْتَرَطْتِ	FEMININE	
نَشْتَرِطَ	---	أَشْتَرِطَ		إِشْتَرَطْنَا	---	إِشْتَرَطْتُ	1	

PLURAL	DUAL	SINGULAR	JUSSIVE	PLURAL	DUAL	SINGULAR	IMPERFECT	
يَشْتَرِطُوا	يَشْتَرِطَا	يَشْتَرِطْ		يَشْتَرِطُونَ	يَشْتَرِطَانِ	يَشْتَرِطُ	MASCULINE	3
يَشْتَرِطْنَ	تَشْتَرِطَا	تَشْتَرِطْ		يَشْتَرِطْنَ	تَشْتَرِطَانِ	تَشْتَرِطُ	FEMININE	
تَشْتَرِطُوا	تَشْتَرِطَا	تَشْتَرِطْ		تَشْتَرِطُونَ	تَشْتَرِطَانِ	تَشْتَرِطُ	MASCULINE	2
تَشْتَرِطْنَ	تَشْتَرِطَا	تَشْتَرِطِي		تَشْتَرِطْنَ	تَشْتَرِطَانِ	تَشْتَرِطِينَ	FEMININE	
نَشْتَرِطْ	---	أَشْتَرِطْ		نَشْتَرِطُ	---	أَشْتَرِطُ	1	

PLURAL	DUAL	SINGULAR	IMPERATIVE		
إِشْتَرِطُوا	إِشْتَرِطَا	إِشْتَرِطْ	MASCULINE	مُشْتَرِطٌ	ACTIVE PARTICIPLE
إِشْتَرِطْنَ	إِشْتَرِطَا	إِشْتَرِطِي	FEMININE	مُشْتَرَطٌ	PASSIVE PARTICIPLE
				إِشْتِرَاطٌ	VERBAL NOUN

PASSIVE

PLURAL	DUAL	SINGULAR	SUBJUNCTIVE	PLURAL	DUAL	SINGULAR	PERFECT	
يُشْتَرَطُوا	يُشْتَرَطَا	يُشْتَرَطَ		أُشْتُرِطُوا	أُشْتُرِطَا	أُشْتُرِطَ	MASCULINE	3
يُشْتَرَطْنَ	تُشْتَرَطَا	تُشْتَرَطَ		أُشْتُرِطْنَ	أُشْتُرِطَتَا	أُشْتُرِطَتْ	FEMININE	
تُشْتَرَطُوا	تُشْتَرَطَا	تُشْتَرَطَ		أُشْتُرِطْتُمْ	أُشْتُرِطْتُمَا	أُشْتُرِطْتَ	MASCULINE	2
تُشْتَرَطْنَ	تُشْتَرَطَا	تُشْتَرَطِي		أُشْتُرِطْتُنَّ	أُشْتُرِطْتُمَا	أُشْتُرِطْتِ	FEMININE	
نُشْتَرَطَ	---	أُشْتَرَطَ		أُشْتُرِطْنَا	---	أُشْتُرِطْتُ	1	

PLURAL	DUAL	SINGULAR	JUSSIVE	PLURAL	DUAL	SINGULAR	IMPERFECT	
يُشْتَرَطُوا	يُشْتَرَطَا	يُشْتَرَطْ		يُشْتَرَطُونَ	يُشْتَرَطَانِ	يُشْتَرَطُ	MASCULINE	3
يُشْتَرَطْنَ	تُشْتَرَطَا	تُشْتَرَطْ		يُشْتَرَطْنَ	تُشْتَرَطَانِ	تُشْتَرَطُ	FEMININE	
تُشْتَرَطُوا	تُشْتَرَطَا	تُشْتَرَطْ		تُشْتَرَطُونَ	تُشْتَرَطَانِ	تُشْتَرَطُ	MASCULINE	2
تُشْتَرَطْنَ	تُشْتَرَطَا	تُشْتَرَطِي		تُشْتَرَطْنَ	تُشْتَرَطَانِ	تُشْتَرَطِينَ	FEMININE	
نُشْتَرَطْ	---	أُشْتَرَطْ		نُشْتَرَطُ	---	أُشْتَرَطُ	1	

We *stipulated* that they come early.	إِشْتَرَطْنَا عليهم الحضور مبكرًا.
You have to [literally: *It is a condition that you*] apologize to her.	يَشْتَرِط عليك الإعتذار لها.
An excellent knowledge of the Arabic language *is a prerequisite* to registering for the subject of pre-Islamic Arabic poetry.	أُشْتُرِطَتْ معرفة جيدة باللغة العربية قبل تسجيل مادة الشعر الجاهلي.

Form III شرك ● to share in, participate with شَارَكَ

ACTIVE

PLURAL	DUAL	SINGULAR	SUBJUNCTIVE	PLURAL	DUAL	SINGULAR	PERFECT	
يُشَارِكُوا	يُشَارِكَا	يُشَارِكَ		شَارَكُوا	شَارَكَا	شَارَكَ	MASCULINE	3
يُشَارِكْنَ	تُشَارِكَا	تُشَارِكَ		شَارَكْنَ	شَارَكَتَا	شَارَكَتْ	FEMININE	
تُشَارِكُوا	تُشَارِكَا	تُشَارِكَ		شَارَكْتُمْ	شَارَكْتُمَا	شَارَكْتَ	MASCULINE	2
تُشَارِكْنَ	تُشَارِكَا	تُشَارِكِي		شَارَكْتُنَّ	شَارَكْتُمَا	شَارَكْتِ	FEMININE	
نُشَارِكَ	---	أُشَارِكَ		شَارَكْنَا	---	شَارَكْتُ		1

PLURAL	DUAL	SINGULAR	JUSSIVE	PLURAL	DUAL	SINGULAR	IMPERFECT	
يُشَارِكُوا	يُشَارِكَا	يُشَارِكْ		يُشَارِكُونَ	يُشَارِكَانِ	يُشَارِكُ	MASCULINE	3
يُشَارِكْنَ	تُشَارِكَا	تُشَارِكْ		يُشَارِكْنَ	تُشَارِكَانِ	تُشَارِكُ	FEMININE	
تُشَارِكُوا	تُشَارِكَا	تُشَارِكْ		تُشَارِكُونَ	تُشَارِكَانِ	تُشَارِكُ	MASCULINE	2
تُشَارِكْنَ	تُشَارِكَا	تُشَارِكِي		تُشَارِكْنَ	تُشَارِكَانِ	تُشَارِكِينَ	FEMININE	
نُشَارِكْ	---	أُشَارِكْ		نُشَارِكُ	---	أُشَارِكُ		1

			IMPERATIVE		
				مُشَارِكٌ	ACTIVE PARTICIPLE
شَارِكُوا	شَارِكَا	شَارِكْ	MASCULINE	مُشَارَكٌ	PASSIVE PARTICIPLE
شَارِكْنَ	شَارِكَا	شَارِكِي	FEMININE	مُشَارَكَةٌ	VERBAL NOUN

PASSIVE

PLURAL	DUAL	SINGULAR	SUBJUNCTIVE	PLURAL	DUAL	SINGULAR	PERFECT	
يُشَارَكُوا	يُشَارَكَا	يُشَارَكَ		شُورِكُوا	شُورِكَا	شُورِكَ	MASCULINE	3
يُشَارَكْنَ	تُشَارَكَا	تُشَارَكَ		شُورِكْنَ	شُورِكَتَا	شُورِكَتْ	FEMININE	
تُشَارَكُوا	تُشَارَكَا	تُشَارَكَ		شُورِكْتُمْ	شُورِكْتُمَا	شُورِكْتَ	MASCULINE	2
تُشَارَكْنَ	تُشَارَكَا	تُشَارَكِي		شُورِكْتُنَّ	شُورِكْتُمَا	شُورِكْتِ	FEMININE	
نُشَارَكَ	---	أُشَارَكَ		شُورِكْنَا	---	شُورِكْتُ		1

	JUSSIVE PLURAL	DUAL	SINGULAR	IMPERFECT PLURAL	DUAL	SINGULAR		
	يُشَارَكُوا	يُشَارَكَا	يُشَارَكْ	يُشَارَكُونَ	يُشَارَكَانِ	يُشَارَكُ	MASCULINE	3
	يُشَارَكْنَ	تُشَارَكَا	تُشَارَكْ	يُشَارَكْنَ	تُشَارَكَانِ	تُشَارَكُ	FEMININE	
	تُشَارَكُوا	تُشَارَكَا	تُشَارَكْ	تُشَارَكُونَ	تُشَارَكَانِ	تُشَارَكُ	MASCULINE	2
	تُشَارَكْنَ	تُشَارَكِي	تُشَارَكْ	تُشَارَكْنَ	تُشَارَكَانِ	تُشَارَكِينَ	FEMININE	
	نُشَارَكْ	---	أُشَارَكْ	نُشَارَكُ	---	أُشَارَكُ		1

The father *shared* his son's opinion about entering the college of medicine.

شَارَكَ الأب ابنه الرأي في دخول كلية الطب.

Will *you join with* Mahmud in the new project?

هل سَتُشَارِكُ محمودا في المشروع الجديد؟

The player Ahmad Hussam didn't *take part* with the Egyptian all-star team in the final match.

لم يُشَارِك اللاعب أحمد حسام مع المنتخب المصريَ في المباراة النهائية.

Form VIII شرك   to collaborate, share إِشْتَرَكَ ●

ACTIVE

	SUBJUNCTIVE PLURAL	DUAL	SINGULAR	PERFECT PLURAL	DUAL	SINGULAR		
	يَشْتَرِكُوا	يَشْتَرِكَا	يَشْتَرِكَ	إِشْتَرَكُوا	إِشْتَرَكَا	إِشْتَرَكَ	MASCULINE	3
	يَشْتَرِكْنَ	تَشْتَرِكَا	تَشْتَرِكَ	إِشْتَرَكْنَ	إِشْتَرَكَتَا	إِشْتَرَكَتْ	FEMININE	
	تَشْتَرِكُوا	تَشْتَرِكَا	تَشْتَرِكَ	إِشْتَرَكْتُمْ	إِشْتَرَكْتُمَا	إِشْتَرَكْتَ	MASCULINE	2
	تَشْتَرِكْنَ	تَشْتَرِكَا	تَشْتَرِكِي	إِشْتَرَكْتُنَّ	إِشْتَرَكْتُمَا	إِشْتَرَكْتِ	FEMININE	
	نَشْتَرِكَ	---	أَشْتَرِكَ	إِشْتَرَكْنَا	---	إِشْتَرَكْتُ		1

	JUSSIVE PLURAL	DUAL	SINGULAR	IMPERFECT PLURAL	DUAL	SINGULAR		
	يَشْتَرِكُوا	يَشْتَرِكَا	يَشْتَرِكْ	يَشْتَرِكُونَ	يَشْتَرِكَانِ	يَشْتَرِكُ	MASCULINE	3
	يَشْتَرِكْنَ	تَشْتَرِكَا	تَشْتَرِكْ	يَشْتَرِكْنَ	تَشْتَرِكَانِ	تَشْتَرِكُ	FEMININE	
	تَشْتَرِكُوا	تَشْتَرِكَا	تَشْتَرِكْ	تَشْتَرِكُونَ	تَشْتَرِكَانِ	تَشْتَرِكُ	MASCULINE	2
	تَشْتَرِكْنَ	تَشْتَرِكَا	تَشْتَرِكِي	تَشْتَرِكْنَ	تَشْتَرِكَانِ	تَشْتَرِكِينَ	FEMININE	
	نَشْتَرِكْ	---	أَشْتَرِكْ	نَشْتَرِكُ	---	أَشْتَرِكُ		1

	IMPERATIVE PLURAL	DUAL	SINGULAR		
				مُشْتَرِكٌ	ACTIVE PARTICIPLE
	إِشْتَرِكُوا	إِشْتَرِكَا	إِشْتَرِكْ	مُشْتَرَكٌ	PASSIVE PARTICIPLE	MASCULINE
	إِشْتَرِكْنَ	إِشْتَرِكَا	إِشْتَرِكِي	إِشْتِرَاكٌ	VERBAL NOUN	FEMININE

Will your school's theater club *take part* in the festival that the city is going to organize next summer?

هل سَيَشْتَرِكُ فريق المسرح من مدرستكم في المهرجان الذي ستنظمه المدينة الصيف المقبل؟

One of the basic principles of character that children learn in school *is to work together*.

من الأخلاقيات الأساسية التي يتعلمها الأطفال في المدارس هي أن يَشْتَرِكُوا معاً في العمل.

Do you object to *our sharing* equally the cost of [literally: in buying] this expensive book?

هل تمانع في أن نَشْتَرِكَ سوياً في شراء هذا الكتاب الثمين؟

Form VIII شري   ● إِشْتَرَى to buy

ACTIVE

PLURAL	DUAL	SINGULAR	SUBJUNCTIVE	PLURAL	DUAL	SINGULAR	PERFECT	
يَشْتَرُوا	يَشْتَرِيَا	يَشْتَرِيَ		إِشْتَرَوْا	إِشْتَرَيَا	إِشْتَرَى	MASCULINE	3
يَشْتَرِينَ	تَشْتَرِيَا	تَشْتَرِيَ		إِشْتَرَيْنَ	إِشْتَرَتَا	إِشْتَرَتْ	FEMININE	
تَشْتَرُوا	تَشْتَرِيَا	تَشْتَرِيَ		إِشْتَرَيْتُمْ	إِشْتَرَيْتُمَا	إِشْتَرَيْتَ	MASCULINE	2
تَشْتَرِينَ	تَشْتَرِيَا	تَشْتَرِي		إِشْتَرَيْتُنَّ	إِشْتَرَيْتُمَا	إِشْتَرَيْتِ	FEMININE	
نَشْتَرِيَ	---	أَشْتَرِيَ		إِشْتَرَيْنَا	---	إِشْتَرَيْتُ		1

			JUSSIVE				IMPERFECT	
يَشْتَرُوا	يَشْتَرِيَا	يَشْتَرِ		يَشْتَرُونَ	يَشْتَرِيَانِ	يَشْتَرِي	MASCULINE	3
يَشْتَرِينَ	تَشْتَرِيَا	تَشْتَرِ		يَشْتَرِينَ	تَشْتَرِيَانِ	تَشْتَرِي	FEMININE	
تَشْتَرُوا	تَشْتَرِيَا	تَشْتَرِ		تَشْتَرُونَ	تَشْتَرِيَانِ	تَشْتَرِي	MASCULINE	2
تَشْتَرِينَ	تَشْتَرِيَا	تَشْتَرِ		تَشْتَرِينَ	تَشْتَرِيَانِ	تَشْتَرِينَ	FEMININE	
نَشْتَرِ	---	أَشْتَرِ		نَشْتَرِي	---	أَشْتَرِي		1

			IMPERATIVE		
إِشْتَرُوا	إِشْتَرِيَا	إِشْتَرِ	MASCULINE	مُشْتَرٍ	ACTIVE PARTICIPLE
إِشْتَرِينَ	إِشْتَرِيَا	إِشْتَرِي	FEMININE	مُشْتَرًى	PASSIVE PARTICIPLE
				إِشْتِرَاءٌ	VERBAL NOUN

PASSIVE

PLURAL	DUAL	SINGULAR	SUBJUNCTIVE	PLURAL	DUAL	SINGULAR	PERFECT	
يُشْتَرَوْا	يُشْتَرَيَا	يُشْتَرَى		أُشْتُرُوا	أُشْتُرِيَا	أُشْتُرِيَ	MASCULINE	3
يُشْتَرَيْنَ	تُشْتَرَيَا	تُشْتَرَى		أُشْتُرِينَ	أُشْتُرِيَتَا	أُشْتُرِيَتْ	FEMININE	
تُشْتَرَوْا	تُشْتَرَيَا	تُشْتَرَى		أُشْتُرِيتُمْ	أُشْتُرِيتُمَا	أُشْتُرِيتَ	MASCULINE	2
تُشْتَرَيْنَ	تُشْتَرَيَا	تُشْتَرَيْ		أُشْتُرِيتُنَّ	أُشْتُرِيتُمَا	أُشْتُرِيتِ	FEMININE	
نُشْتَرَى	---	أُشْتَرَى		أُشْتُرِينَا	---	أُشْتُرِيتُ		1

PLURAL	DUAL	SINGULAR	JUSSIVE	PLURAL	DUAL	SINGULAR	IMPERFECT	
يُشْتَرَوْا	يُشْتَرَيَا	يُشْتَرَ		يُشْتَرَوْنَ	يُشْتَرَيَانِ	يُشْتَرَى	MASCULINE	3
يُشْتَرَيْنَ	تُشْتَرَيَا	تُشْتَرَ		يُشْتَرَيْنَ	تُشْتَرَيَانِ	تُشْتَرَى	FEMININE	
تُشْتَرَوْا	تُشْتَرَيَا	تُشْتَرَ		تُشْتَرَوْنَ	تُشْتَرَيَانِ	تُشْتَرَى	MASCULINE	2
تُشْتَرَيْنَ	تُشْتَرَيَا	تُشْتَرَيْ		تُشْتَرَيْنَ	تُشْتَرَيَانِ	تُشْتَرَيْنَ	FEMININE	
نُشْتَرَ	---	أُشْتَرَ		نُشْتَرَى	---	أُشْتَرَى		1

I haven't bought Christmas presents yet. لم أَشْتَرِ هدايا عيد الميلاد بعد.

How much did you pay when *you purchased* this car? كم دفعت عندما اشْتَرَيْتَ هذه السيارة؟

Where *do you buy* your clothing? من أين تَشْتَرِي ملابسك؟

Form I شعر to feel, realize, perceive شَعَرَ ●

ACTIVE

PLURAL	DUAL	SINGULAR	SUBJUNCTIVE	PLURAL	DUAL	SINGULAR	PERFECT	
يَشْعُرُوا	يَشْعُرَا	يَشْعُرَ		شَعَرُوا	شَعَرَا	شَعَرَ	MASCULINE	3
يَشْعُرْنَ	تَشْعُرَا	تَشْعُرَ		شَعَرْنَ	شَعَرَتَا	شَعَرَتْ	FEMININE	
تَشْعُرُوا	تَشْعُرَا	تَشْعُرَ		شَعَرْتُمْ	شَعَرْتُمَا	شَعَرْتَ	MASCULINE	2
تَشْعُرْنَ	تَشْعُرَا	تَشْعُرِي		شَعَرْتُنَّ	شَعَرْتُمَا	شَعَرْتِ	FEMININE	
نَشْعُرَ	---	أَشْعُرَ		شَعَرْنَا	---	شَعَرْتُ		1

IMPERFECT

PLURAL	DUAL	SINGULAR		
يَشْعُرُونَ	يَشْعُرَانِ	يَشْعُرُ	MASCULINE	3
يَشْعُرْنَ	تَشْعُرَانِ	تَشْعُرُ	FEMININE	
تَشْعُرُونَ	تَشْعُرَانِ	تَشْعُرُ	MASCULINE	2
تَشْعُرْنَ	تَشْعُرَانِ	تَشْعُرِينَ	FEMININE	
نَشْعُرُ	---	أَشْعُرُ		1

JUSSIVE

PLURAL	DUAL	SINGULAR		
يَشْعُرُوا	يَشْعُرَا	يَشْعُرْ	MASCULINE	3
يَشْعُرْنَ	تَشْعُرَا	تَشْعُرْ	FEMININE	
تَشْعُرُوا	تَشْعُرَا	تَشْعُرْ	MASCULINE	2
تَشْعُرْنَ	تَشْعُرَا	تَشْعُرِي	FEMININE	
نَشْعُرْ	---	أَشْعُرْ		1

شَاعِرٌ	ACTIVE PARTICIPLE
---	PASSIVE PARTICIPLE
شُعُورٌ، شِعْرٌ	VERBAL NOUN

IMPERATIVE

PLURAL	DUAL	SINGULAR	
أُشْعُرُوا	أُشْعُرَا	أُشْعُرْ	MASCULINE
أُشْعُرْنَ	أُشْعُرَا	أُشْعُرِي	FEMININE

People *feel* safe in this place. — النـاس يَشْعُرُونَ بالأمان فـي هـذا المـكـان.

What are you *feeling* now? — بمـاذا تَشْعُرُ الآنَ؟

Before *he realized* it, he had fallen on his face. — لـم يَشْعُرْ إلا وقد سـقط عـلى وجهه.

Form I شغل   to occupy; to divert شَغَلَ ●

ACTIVE

SUBJUNCTIVE / PERFECT

PLURAL	DUAL	SINGULAR	SUBJUNCTIVE	PLURAL	DUAL	SINGULAR	PERFECT	
يَشْغَلُوا	يَشْغَلا	يَشْغَلَ		شَغَلُوا	شَغَلا	شَغَلَ	MASCULINE	3
يَشْغَلْنَ	تَشْغَلا	تَشْغَلَ		شَغَلْنَ	شَغَلَتَا	شَغَلَتْ	FEMININE	
تَشْغَلُوا	تَشْغَلا	تَشْغَلَ		شَغَلْتُمْ	شَغَلْتُمَا	شَغَلْتَ	MASCULINE	2
تَشْغَلْنَ	تَشْغَلا	تَشْغَلِي		شَغَلْتُنَّ	شَغَلْتُمَا	شَغَلْتِ	FEMININE	
نَشْغَلَ	---	أَشْغَلَ		شَغَلْنَا	---	شَغَلْتُ		1

JUSSIVE / IMPERFECT

PLURAL	DUAL	SINGULAR	JUSSIVE	PLURAL	DUAL	SINGULAR	IMPERFECT	
يَشْغَلُوا	يَشْغَلا	يَشْغَلْ		يَشْغَلُونَ	يَشْغَلانِ	يَشْغَلُ	MASCULINE	3
يَشْغَلْنَ	تَشْغَلا	تَشْغَلْ		يَشْغَلْنَ	تَشْغَلانِ	تَشْغَلُ	FEMININE	
تَشْغَلُوا	تَشْغَلا	تَشْغَلْ		تَشْغَلُونَ	تَشْغَلانِ	تَشْغَلُ	MASCULINE	2
تَشْغَلْنَ	تَشْغَلا	تَشْغَلِي		تَشْغَلْنَ	تَشْغَلانِ	تَشْغَلِينَ	FEMININE	
نَشْغَلْ	---	أَشْغَلْ		نَشْغَلُ	---	أَشْغَلُ		1

شَاغِلٌ	ACTIVE PARTICIPLE
مَشْغُولٌ	PASSIVE PARTICIPLE
شَغْلٌ، شُغْلٌ	VERBAL NOUN

IMPERATIVE

PLURAL	DUAL	SINGULAR	
إشْغَلُوا	إشْغَلا	إشْغَلْ	MASCULINE
إشْغَلْنَ	إشْغَلا	إشْغَلِي	FEMININE

PASSIVE

PERFECT		SINGULAR	DUAL	PLURAL	SUBJUNCTIVE SINGULAR	DUAL	PLURAL
3	MASCULINE	شُغِلَ	شُغِلا	شُغِلُوا	يُشْغَلَ	يُشْغَلا	يُشْغَلُوا
	FEMININE	شُغِلَتْ	شُغِلَتا	شُغِلْنَ	تُشْغَلَ	تُشْغَلا	يُشْغَلْنَ
2	MASCULINE	شُغِلْتَ	شُغِلْتُما	شُغِلْتُمْ	تُشْغَلَ	تُشْغَلا	تُشْغَلُوا
	FEMININE	شُغِلْتِ	شُغِلْتُما	شُغِلْتُنَّ	تُشْغَلِي	تُشْغَلا	تُشْغَلْنَ
1		شُغِلْتُ	---	شُغِلْنا	أُشْغَلَ	---	نُشْغَلَ

IMPERFECT		SINGULAR	DUAL	PLURAL	JUSSIVE SINGULAR	DUAL	PLURAL
3	MASCULINE	يُشْغَلُ	يُشْغَلانِ	يُشْغَلُونَ	يُشْغَلْ	يُشْغَلا	يُشْغَلُوا
	FEMININE	تُشْغَلُ	تُشْغَلانِ	يُشْغَلْنَ	تُشْغَلْ	تُشْغَلا	يُشْغَلْنَ
2	MASCULINE	تُشْغَلُ	تُشْغَلانِ	تُشْغَلُونَ	تُشْغَلْ	تُشْغَلا	تُشْغَلُوا
	FEMININE	تُشْغَلِينَ	تُشْغَلانِ	تُشْغَلْنَ	تُشْغَلِي	تُشْغَلا	تُشْغَلْنَ
1		أُشْغَلُ	---	نُشْغَلُ	أُشْغَلْ	---	نُشْغَلْ

This employee will temporarily *occupy* the position of executive director.
هذه الموظفة سَتَشْغَلُ منصب المدير التنفيذي مؤقتاً.

He occupied himself with work so as to forget his family problems.
شَغَلَ نفسه بالعمل حتى ينسى مشاكله الأسرية.

What are these important things that *distracted you* from us?
ما هذه الأشياء المهمة التي شَغَلَتْكَ عنّا؟

She devoted time to solving the problems of others.
شَغَلَتْ الوقت لحل مشاكل الآخرين.

Form VIII شغل ● to be busy إِشْتَغَلَ

ACTIVE

PERFECT		SINGULAR	DUAL	PLURAL	SUBJUNCTIVE SINGULAR	DUAL	PLURAL
3	MASCULINE	إِشْتَغَلَ	إِشْتَغَلا	إِشْتَغَلُوا	يَشْتَغِلَ	يَشْتَغِلا	يَشْتَغِلُوا
	FEMININE	إِشْتَغَلَتْ	إِشْتَغَلَتا	إِشْتَغَلْنَ	تَشْتَغِلَ	تَشْتَغِلا	يَشْتَغِلْنَ
2	MASCULINE	إِشْتَغَلْتَ	إِشْتَغَلْتُما	إِشْتَغَلْتُمْ	تَشْتَغِلَ	تَشْتَغِلا	تَشْتَغِلُوا
	FEMININE	إِشْتَغَلْتِ	إِشْتَغَلْتُما	إِشْتَغَلْتُنَّ	تَشْتَغِلِي	تَشْتَغِلا	تَشْتَغِلْنَ
1		إِشْتَغَلْتُ	---	إِشْتَغَلْنا	أَشْتَغِلَ	---	نَشْتَغِلَ

JUSSIVE

PLURAL	DUAL	SINGULAR		
يَشْتَغِلُوا	يَشْتَغِلا	يَشْتَغِلْ	MASCULINE	3
يَشْتَغِلْنَ	تَشْتَغِلا	تَشْتَغِلْ	FEMININE	
تَشْتَغِلُوا	تَشْتَغِلا	تَشْتَغِلْ	MASCULINE	2
تَشْتَغِلْنَ	تَشْتَغِلا	تَشْتَغِلِي	FEMININE	
نَشْتَغِلْ	---	أَشْتَغِلْ		1

IMPERFECT

PLURAL	DUAL	SINGULAR		
يَشْتَغِلُونَ	يَشْتَغِلانِ	يَشْتَغِلُ	MASCULINE	3
يَشْتَغِلْنَ	تَشْتَغِلانِ	تَشْتَغِلُ	FEMININE	
تَشْتَغِلُونَ	تَشْتَغِلانِ	تَشْتَغِلُ	MASCULINE	2
تَشْتَغِلْنَ	تَشْتَغِلانِ	تَشْتَغِلِينَ	FEMININE	
نَشْتَغِلُ	---	أَشْتَغِلُ		1

IMPERATIVE

PLURAL	DUAL	SINGULAR	
إِشْتَغِلُوا	إِشْتَغِلا	إِشْتَغِلْ	MASCULINE
إِشْتَغِلْنَ	إِشْتَغِلا	إِشْتَغِلِي	FEMININE

ACTIVE PARTICIPLE   مُشْتَغِلٌ

PASSIVE PARTICIPLE   ---

VERBAL NOUN   إِشْتِغَالٌ

إِشْتَغَلَ الأطفال بالألعاب ونسوا الأكل.

The children *were busy* playing and forgot to eat.

كيف تَشْتَغِلُ هذه الماكينة؟

How does this machine *operate*?

إِشْتَغَلَ قلبه على ابنه المسافر.

He *was concerned* [literally: His heart *was occupied*] about his son, who was traveling.

Form I شكك   to doubt, suspect; to pierce شَكَّ ●

ACTIVE

PERFECT

PLURAL	DUAL	SINGULAR		
شَكُّوا	شَكَّا	شَكَّ	MASCULINE	3
شَكَكْنَ	شَكَّتا	شَكَّتْ	FEMININE	
شَكَكْتُمْ	شَكَكْتُمَا	شَكَكْتَ	MASCULINE	2
شَكَكْتُنَّ	شَكَكْتُمَا	شَكَكْتِ	FEMININE	
شَكَكْنَا	---	شَكَكْتُ		1

SUBJUNCTIVE

PLURAL	DUAL	SINGULAR		
يَشُكُّوا	يَشُكَّا	يَشُكَّ	MASCULINE	3
يَشُكُكْنَ	تَشُكَّا	تَشُكَّ	FEMININE	
تَشُكُّوا	تَشُكَّا	تَشُكَّ	MASCULINE	2
تَشُكُكْنَ	تَشُكَّا	تَشُكِّي	FEMININE	
نَشُكَّ	---	أَشُكَّ		1

IMPERFECT

PLURAL	DUAL	SINGULAR		
يَشُكُّونَ	يَشُكَّانِ	يَشُكُّ	MASCULINE	3
يَشُكُكْنَ	تَشُكَّانِ	تَشُكُّ	FEMININE	
تَشُكُّونَ	تَشُكَّانِ	تَشُكُّ	MASCULINE	2
تَشُكُكْنَ	تَشُكَّانِ	تَشُكِّينَ	FEMININE	
نَشُكُّ	---	أَشُكُّ		1

*JUSSIVE

PLURAL	DUAL	SINGULAR		
يَشُكُّوا	يَشُكَّا	يَشُكَّكْ	MASCULINE	3
يَشُكُكْنَ	تَشُكَّا	تَشُكَّكْ	FEMININE	
تَشُكُّوا	تَشُكَّا	تَشُكَّكْ	MASCULINE	2
تَشُكُكْنَ	تَشُكَّا	تَشُكِّي	FEMININE	
نَشُكَّكْ	---	أَشُكَّكْ		1

---

* Contracted form: يَشُكَّ, تَشُكَّ, تَشُكَّ, تَشُكِّي,أَشُكَّ...نَشُكَّ

				شَاكٌّ ACTIVE PARTICIPLE
أُشْكُكُوا أُشْكُكَا أُشْكُكْ	MASCULINE			--- PASSIVE PARTICIPLE
أُشْكُكْنَ أُشْكُكَا أُشْكُكِي	FEMININE			شَكٌّ VERBAL NOUN

Do not *doubt* your abilities.

لا تَشُكَّ في قدراتكَ.

The investigators *were suspicious* of them on account of the contradiction in their testimony.

المحققون شَكُّوا فيهما نتيجة تناقض شهادتهما.

The pin *stuck him* when he was playing.

شَكَّهُ الدبوس عندما كان يلعب.

Form I شكر   شَكَرَ to thank ●

ACTIVE

PLURAL	DUAL	SINGULAR	SUBJUNCTIVE	PLURAL	DUAL	SINGULAR	PERFECT	
يَشْكُرُوا	يَشْكُرَا	يَشْكُرَ		شَكَرُوا	شَكَرَا	شَكَرَ	MASCULINE	3
يَشْكُرْنَ	تَشْكُرَا	تَشْكُرَ		شَكَرْنَ	شَكَرَتَا	شَكَرَتْ	FEMININE	
تَشْكُرُوا	تَشْكُرَا	تَشْكُرَ		شَكَرْتُمْ	شَكَرْتُمَا	شَكَرْتَ	MASCULINE	2
تَشْكُرْنَ	تَشْكُرَا	تَشْكُرِي		شَكَرْتُنَّ	شَكَرْتُمَا	شَكَرْتِ	FEMININE	
نَشْكُرَ	---	أَشْكُرَ		شَكَرْنَا	---	شَكَرْتُ		1

JUSSIVE   IMPERFECT

PLURAL	DUAL	SINGULAR		PLURAL	DUAL	SINGULAR	IMPERFECT	
يَشْكُرُوا	يَشْكُرَا	يَشْكُرْ		يَشْكُرُونَ	يَشْكُرَانِ	يَشْكُرُ	MASCULINE	3
يَشْكُرْنَ	تَشْكُرَا	تَشْكُرْ		يَشْكُرْنَ	تَشْكُرَانِ	تَشْكُرُ	FEMININE	
تَشْكُرُوا	تَشْكُرَا	تَشْكُرْ		تَشْكُرُونَ	تَشْكُرَانِ	تَشْكُرُ	MASCULINE	2
تَشْكُرْنَ	تَشْكُرَا	تَشْكُرِي		تَشْكُرْنَ	تَشْكُرَانِ	تَشْكُرِينَ	FEMININE	
نَشْكُرْ	---	أَشْكُرْ		نَشْكُرُ	---	أَشْكُرُ		1

IMPERATIVE   شَاكِرٌ ACTIVE PARTICIPLE

أُشْكُرُوا أُشْكُرَا أُشْكُرْ	MASCULINE		مَشْكُورٌ	PASSIVE PARTICIPLE
أُشْكُرْنَ أُشْكُرَا أُشْكُرِي	FEMININE		شُكْرٌ، شُكْرَانٌ	VERBAL NOUN

---

* Contracted form: ‫...شُكَّ، شُكِّي، شُكَّا، شُكُّوا

252

PASSIVE

PLURAL	DUAL	SINGULAR	SUBJUNCTIVE	PLURAL	DUAL	SINGULAR	PERFECT	
يُشْكَرُوا	يُشْكَرَا	يُشْكَرَ		شُكِرُوا	شُكِرَا	شُكِرَ	MASCULINE	3
يُشْكَرْنَ	تُشْكَرَا	تُشْكَرَ		شُكِرْنَ	شُكِرَتَا	شُكِرَتْ	FEMININE	
تُشْكَرُوا	تُشْكَرَا	تُشْكَرَ		شُكِرْتُم	شُكِرْتُمَا	شُكِرْتَ	MASCULINE	2
تُشْكَرْنَ	تُشْكَرَا	تُشْكَرِي		شُكِرْتُنَّ	شُكِرْتُمَا	شُكِرْتِ	FEMININE	
نُشْكَرَ	---	أُشْكَرَ		شُكِرْنَا	---	شُكِرْتُ		1

PLURAL	DUAL	SINGULAR	JUSSIVE	PLURAL	DUAL	SINGULAR	IMPERFECT	
يُشْكَرُوا	يُشْكَرَا	يُشْكَرْ		يُشْكَرُونَ	يُشْكَرَانِ	يُشْكَرُ	MASCULINE	3
يُشْكَرْنَ	تُشْكَرَا	تُشْكَرْ		يُشْكَرْنَ	تُشْكَرَانِ	تُشْكَرُ	FEMININE	
تُشْكَرُوا	تُشْكَرَا	تُشْكَرْ		تُشْكَرُونَ	تُشْكَرَانِ	تُشْكَرُ	MASCULINE	2
تُشْكَرْنَ	تُشْكَرَا	تُشْكَرِي		تُشْكَرْنَ	تُشْكَرَانِ	تُشْكَرِينَ	FEMININE	
نُشْكَرْ	---	أُشْكَرْ		نُشْكَرُ	---	أُشْكَرُ		1

I don't know how *to thank you*.	لا أعرف كيف أشْكُرُكَ.
Did *you thank them* for the fruit?	هل شَكَرْتَهُمْ على الفاكهة؟
I thank you, O Lord.	أَشْكُرُكَ يا رب.
Thanks very much.	شُكْرًا جزيلًا.

Form II شكل   to form, shape, create شَكَّلَ ●

ACTIVE

PLURAL	DUAL	SINGULAR	SUBJUNCTIVE	PLURAL	DUAL	SINGULAR	PERFECT	
يُشَكِّلُوا	يُشَكِّلَا	يُشَكِّلَ		شَكَّلُوا	شَكَّلَا	شَكَّلَ	MASCULINE	3
يُشَكِّلْنَ	تُشَكِّلَا	تُشَكِّلَ		شَكَّلْنَ	شَكَّلَتَا	شَكَّلَتْ	FEMININE	
تُشَكِّلُوا	تُشَكِّلَا	تُشَكِّلَ		شَكَّلْتُمَ	شَكَّلْتُمَا	شَكَّلْتَ	MASCULINE	2
تُشَكِّلْنَ	تُشَكِّلَا	تُشَكِّلِي		شَكَّلْتُنَّ	شَكَّلْتُمَا	شَكَّلْتِ	FEMININE	
نُشَكِّلَ	---	أُشَكِّلَ		شَكَّلْنَا	---	شَكَّلْتُ		1

253

	JUSSIVE			IMPERFECT				
	PLURAL	DUAL	SINGULAR	PLURAL	DUAL	SINGULAR		
3 MASCULINE	يُشَكِّلُوا	يُشَكِّلا	يُشَكِّلْ	يُشَكِّلُونَ	يُشَكِّلانِ	يُشَكِّلُ		
FEMININE	يُشَكِّلْنَ	تُشَكِّلا	تُشَكِّلْ	يُشَكِّلْنَ	تُشَكِّلانِ	تُشَكِّلُ		
2 MASCULINE	تُشَكِّلُوا	تُشَكِّلا	تُشَكِّلْ	تُشَكِّلُونَ	تُشَكِّلانِ	تُشَكِّلُ		
FEMININE	تُشَكِّلْنَ	تُشَكِّلا	تُشَكِّلِي	تُشَكِّلْنَ	تُشَكِّلانِ	تُشَكِّلِينَ		
1	نُشَكِّلْ	---	أُشَكِّلْ	نُشَكِّلُ	---	أُشَكِّلُ		

IMPERATIVE				IMPERFECT participles / nouns
				مُشَكِّلٌ ACTIVE PARTICIPLE
MASCULINE	شَكِّلُوا	شَكِّلا	شَكِّلْ	مُشَكَّلٌ PASSIVE PARTICIPLE
FEMININE	شَكِّلْنَ	شَكِّلا	شَكِّلِي	تَشْكِيلٌ VERBAL NOUN

PASSIVE

	SUBJUNCTIVE			PERFECT			
	PLURAL	DUAL	SINGULAR	PLURAL	DUAL	SINGULAR	
3 MASCULINE	يُشَكَّلَ	يُشَكَّلا	يُشَكَّلَ	شُكِّلُوا	شُكِّلا	شُكِّلَ	
FEMININE	يُشَكَّلْنَ	تُشَكَّلا	تُشَكَّلَ	شُكِّلْنَ	شُكِّلَتا	شُكِّلَتْ	
2 MASCULINE	تُشَكَّلُوا	تُشَكَّلا	تُشَكَّلَ	شُكِّلْتُمْ	شُكِّلْتُمَا	شُكِّلْتَ	
FEMININE	تُشَكَّلْنَ	تُشَكَّلا	تُشَكَّلِي	شُكِّلْتُنَّ	شُكِّلْتُمَا	شُكِّلْتِ	
1	نُشَكَّلَ	---	أُشَكَّلَ	شُكِّلْنا	---	شُكِّلْتُ	

	JUSSIVE			IMPERFECT			
3 MASCULINE	يُشَكَّلُوا	يُشَكَّلا	يُشَكَّلْ	يُشَكَّلُونَ	يُشَكَّلانِ	يُشَكَّلُ	
FEMININE	يُشَكَّلْنَ	تُشَكَّلا	تُشَكَّلْ	يُشَكَّلْنَ	تُشَكَّلانِ	تُشَكَّلُ	
2 MASCULINE	تُشَكَّلُوا	تُشَكَّلا	تُشَكَّلْ	تُشَكَّلُونَ	تُشَكَّلانِ	تُشَكَّلُ	
FEMININE	تُشَكَّلْنَ	تُشَكَّلا	تُشَكَّلِي	تُشَكَّلْنَ	تُشَكَّلانِ	تُشَكَّلِينَ	
1	نُشَكَّلْ	---	أُشَكَّلْ	نُشَكَّلُ	---	أُشَكَّلُ	

The artist Mahmud Ismail *fashioned* a statue that expresses the contemporary situation.

شَكَّلَ الفنان محمود إسماعيل تمثالاً يعبّر عن الواقع المعاصر.

The Italians' offensive players *created* a serious danger to the French goal.

لاعبو الهجوم الإيطاليون شَكَّلُوا خطورة كبيرة على المرمى الفرنسي.

This encyclopedia *constitutes* a complete collection of sources.

هذه الموسوعة تُشَكِّل مجموعة متكاملة من المراجع.

Form I شمل   to comprise, surround شَمِلَ ●

ACTIVE

PLURAL	DUAL	SINGULAR	SUBJUNCTIVE	PLURAL	DUAL	SINGULAR	PERFECT	
يَشْمَلُوا	يَشْمَلا	يَشْمَلَ		شَمِلُوا	شَمِلا	شَمِلَ	MASCULINE	3
يَشْمَلْنَ	تَشْمَلا	تَشْمَلَ		شَمِلْنَ	شَمِلَتا	شَمِلَتْ	FEMININE	
تَشْمَلُوا	تَشْمَلا	تَشْمَلَ		شَمِلْتُمْ	شَمِلْتُمَا	شَمِلْتَ	MASCULINE	2
تَشْمَلْنَ	تَشْمَلا	تَشْمَلِي		شَمِلْتُنَّ	شَمِلْتُمَا	شَمِلْتِ	FEMININE	
نَشْمَلَ	---	أَشْمَلَ		شَمِلْنَا	---	شَمِلْتُ		1

			JUSSIVE				IMPERFECT	
يَشْمَلُوا	يَشْمَلا	يَشْمَلْ		يَشْمَلُونَ	يَشْمَلانِ	يَشْمَلُ	MASCULINE	3
يَشْمَلْنَ	تَشْمَلا	تَشْمَلْ		يَشْمَلْنَ	تَشْمَلانِ	تَشْمَلُ	FEMININE	
تَشْمَلُوا	تَشْمَلا	تَشْمَلْ		تَشْمَلُونَ	تَشْمَلانِ	تَشْمَلُ	MASCULINE	2
تَشْمَلْنَ	تَشْمَلا	تَشْمَلِي		تَشْمَلْنَ	تَشْمَلانِ	تَشْمَلِينَ	FEMININE	
نَشْمَلْ	---	أَشْمَلْ		نَشْمَلُ	---	أَشْمَلُ		1

			IMPERATIVE				
إِشْمَلُوا	إِشْمَلا	إِشْمَلْ	MASCULINE	شَامِلٌ	ACTIVE PARTICIPLE		
إِشْمَلْنَ	إِشْمَلا	إِشْمَلِي	FEMININE	مَشْمُولٌ	PASSIVE PARTICIPLE		
				شَمَلٌ	VERBAL NOUN		

PASSIVE

PLURAL	DUAL	SINGULAR	SUBJUNCTIVE	PLURAL	DUAL	SINGULAR	PERFECT	
يُشْمَلُوا	يُشْمَلا	يُشْمَلَ		شُمِلُوا	شُمِلا	شُمِلَ	MASCULINE	3
تُشْمَلْنَ	تُشْمَلا	تُشْمَلَ		شُمِلْنَ	شُمِلَتا	شُمِلَتْ	FEMININE	
تُشْمَلُوا	تُشْمَلا	تُشْمَلَ		شُمِلْتُمْ	شُمِلْتُمَا	شُمِلْتَ	MASCULINE	2
تُشْمَلْنَ	تُشْمَلا	تُشْمَلِي		شُمِلْتُنَّ	شُمِلْتُمَا	شُمِلْتِ	FEMININE	
نُشْمَلَ	---	أُشْمَلَ		شُمِلْنَا	---	شُمِلْتُ		1

			JUSSIVE				IMPERFECT	
يُشْمَلُوا	يُشْمَلا	يُشْمَلْ		يُشْمَلُونَ	يُشْمَلانِ	يُشْمَلُ	MASCULINE	3
تُشْمَلْنَ	تُشْمَلا	تُشْمَلْ		يُشْمَلْنَ	تُشْمَلانِ	تُشْمَلُ	FEMININE	
تُشْمَلُوا	تُشْمَلا	تُشْمَلْ		تُشْمَلُونَ	تُشْمَلانِ	تُشْمَلُ	MASCULINE	2
تُشْمَلْنَ	تُشْمَلا	تُشْمَلِي		تُشْمَلْنَ	تُشْمَلانِ	تُشْمَلِينَ	FEMININE	
نُشْمَلْ	---	أُشْمَلْ		نُشْمَلُ	---	أُشْمَلُ		1

This salary doesn't *include* the taxes.	هذا الراتب لا يَشْمَلُ الضرائب.
God the Highest *has surrounded us* with His care.	لقد شَمِلَنَا الله جلّ جلاله بعنايته.
The exam *covered* the whole course.	شَمِلَ الإمتحان كل المنهج.

Form I شنن • شَنَّ to launch an attack

ACTIVE

PLURAL	DUAL	SINGULAR	SUBJUNCTIVE	PLURAL	DUAL	SINGULAR	PERFECT	
يَشُنُّوا	يَشُنَّا	يَشُنَّ		شَنُّوا	شَنَّا	شَنَّ	MASCULINE	3
يَشْنُنَّ	تَشُنَّا	تَشُنَّ		شَنَنَّ	شَنَّتَا	شَنَّتْ	FEMININE	
تَشُنُّوا	تَشُنَّا	تَشُنَّ		شَنَنْتُم	شَنَنْتُمَا	شَنَنْتَ	MASCULINE	2
تَشْنُنَّ	تَشُنَّا	تَشُنِّي		شَنَنْتُنَّ	شَنَنْتُمَا	شَنَنْتِ	FEMININE	
نَشُنَّ	---	أَشُنَّ		شَنَنَّا	---	شَنَنْتُ		1

*JUSSIVE / IMPERFECT

PLURAL	DUAL	SINGULAR	*JUSSIVE	PLURAL	DUAL	SINGULAR	IMPERFECT	
يَشُنُّوا	يَشُنَّا	يَشُنُنْ		يَشُنُّونَ	يَشُنَّانِ	يَشُنُّ	MASCULINE	3
يَشْنُنَّ	تَشُنَّا	تَشُنُنْ		يَشْنُنَّ	تَشُنَّانِ	تَشُنُّ	FEMININE	
تَشُنُّوا	تَشُنَّا	تَشُنُنْ		تَشُنُّونَ	تَشُنَّانِ	تَشُنُّ	MASCULINE	2
تَشْنُنَّ	تَشُنَّا	تَشُنِّي		تَشْنُنَّ	تَشُنَّانِ	تَشُنِّينَ	FEMININE	
نَشُنُنْ	---	أَشُنُنْ		نَشُنَّ	---	أَشُنُّ		1

** IMPERATIVE

شَانّ			ACTIVE PARTICIPLE	
أُشْنُنُوا	أُشْنُنَا	أُشْنُنْ	MASCULINE	
--			PASSIVE PARTICIPLE	
أُشْنُنَّ	أُشْنُنَا	أُشْنُنِي	FEMININE	
شَنّ			VERBAL NOUN	

The airplanes *launched* a violent aerial attack.	شَنَّتِ الطائرات هجوماً جوياً عنيفاً.
The journalists *launched* a campaign against corruption.	الصحفيون شَنُّوا حملة ضد الفساد.

---

* Contracted form: يَشُنَّ, تَشُنَّ, تَشُنَّ, تَشُنِّي, أَشُنَّ...نَشُنَّ

** Contracted form: شُنَّ, شُنِّي, شُنَّا, شُنُّوا...

256

Form I شَهِدَ   to testify; to witness شَهِدَ ●

ACTIVE

PLURAL	DUAL	SINGULAR	SUBJUNCTIVE	PLURAL	DUAL	SINGULAR	PERFECT	
يَشْهَدُوا	يَشْهَدَا	يَشْهَدَ		شَهِدُوا	شَهِدَا	شَهِدَ	MASCULINE	3
يَشْهَدْنَ	تَشْهَدَا	تَشْهَدَ		شَهِدْنَ	شَهِدَتَا	شَهِدَتْ	FEMININE	
تَشْهَدُوا	تَشْهَدَا	تَشْهَدَ		شَهِدْتُمْ	شَهِدْتُمَا	شَهِدْتَ	MASCULINE	2
تَشْهَدْنَ	تَشْهَدَا	تَشْهَدِي		شَهِدْتُنَّ	شَهِدْتُمَا	شَهِدْتِ	FEMININE	
نَشْهَدَ	---	أَشْهَدَ		شَهِدْنَا	---	شَهِدْتُ		1

PLURAL	DUAL	SINGULAR	JUSSIVE	PLURAL	DUAL	SINGULAR	IMPERFECT	
يَشْهَدُوا	يَشْهَدَا	يَشْهَدْ		يَشْهَدُونَ	يَشْهَدَانِ	يَشْهَدُ	MASCULINE	3
يَشْهَدْنَ	تَشْهَدَا	تَشْهَدْ		يَشْهَدْنَ	تَشْهَدَانِ	تَشْهَدُ	FEMININE	
تَشْهَدُوا	تَشْهَدَا	تَشْهَدْ		تَشْهَدُونَ	تَشْهَدَانِ	تَشْهَدُ	MASCULINE	2
تَشْهَدْنَ	تَشْهَدَا	تَشْهَدِي		تَشْهَدْنَ	تَشْهَدَانِ	تَشْهَدِينَ	FEMININE	
نَشْهَدْ	---	أَشْهَدْ		نَشْهَدُ	---	أَشْهَدُ		1

PLURAL	DUAL	SINGULAR	IMPERATIVE		
إِشْهَدُوا	إِشْهَدَا	إِشْهَدْ	MASCULINE	شَاهِدٌ	ACTIVE PARTICIPLE
إِشْهَدْنَ	إِشْهَدَا	إِشْهَدِي	FEMININE	مَشْهُودٌ	PASSIVE PARTICIPLE
				شُهُودٌ	VERBAL NOUN

PASSIVE

PLURAL	DUAL	SINGULAR	SUBJUNCTIVE	PLURAL	DUAL	SINGULAR	PERFECT	
يُشْهَدُوا	يُشْهَدَا	يُشْهَدَ		شُهِدُوا	شُهِدَا	شُهِدَ	MASCULINE	3
يُشْهَدْنَ	تُشْهَدَا	تُشْهَدَ		شُهِدْنَ	شُهِدَتَا	شُهِدَتْ	FEMININE	
تُشْهَدُوا	تُشْهَدَا	تُشْهَدَ		شُهِدْتُمْ	شُهِدْتُمَا	شُهِدْتَ	MASCULINE	2
تُشْهَدْنَ	تُشْهَدَا	تُشْهَدِي		شُهِدْتُنَّ	شُهِدْتُمَا	شُهِدْتِ	FEMININE	
نُشْهَدَ	---	أُشْهَدَ		شُهِدْنَا	---	شُهِدْتُ		1

PLURAL	DUAL	SINGULAR	JUSSIVE	PLURAL	DUAL	SINGULAR	IMPERFECT	
يُشْهَدُوا	يُشْهَدَا	يُشْهَدْ		يُشْهَدُونَ	يُشْهَدَانِ	يُشْهَدُ	MASCULINE	3
يُشْهَدْنَ	تُشْهَدَا	تُشْهَدْ		يُشْهَدْنَ	تُشْهَدَانِ	تُشْهَدُ	FEMININE	
تُشْهَدُوا	تُشْهَدَا	تُشْهَدْ		تُشْهَدُونَ	تُشْهَدَانِ	تُشْهَدُ	MASCULINE	2
تُشْهَدْنَ	تُشْهَدَا	تُشْهَدِي		تُشْهَدْنَ	تُشْهَدَانِ	تُشْهَدِينَ	FEMININE	
نُشْهَدْ	---	أُشْهَدْ		نُشْهَدُ	---	أُشْهَدُ		1

257

"*I testify* that there is no god but God, and *I testify* that Muhammad is the Prophet of God" [Islamic creed].

أَشْهَدُ أَن لا إله إلا اللّه وأشْهَدُ أن محمداً رسول اللّه.

This person *is well known* [literally: is attested] to be trustworthy and sincere.

هذا الإنسان يُشْهَدُ له بالأمانة والإخلاص.

You are subpoenaed to the court *to testify* in connection with the crime of murder.

أنتم مطلوبون في المحكمة لكي تَشْهَدُوا في جريمة القتل.

Form IV شور   to make a sign, beckon; to hint أَشَارَ ●

ACTIVE

PLURAL	DUAL	SINGULAR	SUBJUNCTIVE	PLURAL	DUAL	SINGULAR	PERFECT	
يُشِيرُوا	يُشِيرَا	يُشِيرَ		أَشَارُوا	أَشَارَا	أَشَارَ	MASCULINE	3
يُشِرْنَ	تُشِيرَا	تُشِيرَ		أَشَرْنَ	أَشَارَتَا	أَشَارَتْ	FEMININE	
تُشِيرُوا	تُشِيرَا	تُشِيرَ		أَشَرْتُمْ	أَشَرْتُمَا	أَشَرْتَ	MASCULINE	2
تُشِرْنَ	تُشِيرَا	تُشِيرِي		أَشَرْتُنَّ	أَشَرْتُمَا	أَشَرْتِ	FEMININE	
نُشِيرَ	---	أُشِيرَ		أَشَرْنَا	---	أَشَرْتُ		1

			JUSSIVE				IMPERFECT	
يُشِيرُوا	يُشِيرَا	يُشِرْ		يُشِيرُونَ	يُشِيرَانِ	يُشِيرُ	MASCULINE	3
يُشِرْنَ	تُشِيرَا	تُشِرْ		يُشِرْنَ	تُشِيرَانِ	تُشِيرُ	FEMININE	
تُشِيرُوا	تُشِيرَا	تُشِرْ		تُشِيرُونَ	تُشِيرَانِ	تُشِيرُ	MASCULINE	2
تُشِرْنَ	تُشِيرَا	تُشِيرِي		تُشِرْنَ	تُشِيرَانِ	تُشِيرِينَ	FEMININE	
نُشِرْ	---	أُشِرْ		نُشِيرُ	---	أُشِيرُ		1

				IMPERATIVE		مُشِيرٌ	ACTIVE PARTICIPLE
أَشِيرُوا	أَشِيرَا	أَشِرْ	MASCULINE			مُشَارٌ	PASSIVE PARTICIPLE
أَشِرْنَ	أَشِيرَا	أَشِيرِي	FEMININE			إِشَارَةٌ	VERBAL NOUN

Although the traffic officer *was motioning* the cars to stop, the drivers did not obey.

بالرغم من أن عسكري المرور يُشِيرُ إلى السيارات بالوقوف إلّا أن قائدي السيارات لم يسمعوا له.

How I would love to learn sign language, in which every motion of the hand and fingers *indicates* a particular word.

كم أود أن أتعلم لغة الإشارات حيث تُشِيرُ كل حركة بالأيدي والأصابع إلى كلمة معيّنة.

The two teams moved very quickly the moment the referee *gave them the signal* to start.

تحرّك الفريقان بسرعة كبيرة عندما أَشَارَ إليهما الحكم بالبدء.

Form I شيأ   ● شَاءَ to want

ACTIVE

PLURAL	DUAL	SINGULAR	SUBJUNCTIVE	PLURAL	DUAL	SINGULAR	PERFECT	
يَشَاؤُوا	يَشَاءَا	يَشَاءَ		شَاؤُوا	شَاءَا	شَاءَ	MASCULINE	3
يَشَأْنَ	تَشَاءَا	تَشَاءَ		شِئْنَ	شَاءَتَا	شَاءَتْ	FEMININE	
تَشَاؤُوا	تَشَاءَا	تَشَاءَ		شِئْتُمْ	شِئْتُمَا	شِئْتَ	MASCULINE	2
تَشَأْنَ	تَشَاءَا	تَشَائِي		شِئْتُنَّ	شِئْتُمَا	شِئْتِ	FEMININE	
نَشَاءَ	---	أَشَاءَ		شِئْنَا	---	شِئْتُ		1

PLURAL	DUAL	SINGULAR	JUSSIVE	PLURAL	DUAL	SINGULAR	IMPERFECT	
يَشَاؤُوا	يَشَاءَا	يَشَأْ		يَشَاؤُونَ	يَشَاءَان	يَشَاءُ	MASCULINE	3
يَشَأْنَ	تَشَاءَا	تَشَأْ		يَشَأْنَ	تَشَاءَان	تَشَاءُ	FEMININE	
تَشَاؤُوا	تَشَاءَا	تَشَأْ		تَشَاؤُونَ	تَشَاءَان	تَشَاءُ	MASCULINE	2
تَشَأْنَ	تَشَاءَا	تَشَائِي		تَشَأْنَ	تَشَاءَان	تَشَائِينَ	FEMININE	
نَشَأْ	---	أَشَأْ		نَشَاءُ	---	أَشَاءُ		1

PLURAL	DUAL	SINGULAR	IMPERATIVE		
شَاؤُوا	شَاءَا	شَأْ	MASCULINE	شَاءٍ	ACTIVE PARTICIPLE
شَأْنَ	شَاءَا	شَائِي	FEMININE	مَشِيءٌ	PASSIVE PARTICIPLE
				مَشِيئَةٌ	VERBAL NOUN

PASSIVE

PLURAL	DUAL	SINGULAR	SUBJUNCTIVE	PLURAL	DUAL	SINGULAR	PERFECT	
يُشَاؤُوا	يُشَاءَا	يُشَاءَ		شِيئُوا	شِيئَا	شِيءَ	MASCULINE	3
يُشَأْنَ	تُشَاءَا	تُشَاءَ		شِئْنَ	شِيئَتَا	شِيئَتْ	FEMININE	
تُشَاؤُوا	تُشَاءَا	تُشَاءَ		شِئْتُمْ	شِئْتُمَا	شِئْتَ	MASCULINE	2
تُشَأْنَ	تُشَاءَا	تُشَائِي		شِئْتُنَّ	شِئْتُمَا	شِئْتِ	FEMININE	
نُشَاءَ	---	أُشَاءَ		شِئْنَا	---	شِئْتُ		1

JUSSIVE PLURAL	JUSSIVE DUAL	JUSSIVE SINGULAR		IMPERFECT PLURAL	IMPERFECT DUAL	IMPERFECT SINGULAR		
يُشَاؤُوا	يَشَاءَا	يَشَأْ		يُشَاؤُونَ	يَشَاءَانِ	يَشَاءُ	MASCULINE	3
يُشَأْنَ	تَشَاءَا	تَشَأْ		يَشَأْنَ	تَشَاءَانِ	تَشَاءُ	FEMININE	
تُشَاؤُوا	تَشَاءَا	تَشَأْ		تَشَاؤُونَ	تَشَاءَانِ	تَشَاءُ	MASCULINE	2
تَشَأْنَ	تُشَائِي	تَشَاءَا		تَشَأْنَ	تَشَاءَانِ	تَشَائِينَ	FEMININE	
نَشَأْ	---	أَشَأْ		نَشَاءُ	---	أَشَاءُ		1

He'll be here tomorrow, God willing [literally: if God *wills*].	يحضر غدًا إن شَاءَ اللّه.
Whatever God *wills*. [expresses indefinite quantity or time, equivalent to "God only knows"; also an expression of surprise or of admiration equivalent to "Great!" or "Wow!"]	ما شَاءَ اللّه.
The police officers fabricated whatever accusations *they pleased* about him.	لفّق له رجال البوليس ما شَاؤُوا من الاتهامات.
Do whatever *you like*, but bear the responsibility of what you do.	إفعل ما شِئْتَ ولكن تحمل مسؤولية ما تفعل.

Form IV شيد   to set up; to commend أَشَادَ ●

ACTIVE

PLURAL	DUAL	SINGULAR	SUBJUNCTIVE	PLURAL	DUAL	SINGULAR	PERFECT	
يُشِيدُوا	يُشِيدَا	يُشِيدَ		أَشَادُوا	أَشَادَا	أَشَادَ	MASCULINE	3
يُشِدْنَ	تُشِيدَا	تُشِيدَ		أَشَدْنَ	أَشَادَتَا	أَشَادَتْ	FEMININE	
تُشِيدُوا	تُشِيدَا	تُشِيدَ		أَشَدْتُمْ	أَشَدْتُمَا	أَشَدْتَ	MASCULINE	2
تُشِدْنَ	تُشِيدَا	تُشِيدِي		أَشَدْتُنَّ	أَشَدْتُمَا	أَشَدْتِ	FEMININE	
نُشِيدَ	---	أُشِيدَ		أَشَدْنَا	---	أَشَدْتُ		1

PLURAL	DUAL	SINGULAR	JUSSIVE	PLURAL	DUAL	SINGULAR	IMPERFECT	
يُشِيدُوا	يُشِيدَا	يُشِدْ		يُشِيدُونَ	يُشِيدَانِ	يُشِيدُ	MASCULINE	3
يُشِدْنَ	تُشِيدَا	تُشِدْ		يُشِدْنَ	تُشِيدَانِ	تُشِيدُ	FEMININE	
تُشِيدُوا	تُشِيدَا	تُشِدْ		تُشِيدُونَ	تُشِيدَانِ	تُشِيدُ	MASCULINE	2
تُشِدْنَ	تُشِيدِي	تُشِدْ		تُشِدْنَ	تُشِيدَانِ	تُشِيدِينَ	FEMININE	
نُشِدْ	---	أُشِدْ		نُشِيدُ	---	أُشِيدُ		1

			ACTIVE PARTICIPLE	مُشِيدٌ
		IMPERATIVE	PASSIVE PARTICIPLE	مُشَادٌّ
			VERBAL NOUN	إِشَادَةٌ

أُشِيدُوا	أَشِيدَا	أَشِدْ	MASCULINE
أَشِدْنَ	أَشِيدَا	أَشِيدِي	FEMININE

PASSIVE

PLURAL	DUAL	SINGULAR	SUBJUNCTIVE	PLURAL	DUAL	SINGULAR	PERFECT	
يُشَادُوا	يُشَادَا	يُشَادَ		أُشِيدُوا	أُشِيدَا	أُشِيدَ	MASCULINE	3
يُشَدْنَ	تُشَادَا	تُشَادَ		أُشِدْنَ	أُشِيدَتَا	أُشِيدَتْ	FEMININE	
تُشَادُوا	تُشَادَا	تُشَادَ		أُشِدْتُمْ	أُشِدْتُمَا	أُشِدْتَ	MASCULINE	2
تُشَدْنَ	تُشَادَا	تُشَادِي		أُشِدْتُنَّ	أُشِدْتُمَا	أُشِدْتِ	FEMININE	
نُشَادَ	---	أُشَادَ		أُشِدْنَا	---	أُشِدْتُ		1

PLURAL	DUAL	SINGULAR	JUSSIVE	PLURAL	DUAL	SINGULAR	IMPERFECT	
يُشَادُوا	يُشَادَا	يُشَدْ		يُشَادُونَ	يُشَادَانِ	يُشَادُ	MASCULINE	3
يُشَدْنَ	تُشَادَا	تُشَدْ		يُشَدْنَ	تُشَادَانِ	تُشَادُ	FEMININE	
تُشَادُوا	تُشَادَا	تُشَدْ		تُشَادُونَ	تُشَادَانِ	تُشَادُ	MASCULINE	2
تُشَدْنَ	تُشَادَا	تُشَادِي		تُشَدْنَ	تُشَادَانِ	تُشَادِينَ	FEMININE	
نُشَدْ	---	أُشَدْ		نُشَادُ	---	أُشَادُ		1

The Pharaohs *built* the great pyramids.

أَشَادَ الفراعنة الأهرامات العظيمة.

The coach praised the good performance [literally: *built up* the level] of the goalkeeper.

أَشَادَ المدرّب بمستوى حارس المرمى.

The members of the committee *commended* him.

أعضاء اللجنة أَشَادُوا به.

Form IV صبح — to become أَصْبَحَ

ACTIVE

PLURAL	DUAL	SINGULAR	SUBJUNCTIVE	PLURAL	DUAL	SINGULAR	PERFECT	
يُصْبِحُوا	يُصْبِحَا	يُصْبِحَ		أَصْبَحُوا	أَصْبَحَا	أَصْبَحَ	MASCULINE	3
يُصْبِحْنَ	تُصْبِحَا	تُصْبِحَ		أَصْبَحْنَ	أَصْبَحَتَا	أَصْبَحَتْ	FEMININE	
تُصْبِحُوا	تُصْبِحَا	تُصْبِحَ		أَصْبَحْتُمْ	أَصْبَحْتُمَا	أَصْبَحْتَ	MASCULINE	2
تُصْبِحْنَ	تُصْبِحَا	تُصْبِحِي		أَصْبَحْتُنَّ	أَصْبَحْتُمَا	أَصْبَحْتِ	FEMININE	
نُصْبِحَ	---	أُصْبِحَ		أَصْبَحْنَا	---	أَصْبَحْتُ		1

JUSSIVE				IMPERFECT			
يُصْبِحُوا	يُصْبِحَا	يُصْبِحْ		يُصْبِحُونَ	يُصْبِحَانِ	يُصْبِحُ	MASCULINE 3
يُصْبِحْنَ	تُصْبِحَا	تُصْبِحْ		يُصْبِحْنَ	تُصْبِحَانِ	تُصْبِحُ	FEMININE
تُصْبِحُوا	تُصْبِحَا	تُصْبِحْ		تُصْبِحُونَ	تُصْبِحَانِ	تُصْبِحُ	MASCULINE 2
تُصْبِحْنَ	تُصْبِحَا	تُصْبِحِي		تُصْبِحْنَ	تُصْبِحَانِ	تُصْبِحِينَ	FEMININE
نُصْبِحْ	---	أُصْبِحْ		نُصْبِحُ	---	أُصْبِحُ	1

	ACTIVE PARTICIPLE	مُصْبِحٌ
	PASSIVE PARTICIPLE	مُصْبَحٌ
	VERBAL NOUN	إِصْبَاحٌ

IMPERATIVE

أَصْبِحُوا	أَصْبِحَا	أَصْبِحْ	MASCULINE
أَصْبِحْنَ	أَصْبِحَا	أَصْبِحِي	FEMININE

Can you imagine, the dream *came* true!   هل تتخيل أنّ الحلم أَصْبَحَ حقيقة!

What do you [pl.] want *to become* in the future?   ماذا تبتغون أن تُصْبِحُوا في المستقبل؟

Thank God, the weather *turned* very mild after the rainstorm.   الحمد لله. الطقس أَصْبَحَ لطيفاً جداً بعد العاصفة المُمطرة.

Form I صحّ   to be right; to be healthy صَحَّ ●

ACTIVE

PLURAL	DUAL	SINGULAR	SUBJUNCTIVE	PLURAL	DUAL	SINGULAR	PERFECT
يَصِحُّوا	يَصِحَّا	يَصِحَّ		صَحُّوا	صَحَّا	صَحَّ	MASCULINE 3
يَصْحِحْنَ	تَصِحَّا	تَصِحَّ		صَحَحْنَ	صَحَّتَا	صَحَّتْ	FEMININE
تَصِحُّوا	تَصِحَّا	تَصِحَّ		صَحَحْتُمْ	صَحَحْتُمَا	صَحَحْتَ	MASCULINE 2
تَصْحِحْنَ	تَصِحَّا	تَصِحِّي		صَحَحْتُنَّ	صَحَحْتُمَا	صَحَحْتِ	FEMININE
نَصِحَّ	---	أَصِحَّ		صَحَحْنَا	---	صَحَحْتُ	1

*JUSSIVE   IMPERFECT

PLURAL	DUAL	SINGULAR	*JUSSIVE	PLURAL	DUAL	SINGULAR	IMPERFECT
يَصِحُّوا	يَصِحَّا	يَصِحِحْ		يَصِحُّونَ	يَصِحَّانِ	يَصِحُّ	MASCULINE 3
يَصْحِحْنَ	تَصِحَّا	تَصْحِحْ		يَصْحِحْنَ	تَصِحَّانِ	تَصِحُّ	FEMININE
تَصِحُّوا	تَصِحَّا	تَصْحِحْ		تَصِحُّونَ	تَصِحَّانِ	تَصِحُّ	MASCULINE 2
تَصْحِحْنَ	تَصِحَّا	تَصِحِّي		تَصْحِحْنَ	تَصِحَّانِ	تَصِحِّينَ	FEMININE
نَصْحِحْ	---	أَصْحِحْ		نَصِحُّ	---	أَصِحُّ	1

---

* Contracted form: بَصِحَّ، نَصِحَّ، تَصِحَّ، تَصِحِّي، أَصِحَّ...نَصِحَّ

*IMPERATIVE	صَاحٌّ	ACTIVE PARTICIPLE
إِصْحِحْ إِصْحِحَا إِصْحِحُوا MASCULINE	---	PASSIVE PARTICIPLE
إِصْحِحِي إِصْحِحَا إِصْحِحْنَ FEMININE	صِحَّةٌ، صَحَاحٌ	VERBAL NOUN

It is right to sing his praises.

يَصِحُّ أَن يقال فيه المديح.

We shall see in the end whose words *turn out to be true.*

سَنَرى من سَيَصِحُّ كلامه في النهاية.

The child *recovered* from his illness.

صَحَّ الطفل من مرضه.

Form I صدر   to proceed (from); to have origin (in); صَدَرَ ●
to be published

ACTIVE

PLURAL	DUAL	SINGULAR	**SUBJUNCTIVE**	PLURAL	DUAL	SINGULAR	**PERFECT**	
يَصْدُرُوا	يَصْدُرَا	يَصْدُرَ		صَدَرُوا	صَدَرَا	صَدَرَ	MASCULINE	3
يَصْدُرْنَ	تَصْدُرَا	تَصْدُرَ		صَدَرْنَ	صَدَرَتَا	صَدَرَتْ	FEMININE	
تَصْدُرُوا	تَصْدُرَا	تَصْدُرَ		صَدَرْتُم	صَدَرْتُمَا	صَدَرْتَ	MASCULINE	2
تَصْدُرْنَ	تَصْدُرَا	تَصْدُرِي		صَدَرْتُنَّ	صَدَرْتُمَا	صَدَرْتِ	FEMININE	
نَصْدُرَ	---	أَصْدُرَ		صَدَرْنَا	---	صَدَرْتُ		1

	JUSSIVE				IMPERFECT			
يَصْدُرُوا	يَصْدُرَا	يَصْدُرْ		يَصْدُرُونَ	يَصْدُرَانِ	يَصْدُرُ	MASCULINE	3
يَصْدُرْنَ	تَصْدُرَا	تَصْدُرْ		يَصْدُرْنَ	تَصْدُرَانِ	تَصْدُرُ	FEMININE	
تَصْدُرُوا	تَصْدُرَا	تَصْدُرْ		تَصْدُرُونَ	تَصْدُرَانِ	تَصْدُرُ	MASCULINE	2
تَصْدُرْنَ	تَصْدُرَا	تَصْدُرِي		تَصْدُرْنَ	تَصْدُرَانِ	تَصْدُرِينَ	FEMININE	
نَصْدُرْ	---	أَصْدُرْ		نَصْدُرُ	---	أَصْدُرُ		1

	IMPERATIVE		صَادِرٌ	ACTIVE PARTICIPLE
أَصْدُرُوا أَصْدُرَا أَصْدُرْ MASCULINE			مَصْدُورٌ	PASSIVE PARTICIPLE
أَصْدُرْنَ أَصْدُرَا أَصْدُرِي FEMININE			صُدُورٌ	VERBAL NOUN

I am convinced that these statements did not *come from* [literally: *come out* of] Ali's mouth.

أَنا مُتأكد أَن هذه الكلمات لم تَصْدُرْ من فم علي.

The Nile river *originates in* [literally: *proceeds from*] Lake Victoria.

يَصْدُرُ نهر النيل من بحيرة فيكتوريا.

This special issue of the journal *Rose al-Yusuf was published* in connection with its hundredth anniversary.

صَدَرَ هذا العدد الخاص من مجلة روز اليوسف بمناسبة العيد المئوي لها.

Form IV صدر   to issue, publish أَصْدَرَ ●

ACTIVE

PLURAL	DUAL	SINGULAR	SUBJUNCTIVE	PLURAL	DUAL	SINGULAR	PERFECT	
يُصْدِرُوا	يُصْدِرَا	يُصْدِرَ		أَصْدَرُوا	أَصْدَرَا	أَصْدَرَ	MASCULINE	3
يُصْدِرْنَ	تُصْدِرَا	تُصْدِرَ		أَصْدَرْنَ	أَصْدَرَتَا	أَصْدَرَتْ	FEMININE	
تُصْدِرُوا	تُصْدِرَا	تُصْدِرَ		أَصْدَرْتُمْ	أَصْدَرْتُمَا	أَصْدَرْتَ	MASCULINE	2
تُصْدِرْنَ	تُصْدِرَا	تُصْدِرِي		أَصْدَرْتُنَّ	أَصْدَرْتُمَا	أَصْدَرْتِ	FEMININE	
نُصْدِرَ	---	أُصْدِرَ		أَصْدَرْنَا	---	أَصْدَرْتُ		1

JUSSIVE / IMPERFECT

PLURAL	DUAL	SINGULAR	JUSSIVE	PLURAL	DUAL	SINGULAR	IMPERFECT	
يُصْدِرُوا	يُصْدِرَا	يُصْدِرْ		يُصْدِرُونَ	يُصْدِرَانِ	يُصْدِرُ	MASCULINE	3
يُصْدِرْنَ	تُصْدِرَا	تُصْدِرْ		يُصْدِرْنَ	تُصْدِرَانِ	تُصْدِرُ	FEMININE	
تُصْدِرُوا	تُصْدِرَا	تُصْدِرْ		تُصْدِرُونَ	تُصْدِرَانِ	تُصْدِرُ	MASCULINE	2
تُصْدِرْنَ	تُصْدِرَا	تُصْدِرِي		تُصْدِرْنَ	تُصْدِرَانِ	تُصْدِرِينَ	FEMININE	
نُصْدِرْ	---	أُصْدِرْ		نُصْدِرُ	---	أُصْدِرُ		1

IMPERATIVE

PLURAL	DUAL	SINGULAR	
أَصْدِرُوا	أَصْدِرَا	أَصْدِرْ	MASCULINE
أَصْدِرْنَ	أَصْدِرَا	أَصْدِرِي	FEMININE

مُصْدِرٌ	ACTIVE PARTICIPLE
مُصْدَرٌ	PASSIVE PARTICIPLE
إِصْدَارٌ	VERBAL NOUN

The Algerian Society for the Environment *issued* a positive response in its comment on the latest environmental decisions in Algeria.

أَصْدَرَتْ جماعة البيئة الجزائرية ردًا إيجابيًا تعليقًا على القرارات البيئية الجديدة في الجزائر.

The Faysal Publishing House *published* a new book discussing the history of the Arabic language.

أَصْدَرَتْ دار نشر الفيصل كتابًا جديدًا يناقش تاريخ اللغة العربية.

Will writers *publish* their books exclusively on the Internet in the future?

هل سَيُصْدِرُ الكُتّاب في المستقبل كتبهم على الإنترنيت فقط؟

It is too soon for the court *to issue* a final judgment in this case.

الوقت مبكر جدًا حتى تُصْدِرَ المحكمة حكمًا نهائيًا في هذه القضية.

Form III صدق   to befriend; to approve, ratify صَادَقَ ●

ACTIVE

PLURAL	DUAL	SINGULAR	SUBJUNCTIVE	PLURAL	DUAL	SINGULAR	PERFECT	
يُصَادِقُوا	يُصَادِقَا	يُصَادِقَ		صَادَقُوا	صَادَقَا	صَادَقَ	MASCULINE	3
يُصَادِقْنَ	تُصَادِقَا	تُصَادِقَ		صَادَقْنَ	صَادَقَتَا	صَادَقَتْ	FEMININE	
تُصَادِقُوا	تُصَادِقَا	تُصَادِقَ		صَادَقْتُمْ	صَادَقْتُمَا	صَادَقْتَ	MASCULINE	2
تُصَادِقْنَ	تُصَادِقَا	تُصَادِقِي		صَادَقْتُنَّ	صَادَقْتُمَا	صَادَقْتِ	FEMININE	
نُصَادِقَ	---	أُصَادِقَ		صَادَقْنَا	---	صَادَقْتُ		1

PLURAL	DUAL	SINGULAR	JUSSIVE	PLURAL	DUAL	SINGULAR	IMPERFECT	
يُصَادِقُوا	يُصَادِقَا	يُصَادِقْ		يُصَادِقُونَ	يُصَادِقَانِ	يُصَادِقُ	MASCULINE	3
يُصَادِقْنَ	تُصَادِقَا	تُصَادِقْ		يُصَادِقْنَ	تُصَادِقَانِ	تُصَادِقُ	FEMININE	
تُصَادِقُوا	تُصَادِقَا	تُصَادِقْ		تُصَادِقُونَ	تُصَادِقَانِ	تُصَادِقُ	MASCULINE	2
تُصَادِقْنَ	تُصَادِقَا	تُصَادِقِي		تُصَادِقْنَ	تُصَادِقَانِ	تُصَادِقِينَ	FEMININE	
نُصَادِقْ	---	أُصَادِقْ		نُصَادِقُ	---	أُصَادِقُ		1

			IMPERATIVE				
						مُصَادِقٌ	ACTIVE PARTICIPLE
صَادِقُوا	صَادِقَا	صَادِقْ	MASCULINE			مُصَادَقٌ	PASSIVE PARTICIPLE
صَادِقْنَ	صَادِقَا	صَادِقِي	FEMININE			مُصَادَقَةٌ	VERBAL NOUN

PASSIVE

PLURAL	DUAL	SINGULAR	SUBJUNCTIVE	PLURAL	DUAL	SINGULAR	PERFECT	
يُصَادَقُوا	يُصَادَقَا	يُصَادَقَ		صُودِقُوا	صُودِقَا	صُودِقَ	MASCULINE	3
يُصَادَقْنَ	تُصَادَقَا	تُصَادَقَ		صُودِقْنَ	صُودِقَتَا	صُودِقَتْ	FEMININE	
تُصَادَقُوا	تُصَادَقَا	تُصَادَقَ		صُودِقْتُمْ	صُودِقْتُمَا	صُودِقْتَ	MASCULINE	2
تُصَادَقْنَ	تُصَادَقَا	تُصَادَقِي		صُودِقْتُنَّ	صُودِقْتُمَا	صُودِقْتِ	FEMININE	
نُصَادَقَ	---	أُصَادَقَ		صُودِقْنَا	---	صُودِقْتُ		1

PLURAL	DUAL	SINGULAR	JUSSIVE	PLURAL	DUAL	SINGULAR	IMPERFECT	
يُصَادَقُوا	يُصَادَقَا	يُصَادَقْ		يُصَادَقُونَ	يُصَادَقَانِ	يُصَادَقُ	MASCULINE	3
يُصَادَقْنَ	تُصَادَقَا	تُصَادَقْ		يُصَادَقْنَ	تُصَادَقَانِ	تُصَادَقُ	FEMININE	
تُصَادَقُوا	تُصَادَقَا	تُصَادَقْ		تُصَادَقُونَ	تُصَادَقَانِ	تُصَادَقُ	MASCULINE	2
تُصَادَقْنَ	تُصَادَقَا	تُصَادَقِي		تُصَادَقْنَ	تُصَادَقَانِ	تُصَادَقِينَ	FEMININE	
نُصَادَقْ	---	أُصَادَقْ		نُصَادَقُ	---	أُصَادَقُ		1

Don't *befriend* people for the sake of advantage. — لا تُصَادِقْ الناس من أجل المنفعة.

How I wish *to be friends* with my children! — كم أتمنى أن أُصَادِقَ أولادي!

Will the assembly *approve* the new regulations? — هل سَيُصَادِقُ المجلس على التعديلات الجديدة؟

Form VIII صدم — to collide, clash إِصْطَدَمَ

ACTIVE

		PERFECT SINGULAR	DUAL	PLURAL	SUBJUNCTIVE SINGULAR	DUAL	PLURAL
3	MASCULINE	إِصْطَدَمَ	إِصْطَدَمَا	إِصْطَدَمُوا	يَصْطَدِمَ	يَصْطَدِمَا	يَصْطَدِمُوا
	FEMININE	إِصْطَدَمَتْ	إِصْطَدَمَتَا	إِصْطَدَمْنَ	تَصْطَدِمَ	تَصْطَدِمَا	يَصْطَدِمْنَ
2	MASCULINE	إِصْطَدَمْتَ	إِصْطَدَمْتُمَا	إِصْطَدَمْتُمْ	تَصْطَدِمَ	تَصْطَدِمَا	تَصْطَدِمُوا
	FEMININE	إِصْطَدَمْتِ	إِصْطَدَمْتُمَا	إِصْطَدَمْتُنَّ	تَصْطَدِمِي	تَصْطَدِمَا	تَصْطَدِمْنَ
1		إِصْطَدَمْتُ	---	إِصْطَدَمْنَا	أَصْطَدِمَ	---	نَصْطَدِمَ

		IMPERFECT SINGULAR	DUAL	PLURAL	JUSSIVE SINGULAR	DUAL	PLURAL
3	MASCULINE	يَصْطَدِمُ	يَصْطَدِمَانِ	يَصْطَدِمُونَ	يَصْطَدِمْ	يَصْطَدِمَا	يَصْطَدِمُوا
	FEMININE	تَصْطَدِمُ	تَصْطَدِمَانِ	يَصْطَدِمْنَ	تَصْطَدِمْ	تَصْطَدِمَا	يَصْطَدِمْنَ
2	MASCULINE	تَصْطَدِمُ	تَصْطَدِمَانِ	تَصْطَدِمُونَ	تَصْطَدِمْ	تَصْطَدِمَا	تَصْطَدِمُوا
	FEMININE	تَصْطَدِمِينَ	تَصْطَدِمَانِ	تَصْطَدِمْنَ	تَصْطَدِمِي	تَصْطَدِمَا	تَصْطَدِمْنَ
1		أَصْطَدِمُ	---	نَصْطَدِمُ	أَصْطَدِمْ	---	نَصْطَدِمْ

ACTIVE PARTICIPLE مُصْطَدِمٌ

PASSIVE PARTICIPLE ---

VERBAL NOUN إِصْطِدَامٌ

IMPERATIVE	SINGULAR	DUAL	PLURAL
MASCULINE	إِصْطَدِمْ	إِصْطَدِمَا	إِصْطَدِمُوا
FEMININE	إِصْطَدِمِي	إِصْطَدِمَا	إِصْطَدِمْنَ

Two trains *crashed* in Spain this morning. — إِصْطَدَمَ قطاران في أسبانيا هذا الصباح.

Don't *clash* with him; pursue diplomatic paths. — لا تَصْطَدِمْ به. إتبع الطرق الدبلوماسية.

Many young men *have clashes* with reality [i.e., come up against difficulties]. — يَصْطَدِمُ العديد من الشباب بالواقع.

Form II صرح — to explain, state frankly; to grant صَرَّحَ ● a permit

ACTIVE

PLURAL	DUAL	SINGULAR	SUBJUNCTIVE	PLURAL	DUAL	SINGULAR	PERFECT	
يُصَرِّحُوا	يُصَرِّحَا	يُصَرِّحَ		صَرَّحُوا	صَرَّحَا	صَرَّحَ	MASCULINE	3
يُصَرِّحْنَ	تُصَرِّحَا	تُصَرِّحَ		صَرَّحْنَ	صَرَّحَتَا	صَرَّحَتْ	FEMININE	
تُصَرِّحُوا	تُصَرِّحَا	تُصَرِّحَ		صَرَّحْتُمْ	صَرَّحْتُمَا	صَرَّحْتَ	MASCULINE	2
تُصَرِّحْنَ	تُصَرِّحَا	تُصَرِّحِي		صَرَّحْتُنَّ	صَرَّحْتُمَا	صَرَّحْتِ	FEMININE	
نُصَرِّحَ	---	أُصَرِّحَ		صَرَّحْنَا	---	صَرَّحْتُ		1

PLURAL	DUAL	SINGULAR	JUSSIVE	PLURAL	DUAL	SINGULAR	IMPERFECT	
يُصَرِّحُوا	يُصَرِّحَا	يُصَرِّحْ		يُصَرِّحُونَ	يُصَرِّحَانِ	يُصَرِّحُ	MASCULINE	3
يُصَرِّحْنَ	تُصَرِّحَا	تُصَرِّحْ		يُصَرِّحْنَ	تُصَرِّحَانِ	تُصَرِّحُ	FEMININE	
تُصَرِّحُوا	تُصَرِّحَا	تُصَرِّحْ		تُصَرِّحُونَ	تُصَرِّحَانِ	تُصَرِّحُ	MASCULINE	2
تُصَرِّحْنَ	تُصَرِّحَا	تُصَرِّحِي		تُصَرِّحْنَ	تُصَرِّحَانِ	تُصَرِّحِينَ	FEMININE	
نُصَرِّحْ	---	أُصَرِّحْ		نُصَرِّحُ	---	أُصَرِّحُ		1

PLURAL	DUAL	SINGULAR	IMPERATIVE		
صَرِّحُوا	صَرِّحَا	صَرِّحْ	MASCULINE	مُصَرِّحٌ	ACTIVE PARTICIPLE
صَرِّحْنَ	صَرِّحَا	صَرِّحِي	FEMININE	مُصَرَّحٌ	PASSIVE PARTICIPLE
				تَصْرِيحٌ	VERBAL NOUN

PASSIVE

PLURAL	DUAL	SINGULAR	SUBJUNCTIVE	PLURAL	DUAL	SINGULAR	PERFECT	
يُصَرَّحُوا	يُصَرَّحَا	يُصَرَّحَ		صُرِّحُوا	صُرِّحَا	صُرِّحَ	MASCULINE	3
يُصَرَّحْنَ	تُصَرَّحَا	تُصَرَّحَ		صُرِّحْنَ	صُرِّحَتَا	صُرِّحَتْ	FEMININE	
تُصَرَّحُوا	تُصَرَّحَا	تُصَرَّحَ		صُرِّحْتُمْ	صُرِّحْتُمَا	صُرِّحْتَ	MASCULINE	2
تُصَرَّحْنَ	تُصَرَّحَا	تُصَرَّحِي		صُرِّحْتُنَّ	صُرِّحْتُمَا	صُرِّحْتِ	FEMININE	
نُصَرَّحَ	---	أُصَرَّحَ		صُرِّحْنَا	---	صُرِّحْتُ		1

PLURAL	DUAL	SINGULAR	JUSSIVE	PLURAL	DUAL	SINGULAR	IMPERFECT	
يُصَرَّحُوا	يُصَرَّحَا	يُصَرَّحْ		يُصَرَّحُونَ	يُصَرَّحَانِ	يُصَرَّحُ	MASCULINE	3
يُصَرَّحْنَ	تُصَرَّحَا	تُصَرَّحْ		يُصَرَّحْنَ	تُصَرَّحَانِ	تُصَرَّحُ	FEMININE	
تُصَرَّحُوا	تُصَرَّحَا	تُصَرَّحْ		تُصَرَّحُونَ	تُصَرَّحَانِ	تُصَرَّحُ	MASCULINE	2
تُصَرَّحْنَ	تُصَرَّحَا	تُصَرَّحِي		تُصَرَّحْنَ	تُصَرَّحَانِ	تُصَرَّحِينَ	FEMININE	
نُصَرَّحْ	---	أُصَرَّحْ		نُصَرَّحُ	---	أُصَرَّحُ		1

A major security source *made an announcement* and said...	صَرَّحَ مصدر أمني كبير فقال...
Why don't you *speak* the truth *frankly*?	لماذا لا تُصَرِّحُ بالحقيقة؟
The ministry of highways *granted us a permit* to do work in this spot.	صَرَّحَتْ لنا وزارة الطرق بالعمل في هذا المكان.

Form I صرف — to spend; to turn away صَرَفَ ●

ACTIVE

		PERFECT SINGULAR	DUAL	PLURAL	SUBJUNCTIVE SINGULAR	DUAL	PLURAL
3	MASCULINE	صَرَفَ	صَرَفَا	صَرَفُوا	يَصْرِفَ	يَصْرِفَا	يَصْرِفُوا
	FEMININE	صَرَفَتْ	صَرَفَتَا	صَرَفْنَ	تَصْرِفَ	تَصْرِفَا	يَصْرِفْنَ
2	MASCULINE	صَرَفْتَ	صَرَفْتُمَا	صَرَفْتُمْ	تَصْرِفَ	تَصْرِفَا	تَصْرِفُوا
	FEMININE	صَرَفْتِ	صَرَفْتُمَا	صَرَفْتُنَّ	تَصْرِفِي	تَصْرِفَا	تَصْرِفْنَ
1		صَرَفْتُ	---	صَرَفْنَا	أَصْرِفَ	---	نَصْرِفَ

		IMPERFECT SINGULAR	DUAL	PLURAL	JUSSIVE SINGULAR	DUAL	PLURAL
3	MASCULINE	يَصْرِفُ	يَصْرِفَانِ	يَصْرِفُونَ	يَصْرِفْ	يَصْرِفَا	يَصْرِفُوا
	FEMININE	تَصْرِفُ	تَصْرِفَانِ	يَصْرِفْنَ	تَصْرِفْ	تَصْرِفَا	يَصْرِفْنَ
2	MASCULINE	تَصْرِفُ	تَصْرِفَانِ	تَصْرِفُونَ	تَصْرِفْ	تَصْرِفَا	تَصْرِفُوا
	FEMININE	تَصْرِفِينَ	تَصْرِفَانِ	تَصْرِفْنَ	تَصْرِفِي	تَصْرِفَا	تَصْرِفْنَ
1		أَصْرِفُ	---	نَصْرِفُ	أَصْرِفْ	---	نَصْرِفْ

ACTIVE PARTICIPLE	صَارِفٌ
PASSIVE PARTICIPLE	مَصْرُوفٌ
VERBAL NOUN	صَرْفٌ

IMPERATIVE	SINGULAR	DUAL	PLURAL
MASCULINE	إِصْرِفْ	إِصْرِفَا	إِصْرِفُوا
FEMININE	إِصْرِفِي	إِصْرِفَا	إِصْرِفْنَ

PASSIVE

		PERFECT SINGULAR	DUAL	PLURAL	SUBJUNCTIVE SINGULAR	DUAL	PLURAL
3	MASCULINE	صُرِفَ	صُرِفَا	صُرِفُوا	يُصْرَفَ	يُصْرَفَا	يُصْرَفُوا
	FEMININE	صُرِفَتْ	صُرِفَتَا	صُرِفْنَ	تُصْرَفَ	تُصْرَفَا	يُصْرَفْنَ
2	MASCULINE	صُرِفْتَ	صُرِفْتُمَا	صُرِفْتُمْ	تُصْرَفَ	تُصْرَفَا	تُصْرَفُوا
	FEMININE	صُرِفْتِ	صُرِفْتُمَا	صُرِفْتُنَّ	تُصْرَفِي	تُصْرَفَا	تُصْرَفْنَ
1		صُرِفْتُ	---	صُرِفْنَا	أُصْرَفَ	---	نُصْرَفَ

		IMPERFECT			JUSSIVE		
		SINGULAR	DUAL	PLURAL	SINGULAR	DUAL	PLURAL
3	MASCULINE	يُصْرَفُ	يُصْرَفَانِ	يُصْرَفُونَ	يُصْرَفْ	يُصْرَفَا	يُصْرَفُوا
	FEMININE	تُصْرَفُ	تُصْرَفَانِ	يُصْرَفْنَ	تُصْرَفْ	تُصْرَفَا	يُصْرَفْنَ
2	MASCULINE	تُصْرَفُ	تُصْرَفَانِ	تُصْرَفُونَ	تُصْرَفْ	تُصْرَفَا	تُصْرَفُوا
	FEMININE	تُصْرَفِينَ	تُصْرَفَانِ	تُصْرَفْنَ	تُصْرَفِي	تُصْرَفَا	تُصْرَفْنَ
1		أُصْرَفُ	---	نُصْرَفُ	أُصْرَفْ	---	نُصْرَفْ

سَيَصْرِفُ كل واحد منا حوالي أربعين جنيهاً.	Each of us *will spend* about forty pounds.
كم صَرَفْتَ من الوقت في المذاكرة اليوم؟	How much time *did you spend* on studying today?
لماذا لا تَصْرِفُ النظر عن هذا الموضوع؟	Why don't you *drop* [literally: *avert* your glance from] that subject?

● إِصْفَرَّ to turn yellow — Form IX صفر

ACTIVE

		PERFECT			SUBJUNCTIVE		
		SINGULAR	DUAL	PLURAL	SINGULAR	DUAL	PLURAL
3	MASCULINE	إِصْفَرَّ	إِصْفَرَّا	إِصْفَرُّوا	يَصْفَرَّ	يَصْفَرَّا	يَصْفَرُّوا
	FEMININE	إِصْفَرَّتْ	إِصْفَرَّتَا	إِصْفَرَرْنَ	تَصْفَرَّ	تَصْفَرَّا	يَصْفَرِرْنَ
2	MASCULINE	إِصْفَرَرْتَ	إِصْفَرَرْتُمَا	إِصْفَرَرْتُمْ	تَصْفَرَّ	تَصْفَرَّا	تَصْفَرُّوا
	FEMININE	إِصْفَرَرْتِ	إِصْفَرَرْتُمَا	إِصْفَرَرْتُنَّ	تَصْفَرِّي	تَصْفَرَّا	تَصْفَرِرْنَ
1		إِصْفَرَرْتُ	---	إِصْفَرَرْنَا	أَصْفَرَّ	---	نَصْفَرَّ

		IMPERFECT			JUSSIVE		
3	MASCULINE	يَصْفَرُّ	يَصْفَرَّانِ	يَصْفَرُّونَ	يَصْفَرِرْ	يَصْفَرَّا	يَصْفَرُّوا
	FEMININE	تَصْفَرُّ	تَصْفَرَّانِ	يَصْفَرِرْنَ	تَصْفَرِرْ	تَصْفَرَّا	يَصْفَرِرْنَ
2	MASCULINE	تَصْفَرُّ	تَصْفَرَّانِ	تَصْفَرُّونَ	تَصْفَرِرْ	تَصْفَرَّا	تَصْفَرُّوا
	FEMININE	تَصْفَرِّينَ	تَصْفَرَّانِ	تَصْفَرِرْنَ	تَصْفَرِّي	تَصْفَرَّا	تَصْفَرِرْنَ
1		أَصْفَرُّ	---	نَصْفَرُّ	أَصْفَرِرْ	---	نَصْفَرِرْ

ACTIVE PARTICIPLE	مُصْفَرٌّ
PASSIVE PARTICIPLE	---
VERBAL NOUN	إِصْفِرَارٌ

IMPERATIVE	SINGULAR	DUAL	PLURAL
MASCULINE	إِصْفَرِرْ	إِصْفَرَّا	إِصْفَرُّوا
FEMININE	إِصْفَرِّي	إِصْفَرَّا	إِصْفَرِرْنَ

The air *turned yellow* on account of the sandstorm.

إصْفَرَّ الجو بسبب العاصفة الرملية.

Why have the leaves of the tree *turned yellow*?

لماذا اصْفَرَّتْ أوراق الشجر؟

The patient *becomes pale* [literally: becomes yellow] if he doesn't eat well.

يَصْفَرُّ وجه المريض عندما لا يأكل جيداً.

Form II صلو   ● صَلَّى to pray

ACTIVE

PLURAL	DUAL	SINGULAR	SUBJUNCTIVE	PLURAL	DUAL	SINGULAR	PERFECT	
يُصَلُّوا	يُصَلِّيا	يُصَلِّيَ		صَلَّوْا	صَلَّيا	صَلَّى	MASCULINE	3
يُصَلِّينَ	تُصَلِّيا	تُصَلِّيَ		صَلَّيْنَ	صَلَّتا	صَلَّتْ	FEMININE	
تُصَلُّوا	تُصَلِّيا	تُصَلِّيَ		صَلَّيْتُم	صَلَّيْتُما	صَلَّيْتَ	MASCULINE	2
تُصَلِّينَ	تُصَلِّيا	تُصَلِّي		صَلَّيْتُنَّ	صَلَّيْتُما	صَلَّيْتِ	FEMININE	
نُصَلِّيَ	---	أُصَلِّيَ		صَلَّيْنا	---	صَلَّيْتُ		1

			JUSSIVE				IMPERFECT	
يُصَلُّوا	يُصَلِّيا	يُصَلِّ		يُصَلُّونَ	يُصَلِّيانِ	يُصَلِّي	MASCULINE	3
يُصَلِّينَ	تُصَلِّيا	تُصَلِّ		يُصَلِّينَ	تُصَلِّيانِ	تُصَلِّي	FEMININE	
تُصَلُّوا	تُصَلِّيا	تُصَلِّ		تُصَلُّونَ	تُصَلِّيانِ	تُصَلِّي	MASCULINE	2
تُصَلِّينَ	تُصَلِّيا	تُصَلِّي		تُصَلِّينَ	تُصَلِّيانِ	تُصَلِّينَ	FEMININE	
نُصَلِّ	---	أُصَلِّ		نُصَلِّي	---	أُصَلِّي		1

			IMPERATIVE				
صَلُّوا	صَلِّيا	صَلِّ	MASCULINE			مُصَلٍّ	ACTIVE PARTICIPLE
صَلِّينَ	صَلِّيا	صَلِّي	FEMININE			---	PASSIVE PARTICIPLE
					تَصْلِيَةٌ		VERBAL NOUN

Where will you *recite the* dawn *prayer*?

أين سَتُصَلِّي الفجر؟

The Jews *pray* in synagogues, the Christians *pray* in churches, and the Muslims *pray* in mosques.

اليهود يُصَلُّونَ في المجامع، والمسيحيون يُصَلُّونَ في الكنائس، والمسلمون يُصَلُّونَ في المساجد.

Let us *pray* for peace.

دعونا نُصَلِّي من أجل السلام.

Form I صنع   to do; to manufacture صَنَعَ ●

ACTIVE

PLURAL	DUAL	SINGULAR	SUBJUNCTIVE	PLURAL	DUAL	SINGULAR	PERFECT	
يَصْنَعُوا	يَصْنَعَا	يَصْنَعَ		صَنَعُوا	صَنَعَا	صَنَعَ	MASCULINE	3
يَصْنَعْنَ	تَصْنَعَا	تَصْنَعَ		صَنَعْنَ	صَنَعَتَا	صَنَعَتْ	FEMININE	
تَصْنَعُوا	تَصْنَعَا	تَصْنَعَ		صَنَعْتُمْ	صَنَعْتُمَا	صَنَعْتَ	MASCULINE	2
تَصْنَعْنَ	تَصْنَعَا	تَصْنَعِي		صَنَعْتُنَّ	صَنَعْتُمَا	صَنَعْتِ	FEMININE	
نَصْنَعَ	---	أَصْنَعَ		صَنَعْنَا	---	صَنَعْتُ		1

PLURAL	DUAL	SINGULAR	JUSSIVE	PLURAL	DUAL	SINGULAR	IMPERFECT	
يَصْنَعُوا	يَصْنَعَا	يَصْنَعْ		يَصْنَعُونَ	يَصْنَعَانِ	يَصْنَعُ	MASCULINE	3
يَصْنَعْنَ	تَصْنَعَا	تَصْنَعْ		يَصْنَعْنَ	تَصْنَعَانِ	تَصْنَعُ	FEMININE	
تَصْنَعُوا	تَصْنَعَا	تَصْنَعْ		تَصْنَعُونَ	تَصْنَعَانِ	تَصْنَعُ	MASCULINE	2
تَصْنَعْنَ	تَصْنَعَا	تَصْنَعِي		تَصْنَعْنَ	تَصْنَعَانِ	تَصْنَعِينَ	FEMININE	
نَصْنَعْ	---	أَصْنَعْ		نَصْنَعُ	---	أَصْنَعُ		1

PLURAL	DUAL	SINGULAR	IMPERATIVE		
إِصْنَعُوا	إِصْنَعَا	إِصْنَعْ	MASCULINE	صَانِعٌ	ACTIVE PARTICIPLE
إِصْنَعْنَ	إِصْنَعَا	إِصْنَعِي	FEMININE	مَصْنُوعٌ	PASSIVE PARTICIPLE
				صَنْعٌ، صُنْعٌ، صَنِيعٌ	VERBAL NOUN

PASSIVE

PLURAL	DUAL	SINGULAR	SUBJUNCTIVE	PLURAL	DUAL	SINGULAR	PERFECT	
يُصْنَعُوا	يُصْنَعَا	يُصْنَعَ		صُنِعُوا	صُنِعَا	صُنِعَ	MASCULINE	3
يُصْنَعْنَ	تُصْنَعَا	تُصْنَعَ		صُنِعْنَ	صُنِعَتَا	صُنِعَتْ	FEMININE	
تُصْنَعُوا	تُصْنَعَا	تُصْنَعَ		صُنِعْتُمْ	صُنِعْتُمَا	صُنِعْتَ	MASCULINE	2
تُصْنَعْنَ	تُصْنَعَا	تُصْنَعِي		صُنِعْتُنَّ	صُنِعْتُمَا	صُنِعْتِ	FEMININE	
نُصْنَعَ	---	أُصْنَعَ		صُنِعْنَا	---	صُنِعْتُ		1

PLURAL	DUAL	SINGULAR	JUSSIVE	PLURAL	DUAL	SINGULAR	IMPERFECT	
يُصْنَعُوا	يُصْنَعَا	يُصْنَعْ		يُصْنَعُونَ	يُصْنَعَانِ	يُصْنَعُ	MASCULINE	3
يُصْنَعْنَ	تُصْنَعَا	تُصْنَعْ		يُصْنَعْنَ	تُصْنَعَانِ	تُصْنَعُ	FEMININE	
تُصْنَعُوا	تُصْنَعَا	تُصْنَعْ		تُصْنَعُونَ	تُصْنَعَانِ	تُصْنَعُ	MASCULINE	2
تُصْنَعْنَ	تُصْنَعَا	تُصْنَعِي		تُصْنَعْنَ	تُصْنَعَانِ	تُصْنَعِينَ	FEMININE	
نُصْنَعْ	---	أُصْنَعْ		نُصْنَعُ	---	أُصْنَعُ		1

The Japanese *make* many kinds of good cars.	اليابانيون يَصْنَعُونَ العديد من أنواع السيارات الجيدة.
Can *you do* me a favor?	هل يمكن أن تَصْنَعَ لي معروفا؟

Form IV صوب — to hit, afflict; to be right أَصَابَ

ACTIVE

PERFECT		SINGULAR	DUAL	PLURAL	SUBJUNCTIVE SINGULAR	DUAL	PLURAL
3	MASCULINE	أَصَابَ	أَصَابَا	أَصَابُوا	يُصِيبَ	يُصِيبَا	يُصِيبُوا
	FEMININE	أَصَابَتْ	أَصَابَتَا	أَصَبْنَ	تُصِيبَ	تُصِيبَا	يُصِبْنَ
2	MASCULINE	أَصَبْتَ	أَصَبْتُمَا	أَصَبْتُمْ	تُصِيبَ	تُصِيبَا	تُصِيبُوا
	FEMININE	أَصَبْتِ	أَصَبْتُمَا	أَصَبْتُنَّ	تُصِيبِي	تُصِيبَا	تُصِبْنَ
1		أَصَبْتُ	---	أَصَبْنَا	أُصِيبَ	---	نُصِيبَ

IMPERFECT		SINGULAR	DUAL	PLURAL	JUSSIVE SINGULAR	DUAL	PLURAL
3	MASCULINE	يُصِيبُ	يُصِيبَانِ	يُصِيبُونَ	يُصِبْ	يُصِيبَا	يُصِيبُوا
	FEMININE	تُصِيبُ	تُصِيبَانِ	يُصِبْنَ	تُصِبْ	تُصِيبَا	يُصِبْنَ
2	MASCULINE	تُصِيبُ	تُصِيبَانِ	تُصِيبُونَ	تُصِبْ	تُصِيبَا	تُصِيبُوا
	FEMININE	تُصِيبِينَ	تُصِيبَانِ	تُصِبْنَ	تُصِيبِي	تُصِيبَا	تُصِبْنَ
1		أُصِيبُ	---	نُصِيبُ	أُصِبْ	---	نُصِبْ

		IMPERATIVE	SINGULAR	DUAL	PLURAL
ACTIVE PARTICIPLE	مُصِيبٌ				
PASSIVE PARTICIPLE	مُصَابٌ	MASCULINE	أَصِبْ	أَصِيبَا	أَصِيبُوا
VERBAL NOUN	إِصَابَةٌ	FEMININE	أَصِيبِي	أَصِيبَا	أَصِبْنَ

PASSIVE

PERFECT		SINGULAR	DUAL	PLURAL	SUBJUNCTIVE SINGULAR	DUAL	PLURAL
3	MASCULINE	أُصِيبَ	أُصِيبَا	أُصِيبُوا	يُصَابَ	يُصَابَا	يُصَابُوا
	FEMININE	أُصِيبَتْ	أُصِيبَتَا	أُصِبْنَ	تُصَابَ	تُصَابَا	يُصَبْنَ
2	MASCULINE	أُصِبْتَ	أُصِبْتُمَا	أُصِبْتُمْ	تُصَابَ	تُصَابَا	تُصَابُوا
	FEMININE	أُصِبْتِ	أُصِبْتُمَا	أُصِبْتُنَّ	تُصَابِي	تُصَابَا	تُصَبْنَ
1		أُصِبْتُ	---	أُصِبْنَا	أُصَابَ	---	نُصَابَ

		IMPERFECT			JUSSIVE		
3	MASCULINE	يُصَابُ	يُصَابَانِ	يُصَابُونَ	يُصَبْ	يُصَابَا	يُصَابُوا
	FEMININE	تُصَابُ	تُصَابَانِ	يُصَبْنَ	تُصَبْ	تُصَابَا	يُصَبْنَ
2	MASCULINE	تُصَابُ	تُصَابَانِ	تُصَابُونَ	تُصَبْ	تُصَابَا	تُصَابُوا
	FEMININE	تُصَابِينَ	تُصَابَانِ	تُصَبْنَ	تُصَابِي	تُصَابَا	تُصَبْنَ
1		أُصَابُ	---	نُصَابُ	أُصَبْ	---	نُصَبْ

لقد أصَابَنَا الذهول.

We were taken by surprise [literally: Surprise *befell* us].

أَصَبْتَ!

Right you are [literally: You *hit*]!

أَصَبْتُمْ في تقديركم لحجم الخسائر.

You were right about your estimate of the scope of the damage.

● تَصَوَّرَ to be formed; to imagine — Form V صور

ACTIVE

		PERFECT SINGULAR	DUAL	PLURAL	SUBJUNCTIVE SINGULAR	DUAL	PLURAL
3	MASCULINE	تَصَوَّرَ	تَصَوَّرَا	تَصَوَّرُوا	يَتَصَوَّرَ	يَتَصَوَّرَا	يَتَصَوَّرُوا
	FEMININE	تَصَوَّرَتْ	تَصَوَّرَتَا	تَصَوَّرْنَ	تَتَصَوَّرَ	تَتَصَوَّرَا	يَتَصَوَّرْنَ
2	MASCULINE	تَصَوَّرْتَ	تَصَوَّرْتُمَا	تَصَوَّرْتُمْ	تَتَصَوَّرَ	تَتَصَوَّرَا	تَتَصَوَّرُوا
	FEMININE	تَصَوَّرْتِ	تَصَوَّرْتُمَا	تَصَوَّرْتُنَّ	تَتَصَوَّرِي	تَتَصَوَّرَا	تَتَصَوَّرْنَ
1		تَصَوَّرْتُ	---	تَصَوَّرْنَا	أَتَصَوَّرَ	---	نَتَصَوَّرَ

		IMPERFECT			JUSSIVE		
3	MASCULINE	يَتَصَوَّرُ	يَتَصَوَّرَانِ	يَتَصَوَّرُونَ	يَتَصَوَّرْ	يَتَصَوَّرَا	يَتَصَوَّرُوا
	FEMININE	تَتَصَوَّرُ	تَتَصَوَّرَانِ	يَتَصَوَّرْنَ	تَتَصَوَّرْ	تَتَصَوَّرَا	يَتَصَوَّرْنَ
2	MASCULINE	تَتَصَوَّرُ	تَتَصَوَّرَانِ	تَتَصَوَّرُونَ	تَتَصَوَّرْ	تَتَصَوَّرَا	تَتَصَوَّرُوا
	FEMININE	تَتَصَوَّرِينَ	تَتَصَوَّرَانِ	تَتَصَوَّرْنَ	تَتَصَوَّرِي	تَتَصَوَّرَا	تَتَصَوَّرْنَ
1		أَتَصَوَّرُ	---	نَتَصَوَّرُ	أَتَصَوَّرْ	---	نَتَصَوَّرْ

ACTIVE PARTICIPLE	مُتَصَوِّرٌ
PASSIVE PARTICIPLE	مُتَصَوَّرٌ
VERBAL NOUN	تَصَوُّرٌ

IMPERATIVE

	SINGULAR	DUAL	PLURAL
MASCULINE	تَصَوَّرْ	تَصَوَّرَا	تَصَوَّرُوا
FEMININE	تَصَوَّرِي	تَصَوَّرَا	تَصَوَّرْنَ

PASSIVE

PERFECT		SINGULAR	DUAL	PLURAL
3	MASCULINE	تُصُوِّرَ	تُصُوِّرَا	تُصُوِّرُوا
	FEMININE	تُصُوِّرَتْ	تُصُوِّرَتَا	تُصُوِّرْنَ
2	MASCULINE	تُصُوِّرْتَ	تُصُوِّرْتُمَا	تُصُوِّرْتُمْ
	FEMININE	تُصُوِّرْتِ	تُصُوِّرْتُمَا	تُصُوِّرْتُنَّ
1		تُصُوِّرْتُ	---	تُصُوِّرْنَا

SUBJUNCTIVE		SINGULAR	DUAL	PLURAL
3	MASCULINE	يُتَصَوَّرَ	يُتَصَوَّرَا	يُتَصَوَّرُوا
	FEMININE	تُتَصَوَّرَ	تُتَصَوَّرَا	يُتَصَوَّرْنَ
2	MASCULINE	تُتَصَوَّرَ	تُتَصَوَّرَا	تُتَصَوَّرُوا
	FEMININE	تُتَصَوَّرِي	تُتَصَوَّرَا	تُتَصَوَّرْنَ
1		أُتَصَوَّرَ	---	نُتَصَوَّرَ

IMPERFECT		SINGULAR	DUAL	PLURAL
3	MASCULINE	يُتَصَوَّرُ	يُتَصَوَّرَانِ	يُتَصَوَّرُونَ
	FEMININE	تُتَصَوَّرُ	تُتَصَوَّرَانِ	يُتَصَوَّرْنَ
2	MASCULINE	تُتَصَوَّرُ	تُتَصَوَّرَانِ	تُتَصَوَّرُونَ
	FEMININE	تُتَصَوَّرِينَ	تُتَصَوَّرَانِ	تُتَصَوَّرْنَ
1		أُتَصَوَّرُ	---	نُتَصَوَّرُ

JUSSIVE		SINGULAR	DUAL	PLURAL
3	MASCULINE	يُتَصَوَّرْ	يُتَصَوَّرَا	يُتَصَوَّرُوا
	FEMININE	تُتَصَوَّرْ	تُتَصَوَّرَا	يُتَصَوَّرْنَ
2	MASCULINE	تُتَصَوَّرْ	تُتَصَوَّرَا	تُتَصَوَّرُوا
	FEMININE	تُتَصَوَّرِي	تُتَصَوَّرَا	تُتَصَوَّرْنَ
1		أُتَصَوَّرْ	---	نُتَصَوَّرْ

Can *you imagine* the scope of the problem? — هل يمكن أن تَتَصَوَّرَ حجم المشكلة؟

I thought you were Ahmad. — تَصَوَّرْتُكَ أحمد.

● صَارَ to become — Form I صير

ACTIVE

PERFECT		SINGULAR	DUAL	PLURAL
3	MASCULINE	صَارَ	صَارَا	صَارُوا
	FEMININE	صَارَتْ	صَارَتَا	صِرْنَ
2	MASCULINE	صِرْتَ	صِرْتُمَا	صِرْتُمْ
	FEMININE	صِرْتِ	صِرْتُمَا	صِرْتُنَّ
1		صِرْتُ	---	صِرْنَا

SUBJUNCTIVE		SINGULAR	DUAL	PLURAL
3	MASCULINE	يَصِيرَ	يَصِيرَا	يَصِيرُوا
	FEMININE	تَصِيرَ	تَصِيرَا	يَصِرْنَ
2	MASCULINE	تَصِيرَ	تَصِيرَا	تَصِيرُوا
	FEMININE	تَصِيرِي	تَصِيرَا	تَصِرْنَ
1		أَصِيرَ	---	نَصِيرَ

IMPERFECT		SINGULAR	DUAL	PLURAL
3	MASCULINE	يَصِيرُ	يَصِيرَانِ	يَصِيرُونَ
	FEMININE	تَصِيرُ	تَصِيرَانِ	يَصِرْنَ
2	MASCULINE	تَصِيرُ	تَصِيرَانِ	تَصِيرُونَ
	FEMININE	تَصِيرِينَ	تَصِيرَانِ	تَصِرْنَ
1		أَصِيرُ	---	نَصِيرُ

JUSSIVE		SINGULAR	DUAL	PLURAL
3	MASCULINE	يَصِرْ	يَصِيرَا	يَصِيرُوا
	FEMININE	تَصِرْ	تَصِيرَا	يَصِرْنَ
2	MASCULINE	تَصِرْ	تَصِيرَا	تَصِيرُوا
	FEMININE	تَصِيرِي	تَصِيرَا	تَصِرْنَ
1		أَصِرْ	---	نَصِرْ

			IMPERATIVE		
صِرْنَ	صِيرَا	صِيرِي	FEMININE		
صِيرُوا	صِيرَا	صِرْ	MASCULINE		

ACTIVE PARTICIPLE	صَائِرٌ
PASSIVE PARTICIPLE	---
VERBAL NOUN	صَيْرٌ

The weather *turned* cold.	صَارَ الطقس بارداً.
Life *became* unbearable.	صَارَتْ الحياة لا تُطاق.
It got to the point [literally: *he became such*] that he didn't own a thing.	صَارَ لا يملك شيئا.

Form VI ضدد to be contrary; to be contradictory *تَضَادَّ ●

ACTIVE

		PERFECT SINGULAR	DUAL	PLURAL	SUBJUNCTIVE SINGULAR	DUAL	PLURAL
3	MASCULINE	تَضَادَّ	تَضَادَّا	تَضَادُّوا	يَتَضَادَّ	يَتَضَادَّا	يَتَضَادُّوا
	FEMININE	تَضَادَّتْ	تَضَادَّتَا	تَضَادَدْنَ	تَتَضَادَّ	تَتَضَادَّا	يَتَضَادَدْنَ
2	MASCULINE	تَضَادَدْتَ	تَضَادَدْتُمَا	تَضَادَدْتُمْ	تَتَضَادَّ	تَتَضَادَّا	تَتَضَادُّوا
	FEMININE	تَضَادَدْتِ	تَضَادَدْتُمَا	تَضَادَدْتُنَّ	تَتَضَادِّي	تَتَضَادَّا	تَتَضَادَدْنَ
1		تَضَادَدْتُ	---	تَضَادَدْنَا	أَتَضَادَّ	---	نَتَضَادَّ

		IMPERFECT SINGULAR	DUAL	PLURAL	JUSSIVE SINGULAR	DUAL	PLURAL
3	MASCULINE	يَتَضَادُّ	يَتَضَادَّانِ	يَتَضَادُّونَ	يَتَضَادَّ	يَتَضَادَّا	يَتَضَادُّوا
	FEMININE	تَتَضَادُّ	تَتَضَادَّانِ	يَتَضَادَدْنَ	تَتَضَادَّ	تَتَضَادَّا	يَتَضَادَدْنَ
2	MASCULINE	تَتَضَادُّ	تَتَضَادَّانِ	تَتَضَادُّونَ	تَتَضَادَّ	تَتَضَادَّا	تَتَضَادُّوا
	FEMININE	تَتَضَادِّينَ	تَتَضَادَّانِ	تَتَضَادَدْنَ	تَتَضَادِّي	تَتَضَادَّا	تَتَضَادَدْنَ
1		أَتَضَادُّ	---	نَتَضَادُّ	أَتَضَادَّ	---	نَتَضَادَّ

			IMPERATIVE		
تَضَادُّوا	تَضَادَّا	تَضَادَّ	MASCULINE		
تَضَادَدْنَ	تَضَادَّا	تَضَادِّي	FEMININE		

ACTIVE PARTICIPLE	مُتَضَادٌّ
PASSIVE PARTICIPLE	---
VERBAL NOUN	تَضَادٌّ

This action *violates* Islamic law.	هذا الفعل يُضَادُّ (يُضَادِدُ) الشريعة.
I believe that this thought *contradicts* the preceding thought.	أعتقد أن هذه الفكرة تُضَدُّ (تُضَادِدُ) الفكرة السابقة.

---

* This verb is conjugated here using the usual contracted forms. Alternatively, uncontracted forms may be used. Because these are perfectly regular, it is enough to give their principal parts: perfect تَضَادَدَ; imperfect indicative يَتَضَادَدُ; active participle مُتَضَادِدٌ; passive participle مُتَضَادَدٌ; verbal noun تَضَادُدٌ. In the following examples, the uncontracted forms are shown in parentheses alongside the more usual contracted forms.

ACTIVE

		PERFECT SINGULAR	DUAL	PLURAL	SUBJUNCTIVE SINGULAR	DUAL	PLURAL
3	MASCULINE	إِضْطَرَّ	إِضْطَرَّا	إِضْطَرُّوا	يَضْطَرَّ	يَضْطَرَّا	يَضْطَرُّوا
	FEMININE	إِضْطَرَّتْ	إِضْطَرَّتَا	إِضْطَرَرْنَ	تَضْطَرَّ	تَضْطَرَّا	يَضْطَرِرْنَ
2	MASCULINE	إِضْطَرَرْتَ	إِضْطَرَرْتُمَا	إِضْطَرَرْتُمْ	تَضْطَرَّ	تَضْطَرَّا	تَضْطَرُّوا
	FEMININE	إِضْطَرَرْتِ	إِضْطَرَرْتُمَا	إِضْطَرَرْتُنَّ	تَضْطَرِّي	تَضْطَرَّا	تَضْطَرِرْنَ
1		إِضْطَرَرْتُ	---	إِضْطَرَرْنَا	أَضْطَرَّ	---	نَضْطَرَّ

		IMPERFECT SINGULAR	DUAL	PLURAL	*JUSSIVE SINGULAR	DUAL	PLURAL
3	MASCULINE	يَضْطَرُّ	يَضْطَرَّانِ	يَضْطَرُّونَ	يَضْطَرِرْ	يَضْطَرَّا	يَضْطَرُّوا
	FEMININE	تَضْطَرُّ	تَضْطَرَّانِ	يَضْطَرِرْنَ	تَضْطَرِرْ	تَضْطَرَّا	يَضْطَرِرْنَ
2	MASCULINE	تَضْطَرُّ	تَضْطَرَّانِ	تَضْطَرُّونَ	تَضْطَرِرْ	تَضْطَرَّا	تَضْطَرُّوا
	FEMININE	تَضْطَرِّينَ	تَضْطَرَّانِ	تَضْطَرِرْنَ	تَضْطَرِّي	تَضْطَرَّا	تَضْطَرِرْنَ
1		أَضْطَرُّ	---	نَضْطَرُّ	أَضْطَرِرْ	---	نَضْطَرِرْ

ACTIVE PARTICIPLE	مُضْطَرٌّ
PASSIVE PARTICIPLE	مُضْطَرٌّ
VERBAL NOUN	إِضْطِرَارٌ

IMPERATIVE	SINGULAR	DUAL	PLURAL
MASCULINE	إِضْطَرِرْ**	إِضْطَرَّا	إِضْطَرُّوا
FEMININE	إِضْطَرِّي	إِضْطَرَّا	إِضْطَرِرْنَ

PASSIVE

		PERFECT SINGULAR	DUAL	PLURAL	SUBJUNCTIVE SINGULAR	DUAL	PLURAL
3	MASCULINE	أُضْطُرَّ	أُضْطُرَّا	أُضْطُرُّوا	يُضْطَرَّ	يُضْطَرَّا	يُضْطَرُّوا
	FEMININE	أُضْطُرَّتْ	أُضْطُرَّتَا	أُضْطُرِرْنَ	تُضْطَرَّ	تُضْطَرَّا	يُضْطَرَرْنَ
2	MASCULINE	أُضْطُرِرْتَ	أُضْطُرِرْتُمَا	أُضْطُرِرْتُمْ	تُضْطَرَّ	تُضْطَرَّا	تُضْطَرُّوا
	FEMININE	أُضْطُرِرْتِ	أُضْطُرِرْتُمَا	أُضْطُرِرْتُنَّ	تُضْطَرِّي	تُضْطَرَّا	تُضْطَرَرْنَ
1		أُضْطُرِرْتُ	---	أُضْطُرِرْنَا	أُضْطَرَّ	---	نُضْطَرَّ

* Contracted form: يَضْطَرَّ, تَضْطَرَّ, تَضْطَرَّ, تَضْطَرِّي, أَضْطَرَّ...نَضْطَرَّ

** Contracted form: إِضْطَرَّ

IMPERFECT

		SINGULAR	DUAL	PLURAL
3	MASCULINE	يُضْطَرُّ	يُضْطَرَّانِ	يُضْطَرُّونَ
	FEMININE	تُضْطَرُّ	تُضْطَرَّانِ	يُضْطَرَرْنَ
2	MASCULINE	تُضْطَرُّ	تُضْطَرَّانِ	تُضْطَرُّونَ
	FEMININE	تُضْطَرِّينَ	تُضْطَرَّانِ	تُضْطَرَرْنَ
1		أُضْطَرُّ	---	نُضْطَرُّ

*JUSSIVE

		SINGULAR	DUAL	PLURAL
3	MASCULINE	يُضْطَرَرْ	يُضْطَرَّا	يُضْطَرُّوا
	FEMININE	تُضْطَرَرْ	تُضْطَرَّا	يُضْطَرَرْنَ
2	MASCULINE	تُضْطَرَرْ	تُضْطَرَّا	تُضْطَرُّوا
	FEMININE	تُضْطَرِّي	تُضْطَرَّا	تُضْطَرَرْنَ
1		أُضْطَرَرْ	---	نُضْطَرَرْ

إضْطَرَّ ابنه الى ترك البيت.	*He made* his son leave home.
أُضْطُرَّتْ الطائرة للهبوط.	The airplane *was forced* to land.
أحياناً يُضْطَرُّ الإنسان لاستلاف المال من أهله.	Sometimes a person *is compelled* to borrow money from his family.

to hit ضَرَبَ — Form I ضرب

ACTIVE

PERFECT

		SINGULAR	DUAL	PLURAL
3	MASCULINE	ضَرَبَ	ضَرَبَا	ضَرَبُوا
	FEMININE	ضَرَبَتْ	ضَرَبَتَا	ضَرَبْنَ
2	MASCULINE	ضَرَبْتَ	ضَرَبْتُمَا	ضَرَبْتُمْ
	FEMININE	ضَرَبْتِ	ضَرَبْتُمَا	ضَرَبْتُنَّ
1		ضَرَبْتُ	---	ضَرَبْنَا

SUBJUNCTIVE

		SINGULAR	DUAL	PLURAL
3	MASCULINE	يَضْرِبَ	يَضْرِبَا	يَضْرِبُوا
	FEMININE	تَضْرِبَ	تَضْرِبَا	يَضْرِبْنَ
2	MASCULINE	تَضْرِبَ	تَضْرِبَا	تَضْرِبُوا
	FEMININE	تَضْرِبِي	تَضْرِبَا	تَضْرِبْنَ
1		أَضْرِبَ	---	نَضْرِبَ

IMPERFECT

		SINGULAR	DUAL	PLURAL
3	MASCULINE	يَضْرِبُ	يَضْرِبَانِ	يَضْرِبُونَ
	FEMININE	تَضْرِبُ	تَضْرِبَانِ	يَضْرِبْنَ
2	MASCULINE	تَضْرِبُ	تَضْرِبَانِ	تَضْرِبُونَ
	FEMININE	تَضْرِبِينَ	تَضْرِبَانِ	تَضْرِبْنَ
1		أَضْرِبُ	---	نَضْرِبُ

JUSSIVE

		SINGULAR	DUAL	PLURAL
3	MASCULINE	يَضْرِبْ	يَضْرِبَا	يَضْرِبُوا
	FEMININE	تَضْرِبْ	تَضْرِبَا	يَضْرِبْنَ
2	MASCULINE	تَضْرِبْ	تَضْرِبَا	تَضْرِبُوا
	FEMININE	تَضْرِبِي	تَضْرِبَا	تَضْرِبْنَ
1		أَضْرِبْ	---	نَضْرِبْ

IMPERATIVE

	SINGULAR	DUAL	PLURAL
MASCULINE	إِضْرِبْ	إِضْرِبَا	إِضْرِبُوا
FEMININE	إِضْرِبِي	إِضْرِبَا	إِضْرِبْنَ

ACTIVE PARTICIPLE	ضَارِبٌ
PASSIVE PARTICIPLE	مَضْرُوبٌ
VERBAL NOUN	ضَرْبٌ

* Contracted form: يُضْطَرَّ, تُضْطَرَّ, تُضْطَرَّ, تُضْطَرِّي, أُضْطَرَّ...نُضْطَرَّ

PASSIVE

PERFECT		SINGULAR	DUAL	PLURAL	SUBJUNCTIVE SINGULAR	DUAL	PLURAL
3	MASCULINE	ضُرِبَ	ضُرِبَا	ضُرِبُوا	يُضْرَبَ	يُضْرَبَا	يُضْرَبُوا
	FEMININE	ضُرِبَتْ	ضُرِبَتَا	ضُرِبْنَ	تُضْرَبَ	تُضْرَبَا	يُضْرَبْنَ
2	MASCULINE	ضُرِبْتَ	ضُرِبْتُمَا	ضُرِبْتُمْ	تُضْرَبَ	تُضْرَبَا	تُضْرَبُوا
	FEMININE	ضُرِبْتِ	ضُرِبْتُمَا	ضُرِبْتُنَّ	تُضْرَبِي	تُضْرَبَا	تُضْرَبْنَ
1		ضُرِبْتُ	---	ضُرِبْنَا	أُضْرَبَ	---	نُضْرَبَ

IMPERFECT		SINGULAR	DUAL	PLURAL	JUSSIVE SINGULAR	DUAL	PLURAL
3	MASCULINE	يُضْرَبُ	يُضْرَبَانِ	يُضْرَبُونَ	يُضْرَبْ	يُضْرَبَا	يُضْرَبُوا
	FEMININE	تُضْرَبُ	تُضْرَبَانِ	يُضْرَبْنَ	تُضْرَبْ	تُضْرَبَا	يُضْرَبْنَ
2	MASCULINE	تُضْرَبُ	تُضْرَبَانِ	تُضْرَبُونَ	تُضْرَبْ	تُضْرَبَا	تُضْرَبُوا
	FEMININE	تُضْرَبِينَ	تُضْرَبَانِ	تُضْرَبْنَ	تُضْرَبِي	تُضْرَبَا	تُضْرَبْنَ
1		أُضْرَبُ	---	نُضْرَبُ	أُضْرَبْ	---	نُضْرَبْ

Don't *beat* your children.	لا تَضْرِبْ أطفالك.
Who *will play* the oud?	من الذي سَيَضْرِبُ العود؟
I will *propound* a proverb as an example of what I was saying.	سَأَضْرِبُ لكم مثلاً يبرهن ما قلته.
Recess begins when the bell *is rung*.	الفسحة تبدأ عندما يُضْرَبُ الجرس.

● to be agitated إِضْطَرَبَ — Form VIII ضرب

ACTIVE

PERFECT		SINGULAR	DUAL	PLURAL	SUBJUNCTIVE SINGULAR	DUAL	PLURAL
3	MASCULINE	إِضْطَرَبَ	إِضْطَرَبَا	إِضْطَرَبُوا	يَضْطَرِبَ	يَضْطَرِبَا	يَضْطَرِبُوا
	FEMININE	إِضْطَرَبَتْ	إِضْطَرَبَتَا	إِضْطَرَبْنَ	تَضْطَرِبَ	تَضْطَرِبَا	يَضْطَرِبْنَ
2	MASCULINE	إِضْطَرَبْتَ	إِضْطَرَبْتُمَا	إِضْطَرَبْتُمْ	تَضْطَرِبَ	تَضْطَرِبَا	تَضْطَرِبُوا
	FEMININE	إِضْطَرَبْتِ	إِضْطَرَبْتُمَا	إِضْطَرَبْتُنَّ	تَضْطَرِبِي	تَضْطَرِبَا	تَضْطَرِبْنَ
1		إِضْطَرَبْتُ	---	إِضْطَرَبْنَا	أَضْطَرِبَ	---	نَضْطَرِبَ

		IMPERFECT			JUSSIVE		
		SINGULAR	DUAL	PLURAL	SINGULAR	DUAL	PLURAL
3	MASCULINE	يَضْطَرِبُ	يَضْطَرِبَانِ	يَضْطَرِبُونَ	يَضْطَرِبْ	يَضْطَرِبَا	يَضْطَرِبُوا
	FEMININE	تَضْطَرِبُ	تَضْطَرِبَانِ	يَضْطَرِبْنَ	تَضْطَرِبْ	تَضْطَرِبَا	يَضْطَرِبْنَ
2	MASCULINE	تَضْطَرِبُ	تَضْطَرِبَانِ	تَضْطَرِبُونَ	تَضْطَرِبْ	تَضْطَرِبَا	تَضْطَرِبُوا
	FEMININE	تَضْطَرِبِينَ	تَضْطَرِبَانِ	تَضْطَرِبْنَ	تَضْطَرِبِي	تَضْطَرِبَا	تَضْطَرِبْنَ
1		أَضْطَرِبُ	---	نَضْطَرِبُ	أَضْطَرِبْ	---	نَضْطَرِبْ

ACTIVE PARTICIPLE	مُضْطَرِبٌ
PASSIVE PARTICIPLE	---
VERBAL NOUN	إِضْطِرَابٌ

IMPERATIVE

	SINGULAR	DUAL	PLURAL
MASCULINE	إِضْطَرِبْ	إِضْطَرِبَا	إِضْطَرِبُوا
FEMININE	إِضْطَرِبِي	إِضْطَرِبَا	إِضْطَرِبْنَ

Why *did you become upset* when you saw her?	لماذا إِضْطَرَبْتَ عندما رأيتها؟
The sea *will surge* with waves.	البحر سَيَضْطَرِبُ بالأمواج.
My stomach *becomes upset* whenever I eat falafel.	معدتي تَضْطَرِبُ كل مرة آكل فيها الفلافل.

Form I ضمم — to bring together; to embrace ضَمَّ

ACTIVE

		PERFECT			SUBJUNCTIVE		
		SINGULAR	DUAL	PLURAL	SINGULAR	DUAL	PLURAL
3	MASCULINE	ضَمَّ	ضَمَّا	ضَمُّوا	يَضُمَّ	يَضُمَّا	يَضُمُّوا
	FEMININE	ضَمَّتْ	ضَمَّتَا	ضَمَمْنَ	تَضُمَّ	تَضُمَّا	يَضْمُمْنَ
2	MASCULINE	ضَمَمْتَ	ضَمَمْتُمَا	ضَمَمْتُمْ	تَضُمَّ	تَضُمَّا	تَضُمُّوا
	FEMININE	ضَمَمْتِ	ضَمَمْتُمَا	ضَمَمْتُنَّ	تَضُمِّي	تَضُمَّا	تَضْمُمْنَ
1		ضَمَمْتُ	---	ضَمَمْنَا	أَضُمَّ	---	نَضُمَّ

		IMPERFECT			*JUSSIVE		
		SINGULAR	DUAL	PLURAL	SINGULAR	DUAL	PLURAL
3	MASCULINE	يَضُمُّ	يَضُمَّانِ	يَضُمُّونَ	يَضْمُمْ	يَضُمَّا	يَضُمُّوا
	FEMININE	تَضُمُّ	تَضُمَّانِ	يَضْمُمْنَ	تَضْمُمْ	تَضُمَّا	يَضْمُمْنَ
2	MASCULINE	تَضُمُّ	تَضُمَّانِ	تَضُمُّونَ	تَضْمُمْ	تَضُمَّا	تَضُمُّوا
	FEMININE	تَضُمِّينَ	تَضُمَّانِ	تَضْمُمْنَ	تَضُمِّي	تَضُمَّا	تَضْمُمْنَ
1		أَضُمُّ	---	نَضُمُّ	أَضْمُمْ	---	نَضْمُمْ

* Contracted form: يَضُمَّ, تَضُمَّ, تَضُمَّ, تَضُمِّي, أَضُمَّ...نَضُمَّ

			* IMPERATIVE			
أُضْمُمُوا	أُضْمُمَا	أُضْمُمْ	MASCULINE	ضَامٌّ	ACTIVE PARTICIPLE	
أُضْمُمْنَ	أُضْمُمَا	أُضْمُمِي	FEMININE	مَضْمُومٌ	PASSIVE PARTICIPLE	
				ضَمٌّ	VERBAL NOUN	

PASSIVE

PLURAL	DUAL	SINGULAR	SUBJUNCTIVE	PLURAL	DUAL	SINGULAR	PERFECT	
يُضَمُّوا	يُضَمَّا	يُضَمَّ		ضُمُّوا	ضُمَّا	ضُمَّ	MASCULINE	3
يُضْمَمْنَ	تُضَمَّا	تُضَمَّ		ضُمِمْنَ	ضُمَّتَا	ضُمَّتْ	FEMININE	
تُضَمُّوا	تُضَمَّا	تُضَمَّ		ضُمِمْتُمْ	ضُمِمْتُمَا	ضُمِمْتَ	MASCULINE	2
تُضْمَمْنَ	تُضَمَّا	تُضَمِّي		ضُمِمْتُنَّ	ضُمِمْتُمَا	ضُمِمْتِ	FEMININE	
نُضَمَّ	---	أُضَمَّ		ضُمِمْنَا	---	ضُمِمْتُ		1

			**JUSSIVE				IMPERFECT	
يُضَمُّوا	يُضَمَّا	يُضْمَمْ		يُضَمُّونَ	يُضَمَّانِ	يُضَمُّ	MASCULINE	3
يُضْمَمْنَ	تُضَمَّا	تُضْمَمْ		يُضْمَمْنَ	تُضَمَّانِ	تُضَمُّ	FEMININE	
تُضَمُّوا	تُضَمَّا	تُضْمَمْ		تُضَمُّونَ	تُضَمَّانِ	تُضَمُّ	MASCULINE	2
تُضْمَمْنَ	تُضَمَّا	تُضَمِّي		تُضْمَمْنَ	تُضَمَّانِ	تُضَمِّينَ	FEMININE	
نُضْمَمْ	---	أُضْمَمْ		نُضَمُّ	---	أُضَمُّ		1

تَضُمُّ الولايات المتحدة العديد من الناس الذين يهاجرون من بلدان مختلفة في العالم.

The United States *brings together* many people who immigrate from various countries in the world.

يشتاق الحبيب إلى أن يَضُمَّ حبيبته إلى أحضانه.

The lover longs *to embrace* his beloved in his arms.

الأولاد كسروا هذه الطاولة . هل تعتقدين أن أجزاءها يمكن أن تُضَمَّ معاً ثانيةً؟

The children broke this table; do you believe that its parts *can be joined* together again?

---

* Contracted form: ضُمَّ, ضُمِّي, ضُمَّا, ضُمُّوا...

** Contracted form: يُضَمَّ, تُضَمَّ, تُضَمَّ, تُضَمِّي, أُضَمَّ...نُضَمَّ

Form VII ضمم　　　　to be drawn; to join إِنْضَمَّ ●

ACTIVE

		PERFECT SINGULAR	DUAL	PLURAL	SUBJUNCTIVE SINGULAR	DUAL	PLURAL
3	MASCULINE	إِنْضَمَّ	إِنْضَمَّا	إِنْضَمُّوا	يَنْضَمَّ	يَنْضَمَّا	يَنْضَمُّوا
	FEMININE	إِنْضَمَّتْ	إِنْضَمَّتَا	إِنْضَمَمْنَ	تَنْضَمَّ	تَنْضَمَّا	يَنْضَمِمْنَ
2	MASCULINE	إِنْضَمَمْتَ	إِنْضَمَمْتُمَا	إِنْضَمَمْتُمْ	تَنْضَمَّ	تَنْضَمَّا	تَنْضَمُّوا
	FEMININE	إِنْضَمَمْتِ	إِنْضَمَمْتُمَا	إِنْضَمَمْتُنَّ	تَنْضَمِّي	تَنْضَمَّا	تَنْضَمِمْنَ
1		إِنْضَمَمْتُ	---	إِنْضَمَمْنَا	أَنْضَمَّ	---	نَنْضَمَّ

		IMPERFECT SINGULAR	DUAL	PLURAL	*JUSSIVE SINGULAR	DUAL	PLURAL
3	MASCULINE	يَنْضَمُّ	يَنْضَمَّانِ	يَنْضَمُّونَ	يَنْضَمِمْ	يَنْضَمَّا	يَنْضَمُّوا
	FEMININE	تَنْضَمُّ	تَنْضَمَّانِ	يَنْضَمِمْنَ	تَنْضَمِمْ	تَنْضَمَّا	يَنْضَمِمْنَ
2	MASCULINE	َنْضَمُّ	تَنْضَمَّانِ	تَنْضَمُّونَ	تَنْضَمِمْ	تَنْضَمَّا	تَنْضَمُّوا
	FEMININE	تَنْضَمِّينَ	تَنْضَمَّانِ	تَنْضَمِمْنَ	تَنْضَمِّي	تَنْضَمَّا	تَنْضَمِمْنَ
1		أَنْضَمُّ	---	نَنْضَمُّ	أَنْضَمِمْ	---	نَنْضَمِمْ

ACTIVE PARTICIPLE	مُنْضَمٌّ	
PASSIVE PARTICIPLE	---	
VERBAL NOUN	إِنْضِمَامٌ	

IMPERATIVE

	SINGULAR	DUAL	PLURAL
MASCULINE	إِنْضَمِمْ**	إِنْضَمَّا	إِنْضَمُّوا
FEMININE	إِنْضَمِّي	إِنْضَمَّا	إِنْضَمِمْنَ

When *will* this player *join* his country's all-star team?	متى سَيَنْضَمُّ هذا اللاعب إلى منتخب بلاده؟
Yusuf *joined* a human rights organization.	إِنْضَمَّ يوسف إلى منظمة حقوق الإنسان.
The people *were drawn together* into a single line.	إِنْضَمَّ الناس في صف واحد.
The place of worship *was packed* with worshipers.	مكان العبادة إِنْضَمَّ بالمُصَلين.

* Contracted form: يَنْضَمَّ, تَنْضَمَّ, تَنْضَمَّ, تَنْضَمِّي, أَنْضَمَّ...نَنْضَمَّ

** Contracted form: إِنْضَمَّ

Form I ضمن — to guarantee ضَمِنَ

ACTIVE

PERFECT

		SINGULAR	DUAL	PLURAL
3	MASCULINE	ضَمِنَ	ضَمِنَا	ضَمِنُوا
	FEMININE	ضَمِنَتْ	ضَمِنَتَا	ضَمِنَّ
2	MASCULINE	ضَمِنْتَ	ضَمِنْتُمَا	ضَمِنْتُمْ
	FEMININE	ضَمِنْتِ	ضَمِنْتُمَا	ضَمِنْتُنَّ
1		ضَمِنْتُ	---	ضَمِنَّا

SUBJUNCTIVE

SINGULAR	DUAL	PLURAL
يَضْمَنَ	يَضْمَنَا	يَضْمَنُوا
تَضْمَنَ	تَضْمَنَا	يَضْمَنَّ
تَضْمَنَ	تَضْمَنَا	تَضْمَنُوا
تَضْمَنِي	تَضْمَنَا	تَضْمَنَّ
أَضْمَنَ	---	نَضْمَنَ

IMPERFECT

		SINGULAR	DUAL	PLURAL
3	MASCULINE	يَضْمَنُ	يَضْمَنَانِ	يَضْمَنُونَ
	FEMININE	تَضْمَنُ	تَضْمَنَانِ	يَضْمَنَّ
2	MASCULINE	تَضْمَنُ	تَضْمَنَانِ	تَضْمَنُونَ
	FEMININE	تَضْمَنِينَ	تَضْمَنَانِ	تَضْمَنَّ
1		أَضْمَنُ	---	نَضْمَنُ

JUSSIVE

SINGULAR	DUAL	PLURAL
يَضْمَنْ	يَضْمَنَا	يَضْمَنُوا
تَضْمَنْ	تَضْمَنَا	يَضْمَنَّ
تَضْمَنْ	تَضْمَنَا	تَضْمَنُوا
تَضْمَنِي	تَضْمَنَا	تَضْمَنَّ
أَضْمَنْ	---	نَضْمَنْ

ACTIVE PARTICIPLE ضَامِنٌ

PASSIVE PARTICIPLE مَضْمُونٌ

VERBAL NOUN ضَمَانٌ

IMPERATIVE

	SINGULAR	DUAL	PLURAL
MASCULINE	إِضْمَنْ	إِضْمَنَا	إِضْمَنُوا
FEMININE	إِضْمَنِي	إِضْمَنَا	إِضْمَنَّ

PASSIVE

PERFECT

		SINGULAR	DUAL	PLURAL
3	MASCULINE	ضُمِنَ	ضُمِنَا	ضُمِنُوا
	FEMININE	ضُمِنَتْ	ضُمِنَتَا	ضُمِنَّ
2	MASCULINE	ضُمِنْتَ	ضُمِنْتُمَا	ضُمِنْتُمْ
	FEMININE	ضُمِنْتِ	ضُمِنْتُمَا	ضُمِنْتُنَّ
1		ضُمِنْتُ	---	ضُمِنَّا

SUBJUNCTIVE

SINGULAR	DUAL	PLURAL
يُضْمَنَ	يُضْمَنَا	يُضْمَنُوا
تُضْمَنَ	تُضْمَنَا	يُضْمَنَّ
تُضْمَنَ	تُضْمَنَا	تُضْمَنُوا
تُضْمَنِي	تُضْمَنَا	تُضْمَنَّ
أُضْمَنَ	---	نُضْمَنَ

IMPERFECT

		SINGULAR	DUAL	PLURAL
3	MASCULINE	يُضْمَنُ	يُضْمَنَانِ	يُضْمَنُونَ
	FEMININE	تُضْمَنُ	تُضْمَنَانِ	يُضْمَنَّ
2	MASCULINE	تُضْمَنُ	تُضْمَنَانِ	تُضْمَنُونَ
	FEMININE	تُضْمَنِينَ	تُضْمَنَانِ	تُضْمَنَّ
1		أُضْمَنُ	---	نُضْمَنُ

JUSSIVE

SINGULAR	DUAL	PLURAL
يُضْمَنْ	يُضْمَنَا	يُضْمَنُوا
تُضْمَنْ	تُضْمَنَا	يُضْمَنَّ
تُضْمَنْ	تُضْمَنَا	تُضْمَنُوا
تُضْمَنِي	تُضْمَنَا	تُضْمَنَّ
أُضْمَنْ	---	نُضْمَنْ

Are you absolutely certain [literally: Do *you guarantee* yourself] that they will keep their promises?

هل تَضْمَنُ نفسك أنهم سيحقّقون وعودهم؟

The government promised *it would guarantee* the stability of the price of flour.

وعدت الحكومة بأنها سَتَضْمَنُ استقرار سعر الدقيق.

Form V ضمن

● تَضَمَّنَ to include

ACTIVE

		PERFECT SINGULAR	DUAL	PLURAL	SUBJUNCTIVE SINGULAR	DUAL	PLURAL
3	MASCULINE	تَضَمَّنَ	تَضَمَّنَا	تَضَمَّنُوا	يَتَضَمَّنَ	يَتَضَمَّنَا	يَتَضَمَّنُوا
	FEMININE	تَضَمَّنَتْ	تَضَمَّنَتَا	تَضَمَّنَّ	تَتَضَمَّنَ	تَتَضَمَّنَا	يَتَضَمَّنَّ
2	MASCULINE	تَضَمَّنْتَ	تَضَمَّنْتُمَا	تَضَمَّنْتُمْ	تَتَضَمَّنَ	تَتَضَمَّنَا	تَتَضَمَّنُوا
	FEMININE	تَضَمَّنْتِ	تَضَمَّنْتُمَا	تَضَمَّنْتُنَّ	تَتَضَمَّنِي	تَتَضَمَّنَا	تَتَضَمَّنَّ
1		تَضَمَّنْتُ	---	تَضَمَّنَّا	أَتَضَمَّنَ	---	نَتَضَمَّنَ

		IMPERFECT SINGULAR	DUAL	PLURAL	JUSSIVE SINGULAR	DUAL	PLURAL
3	MASCULINE	يَتَضَمَّنُ	يَتَضَمَّنَانِ	يَتَضَمَّنُونَ	يَتَضَمَّنْ	يَتَضَمَّنَا	يَتَضَمَّنُوا
	FEMININE	تَتَضَمَّنُ	تَتَضَمَّنَانِ	يَتَضَمَّنَّ	تَتَضَمَّنْ	تَتَضَمَّنَا	يَتَضَمَّنَّ
2	MASCULINE	تَتَضَمَّنُ	تَتَضَمَّنَانِ	تَتَضَمَّنُونَ	تَتَضَمَّنْ	تَتَضَمَّنَا	تَتَضَمَّنُوا
	FEMININE	تَتَضَمَّنِينَ	تَتَضَمَّنَانِ	تَتَضَمَّنَّ	تَتَضَمَّنِي	تَتَضَمَّنَا	تَتَضَمَّنَّ
1		أَتَضَمَّنُ	---	نَتَضَمَّنُ	أَتَضَمَّنْ	---	نَتَضَمَّنْ

ACTIVE PARTICIPLE	مُتَضَمِّنٌ
PASSIVE PARTICIPLE	مُتَضَمَّنٌ
VERBAL NOUN	تَضَمُّنٌ

IMPERATIVE	SINGULAR	DUAL	PLURAL
MASCULINE	تَضَمَّنْ	تَضَمَّنَا	تَضَمَّنُوا
FEMININE	تَضَمَّنِي	تَضَمَّنَا	تَضَمَّنَّ

PASSIVE

		PERFECT SINGULAR	DUAL	PLURAL	SUBJUNCTIVE SINGULAR	DUAL	PLURAL
3	MASCULINE	تُضُمِّنَ	تُضُمِّنَا	تُضُمِّنُوا	يُتَضَمَّنَ	يُتَضَمَّنَا	يُتَضَمَّنُوا
	FEMININE	تُضُمِّنَتْ	تُضُمِّنَتَا	تُضُمِّنَّ	تُتَضَمَّنَ	تُتَضَمَّنَا	يُتَضَمَّنَّ
2	MASCULINE	تُضُمِّنْتَ	تُضُمِّنْتُمَا	تُضُمِّنْتُمْ	تُتَضَمَّنَ	تُتَضَمَّنَا	تُتَضَمَّنُوا
	FEMININE	تُضُمِّنْتِ	تُضُمِّنْتُمَا	تُضُمِّنْتُنَّ	تُتَضَمَّنِي	تُتَضَمَّنَا	تُتَضَمَّنَّ
1		تُضُمِّنْتُ	---	تُضُمِّنَّا	أُتَضَمَّنَ	---	نُتَضَمَّنَ

		IMPERFECT			JUSSIVE		
3	MASCULINE	يَتَضَمَّنُ	يَتَضَمَّنَانِ	يَتَضَمَّنُونَ	يَتَضَمَّنْ	يَتَضَمَّنَا	يَتَضَمَّنُوا
	FEMININE	تَتَضَمَّنُ	تَتَضَمَّنَانِ	يَتَضَمَّنَّ	تَتَضَمَّنْ	تَتَضَمَّنَا	يَتَضَمَّنَّ
2	MASCULINE	تَتَضَمَّنُ	تَتَضَمَّنَانِ	تَتَضَمَّنُونَ	تَتَضَمَّنْ	تَتَضَمَّنَا	تَتَضَمَّنُوا
	FEMININE	تَتَضَمَّنِينَ	تَتَضَمَّنَانِ	تَتَضَمَّنَّ	تَتَضَمَّنِي	تَتَضَمَّنَا	تَتَضَمَّنَّ
1		أَتَضَمَّنُ	---	نَتَضَمَّنُ	أَتَضَمَّنْ	---	نَتَضَمَّنْ

إنه أمر غريب للغاية أن لا يَتَضَمَّنَ كتاب «المُعذبون في الأرض» ضمن قائمة الكتب المُمَثِّلَة للأدب العربي في مهرجان برلين للكتاب.

It is extremely strange that the book *Those Who Suffer on Earth is not included* in the list of books representing Arabic literature at the Berlin book fair.

لا يَتَضَمَّنُ السباق الشباب الأكبر من عشرين عاماً

The race does not *include* young men over twenty years old.

تَتَضَمَّنُ المدارس الآن طلاباً من كل الفئات العرقية والإجتماعية.

The schools today *include* students of every racial group and social class.

Form IV ضيع — to ruin, waste, lose أَضَاعَ

ACTIVE

		PERFECT SINGULAR	DUAL	PLURAL	SUBJUNCTIVE SINGULAR	DUAL	PLURAL
3	MASCULINE	أَضَاعَ	أَضَاعَا	أَضَاعُوا	يُضِيعَ	يُضِيعَا	يُضِيعُوا
	FEMININE	أَضَاعَتْ	أَضَاعَتَا	أَضَعْنَ	تُضِيعَ	تُضِيعَا	يُضِعْنَ
2	MASCULINE	أَضَعْتَ	أَضَعْتُمَا	أَضَعْتُمْ	تُضِيعَ	تُضِيعَا	تُضِيعُوا
	FEMININE	أَضَعْتِ	أَضَعْتُمَا	أَضَعْتُنَّ	تُضِيعِي	تُضِيعَا	تُضِعْنَ
1		أَضَعْتُ	---	أَضَعْنَا	أُضِيعَ	---	نُضِيعَ

		IMPERFECT			JUSSIVE		
3	MASCULINE	يُضِيعُ	يُضِيعَانِ	يُضِيعُونَ	يُضِعْ	يُضِيعَا	يُضِيعُوا
	FEMININE	تُضِيعُ	تُضِيعَانِ	يُضِعْنَ	تُضِعْ	تُضِيعَا	يُضِعْنَ
2	MASCULINE	تُضِيعُ	تُضِيعَانِ	تُضِيعُونَ	تُضِعْ	تُضِيعَا	تُضِيعُوا
	FEMININE	تُضِيعِينَ	تُضِيعَانِ	تُضِعْنَ	تُضِيعِي	تُضِيعَا	تُضِعْنَ
1		أُضِيعُ	---	نُضِيعُ	أُضِعْ	---	نُضِعْ

		IMPERATIVE			
ACTIVE PARTICIPLE	مُضِيعٌ				
PASSIVE PARTICIPLE	مُضَاعٌ	MASCULINE	أَضِعْ	أَضِيعَا	أَضِيعُوا
VERBAL NOUN	إِضَاعَةٌ	FEMININE	أَضِيعِي	أَضِيعَا	أَضِعْنَ

PASSIVE

	PERFECT	SINGULAR	DUAL	PLURAL	SUBJUNCTIVE	SINGULAR	DUAL	PLURAL
3	MASCULINE	أُضِيعَ	أُضِيعَا	أُضِيعُوا		يُضَاعَ	يُضَاعَا	يُضَاعُوا
	FEMININE	أُضِيعَتْ	أُضِيعَتَا	أُضِعْنَ		تُضَاعَ	تُضَاعَا	يُضَعْنَ
2	MASCULINE	أُضِعْتَ	أُضِعْتُمَا	أُضِعْتُمْ		تُضَاعَ	تُضَاعَا	تُضَاعُوا
	FEMININE	أُضِعْتِ	أُضِعْتُمَا	أُضِعْتُنَّ		تُضَاعِي	تُضَاعَا	تُضَعْنَ
1		أُضِعْتُ	---	أُضِعْنَا		أُضَاعَ	---	نُضَاعَ

	IMPERFECT	SINGULAR	DUAL	PLURAL	JUSSIVE	SINGULAR	DUAL	PLURAL
3	MASCULINE	يُضَاعُ	يُضَاعَانِ	يُضَاعُونَ		يُضَعْ	يُضَاعَا	يُضَاعُوا
	FEMININE	تُضَاعُ	تُضَاعَانِ	يُضَعْنَ		تُضَعْ	تُضَاعَا	يُضَعْنَ
2	MASCULINE	تُضَاعُ	تُضَاعَانِ	تُضَاعُونَ		تُضَعْ	تُضَاعَا	تُضَاعُوا
	FEMININE	تُضَاعِينَ	تُضَاعَانِ	تُضَعْنَ		تُضَاعِي	تُضَاعَا	تُضَعْنَ
1		أُضَاعُ	---	نُضَاعُ		أُضَعْ	---	نُضَعْ

أضَاعَ الطفل اللعبة.
The child *lost* the toy.

لا أصدق أنكِ أَضَعْتِ هذه الفرصة من يدك!
I don't believe that *you missed* this opportunity!

الكثير من الناس يُضِيعُونَ كمًّا هائلا من الماء العذب.
Many people *waste* a tremendous amount of fresh water.

Form IV ضيف — to add أَضَافَ

ACTIVE

	PERFECT	SINGULAR	DUAL	PLURAL	SUBJUNCTIVE	SINGULAR	DUAL	PLURAL
3	MASCULINE	أَضَافَ	أَضَافَا	أَضَافُوا		يُضِيفَ	يُضِيفَا	يُضِيفُوا
	FEMININE	أَضَافَتْ	أَضَافَتَا	أَضَفْنَ		تُضِيفَ	تُضِيفَا	يُضِفْنَ
2	MASCULINE	أَضَفْتَ	أَضَفْتُمَا	أَضَفْتُمْ		تُضِيفَ	تُضِيفَا	تُضِيفُوا
	FEMININE	أَضَفْتِ	أَضَفْتُمَا	أَضَفْتُنَّ		تُضِيفِي	تُضِيفَا	تُضِفْنَ
1		أَضَفْتُ	---	أَضَفْنَا		أُضِيفَ	---	نُضِيفَ

		IMPERFECT		
3	MASCULINE	يُضِيفُ	يُضِيفَانِ	يُضِيفُونَ
	FEMININE	تُضِيفُ	تُضِيفَانِ	يُضِفْنَ
2	MASCULINE	تُضِيفُ	تُضِيفَانِ	تُضِيفُونَ
	FEMININE	تُضِيفِينَ	تُضِيفَانِ	تُضِفْنَ
1		أُضِيفُ	---	نُضِيفُ

JUSSIVE		
يُضِفْ	يُضِيفَا	يُضِيفُوا
تُضِفْ	تُضِيفَا	يُضِفْنَ
تُضِفْ	تُضِيفَا	تُضِيفُوا
تُضِيفِي	تُضِيفَا	تُضِفْنَ
أُضِفْ	---	نُضِفْ

ACTIVE PARTICIPLE	مُضِيفٌ
PASSIVE PARTICIPLE	مُضَافٌ
VERBAL NOUN	إِضَافَةٌ

IMPERATIVE			
MASCULINE	أَضِفْ	أَضِيفَا	أَضِيفُوا
FEMININE	أَضِيفِي	أَضِيفَا	أَضِفْنَ

PASSIVE

	PERFECT	SINGULAR	DUAL	PLURAL
3	MASCULINE	أُضِيفَ	أُضِيفَا	أُضِيفُوا
	FEMININE	أُضِيفَتْ	أُضِيفَتَا	أُضِفْنَ
2	MASCULINE	أُضِفْتَ	أُضِفْتُمَا	أُضِفْتُمْ
	FEMININE	أُضِفْتِ	أُضِفْتُمَا	أُضِفْتُنَّ
1		أُضِفْتُ	---	أُضِفْنَا

SUBJUNCTIVE SINGULAR	DUAL	PLURAL
يُضَافَ	يُضَافَا	يُضَافُوا
تُضَافَ	تُضَافَا	يُضَفْنَ
تُضَافَ	تُضَافَا	تُضَافُوا
تُضَافِي	تُضَافَا	تُضَفْنَ
أُضَافَ	---	نُضَافَ

		IMPERFECT		
3	MASCULINE	يُضَافُ	يُضَافَانِ	يُضَافُونَ
	FEMININE	تُضَافُ	تُضَافَانِ	يُضَفْنَ
2	MASCULINE	تُضَافُ	تُضَافَانِ	تُضَافُونَ
	FEMININE	تُضَافِينَ	تُضَافَانِ	تُضَفْنَ
1		أُضَافُ	---	نُضَافُ

JUSSIVE		
يُضَفْ	يُضَافَا	يُضَافُوا
تُضَفْ	تُضَافَا	يُضَفْنَ
تُضَفْ	تُضَافَا	تُضَافُوا
تُضَافِي	تُضَافَا	تُضَفْنَ
أُضَفْ	---	نُضَفْ

أَضِفْ بعض الماء على فترات حتى يطيب للأكل.

Add a little water at a time until it is ready to eat.

هل يُمكِنُكَ أن تُعلمني كيف أُضِيفُ صورة للمقال على الإنترنيت؟

Can you show me how *I can attach* a picture to the article on the Internet?

مجلس النواب يُضِيفُ مائة مليون جنية للميزانية لمواجهة إرتفاع الأسعار.

The House of Representatives *will add* a hundred million Egyptian pounds to the budget to counter the rise in prices.

Form II طبق ● طَبَّقَ to cover; to fold; to spread; (in passive) to be applicable

ACTIVE

PERFECT		SINGULAR	DUAL	PLURAL
3	MASCULINE	طَبَّقَ	طَبَّقَا	طَبَّقُوا
	FEMININE	طَبَّقَتْ	طَبَّقَتَا	طَبَّقْنَ
2	MASCULINE	طَبَّقْتَ	طَبَّقْتُمَا	طَبَّقْتُمْ
	FEMININE	طَبَّقْتِ	طَبَّقْتُمَا	طَبَّقْتُنَّ
1		طَبَّقْتُ	---	طَبَّقْنَا

SUBJUNCTIVE	SINGULAR	DUAL	PLURAL
3 MASCULINE	يُطَبِّقَ	يُطَبِّقَا	يُطَبِّقُوا
FEMININE	تُطَبِّقَ	تُطَبِّقَا	يُطَبِّقْنَ
2 MASCULINE	تُطَبِّقَ	تُطَبِّقَا	تُطَبِّقُوا
FEMININE	تُطَبِّقِي	تُطَبِّقَا	تُطَبِّقْنَ
1	أُطَبِّقَ	---	نُطَبِّقَ

IMPERFECT		SINGULAR	DUAL	PLURAL
3	MASCULINE	يُطَبِّقُ	يُطَبِّقَانِ	يُطَبِّقُونَ
	FEMININE	تُطَبِّقُ	تُطَبِّقَانِ	يُطَبِّقْنَ
2	MASCULINE	تُطَبِّقُ	تُطَبِّقَانِ	تُطَبِّقُونَ
	FEMININE	تُطَبِّقِينَ	تُطَبِّقَانِ	تُطَبِّقْنَ
1		أُطَبِّقُ	---	نُطَبِّقُ

JUSSIVE	SINGULAR	DUAL	PLURAL
3 MASCULINE	يُطَبِّقْ	يُطَبِّقَا	يُطَبِّقُوا
FEMININE	تُطَبِّقْ	تُطَبِّقَا	يُطَبِّقْنَ
2 MASCULINE	تُطَبِّقْ	تُطَبِّقَا	تُطَبِّقُوا
FEMININE	تُطَبِّقِي	تُطَبِّقَا	تُطَبِّقْنَ
1	أُطَبِّقْ	---	نُطَبِّقْ

ACTIVE PARTICIPLE	مُطَبِّقٌ
PASSIVE PARTICIPLE	مُطَبَّقٌ
VERBAL NOUN	تَطْبِيقٌ

IMPERATIVE	SINGULAR	DUAL	PLURAL
MASCULINE	طَبِّقْ	طَبِّقَا	طَبِّقُوا
FEMININE	طَبِّقِي	طَبِّقَا	طَبِّقْنَ

PASSIVE

PERFECT		SINGULAR	DUAL	PLURAL
3	MASCULINE	طُبِّقَ	طُبِّقَا	طُبِّقُوا
	FEMININE	طُبِّقَتْ	طُبِّقَتَا	طُبِّقْنَ
2	MASCULINE	طُبِّقْتَ	طُبِّقْتُمَا	طُبِّقْتُمْ
	FEMININE	طُبِّقْتِ	طُبِّقْتُمَا	طُبِّقْتُنَّ
1		طُبِّقْتُ	---	طُبِّقْنَا

SUBJUNCTIVE	SINGULAR	DUAL	PLURAL
3 MASCULINE	يُطَبَّقَ	يُطَبَّقَا	يُطَبَّقُوا
FEMININE	تُطَبَّقَ	تُطَبَّقَا	يُطَبَّقْنَ
2 MASCULINE	تُطَبَّقَ	تُطَبَّقَا	تُطَبَّقُوا
FEMININE	تُطَبَّقِي	تُطَبَّقَا	تُطَبَّقْنَ
1	أُطَبَّقَ	---	نُطَبَّقَ

IMPERFECT		SINGULAR	DUAL	PLURAL
3	MASCULINE	يُطَبَّقُ	يُطَبَّقَانِ	يُطَبَّقُونَ
	FEMININE	تُطَبَّقُ	تُطَبَّقَانِ	يُطَبَّقْنَ
2	MASCULINE	تُطَبَّقُ	تُطَبَّقَانِ	تُطَبَّقُونَ
	FEMININE	تُطَبَّقِينَ	تُطَبَّقَانِ	تُطَبَّقْنَ
1		أُطَبَّقُ	---	نُطَبَّقُ

JUSSIVE	SINGULAR	DUAL	PLURAL
3 MASCULINE	يُطَبَّقْ	يُطَبَّقَا	يُطَبَّقُوا
FEMININE	تُطَبَّقْ	تُطَبَّقَا	يُطَبَّقْنَ
2 MASCULINE	تُطَبَّقْ	تُطَبَّقَا	تُطَبَّقُوا
FEMININE	تُطَبَّقِي	تُطَبَّقَا	تُطَبَّقْنَ
1	أُطَبَّقْ	---	نُطَبَّقْ

He is famous the world over [literally: His fame *is spread* over the horizons].	لقد طَبَّقَتْ شهرته الآفاق.
Let's *fold* this bed sheet together.	تعال نُطَبِّقْ هذه الملاءة سوياً.
How will this study *be applied* in the future?	كيف سَيُطَبَّقُ هذا البحث في المستقبل؟

Form I طرح — to throw; to present, submit طَرَحَ ●

ACTIVE

PERFECT

		SINGULAR	DUAL	PLURAL
3	MASCULINE	طَرَحَ	طَرَحَا	طَرَحُوا
	FEMININE	طَرَحَتْ	طَرَحَتَا	طَرَحْنَ
2	MASCULINE	طَرَحْتَ	طَرَحْتُمَا	طَرَحْتُمْ
	FEMININE	طَرَحْتِ	طَرَحْتُمَا	طَرَحْتُنَّ
1		طَرَحْتُ	---	طَرَحْنَا

SUBJUNCTIVE

		SINGULAR	DUAL	PLURAL
3	MASCULINE	يَطْرَحَ	يَطْرَحَا	يَطْرَحُوا
	FEMININE	تَطْرَحَ	تَطْرَحَا	يَطْرَحْنَ
2	MASCULINE	تَطْرَحَ	تَطْرَحَا	تَطْرَحُوا
	FEMININE	تَطْرَحِي	تَطْرَحَا	تَطْرَحْنَ
1		أَطْرَحَ	---	نَطْرَحَ

IMPERFECT

		SINGULAR	DUAL	PLURAL
3	MASCULINE	يَطْرَحُ	يَطْرَحَانِ	يَطْرَحُونَ
	FEMININE	تَطْرَحُ	تَطْرَحَانِ	يَطْرَحْنَ
2	MASCULINE	تَطْرَحُ	تَطْرَحَانِ	تَطْرَحُونَ
	FEMININE	تَطْرَحِينَ	تَطْرَحَانِ	تَطْرَحْنَ
1		أَطْرَحُ	---	نَطْرَحُ

JUSSIVE

		SINGULAR	DUAL	PLURAL
3	MASCULINE	يَطْرَحْ	يَطْرَحَا	يَطْرَحُوا
	FEMININE	تَطْرَحْ	تَطْرَحَا	يَطْرَحْنَ
2	MASCULINE	تَطْرَحْ	تَطْرَحَا	تَطْرَحُوا
	FEMININE	تَطْرَحِي	تَطْرَحَا	تَطْرَحْنَ
1		أَطْرَحْ	---	نَطْرَحْ

ACTIVE PARTICIPLE	طَارِحٌ
PASSIVE PARTICIPLE	مَطْرُوحٌ
VERBAL NOUN	طَرْحٌ

IMPERATIVE

	SINGULAR	DUAL	PLURAL
MASCULINE	إِطْرَحْ	إِطْرَحَا	إِطْرَحُوا
FEMININE	إِطْرَحِي	إِطْرَحَا	إِطْرَحْنَ

PASSIVE

PERFECT

		SINGULAR	DUAL	PLURAL
3	MASCULINE	طُرِحَ	طُرِحَا	طُرِحُوا
	FEMININE	طُرِحَتْ	طُرِحَتَا	طُرِحْنَ
2	MASCULINE	طُرِحْتَ	طُرِحْتُمَا	طُرِحْتُمْ
	FEMININE	طُرِحْتِ	طُرِحْتُمَا	طُرِحْتُنَّ
1		طُرِحْتُ	---	طُرِحْنَا

SUBJUNCTIVE

		SINGULAR	DUAL	PLURAL
3	MASCULINE	يُطْرَحَ	يُطْرَحَا	يُطْرَحُوا
	FEMININE	تُطْرَحَ	تُطْرَحَا	يُطْرَحْنَ
2	MASCULINE	تُطْرَحَ	تُطْرَحَا	تُطْرَحُوا
	FEMININE	تُطْرَحِي	تُطْرَحَا	تُطْرَحْنَ
1		أُطْرَحَ	---	نُطْرَحَ

		IMPERFECT			JUSSIVE		
3	MASCULINE	يُطْرَحُ	يُطْرَحَانِ	يُطْرَحُونَ	يُطْرَحْ	يُطْرَحَا	يُطْرَحُوا
	FEMININE	تُطْرَحُ	تُطْرَحَانِ	يُطْرَحْنَ	تُطْرَحْ	تُطْرَحَا	يُطْرَحْنَ
2	MASCULINE	تُطْرَحُ	تُطْرَحَانِ	تُطْرَحُونَ	تُطْرَحْ	تُطْرَحَا	تُطْرَحُوا
	FEMININE	تُطْرَحِينَ	تُطْرَحَانِ	تُطْرَحْنَ	تُطْرَحِي	تُطْرَحَا	تُطْرَحْنَ
1		أُطْرَحُ	---	نُطْرَحُ	أُطْرَحْ	---	نُطْرَحْ

طَرَحَ الولد اللعبة على الأرض.	The boy *threw* the toy to the ground.
إذا طَرَحْتَ ثلاثة من ثمانية، كم يكون الناتج؟	*If you subtract* three from eight, how much is the result?
طَرَحَ الطالب أسئلة ذكية عليه.	The student *put* very intelligent questions to him.
سَتَطْرَحُ الشركة هذا المشروع في المناقصة العامة.	The company *will present* this proposal at the general call for bids.

Form V طرق — to touch (on a subject); to reach تَطَرَّقَ ●

ACTIVE

		PERFECT SINGULAR	DUAL	PLURAL	SUBJUNCTIVE SINGULAR	DUAL	PLURAL
3	MASCULINE	تَطَرَّقَ	تَطَرَّقَا	تَطَرَّقُوا	يَتَطَرَّقَ	يَتَطَرَّقَا	يَتَطَرَّقُوا
	FEMININE	تَطَرَّقَتْ	تَطَرَّقَتَا	تَطَرَّقْنَ	تَتَطَرَّقَ	تَتَطَرَّقَا	يَتَطَرَّقْنَ
2	MASCULINE	تَطَرَّقْتَ	تَطَرَّقْتُمَا	تَطَرَّقْتُمْ	تَتَطَرَّقَ	تَتَطَرَّقَا	تَتَطَرَّقُوا
	FEMININE	تَطَرَّقْتِ	تَطَرَّقْتُمَا	تَطَرَّقْتُنَّ	تَتَطَرَّقِي	تَتَطَرَّقَا	تَتَطَرَّقْنَ
1		تَطَرَّقْتُ	---	تَطَرَّقْنَا	أَتَطَرَّقَ	---	نَتَطَرَّقَ

		IMPERFECT			JUSSIVE		
3	MASCULINE	يَتَطَرَّقُ	يَتَطَرَّقَانِ	يَتَطَرَّقُونَ	يَتَطَرَّقْ	يَتَطَرَّقَا	يَتَطَرَّقُوا
	FEMININE	تَتَطَرَّقُ	تَتَطَرَّقَانِ	يَتَطَرَّقْنَ	تَتَطَرَّقْ	تَتَطَرَّقَا	يَتَطَرَّقْنَ
2	MASCULINE	تَتَطَرَّقُ	تَتَطَرَّقَانِ	تَتَطَرَّقُونَ	تَتَطَرَّقْ	تَتَطَرَّقَا	تَتَطَرَّقُوا
	FEMININE	تَتَطَرَّقِينَ	تَتَطَرَّقَانِ	تَتَطَرَّقْنَ	تَتَطَرَّقِي	تَتَطَرَّقَا	تَتَطَرَّقْنَ
1		أَتَطَرَّقُ	---	نَتَطَرَّقُ	أَتَطَرَّقْ	---	نَتَطَرَّقْ

ACTIVE PARTICIPLE	مُتَطَرِّقٌ
PASSIVE PARTICIPLE	---
VERBAL NOUN	تَطَرُّقٌ

IMPERATIVE

MASCULINE	تَطَرَّقْ	تَطَرَّقَا	تَطَرَّقُوا
FEMININE	تَطَرَّقِي	تَطَرَّقَا	تَطَرَّقْنَ

It is not subject to doubt [literally: Doubt does not *reach it*].	لم يَتَطَرَّقْ اليه الشك.
I will *touch on* these points in the next lecture.	سأَتَطَرَّقُ إلى هذه النقاط في المحاضرة المقبلة.

Form VII طفأ — to be extinguished إِنْطَفَأَ

ACTIVE

PERFECT		SINGULAR	DUAL	PLURAL
3	MASCULINE	إِنْطَفَأَ	إِنْطَفَآ	إِنْطَفَؤُوا
	FEMININE	إِنْطَفَأَتْ	إِنْطَفَأَتَا	إِنْطَفَأْنَ
2	MASCULINE	إِنْطَفَأْتَ	إِنْطَفَأْتُمَا	إِنْطَفَأْتُمْ
	FEMININE	إِنْطَفَأْتِ	إِنْطَفَأْتُمَا	إِنْطَفَأْتُنَّ
1		إِنْطَفَأْتُ	---	إِنْطَفَأْنَا

SUBJUNCTIVE	SINGULAR	DUAL	PLURAL
3 MASCULINE	يَنْطَفِئَ	يَنْطَفِئَا	يَنْطَفِئُوا
3 FEMININE	تَنْطَفِئَ	تَنْطَفِئَا	يَنْطَفِئْنَ
2 MASCULINE	تَنْطَفِئَ	تَنْطَفِئَا	تَنْطَفِئُوا
2 FEMININE	تَنْطَفِئِي	تَنْطَفِئَا	تَنْطَفِئْنَ
1	أَنْطَفِئَ	---	نَنْطَفِئَ

IMPERFECT		SINGULAR	DUAL	PLURAL
3	MASCULINE	يَنْطَفِئُ	يَنْطَفِئَانِ	يَنْطَفِئُونَ
	FEMININE	تَنْطَفِئُ	تَنْطَفِئَانِ	يَنْطَفِئْنَ
2	MASCULINE	تَنْطَفِئُ	تَنْطَفِئَانِ	تَنْطَفِئُونَ
	FEMININE	تَنْطَفِئِينَ	تَنْطَفِئَانِ	تَنْطَفِئْنَ
1		أَنْطَفِئُ	---	نَنْطَفِئُ

JUSSIVE	SINGULAR	DUAL	PLURAL
3 MASCULINE	يَنْطَفِئْ	يَنْطَفِئَا	يَنْطَفِئُوا
3 FEMININE	تَنْطَفِئْ	تَنْطَفِئَا	يَنْطَفِئْنَ
2 MASCULINE	تَنْطَفِئْ	تَنْطَفِئَا	تَنْطَفِئُوا
2 FEMININE	تَنْطَفِئِي	تَنْطَفِئَا	تَنْطَفِئْنَ
1	أَنْطَفِئْ	---	نَنْطَفِئْ

ACTIVE PARTICIPLE	مُنْطَفِئٌ
PASSIVE PARTICIPLE	---
VERBAL NOUN	إِنْطِفَاءٌ

IMPERATIVE	SINGULAR	DUAL	PLURAL
MASCULINE	إِنْطَفِئْ	إِنْطَفِئَا	إِنْطَفِئُوا
FEMININE	إِنْطَفِئِي	إِنْطَفِئَا	إِنْطَفِئْنَ

Why *isn't* the light *extinguished* when I press this button?	لماذا لا يَنْطَفِئُ النور عندما أضغط على هذا الزر؟
The lamp *went out* because the fuel was used up.	لقد إِنْطَفَأَ المصباح بسبب نفاذ الوقود.
Don't let hope *be extinguished* as long as you live.	لا تَدَعْ الأمل يَنْطَفِئُ في حياتك.

Form I طلب — to seek; to ask for, demand طَلَبَ

ACTIVE

PLURAL	DUAL	SINGULAR	SUBJUNCTIVE	PLURAL	DUAL	SINGULAR		PERFECT
يَطْلُبُوا	يَطْلُبَا	يَطْلُبَ		طَلَبُوا	طَلَبَا	طَلَبَ	MASCULINE	3
يَطْلُبْنَ	تَطْلُبَا	تَطْلُبَ		طَلَبْنَ	طَلَبَتَا	طَلَبَتْ	FEMININE	
تَطْلُبُوا	تَطْلُبَا	تَطْلُبَ		طَلَبْتُمْ	طَلَبْتُمَا	طَلَبْتَ	MASCULINE	2
تَطْلُبْنَ	تَطْلُبَا	تَطْلُبِي		طَلَبْتُنَّ	طَلَبْتُمَا	طَلَبْتِ	FEMININE	
نَطْلُبَ	---	أَطْلُبَ		طَلَبْنَا	---	طَلَبْتُ		1
			JUSSIVE					**IMPERFECT**
يَطْلُبُوا	يَطْلُبَا	يَطْلُبْ		يَطْلُبُونَ	يَطْلُبَانِ	يَطْلُبُ	MASCULINE	3
يَطْلُبْنَ	تَطْلُبَا	تَطْلُبْ		يَطْلُبْنَ	تَطْلُبَانِ	تَطْلُبُ	FEMININE	
تَطْلُبُوا	تَطْلُبَا	تَطْلُبْ		تَطْلُبُونَ	تَطْلُبَانِ	تَطْلُبُ	MASCULINE	2
تَطْلُبْنَ	تَطْلُبَا	تَطْلُبِي		تَطْلُبْنَ	تَطْلُبَانِ	تَطْلُبِينَ	FEMININE	
نَطْلُبْ	---	أَطْلُبْ		نَطْلُبُ	---	أَطْلُبُ		1

PLURAL	DUAL	SINGULAR	IMPERATIVE		
				طَالِبٌ	ACTIVE PARTICIPLE
أُطْلُبُوا	أُطْلُبَا	أُطْلُبْ	MASCULINE	مَطْلُوبٌ	PASSIVE PARTICIPLE
أُطْلُبْنَ	أُطْلُبَا	أُطْلُبِي	FEMININE	طَلَبٌ, مَطْلَبٌ	VERBAL NOUN

PASSIVE

PLURAL	DUAL	SINGULAR	SUBJUNCTIVE	PLURAL	DUAL	SINGULAR		PERFECT
يُطْلَبُوا	يُطْلَبَا	يُطْلَبَ		طُلِبُوا	طُلِبَا	طُلِبَ	MASCULINE	3
يُطْلَبْنَ	تُطْلَبَا	تُطْلَبَ		طُلِبْنَ	طُلِبَتَا	طُلِبَتْ	FEMININE	
تُطْلَبُوا	تُطْلَبَا	تُطْلَبَ		طُلِبْتُمْ	طُلِبْتُمَا	طُلِبْتَ	MASCULINE	2
تُطْلَبْنَ	تُطْلَبَا	تُطْلَبِي		طُلِبْتُنَّ	طُلِبْتُمَا	طُلِبْتِ	FEMININE	
نُطْلَبَ	---	أُطْلَبَ		طُلِبْنَا	---	طُلِبْتُ		1
			JUSSIVE					**IMPERFECT**
يُطْلَبُوا	يُطْلَبَا	يُطْلَبْ		يُطْلَبُونَ	يُطْلَبَانِ	يُطْلَبُ	MASCULINE	3
يُطْلَبْنَ	تُطْلَبَا	تُطْلَبْ		يُطْلَبْنَ	تُطْلَبَانِ	تُطْلَبُ	FEMININE	
تُطْلَبُوا	تُطْلَبَا	تُطْلَبْ		تُطْلَبُونَ	تُطْلَبَانِ	تُطْلَبُ	MASCULINE	2
تُطْلَبْنَ	تُطْلَبَا	تُطْلَبِي		تُطْلَبْنَ	تُطْلَبَانِ	تُطْلَبِينَ	FEMININE	
نُطْلَبْ	---	أُطْلَبْ		نُطْلَبُ	---	أُطْلَبُ		1

"*Seek* learning even in [i.e., as far away as] China" [proverb].	أُطْلُبُوا العلم حتى ولو في الصين.
Can *you order* dinner for us from the kebab restaurant?	هل ممكن أن تَطْلُبَ لنا العشاء من مطعم الكباب؟
If *they asked* you to become a governor of your country for a single day, what you would do?	لو طَلَبُوا منك أن تصبح حاكماً لبلدك ليوم واحد، ماذا ستفعل؟
He was asked to be the general director, but he refused on grounds of health.	طُلِبَ منه أن يكون المدير العام لكنه رفض لأسباب صحية.
Do you believe that she *asked for* a divorce?	هل تصدق أنها طَلَبَتْ الطلاق؟

Form III طلب ● to demand طَالَبَ

ACTIVE

PERFECT		SINGULAR	DUAL	PLURAL
3	MASCULINE	طَالَبَ	طَالَبَا	طَالَبُوا
	FEMININE	طَالَبَتْ	طَالَبَتَا	طَالَبْنَ
2	MASCULINE	طَالَبْتَ	طَالَبْتُمَا	طَالَبْتُمْ
	FEMININE	طَالَبْتِ	طَالَبْتُمَا	طَالَبْتُنَّ
1		طَالَبْتُ	---	طَالَبْنَا

SUBJUNCTIVE	SINGULAR	DUAL	PLURAL
3 MASCULINE	يُطَالِبَ	يُطَالِبَا	يُطَالِبُوا
3 FEMININE	تُطَالِبَ	تُطَالِبَا	يُطَالِبْنَ
2 MASCULINE	تُطَالِبَ	تُطَالِبَا	تُطَالِبُوا
2 FEMININE	تُطَالِبِي	تُطَالِبَا	تُطَالِبْنَ
1	أُطَالِبَ	---	نُطَالِبَ

IMPERFECT		SINGULAR	DUAL	PLURAL
3	MASCULINE	يُطَالِبُ	يُطَالِبَانِ	يُطَالِبُونَ
	FEMININE	تُطَالِبُ	تُطَالِبَانِ	يُطَالِبْنَ
2	MASCULINE	تُطَالِبُ	تُطَالِبَانِ	تُطَالِبُونَ
	FEMININE	تُطَالِبِينَ	تُطَالِبَانِ	تُطَالِبْنَ
1		أُطَالِبُ	---	نُطَالِبُ

JUSSIVE	SINGULAR	DUAL	PLURAL
3 MASCULINE	يُطَالِبْ	يُطَالِبَا	يُطَالِبُوا
3 FEMININE	تُطَالِبْ	تُطَالِبَا	يُطَالِبْنَ
2 MASCULINE	تُطَالِبْ	تُطَالِبَا	تُطَالِبُوا
2 FEMININE	تُطَالِبِي	تُطَالِبَا	تُطَالِبْنَ
1	أُطَالِبْ	---	نُطَالِبْ

ACTIVE PARTICIPLE	مُطَالِبٌ
PASSIVE PARTICIPLE	مُطَالَبٌ
VERBAL NOUN	مُطَالَبَةٌ

IMPERATIVE	SINGULAR	DUAL	PLURAL
MASCULINE	طَالِبْ	طَالِبَا	طَالِبُوا
FEMININE	طَالِبِي	طَالِبَا	طَالِبْنَ

PASSIVE

	PERFECT	SINGULAR	DUAL	PLURAL
3	MASCULINE	طُولِبَ	طُولِبَا	طُولِبُوا
	FEMININE	طُولِبَتْ	طُولِبَتَا	طُولِبْنَ
2	MASCULINE	طُولِبْتَ	طُولِبْتُمَا	طُولِبْتُمْ
	FEMININE	طُولِبْتِ	طُولِبْتُمَا	طُولِبْتُنَّ
1		طُولِبْتُ	---	طُولِبْنَا

SUBJUNCTIVE	SINGULAR	DUAL	PLURAL
	يُطَالَبَ	يُطَالَبَا	يُطَالَبُوا
	تُطَالَبَ	تُطَالَبَا	يُطَالَبْنَ
	تُطَالَبَ	تُطَالَبَا	تُطَالَبُوا
	تُطَالَبِي	تُطَالَبَا	تُطَالَبْنَ
	أُطَالَبَ	---	نُطَالَبَ

	IMPERFECT	SINGULAR	DUAL	PLURAL
3	MASCULINE	يُطَالَبُ	يُطَالَبَانِ	يُطَالَبُونَ
	FEMININE	تُطَالَبُ	تُطَالَبَانِ	يُطَالَبْنَ
2	MASCULINE	تُطَالَبُ	تُطَالَبَانِ	تُطَالَبُونَ
	FEMININE	تُطَالَبِينَ	تُطَالَبَانِ	تُطَالَبْنَ
1		أُطَالَبُ	---	نُطَالَبُ

JUSSIVE	SINGULAR	DUAL	PLURAL
	يُطَالَبْ	يُطَالَبَا	يُطَالَبُوا
	تُطَالَبْ	تُطَالَبَا	يُطَالَبْنَ
	تُطَالَبْ	تُطَالَبَا	تُطَالَبُوا
	تُطَالَبِي	تُطَالَبَا	تُطَالَبْنَ
	أُطَالَبْ	---	نُطَالَبْ

طَالَبَ المُرابي المديونين بأن يدفعوا المال المُتبقي وإلا فأنه سيسجنهم.

The usurer *demanded* that the borrowers pay the remaining balance or he would have them put in jail.

الأب المُطَلَّقُ يُطَالِبُ بحقه في رؤية أبنائه.

The divorced father *demands* his rights of visitation with his children.

لماذا تُطَالِبُونَهَا بما هو أكثر من طاقتها؟

Why do you *make demands of her* that are beyond her capacity?

● تَطَلَّبَ to necessitate, require — Form V طلب

ACTIVE

	PERFECT	SINGULAR	DUAL	PLURAL
3	MASCULINE	تَطَلَّبَ	تَطَلَّبَا	تَطَلَّبُوا
	FEMININE	تَطَلَّبَتْ	تَطَلَّبَتَا	تَطَلَّبْنَ
2	MASCULINE	تَطَلَّبْتَ	تَطَلَّبْتُمَا	تَطَلَّبْتُمْ
	FEMININE	تَطَلَّبْتِ	تَطَلَّبْتُمَا	تَطَلَّبْتُنَّ
1		تَطَلَّبْتُ	---	تَطَلَّبْنَا

SUBJUNCTIVE	SINGULAR	DUAL	PLURAL
	يَتَطَلَّبَ	يَتَطَلَّبَا	يَتَطَلَّبُوا
	تَتَطَلَّبَ	تَتَطَلَّبَا	يَتَطَلَّبْنَ
	تَتَطَلَّبَ	تَتَطَلَّبَا	تَتَطَلَّبُوا
	تَتَطَلَّبِي	تَتَطَلَّبَا	تَتَطَلَّبْنَ
	أَتَطَلَّبَ	---	نَتَطَلَّبَ

IMPERFECT

		SINGULAR	DUAL	PLURAL
3	MASCULINE	يَتَطَلَّبُ	يَتَطَلَّبَانِ	يَتَطَلَّبُونَ
	FEMININE	تَتَطَلَّبُ	تَتَطَلَّبَانِ	يَتَطَلَّبْنَ
2	MASCULINE	تَتَطَلَّبُ	تَتَطَلَّبَانِ	تَتَطَلَّبُونَ
	FEMININE	تَتَطَلَّبِينَ	تَتَطَلَّبَانِ	تَتَطَلَّبْنَ
1		أَتَطَلَّبُ	---	نَتَطَلَّبُ

JUSSIVE

		SINGULAR	DUAL	PLURAL
3	MASCULINE	يَتَطَلَّبْ	يَتَطَلَّبَا	يَتَطَلَّبُوا
	FEMININE	تَتَطَلَّبْ	تَتَطَلَّبَا	يَتَطَلَّبْنَ
2	MASCULINE	تَتَطَلَّبْ	تَتَطَلَّبَا	تَتَطَلَّبُوا
	FEMININE	تَتَطَلَّبِي	تَتَطَلَّبَا	تَتَطَلَّبْنَ
1		أَتَطَلَّبْ	---	نَتَطَلَّبْ

ACTIVE PARTICIPLE	مُتَطَلِّبٌ
PASSIVE PARTICIPLE	مُتَطَلَّبٌ
VERBAL NOUN	تَطَلُّبٌ

IMPERATIVE

	SINGULAR	DUAL	PLURAL
MASCULINE	تَطَلَّبْ	تَطَلَّبَا	تَطَلَّبُوا
FEMININE	تَطَلَّبِي	تَطَلَّبَا	تَطَلَّبْنَ

PASSIVE

PERFECT

		SINGULAR	DUAL	PLURAL
3	MASCULINE	تُطُلِّبَ	تُطُلِّبَا	تُطُلِّبُوا
	FEMININE	تُطُلِّبَتْ	تُطُلِّبَتَا	تُطُلِّبْنَ
2	MASCULINE	تُطُلِّبْتَ	تُطُلِّبْتُمَا	تُطُلِّبْتُمْ
	FEMININE	تُطُلِّبْتِ	تُطُلِّبْتُمَا	تُطُلِّبْتُنَّ
1		تُطُلِّبْتُ	---	تُطُلِّبْنَا

SUBJUNCTIVE

		SINGULAR	DUAL	PLURAL
3	MASCULINE	يُتَطَلَّبَ	يُتَطَلَّبَا	يُتَطَلَّبُوا
	FEMININE	تُتَطَلَّبَ	تُتَطَلَّبَا	يُتَطَلَّبْنَ
2	MASCULINE	تُتَطَلَّبَ	تُتَطَلَّبَا	تُتَطَلَّبُوا
	FEMININE	تُتَطَلَّبِي	تُتَطَلَّبَا	تُتَطَلَّبْنَ
1		أُتَطَلَّبَ	---	نُتَطَلَّبَ

IMPERFECT

		SINGULAR	DUAL	PLURAL
3	MASCULINE	يُتَطَلَّبُ	يُتَطَلَّبَانِ	يُتَطَلَّبُونَ
	FEMININE	تُتَطَلَّبُ	تُتَطَلَّبَانِ	يُتَطَلَّبْنَ
2	MASCULINE	تُتَطَلَّبُ	تُتَطَلَّبَانِ	تُتَطَلَّبُونَ
	FEMININE	تُتَطَلَّبِينَ	تُتَطَلَّبَانِ	تُتَطَلَّبْنَ
1		أُتَطَلَّبُ	---	نُتَطَلَّبُ

JUSSIVE

		SINGULAR	DUAL	PLURAL
3	MASCULINE	يُتَطَلَّبْ	يُتَطَلَّبَا	يُتَطَلَّبُوا
	FEMININE	تُتَطَلَّبْ	تُتَطَلَّبَا	يُتَطَلَّبْنَ
2	MASCULINE	تُتَطَلَّبْ	تُتَطَلَّبَا	تُتَطَلَّبُوا
	FEMININE	تُتَطَلَّبِي	تُتَطَلَّبَا	تُتَطَلَّبْنَ
1		أُتَطَلَّبْ	---	نُتَطَلَّبْ

تَطَلَّبَتْ الخطة المزيد من الأموال.

The plan *necessitated* more money.

يُتَطَلَّبُ من الذكور الانتهاء من الخدمة العسكرية قبل العمل.

Males *have to* [literally: *It is necessary* for males to] finish military service before working.

Form VIII طلع — to study, investigate إِطَّلَعَ

ACTIVE

PERFECT		SINGULAR	DUAL	PLURAL
3	MASCULINE	إِطَّلَعَ	إِطَّلَعَا	إِطَّلَعُوا
	FEMININE	إِطَّلَعَتْ	إِطَّلَعَتَا	إِطَّلَعْنَ
2	MASCULINE	إِطَّلَعْتَ	إِطَّلَعْتُمَا	إِطَّلَعْتُمْ
	FEMININE	إِطَّلَعْتِ	إِطَّلَعْتُمَا	إِطَّلَعْتُنَّ
1		إِطَّلَعْتُ	---	إِطَّلَعْنَا

SUBJUNCTIVE		SINGULAR	DUAL	PLURAL
3	MASCULINE	يَطَّلِعَ	يَطَّلِعَا	يَطَّلِعُوا
	FEMININE	تَطَّلِعَ	تَطَّلِعَا	يَطَّلِعْنَ
2	MASCULINE	تَطَّلِعَ	تَطَّلِعَا	تَطَّلِعُوا
	FEMININE	تَطَّلِعِي	تَطَّلِعَا	تَطَّلِعْنَ
1		أَطَّلِعَ	---	نَطَّلِعَ

IMPERFECT		SINGULAR	DUAL	PLURAL
3	MASCULINE	يَطَّلِعُ	يَطَّلِعَانِ	يَطَّلِعُونَ
	FEMININE	تَطَّلِعُ	تَطَّلِعَانِ	يَطَّلِعْنَ
2	MASCULINE	تَطَّلِعُ	تَطَّلِعَانِ	تَطَّلِعُونَ
	FEMININE	تَطَّلِعِينَ	تَطَّلِعَانِ	تَطَّلِعْنَ
1		أَطَّلِعُ	---	نَطَّلِعُ

JUSSIVE		SINGULAR	DUAL	PLURAL
3	MASCULINE	يَطَّلِعْ	يَطَّلِعَا	يَطَّلِعُوا
	FEMININE	تَطَّلِعْ	تَطَّلِعَا	يَطَّلِعْنَ
2	MASCULINE	تَطَّلِعْ	تَطَّلِعَا	تَطَّلِعُوا
	FEMININE	تَطَّلِعِي	تَطَّلِعَا	تَطَّلِعْنَ
1		أَطَّلِعْ	---	نَطَّلِعْ

IMPERATIVE	SINGULAR	DUAL	PLURAL
MASCULINE	إِطَّلِعْ	إِطَّلِعَا	إِطَّلِعُوا
FEMININE	إِطَّلِعِي	إِطَّلِعَا	إِطَّلِعْنَ

ACTIVE PARTICIPLE	مُطَّلِعٌ
PASSIVE PARTICIPLE	---
VERBAL NOUN	إِطِّلاعٌ

إِطَّلَعَتْ المحكمة على ملف التحقيقات.
The court *studied* the inquest files.

يجب أن تَطَّلِعَ على كل أبعاد الموضوع قبل أن تقرر أي شيء.
You have *to investigate* all the dimensions of the subject before making any decision.

Form IV طلق — to set free, release أَطْلَقَ

ACTIVE

PERFECT		SINGULAR	DUAL	PLURAL
3	MASCULINE	أَطْلَقَ	أَطْلَقَا	أَطْلَقُوا
	FEMININE	أَطْلَقَتْ	أَطْلَقَتَا	أَطْلَقْنَ
2	MASCULINE	أَطْلَقْتَ	أَطْلَقْتُمَا	أَطْلَقْتُمْ
	FEMININE	أَطْلَقْتِ	أَطْلَقْتُمَا	أَطْلَقْتُنَّ
1		أَطْلَقْتُ	---	أَطْلَقْنَا

SUBJUNCTIVE		SINGULAR	DUAL	PLURAL
3	MASCULINE	يُطْلِقَ	يُطْلِقَا	يُطْلِقُوا
	FEMININE	تُطْلِقَ	تُطْلِقَا	يُطْلِقْنَ
2	MASCULINE	تُطْلِقَ	تُطْلِقَا	تُطْلِقُوا
	FEMININE	تُطْلِقِي	تُطْلِقَا	تُطْلِقْنَ
1		أُطْلِقَ	---	نُطْلِقَ

		IMPERFECT			JUSSIVE		
		SINGULAR	DUAL	PLURAL	SINGULAR	DUAL	PLURAL
3	MASCULINE	يُطْلِقُ	يُطْلِقَانِ	يُطْلِقُونَ	يُطْلِقْ	يُطْلِقَا	يُطْلِقُوا
	FEMININE	تُطْلِقُ	تُطْلِقَانِ	يُطْلِقْنَ	تُطْلِقْ	تُطْلِقَا	يُطْلِقْنَ
2	MASCULINE	تُطْلِقُ	تُطْلِقَانِ	تُطْلِقُونَ	تُطْلِقْ	تُطْلِقَا	تُطْلِقُوا
	FEMININE	تُطْلِقِينَ	تُطْلِقَانِ	تُطْلِقْنَ	تُطْلِقِي	تُطْلِقَا	تُطْلِقْنَ
1		أُطْلِقُ	---	نُطْلِقُ	أُطْلِقْ	---	نُطْلِقْ

ACTIVE PARTICIPLE	مُطْلِقٌ
PASSIVE PARTICIPLE	مُطْلَقٌ
VERBAL NOUN	إِطْلَاقٌ

IMPERATIVE

	SINGULAR	DUAL	PLURAL
MASCULINE	أَطْلِقْ	أَطْلِقَا	أَطْلِقُوا
FEMININE	أَطْلِقِي	أَطْلِقَا	أَطْلِقْنَ

PASSIVE

		PERFECT			SUBJUNCTIVE		
		SINGULAR	DUAL	PLURAL	SINGULAR	DUAL	PLURAL
3	MASCULINE	أُطْلِقَ	أُطْلِقَا	أُطْلِقُوا	يُطْلَقَ	يُطْلَقَا	يُطْلَقُوا
	FEMININE	أُطْلِقَتْ	أُطْلِقَتَا	أُطْلِقْنَ	تُطْلَقَ	تُطْلَقَا	يُطْلَقْنَ
2	MASCULINE	أُطْلِقْتَ	أُطْلِقْتُمَا	أُطْلِقْتُمْ	تُطْلَقَ	تُطْلَقَا	تُطْلَقُوا
	FEMININE	أُطْلِقْتِ	أُطْلِقْتُمَا	أُطْلِقْتُنَّ	تُطْلَقِي	تُطْلَقَا	تُطْلَقْنَ
1		أُطْلِقْتُ	---	أُطْلِقْنَا	أُطْلَقَ	---	نُطْلَقَ

		IMPERFECT			JUSSIVE		
3	MASCULINE	يُطْلَقُ	يُطْلَقَانِ	يُطْلَقُونَ	يُطْلَقْ	يُطْلَقَا	يُطْلَقُوا
	FEMININE	تُطْلَقُ	تُطْلَقَانِ	يُطْلَقْنَ	تُطْلَقْ	تُطْلَقَا	يُطْلَقْنَ
2	MASCULINE	تُطْلَقُ	تُطْلَقَانِ	تُطْلَقُونَ	تُطْلَقْ	تُطْلَقَا	تُطْلَقُوا
	FEMININE	تُطْلَقِينَ	تُطْلَقَانِ	تُطْلَقْنَ	تُطْلَقِي	تُطْلَقَا	تُطْلَقْنَ
1		أُطْلَقُ	---	نُطْلَقُ	أُطْلَقْ	---	نُطْلَقْ

Release the bird from its cage.	أَطْلِقْ العصفور من قفصه.
The occupiers *gave themselves a free* hand over the country.	أَطْلَقَ المحتلون أيديهم في البلاد.
Don't *shoot* [literally: Don't *release* lead] at anyone!	لا تُطْلِقْ الرصاص على أحد!
You imposed no restraint on him [literally: *You released* the rope over the withers], so now he does whatever he wishes.	لإنك أَطْلَقْتَ الحبل على الغارب له فإنه يفعل ما يشاء الآن.

Form VII طلق — to be released إِنْطَلَقَ

ACTIVE

PERFECT		SINGULAR	DUAL	PLURAL
3	MASCULINE	إِنْطَلَقَ	إِنْطَلَقَا	إِنْطَلَقُوا
	FEMININE	إِنْطَلَقَتْ	إِنْطَلَقَتَا	إِنْطَلَقْنَ
2	MASCULINE	إِنْطَلَقْتَ	إِنْطَلَقْتُمَا	إِنْطَلَقْتُمْ
	FEMININE	إِنْطَلَقْتِ	إِنْطَلَقْتُمَا	إِنْطَلَقْتُنَّ
1		إِنْطَلَقْتُ	---	إِنْطَلَقْنَا

SUBJUNCTIVE		SINGULAR	DUAL	PLURAL
3	MASCULINE	يَنْطَلِقَ	يَنْطَلِقَا	يَنْطَلِقُوا
	FEMININE	تَنْطَلِقَ	تَنْطَلِقَا	يَنْطَلِقْنَ
2	MASCULINE	تَنْطَلِقَ	تَنْطَلِقَا	تَنْطَلِقُوا
	FEMININE	تَنْطَلِقِي	تَنْطَلِقَا	تَنْطَلِقْنَ
1		أَنْطَلِقَ	---	نَنْطَلِقَ

IMPERFECT		SINGULAR	DUAL	PLURAL
3	MASCULINE	يَنْطَلِقُ	يَنْطَلِقَانِ	يَنْطَلِقُونَ
	FEMININE	تَنْطَلِقُ	تَنْطَلِقَانِ	يَنْطَلِقْنَ
2	MASCULINE	تَنْطَلِقُ	تَنْطَلِقَانِ	تَنْطَلِقُونَ
	FEMININE	تَنْطَلِقِينَ	تَنْطَلِقَانِ	تَنْطَلِقْنَ
1		أَنْطَلِقُ	---	نَنْطَلِقُ

JUSSIVE		SINGULAR	DUAL	PLURAL
3	MASCULINE	يَنْطَلِقْ	يَنْطَلِقَا	يَنْطَلِقُوا
	FEMININE	تَنْطَلِقْ	تَنْطَلِقَا	يَنْطَلِقْنَ
2	MASCULINE	تَنْطَلِقْ	تَنْطَلِقَا	تَنْطَلِقُوا
	FEMININE	تَنْطَلِقِي	تَنْطَلِقَا	تَنْطَلِقْنَ
1		أَنْطَلِقْ	---	نَنْطَلِقْ

IMPERATIVE	SINGULAR	DUAL	PLURAL
MASCULINE	إِنْطَلِقْ	إِنْطَلِقَا	إِنْطَلِقُوا
FEMININE	إِنْطَلِقِي	إِنْطَلِقَا	إِنْطَلِقْنَ

ACTIVE PARTICIPLE	مُنْطَلِقٌ
PASSIVE PARTICIPLE	---
VERBAL NOUN	إِنْطِلَاقٌ

إِنْطَلَقَ العصفور حُراً.	The bird *was released* to freedom.
إِنْطَلَقَ يجري.	He *set out* running.
إِنْطَلَقَ وجهه.	He became cheerful [literally: His face *brightened*].
الرضيع إِنْطَلَقَ في الصراخ.	The infant *burst out* crying.

Form IV طمأن ● إِطْمَأَنَّ to be or become calm; to be or become certain

ACTIVE

PERFECT

		SINGULAR	DUAL	PLURAL
3	MASCULINE	إِطْمَأَنَّ	إِطْمَأَنَّا	إِطْمَأَنُّوا
	FEMININE	إِطْمَأَنَّتْ	إِطْمَأَنَّتَا	إِطْمَأْنَنَّ
2	MASCULINE	إِطْمَأْنَنْتَ	إِطْمَأْنَنْتُمَا	إِطْمَأْنَنْتُمْ
	FEMININE	إِطْمَأْنَنْتِ	إِطْمَأْنَنْتُمَا	إِطْمَأْنَنْتُنَّ
1		إِطْمَأْنَنْتُ	---	إِطْمَأْنَنَّا

SUBJUNCTIVE

		SINGULAR	DUAL	PLURAL
3	MASCULINE	يَطْمَئِنَّ	يَطْمَئِنَّا	يَطْمَئِنُّوا
	FEMININE	تَطْمَئِنَّ	تَطْمَئِنَّا	يَطْمَأْنِنَّ
2	MASCULINE	تَطْمَئِنَّ	تَطْمَئِنَّا	تَطْمَئِنُّوا
	FEMININE	تَطْمَئِنِّي	تَطْمَئِنَّا	تَطْمَأْنِنَّ
1		أَطْمَئِنَّ	---	نَطْمَئِنَّ

IMPERFECT

		SINGULAR	DUAL	PLURAL
3	MASCULINE	يَطْمَئِنُّ	يَطْمَئِنَّانِ	يَطْمَئِنُّونَ
	FEMININE	تَطْمَئِنُّ	تَطْمَئِنَّانِ	يَطْمَأْنِنَّ
2	MASCULINE	تَطْمَئِنُّ	تَطْمَئِنَّانِ	تَطْمَئِنُّونَ
	FEMININE	تَطْمَئِنِّينَ	تَطْمَئِنَّانِ	تَطْمَأْنِنَّ
1		أَطْمَئِنُّ	---	نَطْمَئِنُّ

JUSSIVE

		SINGULAR	DUAL	PLURAL
3	MASCULINE	يَطْمَأْنِنْ	يَطْمَئِنَّا	يَطْمَئِنُّوا
	FEMININE	تَطْمَأْنِنْ	تَطْمَئِنَّا	يَطْمَأْنِنَّ
2	MASCULINE	تَطْمَأْنِنْ	تَطْمَئِنَّا	تَطْمَئِنُّوا
	FEMININE	تَطْمَئِنِّي	تَطْمَئِنَّا	تَطْمَأْنِنَّ
1		أَطْمَأْنِنْ	---	نَطْمَأْنِنْ

IMPERATIVE

	SINGULAR	DUAL	PLURAL
MASCULINE	إِطْمَأْنِنْ	إِطْمَئِنَّا	إِطْمَئِنُّوا
FEMININE	إِطْمَئِنِّي	إِطْمَئِنَّا	إِطْمَأْنِنَّ

ACTIVE PARTICIPLE مُطْمَئِنٌّ

PASSIVE PARTICIPLE ---

VERBAL NOUN إِطْمِئْنَانٌ

I calmed down after finding out that I had been successful.	إِطْمَأْنَنْتُ بعد سماع خبر نجاحي.
The child *felt safe* with his uncle, whom he hadn't seen for years.	إِطْمَأَنَّ الطفل لعمه الذي لم يره منذ سنين.
We verified that he was born in 1940.	إِطْمَأْنَنَّا إلى أنه ولد سنة ١٩٤٠.

Form V طور ● تَطَوَّرَ to develop, evolve

ACTIVE

PERFECT

		SINGULAR	DUAL	PLURAL
3	MASCULINE	تَطَوَّرَ	تَطَوَّرَا	تَطَوَّرُوا
	FEMININE	تَطَوَّرَتْ	تَطَوَّرَتَا	تَطَوَّرْنَ
2	MASCULINE	تَطَوَّرْتَ	تَطَوَّرْتُمَا	تَطَوَّرْتُمْ
	FEMININE	تَطَوَّرْتِ	تَطَوَّرْتُمَا	تَطَوَّرْتُنَّ
1		تَطَوَّرْتُ	---	تَطَوَّرْنَا

SUBJUNCTIVE

		SINGULAR	DUAL	PLURAL
3	MASCULINE	يَتَطَوَّرَ	يَتَطَوَّرَا	يَتَطَوَّرُوا
	FEMININE	تَتَطَوَّرَ	تَتَطَوَّرَا	يَتَطَوَّرْنَ
2	MASCULINE	تَتَطَوَّرَ	تَتَطَوَّرَا	تَتَطَوَّرُوا
	FEMININE	تَتَطَوَّرِي	تَتَطَوَّرَا	تَتَطَوَّرْنَ
1		أَتَطَوَّرَ	---	نَتَطَوَّرَ

		IMPERFECT			JUSSIVE		
3	MASCULINE	يَتَطَوَّرُ	يَتَطَوَّرَانِ	يَتَطَوَّرُونَ	يَتَطَوَّرْ	يَتَطَوَّرَا	يَتَطَوَّرُوا
	FEMININE	تَتَطَوَّرُ	تَتَطَوَّرَانِ	يَتَطَوَّرْنَ	تَتَطَوَّرْ	تَتَطَوَّرَا	يَتَطَوَّرْنَ
2	MASCULINE	تَتَطَوَّرُ	تَتَطَوَّرَانِ	تَتَطَوَّرُونَ	تَتَطَوَّرْ	تَتَطَوَّرَا	تَتَطَوَّرُوا
	FEMININE	تَتَطَوَّرِينَ	تَتَطَوَّرَانِ	تَتَطَوَّرْنَ	تَتَطَوَّرِي	تَتَطَوَّرَا	تَتَطَوَّرْنَ
1		أَتَطَوَّرُ	---	نَتَطَوَّرُ	أَتَطَوَّرْ	---	نَتَطَوَّرْ

ACTIVE PARTICIPLE	مُتَطَوِّرٌ
PASSIVE PARTICIPLE	---
VERBAL NOUN	تَطَوُّرٌ

IMPERATIVE			
MASCULINE	تَطَوَّرْ	تَطَوَّرَا	تَطَوَّرُوا
FEMININE	تَطَوَّرِي	تَطَوَّرَا	تَطَوَّرْنَ

لقد تَطَوَّرَتْ علاقتهما للأفضل.

Their relations *have developed* for the better.

هل تَطَوَّرَ البشر؟

Has humankind *evolved*?

● to obey أَطَاعَ — Form IV طوع

ACTIVE

		PERFECT SINGULAR	DUAL	PLURAL	SUBJUNCTIVE SINGULAR	DUAL	PLURAL
3	MASCULINE	أَطَاعَ	أَطَاعَا	أَطَاعُوا	يُطِيعَ	يُطِيعَا	يُطِيعُوا
	FEMININE	أَطَاعَتْ	أَطَاعَتَا	أَطَعْنَ	تُطِيعَ	تُطِيعَا	يُطِعْنَ
2	MASCULINE	أَطَعْتَ	أَطَعْتُمَا	أَطَعْتُمْ	تُطِيعَ	تُطِيعَا	تُطِيعُوا
	FEMININE	أَطَعْتِ	أَطَعْتُمَا	أَطَعْتُنَّ	تُطِيعِي	تُطِيعَا	تُطِعْنَ
1		أَطَعْتُ	---	أَطَعْنَا	أُطِيعَ	---	نُطِيعَ

		IMPERFECT			JUSSIVE		
3	MASCULINE	يُطِيعُ	يُطِيعَانِ	يُطِيعُونَ	يُطِعْ	يُطِيعَا	يُطِيعُوا
	FEMININE	تُطِيعُ	تُطِيعَانِ	يُطِعْنَ	تُطِعْ	تُطِيعَا	يُطِعْنَ
2	MASCULINE	تُطِيعُ	تُطِيعَانِ	تُطِيعُونَ	تُطِعْ	تُطِيعَا	تُطِيعُوا
	FEMININE	تُطِيعِينَ	تُطِيعَانِ	تُطِعْنَ	تُطِيعِي	تُطِيعَا	تُطِعْنَ
1		أُطِيعُ	---	نُطِيعُ	أُطِعْ	---	نُطِعْ

ACTIVE PARTICIPLE	مُطِيعٌ
PASSIVE PARTICIPLE	مُطَاعٌ
VERBAL NOUN	إِطَاعَةٌ

IMPERATIVE			
MASCULINE	أَطِعْ	أَطِيعَا	أَطِيعُوا
FEMININE	أَطِيعِي	أَطِيعَا	أَطِعْنَ

PASSIVE

		PERFECT SINGULAR	PERFECT DUAL	PERFECT PLURAL	SUBJUNCTIVE SINGULAR	SUBJUNCTIVE DUAL	SUBJUNCTIVE PLURAL
3	MASCULINE	أُطِيعَ	أُطِيعَا	أُطِيعُوا	يُطَاعَ	يُطَاعَا	يُطَاعُوا
	FEMININE	أُطِيعَتْ	أُطِيعَا	أُطِعْنَ	تُطَاعَ	تُطَاعَا	يُطَعْنَ
2	MASCULINE	أُطِعْتَ	أُطِعْتُمَا	أُطِعْتُمْ	تُطَاعَ	تُطَاعَا	تُطَاعُوا
	FEMININE	أُطِعْتِ	أُطِعْتُمَا	أُطِعْتُنَّ	تُطَاعِي	تُطَاعَا	تُطَعْنَ
1		أُطِعْتُ	---	أُطِعْنَا	أُطَاعَ	---	نُطَاعَ

		IMPERFECT SINGULAR	IMPERFECT DUAL	IMPERFECT PLURAL	JUSSIVE SINGULAR	JUSSIVE DUAL	JUSSIVE PLURAL
3	MASCULINE	يُطَاعُ	يُطَاعَانِ	يُطَاعُونَ	يُطَعْ	يُطَاعَا	يُطَاعُوا
	FEMININE	تُطَاعُ	تُطَاعَانِ	يُطَعْنَ	تُطَعْ	تُطَاعَا	يُطَعْنَ
2	MASCULINE	تُطَاعُ	تُطَاعَانِ	تُطَاعُونَ	تُطَعْ	تُطَاعَا	تُطَاعُوا
	FEMININE	تُطَاعِينَ	تُطَاعَانِ	تُطَعْنَ	تُطَاعِي	تُطَاعَا	تُطَعْنَ
1		أُطَاعُ	---	نُطَاعُ	أُطَعْ	---	نُطَعْ

Children *obey* their parents. — الأطفال يُطِيعُونَ آباؤهم.

I obeyed you in this matter because I love you. — لقد أطَعْتُكَ في هذا الأمر لأني أحبك.

If you want *to be obeyed*, demand the possible. — إذا أردت أن تُطَاعَ فأمر بالمُسْتَطَاعِ.

Form V طوع — to volunteer تَطَوَّعَ

ACTIVE

		PERFECT SINGULAR	PERFECT DUAL	PERFECT PLURAL	SUBJUNCTIVE SINGULAR	SUBJUNCTIVE DUAL	SUBJUNCTIVE PLURAL
3	MASCULINE	تَطَوَّعَ	تَطَوَّعَا	تَطَوَّعُوا	يَتَطَوَّعَ	يَتَطَوَّعَا	يَتَطَوَّعُوا
	FEMININE	تَطَوَّعَتْ	تَطَوَّعَتَا	تَطَوَّعْنَ	تَتَطَوَّعَ	تَتَطَوَّعَا	يَتَطَوَّعْنَ
2	MASCULINE	تَطَوَّعْتَ	تَطَوَّعْتُمَا	تَطَوَّعْتُمْ	تَتَطَوَّعَ	تَتَطَوَّعَا	تَتَطَوَّعُوا
	FEMININE	تَطَوَّعْتِ	تَطَوَّعْتُمَا	تَطَوَّعْتُنَّ	تَتَطَوَّعِي	تَتَطَوَّعَا	تَتَطَوَّعْنَ
1		تَطَوَّعْتُ	---	تَطَوَّعْنَا	أَتَطَوَّعَ	---	نَتَطَوَّعَ

IMPERFECT

Person	Gender	Singular	Dual	Plural
3	MASCULINE	يَتَطَوَّعُ	يَتَطَوَّعَانِ	يَتَطَوَّعُونَ
	FEMININE	تَتَطَوَّعُ	تَتَطَوَّعَانِ	يَتَطَوَّعْنَ
2	MASCULINE	تَتَطَوَّعُ	تَتَطَوَّعَانِ	تَتَطَوَّعُونَ
	FEMININE	تَتَطَوَّعِينَ	تَتَطَوَّعَانِ	تَتَطَوَّعْنَ
1		أَتَطَوَّعُ	---	نَتَطَوَّعُ

JUSSIVE

Person	Gender	Singular	Dual	Plural
3	MASCULINE	يَتَطَوَّعْ	يَتَطَوَّعَا	يَتَطَوَّعُوا
	FEMININE	تَتَطَوَّعْ	تَتَطَوَّعَا	يَتَطَوَّعْنَ
2	MASCULINE	تَتَطَوَّعْ	تَتَطَوَّعَا	تَتَطَوَّعُوا
	FEMININE	تَتَطَوَّعِي	تَتَطَوَّعَا	تَتَطَوَّعْنَ
1		أَتَطَوَّعْ	---	نَتَطَوَّعْ

ACTIVE PARTICIPLE مُتَطَوِّعٌ

PASSIVE PARTICIPLE ---

VERBAL NOUN تَطَوُّعٌ

IMPERATIVE

Gender	Singular	Dual	Plural
MASCULINE	تَطَوَّعْ	تَطَوَّعَا	تَطَوَّعُوا
FEMININE	تَطَوَّعِي	تَطَوَّعَا	تَطَوَّعْنَ

تَطَوَّعَ خيرا. — *He volunteered* to perform charitable work.

لن أَتَطَوَّعَ في الجيش. — *I will not enlist* in the army!

● إِسْتَطَاعَ to be able — Form X طوع

ACTIVE

PERFECT

Person	Gender	Singular	Dual	Plural
3	MASCULINE	إِسْتَطَاعَ	إِسْتَطَاعَا	إِسْتَطَاعُوا
	FEMININE	إِسْتَطَاعَتْ	إِسْتَطَاعَتَا	إِسْتَطَعْنَ
2	MASCULINE	إِسْتَطَعْتَ	إِسْتَطَعْتُمَا	إِسْتَطَعْتُمْ
	FEMININE	إِسْتَطَعْتِ	إِسْتَطَعْتُمَا	إِسْتَطَعْتُنَّ
1		إِسْتَطَعْتُ	---	إِسْتَطَعْنَا

SUBJUNCTIVE

Person	Gender	Singular	Dual	Plural
3	MASCULINE	يَسْتَطِيعَ	يَسْتَطِيعَا	يَسْتَطِيعُوا
	FEMININE	تَسْتَطِيعَ	تَسْتَطِيعَا	يَسْتَطِعْنَ
2	MASCULINE	تَسْتَطِيعَ	تَسْتَطِيعَا	تَسْتَطِيعُوا
	FEMININE	تَسْتَطِيعِي	تَسْتَطِيعَا	تَسْتَطِعْنَ
1		أَسْتَطِيعَ	---	نَسْتَطِيعَ

IMPERFECT

Person	Gender	Singular	Dual	Plural
3	MASCULINE	يَسْتَطِيعُ	يَسْتَطِيعَانِ	يَسْتَطِيعُونَ
	FEMININE	تَسْتَطِيعُ	تَسْتَطِيعَانِ	يَسْتَطِعْنَ
2	MASCULINE	تَسْتَطِيعُ	تَسْتَطِيعَانِ	تَسْتَطِيعُونَ
	FEMININE	تَسْتَطِيعِينَ	تَسْتَطِيعَانِ	تَسْتَطِعْنَ
1		أَسْتَطِيعُ	---	نَسْتَطِيعُ

JUSSIVE

Person	Gender	Singular	Dual	Plural
3	MASCULINE	يَسْتَطِعْ	يَسْتَطِيعَا	يَسْتَطِيعُوا
	FEMININE	تَسْتَطِعْ	تَسْتَطِيعَا	يَسْتَطِعْنَ
2	MASCULINE	تَسْتَطِعْ	تَسْتَطِيعَا	تَسْتَطِيعُوا
	FEMININE	تَسْتَطِيعِي	تَسْتَطِيعَا	تَسْتَطِعْنَ
1		أَسْتَطِعْ	---	نَسْتَطِعْ

ACTIVE PARTICIPLE مُسْتَطِيعٌ

PASSIVE PARTICIPLE مُسْتَطَاعٌ

VERBAL NOUN إِسْتِطَاعَةٌ

IMPERATIVE

Gender	Singular	Dual	Plural
MASCULINE	إِسْتَطِعْ	إِسْتَطِيعَا	إِسْتَطِيعُوا
FEMININE	إِسْتَطِيعِي	إِسْتَطِيعَا	إِسْتَطِعْنَ

PASSIVE

		PERFECT SINGULAR	DUAL	PLURAL	SUBJUNCTIVE SINGULAR	DUAL	PLURAL
3	MASCULINE	أُسْتُطِيعَ	أُسْتُطِيعَا	أُسْتُطِيعُوا	يُسْتَطَاعَ	يُسْتَطَاعَا	يُسْتَطَاعُوا
	FEMININE	أُسْتُطِيعَتْ	أُسْتُطِيعَتَا	أُسْتُطِعْنَ	تُسْتَطَاعَ	تُسْتَطَاعَا	يُسْتَطَعْنَ
2	MASCULINE	أُسْتُطِعْتَ	أُسْتُطِعْتُمَا	أُسْتُطِعْتُمْ	تُسْتَطَاعَ	تُسْتَطَاعَا	تُسْتَطَاعُوا
	FEMININE	أُسْتُطِعْتِ	أُسْتُطِعْتُمَا	أُسْتُطِعْتُنَّ	تُسْتَطَاعِي	تُسْتَطَاعَا	تُسْتَطَعْنَ
1		أُسْتُطِعْتُ	---	أُسْتُطِعْنَا	أُسْتَطَاعَ	---	نُسْتَطَاعَ

		IMPERFECT SINGULAR	DUAL	PLURAL	JUSSIVE SINGULAR	DUAL	PLURAL
3	MASCULINE	يُسْتَطَاعُ	يُسْتَطَاعَانِ	يُسْتَطَاعُونَ	يُسْتَطَعْ	يُسْتَطَاعَا	يُسْتَطَاعُوا
	FEMININE	تُسْتَطَاعُ	تُسْتَطَاعَانِ	يُسْتَطَعْنَ	تُسْتَطَعْ	تُسْتَطَاعَا	يُسْتَطَعْنَ
2	MASCULINE	تُسْتَطَاعُ	تُسْتَطَاعَانِ	تُسْتَطَاعُونَ	تُسْتَطَعْ	تُسْتَطَاعَا	تُسْتَطَاعُوا
	FEMININE	تُسْتَطَاعِينَ	تُسْتَطَاعَانِ	تُسْتَطَعْنَ	تُسْتَطَاعِي	تُسْتَطَاعَا	تُسْتَطَعْنَ
1		أُسْتَطَاعُ	---	نُسْتَطَاعُ	أُسْتَطَعْ	---	نُسْتَطَعْ

I can't do this wicked thing.	أنا لا اسْتَطِيعُ فعل هذا الشر.
We will be able to realize these goals.	سَنَسْتَطِيعُ تحقيق هذه الأهداف.
The doctor *was able* to cure the patient.	إِسْتَطَاعَ الدكتور علاج المريض.

Form VII طوى to be folded, enveloped; to pass (time) إِنْطَوَى

ACTIVE

		PERFECT SINGULAR	DUAL	PLURAL	SUBJUNCTIVE SINGULAR	DUAL	PLURAL
3	MASCULINE	إِنْطَوَى	إِنْطَوَيَا	إِنْطَوَوْا	يَنْطَوِيَ	يَنْطَوِيَا	يَنْطَوُوا
	FEMININE	إِنْطَوَتْ	إِنْطَوَتَا	إِنْطَوَيْنَ	تَنْطَوِيَ	تَنْطَوِيَا	يَنْطَوِينَ
2	MASCULINE	إِنْطَوَيْتَ	إِنْطَوَيْتُمَا	إِنْطَوَيْتُمْ	تَنْطَوِيَ	تَنْطَوِيَا	تَنْطَوُوا
	FEMININE	إِنْطَوَيْتِ	إِنْطَوَيْتُمَا	إِنْطَوَيْتُنَّ	تَنْطَوِي	تَنْطَوِيَا	تَنْطَوِينَ
1		إِنْطَوَيْتُ	---	إِنْطَوَيْنَا	أَنْطَوِيَ	---	نَنْطَوِيَ

PLURAL	DUAL	SINGULAR	JUSSIVE	PLURAL	DUAL	SINGULAR	IMPERFECT	
يَنْطَوُوا	يَنْطَوِيَا	يَنْطَوِ		يَنْطَوُونَ	يَنْطَوِيَانِ	يَنْطَوِي	MASCULINE	3
يَنْطَوِينَ	تَنْطَوِيَا	تَنْطَوِ		يَنْطَوِينَ	تَنْطَوِيَانِ	تَنْطَوِي	FEMININE	
تَنْطَوُوا	تَنْطَوِيَا	تَنْطَوِ		تَنْطَوُونَ	تَنْطَوِيَانِ	تَنْطَوِي	MASCULINE	2
تَنْطَوِينَ	تَنْطَوِيَا	تَنْطَوِي		تَنْطَوِينَ	تَنْطَوِيَانِ	تَنْطَوِينَ	FEMININE	
نَنْطَوِ	---	أَنْطَوِ		نَنْطَوِي	---	أَنْطَوِي		1

			IMPERATIVE		
إِنْطَوُوا	إِنْطَوِيَا	إِنْطَوِ	MASCULINE	مُنْطَوٍ	ACTIVE PARTICIPLE
				---	PASSIVE PARTICIPLE
إِنْطَوِينَ	إِنْطَوِيَا	إِنْطَوِي	FEMININE	إِنْطِوَاءٌ	VERBAL NOUN

The snake *twisted* around itself. — إِنْطَوَى الثعبان حول نفسه.

The teenager *becomes wrapped up in himself.* — يَنْطَوِي المراهق على نفسه.

Time *will pass.* — سَيَنْطَوِي الوقت.

Form I ظلل — ● ظَلَّ to remain (in a place or a state); to keep doing

ACTIVE

PLURAL	DUAL	SINGULAR	SUBJUNCTIVE	PLURAL	DUAL	SINGULAR	PERFECT	
يَظَلُّوا	يَظَلَّا	يَظَلَّ		ظَلُّوا	ظَلَّا	ظَلَّ	MASCULINE	3
يَظْلَلْنَ	تَظَلَّا	تَظَلَّ		ظَلِلْنَ	ظَلَّتَا	ظَلَّتْ	FEMININE	
تَظَلُّوا	تَظَلَّا	تَظَلَّ		ظَلِلْتُمْ	ظَلِلْتُمَا	ظَلِلْتَ	MASCULINE	2
تَظْلَلْنَ	تَظَلَّا	تَظَلِّي		ظَلِلْتُنَّ	ظَلِلْتُمَا	ظَلِلْتِ	FEMININE	
نَظَلَّ	---	أَظَلَّ		ظَلِلْنَا	---	ظَلِلْتُ		1

PLURAL	DUAL	SINGULAR	*JUSSIVE	PLURAL	DUAL	SINGULAR	IMPERFECT	
يَظَلُّوا	يَظَلَّا	يَظْلَلْ		يَظَلُّونَ	يَظَلَّانِ	يَظَلُّ	MASCULINE	3
يَظْلَلْنَ	تَظَلَّا	تَظْلَلْ		يَظْلَلْنَ	تَظَلَّانِ	تَظَلُّ	FEMININE	
تَظَلُّوا	تَظَلَّا	تَظْلَلْ		تَظَلُّونَ	تَظَلَّانِ	تَظَلُّ	MASCULINE	2
تَظْلَلْنَ	تَظَلَّا	تَظَلِّي		تَظْلَلْنَ	تَظَلَّانِ	تَظَلِّينَ	FEMININE	
نَظْلَلْ	---	أَظْلَلْ		نَظَلُّ	---	أَظَلُّ		1

* Contracted form: يَظَلَّ, تَظَلَّ, تَظَلَّ, تَظَلِّي, أَظَلَّ...نَظَلَّ

*** IMPERATIVE**				ظَالٌّ	ACTIVE PARTICIPLE
إظْلَلُوا	إظْلَلا	إظْلَلْ	MASCULINE	---	PASSIVE PARTICIPLE
إظْلَلْنَ	إظْلَلا	إظْلَلِي	FEMININE	ظَلٌّ	VERBAL NOUN

He kept silent the whole time.	ظَلَّ صامتاً طول الوقت.
The woman *stood* her ground [literally: *stayed* in her place].	ظَلَّتْ المرأة على موقفها.
The family *continued* to live in the same house for thirty years.	ظَلَّتْ العائلة تسكن في نفس البيت لمدة ٣٠ عاماً.

Form I ظنن — to think ظَنَّ ●

ACTIVE

PLURAL	DUAL	SINGULAR	SUBJUNCTIVE	PLURAL	DUAL	SINGULAR	PERFECT	
يَظُنُّوا	يَظُنَّا	يَظُنَّ		ظَنُّوا	ظَنَّا	ظَنَّ	MASCULINE	3
يَظْنُنَّ	تَظُنَّا	تَظُنَّ		ظَنَنَّ	ظَنَّتَا	ظَنَّتْ	FEMININE	
تَظُنُّوا	تَظُنَّا	تَظُنَّ		ظَنَنْتُمْ	ظَنَنْتُمَا	ظَنَنْتَ	MASCULINE	2
تَظْنُنَّ	تَظُنَّا	تَظُنِّي		ظَنَنْتُنَّ	ظَنَنْتُمَا	ظَنَنْتِ	FEMININE	
نَظُنَّ	---	أَظُنَّ		ظَنَنَّا	---	ظَنَنْتُ		1

PLURAL	DUAL	SINGULAR	****JUSSIVE**	PLURAL	DUAL	SINGULAR	**IMPERFECT**	
يَظُنُّوا	يَظُنَّا	يَظْنُنْ		يَظُنُّونَ	يَظُنَّانِ	يَظُنُّ	MASCULINE	3
يَظْنُنَّ	تَظُنَّا	تَظْنُنْ		يَظْنُنَّ	تَظُنَّانِ	تَظُنُّ	FEMININE	
تَظُنُّوا	تَظُنَّا	تَظْنُنْ		تَظُنُّونَ	تَظُنَّانِ	تَظُنُّ	MASCULINE	2
تَظْنُنَّ	تَظُنَّا	تَظُنِّي		تَظْنُنَّ	تَظُنَّانِ	تَظُنِّينَ	FEMININE	
نَظْنُنْ	---	أَظْنُنْ		نَظُنُّ	---	أَظُنُّ		1

***** IMPERATIVE**				ظَانٌّ	ACTIVE PARTICIPLE
أُظْنُنُوا	أُظْنُنَا	أُظْنُنْ	MASCULINE	مَظْنُونٌ	PASSIVE PARTICIPLE
أُظْنُنَّ	أُظْنُنَا	أُظْنُنِي	FEMININE	ظَنٌّ	VERBAL NOUN

---

* Contracted form: ظَلَّ, ظَلِّي, ظَلَّا, ظَلُّوا...

** Contracted form: يَظُنَّ, تَظُنَّ, تَظُنَّ, تَظُنِّي, أَظُنَّ...نَظُنَّ

*** Contracted form: ظُنَّ, ظُنِّي, ظُنَّا, ظُنُّوا...

PASSIVE

PLURAL	DUAL	SINGULAR	SUBJUNCTIVE	PLURAL	DUAL	SINGULAR	PERFECT	
يُظَنُّوا	يُظَنَّا	يُظَنَّ		ظُنُّوا	ظُنَّا	ظُنَّ	MASCULINE	3
يُظَنَنَّ	تُظَنَّا	تُظَنَّ		ظُنِنَّ	ظُنَّتَا	ظُنَّتْ	FEMININE	
تُظَنُّوا	تُظَنَّا	تُظَنَّ		ظُنِنْتُمْ	ظُنِنْتُمَا	ظُنِنْتَ	MASCULINE	2
تُظَنَنَّ	تُظَنَّا	تُظَنِّي		ظُنِنْتُنَّ	ظُنِنْتُمَا	ظُنِنْتِ	FEMININE	
نُظَنَّ	---	أُظَنَّ		ظُنِنَّا	---	ظُنِنْتُ		1

*JUSSIVE / IMPERFECT

PLURAL	DUAL	SINGULAR	*JUSSIVE	PLURAL	DUAL	SINGULAR	IMPERFECT	
يُظَنُّوا	يُظَنَّا	يُظْنَنْ		يُظَنُّونَ	يُظَنَّانِ	يُظَنُّ	MASCULINE	3
يُظْنَنَّ	تُظَنَّا	تُظْنَنْ		يُظْنَنَّ	تُظَنَّانِ	تُظَنُّ	FEMININE	
تُظَنُّوا	تُظَنَّا	تُظْنَنْ		تُظَنُّونَ	تُظَنَّانِ	تُظَنُّ	MASCULINE	2
تُظْنَنَّ	تُظَنَّا	تُظَنِّي		تُظْنَنَّ	تُظَنَّانِ	تُظَنِّينَ	FEMININE	
نُظْنَنْ	---	أُظْنَنْ		نُظَنُّ	---	أُظَنُّ		1

Don't *think* evil of me.	لا تَظْنُنْ (تَظُنَّ) بي السوء.
I *think* we'll succeed.	أَظُنُّ أننا سَنَنْجَح.
He *thought* his wife was deceiving him.	لقد ظَنَّ أن زوجته تخونه.

Form I ظهر   ● ظَهَرَ to appear; to overcome

ACTIVE

PLURAL	DUAL	SINGULAR	SUBJUNCTIVE	PLURAL	DUAL	SINGULAR	PERFECT	
يَظْهَرُوا	يَظْهَرَا	يَظْهَرَ		ظَهَرُوا	ظَهَرَا	ظَهَرَ	MASCULINE	3
يَظْهَرْنَ	تَظْهَرَا	تَظْهَرَ		ظَهَرْنَ	ظَهَرَتَا	ظَهَرَتْ	FEMININE	
تَظْهَرُوا	تَظْهَرَا	تَظْهَرَ		ظَهَرْتُمْ	ظَهَرْتُمَا	ظَهَرْتَ	MASCULINE	2
تَظْهَرْنَ	تَظْهَرَا	تَظْهَرِي		ظَهَرْتُنَّ	ظَهَرْتُمَا	ظَهَرْتِ	FEMININE	
نَظْهَرَ	---	أَظْهَرَ		ظَهَرْنَا	---	ظَهَرْتُ		1

JUSSIVE / IMPERFECT

PLURAL	DUAL	SINGULAR	JUSSIVE	PLURAL	DUAL	SINGULAR	IMPERFECT	
يَظْهَرُوا	يَظْهَرَا	يَظْهَرْ		يَظْهَرُونَ	يَظْهَرَانِ	يَظْهَرُ	MASCULINE	3
يَظْهَرْنَ	تَظْهَرَا	تَظْهَرْ		يَظْهَرْنَ	تَظْهَرَانِ	تَظْهَرُ	FEMININE	
تَظْهَرُوا	تَظْهَرَا	تَظْهَرْ		تَظْهَرُونَ	تَظْهَرَانِ	تَظْهَرُ	MASCULINE	2
تَظْهَرْنَ	تَظْهَرَا	تَظْهَرِي		تَظْهَرْنَ	تَظْهَرَانِ	تَظْهَرِينَ	FEMININE	
نَظْهَرْ	---	أَظْهَرْ		نَظْهَرُ	---	أَظْهَرُ		1

---

* Contracted form: يُظَنَّ, تُظَنَّ, تُظَنِّي, أُظَنَّ...نُظَنَّ

305

			IMPERATIVE	ظَاهِرٌ	ACTIVE PARTICIPLE
إِظْهَرُوا	إِظْهَرَا	إِظْهَرْ	MASCULINE	---	PASSIVE PARTICIPLE
إِظْهَرْنَ	إِظْهَرَا	إِظْهَرِي	FEMININE	ظُهُورٌ	VERBAL NOUN

Did the Virgin Mary *manifest herself* in the Zaytun church in Cairo?

هل ظَهَرَتْ العذراء مريم في كنيسة الزيتون في القاهرة؟

When will the moon *appear* in its full form?

متى يَظْهَرُ القمر بصورة كاملة؟

The ceremony *turned* out to be successful [literally: *appeared* in an honoring way].

ظَهَرَ الحفل بصورة مشرفة.

Form II عبر to express clearly or openly; to interpret عَبَّرَ ●

ACTIVE

PLURAL	DUAL	SINGULAR	SUBJUNCTIVE	PLURAL	DUAL	SINGULAR	PERFECT	
يُعَبِّرُوا	يُعَبِّرَا	يُعَبِّرَ		عَبَّرُوا	عَبَّرَا	عَبَّرَ	MASCULINE	3
يُعَبِّرْنَ	تُعَبِّرَا	تُعَبِّرَ		عَبَّرْنَ	عَبَّرَتَا	عَبَّرَتْ	FEMININE	
تُعَبِّرُوا	تُعَبِّرَا	تُعَبِّرَ		عَبَّرْتُمْ	عَبَّرْتُمَا	عَبَّرْتَ	MASCULINE	2
تُعَبِّرْنَ	تُعَبِّرَا	تُعَبِّرِي		عَبَّرْتُنَّ	عَبَّرْتُمَا	عَبَّرْتِ	FEMININE	
نُعَبِّرَ	---	أُعَبِّرَ		عَبَّرْنَا	---	عَبَّرْتُ		1

			JUSSIVE				IMPERFECT	
يُعَبِّرُوا	يُعَبِّرَا	يُعَبِّرْ		يُعَبِّرُونَ	يُعَبِّرَانِ	يُعَبِّرُ	MASCULINE	3
يُعَبِّرْنَ	تُعَبِّرَا	تُعَبِّرْ		يُعَبِّرْنَ	تُعَبِّرَانِ	تُعَبِّرُ	FEMININE	
تُعَبِّرُوا	تُعَبِّرَا	تُعَبِّرْ		تُعَبِّرُونَ	تُعَبِّرَانِ	تُعَبِّرُ	MASCULINE	2
تُعَبِّرْنَ	تُعَبِّرَا	تُعَبِّرِي		تُعَبِّرْنَ	تُعَبِّرَانِ	تُعَبِّرِينَ	FEMININE	
نُعَبِّرْ	---	أُعَبِّرْ		نُعَبِّرُ	---	أُعَبِّرُ		1

			IMPERATIVE	مُعَبِّرٌ	ACTIVE PARTICIPLE
عَبِّرُوا	عَبِّرَا	عَبِّرْ	MASCULINE	مُعَبَّرٌ	PASSIVE PARTICIPLE
عَبِّرْنَ	عَبِّرَا	عَبِّرِي	FEMININE	تَعْبِيرٌ	VERBAL NOUN

PASSIVE

SUBJUNCTIVE

PLURAL	DUAL	SINGULAR		
يُعَبَّرُوا	يُعَبَّرَا	يُعَبَّرَ	MASCULINE	3
يُعَبَّرْنَ	تُعَبَّرَا	تُعَبَّرَ	FEMININE	
تُعَبَّرُوا	تُعَبَّرَا	تُعَبَّرَ	MASCULINE	2
تُعَبَّرْنَ	تُعَبَّرَا	تُعَبَّرِي	FEMININE	
نُعَبَّرَ	---	أُعَبَّرَ		1

PERFECT

PLURAL	DUAL	SINGULAR		
عُبِّرُوا	عُبِّرَا	عُبِّرَ	MASCULINE	3
عُبِّرْنَ	عُبِّرَتَا	عُبِّرَتْ	FEMININE	
عُبِّرْتُمْ	عُبِّرْتُمَا	عُبِّرْتَ	MASCULINE	2
عُبِّرْتُنَّ	عُبِّرْتُمَا	عُبِّرْتِ	FEMININE	
عُبِّرْنَا	---	عُبِّرْتُ		1

JUSSIVE

PLURAL	DUAL	SINGULAR		
يُعَبَّرُوا	يُعَبَّرَا	يُعَبَّرْ	MASCULINE	3
يُعَبَّرْنَ	تُعَبَّرَا	تُعَبَّرْ	FEMININE	
تُعَبَّرُوا	تُعَبَّرَا	تُعَبَّرْ	MASCULINE	2
تُعَبَّرْنَ	تُعَبَّرَا	تُعَبَّرِي	FEMININE	
نُعَبَّرْ	---	أُعَبَّرْ		1

IMPERFECT

PLURAL	DUAL	SINGULAR		
يُعَبَّرُونَ	يُعَبَّرَانِ	يُعَبَّرُ	MASCULINE	3
يُعَبَّرْنَ	تُعَبَّرَانِ	تُعَبَّرُ	FEMININE	
تُعَبَّرُونَ	تُعَبَّرَانِ	تُعَبَّرُ	MASCULINE	2
تُعَبَّرْنَ	تُعَبَّرَانِ	تُعَبَّرِينَ	FEMININE	
نُعَبَّرُ	---	أُعَبَّرُ		1

عَبَّرَتُ الجريدة عن صوت المعارضة.

The newspaper *gave expression* to the voice of the opposition.

لماذا لا تُعَبِّرُ عن مشاعرك بصراحة؟

Why don't *you express* your feelings openly?

من يُعَبِّرُ لي منامي؟

Who *will interpret* my dream for me?

Form VIII عبر   to take warning; to consider, إِعْتَبَرَ ●
take account of

ACTIVE

SUBJUNCTIVE

PLURAL	DUAL	SINGULAR		
يَعْتَبِرُوا	يَعْتَبِرَا	يَعْتَبِرَ	MASCULINE	3
يَعْتَبِرْنَ	تَعْتَبِرَا	تَعْتَبِرَ	FEMININE	
تَعْتَبِرُوا	تَعْتَبِرَا	تَعْتَبِرَ	MASCULINE	2
تَعْتَبِرْنَ	تَعْتَبِرَا	تَعْتَبِرِي	FEMININE	
نَعْتَبِرَ	---	أَعْتَبِرَ		1

PERFECT

PLURAL	DUAL	SINGULAR		
إِعْتَبَرُوا	إِعْتَبَرَا	إِعْتَبَرَ	MASCULINE	3
إِعْتَبَرْنَ	إِعْتَبَرَتَا	إِعْتَبَرَتْ	FEMININE	
إِعْتَبَرْتُمْ	إِعْتَبَرْتُمَا	إِعْتَبَرْتَ	MASCULINE	2
إِعْتَبَرْتُنَّ	إِعْتَبَرْتُمَا	إِعْتَبَرْتِ	FEMININE	
إِعْتَبَرْنَا	---	إِعْتَبَرْتُ		1

JUSSIVE				IMPERFECT				
يَعْتَبِرُوا	يَعْتَبِرَا	يَعْتَبِرْ		يَعْتَبِرُونَ	يَعْتَبِرَانِ	يَعْتَبِرُ	MASCULINE	3
يَعْتَبِرْنَ	تَعْتَبِرَا	تَعْتَبِرْ		يَعْتَبِرْنَ	تَعْتَبِرَانِ	تَعْتَبِرُ	FEMININE	
تَعْتَبِرُوا	تَعْتَبِرَا	تَعْتَبِرْ		تَعْتَبِرُونَ	تَعْتَبِرَانِ	تَعْتَبِرُ	MASCULINE	2
تَعْتَبِرْنَ	تَعْتَبِرَا	تَعْتَبِرِي		تَعْتَبِرْنَ	تَعْتَبِرَانِ	تَعْتَبِرِينَ	FEMININE	
نَعْتَبِرْ	---	أَعْتَبِرْ		نَعْتَبِرُ	---	أَعْتَبِرُ		1

IMPERATIVE					
				مُعْتَبِرٌ	ACTIVE PARTICIPLE
إِعْتَبِرُوا	إِعْتَبِرَا	إِعْتَبِرْ	MASCULINE	مُعْتَبَرٌ	PASSIVE PARTICIPLE
إِعْتَبِرْنَ	إِعْتَبِرَا	إِعْتَبِرِي	FEMININE	إِعْتِبَارٌ	VERBAL NOUN

PASSIVE

PLURAL	DUAL	SINGULAR	SUBJUNCTIVE	PLURAL	DUAL	SINGULAR	PERFECT	
يُعْتَبَرُوا	يُعْتَبَرَا	يُعْتَبَرَ		أُعْتُبِرُوا	أُعْتُبِرَا	أُعْتُبِرَ	MASCULINE	3
يُعْتَبَرْنَ	تُعْتَبَرَا	تُعْتَبَرَ		أُعْتُبِرْنَ	أُعْتُبِرَتَا	أُعْتُبِرَتْ	FEMININE	
تُعْتَبَرُوا	تُعْتَبَرَا	تُعْتَبَرَ		أُعْتُبِرْتُمْ	أُعْتُبِرْتُمَا	أُعْتُبِرْتَ	MASCULINE	2
تُعْتَبَرْنَ	تُعْتَبَرَا	تُعْتَبَرِي		أُعْتُبِرْتُنَّ	أُعْتُبِرْتُمَا	أُعْتُبِرْتِ	FEMININE	
نُعْتَبَرَ	---	أُعْتَبَرَ		أُعْتُبِرْنَا	---	أُعْتُبِرْتُ		1

JUSSIVE				IMPERFECT				
يُعْتَبَرُوا	يُعْتَبَرَا	يُعْتَبَرْ		يُعْتَبَرُونَ	يُعْتَبَرَانِ	يُعْتَبَرُ	MASCULINE	3
يُعْتَبَرْنَ	تُعْتَبَرَا	تُعْتَبَرْ		يُعْتَبَرْنَ	تُعْتَبَرَانِ	تُعْتَبَرُ	FEMININE	
تُعْتَبَرُوا	تُعْتَبَرَا	تُعْتَبَرْ		تُعْتَبَرُونَ	تُعْتَبَرَانِ	تُعْتَبَرُ	MASCULINE	2
تُعْتَبَرْنَ	تُعْتَبَرَا	تُعْتَبَرِي		تُعْتَبَرْنَ	تُعْتَبَرَانِ	تُعْتَبَرِينَ	FEMININE	
نُعْتَبَرْ	---	أُعْتَبَرْ		نُعْتَبَرُ	---	أُعْتَبَرُ		1

يجب على مدافعي الفريق السعودي أن يَعْتَبِرُوا خطورة لاعب الأهلي المصري محمد أبو تريكة.

The defense of the Saudi Arabia team should *beware* of the danger from the player of the Egyptian national team, Muhammad Abu Tarika.

هذا البحث كان يمكن أن يكون أكثر عمقاً إذا اعْتَبَرَ كاتبه مجلات العلوم الحديثة.

This study could have been much more profound if the author *had taken account* of recent scientific journals.

إذا اعْتَبَرَ كل واحد منا من أخطاء الآخرين لاجتزنا الكثير من الصعاب.

If each of us *would learn* from the mistakes of others, we would surmount many difficulties.

If these ideas *were considered* seriously, the company would easily overcome its difficulties.

إذا اعْتُبِرَتْ هذه الأفكار بجدية فإن الشركة ستجتاز محنتها بسهولة.

Form IV عدد   to prepare أَعَدَّ ●

ACTIVE

PLURAL	DUAL	SINGULAR	SUBJUNCTIVE	PLURAL	DUAL	SINGULAR	PERFECT	
يُعِدُّوا	يُعِدَّا	يُعِدَّ	يُعِدَّ	أَعَدُّوا	أَعَدَّا	أَعَدَّ	MASCULINE	3
يُعْدِدْنَ	تُعِدَّا	تُعِدَّ	تُعِدَّ	أَعْدَدْنَ	أَعَدَّتَا	أَعَدَّتْ	FEMININE	
تُعِدُّوا	تُعِدَّا	تُعِدَّ	تُعِدَّ	أَعْدَدْتُمْ	أَعْدَدْتُمَا	أَعْدَدْتَ	MASCULINE	2
تُعْدِدْنَ	تُعِدَّا	تُعِدِّي	تُعِدِّي	أَعْدَدْتُنَّ	أَعْدَدْتُمَا	أَعْدَدْتِ	FEMININE	
نُعِدَّ	---	أُعِدَّ	أُعِدَّ	أَعْدَدْنَا	---	أَعْدَدْتُ		1

*JUSSIVE   IMPERFECT

PLURAL	DUAL	SINGULAR		PLURAL	DUAL	SINGULAR	IMPERFECT	
يُعِدُّوا	يُعِدَّا	يُعْدِدْ		يُعِدُّونَ	يُعِدَّانِ	يُعِدُّ	MASCULINE	3
يُعْدِدْنَ	تُعِدَّا	تُعْدِدْ		يُعْدِدْنَ	تُعِدَّانِ	تُعِدُّ	FEMININE	
تُعِدُّوا	تُعِدَّا	تُعْدِدْ		تُعِدُّونَ	تُعِدَّانِ	تُعِدُّ	MASCULINE	2
تُعْدِدْنَ	تُعِدَّا	تُعِدِّي		تُعْدِدْنَ	تُعِدَّانِ	تُعِدِّينَ	FEMININE	
نُعْدِدْ	---	أُعْدِدْ		نُعِدُّ	---	أُعِدُّ		1

** IMPERATIVE

			مُعِدٌّ	ACTIVE PARTICIPLE	
أَعْدِدُوا	أَعْدِدَا	أَعْدِدْ	MASCULINE	مُعَدٌّ	PASSIVE PARTICIPLE
أَعْدِدْنَ	أَعْدِدَا	أَعْدِدِي	FEMININE	إِعْدَادٌ	VERBAL NOUN

PASSIVE

PLURAL	DUAL	SINGULAR	SUBJUNCTIVE	PLURAL	DUAL	SINGULAR	PERFECT	
يُعَدُّوا	يُعَدَّا	يُعَدَّ		أُعِدُّوا	أُعِدَّا	أُعِدَّ	MASCULINE	3
يُعْدَدْنَ	تُعَدَّا	تُعَدَّ		أُعْدِدْنَ	أُعِدَّتَا	أُعِدَّتْ	FEMININE	
تُعَدُّوا	تُعَدَّا	تُعَدَّ		أُعْدِدْتُمْ	أُعْدِدْتُمَا	أُعْدِدْتَ	MASCULINE	2
تُعْدَدْنَ	تُعَدَّا	تُعَدِّي		أُعْدِدْتُنَّ	أُعْدِدْتُمَا	أُعْدِدْتِ	FEMININE	
نُعَدَّ	---	أُعَدَّ		أُعْدِدْنَا	---	أُعْدِدْتُ		1

---

* Contracted form: بُعِدَّ, تُعِدَّ, تُعَدَّ, نُعِدِّي, أُعِدَّ...نُعِدَّ

** Contracted form: أَعِدَّ, أَعِدِّي, أَعِدَّا, أَعِدُّوا...

PLURAL	DUAL	SINGULAR	JUSSIVE	PLURAL	DUAL	SINGULAR	IMPERFECT	
يُعِدُّوا	يُعِدَّا	يُعْدِدْ		يُعِدُّونَ	يُعِدَّانِ	يُعِدُّ	MASCULINE	3
يُعْدِدْنَ	تُعِدَّا	تُعْدِدْ		يُعْدِدْنَ	تُعِدَّانِ	تُعِدُّ	FEMININE	
تُعِدُّوا	تُعِدَّا	تُعْدِدْ		تُعِدُّونَ	تُعِدَّانِ	تُعِدُّ	MASCULINE	2
تُعْدِدْنَ	تُعِدَّا	تُعِدِّي		تُعْدِدْنَ	تُعِدَّانِ	تُعِدِّينَ	FEMININE	
نُعْدِدْ	---	أُعْدِدْ		نُعِدُّ	---	أُعِدُّ		1

I'll *prepare* the meal for you.

سَأُعِدُّ الطعام لكم.

How did *you get* this study *ready* so quickly?

كيف أَعْدَدْتِ هذا البحث بهذه السرعة؟

We are getting ready to confront the disease.

نُعِدُّ أنفسنا لمواجهة المرض.

Form II عدل   to straighten; to even out عَدَّلَ ●

ACTIVE

PLURAL	DUAL	SINGULAR	SUBJUNCTIVE	PLURAL	DUAL	SINGULAR	PERFECT	
يُعَدِّلُوا	يُعَدِّلا	يُعَدِّلَ		عَدَّلُوا	عَدَّلا	عَدَّلَ	MASCULINE	3
يُعَدِّلْنَ	تُعَدِّلا	تُعَدِّلَ		عَدَّلْنَ	عَدَّلَتَا	عَدَّلَتْ	FEMININE	
تُعَدِّلُوا	تُعَدِّلا	تُعَدِّلَ		عَدَّلْتُم	عَدَّلْتُمَا	عَدَّلْتَ	MASCULINE	2
تُعَدِّلْنَ	تُعَدِّلا	تُعَدِّلِي		عَدَّلْتُنَّ	عَدَّلْتُمَا	عَدَّلْتِ	FEMININE	
نُعَدِّلَ	---	أُعَدِّلَ		عَدَّلْنَا	---	عَدَّلْتُ		1

PLURAL	DUAL	SINGULAR	JUSSIVE	PLURAL	DUAL	SINGULAR	IMPERFECT	
يُعَدِّلُوا	يُعَدِّلا	يُعَدِّلْ		يُعَدِّلُونَ	يُعَدِّلانِ	يُعَدِّلُ	MASCULINE	3
يُعَدِّلْنَ	تُعَدِّلا	تُعَدِّلْ		يُعَدِّلْنَ	تُعَدِّلانِ	تُعَدِّلُ	FEMININE	
تُعَدِّلُوا	تُعَدِّلا	تُعَدِّلْ		تُعَدِّلُونَ	تُعَدِّلانِ	تُعَدِّلُ	MASCULINE	2
تُعَدِّلْنَ	تُعَدِّلا	تُعَدِّلِي		تُعَدِّلْنَ	تُعَدِّلانِ	تُعَدِّلِينَ	FEMININE	
نُعَدِّلْ	---	أُعَدِّلْ		نُعَدِّلُ	---	أُعَدِّلُ		1

PLURAL	DUAL	SINGULAR	IMPERATIVE		
عَدِّلُوا	عَدِّلا	عَدِّلْ	MASCULINE	مُعَدِّلٌ	ACTIVE PARTICIPLE
عَدِّلْنَ	عَدِّلا	عَدِّلِي	FEMININE	مُعَدَّلٌ	PASSIVE PARTICIPLE
				تَعْدِيلٌ	VERBAL NOUN

---

* Contracted form: يُعِدَّ, تُعِدَّ, تُعِدَّ, تُعِدِّي, أُعِدَّ...نُعِدَّ

310

PASSIVE

PLURAL	DUAL	SINGULAR	SUBJUNCTIVE	PLURAL	DUAL	SINGULAR	PERFECT	
يُعَدَّلوا	يُعَدَّلا	يُعَدَّلَ		عُدِّلوا	عُدِّلا	عُدِّلَ	MASCULINE	3
يُعَدَّلْنَ	تُعَدَّلا	تُعَدَّلَ		عُدِّلْنَ	عُدِّلَتا	عُدِّلَتْ	FEMININE	
تُعَدَّلوا	تُعَدَّلا	تُعَدَّلَ		عُدِّلْتُمْ	عُدِّلْتُما	عُدِّلْتَ	MASCULINE	2
تُعَدَّلْنَ	تُعَدَّلا	تُعَدَّلي		عُدِّلْتُنَّ	عُدِّلْتُما	عُدِّلْتِ	FEMININE	
نُعَدَّلَ	---	أُعَدَّلَ		عُدِّلْنا	---	عُدِّلْتُ		1

PLURAL	DUAL	SINGULAR	JUSSIVE	PLURAL	DUAL	SINGULAR	IMPERFECT	
يُعَدَّلوا	يُعَدَّلا	يُعَدَّلْ		يُعَدَّلونَ	يُعَدَّلانِ	يُعَدَّلُ	MASCULINE	3
يُعَدَّلْنَ	تُعَدَّلا	تُعَدَّلْ		يُعَدَّلْنَ	تُعَدَّلانِ	تُعَدَّلُ	FEMININE	
تُعَدَّلوا	تُعَدَّلا	تُعَدَّلْ		تُعَدَّلونَ	تُعَدَّلانِ	تُعَدَّلُ	MASCULINE	2
تُعَدَّلْنَ	تُعَدَّلا	تُعَدَّلي		تُعَدَّلْنَ	تُعَدَّلانِ	تُعَدَّلينَ	FEMININE	
نُعَدَّلْ	---	أُعَدَّلْ		نُعَدَّلُ	---	أُعَدَّلُ		1

We straightened the crooked bronze. — عَدَّلْنَا النحاس الملتوي.

Adil *modified* his point of view. — عَدَّلَ عادل وجهة نظره.

She moderated her ideas, whereas before she was extreme about them. — عَدَّلَتْ أفكارها بعد أن كانت متطرفة فيها.

Form VI عدل — to be balanced تَعادَلَ

ACTIVE

PLURAL	DUAL	SINGULAR	SUBJUNCTIVE	PLURAL	DUAL	SINGULAR	PERFECT	
يَتَعادَلوا	يَتَعادَلا	يَتَعادَلَ		تَعادَلوا	تَعادَلا	تَعادَلَ	MASCULINE	3
يَتَعادَلْنَ	تَتَعادَلا	تَتَعادَلَ		تَعادَلْنَ	تَعادَلَتا	تَعادَلَتْ	FEMININE	
تَتَعادَلوا	تَتَعادَلا	تَتَعادَلَ		تَعادَلْتُمْ	تَعادَلْتُما	تَعادَلْتَ	MASCULINE	2
تَتَعادَلْنَ	تَتَعادَلا	تَتَعادَلي		تَعادَلْتُنَّ	تَعادَلْتُما	تَعادَلْتِ	FEMININE	
نَتَعادَلَ	---	أَتَعادَلَ		تَعادَلْنا	---	تَعادَلْتُ		1

	JUSSIVE				IMPERFECT		
3 MASCULINE	يَتَعَادَلْ	يَتَعَادَلا	يَتَعَادَلُوا		يَتَعَادَلُ	يَتَعَادَلانِ	يَتَعَادَلُونَ
FEMININE	تَتَعَادَلْ	تَتَعَادَلا	يَتَعَادَلْنَ		تَتَعَادَلُ	يَتَعَادَلانِ	يَتَعَادَلْنَ
2 MASCULINE	تَتَعَادَلْ	تَتَعَادَلا	تَتَعَادَلُوا		تَتَعَادَلُ	تَتَعَادَلانِ	تَتَعَادَلُونَ
FEMININE	تَتَعَادَلِي	تَتَعَادَلا	تَتَعَادَلْنَ		تَتَعَادَلِينَ	تَتَعَادَلانِ	تَتَعَادَلْنَ
1	أَتَعَادَلْ	---	نَتَعَادَلْ		أَتَعَادَلُ	---	نَتَعَادَلُ

IMPERATIVE **ACTIVE PARTICIPLE** مُتَعَادِلٌ

	IMPERATIVE		
MASCULINE	تَعَادَلْ	تَعَادَلا	تَعَادَلُوا
FEMININE	تَعَادَلِي	تَعَادَلا	تَعَادَلْنَ

PASSIVE PARTICIPLE ---

VERBAL NOUN تَعَادُلٌ

The chemical compound *has reached equilibrium.*

لقد تَعَادَلَ المُرَكَّب الكيميائي.

The two teams *played to a draw* in the previous match.

تَعَادَلَ الفريقان في المباراة السابقة.

Gold and iron *are not equivalent* in value.

الذهب والحديد لا يَتَعَادَلانِ في القيمة.

Form IV عرب أَعْرَبَ to express, utter; to translate into Arabic ●

ACTIVE

PLURAL	DUAL	SINGULAR	SUBJUNCTIVE	PLURAL	DUAL	SINGULAR	PERFECT	
يُعْرِبُوا	يُعْرِبَا	يُعْرِبَ		أَعْرَبُوا	أَعْرَبَا	أَعْرَبَ	MASCULINE	3
يُعْرِبْنَ	تُعْرِبَا	تُعْرِبَ		أَعْرَبْنَ	أَعْرَبَتَا	أَعْرَبَتْ	FEMININE	
تُعْرِبُوا	تُعْرِبَا	تُعْرِبَ		أَعْرَبْتُمْ	أَعْرَبْتُمَا	أَعْرَبْتَ	MASCULINE	2
تُعْرِبْنَ	تُعْرِبَا	تُعْرِبِي		أَعْرَبْتُنَّ	أَعْرَبْتُمَا	أَعْرَبْتِ	FEMININE	
نُعْرِبَ	---	أُعْرِبَ		أَعْرَبْنَا	---	أَعْرَبْتُ		1

PLURAL	DUAL	SINGULAR	JUSSIVE	PLURAL	DUAL	SINGULAR	IMPERFECT	
يُعْرِبُوا	يُعْرِبَا	يُعْرِبْ		يُعْرِبُونَ	يُعْرِبَانِ	يُعْرِبُ	MASCULINE	3
يُعْرِبْنَ	تُعْرِبَا	تُعْرِبْ		يُعْرِبْنَ	تُعْرِبَانِ	تُعْرِبُ	FEMININE	
تُعْرِبُوا	تُعْرِبَا	تُعْرِبْ		تُعْرِبُونَ	تُعْرِبَانِ	تُعْرِبُ	MASCULINE	2
تُعْرِبْنَ	تُعْرِبَا	تُعْرِبِي		تُعْرِبْنَ	تُعْرِبَانِ	تُعْرِبِينَ	FEMININE	
نُعْرِبْ	---	أُعْرِبْ		نُعْرِبُ	---	أُعْرِبُ		1

IMPERATIVE

	ACTIVE PARTICIPLE	مُعْرِبٌ
PASSIVE PARTICIPLE		مُعْرَبٌ
VERBAL NOUN		إِعْرَابٌ

PLURAL	DUAL	SINGULAR	
أَعْرِبُوا	أَعْرِبَا	أَعْرِبْ	MASCULINE
أَعْرِبْنَ	أَعْرِبَا	أَعْرِبِي	FEMININE

PASSIVE

PLURAL	DUAL	SINGULAR	SUBJUNCTIVE	PLURAL	DUAL	SINGULAR	PERFECT	
يُعْرَبُوا	يُعْرَبَا	يُعْرَبَ		أُعْرِبُوا	أُعْرِبَا	أُعْرِبَ	MASCULINE	3
يُعْرَبْنَ	تُعْرَبَا	تُعْرَبَ		أُعْرِبْنَ	أُعْرِبَتَا	أُعْرِبَتْ	FEMININE	
تُعْرَبُوا	تُعْرَبَا	تُعْرَبَ		أُعْرِبْتُمْ	أُعْرِبْتُمَا	أُعْرِبْتَ	MASCULINE	2
تُعْرَبْنَ	تُعْرَبَا	تُعْرَبِي		أُعْرِبْتُنَّ	أُعْرِبْتُمَا	أُعْرِبْتِ	FEMININE	
نُعْرَبَ	---	أُعْرَبَ		أُعْرِبْنَا	---	أُعْرِبْتُ		1

PLURAL	DUAL	SINGULAR	JUSSIVE	PLURAL	DUAL	SINGULAR	IMPERFECT	
يُعْرَبُوا	يُعْرَبَا	يُعْرَبْ		يُعْرَبُونَ	يُعْرَبَانِ	يُعْرَبُ	MASCULINE	3
يُعْرَبْنَ	تُعْرَبَا	تُعْرَبْ		يُعْرَبْنَ	تُعْرَبَانِ	تُعْرَبُ	FEMININE	
تُعْرَبُوا	تُعْرَبَا	تُعْرَبْ		تُعْرَبُونَ	تُعْرَبَانِ	تُعْرَبُ	MASCULINE	2
تُعْرَبْنَ	تُعْرَبَا	تُعْرَبِي		تُعْرَبْنَ	تُعْرَبَانِ	تُعْرَبِينَ	FEMININE	
نُعْرَبْ	---	أُعْرَبْ		نُعْرَبُ	---	أُعْرَبُ		1

The government *declared* its concern about the security situation.

أَعْرَبَتْ الحكومة عن قلقها تجاه الوضع الأمني.

Can *you express* your opinion clearly?

هل يمكن أن تُعْرِبَ عن رأيك بوضوح؟

Did Edward Said *translate* his book about the East *into Arabic*?

هل أَعْرَبَ إدوارد سعيد كتابه عن الشرق؟

Form I عرض   to occur; to interpose; to display عَرَضَ ●

ACTIVE

PLURAL	DUAL	SINGULAR	SUBJUNCTIVE	PLURAL	DUAL	SINGULAR	PERFECT	
يَعْرِضُوا	يَعْرِضَا	يَعْرِضَ		عَرَضُوا	عَرَضَا	عَرَضَ	MASCULINE	3
يَعْرِضْنَ	تَعْرِضَا	تَعْرِضَ		عَرَضْنَ	عَرَضَتَا	عَرَضَتْ	FEMININE	
تَعْرِضُوا	تَعْرِضَا	تَعْرِضَ		عَرَضْتُمْ	عَرَضْتُمَا	عَرَضْتَ	MASCULINE	2
تَعْرِضْنَ	تَعْرِضَا	تَعْرِضِي		عَرَضْتُنَّ	عَرَضْتُمَا	عَرَضْتِ	FEMININE	
نَعْرِضَ	---	أَعْرِضَ		عَرَضْنَا	---	عَرَضْتُ		1

JUSSIVE — IMPERFECT

(ACTIVE)

JUSSIVE Plural	JUSSIVE Dual	JUSSIVE Singular	IMPERFECT Plural	IMPERFECT Dual	IMPERFECT Singular		
يَعْرِضُوا	يَعْرِضَا	يَعْرِضْ	يَعْرِضُونَ	يَعْرِضَانِ	يَعْرِضُ	MASCULINE	3
يَعْرِضْنَ	تَعْرِضَا	تَعْرِضْ	يَعْرِضْنَ	تَعْرِضَانِ	تَعْرِضُ	FEMININE	
تَعْرِضُوا	تَعْرِضَا	تَعْرِضْ	تَعْرِضُونَ	تَعْرِضَانِ	تَعْرِضُ	MASCULINE	2
تَعْرِضْنَ	تَعْرِضَا	تَعْرِضِي	تَعْرِضْنَ	تَعْرِضَانِ	تَعْرِضِينَ	FEMININE	
نَعْرِضْ	---	أَعْرِضْ	نَعْرِضُ	---	أَعْرِضُ		1

	ACTIVE PARTICIPLE	عَارِضٌ

IMPERATIVE

	Plural	Dual	Singular	
MASCULINE	إِعْرِضُوا	إِعْرِضَا	إِعْرِضْ	
FEMININE	إِعْرِضْنَ	إِعْرِضَا	إِعْرِضِي	

	PASSIVE PARTICIPLE	مَعْرُوضٌ
	VERBAL NOUN	عَرْضٌ

PASSIVE

SUBJUNCTIVE Plural	Dual	Singular		PERFECT Plural	Dual	Singular		
يُعْرَضُوا	يُعْرَضَا	يُعْرَضَ		عُرِضُوا	عُرِضَا	عُرِضَ	MASCULINE	3
يُعْرَضْنَ	تُعْرَضَا	تُعْرَضَ		عُرِضْنَ	عُرِضَتَا	عُرِضَتْ	FEMININE	
تُعْرَضُوا	تُعْرَضَا	تُعْرَضَ		عُرِضْتُمْ	عُرِضْتُمَا	عُرِضْتَ	MASCULINE	2
تُعْرَضْنَ	تُعْرَضَا	تُعْرَضِي		عُرِضْتُنَّ	عُرِضْتُمَا	عُرِضْتِ	FEMININE	
نُعْرَضَ	---	أُعْرَضَ		عُرِضْنَا	---	عُرِضْتُ		1

JUSSIVE — IMPERFECT

JUSSIVE Plural	Dual	Singular		IMPERFECT Plural	Dual	Singular		
يُعْرَضُوا	يُعْرَضَا	يُعْرَضْ		يُعْرَضُونَ	يُعْرَضَانِ	يُعْرَضُ	MASCULINE	3
يُعْرَضْنَ	تُعْرَضَا	تُعْرَضْ		يُعْرَضْنَ	تُعْرَضَانِ	تُعْرَضُ	FEMININE	
تُعْرَضُوا	تُعْرَضَا	تُعْرَضْ		تُعْرَضُونَ	تُعْرَضَانِ	تُعْرَضُ	MASCULINE	2
تُعْرَضْنَ	تُعْرَضَا	تُعْرَضِي		تُعْرَضْنَ	تُعْرَضَانِ	تُعْرَضِينَ	FEMININE	
نُعْرَضْ	---	أُعْرَضْ		نُعْرَضُ	---	أُعْرَضُ		1

When did this misfortune *occur*?

متى عَرَضَتْ هذه المصيبة؟

He had an idea [literally: A thought *occurred* to him].

عَرَضَ له خاطر.

We'll display our merchandise on Sunday.

سَنَعْرِضُ المبيعات يوم الأحد.

The movie theater *is showing* a sentimental film at the moment.

السينما تَعْرِضُ الآن فيلماً عاطفياً.

The price of the machines *presented an obstacle* to the buyers.

عَرَضَ سعر الماكينات أمام شرائها.

314

Form III عرض   عَارَضَ to resist ●

ACTIVE

PLURAL	DUAL	SINGULAR	SUBJUNCTIVE	PLURAL	DUAL	SINGULAR	PERFECT	
يُعَارِضُوا	يُعَارِضَا	يُعَارِضَ		عَارَضُوا	عَارَضَا	عَارَضَ	MASCULINE	3
تُعَارِضْنَ	تُعَارِضَا	يُعَارِضْنَ		عَارَضْنَ	عَارَضَتَا	عَارَضَتْ	FEMININE	
تُعَارِضُوا	تُعَارِضَا	تُعَارِضَ		عَارَضْتُمْ	عَارَضْتُمَا	عَارَضْتَ	MASCULINE	2
تُعَارِضْنَ	تُعَارِضَا	تُعَارِضِي		عَارَضْتُنَّ	عَارَضْتُمَا	عَارَضْتِ	FEMININE	
نُعَارِضَ	---	أُعَارِضَ		عَارَضْنَا	---	عَارَضْتُ		1

PLURAL	DUAL	SINGULAR	JUSSIVE	PLURAL	DUAL	SINGULAR	IMPERFECT	
يُعَارِضُوا	يُعَارِضَا	يُعَارِضْ		يُعَارِضُونَ	يُعَارِضَانِ	يُعَارِضُ	MASCULINE	3
تُعَارِضْنَ	تُعَارِضَا	يُعَارِضْنَ		يُعَارِضْنَ	تُعَارِضَانِ	تُعَارِضُ	FEMININE	
تُعَارِضُوا	تُعَارِضَا	تُعَارِضْ		تُعَارِضُونَ	تُعَارِضَانِ	تُعَارِضُ	MASCULINE	2
تُعَارِضْنَ	تُعَارِضَا	تُعَارِضِي		تُعَارِضْنَ	تُعَارِضَانِ	تُعَارِضِينَ	FEMININE	
نُعَارِضْ	---	أُعَارِضْ		نُعَارِضُ	---	أُعَارِضُ		1

PLURAL	DUAL	SINGULAR	IMPERATIVE		
عَارِضُوا	عَارِضَا	عَارِضْ	MASCULINE	مُعَارِضٌ	ACTIVE PARTICIPLE
عَارِضْنَ	عَارِضَا	عَارِضِي	FEMININE	مُعَارَضٌ	PASSIVE PARTICIPLE
				مُعَارَضَةٌ	VERBAL NOUN

PASSIVE

PLURAL	DUAL	SINGULAR	SUBJUNCTIVE	PLURAL	DUAL	SINGULAR	PERFECT	
يُعَارَضُوا	يُعَارَضَا	يُعَارَضَ		عُورِضُوا	عُورِضَا	عُورِضَ	MASCULINE	3
تُعَارَضْنَ	تُعَارَضَا	يُعَارَضْنَ		عُورِضْنَ	عُورِضَتَا	عُورِضَتْ	FEMININE	
تُعَارَضُوا	تُعَارَضَا	تُعَارَضَ		عُورِضْتُمْ	عُورِضْتُمَا	عُورِضْتَ	MASCULINE	2
تُعَارَضْنَ	تُعَارَضَا	تُعَارَضِي		عُورِضْتُنَّ	عُورِضْتُمَا	عُورِضْتِ	FEMININE	
نُعَارَضَ	---	أُعَارَضَ		عُورِضْنَا	---	عُورِضْتُ		1

PLURAL	DUAL	SINGULAR	JUSSIVE	PLURAL	DUAL	SINGULAR	IMPERFECT	
يُعَارَضُوا	يُعَارَضَا	يُعَارَضْ		يُعَارَضُونَ	يُعَارَضَانِ	يُعَارَضُ	MASCULINE	3
تُعَارَضْنَ	تُعَارَضَا	يُعَارَضْنَ		يُعَارَضْنَ	تُعَارَضَانِ	تُعَارَضُ	FEMININE	
تُعَارَضُوا	تُعَارَضَا	تُعَارَضْ		تُعَارَضُونَ	تُعَارَضَانِ	تُعَارَضُ	MASCULINE	2
تُعَارَضْنَ	تُعَارَضَا	تُعَارَضِي		تُعَارَضْنَ	تُعَارَضَانِ	تُعَارَضِينَ	FEMININE	
نُعَارَضْ	---	أُعَارَضْ		نُعَارَضُ	---	أُعَارَضُ		1

315

Why *are you resisting* this idea?						لماذا تُعَارِضُونَ هذه الفكرة؟		

Many problems *worked against* him.

عَارَضَتْهُ الكثير من المشاكل.

Because he fears a confrontation, he has begun *to avoid* meeting her anywhere.

لأنّه يخشى المواجهة، أصبح يُعَارِضُ لقاءها في أي مكان.

Form V عرض   ● تَعَرَّضَ to resist; to be subjected

ACTIVE

PLURAL	DUAL	SINGULAR	SUBJUNCTIVE	PLURAL	DUAL	SINGULAR	PERFECT	
يَتَعَرَّضُوا	يَتَعَرَّضَا	يَتَعَرَّضَ		تَعَرَّضُوا	تَعَرَّضَا	تَعَرَّضَ	MASCULINE	3
يَتَعَرَّضْنَ	تَتَعَرَّضَا	تَتَعَرَّضَ		تَعَرَّضْنَ	تَعَرَّضَتَا	تَعَرَّضَتْ	FEMININE	
تَتَعَرَّضُوا	تَتَعَرَّضَا	تَتَعَرَّضَ		تَعَرَّضْتُمْ	تَعَرَّضْتُمَا	تَعَرَّضْتَ	MASCULINE	2
تَتَعَرَّضْنَ	تَتَعَرَّضَا	تَتَعَرَّضِي		تَعَرَّضْتُنَّ	تَعَرَّضْتُمَا	تَعَرَّضْتِ	FEMININE	
نَتَعَرَّضَ	---	أَتَعَرَّضَ		تَعَرَّضْنَا	---	تَعَرَّضْتُ		1

JUSSIVE   IMPERFECT

PLURAL	DUAL	SINGULAR	JUSSIVE	PLURAL	DUAL	SINGULAR	IMPERFECT	
يَتَعَرَّضُوا	يَتَعَرَّضَا	يَتَعَرَّضْ		يَتَعَرَّضُونَ	يَتَعَرَّضَانِ	يَتَعَرَّضُ	MASCULINE	3
يَتَعَرَّضْنَ	تَتَعَرَّضَا	تَتَعَرَّضْ		يَتَعَرَّضْنَ	تَتَعَرَّضَانِ	تَتَعَرَّضُ	FEMININE	
تَتَعَرَّضُوا	تَتَعَرَّضَا	تَتَعَرَّضْ		تَتَعَرَّضُونَ	تَتَعَرَّضَانِ	تَتَعَرَّضُ	MASCULINE	2
تَتَعَرَّضْنَ	تَتَعَرَّضَا	تَتَعَرَّضِي		تَتَعَرَّضْنَ	تَتَعَرَّضَانِ	تَتَعَرَّضِينَ	FEMININE	
نَتَعَرَّضْ	---	أَتَعَرَّضْ		نَتَعَرَّضُ	---	أَتَعَرَّضُ		1

IMPERATIVE

تَعَرَّضُوا	تَعَرَّضَا	تَعَرَّضْ	MASCULINE	مُتَعَرِّضٌ	ACTIVE PARTICIPLE
تَعَرَّضْنَ	تَعَرَّضَا	تَعَرَّضِي	FEMININE	---	PASSIVE PARTICIPLE
				تَعَرُّضٌ	VERBAL NOUN

We *were subjected* to many insults.

لقد تَعَرَّضْنَا لكثير من الإهانات.

Do not *expose yourself* to infrared rays.

لا تَتَعَرَّضْ للأشعة تحت الحمراء.

The crew *are exposed* to the dangers of the waves.

البحارة يَتَعَرَّضُون لمخاطر الأمواج.

Do not *treat* him in any bad way.

لا تَتَعَرَّضْ له بأي سوء.

Form VIII عرض   to intervene, prevent; to object إِعْتَرَضَ

ACTIVE

PERFECT		SINGULAR	DUAL	PLURAL	SUBJUNCTIVE	SINGULAR	DUAL	PLURAL
3	MASCULINE	إِعْتَرَضَ	إِعْتَرَضَا	إِعْتَرَضُوا		يَعْتَرِضَ	يَعْتَرِضَا	يَعْتَرِضُوا
	FEMININE	إِعْتَرَضَتْ	إِعْتَرَضَتَا	إِعْتَرَضْنَ		تَعْتَرِضَ	تَعْتَرِضَا	يَعْتَرِضْنَ
2	MASCULINE	إِعْتَرَضْتَ	إِعْتَرَضْتُمَا	إِعْتَرَضْتُمْ		تَعْتَرِضَ	تَعْتَرِضَا	تَعْتَرِضُوا
	FEMININE	إِعْتَرَضْتِ	إِعْتَرَضْتُمَا	إِعْتَرَضْتُنَّ		تَعْتَرِضِي	تَعْتَرِضَا	تَعْتَرِضْنَ
1		إِعْتَرَضْتُ	---	إِعْتَرَضْنَا		أَعْتَرِضَ	---	نَعْتَرِضَ

IMPERFECT		SINGULAR	DUAL	PLURAL	JUSSIVE	SINGULAR	DUAL	PLURAL
3	MASCULINE	يَعْتَرِضُ	يَعْتَرِضَانِ	يَعْتَرِضُونَ		يَعْتَرِضْ	يَعْتَرِضَا	يَعْتَرِضُوا
	FEMININE	تَعْتَرِضُ	تَعْتَرِضَانِ	يَعْتَرِضْنَ		تَعْتَرِضْ	تَعْتَرِضَا	يَعْتَرِضْنَ
2	MASCULINE	تَعْتَرِضُ	تَعْتَرِضَانِ	تَعْتَرِضُونَ		تَعْتَرِضْ	تَعْتَرِضَا	تَعْتَرِضُوا
	FEMININE	تَعْتَرِضِينَ	تَعْتَرِضَانِ	تَعْتَرِضْنَ		تَعْتَرِضِي	تَعْتَرِضَا	تَعْتَرِضْنَ
1		أَعْتَرِضُ	---	نَعْتَرِضُ		أَعْتَرِضْ	---	نَعْتَرِضْ

		IMPERATIVE		SINGULAR	DUAL	PLURAL
ACTIVE PARTICIPLE	مُعْتَرِضٌ					
PASSIVE PARTICIPLE	مُعْتَرَضٌ		MASCULINE	إِعْتَرِضْ	إِعْتَرِضَا	إِعْتَرِضُوا
VERBAL NOUN	إِعْتِرَاضٌ		FEMININE	إِعْتَرِضِي	إِعْتَرِضَا	إِعْتَرِضْنَ

PASSIVE

PERFECT		SINGULAR	DUAL	PLURAL	SUBJUNCTIVE	SINGULAR	DUAL	PLURAL
3	MASCULINE	أُعْتُرِضَ	أُعْتُرِضَا	أُعْتُرِضُوا		يُعْتَرَضَ	يُعْتَرَضَا	يُعْتَرَضُوا
	FEMININE	أُعْتُرِضَتْ	أُعْتُرِضَتَا	أُعْتُرِضْنَ		تُعْتَرَضَ	تُعْتَرَضَا	يُعْتَرَضْنَ
2	MASCULINE	أُعْتُرِضْتَ	أُعْتُرِضْتُمَا	أُعْتُرِضْتُمْ		تُعْتَرَضَ	تُعْتَرَضَا	تُعْتَرَضُوا
	FEMININE	أُعْتُرِضْتِ	أُعْتُرِضْتُمَا	أُعْتُرِضْتُنَّ		تُعْتَرَضِي	تُعْتَرَضَا	تُعْتَرَضْنَ
1		أُعْتُرِضْتُ	---	أُعْتُرِضْنَا		أُعْتَرَضَ	---	نُعْتَرَضَ

IMPERFECT		SINGULAR	DUAL	PLURAL	JUSSIVE	SINGULAR	DUAL	PLURAL
3	MASCULINE	يُعْتَرَضُ	يُعْتَرَضَانِ	يُعْتَرَضُونَ		يُعْتَرَضْ	يُعْتَرَضَا	يُعْتَرَضُوا
	FEMININE	تُعْتَرَضُ	تُعْتَرَضَانِ	يُعْتَرَضْنَ		تُعْتَرَضْ	تُعْتَرَضَا	يُعْتَرَضْنَ
2	MASCULINE	تُعْتَرَضُ	تُعْتَرَضَانِ	تُعْتَرَضُونَ		تُعْتَرَضْ	تُعْتَرَضَا	تُعْتَرَضُوا
	FEMININE	تُعْتَرَضِينَ	تُعْتَرَضَانِ	تُعْتَرَضْنَ		تُعْتَرَضِي	تُعْتَرَضَا	تُعْتَرَضْنَ
1		أُعْتَرَضُ	---	نُعْتَرَضُ		أُعْتَرَضْ	---	نُعْتَرَضْ

Don't *cut into* the discussion with these byzantine arguments.

لا تَعْتَرِضْ الحديث بتلك المجادلات البيزنطية.

The limited resources *prevented* the accomplishing of the plan.

إعْتَرَضَتْ قلة الإمكانيات تنفيذ المشروع.

The management *objected* to your proposal.

إعْتَرَضَتْ الإدارة على اقتراحك.

Form I عرف   to know عَرَفَ ●

ACTIVE

PLURAL	DUAL	SINGULAR	SUBJUNCTIVE	PLURAL	DUAL	SINGULAR	PERFECT	
يَعْرِفُوا	يَعْرِفَا	يَعْرِفَ		عَرَفُوا	عَرَفَا	عَرَفَ	MASCULINE	3
يَعْرِفْنَ	يَعْرِفَا	تَعْرِفَ		عَرَفْنَ	عَرَفَتَا	عَرَفَتْ	FEMININE	
تَعْرِفُوا	تَعْرِفَا	تَعْرِفَ		عَرَفْتُمْ	عَرَفْتُمَا	عَرَفْتَ	MASCULINE	2
تَعْرِفْنَ	تَعْرِفَا	تَعْرِفِي		عَرَفْتُنَّ	عَرَفْتُمَا	عَرَفْتِ	FEMININE	
نَعْرِفَ	---	أَعْرِفَ		عَرَفْنَا	---	عَرَفْتُ		1

PLURAL	DUAL	SINGULAR	JUSSIVE	PLURAL	DUAL	SINGULAR	IMPERFECT	
يَعْرِفُوا	يَعْرِفَا	يَعْرِفْ		يَعْرِفُونَ	يَعْرِفَانِ	يَعْرِفُ	MASCULINE	3
يَعْرِفْنَ	يَعْرِفَا	تَعْرِفْ		يَعْرِفْنَ	تَعْرِفَانِ	تَعْرِفُ	FEMININE	
تَعْرِفُوا	تَعْرِفَا	تَعْرِفْ		تَعْرِفُونَ	تَعْرِفَانِ	تَعْرِفُ	MASCULINE	2
تَعْرِفْنَ	تَعْرِفَا	تَعْرِفِي		تَعْرِفْنَ	تَعْرِفَانِ	تَعْرِفِينَ	FEMININE	
نَعْرِفْ	---	أَعْرِفْ		نَعْرِفُ	---	أَعْرِفُ		1

PLURAL	DUAL	SINGULAR	IMPERATIVE		
إعْرِفُوا	إعْرِفَا	إعْرِفْ	MASCULINE	عَارِفٌ	ACTIVE PARTICIPLE
إعْرِفْنَ	إعْرِفَا	إعْرِفِي	FEMININE	مَعْرُوفٌ	PASSIVE PARTICIPLE
				مَعْرِفَةٌ	VERBAL NOUN

PASSIVE

PLURAL	DUAL	SINGULAR	SUBJUNCTIVE	PLURAL	DUAL	SINGULAR	PERFECT	
يُعْرَفُوا	يُعْرَفَا	يُعْرَفَ		عُرِفُوا	عُرِفَا	عُرِفَ	MASCULINE	3
يُعْرَفْنَ	تُعْرَفَا	تُعْرَفَ		عُرِفْنَ	عُرِفَتَا	عُرِفَتْ	FEMININE	
تُعْرَفُوا	تُعْرَفَا	تُعْرَفَ		عُرِفْتُمْ	عُرِفْتُمَا	عُرِفْتَ	MASCULINE	2
تُعْرَفْنَ	تُعْرَفَا	تُعْرَفِي		عُرِفْتُنَّ	عُرِفْتُمَا	عُرِفْتِ	FEMININE	
نُعْرَفَ	---	أُعْرَفَ		عُرِفْنَا	---	عُرِفْتُ		1

318

	JUSSIVE				IMPERFECT		
يُعْرَفُوا	يُعْرَفَا	يُعْرَفْ		يُعْرَفُونَ	يُعْرَفَانِ	يُعْرَفُ	MASCULINE 3
يُعْرَفْنَ	تُعْرَفَا	تُعْرَفْ		يُعْرَفْنَ	تُعْرَفَانِ	تُعْرَفُ	FEMININE
تُعْرَفُوا	تُعْرَفَا	تُعْرَفْ		تُعْرَفُونَ	تُعْرَفَانِ	تُعْرَفُ	MASCULINE 2
تُعْرَفْنَ	تُعْرَفَا	تُعْرَفِي		تُعْرَفْنَ	تُعْرَفَانِ	تُعْرَفِينَ	FEMININE
نُعْرَفْ	---	أُعْرَفْ		نُعْرَفُ	---	أُعْرَفُ	1

Do *you know* this woman?   هل تَعْرِفُ هذه المرأةَ؟

I didn't know that the speed of light is much greater than the speed of sound.   لم أكن أَعْرِفُ أن سرعة الضوء أكبر بكثير من سرعة الصوت.

We appreciate the favor you did for us.   عَرَفْنَا لكم بالجميل علينا.

I discovered by chance that she was the daughter of Naguib Mahfouz.   عَرَفْتُ بالصدفة أنها ابنة نجيب محفوظ.

Form VIII عرف   to admit, confess, acknowledge إِعْتَرَفَ ●

ACTIVE

PLURAL	DUAL	SINGULAR	SUBJUNCTIVE	PLURAL	DUAL	SINGULAR	PERFECT
يَعْتَرِفُوا	يَعْتَرِفَا	يَعْتَرِفَ		إِعْتَرَفُوا	إِعْتَرَفَا	إِعْتَرَفَ	MASCULINE 3
يَعْتَرِفْنَ	تَعْتَرِفَا	تَعْتَرِفَ		إِعْتَرَفْنَ	إِعْتَرَفَتَا	إِعْتَرَفَتْ	FEMININE
تَعْتَرِفُوا	تَعْتَرِفَا	تَعْتَرِفَ		إِعْتَرَفْتُمْ	إِعْتَرَفْتُمَا	إِعْتَرَفْتَ	MASCULINE 2
تَعْتَرِفْنَ	تَعْتَرِفَا	تَعْتَرِفِي		إِعْتَرَفْتُنَّ	إِعْتَرَفْتُمَا	إِعْتَرَفْتِ	FEMININE
نَعْتَرِفَ	---	أَعْتَرِفَ		إِعْتَرَفْنَا	---	إِعْتَرَفْتُ	1

	JUSSIVE				IMPERFECT		
يَعْتَرِفُوا	يَعْتَرِفَا	يَعْتَرِفْ		يَعْتَرِفُونَ	يَعْتَرِفَانِ	يَعْتَرِفُ	MASCULINE 3
يَعْتَرِفْنَ	تَعْتَرِفَا	تَعْتَرِفْ		يَعْتَرِفْنَ	تَعْتَرِفَانِ	تَعْتَرِفُ	FEMININE
تَعْتَرِفُوا	تَعْتَرِفَا	تَعْتَرِفْ		تَعْتَرِفُونَ	تَعْتَرِفَانِ	تَعْتَرِفُ	MASCULINE 2
تَعْتَرِفْنَ	تَعْتَرِفَا	تَعْتَرِفِي		تَعْتَرِفْنَ	تَعْتَرِفَانِ	تَعْتَرِفِينَ	FEMININE
نَعْتَرِفْ	---	أَعْتَرِفْ		نَعْتَرِفُ	---	أَعْتَرِفُ	1

	IMPERATIVE			
			مُعْتَرِفٌ	ACTIVE PARTICIPLE
إِعْتَرِفُوا	إِعْتَرِفَا	إِعْتَرِفْ	MASCULINE	مُعْتَرَفٌ	PASSIVE PARTICIPLE
إِعْتَرِفْنَ	إِعْتَرِفَا	إِعْتَرِفِي	FEMININE	إِعْتِرَافٌ	VERBAL NOUN

PLURAL	DUAL	SINGULAR	SUBJUNCTIVE	PLURAL	DUAL	SINGULAR	PERFECT	
يُعْتَرَفُوا	يُعْتَرَفَا	يُعْتَرَفَ		أُعْتُرِفُوا	أُعْتُرِفَا	أُعْتُرِفَ	MASCULINE	3
يُعْتَرَفْنَ	تُعْتَرَفَا	تُعْتَرَفَ		أُعْتُرِفْنَ	أُعْتُرِفَتَا	أُعْتُرِفَتْ	FEMININE	
تُعْتَرَفُوا	تُعْتَرَفَا	تُعْتَرَفَ		أُعْتُرِفْتُمْ	أُعْتُرِفْتُمَا	أُعْتُرِفْتَ	MASCULINE	2
تُعْتَرَفْنَ	تُعْتَرَفَا	تُعْتَرَفِي		أُعْتُرِفْتُنَّ	أُعْتُرِفْتُمَا	أُعْتُرِفْتِ	FEMININE	
نُعْتَرَفَ	---	أُعْتَرَفَ		أُعْتُرِفْنَا	---	أُعْتُرِفْتُ		1

PLURAL	DUAL	SINGULAR	JUSSIVE	PLURAL	DUAL	SINGULAR	IMPERFECT	
يُعْتَرَفُوا	يُعْتَرَفَا	يُعْتَرَفْ		يُعْتَرَفُونَ	يُعْتَرَفَانِ	يُعْتَرَفُ	MASCULINE	3
يُعْتَرَفْنَ	تُعْتَرَفَا	تُعْتَرَفْ		يُعْتَرَفْنَ	تُعْتَرَفَانِ	تُعْتَرَفُ	FEMININE	
تُعْتَرَفُوا	تُعْتَرَفَا	تُعْتَرَفْ		تُعْتَرَفُونَ	تُعْتَرَفَانِ	تُعْتَرَفُ	MASCULINE	2
تُعْتَرَفْنَ	تُعْتَرَفَا	تُعْتَرَفِي		تُعْتَرَفْنَ	تُعْتَرَفَانِ	تُعْتَرَفِينَ	FEMININE	
نُعْتَرَفْ	---	أُعْتَرَفْ		نُعْتَرَفُ	---	أُعْتَرَفُ		1

The accused has not yet *confessed* that he committed the crime of murder.	لم يَعْتَرِفْ المتهم بعد بارتكابه جريمة القتل.
Mu'min *admitted* to Hanan that he loved her.	إعْتَرَفَ مؤمن لحنان بحبه لها.
I *acknowledge* your critical role in my success in the exams.	أَعْتَرِفُ بدورك المحوري في نجاحي في الامتحانات.

Form II عزو ● to console عَزَّى

ACTIVE

PLURAL	DUAL	SINGULAR	SUBJUNCTIVE	PLURAL	DUAL	SINGULAR	PERFECT	
يُعَزُّوا	يُعَزِّيَا	يُعَزِّيَ		عَزَّوْا	عَزَّيَا	عَزَّى	MASCULINE	3
يُعَزِّينَ	تُعَزِّيَا	تُعَزِّيَ		عَزَّيْنَ	عَزَّتَا	عَزَّتْ	FEMININE	
تُعَزُّوا	تُعَزِّيَا	تُعَزِّيَ		عَزَّيْتُمْ	عَزَّيْتُمَا	عَزَّيْتَ	MASCULINE	2
تُعَزِّينَ	تُعَزِّيَا	تُعَزِّي		عَزَّيْتُنَّ	عَزَّيْتُمَا	عَزَّيْتِ	FEMININE	
نُعَزِّيَ	---	أُعَزِّيَ		عَزَّيْنَا	---	عَزَّيْتُ		1

JUSSIVE				IMPERFECT					
يُعَزُّوا	يُعَزِّيَا	يُعَزِّ		يُعَزُّونَ	يُعَزِّيَانِ	يُعَزِّي	MASCULINE	3
يُعَزِّينَ	تُعَزِّيَا	تُعَزِّ		يُعَزِّينَ	تُعَزِّيَانِ	تُعَزِّي	FEMININE	
تُعَزُّوا	تُعَزِّيَا	تُعَزِّ		تُعَزُّونَ	تُعَزِّيَانِ	تُعَزِّي	MASCULINE	2
تُعَزِّينَ	تُعَزِّيَا	تُعَزِّي		تُعَزِّينَ	تُعَزِّيَانِ	تُعَزِّينَ	FEMININE	
نُعَزِّ	---	أُعَزِّ		نُعَزِّي	---	أُعَزِّي		1

	IMPERATIVE		مُعَزٍّ ACTIVE PARTICIPLE
عَزُّوا	عَزِّيَا	عَزِّ	MASCULINE	مُعَزَّى PASSIVE PARTICIPLE
عَزِّينَ	عَزِّيَا	عَزِّي	FEMININE	تَعْزِيَةٌ VERBAL NOUN

PASSIVE

PLURAL	DUAL	SINGULAR	SUBJUNCTIVE	PLURAL	DUAL	SINGULAR	PERFECT	
يُعَزُّوا	يُعَزِّيَا	يُعَزَّى		عُزُّوا	عُزِّيَا	عُزِّيَ	MASCULINE	3
يُعَزِّينَ	تُعَزِّيَا	تُعَزَّى		عُزِّينَ	عُزِّيَنَا	عُزِّيَتْ	FEMININE	
تُعَزُّوا	تُعَزِّيَا	تُعَزَّى		عُزِّيتُمْ	عُزِّيتُمَا	عُزِّيتَ	MASCULINE	2
تُعَزِّينَ	تُعَزِّيَا	تُعَزِّي		عُزِّيتُنَّ	عُزِّيتُمَا	عُزِّيتِ	FEMININE	
نُعَزَّى	---	أُعَزَّى		عُزِّينَا	---	عُزِّيتُ		1

JUSSIVE				IMPERFECT				
يُعَزَّوْا	يُعَزَّيَا	يُعَزَّ		يُعَزَّوْنَ	يُعَزَّيَانِ	يُعَزَّى	MASCULINE	3
يُعَزَّيْنَ	تُعَزَّيَا	تُعَزَّ		يُعَزَّيْنَ	تُعَزَّيَانِ	تُعَزَّى	FEMININE	
تُعَزَّوْا	تُعَزَّيَا	تُعَزَّ		تُعَزَّوْنَ	تُعَزَّيَانِ	تُعَزَّى	MASCULINE	2
تُعَزَّيْنَ	تُعَزَّيَا	تُعَزَّي		تُعَزَّيْنَ	تُعَزَّيَانِ	تُعَزَّيْنَ	FEMININE	
نُعَزَّ	---	أُعَزَّ		نُعَزَّى	---	أُعَزَّى		1

Who will go with me *to offer condolences* to Ashraf on the death of his father?

من سيذهب معي لنُعَزِّيَ أشرف في وفاة والدته؟

What *consoles* me in this business is that my wife stood by me.

الذي يُعَزِّيني في هذه الخبرة هو وقوف زوجتي معي.

Form IV عطو

to give أَعْطَى

ACTIVE

PLURAL	DUAL	SINGULAR	SUBJUNCTIVE	PLURAL	DUAL	SINGULAR	PERFECT	
يُعْطُوا	يُعْطِيَا	يُعْطِيَ		أَعْطَوْا	أَعْطَيَا	أَعْطَى	MASCULINE	3
يُعْطِينَ	تُعْطِيَا	تُعْطِيَ		أَعْطَيْنَ	أَعْطَتَا	أَعْطَتْ	FEMININE	
تُعْطُوا	تُعْطِيَا	تُعْطِيَ		أَعْطَيْتُمْ	أَعْطَيْتُمَا	أَعْطَيْتَ	MASCULINE	2
تُعْطِينَ	تُعْطِيَا	تُعْطِي		أَعْطَيْتُنَّ	أَعْطَيْتُمَا	أَعْطَيْتِ	FEMININE	
نُعْطِيَ	---	أُعْطِيَ		أَعْطَيْنَا	---	أَعْطَيْتُ		1

PLURAL	DUAL	SINGULAR	JUSSIVE	PLURAL	DUAL	SINGULAR	IMPERFECT	
يُعْطُوا	يُعْطِيَا	يُعْطِ		يُعْطُونَ	يُعْطِيَانِ	يُعْطِي	MASCULINE	3
يُعْطِينَ	تُعْطِيَا	تُعْطِ		يُعْطِينَ	تُعْطِيَانِ	تُعْطِي	FEMININE	
تُعْطُوا	تُعْطِيَا	تُعْطِ		تُعْطُونَ	تُعْطِيَانِ	تُعْطِي	MASCULINE	2
تُعْطِينَ	تُعْطِيَا	تُعْطِي		تُعْطِينَ	تُعْطِيَانِ	تُعْطِينَ	FEMININE	
نُعْطِ	---	أُعْطِ		نُعْطِي	---	أُعْطِي		1

PLURAL	DUAL	SINGULAR	IMPERATIVE		
				مُعْطٍ	ACTIVE PARTICIPLE
أَعْطُوا	أَعْطِيَا	أَعْطِ	MASCULINE	مُعْطًى	PASSIVE PARTICIPLE
أَعْطِينَ	أَعْطِيَا	أَعْطِي	FEMININE	إِعْطَاءٌ	VERBAL NOUN

PASSIVE

PLURAL	DUAL	SINGULAR	SUBJUNCTIVE	PLURAL	DUAL	SINGULAR	PERFECT	
يُعْطَوْا	يُعْطَيَا	يُعْطَى		أُعْطُوا	أُعْطِيَا	أُعْطِيَ	MASCULINE	3
يُعْطَيْنَ	تُعْطَيَا	تُعْطَى		أُعْطِينَ	أُعْطِيَتَا	أُعْطِيَتْ	FEMININE	
تُعْطَوْا	تُعْطَيَا	تُعْطَى		أُعْطِيتُمْ	أُعْطِيتُمَا	أُعْطِيتَ	MASCULINE	2
تُعْطَيْنَ	تُعْطَيَا	تُعْطَيْ		أُعْطِيتُنَّ	أُعْطِيتُمَا	أُعْطِيتِ	FEMININE	
نُعْطَى	---	أُعْطَى		أُعْطِينَا	---	أُعْطِيتُ		1

PLURAL	DUAL	SINGULAR	JUSSIVE	PLURAL	DUAL	SINGULAR	IMPERFECT	
يُعْطَوْا	يُعْطَيَا	يُعْطَ		يُعْطَوْنَ	يُعْطَيَانِ	يُعْطَى	MASCULINE	3
يُعْطَيْنَ	تُعْطَيَا	تُعْطَ		يُعْطَيْنَ	تُعْطَيَانِ	تُعْطَى	FEMININE	
تُعْطَوْا	تُعْطَيَا	تُعْطَ		تُعْطَوْنَ	تُعْطَيَانِ	تُعْطَى	MASCULINE	2
تُعْطَيْنَ	تُعْطَيَا	تُعْطَيْ		تُعْطَيْنَ	تُعْطَيَانِ	تُعْطَيْنَ	FEMININE	
نُعْطَ	---	أُعْطَ		نُعْطَى	---	أُعْطَى		1

How much money should *I give* the driver? *Give him* ten guineas.	كم من المال يجب أن أُعْطِيَ السائق؟ أَعْطِهِ عشرة جنيهات.
Zakat means that every Muslim *gives* some of his money and time to the poor and the needy.	الزكاة هي أن يُعْطِيَ كل مسلم من ماله ووقته للفقراء والمحتاجين.
These young persons are working hard to pay off the loans that *were given* to them.	هؤلاء الشباب يعملون بجدية من أجل تسديد القروض التي أُعْطِيَتْ لهم.

Form IV عفو to excuse, exempt; to dismiss أَعْفَى ●

ACTIVE

		PERFECT SINGULAR	DUAL	PLURAL	SUBJUNCTIVE SINGULAR	DUAL	PLURAL
3	MASCULINE	أَعْفَى	أَعْفَيَا	أَعْفَوْا	يُعْفِيَ	يُعْفِيَا	يُعْفُوا
	FEMININE	أَعْفَتْ	أَعْفَتَا	أَعْفَيْنَ	تُعْفِيَ	تُعْفِيَا	يُعْفِينَ
2	MASCULINE	أَعْفَيْتَ	أَعْفَيْتُمَا	أَعْفَيْتُمْ	تُعْفِيَ	تُعْفِيَا	تُعْفُوا
	FEMININE	أَعْفَيْتِ	أَعْفَيْتُمَا	أَعْفَيْتُنَّ	تُعْفِي	تُعْفِيَا	تُعْفِينَ
1		أَعْفَيْتُ	---	أَعْفَيْنَا	أُعْفِيَ	---	نُعْفِيَ

		IMPERFECT SINGULAR	DUAL	PLURAL	JUSSIVE SINGULAR	DUAL	PLURAL
3	MASCULINE	يُعْفِي	يُعْفِيَانِ	يُعْفُونَ	يُعْفِ	يُعْفِيَا	يُعْفُوا
	FEMININE	تُعْفِي	تُعْفِيَانِ	يُعْفِينَ	تُعْفِ	تُعْفِيَا	يُعْفِينَ
2	MASCULINE	تُعْفِي	تُعْفِيَانِ	تُعْفُونَ	تُعْفِ	تُعْفِيَا	تُعْفُوا
	FEMININE	تُعْفِينَ	تُعْفِيَانِ	تُعْفِينَ	تُعْفِي	تُعْفِيَا	تُعْفِينَ
1		أُعْفِي	---	نُعْفِي	أُعْفِ	---	نُعْفِ

			IMPERATIVE	SINGULAR	DUAL	PLURAL
ACTIVE PARTICIPLE	مُعْفٍ					
PASSIVE PARTICIPLE	مُعْفًى		MASCULINE	أَعْفِ	أَعْفِيَا	أَعْفُوا
VERBAL NOUN	إِعْفَاءٌ		FEMININE	أَعْفِي	أَعْفِيَا	أَعْفِينَ

PASSIVE

		PERFECT SINGULAR	DUAL	PLURAL	SUBJUNCTIVE SINGULAR	DUAL	PLURAL
3	MASCULINE	أُعْفِيَ	أُعْفِيَا	أُعْفُوا	يُعْفَى	يُعْفَيَا	يُعْفَوْا
	FEMININE	أُعْفِيَتْ	أُعْفِيَتَا	أُعْفِينَ	تُعْفَى	تُعْفَيَا	يُعْفَيْنَ
2	MASCULINE	أُعْفِيتَ	أُعْفِيتُمَا	أُعْفِيتُمْ	تُعْفَى	تُعْفَيَا	تُعْفَوْا
	FEMININE	أُعْفِيتِ	أُعْفِيتُمَا	أُعْفِيتُنَّ	تُعْفَيْ	تُعْفَيَا	تُعْفَيْنَ
1		أُعْفِيتُ	---	أُعْفِينَا	أُعْفَى	---	نُعْفَى

		IMPERFECT			JUSSIVE		
3	MASCULINE	يُعْفَى	يُعْفَيَانِ	يُعْفَوْنَ	يُعْفَ	يُعْفَيَا	يُعْفَوْا
	FEMININE	تُعْفَى	تُعْفَيَانِ	يُعْفَيْنَ	تُعْفَ	تُعْفَيَا	يُعْفَيْنَ
2	MASCULINE	تُعْفَى	تُعْفَيَانِ	تُعْفَوْنَ	تُعْفَ	تُعْفَيَا	تُعْفَوْا
	FEMININE	تُعْفَيْنَ	تُعْفَيَانِ	تُعْفَيْنَ	تُعْفَيْ	تُعْفَيَا	تُعْفَيْنَ
1		أُعْفَى	---	نُعْفَى	أُعْفَ	---	نُعْفَ

تمّ إِعْفَائِي من خدمة الجيش.

My exemption from military service has come into effect.

هذا العرض سَيُعْفِيكَ من دفع ضريبة المبيعات؟

Does this offer *excuse you* from paying the sales tax?

متى سَيُعْفَى عن المساجين؟

When will the prisoners *be released*?

● to tie عَقَدَ — Form I عقد

ACTIVE

		PERFECT SINGULAR	DUAL	PLURAL	SUBJUNCTIVE SINGULAR	DUAL	PLURAL
3	MASCULINE	عَقَدَ	عَقَدَا	عَقَدُوا	يَعْقِدَ	يَعْقِدَا	يَعْقِدُوا
	FEMININE	عَقَدَتْ	عَقَدَتَا	عَقَدْنَ	تَعْقِدَ	تَعْقِدَا	يَعْقِدْنَ
2	MASCULINE	عَقَدْتَ	عَقَدْتُمَا	عَقَدْتُمْ	تَعْقِدَ	تَعْقِدَا	تَعْقِدُوا
	FEMININE	عَقَدْتِ	عَقَدْتُمَا	عَقَدْتُنَّ	تَعْقِدِي	تَعْقِدَا	تَعْقِدْنَ
1		عَقَدْتُ	---	عَقَدْنَا	أَعْقِدَ	---	نَعْقِدَ

		IMPERFECT			JUSSIVE		
3	MASCULINE	يَعْقِدُ	يَعْقِدَانِ	يَعْقِدُونَ	يَعْقِدْ	يَعْقِدَا	يَعْقِدُوا
	FEMININE	تَعْقِدُ	تَعْقِدَانِ	يَعْقِدْنَ	تَعْقِدْ	تَعْقِدَا	يَعْقِدْنَ
2	MASCULINE	تَعْقِدُ	تَعْقِدَانِ	تَعْقِدُونَ	تَعْقِدْ	تَعْقِدَا	تَعْقِدُوا
	FEMININE	تَعْقِدِينَ	تَعْقِدَانِ	تَعْقِدْنَ	تَعْقِدِي	تَعْقِدَا	تَعْقِدْنَ
1		أَعْقِدُ	---	نَعْقِدُ	أَعْقِدْ	---	نَعْقِدْ

ACTIVE PARTICIPLE عَاقِدٌ

PASSIVE PARTICIPLE مَعْقُودٌ

VERBAL NOUN عَقْدٌ

IMPERATIVE

MASCULINE	إِعْقِدْ	إِعْقِدَا	إِعْقِدُوا
FEMININE	إِعْقِدِي	إِعْقِدَا	إِعْقِدْنَ

PASSIVE

PLURAL	DUAL	SINGULAR	SUBJUNCTIVE	PLURAL	DUAL	SINGULAR	PERFECT		
يُعْقَدُوا	يُعْقَدَا	يُعْقَدَ		عُقِدُوا	عُقِدَا	عُقِدَ	MASCULINE	3
يُعْقَدْنَ	تُعْقَدَا	تُعْقَدَ		عُقِدْنَ	عُقِدَتَا	عُقِدَتْ	FEMININE	
تُعْقَدُوا	تُعْقَدَا	تُعْقَدَ		عُقِدْتُمْ	عُقِدْتُمَا	عُقِدْتَ	MASCULINE	2
تُعْقَدْنَ	تُعْقَدَا	تُعْقَدِي		عُقِدْتُنَّ	عُقِدْتُمَا	عُقِدْتِ	FEMININE	
نُعْقَدَ	---	أُعْقَدَ		عُقِدْنَا	---	عُقِدْتُ		1

			JUSSIVE				IMPERFECT		
يُعْقَدُوا	يُعْقَدَا	يُعْقَدْ		يُعْقَدُونَ	يُعْقَدَانِ	يُعْقَدُ	MASCULINE	3
يُعْقَدْنَ	تُعْقَدَا	تُعْقَدْ		يُعْقَدْنَ	تُعْقَدَانِ	تُعْقَدُ	FEMININE	
تُعْقَدُوا	تُعْقَدَا	تُعْقَدْ		تُعْقَدُونَ	تُعْقَدَانِ	تُعْقَدُ	MASCULINE	2
تُعْقَدْنَ	تُعْقَدَا	تُعْقَدِي		تُعْقَدْنَ	تُعْقَدَانِ	تُعْقَدِينَ	FEMININE	
نُعْقَدْ	---	أُعْقَدْ		نُعْقَدُ	---	أُعْقَدُ		1

We're pinning [literally: tying] our hopes on you.	نَعْقِدُ آمالنا عليك.
She will become engaged [literally: Her betrothal will be bound] on Thursday.	سَتُعْقَدُ خِطبتها يوم الخميس.
We made up our minds [literally: tied our determination] to go to the match.	عَقَدْنَا العزم على الذهاب إلى المباراة.

Form VII عقد   to be tied together; to convene إِنْعَقَدَ ●

ACTIVE

PLURAL	DUAL	SINGULAR	SUBJUNCTIVE	PLURAL	DUAL	SINGULAR	PERFECT		
يَنْعَقِدُوا	يَنْعَقِدَا	يَنْعَقِدَ		إِنْعَقَدُوا	إِنْعَقَدَا	إِنْعَقَدَ	MASCULINE	3
يَنْعَقِدْنَ	تَنْعَقِدَا	تَنْعَقِدَ		إِنْعَقَدْنَ	إِنْعَقَدَتَا	إِنْعَقَدَتْ	FEMININE	
تَنْعَقِدُوا	تَنْعَقِدَا	تَنْعَقِدَ		إِنْعَقَدْتُمْ	إِنْعَقَدْتُمَا	إِنْعَقَدْتَ	MASCULINE	2
تَنْعَقِدْنَ	تَنْعَقِدَا	تَنْعَقِدِي		إِنْعَقَدْتُنَّ	إِنْعَقَدْتُمَا	إِنْعَقَدْتِ	FEMININE	
نَنْعَقِدَ	---	أَنْعَقِدَ		إِنْعَقَدْنَا	---	إِنْعَقَدْتُ		1

JUSSIVE				IMPERFECT			
PLURAL	DUAL	SINGULAR		PLURAL	DUAL	SINGULAR	
يَنْعَقِدُوا	يَنْعَقِدَا	يَنْعَقِدْ		يَنْعَقِدُونَ	يَنْعَقِدَانِ	يَنْعَقِدُ	MASCULINE 3
يَنْعَقِدْنَ	تَنْعَقِدَا	تَنْعَقِدْ		يَنْعَقِدْنَ	تَنْعَقِدَانِ	تَنْعَقِدُ	FEMININE
تَنْعَقِدُوا	تَنْعَقِدَا	تَنْعَقِدْ		تَنْعَقِدُونَ	تَنْعَقِدَانِ	تَنْعَقِدُ	MASCULINE 2
تَنْعَقِدْنَ	تَنْعَقِدَا	تَنْعَقِدِي		تَنْعَقِدْنَ	تَنْعَقِدَانِ	تَنْعَقِدِينَ	FEMININE
نَنْعَقِدْ	---	أَنْعَقِدْ		نَنْعَقِدُ	---	أَنْعَقِدُ	1

IMPERATIVE			
إِنْعَقِدُوا	إِنْعَقِدَا	إِنْعَقِدْ	MASCULINE
إِنْعَقِدْنَ	إِنْعَقِدَا	إِنْعَقِدِي	FEMININE

مُنْعَقِدٌ	ACTIVE PARTICIPLE
مُنْعَقَدٌ	PASSIVE PARTICIPLE
إِنْعِقَادٌ	VERBAL NOUN

An important meeting *was held* between the presidents of Syria and of Egypt last week to discuss the conditions of the region.

إِنْعَقَدَ إجتماع هام بين الرئيس السوري والرئيس المصري الأسبوع الماضي لمناقشة أحوال المنطقة.

The United Nations' determination *has become firm* [literally: *been tied*] to confront violence against women.

لقد انْعَقَدَ عزم الأمم المتحدة على مواجهة العنف ضد المرأة.

Form VIII عقد — to believe إِعْتَقَدَ

ACTIVE

PLURAL	DUAL	SINGULAR	SUBJUNCTIVE	PLURAL	DUAL	SINGULAR	PERFECT
يَعْتَقِدُوا	يَعْتَقِدَا	يَعْتَقِدَ		إِعْتَقَدُوا	إِعْتَقَدَا	إِعْتَقَدَ	MASCULINE 3
يَعْتَقِدْنَ	تَعْتَقِدَا	تَعْتَقِدَ		إِعْتَقَدْنَ	إِعْتَقَدَتَا	إِعْتَقَدَتْ	FEMININE
تَعْتَقِدُوا	تَعْتَقِدَا	تَعْتَقِدَ		إِعْتَقَدْتُمْ	إِعْتَقَدْتُمَا	إِعْتَقَدْتَ	MASCULINE 2
تَعْتَقِدْنَ	تَعْتَقِدَا	تَعْتَقِدِي		إِعْتَقَدْتُنَّ	إِعْتَقَدْتُمَا	إِعْتَقَدْتِ	FEMININE
نَعْتَقِدَ	---	أَعْتَقِدَ		إِعْتَقَدْنَا	---	إِعْتَقَدْتُ	1

PLURAL	DUAL	SINGULAR	JUSSIVE	PLURAL	DUAL	SINGULAR	IMPERFECT
يَعْتَقِدُوا	يَعْتَقِدَا	يَعْتَقِدْ		يَعْتَقِدُونَ	يَعْتَقِدَانِ	يَعْتَقِدُ	MASCULINE 3
يَعْتَقِدْنَ	تَعْتَقِدَا	تَعْتَقِدْ		يَعْتَقِدْنَ	تَعْتَقِدَانِ	تَعْتَقِدُ	FEMININE
تَعْتَقِدُوا	تَعْتَقِدَا	تَعْتَقِدْ		تَعْتَقِدُونَ	تَعْتَقِدَانِ	تَعْتَقِدُ	MASCULINE 2
تَعْتَقِدْنَ	تَعْتَقِدَا	تَعْتَقِدِي		تَعْتَقِدْنَ	تَعْتَقِدَانِ	تَعْتَقِدِينَ	FEMININE
نَعْتَقِدْ	---	أَعْتَقِدْ		نَعْتَقِدُ	---	أَعْتَقِدُ	1

326

		IMPERATIVE		مُعْتَقِدٌ	ACTIVE PARTICIPLE
إِعْتَقِدُوا	إِعْتَقِدَا	إِعْتَقِدْ	MASCULINE	مُعْتَقَدٌ	PASSIVE PARTICIPLE
إِعْتَقِدْنَ	إِعْتَقِدَا	إِعْتَقِدِي	FEMININE	إِعْتِقَادٌ	VERBAL NOUN

PASSIVE

PLURAL	DUAL	SINGULAR	SUBJUNCTIVE	PLURAL	DUAL	SINGULAR	PERFECT	
يُعْتَقَدُوا	يُعْتَقَدَا	يُعْتَقَدَ		أُعْتُقِدُوا	أُعْتُقِدَا	أُعْتُقِدَ	MASCULINE	3
يُعْتَقَدْنَ	تُعْتَقَدَا	تُعْتَقَدَ		أُعْتُقِدْنَ	أُعْتُقِدَتَا	أُعْتُقِدَتْ	FEMININE	
تُعْتَقَدُوا	تُعْتَقَدَا	تُعْتَقَدَ		أُعْتُقِدْتُمْ	أُعْتُقِدْتُمَا	أُعْتُقِدْتَ	MASCULINE	2
تُعْتَقَدْنَ	تُعْتَقَدَا	تُعْتَقَدِي		أُعْتُقِدْتُنَّ	أُعْتُقِدْتُمَا	أُعْتُقِدْتِ	FEMININE	
نُعْتَقَدَ	---	أُعْتَقَدَ		أُعْتُقِدْنَا	---	أُعْتُقِدْتُ		1

PLURAL	DUAL	SINGULAR	JUSSIVE	PLURAL	DUAL	SINGULAR	IMPERFECT	
يُعْتَقَدُوا	يُعْتَقَدَا	يُعْتَقَدْ		يُعْتَقَدُونَ	يُعْتَقَدَانِ	يُعْتَقَدُ	MASCULINE	3
يُعْتَقَدْنَ	تُعْتَقَدَا	تُعْتَقَدْ		يُعْتَقَدْنَ	تُعْتَقَدَانِ	تُعْتَقَدُ	FEMININE	
تُعْتَقَدُوا	تُعْتَقَدَا	تُعْتَقَدْ		تُعْتَقَدُونَ	تُعْتَقَدَانِ	تُعْتَقَدُ	MASCULINE	2
تُعْتَقَدْنَ	تُعْتَقَدَا	تُعْتَقَدِي		تُعْتَقَدْنَ	تُعْتَقَدَانِ	تُعْتَقَدِينَ	FEMININE	
نُعْتَقَدْ	---	أُعْتَقَدْ		نُعْتَقَدُ	---	أُعْتَقَدُ		1

Many religious people *believe* in the Last Judgment.

يَعْتَقِدُ الكثير من المتديّنين بالدينونة النهائية.

I believe that you don't appreciate the gravity of the situation.

أَعْتَقِدُ أنك لا تقدّر خطورة الموقف.

Form I عكس

عَكَسَ to reverse

ACTIVE

PLURAL	DUAL	SINGULAR	SUBJUNCTIVE	PLURAL	DUAL	SINGULAR	PERFECT	
يَعْكِسُوا	يَعْكِسَا	يَعْكِسَ		عَكَسُوا	عَكَسَا	عَكَسَ	MASCULINE	3
يَعْكِسْنَ	تَعْكِسَا	تَعْكِسَ		عَكَسْنَ	عَكَسَتَا	عَكَسَتْ	FEMININE	
تَعْكِسُوا	تَعْكِسَا	تَعْكِسَ		عَكَسْتُمْ	عَكَسْتُمَا	عَكَسْتَ	MASCULINE	2
تَعْكِسْنَ	تَعْكِسَا	تَعْكِسِي		عَكَسْتُنَّ	عَكَسْتُمَا	عَكَسْتِ	FEMININE	
نَعْكِسَ	---	أَعْكِسَ		عَكَسْنَا	---	عَكَسْتُ		1

يَعْكِسُوا	يَعْكِسَا	يَعْكِسْ		يَعْكِسُونَ	يَعْكِسَانِ	يَعْكِسُ	MASCULINE	3
يَعْكِسْنَ	تَعْكِسَا	تَعْكِسْ		يَعْكِسْنَ	تَعْكِسَانِ	تَعْكِسُ	FEMININE	
تَعْكِسُوا	تَعْكِسَا	تَعْكِسْ		تَعْكِسُونَ	تَعْكِسَانِ	تَعْكِسُ	MASCULINE	2
تَعْكِسْنَ	تَعْكِسَا	تَعْكِسِي		تَعْكِسْنَ	تَعْكِسَانِ	تَعْكِسِينَ	FEMININE	
نَعْكِسْ	---	أَعْكِسْ		نَعْكِسُ	---	أَعْكِسُ		1

	IMPERATIVE		عَاكِسٌ	ACTIVE PARTICIPLE
إِعْكِسُوا إِعْكِسَا إِعْكِسْ	MASCULINE		مَعْكُوسٌ	PASSIVE PARTICIPLE
إِعْكِسْنَ إِعْكِسَا إِعْكِسِي	FEMININE		عَكْسٌ	VERBAL NOUN

PLURAL	DUAL	SINGULAR	SUBJUNCTIVE	PLURAL	DUAL	SINGULAR	PERFECT	
يُعْكَسُوا	يُعْكَسَا	يُعْكَسَ		عُكِسُوا	عُكِسَا	عُكِسَ	MASCULINE	3
يُعْكَسْنَ	تُعْكَسَا	تُعْكَسَ		عُكِسْنَ	عُكِسَتَا	عُكِسَتْ	FEMININE	
تُعْكَسُوا	تُعْكَسَا	تُعْكَسَ		عُكِسْتُمْ	عُكِسْتُمَا	عُكِسْتَ	MASCULINE	2
تُعْكَسْنَ	تُعْكَسَا	تُعْكَسِي		عُكِسْتُنَّ	عُكِسْتُمَا	عُكِسْتِ	FEMININE	
نُعْكَسَ	---	أُعْكَسَ		عُكِسْنَا	---	عُكِسْتُ		1

يُعْكَسُوا	يُعْكَسَا	يُعْكَسْ		يُعْكَسُونَ	يُعْكَسَانِ	يُعْكَسُ	MASCULINE	3
يُعْكَسْنَ	تُعْكَسَا	تُعْكَسْ		يُعْكَسْنَ	تُعْكَسَانِ	تُعْكَسُ	FEMININE	
تُعْكَسُوا	تُعْكَسَا	تُعْكَسْ		تُعْكَسُونَ	تُعْكَسَانِ	تُعْكَسُ	MASCULINE	2
تُعْكَسْنَ	تُعْكَسَا	تُعْكَسِي		تُعْكَسْنَ	تُعْكَسَانِ	تُعْكَسِينَ	FEMININE	
نُعْكَسْ	---	أُعْكَسْ		نُعْكَسُ	---	أُعْكَسُ		1

You are trying *to reverse* the order of the universe!

أنت تحاول أن تَعْكِسَ نظام الكون!

The vicissitudes of life are like a mirror that *reflects* the true nature of each individual.

ظروف الحياة كالمرآة تَعْكِسُ حقيقة كل واحد منا.

The attorney attempts to *reverse* the decision of the court.

المحامي يحاول أن يَعْكِسَ قرار المحكمة.

Form II علق to make conditional; to make a commentary عَلَّقَ ●

ACTIVE

PLURAL	DUAL	SINGULAR	SUBJUNCTIVE	PLURAL	DUAL	SINGULAR	PERFECT	
يُعَلِّقُوا	يُعَلِّقَا	يُعَلِّقَ		عَلَّقُوا	عَلَّقَا	عَلَّقَ	MASCULINE	3
يُعَلِّقْنَ	تُعَلِّقَا	تُعَلِّقَ		عَلَّقْنَ	عَلَّقَتَا	عَلَّقَتْ	FEMININE	
تُعَلِّقُوا	تُعَلِّقَا	تُعَلِّقَ		عَلَّقْتُمْ	عَلَّقْتُمَا	عَلَّقْتَ	MASCULINE	2
تُعَلِّقْنَ	تُعَلِّقَا	تُعَلِّقِي		عَلَّقْتُنَّ	عَلَّقْتُمَا	عَلَّقْتِ	FEMININE	
نُعَلِّقَ	---	أُعَلِّقَ		عَلَّقْنَا	---	عَلَّقْتُ		1

PLURAL	DUAL	SINGULAR	JUSSIVE	PLURAL	DUAL	SINGULAR	IMPERFECT	
يُعَلِّقُوا	يُعَلِّقَا	يُعَلِّقْ		يُعَلِّقُونَ	يُعَلِّقَانِ	يُعَلِّقُ	MASCULINE	3
يُعَلِّقْنَ	تُعَلِّقَا	تُعَلِّقْ		يُعَلِّقْنَ	تُعَلِّقَانِ	تُعَلِّقُ	FEMININE	
تُعَلِّقُوا	تُعَلِّقَا	تُعَلِّقْ		تُعَلِّقُونَ	تُعَلِّقَانِ	تُعَلِّقُ	MASCULINE	2
تُعَلِّقْنَ	تُعَلِّقَا	تُعَلِّقِي		تُعَلِّقْنَ	تُعَلِّقَانِ	تُعَلِّقِينَ	FEMININE	
نُعَلِّقْ	---	أُعَلِّقْ		نُعَلِّقُ	---	أُعَلِّقُ		1

			IMPERATIVE				
						مُعَلِّقٌ	ACTIVE PARTICIPLE
عَلِّقُوا	عَلِّقَا	عَلِّقْ	MASCULINE			مُعَلَّقٌ	PASSIVE PARTICIPLE
عَلِّقْنَ	عَلِّقَا	عَلِّقِي	FEMININE			تَعْلِيقٌ	VERBAL NOUN

PASSIVE

PLURAL	DUAL	SINGULAR	SUBJUNCTIVE	PLURAL	DUAL	SINGULAR	PERFECT	
يُعَلَّقُوا	يُعَلَّقَا	يُعَلَّقَ		عُلِّقُوا	عُلِّقَا	عُلِّقَ	MASCULINE	3
يُعَلَّقْنَ	تُعَلَّقَا	تُعَلَّقَ		عُلِّقْنَ	عُلِّقَتَا	عُلِّقَتْ	FEMININE	
تُعَلَّقُوا	تُعَلَّقَا	تُعَلَّقَ		عُلِّقْتُمْ	عُلِّقْتُمَا	عُلِّقْتَ	MASCULINE	2
تُعَلَّقْنَ	تُعَلَّقَا	تُعَلَّقِي		عُلِّقْتُنَّ	عُلِّقْتُمَا	عُلِّقْتِ	FEMININE	
نُعَلَّقَ	---	أُعَلَّقَ		عُلِّقْنَا	---	عُلِّقْتُ		1

PLURAL	DUAL	SINGULAR	JUSSIVE	PLURAL	DUAL	SINGULAR	IMPERFECT	
يُعَلَّقُوا	يُعَلَّقَا	يُعَلَّقْ		يُعَلَّقُونَ	يُعَلَّقَانِ	يُعَلَّقُ	MASCULINE	3
يُعَلَّقْنَ	تُعَلَّقَا	تُعَلَّقْ		يُعَلَّقْنَ	تُعَلَّقَانِ	تُعَلَّقُ	FEMININE	
تُعَلَّقُوا	تُعَلَّقَا	تُعَلَّقْ		تُعَلَّقُونَ	تُعَلَّقَانِ	تُعَلَّقُ	MASCULINE	2
تُعَلَّقْنَ	تُعَلَّقَا	تُعَلَّقِي		تُعَلَّقْنَ	تُعَلَّقَانِ	تُعَلَّقِينَ	FEMININE	
نُعَلَّقْ	---	أُعَلَّقْ		نُعَلَّقُ	---	أُعَلَّقُ		1

329

The government *suspended* the changing of the emergency law on the basis of the security report of 2006.	عَلَّقَتْ الحكومة تغيير قانون الطوارئ بناءً على التقرير الأمني لعام ٢٠٠٦.
Who is the announcer who *will comment* on the match?	من هو المذيع الذي سَيُعَلِّقُ على المباراة؟
The Lebanese president *did not comment* on the statements of the representative of the United Nations.	لم يُعَلِّقْ الرئيس اللبناني على تصريحات مندوب الأمم المتحدة.

Form V علق — to hang from; to depend on تَعَلَّقَ

ACTIVE

		PERFECT SINGULAR	DUAL	PLURAL	SUBJUNCTIVE SINGULAR	DUAL	PLURAL
3	MASCULINE	تَعَلَّقَ	تَعَلَّقَا	تَعَلَّقُوا	يَتَعَلَّقَ	يَتَعَلَّقَا	يَتَعَلَّقُوا
	FEMININE	تَعَلَّقَتْ	تَعَلَّقَتَا	تَعَلَّقْنَ	تَتَعَلَّقَ	تَتَعَلَّقَا	يَتَعَلَّقْنَ
2	MASCULINE	تَعَلَّقْتَ	تَعَلَّقْتُمَا	تَعَلَّقْتُمْ	تَتَعَلَّقَ	تَتَعَلَّقَا	تَتَعَلَّقُوا
	FEMININE	تَعَلَّقْتِ	تَعَلَّقْتُمَا	تَعَلَّقْتُنَّ	تَتَعَلَّقِي	تَتَعَلَّقَا	تَتَعَلَّقْنَ
1		تَعَلَّقْتُ	---	تَعَلَّقْنَا	أَتَعَلَّقَ	---	نَتَعَلَّقَ

		IMPERFECT SINGULAR	DUAL	PLURAL	JUSSIVE SINGULAR	DUAL	PLURAL
3	MASCULINE	يَتَعَلَّقُ	يَتَعَلَّقَانِ	يَتَعَلَّقُونَ	يَتَعَلَّقْ	يَتَعَلَّقَا	يَتَعَلَّقُوا
	FEMININE	تَتَعَلَّقُ	تَتَعَلَّقَانِ	يَتَعَلَّقْنَ	تَتَعَلَّقْ	تَتَعَلَّقَا	يَتَعَلَّقْنَ
2	MASCULINE	تَتَعَلَّقُ	تَتَعَلَّقَانِ	تَتَعَلَّقُونَ	تَتَعَلَّقْ	تَتَعَلَّقَا	تَتَعَلَّقُوا
	FEMININE	تَتَعَلَّقِينَ	تَتَعَلَّقَانِ	تَتَعَلَّقْنَ	تَتَعَلَّقِي	تَتَعَلَّقَا	تَتَعَلَّقْنَ
1		أَتَعَلَّقُ	---	نَتَعَلَّقُ	أَتَعَلَّقْ	---	نَتَعَلَّقْ

ACTIVE PARTICIPLE	مُتَعَلِّق
PASSIVE PARTICIPLE	مُتَعَلَّق
VERBAL NOUN	تَعَلُّق

IMPERATIVE

	SINGULAR	DUAL	PLURAL
MASCULINE	تَعَلَّقْ	تَعَلَّقَا	تَعَلَّقُوا
FEMININE	تَعَلَّقِي	تَعَلَّقَا	تَعَلَّقْنَ

The picture *hung* from the wall.	تَعَلَّقَتْ الصورة بالحائط.
The child *clung* to his father.	تَعَلَّقَ الطفل بأبيه.
All these decisions *depend on* your adventurous, daring spirit.	إنّ كلّ هذه القرارات تَتَعَلَّقُ على روح المخاطرة والجرأة التي فيك.
With regard to... [literally: concerning that which *hangs* on the subject of ...]	فيما يَتَعَلَّقُ بموضوع...

Form I علم   to know عَلِمَ ●

ACTIVE

PLURAL	DUAL	SINGULAR	SUBJUNCTIVE	PLURAL	DUAL	SINGULAR	PERFECT	
يَعْلَمُوا	يَعْلَمَا	يَعْلَمَ		عَلِمُوا	عَلِمَا	عَلِمَ	MASCULINE	3
يَعْلَمْنَ	تَعْلَمَا	تَعْلَمَ		عَلِمْنَ	عَلِمَتَا	عَلِمَتْ	FEMININE	
تَعْلَمُوا	تَعْلَمَا	تَعْلَمَ		عَلِمْتُمْ	عَلِمْتُمَا	عَلِمْتَ	MASCULINE	2
تَعْلَمْنَ	تَعْلَمَا	تَعْلَمِي		عَلِمْتُنَّ	عَلِمْتُمَا	عَلِمْتِ	FEMININE	
نَعْلَمَ	---	أَعْلَمَ		عَلِمْنَا	---	عَلِمْتُ		1

PLURAL	DUAL	SINGULAR	JUSSIVE	PLURAL	DUAL	SINGULAR	IMPERFECT	
يَعْلَمُوا	يَعْلَمَا	يَعْلَمْ		يَعْلَمُونَ	يَعْلَمَانِ	يَعْلَمُ	MASCULINE	3
يَعْلَمْنَ	تَعْلَمَا	تَعْلَمْ		يَعْلَمْنَ	تَعْلَمَانِ	تَعْلَمُ	FEMININE	
تَعْلَمُوا	تَعْلَمَا	تَعْلَمْ		تَعْلَمُونَ	تَعْلَمَانِ	تَعْلَمُ	MASCULINE	2
تَعْلَمْنَ	تَعْلَمَا	تَعْلَمِي		تَعْلَمْنَ	تَعْلَمَانِ	تَعْلَمِينَ	FEMININE	
نَعْلَمْ	---	أَعْلَمْ		نَعْلَمُ	---	أَعْلَمُ		1

PLURAL	DUAL	SINGULAR	IMPERATIVE		
إِعْلَمُوا	إِعْلَمَا	إِعْلَمْ	MASCULINE	عَالِمٌ	ACTIVE PARTICIPLE
إِعْلَمْنَ	إِعْلَمَا	إِعْلَمِي	FEMININE	مَعْلُومٌ	PASSIVE PARTICIPLE
				عِلْمٌ	VERBAL NOUN

PASSIVE

PLURAL	DUAL	SINGULAR	SUBJUNCTIVE	PLURAL	DUAL	SINGULAR	PERFECT	
يُعْلَمُوا	يُعْلَمَا	يُعْلَمَ		عُلِمُوا	عُلِمَا	عُلِمَ	MASCULINE	3
يُعْلَمْنَ	تُعْلَمَا	تُعْلَمَ		عُلِمْنَ	عُلِمَتَا	عُلِمَتْ	FEMININE	
تُعْلَمُوا	تُعْلَمَا	تُعْلَمَ		عُلِمْتُمْ	عُلِمْتُمَا	عُلِمْتَ	MASCULINE	2
تُعْلَمْنَ	تُعْلَمَا	تُعْلَمِي		عُلِمْتُنَّ	عُلِمْتُمَا	عُلِمْتِ	FEMININE	
نُعْلَمَ	---	أُعْلَمَ		عُلِمْنَا	---	عُلِمْتُ		1

PLURAL	DUAL	SINGULAR	JUSSIVE	PLURAL	DUAL	SINGULAR	IMPERFECT	
يُعْلَمُوا	يُعْلَمَا	يُعْلَمْ		يُعْلَمُونَ	يُعْلَمَانِ	يُعْلَمُ	MASCULINE	3
يُعْلَمْنَ	تُعْلَمَا	تُعْلَمْ		يُعْلَمْنَ	يُعْلَمَانِ	تُعْلَمُ	FEMININE	
تُعْلَمُوا	تُعْلَمَا	تُعْلَمْ		تُعْلَمُونَ	تُعْلَمَانِ	تُعْلَمُ	MASCULINE	2
تُعْلَمْنَ	تُعْلَمَا	تُعْلَمِي		تُعْلَمْنَ	تُعْلَمَانِ	تُعْلَمِينَ	FEMININE	
نُعْلَمْ	---	أُعْلَمْ		نُعْلَمُ	---	أُعْلَمُ		1

Do you know where the exit is?

هل تَعْلَمُ أين المخرج؟

We weren't aware of what happened to you until now.

لم نَعْلَم بما حدث لكم إلّا الآن.

I realized that he was busy.

عَلِمْتُ أنه مشغول.

Form II علم ● عَلَّمَ to teach

ACTIVE

PLURAL	DUAL	SINGULAR	SUBJUNCTIVE	PLURAL	DUAL	SINGULAR	PERFECT	
يُعَلِّمُوا	يُعَلِّمَا	يُعَلِّمَ		عَلَّمُوا	عَلَّمَا	عَلَّمَ	MASCULINE	3
يُعَلِّمْنَ	تُعَلِّمَا	تُعَلِّمَ		عَلَّمْنَ	عَلَّمَتَا	عَلَّمَتْ	FEMININE	
تُعَلِّمُوا	تُعَلِّمَا	تُعَلِّمَ		عَلَّمْتُمْ	عَلَّمْتُمَا	عَلَّمْتَ	MASCULINE	2
تُعَلِّمْنَ	تُعَلِّمَا	تُعَلِّمِي		عَلَّمْتُنَّ	عَلَّمْتُمَا	عَلَّمْتِ	FEMININE	
نُعَلِّمَ	---	أُعَلِّمَ		عَلَّمْنَا	---	عَلَّمْتُ		1

JUSSIVE — IMPERFECT

PLURAL	DUAL	SINGULAR	JUSSIVE	PLURAL	DUAL	SINGULAR	IMPERFECT	
يُعَلِّمُوا	يُعَلِّمَا	يُعَلِّمْ		يُعَلِّمُونَ	يُعَلِّمَانِ	يُعَلِّمُ	MASCULINE	3
يُعَلِّمْنَ	تُعَلِّمَا	تُعَلِّمْ		يُعَلِّمْنَ	تُعَلِّمَانِ	تُعَلِّمُ	FEMININE	
تُعَلِّمُوا	تُعَلِّمَا	تُعَلِّمْ		تُعَلِّمُونَ	تُعَلِّمَانِ	تُعَلِّمُ	MASCULINE	2
تُعَلِّمْنَ	تُعَلِّمَا	تُعَلِّمِي		تُعَلِّمْنَ	تُعَلِّمَانِ	تُعَلِّمِينَ	FEMININE	
نُعَلِّمْ	---	أُعَلِّمْ		نُعَلِّمُ	---	أُعَلِّمُ		1

IMPERATIVE

عَلِّمُوا	عَلِّمَا	عَلِّمْ	MASCULINE	مُعَلِّمٌ	ACTIVE PARTICIPLE
عَلِّمْنَ	عَلِّمَا	عَلِّمِي	FEMININE	مُعَلَّمٌ	PASSIVE PARTICIPLE
				تَعْلِيمٌ	VERBAL NOUN

PASSIVE

PLURAL	DUAL	SINGULAR	SUBJUNCTIVE	PLURAL	DUAL	SINGULAR	PERFECT	
يُعَلَّمُوا	يُعَلَّمَا	يُعَلَّمَ		عُلِّمُوا	عُلِّمَا	عُلِّمَ	MASCULINE	3
يُعَلَّمْنَ	تُعَلَّمَا	تُعَلَّمَ		عُلِّمْنَ	عُلِّمَتَا	عُلِّمَتْ	FEMININE	
تُعَلَّمُوا	تُعَلَّمَا	تُعَلَّمَ		عُلِّمْتُمْ	عُلِّمْتُمَا	عُلِّمْتَ	MASCULINE	2
تُعَلَّمْنَ	تُعَلَّمَا	تُعَلَّمِي		عُلِّمْتُنَّ	عُلِّمْتُمَا	عُلِّمْتِ	FEMININE	
نُعَلَّمَ	---	أُعَلَّمَ		عُلِّمْنَا	---	عُلِّمْتُ		1

JUSSIVE				IMPERFECT				
يُعَلِّمُوا	يُعَلِّمَا	يُعَلِّمْ		يُعَلِّمُونَ	يُعَلِّمَانِ	يُعَلِّمُ	MASCULINE	3
يُعَلِّمْنَ	تُعَلِّمَا	تُعَلِّمْ		يُعَلِّمْنَ	تُعَلِّمَانِ	تُعَلِّمُ	FEMININE	
تُعَلِّمُوا	تُعَلِّمَا	تُعَلِّمْ		تُعَلِّمُونَ	تُعَلِّمَانِ	تُعَلِّمُ	MASCULINE	2
تُعَلِّمْنَ	تُعَلِّمَا	تُعَلِّمِي		تُعَلِّمْنَ	تُعَلِّمَانِ	تُعَلِّمِينَ	FEMININE	
نُعَلِّمْ	---	أُعَلِّمْ		نُعَلِّمُ	---	أُعَلِّمُ		1

Who *taught you* carpentry?

مَن عَلَّمَكَ النجارة؟

Can *you teach me* to drive a car?

هل يمكن أن تُعَلِّميني قيادة السيارات؟

The teacher *teaches* the students the natural sciences.

المُعَلِّم يُعَلِّمُ الطلاب العلوم الطبيعية.

Form V علم   to learn تَعَلَّمَ ●

ACTIVE

PLURAL	DUAL	SINGULAR	SUBJUNCTIVE	PLURAL	DUAL	SINGULAR	PERFECT	
يَتَعَلَّمُوا	يَتَعَلَّمَا	يَتَعَلَّمْ		تَعَلَّمُوا	تَعَلَّمَا	تَعَلَّمَ	MASCULINE	3
يَتَعَلَّمْنَ	تَتَعَلَّمَا	تَتَعَلَّمْ		تَعَلَّمْنَ	تَعَلَّمَتَا	تَعَلَّمَتْ	FEMININE	
تَتَعَلَّمُوا	تَتَعَلَّمَا	تَتَعَلَّمْ		تَعَلَّمْتُمْ	تَعَلَّمْتُمَا	تَعَلَّمْتَ	MASCULINE	2
تَتَعَلَّمْنَ	تَتَعَلَّمَا	تَتَعَلَّمِي		تَعَلَّمْتُنَّ	تَعَلَّمْتُمَا	تَعَلَّمْتِ	FEMININE	
نَتَعَلَّمَ	---	أَتَعَلَّمَ		تَعَلَّمْنَا	---	تَعَلَّمْتُ		1

JUSSIVE				IMPERFECT				
يَتَعَلَّمُوا	يَتَعَلَّمَا	يَتَعَلَّمْ		يَتَعَلَّمُونَ	يَتَعَلَّمَانِ	يَتَعَلَّمُ	MASCULINE	3
يَتَعَلَّمْنَ	تَتَعَلَّمَا	تَتَعَلَّمْ		يَتَعَلَّمْنَ	تَتَعَلَّمَانِ	تَتَعَلَّمُ	FEMININE	
تَتَعَلَّمُوا	تَتَعَلَّمَا	تَتَعَلَّمْ		تَتَعَلَّمُونَ	تَتَعَلَّمَانِ	تَتَعَلَّمُ	MASCULINE	2
تَتَعَلَّمْنَ	تَتَعَلَّمَا	تَتَعَلَّمِي		تَتَعَلَّمْنَ	تَتَعَلَّمَانِ	تَتَعَلَّمِينَ	FEMININE	
نَتَعَلَّمْ	---	أَتَعَلَّمْ		نَتَعَلَّمُ	---	أَتَعَلَّمُ		1

				مُتَعَلِّمٌ	ACTIVE PARTICIPLE	
				مُتَعَلَّمٌ	PASSIVE PARTICIPLE	

IMPERATIVE

تَعَلَّمُوا	تَعَلَّمَا	تَعَلَّمْ	MASCULINE	
تَعَلَّمْنَ	تَعَلَّمَا	تَعَلَّمِي	FEMININE	

تَعَلُّمٌ	VERBAL NOUN

PASSIVE

PLURAL	DUAL	SINGULAR	SUBJUNCTIVE	PLURAL	DUAL	SINGULAR	PERFECT	
يُتَعَلَّمُوا	يُتَعَلَّمَا	يُتَعَلَّمَ		تُعُلِّمُوا	تُعُلِّمَا	تُعُلِّمَ	MASCULINE	3
يُتَعَلَّمْنَ	تُتَعَلَّمَا	تُتَعَلَّمَ		تُعُلِّمْنَ	تُعُلِّمَتَا	تُعُلِّمَتْ	FEMININE	
تُتَعَلَّمُوا	تُتَعَلَّمَا	تُتَعَلَّمَ		تُعُلِّمْتُمْ	تُعُلِّمْتُمَا	تُعُلِّمْتَ	MASCULINE	2
تُتَعَلَّمْنَ	تُتَعَلَّمَا	تُتَعَلَّمِي		تُعُلِّمْتُنَّ	تُعُلِّمْتُمَا	تُعُلِّمْتِ	FEMININE	
نُتَعَلَّمَ	---	أُتَعَلَّمَ		تُعُلِّمْنَا	---	تُعُلِّمْتُ		1

PLURAL	DUAL	SINGULAR	JUSSIVE	PLURAL	DUAL	SINGULAR	IMPERFECT	
يُتَعَلَّمُوا	يُتَعَلَّمَا	يُتَعَلَّمْ		يُتَعَلَّمُونَ	يُتَعَلَّمَانِ	يُتَعَلَّمُ	MASCULINE	3
يُتَعَلَّمْنَ	تُتَعَلَّمَا	تُتَعَلَّمْ		يُتَعَلَّمْنَ	تُتَعَلَّمَانِ	تُتَعَلَّمُ	FEMININE	
تُتَعَلَّمُوا	تُتَعَلَّمَا	تُتَعَلَّمْ		تُتَعَلَّمُونَ	تُتَعَلَّمَانِ	تُتَعَلَّمُ	MASCULINE	2
تُتَعَلَّمْنَ	تُتَعَلَّمَا	تُتَعَلَّمِي		تُتَعَلَّمْنَ	تُتَعَلَّمَانِ	تُتَعَلَّمِينَ	FEMININE	
نُتَعَلَّمْ	---	أُتَعَلَّمْ		نُتَعَلَّمُ	---	أُتَعَلَّمُ		1

تَعَلَّمْتُ النجارة من والدي.

I learned carpentry from my father.

لم أَتَعَلَّم أي شيء من هذه المادة.

I haven't learned a thing about this subject.

لقد تَعَلَّمْنَا الكثير عن الحياة من خبرات الآخرين.

We have learned much about life from the experiences of others.

Form IV علن   ● أَعْلَنَ to proclaim

ACTIVE

PLURAL	DUAL	SINGULAR	SUBJUNCTIVE	PLURAL	DUAL	SINGULAR	PERFECT	
يُعْلِنُوا	يُعْلِنَا	يُعْلِنَ		أَعْلَنُوا	أَعْلَنَا	أَعْلَنَ	MASCULINE	3
يُعْلِنَّ	تُعْلِنَا	تُعْلِنَ		أَعْلَنَّ	أَعْلَنَتَا	أَعْلَنَتْ	FEMININE	
تُعْلِنُوا	تُعْلِنَا	تُعْلِنَ		أَعْلَنْتُمْ	أَعْلَنْتُمَا	أَعْلَنْتَ	MASCULINE	2
تُعْلِنَّ	تُعْلِنَا	تُعْلِنِي		أَعْلَنْتُنَّ	أَعْلَنْتُمَا	أَعْلَنْتِ	FEMININE	
نُعْلِنَ	---	أُعْلِنَ		أَعْلَنَّا	---	أَعْلَنْتُ		1

334

JUSSIVE / IMPERFECT (Active)

JUSSIVE Plural	JUSSIVE Dual	JUSSIVE Singular	IMPERFECT Plural	IMPERFECT Dual	IMPERFECT Singular		
يُعْلِنُوا	يُعْلِنَا	يُعْلِنْ	يُعْلِنُونَ	يُعْلِنَانِ	يُعْلِنُ	MASCULINE	3
يُعْلِنَّ	تُعْلِنَا	تُعْلِنْ	يُعْلِنَّ	تُعْلِنَانِ	تُعْلِنُ	FEMININE	
تُعْلِنُوا	تُعْلِنَا	تُعْلِنْ	تُعْلِنُونَ	تُعْلِنَانِ	تُعْلِنُ	MASCULINE	2
تُعْلِنَّ	تُعْلِنَا	تُعْلِنِي	تُعْلِنَّ	تُعْلِنَانِ	تُعْلِنِينَ	FEMININE	
نُعْلِنْ	---	أُعْلِنْ	نُعْلِنُ	---	أُعْلِنُ		1

		ACTIVE PARTICIPLE	مُعْلِنٌ
		PASSIVE PARTICIPLE	مُعْلَنٌ
		VERBAL NOUN	إِعْلانٌ

IMPERATIVE

Plural	Dual	Singular	
أَعْلِنُوا	أَعْلِنَا	أَعْلِنْ	MASCULINE
أَعْلِنَّ	أَعْلِنَا	أَعْلِنِي	FEMININE

PASSIVE

SUBJUNCTIVE / PERFECT

SUBJUNCTIVE Plural	SUBJUNCTIVE Dual	SUBJUNCTIVE Singular	PERFECT Plural	PERFECT Dual	PERFECT Singular		
يُعْلَنُوا	يُعْلَنَا	يُعْلَنَ	أُعْلِنُوا	أُعْلِنَا	أُعْلِنَ	MASCULINE	3
يُعْلَنَّ	تُعْلَنَا	تُعْلَنَ	أُعْلِنَّ	أُعْلِنَتَا	أُعْلِنَتْ	FEMININE	
تُعْلَنُوا	تُعْلَنَا	تُعْلَنَ	أُعْلِنْتُمْ	أُعْلِنْتُمَا	أُعْلِنْتَ	MASCULINE	2
تُعْلَنَّ	تُعْلَنَا	تُعْلَنِي	أُعْلِنْتُنَّ	أُعْلِنْتُمَا	أُعْلِنْتِ	FEMININE	
نُعْلَنَ	---	أُعْلَنَ	أُعْلِنَّا	---	أُعْلِنْتُ		1

JUSSIVE / IMPERFECT (Passive)

JUSSIVE Plural	JUSSIVE Dual	JUSSIVE Singular	IMPERFECT Plural	IMPERFECT Dual	IMPERFECT Singular		
يُعْلَنُوا	يُعْلَنَا	يُعْلَنْ	يُعْلَنُونَ	يُعْلَنَانِ	يُعْلَنُ	MASCULINE	3
يُعْلَنَّ	تُعْلَنَا	تُعْلَنْ	يُعْلَنَّ	يُعْلَنَانِ	تُعْلَنُ	FEMININE	
تُعْلَنُوا	تُعْلَنَا	تُعْلَنْ	تُعْلَنُونَ	تُعْلَنَانِ	تُعْلَنُ	MASCULINE	2
تُعْلَنَّ	تُعْلَنَا	تُعْلَنِي	تُعْلَنَّ	تُعْلَنَانِ	تُعْلَنِينَ	FEMININE	
نُعْلَنْ	---	أُعْلَنْ	نُعْلَنُ	---	أُعْلَنُ		1

The Ministry of Health *announced* a campaign of inoculation against polio.

أَعْلَنَتْ وزارة الصحة عن حملة التطعيم ضد شلل الأطفال.

I am proud *to announce* the engagement of my daughter Thana to Dr. Kamal.

أفخر بأن أُعْلِنَ خطبة إبنتي ثناء للدكتور كمال.

Germany *declared* war against Poland in 1939.

أَعْلَنَتْ ألمانيا الحرب ضد بولندا سنة ١٩٣٩.

Form VI علو to be exalted; to come (imperative only) تَعَالَى ●

ACTIVE

PLURAL	DUAL	SINGULAR	SUBJUNCTIVE	PLURAL	DUAL	SINGULAR	PERFECT	
يَتَعَالَوْا	يَتَعَالَيَا	يَتَعَالَى		تَعَالَوْا	تَعَالَيَا	تَعَالَى	MASCULINE	3
يَتَعَالَيْنَ	تَتَعَالَيَا	تَتَعَالَى		تَعَالَيْنَ	تَعَالَتَا	تَعَالَتْ	FEMININE	
تَتَعَالَوْا	تَتَعَالَيَا	تَتَعَالَى		تَعَالَيْتُمْ	تَعَالَيْتُمَا	تَعَالَيْتَ	MASCULINE	2
تَتَعَالَيْنَ	تَتَعَالَيَا	تَتَعَالَيْ		تَعَالَيْتُنَّ	تَعَالَيْتُمَا	تَعَالَيْتِ	FEMININE	
نَتَعَالَى	---	أَتَعَالَى		تَعَالَيْنَا	---	تَعَالَيْتُ		1
			JUSSIVE				**IMPERFECT**	
يَتَعَالَوْا	يَتَعَالَيَا	يَتَعَالَ		يَتَعَالَوْنَ	يَتَعَالَيَانِ	يَتَعَالَى	MASCULINE	3
يَتَعَالَيْنَ	تَتَعَالَيَا	تَتَعَالَ		يَتَعَالَيْنَ	تَتَعَالَيَانِ	تَتَعَالَى	FEMININE	
تَتَعَالَوْا	تَتَعَالَيَا	تَتَعَالَ		تَتَعَالَوْنَ	تَتَعَالَيَانِ	تَتَعَالَى	MASCULINE	2
تَتَعَالَيْنَ	تَتَعَالَيَا	تَتَعَالَيْ		تَتَعَالَيْنَ	تَتَعَالَيَانِ	تَتَعَالَيْنَ	FEMININE	
نَتَعَالَ	---	أَتَعَالَ		نَتَعَالَى	---	أَتَعَالَى		1
			IMPERATIVE			مُتَعَالٍ	ACTIVE PARTICIPLE	
تَعَالَوْا	تَعَالَيَا	تَعَالَ	MASCULINE			---	PASSIVE PARTICIPLE	
تَعَالَيْنَ	تَعَالَيَا	تَعَالَيْ	FEMININE			تَعَالٍ	VERBAL NOUN	

God, *may He be exalted* [or: God, the exalted; a common way of referring to God, especially among Muslims].	الله تَعَالَى.
Don't *look down* on [literally: *be lofty* over] people.	لا تَتَعَالَ على الناس.
The sounds of cars *became loud* in the streets of Cairo.	لقد تَعَالَتْ أصوات السيارات في شوارع القاهرة.
Come here!	تَعَالَ هنا!

Form I عمد — to support; to intend; to resort to عَمَدَ ●
a place or an action

ACTIVE

PLURAL	DUAL	SINGULAR	SUBJUNCTIVE	PLURAL	DUAL	SINGULAR	PERFECT	
يَعْمِدُوا	يَعْمِدَا	يَعْمِدَ	يَعْمِدَ	عَمَدُوا	عَمَدَا	عَمَدَ	عَمَدَ	MASCULINE 3
يَعْمِدْنَ	تَعْمِدَا	تَعْمِدَ	تَعْمِدَ	عَمَدْنَ	عَمَدَتَا	عَمَدَتْ	عَمَدَتْ	FEMININE
تَعْمِدُوا	تَعْمِدَا	تَعْمِدَ	تَعْمِدَ	عَمَدْتُمْ	عَمَدْتُمَا	عَمَدْتَ	عَمَدْتَ	MASCULINE 2
تَعْمِدْنَ	تَعْمِدَا	تَعْمِدِي	تَعْمِدِي	عَمَدْتُنَّ	عَمَدْتُمَا	عَمَدْتِ	عَمَدْتِ	FEMININE
نَعْمِدَ	---	أَعْمِدَ		عَمَدْنَا	---	عَمَدْتُ	عَمَدْتُ	1

JUSSIVE / IMPERFECT

PLURAL	DUAL	SINGULAR	JUSSIVE	PLURAL	DUAL	SINGULAR	IMPERFECT	
يَعْمِدُوا	يَعْمِدَا	يَعْمِدْ	يَعْمِدْ	يَعْمِدُونَ	يَعْمِدَانِ	يَعْمِدُ	يَعْمِدُ	MASCULINE 3
يَعْمِدْنَ	تَعْمِدَا	تَعْمِدْ	تَعْمِدْ	يَعْمِدْنَ	تَعْمِدَانِ	تَعْمِدُ	تَعْمِدُ	FEMININE
تَعْمِدُوا	تَعْمِدَا	تَعْمِدْ	تَعْمِدْ	تَعْمِدُونَ	تَعْمِدَانِ	تَعْمِدُ	تَعْمِدُ	MASCULINE 2
تَعْمِدْنَ	تَعْمِدَا	تَعْمِدِي	تَعْمِدِي	تَعْمِدْنَ	تَعْمِدَانِ	تَعْمِدِينَ	تَعْمِدِينَ	FEMININE
نَعْمِدْ	---	أَعْمِدْ		نَعْمِدُ	---	أَعْمِدُ	1

IMPERATIVE

PLURAL	DUAL	SINGULAR	IMPERATIVE	
إِعْمِدُوا	إِعْمِدَا	إِعْمِدْ	MASCULINE	
إِعْمِدْنَ	إِعْمِدَا	إِعْمِدِي	FEMININE	

عَامِدٌ	ACTIVE PARTICIPLE
---	PASSIVE PARTICIPLE
عَمْدٌ	VERBAL NOUN

The builder *supported* the wall with a thick piece of wood.

عَمَدَ البنّاء الحائط بخشبة عريضة.

The enemy *resorted* to portraying the other party as weak.

عَمَدَ العدو إلى إظهار الفريق بمظهر الضعيف.

Form I عمل — to do; to work عَمِلَ ●

ACTIVE

PLURAL	DUAL	SINGULAR	SUBJUNCTIVE	PLURAL	DUAL	SINGULAR	PERFECT	
يَعْمَلُوا	يَعْمَلا	يَعْمَلَ	يَعْمَلَ	عَمِلُوا	عَمِلا	عَمِلَ	عَمِلَ	MASCULINE 3
يَعْمَلْنَ	تَعْمَلا	تَعْمَلَ	تَعْمَلَ	عَمِلْنَ	عَمِلَتَا	عَمِلَتْ	عَمِلَتْ	FEMININE
تَعْمَلُوا	تَعْمَلا	تَعْمَلَ	تَعْمَلَ	عَمِلْتُمْ	عَمِلْتُمَا	عَمِلْتَ	عَمِلْتَ	MASCULINE 2
تَعْمَلْنَ	تَعْمَلا	تَعْمَلِي	تَعْمَلِي	عَمِلْتُنَّ	عَمِلْتُمَا	عَمِلْتِ	عَمِلْتِ	FEMININE
نَعْمَلَ	---	أَعْمَلَ		عَمِلْنَا	---	عَمِلْتُ	عَمِلْتُ	1

JUSSIVE — IMPERFECT (Active)

	JUSSIVE (plural)	JUSSIVE (dual)	JUSSIVE (sing.)	IMPERFECT (plural)	IMPERFECT (dual)	IMPERFECT (sing.)		
	يَعْمَلُوا	يَعْمَلا	يَعْمَلْ	يَعْمَلُونَ	يَعْمَلانِ	يَعْمَلُ	MASCULINE	3
	يَعْمَلْنَ	تَعْمَلا	تَعْمَلْ	يَعْمَلْنَ	تَعْمَلانِ	تَعْمَلُ	FEMININE	
	تَعْمَلُوا	تَعْمَلا	تَعْمَلْ	تَعْمَلُونَ	تَعْمَلانِ	تَعْمَلُ	MASCULINE	2
	تَعْمَلْنَ	تَعْمَلا	تَعْمَلِي	تَعْمَلْنَ	تَعْمَلانِ	تَعْمَلِينَ	FEMININE	
	نَعْمَلْ	---	أَعْمَلْ	نَعْمَلُ	---	أَعْمَلُ		1

ACTIVE PARTICIPLE عَامِلٌ

IMPERATIVE

	(plural)	(dual)	(sing.)		
	إعْمَلُوا	إعْمَلا	إعْمَلْ	MASCULINE	
	إعْمَلْنَ	إعْمَلا	إعْمَلِي	FEMININE	

PASSIVE PARTICIPLE مَعْمُولٌ

VERBAL NOUN عَمَلٌ

PASSIVE

SUBJUNCTIVE — PERFECT

PLURAL	DUAL	SINGULAR	SUBJUNCTIVE	PLURAL	DUAL	SINGULAR	PERFECT		
يُعْمَلُوا	يُعْمَلا	يُعْمَلَ		عُمِلُوا	عُمِلا	عُمِلَ	MASCULINE	3
يُعْمَلْنَ	تُعْمَلا	تُعْمَلَ		عُمِلْنَ	عُمِلَتا	عُمِلَتْ	FEMININE	
تُعْمَلُوا	تُعْمَلا	تُعْمَلَ		عُمِلْتُم	عُمِلْتُمَا	عُمِلْتَ	MASCULINE	2
تُعْمَلْنَ	تُعْمَلا	تُعْمَلِي		عُمِلْتُنَّ	عُمِلْتُمَا	عُمِلْتِ	FEMININE	
نُعْمَلَ	---	أُعْمَلَ		عُمِلْنَا	---	عُمِلْتُ	1

JUSSIVE — IMPERFECT

PLURAL	DUAL	SINGULAR	JUSSIVE	PLURAL	DUAL	SINGULAR	IMPERFECT		
يُعْمَلُوا	يُعْمَلا	يُعْمَلْ		يُعْمَلُونَ	يُعْمَلانِ	يُعْمَلُ	MASCULINE	3
يُعْمَلْنَ	تُعْمَلا	تُعْمَلْ		يُعْمَلْنَ	تُعْمَلانِ	تُعْمَلُ	FEMININE	
تُعْمَلُوا	تُعْمَلا	تُعْمَلْ		تُعْمَلُونَ	تُعْمَلانِ	تُعْمَلُ	MASCULINE	2
تُعْمَلْنَ	تُعْمَلا	تُعْمَلِي		تُعْمَلْنَ	تُعْمَلانِ	تُعْمَلِينَ	FEMININE	
نُعْمَلْ	---	أُعْمَلْ		نُعْمَلُ	---	أُعْمَلُ	1

What would *you do* if you were in my place?	ماذا تَعْمَلُ لو كنت مكاني؟
Where do *you* and your wife *work*?	أين تَعْمَلُ أنت وزوجتك؟
What *will you do* during the summer vacation?	ماذا سَتَعْمَلُونَ في إجازة الصيف؟
He who *does* evil will reap its consequences.	الذي يَعْمَلُ الشر يحصد نتائجه.

Form X عمل — إِسْتَعْمَلَ to use

ACTIVE

	PLURAL	DUAL	SINGULAR	SUBJUNCTIVE / PLURAL	DUAL	SINGULAR	PERFECT	
	يَسْتَعْمِلُوا	يَسْتَعْمِلا	يَسْتَعْمِلَ	إِسْتَعْمَلُوا	إِسْتَعْمَلا	إِسْتَعْمَلَ	MASCULINE	3
	يَسْتَعْمِلْنَ	تَسْتَعْمِلا	تَسْتَعْمِلَ	إِسْتَعْمَلْنَ	إِسْتَعْمَلَتَا	إِسْتَعْمَلَتْ	FEMININE	
	تَسْتَعْمِلُوا	تَسْتَعْمِلا	تَسْتَعْمِلَ	إِسْتَعْمَلْتُمْ	إِسْتَعْمَلْتُمَا	إِسْتَعْمَلْتَ	MASCULINE	2
	تَسْتَعْمِلْنَ	تَسْتَعْمِلا	تَسْتَعْمِلِي	إِسْتَعْمَلْتُنَّ	إِسْتَعْمَلْتُمَا	إِسْتَعْمَلْتِ	FEMININE	
	نَسْتَعْمِلَ	---	أَسْتَعْمِلَ	إِسْتَعْمَلْنَا	---	إِسْتَعْمَلْتُ		1

	PLURAL	DUAL	SINGULAR	JUSSIVE / PLURAL	DUAL	SINGULAR	IMPERFECT	
	يَسْتَعْمِلُوا	يَسْتَعْمِلا	يَسْتَعْمِلْ	يَسْتَعْمِلُونَ	يَسْتَعْمِلانِ	يَسْتَعْمِلُ	MASCULINE	3
	يَسْتَعْمِلْنَ	تَسْتَعْمِلا	تَسْتَعْمِلْ	يَسْتَعْمِلْنَ	تَسْتَعْمِلانِ	تَسْتَعْمِلُ	FEMININE	
	تَسْتَعْمِلُوا	تَسْتَعْمِلا	تَسْتَعْمِلْ	تَسْتَعْمِلُونَ	تَسْتَعْمِلانِ	تَسْتَعْمِلُ	MASCULINE	2
	تَسْتَعْمِلْنَ	تَسْتَعْمِلا	تَسْتَعْمِلِي	تَسْتَعْمِلْنَ	تَسْتَعْمِلانِ	تَسْتَعْمِلِينَ	FEMININE	
	نَسْتَعْمِلْ	---	أَسْتَعْمِلْ	نَسْتَعْمِلُ	---	أَسْتَعْمِلُ		1

IMPERATIVE					
إِسْتَعْمِلُوا	إِسْتَعْمِلا	إِسْتَعْمِلْ	MASCULINE	مُسْتَعْمِلٌ	ACTIVE PARTICIPLE
إِسْتَعْمِلْنَ	إِسْتَعْمِلا	إِسْتَعْمِلِي	FEMININE	مُسْتَعْمَلٌ	PASSIVE PARTICIPLE
				إِسْتِعْمَالٌ	VERBAL NOUN

PASSIVE

	PLURAL	DUAL	SINGULAR	SUBJUNCTIVE / PLURAL	DUAL	SINGULAR	PERFECT	
	يُسْتَعْمَلُوا	يُسْتَعْمَلا	يُسْتَعْمَلَ	أُسْتُعْمِلُوا	أُسْتُعْمِلا	أُسْتُعْمِلَ	MASCULINE	3
	يُسْتَعْمَلْنَ	تُسْتَعْمَلا	تُسْتَعْمَلَ	أُسْتُعْمِلْنَ	أُسْتُعْمِلَتَا	أُسْتُعْمِلَتْ	FEMININE	
	تُسْتَعْمَلُوا	تُسْتَعْمَلا	تُسْتَعْمَلَ	أُسْتُعْمِلْتُمْ	أُسْتُعْمِلْتُمَا	أُسْتُعْمِلْتَ	MASCULINE	2
	تُسْتَعْمَلْنَ	تُسْتَعْمَلا	تُسْتَعْمَلِي	أُسْتُعْمِلْتُنَّ	أُسْتُعْمِلْتُمَا	أُسْتُعْمِلْتِ	FEMININE	
	نُسْتَعْمَلَ	---	أُسْتَعْمَلَ	أُسْتُعْمِلْنَا	---	أُسْتُعْمِلْتُ		1

	PLURAL	DUAL	SINGULAR	JUSSIVE / PLURAL	DUAL	SINGULAR	IMPERFECT	
	يُسْتَعْمَلُوا	يُسْتَعْمَلا	يُسْتَعْمَلْ	يُسْتَعْمَلُونَ	يُسْتَعْمَلانِ	يُسْتَعْمَلُ	MASCULINE	3
	يُسْتَعْمَلْنَ	تُسْتَعْمَلا	تُسْتَعْمَلْ	يُسْتَعْمَلْنَ	تُسْتَعْمَلانِ	تُسْتَعْمَلُ	FEMININE	
	تُسْتَعْمَلُوا	تُسْتَعْمَلا	تُسْتَعْمَلْ	تُسْتَعْمَلُونَ	تُسْتَعْمَلانِ	تُسْتَعْمَلُ	MASCULINE	2
	تُسْتَعْمَلْنَ	تُسْتَعْمَلا	تُسْتَعْمَلِي	تُسْتَعْمَلْنَ	تُسْتَعْمَلانِ	تُسْتَعْمَلِينَ	FEMININE	
	نُسْتَعْمَلْ	---	أُسْتَعْمَلْ	نُسْتَعْمَلُ	---	أُسْتَعْمَلُ		1

339

All the mosques in Cairo *use* loudspeakers to proclaim the call to prayer.	كلّ المساجد في القاهرة تَسْتَعْمِلُ مكبرات الصوت لإعلان آذان الصلاة.
Don't *use* the automobile's horn except when necessary.	لا تَسْتَعْمِلْ أداة التنبيه في السيارة إلا عند اللزوم.
This remedy *is used* on a wide scale.	هذا الدواء يُسْتَعْمَلُ على نطاق واسع.
How is this machine *operated*?	كيف تُسْتَعْمَلُ هذه الماكنة؟

Form I عني   to mean, intend عَنَى ●

ACTIVE

PLURAL	DUAL	SINGULAR	SUBJUNCTIVE	PLURAL	DUAL	SINGULAR		PERFECT
يَعْنُوا	يَعْنِيَا	يَعْنِيَ		عَنَوْا	عَنَيَا	عَنَى	MASCULINE	3
يَعْنِينَ	تَعْنِيَا	تَعْنِيَ		عَنَيْنَ	عَنَتَا	عَنَتْ	FEMININE	
تَعْنُوا	تَعْنِيَا	تَعْنِيَ		عَنَيْتُمْ	عَنَيْتُمَا	عَنَيْتَ	MASCULINE	2
تَعْنِينَ	تَعْنِيَا	تَعْنِي		عَنَيْتُنَّ	عَنَيْتُمَا	عَنَيْتِ	FEMININE	
نَعْنِيَ	---	أَعْنِيَ		عَنَيْنَا	---	عَنَيْتُ		1

PLURAL	DUAL	SINGULAR	JUSSIVE	PLURAL	DUAL	SINGULAR		IMPERFECT
يَعْنُوا	يَعْنِيَا	يَعْنِ		يَعْنُونَ	يَعْنِيَانِ	يَعْنِي	MASCULINE	3
يَعْنِينَ	تَعْنِيَا	تَعْنِ		يَعْنِينَ	تَعْنِيَانِ	تَعْنِي	FEMININE	
تَعْنُوا	تَعْنِيَا	تَعْنِ		تَعْنُونَ	تَعْنِيَانِ	تَعْنِي	MASCULINE	2
تَعْنِينَ	تَعْنِيَا	تَعْنِي		تَعْنِينَ	تَعْنِيَانِ	تَعْنِينَ	FEMININE	
نَعْنِ	---	أَعْنِ		نَعْنِي	---	أَعْنِي		1

PLURAL	DUAL	SINGULAR	IMPERATIVE		
				عَانٍ	ACTIVE PARTICIPLE
إِعْنُوا	إِعْنِيَا	إِعْنِ	MASCULINE	مَعْنِيٌّ	PASSIVE PARTICIPLE
إِعْنِينَ	إِعْنِيَا	إِعْنِي	FEMININE	عَنْيٌ	VERBAL NOUN

I know very well that *you don't mean* what you are saying.	إنني أعرف جيداً أنك لا تَعْنِي ما تقول.
Very often, people say particular words when really *they intend* something else by them.	في الكثير من الأحيان يقول الناس كلمات معينة وفي الحقيقة يَعْنُونَ بها معاني أخرى.
I prefer to spend time outside the house—that is [literally: *it means*], with my friends—over sitting in front of the computer.	أنا أفضّل قضاء الوقت خارج البيت. يَعْنِي مع أصدقائي على أن أجلس أمام الكمبيوتر.

Form III عني   to be preoccupied; to undergo عانى

ACTIVE

PERFECT		SINGULAR	DUAL	PLURAL
3	MASCULINE	عَانَى	عَانَيَا	عَانَوْا
	FEMININE	عَانَتْ	عَانَتَا	عَانَيْنَ
2	MASCULINE	عَانَيْتَ	عَانَيْتُمَا	عَانَيْتُمْ
	FEMININE	عَانَيْتِ	عَانَيْتُمَا	عَانَيْتُنَّ
1		عَانَيْتُ	---	عَانَيْنَا

SUBJUNCTIVE		SINGULAR	DUAL	PLURAL
3	MASCULINE	يُعَانِيَ	يُعَانِيَا	يُعَانُوا
	FEMININE	تُعَانِيَ	تُعَانِيَا	يُعَانِينَ
2	MASCULINE	تُعَانِيَ	تُعَانِيَا	تُعَانُوا
	FEMININE	تُعَانِي	تُعَانِيَا	تُعَانِينَ
1		أُعَانِيَ	---	نُعَانِيَ

IMPERFECT		SINGULAR	DUAL	PLURAL
3	MASCULINE	يُعَانِي	يُعَانِيَانِ	يُعَانُونَ
	FEMININE	تُعَانِي	تُعَانِيَانِ	يُعَانِينَ
2	MASCULINE	تُعَانِي	تُعَانِيَانِ	تُعَانُونَ
	FEMININE	تُعَانِينَ	تُعَانِيَانِ	تُعَانِينَ
1		أُعَانِي	---	نُعَانِي

JUSSIVE		SINGULAR	DUAL	PLURAL
3	MASCULINE	يُعَانِ	يُعَانِيَا	يُعَانُوا
	FEMININE	تُعَانِ	تُعَانِيَا	يُعَانِينَ
2	MASCULINE	تُعَانِ	تُعَانِيَا	تُعَانُوا
	FEMININE	تُعَانِي	تُعَانِيَا	تُعَانِينَ
1		أُعَانِ	---	نُعَانِ

IMPERATIVE	SINGULAR	DUAL	PLURAL
MASCULINE	عَانِ	عَانِيَا	عَانُوا
FEMININE	عَانِي	عَانِيَا	عَانِينَ

ACTIVE PARTICIPLE	مُعَانٍ
PASSIVE PARTICIPLE	مُعَانًى
VERBAL NOUN	مُعَانَاةٌ

PASSIVE

PERFECT		SINGULAR	DUAL	PLURAL
3	MASCULINE	عُونِيَ	عُونِيَا	عُونُوا
	FEMININE	عُونِيَتْ	عُونِيَتَا	عُونِينَ
2	MASCULINE	عُونِيتَ	عُونِيتُمَا	عُونِيتُمْ
	FEMININE	عُونِيتِ	عُونِيتُمَا	عُونِيتُنَّ
1		عُونِيتُ	---	عُونِينَا

SUBJUNCTIVE		SINGULAR	DUAL	PLURAL
3	MASCULINE	يُعَانَى	يُعَانَيَا	يُعَانَوْا
	FEMININE	تُعَانَى	تُعَانَيَا	يُعَانَيْنَ
2	MASCULINE	تُعَانَى	تُعَانَيَا	تُعَانَوْا
	FEMININE	تُعَانَيْ	تُعَانَيَا	تُعَانَيْنَ
1		أُعَانَى	---	نُعَانَى

IMPERFECT		SINGULAR	DUAL	PLURAL
3	MASCULINE	يُعَانَى	يُعَانَيَانِ	يُعَانَوْنَ
	FEMININE	تُعَانَى	تُعَانَيَانِ	يُعَانَيْنَ
2	MASCULINE	تُعَانَى	تُعَانَيَانِ	تُعَانَوْنَ
	FEMININE	تُعَانَيْنَ	تُعَانَيَانِ	تُعَانَيْنَ
1		أُعَانَى	---	نُعَانَى

JUSSIVE		SINGULAR	DUAL	PLURAL
3	MASCULINE	يُعَانَ	يُعَانَيَا	يُعَانَوْا
	FEMININE	تُعَانَ	تُعَانَيَا	يُعَانَيْنَ
2	MASCULINE	تُعَانَ	تُعَانَيَا	تُعَانَوْا
	FEMININE	تُعَانَيْ	تُعَانَيَا	تُعَانَيْنَ
1		أُعَانَ	---	نُعَانَ

I have exerted a lot of effort to achieve this success.

عَانَيْتُ كثيراً حتى أحقق هذا النجاح.

We have undergone long periods of warfare and hatred.

لقد عَانَيْنَا فترات كثيرة من الحروب والكراهية.

These agricultural lands suffered from flooding.

لقد عَانَتْ الأراضي الزراعية من الفيضانات.

Form IX عوج

إعْوَجَّ to bend

ACTIVE

PLURAL	DUAL	SINGULAR	SUBJUNCTIVE	PLURAL	DUAL	SINGULAR	PERFECT	
يَعْوَجُّوا	يَعْوَجَّا	يَعْوَجَّ		إعْوَجُّوا	إعْوَجَّا	إعْوَجَّ	MASCULINE	3
يَعْوَجِجْنَ	تَعْوَجَّا	تَعْوَجَّ		إعْوَجَجْنَ	إعْوَجَّتَا	إعْوَجَّتْ	FEMININE	
تَعْوَجُّوا	تَعْوَجَّا	تَعْوَجَّ		إعْوَجَجْتُم	إعْوَجَجْتُمَا	إعْوَجَجْتَ	MASCULINE	2
تَعْوَجِجْنَ	تَعْوَجَّا	تَعْوَجِّي		إعْوَجَجْتُنَّ	إعْوَجَجْتُمَا	إعْوَجَجْتِ	FEMININE	
نَعْوَجَّ	---	أَعْوَجَّ		إعْوَجَجْنَا	---	إعْوَجَجْتُ		1

JUSSIVE / IMPERFECT

PLURAL	DUAL	SINGULAR	JUSSIVE	PLURAL	DUAL	SINGULAR	IMPERFECT	
يَعْوَجُّوا	يَعْوَجَّا	يَعْوَجِجْ		يَعْوَجُّونَ	يَعْوَجَّانِ	يَعْوَجُّ	MASCULINE	3
يَعْوَجِجْنَ	تَعْوَجَّا	تَعْوَجِجْ		يَعْوَجِجْنَ	تَعْوَجَّانِ	تَعْوَجُّ	FEMININE	
تَعْوَجُّوا	تَعْوَجَّا	تَعْوَجِجْ		تَعْوَجُّونَ	تَعْوَجَّانِ	تَعْوَجُّ	MASCULINE	2
تَعْوَجِجْنَ	تَعْوَجَّا	تَعْوَجِّي		تَعْوَجِجْنَ	تَعْوَجَّانِ	تَعْوَجِّينَ	FEMININE	
نَعْوَجِجْ	---	أَعْوَجِجْ		نَعْوَجُّ	---	أَعْوَجُّ		1

IMPERATIVE

PLURAL	DUAL	SINGULAR			
إعْوَجُّوا	إعْوَجَّا	إعْوَجِجْ	MASCULINE
إعْوَجِجْنَ	إعْوَجَّا	إعْوَجِّي	FEMININE

مَعْوَجٌّ	ACTIVE PARTICIPLE
---	PASSIVE PARTICIPLE
إعْوِجَاجٌ	VERBAL NOUN

Iron bends only under a high degree of heat.

لا يَعْوَجُّ الحديد إلا تحت درجة حرارة كبيرة.

His neck became twisted.

إعْوَجَّتْ رقبته.

342

Form I عود
to return عَادَ ●

ACTIVE

PLURAL	DUAL	SINGULAR	SUBJUNCTIVE	PLURAL	DUAL	SINGULAR	PERFECT	
يَعُودُوا	يَعُودَا	يَعُودَ		عَادُوا	عَادَا	عَادَ	MASCULINE	3
يَعُدْنَ	تَعُودَا	تَعُودَ		عُدْنَ	عَادَتَا	عَادَتْ	FEMININE	
تَعُودُوا	تَعُودَا	تَعُودَ		عُدْتُمْ	عُدْتُمَا	عُدْتَ	MASCULINE	2
تَعُدْنَ	تَعُودَا	تَعُودِي		عُدْتُنَّ	عُدْتُمَا	عُدْتِ	FEMININE	
نَعُودَ	---	أَعُودَ		عُدْنَا	---	عُدْتُ		1

PLURAL	DUAL	SINGULAR	JUSSIVE	PLURAL	DUAL	SINGULAR	IMPERFECT	
يَعُودُوا	يَعُودَا	يَعُدْ		يَعُودُونَ	يَعُودَانِ	يَعُودُ	MASCULINE	3
يَعُدْنَ	تَعُودَا	تَعُدْ		يَعُدْنَ	تَعُودَانِ	تَعُودُ	FEMININE	
تَعُودُوا	تَعُودَا	تَعُدْ		تَعُودُونَ	تَعُودَانِ	تَعُودُ	MASCULINE	2
تَعُدْنَ	تَعُودَا	تَعُودِي		تَعُدْنَ	تَعُودَانِ	تَعُودِينَ	FEMININE	
نَعُدْ	---	أَعُدْ		نَعُودُ	---	أَعُودُ		1

PLURAL	DUAL	SINGULAR	IMPERATIVE		
عُودُوا	عُودَا	عُدْ	MASCULINE	عَائِدٌ	ACTIVE PARTICIPLE
عُدْنَ	عُودَا	عُودِي	FEMININE	---	PASSIVE PARTICIPLE

عَوْدٌ، عَوْدَةٌ، مَعَادٌ	VERBAL NOUN

When *will you return* from your trip to Europe? *I will return* next week.

متى سَتَعُودُ من رحلتك لأوروبا؟ سأَعُودُ الأسبوع المقبل.

The prime minister *returned* from his visit to the United Kingdom full of new ideas for investments.

عَادَ رئيس الوزراء من زيارته للمملكة المتحدة محمّلًا بالأفكار الاستثمارية الجديدة.

This man was very angry, but now *he has come back* to his senses.

هذا الرجل كان غاضبًا جدًا لكنه عَادَ الآن إلى رشده.

It would be best if *you would consult* [literally: *go back* to] your boss before you implement this new proposal.

من الأفضل أن تَعُودَ إلى مديرك قبل تنفيذ هذا الاقتراح الجديد.

343

Form IV عود to repeat; to bring or put back أَعَادَ ●

ACTIVE

PLURAL	DUAL	SINGULAR	SUBJUNCTIVE	PLURAL	DUAL	SINGULAR	PERFECT	
يُعِيدُوا	يُعِيدَا	يُعِيدَ		أَعَادُوا	أَعَادَا	أَعَادَ	MASCULINE	3
يُعِدْنَ	تُعِيدَا	تُعِيدَ		أَعَدْنَ	أَعَادَتَا	أَعَادَتْ	FEMININE	
تُعِيدُوا	تُعِيدَا	تُعِيدَ		أَعَدْتُمْ	أَعَدْتُمَا	أَعَدْتَ	MASCULINE	2
تُعِدْنَ	تُعِيدَا	تُعِيدِي		أَعَدْتُنَّ	أَعَدْتُمَا	أَعَدْتِ	FEMININE	
نُعِيدَ	---	أُعِيدَ		أَعَدْنَا	---	أَعَدْتُ		1

PLURAL	DUAL	SINGULAR	JUSSIVE	PLURAL	DUAL	SINGULAR	IMPERFECT	
يُعِيدُوا	يُعِيدَا	يُعِدْ		يُعِيدُونَ	يُعِيدَانِ	يُعِيدُ	MASCULINE	3
يُعِدْنَ	تُعِيدَا	تُعِدْ		يُعِدْنَ	تُعِيدَانِ	تُعِيدُ	FEMININE	
تُعِيدُوا	تُعِيدَا	تُعِدْ		تُعِيدُونَ	تُعِيدَانِ	تُعِيدُ	MASCULINE	2
تُعِدْنَ	تُعِيدَا	تُعِيدِي		تُعِدْنَ	تُعِيدَانِ	تُعِيدِينَ	FEMININE	
نُعِدْ	---	أُعِدْ		نُعِيدُ	---	أُعِيدُ		1

PLURAL	DUAL	SINGULAR	IMPERATIVE		
				مُعِيدٌ	ACTIVE PARTICIPLE
أَعِيدُوا	أَعِيدَا	أَعِدْ	MASCULINE	مُعَادٌ	PASSIVE PARTICIPLE
أَعِدْنَ	أَعِيدَا	أَعِيدِي	FEMININE	إِعَادَةٌ	VERBAL NOUN

PASSIVE

PLURAL	DUAL	SINGULAR	SUBJUNCTIVE	PLURAL	DUAL	SINGULAR	PERFECT	
يُعَادُوا	يُعَادَا	يُعَادَ		أُعِيدُوا	أُعِيدَا	أُعِيدَ	MASCULINE	3
يُعَدْنَ	تُعَادَا	تُعَادَ		أُعِدْنَ	أُعِيدَتَا	أُعِيدَتْ	FEMININE	
تُعَادُوا	تُعَادَا	تُعَادَ		أُعِدْتُمْ	أُعِدْتُمَا	أُعِدْتَ	MASCULINE	2
تُعَدْنَ	تُعَادَا	تُعَادِي		أُعِدْتُنَّ	أُعِدْتُمَا	أُعِدْتِ	FEMININE	
نُعَادَ	---	أُعَادَ		أُعِدْنَا	---	أُعِدْتُ		1

PLURAL	DUAL	SINGULAR	JUSSIVE	PLURAL	DUAL	SINGULAR	IMPERFECT	
يُعَادُوا	يُعَادَا	يُعَدْ		يُعَادُونَ	يُعَادَانِ	يُعَادُ	MASCULINE	3
يُعَدْنَ	تُعَادَا	تُعَدْ		يُعَدْنَ	تُعَادَانِ	تُعَادُ	FEMININE	
تُعَادُوا	تُعَادَا	تُعَدْ		تُعَادُونَ	تُعَادَانِ	تُعَادُ	MASCULINE	2
تُعَدْنَ	تُعَادَا	تُعَادِي		تُعَدْنَ	تُعَادَانِ	تُعَادِينَ	FEMININE	
نُعَدْ	---	أُعَدْ		نُعَادُ	---	أُعَادُ		1

This song *brought back* many memories.	هذه الأغنية أَعَادَتْ الكثير من الذكريات.
We returned the book to its place.	أَعَدْنَا الكتاب إلى مكانه.
The town *rebuilt* [literally: brought back the building of] the mosque.	أَعَادَتُ القرية بناء المسجد.
The court *will reexamine* [literally: bring back the examination of] the claim.	المحكمة سَتُعِيدُ النظر في الدعوى.

Form VIII عود   to be used to إِعْتَاد ●

ACTIVE

PLURAL	DUAL	SINGULAR	SUBJUNCTIVE	PLURAL	DUAL	SINGULAR	PERFECT	
يَعْتَادُوا	يَعْتَادَا	يَعْتَاد		إِعْتَادُوا	إِعْتَادَا	إِعْتَاد	MASCULINE	3
يَعْتَدْنَ	تَعْتَادَا	تَعْتَاد		إِعْتَدْنَ	إِعْتَادَتَا	إِعْتَادَتْ	FEMININE	
تَعْتَادُوا	تَعْتَادَا	تَعْتَاد		إِعْتَدْتُمْ	إِعْتَدْتُمَا	إِعْتَدْتَ	MASCULINE	2
تَعْتَدْنَ	تَعْتَادَا	تَعْتَادِي		إِعْتَدْتُنَّ	إِعْتَدْتُمَا	إِعْتَدْتِ	FEMININE	
نَعْتَاد	---	أَعْتَاد		إِعْتَدْنَا	---	إِعْتَدْتُ		1

PLURAL	DUAL	SINGULAR	JUSSIVE	PLURAL	DUAL	SINGULAR	IMPERFECT	
يَعْتَادُوا	يَعْتَادَا	يَعْتَدْ		يَعْتَادُونَ	يَعْتَادَان	يَعْتَاد	MASCULINE	3
يَعْتَدْنَ	يَعْتَادَا	تَعْتَدْ		يَعْتَدْنَ	يَعْتَادَان	تَعْتَاد	FEMININE	
تَعْتَادُوا	تَعْتَادَا	تَعْتَدْ		تَعْتَادُونَ	تَعْتَادَان	تَعْتَاد	MASCULINE	2
تَعْتَدْنَ	تَعْتَادَا	تَعْتَادِي		تَعْتَدْنَ	تَعْتَادَان	تَعْتَادِينَ	FEMININE	
نَعْتَدْ	---	أَعْتَدْ		نَعْتَاد	---	أَعْتَاد		1

IMPERATIVE				
إِعْتَادُوا	إِعْتَادَا	إِعْتَدْ	MASCULINE	
إِعْتَدْنَ	إِعْتَادَا	إِعْتَادِي	FEMININE	

مُعْتَاد	ACTIVE PARTICIPLE
مُعْتَاد	PASSIVE PARTICIPLE
إِعْتِيَاد	VERBAL NOUN

PASSIVE

PLURAL	DUAL	SINGULAR	SUBJUNCTIVE	PLURAL	DUAL	SINGULAR	PERFECT	
يُعْتَادُوا	يُعْتَادَا	يُعْتَاد		أُعْتِيدُوا	أُعْتِيدَا	أُعْتِيدَ	MASCULINE	3
يُعْتَدْنَ	تُعْتَادَا	تُعْتَاد		أُعْتِدْنَ	أُعْتِيدَتَا	أُعْتِيدَتْ	FEMININE	
تُعْتَادُوا	تُعْتَادَا	تُعْتَاد		أُعْتِدْتُمْ	أُعْتِدْتُمَا	أُعْتِدْتَ	MASCULINE	2
تُعْتَدْنَ	تُعْتَادَا	تُعْتَادِي		أُعْتِدْتُنَّ	أُعْتِدْتُمَا	أُعْتِدْتِ	FEMININE	
نُعْتَاد	---	أُعْتَاد		أُعْتِدْنَا	---	أُعْتِدْتُ		1

	JUSSIVE			IMPERFECT			
يُعْتَدُوا	يُعْتَادَا	يُعْتَدْ		يُعْتَادُونَ	يُعْتَادَانِ	يُعْتَادُ	MASCULINE 3
يُعْتَدْنَ	تُعْتَدَا	تُعْتَدْ		يُعْتَدْنَ	تُعْتَادَانِ	تُعْتَادُ	FEMININE
تُعْتَدُوا	تُعْتَادَا	تُعْتَدْ		تُعْتَادُونَ	تُعْتَادَانِ	تُعْتَادُ	MASCULINE 2
تُعْتَدْنَ	تُعْتَادِي	تُعْتَدْ		تُعْتَدْنَ	تُعْتَادَانِ	تُعْتَادِينَ	FEMININE
نُعْتَدْ	---	أَعْتَدْ		نُعْتَادُ	---	أَعْتَادُ	1

We have become accustomed to you.	إِعْتَدْنَا عليك.
I became used to running every day.	إِعْتَدْتُ على الجري كل يوم.
You were not accustomed to working fifteen hours a day.	لم تَعْتَدْ على العمل لمدة خمس عشرة ساعة في اليوم.

Form II عوض   to substitute, compensate عَوَّضَ ●

ACTIVE

PLURAL	DUAL	SINGULAR	SUBJUNCTIVE	PLURAL	DUAL	SINGULAR	PERFECT
يُعَوِّضُوا	يُعَوِّضَا	يُعَوِّضَ		عَوَّضُوا	عَوَّضَا	عَوَّضَ	MASCULINE 3
يُعَوِّضْنَ	تُعَوِّضَا	تُعَوِّضَ		عَوَّضْنَ	عَوَّضَتَا	عَوَّضَتْ	FEMININE
تُعَوِّضُوا	تُعَوِّضَا	تُعَوِّضَ		عَوَّضْتُمْ	عَوَّضْتُمَا	عَوَّضْتَ	MASCULINE 2
تُعَوِّضْنَ	تُعَوِّضِي	تُعَوِّضَ		عَوَّضْتُنَّ	عَوَّضْتُمَا	عَوَّضْتِ	FEMININE
نُعَوِّضَ	---	أُعَوِّضَ		عَوَّضْنَا	---	عَوَّضْتُ	1

PLURAL	DUAL	SINGULAR	JUSSIVE	PLURAL	DUAL	SINGULAR	IMPERFECT
يُعَوِّضُوا	يُعَوِّضَا	يُعَوِّضْ		يُعَوِّضُونَ	يُعَوِّضَانِ	يُعَوِّضُ	MASCULINE 3
يُعَوِّضْنَ	تُعَوِّضَا	تُعَوِّضْ		يُعَوِّضْنَ	تُعَوِّضَانِ	تُعَوِّضُ	FEMININE
تُعَوِّضُوا	تُعَوِّضَا	تُعَوِّضْ		تُعَوِّضُونَ	تُعَوِّضَانِ	تُعَوِّضُ	MASCULINE 2
تُعَوِّضْنَ	تُعَوِّضِي	تُعَوِّضْ		تُعَوِّضْنَ	تُعَوِّضَانِ	تُعَوِّضِينَ	FEMININE
نُعَوِّضْ	---	أُعَوِّضْ		نُعَوِّضُ	---	أُعَوِّضُ	1

PLURAL	DUAL	SINGULAR	IMPERATIVE		
عَوِّضُوا	عَوِّضَا	عَوِّضْ	MASCULINE	مُعَوِّضٌ	ACTIVE PARTICIPLE
عَوِّضْنَ	عَوِّضَا	عَوِّضِي	FEMININE	مُعَوَّضٌ	PASSIVE PARTICIPLE
				تَعْوِيضٌ	VERBAL NOUN

PASSIVE

PLURAL	DUAL	SINGULAR	SUBJUNCTIVE	PLURAL	DUAL	SINGULAR	PERFECT		
يُعَوَّضُوا	يُعَوَّضَا	يُعَوَّضَ		عُوِّضُوا	عُوِّضَا	عُوِّضَ	MASCULINE		3
يُعَوَّضْنَ	تُعَوَّضَا	تُعَوَّضَ		عُوِّضْنَ	عُوِّضَتَا	عُوِّضَتْ	FEMININE		
تُعَوَّضُوا	تُعَوَّضَا	تُعَوَّضَ		عُوِّضْتُمْ	عُوِّضْتُمَا	عُوِّضْتَ	MASCULINE		2
تُعَوَّضْنَ	تُعَوَّضَا	تُعَوَّضِي		عُوِّضْتُنَّ	عُوِّضْتُمَا	عُوِّضْتِ	FEMININE		
نُعَوَّضَ	---	أُعَوَّضَ		عُوِّضْنَا	---	عُوِّضْتُ			1

JUSSIVE / IMPERFECT

PLURAL	DUAL	SINGULAR	JUSSIVE	PLURAL	DUAL	SINGULAR	IMPERFECT		
يُعَوَّضُوا	يُعَوَّضَا	يُعَوَّضْ		يُعَوَّضُونَ	يُعَوَّضَانِ	يُعَوَّضُ	MASCULINE		3
يُعَوَّضْنَ	تُعَوَّضَا	تُعَوَّضْ		يُعَوَّضْنَ	تُعَوَّضَانِ	تُعَوَّضُ	FEMININE		
تُعَوَّضُوا	تُعَوَّضَا	تُعَوَّضْ		تُعَوَّضُونَ	تُعَوَّضَانِ	تُعَوَّضُ	MASCULINE		2
تُعَوَّضْنَ	تُعَوَّضَا	تُعَوَّضِي		تُعَوَّضْنَ	تُعَوَّضَانِ	تُعَوَّضِينَ	FEMININE		
نُعَوَّضْ	---	أُعَوَّضْ		نُعَوَّضُ	---	أُعَوَّضُ			1

هـذه التُحـفة لا تُعَوَّضُ.

This work of art is irreplaceable [literally: cannot *be replaced*].

عَوَّضَكَ الله عن صبرك.

May God *repay you* for your forbearance.

سَأُعَوِّضُكَ عن الوقت الذي راح منك.

I will *compensate* you for the time you have lost.

Form I عيش   to live عَاشَ ●

ACTIVE

PLURAL	DUAL	SINGULAR	SUBJUNCTIVE	PLURAL	DUAL	SINGULAR	PERFECT		
يَعِيشُوا	يَعِيشَا	يَعِيشَ		عَاشُوا	عَاشَا	عَاشَ	MASCULINE		3
يَعِشْنَ	تَعِيشَا	تَعِيشَ		عِشْنَ	عَاشَتَا	عَاشَتْ	FEMININE		
تَعِيشُوا	تَعِيشَا	تَعِيشَ		عِشْتُمْ	عِشْتُمَا	عِشْتَ	MASCULINE		2
تَعِشْنَ	تَعِيشَا	تَعِيشِي		عِشْتُنَّ	عِشْتُمَا	عِشْتِ	FEMININE		
نَعِيشَ	---	أَعِيشَ		عِشْنَا	---	عِشْتُ			1

347

JUSSIVE | IMPERFECT

PLURAL	DUAL	SINGULAR		PLURAL	DUAL	SINGULAR		
يَعِيشُوا	يَعِيشَا	يَعِشْ		يَعِيشُونَ	يَعِيشَانِ	يَعِيشُ	MASCULINE	3
يَعِشْنَ	تَعِيشَا	تَعِشْ		يَعِشْنَ	تَعِيشَانِ	تَعِيشُ	FEMININE	
تَعِيشُوا	تَعِيشَا	تَعِشْ		تَعِيشُونَ	تَعِيشَانِ	تَعِيشُ	MASCULINE	2
تَعِشْنَ	تَعِيشَا	تَعِيشِي		تَعِشْنَ	تَعِيشَانِ	تَعِيشِينَ	FEMININE	
نَعِشْ	---	أَعِشْ		نَعِيشُ	---	أَعِيشُ		1

IMPERATIVE | عَائِشٌ ACTIVE PARTICIPLE

PLURAL	DUAL	SINGULAR		
عِيشُوا	عِيشَا	عِشْ	MASCULINE	
عِشْنَ	عِيشَا	عِيشِي	FEMININE	

مَعِيشٌ PASSIVE PARTICIPLE

عَيْشٌ, عِيشَةٌ, مَعِيشٌ, مَعِيشَةٌ, مَعَاشٌ VERBAL NOUN

Where *did you live* before you moved to the Middle East?	أين كنت تَعِيشُ قبل أن تنتقل إلى الشرق الأوسط؟
The United Nations is showing special concern nowadays for the millions who *live* below the poverty line.	الأمم المتحدة تبدي اهتماماً خاصاً الآن للملايين الذين يَعِيشُونَ تحت خط الفقر.
The great majority of Egyptians *depend for their livelihood* [literally: *live*] on the small area of the Nile Valley.	تَعِيشُ الأغلبية العظمى من المصريين على المساحة الصغيرة لوادي النيل.

Form II عيّن   to designate, single out; to assign عَيَّنَ ●

ACTIVE

PLURAL	DUAL	SINGULAR	SUBJUNCTIVE	PLURAL	DUAL	SINGULAR	PERFECT	
يُعَيِّنُوا	يُعَيِّنَا	يُعَيِّنَ		عَيَّنُوا	عَيَّنَا	عَيَّنَ	MASCULINE	3
يُعَيِّنَّ	تُعَيِّنَا	تُعَيِّنَ		عَيَّنَّ	عَيَّنَتَا	عَيَّنَتْ	FEMININE	
تُعَيِّنُوا	تُعَيِّنَا	تُعَيِّنَ		عَيَّنْتُمْ	عَيَّنْتُمَا	عَيَّنْتَ	MASCULINE	2
تُعَيِّنَّ	تُعَيِّنَا	تُعَيِّنِي		عَيَّنْتُنَّ	عَيَّنْتُمَا	عَيَّنْتِ	FEMININE	
نُعَيِّنَ	---	أُعَيِّنَ		عَيَّنَّا	---	عَيَّنْتُ		1

JUSSIVE | IMPERFECT

PLURAL	DUAL	SINGULAR		PLURAL	DUAL	SINGULAR		
يُعَيِّنُوا	يُعَيِّنَا	يُعَيِّنْ		يُعَيِّنُونَ	يُعَيِّنَانِ	يُعَيِّنُ	MASCULINE	3
يُعَيِّنَّ	تُعَيِّنَا	تُعَيِّنْ		يُعَيِّنَّ	تُعَيِّنَانِ	تُعَيِّنُ	FEMININE	
تُعَيِّنُوا	تُعَيِّنَا	تُعَيِّنْ		تُعَيِّنُونَ	تُعَيِّنَانِ	تُعَيِّنُ	MASCULINE	2
تُعَيِّنَّ	تُعَيِّنَا	تُعَيِّنِي		تُعَيِّنَّ	تُعَيِّنَانِ	تُعَيِّنِينَ	FEMININE	
نُعَيِّنْ	---	أُعَيِّنْ		نُعَيِّنُ	---	أُعَيِّنُ		1

	IMPERATIVE				مُعَيِّنٌ	ACTIVE PARTICIPLE
عَيِّنُوا	عَيِّنَا	عَيِّنْ	MASCULINE		مُعَيَّنٌ	PASSIVE PARTICIPLE
عَيِّنَّ	عَيِّنَا	عَيِّنِي	FEMININE		تَعْيِينٌ	VERBAL NOUN

PASSIVE

PLURAL	DUAL	SINGULAR	SUBJUNCTIVE	PLURAL	DUAL	SINGULAR	PERFECT	
يُعَيَّنُوا	يُعَيَّنَا	يُعَيَّنَ		عُيِّنُوا	عُيِّنَا	عُيِّنَ	MASCULINE	3
يُعَيَّنَّ	تُعَيَّنَا	تُعَيَّنَ		عُيِّنَّ	عُيِّنَتَا	عُيِّنَتْ	FEMININE	
تُعَيَّنُوا	تُعَيَّنَا	تُعَيَّنَ		عُيِّنْتُمْ	عُيِّنْتُمَا	عُيِّنْتَ	MASCULINE	2
تُعَيَّنَّ	تُعَيَّنَا	تُعَيَّنِي		عُيِّنْتُنَّ	عُيِّنْتُمَا	عُيِّنْتِ	FEMININE	
نُعَيَّنَ	---	أُعَيَّنَ		عُيِّنَّا	---	عُيِّنْتُ		1

	JUSSIVE				IMPERFECT			
PLURAL	DUAL	SINGULAR		PLURAL	DUAL	SINGULAR		
يُعَيَّنُوا	يُعَيَّنَا	يُعَيَّنْ		يُعَيَّنُونَ	يُعَيَّنَانِ	يُعَيَّنُ	MASCULINE	3
يُعَيَّنَّ	تُعَيَّنَا	تُعَيَّنْ		يُعَيَّنَّ	تُعَيَّنَانِ	تُعَيَّنُ	FEMININE	
تُعَيَّنُوا	تُعَيَّنَا	تُعَيَّنْ		تُعَيَّنُونَ	تُعَيَّنَانِ	تُعَيَّنُ	MASCULINE	2
تُعَيَّنَّ	تُعَيَّنَا	تُعَيَّنِي		تُعَيَّنَّ	تُعَيَّنَانِ	تُعَيَّنِينَ	FEMININE	
نُعَيَّنْ	---	أُعَيَّنْ		نُعَيَّنُ	---	أُعَيَّنُ		1

I have been designated director of this sector.

لقد عُيِّنْتُ مديرًا للقطاع.

He did not *specify* any reason for committing this act.

لم يُعَيِّنْ أي سبب لقيامه بهذا الفعل.

The father *assigned* the inheritance of the land to his sons and daughters.

عَيَّنَ الأب ميراث الأرض للأولاد والبنات.

Form III غدر

غَادَرَ to depart

ACTIVE

PLURAL	DUAL	SINGULAR	SUBJUNCTIVE	PLURAL	DUAL	SINGULAR	PERFECT	
يُغَادِرُوا	يُغَادِرَا	يُغَادِرَ		غَادَرُوا	غَادَرَا	غَادَرَ	MASCULINE	3
يُغَادِرْنَ	تُغَادِرَا	تُغَادِرَ		غَادَرْنَ	غَادَرَتَا	غَادَرَتْ	FEMININE	
تُغَادِرُوا	تُغَادِرَا	تُغَادِرَ		غَادَرْتُمْ	غَادَرْتُمَا	غَادَرْتَ	MASCULINE	2
تُغَادِرْنَ	تُغَادِرَا	تُغَادِرِي		غَادَرْتُنَّ	غَادَرْتُمَا	غَادَرْتِ	FEMININE	
نُغَادِرَ	---	أُغَادِرَ		غَادَرْنَا	---	غَادَرْتُ		1

		IMPERFECT			JUSSIVE		
		SINGULAR	DUAL	PLURAL	SINGULAR	DUAL	PLURAL
3	MASCULINE	يُغَادِرُ	يُغَادِرَانِ	يُغَادِرُونَ	يُغَادِرْ	يُغَادِرَا	يُغَادِرُوا
	FEMININE	تُغَادِرُ	تُغَادِرَانِ	يُغَادِرْنَ	تُغَادِرْ	تُغَادِرَا	يُغَادِرْنَ
2	MASCULINE	تُغَادِرُ	تُغَادِرَانِ	تُغَادِرُونَ	تُغَادِرْ	تُغَادِرَا	تُغَادِرُوا
	FEMININE	تُغَادِرِينَ	تُغَادِرَانِ	تُغَادِرْنَ	تُغَادِرِي	تُغَادِرَا	تُغَادِرْنَ
1		أُغَادِرُ	---	نُغَادِرُ	أُغَادِرْ	---	نُغَادِرْ

ACTIVE PARTICIPLE	مُغَادِرٌ
PASSIVE PARTICIPLE	مُغَادَرٌ
VERBAL NOUN	مُغَادَرَةٌ

IMPERATIVE

	SINGULAR	DUAL	PLURAL
MASCULINE	غَادِرْ	غَادِرَا	غَادِرُوا
FEMININE	غَادِرِي	غَادِرَا	غَادِرْنَ

PASSIVE

		PERFECT			SUBJUNCTIVE		
		SINGULAR	DUAL	PLURAL	SINGULAR	DUAL	PLURAL
3	MASCULINE	غُودِرَ	غُودِرَا	غُودِرُوا	يُغَادَرَ	يُغَادَرَا	يُغَادَرُوا
	FEMININE	غُودِرَتْ	غُودِرَتَا	غُودِرْنَ	تُغَادَرَ	تُغَادَرَا	يُغَادَرْنَ
2	MASCULINE	غُودِرْتَ	غُودِرْتُمَا	غُودِرْتُمْ	تُغَادَرَ	تُغَادَرَا	تُغَادَرُوا
	FEMININE	غُودِرْتِ	غُودِرْتُمَا	غُودِرْتُنَّ	تُغَادَرِي	تُغَادَرَا	تُغَادَرْنَ
1		غُودِرْتُ	---	غُودِرْنَا	أُغَادَرَ	---	نُغَادَرَ

		IMPERFECT			JUSSIVE		
		SINGULAR	DUAL	PLURAL	SINGULAR	DUAL	PLURAL
3	MASCULINE	يُغَادَرُ	يُغَادَرَانِ	يُغَادَرُونَ	يُغَادَرْ	يُغَادَرَا	يُغَادَرُوا
	FEMININE	تُغَادَرُ	تُغَادَرَانِ	يُغَادَرْنَ	تُغَادَرْ	تُغَادَرَا	يُغَادَرْنَ
2	MASCULINE	تُغَادَرُ	تُغَادَرَانِ	تُغَادَرُونَ	تُغَادَرْ	تُغَادَرَا	تُغَادَرُوا
	FEMININE	تُغَادَرِينَ	تُغَادَرَانِ	تُغَادَرْنَ	تُغَادَرِي	تُغَادَرَا	تُغَادَرْنَ
1		أُغَادَرُ	---	نُغَادَرُ	أُغَادَرْ	---	نُغَادَرْ

Let's *get out of* this place.	دعْنا نُغَادِرُ هذا المكان.
The airplane *departed* the Cairo airport for Damascus.	غَادَرَتْ الطائرة مطار القاهرة إلى دمشق.

Form X غرق   to be immersed; to be absorbed إِسْتَغْرَقَ ●

ACTIVE

PLURAL	DUAL	SINGULAR	SUBJUNCTIVE	PLURAL	DUAL	SINGULAR	PERFECT	
يَسْتَغْرِقُوا	يَسْتَغْرِقَا	يَسْتَغْرِقَ		إِسْتَغْرَقُوا	إِسْتَغْرَقَا	إِسْتَغْرَقَ	MASCULINE	3
يَسْتَغْرِقْنَ	تَسْتَغْرِقَا	تَسْتَغْرِقَ		إِسْتَغْرَقْنَ	إِسْتَغْرَقَتَا	إِسْتَغْرَقَتْ	FEMININE	
تَسْتَغْرِقُوا	تَسْتَغْرِقَا	تَسْتَغْرِقَ		إِسْتَغْرَقْتُمْ	إِسْتَغْرَقْتُمَا	إِسْتَغْرَقْتَ	MASCULINE	2
تَسْتَغْرِقْنَ	تَسْتَغْرِقَا	تَسْتَغْرِقِي		إِسْتَغْرَقْتُنَّ	إِسْتَغْرَقْتُمَا	إِسْتَغْرَقْتِ	FEMININE	
نَسْتَغْرِقَ	---	أَسْتَغْرِقَ		إِسْتَغْرَقْنَا	---	إِسْتَغْرَقْتُ		1

JUSSIVE				IMPERFECT				
يَسْتَغْرِقُوا	يَسْتَغْرِقَا	يَسْتَغْرِقْ		يَسْتَغْرِقُونَ	يَسْتَغْرِقَانِ	يَسْتَغْرِقُ	MASCULINE	3
يَسْتَغْرِقْنَ	تَسْتَغْرِقَا	تَسْتَغْرِقْ		يَسْتَغْرِقْنَ	تَسْتَغْرِقَانِ	تَسْتَغْرِقُ	FEMININE	
تَسْتَغْرِقُوا	تَسْتَغْرِقَا	تَسْتَغْرِقْ		تَسْتَغْرِقُونَ	تَسْتَغْرِقَانِ	تَسْتَغْرِقُ	MASCULINE	2
تَسْتَغْرِقْنَ	تَسْتَغْرِقَا	تَسْتَغْرِقِي		تَسْتَغْرِقْنَ	تَسْتَغْرِقَانِ	تَسْتَغْرِقِينَ	FEMININE	
نَسْتَغْرِقْ	---	أَسْتَغْرِقْ		نَسْتَغْرِقُ	---	أَسْتَغْرِقُ		1

		IMPERATIVE		مُسْتَغْرِقٌ	ACTIVE PARTICIPLE
إِسْتَغْرِقُوا	إِسْتَغْرِقَا	إِسْتَغْرِقْ	MASCULINE	مُسْتَغْرَقٌ	PASSIVE PARTICIPLE
إِسْتَغْرِقْنَ	إِسْتَغْرِقَا	إِسْتَغْرِقِي	FEMININE	إِسْتِغْرَاقٌ	VERBAL NOUN

PASSIVE

PLURAL	DUAL	SINGULAR	SUBJUNCTIVE	PLURAL	DUAL	SINGULAR	PERFECT	
يُسْتَغْرَقُوا	يُسْتَغْرَقَا	يُسْتَغْرَقَ		أُسْتُغْرِقُوا	أُسْتُغْرِقَا	أُسْتُغْرِقَ	MASCULINE	3
يُسْتَغْرَقْنَ	تُسْتَغْرَقَا	تُسْتَغْرَقَ		أُسْتُغْرِقْنَ	أُسْتُغْرِقَتَا	أُسْتُغْرِقَتْ	FEMININE	
تُسْتَغْرَقُوا	تُسْتَغْرَقَا	تُسْتَغْرَقَ		أُسْتُغْرِقْتُمْ	أُسْتُغْرِقْتُمَا	أُسْتُغْرِقْتَ	MASCULINE	2
تُسْتَغْرَقْنَ	تُسْتَغْرَقَا	تُسْتَغْرَقِي		أُسْتُغْرِقْتُنَّ	أُسْتُغْرِقْتُمَا	أُسْتُغْرِقْتِ	FEMININE	
نُسْتَغْرَقَ	---	أُسْتَغْرَقَ		أُسْتُغْرِقْنَا	---	أُسْتُغْرِقْتُ		1

JUSSIVE				IMPERFECT				
يُسْتَغْرَقُوا	يُسْتَغْرَقَا	يُسْتَغْرَقْ		يُسْتَغْرَقُونَ	يُسْتَغْرَقَانِ	يُسْتَغْرَقُ	MASCULINE	3
يُسْتَغْرَقْنَ	تُسْتَغْرَقَا	تُسْتَغْرَقْ		يُسْتَغْرَقْنَ	تُسْتَغْرَقَانِ	تُسْتَغْرَقُ	FEMININE	
تُسْتَغْرَقُوا	تُسْتَغْرَقَا	تُسْتَغْرَقْ		تُسْتَغْرَقُونَ	تُسْتَغْرَقَانِ	تُسْتَغْرَقُ	MASCULINE	2
تُسْتَغْرَقْنَ	تُسْتَغْرَقَا	تُسْتَغْرَقِي		تُسْتَغْرَقْنَ	تُسْتَغْرَقَانِ	تُسْتَغْرَقِينَ	FEMININE	
نُسْتَغْرَقْ	---	أُسْتَغْرَقْ		نُسْتَغْرَقُ	---	أُسْتَغْرَقُ		1

You *overslept* [literally: *sank* into sleep].   إِسْتَغْرَقْتِ في النوم.

The two of them *laughed noisily* [literally: *sank* into laughter] all night long.   إِسْتَغْرَقَا في الضحك الليل كله.

They all *became absorbed* in work.   إِسْتَغْرَقَ الجميع في العمل.

Form II غطو   to cover, wrap غَطَّى ●

ACTIVE

PLURAL	DUAL	SINGULAR	SUBJUNCTIVE	PLURAL	DUAL	SINGULAR	PERFECT	
يُغَطُّوا	يُغَطِّيَا	يُغَطِّيَ		غَطُّوا	غَطَّيَا	غَطَّى	MASCULINE	3
يُغَطِّينَ	تُغَطِّيَا	تُغَطِّيَ		غَطَّينَ	غَطَّتَا	غَطَّتْ	FEMININE	
تُغَطُّوا	تُغَطِّيَا	تُغَطِّيَ		غَطَّيْتُم	غَطَّيْتُمَا	غَطَّيْتَ	MASCULINE	2
تُغَطِّينَ	تُغَطِّيَا	تُغَطِّي		غَطَّيْتُنَّ	غَطَّيْتُمَا	غَطَّيْتِ	FEMININE	
نُغَطِّيَ	---	أُغَطِّيَ		غَطَّيْنَا	---	غَطَّيْتُ		1

JUSSIVE   IMPERFECT

PLURAL	DUAL	SINGULAR	JUSSIVE	PLURAL	DUAL	SINGULAR	IMPERFECT	
يُغَطُّوا	يُغَطِّيَا	يُغَطِّ		يُغَطُّونَ	يُغَطِّيَانِ	يُغَطِّي	MASCULINE	3
يُغَطِّينَ	تُغَطِّيَا	تُغَطِّ		يُغَطِّينَ	تُغَطِّيَانِ	تُغَطِّي	FEMININE	
تُغَطُّوا	تُغَطِّيَا	تُغَطِّ		تُغَطُّونَ	تُغَطِّيَانِ	تُغَطِّي	MASCULINE	2
تُغَطِّينَ	تُغَطِّيَا	تُغَطِّ		تُغَطِّينَ	تُغَطِّيَانِ	تُغَطِّينَ	FEMININE	
نُغَطِّ	---	أُغَطِّ		نُغَطِّي	---	أُغَطِّي		1

مُغَطٍّ   ACTIVE PARTICIPLE

IMPERATIVE

PLURAL	DUAL	SINGULAR	IMPERATIVE		
غَطُّوا	غَطِّيَا	غَطِّ	MASCULINE	مُغَطًّى	PASSIVE PARTICIPLE
غَطِّينَ	غَطِّيَا	غَطِّي	FEMININE	تَغْطِيَةٌ	VERBAL NOUN

PASSIVE

PLURAL	DUAL	SINGULAR	SUBJUNCTIVE	PLURAL	DUAL	SINGULAR	PERFECT	
يُغَطَّوْا	يُغَطَّيَا	يُغَطَّى		غُطُّوا	غُطِّيَا	غُطِّيَ	MASCULINE	3
يُغَطَّيْنَ	تُغَطَّيَا	تُغَطَّى		غُطِّينَ	غُطِّيَتَا	غُطِّيَتْ	FEMININE	
تُغَطَّوْا	تُغَطَّيَا	تُغَطَّى		غُطِّيتُم	غُطِّيتُمَا	غُطِّيتَ	MASCULINE	2
تُغَطَّيْنَ	تُغَطَّيَا	تُغَطَّيْ		غُطِّيتُنَّ	غُطِّيتُمَا	غُطِّيتِ	FEMININE	
نُغَطَّى	---	أُغَطَّى		غُطِّينَا	---	غُطِّيتُ		1

	JUSSIVE				IMPERFECT		
	PLURAL	DUAL	SING.		PLURAL	DUAL	SING.
3 MASCULINE	يُغَطُّوا	يُغَطِّيَا	يُغَطِّ		يُغَطُّونَ	يُغَطِّيَانِ	يُغَطِّى
FEMININE	يُغَطِّينَ	تُغَطِّيَا	تُغَطِّ		يُغَطِّينَ	تُغَطِّيَانِ	تُغَطِّى
2 MASCULINE	تُغَطُّوا	تُغَطِّيَا	تُغَطِّ		تُغَطُّونَ	تُغَطِّيَانِ	تُغَطِّى
FEMININE	تُغَطِّينَ	تُغَطِّيَا	تُغَطِّي		تُغَطِّينَ	تُغَطِّيَانِ	تُغَطِّينَ
1	نُغَطِّ	---	أُغَطِّ		نُغَطِّى	---	أُغَطِّى

He covered himself with the blanket.	غَطّى نفسه بالبطانية.
These funds *will cover* the expenses of the trip.	هذه الأموال سَتُغَطّي تكاليف الرحلة.
Do not *cover up* the scandal.	لا تُغَطّ على الفضيحة.

Form X غلل   to profit; to exploit إسْتَغَلَّ ●

ACTIVE

	SUBJUNCTIVE				PERFECT		
	PLURAL	DUAL	SINGULAR		PLURAL	DUAL	SINGULAR
3 MASCULINE	يَسْتَغِلُّوا	يَسْتَغِلاَّ	يَسْتَغِلَّ		إسْتَغَلُّوا	إسْتَغَلاَّ	إسْتَغَلَّ
FEMININE	يَسْتَغْلِلْنَ	تَسْتَغِلاَّ	تَسْتَغِلَّ		إسْتَغْلَلْنَ	إسْتَغَلَّتَا	إسْتَغَلَّتْ
2 MASCULINE	تَسْتَغِلُّوا	تَسْتَغِلاَّ	تَسْتَغِلَّ		إسْتَغْلَلْتُمْ	إسْتَغْلَلْتُمَا	إسْتَغْلَلْتَ
FEMININE	تَسْتَغْلِلْنَ	تَسْتَغِلاَّ	تَسْتَغِلّي		إسْتَغْلَلْتُنَّ	إسْتَغْلَلْتُمَا	إسْتَغْلَلْتِ
1	نَسْتَغِلَّ	---	أَسْتَغِلَّ		إسْتَغْلَلْنَا	---	إسْتَغْلَلْتُ

	*JUSSIVE				IMPERFECT		
	PLURAL	DUAL	SINGULAR		PLURAL	DUAL	SINGULAR
3 MASCULINE	يَسْتَغِلُّوا	يَسْتَغِلاَّ	يَسْتَغْلِلْ		يَسْتَغِلُّونَ	يَسْتَغِلاَّنِ	يَسْتَغِلُّ
FEMININE	يَسْتَغْلِلْنَ	تَسْتَغِلاَّ	تَسْتَغْلِلْ		يَسْتَغْلِلْنَ	تَسْتَغِلاَّنِ	تَسْتَغِلُّ
2 MASCULINE	تَسْتَغِلُّوا	تَسْتَغِلاَّ	تَسْتَغْلِلْ		تَسْتَغِلُّونَ	تَسْتَغِلاَّنِ	تَسْتَغِلُّ
FEMININE	تَسْتَغْلِلْنَ	تَسْتَغِلاَّ	تَسْتَغْلِلي		تَسْتَغْلِلْنَ	تَسْتَغِلاَّنِ	تَسْتَغِلّينَ
1	نَسْتَغِلْ	---	أَسْتَغْلِلْ		نَسْتَغِلُّ	---	أَسْتَغِلُّ

	ACTIVE PARTICIPLE	مُسْتَغِلّ
	PASSIVE PARTICIPLE	مُسْتَغَلّ
	VERBAL NOUN	إسْتِغْلاَل

IMPERATIVE

	PLURAL	DUAL	SINGULAR
MASCULINE	إسْتَغْلِلُوا	إسْتَغِلاَّ	إسْتَغْلِلْ** / إسْتَغِلَّ
FEMININE	إسْتَغْلِلْنَ	إسْتَغِلاَّ	إسْتَغْلِلي

---

* Contracted form: يَسْتَغِلّ، تَسْتَغِلّ، تَسْتَغِلّي، أَسْتَغِلّ...نَسْتَغِلّ

** Contracted form: إسْتَغِلّ

PASSIVE

PLURAL	DUAL	SINGULAR	SUBJUNCTIVE	PLURAL	DUAL	SINGULAR	PERFECT		
يُسْتَغَلُّوا	يُسْتَغَلَّا	يُسْتَغَلَّ		أُسْتُغِلُّوا	أُسْتُغِلَّا	أُسْتُغِلَّ	MASCULINE	3
يُسْتَغْلَلْنَ	تُسْتَغَلَّا	تُسْتَغَلَّ		أُسْتُغْلِلْنَ	أُسْتُغِلَّتَا	أُسْتُغِلَّتْ	FEMININE	
تُسْتَغَلُّوا	تُسْتَغَلَّا	تُسْتَغَلَّ		أُسْتُغْلِلْتُمْ	أُسْتُغْلِلْتُمَا	أُسْتُغْلِلْتَ	MASCULINE	2
تُسْتَغْلَلْنَ	تُسْتَغَلَّا	تُسْتَغَلِّي		أُسْتُغْلِلْتُنَّ	أُسْتُغْلِلْتُمَا	أُسْتُغْلِلْتِ	FEMININE	
نُسْتَغَلَّ	---	أُسْتَغَلَّ		أُسْتُغْلِلْنَا	---	أُسْتُغْلِلْتُ		1

PLURAL	DUAL	SINGULAR	*JUSSIVE	PLURAL	DUAL	SINGULAR	IMPERFECT		
يُسْتَغَلُّوا	يُسْتَغَلَّا	يُسْتَغْلَلْ		يُسْتَغَلُّونَ	يُسْتَغَلَّانِ	يُسْتَغَلُّ	MASCULINE	3
يُسْتَغْلَلْنَ	تُسْتَغَلَّا	تُسْتَغْلَلْ		يُسْتَغْلَلْنَ	تُسْتَغَلَّانِ	تُسْتَغَلُّ	FEMININE	
تُسْتَغَلُّوا	تُسْتَغَلَّا	تُسْتَغْلَلْ		تُسْتَغَلُّونَ	تُسْتَغَلَّانِ	تُسْتَغَلُّ	MASCULINE	2
تُسْتَغْلَلْنَ	تُسْتَغَلَّا	تُسْتَغَلِّي		تُسْتَغْلَلْنَ	تُسْتَغَلَّانِ	تُسْتَغَلِّينَ	FEMININE	
نُسْتَغْلَلْ	---	أُسْتَغْلَلْ		نُسْتَغَلُّ	---	أُسْتَغَلُّ		1

Don't *exploit* people.

لا تَسْتَغِلَّ النّاس.

You have *to take advantage* of this opportunity that has come your way.

يجب أن تَسْتَغِلِّي هذه الفرصة المتاحة لك.

The government *will make use* of the desert areas.

الحكومة سَتَسْتَغِلُّ الأراضي الصحراوية.

Form V غلب   to overcome تَغَلَّبَ ●

ACTIVE

PLURAL	DUAL	SINGULAR	SUBJUNCTIVE	PLURAL	DUAL	SINGULAR	PERFECT		
يَتَغَلَّبُوا	يَتَغَلَّبَا	يَتَغَلَّبَ		تَغَلَّبُوا	تَغَلَّبَا	تَغَلَّبَ	MASCULINE	3
يَتَغَلَّبْنَ	تَتَغَلَّبَا	تَتَغَلَّبَ		تَغَلَّبْنَ	تَغَلَّبَتَا	تَغَلَّبَتْ	FEMININE	
تَتَغَلَّبُوا	تَتَغَلَّبَا	تَتَغَلَّبَ		تَغَلَّبْتُمْ	تَغَلَّبْتُمَا	تَغَلَّبْتَ	MASCULINE	2
تَتَغَلَّبْنَ	تَتَغَلَّبَا	تَتَغَلَّبِي		تَغَلَّبْتُنَّ	تَغَلَّبْتُمَا	تَغَلَّبْتِ	FEMININE	
نَتَغَلَّبَ	---	أَتَغَلَّبَ		تَغَلَّبْنَا	---	تَغَلَّبْتُ		1

IMPERFECT

	SINGULAR	DUAL	PLURAL		
MASCULINE 3	يَتَغَلَّبُ	يَتَغَلَّبَانِ	يَتَغَلَّبُونَ		
FEMININE	تَتَغَلَّبُ	تَتَغَلَّبَانِ	يَتَغَلَّبْنَ		
MASCULINE 2	تَتَغَلَّبُ	تَتَغَلَّبَانِ	تَتَغَلَّبُونَ		
FEMININE	تَتَغَلَّبِينَ	تَتَغَلَّبَانِ	تَتَغَلَّبْنَ		
1	أَتَغَلَّبُ	---	نَتَغَلَّبُ		

JUSSIVE

	SINGULAR	DUAL	PLURAL
MASCULINE 3	يَتَغَلَّبْ	يَتَغَلَّبَا	يَتَغَلَّبُوا
FEMININE	تَتَغَلَّبْ	تَتَغَلَّبَا	يَتَغَلَّبْنَ
MASCULINE 2	تَتَغَلَّبْ	تَتَغَلَّبَا	تَتَغَلَّبُوا
FEMININE	تَتَغَلَّبِي	تَتَغَلَّبَا	تَتَغَلَّبْنَ
1	أَتَغَلَّبْ	---	نَتَغَلَّبْ

ACTIVE PARTICIPLE   مُتَغَلِّبٌ

PASSIVE PARTICIPLE   ---

VERBAL NOUN   تَغَلُّبٌ

IMPERATIVE

	SINGULAR	DUAL	PLURAL
MASCULINE	تَغَلَّبْ	تَغَلَّبَا	تَغَلَّبُوا
FEMININE	تَغَلَّبِي	تَغَلَّبَا	تَغَلَّبْنَ

تَغَلَّبَ علينا النعاس.

We were *overcome* with sleepiness [literally: sleepiness *overcame* us].

مريم تَغَلَّبَتْ على المصاعب.

Maryam *overcame* the hardships.

لاعبو الفريق تَغَلَّبُوا على نقص اللياقة البدنية.

The team's players *overcame* their lack of physical fitness.

Form IV غلق   ● أَغْلَقَ to close, lock

ACTIVE

PERFECT

	SINGULAR	DUAL	PLURAL
MASCULINE 3	أَغْلَقَ	أَغْلَقَا	أَغْلَقُوا
FEMININE	أَغْلَقَتْ	أَغْلَقَتَا	أَغْلَقْنَ
MASCULINE 2	أَغْلَقْتَ	أَغْلَقْتُمَا	أَغْلَقْتُمْ
FEMININE	أَغْلَقْتِ	أَغْلَقْتُمَا	أَغْلَقْتُنَّ
1	أَغْلَقْتُ	---	أَغْلَقْنَا

SUBJUNCTIVE

	SINGULAR	DUAL	PLURAL
MASCULINE 3	يُغْلِقَ	يُغْلِقَا	يُغْلِقُوا
FEMININE	تُغْلِقَ	تُغْلِقَا	يُغْلِقْنَ
MASCULINE 2	تُغْلِقَ	تُغْلِقَا	تُغْلِقُوا
FEMININE	تُغْلِقِي	تُغْلِقَا	تُغْلِقْنَ
1	أُغْلِقَ	---	نُغْلِقَ

IMPERFECT

	SINGULAR	DUAL	PLURAL
MASCULINE 3	يُغْلِقُ	يُغْلِقَانِ	يُغْلِقُونَ
FEMININE	تُغْلِقُ	تُغْلِقَانِ	يُغْلِقْنَ
MASCULINE 2	تُغْلِقُ	تُغْلِقَانِ	تُغْلِقُونَ
FEMININE	تُغْلِقِينَ	تُغْلِقَانِ	تُغْلِقْنَ
1	أُغْلِقُ	---	نُغْلِقُ

JUSSIVE

	SINGULAR	DUAL	PLURAL
MASCULINE 3	يُغْلِقْ	يُغْلِقَا	يُغْلِقُوا
FEMININE	تُغْلِقْ	تُغْلِقَا	يُغْلِقْنَ
MASCULINE 2	تُغْلِقْ	تُغْلِقَا	تُغْلِقُوا
FEMININE	تُغْلِقِي	تُغْلِقَا	تُغْلِقْنَ
1	أُغْلِقْ	---	نُغْلِقْ

			IMPERATIVE	مُغْلِقٌ	ACTIVE PARTICIPLE
أَغْلِقُوا	أَغْلِقَا	أَغْلِقْ	MASCULINE	مُغْلَقٌ	PASSIVE PARTICIPLE
أَغْلِقْنَ	أَغْلِقَا	أَغْلِقِي	FEMININE	إِغْلاقٌ	VERBAL NOUN

PASSIVE

PLURAL	DUAL	SINGULAR	SUBJUNCTIVE	PLURAL	DUAL	SINGULAR	PERFECT	
يُغْلَقُوا	يُغْلَقَا	يُغْلَقَ		أُغْلِقُوا	أُغْلِقَا	أُغْلِقَ	MASCULINE	3
يُغْلَقْنَ	تُغْلَقَا	تُغْلَقَ		أُغْلِقْنَ	أُغْلِقَتَا	أُغْلِقَتْ	FEMININE	
تُغْلَقُوا	تُغْلَقَا	تُغْلَقَ		أُغْلِقْتُمْ	أُغْلِقْتُمَا	أُغْلِقْتَ	MASCULINE	2
تُغْلَقْنَ	تُغْلَقَا	تُغْلَقِي		أُغْلِقْتُنَّ	أُغْلِقْتُمَا	أُغْلِقْتِ	FEMININE	
نُغْلَقَ	---	أُغْلَقَ		أُغْلِقْنَا	---	أُغْلِقْتُ		1

			JUSSIVE				IMPERFECT	
يُغْلَقُوا	يُغْلَقَا	يُغْلَقْ		يُغْلَقُونَ	يُغْلَقَانِ	يُغْلَقُ	MASCULINE	3
يُغْلَقْنَ	تُغْلَقَا	تُغْلَقْ		يُغْلَقْنَ	تُغْلَقَانِ	تُغْلَقُ	FEMININE	
تُغْلَقُوا	تُغْلَقَا	تُغْلَقْ		تُغْلَقُونَ	تُغْلَقَانِ	تُغْلَقُ	MASCULINE	2
تُغْلَقْنَ	تُغْلَقَا	تُغْلَقِي		تُغْلَقْنَ	تُغْلَقَانِ	تُغْلَقِينَ	FEMININE	
نُغْلَقْ	---	أُغْلَقْ		نُغْلَقُ	---	أُغْلَقُ		1

Shut the door, if you please.

أَغْلِقِ البابَ إذا سمحت.

The subject *was not brought up* [literally: *was locked*] because of a media blackout.

أُغْلِقَ هذا الموضوع نتيجة التعتيم الإعلامي.

He foreclosed the mortgage on the house.

أَغْلَقَ رهنا على البيت.

Form I غيب to be or become absent; to set (the sun) غاب ●

ACTIVE

PLURAL	DUAL	SINGULAR	SUBJUNCTIVE	PLURAL	DUAL	SINGULAR	PERFECT	
يَغِيبُوا	يَغِيبَا	يَغِيبَ		غَابُوا	غَابَا	غَابَ	MASCULINE	3
يَغِبْنَ	تَغِيبَا	تَغِيبَ		غِبْنَ	غَابَتَا	غَابَتْ	FEMININE	
تَغِيبُوا	تَغِيبَا	تَغِيبَ		غِبْتُمْ	غِبْتُمَا	غِبْتَ	MASCULINE	2
تَغِبْنَ	تَغِيبَا	تَغِيبِي		غِبْتُنَّ	غِبْتُمَا	غِبْتِ	FEMININE	
نَغِيبَ	---	أَغِيبَ		غِبْنَا	---	غِبْتُ		1

	JUSSIVE				IMPERFECT		
يَغِيبُوا	يَغِيبَا	يَغِبْ	3 MASCULINE	يَغِيبُونَ	يَغِيبَانِ	يَغِيبُ	
يَغِبْنَ	تَغِيبَا	تَغِبْ	FEMININE	يَغِبْنَ	تَغِيبَانِ	تَغِيبُ	
تَغِيبُوا	تَغِيبَا	تَغِبْ	2 MASCULINE	تَغِيبُونَ	تَغِيبَانِ	تَغِيبُ	
تَغِبْنَ	تَغِيبَا	تَغِيبِي	FEMININE	تَغِبْنَ	تَغِيبَانِ	تَغِيبِينَ	
نَغِبْ	---	أَغِبْ	1	نَغِيبُ	---	أَغِيبُ	

IMPERATIVE

غِيبُوا	غِيبَا	غِبْ	MASCULINE
غِبْنَ	غِيبَا	غِيبِي	FEMININE

غَائِبٌ ACTIVE PARTICIPLE

--- PASSIVE PARTICIPLE

غَيْبٌ VERBAL NOUN

He passed out [literally: *withdrew from consciousness*] when his head collided with the ground.

لقد غَابَ عن الوعي عندما إصطدمت رأسه بالأرض.

It slipped the father's mind to buy presents for his children.

لقد غَابَ عن بال الأب أن يشتري الهدايا لأطفاله.

What is the empire on which the sun does not *set*?

ما هي الامبراطورية التي لا تَغِيبُ عنها الشمس؟

Form V غير   to change تَغَيَّرَ ⬤

ACTIVE

PLURAL	DUAL	SINGULAR	SUBJUNCTIVE	PLURAL	DUAL	SINGULAR	PERFECT	
يَتَغَيَّرُوا	يَتَغَيَّرَا	يَتَغَيَّرَ		تَغَيَّرُوا	تَغَيَّرَا	تَغَيَّرَ	MASCULINE	3
يَتَغَيَّرْنَ	تَتَغَيَّرَا	تَتَغَيَّرَ		تَغَيَّرْنَ	تَغَيَّرَتَا	تَغَيَّرَتْ	FEMININE	
تَتَغَيَّرُوا	تَتَغَيَّرَا	تَتَغَيَّرَ		تَغَيَّرْتُمْ	تَغَيَّرْتُمَا	تَغَيَّرْتَ	MASCULINE	2
تَتَغَيَّرْنَ	تَتَغَيَّرَا	تَتَغَيَّرِي		تَغَيَّرْتُنَّ	تَغَيَّرْتُمَا	تَغَيَّرْتِ	FEMININE	
نَتَغَيَّرَ	---	أَتَغَيَّرَ		تَغَيَّرْنَا	---	تَغَيَّرْتُ		1

	JUSSIVE				IMPERFECT			
يَتَغَيَّرُوا	يَتَغَيَّرَا	يَتَغَيَّرْ		يَتَغَيَّرُونَ	يَتَغَيَّرَانِ	يَتَغَيَّرُ	MASCULINE	3
يَتَغَيَّرْنَ	تَتَغَيَّرَا	تَتَغَيَّرْ		يَتَغَيَّرْنَ	تَتَغَيَّرَانِ	تَتَغَيَّرُ	FEMININE	
تَتَغَيَّرُوا	تَتَغَيَّرَا	تَتَغَيَّرْ		تَتَغَيَّرُونَ	تَتَغَيَّرَانِ	تَتَغَيَّرُ	MASCULINE	2
تَتَغَيَّرْنَ	تَتَغَيَّرَا	تَتَغَيَّرِي		تَتَغَيَّرْنَ	تَتَغَيَّرَانِ	تَتَغَيَّرِينَ	FEMININE	
نَتَغَيَّرْ	---	أَتَغَيَّرْ		نَتَغَيَّرُ	---	أَتَغَيَّرُ		1

	IMPERATIVE		مُتَغَيِّرٌ	ACTIVE PARTICIPLE

			IMPERATIVE	
تَغَيَّرُوا	تَغَيَّرَا	تَغَيَّرْ	MASCULINE	--- PASSIVE PARTICIPLE
تَغَيَّرْنَ	تَغَيَّرَا	تَغَيَّرِي	FEMININE	تَغَيُّرٌ VERBAL NOUN

Circumstances *have changed*.

لقد تَغَيَّرَتُ الظروف.

What *has changed* in our relationship?

ما الذي تَغَيَّرَ في علاقتنا؟

The economic value of the Egyptian pound *has changed* vis-à-vis the dollar.

لقد تَغَيَّرَتُ القيمة الاقتصادية للجنيه أمام الدولار.

Form I فتح   to open فَتَحَ ●

ACTIVE

PLURAL	DUAL	SINGULAR	SUBJUNCTIVE	PLURAL	DUAL	SINGULAR	PERFECT	
يَفْتَحُوا	يَفْتَحَا	يَفْتَحَ		فَتَحُوا	فَتَحَا	فَتَحَ	MASCULINE	3
يَفْتَحْنَ	تَفْتَحَا	تَفْتَحَ		فَتَحْنَ	فَتَحَتَا	فَتَحَتُ	FEMININE	
تَفْتَحُوا	تَفْتَحَا	تَفْتَحَ		فَتَحْتُمْ فَتَحْتُمَا		فَتَحْتَ	MASCULINE	2
تَفْتَحْنَ	تَفْتَحَا	تَفْتَحِي		فَتَحْتُنَّ فَتَحْتُمَا		فَتَحْتِ	FEMININE	
نَفْتَحَ	---	أَفْتَحَ		فَتَحْنَا	---	فَتَحْتُ		1

	JUSSIVE				IMPERFECT			
يَفْتَحُوا	يَفْتَحَا	يَفْتَحْ		يَفْتَحُونَ	يَفْتَحَانِ	يَفْتَحُ	MASCULINE	3
يَفْتَحْنَ	تَفْتَحَا	تَفْتَحْ		يَفْتَحْنَ	تَفْتَحَانِ	تَفْتَحُ	FEMININE	
تَفْتَحُوا	تَفْتَحَا	تَفْتَحْ		تَفْتَحُونَ	تَفْتَحَانِ	تَفْتَحُ	MASCULINE	2
تَفْتَحْنَ	تَفْتَحَا	تَفْتَحِي		تَفْتَحْنَ	تَفْتَحَانِ	تَفْتَحِينَ	FEMININE	
نَفْتَحْ	---	أَفْتَحْ		نَفْتَحُ	---	أَفْتَحُ		1

	IMPERATIVE			فَاتِحٌ	ACTIVE PARTICIPLE
إِفْتَحُوا	إِفْتَحَا	إِفْتَحْ	MASCULINE	مَفْتُوحٌ	PASSIVE PARTICIPLE
إِفْتَحْنَ	إِفْتَحَا	إِفْتَحِي	FEMININE	فَتْحٌ	VERBAL NOUN

PLURAL	DUAL	SINGULAR	SUBJUNCTIVE	PLURAL	DUAL	SINGULAR	PERFECT		
يُفْتَحُوا	يُفْتَحَا	يُفْتَحَ		فُتِحُوا	فُتِحَا	فُتِحَ	MASCULINE	3
تُفْتَحْنَ	تُفْتَحَا	تُفْتَحَ		فُتِحْنَ	فُتِحَتَا	فُتِحَتْ	FEMININE	
تُفْتَحُوا	تُفْتَحَا	تُفْتَحَ		فُتِحْتُمْ	فُتِحْتُمَا	فُتِحْتَ	MASCULINE	2
تُفْتَحْنَ	تُفْتَحَا	تُفْتَحِي		فُتِحْتُنَّ	فُتِحْتُمَا	فُتِحْتِ	FEMININE	
نُفْتَحَ	---	أُفْتَحَ		فُتِحْنَا	---	فُتِحْتُ		1

PLURAL	DUAL	SINGULAR		PLURAL	DUAL	SINGULAR			
يُفْتَحُوا	يُفْتَحَا	يُفْتَحْ		يُفْتَحُونَ	يُفْتَحَانِ	يُفْتَحُ	MASCULINE	3
تُفْتَحْنَ	تُفْتَحَا	تُفْتَحْ		يُفْتَحْنَ	تُفْتَحَانِ	تُفْتَحُ	FEMININE	
تُفْتَحُوا	تُفْتَحَا	تُفْتَحْ		تُفْتَحُونَ	تُفْتَحَانِ	تُفْتَحُ	MASCULINE	2
تُفْتَحْنَ	تُفْتَحَا	تُفْتَحِي		تُفْتَحْنَ	تُفْتَحَانِ	تُفْتَحِينَ	FEMININE	
نُفْتَحْ	---	أُفْتَحْ		نُفْتَحُ	---	أُفْتَحُ		1

Can *I open* the door for you?	هل يمكن أن أَفْتَحَ الباب لكم؟
He stared wide-eyed [literally: *opened* his eyes to their ends] when he saw the beautiful woman.	فَتَحَ عينيه على آخرهما عندما رأى المرأة الجميلة.
The salad *stimulated* my appetite to eat.	السلاطة فَتَحَتْ شهيتي للأكل.
This old lady tells [literally: *opens*] fortunes.	هذه العجوز تَفْتَحُ البخت.

Form VIII فتح   ● إِفْتَتَحَ to inaugurate, introduce; to conquer

ACTIVE

PLURAL	DUAL	SINGULAR	SUBJUNCTIVE	PLURAL	DUAL	SINGULAR	PERFECT		
يَفْتَتِحُوا	يَفْتَتِحَا	يَفْتَتِحَ		إِفْتَتَحُوا	إِفْتَتَحَا	إِفْتَتَحَ	MASCULINE	3
يَفْتَتِحْنَ	تَفْتَتِحَا	تَفْتَتِحَ		إِفْتَتَحْنَ	إِفْتَتَحَتَا	إِفْتَتَحَتْ	FEMININE	
تَفْتَتِحُوا	تَفْتَتِحَا	تَفْتَتِحَ		إِفْتَتَحْتُمْ	إِفْتَتَحْتُمَا	إِفْتَتَحْتَ	MASCULINE	2
تَفْتَتِحْنَ	تَفْتَتِحَا	تَفْتَتِحِي		إِفْتَتَحْتُنَّ	إِفْتَتَحْتُمَا	إِفْتَتَحْتِ	FEMININE	
نَفْتَتِحَ	---	أَفْتَتِحَ		إِفْتَتَحْنَا	---	إِفْتَتَحْتُ		1

359

PLURAL	DUAL	SINGULAR	(JUSSIVE)	PLURAL	DUAL	SINGULAR	(IMPERFECT)	
يَفْتَتِحُوا	يَفْتَتِحَا	يَفْتَتِحْ		يَفْتَتِحُونَ	يَفْتَتِحَان	يَفْتَتِحُ	MASCULINE	3
يَفْتَتِحْنَ	تَفْتَتِحَا	تَفْتَتِحْ		يَفْتَتِحْنَ	تَفْتَتِحَان	تَفْتَتِحُ	FEMININE	
تَفْتَتِحُوا	تَفْتَتِحَا	تَفْتَتِحْ		تَفْتَتِحُونَ	تَفْتَتِحَان	تَفْتَتِحُ	MASCULINE	2
تَفْتَتِحْنَ	تَفْتَتِحَا	تَفْتَتِحِي		تَفْتَتِحْنَ	تَفْتَتِحَان	تَفْتَتِحِينَ	FEMININE	
نَفْتَتِحْ	---	أَفْتَتِحْ		نَفْتَتِحُ	---	أَفْتَتِحُ		1

	IMPERATIVE		مُفْتَتِحٌ	ACTIVE PARTICIPLE

PLURAL	DUAL	SINGULAR			
إِفْتَتِحُوا	إِفْتَتِحَا	إِفْتَتِحْ	MASCULINE	---	PASSIVE PARTICIPLE
إِفْتَتِحْنَ	إِفْتَتِحَا	إِفْتَتِحِي	FEMININE	إِفْتِتَاحٌ	VERBAL NOUN

I like the way in which *you began* your book.

أحب الطريقة التي افْتَتَحْتِ بها كتابك.

The president *launched* a number of investment projects.

إِفْتَتَحَ الرئيس العديد من المشاريع الإستثمارية.

Amr Ibn al-As *conquered* Egypt in the seventh century A.D.

عمرو بن العاص افْتَتَحَ مصر في القرن السابع الميلادي.

Form III فجأ   to surprise فَاجَأَ ●

ACTIVE

PLURAL	DUAL	SINGULAR	SUBJUNCTIVE	PLURAL	DUAL	SINGULAR	PERFECT	
يُفَاجِئُوا	يُفَاجِئَا	يُفَاجِئَ		فَاجَؤُوا	فَاجَآ	فَاجَأَ	MASCULINE	3
يُفَاجِئْنَ	تُفَاجِئَا	تُفَاجِئَ		فَاجَأْنَ	فَاجَأَتَا	فَاجَأَتْ	FEMININE	
تُفَاجِئُوا	تُفَاجِئَا	تُفَاجِئَ		فَاجَأْتُمْ	فَاجَأْتُمَا	فَاجَأْتَ	MASCULINE	2
تُفَاجِئْنَ	تُفَاجِئَا	تُفَاجِئِي		فَاجَأْتُنَّ	فَاجَأْتُمَا	فَاجَأْتِ	FEMININE	
نُفَاجِئَ	---	أُفَاجِئَ		فَاجَأْنَا	---	فَاجَأْتُ		1

			JUSSIVE				IMPERFECT	
يُفَاجِئُوا	يُفَاجِئَا	يُفَاجِئْ		يُفَاجِئُونَ	يُفَاجِئَان	يُفَاجِئُ	MASCULINE	3
يُفَاجِئْنَ	تُفَاجِئَا	تُفَاجِئْ		يُفَاجِئْنَ	تُفَاجِئَان	تُفَاجِئُ	FEMININE	
تُفَاجِئُوا	تُفَاجِئَا	تُفَاجِئْ		تُفَاجِئُونَ	تُفَاجِئَان	تُفَاجِئُ	MASCULINE	2
تُفَاجِئْنَ	تُفَاجِئَا	تُفَاجِئِي		تُفَاجِئْنَ	تُفَاجِئَان	تُفَاجِئِينَ	FEMININE	
نُفَاجِئْ	---	أُفَاجِئْ		نُفَاجِئُ	---	أُفَاجِئُ		1

			IMPERATIVE		مُفَاجِئٌ	ACTIVE PARTICIPLE
فَاجِئُوا	فَاجِئَا	فَاجِئْ	MASCULINE		مُفَاجَأٌ	PASSIVE PARTICIPLE
فَاجِئْنَ	فَاجِئَا	فَاجِئِي	FEMININE		مُفَاجَأَةٌ	VERBAL NOUN

PASSIVE

PLURAL	DUAL	SINGULAR	SUBJUNCTIVE	PLURAL	DUAL	SINGULAR	PERFECT	
يُفَاجَؤُوا	يُفَاجَآ	يُفَاجَأَ		فُوجِئُوا	فُوجِئَا	فُوجِئَ	MASCULINE	3
يُفَاجَأْنَ	تُفَاجَآ	تُفَاجَأَ		فُوجِئْنَ	فُوجِئَتَا	فُوجِئَتْ	FEMININE	
تُفَاجَؤُوا	تُفَاجَآ	تُفَاجَأَ		فُوجِئْتُمْ	فُوجِئْتُمَا	فُوجِئْتَ	MASCULINE	2
تُفَاجَأْنَ	تُفَاجَآ	تُفَاجَئِي		فُوجِئْتُنَّ	فُوجِئْتُمَا	فُوجِئْتِ	FEMININE	
نُفَاجَأَ	---	أُفَاجَأَ		فُوجِئْنَا	---	فُوجِئْتُ		1

PLURAL	DUAL	SINGULAR	JUSSIVE	PLURAL	DUAL	SINGULAR	IMPERFECT	
يُفَاجَؤُوا	يُفَاجَآ	يُفَاجَأْ		يُفَاجَؤُونَ	يُفَاجَآن	يُفَاجَأُ	MASCULINE	3
يُفَاجَأْنَ	تُفَاجَآ	تُفَاجَأْ		يُفَاجَأْنَ	تُفَاجَآن	تُفَاجَأُ	FEMININE	
تُفَاجَؤُوا	تُفَاجَآ	تُفَاجَأْ		تُفَاجَؤُونَ	تُفَاجَآن	تُفَاجَأُ	MASCULINE	2
تُفَاجَأْنَ	تُفَاجَآ	تُفَاجَئِي		تُفَاجَئِينَ	تُفَاجَآن	تُفَاجَئِينَ	FEMININE	
نُفَاجَأْ	---	أُفَاجَأْ		نُفَاجَأُ	---	أُفَاجَأُ		1

She surprised me with a gift.	لقد فَاجَأَتْنِي بالهدية.
The enemy *took him by surprise.*	لقد فَاجَأَهُ العدو.
The news *hit us* like a thunderbolt.	لقد فَاجَأَنَا الخبر كالصاعقة.

Form VII فجر

to explode; to burst out اِنْفَجَرَ ●

ACTIVE

PLURAL	DUAL	SINGULAR	SUBJUNCTIVE	PLURAL	DUAL	SINGULAR	PERFECT	
يَنْفَجِرُوا	يَنْفَجِرَا	يَنْفَجِرَ		اِنْفَجَرُوا	اِنْفَجَرَا	اِنْفَجَرَ	MASCULINE	3
يَنْفَجِرْنَ	تَنْفَجِرَا	تَنْفَجِرَ		اِنْفَجَرْنَ	اِنْفَجَرَتَا	اِنْفَجَرَتْ	FEMININE	
تَنْفَجِرُوا	تَنْفَجِرَا	تَنْفَجِرَ		اِنْفَجَرْتُمْ	اِنْفَجَرْتُمَا	اِنْفَجَرْتَ	MASCULINE	2
تَنْفَجِرْنَ	تَنْفَجِرَا	تَنْفَجِرِي		اِنْفَجَرْتُنَّ	اِنْفَجَرْتُمَا	اِنْفَجَرْتِ	FEMININE	
نَنْفَجِرَ	---	أَنْفَجِرَ		اِنْفَجَرْنَا	---	اِنْفَجَرْتُ		1

يَنْفَجِرُوا	يَنْفَجِرَا	يَنْفَجِرْ	يَنْفَجِرُونَ	يَنْفَجِرَانِ	يَنْفَجِرُ	MASCULINE	3
يَنْفَجِرْنَ	تَنْفَجِرَا	تَنْفَجِرْ	يَنْفَجِرْنَ	تَنْفَجِرَانِ	تَنْفَجِرُ	FEMININE	
تَنْفَجِرُوا	تَنْفَجِرَا	تَنْفَجِرْ	تَنْفَجِرُونَ	تَنْفَجِرَانِ	تَنْفَجِرُ	MASCULINE	2
تَنْفَجِرْنَ	تَنْفَجِرَا	تَنْفَجِرِي	تَنْفَجِرْنَ	تَنْفَجِرَانِ	تَنْفَجِرِينَ	FEMININE	
نَنْفَجِرْ	---	أَنْفَجِرْ	نَنْفَجِرُ	---	أَنْفَجِرُ		1

IMPERATIVE			مُنْفَجِرٌ	ACTIVE PARTICIPLE
إِنْفَجِرُوا إِنْفَجِرَا إِنْفَجِرْ	MASCULINE		---	PASSIVE PARTICIPLE
إِنْفَجِرْنَ إِنْفَجِرَا إِنْفَجِرِي	FEMININE		إِنْفِجَارٌ	VERBAL NOUN

The shell *exploded*.

لقد انْفَجَرَتْ القنبلة.

The water *burst forth* from the spring.

المياه انْفَجَرَتْ من الينبوع.

He burst out crying.

إنْفَجَرَ بالبكاء.

Form I فرض   ● فَرَضَ to impose

ACTIVE

PLURAL	DUAL	SINGULAR	SUBJUNCTIVE	PLURAL	DUAL	SINGULAR	PERFECT	
يَفْرِضُوا	يَفْرِضَا	يَفْرِضَ		فَرَضُوا	فَرَضَا	فَرَضَ	MASCULINE	3
يَفْرِضْنَ	تَفْرِضَا	تَفْرِضَ		فَرَضْنَ	فَرَضَتَا	فَرَضَتْ	FEMININE	
تَفْرِضُوا	تَفْرِضَا	تَفْرِضَ		فَرَضْتُمْ	فَرَضْتُمَا	فَرَضْتَ	MASCULINE	2
تَفْرِضْنَ	تَفْرِضَا	تَفْرِضِي		فَرَضْتُنَّ	فَرَضْتُمَا	فَرَضْتِ	FEMININE	
نَفْرِضَ	---	أَفْرِضَ		فَرَضْنَا	---	فَرَضْتُ		1

			JUSSIVE				IMPERFECT	
يَفْرِضُوا	يَفْرِضَا	يَفْرِضْ		يَفْرِضُونَ	يَفْرِضَانِ	يَفْرِضُ	MASCULINE	3
يَفْرِضْنَ	تَفْرِضَا	تَفْرِضْ		يَفْرِضْنَ	تَفْرِضَانِ	تَفْرِضُ	FEMININE	
تَفْرِضُوا	تَفْرِضَا	تَفْرِضْ		تَفْرِضُونَ	تَفْرِضَانِ	تَفْرِضُ	MASCULINE	2
تَفْرِضْنَ	تَفْرِضَا	تَفْرِضِي		تَفْرِضْنَ	تَفْرِضَانِ	تَفْرِضِينَ	FEMININE	
نَفْرِضْ	---	أَفْرِضْ		نَفْرِضُ	---	أَفْرِضُ		1

IMPERATIVE			فَارِضٌ	ACTIVE PARTICIPLE
إِفْرِضُوا إِفْرِضَا إِفْرِضْ	MASCULINE		مَفْرُوضٌ	PASSIVE PARTICIPLE
إِفْرِضْنَ إِفْرِضَا إِفْرِضِي	FEMININE		فَرْضٌ	VERBAL NOUN

PASSIVE

PLURAL	DUAL	SINGULAR	SUBJUNCTIVE	PLURAL	DUAL	SINGULAR	PERFECT	
يُفْرَضُوا	يُفْرَضَا	يُفْرَضَ		فُرِضُوا	فُرِضَا	فُرِضَ	MASCULINE	3
يُفْرَضْنَ	تُفْرَضَا	تُفْرَضَ		فُرِضْنَ	فُرِضَتَا	فُرِضَتْ	FEMININE	
تُفْرَضُوا	تُفْرَضَا	تُفْرَضَ		فُرِضْتُمْ	فُرِضْتُمَا	فُرِضْتَ	MASCULINE	2
تُفْرَضْنَ	تُفْرَضَا	تُفْرَضِي		فُرِضْتُنَّ	فُرِضْتُمَا	فُرِضْتِ	FEMININE	
نُفْرَضَ	---	أُفْرَضَ		فُرِضْنَا	---	فُرِضْتُ		1

PLURAL	DUAL	SINGULAR	JUSSIVE	PLURAL	DUAL	SINGULAR	IMPERFECT	
يُفْرَضُوا	يُفْرَضَا	يُفْرَضْ		يُفْرَضُونَ	يُفْرَضَانِ	يُفْرَضُ	MASCULINE	3
يُفْرَضْنَ	تُفْرَضَا	تُفْرَضْ		يُفْرَضْنَ	تُفْرَضَانِ	تُفْرَضُ	FEMININE	
تُفْرَضُوا	تُفْرَضَا	تُفْرَضْ		تُفْرَضُونَ	تُفْرَضَانِ	تُفْرَضُ	MASCULINE	2
تُفْرَضْنَ	تُفْرَضَا	تُفْرَضِي		تُفْرَضْنَ	تُفْرَضَانِ	تُفْرَضِينَ	FEMININE	
نُفْرَضْ	---	أُفْرَضْ		نُفْرَضُ	---	أُفْرَضُ		1

Mustafa *imposed* his will on him.	فَرَضَ مُصطفى إرادته عليه.
The United Nations *imposed* a blockade on this nation.	فَرَضَتُ الأمم المتحدة الحصار على هذه الدولة.

Form I فشل   ● فَشِلَ to fail

ACTIVE

PLURAL	DUAL	SINGULAR	SUBJUNCTIVE	PLURAL	DUAL	SINGULAR	PERFECT	
يَفْشَلُوا	يَفْشَلَا	يَفْشَلَ		فَشِلُوا	فَشِلَا	فَشِلَ	MASCULINE	3
يَفْشَلْنَ	تَفْشَلَا	تَفْشَلَ		فَشِلْنَ	فَشِلَتَا	فَشِلَتْ	FEMININE	
تَفْشَلُوا	تَفْشَلَا	تَفْشَلَ		فَشِلْتُمْ	فَشِلْتُمَا	فَشِلْتَ	MASCULINE	2
تَفْشَلْنَ	تَفْشَلَا	تَفْشَلِي		فَشِلْتُنَّ	فَشِلْتُمَا	فَشِلْتِ	FEMININE	
نَفْشَلَ	---	أَفْشَلَ		فَشِلْنَا	---	فَشِلْتُ		1

PLURAL	DUAL	SINGULAR	JUSSIVE	PLURAL	DUAL	SINGULAR	IMPERFECT	
يَفْشَلُوا	يَفْشَلَا	يَفْشَلْ		يَفْشَلُونَ	يَفْشَلَانِ	يَفْشَلُ	MASCULINE	3
يَفْشَلْنَ	تَفْشَلَا	تَفْشَلْ		يَفْشَلْنَ	تَفْشَلَانِ	تَفْشَلُ	FEMININE	
تَفْشَلُوا	تَفْشَلَا	تَفْشَلْ		تَفْشَلُونَ	تَفْشَلَانِ	تَفْشَلُ	MASCULINE	2
تَفْشَلْنَ	تَفْشَلَا	تَفْشَلِي		تَفْشَلْنَ	تَفْشَلَانِ	تَفْشَلِينَ	FEMININE	
نَفْشَلْ	---	أَفْشَلْ		نَفْشَلُ	---	أَفْشَلُ		1

	IMPERATIVE				فَاشِلٌ ACTIVE PARTICIPLE
إِفْشَلُوا إِفْشَلا إِفْشَلْ	MASCULINE				--- PASSIVE PARTICIPLE
إِفْشَلْنَ إِفْشَلا إِفْشَلِي	FEMININE				فَشَلٌ VERBAL NOUN

Amina *failed* the exam.   فَشَلَتْ أمينة في الامتحان.

We *failed* because of negligence.   فَشَلْنَا بسبب الإهمال.

Don't let your resolution *falter*!   لا تدع عزيمتك تَفْشَلْ!

Form I فعل   ● فَعَلَ to do; to affect

ACTIVE

PLURAL	DUAL	SINGULAR	SUBJUNCTIVE	PLURAL	DUAL	SINGULAR	PERFECT	
يَفْعَلُوا	يَفْعَلا	يَفْعَلَ		فَعَلُوا	فَعَلا	فَعَلَ	MASCULINE	3
يَفْعَلْنَ	تَفْعَلا	تَفْعَلَ		فَعَلْنَ	فَعَلَتَا	فَعَلَتْ	FEMININE	
تَفْعَلُوا	تَفْعَلا	تَفْعَلَ		فَعَلْتُم	فَعَلْتُمَا	فَعَلْتَ	MASCULINE	2
تَفْعَلْنَ	تَفْعَلا	تَفْعَلِي		فَعَلْتُنَّ	فَعَلْتُمَا	فَعَلْتِ	FEMININE	
نَفْعَلَ	---	أَفْعَلَ		فَعَلْنَا	---	فَعَلْتُ		1

PLURAL	DUAL	SINGULAR	JUSSIVE	PLURAL	DUAL	SINGULAR	IMPERFECT	
يَفْعَلُوا	يَفْعَلا	يَفْعَلْ		يَفْعَلُونَ	يَفْعَلان	يَفْعَلُ	MASCULINE	3
يَفْعَلْنَ	تَفْعَلا	تَفْعَلْ		يَفْعَلْنَ	تَفْعَلان	تَفْعَلُ	FEMININE	
تَفْعَلُوا	تَفْعَلا	تَفْعَلْ		تَفْعَلُونَ	تَفْعَلان	تَفْعَلُ	MASCULINE	2
تَفْعَلْنَ	تَفْعَلا	تَفْعَلِي		تَفْعَلْنَ	تَفْعَلان	تَفْعَلِينَ	FEMININE	
نَفْعَلْ	---	أَفْعَلْ		نَفْعَلُ	---	أَفْعَلُ		1

	IMPERATIVE					فَاعِلٌ ACTIVE PARTICIPLE
إِفْعَلُوا إِفْعَلا إِفْعَلْ	MASCULINE					مَفْعُولٌ PASSIVE PARTICIPLE
إِفْعَلْنَ إِفْعَلا إِفْعَلِي	FEMININE					فَعْلٌ، فِعْلٌ VERBAL NOUN

PASSIVE

PLURAL	DUAL	SINGULAR	SUBJUNCTIVE	PLURAL	DUAL	SINGULAR	PERFECT	
يُفْعَلُوا	يُفْعَلا	يُفْعَلَ		فُعِلُوا	فُعِلا	فُعِلَ	MASCULINE	3
يُفْعَلْنَ	تُفْعَلا	تُفْعَلَ		فُعِلْنَ	فُعِلَتَا	فُعِلَتْ	FEMININE	
تُفْعَلُوا	تُفْعَلا	تُفْعَلَ		فُعِلْتُم	فُعِلْتُمَا	فُعِلْتَ	MASCULINE	2
تُفْعَلْنَ	تُفْعَلا	تُفْعَلِي		فُعِلْتُنَّ	فُعِلْتُمَا	فُعِلْتِ	FEMININE	
نُفْعَلَ	---	أُفْعَلَ		فُعِلْنَا	---	فُعِلْتُ		1

يُفْعَلُوا	يُفْعَلا	يُفْعَلْ		يُفْعَلُونَ	يُفْعَلانِ	يُفْعَلُ	MASCULINE	3
يُفْعَلْنَ	تُفْعَلا	تُفْعَلْ		يُفْعَلْنَ	يُفْعَلانِ	تُفْعَلُ	FEMININE	
تُفْعَلُوا	تُفْعَلا	تُفْعَلْ		تُفْعَلُونَ	تُفْعَلانِ	تُفْعَلُ	MASCULINE	2
تُفْعَلْنَ	تُفْعَلا	تُفْعَلِي		تُفْعَلْنَ	تُفْعَلانِ	تُفْعَلِينَ	FEMININE	
نُفْعَلْ	---	أُفْعَلْ		نُفْعَلُ	---	أُفْعَلُ		1

What *have you done*?	ماذا فَعَلْتَ؟
The war *had* a bad *effect* on him.	فَعَلَتِ الحرب فيه فعلا كريهًا.
This problem *has affected* us greatly.	هذه المشكلة فَعَلَتْ بنا الكثير.

Form I فَقَدَ

to lose; to miss فَقَدَ ●

ACTIVE

PLURAL	DUAL	SINGULAR	SUBJUNCTIVE	PLURAL	DUAL	SINGULAR	PERFECT	
يَفْقِدُوا	يَفْقِدَا	يَفْقِدَ		فَقَدُوا	فَقَدَا	فَقَدَ	MASCULINE	3
يَفْقِدْنَ	تَفْقِدَا	تَفْقِدَ		فَقَدْنَ	فَقَدَتَا	فَقَدَتْ	FEMININE	
تَفْقِدُوا	تَفْقِدَا	تَفْقِدَ		فَقَدْتُمْ	فَقَدْتُمَا	فَقَدْتَ	MASCULINE	2
تَفْقِدْنَ	تَفْقِدَا	تَفْقِدِي		فَقَدْتُنَّ	فَقَدْتُمَا	فَقَدْتِ	FEMININE	
نَفْقِدَ	---	أَفْقِدَ		فَقَدْنَا	---	فَقَدْتُ		1

JUSSIVE | IMPERFECT

PLURAL	DUAL	SINGULAR	JUSSIVE	PLURAL	DUAL	SINGULAR	IMPERFECT	
يَفْقِدُوا	يَفْقِدَا	يَفْقِدْ		يَفْقِدُونَ	يَفْقِدَانِ	يَفْقِدُ	MASCULINE	3
يَفْقِدْنَ	تَفْقِدَا	تَفْقِدْ		يَفْقِدْنَ	تَفْقِدَانِ	تَفْقِدُ	FEMININE	
تَفْقِدُوا	تَفْقِدَا	تَفْقِدْ		تَفْقِدُونَ	تَفْقِدَانِ	تَفْقِدُ	MASCULINE	2
تَفْقِدْنَ	تَفْقِدَا	تَفْقِدِي		تَفْقِدْنَ	تَفْقِدَانِ	تَفْقِدِينَ	FEMININE	
نَفْقِدْ	---	أَفْقِدْ		نَفْقِدُ	---	أَفْقِدُ		1

IMPERATIVE

PLURAL	DUAL	SINGULAR	IMPERATIVE		
إفْقِدُوا	إفْقِدَا	إفْقِدْ	MASCULINE	فَاقِدٌ	ACTIVE PARTICIPLE
إفْقِدْنَ	إفْقِدَا	إفْقِدِي	FEMININE	مَفْقُودٌ	PASSIVE PARTICIPLE
				فَقْدٌ، فِقْدَانٌ، فُقْدَانٌ	VERBAL NOUN

PLURAL	DUAL	SINGULAR	SUBJUNCTIVE	PLURAL	DUAL	SINGULAR	PERFECT		
يُفْقَدُوا	يُفْقَدَا	يُفْقَدَ		فُقِدُوا	فُقِدَا	فُقِدَ	MASCULINE	3
يُفْقَدْنَ	تُفْقَدَا	تُفْقَدَ		فُقِدْنَ	فُقِدَتَا	فُقِدَتْ	FEMININE	
تُفْقَدُوا	تُفْقَدَا	تُفْقَدَ		فُقِدْتُمْ	فُقِدْتُمَا	فُقِدْتَ	MASCULINE	2
تُفْقَدْنَ	تُفْقَدَا	تُفْقَدِي		فُقِدْتُنَّ	فُقِدْتُمَا	فُقِدْتِ	FEMININE	
نُفْقَدَ	---	أُفْقَدَ		فُقِدْنَا	---	فُقِدْتُ		1

PLURAL	DUAL	SINGULAR	JUSSIVE	PLURAL	DUAL	SINGULAR	IMPERFECT		
يُفْقَدُوا	يُفْقَدَا	يُفْقَدْ		يُفْقَدُونَ	يُفْقَدَانِ	يُفْقَدُ	MASCULINE	3
يُفْقَدْنَ	تُفْقَدَا	تُفْقَدْ		يُفْقَدْنَ	تُفْقَدَانِ	تُفْقَدُ	FEMININE	
تُفْقَدُوا	تُفْقَدَا	تُفْقَدْ		تُفْقَدُونَ	تُفْقَدَانِ	تُفْقَدُ	MASCULINE	2
تُفْقَدْنَ	تُفْقَدَا	تُفْقَدِي		تُفْقَدْنَ	تُفْقَدَانِ	تُفْقَدِينَ	FEMININE	
نُفْقَدْ	---	أُفْقَدْ		نُفْقَدُ	---	أُفْقَدُ		1

We *have lost* the fourth ranking in the Olympics.

فَقَدْنَا المركز الرابع في الألمبياد.

The man went out of [literally: *lost*] his mind.

فَقَدَ الرجل صوابه.

They missed a great opportunity for reconciliation.

فَقَدُوا فرصة كبيرة للتصالح.

Form VIII فقد   ● إِفْتَقَدَ to check into; to miss; to review (troops)

ACTIVE

PLURAL	DUAL	SINGULAR	SUBJUNCTIVE	PLURAL	DUAL	SINGULAR	PERFECT		
يَفْتَقِدُوا	يَفْتَقِدَا	يَفْتَقِدَ		إِفْتَقَدُوا	إِفْتَقَدَا	إِفْتَقَدَ	MASCULINE	3
يَفْتَقِدْنَ	تَفْتَقِدَا	تَفْتَقِدَ		إِفْتَقَدْنَ	إِفْتَقَدَتَا	إِفْتَقَدَتْ	FEMININE	
تَفْتَقِدُوا	تَفْتَقِدَا	تَفْتَقِدَ		إِفْتَقَدْتُمْ	إِفْتَقَدْتُمَا	إِفْتَقَدْتَ	MASCULINE	2
تَفْتَقِدْنَ	تَفْتَقِدَا	تَفْتَقِدِي		إِفْتَقَدْتُنَّ	إِفْتَقَدْتُمَا	إِفْتَقَدْتِ	FEMININE	
نَفْتَقِدَ	---	أَفْتَقِدَ		إِفْتَقَدْنَا	---	إِفْتَقَدْتُ		1

	JUSSIVE				IMPERFECT		
يَفْتَقِدُوا	يَفْتَقِدَا	يَفْتَقِدْ	يَفْتَقِدُونَ	يَفْتَقِدَانِ	يَفْتَقِدُ	MASCULINE	3
يَفْتَقِدْنَ	تَفْتَقِدَا	تَفْتَقِدْ	يَفْتَقِدْنَ	تَفْتَقِدَانِ	تَفْتَقِدُ	FEMININE	
تَفْتَقِدُوا	تَفْتَقِدَا	تَفْتَقِدْ	تَفْتَقِدُونَ	تَفْتَقِدَانِ	تَفْتَقِدُ	MASCULINE	2
تَفْتَقِدْنَ	تَفْتَقِدَا	تَفْتَقِدِي	تَفْتَقِدْنَ	تَفْتَقِدَانِ	تَفْتَقِدِينَ	FEMININE	
نَفْتَقِدْ	---	أَفْتَقِدْ	نَفْتَقِدُ	---	أَفْتَقِدُ		1

	IMPERATIVE			
إِفْتَقِدُوا	إِفْتَقِدَا	إِفْتَقِدْ	MASCULINE	
إِفْتَقِدْنَ	إِفْتَقِدَا	إِفْتَقِدِي	FEMININE	

مُفْتَقِدٌ	ACTIVE PARTICIPLE	
مُفْتَقَدٌ	PASSIVE PARTICIPLE	
إِفْتِقَادٌ	VERBAL NOUN	

PASSIVE

PLURAL	DUAL	SINGULAR	SUBJUNCTIVE	PLURAL	DUAL	SINGULAR	PERFECT	
يُفْتَقَدُوا	يُفْتَقَدَا	يُفْتَقَدَ		أُفْتُقِدُوا	أُفْتُقِدَا	أُفْتُقِدَ	MASCULINE	3
يُفْتَقَدْنَ	تُفْتَقَدَا	تُفْتَقَدَ		أُفْتُقِدْنَ	أُفْتُقِدَتَا	أُفْتُقِدَتْ	FEMININE	
تُفْتَقَدُوا	تُفْتَقَدَا	تُفْتَقَدَ		أُفْتُقِدْتُمْ	أُفْتُقِدْتُمَا	أُفْتُقِدْتَ	MASCULINE	2
تُفْتَقَدْنَ	تُفْتَقَدَا	تُفْتَقَدِي		أُفْتُقِدْتُنَّ	أُفْتُقِدْتُمَا	أُفْتُقِدْتِ	FEMININE	
نُفْتَقَدَ	---	أُفْتَقَدَ		أُفْتُقِدْنَا	---	أُفْتُقِدْتُ		1

	JUSSIVE					IMPERFECT		
يُفْتَقَدُوا	يُفْتَقَدَا	يُفْتَقَدْ		يُفْتَقَدُونَ	يُفْتَقَدَانِ	يُفْتَقَدُ	MASCULINE	3
يُفْتَقَدْنَ	تُفْتَقَدَا	تُفْتَقَدْ		يُفْتَقَدْنَ	تُفْتَقَدَانِ	تُفْتَقَدُ	FEMININE	
تُفْتَقَدُوا	تُفْتَقَدَا	تُفْتَقَدْ		تُفْتَقَدُونَ	تُفْتَقَدَانِ	تُفْتَقَدُ	MASCULINE	2
تُفْتَقَدْنَ	تُفْتَقَدَا	تُفْتَقَدِي		تُفْتَقَدْنَ	تُفْتَقَدَانِ	تُفْتَقَدِينَ	FEMININE	
نُفْتَقَدْ	---	أُفْتَقَدْ		نُفْتَقَدُ	---	أُفْتَقَدُ		1

The church *will look after* the poor.

الكنيسة سَتَفْتَقِدُ الفقراء.

The man *misses* his wife, whom he has not seen for three weeks.

يَفْتَقِدُ الرجل زوجته التي لم يرها من ثلاثة أسابيع.

The general *is reviewing* the troops today.

اللواء يَفْتَقِدُ القوات اليوم.

Form VIII فقر

● إِفْتَقَرَ to become poor; to lack

ACTIVE

PLURAL	DUAL	SINGULAR	SUBJUNCTIVE	PLURAL	DUAL	SINGULAR	PERFECT	
يَفْتَقِرُوا	يَفْتَقِرَا	يَفْتَقِرَ		إِفْتَقَرُوا	إِفْتَقَرَا	إِفْتَقَرَ	MASCULINE	3
يَفْتَقِرْنَ	تَفْتَقِرَا	تَفْتَقِرَ		إِفْتَقَرْنَ	إِفْتَقَرَتَا	إِفْتَقَرَتْ	FEMININE	
تَفْتَقِرُوا	تَفْتَقِرَا	تَفْتَقِرَ		إِفْتَقَرْتُمْ	إِفْتَقَرْتُمَا	إِفْتَقَرْتَ	MASCULINE	2
تَفْتَقِرْنَ	تَفْتَقِرَا	تَفْتَقِرِي		إِفْتَقَرْتُنَّ	إِفْتَقَرْتُمَا	إِفْتَقَرْتِ	FEMININE	
نَفْتَقِرَ	---	أَفْتَقِرَ		إِفْتَقَرْنَا	---	إِفْتَقَرْتُ		1

PLURAL	DUAL	SINGULAR	JUSSIVE	PLURAL	DUAL	SINGULAR	IMPERFECT	
يَفْتَقِرُوا	يَفْتَقِرَا	يَفْتَقِرْ		يَفْتَقِرُونَ	يَفْتَقِرَانِ	يَفْتَقِرُ	MASCULINE	3
يَفْتَقِرْنَ	تَفْتَقِرَا	تَفْتَقِرْ		يَفْتَقِرْنَ	تَفْتَقِرَانِ	تَفْتَقِرُ	FEMININE	
تَفْتَقِرُوا	تَفْتَقِرَا	تَفْتَقِرْ		تَفْتَقِرُونَ	تَفْتَقِرَانِ	تَفْتَقِرُ	MASCULINE	2
تَفْتَقِرْنَ	تَفْتَقِرَا	تَفْتَقِرِي		تَفْتَقِرْنَ	تَفْتَقِرَانِ	تَفْتَقِرِينَ	FEMININE	
نَفْتَقِرْ	---	أَفْتَقِرْ		نَفْتَقِرُ	---	أَفْتَقِرُ		1

PLURAL	DUAL	SINGULAR	IMPERATIVE		
إِفْتَقِرُوا	إِفْتَقِرَا	إِفْتَقِرْ	MASCULINE	مُفْتَقِرٌ	ACTIVE PARTICIPLE
إِفْتَقِرْنَ	إِفْتَقِرَا	إِفْتَقِرِي	FEMININE	---	PASSIVE PARTICIPLE
				إِفْتِقَارٌ	VERBAL NOUN

The family *became so poor* that they could not find food for dinner.

إِفْتَقَرَتْ الأسرة لدرجة أنها لم تجد الطعام للعشاء.

The government schools *are lacking* in contemporary techniques of education.

المدارس الحكومية تَفْتَقِرُ إلى التقنيات المعاصرة في التعليم.

This festival *is missing* the old songs.

هذا الإحتفال يَفْتَقِرُ إلى الأغاني القديمة.

Form II فكر

● فَكَّرَ to think

ACTIVE

PLURAL	DUAL	SINGULAR	SUBJUNCTIVE	PLURAL	DUAL	SINGULAR	PERFECT	
يُفَكِّرُوا	يُفَكِّرَا	يُفَكِّرَ		فَكَّرُوا	فَكَّرَا	فَكَّرَ	MASCULINE	3
يُفَكِّرْنَ	تُفَكِّرَا	تُفَكِّرَ		فَكَّرْنَ	فَكَّرَتَا	فَكَّرَتْ	FEMININE	
تُفَكِّرُوا	تُفَكِّرَا	تُفَكِّرَ		فَكَّرْتُمْ	فَكَّرْتُمَا	فَكَّرْتَ	MASCULINE	2
تُفَكِّرْنَ	تُفَكِّرَا	تُفَكِّرِي		فَكَّرْتُنَّ	فَكَّرْتُمَا	فَكَّرْتِ	FEMININE	
نُفَكِّرَ	---	أُفَكِّرَ		فَكَّرْنَا	---	فَكَّرْتُ		1

368

JUSSIVE (Active) / IMPERFECT (Active)

	PLURAL	DUAL	SINGULAR		PLURAL	DUAL	SINGULAR		
	يُفَكِّرُوا	يُفَكِّرَا	يُفَكِّر		يُفَكِّرُونَ	يُفَكِّرَان	يُفَكِّر	MASCULINE	3
	يُفَكِّرْنَ	تُفَكِّرَا	تُفَكِّر		يُفَكِّرْنَ	تُفَكِّرَان	تُفَكِّر	FEMININE	
	تُفَكِّرُوا	تُفَكِّرَا	تُفَكِّر		تُفَكِّرُونَ	تُفَكِّرَان	تُفَكِّر	MASCULINE	2
	تُفَكِّرْنَ	تُفَكِّرَا	تُفَكِّرِي		تُفَكِّرْنَ	تُفَكِّرَان	تُفَكِّرِينَ	FEMININE	
	نُفَكِّر	---	أُفَكِّر		نُفَكِّر	---	أُفَكِّر		1

			مُفَكِّر	ACTIVE PARTICIPLE

IMPERATIVE

	PLURAL	DUAL	SINGULAR	
	فَكِّرُوا	فَكِّرَا	فَكِّر	MASCULINE
	فَكِّرْنَ	فَكِّرَا	فَكِّرِي	FEMININE

مُفَكَّر	PASSIVE PARTICIPLE
تَفْكِير	VERBAL NOUN

PASSIVE

SUBJUNCTIVE / PERFECT

	PLURAL	DUAL	SINGULAR		PLURAL	DUAL	SINGULAR		
	يُفَكَّرُوا	يُفَكَّرَا	يُفَكَّر		فُكِّرُوا	فُكِّرَا	فُكِّر	MASCULINE	3
	يُفَكَّرْنَ	تُفَكَّرَا	تُفَكَّر		فُكِّرْنَ	فُكِّرَتَا	فُكِّرَتْ	FEMININE	
	تُفَكَّرُوا	تُفَكَّرَا	تُفَكَّر		فُكِّرْتُمْ	فُكِّرْتُمَا	فُكِّرْتَ	MASCULINE	2
	تُفَكَّرْنَ	تُفَكَّرَا	تُفَكَّرِي		فُكِّرْتُنَّ	فُكِّرْتُمَا	فُكِّرْتِ	FEMININE	
	نُفَكَّر	---	أُفَكَّر		فُكِّرْنَا	---	فُكِّرْتُ		1

JUSSIVE / IMPERFECT

	PLURAL	DUAL	SINGULAR		PLURAL	DUAL	SINGULAR		
	يُفَكَّرُوا	يُفَكَّرَا	يُفَكَّر		يُفَكَّرُونَ	يُفَكَّرَان	يُفَكَّر	MASCULINE	3
	يُفَكَّرْنَ	تُفَكَّرَا	تُفَكَّر		يُفَكَّرْنَ	تُفَكَّرَان	تُفَكَّر	FEMININE	
	تُفَكَّرُوا	تُفَكَّرَا	تُفَكَّر		تُفَكَّرُونَ	تُفَكَّرَان	تُفَكَّر	MASCULINE	2
	تُفَكَّرْنَ	تُفَكَّرَا	تُفَكَّرِي		تُفَكَّرْنَ	تُفَكَّرَان	تُفَكَّرِينَ	FEMININE	
	نُفَكَّر	---	أُفَكَّر		نُفَكَّر	---	أُفَكَّر		1

Give me time *to think* about the matter.

أعطني وقتا لأُفَكِّر في الموضوع.

Have you given thought in depth to this decision?

هل فَكَّرْتِ بعمق في هذا القرار؟

Come, *let's think* together about a solution to this problem.

تعالوا نُفَكِّر معًا في حل لهذه المشكلة.

Form I فهم   to understand فَهِمَ ●

ACTIVE

PLURAL	DUAL	SINGULAR	SUBJUNCTIVE	PLURAL	DUAL	SINGULAR	PERFECT	
يَفْهَمُوا	يَفْهَمَا	يَفْهَمَ		فَهِمُوا	فَهِمَا	فَهِمَ	MASCULINE	3
يَفْهَمْنَ	تَفْهَمَا	تَفْهَمَ		فَهِمْنَ	فَهِمَتَا	فَهِمَتْ	FEMININE	
تَفْهَمُوا	تَفْهَمَا	تَفْهَمَ		فَهِمْتُمْ	فَهِمْتُمَا	فَهِمْتَ	MASCULINE	2
تَفْهَمْنَ	تَفْهَمَا	تَفْهَمِي		فَهِمْتُنَّ	فَهِمْتُمَا	فَهِمْتِ	FEMININE	
نَفْهَمَ	---	أَفْهَمَ		فَهِمْنَا	---	فَهِمْتُ		1

PLURAL	DUAL	SINGULAR	JUSSIVE	PLURAL	DUAL	SINGULAR	IMPERFECT	
يَفْهَمُوا	يَفْهَمَا	يَفْهَمْ		يَفْهَمُونَ	يَفْهَمَانِ	يَفْهَمُ	MASCULINE	3
يَفْهَمْنَ	تَفْهَمَا	تَفْهَمْ		يَفْهَمْنَ	تَفْهَمَانِ	تَفْهَمُ	FEMININE	
تَفْهَمُوا	تَفْهَمَا	تَفْهَمْ		تَفْهَمُونَ	تَفْهَمَانِ	تَفْهَمُ	MASCULINE	2
تَفْهَمْنَ	تَفْهَمَا	تَفْهَمِي		تَفْهَمْنَ	تَفْهَمَانِ	تَفْهَمِينَ	FEMININE	
نَفْهَمْ	---	أَفْهَمْ		نَفْهَمُ	---	أَفْهَمُ		1

PLURAL	DUAL	SINGULAR	IMPERATIVE		
				فَاهِمٌ	ACTIVE PARTICIPLE
إِفْهَمُوا	إِفْهَمَا	إِفْهَمْ	MASCULINE	مَفْهُومٌ	PASSIVE PARTICIPLE
إِفْهَمْنَ	إِفْهَمَا	إِفْهَمِي	FEMININE	فَهْمٌ, فَهَمٌ	VERBAL NOUN

PASSIVE

PLURAL	DUAL	SINGULAR	SUBJUNCTIVE	PLURAL	DUAL	SINGULAR	PERFECT	
يُفْهَمُوا	يُفْهَمَا	يُفْهَمَ		فُهِمُوا	فُهِمَا	فُهِمَ	MASCULINE	3
يُفْهَمْنَ	تُفْهَمَا	تُفْهَمَ		فُهِمْنَ	فُهِمَتَا	فُهِمَتْ	FEMININE	
تُفْهَمُوا	تُفْهَمَا	تُفْهَمَ		فُهِمْتُمْ	فُهِمْتُمَا	فُهِمْتَ	MASCULINE	2
تُفْهَمْنَ	تُفْهَمَا	تُفْهَمِي		فُهِمْتُنَّ	فُهِمْتُمَا	فُهِمْتِ	FEMININE	
نُفْهَمَ	---	أُفْهَمَ		فُهِمْنَا	---	فُهِمْتُ		1

PLURAL	DUAL	SINGULAR	JUSSIVE	PLURAL	DUAL	SINGULAR	IMPERFECT	
يُفْهَمُوا	يُفْهَمَا	يُفْهَمْ		يُفْهَمُونَ	يُفْهَمَانِ	يُفْهَمُ	MASCULINE	3
يُفْهَمْنَ	تُفْهَمَا	تُفْهَمْ		يُفْهَمْنَ	تُفْهَمَانِ	تُفْهَمُ	FEMININE	
تُفْهَمُوا	تُفْهَمَا	تُفْهَمْ		تُفْهَمُونَ	تُفْهَمَانِ	تُفْهَمُ	MASCULINE	2
تُفْهَمْنَ	تُفْهَمَا	تُفْهَمِي		تُفْهَمْنَ	تُفْهَمَانِ	تُفْهَمِينَ	FEMININE	
نُفْهَمْ	---	أُفْهَمْ		نُفْهَمُ	---	أُفْهَمُ		1

I didn't *understand* a thing.	لم أَفْهَمْ شيئا.
People need someone who *understands* them.	الناس يحتاجون لمن يَفْهَمُهُمْ.
I *heard* that you will be traveling next month.	فَهِمْتُ أنك سَتُسَافِر الشهر المقبل.
This report *implies* that... [literally: It is understood from this report that...]	يُفْهَمُ من هذا التقرير أن...

Form I فوت — to vanish; to elude فَاتَ ●

ACTIVE

PLURAL	DUAL	SINGULAR	SUBJUNCTIVE	PLURAL	DUAL	SINGULAR	PERFECT	
يَفُوتُوا	يَفُوتَا	يَفُوتَ		فَاتُوا	فَاتَا	فَاتَ	MASCULINE	3
يَفُتْنَ	تَفُوتَا	تَفُوتَ		فُتْنَ	فَاتَتَا	فَاتَتْ	FEMININE	
تَفُوتُوا	تَفُوتَا	تَفُوتَ		فُتُّمْ	فُتُّمَا	فُتَّ	MASCULINE	2
تَفُتْنَ	تَفُوتَا	تَفُوتِي		فُتُّنَّ	فُتُّمَا	فُتِّ	FEMININE	
نَفُوتَ	---	أَفُوتَ		فُتْنَا	---	فُتُّ		1

PLURAL	DUAL	SINGULAR	JUSSIVE	PLURAL	DUAL	SINGULAR	IMPERFECT	
يَفُوتُوا	يَفُوتَا	يَفُتْ		يَفُوتُونَ	يَفُوتَانِ	يَفُوتُ	MASCULINE	3
يَفُتْنَ	تَفُوتَا	تَفُتْ		يَفُتْنَ	تَفُوتَانِ	تَفُوتُ	FEMININE	
تَفُوتُوا	تَفُوتَا	تَفُتْ		تَفُوتُونَ	تَفُوتَانِ	تَفُوتُ	MASCULINE	2
تَفُتْنَ	تَفُوتَا	تَفُوتِي		تَفُتْنَ	تَفُوتَانِ	تَفُوتِينَ	FEMININE	
نَفُتْ	---	أَفُتْ		نَفُوتُ	---	أَفُوتُ		1

PLURAL	DUAL	SINGULAR	IMPERATIVE		
فُوتُوا	فُوتَا	فُتْ	MASCULINE	فَائِتٌ	ACTIVE PARTICIPLE
فُتْنَ	فُوتَا	فُوتِي	FEMININE	مَفُوتٌ	PASSIVE PARTICIPLE
				فَوْتٌ، فَوَاتٌ	VERBAL NOUN

PASSIVE

PLURAL	DUAL	SINGULAR	SUBJUNCTIVE	PLURAL	DUAL	SINGULAR	PERFECT	
يُفَاتُوا	يُفَاتَا	يُفَاتَ		فِيتُوا	فِيتَا	فِيتَ	MASCULINE	3
يُفَتْنَ	تُفَاتَا	تُفَاتَ		فِتْنَ	فِيتَتَا	فِيتَتْ	FEMININE	
تُفَاتُوا	تُفَاتَا	تُفَاتَ		فِتُّمْ	فِتُّمَا	فِتَّ	MASCULINE	2
تُفَتْنَ	تُفَاتَا	تُفَاتِي		فِتُّنَّ	فِتُّمَا	فِتِّ	FEMININE	
نُفَاتَ	---	أُفَاتَ		فِتْنَا	---	فِتُّ		1

	PLURAL	DUAL	SINGULAR		PLURAL	DUAL	SINGULAR		
	يُفَاتُوا	يُفَاتَا	يُفَتْ		يُفَاتُونَ	يُفَاتَانِ	يُفَاتُ	MASCULINE	3
	يُفَتْنَ	تُفَاتَا	تُفَتْ		يُفَتْنَ	تُفَاتَانِ	تُفَاتُ	FEMININE	
	تُفَاتُوا	تُفَاتَا	تُفَتْ		تُفَاتُونَ	تُفَاتَانِ	تُفَاتُ	MASCULINE	2
	تُفَتْنَ	تُفَاتَا	تُفَاتِي		تُفَتْنَ	تُفَاتَانِ	تُفَاتِينَ	FEMININE	
	نُفَتْ	---	أُفَتْ		نُفَاتُ	---	أُفَاتُ		1

I have missed the 9 o'clock train [literally: The 9 o'clock train *eluded* me].	لقد فَاتَنِي قطار التاسعة.
Don't let this opportunity *get away* from you.	لا تدعي هذه الفرصة تَفُوتُكِ.
It's too late [literally: The time *has passed*].	فَاتَ الوقت.
The subject is finished and done with [literally: This subject *has passed* and ended].	هذا الموضوع فَاتَ وانتهى.

Form I فوز   to win فَازَ ●

ACTIVE

PLURAL	DUAL	SINGULAR	**SUBJUNCTIVE**	PLURAL	DUAL	SINGULAR	**PERFECT**	
يَفُوزُوا	يَفُوزَا	يَفُوزَ		فَازُوا	فَازَا	فَازَ	MASCULINE	3
يَفُزْنَ	تَفُوزَا	تَفُوزَ		فُزْنَ	فَازَتَا	فَازَتْ	FEMININE	
تَفُوزُوا	تَفُوزَا	تَفُوزَ		فُزْتُمْ	فُزْتُمَا	فُزْتَ	MASCULINE	2
تَفُزْنَ	تَفُوزَا	تَفُوزِي		فُزْتُنَّ	فُزْتُمَا	فُزْتِ	FEMININE	
نَفُوزَ	---	أَفُوزَ		فُزْنَا	---	فُزْتُ		1

JUSSIVE   **IMPERFECT**

PLURAL	DUAL	SINGULAR		PLURAL	DUAL	SINGULAR		
يَفُوزُوا	يَفُوزَا	يَفُزْ		يَفُوزُونَ	يَفُوزَانِ	يَفُوزُ	MASCULINE	3
يَفُزْنَ	تَفُوزَا	تَفُزْ		يَفُزْنَ	تَفُوزَانِ	تَفُوزُ	FEMININE	
تَفُوزُوا	تَفُوزَا	تَفُزْ		تَفُوزُونَ	تَفُوزَانِ	تَفُوزُ	MASCULINE	2
تَفُزْنَ	تَفُوزَا	تَفُوزِي		تَفُزْنَ	تَفُوزَانِ	تَفُوزِينَ	FEMININE	
نَفُزْ	---	أَفُزْ		نَفُوزُ	---	أَفُوزُ		1

IMPERATIVE

فَائِزٌ	ACTIVE PARTICIPLE	

PLURAL	DUAL	SINGULAR		
فُوزُوا	فُوزَا	فُزْ	MASCULINE	--- PASSIVE PARTICIPLE
فُزْنَ	فُوزَا	فُوزِي	FEMININE	فَوْزٌ VERBAL NOUN

| Who do you think *will win* the tennis match? | يا تُرى من الـذي سَيَفُوزُ فـي مباراة التنس؟ |
| The conservative candidate *won* the election. | فَازَ المرشـح المحافظ فـي الانتخابات. |

Form X فيد   to earn, acquire; to deduce إِسْتَفَادَ ●

ACTIVE

PLURAL	DUAL	SINGULAR	SUBJUNCTIVE	PLURAL	DUAL	SINGULAR	PERFECT	
يَسْتَفِيدُوا	يَسْتَفِيدَا	يَسْتَفِيدَ		إِسْتَفَادُوا	إِسْتَفَادَا	إِسْتَفَادَ	MASCULINE	3
يَسْتَفِدْنَ	تَسْتَفِيدَا	تَسْتَفِيدَ		إِسْتَفَدْنَ	إِسْتَفَادَتَا	إِسْتَفَادَتْ	FEMININE	
تَسْتَفِيدُوا	تَسْتَفِيدَا	تَسْتَفِيدَ		إِسْتَفَدْتُمْ	إِسْتَفَدْتُمَا	إِسْتَفَدْتَ	MASCULINE	2
تَسْتَفِدْنَ	تَسْتَفِيدَا	تَسْتَفِيدِي		إِسْتَفَدْتُنَّ	إِسْتَفَدْتُمَا	إِسْتَفَدْتِ	FEMININE	
نَسْتَفِيدَ	---	أَسْتَفِيدَ		إِسْتَفَدْنَا	---	إِسْتَفَدْتُ		1

JUSSIVE   IMPERFECT

PLURAL	DUAL	SINGULAR		PLURAL	DUAL	SINGULAR		
يَسْتَفِيدُوا	يَسْتَفِيدَا	يَسْتَفِدْ		يَسْتَفِيدُونَ	يَسْتَفِيدَانِ	يَسْتَفِيدُ	MASCULINE	3
يَسْتَفِدْنَ	تَسْتَفِيدَا	تَسْتَفِدْ		يَسْتَفِدْنَ	يَسْتَفِيدَانِ	تَسْتَفِيدُ	FEMININE	
تَسْتَفِيدُوا	تَسْتَفِيدَا	تَسْتَفِدْ		تَسْتَفِيدُونَ	تَسْتَفِيدَانِ	تَسْتَفِيدُ	MASCULINE	2
تَسْتَفِدْنَ	تَسْتَفِيدَا	تَسْتَفِيدِي		تَسْتَفِدْنَ	تَسْتَفِيدَانِ	تَسْتَفِيدِينَ	FEMININE	
نَسْتَفِدْ	---	أَسْتَفِدْ		نَسْتَفِيدُ	---	أَسْتَفِيدُ		1

IMPERATIVE

				ACTIVE PARTICIPLE	مُسْتَفِيدٌ

PLURAL	DUAL	SINGULAR		
إِسْتَفِيدُوا	إِسْتَفِيدَا	إِسْتَفِدْ	MASCULINE	
إِسْتَفِدْنَ	إِسْتَفِيدَا	إِسْتَفِيدِي	FEMININE	

PASSIVE PARTICIPLE	مُسْتَفَادٌ
VERBAL NOUN	إِسْتِفَادَةٌ

PASSIVE

PLURAL	DUAL	SINGULAR	SUBJUNCTIVE	PLURAL	DUAL	SINGULAR	PERFECT	
يُسْتَفَادُوا	يُسْتَفَادَا	يُسْتَفَادَ		أُسْتُفِيدُوا	أُسْتُفِيدَا	أُسْتُفِيدَ	MASCULINE	3
يُسْتَفَدْنَ	تُسْتَفَادَا	تُسْتَفَادَ		أُسْتُفِدْنَ	أُسْتُفِيدَتَا	أُسْتُفِيدَتْ	FEMININE	
تُسْتَفَادُوا	تُسْتَفَادَا	تُسْتَفَادَ		أُسْتُفِدْتُمْ	أُسْتُفِدْتُمَا	أُسْتُفِدْتَ	MASCULINE	2
تُسْتَفَدْنَ	تُسْتَفَادَا	تُسْتَفَادِي		أُسْتُفِدْتُنَّ	أُسْتُفِدْتُمَا	أُسْتُفِدْتِ	FEMININE	
نُسْتَفَادَ	---	أُسْتَفَادَ		أُسْتُفِدْنَا	---	أُسْتُفِدْتُ		1

		IMPERFECT			JUSSIVE		
3	MASCULINE	يُسْتَفَادُ	يُسْتَفَادَانِ	يُسْتَفَادُونَ	يُسْتَفَدْ	يُسْتَفَادَا	يُسْتَفَادُوا
	FEMININE	تُسْتَفَادُ	تُسْتَفَادَانِ	يُسْتَفَدْنَ	تُسْتَفَدْ	تُسْتَفَادَا	يُسْتَفَدْنَ
2	MASCULINE	تُسْتَفَادُ	تُسْتَفَادَانِ	تُسْتَفَادُونَ	تُسْتَفَدْ	تُسْتَفَادَا	تُسْتَفَادُوا
	FEMININE	تُسْتَفَادِينَ	تُسْتَفَادَانِ	تُسْتَفَدْنَ	تُسْتَفَادِي	تُسْتَفَادَا	تُسْتَفَدْنَ
1		أُسْتَفَادُ	---	نُسْتَفَادُ	أُسْتَفَدْ	---	نُسْتَفَدْ

إِسْتَفَدْتُ ١٠٠٠ درهم من بيع الماء في الميدان في شهر أغسطس.

I earned 1,000 dirhams by selling water in the square during the month of August.

ما الذي سَتَسْتَفِيدُهُ من العنف؟

What *do you gain* by violence?

يُسْتَفَادُ من ذلك أنّه لا يوافق.

From this, *it follows* [literally: *is deduced*] that he doesn't agree.

● قَبِلَ to accept; to admit — Form I قبل

ACTIVE

		PERFECT			SUBJUNCTIVE		
		SINGULAR	DUAL	PLURAL	SINGULAR	DUAL	PLURAL
3	MASCULINE	قَبِلَ	قَبِلَا	قَبِلُوا	يَقْبَلَ	يَقْبَلَا	يَقْبَلُوا
	FEMININE	قَبِلَتْ	قَبِلَتَا	قَبِلْنَ	تَقْبَلَ	تَقْبَلَا	يَقْبَلْنَ
2	MASCULINE	قَبِلْتَ	قَبِلْتُمَا	قَبِلْتُمْ	تَقْبَلَ	تَقْبَلَا	تَقْبَلُوا
	FEMININE	قَبِلْتِ	قَبِلْتُمَا	قَبِلْتُنَّ	تَقْبَلِي	تَقْبَلَا	تَقْبَلْنَ
1		قَبِلْتُ	---	قَبِلْنَا	أَقْبَلَ	---	نَقْبَلَ

		IMPERFECT			JUSSIVE		
3	MASCULINE	يَقْبَلُ	يَقْبَلَانِ	يَقْبَلُونَ	يَقْبَلْ	يَقْبَلَا	يَقْبَلُوا
	FEMININE	تَقْبَلُ	تَقْبَلَانِ	يَقْبَلْنَ	تَقْبَلْ	تَقْبَلَا	يَقْبَلْنَ
2	MASCULINE	تَقْبَلُ	تَقْبَلَانِ	تَقْبَلُونَ	تَقْبَلْ	تَقْبَلَا	تَقْبَلُوا
	FEMININE	تَقْبَلِينَ	تَقْبَلَانِ	تَقْبَلْنَ	تَقْبَلِي	تَقْبَلَا	تَقْبَلْنَ
1		أَقْبَلُ	---	نَقْبَلُ	أَقْبَلْ	---	نَقْبَلْ

ACTIVE PARTICIPLE	قَابِلٌ
PASSIVE PARTICIPLE	مَقْبُولٌ
VERBAL NOUN	قَبُولٌ, قُبُولٌ

IMPERATIVE

	SINGULAR	DUAL	PLURAL
MASCULINE	إِقْبَلْ	إِقْبَلَا	إِقْبَلُوا
FEMININE	إِقْبَلِي	إِقْبَلَا	إِقْبَلْنَ

PASSIVE

PLURAL	DUAL	SINGULAR	SUBJUNCTIVE	PLURAL	DUAL	SINGULAR		PERFECT
يُقْبَلُوا	يُقْبَلا	يُقْبَلَ		قُبِلُوا	قُبِلا	قُبِلَ	MASCULINE	3
يُقْبَلْنَ	تُقْبَلا	تُقْبَلَ		قُبِلْنَ	قُبِلَتَا	قُبِلَتْ	FEMININE	
تُقْبَلُوا	تُقْبَلا	تُقْبَلَ		قُبِلْتُمْ	قُبِلْتُمَا	قُبِلْتَ	MASCULINE	2
تُقْبَلْنَ	تُقْبَلا	تُقْبَلِي		قُبِلْتُنَّ	قُبِلْتُمَا	قُبِلْتِ	FEMININE	
نُقْبَلَ	---	أُقْبَلَ		قُبِلْنَا	---	قُبِلْتُ		1

PLURAL	DUAL	SINGULAR	JUSSIVE	PLURAL	DUAL	SINGULAR		IMPERFECT
يُقْبَلُوا	يُقْبَلا	يُقْبَلْ		يُقْبَلُونَ	يُقْبَلانِ	يُقْبَلُ	MASCULINE	3
يُقْبَلْنَ	تُقْبَلا	تُقْبَلْ		يُقْبَلْنَ	تُقْبَلانِ	تُقْبَلُ	FEMININE	
تُقْبَلُوا	تُقْبَلا	تُقْبَلْ		تُقْبَلُونَ	تُقْبَلانِ	تُقْبَلُ	MASCULINE	2
تُقْبَلْنَ	تُقْبَلا	تُقْبَلِي		تُقْبَلْنَ	تُقْبَلانِ	تُقْبَلِينَ	FEMININE	
نُقْبَلْ	---	أُقْبَلْ		نُقْبَلُ	---	أُقْبَلُ		1

They haven't yet *accepted* the gifts we sent. — لم يَقْبَلُوا الهدايا التي أرسلناها بعد.

She agreed to marry him. — قَبِلَتْ الزواج به.

That is an incurable disease [literally: a disease that does not *admit* cure]. — هذا مرض لا يَقْبَلُ الشفاء.

This is a solvable problem [literally: a problem that *admits* of a solution]. — هذه مشكلة تَقْبَلُ الحل.

Form X قبل — to meet إِسْتَقْبَلَ

ACTIVE

PLURAL	DUAL	SINGULAR	SUBJUNCTIVE	PLURAL	DUAL	SINGULAR		PERFECT
يَسْتَقْبِلُوا	يَسْتَقْبِلا	يَسْتَقْبِلَ		إِسْتَقْبَلُوا	إِسْتَقْبَلا	إِسْتَقْبَلَ	MASCULINE	3
يَسْتَقْبِلْنَ	تَسْتَقْبِلا	تَسْتَقْبِلَ		إِسْتَقْبَلْنَ	إِسْتَقْبَلَتَا	إِسْتَقْبَلَتْ	FEMININE	
تَسْتَقْبِلُوا	تَسْتَقْبِلا	تَسْتَقْبِلَ		إِسْتَقْبَلْتُمْ	إِسْتَقْبَلْتُمَا	إِسْتَقْبَلْتَ	MASCULINE	2
تَسْتَقْبِلْنَ	تَسْتَقْبِلا	تَسْتَقْبِلِي		إِسْتَقْبَلْتُنَّ	إِسْتَقْبَلْتُمَا	إِسْتَقْبَلْتِ	FEMININE	
نَسْتَقْبِلَ	---	أَسْتَقْبِلَ		إِسْتَقْبَلْنَا	---	إِسْتَقْبَلْتُ		1

IMPERFECT

		SINGULAR	DUAL	PLURAL
3	MASCULINE	يَسْتَقْبِلُ	يَسْتَقْبِلانِ	يَسْتَقْبِلُونَ
	FEMININE	تَسْتَقْبِلُ	تَسْتَقْبِلانِ	يَسْتَقْبِلْنَ
2	MASCULINE	تَسْتَقْبِلُ	تَسْتَقْبِلانِ	تَسْتَقْبِلُونَ
	FEMININE	تَسْتَقْبِلِينَ	تَسْتَقْبِلانِ	تَسْتَقْبِلْنَ
1		أَسْتَقْبِلُ	---	نَسْتَقْبِلُ

JUSSIVE

		SINGULAR	DUAL	PLURAL
3	MASCULINE	يَسْتَقْبِلْ	يَسْتَقْبِلا	يَسْتَقْبِلُوا
	FEMININE	تَسْتَقْبِلْ	تَسْتَقْبِلا	يَسْتَقْبِلْنَ
2	MASCULINE	تَسْتَقْبِلْ	تَسْتَقْبِلا	تَسْتَقْبِلُوا
	FEMININE	تَسْتَقْبِلِي	تَسْتَقْبِلا	تَسْتَقْبِلْنَ
1		أَسْتَقْبِلْ	---	نَسْتَقْبِلْ

مُسْتَقْبِلٌ	ACTIVE PARTICIPLE
مُسْتَقْبَلٌ	PASSIVE PARTICIPLE
اِسْتِقْبَالٌ	VERBAL NOUN

IMPERATIVE

	SINGULAR	DUAL	PLURAL
MASCULINE	اِسْتَقْبِلْ	اِسْتَقْبِلا	اِسْتَقْبِلُوا
FEMININE	اِسْتَقْبِلِي	اِسْتَقْبِلا	اِسْتَقْبِلْنَ

PASSIVE

PERFECT

		SINGULAR	DUAL	PLURAL
3	MASCULINE	اُسْتُقْبِلَ	اُسْتُقْبِلا	اُسْتُقْبِلُوا
	FEMININE	اُسْتُقْبِلَتْ	اُسْتُقْبِلَتَا	اُسْتُقْبِلْنَ
2	MASCULINE	اُسْتُقْبِلْتَ	اُسْتُقْبِلْتُمَا	اُسْتُقْبِلْتُمْ
	FEMININE	اُسْتُقْبِلْتِ	اُسْتُقْبِلْتُمَا	اُسْتُقْبِلْتُنَّ
1		اُسْتُقْبِلْتُ	---	اُسْتُقْبِلْنَا

SUBJUNCTIVE

		SINGULAR	DUAL	PLURAL
3	MASCULINE	يُسْتَقْبَلَ	يُسْتَقْبَلا	يُسْتَقْبَلُوا
	FEMININE	تُسْتَقْبَلَ	تُسْتَقْبَلا	يُسْتَقْبَلْنَ
2	MASCULINE	تُسْتَقْبَلَ	تُسْتَقْبَلا	تُسْتَقْبَلُوا
	FEMININE	تُسْتَقْبَلِي	تُسْتَقْبَلا	تُسْتَقْبَلْنَ
1		أُسْتَقْبَلَ	---	نُسْتَقْبَلَ

IMPERFECT

		SINGULAR	DUAL	PLURAL
3	MASCULINE	يُسْتَقْبَلُ	يُسْتَقْبَلانِ	يُسْتَقْبَلُونَ
	FEMININE	تُسْتَقْبَلُ	تُسْتَقْبَلانِ	يُسْتَقْبَلْنَ
2	MASCULINE	تُسْتَقْبَلُ	تُسْتَقْبَلانِ	تُسْتَقْبَلُونَ
	FEMININE	تُسْتَقْبَلِينَ	تُسْتَقْبَلانِ	تُسْتَقْبَلْنَ
1		أُسْتَقْبَلُ	---	نُسْتَقْبَلُ

JUSSIVE

		SINGULAR	DUAL	PLURAL
3	MASCULINE	يُسْتَقْبَلْ	يُسْتَقْبَلا	يُسْتَقْبَلُوا
	FEMININE	تُسْتَقْبَلْ	تُسْتَقْبَلا	يُسْتَقْبَلْنَ
2	MASCULINE	تُسْتَقْبَلْ	تُسْتَقْبَلا	تُسْتَقْبَلُوا
	FEMININE	تُسْتَقْبَلِي	تُسْتَقْبَلا	تُسْتَقْبَلْنَ
1		أُسْتَقْبَلْ	---	نُسْتَقْبَلْ

The president *received* the prime minister to discuss the economic changes.

اِسْتَقْبَلَ الرئيسُ رئيسَ الوزراء لمناقشة التغيرات الإقتصادية.

How *did you take* [i.e., in what emotional state] the news?

كيف اسْتَقْبَلْتِ هذا الخبر؟

I will *welcome* the guests.

سَأَسْتَقْبِلُ الضيوف.

Form I قتل   to kill قَتَلَ ●

ACTIVE

PLURAL	DUAL	SINGULAR	SUBJUNCTIVE	PLURAL	DUAL	SINGULAR	PERFECT	
يَقْتُلُوا	يَقْتُلَا	يَقْتُلَ		قَتَلُوا	قَتَلَا	قَتَلَ	MASCULINE	3
يَقْتُلْنَ	تَقْتُلَا	تَقْتُلَ		قَتَلْنَ	قَتَلَتَا	قَتَلَتْ	FEMININE	
تَقْتُلُوا	تَقْتُلَا	تَقْتُلَ		قَتَلْتُمْ	قَتَلْتُمَا	قَتَلْتَ	MASCULINE	2
تَقْتُلْنَ	تَقْتُلَا	تَقْتُلِي		قَتَلْتُنَّ	قَتَلْتُمَا	قَتَلْتِ	FEMININE	
نَقْتُلَ	---	أَقْتُلَ		قَتَلْنَا	---	قَتَلْتُ		1

PLURAL	DUAL	SINGULAR	JUSSIVE	PLURAL	DUAL	SINGULAR	IMPERFECT	
يَقْتُلُوا	يَقْتُلَا	يَقْتُلْ		يَقْتُلُونَ	يَقْتُلَانِ	يَقْتُلُ	MASCULINE	3
يَقْتُلْنَ	تَقْتُلَا	تَقْتُلْ		يَقْتُلْنَ	تَقْتُلَانِ	تَقْتُلُ	FEMININE	
تَقْتُلُوا	تَقْتُلَا	تَقْتُلْ		تَقْتُلُونَ	تَقْتُلَانِ	تَقْتُلُ	MASCULINE	2
تَقْتُلْنَ	تَقْتُلَا	تَقْتُلِي		تَقْتُلْنَ	تَقْتُلَانِ	تَقْتُلِينَ	FEMININE	
نَقْتُلْ	---	أَقْتُلْ		نَقْتُلُ	---	أَقْتُلُ		1

PLURAL	DUAL	SINGULAR	IMPERATIVE	
أُقْتُلُوا	أُقْتُلَا	أُقْتُلْ	MASCULINE	
أُقْتُلْنَ	أُقْتُلَا	أُقْتُلِي	FEMININE	

قَاتِلٌ	ACTIVE PARTICIPLE
مَقْتُولٌ	PASSIVE PARTICIPLE
قَتْلٌ	VERBAL NOUN

PASSIVE

PLURAL	DUAL	SINGULAR	SUBJUNCTIVE	PLURAL	DUAL	SINGULAR	PERFECT	
يُقْتَلُوا	يُقْتَلَا	يُقْتَلَ		قُتِلُوا	قُتِلَا	قُتِلَ	MASCULINE	3
يُقْتَلْنَ	تُقْتَلَا	تُقْتَلَ		قُتِلْنَ	قُتِلَتَا	قُتِلَتْ	FEMININE	
تُقْتَلُوا	تُقْتَلَا	تُقْتَلَ		قُتِلْتُمْ	قُتِلْتُمَا	قُتِلْتَ	MASCULINE	2
تُقْتَلْنَ	تُقْتَلَا	تُقْتَلِي		قُتِلْتُنَّ	قُتِلْتُمَا	قُتِلْتِ	FEMININE	
نُقْتَلَ	---	أُقْتَلَ		قُتِلْنَا	---	قُتِلْتُ		1

PLURAL	DUAL	SINGULAR	JUSSIVE	PLURAL	DUAL	SINGULAR	IMPERFECT	
يُقْتَلُوا	يُقْتَلَا	يُقْتَلْ		يُقْتَلُونَ	يُقْتَلَانِ	يُقْتَلُ	MASCULINE	3
يُقْتَلْنَ	تُقْتَلَا	تُقْتَلْ		يُقْتَلْنَ	تُقْتَلَانِ	تُقْتَلُ	FEMININE	
تُقْتَلُوا	تُقْتَلَا	تُقْتَلْ		تُقْتَلُونَ	تُقْتَلَانِ	تُقْتَلُ	MASCULINE	2
تُقْتَلْنَ	تُقْتَلَا	تُقْتَلِي		تُقْتَلْنَ	تُقْتَلَانِ	تُقْتَلِينَ	FEMININE	
نُقْتَلْ	---	أُقْتَلْ		نُقْتَلُ	---	أُقْتَلُ		1

Famine *kills* many poor people.	الجوع يَقْتُلُ العديد من الناس الفقراء.	
We *researched the topic exhaustively* [literally: *killed* the topic by way of research].	قَتَلْنَا الموضوع بحثًا.	
My grandfather was experienced in the ways of the world [literally: *killed* the lifetime in experience].	جدي قَتَلَ الدهر خبرة.	

● إِقْتَحَمَ ;Form VIII قحم to take by storm, embark boldly;
to defy

ACTIVE

PLURAL	DUAL	SINGULAR	SUBJUNCTIVE	PLURAL	DUAL	SINGULAR	PERFECT	
يَقْتَحِمُوا	يَقْتَحِمَا	يَقْتَحِمَ		إِقْتَحَمُوا	إِقْتَحَمَا	إِقْتَحَمَ	MASCULINE	3
يَقْتَحِمْنَ	تَقْتَحِمَا	تَقْتَحِمَ		إِقْتَحَمْنَ	إِقْتَحَمَتَا	إِقْتَحَمَتْ	FEMININE	
تَقْتَحِمُوا	تَقْتَحِمَا	تَقْتَحِمَ		إِقْتَحَمْتُم	إِقْتَحَمْتُمَا	إِقْتَحَمْتَ	MASCULINE	2
تَقْتَحِمْنَ	تَقْتَحِمَا	تَقْتَحِمِي		إِقْتَحَمْتُنَّ	إِقْتَحَمْتُمَا	إِقْتَحَمْتِ	FEMININE	
نَقْتَحِمَ	---	أَقْتَحِمَ		إِقْتَحَمْنَا	---	إِقْتَحَمْتُ		1

			JUSSIVE				IMPERFECT	
يَقْتَحِمُوا	يَقْتَحِمَا	يَقْتَحِمْ		يَقْتَحِمُونَ	يَقْتَحِمَانِ	يَقْتَحِمُ	MASCULINE	3
يَقْتَحِمْنَ	تَقْتَحِمَا	تَقْتَحِمْ		يَقْتَحِمْنَ	تَقْتَحِمَانِ	تَقْتَحِمُ	FEMININE	
تَقْتَحِمُوا	تَقْتَحِمَا	تَقْتَحِمْ		تَقْتَحِمُونَ	تَقْتَحِمَانِ	تَقْتَحِمُ	MASCULINE	2
تَقْتَحِمْنَ	تَقْتَحِمَا	تَقْتَحِمِي		تَقْتَحِمْنَ	تَقْتَحِمَانِ	تَقْتَحِمِينَ	FEMININE	
نَقْتَحِمْ	---	أَقْتَحِمْ		نَقْتَحِمُ	---	أَقْتَحِمُ		1

			IMPERATIVE				
				مُقْتَحِمٌ	ACTIVE PARTICIPLE		
إِقْتَحِمُوا	إِقْتَحِمَا	إِقْتَحِمْ	MASCULINE	مُقْتَحَمٌ	PASSIVE PARTICIPLE		
إِقْتَحِمْنَ	إِقْتَحِمَا	إِقْتَحِمِي	FEMININE	إِقْتِحَامٌ	VERBAL NOUN		

PASSIVE

PLURAL	DUAL	SINGULAR	SUBJUNCTIVE	PLURAL	DUAL	SINGULAR	PERFECT	
يُقْتَحَمُوا	يُقْتَحَمَا	يُقْتَحَمَ		أُقْتُحِمُوا	أُقْتُحِمَا	أُقْتُحِمَ	MASCULINE	3
يُقْتَحَمْنَ	تُقْتَحَمَا	تُقْتَحَمَ		أُقْتُحِمْنَ	أُقْتُحِمَتَا	أُقْتُحِمَتْ	FEMININE	
تُقْتَحَمُوا	تُقْتَحَمَا	تُقْتَحَمَ		أُقْتُحِمْتُمْ	أُقْتُحِمْتُمَا	أُقْتُحِمْتَ	MASCULINE	2
تُقْتَحَمْنَ	تُقْتَحَمَا	تُقْتَحَمِي		أُقْتُحِمْتُنَّ	أُقْتُحِمْتُمَا	أُقْتُحِمْتِ	FEMININE	
نُقْتَحَمَ	---	أُقْتَحَمَ		أُقْتُحِمْنَا	---	أُقْتُحِمْتُ		1

PLURAL	DUAL	SINGULAR	JUSSIVE	PLURAL	DUAL	SINGULAR	IMPERFECT	
يُقْتَحَمُوا	يُقْتَحَمَا	يُقْتَحَمْ		يُقْتَحَمُونَ	يُقْتَحَمَانِ	يُقْتَحَمُ	MASCULINE	3
يُقْتَحَمْنَ	تُقْتَحَمَا	تُقْتَحَمْ		يُقْتَحَمْنَ	تُقْتَحَمَانِ	تُقْتَحَمُ	FEMININE	
تُقْتَحَمُوا	تُقْتَحَمَا	تُقْتَحَمْ		تُقْتَحَمُونَ	تُقْتَحَمَانِ	تُقْتَحَمُ	MASCULINE	2
تُقْتَحَمْنَ	تُقْتَحَمَا	تُقْتَحَمِي		تُقْتَحَمْنَ	تُقْتَحَمَانِ	تُقْتَحَمِينَ	FEMININE	
نُقْتَحَمْ	---	أُقْتَحَمْ		نُقْتَحَمُ	---	أُقْتَحَمُ		1

إِقْتَحَمَتْ القوات البرية مواقع العدو.	The land forces *stormed* the enemy's positions.
إِقْتَحَمَ البوليس المنزل.	The police *burst into* the house.
إِقْتَحَمَتْ الرياح المدينة كلها.	The winds *swept over* the entire town.
إِقْتَحَمْنَا العوائق.	*We defied* the obstacles.

● قَدَرَ to be able — Form I قدر

ACTIVE

PLURAL	DUAL	SINGULAR	SUBJUNCTIVE	PLURAL	DUAL	SINGULAR	PERFECT	
يَقْدِرُوا	يَقْدِرَا	يَقْدِرَ		قَدَرُوا	قَدَرَا	قَدَرَ	MASCULINE	3
يَقْدِرْنَ	تَقْدِرَا	تَقْدِرَ		قَدَرْنَ	قَدَرَتَا	قَدَرَتْ	FEMININE	
تَقْدِرُوا	تَقْدِرَا	تَقْدِرَ		قَدَرْتُمْ	قَدَرْتُمَا	قَدَرْتَ	MASCULINE	2
تَقْدِرْنَ	تَقْدِرَا	تَقْدِرِي		قَدَرْتُنَّ	قَدَرْتُمَا	قَدَرْتِ	FEMININE	
نَقْدِرَ	---	أَقْدِرَ		قَدَرْنَا	---	قَدَرْتُ		1

JUSSIVE				IMPERFECT				
يَقْدِرُوا	يَقْدِرَا	يَقْدِرْ		يَقْدِرُونَ	يَقْدِرَانِ	يَقْدِرُ	MASCULINE	3
يَقْدِرْنَ	تَقْدِرَا	تَقْدِرْ		يَقْدِرْنَ	تَقْدِرَانِ	تَقْدِرُ	FEMININE	
تَقْدِرُوا	تَقْدِرَا	تَقْدِرْ		تَقْدِرُونَ	تَقْدِرَانِ	تَقْدِرُ	MASCULINE	2
تَقْدِرْنَ	تَقْدِرَا	تَقْدِرِي		تَقْدِرْنَ	تَقْدِرَانِ	تَقْدِرِينَ	FEMININE	
نَقْدِرْ	---	أَقْدِرْ		نَقْدِرُ	---	أَقْدِرُ		1

IMPERATIVE

إِقْدِرُوا	إِقْدِرَا	إِقْدِرْ	MASCULINE	
إِقْدِرْنَ	إِقْدِرَا	إِقْدِرِي	FEMININE	

قَادِرٌ ACTIVE PARTICIPLE

--- PASSIVE PARTICIPLE

قُدْرَةٌ، مَقْدُرَةٌ VERBAL NOUN

We weren't able to deal with the problem.	لم نَقْدِرْ على معالجة المشكلة.
The teacher is in a position to help me understand the hard problems.	المدرس يَقْدِرُ أن يساعدني في فهم المسائل الصعبة.

Form II قدر   to determine; to appraise قَدَّرَ ●

ACTIVE

PLURAL	DUAL	SINGULAR	SUBJUNCTIVE	PLURAL	DUAL	SINGULAR	PERFECT	
يُقَدِّرُوا	يُقَدِّرَا	يُقَدِّرَ		قَدَّرُوا	قَدَّرَا	قَدَّرَ	MASCULINE	3
يُقَدِّرْنَ	تُقَدِّرَا	تُقَدِّرَ		قَدَّرْنَ	قَدَّرَتَا	قَدَّرَتْ	FEMININE	
تُقَدِّرُوا	تُقَدِّرَا	تُقَدِّرَ		قَدَّرْتُمْ	قَدَّرْتُمَا	قَدَّرْتَ	MASCULINE	2
تُقَدِّرْنَ	تُقَدِّرَا	تُقَدِّرِي		قَدَّرْتُنَّ	قَدَّرْتُمَا	قَدَّرْتِ	FEMININE	
نُقَدِّرَ	---	أُقَدِّرَ		قَدَّرْنَا	---	قَدَّرْتُ		1

JUSSIVE				IMPERFECT				
يُقَدِّرُوا	يُقَدِّرَا	يُقَدِّرْ		يُقَدِّرُونَ	يُقَدِّرَانِ	يُقَدِّرُ	MASCULINE	3
يُقَدِّرْنَ	تُقَدِّرَا	تُقَدِّرْ		يُقَدِّرْنَ	تُقَدِّرَانِ	تُقَدِّرُ	FEMININE	
تُقَدِّرُوا	تُقَدِّرَا	تُقَدِّرْ		تُقَدِّرُونَ	تُقَدِّرَانِ	تُقَدِّرُ	MASCULINE	2
تُقَدِّرْنَ	تُقَدِّرَا	تُقَدِّرِي		تُقَدِّرْنَ	تُقَدِّرَانِ	تُقَدِّرِينَ	FEMININE	
نُقَدِّرْ	---	أُقَدِّرْ		نُقَدِّرُ	---	أُقَدِّرُ		1

IMPERATIVE

قَدِّرُوا	قَدِّرَا	قَدِّرْ	MASCULINE	
قَدِّرْنَ	قَدِّرَا	قَدِّرِي	FEMININE	

مُقَدِّرٌ ACTIVE PARTICIPLE

مُقَدَّرٌ PASSIVE PARTICIPLE

تَقْدِيرٌ VERBAL NOUN

PLURAL	DUAL	SINGULAR	SUBJUNCTIVE	PLURAL	DUAL	SINGULAR	PERFECT		
يُقَدَّرُوا	يُقَدَّرَا	يُقَدَّرَ		قُدِّرُوا	قُدِّرَا	قُدِّرَ	MASCULINE	3
يُقَدَّرْنَ	تُقَدَّرَا	تُقَدَّرَ		قُدِّرْنَ	قُدِّرَتَا	قُدِّرَتْ	FEMININE	
تُقَدَّرُوا	تُقَدَّرَا	تُقَدَّرَ		قُدِّرْتُمْ	قُدِّرْتُمَا	قُدِّرْتَ	MASCULINE	2
تُقَدَّرْنَ	تُقَدَّرَا	تُقَدَّرِي		قُدِّرْتُنَّ	قُدِّرْتُمَا	قُدِّرْتِ	FEMININE	
نُقَدَّرَ	---	أُقَدَّرَ		قُدِّرْنَا	---	قُدِّرْتُ		1

PLURAL	DUAL	SINGULAR	JUSSIVE	PLURAL	DUAL	SINGULAR	IMPERFECT		
يُقَدَّرُوا	يُقَدَّرَا	يُقَدَّرْ		يُقَدَّرُونَ	يُقَدَّرَانِ	يُقَدَّرُ	MASCULINE	3
يُقَدَّرْنَ	تُقَدَّرَا	تُقَدَّرْ		يُقَدَّرْنَ	تُقَدَّرَانِ	تُقَدَّرُ	FEMININE	
تُقَدَّرُوا	تُقَدَّرَا	تُقَدَّرْ		تُقَدَّرُونَ	تُقَدَّرَانِ	تُقَدَّرُ	MASCULINE	2
تُقَدَّرْنَ	تُقَدَّرَا	تُقَدَّرِي		تُقَدَّرْنَ	تُقَدَّرَانِ	تُقَدَّرِينَ	FEMININE	
نُقَدَّرْ	---	أُقَدَّرْ		نُقَدَّرُ	---	أُقَدَّرُ		1

God *has decreed* everyone's lot.	قَدَّرَ الله نصيب كل واحد منا.
God forbid [literally: May God not *decree*] that the operation should fail!	لا قَدَّرَ الله أن تفشل العملية!
The inevitable happened [literally: It *was decreed* and so it was].	قُدِّرَ فكان.
You don't *appreciate* the extent of the losses.	أنت لا تُقَدِّر حجم الخسائر.
I took my jewelry to the jeweler *for him to appraise* its value.	أخذت مجوهراتي للصائغ لِيُقَدِّر ثمنها.

Form I قدم   to arrive; to have the audacity to قَدِمَ ●

PLURAL	DUAL	SINGULAR	SUBJUNCTIVE	PLURAL	DUAL	SINGULAR	PERFECT		
يَقْدَمُوا	يَقْدَمَا	يَقْدَمَ		قَدِمُوا	قَدِمَا	قَدِمَ	MASCULINE	3
يَقْدَمْنَ	تَقْدَمَا	تَقْدَمَ		قَدِمْنَ	قَدِمَتَا	قَدِمَتْ	FEMININE	
تَقْدَمُوا	تَقْدَمَا	تَقْدَمَ		قَدِمْتُمْ	قَدِمْتُمَا	قَدِمْتَ	MASCULINE	2
تَقْدَمْنَ	تَقْدَمَا	تَقْدَمِي		قَدِمْتُنَّ	قَدِمْتُمَا	قَدِمْتِ	FEMININE	
نَقْدَمَ	---	أَقْدَمَ		قَدِمْنَا	---	قَدِمْتُ		1

PLURAL	DUAL	SINGULAR		PLURAL	DUAL	SINGULAR		
يَقْدَمُوا	يَقْدَمَا	يَقْدَمْ		يَقْدَمُونَ	يَقْدَمَانِ	يَقْدَمُ	MASCULINE	3
يَقْدَمْنَ	تَقْدَمَا	تَقْدَمْ		يَقْدَمْنَ	تَقْدَمَانِ	تَقْدَمُ	FEMININE	
تَقْدَمُوا	تَقْدَمَا	تَقْدَمْ		تَقْدَمُونَ	تَقْدَمَانِ	تَقْدَمُ	MASCULINE	2
تَقْدَمْنَ	تَقْدَمَا	تَقْدَمِي		تَقْدَمْنَ	تَقْدَمَانِ	تَقْدَمِينَ	FEMININE	
نَقْدَمْ	---	أَقْدَمْ		نَقْدَمُ	---	أَقْدَمُ		1

IMPERATIVE				قَادِمٌ	ACTIVE PARTICIPLE
إِقْدَمُوا	إِقْدَمَا	إِقْدَمْ	MASCULINE	مَقْدُومٌ	PASSIVE PARTICIPLE
إِقْدَمْنَ	إِقْدَمَا	إِقْدَمِي	FEMININE	قُدُومٌ, قِدْمَانٌ, مَقْدَمٌ	VERBAL NOUN

PASSIVE

PLURAL	DUAL	SINGULAR	SUBJUNCTIVE	PLURAL	DUAL	SINGULAR	PERFECT
يُقْدَمُوا	يُقْدَمَا	يُقْدَمَ		قُدِمُوا	قُدِمَا	قُدِمَ	MASCULINE 3
يُقْدَمْنَ	تُقْدَمَا	تُقْدَمَ		قُدِمْنَ	قُدِمَتَا	قُدِمَتْ	FEMININE
تُقْدَمُوا	تُقْدَمَا	تُقْدَمَ		قُدِمْتُمْ	قُدِمْتُمَا	قُدِمْتَ	MASCULINE 2
تُقْدَمْنَ	تُقْدَمَا	تُقْدَمِي		قُدِمْتُنَّ	قُدِمْتُمَا	قُدِمْتِ	FEMININE
نُقْدَمَ	---	أُقْدَمَ		قُدِمْنَا	---	قُدِمْتُ	1

JUSSIVE					IMPERFECT

PLURAL	DUAL	SINGULAR		PLURAL	DUAL	SINGULAR		
يُقْدَمُوا	يُقْدَمَا	يُقْدَمْ		يُقْدَمُونَ	يُقْدَمَانِ	يُقْدَمُ	MASCULINE	3
يُقْدَمْنَ	تُقْدَمَا	تُقْدَمْ		يُقْدَمْنَ	تُقْدَمَانِ	تُقْدَمُ	FEMININE	
تُقْدَمُوا	تُقْدَمَا	تُقْدَمْ		تُقْدَمُونَ	تُقْدَمَانِ	تُقْدَمُ	MASCULINE	2
تُقْدَمْنَ	تُقْدَمَا	تُقْدَمِي		تُقْدَمْنَ	تُقْدَمَانِ	تُقْدَمِينَ	FEMININE	
نُقْدَمْ	---	أُقْدَمْ		نُقْدَمُ	---	أُقْدَمُ		1

The man *reached* the hotel after a long trip.

قَدِمَ الرجل إلى الفندق بعد سفر طويل.

I *embarked on* [with a connotation of "daring"] this experiment with confidence of success.

قَدِمْتُ على هذه التجربة وعندي ثقة في النجاح.

Form II قدم   to present, submit قَدَّمَ ●

ACTIVE

PLURAL	DUAL	SINGULAR	**SUBJUNCTIVE**	PLURAL	DUAL	SINGULAR	**PERFECT**	
يُقَدِّمُوا	يُقَدِّمَا	يُقَدِّمَ		قَدَّمُوا	قَدَّمَا	قَدَّمَ	MASCULINE	3
يُقَدِّمْنَ	تُقَدِّمَا	تُقَدِّمَ		قَدَّمْنَ	قَدَّمَتَا	قَدَّمَتْ	FEMININE	
تُقَدِّمُوا	تُقَدِّمَا	تُقَدِّمَ		قَدَّمْتُمْ	قَدَّمْتُمَا	قَدَّمْتَ	MASCULINE	2
تُقَدِّمْنَ	تُقَدِّمَا	تُقَدِّمِي		قَدَّمْتُنَّ	قَدَّمْتُمَا	قَدَّمْتِ	FEMININE	
نُقَدِّمَ	---	أُقَدِّمَ		قَدَّمْنَا	---	قَدَّمْتُ		1

PLURAL	DUAL	SINGULAR	**JUSSIVE**	PLURAL	DUAL	SINGULAR	**IMPERFECT**	
يُقَدِّمُوا	يُقَدِّمَا	يُقَدِّمْ		يُقَدِّمُونَ	يُقَدِّمَانِ	يُقَدِّمُ	MASCULINE	3
يُقَدِّمْنَ	تُقَدِّمَا	تُقَدِّمْ		يُقَدِّمْنَ	تُقَدِّمَانِ	تُقَدِّمُ	FEMININE	
تُقَدِّمُوا	تُقَدِّمَا	تُقَدِّمْ		تُقَدِّمُونَ	تُقَدِّمَانِ	تُقَدِّمُ	MASCULINE	2
تُقَدِّمْنَ	تُقَدِّمَا	تُقَدِّمِي		تُقَدِّمْنَ	تُقَدِّمَانِ	تُقَدِّمِينَ	FEMININE	
نُقَدِّمْ	---	أُقَدِّمْ		نُقَدِّمُ	---	أُقَدِّمُ		1

PLURAL	DUAL	SINGULAR	**IMPERATIVE**		
قَدِّمُوا	قَدِّمَا	قَدِّمْ	MASCULINE	مُقَدِّمٌ	ACTIVE PARTICIPLE
قَدِّمْنَ	قَدِّمَا	قَدِّمِي	FEMININE	مُقَدَّمٌ	PASSIVE PARTICIPLE
				تَقْدِيمٌ	VERBAL NOUN

PASSIVE

PLURAL	DUAL	SINGULAR	**SUBJUNCTIVE**	PLURAL	DUAL	SINGULAR	**PERFECT**	
يُقَدَّمُوا	يُقَدَّمَا	يُقَدَّمَ		قُدِّمُوا	قُدِّمَا	قُدِّمَ	MASCULINE	3
يُقَدَّمْنَ	تُقَدَّمَا	تُقَدَّمَ		قُدِّمْنَ	قُدِّمَتَا	قُدِّمَتْ	FEMININE	
تُقَدَّمُوا	تُقَدَّمَا	تُقَدَّمَ		قُدِّمْتُمْ	قُدِّمْتُمَا	قُدِّمْتَ	MASCULINE	2
تُقَدَّمْنَ	تُقَدَّمَا	تُقَدَّمِي		قُدِّمْتُنَّ	قُدِّمْتُمَا	قُدِّمْتِ	FEMININE	
نُقَدَّمَ	---	أُقَدَّمَ		قُدِّمْنَا	---	قُدِّمْتُ		1

PLURAL	DUAL	SINGULAR	**JUSSIVE**	PLURAL	DUAL	SINGULAR	**IMPERFECT**	
يُقَدَّمُوا	يُقَدَّمَا	يُقَدَّمْ		يُقَدَّمُونَ	يُقَدَّمَانِ	يُقَدَّمُ	MASCULINE	3
يُقَدَّمْنَ	تُقَدَّمَا	تُقَدَّمْ		يُقَدَّمْنَ	تُقَدَّمَانِ	تُقَدَّمُ	FEMININE	
تُقَدَّمُوا	تُقَدَّمَا	تُقَدَّمْ		تُقَدَّمُونَ	تُقَدَّمَانِ	تُقَدَّمُ	MASCULINE	2
تُقَدَّمْنَ	تُقَدَّمَا	تُقَدَّمِي		تُقَدَّمْنَ	تُقَدَّمَانِ	تُقَدَّمِينَ	FEMININE	
نُقَدَّمْ	---	أُقَدَّمْ		نُقَدَّمُ	---	أُقَدَّمُ		1

The secretary general of the United Nations *presented* to the Security Council a brief report yesterday.

قَدَّمَ الأمين العام للأمم المتحدة إلى مجلس الأمن تقريرا موجزا.

The al-Fatīm Company *is extending* a tempting offer for renting new cars at a low rate.

شركة الفطيم للسيارات تُقَدِّمُ عرضاً مغرياً لاستئجار السيارات الحديثة بسعر رخيص.

Channel 2 *will be presenting* new programs about the preferred places for tourism in Egypt.

القناة الثانية سَتُقَدِّمُ برامج جديدة عن الأماكن المفضلة للسياحة في مصر.

All the documents required of the applicants for the competition *have been submitted.*

قُدِّمَتْ كل الأوراق المطلوبة من المتقدمين للمسابقة.

Form V قدم   ● تَقَدَّمَ to precede

ACTIVE

PLURAL	DUAL	SINGULAR	SUBJUNCTIVE	PLURAL	DUAL	SINGULAR	PERFECT	
يَتَقَدَّمُوا	يَتَقَدَّمَا	يَتَقَدَّمَ		تَقَدَّمُوا	تَقَدَّمَا	تَقَدَّمَ	MASCULINE	3
يَتَقَدَّمْنَ	تَتَقَدَّمَا	تَتَقَدَّمَ		تَقَدَّمْنَ	تَقَدَّمَتَا	تَقَدَّمَتْ	FEMININE	
تَتَقَدَّمُوا	تَتَقَدَّمَا	تَتَقَدَّمَ		تَقَدَّمْتُمْ	تَقَدَّمْتُمَا	تَقَدَّمْتَ	MASCULINE	2
تَتَقَدَّمْنَ	تَتَقَدَّمَا	تَتَقَدَّمِي		تَقَدَّمْتُنَّ	تَقَدَّمْتُمَا	تَقَدَّمْتِ	FEMININE	
نَتَقَدَّمَ	---	أَتَقَدَّمَ		تَقَدَّمْنَا	---	تَقَدَّمْتُ		1

			JUSSIVE				IMPERFECT	
يَتَقَدَّمُوا	يَتَقَدَّمَا	يَتَقَدَّمْ		يَتَقَدَّمُونَ	يَتَقَدَّمَانِ	يَتَقَدَّمُ	MASCULINE	3
يَتَقَدَّمْنَ	تَتَقَدَّمَا	تَتَقَدَّمْ		يَتَقَدَّمْنَ	تَتَقَدَّمَانِ	تَتَقَدَّمُ	FEMININE	
تَتَقَدَّمُوا	تَتَقَدَّمَا	تَتَقَدَّمْ		تَتَقَدَّمُونَ	تَتَقَدَّمَانِ	تَتَقَدَّمُ	MASCULINE	2
تَتَقَدَّمْنَ	تَتَقَدَّمَا	تَتَقَدَّمِي		تَتَقَدَّمْنَ	تَتَقَدَّمَانِ	تَتَقَدَّمِينَ	FEMININE	
نَتَقَدَّمْ	---	أَتَقَدَّمْ		نَتَقَدَّمُ	---	أَتَقَدَّمُ		1

			IMPERATIVE				
				مُتَقَدِّمٌ	ACTIVE PARTICIPLE		
تَقَدَّمُوا	تَقَدَّمَا	تَقَدَّمْ	MASCULINE	مُتَقَدَّمٌ	PASSIVE PARTICIPLE		
تَقَدَّمْنَ	تَقَدَّمَا	تَقَدَّمِي	FEMININE	تَقَدُّمٌ	VERBAL NOUN		

PLURAL	DUAL	SINGULAR	SUBJUNCTIVE	PLURAL	DUAL	SINGULAR	PERFECT		
يُتَقَدَّمُوا	يُتَقَدَّمَا	يُتَقَدَّمْ		تُقُدِّمُوا	تُقُدِّمَا	تُقُدِّمَ	MASCULINE	3
يُتَقَدَّمْنَ	تُتَقَدَّمَا	تُتَقَدَّمْ		تُقُدِّمْنَ	تُقُدِّمَتَا	تُقُدِّمَتْ	FEMININE	
تُتَقَدَّمُوا	تُتَقَدَّمَا	تُتَقَدَّمْ		تُقُدِّمْتُمْ	تُقُدِّمْتُمَا	تُقُدِّمْتَ	MASCULINE	2
تُتَقَدَّمْنَ	تُتَقَدَّمَا	تُتَقَدَّمِي		تُقُدِّمْتُنَّ	تُقُدِّمْتُمَا	تُقُدِّمْتِ	FEMININE	
نُتَقَدَّمْ	---	أُتَقَدَّمْ		تُقُدِّمْنَا	---	تُقُدِّمْتُ		1

JUSSIVE / IMPERFECT

PLURAL	DUAL	SINGULAR	JUSSIVE	PLURAL	DUAL	SINGULAR	IMPERFECT		
يُتَقَدَّمُوا	يُتَقَدَّمَا	يُتَقَدَّمْ		يُتَقَدَّمُونَ	يُتَقَدَّمَانِ	يُتَقَدَّمُ	MASCULINE	3
يُتَقَدَّمْنَ	تُتَقَدَّمَا	تُتَقَدَّمْ		يُتَقَدَّمْنَ	تُتَقَدَّمَانِ	تُتَقَدَّمُ	FEMININE	
تُتَقَدَّمُوا	تُتَقَدَّمَا	تُتَقَدَّمْ		تُتَقَدَّمُونَ	تُتَقَدَّمَانِ	تُتَقَدَّمُ	MASCULINE	2
تُتَقَدَّمْنَ	تُتَقَدَّمَا	تُتَقَدَّمِي		تُتَقَدَّمْنَ	تُتَقَدَّمَانِ	تُتَقَدَّمِينَ	FEMININE	
نُتَقَدَّمْ	---	أُتَقَدَّمْ		نُتَقَدَّمُ	---	أُتَقَدَّمُ		1

Young people *are ahead* of old people in learning to deal with the new technology.

الصغار يَتَقَدَّمُونَ على الكبار في تعلم التعامل مع التكنولوجيا الجديدة.

The Brazilian team *was ahead* of the Argentine team by three goals to one.

تَقَدَّمَ فريق البرازيل على فريق الأرجنتين بثلاثة أهداف مقابل هدف واحد.

May God forgive him for his earlier and later sins [literally: what *came earlier* of his sins and what *came later*].

غفر الله له ما تَقَدَّمَ من ذنبه وما تأخر.

Form II قرر to decide, determine; to confess قَرَّرَ ●

ACTIVE

PLURAL	DUAL	SINGULAR	SUBJUNCTIVE	PLURAL	DUAL	SINGULAR	PERFECT		
يُقَرِّرُوا	يُقَرِّرَا	يُقَرِّرَ		قَرَّرُوا	قَرَّرَا	قَرَّرَ	MASCULINE	3
يُقَرِّرْنَ	تُقَرِّرَا	تُقَرِّرَ		قَرَّرْنَ	قَرَّرَتَا	قَرَّرَتْ	FEMININE	
تُقَرِّرُوا	تُقَرِّرَا	تُقَرِّرَ		قَرَّرْتُمْ	قَرَّرْتُمَا	قَرَّرْتَ	MASCULINE	2
تُقَرِّرْنَ	تُقَرِّرَا	تُقَرِّرِي		قَرَّرْتُنَّ	قَرَّرْتُمَا	قَرَّرْتِ	FEMININE	
نُقَرِّرَ	---	أُقَرِّرَ		قَرَّرْنَا	---	قَرَّرْتُ		1

JUSSIVE / IMPERFECT

JUSSIVE PLURAL	JUSSIVE DUAL	JUSSIVE SINGULAR		IMPERFECT PLURAL	IMPERFECT DUAL	IMPERFECT SINGULAR		
يُقَرِّروا	يُقَرِّرا	يُقَرِّر		يُقَرِّرونَ	يُقَرِّرانِ	يُقَرِّرُ	MASCULINE	3
يُقَرِّرنَ	تُقَرِّرا	تُقَرِّر		يُقَرِّرنَ	تُقَرِّرانِ	تُقَرِّرُ	FEMININE	
تُقَرِّروا	تُقَرِّرا	تُقَرِّر		تُقَرِّرونَ	تُقَرِّرانِ	تُقَرِّرُ	MASCULINE	2
تُقَرِّرنَ	تُقَرِّرا	تُقَرِّري		تُقَرِّرنَ	تُقَرِّرانِ	تُقَرِّرينَ	FEMININE	
نُقَرِّر	---	أُقَرِّر		نُقَرِّرُ	---	أُقَرِّرُ		1

IMPERATIVE					
				مُقَرِّرٌ	ACTIVE PARTICIPLE
قَرِّروا	قَرِّرا	قَرِّر	MASCULINE		
				مُقَرَّرٌ	PASSIVE PARTICIPLE
قَرِّرنَ	قَرِّرا	قَرِّري	FEMININE		
				تَقْريرٌ	VERBAL NOUN

PASSIVE

SUBJUNCTIVE / PERFECT

PLURAL	DUAL	SINGULAR	SUBJUNCTIVE	PLURAL	DUAL	SINGULAR	PERFECT	
يُقَرَّروا	يُقَرَّرا	يُقَرَّر		قُرِّروا	قُرِّرا	قُرِّر	MASCULINE	3
يُقَرَّرنَ	تُقَرَّرا	تُقَرَّر		قُرِّرنَ	قُرِّرَتا	قُرِّرَت	FEMININE	
تُقَرَّروا	تُقَرَّرا	تُقَرَّر		قُرِّرتُم	قُرِّرتُما	قُرِّرتَ	MASCULINE	2
تُقَرَّرنَ	تُقَرَّرا	تُقَرَّري		قُرِّرتُنَّ	قُرِّرتُما	قُرِّرتِ	FEMININE	
نُقَرَّر	---	أُقَرَّر		قُرِّرنا	---	قُرِّرتُ		1

JUSSIVE / IMPERFECT

JUSSIVE PLURAL	JUSSIVE DUAL	JUSSIVE SINGULAR		IMPERFECT PLURAL	IMPERFECT DUAL	IMPERFECT SINGULAR		
يُقَرَّروا	يُقَرَّرا	يُقَرَّر		يُقَرَّرونَ	يُقَرَّرانِ	يُقَرَّرُ	MASCULINE	3
يُقَرَّرنَ	تُقَرَّرا	تُقَرَّر		يُقَرَّرنَ	تُقَرَّرانِ	تُقَرَّرُ	FEMININE	
تُقَرَّروا	تُقَرَّرا	تُقَرَّر		تُقَرَّرونَ	تُقَرَّرانِ	تُقَرَّرُ	MASCULINE	2
تُقَرَّرنَ	تُقَرَّرا	تُقَرَّري		تُقَرَّرنَ	تُقَرَّرانِ	تُقَرَّرينَ	FEMININE	
نُقَرَّر	---	أُقَرَّر		نُقَرَّرُ	---	أُقَرَّرُ		1

What have *you decided* to do about this problem?

ماذا قَرَّرتَ أن تفعل في هذه المشكلة؟

Do external forces *determine* man's destiny, or does each individual *determine* his own destiny?

هل مصير الإنسان تُقَرِّرُهُ قوى خارجة عنه. أم أن كل واحد يُقَرِّرُ مصيره بنفسه؟

The police *made* him *confess* the truth.

البوليس قَرَّرَهُ الحقيقة.

386

Form IV قرر   أَقَرَّ to affirm; to establish; to cool ●
(the eye, i.e., to gladden)

ACTIVE

PLURAL	DUAL	SINGULAR	SUBJUNCTIVE	PLURAL	DUAL	SINGULAR	PERFECT	
يُقِرُّوا	يُقِرَّا	يُقِرَّ		أَقَرُّوا	أَقَرَّا	أَقَرَّ	MASCULINE	3
يُقْرِرْنَ	تُقِرَّا	تُقِرَّ		أَقْرَرْنَ	أَقَرَّتَا	أَقَرَّتْ	FEMININE	
تُقِرُّوا	تُقِرَّا	تُقِرَّ		أَقْرَرْتُمْ	أَقْرَرْتُمَا	أَقْرَرْتَ	MASCULINE	2
تُقْرِرْنَ	تُقِرَّا	تُقِرِّي		أَقْرَرْتُنَّ	أَقْرَرْتُمَا	أَقْرَرْتِ	FEMININE	
نُقِرَّ	---	أُقِرَّ		أَقْرَرْنَا	---	أَقْرَرْتُ		1

			*JUSSIVE				IMPERFECT	
يُقِرُّوا	يُقِرَّا	يُقْرِرْ		يُقِرُّونَ	يُقِرَّانِ	يُقِرُّ	MASCULINE	3
يُقْرِرْنَ	تُقِرَّا	تُقْرِرْ		يُقْرِرْنَ	تُقِرَّانِ	تُقِرُّ	FEMININE	
تُقِرُّوا	تُقِرَّا	تُقْرِرْ		تُقِرُّونَ	تُقِرَّانِ	تُقِرُّ	MASCULINE	2
تُقْرِرْنَ	تُقِرَّا	تُقِرِّي		تُقْرِرْنَ	تُقِرَّانِ	تُقِرِّينَ	FEMININE	
نُقْرِرْ	---	أُقْرِرْ		نُقِرُّ	---	أُقِرُّ		1

			** IMPERATIVE					
							مُقِرٌّ	ACTIVE PARTICIPLE
أَقِرُّوا	أَقِرَّا	أَقْرِرْ	MASCULINE				مُقَرٌّ	PASSIVE PARTICIPLE
أَقْرِرْنَ	أَقِرَّا	أَقْرِرِي	FEMININE				إِقْرَارٌ	VERBAL NOUN

PASSIVE

PLURAL	DUAL	SINGULAR	SUBJUNCTIVE	PLURAL	DUAL	SINGULAR	PERFECT	
يُقَرُّوا	يُقَرَّا	يُقَرَّ		أُقِرُّوا	أُقِرَّا	أُقِرَّ	MASCULINE	3
يُقْرَرْنَ	تُقَرَّا	تُقَرَّ		أُقْرِرْنَ	أُقِرَّتَا	أُقِرَّتْ	FEMININE	
تُقَرُّوا	تُقَرَّا	تُقَرَّ		أُقْرِرْتُمْ	أُقْرِرْتُمَا	أُقْرِرْتَ	MASCULINE	2
تُقْرَرْنَ	تُقَرَّا	تُقَرِّي		أُقْرِرْتُنَّ	أُقْرِرْتُمَا	أُقْرِرْتِ	FEMININE	
نُقَرَّ	---	أُقَرَّ		أُقْرِرْنَا	---	أُقْرِرْتُ		1

---

* Contracted form: يُقِرَّ, تُقِرَّ, تُقِرِّي, أُقِرَّ...نُقِرَّ

** Contracted form: أَقِرَّ, أَقِرِّي, أَقِرَّا, أَقِرُّوا...

387

يُقَرُّوا	يُقَرَّا	يُقْرِرْ		يُقَرُّونَ	يُقَرَّان	يُقَرُّ	MASCULINE	3
يُقْرِرْنَ	تُقَرَّا	تُقْرِرْ		يُقْرِرْنَ	تُقَرَّان	تُقَرُّ	FEMININE	
تُقَرُّوا	تُقَرَّا	تُقْرِرْ		تُقَرُّونَ	تُقَرَّان	تُقَرُّ	MASCULINE	2
تُقْرِرْنَ	تُقَرَّا	تُقَرِّي		تُقْرِرْنَ	تُقَرَّان	تُقَرِّينَ	FEMININE	
نُقْرِرْ	---	أُقْرِرْ		نُقَرُّ	---	أُقَرُّ		1

I, who am named below, *affirm*...	...أُقِرُّ أنا المذكور أدناه
The ministers *instituted* the new regulation.	.أَقَرَّ الوزراء القانون الجديد
He was *delighted* to see his son [literally: Seeing his son cooled his eye].	.أَقَرَّ عينه رؤية ابنه

Form V قرر   to be fixed, decided تَقَرَّر ●

ACTIVE

PLURAL	DUAL	SINGULAR	SUBJUNCTIVE	PLURAL	DUAL	SINGULAR	PERFECT	
يَتَقَرَّرُوا	يَتَقَرَّرَا	يَتَقَرَّرَ		تَقَرَّرُوا	تَقَرَّرَا	تَقَرَّرَ	MASCULINE	3
يَتَقَرَّرْنَ	تَتَقَرَّرَا	تَتَقَرَّرَ		تَقَرَّرْنَ	تَقَرَّرَتَا	تَقَرَّرَتْ	FEMININE	
تَتَقَرَّرُوا	تَتَقَرَّرَا	تَتَقَرَّرَ		تَقَرَّرْتُمْ	تَقَرَّرْتُمَا	تَقَرَّرْتَ	MASCULINE	2
تَتَقَرَّرْنَ	تَتَقَرَّرَا	تَتَقَرَّرِي		تَقَرَّرْتُنَّ	تَقَرَّرْتُمَا	تَقَرَّرْتِ	FEMININE	
نَتَقَرَّرَ	---	أَتَقَرَّرَ		تَقَرَّرْنَا	---	تَقَرَّرْتُ		1

JUSSIVE / IMPERFECT

PLURAL	DUAL	SINGULAR	JUSSIVE	PLURAL	DUAL	SINGULAR	IMPERFECT	
يَتَقَرَّرُوا	يَتَقَرَّرَا	يَتَقَرَّرْ		يَتَقَرَّرُونَ	يَتَقَرَّرَان	يَتَقَرَّرُ	MASCULINE	3
يَتَقَرَّرْنَ	تَتَقَرَّرَا	تَتَقَرَّرْ		يَتَقَرَّرْنَ	تَتَقَرَّرَان	تَتَقَرَّرُ	FEMININE	
تَتَقَرَّرُوا	تَتَقَرَّرَا	تَتَقَرَّرْ		تَتَقَرَّرُونَ	تَتَقَرَّرَان	تَتَقَرَّرُ	MASCULINE	2
تَتَقَرَّرْنَ	تَتَقَرَّرَا	تَتَقَرَّرِي		تَتَقَرَّرْنَ	تَتَقَرَّرَان	تَتَقَرَّرِينَ	FEMININE	
نَتَقَرَّرْ	---	أَتَقَرَّرْ		نَتَقَرَّرُ	---	أَتَقَرَّرُ		1

IMPERATIVE

PLURAL	DUAL	SINGULAR	IMPERATIVE		
تَقَرَّرُوا	تَقَرَّرَا	تَقَرَّرْ	MASCULINE	مُتَقَرِّر	ACTIVE PARTICIPLE
تَقَرَّرْنَ	تَقَرَّرَا	تَقَرَّرِي	FEMININE	مُتَقَرَّر	PASSIVE PARTICIPLE
				تَقَرُّر	VERBAL NOUN

---

* Contracted form: يُقَرَّ، نُقَرَّ، تُقَرَّ، تُقَرِّي، أُقَرَّ...نُقَرَّ

In my view, what *was decided* in the previous meetings is the correct approach.	مِن وجهة نظري ما تَقَرَّرَ في الاجتماعات السابقة هو الاتجاه الصحيح.
It appears that a new time *has been set* for the flight to New York.	يبدو أنّ ميعادًا جديدًا للطائرة التي تذهب إلى نيويورك قد تَقَرَّرَ.

Form X قرر to be settled; to be consolidated إِسْتَقَرَّ ⬤

ACTIVE

PLURAL	DUAL	SINGULAR	SUBJUNCTIVE	PLURAL	DUAL	SINGULAR	PERFECT	
يَسْتَقِرُّوا	يَسْتَقِرّا	يَسْتَقِرَّ		إِسْتَقَرُّوا	إِسْتَقَرّا	إِسْتَقَرَّ	MASCULINE	3
يَسْتَقِرْنَ	تَسْتَقِرّا	تَسْتَقِرَّ		إِسْتَقْرَرْنَ	إِسْتَقَرَّتا	إِسْتَقَرَّتْ	FEMININE	
تَسْتَقِرُّوا	تَسْتَقِرّا	تَسْتَقِرَّ		إِسْتَقْرَرْتُم	إِسْتَقْرَرْتُمَا	إِسْتَقْرَرْتَ	MASCULINE	2
تَسْتَقِرْنَ	تَسْتَقِرّا	تَسْتَقِرِّي		إِسْتَقْرَرْتُنَّ	إِسْتَقْرَرْتُمَا	إِسْتَقْرَرْتِ	FEMININE	
نَسْتَقِرَّ	---	أَسْتَقِرَّ		إِسْتَقْرَرْنَا	---	إِسْتَقْرَرْتُ		1

			*JUSSIVE				IMPERFECT	
يَسْتَقِرُّوا	يَسْتَقِرّا	يَسْتَقْرِرْ		يَسْتَقِرُّونَ	يَسْتَقِرّانِ	يَسْتَقِرُّ	MASCULINE	3
يَسْتَقِرْنَ	تَسْتَقِرّا	تَسْتَقْرِرْ		يَسْتَقِرْنَ	تَسْتَقِرّانِ	تَسْتَقِرُّ	FEMININE	
تَسْتَقِرُّوا	تَسْتَقِرّا	تَسْتَقْرِرْ		تَسْتَقِرُّونَ	تَسْتَقِرّانِ	تَسْتَقِرُّ	MASCULINE	2
تَسْتَقِرْنَ	تَسْتَقِرّا	تَسْتَقِرِّي		تَسْتَقِرِّينَ	تَسْتَقِرّانِ	تَسْتَقِرِّينَ	FEMININE	
نَسْتَقْرِرْ	---	أَسْتَقْرِرْ		نَسْتَقِرُّ	---	أَسْتَقِرُّ		1

			IMPERATIVE			
				مُسْتَقِرٌّ	ACTIVE PARTICIPLE	
إِسْتَقِرُّوا	إِسْتَقِرّا	إِسْتَقِرَّ**	MASCULINE	مُسْتَقَرٌّ	PASSIVE PARTICIPLE	
إِسْتَقِرْنَ	إِسْتَقِرّا	إِسْتَقِرِّي	FEMININE	إِسْتِقْرَارٌ	VERBAL NOUN	

The family *has been settled* [i.e., has resided] in Beirut for twenty years.	إِسْتَقَرَّتُ الأسرة في بيروت لمدة ٢٠ سنة.
The choice *has not settled* on anyone yet.	لم يَسْتَقْرِرُ الاختيار على أحد بعد.
The situation *has stabilized*.	لقد اسْتَقَرَّتُ الأمور.
The economic circumstances will surely not attain a definitive solution [literally: settle on a single circumstance] in the near future.	الأوضاع الاقتصادية لن تَسْتَقِرَّ على حال في المستقبل القريب.

---

* Contracted form: يَسْتَقِرَّ، تَسْتَقِرَّ، تَسْتَقِرَّ، تَسْتَقِرِّي، أَسْتَقِرَّ...نَسْتَقِرَّ.

** Contracted form: إِسْتَقَرَّ

389

Form I قرأ — to read; to recite قَرَأَ ●

ACTIVE

PLURAL	DUAL	SINGULAR	SUBJUNCTIVE	PLURAL	DUAL	SINGULAR	PERFECT		
يَقْرَؤُوا	يَقْرَآ	يَقْرَأَ		قَرَؤُوا	قَرَآ	قَرَأَ	MASCULINE	3	
يَقْرَأْنَ	تَقْرَآ	تَقْرَأَ		قَرَأْنَ	قَرَأَتَا	قَرَأَتْ	FEMININE		
تَقْرَؤُوا	تَقْرَآ	تَقْرَأَ		قَرَأْتُمْ	قَرَأْتُمَا	قَرَأْتَ	MASCULINE	2	
تَقْرَأْنَ	تَقْرَآ	تَقْرَئِي		قَرَأْتُنَّ	قَرَأْتُمَا	قَرَأْتِ	FEMININE		
نَقْرَأَ	---	أَقْرَأَ		قَرَأْنَا	---	قَرَأْتُ	1		

PLURAL	DUAL	SINGULAR	JUSSIVE	PLURAL	DUAL	SINGULAR	IMPERFECT		
يَقْرَؤُوا	يَقْرَآ	يَقْرَأْ		يَقْرَؤُونَ	يَقْرَآنِ	يَقْرَأُ	MASCULINE	3	
يَقْرَأْنَ	تَقْرَآ	تَقْرَأْ		يَقْرَأْنَ	تَقْرَآنِ	تَقْرَأُ	FEMININE		
تَقْرَؤُوا	تَقْرَآ	تَقْرَأْ		تَقْرَؤُونَ	تَقْرَآنِ	تَقْرَأُ	MASCULINE	2	
تَقْرَأْنَ	تَقْرَآ	تَقْرَئِي		تَقْرَأْنَ	تَقْرَآنِ	تَقْرَئِينَ	FEMININE		
نَقْرَأْ	---	أَقْرَأْ		نَقْرَأُ	---	أَقْرَأُ	1		

PLURAL	DUAL	SINGULAR	IMPERATIVE	
إِقْرَؤُوا	إِقْرَآ	إِقْرَأْ	MASCULINE	
إِقْرَأْنَ	إِقْرَآ	إِقْرَئِي	FEMININE	

قَارِئٌ	ACTIVE PARTICIPLE
مَقْرُوءٌ	PASSIVE PARTICIPLE
قِرَاءَةٌ	VERBAL NOUN

PASSIVE

PLURAL	DUAL	SINGULAR	SUBJUNCTIVE	PLURAL	DUAL	SINGULAR	PERFECT		
يُقْرَؤُوا	يُقْرَآ	يُقْرَأَ		قُرِئُوا	قُرِئَا	قُرِئَ	MASCULINE	3	
يُقْرَأْنَ	تُقْرَآ	تُقْرَأَ		قُرِئْنَ	قُرِئَتَا	قُرِئَتْ	FEMININE		
تُقْرَؤُوا	تُقْرَآ	تُقْرَأَ		قُرِئْتُمْ	قُرِئْتُمَا	قُرِئْتَ	MASCULINE	2	
تُقْرَأْنَ	تُقْرَآ	تُقْرَئِي		قُرِئْتُنَّ	قُرِئْتُمَا	قُرِئْتِ	FEMININE		
نُقْرَأَ	---	أُقْرَأَ		قُرِئْنَا	---	قُرِئْتُ	1		

PLURAL	DUAL	SINGULAR	JUSSIVE	PLURAL	DUAL	SINGULAR	IMPERFECT		
يُقْرَؤُوا	يُقْرَآ	يُقْرَأْ		يُقْرَؤُونَ	يُقْرَآنِ	يُقْرَأُ	MASCULINE	3	
يُقْرَأْنَ	تُقْرَآ	تُقْرَأْ		يُقْرَأْنَ	تُقْرَآنِ	تُقْرَأُ	FEMININE		
تُقْرَؤُوا	تُقْرَآ	تُقْرَأْ		تُقْرَؤُونَ	تُقْرَآنِ	تُقْرَأُ	MASCULINE	2	
تُقْرَأْنَ	تُقْرَآ	تُقْرَئِي		تُقْرَأْنَ	تُقْرَآنِ	تُقْرَئِينَ	FEMININE		
نُقْرَأْ	---	أُقْرَأْ		نُقْرَأُ	---	أُقْرَأُ	1		

I didn't *read* the newspaper today.	لم أَقْرَأ الجريدة اليوم.
Sheikh Mahmud *will recite* from the Holy Qur'an.	الشيخ محمود سَيَقْرَأُ من القرآن الكريم.
They greeted us.	قَرَؤُوا علينا السلام.
He studied Judeo-Arabic culture under Professor Goitein.	قَرَأ الثقافة العربية اليهودية على الأستاذ جويتين.

Form X قرأ to ask someone to read; to investigate إِسْتَقْرَأَ ●

ACTIVE

PLURAL	DUAL	SINGULAR	SUBJUNCTIVE	PLURAL	DUAL	SINGULAR	PERFECT	
يَسْتَقْرِئُوا	يَسْتَقْرِئَا	يَسْتَقْرِئَ		إِسْتَقْرَؤُوا	إِسْتَقْرَآ	إِسْتَقْرَأَ	MASCULINE	3
يَسْتَقْرِئْنَ	تَسْتَقْرِئَا	تَسْتَقْرِئَ		إِسْتَقْرَأْنَ	إِسْتَقْرَأَتَا	إِسْتَقْرَأَتْ	FEMININE	
تَسْتَقْرِئُوا	تَسْتَقْرِئَا	تَسْتَقْرِئَ		إِسْتَقْرَأْتُمْ	إِسْتَقْرَأْتُمَا	إِسْتَقْرَأْتَ	MASCULINE	2
تَسْتَقْرِئْنَ	تَسْتَقْرِئَا	تَسْتَقْرِئِي		إِسْتَقْرَأْتُنَّ	إِسْتَقْرَأْتُمَا	إِسْتَقْرَأْتِ	FEMININE	
نَسْتَقْرِئَ	---	أَسْتَقْرِئَ		إِسْتَقْرَأْنَا	---	إِسْتَقْرَأْتُ	1	

JUSSIVE / IMPERFECT

PLURAL	DUAL	SINGULAR	JUSSIVE	PLURAL	DUAL	SINGULAR	IMPERFECT	
يَسْتَقْرِئُوا	يَسْتَقْرِئَا	يَسْتَقْرِئْ		يَسْتَقْرِئُونَ	يَسْتَقْرِئَانِ	يَسْتَقْرِئُ	MASCULINE	3
يَسْتَقْرِئْنَ	تَسْتَقْرِئَا	تَسْتَقْرِئْ		يَسْتَقْرِئْنَ	تَسْتَقْرِئَانِ	تَسْتَقْرِئُ	FEMININE	
تَسْتَقْرِئُوا	تَسْتَقْرِئَا	تَسْتَقْرِئْ		تَسْتَقْرِئُونَ	تَسْتَقْرِئَانِ	تَسْتَقْرِئُ	MASCULINE	2
تَسْتَقْرِئْنَ	تَسْتَقْرِئَا	تَسْتَقْرِئِي		تَسْتَقْرِئْنَ	تَسْتَقْرِئَانِ	تَسْتَقْرِئِينَ	FEMININE	
نَسْتَقْرِئْ	---	أَسْتَقْرِئْ		نَسْتَقْرِئُ	---	أَسْتَقْرِئُ	1	

IMPERATIVE

PLURAL	DUAL	SINGULAR		
إِسْتَقْرِئُوا	إِسْتَقْرِئَا	إِسْتَقْرِئْ	MASCULINE	
إِسْتَقْرِئْنَ	إِسْتَقْرِئَا	إِسْتَقْرِئِي	FEMININE	

مُسْتَقْرِئٌ	ACTIVE PARTICIPLE
مُسْتَقْرَأٌ	PASSIVE PARTICIPLE
إِسْتِقْرَاءٌ	VERBAL NOUN

PASSIVE

PLURAL	DUAL	SINGULAR	SUBJUNCTIVE	PLURAL	DUAL	SINGULAR	PERFECT	
يُسْتَقْرَؤُوا	يُسْتَقْرَآ	يُسْتَقْرَأَ		أُسْتُقْرِئُوا	أُسْتُقْرِئَا	أُسْتُقْرِئَ	MASCULINE	3
يُسْتَقْرَأْنَ	تُسْتَقْرَآ	تُسْتَقْرَأَ		أُسْتُقْرِئْنَ	أُسْتُقْرِئَتَا	أُسْتُقْرِئَتْ	FEMININE	
تُسْتَقْرَؤُوا	تُسْتَقْرَآ	تُسْتَقْرَأَ		أُسْتُقْرِئْتُمْ	أُسْتُقْرِئْتُمَا	أُسْتُقْرِئْتَ	MASCULINE	2
تُسْتَقْرَأْنَ	تُسْتَقْرَآ	تُسْتَقْرَئِي		أُسْتُقْرِئْتُنَّ	أُسْتُقْرِئْتُمَا	أُسْتُقْرِئْتِ	FEMININE	
نُسْتَقْرَأَ	---	أُسْتَقْرَأَ		أُسْتُقْرِئْنَا	---	أُسْتُقْرِئْتُ	1	

PLURAL	DUAL	SINGULAR	(JUSSIVE)	PLURAL	DUAL	SINGULAR	(IMPERFECT)		
يُسْتَقْرَؤُوا	يُسْتَقْرَآ	يُسْتَقْرَأ		يُسْتَقْرَؤُونَ	يُسْتَقْرَآن	يُسْتَقْرَأ		MASCULINE	3
يُسْتَقْرَأْنَ	تُسْتَقْرَآ	تُسْتَقْرَأ		يُسْتَقْرَأْنَ	تُسْتَقْرَآن	تُسْتَقْرَأ		FEMININE	
تُسْتَقْرَؤُوا	تُسْتَقْرَآ	تُسْتَقْرَأ		تُسْتَقْرَؤُونَ	تُسْتَقْرَآن	تُسْتَقْرَأ		MASCULINE	2
تُسْتَقْرَأْنَ	تُسْتَقْرَآ	تُسْتَقْرَئِي		تُسْتَقْرَئِينَ	تُسْتَقْرَآن	تُسْتَقْرَأ		FEMININE	
نُسْتَقْرَأ	---	أُسْتَقْرَأ		نُسْتَقْرَأ	---	أُسْتَقْرَأ			1

I asked Sheikh Mahmud to recite the Holy Qur'an for us.

إسْتَقْرَأْتُ الشيخ محمود ليقرأ القرآن الكريم لنا.

We have studied the subject of orientalism thoroughly.

إسْتَقْرَأْنَا موضوع الإستشراق جيداً.

Form VIII قرح   ● to invent; to propose إقْتَرَحَ

ACTIVE

PLURAL	DUAL	SINGULAR	SUBJUNCTIVE	PLURAL	DUAL	SINGULAR	PERFECT	
يَقْتَرِحُوا	يَقْتَرِحَا	يَقْتَرِحَ		إقْتَرَحُوا	إقْتَرَحَا	إقْتَرَحَ	MASCULINE	3
يَقْتَرِحْنَ	تَقْتَرِحَا	تَقْتَرِحَ		إقْتَرَحْنَ	إقْتَرَحَتَا	إقْتَرَحَتْ	FEMININE	
تَقْتَرِحُوا	تَقْتَرِحَا	تَقْتَرِحَ		إقْتَرَحْتُم	إقْتَرَحْتُمَا	إقْتَرَحْتَ	MASCULINE	2
تَقْتَرِحْنَ	تَقْتَرِحَا	تَقْتَرِحِي		إقْتَرَحْتُنَّ	إقْتَرَحْتُمَا	إقْتَرَحْتِ	FEMININE	
نَقْتَرِح	---	أَقْتَرِح		إقْتَرَحْنَا	---	إقْتَرَحْتُ		1

JUSSIVE   IMPERFECT

PLURAL	DUAL	SINGULAR	(JUSSIVE)	PLURAL	DUAL	SINGULAR	(IMPERFECT)	
يَقْتَرِحُوا	يَقْتَرِحَا	يَقْتَرِح		يَقْتَرِحُونَ	يَقْتَرِحَان	يَقْتَرِحُ	MASCULINE	3
يَقْتَرِحْنَ	تَقْتَرِحَا	تَقْتَرِح		يَقْتَرِحْنَ	تَقْتَرِحَان	تَقْتَرِحُ	FEMININE	
تَقْتَرِحُوا	تَقْتَرِحَا	تَقْتَرِح		تَقْتَرِحُونَ	تَقْتَرِحَان	تَقْتَرِحُ	MASCULINE	2
تَقْتَرِحْنَ	تَقْتَرِحَا	تَقْتَرِحِي		تَقْتَرِحِينَ	تَقْتَرِحَان	تَقْتَرِحِينَ	FEMININE	
نَقْتَرِح	---	أَقْتَرِح		نَقْتَرِحُ	---	أَقْتَرِحُ		1

IMPERATIVE

PLURAL	DUAL	SINGULAR		
إقْتَرِحُوا	إقْتَرِحَا	إقْتَرِح	MASCULINE	
إقْتَرِحْنَ	إقْتَرِحَا	إقْتَرِحِي	FEMININE	

مُقْتَرِحٌ	ACTIVE PARTICIPLE
مُقْتَرَحٌ	PASSIVE PARTICIPLE
إقْتِرَاحٌ	VERBAL NOUN

PASSIVE

		PERFECT SINGULAR	DUAL	PLURAL	SUBJUNCTIVE SINGULAR	DUAL	PLURAL
3	MASCULINE	أُقْتُرِحَ	أُقْتُرِحَا	أُقْتُرِحُوا	يُقْتَرَحَ	يُقْتَرَحَا	يُقْتَرَحُوا
	FEMININE	أُقْتُرِحَتْ	أُقْتُرِحَتَا	أُقْتُرِحْنَ	تُقْتَرَحَ	تُقْتَرَحَا	يُقْتَرَحْنَ
2	MASCULINE	أُقْتُرِحْتَ	أُقْتُرِحْتُمَا	أُقْتُرِحْتُمْ	تُقْتَرَحَ	تُقْتَرَحَا	تُقْتَرَحُوا
	FEMININE	أُقْتُرِحْتِ	أُقْتُرِحْتُمَا	أُقْتُرِحْتُنَّ	تُقْتَرَحِي	تُقْتَرَحَا	تُقْتَرَحْنَ
1		أُقْتُرِحْتُ	---	أُقْتُرِحْنَا	أُقْتَرَحَ	---	نُقْتَرَحَ

		IMPERFECT SINGULAR	DUAL	PLURAL	JUSSIVE SINGULAR	DUAL	PLURAL
3	MASCULINE	يُقْتَرَحُ	يُقْتَرَحَانِ	يُقْتَرَحُونَ	يُقْتَرَحْ	يُقْتَرَحَا	يُقْتَرَحُوا
	FEMININE	تُقْتَرَحُ	تُقْتَرَحَانِ	يُقْتَرَحْنَ	تُقْتَرَحْ	تُقْتَرَحَا	يُقْتَرَحْنَ
2	MASCULINE	تُقْتَرَحُ	تُقْتَرَحَانِ	تُقْتَرَحُونَ	تُقْتَرَحْ	تُقْتَرَحَا	تُقْتَرَحُوا
	FEMININE	تُقْتَرَحِينَ	تُقْتَرَحَانِ	تُقْتَرَحْنَ	تُقْتَرَحِي	تُقْتَرَحَا	تُقْتَرَحْنَ
1		أُقْتَرَحُ	---	نُقْتَرَحُ	أُقْتَرَحْ	---	نُقْتَرَحْ

What *do you propose* for me? — ماذا تَقْتَرِحُ علـيّ؟

The director *suggested* that I take a course to improve my skills. — إِقْتَرَحَ المدير علـيّ ان آخذ صفا لتحسين مهاراتي.

Form I قصد — to intend; to make for قَصَدَ

ACTIVE

		PERFECT SINGULAR	DUAL	PLURAL	SUBJUNCTIVE SINGULAR	DUAL	PLURAL
3	MASCULINE	قَصَدَ	قَصَدَا	قَصَدُوا	يَقْصِدَ	يَقْصِدَا	يَقْصِدُوا
	FEMININE	قَصَدَتْ	قَصَدَتَا	قَصَدْنَ	تَقْصِدَ	تَقْصِدَا	يَقْصِدْنَ
2	MASCULINE	قَصَدْتَ	قَصَدْتُمَا	قَصَدْتُمْ	تَقْصِدَ	تَقْصِدَا	تَقْصِدُوا
	FEMININE	قَصَدْتِ	قَصَدْتُمَا	قَصَدْتُنَّ	تَقْصِدِي	تَقْصِدَا	تَقْصِدْنَ
1		قَصَدْتُ	---	قَصَدْنَا	أَقْصِدَ	---	نَقْصِدَ

		IMPERFECT SINGULAR	DUAL	PLURAL	JUSSIVE SINGULAR	DUAL	PLURAL
3	MASCULINE	يَقْصِدُ	يَقْصِدَانِ	يَقْصِدُونَ	يَقْصِدْ	يَقْصِدَا	يَقْصِدُوا
	FEMININE	تَقْصِدُ	تَقْصِدَانِ	يَقْصِدْنَ	تَقْصِدْ	تَقْصِدَا	يَقْصِدْنَ
2	MASCULINE	تَقْصِدُ	تَقْصِدَانِ	تَقْصِدُونَ	تَقْصِدْ	تَقْصِدَا	تَقْصِدُوا
	FEMININE	تَقْصِدِينَ	تَقْصِدَانِ	تَقْصِدْنَ	تَقْصِدِي	تَقْصِدَا	تَقْصِدْنَ
1		أَقْصِدُ	---	نَقْصِدُ	أَقْصِدْ	---	نَقْصِدْ

ACTIVE PARTICIPLE	قَاصِدٌ
PASSIVE PARTICIPLE	مَقْصُودٌ
VERBAL NOUN	قَصْدٌ

IMPERATIVE

	SINGULAR	DUAL	PLURAL
MASCULINE	إِقْصِدْ	إِقْصِدَا	إِقْصِدُوا
FEMININE	إِقْصِدِي	إِقْصِدَا	إِقْصِدْنَ

PASSIVE

	PERFECT	SINGULAR	DUAL	PLURAL
3	MASCULINE	قُصِدَ	قُصِدَا	قُصِدُوا
	FEMININE	قُصِدَتْ	قُصِدَتَا	قُصِدْنَ
2	MASCULINE	قُصِدْتَ	قُصِدْتُمَا	قُصِدْتُمْ
	FEMININE	قُصِدْتِ	قُصِدْتُمَا	قُصِدْتُنَّ
1		قُصِدْتُ	---	قُصِدْنَا

	SUBJUNCTIVE	SINGULAR	DUAL	PLURAL
3	MASCULINE	يُقْصَدَ	يُقْصَدَا	يُقْصَدُوا
	FEMININE	تُقْصَدَ	تُقْصَدَا	يُقْصَدْنَ
2	MASCULINE	تُقْصَدَ	تُقْصَدَا	تُقْصَدُوا
	FEMININE	تُقْصَدِي	تُقْصَدَا	تُقْصَدْنَ
1		أُقْصَدَ	---	نُقْصَدَ

	IMPERFECT	SINGULAR	DUAL	PLURAL
3	MASCULINE	يُقْصَدُ	يُقْصَدَانِ	يُقْصَدُونَ
	FEMININE	تُقْصَدُ	تُقْصَدَانِ	يُقْصَدْنَ
2	MASCULINE	تُقْصَدُ	تُقْصَدَانِ	تُقْصَدُونَ
	FEMININE	تُقْصَدِينَ	تُقْصَدَانِ	تُقْصَدْنَ
1		أُقْصَدُ	---	نُقْصَدُ

	JUSSIVE	SINGULAR	DUAL	PLURAL
3	MASCULINE	يُقْصَدْ	يُقْصَدَا	يُقْصَدُوا
	FEMININE	تُقْصَدْ	تُقْصَدَا	يُقْصَدْنَ
2	MASCULINE	تُقْصَدْ	تُقْصَدَا	تُقْصَدُوا
	FEMININE	تُقْصَدِي	تُقْصَدَا	تُقْصَدْنَ
1		أُقْصَدْ	---	نُقْصَدْ

I didn't *intend* this at all. — لم أَقْصِدْ ذلك على الإطلاق.

What do *you mean*? — ماذا تَقْصِدُ؟

The government *aims* to improve the circumstances of the poor. — الحكومة تَقْصِدُ إلى تحسين أوضاع الفقراء.

We *headed* toward the market. — قَصَدْنَا السوق.

Form I قضي to judge, decide; to finish; to carry out قَضَى

ACTIVE

	PERFECT	SINGULAR	DUAL	PLURAL
3	MASCULINE	قَضَى	قَضَيَا	قَضَوْا
	FEMININE	قَضَتْ	قَضَتَا	قَضَيْنَ
2	MASCULINE	قَضَيْتَ	قَضَيْتُمَا	قَضَيْتُمْ
	FEMININE	قَضَيْتِ	قَضَيْتُمَا	قَضَيْتُنَّ
1		قَضَيْتُ	---	قَضَيْنَا

	SUBJUNCTIVE	SINGULAR	DUAL	PLURAL
3	MASCULINE	يَقْضِيَ	يَقْضِيَا	يَقْضُوا
	FEMININE	تَقْضِيَ	تَقْضِيَا	يَقْضِينَ
2	MASCULINE	تَقْضِيَ	تَقْضِيَا	تَقْضُوا
	FEMININE	تَقْضِي	تَقْضِيَا	تَقْضِينَ
1		أَقْضِيَ	---	نَقْضِيَ

		IMPERFECT			JUSSIVE		
3	MASCULINE	يَقْضِي	يَقْضِيَانِ	يَقْضُونَ	يَقْضِ	يَقْضِيَا	يَقْضُوا
	FEMININE	تَقْضِي	تَقْضِيَانِ	يَقْضِينَ	تَقْضِ	تَقْضِيَا	يَقْضِينَ
2	MASCULINE	تَقْضِي	تَقْضِيَانِ	تَقْضُونَ	تَقْضِ	تَقْضِيَا	تَقْضُوا
	FEMININE	تَقْضِينَ	تَقْضِيَانِ	تَقْضِينَ	تَقْضِي	تَقْضِيَا	تَقْضِينَ
1		أَقْضِي	---	نَقْضِي	أَقْضِ	---	نَقْضِ

		IMPERATIVE			
ACTIVE PARTICIPLE	قاضٍ				
PASSIVE PARTICIPLE	مَقْضِيٌّ	MASCULINE	إِقْضِ	إِقْضِيَا	إِقْضُوا
VERBAL NOUN	قَضَاءٌ	FEMININE	إِقْضِي	إِقْضِيَا	إِقْضِينَ

PASSIVE

	PERFECT	SINGULAR	DUAL	PLURAL	SUBJUNCTIVE SINGULAR	DUAL	PLURAL
3	MASCULINE	قُضِيَ	قُضِيَا	قُضُوا	يُقْضَى	يُقْضَيَا	يُقْضَوْا
	FEMININE	قُضِيَتْ	قُضِيَتَا	قُضِينَ	تُقْضَى	تُقْضَيَا	يُقْضَيْنَ
2	MASCULINE	قُضِيتَ	قُضِيتُمَا	قُضِيتُمْ	تُقْضَى	تُقْضَيَا	تُقْضَوْا
	FEMININE	قُضِيتِ	قُضِيتُمَا	قُضِيتُنَّ	تُقْضَيْ	تُقْضَيَا	تُقْضَيْنَ
1		قُضِيتُ	---	قُضِينَا	أُقْضَى	---	نُقْضَى

		IMPERFECT			JUSSIVE		
3	MASCULINE	يُقْضَى	يُقْضَيَانِ	يُقْضَوْنَ	يُقْضَ	يُقْضَيَا	يُقْضَوْا
	FEMININE	تُقْضَى	تُقْضَيَانِ	يُقْضَيْنَ	تُقْضَ	تُقْضَيَا	يُقْضَيْنَ
2	MASCULINE	تُقْضَى	تُقْضَيَانِ	تُقْضَوْنَ	تُقْضَ	تُقْضَيَا	تُقْضَوْا
	FEMININE	تُقْضَيْنَ	تُقْضَيَانِ	تُقْضَيْنَ	تُقْضَيْ	تُقْضَيَا	تُقْضَيْنَ
1		أُقْضَى	---	نُقْضَى	أُقْضَ	---	نُقْضَ

I wish for the judge *to judge* justly. — أتمنى أن يَقْضِيَ القاضي بالعدل.

The die is cast [literally: The matter *has been decided*]. — قُضِيَ الأمر.

The court *declared* him innocent. — قَضَتْ له المحكمة بالبراءة.

We'll spend five weeks in Alexandria. — سَنَقْضِي ٥ أسابيع في الإسكندرية.

The poor nations can *put an end* to unemployment by opening the door to foreign investments. — يمكن للدول الفقيرة أن تَقْضِيَ على البطالة عن طريق فتح باب الإستثمارات الخارجية.

He died [literally: *He ended* his allotted time]. قَضَى أجله.

The famine *killed* them. المجاعة قَضَت عليهم.

Form VII قضي — to be over إِنْقَضَى

ACTIVE

PERFECT

		SINGULAR	DUAL	PLURAL
3	MASCULINE	إِنْقَضَى	إِنْقَضَيَا	إِنْقَضَوْا
	FEMININE	إِنْقَضَتْ	إِنْقَضَتَا	إِنْقَضَيْنَ
2	MASCULINE	إِنْقَضَيْتَ	إِنْقَضَيْتُمَا	إِنْقَضَيْتُمْ
	FEMININE	إِنْقَضَيْتِ	إِنْقَضَيْتُمَا	إِنْقَضَيْتُنَّ
1		إِنْقَضَيْتُ	---	إِنْقَضَيْنَا

SUBJUNCTIVE

		SINGULAR	DUAL	PLURAL
3	MASCULINE	يَنْقَضِيَ	يَنْقَضِيَا	يَنْقَضُوا
	FEMININE	تَنْقَضِيَ	تَنْقَضِيَا	يَنْقَضِينَ
2	MASCULINE	تَنْقَضِيَ	تَنْقَضِيَا	تَنْقَضُوا
	FEMININE	تَنْقَضِي	تَنْقَضِيَا	تَنْقَضِينَ
1		أَنْقَضِيَ	---	نَنْقَضِيَ

IMPERFECT

		SINGULAR	DUAL	PLURAL
3	MASCULINE	يَنْقَضِي	يَنْقَضِيَانِ	يَنْقَضُونَ
	FEMININE	تَنْقَضِي	تَنْقَضِيَانِ	يَنْقَضِينَ
2	MASCULINE	تَنْقَضِي	تَنْقَضِيَانِ	تَنْقَضُونَ
	FEMININE	تَنْقَضِينَ	تَنْقَضِيَانِ	تَنْقَضِينَ
1		أَنْقَضِي	---	نَنْقَضِي

JUSSIVE

		SINGULAR	DUAL	PLURAL
3	MASCULINE	يَنْقَضِ	يَنْقَضِيَا	يَنْقَضُوا
	FEMININE	تَنْقَضِ	تَنْقَضِيَا	يَنْقَضِينَ
2	MASCULINE	تَنْقَضِ	تَنْقَضِيَا	تَنْقَضُوا
	FEMININE	تَنْقَضِي	تَنْقَضِيَا	تَنْقَضِينَ
1		أَنْقَضِ	---	نَنْقَضِ

ACTIVE PARTICIPLE	مُنْقَضٍ
PASSIVE PARTICIPLE	---
VERBAL NOUN	إِنْقِضَاءٌ

IMPERATIVE

	SINGULAR	DUAL	PLURAL
MASCULINE	إِنْقَضِ	إِنْقَضِيَا	إِنْقَضُوا
FEMININE	إِنْقَضِي	إِنْقَضِيَا	إِنْقَضِينَ

Eight months of my pregnancy *are over*. لقد انْقَضَتْ ٨ أشهر على حَملي.

The matter *is finished*. إِنْقَضى الأمر.

The expiration date of the food *has passed*. إِنقَضَتْ مدة صلاحية الطعام.

ACTIVE

PERFECT		SINGULAR	DUAL	PLURAL
3	MASCULINE	إِقْتَضَى	إِقْتَضَيَا	إِقْتَضَوْا
	FEMININE	إِقْتَضَتْ	إِقْتَضَتَا	إِقْتَضَيْنَ
2	MASCULINE	إِقْتَضَيْتَ	إِقْتَضَيْتُمَا	إِقْتَضَيْتُمْ
	FEMININE	إِقْتَضَيْتِ	إِقْتَضَيْتُمَا	إِقْتَضَيْتُنَّ
1		إِقْتَضَيْتُ	---	إِقْتَضَيْنَا

SUBJUNCTIVE		SINGULAR	DUAL	PLURAL
3	MASCULINE	يَقْتَضِيَ	يَقْتَضِيَا	يَقْتَضُوا
	FEMININE	تَقْتَضِيَ	تَقْتَضِيَا	يَقْتَضِينَ
2	MASCULINE	تَقْتَضِيَ	تَقْتَضِيَا	تَقْتَضُوا
	FEMININE	تَقْتَضِي	تَقْتَضِيَا	تَقْتَضِينَ
1		أَقْتَضِيَ	---	نَقْتَضِيَ

IMPERFECT		SINGULAR	DUAL	PLURAL
3	MASCULINE	يَقْتَضِي	يَقْتَضِيَانِ	يَقْتَضُونَ
	FEMININE	تَقْتَضِي	تَقْتَضِيَانِ	يَقْتَضِينَ
2	MASCULINE	تَقْتَضِي	تَقْتَضِيَانِ	تَقْتَضُونَ
	FEMININE	تَقْتَضِينَ	تَقْتَضِيَانِ	تَقْتَضِينَ
1		أَقْتَضِي	---	نَقْتَضِي

JUSSIVE		SINGULAR	DUAL	PLURAL
3	MASCULINE	يَقْتَضِ	يَقْتَضِيَا	يَقْتَضُوا
	FEMININE	تَقْتَضِ	تَقْتَضِيَا	يَقْتَضِينَ
2	MASCULINE	تَقْتَضِ	تَقْتَضِيَا	تَقْتَضُوا
	FEMININE	تَقْتَضِي	تَقْتَضِيَا	تَقْتَضِينَ
1		أَقْتَضِ	---	نَقْتَضِ

ACTIVE PARTICIPLE	مُقْتَضٍ
PASSIVE PARTICIPLE	مُقْتَضًى
VERBAL NOUN	إِقْتِضَاءٌ

IMPERATIVE	SINGULAR	DUAL	PLURAL
MASCULINE	إِقْتَضِ	إِقْتَضِيَا	إِقْتَضُوا
FEMININE	إِقْتَضِي	إِقْتَضِيَا	إِقْتَضِينَ

PASSIVE

PERFECT		SINGULAR	DUAL	PLURAL
3	MASCULINE	أُقْتُضِيَ	أُقْتُضِيَا	أُقْتُضُوا
	FEMININE	أُقْتُضِيَتْ	أُقْتُضِيَتَا	أُقْتُضِينَ
2	MASCULINE	أُقْتُضِيتَ	أُقْتُضِيتُمَا	أُقْتُضِيتُمْ
	FEMININE	أُقْتُضِيتِ	أُقْتُضِيتُمَا	أُقْتُضِيتُنَّ
1		أُقْتُضِيتُ	---	أُقْتُضِينَا

SUBJUNCTIVE		SINGULAR	DUAL	PLURAL
3	MASCULINE	يُقْتَضَى	يُقْتَضَيَا	يُقْتَضَوْا
	FEMININE	تُقْتَضَى	تُقْتَضَيَا	يُقْتَضَيْنَ
2	MASCULINE	تُقْتَضَى	تُقْتَضَيَا	تُقْتَضَوْا
	FEMININE	تُقْتَضَيْ	تُقْتَضَيَا	تُقْتَضَيْنَ
1		أُقْتَضَى	---	نُقْتَضَى

IMPERFECT		SINGULAR	DUAL	PLURAL
3	MASCULINE	يُقْتَضَى	يُقْتَضَيَانِ	يُقْتَضَوْنَ
	FEMININE	تُقْتَضَى	تُقْتَضَيَانِ	يُقْتَضَيْنَ
2	MASCULINE	تُقْتَضَى	تُقْتَضَيَانِ	تُقْتَضَوْنَ
	FEMININE	تُقْتَضَيْنَ	تُقْتَضَيَانِ	تُقْتَضَيْنَ
1		أُقْتَضَى	---	نُقْتَضَى

JUSSIVE		SINGULAR	DUAL	PLURAL
3	MASCULINE	يُقْتَضَ	يُقْتَضَيَا	يُقْتَضَوْا
	FEMININE	تُقْتَضَ	تُقْتَضَيَا	يُقْتَضَيْنَ
2	MASCULINE	تُقْتَضَ	تُقْتَضَيَا	تُقْتَضَوْا
	FEMININE	تُقْتَضَيْ	تُقْتَضَيَا	تُقْتَضَيْنَ
1		أُقْتَضَ	---	نُقْتَضَ

	English	Arabic
	He was required [literally: *It was required of him*] to justify the reason for his changed attitude toward her.	إِقْتَضَى عليه أن يبرّر سرّ تغيّره نحوها.
	It is incumbent on every Muslim to fast during the month of Ramadan.	يُقْتَضَى على كل مسلم أن يصوم شهر رمضان.
	The problem does not *call for* all this anxiety.	المسألة لا تَقْتَضِي كل هذا القلق.

Form I قطع　　　　to cut, interrupt; to traverse قَطَعَ ●

ACTIVE

PLURAL	DUAL	SINGULAR	SUBJUNCTIVE	PLURAL	DUAL	SINGULAR	PERFECT	
يَقْطَعُوا	يَقْطَعَا	يَقْطَعَ		قَطَعُوا	قَطَعَا	قَطَعَ	MASCULINE	3
يَقْطَعْنَ	تَقْطَعَا	تَقْطَعَ		قَطَعْنَ	قَطَعَتَا	قَطَعَتْ	FEMININE	
تَقْطَعُوا	تَقْطَعَا	تَقْطَعَ		قَطَعْتُمْ	قَطَعْتُمَا	قَطَعْتَ	MASCULINE	2
تَقْطَعْنَ	تَقْطَعَا	تَقْطَعِي		قَطَعْتُنَّ	قَطَعْتُمَا	قَطَعْتِ	FEMININE	
نَقْطَعَ	---	أَقْطَعَ		قَطَعْنَا	---	قَطَعْتُ		1

PLURAL	DUAL	SINGULAR	JUSSIVE	PLURAL	DUAL	SINGULAR	IMPERFECT	
يَقْطَعُوا	يَقْطَعَا	يَقْطَعْ		يَقْطَعُونَ	يَقْطَعَانِ	يَقْطَعُ	MASCULINE	3
يَقْطَعْنَ	تَقْطَعَا	تَقْطَعْ		يَقْطَعْنَ	تَقْطَعَانِ	تَقْطَعُ	FEMININE	
تَقْطَعُوا	تَقْطَعَا	تَقْطَعْ		تَقْطَعُونَ	تَقْطَعَانِ	تَقْطَعُ	MASCULINE	2
تَقْطَعْنَ	تَقْطَعَا	تَقْطَعِي		تَقْطَعْنَ	تَقْطَعَانِ	تَقْطَعِينَ	FEMININE	
نَقْطَعْ	---	أَقْطَعْ		نَقْطَعُ	---	أَقْطَعُ		1

PLURAL	DUAL	SINGULAR	IMPERATIVE		
إِقْطَعُوا	إِقْطَعَا	إِقْطَعْ	MASCULINE	قَاطِعٌ	ACTIVE PARTICIPLE
إِقْطَعْنَ	إِقْطَعَا	إِقْطَعِي	FEMININE	مَقْطُوعٌ	PASSIVE PARTICIPLE
				قَطْعٌ	VERBAL NOUN

PASSIVE

PLURAL	DUAL	SINGULAR	SUBJUNCTIVE	PLURAL	DUAL	SINGULAR	PERFECT	
يُقْطَعُوا	يُقْطَعَا	يُقْطَعَ		قُطِعُوا	قُطِعَا	قُطِعَ	MASCULINE	3
يُقْطَعْنَ	تُقْطَعَا	تُقْطَعَ		قُطِعْنَ	قُطِعَتَا	قُطِعَتْ	FEMININE	
تُقْطَعُوا	تُقْطَعَا	تُقْطَعَ		قُطِعْتُمْ	قُطِعْتُمَا	قُطِعْتَ	MASCULINE	2
تُقْطَعْنَ	تُقْطَعَا	تُقْطَعِي		قُطِعْتُنَّ	قُطِعْتُمَا	قُطِعْتِ	FEMININE	
نُقْطَعَ	---	أُقْطَعَ		قُطِعْنَا	---	قُطِعْتُ		1

JUSSIVE				IMPERFECT				
يُقْطَعُوا	يُقْطَعَا	يُقْطَعْ		يُقْطَعُونَ	يُقْطَعَانِ	يُقْطَعُ	MASCULINE	3
يُقْطَعْنَ	تُقْطَعَا	تُقْطَعْ		يُقْطَعْنَ	تُقْطَعَانِ	تُقْطَعُ	FEMININE	
تُقْطَعُوا	تُقْطَعَا	تُقْطَعْ		تُقْطَعُونَ	تُقْطَعَانِ	تُقْطَعُ	MASCULINE	2
تُقْطَعْنَ	تُقْطَعَا	تُقْطَعِي		تُقْطَعْنَ	تُقْطَعَانِ	تُقْطَعِينَ	FEMININE	
نُقْطَعْ	---	أُقْطَعْ		نُقْطَعُ	---	أُقْطَعُ		1

The butcher *cut off* the head of the sheep. — قَطَعَ الجزّار رأس الخروف.

The negotiations *were broken off.* — قُطِعَتْ المفاوضات.

How long did your trip take [literally: In how much time *did you traverse* this distance]? — في كم ساعة قَطَعْتُمْ هذه المسافة؟

I bought [literally: *cut*] a ticket [the verb has this meaning only in this expression]. — قَطَعْتُ تذكرة.

We have made great progress [literally: *cut* a phase] in our negotiations. — قَطَعْنَا شوطا كبيراً في المباحثات.

Form I قلّ   to be or become few قَلَّ

ACTIVE

PLURAL	DUAL	SINGULAR	SUBJUNCTIVE	PLURAL	DUAL	SINGULAR	PERFECT	
يَقِلُّوا	يَقِلَّا	يَقِلَّ		قَلُّوا	قَلَّا	قَلَّ	MASCULINE	3
يَقْلِلْنَ	تَقِلَّا	تَقِلَّ		قَلَلْنَ	قَلَّتَا	قَلَّتْ	FEMININE	
تَقِلُّوا	تَقِلَّا	تَقِلَّ		قَلَلْتُمْ	قَلَلْتُمَا	قَلَلْتَ	MASCULINE	2
تَقْلِلْنَ	تَقِلَّا	تَقِلِّي		قَلَلْتُنَّ	قَلَلْتُمَا	قَلَلْتِ	FEMININE	
نَقِلَّ	---	أَقِلَّ		قَلَلْنَا	---	قَلَلْتُ		1

*JUSSIVE

PLURAL	DUAL	SINGULAR		PLURAL	DUAL	SINGULAR	IMPERFECT	
يَقِلُّوا	يَقِلَّا	يَقْلِلْ		يَقِلُّونَ	يَقِلَّانِ	يَقِلُّ	MASCULINE	3
يَقْلِلْنَ	تَقِلَّا	تَقْلِلْ		يَقْلِلْنَ	تَقِلَّانِ	تَقِلُّ	FEMININE	
تَقِلُّوا	تَقِلَّا	تَقْلِلْ		تَقِلُّونَ	تَقِلَّانِ	تَقِلُّ	MASCULINE	2
تَقْلِلْنَ	تَقِلَّا	تَقِلِّي		تَقْلِلْنَ	تَقِلَّانِ	تَقِلِّينَ	FEMININE	
نَقْلِلْ	---	أَقْلِلْ		نَقِلُّ	---	أَقِلُّ		1

---

* Contracted form: يَقِلَّ, تَقِلَّ, تَقِلَّ, تَقِلِّي, أَقِلَّ...نَقِلَّ

قَالٌ	ACTIVE PARTICIPLE			*** IMPERATIVE**	
مَقْلُولٌ	PASSIVE PARTICIPLE	إِقْلِلُوا	إِقْلِلَا	إِقْلِلْ	MASCULINE
قِلْ، قُلَّ، قِلَّةٌ	VERBAL NOUN	إِقْلِلْنَ	إِقْلِلَا	إِقْلِلِي	FEMININE

قَلَّتْ كمية المياة العذبة في الصحراء الكبرى.

The quantity of fresh water in the Sahara *has declined.*

إذا شربتَ كمية كبيرة من الماء الآن فإن نسبة الكحول سوف تَقِلُّ في الدم.

If you drink a lot of water now, your blood-alcohol level *will drop.*

قَلَّمَا يتقابلان في نادي التنس.

The two of them rarely [literally: *little is what they*] meet at the tennis club.

Form VII قلب to be turned, reversed; to change إِنْقَلَبَ ●

ACTIVE

PLURAL	DUAL	SINGULAR	**SUBJUNCTIVE**	PLURAL	DUAL	SINGULAR	**PERFECT**	
يَنْقَلِبُوا	يَنْقَلِبَا	يَنْقَلِبَ		إِنْقَلَبُوا	إِنْقَلَبَا	إِنْقَلَبَ	MASCULINE	3
يَنْقَلِبْنَ	تَنْقَلِبَا	تَنْقَلِبَ		إِنْقَلَبْنَ	إِنْقَلَبَتَا	إِنْقَلَبَتْ	FEMININE	
تَنْقَلِبُوا	تَنْقَلِبَا	تَنْقَلِبَ		إِنْقَلَبْتُمْ	إِنْقَلَبْتُمَا	إِنْقَلَبْتَ	MASCULINE	2
تَنْقَلِبْنَ	تَنْقَلِبَا	تَنْقَلِبِي		إِنْقَلَبْتُنَّ	إِنْقَلَبْتُمَا	إِنْقَلَبْتِ	FEMININE	
نَنْقَلِبَ	---	أَنْقَلِبَ		إِنْقَلَبْنَا	---	إِنْقَلَبْتُ		1

			JUSSIVE				**IMPERFECT**	
يَنْقَلِبُوا	يَنْقَلِبَا	يَنْقَلِبْ		يَنْقَلِبُونَ	يَنْقَلِبَانِ	يَنْقَلِبُ	MASCULINE	3
يَنْقَلِبْنَ	تَنْقَلِبَا	تَنْقَلِبْ		يَنْقَلِبْنَ	تَنْقَلِبَانِ	تَنْقَلِبُ	FEMININE	
تَنْقَلِبُوا	تَنْقَلِبَا	تَنْقَلِبْ		تَنْقَلِبُونَ	تَنْقَلِبَانِ	تَنْقَلِبُ	MASCULINE	2
تَنْقَلِبْنَ	تَنْقَلِبَا	تَنْقَلِبِي		تَنْقَلِبْنَ	تَنْقَلِبَانِ	تَنْقَلِبِينَ	FEMININE	
نَنْقَلِبْ	---	أَنْقَلِبْ		نَنْقَلِبُ	---	أَنْقَلِبُ		1

			IMPERATIVE			
				مُنْقَلِبٌ	ACTIVE PARTICIPLE	
إِنْقَلِبُوا	إِنْقَلِبَا	إِنْقَلِبْ	MASCULINE	مُنْقَلَبٌ	PASSIVE PARTICIPLE	
إِنْقَلِبْنَ	إِنْقَلِبَا	إِنْقَلِبِي	FEMININE	إِنْقِلابٌ	VERBAL NOUN	

---

* Contracted form: قِلْ، قِلِّي، قِلَّا، قِلُّوا...

400

PASSIVE

PLURAL	DUAL	SINGULAR	SUBJUNCTIVE	PLURAL	DUAL	SINGULAR	PERFECT		
يُنْقَلَبُوا	يُنْقَلَبَا	يُنْقَلَبَ		أُنْقُلِبُوا	أُنْقُلِبَا	أُنْقُلِبَ	MASCULINE	3
يُنْقَلَبْنَ	تُنْقَلَبَا	تُنْقَلَبَ		أُنْقُلِبْنَ	أُنْقُلِبَتَا	أُنْقُلِبَتْ	FEMININE	
تُنْقَلَبُوا	تُنْقَلَبَا	تُنْقَلَبَ		أُنْقُلِبْتُمْ	أُنْقُلِبْتُمَا	أُنْقُلِبْتَ	MASCULINE	2
تُنْقَلَبْنَ	تُنْقَلَبَا	تُنْقَلَبِي		أُنْقُلِبْتُنَّ	أُنْقُلِبْتُمَا	أُنْقُلِبْتِ	FEMININE	
نُنْقَلَبَ	---	أُنْقَلَبَ		أُنْقُلِبْنَا	---	أُنْقُلِبْتُ		1

JUSSIVE | | | | IMPERFECT

PLURAL	DUAL	SINGULAR	JUSSIVE	PLURAL	DUAL	SINGULAR	IMPERFECT		
يُنْقَلَبُوا	يُنْقَلَبَا	يُنْقَلَبْ		يُنْقَلَبُونَ	يُنْقَلَبَانِ	يُنْقَلَبُ	MASCULINE	3
يُنْقَلَبْنَ	تُنْقَلَبَا	تُنْقَلَبْ		يُنْقَلَبْنَ	تُنْقَلَبَانِ	تُنْقَلَبُ	FEMININE	
تُنْقَلَبُوا	تُنْقَلَبَا	تُنْقَلَبْ		تُنْقَلَبُونَ	تُنْقَلَبَانِ	تُنْقَلَبُ	MASCULINE	2
تُنْقَلَبْنَ	تُنْقَلَبَا	تُنْقَلَبِي		تُنْقَلَبْنَ	تُنْقَلَبَانِ	تُنْقَلَبِينَ	FEMININE	
نُنْقَلَبْ	---	أُنْقَلَبْ		نُنْقَلَبُ	---	أُنْقَلَبُ		1

The world has *turned* upside down.	إنْقَلَبَتِ الدنيا رأساً على عَقِب.
The bucket *turned over*, and the water soaked the rug.	إنْقَلَبَ الدلو وغرّقت المياه السجادة.
Conditions might *change* in an unexpected way.	ربما تَنْقَلِبُ الأحوال بصورة غير متوقعة.
Alert: weather conditions *will change* this evening.	تحذير: سَتَنْقَلِبُ الأحوال الجوية هذا المساء.

Form II قهقر   ● تَقَهْقَرَ to retreat

ACTIVE

PLURAL	DUAL	SINGULAR	SUBJUNCTIVE	PLURAL	DUAL	SINGULAR	PERFECT		
يَتَقَهْقَرُوا	يَتَقَهْقَرَا	يَتَقَهْقَرَ		تَقَهْقَرُوا	تَقَهْقَرَا	تَقَهْقَرَ	MASCULINE	3
يَتَقَهْقَرْنَ	تَتَقَهْقَرَا	تَتَقَهْقَرَ		تَقَهْقَرْنَ	تَقَهْقَرَتَا	تَقَهْقَرَتْ	FEMININE	
تَتَقَهْقَرُوا	تَتَقَهْقَرَا	تَتَقَهْقَرَ		تَقَهْقَرْتُمْ	تَقَهْقَرْتُمَا	تَقَهْقَرْتَ	MASCULINE	2
تَتَقَهْقَرْنَ	تَتَقَهْقَرَا	تَتَقَهْقَرِي		تَقَهْقَرْتُنَّ	تَقَهْقَرْتُمَا	تَقَهْقَرْتِ	FEMININE	
نَتَقَهْقَرَ	---	أتَقَهْقَرَ		تَقَهْقَرْنَا	---	تَقَهْقَرْتُ		1

	JUSSIVE				IMPERFECT		
يَتَفَهْقَرُوا	يَتَفَهْقَرَا	يَتَفَهْقَرْ		يَتَفَهْقَرُونَ	يَتَفَهْقَرَانِ	يَتَفَهْقَرُ	MASCULINE 3
يَتَفَهْقَرْنَ	تَتَفَهْقَرَا	تَتَفَهْقَرْ		يَتَفَهْقَرْنَ	تَتَفَهْقَرَانِ	تَتَفَهْقَرُ	FEMININE
تَتَفَهْقَرُوا	تَتَفَهْقَرَا	تَتَفَهْقَرْ		تَتَفَهْقَرُونَ	تَتَفَهْقَرَانِ	تَتَفَهْقَرُ	MASCULINE 2
تَتَفَهْقَرْنَ	تَتَفَهْقَرَا	تَتَفَهْقَرِي		تَتَفَهْقَرْنَ	تَتَفَهْقَرَانِ	تَتَفَهْقَرِينَ	FEMININE
نَتَفَهْقَرْ	---	أَتَفَهْقَرْ		نَتَفَهْقَرُ	---	أَتَفَهْقَرُ	1

	IMPERATIVE					
				مُتَفَهْقِرٌ	ACTIVE PARTICIPLE	
تَفَهْقَرُوا	تَفَهْقَرَا	تَفَهْقَرْ	MASCULINE	---	PASSIVE PARTICIPLE	
تَفَهْقَرْنَ	تَفَهْقَرَا	تَفَهْقَرِي	FEMININE	تَفَهْقُرٌ	VERBAL NOUN	

The army *fell* back.

نَفَهْقَرَتِ الجيوش.

Don't *retreat* in the face of challenges.

لا تَتَفَهْقَرْ أمام التحديات.

Form I قود   to lead; to drive قَادَ ●

ACTIVE

PLURAL	DUAL	SINGULAR	SUBJUNCTIVE	PLURAL	DUAL	SINGULAR	PERFECT
يَقُودُوا	يَقُودَا	يَقُودَ		قَادُوا	قَادَا	قَادَ	MASCULINE 3
يَقُدْنَ	تَقُودَا	تَقُودَ		قُدْنَ	قَادَتَا	قَادَتْ	FEMININE
تَقُودُوا	تَقُودَا	تَقُودَ		قُدْتُمْ	قُدْتُمَا	قُدْتَ	MASCULINE 2
تَقُدْنَ	تَقُودَا	تَقُودِي		قُدْتُنَّ	قُدْتُمَا	قُدْتِ	FEMININE
نَقُودَ	---	أَقُودَ		قُدْنَا	---	قُدْتُ	1

	JUSSIVE				IMPERFECT		
يَقُودُوا	يَقُودَا	يَقُدْ		يَقُودُونَ	يَقُودَانِ	يَقُودُ	MASCULINE 3
يَقُدْنَ	تَقُودَا	تَقُدْ		يَقُدْنَ	تَقُودَانِ	تَقُودُ	FEMININE
تَقُودُوا	تَقُودَا	تَقُدْ		تَقُودُونَ	تَقُودَانِ	تَقُودُ	MASCULINE 2
تَقُدْنَ	تَقُودَا	تَقُودِي		تَقُدْنَ	تَقُودَانِ	تَقُودِينَ	FEMININE
نَقُدْ	---	أَقُدْ		نَقُودُ	---	أَقُودُ	1

	IMPERATIVE					
				قَائِدٌ	ACTIVE PARTICIPLE	
قُودُوا	قُودَا	قُدْ	MASCULINE	مَقُودٌ	PASSIVE PARTICIPLE	
قُدْنَ	قُودَا	قُودِي	FEMININE	قَوْدٌ, قِيَادٌ, قِيَادَةٌ, مَقَادَةٌ	VERBAL NOUN	

PASSIVE

PLURAL	DUAL	SINGULAR	SUBJUNCTIVE	PLURAL	DUAL	SINGULAR	PERFECT	
يُقَادُوا	يُقَادَا	يُقَادَ		قِيدُوا	قِيدَا	قِيدَ	MASCULINE	3
يُقَدْنَ	تُقَادَا	تُقَادَ		قِدْنَ	قِيدَتَا	قِيدَتْ	FEMININE	
تُقَادُوا	تُقَادَا	تُقَادَ		قِدْتُمْ	قِدْتُمَا	قِدْتَ	MASCULINE	2
تُقَدْنَ	تُقَادَا	تُقَادِي		قِدْتُنَّ	قِدْتُمَا	قِدْتِ	FEMININE	
نُقَادَ	---	أُقَادَ		قِدْنَا	---	قِدْتُ		1

PLURAL	DUAL	SINGULAR	JUSSIVE	PLURAL	DUAL	SINGULAR	IMPERFECT	
يُقَادُوا	يُقَادَا	يُقَدْ		يُقَادُونَ	يُقَادَانِ	يُقَادُ	MASCULINE	3
يُقَدْنَ	تُقَادَا	تُقَدْ		يُقَدْنَ	تُقَادَانِ	تُقَادُ	FEMININE	
تُقَادُوا	تُقَادَا	تُقَدْ		تُقَادُونَ	تُقَادَانِ	تُقَادُ	MASCULINE	2
تُقَدْنَ	تُقَادَا	تُقَادِي		تُقَدْنَ	تُقَادَانِ	تُقَادِينَ	FEMININE	
نُقَدْ	---	أُقَدْ		نُقَادُ	---	أُقَادُ		1

Can *you lead me* to the immigration office? — هل يمكن أن تَقُودِيني إلى مكتب الهجرة؟

The committee that *is leading* the journey is prepared for any surprises. — اللجنة التي تَقُودُ الرحلة مستعدة لكل المفاجآت.

He *drives* the car cautiously. — يَقُودُ السيارة بحذر.

Form I قول ● to say قَالَ

ACTIVE

PLURAL	DUAL	SINGULAR	SUBJUNCTIVE	PLURAL	DUAL	SINGULAR	PERFECT	
يَقُولُوا	يَقُولا	يَقُولَ		قَالُوا	قَالا	قَالَ	MASCULINE	3
يَقُلْنَ	تَقُولا	تَقُولَ		قُلْنَ	قَالَتَا	قَالَتْ	FEMININE	
تَقُولُوا	تَقُولا	تَقُولَ		قُلْتُمْ	قُلْتُمَا	قُلْتَ	MASCULINE	2
تَقُلْنَ	تَقُولا	تَقُولِي		قُلْتُنَّ	قُلْتُمَا	قُلْتِ	FEMININE	
نَقُولَ	---	أَقُولَ		قُلْنَا	---	قُلْتُ		1

JUSSIVE / IMPERFECT

3 MASCULINE	يَقُولُ يَقُولان يَقُولُونَ	يَقُلْ يَقُولا يَقُولُوا

IMPERFECT (SINGULAR / DUAL / PLURAL):

Person	SINGULAR	DUAL	PLURAL
3 MASCULINE	يَقُولُ	يَقُولان	يَقُولُونَ
3 FEMININE	تَقُولُ	تَقُولان	يَقُلْنَ
2 MASCULINE	تَقُولُ	تَقُولان	تَقُولُونَ
2 FEMININE	تَقُولِينَ	تَقُولان	تَقُلْنَ
1	أَقُولُ	---	نَقُولُ

JUSSIVE (SINGULAR / DUAL / PLURAL):

Person	SINGULAR	DUAL	PLURAL
3 MASCULINE	يَقُلْ	يَقُولا	يَقُولُوا
3 FEMININE	تَقُلْ	تَقُولا	يَقُلْنَ
2 MASCULINE	تَقُلْ	تَقُولا	تَقُولُوا
2 FEMININE	تَقُولِي	تَقُولا	تَقُلْنَ
1	أَقُلْ	---	نَقُلْ

ACTIVE PARTICIPLE: قَائِلٌ
PASSIVE PARTICIPLE: مَقُولٌ
VERBAL NOUN: قَوْلٌ

IMPERATIVE

	SINGULAR	DUAL	PLURAL
MASCULINE	قُلْ	قُولا	قُولُوا
FEMININE	قُولِي	قُولا	قُلْنَ

PASSIVE

SUBJUNCTIVE / PERFECT

PERFECT (SINGULAR / DUAL / PLURAL):

Person	SINGULAR	DUAL	PLURAL
3 MASCULINE	قِيلَ	قِيلا	قِيلُوا
3 FEMININE	قِيلَتْ	قِيلَتَا	قِلْنَ
2 MASCULINE	قِلْتَ	قِلْتُمَا	قِلْتُمْ
2 FEMININE	قِلْتِ	قِلْتُمَا	قِلْتُنَّ
1	قِلْتُ	---	قِلْنَا

SUBJUNCTIVE (SINGULAR / DUAL / PLURAL):

Person	SINGULAR	DUAL	PLURAL
3 MASCULINE	يُقَالَ	يُقَالا	يُقَالُوا
3 FEMININE	تُقَالَ	تُقَالا	يُقَلْنَ
2 MASCULINE	تُقَالَ	تُقَالا	تُقَالُوا
2 FEMININE	تُقَالِي	تُقَالا	تُقَلْنَ
1	أُقَالَ	---	نُقَالَ

JUSSIVE / IMPERFECT

IMPERFECT (SINGULAR / DUAL / PLURAL):

Person	SINGULAR	DUAL	PLURAL
3 MASCULINE	يُقَالُ	يُقَالان	يُقَالُونَ
3 FEMININE	تُقَالُ	تُقَالان	يُقَلْنَ
2 MASCULINE	تُقَالُ	تُقَالان	تُقَالُونَ
2 FEMININE	تُقَالِينَ	تُقَالان	تُقَلْنَ
1	أُقَالُ	---	نُقَالُ

JUSSIVE (SINGULAR / DUAL / PLURAL):

Person	SINGULAR	DUAL	PLURAL
3 MASCULINE	يُقَلْ	يُقَالا	يُقَالُوا
3 FEMININE	تُقَلْ	تُقَالا	يُقَلْنَ
2 MASCULINE	تُقَلْ	تُقَالا	تُقَالُوا
2 FEMININE	تُقَالِي	تُقَالا	تُقَلْنَ
1	أُقَلْ	---	نُقَلْ

What *did you say* to him?	ماذا قُلْتَ له؟
The proverb *says* that…	قِيلَ في المثل إن…
The spokesman *said* on behalf of the White House that…	قَالَ المتحدِّث عن البيت الأبيض إن…
Didn't *I tell* you so?	ألم أَقُلْ لك هذا؟

404

ACTIVE

PLURAL	DUAL	SINGULAR	SUBJUNCTIVE	PLURAL	DUAL	SINGULAR	PERFECT	
يَقُومُوا	يَقُومَا	يَقُومَ		قَامُوا	قَامَا	قَامَ	MASCULINE	3
يَقُمْنَ	تَقُومَا	تَقُومَ		قُمْنَ	قَامَتَا	قَامَتْ	FEMININE	
تَقُومُوا	تَقُومَا	تَقُومَ		قُمْتُمْ	قُمْتُمَا	قُمْتَ	MASCULINE	2
تَقُمْنَ	تَقُومَا	تَقُومِي		قُمْتُنَّ	قُمْتُمَا	قُمْتِ	FEMININE	
نَقُومَ	---	أَقُومَ		قُمْنَا	---	قُمْتُ		1

JUSSIVE / IMPERFECT

PLURAL	DUAL	SINGULAR	JUSSIVE	PLURAL	DUAL	SINGULAR	IMPERFECT	
يَقُومُوا	يَقُومَا	يَقُمْ		يَقُومُونَ	يَقُومَانِ	يَقُومُ	MASCULINE	3
يَقُمْنَ	تَقُومَا	تَقُمْ		يَقُمْنَ	تَقُومَانِ	تَقُومُ	FEMININE	
تَقُومُوا	تَقُومَا	تَقُمْ		تَقُومُونَ	تَقُومَانِ	تَقُومُ	MASCULINE	2
تَقُمْنَ	تَقُومَا	تَقُومِي		تَقُمْنَ	تَقُومَانِ	تَقُومِينَ	FEMININE	
نَقُمْ	---	أَقُمْ		نَقُومُ	---	أَقُومُ		1

				SINGULAR			
				قَائِمٌ	ACTIVE PARTICIPLE		
				---	PASSIVE PARTICIPLE		

IMPERATIVE

PLURAL	DUAL	SINGULAR	IMPERATIVE	
قُومُوا	قُومَا	قُمْ	MASCULINE	
قُمْنَ	قُومَا	قُومِي	FEMININE	

قَوْمَةٌ   VERBAL NOUN

When *did you get up* today?	متى قُمْتَ من النوم اليوم؟
He *got up* from the chair to greet the guests.	قَامَ من على الكرسي ليحيي الضيوف.
These decisions *were taken* under unusual circumstances.	هذه القرارات قَامَتْ في ظروف غير عادية.
The employees *rebelled* [literally: *rose up* against] against the company.	قَامَ الموظفون على الشركة.
I *took charge* of booking the room in the hotel.	قُمْتُ بحجز الغرفة في الفندق.
The revolution *was based* on [the foundation of] the belief in freedom.	قَامَتْ الثورة على أساس الإيمان بالحرية.

Form IV قوم   to lift; to stay (in a place); to enact أَقَامَ ●

ACTIVE

PLURAL	DUAL	SINGULAR	SUBJUNCTIVE	PLURAL	DUAL	SINGULAR	PERFECT	
يُقِيمُوا	يُقِيمَا	يُقِيمَ		أَقَامُوا	أَقَامَا	أَقَامَ	MASCULINE	3
يُقِمْنَ	تُقِيمَا	تُقِيمَ		أَقَمْنَ	أَقَامَتَا	أَقَامَتْ	FEMININE	
تُقِيمُوا	تُقِيمَا	تُقِيمَ		أَقَمْتُمْ	أَقَمْتُمَا	أَقَمْتَ	MASCULINE	2
تُقِمْنَ	تُقِيمَا	تُقِيمِي		أَقَمْتُنَّ	أَقَمْتُمَا	أَقَمْتِ	FEMININE	
نُقِيمَ	---	أُقِيمَ		أَقَمْنَا	---	أَقَمْتُ		1

PLURAL	DUAL	SINGULAR	JUSSIVE	PLURAL	DUAL	SINGULAR	IMPERFECT	
يُقِيمُوا	يُقِيمَا	يُقِمْ		يُقِيمُونَ	يُقِيمَانِ	يُقِيمُ	MASCULINE	3
يُقِمْنَ	تُقِيمَا	تُقِمْ		يُقِمْنَ	تُقِيمَانِ	تُقِيمُ	FEMININE	
تُقِيمُوا	تُقِيمَا	تُقِمْ		تُقِيمُونَ	تُقِيمَانِ	تُقِيمُ	MASCULINE	2
تُقِمْنَ	تُقِيمَا	تُقِيمِي		تُقِمْنَ	تُقِيمَانِ	تُقِيمِينَ	FEMININE	
نُقِمْ	---	أُقِمْ		نُقِيمُ	---	أُقِيمُ		1

PLURAL	DUAL	SINGULAR	IMPERATIVE					
أَقِيمُوا	أَقِيمَا	أَقِمْ	MASCULINE			مُقِيمٌ	ACTIVE PARTICIPLE	
أَقِمْنَ	أَقِيمَا	أَقِيمِي	FEMININE			مُقَامٌ	PASSIVE PARTICIPLE	
						إِقَامَةٌ	VERBAL NOUN	

PASSIVE

PLURAL	DUAL	SINGULAR	SUBJUNCTIVE	PLURAL	DUAL	SINGULAR	PERFECT	
يُقَامُوا	يُقَامَا	يُقَامَ		أُقِيمُوا	أُقِيمَا	أُقِيمَ	MASCULINE	3
يُقَمْنَ	تُقَامَا	تُقَامَ		أُقِمْنَ	أُقِيمَتَا	أُقِيمَتْ	FEMININE	
تُقَامُوا	تُقَامَا	تُقَامَ		أُقِمْتُمْ	أُقِمْتُمَا	أُقِمْتَ	MASCULINE	2
تُقَمْنَ	تُقَامَا	تُقَامِي		أُقِمْتُنَّ	أُقِمْتُمَا	أُقِمْتِ	FEMININE	
نُقَامَ	---	أُقَامَ		أُقِمْنَا	---	أُقِمْتُ		1

PLURAL	DUAL	SINGULAR	JUSSIVE	PLURAL	DUAL	SINGULAR	IMPERFECT	
يُقَامُوا	يُقَامَا	يُقَمْ		يُقَامُونَ	يُقَامَانِ	يُقَامُ	MASCULINE	3
يُقَمْنَ	تُقَامَا	تُقَمْ		يُقَمْنَ	يُقَامَانِ	تُقَامُ	FEMININE	
تُقَامُوا	تُقَامَا	تُقَمْ		تُقَامُونَ	تُقَامَانِ	تُقَامُ	MASCULINE	2
تُقَمْنَ	تُقَامَا	تُقَامِي		تُقَمْنَ	تُقَامَانِ	تُقَامِينَ	FEMININE	
نُقَمْ	---	أُقَمْ		نُقَامُ	---	أُقَامُ		1

406

They lifted him up when he fell to the ground.

أَقَامُوهُ عندما سقط على الأرض.

I stayed in New York for a year.

أَقَمْتُ سنة في مدينة نيويورك.

When will they hold the Christmas party?

متى سَتُقِيمُونَ حفلة عيد الميلاد؟

Form I كتب   to write كَتَبَ ●

ACTIVE

PLURAL	DUAL	SINGULAR	SUBJUNCTIVE	PLURAL	DUAL	SINGULAR	PERFECT	
يَكْتُبُوا	يَكْتُبَا	يَكْتُبَ		كَتَبُوا	كَتَبَا	كَتَبَ	MASCULINE	3
يَكْتُبْنَ	تَكْتُبَا	تَكْتُبَ		كَتَبْنَ	كَتَبَتَا	كَتَبَتْ	FEMININE	
تَكْتُبُوا	تَكْتُبَا	تَكْتُبَ		كَتَبْتُمْ	كَتَبْتُمَا	كَتَبْتَ	MASCULINE	2
تَكْتُبْنَ	تَكْتُبَا	تَكْتُبِي		كَتَبْتُنَّ	كَتَبْتُمَا	كَتَبْتِ	FEMININE	
نَكْتُبَ	---	أَكْتُبَ		كَتَبْنَا	---	كَتَبْتُ		1

	JUSSIVE				IMPERFECT			

PLURAL	DUAL	SINGULAR		PLURAL	DUAL	SINGULAR		
يَكْتُبُوا	يَكْتُبَا	يَكْتُبْ		يَكْتُبُونَ	يَكْتُبَانِ	يَكْتُبُ	MASCULINE	3
يَكْتُبْنَ	تَكْتُبَا	تَكْتُبْ		يَكْتُبْنَ	تَكْتُبَانِ	تَكْتُبُ	FEMININE	
تَكْتُبُوا	تَكْتُبَا	تَكْتُبْ		تَكْتُبُونَ	تَكْتُبَانِ	تَكْتُبُ	MASCULINE	2
تَكْتُبْنَ	تَكْتُبَا	تَكْتُبِي		تَكْتُبْنَ	تَكْتُبَانِ	تَكْتُبِينَ	FEMININE	
نَكْتُبْ	---	أَكْتُبْ		نَكْتُبُ	---	أَكْتُبُ		1

	IMPERATIVE					
				كَاتِبٌ	ACTIVE PARTICIPLE	
أُكْتُبُوا	أُكْتُبَا	أُكْتُبْ	MASCULINE	مَكْتُوبٌ	PASSIVE PARTICIPLE	
أُكْتُبْنَ	أُكْتُبَا	أُكْتُبِي	FEMININE	كَتْبٌ, كِتْبَةٌ, كِتَابَةٌ	VERBAL NOUN	

PASSIVE

PLURAL	DUAL	SINGULAR	SUBJUNCTIVE	PLURAL	DUAL	SINGULAR	PERFECT	
يُكْتَبُوا	يُكْتَبَا	يُكْتَبَ		كُتِبُوا	كُتِبَا	كُتِبَ	MASCULINE	3
يُكْتَبْنَ	تُكْتَبَا	تُكْتَبَ		كُتِبْنَ	كُتِبَتَا	كُتِبَتْ	FEMININE	
تُكْتَبُوا	تُكْتَبَا	تُكْتَبَ		كُتِبْتُمْ	كُتِبْتُمَا	كُتِبْتَ	MASCULINE	2
تُكْتَبْنَ	تُكْتَبَا	تُكْتَبِي		كُتِبْتُنَّ	كُتِبْتُمَا	كُتِبْتِ	FEMININE	
نُكْتَبَ	---	أُكْتَبَ		كُتِبْنَا	---	كُتِبْتُ		1

PLURAL	DUAL	SINGULAR	JUSSIVE	PLURAL	DUAL	SINGULAR	IMPERFECT		
يُكْتَبُوا	يُكْتَبَا	يُكْتَبْ		يُكْتَبُونَ	يُكْتَبَانِ	يُكْتَبُ	MASCULINE	3
تُكْتَبْنَ	يُكْتَبَا	يُكْتَبْ		يُكْتَبْنَ	تُكْتَبَانِ	تُكْتَبُ	FEMININE	
تُكْتَبُوا	تُكْتَبَا	تُكْتَبْ		تُكْتَبُونَ	تُكْتَبَانِ	تُكْتَبُ	MASCULINE	2
تُكْتَبْنَ	تُكْتَبَا	تُكْتَبِي		تُكْتَبْنَ	تُكْتَبَانِ	تُكْتَبِينَ	FEMININE	
نُكْتَبْ	---	أُكْتَبْ		نُكْتَبُ	---	أُكْتَبُ		1

Did you write these notes? — هل كَتَبْتِ هذه الملاحظات؟

The teacher *wrote* on the blackboard. — كَتَبَ المدرس على السبورة.

Naguib Mahfouz *wrote* many books. — نجيب محفوظ كَتَبَ العديد من الكتب.

Form I كَثُرَ   ● كَثُرَ to be numerous

ACTIVE

PLURAL	DUAL	SINGULAR	SUBJUNCTIVE	PLURAL	DUAL	SINGULAR	PERFECT		
يَكْثُرُوا	يَكْثُرَا	يَكْثُرَ		كَثُرُوا	كَثُرَا	كَثُرَ	MASCULINE	3
يَكْثُرْنَ	تَكْثُرَا	تَكْثُرَ		كَثُرْنَ	كَثُرَتَا	كَثُرَتْ	FEMININE	
تَكْثُرُوا	تَكْثُرَا	تَكْثُرَ		كَثُرْتُمْ	كَثُرْتُمَا	كَثُرْتَ	MASCULINE	2
تَكْثُرْنَ	تَكْثُرَا	تَكْثُرِي		كَثُرْتُنَّ	كَثُرْتُمَا	كَثُرْتِ	FEMININE	
نَكْثُرَ	---	أَكْثُرَ		كَثُرْنَا	---	كَثُرْتُ		1

PLURAL	DUAL	SINGULAR	JUSSIVE	PLURAL	DUAL	SINGULAR	IMPERFECT		
يَكْثُرُوا	يَكْثُرَا	يَكْثُرْ		يَكْثُرُونَ	يَكْثُرَانِ	يَكْثُرُ	MASCULINE	3
يَكْثُرْنَ	تَكْثُرَا	تَكْثُرْ		يَكْثُرْنَ	تَكْثُرَانِ	تَكْثُرُ	FEMININE	
تَكْثُرُوا	تَكْثُرَا	تَكْثُرْ		تَكْثُرُونَ	تَكْثُرَانِ	تَكْثُرُ	MASCULINE	2
تَكْثُرْنَ	تَكْثُرَا	تَكْثُرِي		تَكْثُرْنَ	تَكْثُرَانِ	تَكْثُرِينَ	FEMININE	
نَكْثُرْ	---	أَكْثُرْ		نَكْثُرُ	---	أَكْثُرُ		1

			IMPERATIVE		
كَاثِرٌ				ACTIVE PARTICIPLE	
أُكْثُرُوا	أُكْثُرَا	أُكْثُرْ	MASCULINE		
---				PASSIVE PARTICIPLE	
أُكْثُرْنَ	أُكْثُرَا	أُكْثُرِي	FEMININE		
كَثْرَةٌ				VERBAL NOUN	

There was much gossip about this topic. — كَثُرَتْ الأقاويل حول هذا الموضوع.

The number of people who are opposed to our foreign policy *increased.* — كَثُرَ عدد الناس اللذين يعترضون على سياستنا الخارجية.

Form V كرر   ● تَكَرَّر to recur

ACTIVE

PLURAL	DUAL	SINGULAR	SUBJUNCTIVE	PLURAL	DUAL	SINGULAR	PERFECT	
يَتَكَرَّروا	يَتَكَرَّرَا	يَتَكَرَّرَ		تَكَرَّروا	تَكَرَّرَا	تَكَرَّرَ	MASCULINE	3
يَتَكَرَّرْنَ	تَتَكَرَّرَا	تَتَكَرَّرَ		تَكَرَّرْنَ	تَكَرَّرَتَا	تَكَرَّرَتْ	FEMININE	
تَتَكَرَّروا	تَتَكَرَّرَا	تَتَكَرَّرَ		تَكَرَّرْتُم	تَكَرَّرْتُمَا	تَكَرَّرْتَ	MASCULINE	2
تَتَكَرَّرْنَ	تَتَكَرَّرَا	تَتَكَرَّري		تَكَرَّرْتُنَّ	تَكَرَّرْتُمَا	تَكَرَّرْتِ	FEMININE	
نَتَكَرَّرَ	---	أَتَكَرَّرَ		تَكَرَّرْنَا	---	تَكَرَّرْتُ		1

JUSSIVE   IMPERFECT

PLURAL	DUAL	SINGULAR	JUSSIVE	PLURAL	DUAL	SINGULAR	IMPERFECT	
يَتَكَرَّروا	يَتَكَرَّرَا	يَتَكَرَّرْ		يَتَكَرَّرون	يَتَكَرَّران	يَتَكَرَّرُ	MASCULINE	3
يَتَكَرَّرْنَ	تَتَكَرَّرَا	تَتَكَرَّرْ		يَتَكَرَّرْنَ	تَتَكَرَّران	تَتَكَرَّرُ	FEMININE	
تَتَكَرَّروا	تَتَكَرَّرَا	تَتَكَرَّرْ		تَتَكَرَّرون	تَتَكَرَّران	تَتَكَرَّرُ	MASCULINE	2
تَتَكَرَّرْنَ	تَتَكَرَّرَا	تَتَكَرَّري		تَتَكَرَّرْنَ	تَتَكَرَّران	تَتَكَرَّرين	FEMININE	
نَتَكَرَّرْ	---	أَتَكَرَّرْ		نَتَكَرَّرُ	---	أَتَكَرَّرُ		1

IMPERATIVE				مُتَكَرِّر ACTIVE PARTICIPLE
تَكَرَّروا	تَكَرَّرَا	تَكَرَّرْ	MASCULINE	--- PASSIVE PARTICIPLE
تَكَرَّرْنَ	تَكَرَّرَا	تَكَرَّري	FEMININE	تَكَرُّر VERBAL NOUN

This mistake *will not occur* again.	هذا الخطأ لن يَتَكَرَّر ثانيةً.
This visit has *to be repeated*.	يجب أن تَتَكَرَّر هذه الزيارة.
This phenomenon only *recurs* once every hundred years.	هذه الظاهرة لا تَتَكَرَّر إلا كل مائة عام.

Form I كسب   ● كَسَبَ to gain; to acquire

ACTIVE

PLURAL	DUAL	SINGULAR	SUBJUNCTIVE	PLURAL	DUAL	SINGULAR	PERFECT	
يَكْسِبوا	يَكْسِبَا	يَكْسِبَ		كَسَبوا	كَسَبَا	كَسَبَ	MASCULINE	3
يَكْسِبْنَ	تَكْسِبَا	تَكْسِبَ		كَسَبْنَ	كَسَبَتَا	كَسَبَتْ	FEMININE	
تَكْسِبوا	تَكْسِبَا	تَكْسِبَ		كَسَبْتُم	كَسَبْتُمَا	كَسَبْتَ	MASCULINE	2
تَكْسِبْنَ	تَكْسِبَا	تَكْسِبي		كَسَبْتُنَّ	كَسَبْتُمَا	كَسَبْتِ	FEMININE	
نَكْسِبَ	---	أَكْسِبَ		كَسَبْنَا	---	كَسَبْتُ		1

409

يَكْسِبُوا يَكْسِبَا يَكْسِبْ		يَكْسِبُونَ يَكْسِبَانِ يَكْسِبُ	MASCULINE	3
تَكْسِبْنَ يَكْسِبَا تَكْسِبْ		يَكْسِبْنَ تَكْسِبَانِ تَكْسِبُ	FEMININE	
تَكْسِبُوا تَكْسِبَا تَكْسِبْ		تَكْسِبُونَ تَكْسِبَانِ تَكْسِبُ	MASCULINE	2
تَكْسِبْنَ تَكْسِبَا تَكْسِبِي		تَكْسِبْنَ تَكْسِبَانِ تَكْسِبِينَ	FEMININE	
نَكْسِبْ --- أَكْسِبْ		نَكْسِبُ --- أَكْسِبُ		1

IMPERATIVE   كَاسِبٌ ACTIVE PARTICIPLE

إِكْسِبُوا إِكْسِبَا إِكْسِبْ	MASCULINE	
إِكْسِبْنَ إِكْسِبَا إِكْسِبِي	FEMININE	

مَكْسُوبٌ PASSIVE PARTICIPLE

كَسْبٌ VERBAL NOUN

PASSIVE

PLURAL	DUAL	SINGULAR	SUBJUNCTIVE	PLURAL	DUAL	SINGULAR	PERFECT	
يُكْسَبُوا	يُكْسَبَا	يُكْسَبَ		كُسِبُوا	كُسِبَا	كُسِبَ	MASCULINE	3
تُكْسَبْنَ	تُكْسَبَا	تُكْسَبَ		كُسِبْنَ	كُسِبَتَا	كُسِبَتْ	FEMININE	
تُكْسَبُوا	تُكْسَبَا	تُكْسَبَ		كُسِبْتُمْ	كُسِبْتُمَا	كُسِبْتَ	MASCULINE	2
تُكْسَبِي	تُكْسَبَا	تُكْسَبِي		كُسِبْتُنَّ	كُسِبْتُمَا	كُسِبْتِ	FEMININE	
نُكْسَبَ	---	أُكْسَبَ		كُسِبْنَا	---	كُسِبْتُ		1

يُكْسَبُوا يُكْسَبَا يُكْسَبْ		يُكْسَبُونَ يُكْسَبَانِ يُكْسَبُ	MASCULINE	3
تُكْسَبْنَ يُكْسَبَا تُكْسَبْ		يُكْسَبْنَ تُكْسَبَانِ تُكْسَبُ	FEMININE	
تُكْسَبُوا تُكْسَبَا تُكْسَبْ		تُكْسَبُونَ تُكْسَبَانِ تُكْسَبُ	MASCULINE	2
تُكْسَبْنَ تُكْسَبَا تُكْسَبِي		تُكْسَبْنَ تُكْسَبَانِ تُكْسَبِينَ	FEMININE	
نُكْسَبْ --- أُكْسَبْ		نُكْسَبُ --- أُكْسَبُ		1

The player *got* applause when he scored the goal.

كَسَبَ اللاعب هتافاً عندما أحرز الهدف.

What *will you gain* from this proposal?

ماذا سَتَكْسِبُ من هذا المشروع؟

I haven't earned a thing this morning.

لم أَكْسِبْ أي شيء هذا الصباح.

Form I كشف — to uncover; to investigate كَشَفَ ●

ACTIVE

PLURAL	DUAL	SINGULAR	SUBJUNCTIVE	PLURAL	DUAL	SINGULAR	PERFECT	
يَكْشِفُوا	يَكْشِفَا	يَكْشِفَ		كَشَفُوا	كَشَفَا	كَشَفَ	MASCULINE	3
تَكْشِفَ	تَكْشِفَا	يَكْشِفَ		كَشَفْنَ	كَشَفَتَا	كَشَفَتْ	FEMININE	
تَكْشِفُوا	تَكْشِفَا	تَكْشِفَ		كَشَفْتُمْ	كَشَفْتُمَا	كَشَفْتَ	MASCULINE	2
تَكْشِفْنَ	تَكْشِفَا	تَكْشِفِي		كَشَفْتُنَّ	كَشَفْتُمَا	كَشَفْتِ	FEMININE	
نَكْشِفَ	---	أَكْشِفَ		كَشَفْنَا	---	كَشَفْتُ		1

PLURAL	DUAL	SINGULAR	JUSSIVE	PLURAL	DUAL	SINGULAR	IMPERFECT	
يَكْشِفُوا	يَكْشِفَا	يَكْشِفْ		يَكْشِفُونَ	يَكْشِفَانِ	يَكْشِفُ	MASCULINE	3
تَكْشِفْنَ	تَكْشِفَا	تَكْشِفْ		يَكْشِفْنَ	تَكْشِفَانِ	تَكْشِفُ	FEMININE	
تَكْشِفُوا	تَكْشِفَا	تَكْشِفْ		تَكْشِفُونَ	تَكْشِفَانِ	تَكْشِفُ	MASCULINE	2
تَكْشِفْنَ	تَكْشِفَا	تَكْشِفِي		تَكْشِفْنَ	تَكْشِفَانِ	تَكْشِفِينَ	FEMININE	
نَكْشِفْ	---	أَكْشِفْ		نَكْشِفُ	---	أَكْشِفُ		1

PLURAL	DUAL	SINGULAR	IMPERATIVE		
إِكْشِفُوا	إِكْشِفَا	إِكْشِفْ	MASCULINE	كَاشِفٌ	ACTIVE PARTICIPLE
إِكْشِفْنَ	إِكْشِفَا	إِكْشِفِي	FEMININE	مَكْشُوفٌ	PASSIVE PARTICIPLE
				كَشْفٌ	VERBAL NOUN

PASSIVE

PLURAL	DUAL	SINGULAR	SUBJUNCTIVE	PLURAL	DUAL	SINGULAR	PERFECT	
يُكْشَفُوا	يُكْشَفَا	يُكْشَفَ		كُشِفُوا	كُشِفَا	كُشِفَ	MASCULINE	3
تُكْشَفَ	تُكْشَفَا	يُكْشَفْنَ		كُشِفْنَ	كُشِفَتَا	كُشِفَتْ	FEMININE	
تُكْشَفُوا	تُكْشَفَا	تُكْشَفَ		كُشِفْتُمْ	كُشِفْتُمَا	كُشِفْتَ	MASCULINE	2
تُكْشَفْنَ	تُكْشَفَا	تُكْشَفِي		كُشِفْتُنَّ	كُشِفْتُمَا	كُشِفْتِ	FEMININE	
نُكْشَفَ	---	أُكْشَفَ		كُشِفْنَا	---	كُشِفْتُ		1

PLURAL	DUAL	SINGULAR	JUSSIVE	PLURAL	DUAL	SINGULAR	IMPERFECT	
يُكْشَفُوا	يُكْشَفَا	يُكْشَفْ		يُكْشَفُونَ	يُكْشَفَانِ	يُكْشَفُ	MASCULINE	3
يُكْشَفْنَ	تُكْشَفَا	تُكْشَفْ		يُكْشَفْنَ	تُكْشَفَانِ	تُكْشَفُ	FEMININE	
تُكْشَفُوا	تُكْشَفَا	تُكْشَفْ		تُكْشَفُونَ	تُكْشَفَانِ	تُكْشَفُ	MASCULINE	2
تُكْشَفْنَ	تُكْشَفَا	تُكْشَفِي		تُكْشَفْنَ	تُكْشَفَانِ	تُكْشَفِينَ	FEMININE	
نُكْشَفْ	---	أُكْشَفْ		نُكْشَفُ	---	أُكْشَفُ		1

She *took off* her veil in front of her sister.	كَشَفَتْ الحجاب أمام أختها.
Difficult circumstances *reveal* [a person's] true character.	الظروف الصعبة تَكْشِفُ الشخصيات على حقيقتها.
The war broke out [literally: *revealed* its leg].	كَشَفَتْ الحرب عن ساقها.
Who is the doctor who *examined* you?	من هو الطبيب الذي كَشَفَ عليك؟

Form I كفل to provide for; to guarantee كَفَلَ ●

ACTIVE

PLURAL	DUAL	SINGULAR	SUBJUNCTIVE	PLURAL	DUAL	SINGULAR	PERFECT	
يَكْفُلُوا	يَكْفُلا	يَكْفُلَ		كَفَلُوا	كَفَلا	كَفَلَ	MASCULINE	3
يَكْفُلْنَ	تَكْفُلا	تَكْفُلَ		كَفَلْنَ	كَفَلَتَا	كَفَلَتْ	FEMININE	
تَكْفُلُوا	تَكْفُلا	تَكْفُلَ		كَفَلْتُمْ	كَفَلْتُمَا	كَفَلْتَ	MASCULINE	2
تَكْفُلْنَ	تَكْفُلا	تَكْفُلِي		كَفَلْتُنَّ	كَفَلْتُمَا	كَفَلْتِ	FEMININE	
نَكْفُلَ	---	أَكْفُلَ		كَفَلْنَا	---	كَفَلْتُ		1

PLURAL	DUAL	SINGULAR	JUSSIVE	PLURAL	DUAL	SINGULAR	IMPERFECT	
يَكْفُلُوا	يَكْفُلا	يَكْفُلْ		يَكْفُلُونَ	يَكْفُلانِ	يَكْفُلُ	MASCULINE	3
يَكْفُلْنَ	تَكْفُلا	تَكْفُلْ		يَكْفُلْنَ	تَكْفُلانِ	تَكْفُلُ	FEMININE	
تَكْفُلُوا	تَكْفُلا	تَكْفُلْ		تَكْفُلُونَ	تَكْفُلانِ	تَكْفُلُ	MASCULINE	2
تَكْفُلْنَ	تَكْفُلا	تَكْفُلِي		تَكْفُلْنَ	تَكْفُلانِ	تَكْفُلِينَ	FEMININE	
نَكْفُلْ	---	أَكْفُلْ		نَكْفُلُ	---	أَكْفُلُ		1

PLURAL	DUAL	SINGULAR	IMPERATIVE		
				كَافِلٌ	ACTIVE PARTICIPLE
أُكْفُلُوا	أُكْفُلا	أُكْفُلْ	MASCULINE	مَكْفُولٌ	PASSIVE PARTICIPLE
أُكْفُلْنَ	أُكْفُلا	أُكْفُلِي	FEMININE	كَفْلٌ, كُفُولٌ, كَفَالَةٌ	VERBAL NOUN

PASSIVE

PLURAL	DUAL	SINGULAR	SUBJUNCTIVE	PLURAL	DUAL	SINGULAR	PERFECT	
يُكْفَلُوا	يُكْفَلا	يُكْفَلَ		كُفِلُوا	كُفِلا	كُفِلَ	MASCULINE	3
يُكْفَلْنَ	تُكْفَلا	تُكْفَلَ		كُفِلْنَ	كُفِلَتَا	كُفِلَتْ	FEMININE	
تُكْفَلُوا	تُكْفَلا	تُكْفَلَ		كُفِلْتُمْ	كُفِلْتُمَا	كُفِلْتَ	MASCULINE	2
تُكْفَلْنَ	تُكْفَلا	تُكْفَلِي		كُفِلْتُنَّ	كُفِلْتُمَا	كُفِلْتِ	FEMININE	
نُكْفَلَ	---	أُكْفَلَ		كُفِلْنَا	---	كُفِلْتُ		1

		IMPERFECT			JUSSIVE		
3	MASCULINE	يُكْفَلُ	يُكْفَلانِ	يُكْفَلُونَ	يُكْفَلْ	يُكْفَلا	يُكْفَلُوا
	FEMININE	تُكْفَلُ	تُكْفَلانِ	يُكْفَلْنَ	تُكْفَلْ	تُكْفَلا	يُكْفَلْنَ
2	MASCULINE	تُكْفَلُ	تُكْفَلانِ	تُكْفَلُونَ	تُكْفَلْ	تُكْفَلا	تُكْفَلُوا
	FEMININE	تُكْفَلِينَ	تُكْفَلانِ	تُكْفَلْنَ	تُكْفَلِي	تُكْفَلا	تُكْفَلْنَ
1		أُكْفَلُ	---	نُكْفَلُ	أُكْفَلْ	---	نُكْفَلْ

كَفَلَتْ الأم عائلتها.	The mother *provided* for her family.
من الذي سَيَكْفُلُ هذا الطفل؟	Who *will provide* for this child?
الحكومة سَتَكْفُلُ إحتياجات الناس من الكهرباء.	The government *will supply* the people's needs for electricity.

● كَفَى to suffice; to meet all needs — Form I كفي

ACTIVE

		PERFECT SINGULAR	DUAL	PLURAL	SUBJUNCTIVE SINGULAR	DUAL	PLURAL
3	MASCULINE	كَفَى	كَفَيَا	كَفَوْا	يَكْفِيَ	يَكْفِيَا	يَكْفُوا
	FEMININE	كَفَتْ	كَفَتَا	كَفَيْنَ	تَكْفِيَ	تَكْفِيَا	يَكْفِينَ
2	MASCULINE	كَفَيْتَ	كَفَيْتُمَا	كَفَيْتُمْ	تَكْفِيَ	تَكْفِيَا	تَكْفُوا
	FEMININE	كَفَيْتِ	كَفَيْتُمَا	كَفَيْتُنَّ	تَكْفِي	تَكْفِيَا	تَكْفِينَ
1		كَفَيْتُ	---	كَفَيْنَا	أَكْفِيَ	---	نَكْفِيَ

		IMPERFECT			JUSSIVE		
3	MASCULINE	يَكْفِي	يَكْفِيَانِ	يَكْفُونَ	يَكْفِ	يَكْفِيَا	يَكْفُوا
	FEMININE	تَكْفِي	تَكْفِيَانِ	يَكْفِينَ	تَكْفِ	تَكْفِيَا	يَكْفِينَ
2	MASCULINE	تَكْفِي	تَكْفِيَانِ	تَكْفُونَ	تَكْفِ	تَكْفِيَا	تَكْفُوا
	FEMININE	تَكْفِينَ	تَكْفِيَانِ	تَكْفِينَ	تَكْفِي	تَكْفِيَا	تَكْفِينَ
1		أَكْفِي	---	نَكْفِي	أَكْفِ	---	نَكْفِ

ACTIVE PARTICIPLE	كَافٍ	
PASSIVE PARTICIPLE	مَكْفِيٌّ	
VERBAL NOUN	كِفَايَةٌ	

IMPERATIVE	SINGULAR	DUAL	PLURAL
MASCULINE	إِكْفِ	إِكْفِيَا	إِكْفُوا
FEMININE	إِكْفِي	إِكْفِيَا	إِكْفِينَ

PASSIVE

PERFECT		SINGULAR	DUAL	PLURAL	SUBJUNCTIVE SINGULAR	DUAL	PLURAL
3	MASCULINE	كُفِيَ	كُفِيَا	كُفُوا	يُكْفَى	يُكْفَيَا	يُكْفَوْا
	FEMININE	كُفِيَتْ	كُفِيَتَا	كُفِينَ	تُكْفَى	تُكْفَيَا	يُكْفَيْنَ
2	MASCULINE	كُفِيتَ	كُفِيتُمَا	كُفِيتُمْ	تُكْفَى	تُكْفَيَا	تُكْفَوْا
	FEMININE	كُفِيتِ	كُفِيتُمَا	كُفِيتُنَّ	تُكْفَيْ	تُكْفَيَا	تُكْفَيْنَ
1		كُفِيتُ	---	كُفِينَا	أُكْفَى	---	نُكْفَى

IMPERFECT		SINGULAR	DUAL	PLURAL	JUSSIVE SINGULAR	DUAL	PLURAL
3	MASCULINE	يُكْفَى	يُكْفَيَانِ	يُكْفَوْنَ	يُكْفَ	يُكْفَيَا	يُكْفَوْا
	FEMININE	تُكْفَى	تُكْفَيَانِ	يُكْفَيْنَ	تُكْفَ	تُكْفَيَا	يُكْفَيْنَ
2	MASCULINE	تُكْفَى	تُكْفَيَانِ	تُكْفَوْنَ	تُكْفَ	تُكْفَيَا	تُكْفَوْا
	FEMININE	تُكْفَيْنَ	تُكْفَيَانِ	تُكْفَيْنَ	تُكْفَيْ	تُكْفَيَا	تُكْفَيْنَ
1		أُكْفَى	---	نُكْفَى	أُكْفَ	---	نُكْفَ

وَكَفَى! — That's *enough*!

كَفَى حزناً أننا خسرنا علاقتنا بجيراننا. — *It is* sad *enough* that we have lost our connection with our neighbors.

كَفَى بالله وكيلاً. — God is the best [literally: God *is sufficient* as a] provider.

كَفَى الله عنك! — May God *make up* for your shortcoming! [said to someone who has made a mistake]

Form V كلم — to speak تَكَلَّمَ ●

ACTIVE

PERFECT		SINGULAR	DUAL	PLURAL	SUBJUNCTIVE SINGULAR	DUAL	PLURAL
3	MASCULINE	تَكَلَّمَ	تَكَلَّمَا	تَكَلَّمُوا	يَتَكَلَّمَ	يَتَكَلَّمَا	يَتَكَلَّمُوا
	FEMININE	تَكَلَّمَتْ	تَكَلَّمَتَا	تَكَلَّمْنَ	تَتَكَلَّمَ	تَتَكَلَّمَا	يَتَكَلَّمْنَ
2	MASCULINE	تَكَلَّمْتَ	تَكَلَّمْتُمَا	تَكَلَّمْتُمْ	تَتَكَلَّمَ	تَتَكَلَّمَا	تَتَكَلَّمُوا
	FEMININE	تَكَلَّمْتِ	تَكَلَّمْتُمَا	تَكَلَّمْتُنَّ	تَتَكَلَّمِي	تَتَكَلَّمَا	تَتَكَلَّمْنَ
1		تَكَلَّمْتُ	---	تَكَلَّمْنَا	أَتَكَلَّمَ	---	نَتَكَلَّمَ

IMPERFECT

		SINGULAR	DUAL	PLURAL
3	MASCULINE	يَتَكَلَّمُ	يَتَكَلَّمَانِ	يَتَكَلَّمُونَ
	FEMININE	تَتَكَلَّمُ	تَتَكَلَّمَانِ	يَتَكَلَّمْنَ
2	MASCULINE	تَتَكَلَّمُ	تَتَكَلَّمَانِ	تَتَكَلَّمُونَ
	FEMININE	تَتَكَلَّمِينَ	تَتَكَلَّمَانِ	تَتَكَلَّمْنَ
1		أَتَكَلَّمُ	---	نَتَكَلَّمُ

JUSSIVE

		SINGULAR	DUAL	PLURAL
3	MASCULINE	يَتَكَلَّمْ	يَتَكَلَّمَا	يَتَكَلَّمُوا
	FEMININE	تَتَكَلَّمْ	تَتَكَلَّمَا	يَتَكَلَّمْنَ
2	MASCULINE	تَتَكَلَّمْ	تَتَكَلَّمَا	تَتَكَلَّمُوا
	FEMININE	تَتَكَلَّمِي	تَتَكَلَّمَا	تَتَكَلَّمْنَ
1		أَتَكَلَّمْ	---	نَتَكَلَّمْ

ACTIVE PARTICIPLE	مُتَكَلِّمٌ
PASSIVE PARTICIPLE	مُتَكَلَّمٌ
VERBAL NOUN	تَكَلُّمٌ

IMPERATIVE

	SINGULAR	DUAL	PLURAL
MASCULINE	تَكَلَّمْ	تَكَلَّمَا	تَكَلَّمُوا
FEMININE	تَكَلَّمِي	تَكَلَّمَا	تَكَلَّمْنَ

PASSIVE

PERFECT

		SINGULAR	DUAL	PLURAL
3	MASCULINE	تُكُلِّمَ	تُكُلِّمَا	تُكُلِّمُوا
	FEMININE	تُكُلِّمَتْ	تُكُلِّمَتَا	تُكُلِّمْنَ
2	MASCULINE	تُكُلِّمْتَ	تُكُلِّمْتُمَا	تُكُلِّمْتُمْ
	FEMININE	تُكُلِّمْتِ	تُكُلِّمْتُمَا	تُكُلِّمْتُنَّ
1		تُكُلِّمْتُ	---	تُكُلِّمْنَا

SUBJUNCTIVE

		SINGULAR	DUAL	PLURAL
3	MASCULINE	يُتَكَلَّمَ	يُتَكَلَّمَا	يُتَكَلَّمُوا
	FEMININE	تُتَكَلَّمَ	تُتَكَلَّمَا	يُتَكَلَّمْنَ
2	MASCULINE	تُتَكَلَّمَ	تُتَكَلَّمَا	تُتَكَلَّمُوا
	FEMININE	تُتَكَلَّمِي	تُتَكَلَّمَا	تُتَكَلَّمْنَ
1		أُتَكَلَّمَ	---	نُتَكَلَّمَ

IMPERFECT

		SINGULAR	DUAL	PLURAL
3	MASCULINE	يُتَكَلَّمُ	يُتَكَلَّمَانِ	يُتَكَلَّمُونَ
	FEMININE	تُتَكَلَّمُ	تُتَكَلَّمَانِ	يُتَكَلَّمْنَ
2	MASCULINE	تُتَكَلَّمُ	تُتَكَلَّمَانِ	تُتَكَلَّمُونَ
	FEMININE	تُتَكَلَّمِينَ	تُتَكَلَّمَانِ	تُتَكَلَّمْنَ
1		أُتَكَلَّمُ	---	نُتَكَلَّمُ

JUSSIVE

		SINGULAR	DUAL	PLURAL
3	MASCULINE	يُتَكَلَّمْ	يُتَكَلَّمَا	يُتَكَلَّمُوا
	FEMININE	تُتَكَلَّمْ	تُتَكَلَّمَا	يُتَكَلَّمْنَ
2	MASCULINE	تُتَكَلَّمْ	تُتَكَلَّمَا	تُتَكَلَّمُوا
	FEMININE	تُتَكَلَّمِي	تُتَكَلَّمَا	تُتَكَلَّمْنَ
1		أُتَكَلَّمْ	---	نُتَكَلَّمْ

لم أَتَكَلَّمْ معها منذ زمن بعيد. — *I haven't spoken* to her for a long time.

سَنَتَكَلَّمُ بالتليفون. — *We will speak* by telephone.

لا تَتَكَلَّمَا عنه بالسوء! — Don't *you two speak* ill of him!

Form I كود to be on the point of كَادَ

ACTIVE

PLURAL	DUAL	SINGULAR	SUBJUNCTIVE	PLURAL	DUAL	SINGULAR	PERFECT	
يَكَادُوا	يَكَادَا	يَكَادَ		كَادُوا	كَادَا	كَادَ	MASCULINE	3
يَكَدْنَ	تَكَادَا	تَكَادَ		كِدْنَ	كَادَتَا	كَادَتْ	FEMININE	
تَكَادُوا	تَكَادَا	تَكَادَ		كِدْتُمْ	كِدْتُمَا	كِدْتَ	MASCULINE	2
تَكَدْنَ	تَكَادَا	تَكَادِي		كِدْتُنَّ	كِدْتُمَا	كِدْتِ	FEMININE	
نَكَادَ	---	أَكَادَ		كِدْنَا	---	كِدْتُ		1

PLURAL	DUAL	SINGULAR	JUSSIVE	PLURAL	DUAL	SINGULAR	IMPERFECT	
يَكَادُوا	يَكَادَا	يَكَدْ		يَكَادُونَ	يَكَادَانِ	يَكَادُ	MASCULINE	3
يَكَدْنَ	تَكَادَا	تَكَدْ		يَكَدْنَ	تَكَادَانِ	تَكَادُ	FEMININE	
تَكَادُوا	تَكَادَا	تَكَدْ		تَكَادُونَ	تَكَادَانِ	تَكَادُ	MASCULINE	2
تَكَدْنَ	تَكَادَا	تَكَادِي		تَكَدْنَ	تَكَادَانِ	تَكَادِينَ	FEMININE	
نَكَدْ	---	أَكَدْ		نَكَادُ	---	أَكَادُ		1

	IMPERATIVE		
---	MASCULINE	كَائِدٌ	ACTIVE PARTICIPLE
---	FEMININE	---	PASSIVE PARTICIPLE
		---	VERBAL NOUN

I nearly went with them. — كِدْتُ أذهب معهم.

The subject of human rights *is just about* nonexistent. — موضوع حقوق الانسان يَكَادُ يكون في حكم العدم.

As soon as he saw her [literally: *He almost* didn't see her *before*], he left the place. — لم يَكَدْ يراها حتى ترك المكان.

Form I كون   to be كَانَ ●

ACTIVE

PLURAL	DUAL	SINGULAR	SUBJUNCTIVE	PLURAL	DUAL	SINGULAR	PERFECT	
يَكُونُوا	يَكُونَا	يَكُونَ		كَانُوا	كَانَا	كَانَ	MASCULINE	3
يَكُنَّ	تَكُونَا	تَكُونَ		كُنَّ	كَانَتَا	كَانَتْ	FEMININE	
تَكُونُوا	تَكُونَا	تَكُونَ		كُنْتُمْ	كُنْتُمَا	كُنْتَ	MASCULINE	2
تَكُنَّ	تَكُونَا	تَكُونِي		كُنْتُنَّ	كُنْتُمَا	كُنْتِ	FEMININE	
نَكُونَ	---	أَكُونَ		كُنَّا	---	كُنْتُ		1

			JUSSIVE				IMPERFECT	
يَكُونُوا	يَكُونَا	يَكُنْ		يَكُونُونَ	يَكُونَانِ	يَكُونُ	MASCULINE	3
يَكُنَّ	تَكُونَا	تَكُنْ		يَكُنَّ	تَكُونَانِ	تَكُونُ	FEMININE	
تَكُونُوا	تَكُونَا	تَكُنْ		تَكُونُونَ	تَكُونَانِ	تَكُونُ	MASCULINE	2
تَكُنَّ	تَكُونَا	تَكُونِي		تَكُنَّ	تَكُونَانِ	تَكُونِينَ	FEMININE	
نَكُنْ	---	أَكُنْ		نَكُونُ	---	أَكُونُ		1

			IMPERATIVE				
						كَائِنٌ	ACTIVE PARTICIPLE
كُونُوا	كُونَا	كُنْ	MASCULINE			---	PASSIVE PARTICIPLE
كُنَّ	كُونَا	كُونِي	FEMININE			كَوْنٌ	VERBAL NOUN

He *was* a teacher. [Note that the predicate is in the accusative, whereas in English it would be in the nominative.]   كَانَ معلماً.

I *was* writing you a letter when you called.   كُنْتُ أكتب لك خطاباً عندما اتّصلت.

Damascus *was* the capital of the Umayyads.   كَانَتْ دمشق عاصمة بني امية.

What they say is the nearest possible [literally: the nearest *there is*] to the truth.   أقوالهم أقرب ما تَكُونُ إلى الصواب.

I had a beautiful dog [literally: A beautiful dog *was* to me].   كَانَ لي كلب جميل.

Form III لأم — to suit لاءَمَ

ACTIVE

		PERFECT SINGULAR	DUAL	PLURAL	SUBJUNCTIVE SINGULAR	DUAL	PLURAL
3	MASCULINE	لاءَمَ	لاءَمَا	لاءَمُوا	يُلائِمَ	يُلائِمَا	يُلائِمُوا
	FEMININE	لاءَمَتْ	لاءَمَتَا	لاءَمْنَ	تُلائِمَ	تُلائِمَا	يُلائِمْنَ
2	MASCULINE	لاءَمْتَ	لاءَمْتُمَا	لاءَمْتُمْ	تُلائِمَ	تُلائِمَا	تُلائِمُوا
	FEMININE	لاءَمْتِ	لاءَمْتُمَا	لاءَمْتُنَّ	تُلائِمِي	تُلائِمَا	تُلائِمْنَ
1		لاءَمْتُ	---	لاءَمْنَا	أُلائِمَ	---	نُلائِمَ

		IMPERFECT SINGULAR	DUAL	PLURAL	JUSSIVE SINGULAR	DUAL	PLURAL
3	MASCULINE	يُلائِمُ	يُلائِمَانِ	يُلائِمُونَ	يُلائِمْ	يُلائِمَا	يُلائِمُوا
	FEMININE	تُلائِمُ	تُلائِمَانِ	يُلائِمْنَ	تُلائِمْ	تُلائِمَا	يُلائِمْنَ
2	MASCULINE	تُلائِمُ	تُلائِمَانِ	تُلائِمُونَ	تُلائِمْ	تُلائِمَا	تُلائِمُوا
	FEMININE	تُلائِمِينَ	تُلائِمَانِ	تُلائِمْنَ	تُلائِمِي	تُلائِمَا	تُلائِمْنَ
1		أُلائِمُ	---	نُلائِمُ	أُلائِمْ	---	نُلائِمْ

			IMPERATIVE	SINGULAR	DUAL	PLURAL
ACTIVE PARTICIPLE	مُلائِمٌ					
PASSIVE PARTICIPLE	مُلاءَمٌ		MASCULINE	لائِمْ	لائِمَا	لائِمُوا
VERBAL NOUN	مُلاءَمَةٌ		FEMININE	لائِمِي	لائِمَا	لائِمْنَ

PASSIVE

		PERFECT SINGULAR	DUAL	PLURAL	SUBJUNCTIVE SINGULAR	DUAL	PLURAL
3	MASCULINE	لُوئِمَ	لُوئِمَا	لُوئِمُوا	يُلاءَمَ	يُلاءَمَا	يُلاءَمُوا
	FEMININE	لُوئِمَتْ	لُوئِمَتَا	لُوئِمْنَ	تُلاءَمَ	تُلاءَمَا	يُلاءَمْنَ
2	MASCULINE	لُوئِمْتَ	لُوئِمْتُمَا	لُوئِمْتُمْ	تُلاءَمَ	تُلاءَمَا	تُلاءَمُوا
	FEMININE	لُوئِمْتِ	لُوئِمْتُمَا	لُوئِمْتُنَّ	تُلاءَمِي	تُلاءَمَا	تُلاءَمْنَ
1		لُوئِمْتُ	---	لُوئِمْنَا	أُلاءَمَ	---	نُلاءَمَ

		IMPERFECT SINGULAR	DUAL	PLURAL	JUSSIVE SINGULAR	DUAL	PLURAL
3	MASCULINE	يُلاءَمُ	يُلاءَمَانِ	يُلاءَمُونَ	يُلاءَمْ	يُلاءَمَا	يُلاءَمُوا
	FEMININE	تُلاءَمُ	تُلاءَمَانِ	يُلاءَمْنَ	تُلاءَمْ	تُلاءَمَا	يُلاءَمْنَ
2	MASCULINE	تُلاءَمُ	تُلاءَمَانِ	تُلاءَمُونَ	تُلاءَمْ	تُلاءَمَا	تُلاءَمُوا
	FEMININE	تُلاءَمِينَ	تُلاءَمَانِ	تُلاءَمْنَ	تُلاءَمِي	تُلاءَمَا	تُلاءَمْنَ
1		أُلاءَمُ	---	نُلاءَمُ	أُلاءَمْ	---	نُلاءَمْ

	English	Arabic
	I don't know whether that date *suits him* or not.	لا أعرف إن كان هذا الميعادُ يُلائِمُهُ أم لا.
	The weather doesn't *suit* the idea of holding the party in the garden.	الجو لا يُلائِمُ فكرة عمل الحفلة في الحديقة.
	We have *to reconcile* our needs with [literally: and] our abilities.	يجب أن نُلائِمَ بين احتياجاتنا وامكانياتنا.

● Form VIII لأم   to be mended, united; to be in harmony إِلْتَأَم

ACTIVE

PLURAL	DUAL	SINGULAR	SUBJUNCTIVE	PLURAL	DUAL	SINGULAR	PERFECT	
يَلْتَئِمُوا	يَلْتَئِمَا	يَلْتَئِمَ		إِلْتَأَمُوا	إِلْتَأَمَا	إِلْتَأَمَ	MASCULINE	3
يَلْتَئِمْنَ	تَلْتَئِمَا	تَلْتَئِمَ		إِلْتَأَمْنَ	إِلْتَأَمَتَا	إِلْتَأَمَتْ	FEMININE	
تَلْتَئِمُوا	تَلْتَئِمَا	تَلْتَئِمَ		إِلْتَأَمْتُمْ	إِلْتَأَمْتُمَا	إِلْتَأَمْتَ	MASCULINE	2
تَلْتَئِمْنَ	تَلْتَئِمَا	تَلْتَئِمِي		إِلْتَأَمْتُنَّ	إِلْتَأَمْتُمَا	إِلْتَأَمْتِ	FEMININE	
نَلْتَئِمَ	---	أَلْتَئِمَ		إِلْتَأَمْنَا	---	إِلْتَأَمْتُ		1

PLURAL	DUAL	SINGULAR	JUSSIVE	PLURAL	DUAL	SINGULAR	IMPERFECT	
يَلْتَئِمُوا	يَلْتَئِمَا	يَلْتَئِمْ		يَلْتَئِمُونَ	يَلْتَئِمَانِ	يَلْتَئِمُ	MASCULINE	3
يَلْتَئِمْنَ	تَلْتَئِمَا	تَلْتَئِمْ		يَلْتَئِمْنَ	تَلْتَئِمَانِ	تَلْتَئِمُ	FEMININE	
تَلْتَئِمُوا	تَلْتَئِمَا	تَلْتَئِمْ		تَلْتَئِمُونَ	تَلْتَئِمَانِ	تَلْتَئِمُ	MASCULINE	2
تَلْتَئِمْنَ	تَلْتَئِمَا	تَلْتَئِمِي		تَلْتَئِمْنَ	تَلْتَئِمَانِ	تَلْتَئِمِينَ	FEMININE	
نَلْتَئِمْ	---	أَلْتَئِمْ		نَلْتَئِمُ	---	أَلْتَئِمُ		1

PLURAL	DUAL	SINGULAR	IMPERATIVE		
إِلْتَئِمُوا	إِلْتَئِمَا	إِلْتَئِمْ	MASCULINE	مُلْتَئِمٌ	ACTIVE PARTICIPLE
إِلْتَئِمْنَ	إِلْتَئِمَا	إِلْتَئِمِي	FEMININE	---	PASSIVE PARTICIPLE
				إِلْتِئَامٌ	VERBAL NOUN

	English	Arabic
	Has the wound *closed*?	هل الْتَأَمَ الجرح؟
	The two *were united* after a long separation.	إِلْتَأَمَ جمع الإثنين بعد فراق طويل.
	The athletes *coordinated* quickly in the play.	ألاعبون الْتَأَمُوا في الأداء سريعاً.

Form I لبس

to wear لَبِسَ ●

ACTIVE

PLURAL	DUAL	SINGULAR	SUBJUNCTIVE	PLURAL	DUAL	SINGULAR	PERFECT	
يَلْبَسُوا	يَلْبَسَا	يَلْبَسَ		لَبِسُوا	لَبِسَا	لَبِسَ	MASCULINE	3
يَلْبَسْنَ	تَلْبَسَا	تَلْبَسَ		لَبِسْنَ	لَبِسَتَا	لَبِسَتْ	FEMININE	
تَلْبَسُوا	تَلْبَسَا	تَلْبَسَ		لَبِسْتُمْ	لَبِسْتُمَا	لَبِسْتَ	MASCULINE	2
تَلْبَسْنَ	تَلْبَسَا	تَلْبَسِي		لَبِسْتُنَّ	لَبِسْتُمَا	لَبِسْتِ	FEMININE	
نَلْبَسَ	---	أَلْبَسَ		لَبِسْنَا	---	لَبِسْتُ	1	

PLURAL	DUAL	SINGULAR	JUSSIVE	PLURAL	DUAL	SINGULAR	IMPERFECT	
يَلْبَسُوا	يَلْبَسَا	يَلْبَسْ		يَلْبَسُونَ	يَلْبَسَانِ	يَلْبَسُ	MASCULINE	3
يَلْبَسْنَ	تَلْبَسَا	تَلْبَسْ		يَلْبَسْنَ	تَلْبَسَانِ	تَلْبَسُ	FEMININE	
تَلْبَسُوا	تَلْبَسَا	تَلْبَسْ		تَلْبَسُونَ	تَلْبَسَانِ	تَلْبَسُ	MASCULINE	2
تَلْبَسْنَ	تَلْبَسَا	تَلْبَسِي		تَلْبَسْنَ	تَلْبَسَانِ	تَلْبَسِينَ	FEMININE	
نَلْبَسْ	---	أَلْبَسْ		نَلْبَسُ	---	أَلْبَسُ	1	

PLURAL	DUAL	SINGULAR	IMPERATIVE		
إِلْبَسُوا	إِلْبَسَا	إِلْبَسْ	MASCULINE	لابِسٌ	ACTIVE PARTICIPLE
إِلْبَسْنَ	إِلْبَسَا	إِلْبَسِي	FEMININE	مَلْبُوسٌ	PASSIVE PARTICIPLE
				لُبْسٌ	VERBAL NOUN

PASSIVE

PLURAL	DUAL	SINGULAR	SUBJUNCTIVE	PLURAL	DUAL	SINGULAR	PERFECT	
يُلْبَسُوا	يُلْبَسَا	يُلْبَسَ		لُبِسُوا	لُبِسَا	لُبِسَ	MASCULINE	3
يُلْبَسْنَ	تُلْبَسَا	تُلْبَسَ		لُبِسْنَ	لُبِسَتَا	لُبِسَتْ	FEMININE	
تُلْبَسُوا	تُلْبَسَا	تُلْبَسَ		لُبِسْتُمْ	لُبِسْتُمَا	لُبِسْتَ	MASCULINE	2
تُلْبَسْنَ	تُلْبَسَا	تُلْبَسِي		لُبِسْتُنَّ	لُبِسْتُمَا	لُبِسْتِ	FEMININE	
نُلْبَسَ	---	أُلْبَسَ		لُبِسْنَا	---	لُبِسْتُ	1	

PLURAL	DUAL	SINGULAR	JUSSIVE	PLURAL	DUAL	SINGULAR	IMPERFECT	
يُلْبَسُوا	يُلْبَسَا	يُلْبَسْ		يُلْبَسُونَ	يُلْبَسَانِ	يُلْبَسُ	MASCULINE	3
يُلْبَسْنَ	تُلْبَسَا	تُلْبَسْ		يُلْبَسْنَ	تُلْبَسَانِ	تُلْبَسُ	FEMININE	
تُلْبَسُوا	تُلْبَسَا	تُلْبَسْ		تُلْبَسُونَ	تُلْبَسَانِ	تُلْبَسُ	MASCULINE	2
تُلْبَسْنَ	تُلْبَسَا	تُلْبَسِي		تُلْبَسْنَ	تُلْبَسَانِ	تُلْبَسِينَ	FEMININE	
نُلْبَسْ	---	أُلْبَسْ		نُلْبَسُ	---	أُلْبَسُ	1	

What *will you wear* to the party? ماذا سَتَلْبَسُ في الحفلة؟

I wore this coat because of the rain. لَبِسْتُ هذا المعطف بسبب الأمطار.

The children *wore* the school uniform. الأطفال لَبِسُوا الزي المدرسي.

Form I لجأ   to take refuge; to resort to لَجَأَ ●

ACTIVE

PLURAL	DUAL	SINGULAR	SUBJUNCTIVE	PLURAL	DUAL	SINGULAR	PERFECT	
يَلْجَؤُوا	يَلْجَآ	يَلْجَأَ		لَجَؤُوا	لَجَآ	لَجَأَ	MASCULINE	3
يَلْجَأْنَ	تَلْجَآ	تَلْجَأَ		لَجَأْنَ	لَجَأَتَا	لَجَأَتْ	FEMININE	
تَلْجَؤُوا	تَلْجَآ	تَلْجَأَ		لَجَأْتُمْ	لَجَأْتُمَا	لَجَأْتَ	MASCULINE	2
تَلْجَأْنَ	تَلْجَآ	تَلْجَئِي		لَجَأْتُنَّ	لَجَأْتُمَا	لَجَأْتِ	FEMININE	
نَلْجَأَ	---	أَلْجَأَ		لَجَأْنَا	---	لَجَأْتُ		1

PLURAL	DUAL	SINGULAR	JUSSIVE	PLURAL	DUAL	SINGULAR	IMPERFECT	
يَلْجَؤُوا	يَلْجَآ	يَلْجَأْ		يَلْجَؤُونَ	يَلْجَآنِ	يَلْجَأُ	MASCULINE	3
يَلْجَأْنَ	تَلْجَآ	تَلْجَأْ		يَلْجَأْنَ	تَلْجَآنِ	تَلْجَأُ	FEMININE	
تَلْجَؤُوا	تَلْجَآ	تَلْجَأْ		تَلْجَؤُونَ	تَلْجَآنِ	تَلْجَأُ	MASCULINE	2
تَلْجَأْنَ	تَلْجَآ	تَلْجَئِي		تَلْجَأْنَ	تَلْجَآنِ	تَلْجَئِينَ	FEMININE	
نَلْجَأْ	---	أَلْجَأْ		نَلْجَأُ	---	أَلْجَأُ		1

PLURAL	DUAL	SINGULAR	IMPERATIVE		
				لاجِئٌ	ACTIVE PARTICIPLE
إِلْجَؤُوا	إِلْجَآ	إِلْجَأْ	MASCULINE	---	PASSIVE PARTICIPLE
إِلْجَأْنَ	إِلْجَآ	إِلْجَئِي	FEMININE	لَجْءٌ، لُجُوءٌ	VERBAL NOUN

Many people *took refuge* in shelters during the war. العديد من الناس لَجَؤُوا للمخابئ أثناء الحرب.

We came to you [literally: *had recourse* to you] so that you would tell us the truth. لَجَأْنَا إليك لتخبرنا الحقيقة.

Come to me [literally: *Resort* in me] if you need anything. إِلْجَأْ إليّ إذا احتجت أي شيء.

Form III لحظ

to notice; to regard لاحَظَ ●

ACTIVE

PLURAL	DUAL	SINGULAR	SUBJUNCTIVE	PLURAL	DUAL	SINGULAR	PERFECT	
يُلاحِظُوا	يُلاحِظَا	يُلاحِظَ		لاحَظُوا	لاحَظَا	لاحَظَ	MASCULINE	3
يُلاحِظْنَ	تُلاحِظَا	تُلاحِظَ		لاحَظْنَ	لاحَظَتَا	لاحَظَتْ	FEMININE	
تُلاحِظُوا	تُلاحِظَا	تُلاحِظَ		لاحَظْتُمْ	لاحَظْتُمَا	لاحَظْتَ	MASCULINE	2
تُلاحِظْنَ	تُلاحِظَا	تُلاحِظِي		لاحَظْتُنَّ	لاحَظْتُمَا	لاحَظْتِ	FEMININE	
نُلاحِظَ	---	أُلاحِظَ		لاحَظْنَا	---	لاحَظْتُ		1

			JUSSIVE				IMPERFECT	
يُلاحِظُوا	يُلاحِظَا	يُلاحِظْ		يُلاحِظُونَ	يُلاحِظَانِ	يُلاحِظُ	MASCULINE	3
يُلاحِظْنَ	تُلاحِظَا	تُلاحِظْ		يُلاحِظْنَ	تُلاحِظَانِ	تُلاحِظُ	FEMININE	
تُلاحِظُوا	تُلاحِظَا	تُلاحِظْ		تُلاحِظُونَ	تُلاحِظَانِ	تُلاحِظُ	MASCULINE	2
تُلاحِظْنَ	تُلاحِظَا	تُلاحِظِي		تُلاحِظْنَ	تُلاحِظَانِ	تُلاحِظِينَ	FEMININE	
نُلاحِظْ	---	أُلاحِظْ		نُلاحِظُ	---	أُلاحِظُ		1

			IMPERATIVE		مُلاحِظٌ	ACTIVE PARTICIPLE
لاحِظُوا	لاحِظَا	لاحِظْ	MASCULINE		مُلاحَظٌ	PASSIVE PARTICIPLE
لاحِظْنَ	لاحِظَا	لاحِظِي	FEMININE		مُلاحَظَةٌ	VERBAL NOUN

PASSIVE

PLURAL	DUAL	SINGULAR	SUBJUNCTIVE	PLURAL	DUAL	SINGULAR	PERFECT	
يُلاحَظُوا	يُلاحَظَا	يُلاحَظَ		لُوحِظُوا	لُوحِظَا	لُوحِظَ	MASCULINE	3
يُلاحَظْنَ	تُلاحَظَا	تُلاحَظَ		لُوحِظْنَ	لُوحِظَتَا	لُوحِظَتْ	FEMININE	
تُلاحَظُوا	تُلاحَظَا	تُلاحَظَ		لُوحِظْتُمْ	لُوحِظْتُمَا	لُوحِظْتَ	MASCULINE	2
تُلاحَظْنَ	تُلاحَظَا	تُلاحَظِي		لُوحِظْتُنَّ	لُوحِظْتُمَا	لُوحِظْتِ	FEMININE	
نُلاحَظَ	---	أُلاحَظَ		لُوحِظْنَا	---	لُوحِظْتُ		1

			JUSSIVE				IMPERFECT	
يُلاحَظُوا	يُلاحَظَا	يُلاحَظْ		يُلاحَظُونَ	يُلاحَظَانِ	يُلاحَظُ	MASCULINE	3
يُلاحَظْنَ	تُلاحَظَا	تُلاحَظْ		يُلاحَظْنَ	تُلاحَظَانِ	تُلاحَظُ	FEMININE	
تُلاحَظُوا	تُلاحَظَا	تُلاحَظْ		تُلاحَظُونَ	تُلاحَظَانِ	تُلاحَظُ	MASCULINE	2
تُلاحَظْنَ	تُلاحَظَا	تُلاحَظِي		تُلاحَظْنَ	تُلاحَظَانِ	تُلاحَظِينَ	FEMININE	
نُلاحَظْ	---	أُلاحَظْ		نُلاحَظُ	---	أُلاحَظُ		1

We noticed the change in him after the accident.	لَاحَظْنَا عليه التغيير بعد الحادثة.
It is evident [literally: Of that which *can be observed* is] that factors are not suited to carry out the experiment.	مما يُلاحَظ أن العوامل غير ملائمة لإجراء التجربة.
The father *watches* his children when they are playing.	يُلاحِظُ الأب أطفاله عندما يلعبون.

Form VIII لزم   to adhere; to assume as a duty إِلْتَزَمَ ●

ACTIVE

PLURAL	DUAL	SINGULAR	SUBJUNCTIVE	PLURAL	DUAL	SINGULAR	PERFECT	
يَلْتَزِمُوا	يَلْتَزِمَا	يَلْتَزِمَ		إِلْتَزَمُوا	إِلْتَزَمَا	إِلْتَزَمَ	MASCULINE	3
يَلْتَزِمْنَ	تَلْتَزِمَا	تَلْتَزِمَ		إِلْتَزَمْنَ	إِلْتَزَمَتَا	إِلْتَزَمَتْ	FEMININE	
تَلْتَزِمُوا	تَلْتَزِمَا	تَلْتَزِمَ		إِلْتَزَمْتُمْ	إِلْتَزَمْتُمَا	إِلْتَزَمْتَ	MASCULINE	2
تَلْتَزِمْنَ	تَلْتَزِمَا	تَلْتَزِمِي		إِلْتَزَمْتُنَّ	إِلْتَزَمْتُمَا	إِلْتَزَمْتِ	FEMININE	
نَلْتَزِمَ	---	أَلْتَزِمَ		إِلْتَزَمْنَا	---	إِلْتَزَمْتُ		1

			JUSSIVE				IMPERFECT	
يَلْتَزِمُوا	يَلْتَزِمَا	يَلْتَزِمْ		يَلْتَزِمُونَ	يَلْتَزِمَانِ	يَلْتَزِمُ	MASCULINE	3
يَلْتَزِمْنَ	تَلْتَزِمَا	تَلْتَزِمْ		يَلْتَزِمْنَ	يَلْتَزِمَانِ	تَلْتَزِمُ	FEMININE	
تَلْتَزِمُوا	تَلْتَزِمَا	تَلْتَزِمْ		تَلْتَزِمُونَ	تَلْتَزِمَانِ	تَلْتَزِمُ	MASCULINE	2
تَلْتَزِمْنَ	تَلْتَزِمَا	تَلْتَزِمِي		تَلْتَزِمْنَ	تَلْتَزِمَانِ	تَلْتَزِمِينَ	FEMININE	
نَلْتَزِمْ	---	أَلْتَزِمْ		نَلْتَزِمُ	---	أَلْتَزِمُ		1

			IMPERATIVE					
						مُلْتَزِمٌ	ACTIVE PARTICIPLE	
إِلْتَزِمُوا	إِلْتَزِمَا	إِلْتَزِمْ	MASCULINE			مُلْتَزَمٌ	PASSIVE PARTICIPLE	
إِلْتَزِمْنَ	إِلْتَزِمَا	إِلْتَزِمِي	FEMININE			إِلْتِزَامٌ	VERBAL NOUN	

PASSIVE

PLURAL	DUAL	SINGULAR	SUBJUNCTIVE	PLURAL	DUAL	SINGULAR	PERFECT	
يُلْتَزَمُوا	يُلْتَزَمَا	يُلْتَزَمَ		أُلْتُزِمُوا	أُلْتُزِمَا	أُلْتُزِمَ	MASCULINE	3
يُلْتَزَمْنَ	تُلْتَزَمَا	تُلْتَزَمَ		أُلْتُزِمْنَ	أُلْتُزِمَتَا	أُلْتُزِمَتْ	FEMININE	
تُلْتَزَمُوا	تُلْتَزَمَا	تُلْتَزَمَ		أُلْتُزِمْتُمْ	أُلْتُزِمْتُمَا	أُلْتُزِمْتَ	MASCULINE	2
تُلْتَزَمْنَ	تُلْتَزَمَا	تُلْتَزَمِي		أُلْتُزِمْتُنَّ	أُلْتُزِمْتُمَا	أُلْتُزِمْتِ	FEMININE	
نُلْتَزَم	---	أَلْتَزَمَ		أُلْتُزِمْنَا	---	أُلْتُزِمْتُ		1

423

	JUSSIVE				IMPERFECT		
3 MASCULINE	يُلْتَزَمْ	يُلْتَزَمَا	يُلْتَزَمُوا	يُلْتَزَمُ	يُلْتَزَمَانِ	يُلْتَزَمُونَ	
FEMININE	تُلْتَزَمْ	تُلْتَزَمَا	يُلْتَزَمْنَ	تُلْتَزَمُ	يُلْتَزَمَانِ	يُلْتَزَمْنَ	
2 MASCULINE	تُلْتَزَمْ	تُلْتَزَمَا	تُلْتَزَمُوا	تُلْتَزَمُ	تُلْتَزَمَانِ	تُلْتَزَمُونَ	
FEMININE	تُلْتَزَمِي	تُلْتَزَمَا	تُلْتَزَمْنَ	تُلْتَزَمِينَ	تُلْتَزَمَانِ	تُلْتَزَمْنَ	
1	أَلْتَزَمْ	---	نُلْتَزَمْ	أَلْتَزَمُ	---	نُلْتَزَمُ	

إِلْتَزَمْنَا بما وعدناكم به.

We have abided by what we promised you.

يجب أن نَلْتَزِمَ الإحترام في معاملة كبار السن.

We have *to adopt* respectful behavior in dealing with the elderly.

أَلْتَزِمُ بإعادة الكتاب في الميعاد.

I undertake to return the book on time.

Form I لعب ● to play لَعِبَ

ACTIVE

PLURAL	DUAL	SINGULAR	**SUBJUNCTIVE**	PLURAL	DUAL	SINGULAR	**PERFECT**	
يَلْعَبُوا	يَلْعَبَا	يَلْعَبَ		لَعِبُوا	لَعِبَا	لَعِبَ	MASCULINE	3
يَلْعَبْنَ	تَلْعَبَا	تَلْعَبَ		لَعِبْنَ	لَعِبَتَا	لَعِبَتْ	FEMININE	
تَلْعَبُوا	تَلْعَبَا	تَلْعَبَ		لَعِبْتُمْ	لَعِبْتُمَا	لَعِبْتَ	MASCULINE	2
تَلْعَبْنَ	تَلْعَبَا	تَلْعَبِي		لَعِبْتُنَّ	لَعِبْتُمَا	لَعِبْتِ	FEMININE	
نَلْعَبَ	---	أَلْعَبَ		لَعِبْنَا	---	لَعِبْتُ		1

PLURAL	DUAL	SINGULAR	**JUSSIVE**	PLURAL	DUAL	SINGULAR	**IMPERFECT**	
يَلْعَبُوا	يَلْعَبَا	يَلْعَبْ		يَلْعَبُونَ	يَلْعَبَانِ	يَلْعَبُ	MASCULINE	3
يَلْعَبْنَ	تَلْعَبَا	تَلْعَبْ		يَلْعَبْنَ	تَلْعَبَانِ	تَلْعَبُ	FEMININE	
تَلْعَبُوا	تَلْعَبَا	تَلْعَبْ		تَلْعَبُونَ	تَلْعَبَانِ	تَلْعَبُ	MASCULINE	2
تَلْعَبْنَ	تَلْعَبَا	تَلْعَبِي		تَلْعَبْنَ	تَلْعَبَانِ	تَلْعَبِينَ	FEMININE	
نَلْعَبْ	---	أَلْعَبْ		نَلْعَبُ	---	أَلْعَبُ		1

PLURAL	DUAL	SINGULAR	**IMPERATIVE**		
إِلْعَبُوا	إِلْعَبَا	إِلْعَبْ	MASCULINE	لاعِبٌ	ACTIVE PARTICIPLE
إِلْعَبْنَ	إِلْعَبَا	إِلْعَبِي	FEMININE	مَلْعُوبٌ	PASSIVE PARTICIPLE

لَعِبٌ, لُعْبٌ, لِعْبٌ, تَلْعَابٌ VERBAL NOUN

The Zamalik Club of Egypt *is going to play* the Real Club of Spain tomorrow.	سوف يَلْعَبُ نادي الزمالك المصري مع نادي ريال مدريد الإسباني.
What sport do you like *to play* during free time?	ما هي الرياضة التي تحب أن تَلْعَبَهَا في أوقات الفراغ؟
The players of the Brazilian soccer team play a collective game.	لاعبو فريق البرازيل لكرة القدم يَلْعَبُونَ لعباً جماعياً.

Form VIII لفت

to turn إِلْتَفَتَ

ACTIVE

PERFECT		SINGULAR	DUAL	PLURAL
3	MASCULINE	إِلْتَفَتَ	إِلْتَفَتَا	إِلْتَفَتُوا
	FEMININE	إِلْتَفَتَتْ	إِلْتَفَتَتَا	إِلْتَفَتْنَ
2	MASCULINE	إِلْتَفَتَّ	إِلْتَفَتُّمَا	إِلْتَفَتُّمْ
	FEMININE	إِلْتَفَتِّ	إِلْتَفَتُّمَا	إِلْتَفَتُّنَّ
1		إِلْتَفَتُّ	---	إِلْتَفَتْنَا

SUBJUNCTIVE	SINGULAR	DUAL	PLURAL
	يَلْتَفِتَ	يَلْتَفِتَا	يَلْتَفِتُوا
	تَلْتَفِتَ	تَلْتَفِتَا	يَلْتَفِتْنَ
	تَلْتَفِتَ	تَلْتَفِتَا	تَلْتَفِتُوا
	تَلْتَفِتِي	تَلْتَفِتَا	تَلْتَفِتْنَ
	أَلْتَفِتَ	---	نَلْتَفِتَ

IMPERFECT		SINGULAR	DUAL	PLURAL
3	MASCULINE	يَلْتَفِتُ	يَلْتَفِتَانِ	يَلْتَفِتُونَ
	FEMININE	تَلْتَفِتُ	تَلْتَفِتَانِ	يَلْتَفِتْنَ
2	MASCULINE	تَلْتَفِتُ	تَلْتَفِتَانِ	تَلْتَفِتُونَ
	FEMININE	تَلْتَفِتِينَ	تَلْتَفِتَانِ	تَلْتَفِتْنَ
1		أَلْتَفِتُ	---	نَلْتَفِتُ

JUSSIVE	SINGULAR	DUAL	PLURAL
	يَلْتَفِتْ	يَلْتَفِتَا	يَلْتَفِتُوا
	تَلْتَفِتْ	تَلْتَفِتَا	يَلْتَفِتْنَ
	تَلْتَفِتْ	تَلْتَفِتَا	تَلْتَفِتُوا
	تَلْتَفِتِي	تَلْتَفِتَا	تَلْتَفِتْنَ
	أَلْتَفِتْ	---	نَلْتَفِتْ

ACTIVE PARTICIPLE	مُلْتَفِتٌ
PASSIVE PARTICIPLE	---
VERBAL NOUN	إِلْتِفَاتٌ

IMPERATIVE	SINGULAR	DUAL	PLURAL
MASCULINE	إِلْتَفِتْ	إِلْتَفِتَا	إِلْتَفِتُوا
FEMININE	إِلْتَفِتِي	إِلْتَفِتَا	إِلْتَفِتْنَ

I turned around and didn't find anyone.	إِلْتَفَتُّ حولي ولم أجد أحد.
I didn't look back the whole way.	لم أَلْتَفِتْ ورائي طول الطريق.
You have *to pay attention* to the traffic signals.	يجب أن تَلْتَفِتَ لإشارات المرور.

Form I لقي   to meet, encounter لَقِيَ ●

ACTIVE

PLURAL	DUAL	SINGULAR	SUBJUNCTIVE	PLURAL	DUAL	SINGULAR	PERFECT	
يَلْقَوْا	يَلْقَيَا	يَلْقَى		لَقُوا	لَقِيَا	لَقِيَ	MASCULINE	3
يَلْقَيْنَ	تَلْقَيَا	تَلْقَى		لَقِينَ	لَقِيَتَا	لَقِيَتْ	FEMININE	
تَلْقَوْا	تَلْقَيَا	تَلْقَى		لَقِيتُمْ	لَقِيتُمَا	لَقِيتَ	MASCULINE	2
تَلْقَيْنَ	تَلْقَيَا	تَلْقَيْ		لَقِيتُنَّ	لَقِيتُمَا	لَقِيتِ	FEMININE	
نَلْقَى	---	أَلْقَى		لَقِينَا	---	لَقِيتُ		1

PLURAL	DUAL	SINGULAR	JUSSIVE	PLURAL	DUAL	SINGULAR	IMPERFECT	
يَلْقَوْا	يَلْقَيَا	يَلْقَ		يَلْقَوْنَ	يَلْقَيَانِ	يَلْقَى	MASCULINE	3
يَلْقَيْنَ	تَلْقَيَا	تَلْقَ		يَلْقَيْنَ	تَلْقَيَانِ	تَلْقَى	FEMININE	
تَلْقَوْنَ	تَلْقَيَا	تَلْقَ		تَلْقَوْنَ	تَلْقَيَانِ	تَلْقَى	MASCULINE	2
تَلْقَيْنَ	تَلْقَيَا	تَلْقَيْ		تَلْقَيْنَ	تَلْقَيَانِ	تَلْقَيْنَ	FEMININE	
نَلْقَ	---	أَلْقَ		نَلْقَى	---	أَلْقَى		1

PLURAL	DUAL	SINGULAR	IMPERATIVE		
إِلْقَوْنَ	إِلْقَيَا	إِلْقَ	MASCULINE	لاقٍ	ACTIVE PARTICIPLE
إِلْقَيْنَ	إِلْقَيَا	إِلْقَيْ	FEMININE	مَلْقِيٌّ	PASSIVE PARTICIPLE
				لِقَاءٌ	VERBAL NOUN

PASSIVE

PLURAL	DUAL	SINGULAR	SUBJUNCTIVE	PLURAL	DUAL	SINGULAR	PERFECT	
يُلْقَوْا	يُلْقَيَا	يُلْقَى		لُقُوا	لُقِيَا	لُقِيَ	MASCULINE	3
يُلْقَيْنَ	تُلْقَيَا	تُلْقَى		لُقِينَ	لُقِيَتَا	لُقِيَتْ	FEMININE	
تُلْقَوْا	تُلْقَيَا	تُلْقَى		لُقِيتُمْ	لُقِيتُمَا	لُقِيتَ	MASCULINE	2
تُلْقَيْنَ	تُلْقَيَا	تُلْقَيْ		لُقِيتُنَّ	لُقِيتُمَا	لُقِيتِ	FEMININE	
نُلْقَى	---	أُلْقَى		لُقِينَا	---	لُقِيتُ		1

PLURAL	DUAL	SINGULAR	JUSSIVE	PLURAL	DUAL	SINGULAR	IMPERFECT	
يُلْقَوْا	يُلْقَيَا	يُلْقَ		يُلْقَوْنَ	يُلْقَيَانِ	يُلْقَى	MASCULINE	3
يُلْقَيْنَ	تُلْقَيَا	تُلْقَ		يُلْقَيْنَ	تُلْقَيَانِ	تُلْقَى	FEMININE	
تُلْقَوْا	تُلْقَيَا	تُلْقَ		تُلْقَوْنَ	تُلْقَيَانِ	تُلْقَى	MASCULINE	2
تُلْقَيْنَ	تُلْقَيَا	تُلْقَيْ		تُلْقَيْنَ	تُلْقَيَانِ	تُلْقَيْنَ	FEMININE	
نُلْقَ	---	أُلْقَ		نُلْقَى	---	أُلْقَى		1

I met my girlfriend at the club. — لَقِيتُ حبيبتي في النادي.

Did you find the suitcase you lost? — هل لَقِيتَ الحقيبة التي ضاعت منك؟

We underwent a number of hard experiences. — لَقِينَا العديد من التجارب الصعبة.

to throw أَلْقَى — Form IV لقي

ACTIVE

		PERFECT SINGULAR	DUAL	PLURAL	SUBJUNCTIVE SINGULAR	DUAL	PLURAL
3	MASCULINE	أَلْقَى	أَلْقَيَا	أَلْقَوْا	يُلْقِيَ	يُلْقِيَا	يُلْقُوا
	FEMININE	أَلْقَتْ	أَلْقَتَا	أَلْقَيْنَ	تُلْقِيَ	تُلْقِيَا	يُلْقِينَ
2	MASCULINE	أَلْقَيْتَ	أَلْقَيْتُمَا	أَلْقَيْتُمْ	تُلْقِيَ	تُلْقِيَا	تُلْقُوا
	FEMININE	أَلْقَيْتِ	أَلْقَيْتُمَا	أَلْقَيْتُنَّ	تُلْقِي	تُلْقِيَا	تُلْقِينَ
1		أَلْقَيْتُ	---	أَلْقَيْنَا	أُلْقِيَ	---	نُلْقِيَ

		IMPERFECT SINGULAR	DUAL	PLURAL	JUSSIVE SINGULAR	DUAL	PLURAL
3	MASCULINE	يُلْقِي	يُلْقِيَانِ	يُلْقُونَ	يُلْقِ	يُلْقِيَا	يُلْقُوا
	FEMININE	تُلْقِي	تُلْقِيَانِ	يُلْقِينَ	تُلْقِ	تُلْقِيَا	يُلْقِينَ
2	MASCULINE	تُلْقِي	تُلْقِيَانِ	تُلْقُونَ	تُلْقِ	تُلْقِيَا	تُلْقُوا
	FEMININE	تُلْقِينَ	تُلْقِيَانِ	تُلْقِينَ	تُلْقِي	تُلْقِيَا	تُلْقِينَ
1		أُلْقِي	---	نُلْقِي	أُلْقِ	---	نُلْقِ

ACTIVE PARTICIPLE	مُلْقٍ
PASSIVE PARTICIPLE	مُلْقًى
VERBAL NOUN	إِلْقَاءٌ

IMPERATIVE	SINGULAR	DUAL	PLURAL
MASCULINE	أَلْقِ	أَلْقِيَا	أَلْقُوا
FEMININE	أَلْقِي	أَلْقِيَا	أَلْقِينَ

PASSIVE

		PERFECT SINGULAR	DUAL	PLURAL	SUBJUNCTIVE SINGULAR	DUAL	PLURAL
3	MASCULINE	أُلْقِيَ	أُلْقِيَا	أُلْقُوا	يُلْقَى	يُلْقَيَا	يُلْقَوْا
	FEMININE	أُلْقِيَتْ	أُلْقِيَتَا	أُلْقِينَ	تُلْقَى	تُلْقَيَا	يُلْقَيْنَ
2	MASCULINE	أُلْقِيتَ	أُلْقِيتُمَا	أُلْقِيتُمْ	تُلْقَى	تُلْقَيَا	تُلْقَوْا
	FEMININE	أُلْقِيتِ	أُلْقِيتُمَا	أُلْقِيتُنَّ	تُلْقَيْ	تُلْقَيَا	تُلْقَيْنَ
1		أُلْقِيتُ	---	أُلْقِينَا	أُلْقَى	---	نُلْقَى

		IMPERFECT Singular	Dual	Plural	JUSSIVE Singular	Dual	Plural
3	MASCULINE	يُلْقَى	يُلْقَيَانِ	يُلْقَوْنَ	يُلْقَ	يُلْقَيَا	يُلْقَوْا
	FEMININE	تُلْقَى	تُلْقَيَانِ	يُلْقَيْنَ	تُلْقَ	تُلْقَيَا	يُلْقَيْنَ
2	MASCULINE	تُلْقَى	تُلْقَيَانِ	تُلْقَوْنَ	تُلْقَ	تُلْقَيَا	تُلْقَوْا
	FEMININE	تُلْقَيْنَ	تُلْقَيَانِ	تُلْقَيْنَ	تُلْقَيْ	تُلْقَيَا	تُلْقَيْنَ
1		أُلْقَى	---	نُلْقَى	أُلْقَ	---	نُلْقَ

أَلْقَيْتُ الكرة على الأرض.	*I threw* the ball on the ground.
أَلْقَى البوليس القبض عليهم.	The police *arrested* them.
أَلْقَى الحبيب بنفسه في أحضان محبوبته.	The lover *flung* himself into the arms of his beloved.
أَلْقَى عليها كلمة الطلاق.	He *pronounced* the formula of divorce against her.
أَلْقَى المدرس محاضرة جيدة.	The teacher *delivered* a good lecture.

● to receive تَلَقَّى — Form V لقي

ACTIVE

		PERFECT Singular	Dual	Plural	SUBJUNCTIVE Singular	Dual	Plural
3	MASCULINE	تَلَقَّى	تَلَقَّيَا	تَلَقَّوْا	يَتَلَقَّى	يَتَلَقَّيَا	يَتَلَقَّوْا
	FEMININE	تَلَقَّتْ	تَلَقَّتَا	تَلَقَّيْنَ	تَتَلَقَّى	تَتَلَقَّيَا	يَتَلَقَّيْنَ
2	MASCULINE	تَلَقَّيْتَ	تَلَقَّيْتُمَا	تَلَقَّيْتُمْ	تَتَلَقَّى	تَتَلَقَّيَا	تَتَلَقَّوْا
	FEMININE	تَلَقَّيْتِ	تَلَقَّيْتُمَا	تَلَقَّيْتُنَّ	تَتَلَقَّيْ	تَتَلَقَّيَا	تَتَلَقَّيْنَ
1		تَلَقَّيْتُ	---	تَلَقَّيْنَا	أَتَلَقَّى	---	نَتَلَقَّى

		IMPERFECT Singular	Dual	Plural	JUSSIVE Singular	Dual	Plural
3	MASCULINE	يَتَلَقَّى	يَتَلَقَّيَانِ	يَتَلَقَّوْنَ	يَتَلَقَّ	يَتَلَقَّيَا	يَتَلَقَّوْا
	FEMININE	تَتَلَقَّى	تَتَلَقَّيَانِ	يَتَلَقَّيْنَ	تَتَلَقَّ	تَتَلَقَّيَا	يَتَلَقَّيْنَ
2	MASCULINE	تَتَلَقَّى	تَتَلَقَّيَانِ	تَتَلَقَّوْنَ	تَتَلَقَّ	تَتَلَقَّيَا	تَتَلَقَّوْا
	FEMININE	تَتَلَقَّيْنَ	تَتَلَقَّيَانِ	تَتَلَقَّيْنَ	تَتَلَقَّيْ	تَتَلَقَّيَا	تَتَلَقَّيْنَ
1		أَتَلَقَّى	---	نَتَلَقَّى	أَتَلَقَّ	---	نَتَلَقَّ

ACTIVE PARTICIPLE	مُتَلَقٍّ
PASSIVE PARTICIPLE	مُتَلَقًّى
VERBAL NOUN	تَلَقٍّ

IMPERATIVE	Singular	Dual	Plural
MASCULINE	تَلَقَّ	تَلَقَّيَا	تَلَقَّوْا
FEMININE	تَلَقَّيْ	تَلَقَّيَا	تَلَقَّيْنَ

PASSIVE

PERFECT		SINGULAR	DUAL	PLURAL	SUBJUNCTIVE SINGULAR	DUAL	PLURAL
3	MASCULINE	تُلُقِّيَ	تُلُقِّيَا	تُلُقُّوا	يُتَلَقَّى	يُتَلَقَّيَا	يُتَلَقَّوْا
	FEMININE	تُلُقِّيَتْ	تُلُقِّيَتَا	تُلُقِّينَ	تُتَلَقَّى	تُتَلَقَّيَا	يُتَلَقَّيْنَ
2	MASCULINE	تُلُقِّيتَ	تُلُقِّيتُمَا	تُلُقِّيتُمْ	تُتَلَقَّى	تُتَلَقَّيَا	تُتَلَقَّوْا
	FEMININE	تُلُقِّيتِ	تُلُقِّيتُمَا	تُلُقِّيتُنَّ	تُتَلَقَّيْ	تُتَلَقَّيَا	تُتَلَقَّيْنَ
1		تُلُقِّيتُ	---	تُلُقِّينَا	أُتَلَقَّى	---	نُتَلَقَّى

IMPERFECT		SINGULAR	DUAL	PLURAL	JUSSIVE SINGULAR	DUAL	PLURAL
3	MASCULINE	يُتَلَقَّى	يُتَلَقَّيَانِ	يُتَلَقَّوْنَ	يُتَلَقَّ	يُتَلَقَّيَا	يُتَلَقَّوْا
	FEMININE	تُتَلَقَّى	تُتَلَقَّيَانِ	يُتَلَقَّيْنَ	تُتَلَقَّ	تُتَلَقَّيَا	يُتَلَقَّيْنَ
2	MASCULINE	تُتَلَقَّى	تُتَلَقَّيَانِ	تُتَلَقَّوْنَ	تُتَلَقَّ	تُتَلَقَّيَا	تُتَلَقَّوْا
	FEMININE	تُتَلَقَّيْنَ	تُتَلَقَّيَانِ	تُتَلَقَّيْنَ	تُتَلَقَّيْ	تُتَلَقَّيَا	تُتَلَقَّيْنَ
1		أُتَلَقَّى	---	نُتَلَقَّى	أُتَلَقَّ	---	نُتَلَقَّ

I haven't received any letters from you. — لم أَتَلَقَّ أي رسائل منكِ.

The students *took* lessons in biology. — تَلَقَّى الطلاب دروساً في علم الأحياء.

The employees *got* orders from the director. — تَلَقَّى الموظفون الأوامر من المدير.

● إِلْتَقَى to meet — Form VIII لقي

ACTIVE

PERFECT		SINGULAR	DUAL	PLURAL	SUBJUNCTIVE SINGULAR	DUAL	PLURAL
3	MASCULINE	إِلْتَقَى	إِلْتَقَيَا	إِلْتَقَوْا	يَلْتَقِيَ	يَلْتَقِيَا	يَلْتَقُوا
	FEMININE	إِلْتَقَتْ	إِلْتَقَتَا	إِلْتَقَيْنَ	تَلْتَقِيَ	تَلْتَقِيَا	يَلْتَقِينَ
2	MASCULINE	إِلْتَقَيْتَ	إِلْتَقَيْتُمَا	إِلْتَقَيْتُمْ	تَلْتَقِيَ	تَلْتَقِيَا	تَلْتَقُوا
	FEMININE	إِلْتَقَيْتِ	إِلْتَقَيْتُمَا	إِلْتَقَيْتُنَّ	تَلْتَقِي	تَلْتَقِيَا	تَلْتَقِينَ
1		إِلْتَقَيْتُ	---	إِلْتَقَيْنَا	أَلْتَقِيَ	---	نَلْتَقِيَ

JUSSIVE — **IMPERFECT**

يَلْتَقُوا	يَلْتَقِيَا	يَلْتَقِ		يَلْتَقُونَ	يَلْتَقِيَانِ	يَلْتَقِي	MASCULINE 3
يَلْتَقِينَ	تَلْتَقِيَا	تَلْتَقِ		يَلْتَقِينَ	تَلْتَقِيَانِ	تَلْتَقِي	FEMININE
تَلْتَقُوا	تَلْتَقِيَا	تَلْتَقِ		تَلْتَقُونَ	تَلْتَقِيَانِ	تَلْتَقِي	MASCULINE 2
تَلْتَقِينَ	تَلْتَقِيَا	تَلْتَقِي		تَلْتَقِينَ	تَلْتَقِيَانِ	تَلْتَقِينَ	FEMININE
نَلْتَقِ	---	أَلْتَقِ		نَلْتَقِي	---	أَلْتَقِي	1

IMPERATIVE

مُلْتَقٍ ACTIVE PARTICIPLE

مُلْتَقًى PASSIVE PARTICIPLE

إِلْتِقَاءٌ VERBAL NOUN

إِلْتَقُوا	إِلْتَقِيَا	إِلْتَقِ	MASCULINE
إِلْتَقِينَ	إِلْتَقِيَا	إِلْتَقِي	FEMININE

I met my friend at the university.

إِلْتَقَيْتُ بصديقي في الجامعة.

When shall we get together?

متى سَنَلْتَقِي؟

The prime minister met with his assistant for political affairs.

إِلْتَقَى رئيس الحكومة بمساعده للشؤون السياسية.

Form I ليس — not to be لَيْسَ ●

ACTIVE

PLURAL	DUAL	SINGULAR	SUBJUNCTIVE	PLURAL	DUAL	SINGULAR	PERFECT	
---	---	---		لَيْسُوا	لَيْسَا	لَيْسَ	MASCULINE	3
---	---	---		لَسْنَ	لَيْسَتَا	لَيْسَتْ	FEMININE	
---	---	---		لَسْتُمْ	لَسْتُمَا	لَسْتَ	MASCULINE	2
---	---	---		لَسْتُنَّ	لَسْتُمَا	لَسْتِ	FEMININE	
---	---	---		لَسْنَا	---	لَسْتُ		1

JUSSIVE — **IMPERFECT**

PLURAL	DUAL	SINGULAR		PLURAL	DUAL	SINGULAR		
---	---	---		---	---	---	MASCULINE	3
---	---	---		---	---	---	FEMININE	
---	---	---		---	---	---	MASCULINE	2
---	---	---		---	---	---	FEMININE	
---	---	---		---	---	---		1

IMPERATIVE

--- ACTIVE PARTICIPLE

--- PASSIVE PARTICIPLE

--- VERBAL NOUN

---	---	---	MASCULINE
---	---	---	FEMININE

We don't have anything [literally: *There is not* a thing to us].	لَيْسَ لنا شَيء.
He shouldn't talk to you that way.	لَيْسَ له أن يتكلم معك بهذه الطريقة.
This *is not* good.	لَيْسَ هذا بطيب.
This *is not* good. [Note the difference in the Arabic construction from that of the preceding example, which is identical in meaning.]	لَيْسَ هذا طيبا.
Isn't that so?	أَلَيْسَ كذلك؟
I am *not* that kind of man.	لَسْتُ أنا بهذا الرجل.

Form V متع   to be blessed; to enjoy تَمَتَّعَ ●

ACTIVE

PLURAL	DUAL	SINGULAR	SUBJUNCTIVE	PLURAL	DUAL	SINGULAR	PERFECT	
يَتَمَتَّعُوا	يَتَمَتَّعَا	يَتَمَتَّعَ		تَمَتَّعُوا	تَمَتَّعَا	تَمَتَّعَ	MASCULINE	3
يَتَمَتَّعْنَ	تَتَمَتَّعَا	تَتَمَتَّعَ		تَمَتَّعْنَ	تَمَتَّعَتَا	تَمَتَّعَتْ	FEMININE	
تَتَمَتَّعُوا	تَتَمَتَّعَا	تَتَمَتَّعَ		تَمَتَّعْتُمْ	تَمَتَّعْتُمَا	تَمَتَّعْتَ	MASCULINE	2
تَتَمَتَّعْنَ	تَتَمَتَّعَا	تَتَمَتَّعِي		تَمَتَّعْتُنَّ	تَمَتَّعْتُمَا	تَمَتَّعْتِ	FEMININE	
نَتَمَتَّعَ	---	أَتَمَتَّعَ		تَمَتَّعْنَا	---	تَمَتَّعْتُ		1

PLURAL	DUAL	SINGULAR	JUSSIVE	PLURAL	DUAL	SINGULAR	IMPERFECT	
يَتَمَتَّعُوا	يَتَمَتَّعَا	يَتَمَتَّعْ		يَتَمَتَّعُونَ	يَتَمَتَّعَانِ	يَتَمَتَّعُ	MASCULINE	3
يَتَمَتَّعْنَ	تَتَمَتَّعَا	تَتَمَتَّعْ		يَتَمَتَّعْنَ	تَتَمَتَّعَانِ	تَتَمَتَّعُ	FEMININE	
تَتَمَتَّعُوا	تَتَمَتَّعَا	تَتَمَتَّعْ		تَتَمَتَّعُونَ	تَتَمَتَّعَانِ	تَتَمَتَّعُ	MASCULINE	2
تَتَمَتَّعْنَ	تَتَمَتَّعَا	تَتَمَتَّعِي		تَتَمَتَّعْنَ	تَتَمَتَّعَانِ	تَتَمَتَّعِينَ	FEMININE	
نَتَمَتَّعْ	---	أَتَمَتَّعْ		نَتَمَتَّعُ	---	أَتَمَتَّعُ		1

PLURAL	DUAL	SINGULAR	IMPERATIVE		
				مُتَمَتِّع	ACTIVE PARTICIPLE
تَمَتَّعُوا	تَمَتَّعَا	تَمَتَّعْ	MASCULINE	---	PASSIVE PARTICIPLE
تَمَتَّعْنَ	تَمَتَّعَا	تَمَتَّعِي	FEMININE	تَمَتُّع	VERBAL NOUN

Did *you enjoy* the film?	هل تَمَتَّعْتَ بالفيلم؟
This child *enjoys* many blessings.	هذا الطفل يَتَمَتَّعُ بالعديد من الخيرات.
Many countries do not *enjoy* the same resources as the ones we have.	العديد من بلدان العالم لا تَتَمَتَّعُ بنفس المصادر التي عندنا.

Form II مثل — to represent; to perform مَثَّلَ

ACTIVE

PERFECT

		SINGULAR	DUAL	PLURAL
3	MASCULINE	مَثَّلَ	مَثَّلا	مَثَّلُوا
	FEMININE	مَثَّلَتْ	مَثَّلَتَا	مَثَّلْنَ
2	MASCULINE	مَثَّلْتَ	مَثَّلْتُمَا	مَثَّلْتُمْ
	FEMININE	مَثَّلْتِ	مَثَّلْتُمَا	مَثَّلْتُنَّ
1		مَثَّلْتُ	---	مَثَّلْنَا

SUBJUNCTIVE

		SINGULAR	DUAL	PLURAL
3	MASCULINE	يُمَثِّلَ	يُمَثِّلا	يُمَثِّلُوا
	FEMININE	تُمَثِّلَ	تُمَثِّلا	يُمَثِّلْنَ
2	MASCULINE	تُمَثِّلَ	تُمَثِّلا	تُمَثِّلُوا
	FEMININE	تُمَثِّلِي	تُمَثِّلا	تُمَثِّلْنَ
1		أُمَثِّلَ	---	نُمَثِّلَ

IMPERFECT

		SINGULAR	DUAL	PLURAL
3	MASCULINE	يُمَثِّلُ	يُمَثِّلانِ	يُمَثِّلُونَ
	FEMININE	تُمَثِّلُ	تُمَثِّلانِ	يُمَثِّلْنَ
2	MASCULINE	تُمَثِّلُ	تُمَثِّلانِ	تُمَثِّلُونَ
	FEMININE	تُمَثِّلِينَ	تُمَثِّلانِ	تُمَثِّلْنَ
1		أُمَثِّلُ	---	نُمَثِّلُ

JUSSIVE

		SINGULAR	DUAL	PLURAL
3	MASCULINE	يُمَثِّلْ	يُمَثِّلا	يُمَثِّلُوا
	FEMININE	تُمَثِّلْ	تُمَثِّلا	يُمَثِّلْنَ
2	MASCULINE	تُمَثِّلْ	تُمَثِّلا	تُمَثِّلُوا
	FEMININE	تُمَثِّلِي	تُمَثِّلا	تُمَثِّلْنَ
1		أُمَثِّلْ	---	نُمَثِّلْ

ACTIVE PARTICIPLE	مُمَثِّلٌ
PASSIVE PARTICIPLE	مُمَثَّلٌ
VERBAL NOUN	تَمْثِيلٌ

IMPERATIVE

	SINGULAR	DUAL	PLURAL
MASCULINE	مَثِّلْ	مَثِّلا	مَثِّلُوا
FEMININE	مَثِّلِي	مَثِّلا	مَثِّلْنَ

PASSIVE

PERFECT

		SINGULAR	DUAL	PLURAL
3	MASCULINE	مُثِّلَ	مُثِّلا	مُثِّلُوا
	FEMININE	مُثِّلَتْ	مُثِّلَتَا	مُثِّلْنَ
2	MASCULINE	مُثِّلْتَ	مُثِّلْتُمَا	مُثِّلْتُمْ
	FEMININE	مُثِّلْتِ	مُثِّلْتُمَا	مُثِّلْتُنَّ
1		مُثِّلْتُ	---	مُثِّلْنَا

SUBJUNCTIVE

		SINGULAR	DUAL	PLURAL
3	MASCULINE	يُمَثَّلَ	يُمَثَّلا	يُمَثَّلُوا
	FEMININE	تُمَثَّلَ	تُمَثَّلا	يُمَثَّلْنَ
2	MASCULINE	تُمَثَّلَ	تُمَثَّلا	تُمَثَّلُوا
	FEMININE	تُمَثَّلِي	تُمَثَّلا	تُمَثَّلْنَ
1		أُمَثَّلَ	---	نُمَثَّلَ

يَمَثِّلُوا	يُمَثِّلا	يُمَثِّل		يُمَثِّلُونَ	يُمَثِّلانِ	يُمَثِّلُ	MASCULINE	3
يُمَثِّلْنَ	تُمَثِّلا	تُمَثِّل		يُمَثِّلْنَ	يُمَثِّلانِ	تُمَثِّلُ	FEMININE	
تُمَثِّلُوا	تُمَثِّلا	تُمَثِّل		تُمَثِّلُونَ	تُمَثِّلانِ	تُمَثِّلُ	MASCULINE	2
تُمَثِّلْنَ	تُمَثِّلا	تُمَثِّلِي		تُمَثِّلْنَ	تُمَثِّلانِ	تُمَثِّلِينَ	FEMININE	
نُمَثِّل	---	أُمَثِّل		نُمَثِّلُ	---	أُمَثِّلُ		1

The minister of finance *will represent* his country at the international economic conference.

سَيُمَثِّلُ وزير الإقتصاد بلاده في مؤتمر الاقتصاد.

The actor Ahmad Zaki *played* a distinguished role in the film *The Days of Sadat*.

مَثَّلَ الفنان أحمد زكي دورًا متميزًا في فيلم أيام السادات.

Now there are five teams *representing* Africa in the World Cup.

الآن يوجد خمسة فرق تُمَثِّلُ أفريقيا في كأس العالم.

● Form V مثل to be similar; to be represented; to typify نَمَثَّلَ

ACTIVE

PLURAL	DUAL	SINGULAR	SUBJUNCTIVE	PLURAL	DUAL	SINGULAR	PERFECT	
يَتَمَثَّلُوا	يَتَمَثَّلا	يَتَمَثَّلَ		تَمَثَّلُوا	تَمَثَّلا	تَمَثَّلَ	MASCULINE	3
يَتَمَثَّلْنَ	تَتَمَثَّلا	تَتَمَثَّلَ		تَمَثَّلْنَ	تَمَثَّلَتا	تَمَثَّلَتْ	FEMININE	
تَتَمَثَّلُوا	تَتَمَثَّلا	تَتَمَثَّلَ		تَمَثَّلْتُمْ	تَمَثَّلْتُما	تَمَثَّلْتَ	MASCULINE	2
تَتَمَثَّلْنَ	تَتَمَثَّلا	تَتَمَثَّلِي		تَمَثَّلْتُنَّ	تَمَثَّلْتُما	تَمَثَّلْتِ	FEMININE	
نَتَمَثَّلَ	---	أَتَمَثَّلَ		تَمَثَّلْنا	---	تَمَثَّلْتُ		1

JUSSIVE IMPERFECT

PLURAL	DUAL	SINGULAR	JUSSIVE	PLURAL	DUAL	SINGULAR	IMPERFECT	
يَتَمَثَّلُوا	يَتَمَثَّلا	يَتَمَثَّل		يَتَمَثَّلُونَ	يَتَمَثَّلانِ	يَتَمَثَّلُ	MASCULINE	3
يَتَمَثَّلْنَ	تَتَمَثَّلا	تَتَمَثَّل		يَتَمَثَّلْنَ	يَتَمَثَّلانِ	تَتَمَثَّلُ	FEMININE	
تَتَمَثَّلُوا	تَتَمَثَّلا	تَتَمَثَّل		تَتَمَثَّلُونَ	تَتَمَثَّلانِ	تَتَمَثَّلُ	MASCULINE	2
تَتَمَثَّلْنَ	تَتَمَثَّلا	تَتَمَثَّلِي		تَتَمَثَّلْنَ	تَتَمَثَّلانِ	تَتَمَثَّلِينَ	FEMININE	
نَتَمَثَّل	---	أَتَمَثَّل		نَتَمَثَّلُ	---	أَتَمَثَّلُ		1

433

			IMPERATIVE	مُتَمَثِّل	ACTIVE PARTICIPLE
تَمَثَّلُوا	تَمَثَّلَا	تَمَثَّلْ	MASCULINE	مُتَمَثَّل	PASSIVE PARTICIPLE
تَمَثَّلْنَ	تَمَثَّلَا	تَمَثَّلِي	FEMININE	تَمَثُّل	VERBAL NOUN

PASSIVE

PLURAL	DUAL	SINGULAR	SUBJUNCTIVE	PLURAL	DUAL	SINGULAR	PERFECT	
يُتَمَثَّلُوا	يُتَمَثَّلَا	يُتَمَثَّلَ		تُمُثِّلُوا	تُمُثِّلَا	تُمُثِّلَ	MASCULINE	3
يُتَمَثَّلْنَ	تُتَمَثَّلَا	تُتَمَثَّلَ		تُمُثِّلْنَ	تُمُثِّلَتَا	تُمُثِّلَتْ	FEMININE	
تُتَمَثَّلُوا	تُتَمَثَّلَا	تُتَمَثَّلَ		تُمُثِّلْتُمْ	تُمُثِّلْتُمَا	تُمُثِّلْتَ	MASCULINE	2
تُتَمَثَّلْنَ	تُتَمَثَّلَا	تُتَمَثَّلِي		تُمُثِّلْتُنَّ	تُمُثِّلْتُمَا	تُمُثِّلْتِ	FEMININE	
نُتَمَثَّلَ	---	أُتَمَثَّلَ		تُمُثِّلْنَا	---	تُمُثِّلْتُ		1

PLURAL	DUAL	SINGULAR	JUSSIVE	PLURAL	DUAL	SINGULAR	IMPERFECT	
يُتَمَثَّلُوا	يُتَمَثَّلَا	يُتَمَثَّلْ		يُتَمَثَّلُونَ	يُتَمَثَّلَانِ	يُتَمَثَّلُ	MASCULINE	3
يُتَمَثَّلْنَ	تُتَمَثَّلَا	تُتَمَثَّلْ		يُتَمَثَّلْنَ	تُتَمَثَّلَانِ	تُتَمَثَّلُ	FEMININE	
تُتَمَثَّلُوا	تُتَمَثَّلَا	تُتَمَثَّلْ		تُتَمَثَّلُونَ	تُتَمَثَّلَانِ	تُتَمَثَّلُ	MASCULINE	2
تُتَمَثَّلْنَ	تُتَمَثَّلَا	تُتَمَثَّلِي		تُتَمَثَّلْنَ	تُتَمَثَّلَانِ	تُتَمَثَّلِينَ	FEMININE	
نُتَمَثَّلْ	---	أُتَمَثَّلْ		نُتَمَثَّلُ	---	أُتَمَثَّلُ		1

The girl *took after* her mother.

تَمَثَّلَتْ البنت بأمها.

Not all the members of the Security Council *were represented* at the last meeting.

لم يَتَمَثَّلْ كل أعضاء مجلس الأمن في الاجتماع السابق.

The criminal *stood* before the judge.

تَمَثَّلَ المذنب بين يدي القاضي.

Form I مدد

to extend مَدَّ ●

ACTIVE

PLURAL	DUAL	SINGULAR	SUBJUNCTIVE	PLURAL	DUAL	SINGULAR	PERFECT	
يَمُدُّوا	يَمُدَّا	يَمُدَّ		مَدُّوا	مَدَّا	مَدَّ	MASCULINE	3
يَمْدُدْنَ	تَمُدَّا	تَمُدَّ		مَدَدْنَ	مَدَّتَا	مَدَّتْ	FEMININE	
تَمُدُّوا	تَمُدَّا	تَمُدَّ		مَدَدْتُمْ	مَدَدْتُمَا	مَدَدْتَ	MASCULINE	2
تَمْدُدْنَ	تَمُدَّا	تَمُدِّي		مَدَدْتُنَّ	مَدَدْتُمَا	مَدَدْتِ	FEMININE	
نَمُدَّ	---	أَمُدَّ		مَدَدْنَا	---	مَدَدْتُ		1

434

IMPERFECT (active) — right columns; **JUSSIVE (active)** — left columns

	Plural	Dual	Singular		Plural	Dual	Singular		
	يَمُدُّوا	يَمُدَّا	يَمْدُدْ		يَمُدُّونَ	يَمُدَّانِ	يَمُدُّ	MASCULINE	3
	يَمْدُدْنَ	تَمُدَّا	تَمْدُدْ		يَمْدُدْنَ	يَمُدَّانِ	تَمُدُّ	FEMININE	
	تَمُدُّوا	تَمُدَّا	تَمْدُدْ		تَمُدُّونَ	تَمُدَّانِ	تَمُدُّ	MASCULINE	2
	تَمْدُدْنَ	تَمُدَّا	تَمُدِّي		تَمْدُدْنَ	تَمُدَّانِ	تَمُدِّينَ	FEMININE	
	نَمْدُدْ	---	أَمْدُدْ		نَمُدُّ	---	أَمُدُّ		1

IMPERATIVE — left columns

ACTIVE PARTICIPLE: مَادّ

	Plural	Dual	Singular		
	اُمْدُدُوا	اُمْدُدَا	اُمْدُدْ	MASCULINE	PASSIVE PARTICIPLE: مَمْدُودٌ
	اُمْدُدْنَ	اُمْدُدَا	اُمْدُدِي	FEMININE	VERBAL NOUN: مَدّ

PASSIVE

SUBJUNCTIVE (left) / **PERFECT** (right)

PLURAL	DUAL	SINGULAR	SUBJUNCTIVE		PLURAL	DUAL	SINGULAR	PERFECT	
يُمَدُّوا	يُمَدَّا	يُمَدَّ			مُدُّوا	مُدَّا	مُدَّ	MASCULINE	3
يُمْدَدْنَ	تُمَدَّا	تُمَدَّ			مُدِدْنَ	مُدَّتَا	مُدَّتْ	FEMININE	
تُمَدُّوا	تُمَدَّا	تُمَدَّ			مُدِدْتُمْ	مُدِدْتُمَا	مُدِدْتَ	MASCULINE	2
تُمَدَدْنَ	تُمَدَّا	تُمَدِّي			مُدِدْتُنَّ	مُدِدْتُمَا	مُدِدْتِ	FEMININE	
نُمَدَّ	---	أُمَدَّ			مُدِدْنَا	---	مُدِدْتُ		1

***JUSSIVE (left) / **IMPERFECT** (right)

	Plural	Dual	Singular		PLURAL	DUAL	SINGULAR		
	يُمَدُّوا	يُمَدَّا	يُمْدَدْ		يُمَدُّونَ	يُمَدَّانِ	يُمَدُّ	MASCULINE	3
	يُمْدَدْنَ	تُمَدَّا	تُمْدَدْ		يُمْدَدْنَ	يُمَدَّانِ	تُمَدُّ	FEMININE	
	تُمَدُّوا	تُمَدَّا	تُمْدَدْ		تُمَدُّونَ	تُمَدَّانِ	تُمَدُّ	MASCULINE	2
	تُمَدَدْنَ	تُمَدَّا	تُمَدِّي		تُمْدَدْنَ	تُمَدَّانِ	تُمَدِّينَ	FEMININE	
	نُمْدَدْ	---	أُمْدَدْ		نُمَدُّ	---	أُمَدُّ		1

May God *prolong* your life, father!	مَدَّ اللهُ عمرك يا أبي!
The charitable foundations *extended* a hand to the poor after the earthquake.	مَدَّتْ المؤسسات الخيرية يد العون للفقراء بعد الزلزال.
The man *extended* his hand to shake with his guests.	مَدَّ الرجل يده لمصافحة ضيوفه.

---

* Contracted form: يَمُدَّ, تَمُدَّ, تَمُدَّ, تَمُدِّي, أَمُدَّ...نَمُدَّ

** Contracted form: مُدَّ, مُدِّي, مُدَّا, مُدُّوا...

*** Contracted form: يُمَدَّ, تُمَدَّ, تُمَدَّ, تُمَدِّي, أُمَدَّ...نُمَدَّ

Form VIII مدد   to be extended إمْتَدَّ ⬤

ACTIVE

PLURAL	DUAL	SINGULAR	SUBJUNCTIVE	PLURAL	DUAL	SINGULAR	PERFECT	
يَمْتَدُّوا	يَمْتَدَّا	يَمْتَدَّ		إمْتَدُّوا	إمْتَدَّا	إمْتَدَّ	MASCULINE	3
يَمْتَدِدْنَ	تَمْتَدَّا	تَمْتَدَّ		إمْتَدَدْنَ	إمْتَدَّتَا	إمْتَدَّتْ	FEMININE	
تَمْتَدُّوا	تَمْتَدَّا	تَمْتَدَّ		إمْتَدَدْتُمْ	إمْتَدَدْتُمَا	إمْتَدَدْتَ	MASCULINE	2
تَمْتَدِدْنَ	تَمْتَدَّا	تَمْتَدِّي		إمْتَدَدْتُنَّ	إمْتَدَدْتُمَا	إمْتَدَدْتِ	FEMININE	
نَمْتَدَّ	---	أَمْتَدَّ		إمْتَدَدْنَا	---	إمْتَدَدْتُ		1

*JUSSIVE

							IMPERFECT	
يَمْتَدُّوا	يَمْتَدَّا	يَمْتَدِدْ		يَمْتَدُّونَ	يَمْتَدَّانِ	يَمْتَدُّ	MASCULINE	3
يَمْتَدِدْنَ	تَمْتَدَّا	تَمْتَدِدْ		يَمْتَدِدْنَ	تَمْتَدَّانِ	تَمْتَدُّ	FEMININE	
تَمْتَدُّوا	تَمْتَدَّا	تَمْتَدِدْ		تَمْتَدُّونَ	تَمْتَدَّانِ	تَمْتَدُّ	MASCULINE	2
تَمْتَدِدْنَ	تَمْتَدَّا	تَمْتَدِّي		تَمْتَدِدْنَ	تَمْتَدَّانِ	تَمْتَدِّينَ	FEMININE	
نَمْتَدِدْ	---	أَمْتَدِدْ		نَمْتَدُّ	---	أَمْتَدُّ		1

IMPERATIVE

			مُمْتَدٌّ	ACTIVE PARTICIPLE
إمْتَدُّوا	إمْتَدَّا	إمْتَدِدْ** إمْتَدَّ	MASCULINE	
			---	PASSIVE PARTICIPLE
إمْتَدِدْنَ	إمْتَدَّا	إمْتَدِّي	FEMININE	
			إمْتِدَادٌ	VERBAL NOUN

The effects of the hurricanes *extended* over the entire island.

إمْتَدَّتْ أثار الأعاصير لتشمل الجزيرة كلها.

The interview *went on* until 5 PM.

إمْتَدَّتْ المقابلة حتى الساعة الخامسة بعد الظهر.

I had hoped that our meeting would *last longer*.

كنت أتمنى أن يَمْتَدَّ لقاؤنا.

---

* Contracted form: يَمْتَدَّ, تَمْتَدَّ, تَمْتَدَّ, تَمْتَدِّي, أَمْتَدَّ...نَمْتَدَّ

** Contracted form: إمْتَدَّ

Form X مدد — to take, get; to ask for help إِسْتَمَدَّ

ACTIVE

PLURAL	DUAL	SINGULAR	SUBJUNCTIVE	PLURAL	DUAL	SINGULAR	PERFECT		
يَسْتَمِدُّوا	يَسْتَمِدَّا	يَسْتَمِدَّ		إِسْتَمَدُّوا	إِسْتَمَدَّا	إِسْتَمَدَّ		MASCULINE	3
يَسْتَمْدِدْنَ	تَسْتَمِدَّا	تَسْتَمِدَّ		إِسْتَمَدَدْنَ	إِسْتَمَدَّتَا	إِسْتَمَدَّتْ		FEMININE	
تَسْتَمِدُّوا	تَسْتَمِدَّا	تَسْتَمِدَّ		إِسْتَمْدَدْتُمْ	إِسْتَمْدَدْتُمَا	إِسْتَمْدَدْتَ		MASCULINE	2
تَسْتَمْدِدْنَ	تَسْتَمِدَّا	تَسْتَمِدِّي		إِسْتَمْدَدْتُنَّ	إِسْتَمْدَدْتُمَا	إِسْتَمْدَدْتِ		FEMININE	
نَسْتَمِدَّ	---	أَسْتَمِدَّ		إِسْتَمْدَدْنَا	---	إِسْتَمْدَدْتُ			1

JUSSIVE / IMPERFECT

PLURAL	DUAL	SINGULAR	JUSSIVE	PLURAL	DUAL	SINGULAR	IMPERFECT		
يَسْتَمِدُّوا	يَسْتَمِدَّا	يَسْتَمْدِدْ		يَسْتَمِدُّونَ	يَسْتَمِدَّانِ	يَسْتَمِدُّ		MASCULINE	3
يَسْتَمْدِدْنَ	تَسْتَمِدَّا	تَسْتَمْدِدْ		يَسْتَمْدِدْنَ	تَسْتَمِدَّانِ	تَسْتَمِدُّ		FEMININE	
تَسْتَمِدُّوا	تَسْتَمِدَّا	تَسْتَمْدِدْ		تَسْتَمِدُّونَ	تَسْتَمِدَّانِ	تَسْتَمِدُّ		MASCULINE	2
تَسْتَمْدِدْنَ	تَسْتَمِدَّا	تَسْتَمِدِّي		تَسْتَمْدِدْنَ	تَسْتَمِدَّانِ	تَسْتَمِدِّينَ		FEMININE	
نَسْتَمْدِدْ	---	أَسْتَمْدِدْ		نَسْتَمِدُّ	---	أَسْتَمِدُّ			1

ACTIVE PARTICIPLE مُسْتَمِدٌّ
PASSIVE PARTICIPLE مُسْتَمَدٌّ
VERBAL NOUN إِسْتِمْدَادٌ

IMPERATIVE

PLURAL	DUAL	SINGULAR	IMPERATIVE	
إِسْتَمِدُّوا	إِسْتَمِدَّا	إِسْتَمْدِدْ		MASCULINE
إِسْتَمْدِدْنَ	إِسْتَمِدَّا	إِسْتَمِدِّي		FEMININE

PASSIVE

PLURAL	DUAL	SINGULAR	SUBJUNCTIVE	PLURAL	DUAL	SINGULAR	PERFECT		
يُسْتَمَدُّوا	يُسْتَمَدَّا	يُسْتَمَدَّ		أُسْتُمِدُّوا	أُسْتُمِدَّا	أُسْتُمِدَّ		MASCULINE	3
يُسْتَمْدَدْنَ	تُسْتَمَدَّا	تُسْتَمَدَّ		أُسْتُمْدِدْنَ	أُسْتُمِدَّتَا	أُسْتُمِدَّتْ		FEMININE	
تُسْتَمَدُّوا	تُسْتَمَدَّا	تُسْتَمَدَّ		أُسْتُمْدِدْتُمْ	أُسْتُمْدِدْتُمَا	أُسْتُمْدِدْتَ		MASCULINE	2
تُسْتَمْدَدْنَ	تُسْتَمَدَّا	تُسْتَمَدِّي		أُسْتُمْدِدْتُنَّ	أُسْتُمْدِدْتُمَا	أُسْتُمْدِدْتِ		FEMININE	
نُسْتَمَدَّ	---	أُسْتَمَدَّ		أُسْتُمْدِدْنَا	---	أُسْتُمْدِدْتُ			1

JUSSIVE / IMPERFECT

PLURAL	DUAL	SINGULAR	JUSSIVE	PLURAL	DUAL	SINGULAR	IMPERFECT		
يُسْتَمَدُّوا	يُسْتَمَدَّا	يُسْتَمْدَدْ		يُسْتَمَدُّونَ	يُسْتَمَدَّانِ	يُسْتَمَدُّ		MASCULINE	3
يُسْتَمْدَدْنَ	تُسْتَمَدَّا	تُسْتَمْدَدْ		يُسْتَمْدَدْنَ	تُسْتَمَدَّانِ	تُسْتَمَدُّ		FEMININE	
تُسْتَمَدُّوا	تُسْتَمَدَّا	تُسْتَمْدَدْ		تُسْتَمَدُّونَ	تُسْتَمَدَّانِ	تُسْتَمَدُّ		MASCULINE	2
تُسْتَمْدَدْنَ	تُسْتَمَدَّا	تُسْتَمَدِّي		تُسْتَمْدَدْنَ	تُسْتَمَدَّانِ	تُسْتَمَدِّينَ		FEMININE	
نُسْتَمْدَدْ	---	أُسْتَمْدَدْ		نُسْتَمَدُّ	---	أُسْتَمَدُّ			1

The boy *got* his good qualities from his father and mother.	إِسْتَمَدَّ الولد الصفاته الجيدة من الأب والأم.
The African nations *got* help from Europe in confronting AIDS.	إِسْتَمَدَّتْ البلاد الإفريقية المساعدة من أوروبا لمواجهة الإيدز.
He asked for help from the teacher for the sources necessary for completing the research.	إِسْتَمَدَّ المدرس المراجع اللازمة لإنهاء البحث.

Form I مرر

to pass مَرَّ ●

ACTIVE

PLURAL	DUAL	SINGULAR	SUBJUNCTIVE	PLURAL	DUAL	SINGULAR	PERFECT	
يَمُرُّوا	يَمُرَّا	يَمُرَّ		مَرُّوا	مَرَّا	مَرَّ	MASCULINE	3
يَمْرُرْنَ	تَمُرَّا	تَمُرَّ		مَرَرْنَ	مَرَّتَا	مَرَّتْ	FEMININE	
تَمُرُّوا	تَمُرَّا	تَمُرَّ		مَرَرْتُمْ	مَرَرْتُمَا	مَرَرْتَ	MASCULINE	2
تَمْرُرْنَ	تَمُرَّا	تَمُرِّي		مَرَرْتُنَّ	مَرَرْتُمَا	مَرَرْتِ	FEMININE	
نَمُرَّ	---	أَمُرَّ		مَرَرْنَا	---	مَرَرْتُ		1

*JUSSIVE / IMPERFECT

PLURAL	DUAL	SINGULAR	*JUSSIVE	PLURAL	DUAL	SINGULAR	IMPERFECT	
يَمُرُّوا	يَمُرَّا	يَمْرُرْ		يَمُرُّونَ	يَمُرَّانِ	يَمُرُّ	MASCULINE	3
يَمْرُرْنَ	تَمُرَّا	تَمْرُرْ		يَمْرُرْنَ	تَمُرَّانِ	تَمُرُّ	FEMININE	
تَمُرُّوا	تَمُرَّا	تَمْرُرْ		تَمُرُّونَ	تَمُرَّانِ	تَمُرُّ	MASCULINE	2
تَمْرُرْنَ	تَمُرَّا	تَمُرِّي		تَمْرُرْنَ	تَمُرَّانِ	تَمُرِّينَ	FEMININE	
نَمْرُرْ	---	أَمْرُرْ		نَمُرَّ	---	أَمُرُّ		1

** IMPERATIVE

أُمْرُرُوا	أُمْرُرَا	أُمْرُرْ	أُمْرُرْ	MASCULINE
أُمْرُرْنَ	أُمْرُرَا	أُمْرُرِي		FEMININE

مَارٌّ	ACTIVE PARTICIPLE
---	PASSIVE PARTICIPLE
مَرٌّ، مُرُورٌ، مَمَرٌّ	VERBAL NOUN

He passed in front of me, and I didn't see him.	لقد مَرَّ من أمامي ولم أره.
The problem *passed* without trouble.	مَرَّتْ المشكلة بسلام.
This remark was mentioned earlier [literally: Its mention *has passed*].	هذه الملاحظة مَرَّ ذكرها.

---

* Contracted form: يَمُرَّ، تَمُرَّ، تَمُرَّ، تَمُرِّي، أَمُرَّ...نَمُرَّ

** Contracted form: مُرَّ، مُرِّي، مُرَّا، مُرُّوا...

Form X مرر   to last; to continue إِسْتَمَرَّ ●

ACTIVE

PLURAL	DUAL	SINGULAR	SUBJUNCTIVE	PLURAL	DUAL	SINGULAR	PERFECT	
يَسْتَمِرُّوا	يَسْتَمِرَّا	يَسْتَمِرَّ		إِسْتَمَرُّوا	إِسْتَمَرَّا	إِسْتَمَرَّ	MASCULINE	3
يَسْتَمْرِرْنَ	تَسْتَمِرَّا	تَسْتَمِرَّ		إِسْتَمْرَرْنَ	إِسْتَمَرَّتَا	إِسْتَمَرَّتْ	FEMININE	
تَسْتَمِرُّوا	تَسْتَمِرَّا	تَسْتَمِرَّ		إِسْتَمْرَرْتُم	إِسْتَمَرَرْتُمَا	إِسْتَمْرَرْتَ	MASCULINE	2
تَسْتَمْرِرْنَ	تَسْتَمِرَّا	تَسْتَمِرِّي		إِسْتَمْرَرْتُنَّ	إِسْتَمَرَرْتُمَا	إِسْتَمْرَرْتِ	FEMININE	
نَسْتَمِرَّ	---	أَسْتَمِرَّ		إِسْتَمْرَرْنَا	---	إِسْتَمْرَرْتُ	1	

*JUSSIVE   IMPERFECT

PLURAL	DUAL	SINGULAR		PLURAL	DUAL	SINGULAR		
يَسْتَمِرُّوا	يَسْتَمِرَّا	يَسْتَمْرِرْ		يَسْتَمِرُّونَ	يَسْتَمِرَّانِ	يَسْتَمِرُّ	MASCULINE	3
يَسْتَمْرِرْنَ	تَسْتَمِرَّا	تَسْتَمْرِرْ		يَسْتَمْرِرْنَ	تَسْتَمِرَّانِ	تَسْتَمِرُّ	FEMININE	
تَسْتَمِرُّوا	تَسْتَمِرَّا	تَسْتَمْرِرْ		تَسْتَمِرُّونَ	تَسْتَمِرَّانِ	تَسْتَمِرُّ	MASCULINE	2
تَسْتَمْرِرْنَ	تَسْتَمِرَّا	تَسْتَمِرِّي		تَسْتَمْرِرْنَ	تَسْتَمِرَّانِ	تَسْتَمِرِّينَ	FEMININE	
نَسْتَمْرِرْ	---	أَسْتَمْرِرْ		نَسْتَمِرُّ	---	أَسْتَمِرُّ	1	

IMPERATIVE

إِسْتَمِرُّوا	إِسْتَمِرَّا	إِسْتَمْرِرْ**	MASCULINE	
إِسْتَمْرِرْنَ	إِسْتَمِرَّا	إِسْتَمِرِّي	FEMININE	

مُسْتَمِرٌّ ACTIVE PARTICIPLE

مُسْتَمَرٌّ PASSIVE PARTICIPLE

إِسْتِمْرَارٌ VERBAL NOUN

Do you know how many minutes this TV program *runs*?

هل تعرف كم دقيقة سَيَسْتَمِرُّ هذا البرنامج التلفزيوني؟

A soccer competition *lasts* ninety minutes.

تَسْتَمِرُّ مباراة كرة القدم لمدة تسعين دقيقة.

The workers *kept on* working on the building for a whole year.

إِسْتَمَرَّ العمال يعملون في البناء لمدة عام كامل.

---

* Contracted form: يَسْتَمِرَّ، تَسْتَمِرَّ، تَسْتَمِرَّ، تَسْتَمِرِّي، أَسْتَمِرَّ...نَسْتَمِرَّ

** Contracted form: إِسْتَمِرَّ

Form III مرس

to practice or pursue an activity مَارَسَ

ACTIVE

PLURAL	DUAL	SINGULAR	SUBJUNCTIVE	PLURAL	DUAL	SINGULAR	PERFECT	
يُمَارِسُوا	يُمَارِسَا	يُمَارِسَ		مَارَسُوا	مَارَسَا	مَارَسَ	MASCULINE	3
يُمَارِسْنَ	تُمَارِسَا	تُمَارِسَ		مَارَسْنَ	مَارَسَتَا	مَارَسَتْ	FEMININE	
تُمَارِسُوا	تُمَارِسَا	تُمَارِسَ		مَارَسْتُمْ	مَارَسْتُمَا	مَارَسْتَ	MASCULINE	2
تُمَارِسْنَ	تُمَارِسَا	تُمَارِسِي		مَارَسْتُنَّ	مَارَسْتُمَا	مَارَسْتِ	FEMININE	
نُمَارِس	---	أُمَارِسَ		مَارَسْنَا	---	مَارَسْتُ		1

PLURAL	DUAL	SINGULAR	JUSSIVE	PLURAL	DUAL	SINGULAR	IMPERFECT	
يُمَارِسُوا	يُمَارِسَا	يُمَارِسْ		يُمَارِسُونَ	يُمَارِسَانِ	يُمَارِسُ	MASCULINE	3
يُمَارِسْنَ	تُمَارِسَا	تُمَارِسْ		يُمَارِسْنَ	تُمَارِسَانِ	تُمَارِسُ	FEMININE	
تُمَارِسُوا	تُمَارِسَا	تُمَارِسْ		تُمَارِسُونَ	تُمَارِسَانِ	تُمَارِسُ	MASCULINE	2
تُمَارِسْنَ	تُمَارِسَا	تُمَارِسِي		تُمَارِسْنَ	تُمَارِسَانِ	تُمَارِسِينَ	FEMININE	
نُمَارِسْ	---	أُمَارِسْ		نُمَارِسُ	---	أُمَارِسُ		1

				مُمَارِسٌ	ACTIVE PARTICIPLE

PLURAL	DUAL	SINGULAR	IMPERATIVE		
				مُمَارَسٌ	PASSIVE PARTICIPLE
مَارِسُوا	مَارِسَا	مَارِسْ	MASCULINE		
مَارِسْنَ	مَارِسَا	مَارِسِي	FEMININE	مُمَارَسَةٌ	VERBAL NOUN

PASSIVE

PLURAL	DUAL	SINGULAR	SUBJUNCTIVE	PLURAL	DUAL	SINGULAR	PERFECT	
يُمَارَسُوا	يُمَارَسَا	يُمَارَسَ		مُورِسُوا	مُورِسَا	مُورِسَ	MASCULINE	3
يُمَارَسْنَ	تُمَارَسَا	تُمَارَسَ		مُورِسْنَ	مُورِسَتَا	مُورِسَتْ	FEMININE	
تُمَارَسُوا	تُمَارَسَا	تُمَارَسَ		مُورِسْتُمْ	مُورِسْتُمَا	مُورِسْتَ	MASCULINE	2
تُمَارَسْنَ	تُمَارَسَا	تُمَارَسِي		مُورِسْتُنَّ	مُورِسْتُمَا	مُورِسْتِ	FEMININE	
نُمَارَسَ	---	أُمَارَسَ		مُورِسْنَا	---	مُورِسْتُ		1

PLURAL	DUAL	SINGULAR	JUSSIVE	PLURAL	DUAL	SINGULAR	IMPERFECT	
يُمَارَسُوا	يُمَارَسَا	يُمَارَسْ		يُمَارَسُونَ	يُمَارَسَانِ	يُمَارَسُ	MASCULINE	3
يُمَارَسْنَ	تُمَارَسَا	تُمَارَسْ		يُمَارَسْنَ	تُمَارَسَانِ	تُمَارَسُ	FEMININE	
تُمَارَسُوا	تُمَارَسَا	تُمَارَسْ		تُمَارَسُونَ	تُمَارَسَانِ	تُمَارَسُ	MASCULINE	2
تُمَارَسْنَ	تُمَارَسَا	تُمَارَسِي		تُمَارَسْنَ	تُمَارَسَانِ	تُمَارَسِينَ	FEMININE	
نُمَارَسْ	---	أُمَارَسْ		نُمَارَسُ	---	أُمَارَسُ		1

Have *you practiced* this exercise before? — هل مَارَسْتَ هذه الرياضة من قبل؟

You have *to practice* this occupation for a long time to understand its secrets. — يجب أن تُمَارسَ هذه المهنة لفترة طويلة حتى تفهم أسرارَها.

The student has *to apply himself* to writing research papers from the beginning of his studies. — على الطالبِ أن يُمَارسَ كتابة الأبحاث من بداية الدراسة.

Form I مسس   ● مَسَّ to touch

ACTIVE

PLURAL	DUAL	SINGULAR	SUBJUNCTIVE	PLURAL	DUAL	SINGULAR	PERFECT	
يَمَسُّوا	يَمَسَّا	يَمَسَّ		مَسُّوا	مَسَّا	مَسَّ	MASCULINE	3
يَمْسَسْنَ	تَمَسَّا	تَمَسَّ		مَسَسْنَ	مَسَّتَا	مَسَّتْ	FEMININE	
تَمَسُّوا	تَمَسَّا	تَمَسَّ		مَسَسْتُمْ مَسَسْتُمَا مَسَسْتَ			MASCULINE	2
تَمْسَسْنَ	تَمَسَّا	تَمَسِّي		مَسَسْتُنَّ مَسَسْتُمَا مَسَسْتِ			FEMININE	
نَمَسَّ	---	أَمَسَّ		مَسَسْنَا	---	مَسَسْتُ		1

*JUSSIVE				IMPERFECT				
يَمَسُّوا	يَمَسَّا	يَمْسَسْ	يَمْسَسْ	يَمَسُّونَ	يَمَسَّانِ	يَمَسُّ	MASCULINE	3
يَمْسَسْنَ	تَمَسَّا	تَمْسَسْ	تَمْسَسْ	يَمْسَسْنَ	تَمَسَّانِ	تَمَسُّ	FEMININE	
تَمَسُّوا	تَمَسَّا	تَمْسَسْ	تَمْسَسْ	تَمَسُّونَ	تَمَسَّانِ	تَمَسُّ	MASCULINE	2
تَمْسَسْنَ	تَمَسَّا	تَمَسِّي	تَمْسَسْ	تَمْسَسْنَ	تَمَسَّانِ	تَمَسِّينَ	FEMININE	
نَمْسَسْ	---	أَمْسَسْ	أَمْسَسْ	نَمَسُّ	---	أَمَسُّ		1

				مَاسٌّ	ACTIVE PARTICIPLE

** IMPERATIVE

مَمْسُوسٌ PASSIVE PARTICIPLE

إِمْسَسُوا	إِمْسَسَا	إِمْسَسْ	MASCULINE
إِمْسَسْنَ	إِمْسَسَا	إِمْسَسِي	FEMININE

مَسٌّ, مَسِيسٌ VERBAL NOUN

---

* Contracted form: يَمَسَّ, تَمَسَّ, تَمَسِّي, أَمَسَّ... نَمَسَّ

** Contracted form: مَسَّ, مَسِّي, مَسَّا, مَسُّوا...

441

PASSIVE

PLURAL	DUAL	SINGULAR	SUBJUNCTIVE	PLURAL	DUAL	SINGULAR	PERFECT	
يُمَسّوا	يُمَسّا	يُمَسَّ		مُسّوا	مُسّا	مُسَّ	MASCULINE	3
يُمْسَسْنَ	تُمَسّا	تُمَسَّ		مُسِسْنَ	مُسَّتا	مُسَّت	FEMININE	
تُمَسّوا	تُمَسّا	تُمَسَّ		مُسِسْتُمْ	مُسِسْتُما	مُسِسْتَ	MASCULINE	2
تُمْسَسْنَ	تُمَسّا	تُمَسّي		مُسِسْتُنَّ	مُسِسْتُما	مُسِسْتِ	FEMININE	
نُمَسَّ	---	أُمَسَّ		مُسِسْنا	---	مُسِسْتُ		1

PLURAL	DUAL	SINGULAR	*JUSSIVE	PLURAL	DUAL	SINGULAR	IMPERFECT	
يُمَسّوا	يُمَسّا	يُمَسَّ	يُمْسَسْ	يُمَسّونَ	يُمَسّانِ	يُمَسُّ	MASCULINE	3
يُمْسَسْنَ	تُمَسّا	تُمَسَّ	تُمْسَسْ	يُمْسَسْنَ	تُمَسّانِ	تُمَسُّ	FEMININE	
تُمَسّوا	تُمَسّا	تُمَسَّ	تُمْسَسْ	تُمَسّونَ	تُمَسّانِ	تُمَسُّ	MASCULINE	2
تُمْسَسْنَ	تُمَسّا	تُمَسّي	تُمْسَسْنَ	تُمْسَسْنَ	تُمَسّانِ	تُمَسّينَ	FEMININE	
نُمْسَسْ	---	أُمْسَسْ		نُمَسُّ	---	أُمَسُّ		1

Don't *touch* the fire! [Note the double form of the verb here and in the next example.]

لا تَمْسَسْ (تَمَسَّ) النار!

No harm came to [literally: *touched*] us.

لم يَمْسَسْنَا (يَمَسَّنَا) أيّ سوء.

It is necessary [literally: The need *touches*] to buy a car.

مَسَّت الحاجة إلى شِراء سيارة.

Form I مسك to grasp, hold مَسَكَ

ACTIVE

PLURAL	DUAL	SINGULAR	SUBJUNCTIVE	PLURAL	DUAL	SINGULAR	PERFECT	
يَمْسُكُوا	يَمْسُكَا	يَمْسُكَ		مَسَكُوا	مَسَكَا	مَسَكَ	MASCULINE	3
يَمْسُكْنَ	تَمْسُكَا	تَمْسُكَ		مَسَكْنَ	مَسَكَتَا	مَسَكَتْ	FEMININE	
تَمْسُكُوا	تَمْسُكَا	تَمْسُكَ		مَسَكْتُمْ	مَسَكْتُما	مَسَكْتَ	MASCULINE	2
تَمْسُكْنَ	تَمْسُكَا	تَمْسُكِي		مَسَكْتُنَّ	مَسَكْتُما	مَسَكْتِ	FEMININE	
نَمْسُكَ	---	أَمْسُكَ		مَسَكْنَا	---	مَسَكْتُ		1

JUSSIVE   IMPERFECT

JUSSIVE			IMPERFECT				
يَمْسُكُوا	يَمْسُكَا	يَمْسُكْ	يَمْسُكُونَ	يَمْسُكَانِ	يَمْسُكُ	MASCULINE	3
يَمْسُكْنَ	تَمْسُكَا	تَمْسُكْ	يَمْسُكْنَ	تَمْسُكَانِ	تَمْسُكُ	FEMININE	
تَمْسُكُوا	تَمْسُكَا	تَمْسُكْ	تَمْسُكُونَ	تَمْسُكَانِ	تَمْسُكُ	MASCULINE	2
تَمْسُكْنَ	تَمْسُكَا	تَمْسُكِي	تَمْسُكْنَ	تَمْسُكَانِ	تَمْسُكِينَ	FEMININE	
نَمْسُكْ	---	أَمْسُكْ	نَمْسُكُ	---	أَمْسُكُ		1

مَاسِكٌ	ACTIVE PARTICIPLE

IMPERATIVE

أَمْسُكُوا	أَمْسُكَا	أَمْسُكْ	MASCULINE
أَمْسُكْنَ	أَمْسُكَا	أَمْسُكِي	FEMININE

مَمْسُوكٌ	PASSIVE PARTICIPLE
مَسْكٌ	VERBAL NOUN

PASSIVE

SUBJUNCTIVE			PERFECT				
PLURAL	DUAL	SINGULAR	PLURAL	DUAL	SINGULAR		
يُمْسَكُوا	يُمْسَكَا	يُمْسَكَ	مُسِكُوا	مُسِكَا	مُسِكَ	MASCULINE	3
تُمْسَكْنَ	يُمْسَكَا	تُمْسَكَ	مُسِكْنَ	مُسِكَتَا	مُسِكَتْ	FEMININE	
تُمْسَكُوا	تُمْسَكَا	تُمْسَكَ	مُسِكْتُمْ	مُسِكْتُمَا	مُسِكْتَ	MASCULINE	2
تُمْسَكْنَ	تُمْسَكَا	تُمْسَكِي	مُسِكْتُنَّ	مُسِكْتُمَا	مُسِكْتِ	FEMININE	
نُمْسَكَ	---	أُمْسَكَ	مُسِكْنَا	---	مُسِكْتُ		1

JUSSIVE   IMPERFECT

JUSSIVE			IMPERFECT				
يُمْسَكُوا	يُمْسَكَا	يُمْسَكْ	يُمْسَكُونَ	يُمْسَكَانِ	يُمْسَكُ	MASCULINE	3
يُمْسَكْنَ	يُمْسَكَا	تُمْسَكْ	يُمْسَكْنَ	يُمْسَكَانِ	تُمْسَكُ	FEMININE	
تُمْسَكُوا	تُمْسَكَا	تُمْسَكْ	تُمْسَكُونَ	تُمْسَكَانِ	تُمْسَكُ	MASCULINE	2
تُمْسَكْنَ	تُمْسَكَا	تُمْسَكِي	تُمْسَكْنَ	تُمْسَكَانِ	تُمْسَكِينَ	FEMININE	
نُمْسَكْ	---	أُمْسَكْ	نُمْسَكُ	---	أُمْسَكُ		1

The student *grabbed* her bag and went.   مَسَكَتْ الطالبة حقيبتها ومشت.

Salah *held* his tongue.   مَسَكَ صلاح لسانه.

Who *will keep* the accounts?   من الذي سَيُمْسُكُ الحسابات؟

Form V مشي   to walk, go تَمَشَّى ●

ACTIVE

PLURAL	DUAL	SINGULAR	SUBJUNCTIVE	PLURAL	DUAL	SINGULAR	PERFECT	
يَتَمَشَّوْا	يَتَمَشَّيَا	يَتَمَشَّى		تَمَشَّوْا	تَمَشَّيَا	تَمَشَّى	MASCULINE	3
يَتَمَشَّيْنَ	تَتَمَشَّيَا	تَتَمَشَّى		تَمَشَّيْنَ	تَمَشَّتَا	تَمَشَّتْ	FEMININE	
تَتَمَشَّوْا	تَتَمَشَّيَا	تَتَمَشَّى		تَمَشَّيْتُمْ	تَمَشَّيْتُمَا	تَمَشَّيْتَ	MASCULINE	2
تَتَمَشَّيْنَ	تَتَمَشَّيَا	تَتَمَشَّيْ		تَمَشَّيْتُنَّ	تَمَشَّيْتُمَا	تَمَشَّيْتِ	FEMININE	
نَتَمَشَّى	---	أَتَمَشَّى		تَمَشَّيْنَا	---	تَمَشَّيْتُ		1

PLURAL	DUAL	SINGULAR	JUSSIVE	PLURAL	DUAL	SINGULAR	IMPERFECT	
يَتَمَشَّوْا	يَتَمَشَّيَا	يَتَمَشَّ		يَتَمَشَّوْنَ	يَتَمَشَّيَان	يَتَمَشَّى	MASCULINE	3
يَتَمَشَّيْنَ	تَتَمَشَّيَا	تَتَمَشَّ		يَتَمَشَّيْنَ	تَتَمَشَّيَان	تَتَمَشَّى	FEMININE	
تَتَمَشَّوْا	تَتَمَشَّيَا	تَتَمَشَّ		تَتَمَشَّوْنَ	تَتَمَشَّيَان	تَتَمَشَّى	MASCULINE	2
تَتَمَشَّيْنَ	تَتَمَشَّيَا	تَتَمَشَّيْ		تَتَمَشَّيْنَ	تَتَمَشَّيَان	تَتَمَشَّيْنَ	FEMININE	
نَتَمَشَّ	---	أَتَمَشَّ		نَتَمَشَّى	---	أَتَمَشَّى		1

			IMPERATIVE		
تَمَشَّوْا	تَمَشَّيَا	تَمَشَّ	MASCULINE	مُتَمَشٍّ	ACTIVE PARTICIPLE
تَمَشَّيْنَ	تَمَشَّيَا	تَمَشَّيْ	FEMININE	---	PASSIVE PARTICIPLE
				تَمَشٍّ	VERBAL NOUN

Come on, *let's walk* to school together.   تعال نَمْشِي معًا إلى المدرسة.

Boushra spread [literally: *walked* with] slander.   مَشَّتْ بشرى بالنميمة.

When *will you go away from* this place?   متى سَتَمْشِي من هنا؟

Form I مضي   to go away; to go on, continue مَضَى ●

ACTIVE

PLURAL	DUAL	SINGULAR	SUBJUNCTIVE	PLURAL	DUAL	SINGULAR	PERFECT	
يَمْضُوا	يَمْضِيَا	يَمْضِيَ		مَضَوْا	مَضَيَا	مَضَى	MASCULINE	3
يَمْضِينَ	تَمْضِيَا	تَمْضِيَ		مَضَيْنَ	مَضَتَا	مَضَتْ	FEMININE	
تَمْضُوا	تَمْضِيَا	تَمْضِيَ		مَضَيْتُمْ	مَضَيْتُمَا	مَضَيْتَ	MASCULINE	2
تَمْضِينَ	تَمْضِيَا	تَمْضِي		مَضَيْتُنَّ	مَضَيْتُمَا	مَضَيْتِ	FEMININE	
نَمْضِيَ	---	أَمْضِيَ		مَضَيْنَا	---	مَضَيْتُ		1

444

مضى / أمكن

JUSSIVE				IMPERFECT					
يَمْضُوا	يَمْضِيَا	يَمْضِ		يَمْضُونَ	يَمْضِيَانِ	يَمْضِي	MASCULINE	3
يَمْضِينَ	تَمْضِيَا	تَمْضِ		يَمْضِينَ	تَمْضِيَانِ	تَمْضِي	FEMININE	
تَمْضُوا	تَمْضِيَا	تَمْضِ		تَمْضُونَ	تَمْضِيَانِ	تَمْضِي	MASCULINE	2
تَمْضِينَ	تَمْضِيَا	تَمْضِي		تَمْضِينَ	تَمْضِيَانِ	تَمْضِينَ	FEMININE	
نَمْضِ	---	أَمْضِ		نَمْضِي	---	أَمْضِي		1

IMPERATIVE				ACTIVE PARTICIPLE	مَاضٍ
إِمْضُوا	إِمْضِيَا	إِمْضِ	MASCULINE	PASSIVE PARTICIPLE	---
إِمْضِينَ	إِمْضِيَا	إِمْضِي	FEMININE	VERBAL NOUN	مُضِيٌّ

It did not take long [literally: Hardly a little *passed*] before she asked him for a divorce.

لم يَمْضِ غير قليل حتى طلبت الطلاق منه.

At least a year *has passed* since then [literally: What is no less than a whole year has passed since that].

مَضَى على ذلك ما لا يقلّ عن عام كامل.

The lecturer *went on* with his speech.

مَضَى المحاضر في الكلام.

Form IV مكن   to be possible أَمْكَنَ ●

ACTIVE

PLURAL	DUAL	SINGULAR	SUBJUNCTIVE	PLURAL	DUAL	SINGULAR	PERFECT	
يُمْكِنُوا	يُمْكِنَا	يُمْكِنَ		أَمْكَنُوا	أَمْكَنَا	أَمْكَنَ	MASCULINE	3
يُمْكِنَّ	تُمْكِنَا	تُمْكِنَ		أَمْكَنَّ	أَمْكَنَتَا	أَمْكَنَتْ	FEMININE	
تُمْكِنُوا	تُمْكِنَا	تُمْكِنَ		أَمْكَنْتُمْ	أَمْكَنْتُمَا	أَمْكَنْتَ	MASCULINE	2
تُمْكِنَّ	تُمْكِنَا	تُمْكِنِي		أَمْكَنْتُنَّ	أَمْكَنْتُمَا	أَمْكَنْتِ	FEMININE	
نُمْكِنَ	---	أُمْكِنَ		أَمْكَنَّا	---	أَمْكَنْتُ		1

JUSSIVE				IMPERFECT					
يُمْكِنُوا	يُمْكِنَا	يُمْكِنْ		يُمْكِنُونَ	يُمْكِنَانِ	يُمْكِنُ	MASCULINE	3
يُمْكِنَّ	تُمْكِنَا	تُمْكِنْ		يُمْكِنَّ	يُمْكِنَانِ	تُمْكِنُ	FEMININE	
تُمْكِنُوا	تُمْكِنَا	تُمْكِنْ		تُمْكِنُونَ	تُمْكِنَانِ	تُمْكِنُ	MASCULINE	2
تُمْكِنَّ	تُمْكِنَا	تُمْكِنِي		تُمْكِنِينَ	تُمْكِنَانِ	تُمْكِنِينَ	FEMININE	
نُمْكِنْ	---	أُمْكِنْ		نُمْكِنُ	---	أُمْكِنُ		1

445

		IMPERATIVE		مُمْكِنٌ	ACTIVE PARTICIPLE
أُمْكِنُوا أَمْكِنَا أَمْكِنْ		MASCULINE		مُمْكَنٌ	PASSIVE PARTICIPLE
أَمْكِنَّ أَمْكِنَا أُمْكِنِي		FEMININE		إِمْكَانٌ	VERBAL NOUN

PASSIVE

PLURAL	DUAL	SINGULAR	SUBJUNCTIVE	PLURAL	DUAL	SINGULAR	PERFECT	
يُمْكَنُوا	يُمْكَنَا	يُمْكَنَ		أُمْكِنُوا	أُمْكِنَا	أُمْكِنَ	MASCULINE	3
يُمْكَنَّ	تُمْكَنَا	تُمْكَنَ		أُمْكِنَّ	أُمْكِنَتَا	أُمْكِنَتْ	FEMININE	
تُمْكَنُوا	تُمْكَنَا	تُمْكَنَ		أُمْكِنْتُمْ	أُمْكِنْتُمَا	أُمْكِنْتَ	MASCULINE	2
تُمْكَنَّ	تُمْكَنَا	تُمْكَنِي		أُمْكِنْتُنَّ	أُمْكِنْتُمَا	أُمْكِنْتِ	FEMININE	
نُمْكَنَ	---	أُمْكَنَ		أُمْكِنَّا	---	أُمْكِنْتُ		1

PLURAL	DUAL	SINGULAR	JUSSIVE	PLURAL	DUAL	SINGULAR	IMPERFECT	
يُمْكَنُوا	يُمْكَنَا	يُمْكَنْ		يُمْكَنُونَ	يُمْكَنَانِ	يُمْكَنُ	MASCULINE	3
يُمْكَنَّ	تُمْكَنَا	تُمْكَنْ		يُمْكَنَّ	تُمْكَنَانِ	تُمْكَنُ	FEMININE	
تُمْكَنُوا	تُمْكَنَا	تُمْكَنْ		تُمْكَنُونَ	تُمْكَنَانِ	تُمْكَنُ	MASCULINE	2
تُمْكَنَّ	تُمْكَنَا	تُمْكَنِي		تُمْكَنَّ	تُمْكَنَانِ	تُمْكَنِينَ	FEMININE	
نُمْكَنْ	---	أُمْكَنْ		نُمْكَنُ	---	أُمْكَنُ		1

May we [literally: Is it possible for us to] bring the children along with us to the soccer game?

هل يُمْكِنُنَا أن نصطحب الأولاد معنا لمباراة كرة القدم؟

You can take the bus.

يُمْكِنُكِ أن تأخذي الأتوبيس.

Can you two take these books to the library?

هل يُمْكِنُكُمَا أن تأخذا هذه الكتب إلى المكتبة؟

446

Form V مكن — to have influence or power; تَمَكَّنَ to be able; to master

ACTIVE

PLURAL	DUAL	SINGULAR	SUBJUNCTIVE	PLURAL	DUAL	SINGULAR	PERFECT	
يَتَمَكَّنُوا	يَتَمَكَّنَا	يَتَمَكَّنَ		تَمَكَّنُوا	تَمَكَّنَا	تَمَكَّنَ	MASCULINE	3
نَتَمَكَّنَّ	يَتَمَكَّنَا	نَتَمَكَّنَ		تَمَكَّنَّ	تَمَكَّنَتَا	تَمَكَّنَتْ	FEMININE	
تَتَمَكَّنُوا	تَتَمَكَّنَا	تَتَمَكَّنَ		تَمَكَّنْتُمْ	تَمَكَّنْتُمَا	تَمَكَّنْتَ	MASCULINE	2
تَتَمَكَّنَّ	تَتَمَكَّنَا	تَتَمَكَّنِي		تَمَكَّنْتُنَّ	تَمَكَّنْتُمَا	تَمَكَّنْتِ	FEMININE	
نَتَمَكَّنَ	---	أَتَمَكَّنَ		تَمَكَّنَّا	---	تَمَكَّنْتُ		1

JUSSIVE / IMPERFECT

PLURAL	DUAL	SINGULAR	JUSSIVE	PLURAL	DUAL	SINGULAR	IMPERFECT	
يَتَمَكَّنُوا	يَتَمَكَّنَا	يَتَمَكَّنْ		يَتَمَكَّنُونَ	يَتَمَكَّنَانِ	يَتَمَكَّنُ	MASCULINE	3
يَتَمَكَّنَّ	يَتَمَكَّنَا	تَتَمَكَّنْ		يَتَمَكَّنَّ	تَتَمَكَّنَانِ	تَتَمَكَّنُ	FEMININE	
تَتَمَكَّنُوا	تَتَمَكَّنَا	تَتَمَكَّنْ		تَتَمَكَّنُونَ	تَتَمَكَّنَانِ	تَتَمَكَّنُ	MASCULINE	2
تَتَمَكَّنَّ	تَتَمَكَّنَا	تَتَمَكَّنِي		تَتَمَكَّنَّ	تَتَمَكَّنَانِ	تَتَمَكَّنِينَ	FEMININE	
نَتَمَكَّنْ	---	أَتَمَكَّنْ		نَتَمَكَّنُ	---	أَتَمَكَّنُ		1

IMPERATIVE

PLURAL	DUAL	SINGULAR	IMPERATIVE
تَمَكَّنُوا	تَمَكَّنَا	تَمَكَّنْ	MASCULINE
تَمَكَّنَّ	تَمَكَّنَا	تَمَكَّنِي	FEMININE

مُتَمَكِّنٌ	ACTIVE PARTICIPLE
---	PASSIVE PARTICIPLE
تَمَكُّنٌ	VERBAL NOUN

I *couldn't* come because of the traffic jam.   لم أَتَمَكَّنْ من المجيء بسبب الزحام.

Poverty *took hold* of the family.   تَمَكَّنَ الفقر من العائلة.

Form I ملك — to acquire مَلَكَ

ACTIVE

PLURAL	DUAL	SINGULAR	SUBJUNCTIVE	PLURAL	DUAL	SINGULAR	PERFECT	
يَمْلِكُوا	يَمْلِكَا	يَمْلِكَ		مَلَكُوا	مَلَكَا	مَلَكَ	MASCULINE	3
يَمْلِكْنَ	يَمْلِكَا	تَمْلِكَ		مَلَكْنَ	مَلَكَتَا	مَلَكَتْ	FEMININE	
تَمْلِكُوا	تَمْلِكَا	تَمْلِكَ		مَلَكْتُمْ	مَلَكْتُمَا	مَلَكْتَ	MASCULINE	2
تَمْلِكْنَ	تَمْلِكَا	تَمْلِكِي		مَلَكْتُنَّ	مَلَكْتُمَا	مَلَكْتِ	FEMININE	
نَمْلِكَ	---	أَمْلِكَ		مَلَكْنَا	---	مَلَكْتُ		1

		IMPERFECT			JUSSIVE		
		Singular	Dual	Plural	Singular	Dual	Plural
3	MASCULINE	يَمْلِكُ	يَمْلِكَانِ	يَمْلِكُونَ	يَمْلِكْ	يَمْلِكَا	يَمْلِكُوا
	FEMININE	تَمْلِكُ	تَمْلِكَانِ	يَمْلِكْنَ	تَمْلِكْ	تَمْلِكَا	يَمْلِكْنَ
2	MASCULINE	تَمْلِكُ	تَمْلِكَانِ	تَمْلِكُونَ	تَمْلِكْ	تَمْلِكَا	تَمْلِكُوا
	FEMININE	تَمْلِكِينَ	تَمْلِكَانِ	تَمْلِكْنَ	تَمْلِكِي	تَمْلِكَا	تَمْلِكْنَ
1		أَمْلِكُ	---	نَمْلِكُ	أَمْلِكْ	---	نَمْلِكْ

ACTIVE PARTICIPLE مَالِكٌ

PASSIVE PARTICIPLE مَمْلُوكٌ

VERBAL NOUN مَلْكٌ, مِلْكٌ, مُلْكٌ

IMPERATIVE

	Singular	Dual	Plural
MASCULINE	إِمْلِكْ	إِمْلِكَا	إِمْلِكُوا
FEMININE	إِمْلِكِي	إِمْلِكَا	إِمْلِكْنَ

PASSIVE

		PERFECT SINGULAR	DUAL	PLURAL	SUBJUNCTIVE SINGULAR	DUAL	PLURAL
3	MASCULINE	مُلِكَ	مُلِكَا	مُلِكُوا	يُمْلَكَ	يُمْلَكَا	يُمْلَكُوا
	FEMININE	مُلِكَتْ	مُلِكَتَا	مُلِكْنَ	تُمْلَكَ	تُمْلَكَا	يُمْلَكْنَ
2	MASCULINE	مُلِكْتَ	مُلِكْتُمَا	مُلِكْتُمْ	تُمْلَكَ	تُمْلَكَا	تُمْلَكُوا
	FEMININE	مُلِكْتِ	مُلِكْتُمَا	مُلِكْتُنَّ	تُمْلَكِي	تُمْلَكَا	تُمْلَكْنَ
1		مُلِكْتُ	---	مُلِكْنَا	أُمْلَكَ	---	نُمْلَكَ

		IMPERFECT			JUSSIVE		
		Singular	Dual	Plural	Singular	Dual	Plural
3	MASCULINE	يُمْلَكُ	يُمْلَكَانِ	يُمْلَكُونَ	يُمْلَكْ	يُمْلَكَا	يُمْلَكُوا
	FEMININE	تُمْلَكُ	تُمْلَكَانِ	يُمْلَكْنَ	تُمْلَكْ	تُمْلَكَا	يُمْلَكْنَ
2	MASCULINE	تُمْلَكُ	تُمْلَكَانِ	تُمْلَكُونَ	تُمْلَكْ	تُمْلَكَا	تُمْلَكُوا
	FEMININE	تُمْلَكِينَ	تُمْلَكَانِ	تُمْلَكْنَ	تُمْلَكِي	تُمْلَكَا	تُمْلَكْنَ
1		أُمْلَكُ	---	نُمْلَكُ	أُمْلَكْ	---	نُمْلَكْ

مَلَكَتْ الملكة فيكتورية لمدة طويلة.
Queen Victoria *ruled* a long time.

مَلَكَنَا الغيظ عندما سمعنا هذه الإشاعات.
We were overcome with anger [literally: Anger *mastered* us] when we heard these rumors.

لم يَمْلِكْ أن يتكلم بلطف معهم.
He couldn't speak [literally: did not *control* speaking] gently to them.

Form VIII ملك   to acquire; to own إِمْتَلَكَ

ACTIVE

PLURAL	DUAL	SINGULAR	SUBJUNCTIVE	PLURAL	DUAL	SINGULAR	PERFECT	
يَمْتَلِكُوا	يَمْتَلِكَا	يَمْتَلِكَ		إِمْتَلَكُوا	إِمْتَلَكَا	إِمْتَلَكَ	MASCULINE	3
يَمْتَلِكْنَ	تَمْتَلِكَا	تَمْتَلِكَ		إِمْتَلَكْنَ	إِمْتَلَكَتَا	إِمْتَلَكَتْ	FEMININE	
تَمْتَلِكُوا	تَمْتَلِكَا	تَمْتَلِكَ		إِمْتَلَكْتُمْ	إِمْتَلَكْتُمَا	إِمْتَلَكْتَ	MASCULINE	2
تَمْتَلِكْنَ	تَمْتَلِكَا	تَمْتَلِكِي		إِمْتَلَكْتُنَّ	إِمْتَلَكْتُمَا	إِمْتَلَكْتِ	FEMININE	
نَمْتَلِكَ	---	أَمْتَلِكَ		إِمْتَلَكْنَا	---	إِمْتَلَكْتُ		1

PLURAL	DUAL	SINGULAR	JUSSIVE	PLURAL	DUAL	SINGULAR	IMPERFECT	
يَمْتَلِكُوا	يَمْتَلِكَا	يَمْتَلِكْ		يَمْتَلِكُونَ	يَمْتَلِكَانِ	يَمْتَلِكُ	MASCULINE	3
يَمْتَلِكْنَ	تَمْتَلِكَا	تَمْتَلِكْ		يَمْتَلِكْنَ	تَمْتَلِكَانِ	تَمْتَلِكُ	FEMININE	
تَمْتَلِكُوا	تَمْتَلِكَا	تَمْتَلِكْ		تَمْتَلِكُونَ	تَمْتَلِكَانِ	تَمْتَلِكُ	MASCULINE	2
تَمْتَلِكْنَ	تَمْتَلِكَا	تَمْتَلِكِي		تَمْتَلِكْنَ	تَمْتَلِكَانِ	تَمْتَلِكِينَ	FEMININE	
نَمْتَلِكْ	---	أَمْتَلِكْ		نَمْتَلِكُ	---	أَمْتَلِكُ		1

PLURAL	DUAL	SINGULAR	IMPERATIVE		
إِمْتَلِكُوا	إِمْتَلِكَا	إِمْتَلِكْ	MASCULINE	مُمْتَلِكٌ	ACTIVE PARTICIPLE
إِمْتَلِكْنَ	إِمْتَلِكَا	إِمْتَلِكِي	FEMININE	مُمْتَلَكٌ	PASSIVE PARTICIPLE
				إِمْتِلَاكٌ	VERBAL NOUN

PASSIVE

PLURAL	DUAL	SINGULAR	SUBJUNCTIVE	PLURAL	DUAL	SINGULAR	PERFECT	
يُمْتَلَكُوا	يُمْتَلَكَا	يُمْتَلَكَ		أُمْتُلِكُوا	أُمْتُلِكَا	أُمْتُلِكَ	MASCULINE	3
يُمْتَلَكْنَ	تُمْتَلَكَا	تُمْتَلَكَ		أُمْتُلِكْنَ	أُمْتُلِكَتَا	أُمْتُلِكَتْ	FEMININE	
تُمْتَلَكُوا	تُمْتَلَكَا	تُمْتَلَكَ		أُمْتُلِكْتُمْ	أُمْتُلِكْتُمَا	أُمْتُلِكْتَ	MASCULINE	2
تُمْتَلَكْنَ	تُمْتَلَكَا	تُمْتَلَكِي		أُمْتُلِكْتُنَّ	أُمْتُلِكْتُمَا	أُمْتُلِكْتِ	FEMININE	
نُمْتَلَكَ	---	أُمْتَلَكَ		أُمْتُلِكْنَا	---	أُمْتُلِكْتُ		1

PLURAL	DUAL	SINGULAR	JUSSIVE	PLURAL	DUAL	SINGULAR	IMPERFECT	
يُمْتَلَكُوا	يُمْتَلَكَا	يُمْتَلَكْ		يُمْتَلَكُونَ	يُمْتَلَكَانِ	يُمْتَلَكُ	MASCULINE	3
يُمْتَلَكْنَ	تُمْتَلَكَا	تُمْتَلَكْ		يُمْتَلَكْنَ	تُمْتَلَكَانِ	تُمْتَلَكُ	FEMININE	
تُمْتَلَكُوا	تُمْتَلَكَا	تُمْتَلَكْ		تُمْتَلَكُونَ	تُمْتَلَكَانِ	تُمْتَلَكُ	MASCULINE	2
تُمْتَلَكْنَ	تُمْتَلَكَا	تُمْتَلَكِي		تُمْتَلَكْنَ	تُمْتَلَكَانِ	تُمْتَلَكِينَ	FEMININE	
نُمْتَلَكْ	---	أُمْتَلَكْ		نُمْتَلَكُ	---	أُمْتَلَكُ		1

We have had this house since we were children.	نَمْتَلِكُ هذا البيت منذ أن كنّا أطفالا.
The scientists *have mastered* biochemistry.	إِمْتَلَكَ العلماء نواصي الكيمياء الحيوية.
Do you own a car?	هل تَمْتَلِكُ سيارة؟

Form I منع — to prevent, prohibit مَنَعَ ●

ACTIVE

	PERFECT	SINGULAR	DUAL	PLURAL	SUBJUNCTIVE	SINGULAR	DUAL	PLURAL
3	MASCULINE	مَنَعَ	مَنَعَا	مَنَعُوا		يَمْنَعَ	يَمْنَعَا	يَمْنَعُوا
	FEMININE	مَنَعَتْ	مَنَعَتَا	مَنَعْنَ		تَمْنَعَ	تَمْنَعَا	يَمْنَعْنَ
2	MASCULINE	مَنَعْتَ	مَنَعْتُمَا	مَنَعْتُمْ		تَمْنَعَ	تَمْنَعَا	تَمْنَعُوا
	FEMININE	مَنَعْتِ	مَنَعْتُمَا	مَنَعْتُنَّ		تَمْنَعِي	تَمْنَعَا	تَمْنَعْنَ
1		مَنَعْتُ	---	مَنَعْنَا		أَمْنَعَ	---	نَمْنَعَ

	IMPERFECT	SINGULAR	DUAL	PLURAL	JUSSIVE	SINGULAR	DUAL	PLURAL
3	MASCULINE	يَمْنَعُ	يَمْنَعَانِ	يَمْنَعُونَ		يَمْنَعْ	يَمْنَعَا	يَمْنَعُوا
	FEMININE	تَمْنَعُ	تَمْنَعَانِ	يَمْنَعْنَ		تَمْنَعْ	تَمْنَعَا	يَمْنَعْنَ
2	MASCULINE	تَمْنَعُ	تَمْنَعَانِ	تَمْنَعُونَ		تَمْنَعْ	تَمْنَعَا	تَمْنَعُوا
	FEMININE	تَمْنَعِينَ	تَمْنَعَانِ	تَمْنَعْنَ		تَمْنَعِي	تَمْنَعَا	تَمْنَعْنَ
1		أَمْنَعُ	---	نَمْنَعُ		أَمْنَعْ	---	نَمْنَعْ

ACTIVE PARTICIPLE	مَانِعٌ
PASSIVE PARTICIPLE	مَمْنُوعٌ
VERBAL NOUN	مَنْعٌ

IMPERATIVE	SINGULAR	DUAL	PLURAL
MASCULINE	إِمْنَعْ	إِمْنَعَا	إِمْنَعُوا
FEMININE	إِمْنَعِي	إِمْنَعَا	إِمْنَعْنَ

PASSIVE

	PERFECT	SINGULAR	DUAL	PLURAL	SUBJUNCTIVE	SINGULAR	DUAL	PLURAL
3	MASCULINE	مُنِعَ	مُنِعَا	مُنِعُوا		يُمْنَعَ	يُمْنَعَا	يُمْنَعُوا
	FEMININE	مُنِعَتْ	مُنِعَتَا	مُنِعْنَ		تُمْنَعَ	تُمْنَعَا	يُمْنَعْنَ
2	MASCULINE	مُنِعْتَ	مُنِعْتُمَا	مُنِعْتُمْ		تُمْنَعَ	تُمْنَعَا	تُمْنَعُوا
	FEMININE	مُنِعْتِ	مُنِعْتُمَا	مُنِعْتُنَّ		تُمْنَعِي	تُمْنَعَا	تُمْنَعْنَ
1		مُنِعْتُ	---	مُنِعْنَا		أُمْنَعَ	---	نُمْنَعَ

IMPERFECT

		SINGULAR	DUAL	PLURAL
3	MASCULINE	يُمْنَعُ	يُمْنَعَانِ	يُمْنَعُونَ
	FEMININE	تُمْنَعُ	تُمْنَعَانِ	يُمْنَعْنَ
2	MASCULINE	تُمْنَعُ	تُمْنَعَانِ	تُمْنَعُونَ
	FEMININE	تُمْنَعِينَ	تُمْنَعَانِ	تُمْنَعْنَ
1		أُمْنَعُ	---	نُمْنَعُ

JUSSIVE

SINGULAR	DUAL	PLURAL
يُمْنَعْ	يُمْنَعَا	يُمْنَعُوا
تُمْنَعْ	تُمْنَعَا	يُمْنَعْنَ
تُمْنَعْ	تُمْنَعَا	تُمْنَعُوا
تُمْنَعِي	تُمْنَعَا	تُمْنَعْنَ
أُمْنَعْ	---	نُمْنَعْ

مُنِعَ من الدخول. — *He was prevented* from entering.

مَنَعْنَا عنكم كل سوء. — *We have protected* you from every harm.

التدخين في المباني العامة مَمْنُوعٌ. — Smoking in public buildings *is prohibited.*

● to desire تَمَنَّى — Form V منو

ACTIVE

PERFECT

		SINGULAR	DUAL	PLURAL
3	MASCULINE	تَمَنَّى	تَمَنَّيَا	تَمَنَّوْا
	FEMININE	تَمَنَّتْ	تَمَنَّتَا	تَمَنَّيْنَ
2	MASCULINE	تَمَنَّيْتَ	تَمَنَّيْتُمَا	تَمَنَّيْتُمْ
	FEMININE	تَمَنَّيْتِ	تَمَنَّيْتُمَا	تَمَنَّيْتُنَّ
1		تَمَنَّيْتُ	---	تَمَنَّيْنَا

SUBJUNCTIVE

SINGULAR	DUAL	PLURAL
يَتَمَنَّى	يَتَمَنَّيَا	يَتَمَنَّوْا
تَتَمَنَّى	تَتَمَنَّيَا	يَتَمَنَّيْنَ
تَتَمَنَّى	تَتَمَنَّيَا	تَتَمَنَّوْا
تَتَمَنَّيْ	تَتَمَنَّيَا	تَتَمَنَّيْنَ
أَتَمَنَّى	---	نَتَمَنَّى

IMPERFECT

		SINGULAR	DUAL	PLURAL
3	MASCULINE	يَتَمَنَّى	يَتَمَنَّيَانِ	يَتَمَنَّوْنَ
	FEMININE	تَتَمَنَّى	تَتَمَنَّيَانِ	يَتَمَنَّيْنَ
2	MASCULINE	تَتَمَنَّى	تَتَمَنَّيَانِ	تَتَمَنَّوْنَ
	FEMININE	تَتَمَنَّيْنَ	تَتَمَنَّيَانِ	تَتَمَنَّيْنَ
1		أَتَمَنَّى	---	نَتَمَنَّى

JUSSIVE

SINGULAR	DUAL	PLURAL
يَتَمَنَّ	يَتَمَنَّيَا	يَتَمَنَّوْا
تَتَمَنَّ	تَتَمَنَّيَا	يَتَمَنَّيْنَ
تَتَمَنَّ	تَتَمَنَّيَا	تَتَمَنَّوْا
تَتَمَنَّيْ	تَتَمَنَّيَا	تَتَمَنَّيْنَ
أَتَمَنَّ	---	نَتَمَنَّ

ACTIVE PARTICIPLE	مُتَمَنٍّ
PASSIVE PARTICIPLE	مُتَمَنًّى
VERBAL NOUN	تَمَنٍّ

IMPERATIVE

	SINGULAR	DUAL	PLURAL
MASCULINE	تَمَنَّ	تَمَنَّيَا	تَمَنَّوْا
FEMININE	تَمَنَّيْ	تَمَنَّيَا	تَمَنَّيْنَ

PASSIVE

PLURAL	DUAL	SINGULAR	SUBJUNCTIVE	PLURAL	DUAL	SINGULAR	PERFECT	
يُتَمَنَّوْا	يُتَمَنَّيَا	يُتَمَنَّى		تُمُنُّوا	تُمُنِّيَا	تُمُنِّيَ	MASCULINE	3
يُتَمَنَّيْنَ	تُتَمَنَّيَا	تُتَمَنَّى		تُمُنِّينَ	تُمُنِّيَتَا	تُمُنِّيَتْ	FEMININE	
تُتَمَنَّوْا	تُتَمَنَّيَا	تُتَمَنَّى		تُمُنِّيتُمْ	تُمُنِّيتُمَا	تُمُنِّيتَ	MASCULINE	2
تُتَمَنَّيْنَ	تُتَمَنَّيَا	تُتَمَنَّيْ		تُمُنِّيتُنَّ	تُمُنِّيتُمَا	تُمُنِّيتِ	FEMININE	
نُتَمَنَّى	---	أُتَمَنَّى		تُمُنِّينَا	---	تُمُنِّيتُ		1

PLURAL	DUAL	SINGULAR	JUSSIVE	PLURAL	DUAL	SINGULAR	IMPERFECT	
يُتَمَنَّوْا	يُتَمَنَّيَا	يُتَمَنَّ		يُتَمَنَّوْنَ	يُتَمَنَّيَانِ	يُتَمَنَّى	MASCULINE	3
يُتَمَنَّيْنَ	تُتَمَنَّيَا	تُتَمَنَّ		يُتَمَنَّيْنَ	تُتَمَنَّيَانِ	تُتَمَنَّى	FEMININE	
تُتَمَنَّوْا	تُتَمَنَّيَا	تُتَمَنَّ		تُتَمَنَّوْنَ	تُتَمَنَّيَانِ	تُتَمَنَّى	MASCULINE	2
تُتَمَنَّيْنَ	تُتَمَنَّيَا	تُتَمَنَّيْ		تُتَمَنَّيْنَ	تُتَمَنَّيَانِ	تُتَمَنَّيْنَ	FEMININE	
نُتَمَنَّ	---	أُتَمَنَّ		نُتَمَنَّى	---	أُتَمَنَّى		1

I hope to visit China. أَتَمَنَّى أن أزور الصين.

We wish you happiness. نَتَمَنَّى لكم السعادة.

Form I موت — to die مَاتَ ●

ACTIVE

PLURAL	DUAL	SINGULAR	SUBJUNCTIVE	PLURAL	DUAL	SINGULAR	PERFECT	
يَمُوتُوا	يَمُوتَا	يَمُوتَ		مَاتُوا	مَاتَا	مَاتَ	MASCULINE	3
يَمُتْنَ	تَمُوتَا	تَمُوتَ		مُتْنَ	مَاتَتَا	مَاتَتْ	FEMININE	
تَمُوتُوا	تَمُوتَا	تَمُوتَ		مُتُّمْ	مُتُّمَا	مُتَّ	MASCULINE	2
تَمُتْنَ	تَمُوتَا	تَمُوتِي		مُتُّنَّ	مُتُّمَا	مُتِّ	FEMININE	
نَمُوتَ	---	أَمُوتَ		مُتْنَا	---	مُتُّ		1

PLURAL	DUAL	SINGULAR	JUSSIVE	PLURAL	DUAL	SINGULAR	IMPERFECT	
يَمُوتُوا	يَمُوتَا	يَمُتْ		يَمُوتُونَ	يَمُوتَانِ	يَمُوتُ	MASCULINE	3
يَمُتْنَ	تَمُوتَا	تَمُتْ		يَمُتْنَ	تَمُوتَانِ	تَمُوتُ	FEMININE	
تَمُوتُوا	تَمُوتَا	تَمُتْ		تَمُوتُونَ	تَمُوتَانِ	تَمُوتُ	MASCULINE	2
تَمُتْنَ	تَمُوتَا	تَمُوتِي		تَمُتْنَ	تَمُوتَانِ	تَمُوتِينَ	FEMININE	
نَمُتْ	---	أَمُتْ		نَمُوتُ	---	أَمُوتُ		1

				ACTIVE PARTICIPLE مَائِتٌ

| مُوتُوا | مُوتَا | مُتْ | MASCULINE | --- PASSIVE PARTICIPLE |
| مُتْنَ | مُوتَا | مُوتِي | FEMININE | VERBAL NOUN مَوْتٌ |

Millions *have died* because of wars.	مَاتَ الملايين بسبب الحروب.
Sadat *died* by assassination.	مَاتَ السَّادات مُغتالاً.
The Egyptians are crazy about [literally: *die* for] eating pickles.	المصريون يَمُوتُونَ في أكل المخللات.

Form VIII ميز

to be distinguished إِمْتَازَ ●

ACTIVE

PLURAL	DUAL	SINGULAR	SUBJUNCTIVE	PLURAL	DUAL	SINGULAR	PERFECT	
يَمْتَازُوا	يَمْتَازَا	يَمْتَازَ		إِمْتَازُوا	إِمْتَازَا	إِمْتَازَ	MASCULINE	3
يَمْتَزْنَ	تَمْتَازَا	تَمْتَازَ		إِمْتَزْنَ	إِمْتَازَتَا	إِمْتَازَتْ	FEMININE	
تَمْتَازُوا	تَمْتَازَا	تَمْتَازَ		إِمْتَزْتُمْ	إِمْتَزْتُمَا	إِمْتَزْتَ	MASCULINE	2
تَمْتَزْنَ	تَمْتَازَا	تَمْتَازِي		إِمْتَزْتُنَّ	إِمْتَزْتُمَا	إِمْتَزْتِ	FEMININE	
نَمْتَازَ	---	أَمْتَازَ		إِمْتَزْنَا	---	إِمْتَزْتُ		1

JUSSIVE

IMPERFECT

PLURAL	DUAL	SINGULAR		PLURAL	DUAL	SINGULAR	IMPERFECT	
يَمْتَازُوا	يَمْتَازَا	يَمْتَزْ		يَمْتَازُونَ	يَمْتَازَانِ	يَمْتَازُ	MASCULINE	3
يَمْتَزْنَ	تَمْتَازَا	تَمْتَزْ		يَمْتَزْنَ	تَمْتَازَانِ	تَمْتَازُ	FEMININE	
تَمْتَازُوا	تَمْتَازَا	تَمْتَزْ		تَمْتَازُونَ	تَمْتَازَانِ	تَمْتَازُ	MASCULINE	2
تَمْتَزْنَ	تَمْتَازَا	تَمْتَازِي		تَمْتَزْنَ	تَمْتَازَانِ	تَمْتَازِينَ	FEMININE	
نَمْتَزْ	---	أَمْتَزْ		نَمْتَازُ	---	أَمْتَازُ		1

IMPERATIVE

				ACTIVE PARTICIPLE مُمْتَازٌ

| إِمْتَازُوا | إِمْتَازَا | إِمْتَزْ | MASCULINE | --- PASSIVE PARTICIPLE |
| إِمْتَزْنَ | إِمْتَازَا | إِمْتَازِي | FEMININE | VERBAL NOUN إِمْتِيَازٌ |

Excellent [literally: *Distinguished*]!	مُمْتَازٌ!
This president *is distinguished* by his concern for people with limited income.	إِمْتَازَ هذا الرئيس باهتمامه بمحدودي الدخل.
This student *is superior* to the others because of his serious work.	يَمْتَازُ الطالب عن الآخر بالعمل الجاد.
We were better than they were at playing, and that's why we won the match.	إِمْتَزْنَا عليهم باللعب ولذا فزنا بالمباراة.

Form IV نبأ   أَنْبَأَ to inform ●

ACTIVE

PLURAL	DUAL	SINGULAR	SUBJUNCTIVE	PLURAL	DUAL	SINGULAR	PERFECT	
يُنْبِئُوا	يُنْبِئَا	يُنْبِئَ		أَنْبَؤُوا	أَنْبَآ	أَنْبَأَ	MASCULINE	3
يُنْبِئْنَ	تُنْبِئَا	تُنْبِئَ		أَنْبَأْنَ	أَنْبَأَتَا	أَنْبَأَتْ	FEMININE	
تُنْبِئُوا	تُنْبِئَا	تُنْبِئَ		أَنْبَأْتُمْ	أَنْبَأْتُمَا	أَنْبَأْتَ	MASCULINE	2
تُنْبِئْنَ	تُنْبِئَا	تُنْبِئِي		أَنْبَأْتُنَّ	أَنْبَأْتُمَا	أَنْبَأْتِ	FEMININE	
نُنْبِئَ	---	أُنْبِئَ		أَنْبَأْنَا	---	أَنْبَأْتُ		1

PLURAL	DUAL	SINGULAR	JUSSIVE	PLURAL	DUAL	SINGULAR	IMPERFECT	
يُنْبِئُوا	يُنْبِئَا	يُنْبِئْ		يُنْبِئُونَ	يُنْبِئَانِ	يُنْبِئُ	MASCULINE	3
يُنْبِئْنَ	تُنْبِئَا	تُنْبِئْ		يُنْبِئْنَ	تُنْبِئَانِ	تُنْبِئُ	FEMININE	
تُنْبِئُوا	تُنْبِئَا	تُنْبِئْ		تُنْبِئُونَ	تُنْبِئَانِ	تُنْبِئُ	MASCULINE	2
تُنْبِئْنَ	تُنْبِئَا	تُنْبِئِي		تُنْبِئْنَ	تُنْبِئَانِ	تُنْبِئِينَ	FEMININE	
نُنْبِئْ	---	أُنْبِئْ		نُنْبِئُ	---	أُنْبِئُ		1

PLURAL	DUAL	SINGULAR	IMPERATIVE					
						مُنْبِئٌ	ACTIVE PARTICIPLE	
أَنْبِئُوا	أَنْبِئَا	أَنْبِئْ	MASCULINE			مُنْبَأٌ	PASSIVE PARTICIPLE	
أَنْبِئْنَ	أَنْبِئَا	أَنْبِئِي	FEMININE			إِنْبَاءٌ	VERBAL NOUN	

PASSIVE

PLURAL	DUAL	SINGULAR	SUBJUNCTIVE	PLURAL	DUAL	SINGULAR	PERFECT	
يُنْبَؤُوا	يُنْبَآ	يُنْبَأَ		أُنْبِئُوا	أُنْبِئَا	أُنْبِئَ	MASCULINE	3
يُنْبَأْنَ	تُنْبَآ	تُنْبَأَ		أُنْبِئْنَ	أُنْبِئَتَا	أُنْبِئَتْ	FEMININE	
تُنْبَؤُوا	تُنْبَآ	تُنْبَأَ		أُنْبِئْتُمْ	أُنْبِئْتُمَا	أُنْبِئْتَ	MASCULINE	2
تُنْبَأْنَ	تُنْبَآ	تُنْبَئِي		أُنْبِئْتُنَّ	أُنْبِئْتُمَا	أُنْبِئْتِ	FEMININE	
نُنْبَأَ	---	أُنْبَأَ		أُنْبِئْنَا	---	أُنْبِئْتُ		1

PLURAL	DUAL	SINGULAR	JUSSIVE	PLURAL	DUAL	SINGULAR	IMPERFECT	
يُنْبَؤُوا	يُنْبَآ	يُنْبَأْ		يُنْبَؤُونَ	يُنْبَآنِ	يُنْبَأُ	MASCULINE	3
يُنْبَأْنَ	تُنْبَآ	تُنْبَأْ		يُنْبَأْنَ	تُنْبَآنِ	تُنْبَأُ	FEMININE	
تُنْبَؤُوا	تُنْبَآ	تُنْبَأْ		تُنْبَؤُونَ	تُنْبَآنِ	تُنْبَأُ	MASCULINE	2
تُنْبَأْنَ	تُنْبَآ	تُنْبَئِي		تُنْبَأْنَ	تُنْبَآنِ	تُنْبَئِينَ	FEMININE	
نُنْبَأْ	---	أُنْبَأْ		نُنْبَأُ	---	أُنْبَأُ		1

454

I *informed you* of this news so that you will be prepared.

أَنْبَأْتُكُمْ بهذه الأخبار حتى تستعدّوا.

The father *imparted* valuable advice to his children.

أَنْبَأَ الأب أولاده بنصائح غالية.

The school *notified* the guardians to come to the school.

أَنْبَأَتْ المـدرسـة أوليـاء الأمور للحضور للمدرسة.

Form IV نتج

أَنْتَجَ to produce

ACTIVE

PLURAL	DUAL	SINGULAR	SUBJUNCTIVE	PLURAL	DUAL	SINGULAR	PERFECT	
يُنْتِجُوا	يُنْتِجَا	يُنْتِجَ		أَنْتَجُوا	أَنْتَجَا	أَنْتَجَ	MASCULINE	3
يُنْتِجْنَ	تُنْتِجَا	تُنْتِجَ		أَنْتَجْنَ	أَنْتَجَتَا	أَنْتَجَتْ	FEMININE	
تُنْتِجُوا	تُنْتِجَا	تُنْتِجَ		أَنْتَجْتُمْ	أَنْتَجْتُمَا	أَنْتَجْتَ	MASCULINE	2
تُنْتِجْنَ	تُنْتِجَا	تُنْتِجِي		أَنْتَجْتُنَّ	أَنْتَجْتُمَا	أَنْتَجْتِ	FEMININE	
نُنْتِجَ	---	أُنْتِجَ		أَنْتَجْنَا	---	أَنْتَجْتُ		1

PLURAL	DUAL	SINGULAR	JUSSIVE	PLURAL	DUAL	SINGULAR	IMPERFECT	
يُنْتِجُوا	يُنْتِجَا	يُنْتِجْ		يُنْتِجُونَ	يُنْتِجَانِ	يُنْتِجُ	MASCULINE	3
يُنْتِجْنَ	تُنْتِجَا	تُنْتِجْ		يُنْتِجْنَ	تُنْتِجَانِ	تُنْتِجُ	FEMININE	
تُنْتِجُوا	تُنْتِجَا	تُنْتِجْ		تُنْتِجُونَ	تُنْتِجَانِ	تُنْتِجُ	MASCULINE	2
تُنْتِجْنَ	تُنْتِجَا	تُنْتِجِي		تُنْتِجْنَ	تُنْتِجَانِ	تُنْتِجِينَ	FEMININE	
نُنْتِجْ	---	أُنْتِجْ		نُنْتِجُ	---	أُنْتِجُ		1

PLURAL	DUAL	SINGULAR	IMPERATIVE		
أَنْتِجُوا	أَنْتِجَا	أَنْتِجْ	MASCULINE	مُنْتِجٌ	ACTIVE PARTICIPLE
أَنْتِجْنَ	أَنْتِجَا	أَنْتِجِي	FEMININE	مُنْتَجٌ	PASSIVE PARTICIPLE
				إِنْتَاجٌ	VERBAL NOUN

PASSIVE

PLURAL	DUAL	SINGULAR	SUBJUNCTIVE	PLURAL	DUAL	SINGULAR	PERFECT	
يُنْتَجُوا	يُنْتَجَا	يُنْتَجَ		أُنْتِجُوا	أُنْتِجَا	أُنْتِجَ	MASCULINE	3
يُنْتَجْنَ	تُنْتَجَا	تُنْتَجَ		أُنْتِجْنَ	أُنْتِجَتَا	أُنْتِجَتْ	FEMININE	
تُنْتَجُوا	تُنْتَجَا	تُنْتَجَ		أُنْتِجْتُمْ	أُنْتِجْتُمَا	أُنْتِجْتَ	MASCULINE	2
تُنْتَجْنَ	تُنْتَجَا	تُنْتَجِي		أُنْتِجْتُنَّ	أُنْتِجْتُمَا	أُنْتِجْتِ	FEMININE	
نُنْتَجَ	---	أُنْتَجَ		أُنْتِجْنَا	---	أُنْتِجْتُ		1

		JUSSIVE			IMPERFECT		
يُنْتَجُوا	يُنْتَجَا	يُنْتَجْ		يُنْتَجُونَ	يُنْتَجَانِ	يُنْتَجُ	MASCULINE 3
يُنْتَجْنَ	تُنْتَجَا	تُنْتَجْ		يُنْتَجْنَ	تُنْتَجَانِ	تُنْتَجُ	FEMININE
تُنْتَجُوا	تُنْتَجَا	تُنْتَجْ		تُنْتَجُونَ	تُنْتَجَانِ	تُنْتَجُ	MASCULINE 2
تُنْتَجْنَ	تُنْتَجَا	تُنْتَجِي		تُنْتَجْنَ	تُنْتَجَانِ	تُنْتَجِينَ	FEMININE
نُنْتَجْ	---	أُنْتَجْ		نُنْتَجُ	---	أُنْتَجُ	1

The factory *produced* more than we expected.

أَنْتَجَ المصنع أكثر مما توقعنا.

Egypt *produces* superior cotton.

نُنْتِجُ مصر قطنا ممتازا.

Injustice *gives rise* to feelings of hatred.

يُنْتِجُ الظلم مشاعر كراهية.

Form I نجح   to succeed; to pass (an exam) نَجَحَ ●

ACTIVE

PLURAL	DUAL	SINGULAR	SUBJUNCTIVE	PLURAL	DUAL	SINGULAR	PERFECT
يَنْجَحُوا	يَنْجَحَا	يَنْجَحَ		نَجَحُوا	نَجَحَا	نَجَحَ	MASCULINE 3
يَنْجَحْنَ	تَنْجَحَا	تَنْجَحَ		نَجَحْنَ	نَجَحَتَا	نَجَحَتْ	FEMININE
تَنْجَحُوا	تَنْجَحَا	تَنْجَحَ		نَجَحْتُمْ	نَجَحْتُمَا	نَجَحْتَ	MASCULINE 2
تَنْجَحْنَ	تَنْجَحَا	تَنْجَحِي		نَجَحْتُنَّ	نَجَحْتُمَا	نَجَحْتِ	FEMININE
نَنْجَحَ	---	أَنْجَحَ		نَجَحْنَا	---	نَجَحْتُ	1

		JUSSIVE			IMPERFECT		
يَنْجَحُوا	يَنْجَحَا	يَنْجَحْ		يَنْجَحُونَ	يَنْجَحَانِ	يَنْجَحُ	MASCULINE 3
يَنْجَحْنَ	تَنْجَحَا	تَنْجَحْ		يَنْجَحْنَ	تَنْجَحَانِ	تَنْجَحُ	FEMININE
تَنْجَحُوا	تَنْجَحَا	تَنْجَحْ		تَنْجَحُونَ	تَنْجَحَانِ	تَنْجَحُ	MASCULINE 2
تَنْجَحْنَ	تَنْجَحَا	تَنْجَحِي		تَنْجَحْنَ	تَنْجَحَانِ	تَنْجَحِينَ	FEMININE
نَنْجَحْ	---	أَنْجَحْ		نَنْجَحُ	---	أَنْجَحُ	1

		IMPERATIVE		
إنْجَحُوا	إنْجَحَا	إنْجَحْ	MASCULINE	نَاجِحٌ ACTIVE PARTICIPLE
إنْجَحْنَ	إنْجَحَا	إنْجَحِي	FEMININE	--- PASSIVE PARTICIPLE

ACTIVE PARTICIPLE   نَاجِحٌ

PASSIVE PARTICIPLE   ---

VERBAL NOUN   نَجْحٌ, نُجْحٌ, نَجَاحٌ

I hope *to be successful* in my work.

أتمنى أن أَنْجَحَ في عملي.

We *passed* the exam.

نَجَحْنَا في الإمتحان.

The government *succeeded* in controlling the famine.   نَجَحَتُ الحكومة في السيطرة على المجاعة.

Form IV نجز   to execute; to accomplish أَنْجَزَ ●

ACTIVE

PLURAL	DUAL	SINGULAR	SUBJUNCTIVE	PLURAL	DUAL	SINGULAR	PERFECT	
يُنْجِزُوا	يُنْجِزَا	يُنْجِزَ		أَنْجَزُوا	أَنْجَزَا	أَنْجَزَ	MASCULINE	3
يُنْجِزْنَ	تُنْجِزَا	تُنْجِزَ		أَنْجَزْنَ	أَنْجَزَتَا	أَنْجَزَتْ	FEMININE	
تُنْجِزُوا	تُنْجِزَا	تُنْجِزَ		أَنْجَزْتُمْ	أَنْجَزْتُمَا	أَنْجَزْتَ	MASCULINE	2
تُنْجِزْنَ	تُنْجِزَا	تُنْجِزِي		أَنْجَزْتُنَّ	أَنْجَزْتُمَا	أَنْجَزْتِ	FEMININE	
نُنْجِزَ	---	أُنْجِزَ		أَنْجَزْنَا	---	أَنْجَزْتُ		1

JUSSIVE   IMPERFECT

PLURAL	DUAL	SINGULAR	JUSSIVE	PLURAL	DUAL	SINGULAR	IMPERFECT	
يُنْجِزُوا	يُنْجِزَا	يُنْجِزْ		يُنْجِزُونَ	يُنْجِزَانِ	يُنْجِزُ	MASCULINE	3
يُنْجِزْنَ	تُنْجِزَا	تُنْجِزْ		يُنْجِزْنَ	تُنْجِزَانِ	تُنْجِزُ	FEMININE	
تُنْجِزُوا	تُنْجِزَا	تُنْجِزْ		تُنْجِزُونَ	تُنْجِزَانِ	تُنْجِزُ	MASCULINE	2
تُنْجِزْنَ	تُنْجِزَا	تُنْجِزِي		تُنْجِزْنَ	تُنْجِزَانِ	تُنْجِزِينَ	FEMININE	
نُنْجِزْ	---	أُنْجِزْ		نُنْجِزُ	---	أُنْجِزُ		1

IMPERATIVE

						مُنْجِزٌ	ACTIVE PARTICIPLE
أَنْجِزُوا	أَنْجِزَا	أَنْجِزْ	MASCULINE			مُنْجَزٌ	PASSIVE PARTICIPLE
أَنْجِزْنَ	أَنْجِزَا	أَنْجِزِي	FEMININE			إِنْجَازٌ	VERBAL NOUN

PASSIVE

PLURAL	DUAL	SINGULAR	SUBJUNCTIVE	PLURAL	DUAL	SINGULAR	PERFECT	
يُنْجَزُوا	يُنْجَزَا	يُنْجَزَ		أُنْجِزُوا	أُنْجِزَا	أُنْجِزَ	MASCULINE	3
يُنْجَزْنَ	تُنْجَزَا	تُنْجَزَ		أُنْجِزْنَ	أُنْجِزَتَا	أُنْجِزَتْ	FEMININE	
تُنْجَزُوا	تُنْجَزَا	تُنْجَزَ		أُنْجِزْتُمْ	أُنْجِزْتُمَا	أُنْجِزْتَ	MASCULINE	2
تُنْجَزْنَ	تُنْجَزَا	تُنْجَزِي		أُنْجِزْتُنَّ	أُنْجِزْتُمَا	أُنْجِزْتِ	FEMININE	
نُنْجَزَ	---	أُنْجَزَ		أُنْجِزْنَا	---	أُنْجِزْتُ		1

457

JUSSIVE / IMPERFECT

PLURAL	DUAL	SINGULAR		PLURAL	DUAL	SINGULAR			
يُنْجَزُوا	يُنْجَزَا	يُنْجَزْ		يُنْجَزُونَ	يُنْجَزَانِ	يُنْجَزُ	MASCULINE	3
يُنْجَزْنَ	تُنْجَزَا	تُنْجَزْ		يُنْجَزْنَ	تُنْجَزَانِ	تُنْجَزُ	FEMININE	
تُنْجَزُوا	تُنْجَزَا	تُنْجَزْ		تُنْجَزُونَ	تُنْجَزَانِ	تُنْجَزُ	MASCULINE	2
تُنْجَزْنَ	تُنْجَزِي	تُنْجَزْ		تُنْجَزْنَ	تُنْجَزَانِ	تُنْجَزِينَ	FEMININE	
نُنْجَزْ	---	أُنْجَزْ		نُنْجَزُ	---	أُنْجَزُ		1

Has the matter *been accomplished*?

هل أُنْجِزَتِ المهمة؟

We can *accomplish* this task if we work together.

يمكننا أن نُنْجِزَ العمل إذا تعاونّا.

We have *used up* the sources of natural energy.

أَنْجَزْنَا على مصادر الطاقة الطبيعية.

Form VIII نخب to choose; to vote إِنْتَخَبَ ●

ACTIVE

PLURAL	DUAL	SINGULAR	SUBJUNCTIVE	PLURAL	DUAL	SINGULAR	PERFECT		
يَنْتَخِبُوا	يَنْتَخِبَا	يَنْتَخِبَ		إِنْتَخَبُوا	إِنْتَخَبَا	إِنْتَخَبَ	MASCULINE	3
يَنْتَخِبْنَ	تَنْتَخِبَا	تَنْتَخِبَ		إِنْتَخَبْنَ	إِنْتَخَبَتَا	إِنْتَخَبَتْ	FEMININE	
تَنْتَخِبُوا	تَنْتَخِبَا	تَنْتَخِبَ		إِنْتَخَبْتُمْ	إِنْتَخَبْتُمَا	إِنْتَخَبْتَ	MASCULINE	2
تَنْتَخِبْنَ	تَنْتَخِبَا	تَنْتَخِبِي		إِنْتَخَبْتُنَّ	إِنْتَخَبْتُمَا	إِنْتَخَبْتِ	FEMININE	
نَنْتَخِبَ	---	أَنْتَخِبَ		إِنْتَخَبْنَا	---	إِنْتَخَبْتُ		1

JUSSIVE / IMPERFECT

PLURAL	DUAL	SINGULAR		PLURAL	DUAL	SINGULAR			
يَنْتَخِبُوا	يَنْتَخِبَا	يَنْتَخِبْ		يَنْتَخِبُونَ	يَنْتَخِبَانِ	يَنْتَخِبُ	MASCULINE	3
يَنْتَخِبْنَ	تَنْتَخِبَا	تَنْتَخِبْ		يَنْتَخِبْنَ	تَنْتَخِبَانِ	تَنْتَخِبُ	FEMININE	
تَنْتَخِبُوا	تَنْتَخِبَا	تَنْتَخِبْ		تَنْتَخِبُونَ	تَنْتَخِبَانِ	تَنْتَخِبُ	MASCULINE	2
تَنْتَخِبْنَ	تَنْتَخِبَا	تَنْتَخِبِي		تَنْتَخِبْنَ	تَنْتَخِبَانِ	تَنْتَخِبِينَ	FEMININE	
نَنْتَخِبْ	---	أَنْتَخِبْ		نَنْتَخِبُ	---	أَنْتَخِبُ		1

IMPERATIVE

PLURAL	DUAL	SINGULAR	
إِنْتَخِبُوا	إِنْتَخِبَا	إِنْتَخِبْ	MASCULINE
إِنْتَخِبْنَ	إِنْتَخِبَا	إِنْتَخِبِي	FEMININE

مُنْتَخِبٌ	ACTIVE PARTICIPLE
مُنْتَخَبٌ	PASSIVE PARTICIPLE
إِنْتَخَابٌ	VERBAL NOUN

458

PLURAL	DUAL	SINGULAR	**SUBJUNCTIVE**	PLURAL	DUAL	SINGULAR	**PERFECT**	
يُنْتَخَبُوا	يُنْتَخَبَا	يُنْتَخَبَ		أُنْتُخِبُوا	أُنْتُخِبَا	أُنْتُخِبَ	MASCULINE	3
يُنْتَخَبْنَ	تُنْتَخَبَا	تُنْتَخَبَ		أُنْتُخِبْنَ	أُنْتُخِبَتَا	أُنْتُخِبَتْ	FEMININE	
تُنْتَخَبُوا	تُنْتَخَبَا	تُنْتَخَبَ		أُنْتُخِبْتُمْ	أُنْتُخِبْتُمَا	أُنْتُخِبْتَ	MASCULINE	2
تُنْتَخَبْنَ	تُنْتَخَبَا	تُنْتَخَبِي		أُنْتُخِبْتُنَّ	أُنْتُخِبْتُمَا	أُنْتُخِبْتِ	FEMININE	
نُنْتَخَبَ	---	أُنْتَخَبَ		أُنْتُخِبْنَا	---	أُنْتُخِبْتُ		1

PLURAL	DUAL	SINGULAR	**JUSSIVE**	PLURAL	DUAL	SINGULAR	**IMPERFECT**	
يُنْتَخَبُوا	يُنْتَخَبَا	يُنْتَخَبْ		يُنْتَخَبُونَ	يُنْتَخَبَانِ	يُنْتَخَبُ	MASCULINE	3
يُنْتَخَبْنَ	تُنْتَخَبَا	تُنْتَخَبْ		يُنْتَخَبْنَ	تُنْتَخَبَانِ	تُنْتَخَبُ	FEMININE	
تُنْتَخَبُوا	تُنْتَخَبَا	تُنْتَخَبْ		تُنْتَخَبُونَ	تُنْتَخَبَانِ	تُنْتَخَبُ	MASCULINE	2
تُنْتَخَبْنَ	تُنْتَخَبَا	تُنْتَخَبِي		تُنْتَخَبْنَ	تُنْتَخَبَانِ	تُنْتَخَبِينَ	FEMININE	
نُنْتَخَبْ	---	أُنْتَخَبْ		نُنْتَخَبُ	---	أُنْتَخَبُ		1

We *have chosen* the best drink for you.	إِنْتَخَبْنَا أحسن مشروب لكم.
For whom *will you vote*?	من سَتَنْتَخِبُ؟
The nation *elected* the president for a new term of office.	إِنْتَخَبَ الشعب الرئيس لفترة رئاسية جديدة.

Form III ندو   نَادَى to call out, invite ●

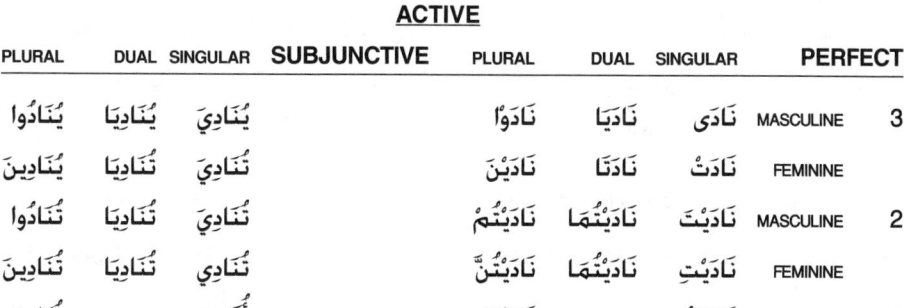

PLURAL	DUAL	SINGULAR	**SUBJUNCTIVE**	PLURAL	DUAL	SINGULAR	**PERFECT**	
يُنَادُوا	يُنَادِيَا	يُنَادِيَ		نَادُوا	نَادَيَا	نَادَى	MASCULINE	3
يُنَادِينَ	تُنَادِيَا	تُنَادِيَ		نَادَيْنَ	نَادَتَا	نَادَتْ	FEMININE	
تُنَادُوا	تُنَادِيَا	تُنَادِيَ		نَادَيْتُمْ	نَادَيْتُمَا	نَادَيْتَ	MASCULINE	2
تُنَادِينَ	تُنَادِيَا	تُنَادِي		نَادَيْتُنَّ	نَادَيْتُمَا	نَادَيْتِ	FEMININE	
نُنَادِيَ	---	أُنَادِيَ		نَادَيْنَا	---	نَادَيْتُ		1

JUSSIVE / IMPERFECT

	JUSSIVE				IMPERFECT			
	PLURAL	DUAL	SINGULAR		PLURAL	DUAL	SINGULAR	
3 MASCULINE	يُنَادُوا	يُنَادِيَا	يُنَادِ		يُنَادُونَ	يُنَادِيَانِ	يُنَادِي	
3 FEMININE	يُنَادِينَ	تُنَادِيَا	تُنَادِ		يُنَادِينَ	تُنَادِيَانِ	تُنَادِي	
2 MASCULINE	تُنَادُوا	تُنَادِيَا	تُنَادِ		تُنَادُونَ	تُنَادِيَانِ	تُنَادِي	
2 FEMININE	تُنَادِينَ	تُنَادِيَا	تُنَادِي		تُنَادِينَ	تُنَادِيَانِ	تُنَادِينَ	
1	نُنَادِ	---	أُنَادِ		نُنَادِي	---	أُنَادِي	

IMPERATIVE

	PLURAL	DUAL	SINGULAR
MASCULINE	نَادُوا	نَادِيَا	نَادِ
FEMININE	نَادِينَ	نَادِيَا	نَادِي

مُنَادٍ	ACTIVE PARTICIPLE
مُنَادًى	PASSIVE PARTICIPLE
مُنَادَاةٌ	VERBAL NOUN

PASSIVE

SUBJUNCTIVE / PERFECT

	SUBJUNCTIVE				PERFECT			
	PLURAL	DUAL	SINGULAR		PLURAL	DUAL	SINGULAR	
3 MASCULINE	يُنَادَوْا	يُنَادَيَا	يُنَادَى		نُودُوا	نُودِيَا	نُودِيَ	
3 FEMININE	يُنَادَيْنَ	تُنَادَيَا	تُنَادَى		نُودِينَ	نُودِيَتَا	نُودِيَتْ	
2 MASCULINE	تُنَادَوْا	تُنَادَيَا	تُنَادَى		نُودِيتُمْ	نُودِيتُمَا	نُودِيتَ	
2 FEMININE	تُنَادَيْنَ	تُنَادَيَا	تُنَادَيْ		نُودِيتُنَّ	نُودِيتُمَا	نُودِيتِ	
1	نُنَادَى	---	أُنَادَى		نُودِينَا	---	نُودِيتُ	

JUSSIVE / IMPERFECT

	JUSSIVE				IMPERFECT			
	PLURAL	DUAL	SINGULAR		PLURAL	DUAL	SINGULAR	
3 MASCULINE	يُنَادَوْا	يُنَادَيَا	يُنَادَ		يُنَادَوْنَ	يُنَادَيَانِ	يُنَادَى	
3 FEMININE	يُنَادَيْنَ	تُنَادَيَا	تُنَادَ		يُنَادَيْنَ	يُنَادَيَانِ	تُنَادَى	
2 MASCULINE	تُنَادَوْا	تُنَادَيَا	تُنَادَ		تُنَادَوْنَ	تُنَادَيَانِ	تُنَادَى	
2 FEMININE	تُنَادَيْنَ	تُنَادَيَا	تُنَادَيْ		تُنَادَيْنَ	تُنَادَيَانِ	تُنَادَيْنَ	
1	نُنَادَ	---	أُنَادَ		نُنَادَى	---	أُنَادَى	

I called out to you, but you didn't hear me.

نَادَيْتُ عليكِ ولم تسمعيني.

The teacher invited the students to talk with them.

نَادَى المدرّس الطلاب ليتكلّم معهم.

He was proclaimed prime minister.

نُودِيَ به رئيسًا للوزراء.

460

to descend; to take up a position نَزَلَ

ACTIVE

PLURAL	DUAL	SINGULAR	SUBJUNCTIVE	PLURAL	DUAL	SINGULAR	PERFECT	
يَنْزِلُوا	يَنْزِلا	يَنْزِلَ		نَزَلُوا	نَزَلا	نَزَلَ	MASCULINE	3
يَنْزِلْنَ	تَنْزِلا	تَنْزِلَ		نَزَلْنَ	نَزَلَتَا	نَزَلَتْ	FEMININE	
تَنْزِلُوا	تَنْزِلا	تَنْزِلَ		نَزَلْتُمْ	نَزَلْتُمَا	نَزَلْتَ	MASCULINE	2
تَنْزِلْنَ	تَنْزِلا	تَنْزِلِي		نَزَلْتُنَّ	نَزَلْتُمَا	نَزَلْتِ	FEMININE	
نَنْزِلَ	---	أَنْزِلَ		نَزَلْنَا	---	نَزَلْتُ		1

PLURAL	DUAL	SINGULAR	JUSSIVE	PLURAL	DUAL	SINGULAR	IMPERFECT	
يَنْزِلُوا	يَنْزِلا	يَنْزِلْ		يَنْزِلُونَ	يَنْزِلانِ	يَنْزِلُ	MASCULINE	3
يَنْزِلْنَ	تَنْزِلا	تَنْزِلْ		يَنْزِلْنَ	تَنْزِلانِ	تَنْزِلُ	FEMININE	
تَنْزِلُوا	تَنْزِلا	تَنْزِلْ		تَنْزِلُونَ	تَنْزِلانِ	تَنْزِلُ	MASCULINE	2
تَنْزِلْنَ	تَنْزِلا	تَنْزِلِي		تَنْزِلْنَ	تَنْزِلانِ	تَنْزِلِينَ	FEMININE	
نَنْزِلْ	---	أَنْزِلْ		نَنْزِلُ	---	أَنْزِلُ		1

PLURAL	DUAL	SINGULAR	IMPERATIVE		
				نَازِلٌ	ACTIVE PARTICIPLE
إِنْزِلُوا	إِنْزِلا	إِنْزِلْ	MASCULINE	---	PASSIVE PARTICIPLE
إِنْزِلْنَ	إِنْزِلا	إِنْزِلِي	FEMININE	نُزُولٌ	VERBAL NOUN

He came down quickly from the mountain.	نَزَلَ مِن عَلى الجبل بسرعة.
The airplane landed early.	نَزَلَتْ الطائرة مبكرًا.
Muhammad stayed with us as a guest.	نَزَلَ محمد علينا ضيفًا.
The player took [literally: went down to] the field.	نَزَلَ اللاعبون إلى الملعب.
He served as [literally: occupied the position of] director.	نَزَلَ بمنزلة المدير.

Form I نسي   to forget نَسِيَ ●

ACTIVE

PLURAL	DUAL	SINGULAR	SUBJUNCTIVE	PLURAL	DUAL	SINGULAR	PERFECT	
يَنْسَوْا	يَنْسَيَا	يَنْسَى		نَسُوا	نَسِيَا	نَسِيَ	MASCULINE	3
يَنْسَيْنَ	تَنْسَيَا	تَنْسَى		نَسِينَ	نَسِيَتَا	نَسِيَتْ	FEMININE	
تَنْسَوْا	تَنْسَيَا	تَنْسَى		نَسِيتُمْ	نَسِيتُمَا	نَسِيتَ	MASCULINE	2
تَنْسَيْنَ	تَنْسَيَا	تَنْسَيْ		نَسِيتُنَّ	نَسِيتُمَا	نَسِيتِ	FEMININE	
نَنْسَى	---	أَنْسَى		نَسِينَا	---	نَسِيتُ		1

PLURAL	DUAL	SINGULAR	JUSSIVE	PLURAL	DUAL	SINGULAR	IMPERFECT	
يَنْسَوْا	يَنْسَيَا	يَنْسَ		يَنْسَوْنَ	يَنْسَيَانِ	يَنْسَى	MASCULINE	3
يَنْسَيْنَ	تَنْسَيَا	تَنْسَ		يَنْسَيْنَ	تَنْسَيَانِ	تَنْسَى	FEMININE	
تَنْسَوْا	تَنْسَيَا	تَنْسَ		تَنْسَوْنَ	تَنْسَيَانِ	تَنْسَى	MASCULINE	2
تَنْسَيْنَ	تَنْسَيَا	تَنْسَيْ		تَنْسَيْنَ	تَنْسَيَانِ	تَنْسَيْنَ	FEMININE	
نَنْسَ	---	أَنْسَ		نَنْسَى	---	أَنْسَى		1

PLURAL	DUAL	SINGULAR	IMPERATIVE		
				نَاسٍ	ACTIVE PARTICIPLE
إِنْسَوْا	إِنْسَيَا	إِنْسَ	MASCULINE	مَنْسِيٌّ	PASSIVE PARTICIPLE
إِنْسَيْنَ	إِنْسَيَا	إِنْسَيْ	FEMININE	نَسْيٌ، نِسْيَانٌ	VERBAL NOUN

PASSIVE

PLURAL	DUAL	SINGULAR	SUBJUNCTIVE	PLURAL	DUAL	SINGULAR	PERFECT	
يُنْسَوْا	يُنْسَيَا	يُنْسَى		نُسُوا	نُسِيَا	نُسِيَ	MASCULINE	3
يُنْسَيْنَ	تُنْسَيَا	تُنْسَى		نُسِينَ	نُسِيَتَا	نُسِيَتْ	FEMININE	
تُنْسَوْا	تُنْسَيَا	تُنْسَى		نُسِيتُمْ	نُسِيتُمَا	نُسِيتَ	MASCULINE	2
تُنْسَيْنَ	تُنْسَيَا	تُنْسَيْ		نُسِيتُنَّ	نُسِيتُمَا	نُسِيتِ	FEMININE	
نُنْسَى	---	أُنْسَى		نُسِينَا	---	نُسِيتُ		1

PLURAL	DUAL	SINGULAR	JUSSIVE	PLURAL	DUAL	SINGULAR	IMPERFECT	
يُنْسَوْا	يُنْسَيَا	يُنْسَ		يُنْسَوْنَ	يُنْسَيَانِ	يُنْسَى	MASCULINE	3
يُنْسَيْنَ	تُنْسَيَا	تُنْسَ		يُنْسَيْنَ	تُنْسَيَانِ	تُنْسَى	FEMININE	
تُنْسَوْا	تُنْسَيَا	تُنْسَ		تُنْسَوْنَ	تُنْسَيَانِ	تُنْسَى	MASCULINE	2
تُنْسَيْنَ	تُنْسَيَا	تُنْسَيْ		تُنْسَيْنَ	تُنْسَيَانِ	تُنْسَيْنَ	FEMININE	
نُنْسَ	---	أُنْسَ		نُنْسَى	---	أُنْسَى		1

I have forgotten to bring the book with me.	لقد نَسِيتُ أن أُحضر الكتاب معي.
Don't forget our date tomorrow.	لا تَنْسَ موعدنا غداً.
I will never forget [literally: If I forget, I will not forget].	إن أَنْسَ فلا أنسَى.

Form I نشأ

to grow; to arise نَشَأَ ●

ACTIVE

PLURAL	DUAL	SINGULAR	SUBJUNCTIVE	PLURAL	DUAL	SINGULAR	PERFECT	
يَنْشَؤُوا	يَنْشَآ	يَنْشَأَ		نَشَؤُوا	نَشَآ	نَشَأَ	MASCULINE	3
يَنْشَأْنَ	تَنْشَآ	تَنْشَأَ		نَشَأْنَ	نَشَأَتَا	نَشَأَتْ	FEMININE	
تَنْشَؤُوا	تَنْشَآ	تَنْشَأَ		نَشَأْتُمْ	نَشَأْتُمَا	نَشَأْتَ	MASCULINE	2
تَنْشَأْنَ	تَنْشَآ	تَنْشَئِي		نَشَأْتُنَّ	نَشَأْتُمَا	نَشَأْتِ	FEMININE	
نَنْشَأَ	---	أَنْشَأَ		نَشَأْنَا	---	نَشَأْتُ		1

			JUSSIVE				IMPERFECT	
يَنْشَؤُوا	يَنْشَآ	يَنْشَأْ		يَنْشَؤُونَ	يَنْشَآنِ	يَنْشَأُ	MASCULINE	3
يَنْشَأْنَ	تَنْشَآ	تَنْشَأْ		يَنْشَأْنَ	تَنْشَآنِ	تَنْشَأُ	FEMININE	
تَنْشَؤُوا	تَنْشَآ	تَنْشَأْ		تَنْشَؤُونَ	تَنْشَآنِ	تَنْشَأُ	MASCULINE	2
تَنْشَأْنَ	تَنْشَآ	تَنْشَئِي		تَنْشَأْنَ	تَنْشَآنِ	تَنْشَئِينَ	FEMININE	
نَنْشَأْ	---	أَنْشَأْ		نَنْشَأُ	---	أَنْشَأُ		1

			IMPERATIVE				
				نَاشِئٌ		ACTIVE PARTICIPLE	
إنْشَؤُوا	إنْشَآ	إنْشَأْ	MASCULINE	---		PASSIVE PARTICIPLE	
إنْشَأْنَ	إنْشَآ	إنْشَئِي	FEMININE	نَشْءٌ، نُشُوءٌ، نَشْأَةٌ		VERBAL NOUN	

We grew up [literally: originated] in Morocco.	نَشَأْنَا في المغرب.
This branch grew out of the stump of the tree.	هذا الفرع نَشَأَ من جذع الشجرة.
The fire started accidentally.	نَشَأَ الحريق نشوءاً عرضيّا.

463

Form I نشد   to adjure نَاشَدَ ●

ACTIVE

PLURAL	DUAL	SINGULAR	SUBJUNCTIVE	PLURAL	DUAL	SINGULAR	PERFECT	
يُنَاشِدُوا	يُنَاشِدَا	يُنَاشِدَ		نَاشَدُوا	نَاشَدَا	نَاشَدَ	MASCULINE	3
تُنَاشِدْنَ	تُنَاشِدَا	تُنَاشِدَ		نَاشَدْنَ	نَاشَدَتَا	نَاشَدَتْ	FEMININE	
تُنَاشِدُوا	تُنَاشِدَا	تُنَاشِدَ		نَاشَدْتُمْ	نَاشَدْتُمَا	نَاشَدْتَ	MASCULINE	2
تُنَاشِدْنَ	تُنَاشِدَا	تُنَاشِدِي		نَاشَدْتُنَّ	نَاشَدْتُمَا	نَاشَدْتِ	FEMININE	
نُنَاشِدَ	---	أُنَاشِدَ		نَاشَدْنَا	---	نَاشَدْتُ		1

PLURAL	DUAL	SINGULAR	JUSSIVE	PLURAL	DUAL	SINGULAR	IMPERFECT	
يُنَاشِدُوا	يُنَاشِدَا	يُنَاشِدْ		يُنَاشِدُونَ	يُنَاشِدَانِ	يُنَاشِدُ	MASCULINE	3
تُنَاشِدْنَ	تُنَاشِدَا	تُنَاشِدْ		يُنَاشِدْنَ	تُنَاشِدَانِ	تُنَاشِدُ	FEMININE	
تُنَاشِدُوا	تُنَاشِدَا	تُنَاشِدْ		تُنَاشِدُونَ	تُنَاشِدَانِ	تُنَاشِدُ	MASCULINE	2
تُنَاشِدْنَ	تُنَاشِدَا	تُنَاشِدِي		تُنَاشِدْنَ	تُنَاشِدَانِ	تُنَاشِدِينَ	FEMININE	
نُنَاشِدْ	---	أُنَاشِدْ		نُنَاشِدُ	---	أُنَاشِدُ		1

PLURAL	DUAL	SINGULAR	IMPERATIVE		
نَاشِدُوا	نَاشِدَا	نَاشِدْ	MASCULINE	مُنَاشِدٌ	ACTIVE PARTICIPLE
نَاشِدْنَ	نَاشِدَا	نَاشِدِي	FEMININE	مُنَاشَدٌ	PASSIVE PARTICIPLE
				مُنَاشَدَةٌ	VERBAL NOUN

PASSIVE

PLURAL	DUAL	SINGULAR	SUBJUNCTIVE	PLURAL	DUAL	SINGULAR	PERFECT	
يُنَاشَدُوا	يُنَاشَدَا	يُنَاشَدَ		نُوشِدُوا	نُوشِدَا	نُوشِدَ	MASCULINE	3
تُنَاشَدْنَ	تُنَاشَدَا	تُنَاشَدَ		نُوشِدْنَ	نُوشِدَتَا	نُوشِدَتْ	FEMININE	
تُنَاشَدُوا	تُنَاشَدَا	تُنَاشَدَ		نُوشِدْتُمْ	نُوشِدْتُمَا	نُوشِدْتَ	MASCULINE	2
تُنَاشَدْنَ	تُنَاشَدَا	تُنَاشَدِي		نُوشِدْتُنَّ	نُوشِدْتُمَا	نُوشِدْتِ	FEMININE	
نُنَاشَدَ	---	أُنَاشَدَ		نُوشِدْنَا	---	نُوشِدْتُ		1

PLURAL	DUAL	SINGULAR	JUSSIVE	PLURAL	DUAL	SINGULAR	IMPERFECT	
يُنَاشَدُوا	يُنَاشَدَا	يُنَاشَدْ		يُنَاشَدُونَ	يُنَاشَدَانِ	يُنَاشَدُ	MASCULINE	3
تُنَاشَدْنَ	تُنَاشَدَا	تُنَاشَدْ		يُنَاشَدْنَ	تُنَاشَدَانِ	تُنَاشَدُ	FEMININE	
تُنَاشَدُوا	تُنَاشَدَا	تُنَاشَدْ		تُنَاشَدُونَ	تُنَاشَدَانِ	تُنَاشَدُ	MASCULINE	2
تُنَاشَدْنَ	تُنَاشَدَا	تُنَاشَدِي		تُنَاشَدْنَ	تُنَاشَدَانِ	تُنَاشَدِينَ	FEMININE	
نُنَاشَدْ	---	أُنَاشَدْ		نُنَاشَدُ	---	أُنَاشَدُ		1

The government *urged* the citizens to use birth control.	نَاشَدَتْ الحكومة المواطنين بتحديد النسل.
I implore you by God.	أُنَاشِدُكَ بالله.
We beg you to maintain silence.	نُنَاشِدُكُمْ الإلتزام بالصمت.

Form I نشر — to spread; to publish نَشَرَ

ACTIVE

PLURAL	DUAL	SINGULAR	SUBJUNCTIVE	PLURAL	DUAL	SINGULAR	PERFECT	
يَنْشُرُوا	يَنْشُرَا	يَنْشُرَ		نَشَرُوا	نَشَرَ	نَشَرَ	MASCULINE	3
يَنْشُرْنَ	تَنْشُرَا	تَنْشُرَ		نَشَرْنَ	نَشَرَتَا	نَشَرَتْ	FEMININE	
تَنْشُرُوا	تَنْشُرَا	تَنْشُرَ		نَشَرْتُمْ	نَشَرْتُمَا	نَشَرْتَ	MASCULINE	2
تَنْشُرْنَ	تَنْشُرَا	تَنْشُرِي		نَشَرْتُنَّ	نَشَرْتُمَا	نَشَرْتِ	FEMININE	
نَنْشُرَ	---	أَنْشُرَ		نَشَرْنَا	---	نَشَرْتُ		1

PLURAL	DUAL	SINGULAR	JUSSIVE	PLURAL	DUAL	SINGULAR	IMPERFECT	
يَنْشُرُوا	يَنْشُرَا	يَنْشُرْ		يَنْشُرُونَ	يَنْشُرَانِ	يَنْشُرُ	MASCULINE	3
يَنْشُرْنَ	تَنْشُرَا	تَنْشُرْ		يَنْشُرْنَ	تَنْشُرَانِ	تَنْشُرُ	FEMININE	
تَنْشُرُوا	تَنْشُرَا	تَنْشُرْ		تَنْشُرُونَ	تَنْشُرَانِ	تَنْشُرُ	MASCULINE	2
تَنْشُرْنَ	تَنْشُرَا	تَنْشُرِي		تَنْشُرْنَ	تَنْشُرَانِ	تَنْشُرِينَ	FEMININE	
نَنْشُرْ	---	أَنْشُرْ		نَنْشُرُ	---	أَنْشُرُ		1

PLURAL	DUAL	SINGULAR	IMPERATIVE	
أُنْشُرُوا	أُنْشُرَا	أُنْشُرْ	MASCULINE	
أُنْشُرْنَ	أُنْشُرَا	أُنْشُرِي	FEMININE	

ACTIVE PARTICIPLE	نَاشِرٌ
PASSIVE PARTICIPLE	مَنْشُورٌ
VERBAL NOUN	نَشْرٌ

PASSIVE

PLURAL	DUAL	SINGULAR	SUBJUNCTIVE	PLURAL	DUAL	SINGULAR	PERFECT	
يُنْشَرُوا	يُنْشَرَا	يُنْشَرَ		نُشِرُوا	نُشِرَا	نُشِرَ	MASCULINE	3
يُنْشَرْنَ	تُنْشَرَا	تُنْشَرَ		نُشِرْنَ	نُشِرَتَا	نُشِرَتْ	FEMININE	
تُنْشَرُوا	تُنْشَرَا	تُنْشَرَ		نُشِرْتُمْ	نُشِرْتُمَا	نُشِرْتَ	MASCULINE	2
تُنْشَرْنَ	تُنْشَرَا	تُنْشَرِي		نُشِرْتُنَّ	نُشِرْتُمَا	نُشِرْتِ	FEMININE	
نُنْشَرَ	---	أُنْشَرَ		نُشِرْنَا	---	نُشِرْتُ		1

				IMPERFECT				JUSSIVE		
		SINGULAR	DUAL	PLURAL		SINGULAR	DUAL	PLURAL
3	MASCULINE	يُنْشَرُ	يُنْشَرَانِ	يُنْشَرُونَ		يُنْشَرْ	يُنْشَرَا	يُنْشَرُوا
	FEMININE	تُنْشَرُ	تُنْشَرَانِ	يُنْشَرْنَ		تُنْشَرْ	تُنْشَرَا	يُنْشَرْنَ
2	MASCULINE	تُنْشَرُ	تُنْشَرَانِ	تُنْشَرُونَ		تُنْشَرْ	تُنْشَرَا	تُنْشَرُوا
	FEMININE	تُنْشَرِينَ	تُنْشَرَانِ	تُنْشَرْنَ		تُنْشَرِي	تُنْشَرَا	تُنْشَرْنَ
1		أُنْشَرُ	---	نُنْشَرُ		أُنْشَرْ	---	نُنْشَرْ

الحشرات تَنْشُرُ الأمراض. — Insects *spread* diseases.

سَأَنْشُرُ هذا المقال في مجلة آخر ساعة. — *I will publish* this article in the journal *The Last Moment.*

لا تَنْشُرْ الخبر بعد. — *Don't announce* the matter yet.

● نَصَّ to stipulate; compose (a letter) — Form I نصص

ACTIVE

		PERFECT				SUBJUNCTIVE		
		SINGULAR	DUAL	PLURAL		SINGULAR	DUAL	PLURAL
3	MASCULINE	نَصَّ	نَصَّا	نَصُّوا		يَنُصَّ	يَنُصَّا	يَنُصُّوا
	FEMININE	نَصَّتْ	نَصَّتَا	نَصَصْنَ		تَنُصَّ	تَنُصَّا	يَنْصُصْنَ
2	MASCULINE	نَصَصْتَ	نَصَصْتُمَا	نَصَصْتُمْ		تَنُصَّ	تَنُصَّا	تَنُصُّوا
	FEMININE	نَصَصْتِ	نَصَصْتُمَا	نَصَصْتُنَّ		تَنُصِّي	تَنُصَّا	تَنْصُصْنَ
1		نَصَصْتُ	---	نَصَصْنَا		أَنُصَّ	---	نَنُصَّ

		IMPERFECT				*JUSSIVE		
3	MASCULINE	يَنُصُّ	يَنُصَّانِ	يَنُصُّونَ		يَنْصُصْ	يَنُصَّا	يَنُصُّوا
	FEMININE	تَنُصُّ	تَنُصَّانِ	يَنْصُصْنَ		تَنْصُصْ	تَنُصَّا	يَنْصُصْنَ
2	MASCULINE	تَنُصُّ	تَنُصَّانِ	تَنُصُّونَ		تَنْصُصْ	تَنُصَّا	تَنُصُّوا
	FEMININE	تَنُصِّينَ	تَنُصَّانِ	تَنْصُصْنَ		تَنُصِّي	تَنُصَّا	تَنْصُصْنَ
1		أَنُصُّ	---	نَنُصُّ		أَنْصُصْ	---	نَنْصُصْ

			** IMPERATIVE			
ACTIVE PARTICIPLE	نَاصٌّ					
PASSIVE PARTICIPLE	مَنْصُوصٌ		MASCULINE	أُنْصُصْ	أُنْصُصَا	أُنْصُصُوا
VERBAL NOUN	نَصٌّ		FEMININE	أُنْصُصِي	أُنْصُصَا	أُنْصُصْنَ

* Contracted form: يَنُصَّ, تَنُصَّ, تَنُصَّ, تَنُصِّي, أَنُصَّ... نَنُصَّ

** Contracted form: نُصَّ, نُصِّي, نُصَّا, نُصُّوا...

PASSIVE

		SINGULAR	DUAL	PLURAL	SUBJUNCTIVE SINGULAR	DUAL	PLURAL
PERFECT							
3	MASCULINE	نُصَّ	نُصَّا	نُصُّوا	يُنَصَّ	يُنَصَّا	يُنَصُّوا
	FEMININE	نُصَّتْ	نُصَّتَا	نُصِصْنَ	تُنَصَّ	تُنَصَّا	يُنْصَصْنَ
2	MASCULINE	نُصِصْتَ	نُصِصْتُمَا	نُصِصْتُمْ	تُنَصَّ	تُنَصَّا	تُنَصُّوا
	FEMININE	نُصِصْتِ	نُصِصْتُمَا	نُصِصْتُنَّ	تُنَصِّي	تُنَصَّا	تُنْصَصْنَ
1		نُصِصْتُ	---	نُصِصْنَا	أُنَصَّ	---	نُنَصَّ
IMPERFECT					***JUSSIVE**		
3	MASCULINE	يُنَصُّ	يُنَصَّانِ	يُنَصُّونَ	يُنْصَصْ	يُنَصَّا	يُنَصُّوا
	FEMININE	تُنَصُّ	تُنَصَّانِ	يُنْصَصْنَ	تُنْصَصْ	تُنَصَّا	يُنْصَصْنَ
2	MASCULINE	تُنَصُّ	تُنَصَّانِ	تُنَصُّونَ	تُنْصَصْ	تُنَصَّا	تُنَصُّوا
	FEMININE	تُنَصِّينَ	تُنَصَّانِ	تُنْصَصْنَ	تُنَصِّي	تُنَصَّا	تُنْصَصْنَ
1		أُنَصُّ	---	نُنَصُّ	أُنْصَصْ	---	نُنْصَصْ

The law *stipulates*...	القانون يَنُصُّ على...
The director *formulated* the letter and sent it to all the employees.	نَصَّ المدير الخطاب وأرسله لجميع الموظفين.

● إِنْتَصَرَ to come to someone's aid; to be victorious — Form VIII نصر

ACTIVE

		SINGULAR	DUAL	PLURAL	SUBJUNCTIVE SINGULAR	DUAL	PLURAL
PERFECT							
3	MASCULINE	إِنْتَصَرَ	إِنْتَصَرَا	إِنْتَصَرُوا	يَنْتَصِرَ	يَنْتَصِرَا	يَنْتَصِرُوا
	FEMININE	إِنْتَصَرَتْ	إِنْتَصَرَتَا	إِنْتَصَرْنَ	تَنْتَصِرَ	تَنْتَصِرَا	يَنْتَصِرْنَ
2	MASCULINE	إِنْتَصَرْتَ	إِنْتَصَرْتُمَا	إِنْتَصَرْتُمْ	تَنْتَصِرَ	تَنْتَصِرَا	تَنْتَصِرُوا
	FEMININE	إِنْتَصَرْتِ	إِنْتَصَرْتُمَا	إِنْتَصَرْتُنَّ	تَنْتَصِرِي	تَنْتَصِرَا	تَنْتَصِرْنَ
1		إِنْتَصَرْتُ	---	إِنْتَصَرْنَا	أَنْتَصِرَ	---	نَنْتَصِرَ

* Contracted form: يُنَصَّ, تُنَصَّ, تُنَصَّ, تُنَصِّي, أُنَصَّ...نُنَصَّ

IMPERFECT		SINGULAR	DUAL	PLURAL
3	MASCULINE	يَنْتَصِرُ	يَنْتَصِرَانِ	يَنْتَصِرُونَ
	FEMININE	تَنْتَصِرُ	تَنْتَصِرَانِ	يَنْتَصِرْنَ
2	MASCULINE	تَنْتَصِرُ	تَنْتَصِرَانِ	تَنْتَصِرُونَ
	FEMININE	تَنْتَصِرِينَ	تَنْتَصِرَانِ	تَنْتَصِرْنَ
1		أَنْتَصِرُ	---	نَنْتَصِرُ

JUSSIVE	SINGULAR	DUAL	PLURAL
3 MASCULINE	يَنْتَصِرْ	يَنْتَصِرَا	يَنْتَصِرُوا
3 FEMININE	تَنْتَصِرْ	تَنْتَصِرَا	يَنْتَصِرْنَ
2 MASCULINE	تَنْتَصِرْ	تَنْتَصِرَا	تَنْتَصِرُوا
2 FEMININE	تَنْتَصِرِي	تَنْتَصِرَا	تَنْتَصِرْنَ
1	أَنْتَصِرْ	---	نَنْتَصِرْ

ACTIVE PARTICIPLE	مُنْتَصِرٌ
PASSIVE PARTICIPLE	---
VERBAL NOUN	إِنْتِصَارٌ

IMPERATIVE	SINGULAR	DUAL	PLURAL
MASCULINE	إِنْتَصِرْ	إِنْتَصِرَا	إِنْتَصِرُوا
FEMININE	إِتَصِرِي	إِنْتَصِرَا	إِنْتَصِرْنَ

إِنْتَصَرَتْ العديد من المنظمات الخيرية للفقراء.

Many charitable organizations *came to the aid of* the poor.

الحكومة الجديدة سَتَنْتَصِرُ لحقوق الإنسان.

The new government *will come to the aid of* the rights of man.

في الحروب لا يَنْتَصِرُ أحدا.

In wars, no one *wins*.

● نَظَرَ to look, see — Form I نظر

ACTIVE

PERFECT		SINGULAR	DUAL	PLURAL
3	MASCULINE	نَظَرَ	نَظَرَا	نَظَرُوا
	FEMININE	نَظَرَتْ	نَظَرَتَا	نَظَرْنَ
2	MASCULINE	نَظَرْتَ	نَظَرْتُمَا	نَظَرْتُمْ
	FEMININE	نَظَرْتِ	نَظَرْتُمَا	نَظَرْتُنَّ
1		نَظَرْتُ	---	نَظَرْنَا

SUBJUNCTIVE	SINGULAR	DUAL	PLURAL
3 MASCULINE	يَنْظُرَ	يَنْظُرَا	يَنْظُرُوا
3 FEMININE	تَنْظُرَ	تَنْظُرَا	يَنْظُرْنَ
2 MASCULINE	تَنْظُرَ	تَنْظُرَا	تَنْظُرُوا
2 FEMININE	تَنْظُرِي	تَنْظُرَا	تَنْظُرْنَ
1	أَنْظُرَ	---	نَنْظُرَ

IMPERFECT		SINGULAR	DUAL	PLURAL
3	MASCULINE	يَنْظُرُ	يَنْظُرَانِ	يَنْظُرُونَ
	FEMININE	تَنْظُرُ	تَنْظُرَانِ	يَنْظُرْنَ
2	MASCULINE	تَنْظُرُ	تَنْظُرَانِ	تَنْظُرُونَ
	FEMININE	تَنْظُرِينَ	تَنْظُرَانِ	تَنْظُرْنَ
1		أَنْظُرُ	---	نَنْظُرُ

JUSSIVE	SINGULAR	DUAL	PLURAL
3 MASCULINE	يَنْظُرْ	يَنْظُرَا	يَنْظُرُوا
3 FEMININE	تَنْظُرْ	تَنْظُرَا	يَنْظُرْنَ
2 MASCULINE	تَنْظُرْ	تَنْظُرَا	تَنْظُرُوا
2 FEMININE	تَنْظُرِي	تَنْظُرَا	تَنْظُرْنَ
1	أَنْظُرْ	---	نَنْظُرْ

IMPERATIVE			
MASCULINE	أُنْظُرْ	أُنْظُرَا	أُنْظُرُوا
FEMININE	أُنْظُرِي	أُنْظُرَا	أُنْظُرْنَ

ACTIVE PARTICIPLE	نَاظِرٌ
PASSIVE PARTICIPLE	مَنْظُورٌ
VERBAL NOUN	نَظَرٌ, مَنْظَرٌ

PASSIVE

PERFECT		SINGULAR	DUAL	PLURAL
3	MASCULINE	نُظِرَ	نُظِرَا	نُظِرُوا
	FEMININE	نُظِرَتْ	نُظِرَتَا	نُظِرْنَ
2	MASCULINE	نُظِرْتَ	نُظِرْتُمَا	نُظِرْتُمْ
	FEMININE	نُظِرْتِ	نُظِرْتُمَا	نُظِرْتُنَّ
1		نُظِرْتُ	---	نُظِرْنَا

SUBJUNCTIVE		SINGULAR	DUAL	PLURAL
3	MASCULINE	يُنْظَرَ	يُنْظَرَا	يُنْظَرُوا
	FEMININE	تُنْظَرَ	تُنْظَرَا	يُنْظَرْنَ
2	MASCULINE	تُنْظَرَ	تُنْظَرَا	تُنْظَرُوا
	FEMININE	تُنْظَرِي	تُنْظَرَا	تُنْظَرْنَ
1		أُنْظَرَ	---	نُنْظَرَ

IMPERFECT		SINGULAR	DUAL	PLURAL
3	MASCULINE	يُنْظَرُ	يُنْظَرَانِ	يُنْظَرُونَ
	FEMININE	تُنْظَرُ	تُنْظَرَانِ	يُنْظَرْنَ
2	MASCULINE	تُنْظَرُ	تُنْظَرَانِ	تُنْظَرُونَ
	FEMININE	تُنْظَرِينَ	تُنْظَرَانِ	تُنْظَرْنَ
1		أُنْظَرُ	---	نُنْظَرُ

JUSSIVE		SINGULAR	DUAL	PLURAL
3	MASCULINE	يُنْظَرْ	يُنْظَرَا	يُنْظَرُوا
	FEMININE	تُنْظَرْ	تُنْظَرَا	يُنْظَرْنَ
2	MASCULINE	تُنْظَرْ	تُنْظَرَا	تُنْظَرُوا
	FEMININE	تُنْظَرِي	تُنْظَرَا	تُنْظَرْنَ
1		أُنْظَرْ	---	نُنْظَرْ

إلى ما تَنْظُرْ؟ — What *are you looking at*?

أُنْظُرْ بعده. — *See* below.

أُنْظُرْ ظهره. — *See* reverse [i.e., please turn the page].

للأمام أُنْظُرْ! — Eyes front! [literally: "*forward*, look!"; military command]

نَظَرْنَا له شزراً بعد أن تفوه بهذه الكلمات المهينة. — *We looked* at him askance after he uttered these insulting words.

Form VIII نظر   إِنْتَظَرَ to await, expect ●

ACTIVE

PLURAL	DUAL	SINGULAR	SUBJUNCTIVE	PLURAL	DUAL	SINGULAR	PERFECT	
يَنْتَظِرُوا	يَنْتَظِرَا	يَنْتَظِرَ		إِنْتَظَرُوا	إِنْتَظَرَا	إِنْتَظَرَ	MASCULINE	3
يَنْتَظِرْنَ	تَنْتَظِرَا	تَنْتَظِرَ		إِنْتَظَرْنَ	إِنْتَظَرَتَا	إِنْتَظَرَتْ	FEMININE	
تَنْتَظِرُوا	تَنْتَظِرَا	تَنْتَظِرَ		إِنْتَظَرْتُمْ	إِنْتَظَرْتُمَا	إِنْتَظَرْتَ	MASCULINE	2
تَنْتَظِرْنَ	تَنْتَظِرَا	تَنْتَظِرِي		إِنْتَظَرْتُنَّ	إِنْتَظَرْتُمَا	إِنْتَظَرْتِ	FEMININE	
نَنْتَظِرَ	---	أَنْتَظِرَ		إِنْتَظَرْنَا	---	إِنْتَظَرْتُ		1

			JUSSIVE				IMPERFECT	
يَنْتَظِرُوا	يَنْتَظِرَا	يَنْتَظِرْ		يَنْتَظِرُونَ	يَنْتَظِرَانِ	يَنْتَظِرُ	MASCULINE	3
يَنْتَظِرْنَ	تَنْتَظِرَا	تَنْتَظِرْ		يَنْتَظِرْنَ	تَنْتَظِرَانِ	تَنْتَظِرُ	FEMININE	
تَنْتَظِرُوا	تَنْتَظِرَا	تَنْتَظِرْ		تَنْتَظِرُونَ	تَنْتَظِرَانِ	تَنْتَظِرُ	MASCULINE	2
تَنْتَظِرْنَ	تَنْتَظِرَا	تَنْتَظِرِي		تَنْتَظِرْنَ	تَنْتَظِرَانِ	تَنْتَظِرِينَ	FEMININE	
نَنْتَظِرْ	---	أَنْتَظِرْ		نَنْتَظِرُ	---	أَنْتَظِرُ		1

						مُنْتَظِرٌ	ACTIVE PARTICIPLE

			IMPERATIVE			مُنْتَظَرٌ	PASSIVE PARTICIPLE
إِنْتَظِرُوا	إِنْتَظِرَا	إِنْتَظِرْ	MASCULINE			إِنْتِظَارٌ	VERBAL NOUN
إِنْتَظِرْنَ	إِنْتَظِرَا	إِنْتَظِرِي	FEMININE				

PASSIVE

PLURAL	DUAL	SINGULAR	SUBJUNCTIVE	PLURAL	DUAL	SINGULAR	PERFECT	
يُنْتَظَرُوا	يُنْتَظَرَا	يُنْتَظَرَ		أُنْتُظِرُوا	أُنْتُظِرَا	أُنْتُظِرَ	MASCULINE	3
يُنْتَظَرْنَ	تُنْتَظَرَا	تُنْتَظَرَ		أُنْتُظِرْنَ	أُنْتُظِرَتَا	أُنْتُظِرَتْ	FEMININE	
تُنْتَظَرُوا	تُنْتَظَرَا	تُنْتَظَرَ		أُنْتُظِرْتُمْ	أُنْتُظِرْتُمَا	أُنْتُظِرْتَ	MASCULINE	2
تُنْتَظَرْنَ	تُنْتَظَرَا	تُنْتَظَرِي		أُنْتُظِرْتُنَّ	أُنْتُظِرْتُمَا	أُنْتُظِرْتِ	FEMININE	
نُنْتَظَرَ	---	أُنْتَظَرَ		أُنْتُظِرْنَا	---	أُنْتُظِرْتُ		1

			JUSSIVE				IMPERFECT	
يُنْتَظَرُوا	يُنْتَظَرَا	يُنْتَظَرْ		يُنْتَظَرُونَ	يُنْتَظَرَانِ	يُنْتَظَرُ	MASCULINE	3
يُنْتَظَرْنَ	تُنْتَظَرَا	تُنْتَظَرْ		يُنْتَظَرْنَ	تُنْتَظَرَانِ	تُنْتَظَرُ	FEMININE	
تُنْتَظَرُوا	تُنْتَظَرَا	تُنْتَظَرْ		تُنْتَظَرُونَ	تُنْتَظَرَانِ	تُنْتَظَرُ	MASCULINE	2
تُنْتَظَرْنَ	تُنْتَظَرَا	تُنْتَظَرِي		تُنْتَظَرْنَ	تُنْتَظَرَانِ	تُنْتَظَرِينَ	FEMININE	
نُنْتَظَرْ	---	أُنْتَظَرْ		نُنْتَظَرُ	---	أُنْتَظَرُ		1

I'll *wait for you* in the restaurant.

سَأَنْتَظِرُكَ في المطعم.

We expected much from the wealthy countries.

إِنْتَظَرْنَا الكثير من الدول الغنية.

The people *set* the greatest *expectations* on this project.

الشعب يَنْتَظِرُ من وراء هذا المشروع كل خير.

Form II نظم   to organize نَظَّمَ ●

ACTIVE

PLURAL	DUAL	SINGULAR	SUBJUNCTIVE	PLURAL	DUAL	SINGULAR	PERFECT	
يُنَظِّمُوا	يُنَظِّمَا	يُنَظِّمَ		نَظَّمُوا	نَظَّمَا	نَظَّمَ	MASCULINE	3
يُنَظِّمْنَ	تُنَظِّمَا	تُنَظِّمَ		نَظَّمْنَ	نَظَّمَتَا	نَظَّمَتْ	FEMININE	
تُنَظِّمُوا	تُنَظِّمَا	تُنَظِّمَ		نَظَّمْتُمْ	نَظَّمْتُمَا	نَظَّمْتَ	MASCULINE	2
تُنَظِّمْنَ	تُنَظِّمَا	تُنَظِّمِي		نَظَّمْتُنَّ	نَظَّمْتُمَا	نَظَّمْتِ	FEMININE	
نُنَظِّمَ	---	أُنَظِّمَ		نَظَّمْنَا	---	نَظَّمْتُ		1

JUSSIVE   IMPERFECT

PLURAL	DUAL	SINGULAR	JUSSIVE	PLURAL	DUAL	SINGULAR	IMPERFECT	
يُنَظِّمُوا	يُنَظِّمَا	يُنَظِّمْ		يُنَظِّمُونَ	يُنَظِّمَان	يُنَظِّمُ	MASCULINE	3
يُنَظِّمْنَ	تُنَظِّمَا	تُنَظِّمْ		يُنَظِّمْنَ	تُنَظِّمَان	تُنَظِّمُ	FEMININE	
تُنَظِّمُوا	تُنَظِّمَا	تُنَظِّمْ		تُنَظِّمُونَ	تُنَظِّمَان	تُنَظِّمُ	MASCULINE	2
تُنَظِّمْنَ	تُنَظِّمَا	تُنَظِّمِي		تُنَظِّمْنَ	تُنَظِّمَان	تُنَظِّمِينَ	FEMININE	
نُنَظِّمْ	---	أُنَظِّمْ		نُنَظِّمُ	---	أُنَظِّمُ		1

IMPERATIVE

مُنَظِّمٌ ACTIVE PARTICIPLE

PLURAL	DUAL	SINGULAR	IMPERATIVE	
نَظِّمُوا	نَظِّمَا	نَظِّمْ	MASCULINE	
نَظِّمْنَ	نَظِّمَا	نَظِّمِي	FEMININE	

مُنَظَّمٌ PASSIVE PARTICIPLE

تَنْظِيمٌ VERBAL NOUN

PASSIVE

PLURAL	DUAL	SINGULAR	SUBJUNCTIVE	PLURAL	DUAL	SINGULAR	PERFECT	
يُنَظَّمُوا	يُنَظَّمَا	يُنَظَّمَ		نُظِّمُوا	نُظِّمَا	نُظِّمَ	MASCULINE	3
يُنَظَّمْنَ	تُنَظَّمَا	تُنَظَّمَ		نُظِّمْنَ	نُظِّمَتَا	نُظِّمَتْ	FEMININE	
تُنَظَّمُوا	تُنَظَّمَا	تُنَظَّمَ		نُظِّمْتُمْ	نُظِّمْتُمَا	نُظِّمْتَ	MASCULINE	2
تُنَظَّمْنَ	تُنَظَّمَا	تُنَظَّمِي		نُظِّمْتُنَّ	نُظِّمْتُمَا	نُظِّمْتِ	FEMININE	
نُنَظَّمَ	---	أُنَظَّمَ		نُظِّمْنَا	---	نُظِّمْتُ		1

471

JUSSIVE			IMPERFECT				
يُنَظِّمُوا	يُنَظِّمَا	يُنَظِّمْ	يُنَظِّمُونَ	يُنَظِّمَانِ	يُنَظِّمُ	MASCULINE	3
يُنَظِّمْنَ	تُنَظِّمَا	تُنَظِّمْ	يُنَظِّمْنَ	تُنَظِّمَانِ	تُنَظِّمُ	FEMININE	
تُنَظِّمُوا	تُنَظِّمَا	تُنَظِّمْ	تُنَظِّمُونَ	تُنَظِّمَانِ	تُنَظِّمُ	MASCULINE	2
تُنَظِّمْنَ	تُنَظِّمَا	تُنَظِّمِي	تُنَظِّمْنَ	تُنَظِّمَانِ	تُنَظِّمِينَ	FEMININE	
نُنَظِّمْ	---	أُنَظِّمْ	نُنَظِّمُ	---	أُنَظِّمُ		1

The guys *organized* a terrific festival.	الشباب نَظَّمُوا مهرجاناً رائعاً.
Come on, *let's set up* the tables.	تعالوا نُنَظِّمُ الطاولات.
Students, *arrange* yourselves in single file.	أيها الطلاب نَظِّمُوا أنفسكم في الطابور.

Form II نفذ ● to implement; to send نَفَّذَ

ACTIVE

PLURAL	DUAL	SINGULAR	SUBJUNCTIVE	PLURAL	DUAL	SINGULAR	PERFECT	
يُنَفِّذُوا	يُنَفِّذَا	يُنَفِّذَ		نَفَّذُوا	نَفَّذَا	نَفَّذَ	MASCULINE	3
يُنَفِّذْنَ	تُنَفِّذَا	تُنَفِّذَ		نَفَّذْنَ	نَفَّذَتَا	نَفَّذَتْ	FEMININE	
تُنَفِّذُوا	تُنَفِّذَا	تُنَفِّذَ		نَفَّذْتُمْ	نَفَّذْتُمَا	نَفَّذْتَ	MASCULINE	2
تُنَفِّذْنَ	تُنَفِّذَا	تُنَفِّذِي		نَفَّذْتُنَّ	نَفَّذْتُمَا	نَفَّذْتِ	FEMININE	
نُنَفِّذَ	---	أُنَفِّذَ		نَفَّذْنَا	---	نَفَّذْتُ		1

JUSSIVE			IMPERFECT				
يُنَفِّذُوا	يُنَفِّذَا	يُنَفِّذْ	يُنَفِّذُونَ	يُنَفِّذَانِ	يُنَفِّذُ	MASCULINE	3
يُنَفِّذْنَ	تُنَفِّذَا	تُنَفِّذْ	يُنَفِّذْنَ	تُنَفِّذَانِ	تُنَفِّذُ	FEMININE	
تُنَفِّذُوا	تُنَفِّذَا	تُنَفِّذْ	تُنَفِّذُونَ	تُنَفِّذَانِ	تُنَفِّذُ	MASCULINE	2
تُنَفِّذْنَ	تُنَفِّذَا	تُنَفِّذِي	تُنَفِّذْنَ	تُنَفِّذَانِ	تُنَفِّذِينَ	FEMININE	
نُنَفِّذْ	---	أُنَفِّذْ	نُنَفِّذُ	---	أُنَفِّذُ		1

IMPERATIVE					
				مُنَفِّذٌ	ACTIVE PARTICIPLE
نَفِّذُوا	نَفِّذَا	نَفِّذْ	MASCULINE	مُنَفَّذٌ	PASSIVE PARTICIPLE
نَفِّذْنَ	نَفِّذَا	نَفِّذِي	FEMININE	تَنْفِيذٌ	VERBAL NOUN

PASSIVE

		PERFECT SINGULAR	DUAL	PLURAL	SUBJUNCTIVE SINGULAR	DUAL	PLURAL
3	MASCULINE	نُفِّذَ	نُفِّذَا	نُفِّذُوا	يُنَفَّذَ	يُنَفَّذَا	يُنَفَّذُوا
	FEMININE	نُفِّذَتْ	نُفِّذَتَا	نُفِّذْنَ	تُنَفَّذَ	تُنَفَّذَا	يُنَفَّذْنَ
2	MASCULINE	نُفِّذْتَ	نُفِّذْتُمَا	نُفِّذْتُمْ	تُنَفَّذَ	تُنَفَّذَا	تُنَفَّذُوا
	FEMININE	نُفِّذْتِ	نُفِّذْتُمَا	نُفِّذْتُنَّ	تُنَفَّذِي	تُنَفَّذَا	تُنَفَّذْنَ
1		نُفِّذْتُ	---	نُفِّذْنَا	أُنَفَّذَ	---	نُنَفَّذَ

		IMPERFECT SINGULAR	DUAL	PLURAL	JUSSIVE SINGULAR	DUAL	PLURAL
3	MASCULINE	يُنَفَّذُ	يُنَفَّذَانِ	يُنَفَّذُونَ	يُنَفَّذْ	يُنَفَّذَا	يُنَفَّذُوا
	FEMININE	تُنَفَّذُ	تُنَفَّذَانِ	يُنَفَّذْنَ	تُنَفَّذْ	تُنَفَّذَا	يُنَفَّذْنَ
2	MASCULINE	تُنَفَّذُ	تُنَفَّذَانِ	تُنَفَّذُونَ	تُنَفَّذْ	تُنَفَّذَا	تُنَفَّذُوا
	FEMININE	تُنَفَّذِينَ	تُنَفَّذَانِ	تُنَفَّذْنَ	تُنَفَّذِي	تُنَفَّذَا	تُنَفَّذْنَ
1		أُنَفَّذُ	---	نُنَفَّذُ	أُنَفَّذْ	---	نُنَفَّذْ

نَفَّذَ الفريق خطة المدرب ففاز في المباراة.	The team *executed* the coach's plan and won the match.
يجب أن تُنَفِّذُوا تعليمات المرور.	You have to *carry out* the traffic directives.
نَفَّذْنَا الخطاب إلى محمود ليلة أمس.	*We sent* the letter to Mahmud last night.

● نَفَا* to expel; to deny — Form I نفو

ACTIVE

		PERFECT SINGULAR	DUAL	PLURAL	SUBJUNCTIVE SINGULAR	DUAL	PLURAL
3	MASCULINE	نَفَا	نَفَوَا	نَفَوْا	يَنْفُوَ	يَنْفُوَا	يَنْفُوا
	FEMININE	نَفَتْ	نَفَتَا	نَفَوْنَ	تَنْفُوَ	تَنْفُوَا	يَنْفُونَ
2	MASCULINE	نَفَوْتَ	نَفَوْتُمَا	نَفَوْتُمْ	تَنْفُوَ	تَنْفُوَا	تَنْفُوا
	FEMININE	نَفَوْتِ	نَفَوْتُمَا	نَفَوْتُنَّ	تَنْفِي	تَنْفُوَا	تَنْفُونَ
1		نَفَوْتُ	---	نَفَوْنَا	أَنْفُوَ	---	نَنْفُوَ

* The root نفي is identical in meaning and usage; it appears as نَفَى in the perfect and يَنْفِي in the imperfect.

		IMPERFECT			JUSSIVE		
		Singular	Dual	Plural	Singular	Dual	Plural
3	MASCULINE	يَنْفُو	يَنْفُوَانِ	يَنْفُونَ	يَنْفُ	يَنْفُوَا	يَنْفُوا
	FEMININE	تَنْفُو	تَنْفُوَانِ	يَنْفُونَ	تَنْفُ	تَنْفُوَا	يَنْفُونَ
2	MASCULINE	تَنْفُو	تَنْفُوَانِ	تَنْفُونَ	تَنْفُ	تَنْفُوَا	تَنْفُوا
	FEMININE	تَنْفِينَ	تَنْفُوَانِ	تَنْفُونَ	تَنْفِي	تَنْفُوَا	تَنْفُونَ
1		أَنْفُو	---	نَنْفُو	أَنْفُ	---	نَنْفُ

ACTIVE PARTICIPLE	نَافٍ
PASSIVE PARTICIPLE	مَنْفُوٌّ
VERBAL NOUN	نَفْوٌ

IMPERATIVE

	Singular	Dual	Plural
MASCULINE	أُنْفُ	أُنْفُوَا	أُنْفُوا
FEMININE	أُنْفِي	أُنْفُوَا	أُنْفُونَ

PASSIVE

		PERFECT			SUBJUNCTIVE		
		SINGULAR	DUAL	PLURAL	SINGULAR	DUAL	PLURAL
3	MASCULINE	نُفِيَ	نُفِيَا	نُفُوا	يُنْفَى	يُنْفَيَا	يُنْفَوْا
	FEMININE	نُفِيَتْ	نُفِيَتَا	نُفِينَ	تُنْفَى	تُنْفَيَا	يُنْفَيْنَ
2	MASCULINE	نُفِيتَ	نُفِيتُمَا	نُفِيتُمْ	تُنْفَى	تُنْفَيَا	تُنْفَوْا
	FEMININE	نُفِيتِ	نُفِيتُمَا	نُفِيتُنَّ	تُنْفَيْ	تُنْفَيَا	تُنْفَيْنَ
1		نُفِيتُ	---	نُفِينَا	أُنْفَى	---	نُنْفَى

		IMPERFECT			JUSSIVE		
		Singular	Dual	Plural	Singular	Dual	Plural
3	MASCULINE	يُنْفَى	يُنْفَيَانِ	يُنْفَوْنَ	يُنْفَ	يُنْفَيَا	يُنْفَوْا
	FEMININE	تُنْفَى	تُنْفَيَانِ	يُنْفَيْنَ	تُنْفَ	تُنْفَيَا	يُنْفَيْنَ
2	MASCULINE	تُنْفَى	تُنْفَيَانِ	تُنْفَوْنَ	تُنْفَ	تُنْفَيَا	تُنْفَوْا
	FEMININE	تُنْفَيْنَ	تُنْفَيَانِ	تُنْفَيْنَ	تُنْفَيْ	تُنْفَيَا	تُنْفَيْنَ
1		أُنْفَى	---	نُنْفَى	أُنْفَ	---	نُنْفَ

نَفَا (نَفَى) الإنجليز العديد من الزعماء في فترة الاحتلال.

The English *expelled* many leaders during the occupation.

نَفَتْ اللجنة مقترح المشروع.

The committee *turned down* the proposal for the project.

لا تَنْفُ (تَنْفِ) أنك مسؤول معي في هذه المشكلة.

Don't *deny* that, together with me, you are responsible for this problem.

ACTIVE

PERFECT

		SINGULAR	DUAL	PLURAL
3	MASCULINE	نَاقَشَ	نَاقَشَا	نَاقَشُوا
	FEMININE	نَاقَشَتْ	نَاقَشَتَا	نَاقَشْنَ
2	MASCULINE	نَاقَشْتَ	نَاقَشْتُمَا	نَاقَشْتُمْ
	FEMININE	نَاقَشْتِ	نَاقَشْتُمَا	نَاقَشْتُنَّ
1		نَاقَشْتُ	---	نَاقَشْنَا

SUBJUNCTIVE

		SINGULAR	DUAL	PLURAL
3	MASCULINE	يُنَاقِشَ	يُنَاقِشَا	يُنَاقِشُوا
	FEMININE	تُنَاقِشَ	تُنَاقِشَا	يُنَاقِشْنَ
2	MASCULINE	تُنَاقِشَ	تُنَاقِشَا	تُنَاقِشُوا
	FEMININE	تُنَاقِشِي	تُنَاقِشَا	تُنَاقِشْنَ
1		أُنَاقِشَ	---	نُنَاقِشَ

IMPERFECT

		SINGULAR	DUAL	PLURAL
3	MASCULINE	يُنَاقِشُ	يُنَاقِشَانِ	يُنَاقِشُونَ
	FEMININE	تُنَاقِشُ	تُنَاقِشَانِ	يُنَاقِشْنَ
2	MASCULINE	تُنَاقِشُ	تُنَاقِشَانِ	تُنَاقِشُونَ
	FEMININE	تُنَاقِشِينَ	تُنَاقِشَانِ	تُنَاقِشْنَ
1		أُنَاقِشُ	---	نُنَاقِشُ

JUSSIVE

		SINGULAR	DUAL	PLURAL
3	MASCULINE	يُنَاقِشْ	يُنَاقِشَا	يُنَاقِشُوا
	FEMININE	تُنَاقِشْ	تُنَاقِشَا	يُنَاقِشْنَ
2	MASCULINE	تُنَاقِشْ	تُنَاقِشَا	تُنَاقِشُوا
	FEMININE	تُنَاقِشِي	تُنَاقِشَا	تُنَاقِشْنَ
1		أُنَاقِشْ	---	نُنَاقِشْ

ACTIVE PARTICIPLE	مُنَاقِشٌ
PASSIVE PARTICIPLE	مُنَاقَشٌ
VERBAL NOUN	مُنَاقَشَةٌ

IMPERATIVE

	SINGULAR	DUAL	PLURAL
MASCULINE	نَاقِشْ	نَاقِشَا	نَاقِشُوا
FEMININE	نَاقِشِي	نَاقِشَا	نَاقِشْنَ

PASSIVE

PERFECT

		SINGULAR	DUAL	PLURAL
3	MASCULINE	نُوقِشَ	نُوقِشَا	نُوقِشُوا
	FEMININE	نُوقِشَتْ	نُوقِشَتَا	نُوقِشْنَ
2	MASCULINE	نُوقِشْتَ	نُوقِشْتُمَا	نُوقِشْتُمْ
	FEMININE	نُوقِشْتِ	نُوقِشْتُمَا	نُوقِشْتُنَّ
1		نُوقِشْتُ	---	نُوقِشْنَا

SUBJUNCTIVE

		SINGULAR	DUAL	PLURAL
3	MASCULINE	يُنَاقَشَ	يُنَاقَشَا	يُنَاقَشُوا
	FEMININE	تُنَاقَشَ	تُنَاقَشَا	يُنَاقَشْنَ
2	MASCULINE	تُنَاقَشَ	تُنَاقَشَا	تُنَاقَشُوا
	FEMININE	تُنَاقَشِي	تُنَاقَشَا	تُنَاقَشْنَ
1		أُنَاقَشَ	---	نُنَاقَشَ

IMPERFECT

		SINGULAR	DUAL	PLURAL
3	MASCULINE	يُنَاقَشُ	يُنَاقَشَانِ	يُنَاقَشُونَ
	FEMININE	تُنَاقَشُ	تُنَاقَشَانِ	يُنَاقَشْنَ
2	MASCULINE	تُنَاقَشُ	تُنَاقَشَانِ	تُنَاقَشُونَ
	FEMININE	تُنَاقَشِينَ	تُنَاقَشَانِ	تُنَاقَشْنَ
1		أُنَاقَشُ	---	نُنَاقَشُ

JUSSIVE

		SINGULAR	DUAL	PLURAL
3	MASCULINE	يُنَاقَشْ	يُنَاقَشَا	يُنَاقَشُوا
	FEMININE	تُنَاقَشْ	تُنَاقَشَا	يُنَاقَشْنَ
2	MASCULINE	تُنَاقَشْ	تُنَاقَشَا	تُنَاقَشُوا
	FEMININE	تُنَاقَشِي	تُنَاقَشَا	تُنَاقَشْنَ
1		أُنَاقَشْ	---	نُنَاقَشْ

I'd like *to discuss* with you the lecture you gave today.	أود أن أُنَاقِشَكَ حول المحاضرة التي ألقيتها اليوم.
It is the duty of every husband and wife *to discuss* their disagreements openly.	على كل زوج وزوجة أن يُنَاقِشَا خلافاتهما بصراحة.

Form I نقل to move; to report, quote; to translate نَقَلَ

ACTIVE

PERFECT		SINGULAR	DUAL	PLURAL
3	MASCULINE	نَقَلَ	نَقَلا	نَقَلُوا
	FEMININE	نَقَلَتْ	نَقَلَتَا	نَقَلْنَ
2	MASCULINE	نَقَلْتَ	نَقَلْتُمَا	نَقَلْتُمْ
	FEMININE	نَقَلْتِ	نَقَلْتُمَا	نَقَلْتُنَّ
1		نَقَلْتُ	---	نَقَلْنَا

SUBJUNCTIVE		SINGULAR	DUAL	PLURAL
3	MASCULINE	يَنْقُلَ	يَنْقُلا	يَنْقُلُوا
	FEMININE	تَنْقُلَ	تَنْقُلا	يَنْقُلْنَ
2	MASCULINE	تَنْقُلَ	تَنْقُلا	تَنْقُلُوا
	FEMININE	تَنْقُلِي	تَنْقُلا	تَنْقُلْنَ
1		أَنْقُلَ	---	نَنْقُلَ

IMPERFECT		SINGULAR	DUAL	PLURAL
3	MASCULINE	يَنْقُلُ	يَنْقُلانِ	يَنْقُلُونَ
	FEMININE	تَنْقُلُ	تَنْقُلانِ	يَنْقُلْنَ
2	MASCULINE	تَنْقُلُ	تَنْقُلانِ	تَنْقُلُونَ
	FEMININE	تَنْقُلِينَ	تَنْقُلانِ	تَنْقُلْنَ
1		أَنْقُلُ	---	نَنْقُلُ

JUSSIVE		SINGULAR	DUAL	PLURAL
3	MASCULINE	يَنْقُلْ	يَنْقُلا	يَنْقُلُوا
	FEMININE	تَنْقُلْ	تَنْقُلا	يَنْقُلْنَ
2	MASCULINE	تَنْقُلْ	تَنْقُلا	تَنْقُلُوا
	FEMININE	تَنْقُلِي	تَنْقُلا	تَنْقُلْنَ
1		أَنْقُلْ	---	نَنْقُلْ

ACTIVE PARTICIPLE	نَاقِلٌ
PASSIVE PARTICIPLE	مَنْقُولٌ
VERBAL NOUN	نَقْلٌ

IMPERATIVE	SINGULAR	DUAL	PLURAL
MASCULINE	أُنْقُلْ	أُنْقُلا	أُنْقُلُوا
FEMININE	أُنْقُلِي	أُنْقُلا	أُنْقُلْنَ

PASSIVE

PERFECT		SINGULAR	DUAL	PLURAL
3	MASCULINE	نُقِلَ	نُقِلا	نُقِلُوا
	FEMININE	نُقِلَتْ	نُقِلَتَا	نُقِلْنَ
2	MASCULINE	نُقِلْتَ	نُقِلْتُمَا	نُقِلْتُمْ
	FEMININE	نُقِلْتِ	نُقِلْتُمَا	نُقِلْتُنَّ
1		نُقِلْتُ	---	نُقِلْنَا

SUBJUNCTIVE		SINGULAR	DUAL	PLURAL
3	MASCULINE	يُنْقَلَ	يُنْقَلا	يُنْقَلُوا
	FEMININE	تُنْقَلَ	تُنْقَلا	يُنْقَلْنَ
2	MASCULINE	تُنْقَلَ	تُنْقَلا	تُنْقَلُوا
	FEMININE	تُنْقَلِي	تُنْقَلا	تُنْقَلْنَ
1		أُنْقَلَ	---	نُنْقَلَ

IMPERFECT		SINGULAR	DUAL	PLURAL
3	MASCULINE	يُنْقَلُ	يُنْقَلانِ	يُنْقَلُونَ
	FEMININE	تُنْقَلُ	تُنْقَلانِ	يُنْقَلْنَ
2	MASCULINE	تُنْقَلُ	تُنْقَلانِ	تُنْقَلُونَ
	FEMININE	تُنْقَلِينَ	تُنْقَلانِ	تُنْقَلْنَ
1		أُنْقَلُ	---	نُنْقَلُ

JUSSIVE	SINGULAR	DUAL	PLURAL
3 MASCULINE	يُنْقَلْ	يُنْقَلا	يُنْقَلُوا
3 FEMININE	تُنْقَلْ	تُنْقَلا	يُنْقَلْنَ
2 MASCULINE	تُنْقَلْ	تُنْقَلا	تُنْقَلُوا
2 FEMININE	تُنْقَلِي	تُنْقَلا	تُنْقَلْنَ
1	أُنْقَلْ	---	نُنْقَلْ

نَقَلْنَا السرير من غرفتنا الى غرفة ولدنا.

We moved the bed from our room to our son's room.

عن أي كتاب نَقَلْتَ هذه المعلومات؟

From what book *did you quote* this information?

نَقَلَ عبد الوهاب علي هذا الكتاب عن الفرنسية.

Abd al-Wahhab Ali *translated* this book from French.

● إِنْتَقَلَ to change location

Form VIII نقل

ACTIVE

PERFECT		SINGULAR	DUAL	PLURAL
3	MASCULINE	إِنْتَقَلَ	إِنْتَقَلا	إِنْتَقَلُوا
	FEMININE	إِنْتَقَلَتْ	إِنْتَقَلَتَا	إِنْتَقَلْنَ
2	MASCULINE	إِنْتَقَلْتَ	إِنْتَقَلْتُمَا	إِنْتَقَلْتُمْ
	FEMININE	إِنْتَقَلْتِ	إِنْتَقَلْتُمَا	إِنْتَقَلْتُنَّ
1		إِنْتَقَلْتُ	---	إِنْتَقَلْنَا

SUBJUNCTIVE	SINGULAR	DUAL	PLURAL
3 MASCULINE	يَنْتَقِلَ	يَنْتَقِلا	يَنْتَقِلُوا
3 FEMININE	تَنْتَقِلَ	تَنْتَقِلا	يَنْتَقِلْنَ
2 MASCULINE	تَنْتَقِلَ	تَنْتَقِلا	تَنْتَقِلُوا
2 FEMININE	تَنْتَقِلِي	تَنْتَقِلا	تَنْتَقِلْنَ
1	أَنْتَقِلَ	---	نَنْتَقِلَ

IMPERFECT		SINGULAR	DUAL	PLURAL
3	MASCULINE	يَنْتَقِلُ	يَنْتَقِلانِ	يَنْتَقِلُونَ
	FEMININE	تَنْتَقِلُ	تَنْتَقِلانِ	يَنْتَقِلْنَ
2	MASCULINE	تَنْتَقِلُ	تَنْتَقِلانِ	تَنْتَقِلُونَ
	FEMININE	تَنْتَقِلِينَ	تَنْتَقِلانِ	تَنْتَقِلْنَ
1		أَنْتَقِلُ	---	نَنْتَقِلُ

JUSSIVE	SINGULAR	DUAL	PLURAL
3 MASCULINE	يَنْتَقِلْ	يَنْتَقِلا	يَنْتَقِلُوا
3 FEMININE	تَنْتَقِلْ	تَنْتَقِلا	يَنْتَقِلْنَ
2 MASCULINE	تَنْتَقِلْ	تَنْتَقِلا	تَنْتَقِلُوا
2 FEMININE	تَنْتَقِلِي	تَنْتَقِلا	تَنْتَقِلْنَ
1	أَنْتَقِلْ	---	نَنْتَقِلْ

ACTIVE PARTICIPLE	مُنْتَقِلٌ
PASSIVE PARTICIPLE	---
VERBAL NOUN	إِنْتِقَالٌ

IMPERATIVE	SINGULAR	DUAL	PLURAL
MASCULINE	إِنْتَقِلْ	إِنْتَقِلا	إِنْتَقِلُوا
FEMININE	إِنْتَقِلِي	إِنْتَقِلا	إِنْتَقِلْنَ

We moved to Cairo last month.	إِنْتَقَلْنَا إلى القاهرة الشهر الماضي.
Naguib Mahfouz died [literally: *proceeded* to the mercy of God].	إِنْتَقَلَ نجيب محفوظ إلى رحمة الله.
The news *traveled* quickly.	إِنْتَقَلَتْ الأخبار بسرعة.

Form I نمي — to grow; to be ascribed نَمَى ●

ACTIVE

PERFECT		SINGULAR	DUAL	PLURAL
3	MASCULINE	نَمَى	نَمَيَا	نَمَوْا
	FEMININE	نَمَتْ	نَمَتَا	نَمَيْنَ
2	MASCULINE	نَمَيْتَ	نَمَيْتُمَا	نَمَيْتُمْ
	FEMININE	نَمَيْتِ	نَمَيْتُمَا	نَمَيْتُنَّ
1		نَمَيْتُ	---	نَمَيْنَا

SUBJUNCTIVE	SINGULAR	DUAL	PLURAL
3 MASCULINE	يَنْمِيَ	يَنْمِيَا	يَنْمُوا
3 FEMININE	تَنْمِيَ	تَنْمِيَا	يَنْمِينَ
2 MASCULINE	تَنْمِيَ	تَنْمِيَا	تَنْمُوا
2 FEMININE	تَنْمِي	تَنْمِيَا	تَنْمِينَ
1	أَنْمِيَ	---	نَنْمِيَ

IMPERFECT		SINGULAR	DUAL	PLURAL
3	MASCULINE	يَنْمِي	يَنْمِيَانِ	يَنْمُونَ
	FEMININE	تَنْمِي	تَنْمِيَانِ	يَنْمِينَ
2	MASCULINE	تَنْمِي	تَنْمِيَانِ	تَنْمُونَ
	FEMININE	تَنْمِينَ	تَنْمِيَانِ	تَنْمِينَ
1		أَنْمِي	---	نَنْمِي

JUSSIVE	SINGULAR	DUAL	PLURAL
3 MASCULINE	يَنْمِ	يَنْمِيَا	يَنْمُوا
3 FEMININE	تَنْمِ	تَنْمِيَا	يَنْمِينَ
2 MASCULINE	تَنْمِ	تَنْمِيَا	تَنْمُوا
2 FEMININE	تَنْمِي	تَنْمِيَا	تَنْمِينَ
1	أَنْمِ	---	نَنْمِ

ACTIVE PARTICIPLE نَامٍ

PASSIVE PARTICIPLE ---

VERBAL NOUN نَمْيٌ, نَمَاءٌ, نَمِيَّةٌ

IMPERATIVE	SINGULAR	DUAL	PLURAL
MASCULINE	إِنْمِ	إِنْمِيَا	إِنْمُوا
FEMININE	إِنْمِي	إِنْمِيَا	إِنْمِينَ

Plants need light in order *to thrive*.	النباتات تحتاج إلى الضوء حتى تَنْمِيَ.
The need for the computer *has increased* in recent years.	لقد نَمَى الإحتياج إلى الكمبيوتر في الأعوام الأخيرة.
It *has come* to my attention that you are going to travel tomorrow.	نَمَى إلى علمي أنك ستسافر غداً.

Form VIII نهج   to pursue (a course) إِنْتَهَجَ ●

ACTIVE

PLURAL	DUAL	SINGULAR	SUBJUNCTIVE	PLURAL	DUAL	SINGULAR	PERFECT	
يَنْتَهِجُوا	يَنْتَهِجَا	يَنْتَهِجَ		إِنْتَهَجُوا	إِنْتَهَجَا	إِنْتَهَجَ	MASCULINE	3
يَنْتَهِجْنَ	تَنْتَهِجَا	تَنْتَهِجَ		إِنْتَهَجْنَ	إِنْتَهَجَتَا	إِنْتَهَجَتْ	FEMININE	
تَنْتَهِجُوا	تَنْتَهِجَا	تَنْتَهِجَ		إِنْتَهَجْتُمْ	إِنْتَهَجْتُمَا	إِنْتَهَجْتَ	MASCULINE	2
تَنْتَهِجْنَ	تَنْتَهِجَا	تَنْتَهِجِي		إِنْتَهَجْتُنَّ	إِنْتَهَجْتُمَا	إِنْتَهَجْتِ	FEMININE	
نَنْتَهِجَ	---	أَنْتَهِجَ		إِنْتَهَجْنَا	---	إِنْتَهَجْتُ		1

PLURAL	DUAL	SINGULAR	JUSSIVE	PLURAL	DUAL	SINGULAR	IMPERFECT	
يَنْتَهِجُوا	يَنْتَهِجَا	يَنْتَهِجْ		يَنْتَهِجُونَ	يَنْتَهِجَانِ	يَنْتَهِجُ	MASCULINE	3
يَنْتَهِجْنَ	تَنْتَهِجَا	تَنْتَهِجْ		يَنْتَهِجْنَ	تَنْتَهِجَانِ	تَنْتَهِجُ	FEMININE	
تَنْتَهِجُوا	تَنْتَهِجَا	تَنْتَهِجْ		تَنْتَهِجُونَ	تَنْتَهِجَانِ	تَنْتَهِجُ	MASCULINE	2
تَنْتَهِجْنَ	تَنْتَهِجَا	تَنْتَهِجِي		تَنْتَهِجْنَ	تَنْتَهِجَانِ	تَنْتَهِجِينَ	FEMININE	
نَنْتَهِجْ	---	أَنْتَهِجْ		نَنْتَهِجُ	---	أَنْتَهِجُ		1

		ACTIVE PARTICIPLE	مُنْتَهِجٌ

PLURAL	DUAL	SINGULAR	IMPERATIVE		
إِنْتَهِجُوا	إِنْتَهِجَا	إِنْتَهِجْ	MASCULINE	PASSIVE PARTICIPLE	مُنْتَهَجٌ
إِنْتَهِجْنَ	إِنْتَهِجَا	إِنْتَهِجِي	FEMININE	VERBAL NOUN	إِنْتِهَاجٌ

PASSIVE

PLURAL	DUAL	SINGULAR	SUBJUNCTIVE	PLURAL	DUAL	SINGULAR	PERFECT	
يُنْتَهَجُوا	يُنْتَهَجَا	يُنْتَهَجَ		أُنْتُهِجُوا	أُنْتُهِجَا	أُنْتُهِجَ	MASCULINE	3
يُنْتَهَجْنَ	تُنْتَهَجَا	تُنْتَهَجَ		أُنْتُهِجْنَ	أُنْتُهِجَتَا	أُنْتُهِجَتْ	FEMININE	
تُنْتَهَجُوا	تُنْتَهَجَا	تُنْتَهَجَ		أُنْتُهِجْتُمْ	أُنْتُهِجْتُمَا	أُنْتُهِجْتَ	MASCULINE	2
تُنْتَهَجْنَ	تُنْتَهَجَا	تُنْتَهَجِي		أُنْتُهِجْتُنَّ	أُنْتُهِجْتُمَا	أُنْتُهِجْتِ	FEMININE	
نُنْتَهَجَ	---	أُنْتَهَجَ		أُنْتُهِجْنَا	---	أُنْتُهِجْتُ		1

PLURAL	DUAL	SINGULAR	JUSSIVE	PLURAL	DUAL	SINGULAR	IMPERFECT	
يُنْتَهَجُوا	يُنْتَهَجَا	يُنْتَهَجْ		يُنْتَهَجُونَ	يُنْتَهَجَانِ	يُنْتَهَجُ	MASCULINE	3
يُنْتَهَجْنَ	تُنْتَهَجَا	تُنْتَهَجْ		يُنْتَهَجْنَ	تُنْتَهَجَانِ	تُنْتَهَجُ	FEMININE	
تُنْتَهَجُوا	تُنْتَهَجَا	تُنْتَهَجْ		تُنْتَهَجُونَ	تُنْتَهَجَانِ	تُنْتَهَجُ	MASCULINE	2
تُنْتَهَجْنَ	تُنْتَهَجَا	تُنْتَهَجِي		تُنْتَهَجْنَ	تُنْتَهَجَانِ	تُنْتَهَجِينَ	FEMININE	
نُنْتَهَجْ	---	أُنْتَهَجْ		نُنْتَهَجُ	---	أُنْتَهَجُ		1

We have *followed* the path of those who taught us.	إِنْتَهَجْنَا سبيل من علّمونا.
We'll *take* the quick way to get to Alexandria.	سَنَنْتَهِجُ الطريق السريع للوصول للإسكَندرية.
The government *is pursuing* a destructive course in dealing with many problems.	الحكومة تَنْتَهِجُ منهجًا مدمرًا في مواجهة الكثير من المشاكل.

Form VIII نهى   to come to an end إِنْتَهَى ●

ACTIVE

PLURAL	DUAL	SINGULAR	SUBJUNCTIVE	PLURAL	DUAL	SINGULAR	PERFECT	
يَنْتَهُوا	يَنْتَهِيَا	يَنْتَهِيَ		إِنْتَهَوْا	إِنْتَهَيَا	إِنْتَهَى	MASCULINE	3
يَنْتَهِينَ	تَنْتَهِيَا	تَنْتَهِيَ		إِنْتَهَيْنَ	إِنْتَهَتَا	إِنْتَهَتْ	FEMININE	
تَنْتَهُوا	تَنْتَهِيَا	تَنْتَهِيَ		إِنْتَهَيْتُمْ	إِنْتَهَيْتُمَا	إِنْتَهَيْتَ	MASCULINE	2
تَنْتَهِينَ	تَنْتَهِيَا	تَنْتَهِي		إِنْتَهَيْتُنَّ	إِنْتَهَيْتُمَا	إِنْتَهَيْتِ	FEMININE	
نَنْتَهِيَ	---	أَنْتَهِيَ		إِنْتَهَيْنَا	---	إِنْتَهَيْتُ		1

JUSSIVE   IMPERFECT

PLURAL	DUAL	SINGULAR		PLURAL	DUAL	SINGULAR	IMPERFECT	
يَنْتَهُوا	يَنْتَهِيَا	يَنْتَهِ		يَنْتَهُونَ	يَنْتَهِيَان	يَنْتَهِي	MASCULINE	3
يَنْتَهِينَ	تَنْتَهِيَا	تَنْتَهِ		يَنْتَهِينَ	تَنْتَهِيَان	تَنْتَهِي	FEMININE	
تَنْتَهُوا	تَنْتَهِيَا	تَنْتَهِ		تَنْتَهُونَ	تَنْتَهِيَان	تَنْتَهِي	MASCULINE	2
تَنْتَهِينَ	تَنْتَهِيَا	تَنْتَهِي		تَنْتَهِينَ	تَنْتَهِيَان	تَنْتَهِينَ	FEMININE	
نَنْتَهِ	---	أَنْتَهِ		نَنْتَهِي	---	أَنْتَهِي		1

IMPERATIVE   مُنْتَهٍ ACTIVE PARTICIPLE

PLURAL	DUAL	SINGULAR		
إِنْتَهُوا	إِنْتَهِيَا	إِنْتَهِ	MASCULINE	
إِنْتَهِينَ	إِنْتَهِيَا	إِنْتَهِي	FEMININE	

--- PASSIVE PARTICIPLE

إِنْتِهَاءٌ VERBAL NOUN

I hope *to finish* writing the last chapter tomorrow.	أتمنى أن أَنْتَهِيَ من كتابة الفصل الأخير غدًا.
The problem with this novel is that *it ends* with an expected ending.	مشكلة هذه الرواية أنها تَنْتَهِي نهاية معتادة.
Qasr al-Ayni Street *runs* into Freedom Square.	يَنْتَهِي شارع قصر العيني إلى ميدان التحرير.

Form IV نوب to deputize; to frequent; to repent أَنَابَ ●

ACTIVE

PLURAL	DUAL	SINGULAR	SUBJUNCTIVE	PLURAL	DUAL	SINGULAR	PERFECT	
يُنِيبُوا	يُنِيبَا	يُنِيبَ		أَنَابُوا	أَنَابَا	أَنَابَ	MASCULINE	3
يُنِبْنَ	تُنِيبَا	تُنِيبَ		أَنَبْنَ	أَنَابَتَا	أَنَابَتْ	FEMININE	
تُنِيبُوا	تُنِيبَا	تُنِيبَ		أَنَبْتُمْ	أَنَبْتُمَا	أَنَبْتَ	MASCULINE	2
تُنِبْنَ	تُنِيبَا	تُنِيبِي		أَنَبْتُنَّ	أَنَبْتُمَا	أَنَبْتِ	FEMININE	
نُنِيبَ	---	أُنِيبَ		أَنَبْنَا	---	أَنَبْتُ		1

PLURAL	DUAL	SINGULAR	JUSSIVE	PLURAL	DUAL	SINGULAR	IMPERFECT	
يُنِيبُوا	يُنِيبَا	يُنِبْ		يُنِيبُونَ	يُنِيبَانِ	يُنِيبُ	MASCULINE	3
يُنِبْنَ	تُنِيبَا	تُنِبْ		يُنِبْنَ	تُنِيبَانِ	تُنِيبُ	FEMININE	
تُنِيبُوا	تُنِيبَا	تُنِبْ		تُنِيبُونَ	تُنِيبَانِ	تُنِيبُ	MASCULINE	2
تُنِبْنَ	تُنِيبَا	تُنِيبِي		تُنِبْنَ	تُنِيبَانِ	تُنِيبِينَ	FEMININE	
نُنِبْ	---	أُنِبْ		نُنِيبُ	---	أُنِيبُ		1

PLURAL	DUAL	SINGULAR	IMPERATIVE			
				مُنِيبٌ	ACTIVE PARTICIPLE	
أَنِيبُوا	أَنِيبَا	أَنِبْ	MASCULINE	مُنَابٌ	PASSIVE PARTICIPLE	
أَنِبْنَ	أَنِيبَا	أَنِيبِي	FEMININE	إِنَابَةٌ	VERBAL NOUN	

PASSIVE

PLURAL	DUAL	SINGULAR	SUBJUNCTIVE	PLURAL	DUAL	SINGULAR	PERFECT	
يُنَابُوا	يُنَابَا	يُنَابَ		أُنِيبُوا	أُنِيبَا	أُنِيبَ	MASCULINE	3
يُنَبْنَ	تُنَابَا	تُنَابَ		أُنِبْنَ	أُنِيبَتَا	أُنِيبَتْ	FEMININE	
تُنَابُوا	تُنَابَا	تُنَابَ		أُنِبْتُمْ	أُنِبْتُمَا	أُنِبْتَ	MASCULINE	2
تُنَبْنَ	تُنَابَا	تُنَابِي		أُنِبْتُنَّ	أُنِبْتُمَا	أُنِبْتِ	FEMININE	
نُنَابَ	---	أُنَابَ		أُنِبْنَا	---	أُنِبْتُ		1

PLURAL	DUAL	SINGULAR	JUSSIVE	PLURAL	DUAL	SINGULAR	IMPERFECT	
يُنَابُوا	يُنَابَا	يُنَبْ		يُنَابُونَ	يُنَابَانِ	يُنَابُ	MASCULINE	3
يُنَبْنَ	تُنَابَا	تُنَبْ		يُنَبْنَ	تُنَابَانِ	تُنَابُ	FEMININE	
تُنَابُوا	تُنَابَا	تُنَبْ		تُنَابُونَ	تُنَابَانِ	تُنَابُ	MASCULINE	2
تُنَبْنَ	تُنَابَا	تُنَابِي		تُنَبْنَ	تُنَابَانِ	تُنَابِينَ	FEMININE	
نُنَبْ	---	أُنَبْ		نُنَابُ	---	أُنَابُ		1

481

The director *authorized me* to lead this meeting.	أَنَابَنِي المدير لقيادة هذا الإجتماع.
We frequented the home of our friend Ahmad.	أَنَبْنَا إلى منزل صديقنا أحمد.
The sinner *repented* to God.	أَنَابَ الخاطئ إلى الله.

Form VI نول — to take; to take up تَنَاوَلَ

ACTIVE

		PERFECT SINGULAR	DUAL	PLURAL	SUBJUNCTIVE SINGULAR	DUAL	PLURAL
3	MASCULINE	تَنَاوَلَ	تَنَاوَلا	تَنَاوَلُوا	يَتَنَاوَلَ	يَتَنَاوَلا	يَتَنَاوَلُوا
	FEMININE	تَنَاوَلَتْ	تَنَاوَلَتَا	تَنَاوَلْنَ	تَتَنَاوَلَ	تَتَنَاوَلا	يَتَنَاوَلْنَ
2	MASCULINE	تَنَاوَلْتَ	تَنَاوَلْتُمَا	تَنَاوَلْتُمْ	تَتَنَاوَلَ	تَتَنَاوَلا	تَتَنَاوَلُوا
	FEMININE	تَنَاوَلْتِ	تَنَاوَلْتُمَا	تَنَاوَلْتُنَّ	تَتَنَاوَلِي	تَتَنَاوَلا	تَتَنَاوَلْنَ
1		تَنَاوَلْتُ	---	تَنَاوَلْنَا	أَتَنَاوَلَ	---	نَتَنَاوَلَ

		IMPERFECT SINGULAR	DUAL	PLURAL	JUSSIVE SINGULAR	DUAL	PLURAL
3	MASCULINE	يَتَنَاوَلُ	يَتَنَاوَلانِ	يَتَنَاوَلُونَ	يَتَنَاوَلْ	يَتَنَاوَلا	يَتَنَاوَلُوا
	FEMININE	تَتَنَاوَلُ	تَتَنَاوَلانِ	يَتَنَاوَلْنَ	تَتَنَاوَلْ	تَتَنَاوَلا	يَتَنَاوَلْنَ
2	MASCULINE	تَتَنَاوَلُ	تَتَنَاوَلانِ	تَتَنَاوَلُونَ	تَتَنَاوَلْ	تَتَنَاوَلا	تَتَنَاوَلُوا
	FEMININE	تَتَنَاوَلِينَ	تَتَنَاوَلانِ	تَتَنَاوَلْنَ	تَتَنَاوَلِي	تَتَنَاوَلا	تَتَنَاوَلْنَ
1		أَتَنَاوَلُ	---	نَتَنَاوَلُ	أَتَنَاوَلْ	---	نَتَنَاوَلْ

ACTIVE PARTICIPLE	مُتَنَاوِلٌ
PASSIVE PARTICIPLE	مُتَنَاوَلٌ
VERBAL NOUN	تَنَاوُلٌ

IMPERATIVE	SINGULAR	DUAL	PLURAL
MASCULINE	تَنَاوَلْ	تَنَاوَلا	تَنَاوَلُوا
FEMININE	تَنَاوَلِي	تَنَاوَلا	تَنَاوَلْنَ

PASSIVE

		PERFECT SINGULAR	DUAL	PLURAL	SUBJUNCTIVE SINGULAR	DUAL	PLURAL
3	MASCULINE	تُنُووِلَ	تُنُووِلا	تُنُووِلُوا	يُتَنَاوَلَ	يُتَنَاوَلا	يُتَنَاوَلُوا
	FEMININE	تُنُووِلَتْ	تُنُووِلَتَا	تُنُووِلْنَ	تُتَنَاوَلَ	تُتَنَاوَلا	يُتَنَاوَلْنَ
2	MASCULINE	تُنُووِلْتَ	تُنُووِلْتُمَا	تُنُووِلْتُمْ	تُتَنَاوَلَ	تُتَنَاوَلا	تُتَنَاوَلُوا
	FEMININE	تُنُووِلْتِ	تُنُووِلْتُمَا	تُنُووِلْتُنَّ	تُتَنَاوَلِي	تُتَنَاوَلا	تُتَنَاوَلْنَ
1		تُنُووِلْتُ	---	تُنُووِلْنَا	أُتَنَاوَلَ	---	نُتَنَاوَلَ

JUSSIVE			IMPERFECT				
يُتَنَاوَلُوا	يُتَنَاوَلا	يُتَنَاوَلْ	يُتَنَاوَلُونَ	يُتَنَاوَلانِ	يُتَنَاوَلُ	MASCULINE	3
يُتَنَاوَلْنَ	تُتَنَاوَلا	تُتَنَاوَلْ	يُتَنَاوَلْنَ	تُتَنَاوَلانِ	تُتَنَاوَلُ	FEMININE	
تُتَنَاوَلُوا	تُتَنَاوَلا	تُتَنَاوَلْ	تُتَنَاوَلُونَ	تُتَنَاوَلانِ	تُتَنَاوَلُ	MASCULINE	2
تُتَنَاوَلْنَ	تُتَنَاوَلا	تُتَنَاوَلِي	تُتَنَاوَلْنَ	تُتَنَاوَلانِ	تُتَنَاوَلِينَ	FEMININE	
نُتَنَاوَلْ	---	أُتَنَاوَلْ	نُتَنَاوَلُ	---	أُتَنَاوَلُ		1

When *shall we take* our meal? — متى سَنَتَنَاوَلُ الطعام؟

I got the book from him. — تَنَاوَلْتُ منه الكتاب.

In this study, *I will treat* the subject of... — في هذا البحث سَأَتَنَاوَلُ موضوع...

I took Holy Communion in the church this morning. — تَنَاوَلْتُ العشاء الرباني في الكنيسة هذا الصباح.

Form I نوم   to sleep نَامَ ●

ACTIVE

PLURAL	DUAL	SINGULAR	SUBJUNCTIVE	PLURAL	DUAL	SINGULAR	PERFECT	
يَنَامُوا	يَنَامَا	يَنَامَ		نَامُوا	نَامَا	نَامَ	MASCULINE	3
يَنَمْنَ	تَنَامَا	تَنَامَ		نِمْنَ	نَامَتَا	نَامَتْ	FEMININE	
تَنَامُوا	تَنَامَا	تَنَامَ		نِمْتُمْ	نِمْتُمَا	نِمْتَ	MASCULINE	2
تَنَمْنَ	تَنَامَا	تَنَامِي		نِمْتُنَّ	نِمْتُمَا	نِمْتِ	FEMININE	
نَنَامَ	---	أَنَامَ		نِمْنَا	---	نِمْتُ		1

PLURAL	DUAL	SINGULAR	JUSSIVE	PLURAL	DUAL	SINGULAR	IMPERFECT	
يَنَامُوا	يَنَامَا	يَنَمْ		يَنَامُونَ	يَنَامَانِ	يَنَامُ	MASCULINE	3
يَنَمْنَ	تَنَامَا	تَنَمْ		يَنَمْنَ	تَنَامَانِ	تَنَامُ	FEMININE	
تَنَامُوا	تَنَامَا	تَنَمْ		تَنَامُونَ	تَنَامَانِ	تَنَامُ	MASCULINE	2
تَنَمْنَ	تَنَامَا	تَنَامِي		تَنَمْنَ	تَنَامَانِ	تَنَامِينَ	FEMININE	
نَنَمْ	---	أَنَمْ		نَنَامُ	---	أَنَامُ		1

PLURAL	DUAL	SINGULAR	IMPERATIVE		
				نَائِمٌ	ACTIVE PARTICIPLE
نَامُوا	نَامَا	نَمْ	MASCULINE	مَنُومٌ	PASSIVE PARTICIPLE
نَمْنَ	نَامَا	نَامِي	FEMININE	نَوْمٌ، نِيَامٌ	VERBAL NOUN

483

I didn't sleep well last night. — لم أَنَمْ جيداً ليلة أمس.

Newborns grow at a great rate while *they are sleeping.* — الأطفال حديثو الولادة ينمون بمعدلات كبيرة عندما يَنَامُونَ.

How *can you sleep* on this bed? — كيف تَنَامُ على هذا السرير؟

Form I نيل — to attain, obtain نَالَ

ACTIVE

PERFECT		SINGULAR	DUAL	PLURAL	SUBJUNCTIVE SINGULAR	DUAL	PLURAL
3	MASCULINE	نَالَ	نَالا	نَالُوا	يَنَالَ	يَنَالا	يَنَالُوا
	FEMININE	نَالَتْ	نَالَتَا	نِلْنَ	تَنَالَ	تَنَالا	يَنَلْنَ
2	MASCULINE	نِلْتَ	نِلْتُمَا	نِلْتُمْ	تَنَالَ	تَنَالا	تَنَالُوا
	FEMININE	نِلْتِ	نِلْتُمَا	نِلْتُنَّ	تَنَالِي	تَنَالا	تَنَلْنَ
1		نِلْتُ	---	نِلْنَا	أَنَالَ	---	نَنَالَ

IMPERFECT		SINGULAR	DUAL	PLURAL	JUSSIVE SINGULAR	DUAL	PLURAL
3	MASCULINE	يَنَالُ	يَنَالانِ	يَنَالُونَ	يَنَلْ	يَنَالا	يَنَالُوا
	FEMININE	تَنَالُ	تَنَالانِ	يَنَلْنَ	تَنَلْ	تَنَالا	يَنَلْنَ
2	MASCULINE	تَنَالُ	تَنَالانِ	تَنَالُونَ	تَنَلْ	تَنَالا	تَنَالُوا
	FEMININE	تَنَالِينَ	تَنَالانِ	تَنَلْنَ	تَنَالِي	تَنَالا	تَنَلْنَ
1		أَنَالُ	---	نَنَالُ	أَنَلْ	---	نَنَلْ

ACTIVE PARTICIPLE	نَائِلٌ
PASSIVE PARTICIPLE	مَنُولٌ
VERBAL NOUN	نَيْلٌ, مَنَالٌ

IMPERATIVE	SINGULAR	DUAL	PLURAL
MASCULINE	نَلْ	نَالا	نَالُوا
FEMININE	نَالِي	نَالا	نَلْنَ

PASSIVE

PERFECT		SINGULAR	DUAL	PLURAL	SUBJUNCTIVE SINGULAR	DUAL	PLURAL
3	MASCULINE	نِيلَ	نِيلا	نِيلُوا	يُنَالَ	يُنَالا	يُنَالُوا
	FEMININE	نِيلَتْ	نِيلَتَا	نِلْنَ	تُنَالَ	تُنَالا	يُنَلْنَ
2	MASCULINE	نِلْتَ	نِلْتُمَا	نِلْتُمْ	تُنَالَ	تُنَالا	تُنَالُوا
	FEMININE	نِلْتِ	نِلْتُمَا	نِلْتُنَّ	تُنَالِي	تُنَالا	تُنَلْنَ
1		نِلْتُ	---	نِلْنَا	أُنَالَ	---	نُنَالَ

	JUSSIVE				IMPERFECT		
يُنَالُوا	يُنَالا	يُنَلْ		يُنَالُونَ	يُنَالانِ	يُنَالُ	MASCULINE 3
يُنَلْنَ	تُنَالا	تُنَلْ		يُنَلْنَ	تُنَالانِ	تُنَالُ	FEMININE
تُنَالُوا	تُنَالا	تُنَلْ		تُنَالُونَ	تُنَالانِ	تُنَالُ	MASCULINE 2
تُنَلْنَ	تُنَالا	تُنَالِي		تُنَلْنَ	تُنَالانِ	تُنَالِينَ	FEMININE
نُنَلْ	---	أُنَلْ		نُنَالُ	---	أُنَالُ	1

I haven't yet *achieved* what I dream of.	لم أَنَلْ ما أحلم به بعد.
The student *got* his share of success.	نَالَ الطالب مناله من النجاح.
He was discredited by rumors [literally: Rumors *took away* from his reputation].	نَالَتْ الإشاعات من عرضه.

Form I هبط
to land; to sink; to lose weight هَبَطَ ●

ACTIVE

PLURAL	DUAL	SINGULAR	SUBJUNCTIVE	PLURAL	DUAL	SINGULAR	PERFECT	
يَهْبِطُوا	يَهْبِطا	يَهْبِطَ		هَبَطُوا	هَبَطا	هَبَطَ	MASCULINE	3
يَهْبِطْنَ	تَهْبِطا	تَهْبِطَ		هَبَطْنَ	هَبَطَتا	هَبَطَتْ	FEMININE	
تَهْبِطُوا	تَهْبِطا	تَهْبِطَ		هَبَطْتُمْ	هَبَطْتُمَا	هَبَطْتَ	MASCULINE	2
تَهْبِطْنَ	تَهْبِطا	تَهْبِطِي		هَبَطْتُنَّ	هَبَطْتُمَا	هَبَطْتِ	FEMININE	
نَهْبِطَ	---	أَهْبِطَ		هَبَطْنا	---	هَبَطْتُ	1	

PLURAL	DUAL	SINGULAR	JUSSIVE	PLURAL	DUAL	SINGULAR	IMPERFECT	
يَهْبِطُوا	يَهْبِطا	يَهْبِطْ		يَهْبِطُونَ	يَهْبِطانِ	يَهْبِطُ	MASCULINE	3
يَهْبِطْنَ	تَهْبِطا	تَهْبِطْ		يَهْبِطْنَ	تَهْبِطانِ	تَهْبِطُ	FEMININE	
تَهْبِطُوا	تَهْبِطا	تَهْبِطْ		تَهْبِطُونَ	تَهْبِطانِ	تَهْبِطُ	MASCULINE	2
تَهْبِطْنَ	تَهْبِطا	تَهْبِطِي		تَهْبِطْنَ	تَهْبِطانِ	تَهْبِطِينَ	FEMININE	
نَهْبِطْ	---	أَهْبِطْ		نَهْبِطْ	---	أَهْبِطْ	1	

			IMPERATIVE		ACTIVE PARTICIPLE	هَابِطٌ
إهْبِطُوا	إهْبِطا	إهْبِطْ	MASCULINE		PASSIVE PARTICIPLE	---
إهْبِطْنَ	إهْبِطا	إهْبِطِي	FEMININE		VERBAL NOUN	هُبُوطٌ

The airplane *landed* safely.	هَبَطَتْ الطائرة بأمان.
The ship *sank* in the ocean.	هَبَطَتْ السفينة في المحيط.

His [literally: The] blood pressure *dropped*,
and he lost consciousness.

هَبَطَ ضغط الدم ففقد الوعي.

Form III هجم   ● هَاجَمَ to attack

ACTIVE

PLURAL	DUAL	SINGULAR	SUBJUNCTIVE	PLURAL	DUAL	SINGULAR	PERFECT	
يُهَاجِمُوا	يُهَاجِمَا	يُهَاجِمَ		هَاجَمُوا	هَاجَمَا	هَاجَمَ	MASCULINE	3
تُهَاجِمَ	يُهَاجِمَا	تُهَاجِمَ		هَاجَمْنَ	هَاجَمَتَا	هَاجَمَتْ	FEMININE	
تُهَاجِمُوا	تُهَاجِمَا	تُهَاجِمَ		هَاجَمْتُمْ	هَاجَمْتُمَا	هَاجَمْتَ	MASCULINE	2
تُهَاجِمْنَ	تُهَاجِمَا	تُهَاجِمِي		هَاجَمْتُنَّ	هَاجَمْتُمَا	هَاجَمْتِ	FEMININE	
نُهَاجِمَ	---	أُهَاجِمَ		هَاجَمْنَا	---	هَاجَمْتُ		1

			JUSSIVE				IMPERFECT	
يُهَاجِمُوا	يُهَاجِمَا	يُهَاجِمْ		يُهَاجِمُونَ	يُهَاجِمَانِ	يُهَاجِمُ	MASCULINE	3
يُهَاجِمْنَ	تُهَاجِمَا	تُهَاجِمْ		يُهَاجِمْنَ	تُهَاجِمَانِ	تُهَاجِمُ	FEMININE	
تُهَاجِمُوا	تُهَاجِمَا	تُهَاجِمْ		تُهَاجِمُونَ	تُهَاجِمَانِ	تُهَاجِمُ	MASCULINE	2
تُهَاجِمْنَ	تُهَاجِمَا	تُهَاجِمِي		تُهَاجِمْنَ	تُهَاجِمَانِ	تُهَاجِمِينَ	FEMININE	
نُهَاجِمْ	---	أُهَاجِمْ		نُهَاجِمُ	---	أُهَاجِمُ		1

			IMPERATIVE		مُهَاجِمٌ	ACTIVE PARTICIPLE
هَاجِمُوا	هَاجِمَا	هَاجِمْ	MASCULINE		مُهَاجَمٌ	PASSIVE PARTICIPLE
هَاجِمْنَ	هَاجِمَا	هَاجِمِي	FEMININE		مُهَاجَمَةٌ	VERBAL NOUN

PASSIVE

PLURAL	DUAL	SINGULAR	SUBJUNCTIVE	PLURAL	DUAL	SINGULAR	PERFECT	
يُهَاجَمُوا	يُهَاجَمَا	يُهَاجَمَ		هُوجِمُوا	هُوجِمَا	هُوجِمَ	MASCULINE	3
تُهَاجَمْنَ	تُهَاجَمَا	تُهَاجَمَ		هُوجِمْنَ	هُوجِمَتَا	هُوجِمَتْ	FEMININE	
تُهَاجَمُوا	تُهَاجَمَا	تُهَاجَمَ		هُوجِمْتُمْ	هُوجِمْتُمَا	هُوجِمْتَ	MASCULINE	2
تُهَاجَمْنَ	تُهَاجَمَا	تُهَاجَمِي		هُوجِمْتُنَّ	هُوجِمْتُمَا	هُوجِمْتِ	FEMININE	
نُهَاجَمَ	---	أُهَاجَمَ		هُوجِمْنَا	---	هُوجِمْتُ		1

486

IMPERFECT

	PLURAL	DUAL	SINGULAR		
MASCULINE	يُهَاجِمُونَ	يُهَاجِمَانِ	يُهَاجِمُ		3
FEMININE	يُهَاجِمْنَ	تُهَاجِمَانِ	تُهَاجِمُ		
MASCULINE	تُهَاجِمُونَ	تُهَاجِمَانِ	تُهَاجِمُ		2
FEMININE	تُهَاجِمْنَ	تُهَاجِمَانِ	تُهَاجِمِينَ		
1	نُهَاجِمُ	---	أُهَاجِمُ		

JUSSIVE

	PLURAL	DUAL	SINGULAR		
MASCULINE	يُهَاجِمُوا	يُهَاجِمَا	يُهَاجِمْ		3
FEMININE	يُهَاجِمْنَ	تُهَاجِمَا	تُهَاجِمْ		
MASCULINE	تُهَاجِمُوا	تُهَاجِمَا	تُهَاجِمْ		2
FEMININE	تُهَاجِمْنَ	تُهَاجِمَا	تُهَاجِمِي		
1	نُهَاجِمْ	---	أَهَاجِمْ		

هَاجَمَتُ الجيوش المدينة.
The troops *attacked* the city.

الصحافة هَاجَمَتُ القرارات الإقتصادية بعنف.
The press *attacked* the economic decisions violently.

أوصاهم المدرب بأن يُهَاجِمُوا الفريق الآخر.
The coach ordered them *to attack* the other team.

Form II هـدد   to threaten هَدَّدَ ●

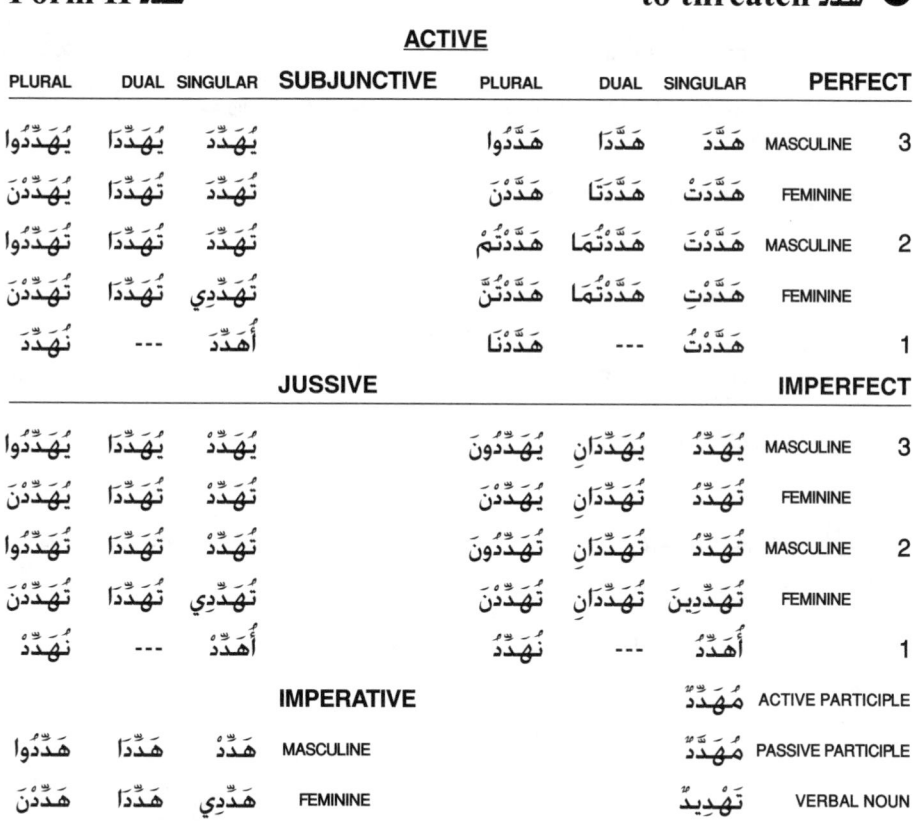

ACTIVE

PLURAL	DUAL	SINGULAR	SUBJUNCTIVE	PLURAL	DUAL	SINGULAR	PERFECT	
يُهَدِّدُوا	يُهَدِّدَا	يُهَدِّدَ		هَدَّدُوا	هَدَّدَا	هَدَّدَ	MASCULINE	3
يُهَدِّدْنَ	تُهَدِّدَا	تُهَدِّدَ		هَدَّدْنَ	هَدَّدَتَا	هَدَّدَتْ	FEMININE	
تُهَدِّدُوا	تُهَدِّدَا	تُهَدِّدَ		هَدَّدْتُمْ	هَدَّدْتُمَا	هَدَّدْتَ	MASCULINE	2
تُهَدِّدْنَ	تُهَدِّدَا	تُهَدِّدِي		هَدَّدْتُنَّ	هَدَّدْتُمَا	هَدَّدْتِ	FEMININE	
نُهَدِّدَ	---	أُهَدِّدَ		هَدَّدْنَا	---	هَدَّدْتُ		1

PLURAL	DUAL	SINGULAR	JUSSIVE	PLURAL	DUAL	SINGULAR	IMPERFECT	
يُهَدِّدُوا	يُهَدِّدَا	يُهَدِّدْ		يُهَدِّدُونَ	يُهَدِّدَانِ	يُهَدِّدُ	MASCULINE	3
يُهَدِّدْنَ	تُهَدِّدَا	تُهَدِّدْ		يُهَدِّدْنَ	يُهَدِّدَانِ	تُهَدِّدُ	FEMININE	
تُهَدِّدُوا	تُهَدِّدَا	تُهَدِّدْ		تُهَدِّدُونَ	تُهَدِّدَانِ	تُهَدِّدُ	MASCULINE	2
تُهَدِّدْنَ	تُهَدِّدَا	تُهَدِّدِي		تُهَدِّدْنَ	تُهَدِّدَانِ	تُهَدِّدِينَ	FEMININE	
نُهَدِّدْ	---	أُهَدِّدْ		نُهَدِّدُ	---	أُهَدِّدُ		1

					SINGULAR	
				مُهَدِّدٌ		ACTIVE PARTICIPLE

IMPERATIVE

PLURAL	DUAL	SINGULAR			
				مُهَدَّدٌ	PASSIVE PARTICIPLE
هَدِّدُوا	هَدِّدَا	هَدِّدْ	MASCULINE		
هَدِّدْنَ	هَدِّدَا	هَدِّدِي	FEMININE	تَهْدِيدٌ	VERBAL NOUN

PLURAL	DUAL	SINGULAR	**SUBJUNCTIVE**	PLURAL	DUAL	SINGULAR	**PERFECT**	
يُهَدَّدُوا	يُهَدَّدَا	يُهَدَّدَ		هُدِّدُوا	هُدِّدَا	هُدِّدَ	MASCULINE	3
يُهَدَّدْنَ	تُهَدَّدَا	تُهَدَّدَ		هُدِّدْنَ	هُدِّدَتَا	هُدِّدَتْ	FEMININE	
تُهَدَّدُوا	تُهَدَّدَا	تُهَدَّدَ		هُدِّدْتُمْ	هُدِّدْتُمَا	هُدِّدْتَ	MASCULINE	2
تُهَدَّدْنَ	تُهَدَّدَا	تُهَدَّدِي		هُدِّدْتُنَّ	هُدِّدْتُمَا	هُدِّدْتِ	FEMININE	
نُهَدَّدَ	---	أُهَدَّدَ		هُدِّدْنَا	---	هُدِّدْتُ		1

PLURAL	DUAL	SINGULAR	**JUSSIVE**	PLURAL	DUAL	SINGULAR	**IMPERFECT**	
يُهَدَّدُوا	يُهَدَّدَا	يُهَدَّدْ		يُهَدَّدُونَ	يُهَدَّدَانِ	يُهَدَّدُ	MASCULINE	3
يُهَدَّدْنَ	تُهَدَّدَا	تُهَدَّدْ		يُهَدَّدْنَ	تُهَدَّدَانِ	تُهَدَّدُ	FEMININE	
تُهَدَّدُوا	تُهَدَّدَا	تُهَدَّدْ		تُهَدَّدُونَ	تُهَدَّدَانِ	تُهَدَّدُ	MASCULINE	2
تُهَدَّدْنَ	تُهَدَّدَا	تُهَدَّدِي		تُهَدَّدْنَ	تُهَدَّدَانِ	تُهَدَّدِينَ	FEMININE	
نُهَدَّدْ	---	أُهَدَّدْ		نُهَدَّدُ	---	أُهَدَّدُ		1

He threatened me with a pistol.

لقد هَدَّدَني بالمسدس.

You can't intimidate him because he is sure of himself.

لا يمكنك أن تُهَدِّدَه. فهو واثق من نفسه.

Wars menace the lives of the innocent.

الحروب تُهَدِّدُ حياة الأبرياء.

Form I هدف   ● هَدَفَ to aim

ACTIVE

PLURAL	DUAL	SINGULAR	**SUBJUNCTIVE**	PLURAL	DUAL	SINGULAR	**PERFECT**	
يَهْدُفُوا	يَهْدُفَا	يَهْدُفَ		هَدَفُوا	هَدَفَا	هَدَفَ	MASCULINE	3
يَهْدُفْنَ	تَهْدُفَا	تَهْدُفَ		هَدَفْنَ	هَدَفَتَا	هَدَفَتْ	FEMININE	
تَهْدُفُوا	تَهْدُفَا	تَهْدُفَ		هَدَفْتُمْ	هَدَفْتُمَا	هَدَفْتَ	MASCULINE	2
تَهْدُفْنَ	تَهْدُفَا	تَهْدُفِي		هَدَفْتُنَّ	هَدَفْتُمَا	هَدَفْتِ	FEMININE	
نَهْدُفَ	---	أَهْدُفَ		هَدَفْنَا	---	هَدَفْتُ		1

IMPERFECT

	SINGULAR	DUAL	PLURAL	
3	يَهْدُفُ	يَهْدُفَانِ	يَهْدُفُونَ	MASCULINE
	تَهْدُفُ	تَهْدُفَانِ	يَهْدُفْنَ	FEMININE
2	تَهْدُفُ	تَهْدُفَانِ	تَهْدُفُونَ	MASCULINE
	تَهْدُفِينَ	تَهْدُفَانِ	تَهْدُفْنَ	FEMININE
1	أَهْدُفُ	---	نَهْدُفُ	

JUSSIVE

	SINGULAR	DUAL	PLURAL	
3	يَهْدُفْ	يَهْدُفَا	يَهْدُفُوا	MASCULINE
	تَهْدُفْ	تَهْدُفَا	يَهْدُفْنَ	FEMININE
2	تَهْدُفْ	تَهْدُفَا	تَهْدُفُوا	MASCULINE
	تَهْدُفِي	تَهْدُفَا	تَهْدُفْنَ	FEMININE
1	أَهْدُفْ	---	نَهْدُفْ	

ACTIVE PARTICIPLE	هَادِفّ
PASSIVE PARTICIPLE	مَهْدُوفّ
VERBAL NOUN	هَدَفّ

IMPERATIVE

	SINGULAR	DUAL	PLURAL
MASCULINE	أُهْدُفْ	أُهْدُفَا	أُهْدُفُوا
FEMININE	أُهْدُفِي	أُهْدُفَا	أُهْدُفْنَ

هذا المشروع يَهْدُفُ إلى تشجيع الحوار بين الحضارات.

This project *aims* to encourage intercultural dialogue.

كنت أَهْدُفُ إلى قراءة خمسين صفحة.

I *intended* to read fifty pages.

هؤلاء الناس لا يَهْدُفُونَ إلى الربح.

These people *are not aiming* for profit.

Form X هدف   to aim; to be exposed إِسْتَهْدَفَ ●

ACTIVE

	SINGULAR	DUAL	PLURAL		SINGULAR	DUAL	PLURAL	
	PERFECT				**SUBJUNCTIVE**			
3	إِسْتَهْدَفَ	إِسْتَهْدَفَا	إِسْتَهْدَفُوا	MASCULINE	يَسْتَهْدِفَ	يَسْتَهْدِفَا	يَسْتَهْدِفُوا	
	إِسْتَهْدَفَتْ	إِسْتَهْدَفَتَا	إِسْتَهْدَفْنَ	FEMININE	تَسْتَهْدِفَ	تَسْتَهْدِفَا	يَسْتَهْدِفْنَ	
2	إِسْتَهْدَفْتَ	إِسْتَهْدَفْتُمَا	إِسْتَهْدَفْتُمْ	MASCULINE	تَسْتَهْدِفَ	تَسْتَهْدِفَا	تَسْتَهْدِفُوا	
	إِسْتَهْدَفْتِ	إِسْتَهْدَفْتُمَا	إِسْتَهْدَفْتُنَّ	FEMININE	تَسْتَهْدِفِي	تَسْتَهْدِفَا	تَسْتَهْدِفْنَ	
1	إِسْتَهْدَفْتُ	---	إِسْتَهْدَفْنَا		أَسْتَهْدِفَ	---	نَسْتَهْدِفَ	

IMPERFECT / JUSSIVE

	SINGULAR	DUAL	PLURAL		SINGULAR	DUAL	PLURAL	
	IMPERFECT				**JUSSIVE**			
3	يَسْتَهْدِفُ	يَسْتَهْدِفَانِ	يَسْتَهْدِفُونَ	MASCULINE	يَسْتَهْدِفْ	يَسْتَهْدِفَا	يَسْتَهْدِفُوا	
	تَسْتَهْدِفُ	تَسْتَهْدِفَانِ	يَسْتَهْدِفْنَ	FEMININE	تَسْتَهْدِفْ	تَسْتَهْدِفَا	يَسْتَهْدِفْنَ	
2	تَسْتَهْدِفُ	تَسْتَهْدِفَانِ	تَسْتَهْدِفُونَ	MASCULINE	تَسْتَهْدِفْ	تَسْتَهْدِفَا	تَسْتَهْدِفُوا	
	تَسْتَهْدِفِينَ	تَسْتَهْدِفَانِ	تَسْتَهْدِفْنَ	FEMININE	تَسْتَهْدِفِي	تَسْتَهْدِفَا	تَسْتَهْدِفْنَ	
1	أَسْتَهْدِفُ	---	نَسْتَهْدِفُ		أَسْتَهْدِفْ	---	نَسْتَهْدِفْ	

ACTIVE PARTICIPLE	مُسْتَهْدِفّ
PASSIVE PARTICIPLE	مُسْتَهْدَفّ
VERBAL NOUN	إِسْتِهْدَاف

IMPERATIVE

	SINGULAR	DUAL	PLURAL
MASCULINE	إِسْتَهْدِفْ	إِسْتَهْدِفَا	إِسْتَهْدِفُوا
FEMININE	إِسْتَهْدِفِي	إِسْتَهْدِفَا	إِسْتَهْدِفْنَ

PASSIVE

PLURAL	DUAL	SINGULAR	SUBJUNCTIVE	PLURAL	DUAL	SINGULAR	PERFECT	
يُسْتَهْدَفُوا	يُسْتَهْدَفَا	يُسْتَهْدَفَ		أُسْتُهْدِفُوا	أُسْتُهْدِفَا	أُسْتُهْدِفَ	MASCULINE	3
تُسْتَهْدَفْنَ	تُسْتَهْدَفَا	تُسْتَهْدَفَ		أُسْتُهْدِفْنَ	أُسْتُهْدِفَتَا	أُسْتُهْدِفَتْ	FEMININE	
تُسْتَهْدَفُوا	تُسْتَهْدَفَا	تُسْتَهْدَفَ		أُسْتُهْدِفْتُمْ	أُسْتُهْدِفْتُمَا	أُسْتُهْدِفْتَ	MASCULINE	2
تُسْتَهْدَفْنَ	تُسْتَهْدَفَا	تُسْتَهْدَفِي		أُسْتُهْدِفْتُنَّ	أُسْتُهْدِفْتُمَا	أُسْتُهْدِفْتِ	FEMININE	
نُسْتَهْدَفَ	---	أُسْتَهْدَفَ		أُسْتُهْدِفْنَا	---	أُسْتُهْدِفْتُ		1

PLURAL	DUAL	SINGULAR	JUSSIVE	PLURAL	DUAL	SINGULAR	IMPERFECT	
يُسْتَهْدَفُوا	يُسْتَهْدَفَا	يُسْتَهْدَفْ		يُسْتَهْدَفُونَ	يُسْتَهْدَفَانِ	يُسْتَهْدَفُ	MASCULINE	3
تُسْتَهْدَفْنَ	تُسْتَهْدَفَا	تُسْتَهْدَفْ		يُسْتَهْدَفْنَ	تُسْتَهْدَفَانِ	تُسْتَهْدَفُ	FEMININE	
تُسْتَهْدَفُوا	تُسْتَهْدَفَا	تُسْتَهْدَفْ		تُسْتَهْدَفُونَ	تُسْتَهْدَفَانِ	تُسْتَهْدَفُ	MASCULINE	2
تُسْتَهْدَفْنَ	تُسْتَهْدَفَا	تُسْتَهْدَفِي		تُسْتَهْدَفْنَ	تُسْتَهْدَفَانِ	تُسْتَهْدَفِينَ	FEMININE	
نُسْتَهْدَفْ	---	أُسْتَهْدَفْ		نُسْتَهْدَفُ	---	أُسْتَهْدَفُ		1

هذه الحملة تَسْتَهْدِفُ مقاومة شلل الأطفال.	The goal of this campaign is [literally: This campaign *aims*] to combat polio.
تَسْتَهْدِفُ القارة الإفريقية لمخاطر المجاعات.	The continent of Africa *is susceptible* to the perils of famine.

Form IV همم   to trouble, preoccupy أَهَمَّ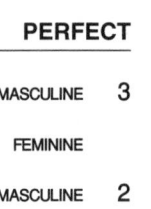

ACTIVE

PLURAL	DUAL	SINGULAR	SUBJUNCTIVE	PLURAL	DUAL	SINGULAR	PERFECT	
يُهِمُّوا	يُهِمَّا	يُهِمَّ		أَهَمُّوا	أَهَمَّا	أَهَمَّ	MASCULINE	3
يُهْمِمْنَ	تُهِمَّا	تُهِمَّ		أَهْمَمْنَ	أَهَمَّتَا	أَهَمَّتْ	FEMININE	
تُهِمُّوا	تُهِمَّا	تُهِمَّ		أَهْمَمْتُمْ	أَهْمَمْتُمَا	أَهْمَمْتَ	MASCULINE	2
تُهْمِمْنَ	تُهِمَّا	تُهِمِّي		أَهْمَمْتُنَّ	أَهْمَمْتُمَا	أَهْمَمْتِ	FEMININE	
نُهِمَّ	---	أُهِمَّ		أَهْمَمْنَا	---	أَهْمَمْتُ		1

JUSSIVE PLURAL	JUSSIVE DUAL	JUSSIVE SINGULAR	IMPERFECT PLURAL	IMPERFECT DUAL	IMPERFECT SINGULAR		
يُهِمُّوا	يُهِمَّا	يُهْمِمْ	يُهِمُّونَ	يُهِمَّانِ	يُهِمُّ	MASCULINE	3
يُهْمِمْنَ	تُهِمَّا	تُهْمِمْ	يُهْمِمْنَ	تُهِمَّانِ	تُهِمُّ	FEMININE	
تُهِمُّوا	تُهِمَّا	تُهْمِمْ	تُهِمُّونَ	تُهِمَّانِ	تُهِمُّ	MASCULINE	2
تُهْمِمْنَ	تُهِمَّا	تُهِمِّي	تُهْمِمْنَ	تُهِمَّانِ	تُهِمِّينَ	FEMININE	
نُهْمِمْ	---	أُهْمِمْ	نُهِمُّ	---	أُهِمُّ		1

ACTIVE PARTICIPLE مُهِمّ

PASSIVE PARTICIPLE مُهَمّ

VERBAL NOUN إِهْمَام

IMPERATIVE

PLURAL	DUAL	SINGULAR		
أَهْمِمُوا	أَهْمِمَا	أَهْمِمْ	MASCULINE
أَهْمِمْنَ	أَهْمِمَا	أَهْمِمِي	FEMININE

PASSIVE

SUBJUNCTIVE PLURAL	DUAL	SINGULAR	PERFECT PLURAL	DUAL	SINGULAR		
يُهَمُّوا	يُهَمَّا	يُهَمَّ	أُهِمُّوا	أُهِمَّا	أُهِمَّ	MASCULINE	3
يُهْمَمْنَ	تُهَمَّا	تُهَمَّ	أُهْمِمْنَ	أُهِمَّتَا	أُهِمَّتْ	FEMININE	
تُهَمُّوا	تُهَمَّا	تُهَمَّ	أُهْمِمْتُم	أُهْمِمْتُمَا	أُهْمِمْتَ	MASCULINE	2
تُهْمَمْنَ	تُهَمَّا	تُهَمِّي	أُهْمِمْتُنَّ	أُهْمِمْتُمَا	أُهْمِمْتِ	FEMININE	
نُهَمَّ	---	أُهَمَّ	أُهْمِمْنَا	---	أُهْمِمْتُ		1

***JUSSIVE   IMPERFECT**

JUSSIVE PLURAL	DUAL	SINGULAR	IMPERFECT PLURAL	DUAL	SINGULAR		
يُهَمُّوا	يُهَمَّا	يُهْمَمْ	يُهَمُّونَ	يُهَمَّانِ	يُهَمُّ	MASCULINE	3
يُهْمَمْنَ	تُهَمَّا	تُهْمَمْ	يُهْمَمْنَ	تُهَمَّانِ	تُهَمُّ	FEMININE	
تُهَمُّوا	تُهَمَّا	تُهْمَمْ	تُهَمُّونَ	تُهَمَّانِ	تُهَمُّ	MASCULINE	2
تُهْمَمْنَ	تُهَمَّا	تُهَمِّي	تُهْمَمْنَ	تُهَمَّانِ	تُهَمِّينَ	FEMININE	
نُهْمَمْ	---	أُهْمَمْ	نُهَمُّ	---	أُهَمُّ		1

These changes *worry* me.	هذه التغيرات تُهِمُّنِي.
His girlfriend's leaving him *distressed him* for a long time.	فراق الحبيبة أَهَمَّهُ لفترة طويلة.
These studies *preoccupy* me.	هذه الأبحاث تُهِمُّنِي.

---

* Contracted form: يُهِمَّ, تُهِمَّ, تُهِمَّ, تُهِمِّي, أُهِمَّ...نُهِمَّ

** Contracted form: أَهِمَّ, أَهِمِّي, أَهِمَّا, أَهِمُّوا...

*** Contracted form: يُهَمَّ, تُهَمَّ, تُهَمَّ, تُهَمِّي, أُهَمَّ...نُهَمَّ

Form VIII همم   to be concerned; to be interested إِهْتَمَّ ●

ACTIVE

PLURAL	DUAL	SINGULAR	SUBJUNCTIVE	PLURAL	DUAL	SINGULAR	PERFECT	
يَهْتَمُّوا	يَهْتَمَّا	يَهْتَمَّ		إِهْتَمُّوا	إِهْتَمَّا	إِهْتَمَّ	MASCULINE	3
يَهْتَمِمْنَ	تَهْتَمَّا	تَهْتَمَّ		إِهْتَمَمْنَ	إِهْتَمَّتَا	إِهْتَمَّتْ	FEMININE	
تَهْتَمُّوا	تَهْتَمَّا	تَهْتَمَّ		إِهْتَمَمْتُمْ	إِهْتَمَمْتُمَا	إِهْتَمَمْتَ	MASCULINE	2
تَهْتَمِمْنَ	تَهْتَمَّا	تَهْتَمِّي		إِهْتَمَمْتُنَّ	إِهْتَمَمْتُمَا	إِهْتَمَمْتِ	FEMININE	
نَهْتَمَّ	---	أَهْتَمَّ		إِهْتَمَمْنَا	---	إِهْتَمَمْتُ		1

PLURAL	DUAL	SINGULAR	*JUSSIVE	PLURAL	DUAL	SINGULAR	IMPERFECT	
يَهْتَمُّوا	يَهْتَمَّا	يَهْتَمِمْ		يَهْتَمُّونَ	يَهْتَمَّانِ	يَهْتَمُّ	MASCULINE	3
يَهْتَمِمْنَ	تَهْتَمَّا	تَهْتَمِمْ		يَهْتَمِمْنَ	تَهْتَمَّانِ	تَهْتَمُّ	FEMININE	
تَهْتَمُّوا	تَهْتَمَّا	تَهْتَمِمْ		تَهْتَمُّونَ	تَهْتَمَّانِ	تَهْتَمُّ	MASCULINE	2
تَهْتَمِمْنَ	تَهْتَمَّا	تَهْتَمِّي		تَهْتَمِمْنَ	تَهْتَمَّانِ	تَهْتَمِّينَ	FEMININE	
نَهْتَمِمْ	---	أَهْتَمِمْ		نَهْتَمُّ	---	أَهْتَمُّ		1

			مُهْتَمٌّ	ACTIVE PARTICIPLE
			---	PASSIVE PARTICIPLE

IMPERATIVE

PLURAL	DUAL	SINGULAR		
إِهْتَمُّوا	إِهْتَمَّا	إِهْتَمِمْ** إِهْتَمِّ	MASCULINE	
إِهْتَمِمْنَ	إِهْتَمَّا	إِهْتَمِّي	FEMININE	
		إِهْتِمَامٌ	VERBAL NOUN	

نَهْتَمُّ بِالحَالةِ المترديةِ التي وصلت إليها البيئة.

We are worried about the state of deterioration that the environment has reached.

يَهْتَمُّ الآباءُ بمستقبل الأبناء.

Parents *are concerned* about their children's future.

هل تَهْتَمُّ بحضورِ الحفلة الموسيقية؟

Are you interested in attending the concert?

---

* Contracted form: يَهْتَمَّ، تَهْتَمَّ، تَهْتَمَّ، تَهْتَمِّي، أَهْتَمَّ...نَهْتَمَّ

** Contracted form: إِهْتَمَّ

Form II هنّأ   to congratulate هَنَّأَ ●

ACTIVE

PLURAL	DUAL	SINGULAR	SUBJUNCTIVE	PLURAL	DUAL	SINGULAR	PERFECT	
يُهَنِّئُوا	يُهَنِّئَا	يُهَنِّئَ		هَنَّؤُوا	هَنَّآ	هَنَّأَ	MASCULINE	3
يُهَنِّئْنَ	تُهَنِّئَا	تُهَنِّئَ		هَنَّأْنَ	هَنَّأَتَا	هَنَّأَتْ	FEMININE	
تُهَنِّئُوا	تُهَنِّئَا	تُهَنِّئَ		هَنَّأْتُمْ	هَنَّأْتُمَا	هَنَّأْتَ	MASCULINE	2
تُهَنِّئْنَ	تُهَنِّئَا	تُهَنِّئِي		هَنَّأْتُنَّ	هَنَّأْتُمَا	هَنَّأْتِ	FEMININE	
نُهَنِّئَ	---	أُهَنِّئَ		هَنَّأْنَا	---	هَنَّأْتُ		1

			JUSSIVE				IMPERFECT	
يُهَنِّئُوا	يُهَنِّئَا	يُهَنِّئْ		يُهَنِّئُونَ	يُهَنِّئَانِ	يُهَنِّئُ	MASCULINE	3
يُهَنِّئْنَ	تُهَنِّئَا	تُهَنِّئْ		يُهَنِّئْنَ	تُهَنِّئَانِ	تُهَنِّئُ	FEMININE	
تُهَنِّئُوا	تُهَنِّئَا	تُهَنِّئْ		تُهَنِّئُونَ	تُهَنِّئَانِ	تُهَنِّئُ	MASCULINE	2
تُهَنِّئْنَ	تُهَنِّئَا	تُهَنِّئِي		تُهَنِّئْنَ	تُهَنِّئَانِ	تُهَنِّئِينَ	FEMININE	
نُهَنِّئْ	---	أُهَنِّئْ		نُهَنِّئُ	---	أُهَنِّئُ		1

			IMPERATIVE			مُهَنِّئٌ	ACTIVE PARTICIPLE
هَنِّئُوا	هَنِّئَا	هَنِّئْ	MASCULINE			مُهَنَّأٌ	PASSIVE PARTICIPLE
هَنِّئْنَ	هَنِّئَا	هَنِّئِي	FEMININE			تَهْنِئَةٌ	VERBAL NOUN

PASSIVE

PLURAL	DUAL	SINGULAR	SUBJUNCTIVE	PLURAL	DUAL	SINGULAR	PERFECT	
يُهَنَّؤُوا	يُهَنَّآ	يُهَنَّأَ		هُنِّئُوا	هُنِّئَا	هُنِّئَ	MASCULINE	3
يُهَنَّأْنَ	تُهَنَّآ	تُهَنَّأَ		هُنِّئْنَ	هُنِّئَتَا	هُنِّئَتْ	FEMININE	
تُهَنَّؤُوا	تُهَنَّآ	تُهَنَّأَ		هُنِّئْتُمْ	هُنِّئْتُمَا	هُنِّئْتَ	MASCULINE	2
تُهَنَّأْنَ	تُهَنَّآ	تُهَنَّئِي		هُنِّئْتُنَّ	هُنِّئْتُمَا	هُنِّئْتِ	FEMININE	
نُهَنَّأَ	---	أُهَنَّأَ		هُنِّئْنَا	---	هُنِّئْتُ		1

			JUSSIVE				IMPERFECT	
يُهَنَّؤُوا	يُهَنَّآ	يُهَنَّأْ		يُهَنَّؤُونَ	يُهَنَّآنِ	يُهَنَّأُ	MASCULINE	3
يُهَنَّأْنَ	تُهَنَّآ	تُهَنَّأْ		يُهَنَّأْنَ	تُهَنَّآنِ	تُهَنَّأُ	FEMININE	
تُهَنَّؤُوا	تُهَنَّآ	تُهَنَّأْ		تُهَنَّؤُونَ	تُهَنَّآنِ	تُهَنَّأُ	MASCULINE	2
تُهَنَّأْنَ	تُهَنَّآ	تُهَنَّئِي		تُهَنَّأْنَ	تُهَنَّآنِ	تُهَنَّئِينَ	FEMININE	
نُهَنَّأْ	---	أُهَنَّأْ		نُهَنَّأُ	---	أُهَنَّأُ		1

Everyone *congratulated him* on his new position.

هَنَّأَهُ الجميع بالمنصب الجديد.

We *congratulate you* on your happy marriage.

نُهَنِّئُكُمْ بالزواج السعيد.

Form V هيء   ● نَهَيَّأَ to be ready

ACTIVE

PLURAL	DUAL	SINGULAR	SUBJUNCTIVE	PLURAL	DUAL	SINGULAR	PERFECT	
يَتَهَيَّؤُوا	يَتَهَيَّآ	يَتَهَيَّأَ		تَهَيَّؤُوا	تَهَيَّآ	تَهَيَّأَ	MASCULINE	3
يَتَهَيَّأْنَ	تَتَهَيَّآ	تَتَهَيَّأَ		تَهَيَّأْنَ	تَهَيَّأَتَا	تَهَيَّأَتْ	FEMININE	
تَتَهَيَّؤُوا	تَتَهَيَّآ	تَتَهَيَّأَ		تَهَيَّأْتُمْ	تَهَيَّأْتُمَا	تَهَيَّأْتَ	MASCULINE	2
تَتَهَيَّأْنَ	تَتَهَيَّآ	تَتَهَيَّئِي		تَهَيَّأْتُنَّ	تَهَيَّأْتُمَا	تَهَيَّأْتِ	FEMININE	
نَتَهَيَّأَ	---	أَتَهَيَّأَ		تَهَيَّأْنَا	---	تَهَيَّأْتُ		1

JUSSIVE   IMPERFECT

PLURAL	DUAL	SINGULAR	JUSSIVE	PLURAL	DUAL	SINGULAR	IMPERFECT	
يَتَهَيَّؤُوا	يَتَهَيَّآ	يَتَهَيَّأْ		يَتَهَيَّؤُونَ	يَتَهَيَّآنِ	يَتَهَيَّأُ	MASCULINE	3
يَتَهَيَّأْنَ	تَتَهَيَّآ	تَتَهَيَّأْ		يَتَهَيَّأْنَ	تَتَهَيَّآنِ	تَتَهَيَّأُ	FEMININE	
تَتَهَيَّؤُوا	تَتَهَيَّآ	تَتَهَيَّأْ		تَتَهَيَّؤُونَ	تَتَهَيَّآنِ	تَتَهَيَّأُ	MASCULINE	2
تَتَهَيَّأْنَ	تَتَهَيَّآ	تَتَهَيَّئِي		تَتَهَيَّأْنَ	تَتَهَيَّآنِ	تَتَهَيَّئِينَ	FEMININE	
نَتَهَيَّأْ	---	أَتَهَيَّأْ		نَتَهَيَّأُ	---	أَتَهَيَّأُ		1

IMPERATIVE

PLURAL	DUAL	SINGULAR	IMPERATIVE		
تَهَيَّؤُوا	تَهَيَّآ	تَهَيَّأْ	MASCULINE	مُتَهَيِّئٌ	ACTIVE PARTICIPLE
تَهَيَّأْنَ	تَهَيَّآ	تَهَيَّئِي	FEMININE	---	PASSIVE PARTICIPLE
				تَهَيُّؤٌ	VERBAL NOUN

Have you prepared well for the exam?

هل تَهَيَّأْتَ جيدًا للإمتحان؟

Get ready!

تَهَيَّأْ!

The army *mobilized* for the battle.

تَهَيَّأَ الجيش للقتال.

Form I هيب   to fear هَابَ ●

ACTIVE

	PERFECT	SINGULAR	DUAL	PLURAL		SUBJUNCTIVE	SINGULAR	DUAL	PLURAL
3	MASCULINE	هَابَ	هَابَا	هَابُوا			يَهَابَ	يَهَابَا	يَهَابُوا
	FEMININE	هَابَتْ	هَابَتَا	هِبْنَ			تَهَابَ	تَهَابَا	يَهَبْنَ
2	MASCULINE	هِبْتَ	هِبْتُمَا	هِبْتُمْ			تَهَابَ	تَهَابَا	تَهَابُوا
	FEMININE	هِبْتِ	هِبْتُمَا	هِبْتُنَّ			تَهَابِي	تَهَابَا	تَهَبْنَ
1		هِبْتُ	---	هِبْنَا			أَهَابَ	---	نَهَابَ

	IMPERFECT	SINGULAR	DUAL	PLURAL		JUSSIVE	SINGULAR	DUAL	PLURAL
3	MASCULINE	يَهَابُ	يَهَابَانِ	يَهَابُونَ			يَهَبْ	يَهَابَا	يَهَابُوا
	FEMININE	تَهَابُ	تَهَابَانِ	يَهَبْنَ			تَهَبْ	تَهَابَا	يَهَبْنَ
2	MASCULINE	تَهَابُ	تَهَابَانِ	تَهَابُونَ			تَهَبْ	تَهَابَا	تَهَابُوا
	FEMININE	تَهَابِينَ	تَهَابَانِ	تَهَبْنَ			تَهَابِي	تَهَابَا	تَهَبْنَ
1		أَهَابُ	---	نَهَابُ			أَهَبْ	---	نَهَبْ

ACTIVE PARTICIPLE	هَائِبٌ		IMPERATIVE	SINGULAR	DUAL	PLURAL
PASSIVE PARTICIPLE	مَهِيبٌ		MASCULINE	هَبْ	هَابَا	هَابُوا
VERBAL NOUN	هَيْبَةٌ, مَهَابَةٌ		FEMININE	هَابِي	هَابَا	هِبْنَ

PASSIVE

	PERFECT	SINGULAR	DUAL	PLURAL		SUBJUNCTIVE	SINGULAR	DUAL	PLURAL
3	MASCULINE	هِيبَ	هِيبَا	هِيبُوا			يُهَابَ	يُهَابَا	يُهَابُوا
	FEMININE	هِيبَتْ	هِيبَتَا	هِبْنَ			تُهَابَ	تُهَابَا	يُهَبْنَ
2	MASCULINE	هِبْتَ	هِبْتُمَا	هِبْتُمْ			تُهَابَ	تُهَابَا	تُهَابُوا
	FEMININE	هِبْتِ	هِبْتُمَا	هِبْتُنَّ			تُهَابِي	تُهَابَا	تُهَبْنَ
1		هِبْتُ	---	هِبْنَا			أُهَابَ	---	نُهَابَ

	IMPERFECT	SINGULAR	DUAL	PLURAL		JUSSIVE	SINGULAR	DUAL	PLURAL
3	MASCULINE	يُهَابُ	يُهَابَانِ	يُهَابُونَ			يُهَبْ	يُهَابَا	يُهَابُوا
	FEMININE	تُهَابُ	تُهَابَانِ	يُهَبْنَ			تُهَبْ	تُهَابَا	يُهَبْنَ
2	MASCULINE	تُهَابُ	تُهَابَانِ	تُهَابُونَ			تُهَبْ	تُهَابَا	تُهَابُوا
	FEMININE	تُهَابِينَ	تُهَابَانِ	تُهَبْنَ			تُهَابِي	تُهَابَا	تُهَبْنَ
1		أُهَابُ	---	نُهَابُ			أُهَبْ	---	نُهَبْ

The man *feared* the situation.

هَابَ الرجل الموقف.

I *fear* God.

أَهَابُ الله.

The girl *respected* her mother.

هَابَتُ البنت أمّها.

Form VI وتر — to follow in succession تَوَاتَرَ

ACTIVE

PLURAL	DUAL	SINGULAR	SUBJUNCTIVE	PLURAL	DUAL	SINGULAR	PERFECT	
يَتَوَاتَرُوا	يَتَوَاتَرَا	يَتَوَاتَرَ		تَوَاتَرُوا	تَوَاتَرَا	تَوَاتَرَ	MASCULINE	3
يَتَوَاتَرْنَ	تَتَوَاتَرَا	تَتَوَاتَرَ		تَوَاتَرْنَ	تَوَاتَرَتَا	تَوَاتَرَتْ	FEMININE	
تَتَوَاتَرُوا	تَتَوَاتَرَا	تَتَوَاتَرَ		تَوَاتَرْتُمْ	تَوَاتَرْتُمَا	تَوَاتَرْتَ	MASCULINE	2
تَتَوَاتَرْنَ	تَتَوَاتَرَا	تَتَوَاتَرِي		تَوَاتَرْتُنَّ	تَوَاتَرْتُمَا	تَوَاتَرْتِ	FEMININE	
نَتَوَاتَرَ	---	أَتَوَاتَرَ		تَوَاتَرْنَا	---	تَوَاتَرْتُ		1

PLURAL	DUAL	SINGULAR	JUSSIVE	PLURAL	DUAL	SINGULAR	IMPERFECT	
يَتَوَاتَرُوا	يَتَوَاتَرَا	يَتَوَاتَرْ		يَتَوَاتَرُونَ	يَتَوَاتَرَانِ	يَتَوَاتَرُ	MASCULINE	3
يَتَوَاتَرْنَ	تَتَوَاتَرَا	تَتَوَاتَرْ		يَتَوَاتَرْنَ	تَتَوَاتَرَانِ	تَتَوَاتَرُ	FEMININE	
تَتَوَاتَرُوا	تَتَوَاتَرَا	تَتَوَاتَرْ		تَتَوَاتَرُونَ	تَتَوَاتَرَانِ	تَتَوَاتَرُ	MASCULINE	2
تَتَوَاتَرْنَ	تَتَوَاتَرَا	تَتَوَاتَرِي		تَتَوَاتَرْنَ	تَتَوَاتَرَانِ	تَتَوَاتَرِينَ	FEMININE	
نَتَوَاتَرْ	---	أَتَوَاتَرْ		نَتَوَاتَرُ	---	أَتَوَاتَرُ		1

PLURAL	DUAL	SINGULAR	IMPERATIVE		
تَوَاتَرُوا	تَوَاتَرَا	تَوَاتَرْ	MASCULINE	مُتَوَاتِرٌ	ACTIVE PARTICIPLE
				---	PASSIVE PARTICIPLE
تَوَاتَرْنَ	تَوَاتَرَا	تَوَاتَرِي	FEMININE	تَوَاتُرٌ	VERBAL NOUN

Events *followed in succession.*

تَوَاتَرَتِ الأحداث.

Muslims believe that the traditions of the Prophet *were transmitted in an unbroken chain* from one age to another.

يؤمن المسلمون بأنّ أحاديث الرسول تَوَاتَرَتْ من جيل إلى آخر.

Form I وجب   to be necessary وَجَبَ ●

ACTIVE

PLURAL	DUAL	SINGULAR	SUBJUNCTIVE	PLURAL	DUAL	SINGULAR	PERFECT	
يَجِبُوا	يَجِبَا	يَجِبَ		وَجَبُوا	وَجَبَا	وَجَبَ	MASCULINE	3
يَجِبْنَ	تَجِبَا	تَجِبَ		وَجَبْنَ	وَجَبَتَا	وَجَبَتْ	FEMININE	
تَجِبُوا	تَجِبَا	تَجِبَ		وَجَبْتُمْ	وَجَبْتُمَا	وَجَبْتَ	MASCULINE	2
تَجِبْنَ	تَجِبَا	تَجِبِي		وَجَبْتُنَّ	وَجَبْتُمَا	وَجَبْتِ	FEMININE	
نَجِبَ	---	أَجِبَ		وَجَبْنَا	---	وَجَبْتُ		1

PLURAL	DUAL	SINGULAR	JUSSIVE	PLURAL	DUAL	SINGULAR	IMPERFECT	
يَجِبُوا	يَجِبَا	يَجِبْ		يَجِبُونَ	يَجِبَانِ	يَجِبُ	MASCULINE	3
يَجِبْنَ	تَجِبَا	تَجِبْ		يَجِبْنَ	تَجِبَانِ	تَجِبُ	FEMININE	
تَجِبُوا	تَجِبَا	تَجِبْ		تَجِبُونَ	تَجِبَانِ	تَجِبُ	MASCULINE	2
تَجِبْنَ	تَجِبَا	تَجِبِي		تَجِبْنَ	تَجِبَانِ	تَجِبِينَ	FEMININE	
نَجِبْ	---	أَجِبْ		نَجِبُ	---	أَجِبُ		1

PLURAL	DUAL	SINGULAR	IMPERATIVE		
جِبُوا	جِبَا	جِبْ	MASCULINE	وَاجِبٌ	ACTIVE PARTICIPLE
جِبْنَ	جِبَا	جِبِي	FEMININE	مَوْجُوبٌ	PASSIVE PARTICIPLE
				وُجُوبٌ	VERBAL NOUN

I *had* to apologize to you.   وَجَبَ عليَّ الإعتذار لك.

We *must* wear overcoats.   يَجِبُ علينا أن نلبس المعاطف.

He dressed properly [literally: as one *ought*] for the occasion.   لبِس للمناسبة كما يَجِبُ.

Form IV وجب   to make obligatory أَوْجَبَ ●

ACTIVE

PLURAL	DUAL	SINGULAR	SUBJUNCTIVE	PLURAL	DUAL	SINGULAR	PERFECT	
يُوجِبُوا	يُوجِبَا	يُوجِبَ		أَوْجَبُوا	أَوْجَبَا	أَوْجَبَ	MASCULINE	3
يُوجِبْنَ	تُوجِبَا	تُوجِبَ		أَوْجَبْنَ	أَوْجَبَتَا	أَوْجَبَتْ	FEMININE	
تُوجِبُوا	تُوجِبَا	تُوجِبَ		أَوْجَبْتُمْ	أَوْجَبْتُمَا	أَوْجَبْتَ	MASCULINE	2
تُوجِبْنَ	تُوجِبَا	تُوجِبِي		أَوْجَبْتُنَّ	أَوْجَبْتُمَا	أَوْجَبْتِ	FEMININE	
نُوجِبَ	---	أُوجِبَ		أَوْجَبْنَا	---	أَوْجَبْتُ		1

JUSSIVE			IMPERFECT				
يُوجِبُوا	يُوجِبَا	يُوجِبْ	يُوجِبُونَ	يُوجِبَانِ	يُوجِبُ	MASCULINE	3
يُوجِبْنَ	تُوجِبَا	تُوجِبْ	يُوجِبْنَ	تُوجِبَانِ	تُوجِبُ	FEMININE	
تُوجِبُوا	تُوجِبَا	تُوجِبْ	تُوجِبُونَ	تُوجِبَانِ	تُوجِبُ	MASCULINE	2
تُوجِبْنَ	تُوجِبَا	تُوجِبِي	تُوجِبْنَ	تُوجِبَانِ	تُوجِبِينَ	FEMININE	
نُوجِبْ	---	أُوجِبْ	نُوجِبُ	---	أُوجِبُ		1

IMPERATIVE					
			مُوجِبٌ	ACTIVE PARTICIPLE	
أَوْجِبُوا	أَوْجِبَا	أَوْجِبْ	MASCULINE	مُوجَبٌ	PASSIVE PARTICIPLE
أَوْجِبْنَ	أَوْجِبَا	أَوْجِبِي	FEMININE	إِيجَابٌ	VERBAL NOUN

PASSIVE

PLURAL	DUAL	SINGULAR	SUBJUNCTIVE	PLURAL	DUAL	SINGULAR	PERFECT	
يُوجَبُوا	يُوجَبَا	يُوجَبَ		أُوجِبُوا	أُوجِبَا	أُوجِبَ	MASCULINE	3
يُوجَبْنَ	تُوجَبَا	تُوجَبَ		أُوجِبْنَ	أُوجِبَتَا	أُوجِبَتْ	FEMININE	
تُوجَبُوا	تُوجَبَا	تُوجَبَ		أُوجِبْتُمْ	أُوجِبْتُمَا	أُوجِبْتَ	MASCULINE	2
تُوجَبْنَ	تُوجَبَا	تُوجَبِي		أُوجِبْتُنَّ	أُوجِبْتُمَا	أُوجِبْتِ	FEMININE	
نُوجَبَ	---	أُوجَبَ		أُوجِبْنَا	---	أُوجِبْتُ		1

JUSSIVE			IMPERFECT				
يُوجَبُوا	يُوجَبَا	يُوجَبْ	يُوجَبُونَ	يُوجَبَانِ	يُوجَبُ	MASCULINE	3
يُوجَبْنَ	تُوجَبَا	تُوجَبْ	يُوجَبْنَ	تُوجَبَانِ	تُوجَبُ	FEMININE	
تُوجَبُوا	تُوجَبَا	تُوجَبْ	تُوجَبُونَ	تُوجَبَانِ	تُوجَبُ	MASCULINE	2
تُوجَبْنَ	تُوجَبَا	تُوجَبِي	تُوجَبْنَ	تُوجَبَانِ	تُوجَبِينَ	FEMININE	
نُوجَبْ	---	أُوجَبْ	نُوجَبُ	---	أُوجَبُ		1

The teacher *made* these readings
obligatory for us.

أَوْجَبَ المدرس علينا هذه القراءات.

The situation *demands* that we express
our gratitude to you.

الموقف يُوجِبُ علينا تقديم الشكر لك.

The committee *imposed* the taking of a
medical examination before the race.

أَوْجَبَتْ اللجنة أخذ الفحوص الطبية قبل
المسابقة.

ACTIVE

PLURAL	DUAL	SINGULAR	SUBJUNCTIVE	PLURAL	DUAL	SINGULAR	PERFECT	
يَجِدُوا	يَجِدَا	يَجِدَ		وَجَدُوا	وَجَدَا	وَجَدَ	MASCULINE	3
يَجِدْنَ	تَجِدَا	تَجِدَ		وَجَدْنَ	وَجَدَنَا	وَجَدَتْ	FEMININE	
تَجِدُوا	تَجِدَا	تَجِدَ		وَجَدْتُمْ	وَجَدْتُمَا	وَجَدْتَ	MASCULINE	2
تَجِدْنَ	تَجِدَا	تَجِدِي		وَجَدْتُنَّ	وَجَدْتُمَا	وَجَدْتِ	FEMININE	
نَجِدَ	---	أَجِدَ		وَجَدْنَا	---	وَجَدْتُ		1

			JUSSIVE				IMPERFECT	
يَجِدُوا	يَجِدَا	يَجِدْ		يَجِدُونَ	يَجِدَانِ	يَجِدُ	MASCULINE	3
يَجِدْنَ	تَجِدَا	تَجِدْ		يَجِدْنَ	تَجِدَانِ	تَجِدُ	FEMININE	
تَجِدُوا	تَجِدَا	تَجِدْ		تَجِدُونَ	تَجِدَانِ	تَجِدُ	MASCULINE	2
تَجِدْنَ	تَجِدَا	تَجِدِي		تَجِدْنَ	تَجِدَانِ	تَجِدِينَ	FEMININE	
نَجِدْ	---	أَجِدْ		نَجِدُ	---	أَجِدُ		1

			IMPERATIVE					
						وَاجِدٌ	ACTIVE PARTICIPLE	
جِدُوا	جِدَا	جِدْ	MASCULINE			مَوْجُودٌ	PASSIVE PARTICIPLE	
جِدْنَ	جِدَا	جِدِي	FEMININE			وُجُودٌ	VERBAL NOUN	

PASSIVE

PLURAL	DUAL	SINGULAR	SUBJUNCTIVE	PLURAL	DUAL	SINGULAR	PERFECT	
يُوجَدُوا	يُوجَدَا	يُوجَدَ		وُجِدُوا	وُجِدَا	وُجِدَ	MASCULINE	3
يُوجَدْنَ	تُوجَدَا	تُوجَدَ		وُجِدْنَ	وُجِدَنَا	وُجِدَتْ	FEMININE	
تُوجَدُوا	تُوجَدَا	تُوجَدَ		وُجِدْتُمْ	وُجِدْتُمَا	وُجِدْتَ	MASCULINE	2
تُوجَدْنَ	تُوجَدَا	تُوجَدِي		وُجِدْتُنَّ	وُجِدْتُمَا	وُجِدْتِ	FEMININE	
نُوجَدَ	---	أُوجَدَ		وُجِدْنَا	---	وُجِدْتُ		1

			JUSSIVE				IMPERFECT	
يُوجَدُوا	يُوجَدَا	يُوجَدْ		يُوجَدُونَ	يُوجَدَانِ	يُوجَدُ	MASCULINE	3
يُوجَدْنَ	تُوجَدَا	تُوجَدْ		يُوجَدْنَ	تُوجَدَانِ	تُوجَدُ	FEMININE	
تُوجَدُوا	تُوجَدَا	تُوجَدْ		تُوجَدُونَ	تُوجَدَانِ	تُوجَدُ	MASCULINE	2
تُوجَدْنَ	تُوجَدَا	تُوجَدِي		تُوجَدْنَ	تُوجَدَانِ	تُوجَدِينَ	FEMININE	
نُوجَدْ	---	أُوجَدْ		نُوجَدُ	---	أُوجَدُ		1

Did *you find* the book you lost?	هل وَجَدْتَ الكتاب الذي ضاع منك؟
A great temple *was found* in the western Sahara, dating back to the Stone Age.	هيكل عظمي وُجِدَ في الصحراء الغربية يعود إلى العصر الحجري.
How *did you like* [literally: *find*] the play that you saw last night?	كيف وَجَدْتُمُ المسرحية التي شاهدتموها ليلة أمس؟
In Egypt, *there are* [literally: *there are found*] remnants of the Pharaonic, Hellenistic, Roman, Coptic, Islamic, and Jewish cultures.	يُوجَدُ في مصر آثار من الثقافات الفرعونية واليونانية والرومانية والقبطية والإسلامية واليهودية.

Form I وجل — to be afraid وَجِلَ

ACTIVE

		PERFECT SINGULAR	DUAL	PLURAL	SUBJUNCTIVE SINGULAR	DUAL	PLURAL
3	MASCULINE	وَجِلَ	وَجِلا	وَجِلُوا	يَوْجَلَ	يَوْجَلا	يَوْجَلُوا
	FEMININE	وَجِلَتْ	وَجِلَتَا	وَجِلْنَ	تَوْجَلَ	تَوْجَلا	يَوْجَلْنَ
2	MASCULINE	وَجِلْتَ	وَجِلْتُمَا	وَجِلْتُمْ	تَوْجَلَ	تَوْجَلا	تَوْجَلُوا
	FEMININE	وَجِلْتِ	وَجِلْتُمَا	وَجِلْتُنَّ	تَوْجَلِي	تَوْجَلا	تَوْجَلْنَ
1		وَجِلْتُ	---	وَجِلْنَا	أَوْجَلَ	---	نَوْجَلَ

		IMPERFECT SINGULAR	DUAL	PLURAL	JUSSIVE SINGULAR	DUAL	PLURAL
3	MASCULINE	يَوْجَلُ	يَوْجَلانِ	يَوْجَلُونَ	يَوْجَلْ	يَوْجَلا	يَوْجَلُوا
	FEMININE	تَوْجَلُ	تَوْجَلانِ	يَوْجَلْنَ	تَوْجَلْ	تَوْجَلا	يَوْجَلْنَ
2	MASCULINE	تَوْجَلُ	تَوْجَلانِ	تَوْجَلُونَ	تَوْجَلْ	تَوْجَلا	تَوْجَلُوا
	FEMININE	تَوْجَلِينَ	تَوْجَلانِ	تَوْجَلْنَ	تَوْجَلِي	تَوْجَلا	تَوْجَلْنَ
1		أَوْجَلُ	---	نَوْجَلُ	أَوْجَلْ	---	نَوْجَلْ

ACTIVE PARTICIPLE	وَاجِلٌ
PASSIVE PARTICIPLE	---
VERBAL NOUN	وَجَلٌ, مَوْجَلٌ

IMPERATIVE

	SINGULAR	DUAL	PLURAL
MASCULINE	إِيجَلْ	إِيجَلا	إِيجَلُوا
FEMININE	إِيجَلِي	إِيجَلا	إِيجَلْنَ

The child *was afraid* of the monster.	وَجَلَ الطفل الوحش.
Don't *be afraid* of the unknown.	لا تَوْجَلْ المجهول.
Pious people *revere* places of worship.	المتديّنون يَوْجَلُونَ أماكن العبادة.

ACTIVE

PLURAL	DUAL	SINGULAR	SUBJUNCTIVE	PLURAL	DUAL	SINGULAR	PERFECT	
يُوَجِّهُوا	يُوَجِّهَا	يُوَجِّهَ		وَجَّهُوا	وَجَّهَا	وَجَّهَ	MASCULINE	3
يُوَجِّهْنَ	تُوَجِّهَا	تُوَجِّهَ		وَجَّهْنَ	وَجَّهَتَا	وَجَّهَتْ	FEMININE	
تُوَجِّهُوا	تُوَجِّهَا	تُوَجِّهَ		وَجَّهْتُمْ	وَجَّهْتُمَا	وَجَّهْتَ	MASCULINE	2
تُوَجِّهْنَ	تُوَجِّهَا	تُوَجِّهِي		وَجَّهْتُنَّ	وَجَّهْتُمَا	وَجَّهْتِ	FEMININE	
نُوَجِّهَ	---	أُوَجِّهَ		وَجَّهْنَا	---	وَجَّهْتُ		1

			JUSSIVE				IMPERFECT	
يُوَجِّهُوا	يُوَجِّهَا	يُوَجِّهْ		يُوَجِّهُونَ	يُوَجِّهَانِ	يُوَجِّهُ	MASCULINE	3
يُوَجِّهْنَ	تُوَجِّهَا	تُوَجِّهْ		يُوَجِّهْنَ	تُوَجِّهَانِ	تُوَجِّهُ	FEMININE	
تُوَجِّهُوا	تُوَجِّهَا	تُوَجِّهْ		تُوَجِّهُونَ	تُوَجِّهَانِ	تُوَجِّهُ	MASCULINE	2
تُوَجِّهْنَ	تُوَجِّهَا	تُوَجِّهِي		تُوَجِّهْنَ	تُوَجِّهَانِ	تُوَجِّهِينَ	FEMININE	
نُوَجِّهْ	---	أُوَجِّهْ		نُوَجِّهُ	---	أُوَجِّهُ		1

			IMPERATIVE					
				مُوَجِّهٌ	ACTIVE PARTICIPLE			
وَجِّهُوا	وَجِّهَا	وَجِّهْ	MASCULINE					
				مُوَجَّهٌ	PASSIVE PARTICIPLE			
وَجِّهْنَ	وَجِّهَا	وَجِّهِي	FEMININE					
				تَوْجِيهٌ	VERBAL NOUN			

PASSIVE

PLURAL	DUAL	SINGULAR	SUBJUNCTIVE	PLURAL	DUAL	SINGULAR	PERFECT	
يُوَجَّهُوا	يُوَجَّهَا	يُوَجَّهَ		وُجِّهُوا	وُجِّهَا	وُجِّهَ	MASCULINE	3
يُوَجَّهْنَ	تُوَجَّهَا	تُوَجَّهَ		وُجِّهْنَ	وُجِّهَتَا	وُجِّهَتْ	FEMININE	
تُوَجَّهُوا	تُوَجَّهَا	تُوَجَّهَ		وُجِّهْتُمْ	وُجِّهْتُمَا	وُجِّهْتَ	MASCULINE	2
تُوَجَّهْنَ	تُوَجَّهَا	تُوَجَّهِي		وُجِّهْتُنَّ	وُجِّهْتُمَا	وُجِّهْتِ	FEMININE	
نُوَجَّهَ	---	أُوَجَّهَ		وُجِّهْنَا	---	وُجِّهْتُ		1

			JUSSIVE				IMPERFECT	
يُوَجَّهُوا	يُوَجَّهَا	يُوَجَّهْ		يُوَجَّهُونَ	يُوَجَّهَانِ	يُوَجَّهُ	MASCULINE	3
يُوَجَّهْنَ	تُوَجَّهَا	تُوَجَّهْ		يُوَجَّهْنَ	يُوَجَّهَانِ	تُوَجَّهُ	FEMININE	
تُوَجَّهُوا	تُوَجَّهَا	تُوَجَّهْ		تُوَجَّهُونَ	تُوَجَّهَانِ	تُوَجَّهُ	MASCULINE	2
تُوَجَّهْنَ	تُوَجَّهَا	تُوَجَّهِي		تُوَجَّهْنَ	تُوَجَّهَانِ	تُوَجَّهِينَ	FEMININE	
نُوَجَّهْ	---	أُوَجَّهْ		نُوَجَّهُ	---	أُوَجَّهُ		1

501

The teacher *guided us* to a new reading of the text.	وَجَّهَنَا المعلم إلى قراءة جديدة للنص.
The Egyptians are attempting *to channel* the waters of the Nile to irrigate the desert.	يحاول المصريون أن يُوَجِّهُوا مياه النيل لري الصحراء.
I *directed* my glance at you.	وَجَّهْتُ نظري إليك.
The government *brought* a charge of embezzlement against the minister.	وَجَّهَتْ الحكومة إلى الوزير تهمة الإختلاس.

● to face, confront وَاجَهَ — Form III وجه

ACTIVE

PERFECT		SINGULAR	DUAL	PLURAL	SUBJUNCTIVE SINGULAR	DUAL	PLURAL
3	MASCULINE	وَاجَهَ	وَاجَهَا	وَاجَهُوا	يُوَاجِهَ	يُوَاجِهَا	يُوَاجِهُوا
	FEMININE	وَاجَهَتْ	وَاجَهَتَا	وَاجَهْنَ	تُوَاجِهَ	تُوَاجِهَا	يُوَاجِهْنَ
2	MASCULINE	وَاجَهْتَ	وَاجَهْتُمَا	وَاجَهْتُمْ	تُوَاجِهَ	تُوَاجِهَا	تُوَاجِهُوا
	FEMININE	وَاجَهْتِ	وَاجَهْتُمَا	وَاجَهْتُنَّ	تُوَاجِهِي	تُوَاجِهَا	تُوَاجِهْنَ
1		وَاجَهْتُ	---	وَاجَهْنَا	أُوَاجِهَ	---	نُوَاجِهَ

IMPERFECT		SINGULAR	DUAL	PLURAL	JUSSIVE SINGULAR	DUAL	PLURAL
3	MASCULINE	يُوَاجِهُ	يُوَاجِهَانِ	يُوَاجِهُونَ	يُوَاجِهْ	يُوَاجِهَا	يُوَاجِهُوا
	FEMININE	تُوَاجِهُ	تُوَاجِهَانِ	يُوَاجِهْنَ	تُوَاجِهْ	تُوَاجِهَا	يُوَاجِهْنَ
2	MASCULINE	تُوَاجِهُ	تُوَاجِهَانِ	تُوَاجِهُونَ	تُوَاجِهْ	تُوَاجِهَا	تُوَاجِهُوا
	FEMININE	تُوَاجِهِينَ	تُوَاجِهَانِ	تُوَاجِهْنَ	تُوَاجِهِي	تُوَاجِهَا	تُوَاجِهْنَ
1		أُوَاجِهُ	---	نُوَاجِهُ	أُوَاجِهْ	---	نُوَاجِهْ

ACTIVE PARTICIPLE	مُوَاجِهٌ
PASSIVE PARTICIPLE	مُوَاجَهٌ
VERBAL NOUN	مُوَاجَهَةٌ

IMPERATIVE

	SINGULAR	DUAL	PLURAL
MASCULINE	وَاجِهْ	وَاجِهَا	وَاجِهُوا
FEMININE	وَاجِهِي	وَاجِهَا	وَاجِهْنَ

PASSIVE

PERFECT		SINGULAR	DUAL	PLURAL	SUBJUNCTIVE SINGULAR	DUAL	PLURAL
3	MASCULINE	وُوجِهَ	وُوجِهَا	وُوجِهُوا	يُوَاجَهَ	يُوَاجَهَا	يُوَاجَهُوا
	FEMININE	وُوجِهَتْ	وُوجِهَتَا	وُوجِهْنَ	تُوَاجَهَ	تُوَاجَهَا	يُوَاجَهْنَ
2	MASCULINE	وُوجِهْتَ	وُوجِهْتُمَا	وُوجِهْتُمْ	تُوَاجَهَ	تُوَاجَهَا	تُوَاجَهُوا
	FEMININE	وُوجِهْتِ	وُوجِهْتُمَا	وُوجِهْتُنَّ	تُوَاجَهِي	تُوَاجَهَا	تُوَاجَهْنَ
1		وُوجِهْتُ	---	وُوجِهْنَا	أُوَاجَهَ	---	نُوَاجَهَ

JUSSIVE | **IMPERFECT**

		SINGULAR	DUAL	PLURAL	SINGULAR	DUAL	PLURAL
3	MASCULINE	يُوَاجِهُ	يُوَاجِهَانِ	يُوَاجِهُونَ	يُوَاجِهْ	يُوَاجِهَا	يُوَاجِهُوا
	FEMININE	تُوَاجِهُ	تُوَاجِهَانِ	يُوَاجِهْنَ	تُوَاجِهْ	تُوَاجِهَا	يُوَاجِهْنَ
2	MASCULINE	تُوَاجِهُ	تُوَاجِهَانِ	تُوَاجِهُونَ	تُوَاجِهْ	تُوَاجِهَا	تُوَاجِهُوا
	FEMININE	تُوَاجِهِينَ	تُوَاجِهَانِ	تُوَاجِهْنَ	تُوَاجِهِي	تُوَاجِهَا	تُوَاجِهْنَ
1		أُوَاجِهُ	---	نُوَاجِهُ	أُوَاجِهْ	---	نُوَاجِهْ

You have *to face* the situation bravely. — يجب أن تُوَاجِهَ الموقف بجرأة.

I will confront him with the truth. — سَأُوَاجِهُهُ بالحقيقة.

The world has *to fight* the problem of poverty. — على العالم أن يُوَاجِهَ قضايا الفقر.

Form V وجه — to turn toward; to betake oneself تَوَجَّهَ

ACTIVE

PERFECT | **SUBJUNCTIVE**

		SINGULAR	DUAL	PLURAL	SINGULAR	DUAL	PLURAL
3	MASCULINE	تَوَجَّهَ	تَوَجَّهَا	تَوَجَّهُوا	يَتَوَجَّهَ	يَتَوَجَّهَا	يَتَوَجَّهُوا
	FEMININE	تَوَجَّهَتْ	تَوَجَّهَتَا	تَوَجَّهْنَ	تَتَوَجَّهَ	تَتَوَجَّهَا	يَتَوَجَّهْنَ
2	MASCULINE	تَوَجَّهْتَ	تَوَجَّهْتُمَا	تَوَجَّهْتُمْ	تَتَوَجَّهَ	تَتَوَجَّهَا	تَتَوَجَّهُوا
	FEMININE	تَوَجَّهْتِ	تَوَجَّهْتُمَا	تَوَجَّهْتُنَّ	تَتَوَجَّهِي	تَتَوَجَّهَا	تَتَوَجَّهْنَ
1		تَوَجَّهْتُ	---	تَوَجَّهْنَا	أَتَوَجَّهَ	---	نَتَوَجَّهَ

IMPERFECT | **JUSSIVE**

		SINGULAR	DUAL	PLURAL	SINGULAR	DUAL	PLURAL
3	MASCULINE	يَتَوَجَّهُ	يَتَوَجَّهَانِ	يَتَوَجَّهُونَ	يَتَوَجَّهْ	يَتَوَجَّهَا	يَتَوَجَّهُوا
	FEMININE	تَتَوَجَّهُ	تَتَوَجَّهَانِ	يَتَوَجَّهْنَ	تَتَوَجَّهْ	تَتَوَجَّهَا	يَتَوَجَّهْنَ
2	MASCULINE	تَتَوَجَّهُ	تَتَوَجَّهَانِ	تَتَوَجَّهُونَ	تَتَوَجَّهْ	تَتَوَجَّهَا	تَتَوَجَّهُوا
	FEMININE	تَتَوَجَّهِينَ	تَتَوَجَّهَانِ	تَتَوَجَّهْنَ	تَتَوَجَّهِي	تَتَوَجَّهَا	تَتَوَجَّهْنَ
1		أَتَوَجَّهُ	---	نَتَوَجَّهُ	أَتَوَجَّهْ	---	نَتَوَجَّهْ

ACTIVE PARTICIPLE	مُتَوَجِّهٌ
PASSIVE PARTICIPLE	مُتَوَجَّهٌ
VERBAL NOUN	تَوَجُّهٌ

IMPERATIVE

	SINGULAR	DUAL	PLURAL
MASCULINE	تَوَجَّهْ	تَوَجَّهَا	تَوَجَّهُوا
FEMININE	تَوَجَّهِي	تَوَجَّهَا	تَوَجَّهْنَ

We turned to Mahmud. — تَوَجَّهْنَا إلى محمود.

The ship *turned* toward the north. — تَوَجَّهَتْ السفينة نحو الشمال.

I headed home. — تَوَجَّهْتُ نحو المنزل.

Form VIII وجه to be directed toward; to make for; to come to one's mind إِتَّجَهَ

ACTIVE

PERFECT

		SINGULAR	DUAL	PLURAL
3	MASCULINE	إِتَّجَهَ	إِتَّجَهَا	إِتَّجَهُوا
	FEMININE	إِتَّجَهَتْ	إِتَّجَهَتَا	إِتَّجَهْنَ
2	MASCULINE	إِتَّجَهْتَ	إِتَّجَهْتُمَا	إِتَّجَهْتُمْ
	FEMININE	إِتَّجَهْتِ	إِتَّجَهْتُمَا	إِتَّجَهْتُنَّ
1		إِتَّجَهْتُ	---	إِتَّجَهْنَا

SUBJUNCTIVE

SINGULAR	DUAL	PLURAL
يَتَّجِهَ	يَتَّجِهَا	يَتَّجِهُوا
تَتَّجِهَ	تَتَّجِهَا	يَتَّجِهْنَ
تَتَّجِهَ	تَتَّجِهَا	تَتَّجِهُوا
تَتَّجِهِي	تَتَّجِهَا	تَتَّجِهْنَ
أَتَّجِهَ	---	نَتَّجِهَ

IMPERFECT

		SINGULAR	DUAL	PLURAL
3	MASCULINE	يَتَّجِهُ	يَتَّجِهَانِ	يَتَّجِهُونَ
	FEMININE	تَتَّجِهُ	تَتَّجِهَانِ	يَتَّجِهْنَ
2	MASCULINE	تَتَّجِهُ	تَتَّجِهَانِ	تَتَّجِهُونَ
	FEMININE	تَتَّجِهِينَ	تَتَّجِهَانِ	تَتَّجِهْنَ
1		أَتَّجِهُ	---	نَتَّجِهُ

JUSSIVE

SINGULAR	DUAL	PLURAL
يَتَّجِهْ	يَتَّجِهَا	يَتَّجِهُوا
تَتَّجِهْ	تَتَّجِهَا	يَتَّجِهْنَ
تَتَّجِهْ	تَتَّجِهَا	تَتَّجِهُوا
تَتَّجِهِي	تَتَّجِهَا	تَتَّجِهْنَ
أَتَّجِهْ	---	نَتَّجِهْ

ACTIVE PARTICIPLE مُتَّجِهٌ

PASSIVE PARTICIPLE مُتَّجَهٌ

VERBAL NOUN إِتِّجَاهٌ

IMPERATIVE

	SINGULAR	DUAL	PLURAL
MASCULINE	إِتَّجِهْ	إِتَّجِهَا	إِتَّجِهُوا
FEMININE	إِتَّجِهِي	إِتَّجِهَا	إِتَّجِهْنَ

إِتَّجَهَتْ كل المناقشات إلى الكلام عن الضحية.

All the discussions *were oriented* toward speaking of the victim.

إِتَّجَهْنَا نحو المحطة منذ ساعة.

We headed toward the station an hour ago.

إِتَّجَهَ للتلاميذ أنهم لم يفكروا في هذا الحل من قبل.

It occurred to the students that they had never thought of that solution before.

ACTIVE

PERFECT		SINGULAR	DUAL	PLURAL
3	MASCULINE	وَدَّ	وَدَّا	وَدُّوا
	FEMININE	وَدَّتْ	وَدَّتَا	وَدِدْنَ
2	MASCULINE	وَدِدْتَ	وَدِدْتُمَا	وَدِدْتُمْ
	FEMININE	وَدِدْتِ	وَدِدْتُمَا	وَدِدْتُنَّ
1		وَدِدْتُ	---	وَدِدْنَا

SUBJUNCTIVE	SINGULAR	DUAL	PLURAL
3 MASCULINE	يَوَدَّ	يَوَدَّا	يَوَدُّوا
3 FEMININE	تَوَدَّ	تَوَدَّا	يَوْدَدْنَ
2 MASCULINE	تَوَدَّ	تَوَدَّا	تَوَدُّوا
2 FEMININE	تَوَدِّي	تَوَدَّا	تَوْدَدْنَ
1	أَوَدَّ	---	نَوَدَّ

IMPERFECT		SINGULAR	DUAL	PLURAL
3	MASCULINE	يَوَدُّ	يَوَدَّانِ	يَوَدُّونَ
	FEMININE	تَوَدُّ	تَوَدَّانِ	يَوْدَدْنَ
2	MASCULINE	تَوَدُّ	تَوَدَّانِ	تَوَدُّونَ
	FEMININE	تَوَدِّينَ	تَوَدَّانِ	تَوْدَدْنَ
1		أَوَدُّ	---	نَوَدُّ

*JUSSIVE	SINGULAR	DUAL	PLURAL
3 MASCULINE	يَوْدَدْ	يَوَدَّا	يَوَدُّوا
3 FEMININE	تَوْدَدْ	تَوَدَّا	يَوْدَدْنَ
2 MASCULINE	تَوْدَدْ	تَوَدَّا	تَوَدُّوا
2 FEMININE	تَوَدِّي	تَوَدَّا	تَوْدَدْنَ
1	أَوْدَدْ	---	نَوْدَدْ

ACTIVE PARTICIPLE	وَادٌّ
PASSIVE PARTICIPLE	مَوْدُودٌ
VERBAL NOUN	وَدٌّ

** IMPERATIVE	SINGULAR	DUAL	PLURAL
MASCULINE	إِيدَدْ	وَدَّا	وَدُّوا
FEMININE	وَدِّي	وَدَّا	إِيدَدْنَ

PASSIVE

PERFECT		SINGULAR	DUAL	PLURAL
3	MASCULINE	وُدَّ	وُدَّا	وُدُّوا
	FEMININE	وُدَّتْ	وُدَّتَا	وُدِدْنَ
2	MASCULINE	وُدِدْتَ	وُدِدْتُمَا	وُدِدْتُمْ
	FEMININE	وُدِدْتِ	وُدِدْتُمَا	وُدِدْتُنَّ
1		وُدِدْتُ	---	وُدِدْنَا

SUBJUNCTIVE	SINGULAR	DUAL	PLURAL
3 MASCULINE	يُوَدَّ	يُوَدَّا	يُوَدُّوا
3 FEMININE	تُوَدَّ	تُوَدَّا	يُودَدْنَ
2 MASCULINE	تُوَدَّ	تُوَدَّا	تُوَدُّوا
2 FEMININE	تُوَدِّي	تُوَدَّا	تُودَدْنَ
1	أُوَدَّ	---	نُوَدَّ

* Contracted form: يَوَدَّ, تَوَدَّ, تَوَدَّ, تَوَدِّي, أَوَدَّ...نَوَدَّ

** Contracted form: وَدَّ, وَدِّي, وَدَّا, وَدُّوا...

		IMPERFECT			*JUSSIVE		
		SINGULAR	DUAL	PLURAL	SINGULAR	DUAL	PLURAL
3	MASCULINE	يَوَدُّ	يَوَدَّانِ	يَوَدُّونَ	يَوْدَدْ	يَوَدَّا	يَوَدُّوا
	FEMININE	تَوَدُّ	تَوَدَّانِ	يَوْدَدْنَ	تَوْدَدْ	تَوَدَّا	يَوْدَدْنَ
2	MASCULINE	تَوَدُّ	تَوَدَّانِ	تَوَدُّونَ	تَوْدَدْ	تَوَدَّا	تَوَدُّوا
	FEMININE	تَوَدِّينَ	تَوَدَّانِ	تَوْدَدْنَ	تَوَدِّي	تَوَدَّا	تَوْدَدْنَ
1		أَوَدُّ	---	نَوَدُّ	أَوْدَدْ	---	نَوْدَدْ

وَدِدْتُ لو كنت غنياً. *I wished* I were rich.

إفعل كما تَوَدّ. Do as *you like*.

أَوَدُّ أن آكل الآن. *I'd like* to eat now.

Form II ودع ● to see off; to bid farewell وَدَّعَ

ACTIVE

		PERFECT			SUBJUNCTIVE		
		SINGULAR	DUAL	PLURAL	SINGULAR	DUAL	PLURAL
3	MASCULINE	وَدَّعَ	وَدَّعَا	وَدَّعُوا	يُوَدِّعَ	يُوَدِّعَا	يُوَدِّعُوا
	FEMININE	وَدَّعَتْ	وَدَّعَتَا	وَدَّعْنَ	تُوَدِّعَ	تُوَدِّعَا	يُوَدِّعْنَ
2	MASCULINE	وَدَّعْتَ	وَدَّعْتُمَا	وَدَّعْتُمْ	تُوَدِّعَ	تُوَدِّعَا	تُوَدِّعُوا
	FEMININE	وَدَّعْتِ	وَدَّعْتُمَا	وَدَّعْتُنَّ	تُوَدِّعِي	تُوَدِّعَا	تُوَدِّعْنَ
1		وَدَّعْتُ	---	وَدَّعْنَا	أُوَدِّعَ	---	نُوَدِّعَ

		IMPERFECT			JUSSIVE		
		SINGULAR	DUAL	PLURAL	SINGULAR	DUAL	PLURAL
3	MASCULINE	يُوَدِّعُ	يُوَدِّعَانِ	يُوَدِّعُونَ	يُوَدِّعْ	يُوَدِّعَا	يُوَدِّعُوا
	FEMININE	تُوَدِّعُ	تُوَدِّعَانِ	يُوَدِّعْنَ	تُوَدِّعْ	تُوَدِّعَا	يُوَدِّعْنَ
2	MASCULINE	تُوَدِّعُ	تُوَدِّعَانِ	تُوَدِّعُونَ	تُوَدِّعْ	تُوَدِّعَا	تُوَدِّعُوا
	FEMININE	تُوَدِّعِينَ	تُوَدِّعَانِ	تُوَدِّعْنَ	تُوَدِّعِي	تُوَدِّعَا	تُوَدِّعْنَ
1		أُوَدِّعُ	---	نُوَدِّعُ	أُوَدِّعْ	---	نُوَدِّعْ

ACTIVE PARTICIPLE	مُوَدِّعٌ
PASSIVE PARTICIPLE	مُوَدَّعٌ
VERBAL NOUN	تَوْدِيعٌ

IMPERATIVE

	SINGULAR	DUAL	PLURAL
MASCULINE	وَدِّعْ	وَدِّعَا	وَدِّعُوا
FEMININE	وَدِّعِي	وَدِّعَا	وَدِّعْنَ

* Contracted form: يَوَدَّ, تَوَدَّ, تَوَدَّ, تَوَدِّي, أَوَدَّ...نَوَدَّ

PASSIVE

		PERFECT SINGULAR	DUAL	PLURAL
3	MASCULINE	وُدِّعَ	وُدِّعَا	وُدِّعُوا
	FEMININE	وُدِّعَتْ	وُدِّعَتَا	وُدِّعْنَ
2	MASCULINE	وُدِّعْتَ	وُدِّعْتُمَا	وُدِّعْتُمْ
	FEMININE	وُدِّعْتِ	وُدِّعْتُمَا	وُدِّعْتُنَّ
1		وُدِّعْتُ	---	وُدِّعْنَا

		SUBJUNCTIVE SINGULAR	DUAL	PLURAL
3	MASCULINE	يُوَدَّعَ	يُوَدَّعَا	يُوَدَّعُوا
	FEMININE	تُوَدَّعَ	تُوَدَّعَا	يُوَدَّعْنَ
2	MASCULINE	تُوَدَّعَ	تُوَدَّعَا	تُوَدَّعُوا
	FEMININE	تُوَدَّعِي	تُوَدَّعَا	تُوَدَّعْنَ
1		أُوَدَّعَ	---	نُوَدَّعَ

		IMPERFECT SINGULAR	DUAL	PLURAL
3	MASCULINE	يُوَدَّعُ	يُوَدَّعَانِ	يُوَدَّعُونَ
	FEMININE	تُوَدَّعُ	تُوَدَّعَانِ	يُوَدَّعْنَ
2	MASCULINE	تُوَدَّعُ	تُوَدَّعَانِ	تُوَدَّعُونَ
	FEMININE	تُوَدَّعِينَ	تُوَدَّعَانِ	تُوَدَّعْنَ
1		أُوَدَّعُ	---	نُوَدَّعُ

		JUSSIVE SINGULAR	DUAL	PLURAL
3	MASCULINE	يُوَدَّعْ	يُوَدَّعَا	يُوَدَّعُوا
	FEMININE	تُوَدَّعْ	تُوَدَّعَا	يُوَدَّعْنَ
2	MASCULINE	تُوَدَّعْ	تُوَدَّعَا	تُوَدَّعُوا
	FEMININE	تُوَدَّعِي	تُوَدَّعَا	تُوَدَّعْنَ
1		أُوَدَّعْ	---	نُوَدَّعْ

وَدَّعْتُ أسرتي قبل السفر.
I *said good-bye* to my family before the departure.

وَدَّعَ الرجل الحياة تاركًا ثروة كبيرة لأسرته.
The man *said farewell* to life, leaving a great fortune to his family.

لا تُوَدِّعْ الأمل في النجاح.
Do not *give up* hope of success.

to inherit وَرِثَ — Form I ورث

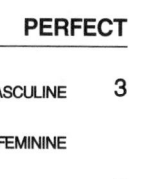

ACTIVE

		PERFECT SINGULAR	DUAL	PLURAL
3	MASCULINE	وَرِثَ	وَرِثَا	وَرِثُوا
	FEMININE	وَرِثَتْ	وَرِثَتَا	وَرِثْنَ
2	MASCULINE	وَرِثْتَ	وَرِثْتُمَا	وَرِثْتُمْ
	FEMININE	وَرِثْتِ	وَرِثْتُمَا	وَرِثْتُنَّ
1		وَرِثْتُ	---	وَرِثْنَا

		SUBJUNCTIVE SINGULAR	DUAL	PLURAL
3	MASCULINE	يَرِثَ	يَرِثَا	يَرِثُوا
	FEMININE	تَرِثَ	تَرِثَا	يَرِثْنَ
2	MASCULINE	تَرِثَ	تَرِثَا	تَرِثُوا
	FEMININE	تَرِثِي	تَرِثَا	تَرِثْنَ
1		أَرِثَ	---	نَرِثَ

		IMPERFECT			JUSSIVE		
		SINGULAR	DUAL	PLURAL	SINGULAR	DUAL	PLURAL
3	MASCULINE	يَرِثُ	يَرِثَانِ	يَرِثُونَ	يَرِثْ	يَرِثَا	يَرِثُوا
	FEMININE	تَرِثُ	تَرِثَانِ	يَرِثْنَ	تَرِثْ	تَرِثَا	يَرِثْنَ
2	MASCULINE	تَرِثُ	تَرِثَانِ	تَرِثُونَ	تَرِثْ	تَرِثَا	تَرِثُوا
	FEMININE	تَرِثِينَ	تَرِثَانِ	تَرِثْنَ	تَرِثِي	تَرِثَا	تَرِثْنَ
1		أَرِثُ	---	نَرِثُ	أَرِثْ	---	نَرِثْ

ACTIVE PARTICIPLE وَارِثٌ

PASSIVE PARTICIPLE مَوْرُوثٌ

VERBAL NOUN وِرْثٌ, إِرْثٌ, إِرْثَةٌ

IMPERATIVE

	SINGULAR	DUAL	PLURAL
MASCULINE	رِثْ	رِثَا	رِثُوا
FEMININE	رِثِي	رِثَا	رِثْنَ

PASSIVE

		PERFECT			SUBJUNCTIVE		
		SINGULAR	DUAL	PLURAL	SINGULAR	DUAL	PLURAL
3	MASCULINE	وُرِثَ	وُرِثَا	وُرِثُوا	يُورَثَ	يُورَثَا	يُورَثُوا
	FEMININE	وُرِثَتْ	وُرِثَتَا	وُرِثْنَ	تُورَثَ	تُورَثَا	يُورَثْنَ
2	MASCULINE	وُرِثْتَ	وُرِثْتُمَا	وُرِثْتُمْ	تُورَثَ	تُورَثَا	تُورَثُوا
	FEMININE	وُرِثْتِ	وُرِثْتُمَا	وُرِثْتُنَّ	تُورَثِي	تُورَثَا	تُورَثْنَ
1		وُرِثْتُ	---	وُرِثْنَا	أُورَثَ	---	نُورَثَ

		IMPERFECT			JUSSIVE		
3	MASCULINE	يُورَثُ	يُورَثَانِ	يُورَثُونَ	يُورَثْ	يُورَثَا	يُورَثُوا
	FEMININE	تُورَثُ	تُورَثَانِ	يُورَثْنَ	تُورَثْ	تُورَثَا	يُورَثْنَ
2	MASCULINE	تُورَثُ	تُورَثَانِ	تُورَثُونَ	تُورَثْ	تُورَثَا	تُورَثُوا
	FEMININE	تُورَثِينَ	تُورَثَانِ	تُورَثْنَ	تُورَثِي	تُورَثَا	تُورَثْنَ
1		أُورَثُ	---	نُورَثُ	أُورَثْ	---	نُورَثْ

He inherited millions from his father. — وَرِثَ الملايين عن أبيه.

They inherited good qualities from their mother. — وَرِثُوا الأخلاق الحميدة عن أمّهم.

Form I ورد — to come; to occur وَرَدَ

ACTIVE

PERFECT

		SINGULAR	DUAL	PLURAL
3	MASCULINE	وَرَدَ	وَرَدَا	وَرَدُوا
	FEMININE	وَرَدَتْ	وَرَدَتَا	وَرَدْنَ
2	MASCULINE	وَرَدْتَ	وَرَدْتُمَا	وَرَدْتُمْ
	FEMININE	وَرَدْتِ	وَرَدْتُمَا	وَرَدْتُنَّ
1		وَرَدْتُ	---	وَرَدْنَا

SUBJUNCTIVE

		SINGULAR	DUAL	PLURAL
3	MASCULINE	يَرِدَ	يَرِدَا	يَرِدُوا
	FEMININE	تَرِدَ	تَرِدَا	يَرِدْنَ
2	MASCULINE	تَرِدَ	تَرِدَا	تَرِدُوا
	FEMININE	تَرِدِي	تَرِدَا	تَرِدْنَ
1		أَرِدَ	---	نَرِدَ

IMPERFECT

		SINGULAR	DUAL	PLURAL
3	MASCULINE	يَرِدُ	يَرِدَانِ	يَرِدُونَ
	FEMININE	تَرِدُ	تَرِدَانِ	يَرِدْنَ
2	MASCULINE	تَرِدُ	تَرِدَانِ	تَرِدُونَ
	FEMININE	تَرِدِينَ	تَرِدَانِ	تَرِدْنَ
1		أَرِدُ	---	نَرِدُ

JUSSIVE

		SINGULAR	DUAL	PLURAL
3	MASCULINE	يَرِدْ	يَرِدَا	يَرِدُوا
	FEMININE	تَرِدْ	تَرِدَا	يَرِدْنَ
2	MASCULINE	تَرِدْ	تَرِدَا	تَرِدُوا
	FEMININE	تَرِدِي	تَرِدَا	تَرِدْنَ
1		أَرِدْ	---	نَرِدْ

IMPERATIVE

	SINGULAR	DUAL	PLURAL
MASCULINE	رِدْ	رِدَا	رِدُوا
FEMININE	رِدِي	رِدَا	رِدْنَ

ACTIVE PARTICIPLE	وَارِدٌ
PASSIVE PARTICIPLE	---
VERBAL NOUN	وُرُودٌ

Nothing like this has ever *come along.*	لم يَرِدْ عليّ شيء مثل هذا من قبل.
This money *came* our way unexpectedly.	وَرَدَتْ علينا هذه الأموال من حيث لم نتوقع.
These concepts *occurred* in the books of Arabic philosophers.	وقد وَرَدَتْ هذه المفاهيم في كتب الفلاسفة العرب.

Form X ورد — to import; to procure إِسْتَوْرَدَ

ACTIVE

PERFECT

		SINGULAR	DUAL	PLURAL
3	MASCULINE	إِسْتَوْرَدَ	إِسْتَوْرَدَا	إِسْتَوْرَدُوا
	FEMININE	إِسْتَوْرَدَتْ	إِسْتَوْرَدَتَا	إِسْتَوْرَدْنَ
2	MASCULINE	إِسْتَوْرَدْتَ	إِسْتَوْرَدْتُمَا	إِسْتَوْرَدْتُمْ
	FEMININE	إِسْتَوْرَدْتِ	إِسْتَوْرَدْتُمَا	إِسْتَوْرَدْتُنَّ
1		إِسْتَوْرَدْتُ	---	إِسْتَوْرَدْنَا

SUBJUNCTIVE

		SINGULAR	DUAL	PLURAL
3	MASCULINE	يَسْتَوْرِدَ	يَسْتَوْرِدَا	يَسْتَوْرِدُوا
	FEMININE	تَسْتَوْرِدَ	تَسْتَوْرِدَا	يَسْتَوْرِدْنَ
2	MASCULINE	تَسْتَوْرِدَ	تَسْتَوْرِدَا	تَسْتَوْرِدُوا
	FEMININE	تَسْتَوْرِدِي	تَسْتَوْرِدَا	تَسْتَوْرِدْنَ
1		أَسْتَوْرِدَ	---	نَسْتَوْرِدَ

IMPERFECT

		SINGULAR	DUAL	PLURAL
3	MASCULINE	يَسْتَوْرِدُ	يَسْتَوْرِدَانِ	يَسْتَوْرِدُونَ
	FEMININE	تَسْتَوْرِدُ	تَسْتَوْرِدَانِ	يَسْتَوْرِدْنَ
2	MASCULINE	تَسْتَوْرِدُ	تَسْتَوْرِدَانِ	تَسْتَوْرِدُونَ
	FEMININE	تَسْتَوْرِدِينَ	تَسْتَوْرِدَانِ	تَسْتَوْرِدْنَ
1		أَسْتَوْرِدُ	---	نَسْتَوْرِدُ

JUSSIVE

		SINGULAR	DUAL	PLURAL
3	MASCULINE	يَسْتَوْرِدْ	يَسْتَوْرِدَا	يَسْتَوْرِدُوا
	FEMININE	تَسْتَوْرِدْ	تَسْتَوْرِدَا	يَسْتَوْرِدْنَ
2	MASCULINE	تَسْتَوْرِدْ	تَسْتَوْرِدَا	تَسْتَوْرِدُوا
	FEMININE	تَسْتَوْرِدِي	تَسْتَوْرِدَا	تَسْتَوْرِدْنَ
1		أَسْتَوْرِدْ	---	نَسْتَوْرِدْ

ACTIVE PARTICIPLE	مُسْتَوْرِدٌ
PASSIVE PARTICIPLE	مُسْتَوْرَدٌ
VERBAL NOUN	إِسْتِيرَادٌ

IMPERATIVE

	SINGULAR	DUAL	PLURAL
MASCULINE	إِسْتَوْرِدْ	إِسْتَوْرِدَا	إِسْتَوْرِدُوا
FEMININE	إِسْتَوْرِدِي	إِسْتَوْرِدَا	إِسْتَوْرِدْنَ

PASSIVE

PERFECT

		SINGULAR	DUAL	PLURAL
3	MASCULINE	أُسْتُورِدَ	أُسْتُورِدَا	أُسْتُورِدُوا
	FEMININE	أُسْتُورِدَتْ	أُسْتُورِدَتَا	أُسْتُورِدْنَ
2	MASCULINE	أُسْتُورِدْتَ	أُسْتُورِدْتُمَا	أُسْتُورِدْتُمْ
	FEMININE	أُسْتُورِدْتِ	أُسْتُورِدْتُمَا	أُسْتُورِدْتُنَّ
1		أُسْتُورِدْتُ	---	أُسْتُورِدْنَا

SUBJUNCTIVE

		SINGULAR	DUAL	PLURAL
3	MASCULINE	يُسْتَوْرَدَ	يُسْتَوْرَدَا	يُسْتَوْرَدُوا
	FEMININE	تُسْتَوْرَدَ	تُسْتَوْرَدَا	يُسْتَوْرَدْنَ
2	MASCULINE	تُسْتَوْرَدَ	تُسْتَوْرَدَا	تُسْتَوْرَدُوا
	FEMININE	تُسْتَوْرَدِي	تُسْتَوْرَدَا	تُسْتَوْرَدْنَ
1		أُسْتَوْرَدَ	---	نُسْتَوْرَدَ

IMPERFECT

		SINGULAR	DUAL	PLURAL
3	MASCULINE	يُسْتَوْرَدُ	يُسْتَوْرَدَانِ	يُسْتَوْرَدُونَ
	FEMININE	تُسْتَوْرَدُ	تُسْتَوْرَدَانِ	يُسْتَوْرَدْنَ
2	MASCULINE	تُسْتَوْرَدُ	تُسْتَوْرَدَانِ	تُسْتَوْرَدُونَ
	FEMININE	تُسْتَوْرَدِينَ	تُسْتَوْرَدَانِ	تُسْتَوْرَدْنَ
1		أُسْتَوْرَدُ	---	نُسْتَوْرَدُ

JUSSIVE

		SINGULAR	DUAL	PLURAL
3	MASCULINE	يُسْتَوْرَدْ	يُسْتَوْرَدَا	يُسْتَوْرَدُوا
	FEMININE	تُسْتَوْرَدْ	تُسْتَوْرَدَا	يُسْتَوْرَدْنَ
2	MASCULINE	تُسْتَوْرَدْ	تُسْتَوْرَدَا	تُسْتَوْرَدُوا
	FEMININE	تُسْتَوْرَدِي	تُسْتَوْرَدَا	تُسْتَوْرَدْنَ
1		أُسْتَوْرَدْ	---	نُسْتَوْرَدْ

تَسْتَوْرِدُ مصر القمح من الولايات المتحدة.
Egypt *imports* flour from the United States.

يَسْتَوْرِدُونَ الزيت من العراق.
They import oil from Iraq.

إِسْتَوْرَدَ الأب كل مستلزمات المدرسة لأولاده من المدينة.
The father *got* all his children's school needs from the city.

Form II وزع

to distribute وَزَّعَ

ACTIVE

PERFECT

		SINGULAR	DUAL	PLURAL
3	MASCULINE	وَزَّعَ	وَزَّعَا	وَزَّعُوا
	FEMININE	وَزَّعَتْ	وَزَّعَتَا	وَزَّعْنَ
2	MASCULINE	وَزَّعْتَ	وَزَّعْتُمَا	وَزَّعْتُمْ
	FEMININE	وَزَّعْتِ	وَزَّعْتُمَا	وَزَّعْتُنَّ
1		وَزَّعْتُ	---	وَزَّعْنَا

SUBJUNCTIVE

		SINGULAR	DUAL	PLURAL
3	MASCULINE	يُوَزِّعَ	يُوَزِّعَا	يُوَزِّعُوا
	FEMININE	تُوَزِّعَ	تُوَزِّعَا	يُوَزِّعْنَ
2	MASCULINE	تُوَزِّعَ	تُوَزِّعَا	تُوَزِّعُوا
	FEMININE	تُوَزِّعِي	تُوَزِّعَا	تُوَزِّعْنَ
1		أُوَزِّعَ	---	نُوَزِّعَ

IMPERFECT

		SINGULAR	DUAL	PLURAL
3	MASCULINE	يُوَزِّعُ	يُوَزِّعَانِ	يُوَزِّعُونَ
	FEMININE	تُوَزِّعُ	تُوَزِّعَانِ	يُوَزِّعْنَ
2	MASCULINE	تُوَزِّعُ	تُوَزِّعَانِ	تُوَزِّعُونَ
	FEMININE	تُوَزِّعِينَ	تُوَزِّعَانِ	تُوَزِّعْنَ
1		أُوَزِّعُ	---	نُوَزِّعُ

JUSSIVE

		SINGULAR	DUAL	PLURAL
3	MASCULINE	يُوَزِّعْ	يُوَزِّعَا	يُوَزِّعُوا
	FEMININE	تُوَزِّعْ	تُوَزِّعَا	يُوَزِّعْنَ
2	MASCULINE	تُوَزِّعْ	تُوَزِّعَا	تُوَزِّعُوا
	FEMININE	تُوَزِّعِي	تُوَزِّعَا	تُوَزِّعْنَ
1		أُوَزِّعْ	---	نُوَزِّعْ

ACTIVE PARTICIPLE	مُوَزِّعٌ
PASSIVE PARTICIPLE	مُوَزَّعٌ
VERBAL NOUN	تَوْزِيعٌ

IMPERATIVE

	SINGULAR	DUAL	PLURAL
MASCULINE	وَزِّعْ	وَزِّعَا	وَزِّعُوا
FEMININE	وَزِّعِي	وَزِّعَا	وَزِّعْنَ

PASSIVE

PERFECT

		SINGULAR	DUAL	PLURAL
3	MASCULINE	وُزِّعَ	وُزِّعَا	وُزِّعُوا
	FEMININE	وُزِّعَتْ	وُزِّعَتَا	وُزِّعْنَ
2	MASCULINE	وُزِّعْتَ	وُزِّعْتُمَا	وُزِّعْتُمْ
	FEMININE	وُزِّعْتِ	وُزِّعْتُمَا	وُزِّعْتُنَّ
1		وُزِّعْتُ	---	وُزِّعْنَا

SUBJUNCTIVE

		SINGULAR	DUAL	PLURAL
3	MASCULINE	يُوَزَّعَ	يُوَزَّعَا	يُوَزَّعُوا
	FEMININE	تُوَزَّعَ	تُوَزَّعَا	يُوَزَّعْنَ
2	MASCULINE	تُوَزَّعَ	تُوَزَّعَا	تُوَزَّعُوا
	FEMININE	تُوَزَّعِي	تُوَزَّعَا	تُوَزَّعْنَ
1		أُوَزَّعَ	---	نُوَزَّعَ

IMPERFECT

		SINGULAR	DUAL	PLURAL
3	MASCULINE	يُوَزَّعُ	يُوَزَّعَانِ	يُوَزَّعُونَ
	FEMININE	تُوَزَّعُ	تُوَزَّعَانِ	يُوَزَّعْنَ
2	MASCULINE	تُوَزَّعُ	تُوَزَّعَانِ	تُوَزَّعُونَ
	FEMININE	تُوَزَّعِينَ	تُوَزَّعَانِ	تُوَزَّعْنَ
1		أُوَزَّعُ	---	نُوَزَّعُ

JUSSIVE

		SINGULAR	DUAL	PLURAL
3	MASCULINE	يُوَزَّعْ	يُوَزَّعَا	يُوَزَّعُوا
	FEMININE	تُوَزَّعْ	تُوَزَّعَا	يُوَزَّعْنَ
2	MASCULINE	تُوَزَّعْ	تُوَزَّعَا	تُوَزَّعُوا
	FEMININE	تُوَزَّعِي	تُوَزَّعَا	تُوَزَّعْنَ
1		أُوَزَّعْ	---	نُوَزَّعْ

The coach *allotted* tasks to all the team's players. وَزَّعَ المدرب المهام على كل لاعبي الفريق.

Books *were distributed* among the pupils. وُزِّعَتْ الكتب بين التلاميذ.

Form II وسخ ● to soil وَسَّخَ

ACTIVE

PERFECT		SINGULAR	DUAL	PLURAL
3	MASCULINE	وَسَّخَ	وَسَّخَا	وَسَّخُوا
	FEMININE	وَسَّخَتْ	وَسَّخَتَا	وَسَّخْنَ
2	MASCULINE	وَسَّخْتَ	وَسَّخْتُمَا	وَسَّخْتُمْ
	FEMININE	وَسَّخْتِ	وَسَّخْتُمَا	وَسَّخْتُنَّ
1		وَسَّخْتُ	---	وَسَّخْنَا

SUBJUNCTIVE		SINGULAR	DUAL	PLURAL
3	MASCULINE	يُوَسِّخَ	يُوَسِّخَا	يُوَسِّخُوا
	FEMININE	تُوَسِّخَ	تُوَسِّخَا	يُوَسِّخْنَ
2	MASCULINE	تُوَسِّخَ	تُوَسِّخَا	تُوَسِّخُوا
	FEMININE	تُوَسِّخِي	تُوَسِّخَا	تُوَسِّخْنَ
1		أُوَسِّخَ	---	نُوَسِّخَ

IMPERFECT		SINGULAR	DUAL	PLURAL
3	MASCULINE	يُوَسِّخُ	يُوَسِّخَانِ	يُوَسِّخُونَ
	FEMININE	تُوَسِّخُ	تُوَسِّخَانِ	يُوَسِّخْنَ
2	MASCULINE	تُوَسِّخُ	تُوَسِّخَانِ	تُوَسِّخُونَ
	FEMININE	تُوَسِّخِينَ	تُوَسِّخَانِ	تُوَسِّخْنَ
1		أُوَسِّخُ	---	نُوَسِّخُ

JUSSIVE		SINGULAR	DUAL	PLURAL
3	MASCULINE	يُوَسِّخْ	يُوَسِّخَا	يُوَسِّخُوا
	FEMININE	تُوَسِّخْ	تُوَسِّخَا	يُوَسِّخْنَ
2	MASCULINE	تُوَسِّخْ	تُوَسِّخَا	تُوَسِّخُوا
	FEMININE	تُوَسِّخِي	تُوَسِّخَا	تُوَسِّخْنَ
1		أُوَسِّخْ	---	نُوَسِّخْ

ACTIVE PARTICIPLE	مُوَسِّخٌ
PASSIVE PARTICIPLE	مُوَسَّخٌ
VERBAL NOUN	تَوْسِيخٌ

IMPERATIVE	SINGULAR	DUAL	PLURAL
MASCULINE	وَسِّخْ	وَسِّخَا	وَسِّخُوا
FEMININE	وَسِّخِي	وَسِّخَا	وَسِّخْنَ

PASSIVE

PERFECT		SINGULAR	DUAL	PLURAL
3	MASCULINE	وُسِّخَ	وُسِّخَا	وُسِّخُوا
	FEMININE	وُسِّخَتْ	وُسِّخَتَا	وُسِّخْنَ
2	MASCULINE	وُسِّخْتَ	وُسِّخْتُمَا	وُسِّخْتُمْ
	FEMININE	وُسِّخْتِ	وُسِّخْتُمَا	وُسِّخْتُنَّ
1		وُسِّخْتُ	---	وُسِّخْنَا

SUBJUNCTIVE		SINGULAR	DUAL	PLURAL
3	MASCULINE	يُوَسَّخَ	يُوَسَّخَا	يُوَسَّخُوا
	FEMININE	تُوَسَّخَ	تُوَسَّخَا	يُوَسَّخْنَ
2	MASCULINE	تُوَسَّخَ	تُوَسَّخَا	تُوَسَّخُوا
	FEMININE	تُوَسَّخِي	تُوَسَّخَا	تُوَسَّخْنَ
1		أُوَسَّخَ	---	نُوَسَّخَ

		IMPERFECT			JUSSIVE		
		SINGULAR	DUAL	PLURAL	SINGULAR	DUAL	PLURAL
3	MASCULINE	يُوَسِّخُ	يُوَسِّخَانِ	يُوَسِّخُونَ	يُوَسِّخْ	يُوَسِّخَا	يُوَسِّخُوا
	FEMININE	تُوَسِّخُ	تُوَسِّخَانِ	يُوَسِّخْنَ	تُوَسِّخْ	تُوَسِّخَا	يُوَسِّخْنَ
2	MASCULINE	تُوَسِّخُ	تُوَسِّخَانِ	تُوَسِّخُونَ	تُوَسِّخْ	تُوَسِّخَا	تُوَسِّخُوا
	FEMININE	تُوَسِّخِينَ	تُوَسِّخَانِ	تُوَسِّخْنَ	تُوَسِّخِي	تُوَسِّخَا	تُوَسِّخْنَ
1		أُوَسِّخُ	---	نُوَسِّخُ	أُوَسِّخْ	---	نُوَسِّخْ

هذه الطاولة وَسَّخَهَا التراب. — This table *has been soiled* with dust [literally: Dust *soiled it*].

لا تُوَسِّخْ القميص. — Don't *soil* your shirt.

● إِتَّسَعَ to extend, expand — Form VIII وسع

ACTIVE

		PERFECT			SUBJUNCTIVE		
		SINGULAR	DUAL	PLURAL	SINGULAR	DUAL	PLURAL
3	MASCULINE	إِتَّسَعَ	إِتَّسَعَا	إِتَّسَعُوا	يَتَّسِعَ	يَتَّسِعَا	يَتَّسِعُوا
	FEMININE	إِتَّسَعَتْ	إِتَّسَعَتَا	إِتَّسَعْنَ	تَتَّسِعَ	تَتَّسِعَا	يَتَّسِعْنَ
2	MASCULINE	إِتَّسَعْتَ	إِتَّسَعْتُمَا	إِتَّسَعْتُمْ	تَتَّسِعَ	تَتَّسِعَا	تَتَّسِعُوا
	FEMININE	إِتَّسَعْتِ	إِتَّسَعْتُمَا	إِتَّسَعْتُنَّ	تَتَّسِعِي	تَتَّسِعَا	تَتَّسِعْنَ
1		إِتَّسَعْتُ	---	إِتَّسَعْنَا	أَتَّسِعَ	---	نَتَّسِعَ

		IMPERFECT			JUSSIVE		
3	MASCULINE	يَتَّسِعُ	يَتَّسِعَانِ	يَتَّسِعُونَ	يَتَّسِعْ	يَتَّسِعَا	يَتَّسِعُوا
	FEMININE	تَتَّسِعُ	تَتَّسِعَانِ	يَتَّسِعْنَ	تَتَّسِعْ	تَتَّسِعَا	يَتَّسِعْنَ
2	MASCULINE	تَتَّسِعُ	تَتَّسِعَانِ	تَتَّسِعُونَ	تَتَّسِعْ	تَتَّسِعَا	تَتَّسِعُوا
	FEMININE	تَتَّسِعِينَ	تَتَّسِعَانِ	تَتَّسِعْنَ	تَتَّسِعِي	تَتَّسِعَا	تَتَّسِعْنَ
1		أَتَّسِعُ	---	نَتَّسِعُ	أَتَّسِعْ	---	نَتَّسِعْ

ACTIVE PARTICIPLE	مُتَّسِعٌ
PASSIVE PARTICIPLE	مُتَّسَعٌ
VERBAL NOUN	إِتِّسَاعٌ

IMPERATIVE

	SINGULAR	DUAL	PLURAL
MASCULINE	إِتَّسِعْ	إِتَّسِعَا	إِتَّسِعُوا
FEMININE	إِتَّسِعِي	إِتَّسِعَا	إِتَّسِعْنَ

...بكل ما تَتَّسِعُ له الكلمة من معنى. — ...in the widest sense of the word [literally: to everything to which the word *extends*].

إِتَّسَعَتْ مساحة المزرعة لتشمل ما يقرب من مائة فدان. — The area of the field *extended* to include nearly a hundred feddans.

He was gladdened [literally: His heart *widened*] at this news. — إِتَّسَعَ صدره لهذه الأخبار.

Form VIII وسم — to be marked, distinguished إِتَّسَمَ ●

ACTIVE

PERFECT

		SINGULAR	DUAL	PLURAL
3	MASCULINE	إِتَّسَمَ	إِتَّسَمَا	إِتَّسَمُوا
	FEMININE	إِتَّسَمَتْ	إِتَّسَمَتَا	إِتَّسَمْنَ
2	MASCULINE	إِتَّسَمْتَ	إِتَّسَمْتُمَا	إِتَّسَمْتُمْ
	FEMININE	إِتَّسَمْتِ	إِتَّسَمْتُمَا	إِتَّسَمْتُنَّ
1		إِتَّسَمْتُ	---	إِتَّسَمْنَا

SUBJUNCTIVE

SINGULAR	DUAL	PLURAL
يَتَّسِمَ	يَتَّسِمَا	يَتَّسِمُوا
تَتَّسِمَ	تَتَّسِمَا	يَتَّسِمْنَ
تَتَّسِمَ	تَتَّسِمَا	تَتَّسِمُوا
تَتَّسِمِي	تَتَّسِمَا	تَتَّسِمْنَ
أَتَّسِمَ	---	نَتَّسِمَ

IMPERFECT

		SINGULAR	DUAL	PLURAL
3	MASCULINE	يَتَّسِمُ	يَتَّسِمَانِ	يَتَّسِمُونَ
	FEMININE	تَتَّسِمُ	تَتَّسِمَانِ	يَتَّسِمْنَ
2	MASCULINE	تَتَّسِمُ	تَتَّسِمَانِ	تَتَّسِمُونَ
	FEMININE	تَتَّسِمِينَ	تَتَّسِمَانِ	تَتَّسِمْنَ
1		أَتَّسِمُ	---	نَتَّسِمُ

JUSSIVE

SINGULAR	DUAL	PLURAL
يَتَّسِمْ	يَتَّسِمَا	يَتَّسِمُوا
تَتَّسِمْ	تَتَّسِمَا	يَتَّسِمْنَ
تَتَّسِمْ	تَتَّسِمَا	تَتَّسِمُوا
تَتَّسِمِي	تَتَّسِمَا	تَتَّسِمْنَ
أَتَّسِمْ	---	نَتَّسِمْ

ACTIVE PARTICIPLE	مُتَّسِمٌ
PASSIVE PARTICIPLE	---
VERBAL NOUN	إِتِّسَامٌ

IMPERATIVE

	SINGULAR	DUAL	PLURAL
MASCULINE	إِتَّسِمْ	إِتَّسِمَا	إِتَّسِمُوا
FEMININE	إِتَّسِمِي	إِتَّسِمَا	إِتَّسِمْنَ

He is *characterized* by egoism. — يَتَّسِمُ بالأنانية.

The product was *distinguished* for its fine quality. — إِتَّسَمَ المُنتَج بالجودة العالية.

What is distinctive about life [literally: By what is life *distinguished*] in the Middle East? — بما تَتَّسِمُ الحياة في الشرق الأوسط؟

ACTIVE

PERFECT		SINGULAR	DUAL	PLURAL
3	MASCULINE	وَصَفَ	وَصَفَا	وَصَفُوا
	FEMININE	وَصَفَتْ	وَصَفَتَا	وَصَفْنَ
2	MASCULINE	وَصَفْتَ	وَصَفْتُمَا	وَصَفْتُمْ
	FEMININE	وَصَفْتِ	وَصَفْتُمَا	وَصَفْتُنَّ
1		وَصَفْتُ	---	وَصَفْنَا

SUBJUNCTIVE	SINGULAR	DUAL	PLURAL
3 MASCULINE	يَصِفَ	يَصِفَا	يَصِفُوا
3 FEMININE	تَصِفَ	تَصِفَا	يَصِفْنَ
2 MASCULINE	تَصِفَ	تَصِفَا	تَصِفُوا
2 FEMININE	تَصِفِي	تَصِفَا	تَصِفْنَ
1	أَصِفَ	---	نَصِفَ

IMPERFECT		SINGULAR	DUAL	PLURAL
3	MASCULINE	يَصِفُ	يَصِفَانِ	يَصِفُونَ
	FEMININE	تَصِفُ	تَصِفَانِ	يَصِفْنَ
2	MASCULINE	تَصِفُ	تَصِفَانِ	تَصِفُونَ
	FEMININE	تَصِفِينَ	تَصِفَانِ	تَصِفْنَ
1		أَصِفُ	---	نَصِفُ

JUSSIVE	SINGULAR	DUAL	PLURAL
3 MASCULINE	يَصِفْ	يَصِفَا	يَصِفُوا
3 FEMININE	تَصِفْ	تَصِفَا	يَصِفْنَ
2 MASCULINE	تَصِفْ	تَصِفَا	تَصِفُوا
2 FEMININE	تَصِفِي	تَصِفَا	تَصِفْنَ
1	أَصِفْ	---	نَصِفْ

ACTIVE PARTICIPLE وَاصِفٌ

PASSIVE PARTICIPLE مَوْصُوفٌ

VERBAL NOUN وَصْفٌ

IMPERATIVE	SINGULAR	DUAL	PLURAL
MASCULINE	صِفْ	صِفَا	صِفُوا
FEMININE	صِفِي	صِفَا	صِفْنَ

PASSIVE

PERFECT		SINGULAR	DUAL	PLURAL
3	MASCULINE	وُصِفَ	وُصِفَا	وُصِفُوا
	FEMININE	وُصِفَتْ	وُصِفَتَا	وُصِفْنَ
2	MASCULINE	وُصِفْتَ	وُصِفْتُمَا	وُصِفْتُمْ
	FEMININE	وُصِفْتِ	وُصِفْتُمَا	وُصِفْتُنَّ
1		وُصِفْتُ	---	وُصِفْنَا

SUBJUNCTIVE	SINGULAR	DUAL	PLURAL
3 MASCULINE	يُوصَفَ	يُوصَفَا	يُوصَفُوا
3 FEMININE	تُوصَفَ	تُوصَفَا	يُوصَفْنَ
2 MASCULINE	تُوصَفَ	تُوصَفَا	تُوصَفُوا
2 FEMININE	تُوصَفِي	تُوصَفَا	تُوصَفْنَ
1	أُوصَفَ	---	نُوصَفَ

IMPERFECT		SINGULAR	DUAL	PLURAL
3	MASCULINE	يُوصَفُ	يُوصَفَانِ	يُوصَفُونَ
	FEMININE	تُوصَفُ	تُوصَفَانِ	يُوصَفْنَ
2	MASCULINE	تُوصَفُ	تُوصَفَانِ	تُوصَفُونَ
	FEMININE	تُوصَفِينَ	تُوصَفَانِ	تُوصَفْنَ
1		أُوصَفُ	---	نُوصَفُ

JUSSIVE	SINGULAR	DUAL	PLURAL
3 MASCULINE	يُوصَفْ	يُوصَفَا	يُوصَفُوا
3 FEMININE	تُوصَفْ	تُوصَفَا	يُوصَفْنَ
2 MASCULINE	تُوصَفْ	تُوصَفَا	تُوصَفُوا
2 FEMININE	تُوصَفِي	تُوصَفَا	تُوصَفْنَ
1	أُوصَفْ	---	نُوصَفْ

How would *you describe* this story?	بما تَصِفُ هذه القصة؟
This picture *depicts* life in the home.	هذه الصورة تَصِفُ الحياة في البيت.
The pyramids are of indescribable grandeur [literally: *cannot be described* for grandeur].	الأهرامات لا تُوصَفُ في العظمة.

Form I وصل ● to connect, join; to arrive وَصَلَ

ACTIVE

PERFECT		SINGULAR	DUAL	PLURAL
3	MASCULINE	وَصَلَ	وَصَلا	وَصَلُوا
	FEMININE	وَصَلَتْ	وَصَلَتَا	وَصَلْنَ
2	MASCULINE	وَصَلْتَ	وَصَلْتُمَا	وَصَلْتُمْ
	FEMININE	وَصَلْتِ	وَصَلْتُمَا	وَصَلْتُنَّ
1		وَصَلْتُ	---	وَصَلْنَا

SUBJUNCTIVE	SINGULAR	DUAL	PLURAL
3 MASCULINE	يَصِلَ	يَصِلا	يَصِلُوا
3 FEMININE	تَصِلَ	تَصِلا	يَصِلْنَ
2 MASCULINE	تَصِلَ	تَصِلا	تَصِلُوا
2 FEMININE	تَصِلِي	تَصِلا	تَصِلْنَ
1	أَصِلَ	---	نَصِلَ

IMPERFECT		SINGULAR	DUAL	PLURAL
3	MASCULINE	يَصِلُ	يَصِلانِ	يَصِلُونَ
	FEMININE	تَصِلُ	تَصِلانِ	يَصِلْنَ
2	MASCULINE	تَصِلُ	تَصِلانِ	تَصِلُونَ
	FEMININE	تَصِلِينَ	تَصِلانِ	تَصِلْنَ
1		أَصِلُ	---	نَصِلُ

JUSSIVE	SINGULAR	DUAL	PLURAL
3 MASCULINE	يَصِلْ	يَصِلا	يَصِلُوا
3 FEMININE	تَصِلْ	تَصِلا	يَصِلْنَ
2 MASCULINE	تَصِلْ	تَصِلا	تَصِلُوا
2 FEMININE	تَصِلِي	تَصِلا	تَصِلْنَ
1	أَصِلْ	---	نَصِلْ

ACTIVE PARTICIPLE	وَاصِلٌ
PASSIVE PARTICIPLE	مَوْصُولٌ
VERBAL NOUN	وَصْلٌ, صِلَةٌ

IMPERATIVE	SINGULAR	DUAL	PLURAL
MASCULINE	صِلْ	صِلا	صِلُوا
FEMININE	صِلِي	صِلا	صِلْنَ

PASSIVE

PERFECT		SINGULAR	DUAL	PLURAL
3	MASCULINE	وُصِلَ	وُصِلا	وُصِلُوا
	FEMININE	وُصِلَتْ	وُصِلَتَا	وُصِلْنَ
2	MASCULINE	وُصِلْتَ	وُصِلْتُمَا	وُصِلْتُمْ
	FEMININE	وُصِلْتِ	وُصِلْتُمَا	وُصِلْتُنَّ
1		وُصِلْتُ	---	وُصِلْنَا

SUBJUNCTIVE	SINGULAR	DUAL	PLURAL
3 MASCULINE	يُوصَلَ	يُوصَلا	يُوصَلُوا
3 FEMININE	تُوصَلَ	تُوصَلا	يُوصَلْنَ
2 MASCULINE	تُوصَلَ	تُوصَلا	تُوصَلُوا
2 FEMININE	تُوصَلِي	تُوصَلا	تُوصَلْنَ
1	أُوصَلَ	---	نُوصَلَ

		IMPERFECT			JUSSIVE		
		SINGULAR	DUAL	PLURAL	SINGULAR	DUAL	PLURAL
3	MASCULINE	يُوصَلُ	يُوصَلانِ	يُوصَلُونَ	يُوصَلْ	يُوصَلا	يُوصَلُوا
	FEMININE	تُوصَلُ	تُوصَلانِ	يُوصَلْنَ	تُوصَلْ	تُوصَلا	يُوصَلْنَ
2	MASCULINE	تُوصَلُ	تُوصَلانِ	تُوصَلُونَ	تُوصَلْ	تُوصَلا	تُوصَلُوا
	FEMININE	تُوصَلِينَ	تُوصَلانِ	تُوصَلْنَ	تُوصَلِي	تُوصَلا	تُوصَلْنَ
1		أُوصَلُ	---	نُوصَلُ	أُوصَلْ	---	نُوصَلْ

وَصَلَتْ القصة إلى نهايتها.
The story *came to* its end.

وَصَلَنِي الخبر بأن...
I learned [literally: The news *reached me*] that...

لم يَصِلْنِي الخطاب بعد.
I haven't yet received the letter [literally: The letter *hasn't reached me* yet].

وَصَلَ الرئيس إلى الصين لعقد المباحثات.
The president *arrived* in China to hold negotiations.

● to continue, persist وَاصَلَ — Form III وصل

ACTIVE

		PERFECT			SUBJUNCTIVE		
		SINGULAR	DUAL	PLURAL	SINGULAR	DUAL	PLURAL
3	MASCULINE	وَاصَلَ	وَاصَلا	وَاصَلُوا	يُوَاصِلَ	يُوَاصِلا	يُوَاصِلُوا
	FEMININE	وَاصَلَتْ	وَاصَلَتَا	وَاصَلْنَ	تُوَاصِلَ	تُوَاصِلا	يُوَاصِلْنَ
2	MASCULINE	وَاصَلْتَ	وَاصَلْتُمَا	وَاصَلْتُمْ	تُوَاصِلَ	تُوَاصِلا	تُوَاصِلُوا
	FEMININE	وَاصَلْتِ	وَاصَلْتُمَا	وَاصَلْتُنَّ	تُوَاصِلِي	تُوَاصِلا	تُوَاصِلْنَ
1		وَاصَلْتُ	---	وَاصَلْنَا	أُوَاصِلَ	---	نُوَاصِلَ

		IMPERFECT			JUSSIVE		
3	MASCULINE	يُوَاصِلُ	يُوَاصِلانِ	يُوَاصِلُونَ	يُوَاصِلْ	يُوَاصِلا	يُوَاصِلُوا
	FEMININE	تُوَاصِلُ	تُوَاصِلانِ	يُوَاصِلْنَ	تُوَاصِلْ	تُوَاصِلا	يُوَاصِلْنَ
2	MASCULINE	تُوَاصِلُ	تُوَاصِلانِ	تُوَاصِلُونَ	تُوَاصِلْ	تُوَاصِلا	تُوَاصِلُوا
	FEMININE	تُوَاصِلِينَ	تُوَاصِلانِ	تُوَاصِلْنَ	تُوَاصِلِي	تُوَاصِلا	تُوَاصِلْنَ
1		أُوَاصِلُ	---	نُوَاصِلُ	أُوَاصِلْ	---	نُوَاصِلْ

ACTIVE PARTICIPLE	مُوَاصِلٌ
PASSIVE PARTICIPLE	مُوَاصَلٌ
VERBAL NOUN	مُوَاصَلَةٌ

IMPERATIVE

	SINGULAR	DUAL	PLURAL
MASCULINE	وَاصِلْ	وَاصِلا	وَاصِلُوا
FEMININE	وَاصِلِي	وَاصِلا	وَاصِلْنَ

PASSIVE

		PERFECT SINGULAR	DUAL	PLURAL	SUBJUNCTIVE SINGULAR	DUAL	PLURAL
3	MASCULINE	وُوصِلَ	وُوصِلا	وُوصِلُوا	يُوَاصَلَ	يُوَاصَلا	يُوَاصَلُوا
	FEMININE	وُوصِلَتْ	وُوصِلَتَا	وُوصِلْنَ	تُوَاصَلَ	تُوَاصَلا	يُوَاصَلْنَ
2	MASCULINE	وُوصِلْتَ	وُوصِلْتُمَا	وُوصِلْتُمْ	تُوَاصَلَ	تُوَاصَلا	تُوَاصَلُوا
	FEMININE	وُوصِلْتِ	وُوصِلْتُمَا	وُوصِلْتُنَّ	تُوَاصَلِي	تُوَاصَلا	تُوَاصَلْنَ
1		وُوصِلْتُ	---	وُوصِلْنَا	أُوَاصَلَ	---	نُوَاصَلَ

		IMPERFECT SINGULAR	DUAL	PLURAL	JUSSIVE SINGULAR	DUAL	PLURAL
3	MASCULINE	يُوَاصَلُ	يُوَاصَلانِ	يُوَاصَلُونَ	يُوَاصَلْ	يُوَاصَلا	يُوَاصَلُوا
	FEMININE	تُوَاصَلُ	تُوَاصَلانِ	يُوَاصَلْنَ	تُوَاصَلْ	تُوَاصَلا	يُوَاصَلْنَ
2	MASCULINE	تُوَاصَلُ	تُوَاصَلانِ	تُوَاصَلُونَ	تُوَاصَلْ	تُوَاصَلا	تُوَاصَلُوا
	FEMININE	تُوَاصَلِينَ	تُوَاصَلانِ	تُوَاصَلْنَ	تُوَاصَلِي	تُوَاصَلا	تُوَاصَلْنَ
1		أُوَاصَلُ	---	نُوَاصَلُ	أُوَاصَلْ	---	نُوَاصَلْ

لا أفهم كيف أنت قادر على أن تُوَاصِلَ العمل لمدة ثلاثة أيام دون توقف.

I do not understand how *you can* work *continuously* [literally: how you can persist in working] for three days without stopping.

وَاصَلَتْ الجماهير التدفق على إستاد القاهرة الدولي.

The crowds streamed *continuously* [literally: *persisted* in streaming] into the Cairo stadium.

هل سَيُوَاصِلُ الإيدز إنتشاره في العالم؟

Will AIDS *continue* to spread throughout the world?

Form V وصل — to obtain access; to hit upon تَوَصَّلَ ●

ACTIVE

		PERFECT SINGULAR	DUAL	PLURAL	SUBJUNCTIVE SINGULAR	DUAL	PLURAL
3	MASCULINE	تَوَصَّلَ	تَوَصَّلا	تَوَصَّلُوا	يَتَوَصَّلَ	يَتَوَصَّلا	يَتَوَصَّلُوا
	FEMININE	تَوَصَّلَتْ	تَوَصَّلَتَا	تَوَصَّلْنَ	تَتَوَصَّلَ	تَتَوَصَّلا	يَتَوَصَّلْنَ
2	MASCULINE	تَوَصَّلْتَ	تَوَصَّلْتُمَا	تَوَصَّلْتُمْ	تَتَوَصَّلَ	تَتَوَصَّلا	تَتَوَصَّلُوا
	FEMININE	تَوَصَّلْتِ	تَوَصَّلْتُمَا	تَوَصَّلْتُنَّ	تَتَوَصَّلِي	تَتَوَصَّلا	تَتَوَصَّلْنَ
1		تَوَصَّلْتُ	---	تَوَصَّلْنَا	أَتَوَصَّلَ	---	نَتَوَصَّلَ

IMPERFECT

		SINGULAR	DUAL	PLURAL
3	MASCULINE	يَتَوَصَّلُ	يَتَوَصَّلانِ	يَتَوَصَّلُونَ
	FEMININE	تَتَوَصَّلُ	تَتَوَصَّلانِ	يَتَوَصَّلْنَ
2	MASCULINE	تَتَوَصَّلُ	تَتَوَصَّلانِ	تَتَوَصَّلُونَ
	FEMININE	تَتَوَصَّلِينَ	تَتَوَصَّلانِ	تَتَوَصَّلْنَ
1		أَتَوَصَّلُ	---	نَتَوَصَّلُ

JUSSIVE

SINGULAR	DUAL	PLURAL
يَتَوَصَّلْ	يَتَوَصَّلا	يَتَوَصَّلُوا
تَتَوَصَّلْ	تَتَوَصَّلا	يَتَوَصَّلْنَ
تَتَوَصَّلْ	تَتَوَصَّلا	تَتَوَصَّلُوا
تَتَوَصَّلِي	تَتَوَصَّلا	تَتَوَصَّلْنَ
أَتَوَصَّلْ	---	نَتَوَصَّلْ

ACTIVE PARTICIPLE مُتَوَصِّلٌ

PASSIVE PARTICIPLE ---

VERBAL NOUN تَوَصُّلٌ

IMPERATIVE

	SINGULAR	DUAL	PLURAL
MASCULINE	تَوَصَّلْ	تَوَصَّلا	تَوَصَّلُوا
FEMININE	تَوَصَّلِي	تَوَصَّلا	تَوَصَّلْنَ

The employee *gained access* to the secret computer. — تَوَصَّلَ الموظف إلى الكمبيوتر السري.

Alexander Graham Bell *hit upon* inventing the telephone. — تَوَصَّلَ الكسندر غراهم بيل إلى اختراع الهاتف.

I came by this conclusion after long investigation. — تَوَصَّلْتُ إلى هذه الخلاصة بعد بحث طويل.

Form VIII وصل — to get in touch; to be connected إِتَّصَلَ ●

ACTIVE

PERFECT

		SINGULAR	DUAL	PLURAL
3	MASCULINE	إِتَّصَلَ	إِتَّصَلا	إِتَّصَلُوا
	FEMININE	إِتَّصَلَتْ	إِتَّصَلَتَا	إِتَّصَلْنَ
2	MASCULINE	إِتَّصَلْتَ	إِتَّصَلْتُمَا	إِتَّصَلْتُمْ
	FEMININE	إِتَّصَلْتِ	إِتَّصَلْتُمَا	إِتَّصَلْتُنَّ
1		إِتَّصَلْتُ	---	إِتَّصَلْنَا

SUBJUNCTIVE

SINGULAR	DUAL	PLURAL
يَتَّصِلَ	يَتَّصِلا	يَتَّصِلُوا
تَتَّصِلَ	تَتَّصِلا	يَتَّصِلْنَ
تَتَّصِلَ	تَتَّصِلا	تَتَّصِلُوا
تَتَّصِلِي	تَتَّصِلا	تَتَّصِلْنَ
أَتَّصِلَ	---	نَتَّصِلَ

IMPERFECT

		SINGULAR	DUAL	PLURAL
3	MASCULINE	يَتَّصِلُ	يَتَّصِلانِ	يَتَّصِلُونَ
	FEMININE	تَتَّصِلُ	تَتَّصِلانِ	يَتَّصِلْنَ
2	MASCULINE	تَتَّصِلُ	تَتَّصِلانِ	تَتَّصِلُونَ
	FEMININE	تَتَّصِلِينَ	تَتَّصِلانِ	تَتَّصِلْنَ
1		أَتَّصِلُ	---	نَتَّصِلُ

JUSSIVE

SINGULAR	DUAL	PLURAL
يَتَّصِلْ	يَتَّصِلا	يَتَّصِلُوا
تَتَّصِلْ	تَتَّصِلا	يَتَّصِلْنَ
تَتَّصِلْ	تَتَّصِلا	تَتَّصِلُوا
تَتَّصِلِي	تَتَّصِلا	تَتَّصِلْنَ
أَتَّصِلْ	---	نَتَّصِلْ

IMPERATIVE					
إِتَّصِلُوا	إِتَّصِلا	إِتَّصِلْ	MASCULINE	مُتَّصِلٌ	ACTIVE PARTICIPLE
				---	PASSIVE PARTICIPLE
إِتَّصِلْنَ	إِتَّصِلا	إِتَّصِلِي	FEMININE	إِتِّصَالٌ	VERBAL NOUN

My friend *got in touch* with me by telephone.	إِتَّصَلَ صديقي بي تليفونياً.
What relation do these data have [literally: How *are* these data *connected*] with the main subject?	كيف تَتَّصِلُ هذه المعلومات بالموضوع الرئيسي؟
The house caught on fire [literally: The fire *came in contact* with the house].	إِتَّصَلَتْ النار بالمنزل.

Form IV وصي — to bequeath; to urge أَوْصَى ●

ACTIVE

PLURAL	DUAL	SINGULAR	SUBJUNCTIVE	PLURAL	DUAL	SINGULAR	PERFECT	
يُوصُوا	يُوصِيَا	يُوصِيَ		أَوْصَوْا	أَوْصَيَا	أَوْصَى	MASCULINE	3
يُوصِينَ	تُوصِيَا	تُوصِيَ		أَوْصَيْنَ	أَوْصَتَا	أَوْصَتْ	FEMININE	
تُوصُوا	تُوصِيَا	تُوصِيَ		أَوْصَيْتُمْ	أَوْصَيْتُمَا	أَوْصَيْتَ	MASCULINE	2
تُوصِينَ	تُوصِيَا	تُوصِي		أَوْصَيْتُنَّ	أَوْصَيْتُمَا	أَوْصَيْتِ	FEMININE	
نُوصِيَ	---	أُوصِيَ		أَوْصَيْنَا	---	أَوْصَيْتُ		1

PLURAL	DUAL	SINGULAR	JUSSIVE	PLURAL	DUAL	SINGULAR	IMPERFECT	
يُوصُوا	يُوصِيَا	يُوصِ		يُوصُونَ	يُوصِيَانِ	يُوصِي	MASCULINE	3
يُوصِينَ	تُوصِيَا	تُوصِ		يُوصِينَ	تُوصِيَانِ	تُوصِي	FEMININE	
تُوصُوا	تُوصِيَا	تُوصِ		تُوصُونَ	تُوصِيَانِ	تُوصِي	MASCULINE	2
تُوصِينَ	تُوصِيَا	تُوصِي		تُوصِينَ	تُوصِيَانِ	تُوصِينَ	FEMININE	
نُوصِ	---	أُوصِ		نُوصِي	---	أُوصِي		1

IMPERATIVE					
				مُوصٍ	ACTIVE PARTICIPLE
أَوْصُوا	أَوْصِيَا	أَوْصِ	MASCULINE	مُوصًى	PASSIVE PARTICIPLE
أَوْصِينَ	أَوْصِيَا	أَوْصِي	FEMININE	إِيصَاءٌ	VERBAL NOUN

PASSIVE

		PERFECT SINGULAR	PERFECT DUAL	PERFECT PLURAL	SUBJUNCTIVE SINGULAR	SUBJUNCTIVE DUAL	SUBJUNCTIVE PLURAL
3	MASCULINE	أُوصِيَ	أُوصِيَا	أُوصُوا	يُوصَى	يُوصَيَا	يُوصَوْا
	FEMININE	أُوصِيَتْ	أُوصِيَتَا	أُوصِينَ	تُوصَى	تُوصَيَا	يُوصَيْنَ
2	MASCULINE	أُوصِيتَ	أُوصِيتُمَا	أُوصِيتُمْ	تُوصَى	تُوصَيَا	تُوصَوْا
	FEMININE	أُوصِيتِ	أُوصِيتُمَا	أُوصِيتُنَّ	تُوصَيْ	تُوصَيَا	تُوصَيْنَ
1		أُوصِيتُ	---	أُوصِينَا	أُوصَى	---	نُوصَى

		IMPERFECT SINGULAR	IMPERFECT DUAL	IMPERFECT PLURAL	JUSSIVE SINGULAR	JUSSIVE DUAL	JUSSIVE PLURAL
3	MASCULINE	يُوصَى	يُوصَيَانِ	يُوصَوْنَ	يُوصَ	يُوصَيَا	يُوصَوْا
	FEMININE	تُوصَى	تُوصَيَانِ	يُوصَيْنَ	تُوصَ	تُوصَيَا	يُوصَيْنَ
2	MASCULINE	تُوصَى	تُوصَيَانِ	تُوصَوْنَ	تُوصَ	تُوصَيَا	تُوصَوْا
	FEMININE	تُوصَيْنَ	تُوصَيَانِ	تُوصَيْنَ	تُوصَيْ	تُوصَيَا	تُوصَيْنَ
1		أُوصَى	---	نُوصَى	أُوصَ	---	نُوصَ

أَوْصَى الأب بالمنزل لكل أبنائه.
The father *bequeathed* the house to all his children.

أُوصِيكُمْ خيراً بالغرباء.
I urge you to take care of strangers.

أَوْصَانَا المدير بإنهاء المشروع الأسبوع المقبل.
The director *ordered us* to complete the project next week.

الأطباء يُوصُونَ باستعمال هذا العلاج.
Doctors *recommend* using this treatment.

● to make clear وَضَّحَ — Form II وضح

ACTIVE

		PERFECT SINGULAR	PERFECT DUAL	PERFECT PLURAL	SUBJUNCTIVE SINGULAR	SUBJUNCTIVE DUAL	SUBJUNCTIVE PLURAL
3	MASCULINE	وَضَّحَ	وَضَّحَا	وَضَّحُوا	يُوَضِّحَ	يُوَضِّحَا	يُوَضِّحُوا
	FEMININE	وَضَّحَتْ	وَضَّحَتَا	وَضَّحْنَ	تُوَضِّحَ	تُوَضِّحَا	يُوَضِّحْنَ
2	MASCULINE	وَضَّحْتَ	وَضَّحْتُمَا	وَضَّحْتُمْ	تُوَضِّحَ	تُوَضِّحَا	تُوَضِّحُوا
	FEMININE	وَضَّحْتِ	وَضَّحْتُمَا	وَضَّحْتُنَّ	تُوَضِّحِي	تُوَضِّحَا	تُوَضِّحْنَ
1		وَضَّحْتُ	---	وَضَّحْنَا	أُوَضِّحَ	---	نُوَضِّحَ

		IMPERFECT			JUSSIVE		
3	MASCULINE	يُوَضِّحُ	يُوَضِّحَانِ	يُوَضِّحُونَ	يُوَضِّحْ	يُوَضِّحَا	يُوَضِّحُوا
	FEMININE	تُوَضِّحُ	تُوَضِّحَانِ	يُوَضِّحْنَ	تُوَضِّحْ	تُوَضِّحَا	يُوَضِّحْنَ
2	MASCULINE	تُوَضِّحُ	تُوَضِّحَانِ	تُوَضِّحُونَ	تُوَضِّحْ	تُوَضِّحَا	تُوَضِّحُوا
	FEMININE	تُوَضِّحِينَ	تُوَضِّحَانِ	تُوَضِّحْنَ	تُوَضِّحِي	تُوَضِّحَا	تُوَضِّحْنَ
1		أُوَضِّحُ	---	نُوَضِّحُ	أُوَضِّحْ	---	نُوَضِّحْ

		IMPERATIVE			
ACTIVE PARTICIPLE	مُوَضِّحٌ				
PASSIVE PARTICIPLE	مُوَضَّحٌ	MASCULINE	وَضِّحْ	وَضِّحَا	وَضِّحُوا
VERBAL NOUN	تَوْضِيحٌ	FEMININE	وَضِّحِي	وَضِّحَا	وَضِّحْنَ

PASSIVE

		PERFECT SINGULAR	DUAL	PLURAL	SUBJUNCTIVE SINGULAR	DUAL	PLURAL
3	MASCULINE	وُضِّحَ	وُضِّحَا	وُضِّحُوا	يُوَضَّحَ	يُوَضَّحَا	يُوَضَّحُوا
	FEMININE	وُضِّحَتْ	وُضِّحَتَا	وُضِّحْنَ	تُوَضَّحَ	تُوَضَّحَا	يُوَضَّحْنَ
2	MASCULINE	وُضِّحْتَ	وُضِّحْتُمَا	وُضِّحْتُمْ	تُوَضَّحَ	تُوَضَّحَا	تُوَضَّحُوا
	FEMININE	وُضِّحْتِ	وُضِّحْتُمَا	وُضِّحْتُنَّ	تُوَضَّحِي	تُوَضَّحَا	تُوَضَّحْنَ
1		وُضِّحْتُ	---	وُضِّحْنَا	أُوَضَّحَ	---	نُوَضَّحَ

		IMPERFECT			JUSSIVE		
3	MASCULINE	يُوَضَّحُ	يُوَضَّحَانِ	يُوَضَّحُونَ	يُوَضَّحْ	يُوَضَّحَا	يُوَضَّحُوا
	FEMININE	تُوَضَّحُ	تُوَضَّحَانِ	يُوَضَّحْنَ	تُوَضَّحْ	تُوَضَّحَا	يُوَضَّحْنَ
2	MASCULINE	تُوَضَّحُ	تُوَضَّحَانِ	تُوَضَّحُونَ	تُوَضَّحْ	تُوَضَّحَا	تُوَضَّحُوا
	FEMININE	تُوَضَّحِينَ	تُوَضَّحَانِ	تُوَضَّحْنَ	تُوَضَّحِي	تُوَضَّحَا	تُوَضَّحْنَ
1		أُوَضَّحُ	---	نُوَضَّحُ	أُوَضَّحْ	---	نُوَضَّحْ

We *clarified* matters to him.	وَضَّحْنَا له الأمور.
This application *has clarified* the theory for us.	هذا التطبيق وَضَّحَ لنا النظرية.
The book does not *illustrate* what you are saying.	الكتاب لا يُوَضِّحُ ما تقول.

Form VIII وضح — to become clear إِتَّضَحَ

ACTIVE

PERFECT

		SINGULAR	DUAL	PLURAL
3	MASCULINE	إِتَّضَحَ	إِتَّضَحَا	إِتَّضَحُوا
	FEMININE	إِتَّضَحَتْ	إِتَّضَحَتَا	إِتَّضَحْنَ
2	MASCULINE	إِتَّضَحْتَ	إِتَّضَحْتُمَا	إِتَّضَحْتُمْ
	FEMININE	إِتَّضَحْتِ	إِتَّضَحْتُمَا	إِتَّضَحْتُنَّ
1		إِتَّضَحْتُ	---	إِتَّضَحْنَا

SUBJUNCTIVE

SINGULAR	DUAL	PLURAL
يَتَّضِحَ	يَتَّضِحَا	يَتَّضِحُوا
تَتَّضِحَ	تَتَّضِحَا	يَتَّضِحْنَ
تَتَّضِحَ	تَتَّضِحَا	تَتَّضِحُوا
تَتَّضِحِي	تَتَّضِحَا	تَتَّضِحْنَ
أَتَّضِحَ	---	نَتَّضِحَ

IMPERFECT

		SINGULAR	DUAL	PLURAL
3	MASCULINE	يَتَّضِحُ	يَتَّضِحَانِ	يَتَّضِحُونَ
	FEMININE	تَتَّضِحُ	تَتَّضِحَانِ	يَتَّضِحْنَ
2	MASCULINE	تَتَّضِحُ	تَتَّضِحَانِ	تَتَّضِحُونَ
	FEMININE	تَتَّضِحِينَ	تَتَّضِحَانِ	تَتَّضِحْنَ
1		أَتَّضِحُ	---	نَتَّضِحُ

JUSSIVE

SINGULAR	DUAL	PLURAL
يَتَّضِحْ	يَتَّضِحَا	يَتَّضِحُوا
تَتَّضِحْ	تَتَّضِحَا	يَتَّضِحْنَ
تَتَّضِحْ	تَتَّضِحَا	تَتَّضِحُوا
تَتَّضِحِي	تَتَّضِحَا	تَتَّضِحْنَ
أَتَّضِحْ	---	نَتَّضِحْ

ACTIVE PARTICIPLE	مُتَّضِحٌ
PASSIVE PARTICIPLE	---
VERBAL NOUN	إِتِّضَاحٌ

IMPERATIVE

	SINGULAR	DUAL	PLURAL
MASCULINE	إِتَّضِحْ	إِتَّضِحَا	إِتَّضِحُوا
FEMININE	إِتَّضِحِي	إِتَّضِحَا	إِتَّضِحْنَ

إِتَّضَحَتْ نقاط الإختلاف.

The points of disagreement *became clear.*

يَتَّضِحُ من السابق أن محمدا بريء.

It is obvious from the preceding that Muhammad is innocent.

Form I وضع — to set, place وَضَعَ

ACTIVE

PERFECT

		SINGULAR	DUAL	PLURAL
3	MASCULINE	وَضَعَ	وَضَعَا	وَضَعُوا
	FEMININE	وَضَعَتْ	وَضَعَتَا	وَضَعْنَ
2	MASCULINE	وَضَعْتَ	وَضَعْتُمَا	وَضَعْتُمْ
	FEMININE	وَضَعْتِ	وَضَعْتُمَا	وَضَعْتُنَّ
1		وَضَعْتُ	---	وَضَعْنَا

SUBJUNCTIVE

SINGULAR	DUAL	PLURAL
يَضَعَ	يَضَعَا	يَضَعُوا
تَضَعَ	تَضَعَا	يَضَعْنَ
تَضَعَ	تَضَعَا	تَضَعُوا
تَضَعِي	تَضَعَا	تَضَعْنَ
أَضَعَ	---	نَضَعَ

IMPERFECT		SINGULAR	DUAL	PLURAL
3	MASCULINE	يَضَعُ	يَضَعَانِ	يَضَعُونَ
	FEMININE	تَضَعُ	تَضَعَانِ	يَضَعْنَ
2	MASCULINE	تَضَعُ	تَضَعَانِ	تَضَعُونَ
	FEMININE	تَضَعِينَ	تَضَعَانِ	تَضَعْنَ
1		أَضَعُ	---	نَضَعُ

JUSSIVE	SINGULAR	DUAL	PLURAL
	يَضَعْ	يَضَعَا	يَضَعُوا
	تَضَعْ	تَضَعَا	يَضَعْنَ
	تَضَعْ	تَضَعَا	تَضَعُوا
	تَضَعِي	تَضَعَا	تَضَعْنَ
	أَضَعْ	---	نَضَعْ

ACTIVE PARTICIPLE	وَاضِعٌ
PASSIVE PARTICIPLE	مَوْضُوعٌ
VERBAL NOUN	وَضْعٌ

IMPERATIVE	SINGULAR	DUAL	PLURAL
MASCULINE	ضَعْ	ضَعَا	ضَعُوا
FEMININE	ضَعِي	ضَعَا	ضَعْنَ

PASSIVE

PERFECT		SINGULAR	DUAL	PLURAL
3	MASCULINE	وُضِعَ	وُضِعَا	وُضِعُوا
	FEMININE	وُضِعَتْ	وُضِعَتَا	وُضِعْنَ
2	MASCULINE	وُضِعْتَ	وُضِعْتُمَا	وُضِعْتُمْ
	FEMININE	وُضِعْتِ	وُضِعْتُمَا	وُضِعْتُنَّ
1		وُضِعْتُ	---	وُضِعْنَا

SUBJUNCTIVE	SINGULAR	DUAL	PLURAL
	يُوضَعَ	يُوضَعَا	يُوضَعُوا
	تُوضَعَ	تُوضَعَا	يُوضَعْنَ
	تُوضَعَ	تُوضَعَا	تُوضَعُوا
	تُوضَعِي	تُوضَعَا	تُوضَعْنَ
	أُوضَعَ	---	نُوضَعَ

IMPERFECT		SINGULAR	DUAL	PLURAL
3	MASCULINE	يُوضَعُ	يُوضَعَانِ	يُوضَعُونَ
	FEMININE	تُوضَعُ	تُوضَعَانِ	يُوضَعْنَ
2	MASCULINE	تُوضَعُ	تُوضَعَانِ	تُوضَعُونَ
	FEMININE	تُوضَعِينَ	تُوضَعَانِ	تُوضَعْنَ
1		أُوضَعُ	---	نُوضَعُ

JUSSIVE	SINGULAR	DUAL	PLURAL
	يُوضَعْ	يُوضَعَا	يُوضَعُوا
	تُوضَعْ	تُوضَعَا	يُوضَعْنَ
	تُوضَعْ	تُوضَعَا	تُوضَعُوا
	تُوضَعِي	تُوضَعَا	تُوضَعْنَ
	أُوضَعْ	---	نُوضَعْ

I set the food on the table. — وَضَعْتُ الأكل على الطاولة.

We shall place the problem of poverty at the head of our concerns. — سَنَضَعُ مشكلة الفقر في مقدمة اهتماماتنا.

Try *to put* yourself in his place. — حاولْ أن تَضَعَ نفسك في مكانه.

We have *to put* the diacritical marks on the letters [idiom equivalent to the English expression "cross the t's and dot the i's"]. — يجب أن نَضَعَ النقاط على الحروف.

ACTIVE

PERFECT		SINGULAR	DUAL	PLURAL
3	MASCULINE	أَوْفَدَ	أَوْفَدَا	أَوْفَدُوا
	FEMININE	أَوْفَدَتْ	أَوْفَدَتَا	أَوْفَدْنَ
2	MASCULINE	أَوْفَدْتَ	أَوْفَدْتُمَا	أَوْفَدْتُمْ
	FEMININE	أَوْفَدْتِ	أَوْفَدْتُمَا	أَوْفَدْتُنَّ
1		أَوْفَدْتُ	---	أَوْفَدْنَا

SUBJUNCTIVE	SINGULAR	DUAL	PLURAL
3 MASCULINE	يُوفِدَ	يُوفِدَا	يُوفِدُوا
3 FEMININE	تُوفِدَ	تُوفِدَا	يُوفِدْنَ
2 MASCULINE	تُوفِدَ	تُوفِدَا	تُوفِدُوا
2 FEMININE	تُوفِدِي	تُوفِدَا	تُوفِدْنَ
1	أُوفِدَ	---	نُوفِدَ

IMPERFECT		SINGULAR	DUAL	PLURAL
3	MASCULINE	يُوفِدُ	يُوفِدَانِ	يُوفِدُونَ
	FEMININE	تُوفِدُ	تُوفِدَانِ	يُوفِدْنَ
2	MASCULINE	تُوفِدُ	تُوفِدَانِ	تُوفِدُونَ
	FEMININE	تُوفِدِينَ	تُوفِدَانِ	تُوفِدْنَ
1		أُوفِدُ	---	نُوفِدُ

JUSSIVE	SINGULAR	DUAL	PLURAL
3 MASCULINE	يُوفِدْ	يُوفِدَا	يُوفِدُوا
3 FEMININE	تُوفِدْ	تُوفِدَا	يُوفِدْنَ
2 MASCULINE	تُوفِدْ	تُوفِدَا	تُوفِدُوا
2 FEMININE	تُوفِدِي	تُوفِدَا	تُوفِدْنَ
1	أُوفِدْ	---	نُوفِدْ

ACTIVE PARTICIPLE	مُوفِدٌ
PASSIVE PARTICIPLE	مُوفَدٌ
VERBAL NOUN	إِيفَادٌ

IMPERATIVE	SINGULAR	DUAL	PLURAL
MASCULINE	أَوْفِدْ	أَوْفِدَا	أَوْفِدُوا
FEMININE	أَوْفِدِي	أَوْفِدَا	أَوْفِدْنَ

PASSIVE

PERFECT		SINGULAR	DUAL	PLURAL
3	MASCULINE	أُوفِدَ	أُوفِدَا	أُوفِدُوا
	FEMININE	أُوفِدَتْ	أُوفِدَتَا	أُوفِدْنَ
2	MASCULINE	أُوفِدْتَ	أُوفِدْتُمَا	أُوفِدْتُمْ
	FEMININE	أُوفِدْتِ	أُوفِدْتُمَا	أُوفِدْتُنَّ
1		أُوفِدْتُ	---	أُوفِدْنَا

SUBJUNCTIVE	SINGULAR	DUAL	PLURAL
3 MASCULINE	يُوفَدَ	يُوفَدَا	يُوفَدُوا
3 FEMININE	تُوفَدَ	تُوفَدَا	يُوفَدْنَ
2 MASCULINE	تُوفَدَ	تُوفَدَا	تُوفَدُوا
2 FEMININE	تُوفَدِي	تُوفَدَا	تُوفَدْنَ
1	أُوفَدَ	---	نُوفَدَ

IMPERFECT		SINGULAR	DUAL	PLURAL
3	MASCULINE	يُوفَدُ	يُوفَدَانِ	يُوفَدُونَ
	FEMININE	تُوفَدُ	تُوفَدَانِ	يُوفَدْنَ
2	MASCULINE	تُوفَدُ	تُوفَدَانِ	تُوفَدُونَ
	FEMININE	تُوفَدِينَ	تُوفَدَانِ	تُوفَدْنَ
1		أُوفَدُ	---	نُوفَدُ

JUSSIVE	SINGULAR	DUAL	PLURAL
3 MASCULINE	يُوفَدْ	يُوفَدَا	يُوفَدُوا
3 FEMININE	تُوفَدْ	تُوفَدَا	يُوفَدْنَ
2 MASCULINE	تُوفَدْ	تُوفَدَا	تُوفَدُوا
2 FEMININE	تُوفَدِي	تُوفَدَا	تُوفَدْنَ
1	أُوفَدْ	---	نُوفَدْ

The company *has sent me* to negotiate with you.	أَوْفَدَتْنِي الشركة للتفاوض معكم.
The government *sent* a high-level delegation to Libya.	أَوْفَدَتْ الحكومة وفداً عالي المستوى إلى ليبيا.
I will delegate you to represent me.	سَأُوفِدُكَ بالنيابة عني.

● وَافَقَ to suit; to agree; to make agree; to correspond with — Form III وفق

ACTIVE

		PERFECT SINGULAR	DUAL	PLURAL	SUBJUNCTIVE SINGULAR	DUAL	PLURAL
3	MASCULINE	وَافَقَ	وَافَقَا	وَافَقُوا	يُوَافِقَ	يُوَافِقَا	يُوَافِقُوا
	FEMININE	وَافَقَتْ	وَافَقَتَا	وَافَقْنَ	تُوَافِقَ	تُوَافِقَا	يُوَافِقْنَ
2	MASCULINE	وَافَقْتَ	وَافَقْتُمَا	وَافَقْتُمْ	تُوَافِقَ	تُوَافِقَا	تُوَافِقُوا
	FEMININE	وَافَقْتِ	وَافَقْتُمَا	وَافَقْتُنَّ	تُوَافِقِي	تُوَافِقَا	تُوَافِقْنَ
1		وَافَقْتُ	---	وَافَقْنَا	أُوَافِقَ	---	نُوَافِقَ

		IMPERFECT SINGULAR	DUAL	PLURAL	JUSSIVE SINGULAR	DUAL	PLURAL
3	MASCULINE	يُوَافِقُ	يُوَافِقَانِ	يُوَافِقُونَ	يُوَافِقْ	يُوَافِقَا	يُوَافِقُوا
	FEMININE	تُوَافِقُ	تُوَافِقَانِ	يُوَافِقْنَ	تُوَافِقْ	تُوَافِقَا	يُوَافِقْنَ
2	MASCULINE	تُوَافِقُ	تُوَافِقَانِ	تُوَافِقُونَ	تُوَافِقْ	تُوَافِقَا	تُوَافِقُوا
	FEMININE	تُوَافِقِينَ	تُوَافِقَانِ	تُوَافِقْنَ	تُوَافِقِي	تُوَافِقَا	تُوَافِقْنَ
1		أُوَافِقُ	---	نُوَافِقُ	أُوَافِقْ	---	نُوَافِقْ

ACTIVE PARTICIPLE	مُوَافِقٌ
PASSIVE PARTICIPLE	مُوَافَقٌ
VERBAL NOUN	مُوَافَقَةٌ, وِفَاقٌ

IMPERATIVE	SINGULAR	DUAL	PLURAL
MASCULINE	وَافِقْ	وَافِقَا	وَافِقُوا
FEMININE	وَافِقِي	وَافِقَا	وَافِقْنَ

PASSIVE

		PERFECT SINGULAR	DUAL	PLURAL	SUBJUNCTIVE SINGULAR	DUAL	PLURAL
3	MASCULINE	وُوفِقَ	وُوفِقَا	وُوفِقُوا	يُوَافَقَ	يُوَافَقَا	يُوَافَقُوا
	FEMININE	وُوفِقَتْ	وُوفِقَتَا	وُوفِقْنَ	تُوَافَقَ	تُوَافَقَا	يُوَافَقْنَ
2	MASCULINE	وُوفِقْتَ	وُوفِقْتُمَا	وُوفِقْتُمْ	تُوَافَقَ	تُوَافَقَا	تُوَافَقُوا
	FEMININE	وُوفِقْتِ	وُوفِقْتُمَا	وُوفِقْتُنَّ	تُوَافَقِي	تُوَافَقَا	تُوَافَقْنَ
1		وُوفِقْتُ	---	وُوفِقْنَا	أُوَافَقَ	---	نُوَافَقَ

			JUSSIVE					IMPERFECT
يُوَافِقُوا	يُوَافِقَا	يُوَافِقْ		يُوَافِقُونَ	يُوَافِقَانِ	يُوَافِقُ	MASCULINE	3
يُوَافِقْنَ	تُوَافِقَا	تُوَافِقْ		يُوَافِقْنَ	تُوَافِقَانِ	تُوَافِقُ	FEMININE	
تُوَافِقُوا	تُوَافِقَا	تُوَافِقْ		تُوَافِقُونَ	تُوَافِقَانِ	تُوَافِقُ	MASCULINE	2
تُوَافِقْنَ	تُوَافِقَا	تُوَافِقِي		تُوَافِقْنَ	تُوَافِقَانِ	تُوَافِقِينَ	FEMININE	
نُوَافِقْ	---	أُوَافِقْ		نُوَافِقُ	---	أُوَافِقُ		1

Does this appointment *suit you*? — هل يُوَافِقُكَ هذا الموعد؟

I don't concur with you [literally: *I don't correspond* with you with respect to opinion] on this subject. — لا أُوَافِقُكَ الرأي في هذا الموضوع.

The fifteenth of Ramadan *corresponds* to the eighth of October this year. — ١٥ رمضان يُوَافِقُ ٨ تشرين الأول (اكتوبر) هذه السنة.

He didn't agree to the proposal. — لم يُوَافِقْ على الإقتراح.

We will reconcile the husband and his wife. — سَنُوَافِقُ بين الرجل وزوجته.

Form VIII وفق — to agree; to occur by chance إِتَّفَقَ

ACTIVE

PLURAL	DUAL	SINGULAR	SUBJUNCTIVE	PLURAL	DUAL	SINGULAR		PERFECT
يَتَّفِقُوا	يَتَّفِقَا	يَتَّفِقَ		إِتَّفَقُوا	إِتَّفَقَا	إِتَّفَقَ	MASCULINE	3
يَتَّفِقْنَ	تَتَّفِقَا	تَتَّفِقَ		إِتَّفَقْنَ	إِتَّفَقَتَا	إِتَّفَقَتْ	FEMININE	
تَتَّفِقُوا	تَتَّفِقَا	تَتَّفِقَ		إِتَّفَقْتُمْ	إِتَّفَقْتُمَا	إِتَّفَقْتَ	MASCULINE	2
تَتَّفِقْنَ	تَتَّفِقَا	تَتَّفِقِي		إِتَّفَقْتُنَّ	إِتَّفَقْتُمَا	إِتَّفَقْتِ	FEMININE	
نَتَّفِقَ	---	أَتَّفِقَ		إِتَّفَقْنَا	---	إِتَّفَقْتُ		1

			JUSSIVE					IMPERFECT
يَتَّفِقُوا	يَتَّفِقَا	يَتَّفِقْ		يَتَّفِقُونَ	يَتَّفِقَانِ	يَتَّفِقُ	MASCULINE	3
يَتَّفِقْنَ	تَتَّفِقَا	تَتَّفِقْ		يَتَّفِقْنَ	تَتَّفِقَانِ	تَتَّفِقُ	FEMININE	
تَتَّفِقُوا	تَتَّفِقَا	تَتَّفِقْ		تَتَّفِقُونَ	تَتَّفِقَانِ	تَتَّفِقُ	MASCULINE	2
تَتَّفِقْنَ	تَتَّفِقَا	تَتَّفِقِي		تَتَّفِقْنَ	تَتَّفِقَانِ	تَتَّفِقِينَ	FEMININE	
نَتَّفِقْ	---	أَتَّفِقْ		نَتَّفِقُ	---	أَتَّفِقُ		1

IMPERATIVE

	SINGULAR	DUAL	PLURAL
MASCULINE	إِتَّفِقْ	إِتَّفِقَا	إِتَّفِقُوا
FEMININE	إِتَّفِقِي	إِتَّفِقَا	إِتَّفِقْنَ

ACTIVE PARTICIPLE	مُتَّفِقٌ
PASSIVE PARTICIPLE	---
VERBAL NOUN	إِتِّفَاقٌ

We *agreed* to meet tomorrow. — إِتَّفَقْنَا على أن نجتمع في الغد.

The two accounts *were in agreement*. — إِتَّفَقَتْ الروايتان.

I'll come to you tomorrow in any case [literally: however *it happens to occur*]. — أجيء اليك كيفما اتَّفَقَ.

Form V وفي — to receive full payment تَوَفَّى

ACTIVE

PERFECT

		SINGULAR	DUAL	PLURAL
3	MASCULINE	تَوَفَّى	تَوَفَّيَا	تَوَفَّوْا
	FEMININE	تَوَفَّتْ	تَوَفَّتَا	تَوَفَّيْنَ
2	MASCULINE	تَوَفَّيْتَ	تَوَفَّيْتُمَا	تَوَفَّيْتُمْ
	FEMININE	تَوَفَّيْتِ	تَوَفَّيْتُمَا	تَوَفَّيْتُنَّ
1		تَوَفَّيْتُ	---	تَوَفَّيْنَا

SUBJUNCTIVE

		SINGULAR	DUAL	PLURAL
3	MASCULINE	يَتَوَفَّى	يَتَوَفَّيَا	يَتَوَفَّوْا
	FEMININE	تَتَوَفَّى	تَتَوَفَّيَا	يَتَوَفَّيْنَ
2	MASCULINE	تَتَوَفَّى	تَتَوَفَّيَا	تَتَوَفَّوْا
	FEMININE	تَتَوَفَّيْ	تَتَوَفَّيَا	تَتَوَفَّيْنَ
1		أَتَوَفَّى	---	نَتَوَفَّى

IMPERFECT

		SINGULAR	DUAL	PLURAL
3	MASCULINE	يَتَوَفَّى	يَتَوَفَّيَانِ	يَتَوَفَّوْنَ
	FEMININE	تَتَوَفَّى	تَتَوَفَّيَانِ	يَتَوَفَّيْنَ
2	MASCULINE	تَتَوَفَّى	تَتَوَفَّيَانِ	تَتَوَفَّوْنَ
	FEMININE	تَتَوَفَّيْنَ	تَتَوَفَّيَانِ	تَتَوَفَّيْنَ
1		أَتَوَفَّى	---	نَتَوَفَّى

JUSSIVE

		SINGULAR	DUAL	PLURAL
3	MASCULINE	يَتَوَفَّ	يَتَوَفَّيَا	يَتَوَفَّوْا
	FEMININE	تَتَوَفَّ	تَتَوَفَّيَا	يَتَوَفَّيْنَ
2	MASCULINE	تَتَوَفَّ	تَتَوَفَّيَا	تَتَوَفَّوْا
	FEMININE	تَتَوَفَّيْ	تَتَوَفَّيَا	تَتَوَفَّيْنَ
1		أَتَوَفَّ	---	نَتَوَفَّ

IMPERATIVE

	SINGULAR	DUAL	PLURAL
MASCULINE	تَوَفَّ	تَوَفَّيَا	تَوَفَّوْا
FEMININE	تَوَفَّيْ	تَوَفَّيَا	تَوَفَّيْنَ

ACTIVE PARTICIPLE	مُتَوَفٍّ
PASSIVE PARTICIPLE	مُتَوَفًّى
VERBAL NOUN	تَوَفٍّ

PASSIVE

PLURAL	DUAL	SINGULAR	SUBJUNCTIVE	PLURAL	DUAL	SINGULAR	PERFECT	
يُتَوَفَّوْا	يُتَوَفَّيَا	يُتَوَفَّى		تُوُفُّوا	تُوُفِّيَا	تُوُفِّيَ	MASCULINE	3
يُتَوَفَّيْنَ	تُتَوَفَّيَا	تُتَوَفَّى		تُوُفِّينَ	تُوُفِّيَتَا	تُوُفِّيَتْ	FEMININE	
تُتَوَفَّوْا	تُتَوَفَّيَا	تُتَوَفَّى		تُوُفِّيتُم	تُوُفِّيتُمَا	تُوُفِّيتَ	MASCULINE	2
تُتَوَفَّيْنَ	تُتَوَفَّيَا	تُتَوَفَّيْ		تُوُفِّيتُنَّ	تُوُفِّيتُمَا	تُوُفِّيتِ	FEMININE	
نُتَوَفَّى	---	أُتَوَفَّى		تُوُفِّينَا	---	تُوُفِّيتُ		1

PLURAL	DUAL	SINGULAR	JUSSIVE	PLURAL	DUAL	SINGULAR	IMPERFECT	
يُتَوَفَّوْا	يُتَوَفَّيَا	يُتَوَفَّ		يُتَوَفَّوْنَ	يُتَوَفَّيَانِ	يُتَوَفَّى	MASCULINE	3
يُتَوَفَّيْنَ	تُتَوَفَّيَا	تُتَوَفَّ		يُتَوَفَّيْنَ	تُتَوَفَّيَانِ	تُتَوَفَّى	FEMININE	
تُتَوَفَّوْا	تُتَوَفَّيَا	تُتَوَفَّ		تُتَوَفَّوْنَ	تُتَوَفَّيَانِ	تُتَوَفَّى	MASCULINE	2
تُتَوَفَّيْنَ	تُتَوَفَّيَا	تُتَوَفَّيْ		تُتَوَفَّيْنَ	تُتَوَفَّيَانِ	تُتَوَفَّيْنَ	FEMININE	
نُتَوَفَّ	---	أُتَوَفَّ		نُتَوَفَّى	---	أُتَوَفَّى		1

He received his *full* share of the inheritance.	تَوَفَّى نصيبه في الميراث.
We have received in *full* all we were promised.	تَوَفَّيْنَا كل ما وُعِدنا به.
He died [literally: *God collected His full debt* from him].	تَوَفَّاهُ الله.
He died [literally: *his debt was collected in full*] in A.D. 1413.	تُوُفِّيَ سنة ١٤١٣م.

● إِسْتَوْفَى to do something fully, to the end; to exhaust Form X وفي

ACTIVE

PLURAL	DUAL	SINGULAR	SUBJUNCTIVE	PLURAL	DUAL	SINGULAR	PERFECT	
يَسْتَوْفُوا	يَسْتَوْفِيَا	يَسْتَوْفِيَ		إِسْتَوْفَوْا	إِسْتَوْفَيَا	إِسْتَوْفَى	MASCULINE	3
يَسْتَوْفِينَ	تَسْتَوْفِيَا	تَسْتَوْفِيَ		إِسْتَوْفَيْنَ	إِسْتَوْفَتَا	إِسْتَوْفَتْ	FEMININE	
تَسْتَوْفُوا	تَسْتَوْفِيَا	تَسْتَوْفِيَ		إِسْتَوْفَيْتُم	إِسْتَوْفَيْتُمَا	إِسْتَوْفَيْتَ	MASCULINE	2
تَسْتَوْفِينَ	تَسْتَوْفِيَا	تَسْتَوْفِي		إِسْتَوْفَيْتُنَّ	إِسْتَوْفَيْتُمَا	إِسْتَوْفَيْتِ	FEMININE	
نَسْتَوْفِيَ	---	أَسْتَوْفِيَ		إِسْتَوْفَيْنَا	---	إِسْتَوْفَيْتُ		1

		IMPERFECT			JUSSIVE		
3	MASCULINE	يَسْتَوْفِي	يَسْتَوْفِيَانِ	يَسْتَوْفُونَ	يَسْتَوْفِ	يَسْتَوْفِيَا	يَسْتَوْفُوا
	FEMININE	تَسْتَوْفِي	تَسْتَوْفِيَانِ	يَسْتَوْفِينَ	تَسْتَوْفِ	تَسْتَوْفِيَا	يَسْتَوْفِينَ
2	MASCULINE	تَسْتَوْفِي	تَسْتَوْفِيَانِ	تَسْتَوْفُونَ	تَسْتَوْفِ	تَسْتَوْفِيَا	تَسْتَوْفُوا
	FEMININE	تَسْتَوْفِينَ	تَسْتَوْفِيَانِ	تَسْتَوْفِينَ	تَسْتَوْفِي	تَسْتَوْفِيَا	تَسْتَوْفِينَ
1		أَسْتَوْفِي	---	نَسْتَوْفِي	أَسْتَوْفِ	---	نَسْتَوْفِ

ACTIVE PARTICIPLE مُسْتَوْفٍ

PASSIVE PARTICIPLE مُسْتَوْفًى

VERBAL NOUN إِسْتِيفَاءٌ

IMPERATIVE

MASCULINE	إِسْتَوْفِ	إِسْتَوْفِيَا	إِسْتَوْفُوا
FEMININE	إِسْتَوْفِي	إِسْتَوْفِيَا	إِسْتَوْفِينَ

PASSIVE

		PERFECT SINGULAR	DUAL	PLURAL	SUBJUNCTIVE SINGULAR	DUAL	PLURAL
3	MASCULINE	أُسْتُوفِيَ	أُسْتُوفِيَا	أُسْتُوفُوا	يُسْتَوْفَى	يُسْتَوْفَيَا	يُسْتَوْفَوْا
	FEMININE	أُسْتُوفِيَتْ	أُسْتُوفِيَتَا	أُسْتُوفِينَ	تُسْتَوْفَى	تُسْتَوْفَيَا	يُسْتَوْفَيْنَ
2	MASCULINE	أُسْتُوفِيتَ	أُسْتُوفِيتُمَا	أُسْتُوفِيتُمْ	تُسْتَوْفَى	تُسْتَوْفَيَا	تُسْتَوْفَوْا
	FEMININE	أُسْتُوفِيتِ	أُسْتُوفِيتُمَا	أُسْتُوفِيتُنَّ	تُسْتَوْفَيْ	تُسْتَوْفَيَا	تُسْتَوْفَيْنَ
1		أُسْتُوفِيتُ	---	أُسْتُوفِينَا	أُسْتَوْفَى	---	نُسْتَوْفَى

		IMPERFECT			JUSSIVE		
3	MASCULINE	يُسْتَوْفَى	يُسْتَوْفَيَانِ	يُسْتَوْفَوْنَ	يُسْتَوْفَ	يُسْتَوْفَيَا	يُسْتَوْفَوْا
	FEMININE	تُسْتَوْفَى	تُسْتَوْفَيَانِ	يُسْتَوْفَيْنَ	تُسْتَوْفَ	تُسْتَوْفَيَا	يُسْتَوْفَيْنَ
2	MASCULINE	تُسْتَوْفَى	تُسْتَوْفَيَانِ	تُسْتَوْفَوْنَ	تُسْتَوْفَ	تُسْتَوْفَيَا	تُسْتَوْفَوْا
	FEMININE	تُسْتَوْفَيْنَ	تُسْتَوْفَيَانِ	تُسْتَوْفَيْنَ	تُسْتَوْفَيْ	تُسْتَوْفَيَا	تُسْتَوْفَيْنَ
1		أُسْتَوْفَى	---	نُسْتَوْفَى	أُسْتَوْفَ	---	نُسْتَوْفَ

إِسْتَوْفَيْنَا البرنامج كله.

We listened to the program to the end [literally: *We did fully* the entire program].

إِسْتَوْفَيْتُ الأكل كله للطفل.

I have given the baby his whole feeding [literally: *We have done fully* the feeding to the baby].

هذا البحث اسْتَوْفَى كل أبعاد الموضوع.

This study treated fully [literally: *exhausted*] all the dimensions of the subject.

Form II وفر

to make abundant; to increase, وَفَّرَ ● augment; to save

ACTIVE

PLURAL	DUAL	SINGULAR	SUBJUNCTIVE	PLURAL	DUAL	SINGULAR	PERFECT	
يُوَفِّرُوا	يُوَفِّرَا	يُوَفِّرَ		وَفَّرُوا	وَفَّرَا	وَفَّرَ	MASCULINE	3
يُوَفِّرْنَ	تُوَفِّرَا	تُوَفِّرَ		وَفَّرْنَ	وَفَّرَتَا	وَفَّرَتْ	FEMININE	
تُوَفِّرُوا	تُوَفِّرَا	تُوَفِّرَ		وَفَّرْتُمْ	وَفَّرْتُمَا	وَفَّرْتَ	MASCULINE	2
تُوَفِّرْنَ	تُوَفِّرَا	تُوَفِّرِي		وَفَّرْتُنَّ	وَفَّرْتُمَا	وَفَّرْتِ	FEMININE	
نُوَفِّرَ	---	أُوَفِّرَ		وَفَّرْنَا	---	وَفَّرْتُ		1

PLURAL	DUAL	SINGULAR	JUSSIVE	PLURAL	DUAL	SINGULAR	IMPERFECT	
يُوَفِّرُوا	يُوَفِّرَا	يُوَفِّرْ		يُوَفِّرُونَ	يُوَفِّرَانِ	يُوَفِّرُ	MASCULINE	3
يُوَفِّرْنَ	تُوَفِّرَا	تُوَفِّرْ		يُوَفِّرْنَ	تُوَفِّرَانِ	تُوَفِّرُ	FEMININE	
تُوَفِّرُوا	تُوَفِّرَا	تُوَفِّرْ		تُوَفِّرُونَ	تُوَفِّرَانِ	تُوَفِّرُ	MASCULINE	2
تُوَفِّرْنَ	تُوَفِّرَا	تُوَفِّرِي		تُوَفِّرْنَ	تُوَفِّرَانِ	تُوَفِّرِينَ	FEMININE	
نُوَفِّرْ	---	أُوَفِّرْ		نُوَفِّرُ	---	أُوَفِّرُ		1

PLURAL	DUAL	SINGULAR	IMPERATIVE		
وَفِّرُوا	وَفِّرَا	وَفِّرْ	MASCULINE	مُوَفِّرٌ	ACTIVE PARTICIPLE
وَفِّرْنَ	وَفِّرَا	وَفِّرِي	FEMININE	مُوَفَّرٌ	PASSIVE PARTICIPLE
				تَوْفِيرٌ	VERBAL NOUN

PASSIVE

PLURAL	DUAL	SINGULAR	SUBJUNCTIVE	PLURAL	DUAL	SINGULAR	PERFECT	
يُوَفَّرُوا	يُوَفَّرَا	يُوَفَّرَ		وُفِّرُوا	وُفِّرَا	وُفِّرَ	MASCULINE	3
يُوَفَّرْنَ	تُوَفَّرَا	تُوَفَّرَ		وُفِّرْنَ	وُفِّرَتَا	وُفِّرَتْ	FEMININE	
تُوَفَّرُوا	تُوَفَّرَا	تُوَفَّرَ		وُفِّرْتُمْ	وُفِّرْتُمَا	وُفِّرْتَ	MASCULINE	2
تُوَفَّرْنَ	تُوَفَّرَا	تُوَفَّرِي		وُفِّرْتُنَّ	وُفِّرْتُمَا	وُفِّرْتِ	FEMININE	
نُوَفَّرَ	---	أُوَفَّرَ		وُفِّرْنَا	---	وُفِّرْتُ		1

PLURAL	DUAL	SINGULAR	JUSSIVE	PLURAL	DUAL	SINGULAR	IMPERFECT	
يُوَفَّرُوا	يُوَفَّرَا	يُوَفَّرْ		يُوَفَّرُونَ	يُوَفَّرَانِ	يُوَفَّرُ	MASCULINE	3
يُوَفَّرْنَ	تُوَفَّرَا	تُوَفَّرْ		يُوَفَّرْنَ	تُوَفَّرَانِ	تُوَفَّرُ	FEMININE	
تُوَفَّرُوا	تُوَفَّرَا	تُوَفَّرْ		تُوَفَّرُونَ	تُوَفَّرَانِ	تُوَفَّرُ	MASCULINE	2
تُوَفَّرْنَ	تُوَفَّرَا	تُوَفَّرِي		تُوَفَّرْنَ	تُوَفَّرَانِ	تُوَفَّرِينَ	FEMININE	
نُوَفَّرْ	---	أُوَفَّرْ		نُوَفَّرُ	---	أُوَفَّرُ		1

The teacher *provided* clarifying examples.

وَفَّرَ المُدرّس الأمثلة التوضيحية.

Did the government *provide ample* medicine for the poor people?

هل وَفَّرَتْ الحكومة الأدوية للفقراء؟

We have increased opportunities for employing young people.

وَفَّرْنَا فرصة العمالة للشباب.

The family *saved* money for a time of need.

وَفَّرَتْ الأسرة المال لوقت الشدة.

Form I وقع   to fall; to happen وَقَعَ ●

ACTIVE

PLURAL	DUAL	SINGULAR	SUBJUNCTIVE	PLURAL	DUAL	SINGULAR	PERFECT	
يَقَعُوا	يَقَعَا	يَقَعَ		وَقَعُوا	وَقَعَا	وَقَعَ	MASCULINE	3
يَقَعْنَ	تَقَعَا	تَقَعَ		وَقَعْنَ	وَقَعَتَا	وَقَعَتْ	FEMININE	
تَقَعُوا	تَقَعَا	تَقَعَ		وَقَعْتُمْ	وَقَعْتُمَا	وَقَعْتَ	MASCULINE	2
تَقَعْنَ	تَقَعَا	تَقَعِي		وَقَعْتُنَّ	وَقَعْتُمَا	وَقَعْتِ	FEMININE	
نَقَعَ	---	أَقَعَ		وَقَعْنَا	---	وَقَعْتُ		1

			JUSSIVE				IMPERFECT	
يَقَعُوا	يَقَعَا	يَقَعْ		يَقَعُونَ	يَقَعَانِ	يَقَعُ	MASCULINE	3
يَقَعْنَ	تَقَعَا	تَقَعْ		يَقَعْنَ	تَقَعَانِ	تَقَعُ	FEMININE	
تَقَعُوا	تَقَعَا	تَقَعْ		تَقَعُونَ	تَقَعَانِ	تَقَعُ	MASCULINE	2
تَقَعْنَ	تَقَعَا	تَقَعِي		تَقَعْنَ	تَقَعَانِ	تَقَعِينَ	FEMININE	
نَقَعْ	---	أَقَعْ		نَقَعُ	---	أَقَعُ		1

			IMPERATIVE				
						وَاقِعٌ	ACTIVE PARTICIPLE
قَعُوا	قَعَا	قَعْ	MASCULINE			مَوْقُوعٌ	PASSIVE PARTICIPLE
قَعْنَ	قَعَا	قَعِي	FEMININE			وُقُوعٌ	VERBAL NOUN

Many children *fall down* when they are learning to walk.

العديد من الأطفال يَقَعُونَ على الأرض عندما يتعلمون المشي.

Several people *were taken* [literally: fell] captive in Iraq.

لقد وَقَعَ العديد من الناس أسرى في العراق.

Several newspapers covered closely the events that *occurred* in Tunis.

العديد من الجرائد غطت عن قُرب الأحداث الأخيرة التي وَقَعَتْ في تونس.

Form II وقع   to knock down; to sign; to inflict وَقَّعَ ●

ACTIVE

PLURAL	DUAL	SINGULAR	SUBJUNCTIVE	PLURAL	DUAL	SINGULAR	PERFECT	
يُوَقِّعُوا	يُوَقِّعَا	يُوَقِّعَ		وَقَّعُوا	وَقَّعَا	وَقَّعَ	MASCULINE	3
يُوَقِّعْنَ	تُوَقِّعَا	تُوَقِّعَ		وَقَّعْنَ	وَقَّعَتَا	وَقَّعَتْ	FEMININE	
تُوَقِّعُوا	تُوَقِّعَا	تُوَقِّعَ		وَقَّعْتُمْ	وَقَّعْتُمَا	وَقَّعْتَ	MASCULINE	2
تُوَقِّعْنَ	تُوَقِّعَا	تُوَقِّعِي		وَقَّعْتُنَّ	وَقَّعْتُمَا	وَقَّعْتِ	FEMININE	
نُوَقِّعَ	---	أُوَقِّعَ		وَقَّعْنَا	---	وَقَّعْتُ		1

			JUSSIVE				IMPERFECT	
يُوَقِّعُوا	يُوَقِّعَا	يُوَقِّعْ		يُوَقِّعُونَ	يُوَقِّعَانِ	يُوَقِّعُ	MASCULINE	3
يُوَقِّعْنَ	تُوَقِّعَا	تُوَقِّعْ		يُوَقِّعْنَ	تُوَقِّعَانِ	تُوَقِّعُ	FEMININE	
تُوَقِّعُوا	تُوَقِّعَا	تُوَقِّعْ		تُوَقِّعُونَ	تُوَقِّعَانِ	تُوَقِّعُ	MASCULINE	2
تُوَقِّعْنَ	تُوَقِّعَا	تُوَقِّعِي		تُوَقِّعْنَ	تُوَقِّعَانِ	تُوَقِّعِينَ	FEMININE	
نُوَقِّعْ	---	أُوَقِّعْ		نُوَقِّعُ	---	أُوَقِّعُ		1

			IMPERATIVE					
						مُوَقِّعٌ	ACTIVE PARTICIPLE	
وَقِّعُوا	وَقِّعَا	وَقِّعْ	MASCULINE			مُوَقَّعٌ	PASSIVE PARTICIPLE	
وَقِّعْنَ	وَقِّعَا	وَقِّعِي	FEMININE			تَوْقِيعٌ	VERBAL NOUN	

PASSIVE

PLURAL	DUAL	SINGULAR	SUBJUNCTIVE	PLURAL	DUAL	SINGULAR	PERFECT	
يُوَقَّعُوا	يُوَقَّعَا	يُوَقَّعَ		وُقِّعُوا	وُقِّعَا	وُقِّعَ	MASCULINE	3
يُوَقَّعْنَ	تُوَقَّعَا	تُوَقَّعَ		وُقِّعْنَ	وُقِّعَتَا	وُقِّعَتْ	FEMININE	
تُوَقَّعُوا	تُوَقَّعَا	تُوَقَّعَ		وُقِّعْتُمْ	وُقِّعْتُمَا	وُقِّعْتَ	MASCULINE	2
تُوَقَّعْنَ	تُوَقَّعَا	تُوَقَّعِي		وُقِّعْتُنَّ	وُقِّعْتُمَا	وُقِّعْتِ	FEMININE	
نُوَقَّعَ	---	أُوَقَّعَ		وُقِّعْنَا	---	وُقِّعْتُ		1

			JUSSIVE				IMPERFECT	
يُوَقَّعُوا	يُوَقَّعَا	يُوَقَّعْ		يُوَقَّعُونَ	يُوَقَّعَانِ	يُوَقَّعُ	MASCULINE	3
يُوَقَّعْنَ	تُوَقَّعَا	تُوَقَّعْ		يُوَقَّعْنَ	تُوَقَّعَانِ	تُوَقَّعُ	FEMININE	
تُوَقَّعُوا	تُوَقَّعَا	تُوَقَّعْ		تُوَقَّعُونَ	تُوَقَّعَانِ	تُوَقَّعُ	MASCULINE	2
تُوَقَّعْنَ	تُوَقَّعَا	تُوَقَّعِي		تُوَقَّعْنَ	تُوَقَّعَانِ	تُوَقَّعِينَ	FEMININE	
نُوَقَّعْ	---	أُوَقَّعْ		نُوَقَّعُ	---	أُوَقَّعُ		1

The player *knocked down* the other unintentionally.	وَقَّعَ اللاعب الآخر عن غير قصد.
The director *signed* the request for a leave.	المدير وَقَّعَ على طلب الإجازة.
The court *imposed* on him a punishment of life imprisonment.	وَقَّعَتْ عليه المحكمة عقوبة الحبس مدى الحياة.

● تَوَقَّعَ to expect; to have inflicted on one   Form V وقع

ACTIVE

PLURAL	DUAL	SINGULAR	SUBJUNCTIVE	PLURAL	DUAL	SINGULAR	PERFECT	
يَتَوَقَّعُوا	يَتَوَقَّعَا	يَتَوَقَّعَ		تَوَقَّعُوا	تَوَقَّعَا	تَوَقَّعَ	MASCULINE	3
يَتَوَقَّعْنَ	تَتَوَقَّعَا	تَتَوَقَّعَ		تَوَقَّعْنَ	تَوَقَّعَتَا	تَوَقَّعَتْ	FEMININE	
تَتَوَقَّعُوا	تَتَوَقَّعَا	تَتَوَقَّعَ		تَوَقَّعْتُمْ	تَوَقَّعْتُمَا	تَوَقَّعْتَ	MASCULINE	2
تَتَوَقَّعْنَ	تَتَوَقَّعَا	تَتَوَقَّعِي		تَوَقَّعْتُنَّ	تَوَقَّعْتُمَا	تَوَقَّعْتِ	FEMININE	
نَتَوَقَّعَ	---	أَتَوَقَّعَ		تَوَقَّعْنَا	---	تَوَقَّعْتُ		1

PLURAL	DUAL	SINGULAR	JUSSIVE	PLURAL	DUAL	SINGULAR	IMPERFECT	
يَتَوَقَّعُوا	يَتَوَقَّعَا	يَتَوَقَّعْ		يَتَوَقَّعُونَ	يَتَوَقَّعَانِ	يَتَوَقَّعُ	MASCULINE	3
يَتَوَقَّعْنَ	تَتَوَقَّعَا	تَتَوَقَّعْ		يَتَوَقَّعْنَ	تَتَوَقَّعَانِ	تَتَوَقَّعُ	FEMININE	
تَتَوَقَّعُوا	تَتَوَقَّعَا	تَتَوَقَّعْ		تَتَوَقَّعُونَ	تَتَوَقَّعَانِ	تَتَوَقَّعُ	MASCULINE	2
تَتَوَقَّعْنَ	تَتَوَقَّعَا	تَتَوَقَّعِي		تَتَوَقَّعْنَ	تَتَوَقَّعَانِ	تَتَوَقَّعِينَ	FEMININE	
نَتَوَقَّعْ	---	أَتَوَقَّعْ		نَتَوَقَّعُ	---	أَتَوَقَّعُ		1

			IMPERATIVE			مُتَوَقِّعٌ	ACTIVE PARTICIPLE
تَوَقَّعُوا	تَوَقَّعَا	تَوَقَّعْ	MASCULINE			مُتَوَقَّعٌ	PASSIVE PARTICIPLE
تَوَقَّعْنَ	تَوَقَّعَا	تَوَقَّعِي	FEMININE			تَوَقُّعٌ	VERBAL NOUN

PASSIVE

PLURAL	DUAL	SINGULAR	SUBJUNCTIVE	PLURAL	DUAL	SINGULAR	PERFECT	
يُتَوَقَّعُوا	يُتَوَقَّعَا	يُتَوَقَّعَ		تُوُقِّعُوا	تُوُقِّعَا	تُوُقِّعَ	MASCULINE	3
يُتَوَقَّعْنَ	تُتَوَقَّعَا	تُتَوَقَّعَ		تُوُقِّعْنَ	تُوُقِّعَتَا	تُوُقِّعَتْ	FEMININE	
تُتَوَقَّعُوا	تُتَوَقَّعَا	تُتَوَقَّعَ		تُوُقِّعْتُمْ	تُوُقِّعْتُمَا	تُوُقِّعْتَ	MASCULINE	2
تُتَوَقَّعْنَ	تُتَوَقَّعَا	تُتَوَقَّعِي		تُوُقِّعْتُنَّ	تُوُقِّعْتُمَا	تُوُقِّعْتِ	FEMININE	
نُتَوَقَّعَ	---	أُتَوَقَّعَ		تُوُقِّعْنَا	---	تُوُقِّعْتُ		1

534

		IMPERFECT			JUSSIVE		
3	MASCULINE	يُتَوَقَّعُ	يُتَوَقَّعَانِ	يُتَوَقَّعُونَ	يُتَوَقَّعْ	يُتَوَقَّعَا	يُتَوَقَّعُوا
	FEMININE	تُتَوَقَّعُ	تُتَوَقَّعَانِ	يُتَوَقَّعْنَ	تُتَوَقَّعْ	تُتَوَقَّعَا	يُتَوَقَّعْنَ
2	MASCULINE	تُتَوَقَّعُ	تُتَوَقَّعَانِ	تُتَوَقَّعُونَ	تُتَوَقَّعْ	تُتَوَقَّعَا	تُتَوَقَّعُوا
	FEMININE	تُتَوَقَّعِينَ	تُتَوَقَّعَانِ	تُتَوَقَّعْنَ	تُتَوَقَّعِي	تُتَوَقَّعَا	تُتَوَقَّعْنَ
1		أُتَوَقَّعُ	---	نُتَوَقَّعُ	أُتَوَقَّعْ	---	نُتَوَقَّعْ

تَتَوَقَّعُ البلاد الكثير من العواصف.

The countries *anticipate* many hurricanes.

تَوَقَّعْتُ نتيجة الإمتحان.

I *dreaded* [or: *anticipated*] the results of the exam.

تُوُقِّعَتْ عليه عقوبة عادلة.

A just punishment *was imposed* on him.

تُوُقِّعَتْ علينا الكثير من المصائب.

Many hardships *were inflicted* on us.

● وَقَفَ to stop (intransitive); to stand — Form I وقف

ACTIVE

		PERFECT SINGULAR	DUAL	PLURAL	SUBJUNCTIVE SINGULAR	DUAL	PLURAL
3	MASCULINE	وَقَفَ	وَقَفَا	وَقَفُوا	يَقِفَ	يَقِفَا	يَقِفُوا
	FEMININE	وَقَفَتْ	وَقَفَتَا	وَقَفْنَ	تَقِفَ	تَقِفَا	يَقِفْنَ
2	MASCULINE	وَقَفْتَ	وَقَفْتُمَا	وَقَفْتُمْ	تَقِفَ	تَقِفَا	تَقِفُوا
	FEMININE	وَقَفْتِ	وَقَفْتُمَا	وَقَفْتُنَّ	تَقِفِي	تَقِفَا	تَقِفْنَ
1		وَقَفْتُ	---	وَقَفْنَا	أَقِفَ	---	نَقِفَ

		IMPERFECT			JUSSIVE		
3	MASCULINE	يَقِفُ	يَقِفَانِ	يَقِفُونَ	يَقِفْ	يَقِفَا	يَقِفُوا
	FEMININE	تَقِفُ	تَقِفَانِ	يَقِفْنَ	تَقِفْ	تَقِفَا	يَقِفْنَ
2	MASCULINE	تَقِفُ	تَقِفَانِ	تَقِفُونَ	تَقِفْ	تَقِفَا	تَقِفُوا
	FEMININE	تَقِفِينَ	تَقِفَانِ	تَقِفْنَ	تَقِفِي	تَقِفَا	تَقِفْنَ
1		أَقِفُ	---	نَقِفُ	أَقِفْ	---	نَقِفْ

ACTIVE PARTICIPLE	وَاقِفٌ
PASSIVE PARTICIPLE	مَوْقُوفٌ
VERBAL NOUN	وَقْفٌ, وُقُوفٌ

IMPERATIVE

	SINGULAR	DUAL	PLURAL
MASCULINE	قِفْ	قِفَا	قِفُوا
FEMININE	قِفِي	قِفَا	قِفْنَ

Halt! [traffic sign]	قِفْ!
The water *stopped* flowing.	وَقَفَتْ المياه عن التدفق.
We stopped going to that club because it became unbearably crowded.	وَقَفْنا عن الذهاب إلى ذلك النادي لأنه أصبح مزدحماً بطريقة لا تُطاق.
In schools in Egypt, the students *stand up* as a sign of respect for the teacher.	في المدارس في مصر يَقِفُ الطلاب احتراماً للمدرس.
After reading this book, I arrived at [literally: *stood* on] a new understanding of existential philosophy.	بعد أن قرأت هذا الكتاب وَقَفْتُ على فهم جديد للفلسفة الوجودية.

Form IV وقف — to stop (transitive); to delay أَوْقَفَ

ACTIVE

PERFECT

		SINGULAR	DUAL	PLURAL
3	MASCULINE	أَوْقَفَ	أَوْقَفَا	أَوْقَفُوا
	FEMININE	أَوْقَفَتْ	أَوْقَفَتَا	أَوْقَفْنَ
2	MASCULINE	أَوْقَفْتَ	أَوْقَفْتُمَا	أَوْقَفْتُمْ
	FEMININE	أَوْقَفْتِ	أَوْقَفْتُمَا	أَوْقَفْتُنَّ
1		أَوْقَفْتُ	---	أَوْقَفْنَا

SUBJUNCTIVE

		SINGULAR	DUAL	PLURAL
3	MASCULINE	يُوقِفَ	يُوقِفَا	يُوقِفُوا
	FEMININE	تُوقِفَ	تُوقِفَا	يُوقِفْنَ
2	MASCULINE	تُوقِفَ	تُوقِفَا	تُوقِفُوا
	FEMININE	تُوقِفِي	تُوقِفَا	تُوقِفْنَ
1		أُوقِفَ	---	نُوقِفَ

IMPERFECT

		SINGULAR	DUAL	PLURAL
3	MASCULINE	يُوقِفُ	يُوقِفَانِ	يُوقِفُونَ
	FEMININE	تُوقِفُ	تُوقِفَانِ	يُوقِفْنَ
2	MASCULINE	تُوقِفُ	تُوقِفَانِ	تُوقِفُونَ
	FEMININE	تُوقِفِينَ	تُوقِفَانِ	تُوقِفْنَ
1		أُوقِفُ	---	نُوقِفُ

JUSSIVE

		SINGULAR	DUAL	PLURAL
3	MASCULINE	يُوقِفْ	يُوقِفَا	يُوقِفُوا
	FEMININE	تُوقِفْ	تُوقِفَا	يُوقِفْنَ
2	MASCULINE	تُوقِفْ	تُوقِفَا	تُوقِفُوا
	FEMININE	تُوقِفِي	تُوقِفَا	تُوقِفْنَ
1		أُوقِفْ	---	نُوقِفْ

ACTIVE PARTICIPLE	مُوقِفٌ
PASSIVE PARTICIPLE	مُوقَفٌ
VERBAL NOUN	إِيقَافٌ

IMPERATIVE

	SINGULAR	DUAL	PLURAL
MASCULINE	أَوْقِفْ	أَوْقِفَا	أَوْقِفُوا
FEMININE	أَوْقِفِي	أَوْقِفَا	أَوْقِفْنَ

PASSIVE

PLURAL	DUAL	SINGULAR	SUBJUNCTIVE	PLURAL	DUAL	SINGULAR	PERFECT	
يُوقَفُوا	يُوقَفَا	يُوقَفَ		أُوقِفُوا	أُوقِفَا	أُوقِفَ	MASCULINE	3
يُوقَفْنَ	تُوقَفَا	تُوقَفَ		أُوقِفْنَ	أُوقِفَتَا	أُوقِفَتْ	FEMININE	
تُوقَفُوا	تُوقَفَا	تُوقَفَ		أُوقِفْتُمْ	أُوقِفْتُمَا	أُوقِفْتَ	MASCULINE	2
تُوقَفْنَ	تُوقَفَا	تُوقَفِي		أُوقِفْتُنَّ	أُوقِفْتُمَا	أُوقِفْتِ	FEMININE	
نُوقَفَ	---	أُوقَفَ		أُوقِفْنَا	---	أُوقِفْتُ		1

PLURAL	DUAL	SINGULAR	JUSSIVE	PLURAL	DUAL	SINGULAR	IMPERFECT	
يُوقَفُوا	يُوقَفَا	يُوقَفْ		يُوقَفُونَ	يُوقَفَانِ	يُوقَفُ	MASCULINE	3
يُوقَفْنَ	تُوقَفَا	تُوقَفْ		يُوقَفْنَ	تُوقَفَانِ	تُوقَفُ	FEMININE	
تُوقَفُوا	تُوقَفَا	تُوقَفْ		تُوقَفُونَ	تُوقَفَانِ	تُوقَفُ	MASCULINE	2
تُوقَفْنَ	تُوقَفَا	تُوقَفِي		تُوقَفْنَ	تُوقَفَانِ	تُوقَفِينَ	FEMININE	
نُوقَفْ	---	أُوقَفْ		نُوقَفُ	---	أُوقَفُ		1

We *concentrated* our attention [literally: *stopped* our attention] on the problem of environmental pollution.	أَوْقَفْنَا إهتمامنا على قضية التلوث البيئي.
This accident *stopped* the movement of traffic.	هذه الحادثة أَوْقَفَتْ حركة المرور.
The factory *suspended* me from work.	أَوْقَفَنِي المصنع عن العمل.
Can *you stop* the car?	هل يمكنك أن تُوقِفَ السيارة؟

Form V وقف to stop (intransitive); to depend تَوَقَّفَ ●

ACTIVE

PLURAL	DUAL	SINGULAR	SUBJUNCTIVE	PLURAL	DUAL	SINGULAR	PERFECT	
يَتَوَقَّفُوا	يَتَوَقَّفَا	يَتَوَقَّفَ		تَوَقَّفُوا	تَوَقَّفَا	تَوَقَّفَ	MASCULINE	3
يَتَوَقَّفْنَ	تَتَوَقَّفَا	تَتَوَقَّفَ		تَوَقَّفْنَ	تَوَقَّفَتَا	تَوَقَّفَتْ	FEMININE	
تَتَوَقَّفُوا	تَتَوَقَّفَا	تَتَوَقَّفَ		تَوَقَّفْتُمْ	تَوَقَّفْتُمَا	تَوَقَّفْتَ	MASCULINE	2
تَتَوَقَّفْنَ	تَتَوَقَّفَا	تَتَوَقَّفِي		تَوَقَّفْتُنَّ	تَوَقَّفْتُمَا	تَوَقَّفْتِ	FEMININE	
نَتَوَقَّفَ	---	أَتَوَقَّفَ		تَوَقَّفْنَا	---	تَوَقَّفْتُ		1

JUSSIVE			IMPERFECT				
يَتَوَقَّفُوا	يَتَوَقَّفَا	يَتَوَقَّفْ	يَتَوَقَّفُونَ	يَتَوَقَّفَانِ	يَتَوَقَّفُ	MASCULINE	3
يَتَوَقَّفْنَ	تَتَوَقَّفَا	تَتَوَقَّفْ	يَتَوَقَّفْنَ	تَتَوَقَّفَانِ	تَتَوَقَّفُ	FEMININE	
تَتَوَقَّفُوا	تَتَوَقَّفَا	تَتَوَقَّفْ	تَتَوَقَّفُونَ	تَتَوَقَّفَانِ	تَتَوَقَّفُ	MASCULINE	2
تَتَوَقَّفْنَ	تَتَوَقَّفَا	تَتَوَقَّفِي	تَتَوَقَّفْنَ	تَتَوَقَّفَانِ	تَتَوَقَّفِينَ	FEMININE	
نَتَوَقَّفْ	---	أَتَوَقَّفْ	نَتَوَقَّفُ	---	أَتَوَقَّفُ		1

	ACTIVE PARTICIPLE	مُتَوَقِّفٌ
	PASSIVE PARTICIPLE	---

IMPERATIVE

تَوَقَّفُوا	تَوَقَّفَا	تَوَقَّفْ	MASCULINE
تَوَقَّفْنَ	تَوَقَّفَا	تَوَقَّفِي	FEMININE

	VERBAL NOUN	تَوَقُّفٌ

The car *stopped* at the traffic signal.   تَوَقَّفَتْ السيارة عند الإشارة.

My father *stopped* smoking.   تَوَقَّفَ أبي عن التدخين.

This decision *depends* on many factors.   هذا القرار يَتَوَقَّفُ على عوامل كثيرة.

Form I وقى   to protect وَقَى ●

ACTIVE

PLURAL	DUAL	SINGULAR	SUBJUNCTIVE	PLURAL	DUAL	SINGULAR	PERFECT	
يَقُوا	يَقِيَا	يَقِيَ		وَقَوْا	وَقَيَا	وَقَى	MASCULINE	3
يَقِينَ	تَقِيَا	تَقِيَ		وَقَيْنَ	وَقَتَا	وَقَتْ	FEMININE	
تَقُوا	تَقِيَا	تَقِيَ		وَقَيْتُمْ	وَقَيْتُمَا	وَقَيْتَ	MASCULINE	2
تَقِينَ	تَقِيَا	تَقِي		وَقَيْتُنَّ	وَقَيْتُمَا	وَقَيْتِ	FEMININE	
نَقِيَ	---	أَقِيَ		وَقَيْنَا	---	وَقَيْتُ		1

PLURAL	DUAL	SINGULAR	JUSSIVE	PLURAL	DUAL	SINGULAR	IMPERFECT	
يَقُوا	يَقِيَا	يَقِ		يَقُونَ	يَقِيَانِ	يَقِي	MASCULINE	3
يَقِينَ	تَقِيَا	تَقِ		يَقِينَ	تَقِيَانِ	تَقِي	FEMININE	
تَقُوا	تَقِيَا	تَقِ		تَقُونَ	تَقِيَانِ	تَقِي	MASCULINE	2
تَقِينَ	تَقِيَا	تَقِي		تَقِينَ	تَقِيَانِ	تَقِينَ	FEMININE	
نَقِ	---	أَقِ		نَقِي	---	أَقِي		1

	ACTIVE PARTICIPLE	وَاقٍ

IMPERATIVE

				PASSIVE PARTICIPLE	مَوْقِيٌّ
قُوا	قِيَا	قِ	MASCULINE		
قِينَ	قِيَا	قِي	FEMININE	VERBAL NOUN	وَقْيٌ

PASSIVE

PLURAL	DUAL	SINGULAR	SUBJUNCTIVE	PLURAL	DUAL	SINGULAR		PERFECT
يُوقَوْا	يُوقَيَا	يُوقَى		وُقُوا	وُقِيَا	وُقِيَ	MASCULINE	3
يُوقَيْنَ	تُوقَيَا	تُوقَى		وُقِينَ	وُقِيَتَا	وُقِيَتْ	FEMININE	
تُوقَوْا	تُوقَيَا	تُوقَى		وُقِيتُمْ	وُقِيتُمَا	وُقِيتَ	MASCULINE	2
تُوقَيْنَ	تُوقَيَا	تُوقَيْ		وُقِيتُنَّ	وُقِيتُمَا	وُقِيتِ	FEMININE	
نُوقَى	---	أُوقَى		وُقِينَا	---	وُقِيتُ		1
			JUSSIVE					**IMPERFECT**
يُوقَوْا	يُوقَيَا	يُوقَ		يُوقَوْنَ	يُوقَيَانِ	يُوقَى	MASCULINE	3
يُوقَيْنَ	تُوقَيَا	تُوقَ		يُوقَيْنَ	تُوقَيَانِ	تُوقَى	FEMININE	
تُوقَوْا	تُوقَيَا	تُوقَ		تُوقَوْنَ	تُوقَيَانِ	تُوقَى	MASCULINE	2
تُوقَيْنَ	تُوقَيَا	تُوقَيْ		تُوقَيْنَ	تُوقَيَانِ	تُوقَيْنَ	FEMININE	
نُوقَ	---	أُوقَ		نُوقَى	---	أُوقَى		1

The *mother* protected her children from danger. — وَقَتْ الأم أولادها من الخطر.

This parasol *protected* me from the heat. — هذه الشمسية وَقَتْنِي من الحر.

The helmet *protected* him from the bullets. — الخوذة وَقَتْهُ من الرصاص.

Form VIII وقي — to beware إِتَّقَى ●

ACTIVE

PLURAL	DUAL	SINGULAR	SUBJUNCTIVE	PLURAL	DUAL	SINGULAR		PERFECT
يَتَّقُوا	يَتَّقِيَا	يَتَّقِيَ		إِتَّقَوْا	إِتَّقَيَا	إِتَّقَى	MASCULINE	3
يَتَّقِينَ	تَتَّقِيَا	تَتَّقِيَ		إِتَّقَيْنَ	إِتَّقَتَا	إِتَّقَتْ	FEMININE	
تَتَّقُوا	تَتَّقِيَا	تَتَّقِيَ		إِتَّقَيْتُمْ	إِتَّقَيْتُمَا	إِتَّقَيْتَ	MASCULINE	2
تَتَّقِينَ	تَتَّقِيَا	تَتَّقِي		إِتَّقَيْتُنَّ	إِتَّقَيْتُمَا	إِتَّقَيْتِ	FEMININE	
نَتَّقِيَ	---	أَتَّقِيَ		إِتَّقَيْنَا	---	إِتَّقَيْتُ		1
			JUSSIVE					**IMPERFECT**
يَتَّقُوا	يَتَّقِيَا	يَتَّقِ		يَتَّقُونَ	يَتَّقِيَانِ	يَتَّقِي	MASCULINE	3
يَتَّقِينَ	تَتَّقِيَا	تَتَّقِ		يَتَّقِينَ	تَتَّقِيَانِ	تَتَّقِي	FEMININE	
تَتَّقُوا	تَتَّقِيَا	تَتَّقِ		تَتَّقُونَ	تَتَّقِيَانِ	تَتَّقِي	MASCULINE	2
تَتَّقِينَ	تَتَّقِيَا	تَتَّقِي		تَتَّقِينَ	تَتَّقِيَانِ	تَتَّقِينَ	FEMININE	
نَتَّقِ	---	أَتَّقِ		نَتَّقِي	---	أَتَّقِي		1

IMPERATIVE	SINGULAR	DUAL	PLURAL
MASCULINE	إتَّقِ	إتَّقِيَا	إتَّقُوا
FEMININE	إتَّقِي	إتَّقِيَا	إتَّقِينَ

ACTIVE PARTICIPLE	مُتَّقٍ
PASSIVE PARTICIPLE	مُتَّقًى
VERBAL NOUN	إتِّقَاءٌ

PASSIVE

PERFECT		SINGULAR	DUAL	PLURAL
3	MASCULINE	أُتُّقِيَ	أُتُّقِيَا	أُتُّقُوا
	FEMININE	أُتُّقِيَتْ	أُتُّقِيَتَا	أُتُّقِينَ
2	MASCULINE	أُتُّقِيتَ	أُتُّقِيتُمَا	أُتُّقِيتُمْ
	FEMININE	أُتُّقِيتِ	أُتُّقِيتُمَا	أُتُّقِيتُنَّ
1		أُتُّقِيتُ	---	أُتُّقِينَا

SUBJUNCTIVE		SINGULAR	DUAL	PLURAL
3	MASCULINE	يُتَّقَى	يُتَّقَيَا	يُتَّقَوْا
	FEMININE	تُتَّقَى	تُتَّقَيَا	يُتَّقَيْنَ
2	MASCULINE	تُتَّقَى	تُتَّقَيَا	تُتَّقَوْا
	FEMININE	تُتَّقَيْ	تُتَّقَيَا	تُتَّقَيْنَ
1		أُتَّقَى	---	نُتَّقَى

IMPERFECT		SINGULAR	DUAL	PLURAL
3	MASCULINE	يُتَّقَى	يُتَّقَيَانِ	يُتَّقَوْنَ
	FEMININE	تُتَّقَى	تُتَّقَيَانِ	يُتَّقَيْنَ
2	MASCULINE	تُتَّقَى	تُتَّقَيَانِ	تُتَّقَوْنَ
	FEMININE	تُتَّقَيْنَ	تُتَّقَيَانِ	تُتَّقَيْنَ
1		أُتَّقَى	---	نُتَّقَى

JUSSIVE		SINGULAR	DUAL	PLURAL
3	MASCULINE	يُتَّقَ	يُتَّقَيَا	يُتَّقَوْا
	FEMININE	تُتَّقَ	تُتَّقَيَا	يُتَّقَيْنَ
2	MASCULINE	تُتَّقَ	تُتَّقَيَا	تُتَّقَوْا
	FEMININE	تُتَّقَيْ	تُتَّقَيَا	تُتَّقَيْنَ
1		أُتَّقَ	---	نُتَّقَ

إتَّقَى الله. — He was God-fearing [literally: *feared* God].

إتَّقِ الله في حق اخوتك. — Show consideration for your brothers [literally: *Fear* God with respect to your brothers].

إتَّقَاهُ الحارس. — The guard *was wary* of him.

إتَّقَيْنَا المطر. — *We took shelter* from the rain.

Form I ولي — to be near; to follow; to be in charge وَلِيَ

ACTIVE

PERFECT		SINGULAR	DUAL	PLURAL
3	MASCULINE	وَلِيَ	وَلِيَا	وَلُوا
	FEMININE	وَلِيَتْ	وَلِيَتَا	وَلِينَ
2	MASCULINE	وَلِيتَ	وَلِيتُمَا	وَلِيتُمْ
	FEMININE	وَلِيتِ	وَلِيتُمَا	وَلِيتُنَّ
1		وَلِيتُ	---	وَلِينَا

SUBJUNCTIVE		SINGULAR	DUAL	PLURAL
3	MASCULINE	يَلِيَ	يَلِيَا	يَلُوا
	FEMININE	تَلِيَ	تَلِيَا	يَلِينَ
2	MASCULINE	تَلِيَ	تَلِيَا	تَلُوا
	FEMININE	تَلِي	تَلِيَا	تَلِينَ
1		أَلِيَ	---	نَلِيَ

		IMPERFECT			JUSSIVE		
3	MASCULINE	يَلِي	يَلِيَانِ	يَلُونَ	يَلِ	يَلِيَا	يَلُوا
	FEMININE	تَلِي	تَلِيَانِ	يَلِينَ	تَلِ	تَلِيَا	يَلِينَ
2	MASCULINE	تَلِي	تَلِيَانِ	تَلُونَ	تَلِ	تَلِيَا	تَلُوا
	FEMININE	تَلِينَ	تَلِيَانِ	تَلِينَ	تَلِي	تَلِيَا	تَلِينَ
1		أَلِي	---	نَلِي	أَلِ	---	نَلِ

		IMPERATIVE			
ACTIVE PARTICIPLE	وَالٍ				
PASSIVE PARTICIPLE	مَوْلِيّ	MASCULINE	لِ	لِيَا	لُوا
VERBAL NOUN	وَلْيٌ, وَلاءٌ, وِلايَةٌ*	FEMININE	لِي	لِيَا	لِينَ

PASSIVE

		PERFECT SINGULAR	DUAL	PLURAL	SUBJUNCTIVE SINGULAR	DUAL	PLURAL
3	MASCULINE	وُلِيَ	وُلِيَا	وُلُوا	يُولَى	يُولَيَا	يُولَوْا
	FEMININE	وُلِيَتْ	وُلِيَتَا	وُلِينَ	تُولَى	تُولَيَا	يُولَيْنَ
2	MASCULINE	وُلِيتَ	وُلِيتُمَا	وُلِيتُمْ	تُولَى	تُولَيَا	تُولَوْا
	FEMININE	وُلِيتِ	وُلِيتُمَا	وُلِيتُنَّ	تُولَيْ	تُولَيَا	تُولَيْنَ
1		وُلِيتُ	---	وُلِينَا	أُولَى	---	نُولَى

		IMPERFECT			JUSSIVE		
3	MASCULINE	يُولَى	يُولَيَانِ	يُولَوْنَ	يُولَ	يُولَيَا	يُولَوْا
	FEMININE	تُولَى	تُولَيَانِ	يُولَيْنَ	تُولَ	تُولَيَا	يُولَيْنَ
2	MASCULINE	تُولَى	تُولَيَانِ	تُولَوْنَ	تُولَ	تُولَيَا	تُولَوْا
	FEMININE	تُولَيْنَ	تُولَيَانِ	تُولَيْنَ	تُولَيْ	تُولَيَا	تُولَيْنَ
1		أُولَى	---	نُولَى	أُولَ	---	نُولَ

سَنَلِي بجوارك حتى طلوع الفجر.

We will *stay near* you [literally: your side] until sunrise.

فيما يَلِي ملخص للحوار.

There [literally: In what] *follows* a summary of the discussion.

وَلِيَ محمد علي الحكم على مصر.

Ali *took over* the government of Egypt.

* The verbal nouns وَلْيٌ and وَلاءٌ are associated with the meaning "to be near"; the verbal noun وِلايَةٌ, with the meaning "to be in charge."

Form III ولي   to be a friend; to help; to follow وَالَى ●

ACTIVE

PLURAL	DUAL	SINGULAR	SUBJUNCTIVE	PLURAL	DUAL	SINGULAR	PERFECT	
يُوَالُوا	يُوَالِيَا	يُوَالِيَ		وَالَوْا	وَالَيَا	وَالَى	MASCULINE	3
يُوَالِينَ	تُوَالِيَا	تُوَالِيَ		وَالَيْنَ	وَالَتَا	وَالَتْ	FEMININE	
تُوَالُوا	تُوَالِيَا	تُوَالِيَ		وَالَيْتُمْ	وَالَيْتُمَا	وَالَيْتَ	MASCULINE	2
تُوَالِينَ	تُوَالِيَا	تُوَالِي		وَالَيْتُنَّ	وَالَيْتُمَا	وَالَيْتِ	FEMININE	
نُوَالِيَ	---	أُوَالِيَ		وَالَيْنَا	---	وَالَيْتُ		1

			JUSSIVE				IMPERFECT	
يُوَالُوا	يُوَالِيَا	يُوَالِ		يُوَالُونَ	يُوَالِيَانِ	يُوَالِي	MASCULINE	3
يُوَالِينَ	تُوَالِيَا	تُوَالِ		يُوَالِينَ	تُوَالِيَانِ	تُوَالِي	FEMININE	
تُوَالُوا	تُوَالِيَا	تُوَالِ		تُوَالُونَ	تُوَالِيَانِ	تُوَالِي	MASCULINE	2
تُوَالِينَ	تُوَالِيَا	تُوَالِي		تُوَالِينَ	تُوَالِيَانِ	تُوَالِينَ	FEMININE	
نُوَالِ	---	أُوَالِ		نُوَالِي	---	أُوَالِي		1

			IMPERATIVE		
				مُوَالٍ	ACTIVE PARTICIPLE
وَالُوا	وَالِيَا	وَالِ	MASCULINE	مُوَالًى	PASSIVE PARTICIPLE
وَالِينَ	وَالِيَا	وَالِي	FEMININE	مُوَالاةٌ	VERBAL NOUN

PASSIVE

PLURAL	DUAL	SINGULAR	SUBJUNCTIVE	PLURAL	DUAL	SINGULAR	PERFECT	
يُوَالَوْا	يُوَالَيَا	يُوَالَى		وُولُوا	وُولِيَا	وُولِيَ	MASCULINE	3
يُوَالَيْنَ	تُوَالَيَا	تُوَالَى		وُولِينَ	وُولِيَتَا	وُولِيَتْ	FEMININE	
تُوَالَوْا	تُوَالَيَا	تُوَالَى		وُولِيتُمْ	وُولِيتُمَا	وُولِيتَ	MASCULINE	2
تُوَالَيْنَ	تُوَالَيَا	تُوَالَيْ		وُولِيتُنَّ	وُولِيتُمَا	وُولِيتِ	FEMININE	
نُوَالَى	---	أُوَالَى		وُولِينَا	---	وُولِيتُ		1

			JUSSIVE				IMPERFECT	
يُوَالَوْا	يُوَالَيَا	يُوَالَ		يُوَالَوْنَ	يُوَالَيَانِ	يُوَالَى	MASCULINE	3
يُوَالَيْنَ	تُوَالَيَا	تُوَالَ		يُوَالَيْنَ	تُوَالَيَانِ	تُوَالَى	FEMININE	
تُوَالَوْا	تُوَالَيَا	تُوَالَ		تُوَالَوْنَ	تُوَالَيَانِ	تُوَالَى	MASCULINE	2
تُوَالَيْنَ	تُوَالَيَا	تُوَالَيْ		تُوَالَيْنَ	تُوَالَيَانِ	تُوَالَيْنَ	FEMININE	
نُوَالَ	---	أُوَالَ		نُوَالَى	---	أُوَالَى		1

I have been a friend of George's since we were at the university.	وَالَيْتُ جورج منذ أن كنا في الجامعة.
The man *helped* his wife set the table.	وَالَى الرجل زوجته في إعداد المائدة.
The troops *followed* the enemy.	الجنود وَالَوْا العدو.
The murder *followed* the robbery in the order of the events of the crime.	وَالَى القتل السرقة في ترتيب أحداث الجريمة.

Form V ولي — to take charge; to seize control تَوَلَّى

ACTIVE

PLURAL	DUAL	SINGULAR	SUBJUNCTIVE	PLURAL	DUAL	SINGULAR		PERFECT
يَتَوَلَّوْا	يَتَوَلَّيَا	يَتَوَلَّى		تَوَلَّوْا	تَوَلَّيَا	تَوَلَّى	MASCULINE	3
يَتَوَلَّيْنَ	تَتَوَلَّيَا	تَتَوَلَّى		تَوَلَّيْنَ	تَوَلَّتَا	تَوَلَّتْ	FEMININE	
تَتَوَلَّوْا	تَتَوَلَّيَا	تَتَوَلَّى		تَوَلَّيْتُمْ	تَوَلَّيْتُمَا	تَوَلَّيْتَ	MASCULINE	2
تَتَوَلَّيْنَ	تَتَوَلَّيَا	تَتَوَلَّيْ		تَوَلَّيْتُنَّ	تَوَلَّيْتُمَا	تَوَلَّيْتِ	FEMININE	
نَتَوَلَّى	---	أَتَوَلَّى		تَوَلَّيْنَا	---	تَوَلَّيْتُ		1

PLURAL	DUAL	SINGULAR	JUSSIVE	PLURAL	DUAL	SINGULAR		IMPERFECT
يَتَوَلَّوْا	يَتَوَلَّيَا	يَتَوَلَّ		يَتَوَلَّوْنَ	يَتَوَلَّيَانِ	يَتَوَلَّى	MASCULINE	3
يَتَوَلَّيْنَ	تَتَوَلَّيَا	تَتَوَلَّ		يَتَوَلَّيْنَ	تَتَوَلَّيَانِ	تَتَوَلَّى	FEMININE	
تَتَوَلَّوْا	تَتَوَلَّيَا	تَتَوَلَّ		تَتَوَلَّوْنَ	تَتَوَلَّيَانِ	تَتَوَلَّى	MASCULINE	2
تَتَوَلَّيْنَ	تَتَوَلَّيَا	تَتَوَلَّيْ		تَتَوَلَّيْنَ	تَتَوَلَّيَانِ	تَتَوَلَّيْنَ	FEMININE	
نَتَوَلَّ	---	أَتَوَلَّ		نَتَوَلَّى	---	أَتَوَلَّى		1

PLURAL	DUAL	SINGULAR	IMPERATIVE		
				مُتَوَلٍّ	ACTIVE PARTICIPLE
تَوَلَّوْا	تَوَلَّيَا	تَوَلَّ	MASCULINE	مُتَوَلًّى	PASSIVE PARTICIPLE
تَوَلَّيْنَ	تَوَلَّيَا	تَوَلَّيْ	FEMININE	تَوَلٍّ	VERBAL NOUN

PASSIVE

PLURAL	DUAL	SINGULAR	SUBJUNCTIVE	PLURAL	DUAL	SINGULAR		PERFECT
يُتَوَلَّوْا	يُتَوَلَّيَا	يُتَوَلَّى		تُوُلُّوا	تُوُلِّيَا	تُوُلِّيَ	MASCULINE	3
يُتَوَلَّيْنَ	تُتَوَلَّيَا	تُتَوَلَّى		تُوُلِّينَ	تُوُلِّيَتَا	تُوُلِّيَتْ	FEMININE	
تُتَوَلَّوْا	تُتَوَلَّيَا	تُتَوَلَّى		تُوُلِّيتُمْ	تُوُلِّيتُمَا	تُوُلِّيتَ	MASCULINE	2
تُتَوَلَّيْنَ	تُتَوَلَّيَا	تُتَوَلَّيْ		تُوُلِّيتُنَّ	تُوُلِّيتُمَا	تُوُلِّيتِ	FEMININE	
نُتَوَلَّى	---	أُتَوَلَّى		تُوُلِّينَا	---	تُوُلِّيتُ		1

			JUSSIVE				IMPERFECT
يُتَوَلَّوْا	يُتَوَلَّيَا	يُتَوَلَّ		يُتَوَلَّوْنَ	يُتَوَلَّيَانِ	يُتَوَلَّى	MASCULINE 3
يُتَوَلَّيْنَ	تُتَوَلَّيَا	تُتَوَلَّ		يُتَوَلَّيْنَ	تُتَوَلَّيَانِ	تُتَوَلَّى	FEMININE
تُتَوَلَّوْا	تُتَوَلَّيَا	تُتَوَلَّ		تُتَوَلَّوْنَ	تُتَوَلَّيَانِ	تُتَوَلَّى	MASCULINE 2
تُتَوَلَّيْنَ	تُتَوَلَّيَا	تُتَوَلَّيْ		تُتَوَلَّيْنَ	تُتَوَلَّيَانِ	تُتَوَلَّيْنَ	FEMININE
نُتَوَلَّ	---	أُتَوَلَّ		نُتَوَلَّى	---	أُتَوَلَّى	1

The president *took over* the government in 1982. — تَوَلَّى الرئيس الحكم في عام ١٩٨٢.

Don't let despair *overcome you.* — لا تدع اليأس يَتَوَلَّاك.

This problem *dominates* our thoughts. — هذه المشكلة تَتَوَلَّى تفكيرنا.

Form VI ولي ● تَوَالَى to follow in succession; to come continually; to continue

ACTIVE

PLURAL	DUAL	SINGULAR	SUBJUNCTIVE	PLURAL	DUAL	SINGULAR	PERFECT
يَتَوَالَوْا	يَتَوَالَيَا	يَتَوَالَى		تَوَالَوْا	تَوَالَيَا	تَوَالَى	MASCULINE 3
يَتَوَالَيْنَ	تَتَوَالَيَا	تَتَوَالَى		تَوَالَيْنَ	تَوَالَتَا	تَوَالَتْ	FEMININE
تَتَوَالَوْا	تَتَوَالَيَا	تَتَوَالَى		تَوَالَيْتُمْ	تَوَالَيْتُمَا	تَوَالَيْتَ	MASCULINE 2
تَتَوَالَيْنَ	تَتَوَالَيَا	تَتَوَالَيْ		تَوَالَيْتُنَّ	تَوَالَيْتُمَا	تَوَالَيْتِ	FEMININE
نَتَوَالَى	---	أَتَوَالَى		تَوَالَيْنَا	---	تَوَالَيْتُ	1

			JUSSIVE				IMPERFECT
يَتَوَالَوْا	يَتَوَالَيَا	يَتَوَالَ		يَتَوَالَوْنَ	يَتَوَالَيَانِ	يَتَوَالَى	MASCULINE 3
يَتَوَالَيْنَ	تَتَوَالَيَا	تَتَوَالَ		يَتَوَالَيْنَ	تَتَوَالَيَانِ	تَتَوَالَى	FEMININE
تَتَوَالَوْا	تَتَوَالَيَا	تَتَوَالَ		تَتَوَالَوْنَ	تَتَوَالَيَانِ	تَتَوَالَى	MASCULINE 2
تَتَوَالَيْنَ	تَتَوَالَيَا	تَتَوَالَيْ		تَتَوَالَيْنَ	تَتَوَالَيَانِ	تَتَوَالَيْنَ	FEMININE
نَتَوَالَ	---	أَتَوَالَ		نَتَوَالَى	---	أَتَوَالَى	1

			IMPERATIVE		
				مُتَوَالٍ	ACTIVE PARTICIPLE
تَوَالَوْا	تَوَالَيَا	تَوَالَ	MASCULINE	---	PASSIVE PARTICIPLE
تَوَالَيْنَ	تَوَالَيَا	تَوَالَيْ	FEMININE	تَوَالٍ	VERBAL NOUN

Events *succeeded each other* in a logical manner. — تَوَالَتْ الأحداث بصورة منطقية.

The news is still flowing in [literally: has not stopped *coming to us constantly*]. — الأخبار ما زالت تَتَوَالَى علينا

Form I يئس — to renounce يَئِسَ

ACTIVE

PERFECT		SINGULAR	DUAL	PLURAL	SUBJUNCTIVE SINGULAR	DUAL	PLURAL
3	MASCULINE	يَئِسَ	يَئِسَا	يَئِسُوا	يَيْئَسَ	يَيْئَسَا	يَيْئَسُوا
	FEMININE	يَئِسَتْ	يَئِسَتَا	يَئِسْنَ	تَيْئَسَ	تَيْئَسَا	يَيْئَسْنَ
2	MASCULINE	يَئِسْتَ	يَئِسْتُمَا	يَئِسْتُمْ	تَيْئَسَ	تَيْئَسَا	تَيْئَسُوا
	FEMININE	يَئِسْتِ	يَئِسْتُمَا	يَئِسْتُنَّ	تَيْئَسِي	تَيْئَسَا	تَيْئَسْنَ
1		يَئِسْتُ	---	يَئِسْنَا	أَيْئَسَ	---	نَيْئَسَ

IMPERFECT		SINGULAR	DUAL	PLURAL	JUSSIVE SINGULAR	DUAL	PLURAL
3	MASCULINE	يَيْئَسُ	يَيْئَسَانِ	يَيْئَسُونَ	يَيْئَسْ	يَيْئَسَا	يَيْئَسُوا
	FEMININE	تَيْئَسُ	تَيْئَسَانِ	يَيْئَسْنَ	تَيْئَسْ	تَيْئَسَا	يَيْئَسْنَ
2	MASCULINE	تَيْئَسُ	تَيْئَسَانِ	تَيْئَسُونَ	تَيْئَسْ	تَيْئَسَا	تَيْئَسُوا
	FEMININE	تَيْئَسِينَ	تَيْئَسَانِ	تَيْئَسْنَ	تَيْئَسِي	تَيْئَسَا	تَيْئَسْنَ
1		أَيْئَسُ	---	نَيْئَسُ	أَيْئَسْ	---	نَيْئَسْ

IMPERATIVE	SINGULAR	DUAL	PLURAL
MASCULINE	إِيئَسْ	إِيئَسَا	إِيئَسُوا
FEMININE	إِيئَسِي	إِيئَسَا	إِيئَسْنَ

ACTIVE PARTICIPLE	يَائِسٌ
PASSIVE PARTICIPLE	---
VERBAL NOUN	يَأْسٌ

I've *given up* on life. — لقد يَئِسْتُ من الحياة.

Don't *give up* trying. — لا تَيْئَسْ من المحاولة.

Form II يسر

 يَسَّرَ to smooth; to ease

ACTIVE

PLURAL	DUAL	SINGULAR	SUBJUNCTIVE	PLURAL	DUAL	SINGULAR	PERFECT	
يُيَسِّرُوا	يُيَسِّرَا	يُيَسِّرَ		يَسَّرُوا	يَسَّرَا	يَسَّرَ	MASCULINE	3
يُيَسِّرْنَ	تُيَسِّرَا	تُيَسِّرَ		يَسَّرْنَ	يَسَّرَتَا	يَسَّرَتْ	FEMININE	
تُيَسِّرُوا	تُيَسِّرَا	تُيَسِّرَ		يَسَّرْتُمْ	يَسَّرْتُمَا	يَسَّرْتَ	MASCULINE	2
تُيَسِّرْنَ	تُيَسِّرَا	تُيَسِّرِي		يَسَّرْتُنَّ	يَسَّرْتُمَا	يَسَّرْتِ	FEMININE	
نُيَسِّرَ	---	أُيَسِّرَ		يَسَّرْنَا	---	يَسَّرْتُ		1

			JUSSIVE				IMPERFECT	
يُيَسِّرُوا	يُيَسِّرَا	يُيَسِّرْ		يُيَسِّرُونَ	يُيَسِّرَانِ	يُيَسِّرُ	MASCULINE	3
يُيَسِّرْنَ	تُيَسِّرَا	تُيَسِّرْ		يُيَسِّرْنَ	تُيَسِّرَانِ	تُيَسِّرُ	FEMININE	
تُيَسِّرُوا	تُيَسِّرَا	تُيَسِّرْ		تُيَسِّرُونَ	تُيَسِّرَانِ	تُيَسِّرُ	MASCULINE	2
تُيَسِّرْنَ	تُيَسِّرَا	تُيَسِّرِي		تُيَسِّرْنَ	تُيَسِّرَانِ	تُيَسِّرِينَ	FEMININE	
نُيَسِّرْ	---	أُيَسِّرْ		نُيَسِّرُ	---	أُيَسِّرُ		1

			IMPERATIVE			مُيَسِّرٌ	ACTIVE PARTICIPLE
يَسِّرُوا	يَسِّرَا	يَسِّرْ	MASCULINE			مُيَسَّرٌ	PASSIVE PARTICIPLE
يَسِّرْنَ	يَسِّرَا	يَسِّرِي	FEMININE			تَيْسِيرٌ	VERBAL NOUN

PASSIVE

PLURAL	DUAL	SINGULAR	SUBJUNCTIVE	PLURAL	DUAL	SINGULAR	PERFECT	
يُيَسَّرُوا	يُيَسَّرَا	يُيَسَّرَ		يُسِّرُوا	يُسِّرَا	يُسِّرَ	MASCULINE	3
يُيَسَّرْنَ	تُيَسَّرَا	تُيَسَّرَ		يُسِّرْنَ	يُسِّرَتَا	يُسِّرَتْ	FEMININE	
تُيَسَّرُوا	تُيَسَّرَا	تُيَسَّرَ		يُسِّرْتُمْ	يُسِّرْتُمَا	يُسِّرْتَ	MASCULINE	2
تُيَسَّرْنَ	تُيَسَّرَا	تُيَسَّرِي		يُسِّرْتُنَّ	يُسِّرْتُمَا	يُسِّرْتِ	FEMININE	
نُيَسَّرَ	---	أُيَسَّرَ		يُسِّرْنَا	---	يُسِّرْتُ		1

			JUSSIVE				IMPERFECT	
يُيَسَّرُوا	يُيَسَّرَا	يُيَسَّرْ		يُيَسَّرُونَ	يُيَسَّرَانِ	يُيَسَّرُ	MASCULINE	3
يُيَسَّرْنَ	تُيَسَّرَا	تُيَسَّرْ		يُيَسَّرْنَ	تُيَسَّرَانِ	تُيَسَّرُ	FEMININE	
تُيَسَّرُوا	تُيَسَّرَا	تُيَسَّرْ		تُيَسَّرُونَ	تُيَسَّرَانِ	تُيَسَّرُ	MASCULINE	2
تُيَسَّرْنَ	تُيَسَّرَا	تُيَسَّرِي		تُيَسَّرْنَ	تُيَسَّرَانِ	تُيَسَّرِينَ	FEMININE	
نُيَسَّرْ	---	أُيَسَّرْ		نُيَسَّرُ	---	أُيَسَّرُ		1

The farmer *leveled* the ground before sowing it.	يَسَّرَ الـفـلاح الأرض قبل أن يزرعها.
The earlier scholars have *smoothed* the path before us to further study.	الـعـلمـاء الـسـابقـون يَسَّـرُوا الـطريق أمـامـنـا للمزيد مـن البـحـث.
"O my Lord, relieve my mind and *ease* my task for me" [Qur'an 20:25].	رب إشـرح لـي صدري وَيَسِّـرْ لـي أمري.

Form V يسر — to be or become easy تَيَسَّرَ ●

ACTIVE

PLURAL	DUAL	SINGULAR	SUBJUNCTIVE	PLURAL	DUAL	SINGULAR	PERFECT	
يَتَيَسَّـرُوا	يَتَيَسَّـرَا	يَتَيَسَّـرَ		تَيَسَّـرُوا	تَيَسَّـرَا	تَيَسَّـرَ	MASCULINE	3
يَتَيَسَّـرْنَ	تَتَيَسَّـرَا	تَتَيَسَّـرَ		تَيَسَّـرْنَ	تَيَسَّـرَتَا	تَيَسَّـرَتْ	FEMININE	
تَتَيَسَّـرُوا	تَتَيَسَّـرَا	تَتَيَسَّـرَ		تَيَسَّـرْتُـمْ	تَيَسَّـرْتُـمَا	تَيَسَّـرْتَ	MASCULINE	2
تَتَيَسَّـرْنَ	تَتَيَسَّـرَا	تَتَيَسَّـري		تَيَسَّـرْتُنَّ	تَيَسَّـرْتُـمَا	تَيَسَّـرْتِ	FEMININE	
نَتَيَسَّـرَ	---	أَتَيَسَّـرَ		تَيَسَّـرْنَا	---	تَيَسَّـرْتُ		1

JUSSIVE / IMPERFECT

PLURAL	DUAL	SINGULAR	JUSSIVE	PLURAL	DUAL	SINGULAR	IMPERFECT	
يَتَيَسَّـرُوا	يَتَيَسَّـرَا	يَتَيَسَّـرْ		يَتَيَسَّـرُونَ	يَتَيَسَّـرَان	يَتَيَسَّـرُ	MASCULINE	3
يَتَيَسَّـرْنَ	تَتَيَسَّـرَا	تَتَيَسَّـرْ		يَتَيَسَّـرْنَ	تَتَيَسَّـرَان	تَتَيَسَّـرُ	FEMININE	
تَتَيَسَّـرُوا	تَتَيَسَّـرَا	تَتَيَسَّـرْ		تَتَيَسَّـرُونَ	تَتَيَسَّـرَان	تَتَيَسَّـرُ	MASCULINE	2
تَتَيَسَّـرْنَ	تَتَيَسَّـرَا	تَتَيَسَّـري		تَتَيَسَّـرْنَ	تَتَيَسَّـرَان	تَتَيَسَّـرينَ	FEMININE	
نَتَيَسَّـرُ	---	أَتَيَسَّـرُ		نَتَيَسَّـرُ	---	أَتَيَسَّـرُ		1

IMPERATIVE

PLURAL	DUAL	SINGULAR	IMPERATIVE	
تَيَسَّـرُوا	تَيَسَّـرَا	تَيَسَّـرْ	MASCULINE	
تَيَسَّـرْنَ	تَيَسَّـرَا	تَيَسَّـري	FEMININE	

مُتَيَسِّـرٌ	ACTIVE PARTICIPLE
مُتَيَسَّـرٌ	PASSIVE PARTICIPLE
تَيَسُّـرٌ	VERBAL NOUN

The test *was easy* because I studied well.	تَيَسَّـرَ الإمـتحـان لإني ذاكرت جيداً.
The flow of traffic *eased*.	لـقـد تَيَسَّـرَتْ حركـة المـرور.
The family's material conditions *prospered*.	تَيَسَّـرَتْ الـظروف المـادية للأسرة.

Form I يقظ   to be awake; to awaken (intransitive) يَقِظَ ●

ACTIVE

PLURAL	DUAL	SINGULAR	SUBJUNCTIVE	PLURAL	DUAL	SINGULAR	PERFECT	
يَيْقَظُوا	يَيْقَظَا	يَيْقَظَ		يَقِظُوا	يَقِظَا	يَقِظَ	MASCULINE	3
يَيْقَظْنَ	تَيْقَظَا	تَيْقَظَ		يَقِظْنَ	يَقِظَتَا	يَقِظَتْ	FEMININE	
تَيْقَظُوا	تَيْقَظَا	تَيْقَظَ		يَقِظْتُمْ	يَقِظْتُمَا	يَقِظْتَ	MASCULINE	2
تَيْقَظْنَ	تَيْقَظَا	تَيْقَظِي		يَقِظْتُنَّ	يَقِظْتُمَا	يَقِظْتِ	FEMININE	
نَيْقَظَ	---	أَيْقَظَ		يَقِظْنَا	---	يَقِظْتُ		1

			JUSSIVE				IMPERFECT	
يَيْقَظُوا	يَيْقَظَا	يَيْقَظْ		يَيْقَظُونَ	يَيْقَظَانِ	يَيْقَظُ	MASCULINE	3
يَيْقَظْنَ	تَيْقَظَا	تَيْقَظْ		يَيْقَظْنَ	تَيْقَظَانِ	تَيْقَظُ	FEMININE	
تَيْقَظُوا	تَيْقَظَا	تَيْقَظْ		تَيْقَظُونَ	تَيْقَظَانِ	تَيْقَظُ	MASCULINE	2
تَيْقَظْنَ	تَيْقَظَا	تَيْقَظِي		تَيْقَظْنَ	تَيْقَظَانِ	تَيْقَظِينَ	FEMININE	
نَيْقَظْ	---	أَيْقَظْ		نَيْقَظُ	---	أَيْقَظُّ		1

			IMPERATIVE		ACTIVE PARTICIPLE	يَاقِظٌ
إِيقَظُوا	إِيقَظَا	إِيقَظْ	MASCULINE		PASSIVE PARTICIPLE	---
إِيقَظْنَ	إِيقَظَا	إِيقَظِي	FEMININE		VERBAL NOUN	يَقَظٌ

We woke up because of the thief. — يَقِظْنَا للص.

She got up to study for the exam. — يَقِظَتْ لتذاكر للإمتحان.

I was awake all night long. — يَقِظْتُ الليل كله.

He woke up for the telephone conversation. — يَقِظَ للمكالمة التليفونية.

Form X يقظ   to wake up إِسْتَيْقَظَ ●

ACTIVE

PLURAL	DUAL	SINGULAR	SUBJUNCTIVE	PLURAL	DUAL	SINGULAR	PERFECT	
يَسْتَيْقِظُوا	يَسْتَيْقِظَا	يَسْتَيْقِظَ		إِسْتَيْقَظُوا	إِسْتَيْقَظَا	إِسْتَيْقَظَ	MASCULINE	3
يَسْتَيْقِظْنَ	تَسْتَيْقِظَا	تَسْتَيْقِظَ		إِسْتَيْقَظْنَ	إِسْتَيْقَظَتَا	إِسْتَيْقَظَتْ	FEMININE	
تَسْتَيْقِظُوا	تَسْتَيْقِظَا	تَسْتَيْقِظَ		إِسْتَيْقَظْتُمْ	إِسْتَيْقَظْتُمَا	إِسْتَيْقَظْتَ	MASCULINE	2
تَسْتَيْقِظْنَ	تَسْتَيْقِظَا	تَسْتَيْقِظِي		إِسْتَيْقَظْتُنَّ	إِسْتَيْقَظْتُمَا	إِسْتَيْقَظْتِ	FEMININE	
نَسْتَيْقِظَ	---	أَسْتَيْقِظَ		إِسْتَيْقَظْنَا	---	إِسْتَيْقَظْتُ		1

	JUSSIVE				IMPERFECT			
3 MASCULINE	يَسْتَيْقِظُوا	يَسْتَيْقِظَا	يَسْتَيْقِظْ		يَسْتَيْقِظُونَ	يَسْتَيْقِظَانِ	يَسْتَيْقِظُ	
FEMININE	يَسْتَيْقِظْنَ	تَسْتَيْقِظَا	تَسْتَيْقِظْ		يَسْتَيْقِظْنَ	تَسْتَيْقِظَانِ	تَسْتَيْقِظُ	
2 MASCULINE	تَسْتَيْقِظُوا	تَسْتَيْقِظَا	تَسْتَيْقِظْ		تَسْتَيْقِظُونَ	تَسْتَيْقِظَانِ	تَسْتَيْقِظُ	
FEMININE	تَسْتَيْقِظْنَ	تَسْتَيْقِظَا	تَسْتَيْقِظِي		تَسْتَيْقِظْنَ	تَسْتَيْقِظَانِ	تَسْتَيْقِظِينَ	
1	نَسْتَيْقِظْ	---	أَسْتَيْقِظْ		نَسْتَيْقِظُ	---	أَسْتَيْقِظُ	

IMPERATIVE   مُسْتَيْقِظٌ ACTIVE PARTICIPLE

MASCULINE	إِسْتَيْقِظُوا	إِسْتَيْقِظَا	إِسْتَيْقِظْ
FEMININE	إِسْتَيْقِظْنَ	إِسْتَيْقِظَا	إِسْتَيْقِظِي

--- PASSIVE PARTICIPLE

إِسْتِيقَاظٌ VERBAL NOUN

I get up every day at 6 AM.   أَسْتَيْقِظُ كل يوم في تمام الساعة السادسة صباحًا.

We wake up every day at the call [of the muezzin] to the dawn prayer.   نَسْتَيْقِظُ كل يوم على آذان الفجر.

He got up for a conference with the students.   إِسْتَيْقَظَ للحوار مع الطلاب.

Form IV يقن   to be or become sure; to believe أَيْقَنَ ●

ACTIVE

	SUBJUNCTIVE	SINGULAR	DUAL	PLURAL	PERFECT	SINGULAR	DUAL	PLURAL
3 MASCULINE		يُوقِنَ	يُوقِنَا	يُوقِنُوا		أَيْقَنَ	أَيْقَنَا	أَيْقَنُوا
FEMININE		تُوقِنَ	تُوقِنَا	يُوقِنَّ		أَيْقَنَتْ	أَيْقَنَتَا	أَيْقَنَّ
2 MASCULINE		تُوقِنَ	تُوقِنَا	تُوقِنُوا		أَيْقَنْتَ	أَيْقَنْتُمَا	أَيْقَنْتُمْ
FEMININE		تُوقِنِي	تُوقِنَا	تُوقِنَّ		أَيْقَنْتِ	أَيْقَنْتُمَا	أَيْقَنْتُنَّ
1		أُوقِنَ	---	نُوقِنَ		أَيْقَنْتُ	---	أَيْقَنَّا

	JUSSIVE	SINGULAR	DUAL	PLURAL	IMPERFECT	SINGULAR	DUAL	PLURAL
3 MASCULINE		يُوقِنْ	يُوقِنَا	يُوقِنُوا		يُوقِنُ	يُوقِنَانِ	يُوقِنُونَ
FEMININE		تُوقِنْ	تُوقِنَا	يُوقِنَّ		تُوقِنُ	تُوقِنَانِ	يُوقِنَّ
2 MASCULINE		تُوقِنْ	تُوقِنَا	تُوقِنُوا		تُوقِنُ	تُوقِنَانِ	تُوقِنُونَ
FEMININE		تُوقِنِي	تُوقِنَا	تُوقِنَّ		تُوقِنِينَ	تُوقِنَانِ	تُوقِنَّ
1		أُوقِنْ	---	نُوقِنْ		أُوقِنُ	---	نُوقِنُ

549

IMPERATIVE

				ACTIVE PARTICIPLE	مُوقِنٌ

PLURAL	DUAL	SINGULAR			
أَيْقِنُوا	أَيْقِنَا	أَيْقِنْ	MASCULINE	PASSIVE PARTICIPLE	مُوقَنٌ
أَيْقِنَّ	أَيْقِنَّا	أَيْقِنِي	FEMININE	VERBAL NOUN	إيقَانٌ

PASSIVE

PLURAL	DUAL	SINGULAR	SUBJUNCTIVE	PLURAL	DUAL	SINGULAR	PERFECT	
يُوقَنُوا	يُوقَنَا	يُوقَنَ		أُوقِنُوا	أُوقِنَا	أُوقِنَ	MASCULINE	3
يُوقَنَّ	تُوقَنَا	تُوقَنَ		أُوقِنَّ	أُوقِنَتَا	أُوقِنَتْ	FEMININE	
تُوقَنُوا	تُوقَنَا	تُوقَنَ		أُوقِنْتُمْ	أُوقِنْتُمَا	أُوقِنْتَ	MASCULINE	2
تُوقَنَّ	تُوقَنَا	تُوقَنِي		أُوقِنْتُنَّ	أُوقِنْتُمَا	أُوقِنْتِ	FEMININE	
نُوقَنَ	---	أُوقَنَ		أُوقِنَّا	---	أُوقِنْتُ		1

PLURAL	DUAL	SINGULAR	JUSSIVE	PLURAL	DUAL	SINGULAR	IMPERFECT	
يُوقَنُوا	يُوقَنَا	يُوقَنْ		يُوقَنُونَ	يُوقَنَان	يُوقَنُ	MASCULINE	3
يُوقَنَّ	تُوقَنَا	تُوقَنْ		يُوقَنَّ	تُوقَنَان	تُوقَنُ	FEMININE	
تُوقَنُوا	تُوقَنَا	تُوقَنْ		تُوقَنُونَ	تُوقَنَان	تُوقَنُ	MASCULINE	2
تُوقَنَّ	تُوقَنَا	تُوقَنِي		تُوقَنَّ	تُوقَنَان	تُوقَنِينَ	FEMININE	
نُوقَنْ	---	أُوقَنْ		نُوقَنُ	---	أُوقَنُ		1

I am now *certain of* the truth.

أَيْقَنْتُ الحقيقة الآن.

We ascertained by telephone that he is not at home.

أَيْقَنَّا بالتليفون أنه ليس في المنزل.

He came to believe in the religious doctrines about which he was formerly in doubt.

أَيْقَنَ بالمعتقدات الدينية التي كان يشك فيها من قبل.

Index of Verbs in Root Order

Index of Verbs in Root Order

552

Index of Verbs in Root Order

Index of Verbs in Root Order

Index of Verbs in Root Order

Index of Verbs in Root Order

Index of Verbs in Whole Word Order

Index of Verbs in Whole Word Order

Index of Verbs in Whole Word Order

Index of Verbs in Whole Word Order

Index of Verbs in Whole Word Order

Index of Verbs in Whole Word Order

Helpful Guides for Mastering a Foreign Language

  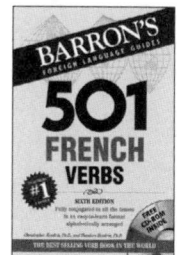

2001 Idiom Series

Indispensable resources, these completely bilingual dictionaries present the most frequently used idiomatic words and phrases to help students avoid stilted expression when writing in their newly acquired language. Each book includes illustrative sentences. Each feature is easy to locate and designed with clarity in mind.

2001 French and English Idioms, 3rd
978-0-7641-3750-1

2001 German and English Idioms
978-0-8120-9009-3

2001 Italian and English Idioms, 2nd
978-0-8120-9030-7

2001 Russian and English Idioms
978-0-8120-9532-6

2001 Spanish and English Idioms, 3rd
978-0-7641-3744-0

Barron's Bilingual Dictionaries

These dictionaries each present 100,000 entries with translations into English and headwords in color for easy reference. Added features include full-color atlas-style maps, a concise grammar guide, verb conjugation lists, example phrases, pronunciation guides, and much more. Of special value to students and travelers, each book comes with an electronic bilingual dictionary that can be downloaded to all PCs and nearly all PDAs and smartphones!

Barron's French-English Dictionary
978-0-7641-3330-5

Barron's German-English Dictionary
978-0-7641-3763-1

Barron's Italian-English Dictionary
978-0-7641-3764-8

Barron's Spanish-English Dictionary
978-0-7641-3329-9

501 Verb Series

Here is a series to help the foreign language student successfully approach verbs and all their details. Complete conjugations of the verbs are arranged one verb to a page in alphabetical order. Verb forms are printed in boldface type in two columns, and common idioms using the applicable verbs are listed at the bottom of the page in each volume.
Some titles include a CD-ROM.

501 Arabic Verbs
978-0-7641-3622-1

501 English Verbs, 2nd, with CD-ROM
978-0-7641-7985-3

501 French Verbs, 6th, with CD-ROM
978-0-7641-7983-9

501 German Verbs, 4th, with CD-ROM
978-0-7641-9393-4

501 Hebrew Verbs, 2nd
978-0-7641-3748-8

501 Italian Verbs, 3rd, with CD-ROM
978-0-7641-7982-2

501 Japanese Verbs, 3rd
978-0-7641-3749-5

501 Latin Verbs, 2nd
978-0-7641-3742-6

501 Portuguese Verbs, 2nd
978-0-7641-2916-2

501 Russian Verbs, 3rd
978-0-7641-3743-3

501 Spanish Verbs, 6th, with CD-ROM
978-0-7641-7984-6

Barron's Educational Series, Inc.
250 Wireless Boulevard, Hauppauge, NY 11788
In Canada: Georgetown Book Warehouse
34 Armstrong Avenue, Georgetown, Ont. L7G 4R9

Please visit **www.barronseduc.com**
to view current prices and to order books

(#33) R 2/08

Break the Foreign Language Barrier with Barron's Language Series!

VERB SERIES

Over 300 of the most frequently used verbs in four foreign languages are presented in handy reference guides. Each guide displays fully conjugated verbs in all their forms, arranged alphabetically for quick and easy location. The idioms and expressions related to each verb are listed at the bottom of each page. A helpful index listing approximately 1000 additional verbs is included in each book. Here is wonderful review material for students, travelers, and business people.

French Verbs
German Verbs
Italian Verbs
Spanish Verbs

GRAMMAR SERIES

A comprehensive study of the elements of grammar and usage in six prominent languages makes these handy reference guides ideal for anyone just beginning a language study and those who wish to review what they've already learned. Parts of speech, sentence structure, lists of synonyms and antonyms, idiomatic phrases, days, dates, numbers, and much more are all reviewed. Also featured are guides to word pronunciation and sentence punctuation in each of the languages.

French Grammar
German Grammar
Italian Grammar
Japanese Grammar
Russian Grammar
Spanish Grammar

1001 PITFALLS SERIES

An all-inclusive series that eliminates frustration by effectively helping the beginning or advanced student through the most troublesome aspects of learning a foreign language. Overcome the difficult details of grammar, usage, and style in two important European languages, with consistent use of these guides. Ideal for both individual and classroom use as a supplement to regular textbooks.

1001 Pitfalls in German, 3rd

1001 Pitfalls in Spanish, 3rd

Please visit **www.barronseduc.com** to view current prices and to order books

Barron's Educational Series, Inc.
250 Wireless Blvd., Hauppauge, NY 11788
In Canada: Georgetown Book Warehouse
34 Armstrong Ave., Georgetown, Ontario L7G 4R9

(#32) R2/0

Ref £10
06/24
ps.

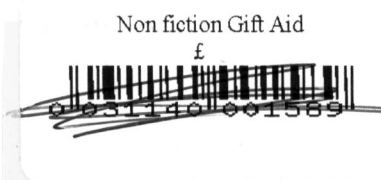